Eranos Yearbook 76

2022–2023–2024

Eranos Yearbook / *Annale di Eranos* 76
2022–2023–2024

The Disoriented Consciousness and the Thought of a New Habitability: Uncertainties of Time and Spaces of Freedom

La coscienza spaesata e il pensiero di una nuova abitabilità: incertezze del tempo e spazi di libertà

Proceedings of the 2022, 2023, and 2024 Eranos Conferences
and Eranos-Jung Lectures
Eranos & Monte Verità, Ascona, Switzerland

Atti dei Convegni di Eranos et delle Eranos-Jung Lectures
del 2022, 2023 e 2024
Eranos e Monte Verità, Ascona, Svizzera

Special triennial publication on the occasion
of the 150th anniversary of Carl Gustav Jung's birth (1875–2025)

Pubblicazione speciale triennale in occasione
del 150° anniversario della nascita di Carl Gustav Jung (1875–2025)

Edited by / *A cura di*
Fabio Merlini and / *e* Riccardo Bernardini

DAIMON

Permissions for any relevant reproduction rights are by agreement the responsibility of the individual authors.

ISBN 978-3-85630-404-1

Contents

Preface / *Prefazione* 1
The Board of the Eranos Foundation / *Il Consiglio della Fondazione Eranos* 55
Acknowledgments / *Ringraziamenti* 57

Presentations of the Eranos Conference
Earth Symbols:
The Inhospitable Planet
and the Thought of a New Habitability
Presentazioni del Convegno di Eranos
Simbologie della terra:
il pianeta inospitale e il pensiero di una nuova abitabilità
Casa Eranos, Ascona
8–10 September / *settembre* 2022

La deuxième chute du Paradis
Panos Mantziaras 61

La sacralizzazione della natura e i suoi pericoli
Giovanni Filoramo 99

Scientific Cosmograms, Botanical Universes, and Vegetative Souls
John Tresch 139

"Come rane attorno a uno stagno...":
sguardi dei filosofi antichi sugli abitanti della terra
Maria Michela Sassi 184

Il legame con la madre terra: conquista di suolo o morte
Sarantis Thanopulos 216

Presentations of the Eranos Conference
What the Name 'Freedom' Stands for:
The Story of Icarus and Other Contemporary Misfortunes
Presentazioni del Convegno di Eranos
Di che cosa è il nome "libertà":
la vicenda di Icaro e altre sventure contemporanee
Casa Eranos, Ascona
7–9 September / *settembre* 2023

La libertà inoggettivabile. Partendo da Kant
Massimo Mori 241

Conceptions « radicales » du Moi et visions de la liberté:
Max Stirner – Alfred Döblin – C.G. Jung
Christine Maillard 265

Hermetic Freedom and Human Dignity
Wouter J. Hanegraaff 293

Le tombeau d'Icare
Jocelyn Benoist 332

From Boltzmann's Brains to John Bell's Socks.
The Knowns and the Known Unknowns of Freedom
Eric van Herwijnen 356

Politica e libertà al tempo del singolarismo.
Singolarismo "politico", estremismo liberale e liberalismo autoritario
Dimitri D'Andrea 386

Liberté et cheminement intérieur.
Réflexions sur la mystique persane médiévale
Mohammad Ali Amir-Moezzi 438

Presentations of the Eranos Conference
The Age of Disoriented Consciousness:
Uncertainties of Time and Anxiety of the Future

Presentazioni del Convegno di Eranos
L'epoca della coscienza spaesata.
Incertezze del tempo e ansia del futuro

Casa Eranos, Ascona
5–7 September / *settembre* 2024

Adorno and Jung, Bloch and Klages:
Disorientation and Reorientation of Consciousness
in the Totally Administered Society
Paul Bishop 485

Il ritorno e la deistituzionalizzazione della guerra
Alessandro Colombo 541

The Systems View of Life
Pier Luigi Luisi 574

Vivere il disincanto
Ugo Nespolo 592

Presentations of the Eranos-Jung Lectures
On Cancel Culture. From Judging to Lynching:
Repressions and Discriminations in the Name of Morality

Presentazioni delle Eranos-Jung Lectures
Sulla *cancel culture*. Dal giudizio al linciaggio:
rimozioni e discriminazioni in nome della morale

Monte Verità, Ascona
2022

Contro il dogmatismo: per un'analisi critica
della "cancel culture" e delle politiche identitarie
Cinzia Sciuto 609

Mimina immoralia.
Meditazioni della cultura offesa
Gian Piero Quaglino 629

Presentations of the Eranos-Jung Lectures
The Great Worksites of Contemporaneity: Looks at the Knots of the Present (I)

Presentazioni delle Eranos-Jung Lectures
I grandi cantieri della contemporaneità: sguardi sui nodi del presente (I)

Monte Verità, Ascona
2023

Il destino del libro
Gian Arturo Ferrari 681

Visioni e congetture.
L'accoppiamento virtuoso tra senso della realtà e senso della possibilità
Silvano Tagliagambe 697

Vocalità, rumori, paesaggi sonori: come gli studi culturali hanno ricominciato ad ascoltare
Nelly Valsangiacomo 747

L'altrove e la necessità della mistica
Davide Susanetti 771

Abbiamo ancora bisogno di Dio?
Cinzia Sciuto 794

Immaginare altrimenti: l'elaborazione del mondo umano in strumenti, bellezza e saperi
Romano Màdera 804

Presentations of the Eranos-Jung Lectures
The Great Worksites of Contemporaneity: Looks at the Knots of the Present (II)
Presentazioni delle Eranos-Jung Lectures
I grandi cantieri della contemporaneità: sguardi sui nodi del presente (II)
Monte Verità, Ascona
2024

Tra cultura cristiana e islam.
Hasan-al Wazzân (Leone l'Africano) e la prima
Descrittione dell'Africa *(1526)*
Massimo Danzi 813

Memoria: percorsi di singoli e popoli
Franco Bonsignori 848

In sé, fuori di sé. Considerazioni sulla condizione umana estatica
Alessandra Cislaghi 857

Dike, Polemos. Su essere e unità
Massimo Donà 882

Una lussuosa bellezza: saper ascoltare il linguaggio letterario
Carola Barbero 902

Authors' Biographies / *Biografie degli autori* 917

List of Eranos Yearbooks / *Elenco degli Annali di Eranos*
I / 1933 - LXXVI / 2022-2023-2024 939

List of the Eranos Lecturers and Contributions /
Elenco dei relatori e dei contributi di Eranos
1933 - 2024 994

Preface

The seventy-sixth *Eranos Yearbook* presents the cultural initiatives carried out by the Eranos Foundation during the three-year period 2022–2023–2024. The Reader will find there, as usual, the texts of the lectures given as part of the Annual Conferences (*Eranos Tagungen*) and the Eranos-Jung Lectures.

The first initiative documented here is the Eranos Conference (*Eranos Tagung*) held on September 8-10, 2022, entitled "Earth Symbols: The Inhospitable Planet and the Thought of a New Habitability," held as usual at Casa Eranos and organized in collaboration with the Braillard Architectes Foundation in Geneva.

The symposium began with a reflection on how, when the relationship between civilization and nature breaks down, when the interaction between human history and the life of the planet is disrupted by what Nietzsche would call the will to power of immature freedom, not only does the future become uncertain, but it also becomes increasingly difficult to imagine new forms of habitability for the only planet where life can reproduce itself, if we do not want to indulge in the childish illusion that we can abandon what we have destroyed in order to reach other shores. Before imagining what new direction to give to our lives, as if deeply rooted lifestyles could be reoriented at will from one day to the next, we need to ask ourselves what resources cultures offer for a different and new habitability of the home that shelters us. For example, we need to question the symbols and myths through which the earth and nature have been described in the past: a whole repertoire of wisdom that must be kept in mind today in order to try to give another meaning to our

Prefazione

Il settantaseiesimo Annale di Eranos *presenta le iniziative culturali realizzate dalla Fondazione Eranos nel corso del triennio 2022-2023-2024. Il Lettore vi troverà, come di consueto, i testi delle conferenze tenute nell'ambito dei Convegni annuali* (Eranos Tagungen) *e delle Letture magistrali* (Eranos-Jung Lectures).

La prima iniziativa qui documentata è il Convegno di Eranos (Eranos Tagung) *dell'8-10 settembre 2022, "Simbologie della terra: il pianeta inospitale e il pensiero di una nuova abitabilità", tenutosi come da tradizione presso Casa Eranos e realizzato in collaborazione con la Fondazione Braillard Architectes di Ginevra.*

Il simposio partiva dalla riflessione su come, nel momento in cui si incrina il rapporto tra civiltà e natura, quando l'interazione tra storia umana e vita del pianeta viene perturbata da ciò che Nietzsche chiamerebbe la volontà di potenza della libertà immatura, non solo il futuro diventi incerto; diventa anche sempre più difficile immaginare nuove forme di abitabilità dell'unico pianeta in cui la vita può riprodursi, se non vogliamo indulgere nell'illusione puerile di poter abbandonare ciò che si è distrutto per raggiungere altri lidi. Prima di immaginare quale nuovo orientamento dare alle nostre vite, come se radicati stili di vita potessero essere riorientati a piacimento dall'oggi al domani, occorre chiedersi quali risorse offrano le culture per una diversa e nuova abitabilità della dimora che ci ospita. Per esempio, interrogare i simboli e i miti attraverso cui nel passato la terra e la natura sono state raccontate: tutto un repertorio di sapienza che oggi deve essere tenuto presente, per provare ad assegnare un altro senso alla nostra relazione con le risorse e all'esperienza stessa dell'ospitalità, se è vero che siamo tutti ospiti di un pianeta che, come qualsiasi altra dimora, ha sue proprie regole di abitabilità. Il

relationship with resources and to the very experience of hospitality, if it is true that we are all guests on a planet which, like any other home, has its own rules of habitability. Today's scientific discourse provides us with all the knowledge we need to understand the reasons for the unsustainability of our production systems and consumption habits, but in order to feel the need for change, we need to feed our imagination and embrace a different self-perception. To do this, we need to refer to the rich symbolic universe provided by different cultures and traditions.

The lecturers were Giovanni Filoramo (University of Turin, Department of Historical Studies), Panos Mantziaras (Braillard Architectes Foundation, Geneva), Fabio Merlini (Eranos Foundation, Ascona, and Swiss Federal University for Vocational Education and Training SFUVET, Lugano), Sarantis Thanopulos (Italian Psychoanalytic Society SPI, Naples), Maria Michela Sassi (University of Pisa – Department of Civilization and Forms of Knowledge), and John Tresch (Warburg Institute, University of London – Mellon Chair in History of Art, Science, and Folk Practice).

The Eranos Conference of September 7-9, 2023, which coincided with the 90th anniversary of the Eranos Conferences (launched in 1933), was dedicated to the theme "What the Name 'Freedom' Stands for: The Story of Icarus and Other Contemporary Misfortunes." The recent past and the present, with their catastrophes (health and humanitarian); the climate crisis, with its radical questioning of the very meaning of civilization and rationality, force us to radically rethink the value of freedom. We come from a history, Modernity, which established a rock-solid solidarity between individuality and freedom; a solidarity that was then reinvented in an anti-metaphysical way by so-called Postmodernity, through subjectivities that were imagined to be anarchic, light, decentralized, plural, flexible, open to an infinite game of identifications, ready to reinvent themselves when and where necessary. Contingency, decentralization, and provisionality were therefore the emblems of

discorso scientifico odierno ci mette a disposizione tutto il sapere necessario per capire le ragioni dell'insostenibilità dei nostri regimi produttivi e delle nostre abitudini di consumo, ma per sentire la necessità del cambiamento occorre alimentare la nostra immaginazione, aderire a una diversa persuasione di sé. E per questo occorre fare riferimento, appunto, al ricco universo simbolico messoci a disposizione dalle diverse culture e tradizioni.

I relatori sono stati Giovanni Filoramo (Università di Torino, Dipartimento di Studi storici), Panos Mantziaras (Fondation Braillard Architectes, Genève), Fabio Merlini (Fondazione Eranos, Ascona, e Scuola Universitaria Federale per la Formazione Professionale SUFFP, Lugano), Sarantis Thanopulos (Società Psicoanalitica Italiana SPI, Napoli), Maria Michela Sassi (Università di Pisa – Dipartimento di Civiltà e Forme del Sapere) e John Tresch (Warburg Institute, University of London – Mellon Chair in History of Art, Science, and Folk Practice).

Il Convegno di Eranos del 7-9 settembre 2023, che ha coinciso con il 90° anno di vita dei Convegni di Eranos (avviati nel 1933), è stato dedicato al tema "Di che cosa è il nome 'libertà': la vicenda di Icaro e altre sventure contemporanee". Il passato recente e il presente, con le loro catastrofi (sanitaria e umanitaria); la crisi climatica, con il suo rimettere radicalmente in discussione il senso stesso dell'idea di civiltà e di razionalità, ci costringono a ripensare in modo radicale il valore della libertà. Veniamo da una storia, la Modernità, che ha stabilito una solidarietà granitica tra individualità e libertà; una solidarietà reinventata poi in modo antimetafisico dalla cosiddetta Postmodernità, per soggettività – così si immaginava – anarchiche, leggere, decentrate, plurali, flessibili, aperte a un gioco infinito di identificazioni, pronte a reinventarsi quando e dove necessario. Contingenza, decentramento e provvisorietà erano dunque gli emblemi di una ulteriore liberazione, al di là del lavoro compiuto a questo riguardo dalla "rivoluzione moderna". Tutto questo mostra oggi il suo lato inconsistente. Poiché il tema dei limiti, quello della responsabilità, quello del riconoscimento richiedono di oltrepassare l'individualismo autocentrato con cui troppo spesso organizziamo la nostra azione nel mondo, rivendicando una libertà che, di fatto, non ne è che il riflesso. Questa necessità di superamento lega la questione della libertà a un

a further liberation, beyond the work accomplished in this regard by the "modern revolution." All this now shows its inconsistency. For the issues of limits, responsibility, and recognition require us to go beyond the self-centered individualism with which we too often organize our actions in the world, claiming a freedom that is, in fact, only a reflection of it. This need to move beyond links the question of freedom to an ancient but ever-present question: what does it mean to "come to terms with oneself" and in what sense does this journey point to a process of self-understanding that transforms the demands of freedom?

The speakers were Jocelyn Benoist (University of Paris 1 Panthéon-Sorbonne – Institute of Legal and Philosophical Sciences of the Sorbonne ISJPS; University Institute of France IUF), Dimitri D'Andrea (University of Florence – Department of Political and Social Sciences), Wouter Jacobus Hanegraaff (University of Amsterdam – Faculty of Humanities), Eric van Herwijnen (European Organizaton for Nuclear Research CERN, Geneva), Christine Maillard (University of Strasbourg – Germanic and Northern European Worlds; honorary member of the International Association for Analytical Psychology IAAP), and Massimo Mori (University of Turin – Department of Philosophy and Education Sciences; Academy of Sciences of Turin).

As part of the *Tagung*, on September 8, an important extra-program event was offered: a stage performance of the monologue "MOI" dedicated to the sculptor Camille Claudel, curated by Chiara Pasetti. For Nino Aragno Publishers, Chiara Pasetti – philosopher, playwright, and essayist – released *Mademoiselle Camille Claudel e Moi* in 2016, a work dedicated to the sculptor Camille Claudel: a precious lesson on freedom and its price. Through the profile of Camille Claudel, muse and lover of Rodin, who was committed to the Montfavet psychiatric hospital at the age of thirty, Chiara Pasetti has offered us a show that moves and makes us think, through the voice of actress Lisa Galantini. In January 2023, the show "MOI" received the "Patrizia

antico interrogativo, ma sempre attuale: che cosa significa "venire a capo di sé" e in che senso questo incamminamento fa segno su un processo di autocomprensione che trasforma le pretese della libertà?

Sono intervenuti, in qualità di relatori, Jocelyn Benoist (Université Paris 1 Panthéon-Sorbonne – Institut des sciences juridique et philosophique de la Sorbonne ISJPS*; Institut Universitaire de France* IUF*), Dimitri D'Andrea (Università degli Studi di Firenze – Dipartimento di Scienze Politiche e Sociali), Wouter Jacobus Hanegraaff (Universiteit van Amsterdam – Faculteit der Geesteswetenschappen), Eric van Herwijnen (European Organization for Nuclear Research* CERN*, Genève), Christine Maillard (Université de Strasbourg – Mondes germaniques et nord-européens; socio onorario della International Association for Analytical Psychology* IAAP*) e Massimo Mori (Università degli Studi di Torino – Dipartimento di Filosofia e Scienze dell'educazione; Accademia delle Scienze di Torino).*

Nell'ambito della Tagung*, l'8 settembre, è stato offerto un importante fuoriprogramma: una rappresentazione scenica del monologo "*MOI*" dedicato alla scultrice Camille Claudel, a cura di Chiara Pasetti. Per i tipi di Nino Aragno Editore, nel 2016, Chiara Pasetti – filosofa, drammaturga e saggista – ha pubblicato* Mademoiselle Camille Claudel e Moi*, un lavoro dedicato alla scultrice Camille Claudel: una preziosissima lezione sulla libertà e il suo prezzo. Attraverso il profilo di Camille Claudel, musa e amante di Rodin, internata a trent'anni nell'ospedale psichiatrico di Montfavet, Chiara Pasetti ci ha offerto uno spettacolo per emozionarci e per pensare, attraverso la voce dell'attrice Lisa Galantini. Nel gennaio 2023 lo spettacolo "*MOI*" ha ricevuto il premio "Patrizia Romei 2022", dedicato ad artisti che si occupano della rappresentazione scenica di tematiche legate al disagio psichico.*

Il Convegno di Eranos del 5-7 settembre 2024 è stato dedicato al tema "L'epoca della coscienza spaesata. Incertezze del tempo e ansia del futuro". Il simposio muoveva dalla consapevolezza di trovarsi nel pieno di una situazione paradossale: sospinti da un'accelerazione sempre più accanita, a causa di un'innovazione tecnologica che non conosce e non si dà alcun limite, ma bloccati all'interno di un presente incapace di previsioni e di grandi progetti per il futuro. Anche perché è la possibilità stessa del futuro a non essere

Romei 2022" award, dedicated to artists who deal with the theatrical representation of issues related to mental illness.

The Eranos Conference on September 5-7, 2024, was dedicated to the theme "The Age of Disoriented Consciousness. Uncertainties of Time and Anxiety of the Future." The symposium started from the awareness of being in the midst of a paradoxical situation: driven by an increasingly relentless acceleration, due to technological innovation that knows no bounds, but stuck in a present incapable of predictions and grand plans for the future. This is also because the very possibility of the future is no longer certain: when we are confronted, as we are today, with an apocalypse updated in an ecological sense. We know what has gone wrong in our process of civilization, but we are unable to translate this awareness into effective plans of action. The freedom that has served to satisfy our sense of self-sufficiency towards nature over the centuries is now confronted with new forms of unavoidable, sometimes destructive and lethal necessities that seem to undermine it at its very roots. The result is a sense of disorientation that reverberates not only on our sense of time but also on the certainty of our identity, destroying them without offering any footholds for new narratives of who we are and what we desire. The gamification of existence that we are witnessing at various levels (educational, cultural, consumerist) is an unsustainable escape route that brings us back, each time with a keener awareness, to the starting point. So, what can we do? The September meeting of the *Eranos Tagungen*, with its usual interdisciplinary style, sought to answer this question, which calls into question the very meaning of our humanity, when everything around us seems to be moving in the direction of destroying the values with which we have sought to assert our moral superiority over other cultures and civilizations. If no *nostos* is available, since returning 'home' would only mean retracing blind paths, then it is precisely from this feeling of disorientation that we must try to start again, to attempt new forms of life capable of recognition and solidarity.

più certa: quando si è confrontati, come lo siamo oggi, con un'apocalissi aggiornata in senso ecologico. Sappiamo che cosa è andato storto nel nostro processo di civilizzazione, ma non riusciamo a tradurre questa consapevolezza in efficaci piani di azione. Quella libertà che nei secoli è servita a compiacere il nostro sentimento di sufficienza nei confronti della natura si trova oggi confrontata a nuove forme della necessità inaggirabili, talvolta distruttive e letali, che sembrano minarla alla sua stessa radice. Ne risulta uno spaesamento che si riverbera non solo sul senso del tempo ma anche sulla certezza della nostra identità; li annienta, senza offrire loro appigli per nuove narrazioni di ciò che siamo e desideriamo. La ludificazione dell'esistenza a cui assistiamo a vari livelli (formativo, culturale, consumistico) è una scappatoia insostenibile che ci riporta ogni volta di nuovo, e con una più acuta consapevolezza, al punto di partenza. E allora che fare? L'incontro settembrino delle Eranos Tagungen, *con il suo consueto stile interdisciplinare, ha cercato di rispondere a questa domanda, in cui viene messo in gioco il significato stesso della nostra umanità, quando tutto attorno noi sembra andare nella direzione della distruzione di quei valori con i quali abbiamo voluto affermare una superiorità morale rispetto ad altre culture e civiltà. Se nessun* nostos *è più disponibile, poiché il ritorno a "casa" sarebbe solo un ripercorre strade cieche, allora è proprio dal sentimento dello spaesamento che dobbiamo provare a ripartire, per tentare nuove forme di vita capaci di riconoscimento e solidarietà.*

I relatori sono stati Paul Bishop (University of Glasgow – School of Modern Languages & Cultures), Alessandro Colombo (Università di Milano – Dipartimento di Studi Internazionali, Giuridici e Storico-Politici), Pier Luigi Luisi (Eidgenössische Technische Hochschule ETH *Zürich – Department of Materials), Ugo Nespolo (artista, Torino) e, nell'ambito delle Peter Anton Miescher Lectures inaugurate in questa edizione delle Tagungen, Mariagrazia Uguccioni (Istituto di Ricerca in Biomedicina, Bellinzona).*

Il Convegno ha inoltre incluso due iniziative fuori-programma. Il primo, il 7 settembre, è consistito in una visita guidata alla mostra "Olga Fröbe-Kapteyn: Artista – Ricercatrice", allestita presso il Museo Casa Rusca di Locarno dall'8 agosto 2024 al 12 gennaio 2025 e curata da Raphael Gygax. La visita,

The lecturers were Paul Bishop (University of Glasgow – School of Modern Languages & Cultures), Alessandro Colombo (University of Milan – Department of International Studies, Legal and Historical-Political Studies), Pier Luigi Luisi (Swiss Federal Institute of Technology ETH Zürich – Department of Materials), Ugo Nespolo (artist, Turin), and, as part of the Peter Anton Miescher Lectures inaugurated in this edition of the *Tagungen*, Mariagrazia Uguccioni (Institute for Biomedical Research, Bellinzona).

The Conference also included two extra-curricular initiatives. The first, on September 7, consisted of a guided tour of the exhibition "Olga Fröbe-Kapteyn: Artist – Researcher," held at the Museo Casa Rusca in Locarno from August 8, 2024, to January 12, 2025, and curated by Raphael Gygax. The tour, entitled "The *Blue Book* of Olga Fröbe-Kapteyn, Founder of Eranos," was led by Riccardo Bernardini and Fabio Merlini. The exhibition was inaugurated on August 7, 2024, in conjunction with the opening of the 2024 Locarno Film Festival. For the first time, representative works from the various phases of the artist's research were presented in a single exhibition: a selection of works from her abstract paintings ("Meditation Plates," 1926-34), figurative pencil and gouache drawings ("Visions," 1934-38), and excerpts from her Eranos Archive for Research in Symbolism (1934-44). The exhibition catalog included texts by Yasmin Afshar, Riccardo Bernardini, Raphael Gygax, Fabio Merlini, and Sara Petrucci, with an introduction by Nancy Lunghi and Sébastien Peter (Bellinzona: Museo Casa Rusca/Fondazione Eranos/Edizioni Casagrande, 2024). The volume was subsequently presented on October 18 at the Monte Verità Auditorium as part of a study meeting on the theme "Art and Spirituality: Olga Fröbe-Kapteyn, Founder of Eranos," to which the same authors contributed.

The second unscheduled event was an opportunity to visit The Cool Couple's art installation, "Winding and Unwinding," at the Monte Verità museum complex (Casa Selma and Hotel Monte Verità, Bauhaus Room), Ascona. "Winding and Unwinding" is a project by

intitolata "Il Libro blu *di Olga Fröbe-Kapteyn, fondatrice di Eranos", è stata condotta da Riccardo Bernardini e Fabio Merlini. La mostra è stata inaugurata il 7 agosto 2024, in congiunzione con l'apertura del Locarno Film Festival 2024. Per la prima volta sono stati presentati in un'unica esposizione lavori rappresentativi delle varie fasi di ricerca dell'artista: una selezione di opere tratte dai suoi dipinti astratti ("tavole di meditazione", 1926-34), disegni figurativi a matita e gouache ("visioni", 1934-38) ed estratti dal suo Archivio di Eranos per la ricerca sul simbolismo (1934-44). Il catalogo della mostra ha incluso testi di Yasmin Afshar, Riccardo Bernardini, Raphael Gygax, Fabio Merlini e Sara Petrucci, con una introduzione di Nancy Lunghi e Sébastien Peter (Museo Casa Rusca/Fondazione Eranos/Edizioni Casagrande, Bellinzona 2024). Il volume è stato presentato successivamente, il 18 ottobre, presso l'Auditorium di Monte Verità, nell'ambito di un incontro di studi sul tema "Arte e spiritualità: Olga Fröbe-Kapteyn, fondatrice di Eranos" a cui hanno contribuito gli stessi autori.*

Il secondo evento fuori-programma è consistito nell'opportunità di una visita libera all'installazione artistica dei The Cool Couple, "Winding and Unwinding", presso lo spazio museale diffuso di Monte Verità (Casa Selma e Hotel Monte Verità, Sala Bauhaus), Ascona. "Winding and Unwinding" è un progetto del duo italiano The Cool Couple concepito per Monte Verità. In una reinterpretazione dell'avveniristica idea di ricerca di Olga Fröbe-Kapteyn, artista, intellettuale e fondatrice dei Convegni di Eranos, gli artisti si sono mossi sul crinale del rapporto tra arte, filosofia, psicologia e forme naturali, che viene reinterpretato dall'intelligenza artificiale. Dal confronto di un corpus di disegni di Olga Fröbe-Kapteyn con un dataset di immagini scientifiche nascono le tre opere esposte negli spazi dell'hotel Bauhaus e un'installazione multimediale, ospitata nella capanna aria-luce Casa Selma, è stato messo in scena un dialogo tra entità scaturite da uno studio delle tante personalità che hanno contribuito al corpus di scritti della Fondazione Eranos. L'esposizione, organizzata in occasione della mostra "Olga Fröbe-Kapteyn: Artista – Ricercatrice", è originata dal progetto "La Scia del Monte ou les utopistes magnétiques" realizzato dal Musée des beaux-arts du Locle MBAL*; a tale mostra, allestita dal 22 marzo al 15 settembre 2024 e curata da Federica*

Italian duo The Cool Couple conceived for Monte Verità. In a reinterpretation of the futuristic research idea of Olga Fröbe-Kapteyn, artist, intellectual, and founder of the Eranos Conferences, the artists explored the relationship between art, philosophy, psychology, and natural forms, which is reinterpreted by artificial intelligence. The comparison of a corpus of drawings by Olga Fröbe-Kapteyn with a dataset of scientific images has given rise to the three works on display in the spaces of the Bauhaus hotel and a multimedia installation, housed in the air-light hut Casa Selma, staging a dialogue between entities arising from a study of the many personalities who contributed to the corpus of writings of the Eranos Foundation. The exhibition, organized on the occasion of the exhibition "Olga Fröbe-Kapteyn: Artist – Researcher," originated from the project "La Scia del Monte ou les utopistes magnétiques" by the Musée des beaux-arts du Locle MBAL. The Eranos Foundation contributed to this exhibition, curated by Federica Chiocchetti and Nicoletta Mongini, which ran from March 22 to September 15, 2024, by loaning a painting by Olga Fröbe-Kapteyn. No catalog was published, but a volume was produced containing some significant quotes from the artists included in the exhibition: Vv.Aa., *Les voix magnétiques – le voci magnetiche – die magnetischen Stimmen – the magnetic voices*, edited by Federica Chiocchetti (Le Locle: Musée des Beaux-Arts Le Locle MBAL, 2024).

In these three editions of the Eranos Conferences, the Ph.D. seminars, to which the final day of each symposium was dedicated as usual, were coordinated by Dimitri D'Andrea (University of Florence), Adriano Fabris (University of Pisa and Faculty of Theology of Lugano), Franco Giudice (University of Bergamo), Gabriele Guerra (University of Rome "La Sapienza"), Camilla Miglio (University of Rome "La Sapienza"), and Amelia Valtolina (University of Bergamo).

The three Conferences were organized in collaboration with the Ph.D. program in Transcultural Humanities at the University of Bergamo; the Ph.D. program in Philosophy at the Universities of Pisa

Chiocchetti e Nicoletta Mongini, la Fondazione Eranos ha contribuito con il prestito di un'opera pittorica di Olga Fröbe-Kapteyn; non è stato pubblicato un catalogo, ma un volume che raccoglie alcune citazioni significative degli artisti e artiste inclusi nella mostra: Aa.Vv.., Les voix magnétiques – le voci magnetiche – die magnetischen Stimmen – the magnetic voices, *a cura di Federica Chiocchetti (Musée des Beaux-Arts Le Locle* MBAL, *Le Locle 2024).*

In queste tre edizioni dei Convegni di Eranos, i Seminari dottorali, cui è stato dedicato come di consueto il giorno conclusivo di ogni simposio, sono stati coordinati da Dimitri D'Andrea (Università di Firenze), Adriano Fabris (Università di Pisa e Facoltà di Teologia di Lugano), Franco Giudice (Università di Bergamo), Gabriele Guerra (Università di Roma "La Sapienza"), Camilla Miglio (Università di Roma "La Sapienza") e Amelia Valtolina (Università di Bergamo).

I tre Convegni sono stati realizzati in collaborazione con il Dottorato di ricerca in Studi umanistici transculturali dell'Università di Bergamo; il Dottorato di ricerca in Filosofia delle Università di Pisa e Università di Firenze; il Dottorato di ricerca in Scienze religiose della Facoltà di Teologia di Lugano – Università della Svizzera Italiana USI*; il Dottorato di Ricerca in Studi Germanici e Slavi dell'Università di Roma "La Sapienza" e dell'Univerzita Karlova di Praga; e il Dottorato di Ricerca in Mutamento sociale e politico delle Università di Torino e Università di Firenze.*

La Fondazione Eranos ha dedicato, nuovamente, le edizioni 2022, 2023 e 2024 delle storiche Tagungen *a una figura straordinaria della storia della medicina contemporanea, il luminare Peter Anton Miescher (1923-2020), e a sua moglie Annatina (1924-2016), compagna di vita, interlocutrice privilegiata, pittrice sensibile. Pioniere nello studio delle malattie autoimmuni, Peter Anton Miescher è stato Professore di Medicina al Bellevue Medical Center dell'Università di New York; Professore e Direttore del Centro Trasfusionale e della Divisione di Ematologia clinica e sperimentale all'Università di Ginevra; Consulente di Immunoematologia clinica per l'Organizzazione Mondiale della Sanità; e Consulente per il Ministero della Sanità cinese. I suoi studi teorici e sperimentali, così come la sua pratica clinica, unite a uno spirito*

and Florence; the Ph.D. program in Religious Studies at the Faculty of Theology in Lugano – University of Italian Switzerland USI; the Ph.D. program in Germanic and Slavic Studies at the University of Rome "La Sapienza" and the Karlova University in Prague; and the Ph.D. program in Social and Political Change at the University of Turin and the University of Florence.

The Eranos Foundation has once again dedicated the 2022, 2023, and 2024 editions of its historic *Tagungen* to an extraordinary figure in the history of contemporary medicine, the luminary Peter Anton Miescher (1923-2020), and his wife Annatina (1924-2016), his life partner, privileged interlocutor, and sensitive painter. A pioneer in the study of autoimmune diseases, Peter Anton Miescher was Professor of Medicine at New York University's Bellevue Medical Center; Professor and Director of the Transfusion Center and Division of Clinical and Experimental Hematology at the University of Geneva; Consultant in Clinical Immunohematology for the World Health Organization; and Consultant for the Chinese Ministry of Health. His theoretical and experimental studies, as well as his clinical practice, combined with an innovative and intrepid spirit, enabled him to make important discoveries, which ultimately revolutionized the treatment of autoimmune diseases. A man of immense culture, collector, musician, and curious humanist, in the last years of his life he wished to demonstrate his esteem for the work carried out by the Eranos Foundation through a significant donation.

In addition to the annual Eranos Conferences, this volume also documents the lectures held almost monthly at Monte Verità, known as the Eranos-Jung Lectures.

The 2022 edition of the Eranos-Jung Lectures, in particular, was dedicated to a theme that is particularly crucial for our times, with direct implications for the transmission of knowledge, training, and education: "On Cancel Culture. From Judging to Lynching: Repressions and Discriminations in the Name of Morality." A culture is always born and established through a selective process of

innovativo e intrepido, gli hanno consentito di fare importanti scoperte, il cui esito, in ultima analisi, è stato quello di rivoluzionare la cura delle malattie autoimmuni. Uomo di immensa cultura, collezionista e musicista, umanista curioso, negli ultimi anni della sua vita ha voluto testimoniare la sua stima per il lavoro portato avanti dalla Fondazione Eranos attraverso una importante donazione.

Oltre agli annuali Convegni di Eranos, questo volume documenta altresì le conferenze, tenute con cadenza pressoché mensile a Monte Verità, denominate Eranos-Jung Lectures.

L'edizione 2022 delle Eranos-Jung Lectures, in particolare, è stata dedicata a un tema particolarmente cruciale per il nostro tempo, con ricadute dirette sulla trasmissione del sapere, la formazione e l'educazione: "Sulla cancel culture. *Dal giudizio al linciaggio: rimozioni e discriminazioni in nome della morale". Una cultura nasce e si afferma sempre anche da una operazione selettiva di particolari contenuti; da una certa operazione di assimilazione, rifiuto, rimodulazione di culture precedenti o coeve: prende e lascia cadere. Anche, ovviamente in relazione alle forze egemoniche di cui è eventualmente espressione. Oggi, una variante agguerrita di questa logica del "prendere e lasciare" è rappresentata della cosiddetta "cultura della cancellazione". È una cultura che, nelle sue espressioni più intransigenti, sembra avere un problema con il passato culturale da cui proviene: lo vede come insieme preoccupante di insufficienze, di discriminazioni o di ingiustizie secondo il metro dei propri standard morali. Un tribunale della memoria deciso a emendare la storia, liberandola dai suoi peccati. In questo, la* cancel culture *è una espressione coerente di quel presente soddisfatto e autoreferenziale, per cui la storia passata è sempre e solo un'immagine sbiadita, manchevole e riprovevole di se stessa. È una cultura che si nutre di colpevoli verso cui esercitare la sua censura; una cultura della sanzione. Ci sono casi in cui tutto ciò è senz'altro giustificato, quando per esempio la denuncia e la sanzione è rivolta al presente di comportamenti inaccettabili, in aperta violazione di regole rispettose e non lesive della dignità altrui. Dove, comunque, rimane sempre aperta la questione delle modalità attraverso cui la denuncia e la sanzione si esprimono. Soprattutto quando il sistema della comunicazione,*

particular content; through a certain process of assimilation, rejection, and remodelling of previous or contemporary cultures: it takes and leaves behind. This is obviously also related to the hegemonic forces of which it is possibly an expression. Today, a fierce variant of this logic of "taking and leaving" is represented by the so-called "cancel culture." It is a culture that, in its most uncompromising expressions, seems to have a problem with the cultural past from which it originates: it sees it as a worrying set of shortcomings, discrimination, or injustices according to its own moral standards. A court of memory determined to amend history, freeing it from its sins. In this, cancel culture is a coherent expression of a satisfied and self-referential present, for which the past is always and only a faded, flawed, and reprehensible image of itself. It is a culture that feeds on the guilty, on whom it can exercise its censorship; a culture of punishment. There are cases in which all this is undoubtedly justified, for example when denunciation and punishment are directed at unacceptable behavior in the present, in open violation of rules that are respectful and do not harm the dignity of others. However, the question of how denunciation and punishment are expressed always remains open. This is especially true when the communication system, as is the case today, offers tools for immediate speech, the effects of which are uncontrollable. However, when denunciation and punishment are directed at the cultures of the past, the discourse becomes even more complicated. The risk here is the neutralization of the entire culture, an attempt to make a clean sweep of the past. Perhaps it is the inability to reflect on the contradictions and complexity of life itself; the unwillingness to engage in dialogue and critical judgment, capable of evaluating and discriminating within the same situation. A regressive tendency not to grasp the nuances and shades of gray. An indication of profound fragility. Ultimately, a new form of ignorance.

The cycle hosted lectures by Giacomo Marramao (Roma Tre University): "Trial of the past: the judicial obsession with cancel

come accade oggi, offre strumenti di presa della parola immediata, incontrollabile nei suoi effetti. Nel momento in cui, però, le denuncia e la sanzione si rivolgono alle culture del passato, il discorso si complica ulteriormente. Poiché il rischio è qui la neutralizzazione dell'intera cultura, un tentativo di fare tabula rasa del passato. Forse l'incapacità di chinarsi con un pensiero riflessivo sulle contraddizioni e la stessa complessità della vita; la non disponibilità al dialogo, al giudizio critico, capace di valutare e di discriminare all'interno di una stessa situazione. Una regressiva tendenza a non cogliere i chiaroscuri, le sfumature. L'indice di una profonda fragilità. Infine, una nuova forma di ignoranza.

Il ciclo ha ospitato le conferenze di Giacomo Marramao (Università degli Studi Roma Tre): "Processo al passato: l'ossessione giudiziaria della cancel culture" (1° aprile); Emanuele Trevi (Molly Bloom Writing Academy, Rome): "La cultura del biasimo" (20 maggio); Cinzia Sciuto (MicroMega e Mediacampus Frankfurt): "Contro il dogmatismo: per un'analisi critica della cancel culture" (17 giugno); Paolo Flores d'Arcais (MicroMega): "Senza passato non c'è futuro. Sul carattere reazionario del 'politicamente corretto'" (30 settembre); Gian Piero Quaglino (Istituto di Psicologia Analitica e Psicoterapia IPAP, Ivrea): "Minima immoralia. Meditazioni della cultura offesa" (21 ottobre); e Fabio Merlini (Fondazione Eranos, Ascona, e Scuola Universitaria Federale per la Formazione Professionale SUFFP, Lugano): "Il tribunale del presente e il tempo smemorato. Logiche della cancel culture" (16 dicembre).

Le Eranos-Jung Lectures del 2023 e del 2024, invece, sono state dedicate a "I grandi cantieri della contemporaneità: sguardi sui nodi del presente". Lungo l'ultimo biennio, la Fondazione ha voluto infatti interpellare alcuni protagonisti del mondo culturale odierno, chiedendo loro di presentare i progetti e i temi sui quali stanno lavorando. L'idea era far dialogare a distanza sguardi qualificati sui nodi del nostro presente, per evidenziarne i rischi, le opportunità e le prospettive. Non, certo, per ascoltare l'ultima parola su quanto accade oggi, bensì per entrare nei loro laboratori di pensiero e cercare di mettere a fuoco una sorta di geografia in fieri del tempo presente: per orientarsi, per trovarsi, per tracciare la mappa di possibili percorsi virtuosi – nonostante il disorientamento e l'incertezza che ci caratterizza, in un'epoca

culture" (April 1); Emanuele Trevi (Molly Bloom Writing Academy, Rome): "The culture of blame" (May 20); Cinzia Sciuto (MicroMega and Mediacampus Frankfurt): "Against dogmatism: for a critical analysis of cancel culture" (June 17); Paolo Flores d'Arcais (MicroMega): "Without a past there is no future. On the reactionary nature of 'political correctness'" (September 30); Gian Piero Quaglino (Institute of Analytical Psychology and Psychotherapy IPAP, Ivrea): "*Minima immoralia*. Meditations on offended culture" (October 21); and Fabio Merlini (Eranos Foundation, Ascona, and Swiss Federal University for Vocational Education and Training SFUVET, Lugano): 'The court of the present and the forgetful times. Logics of cancel culture' (December 16).

The Eranos-Jung Lectures in 2023 and 2024, on the other hand, were dedicated to "The Great Worksites of Contemporaneity. Looks at the Knots of the Present." Over the last two years, the Foundation has sought to engage with some of the leading figures in today's cultural world, asking them to present the projects and themes they are working on. The idea was to bring together different perspectives on the key issues of our time, highlighting their risks, opportunities, and prospects. This was not, of course, to hear the final word on what is happening today, but rather to enter their think tanks and try to focus on a sort of geography in the making of the present time: to orient ourselves, to find ourselves, to trace a map of possible virtuous paths – despite the disorientation and uncertainty that characterizes us in an era rich in technological resources but very poor in future prospects. Instead of inviting them to reflect on a common theme, as is customary in the Eranos-Jung Lectures, we wanted to offer the speakers the opportunity to present to the public the issues they are working on, to see how they construct their view of an object, through what sensibility, what concerns, what desire for understanding, what method. And, of course, what passion. It has been a journey that has allowed us to visit some of the great 'construction sites of contemporary life' working on a wide

ricchissima di risorse tecnologiche, ma poverissima di futuro. Anziché invitarli a riflettere su un tema-fil rouge, come è prassi usuale delle Eranos-Jung Lectures, abbiamo voluto offrire ai relatori la possibilità di presentare al pubblico le questioni alle quali stanno lavorando, per vedere come si costruisca lo sguardo su un oggetto, attraverso quale sensibilità, quali preoccupazioni, quale desiderio di comprensione, quale metodo. E, ovviamente, quale passione. È stato un viaggio che ci ha permesso di visitare alcuni grandi "cantieri della contemporaneità" che lavorano su molteplici ambiti tematici : lo stato di salute delle nostre democrazie ; il destino dell'oggetto "libro" e dell'interiorità nel tempo dell'infinita distrazione e dei social media ; la realtà del metaverso, il superamento dell'umano e le risorse della mistica ; il percettivo sonoro in una società che sollecita continuamente il senso dell'udito ; la solitudine dell'artista nel mondo scintillante della mercificazione della creatività ; le derive del divino ; il senso del fare cultura ; e molto altro ancora. In sostanza : un viaggio fuori e dentro di noi.

Le Eranos-Jung Lectures del 2023 hanno visto la partecipazione di Franco Ferrari (Università di Pavia), con una conferenza su "Democrazia e libertà oggi. Possibili lezioni platoniche", in occasione della pubblicazione del suo La Repubblica di Platone (Il Mulino, Bologna 2022) (24 marzo, in questo caso presso la Biblioteca cantonale di Locarno) ; Gian Arturo Ferrari (Mondadori Libri, Milano), con "Il destino del libro" (21 aprile) ; Massimo Mori (Università di Torino e Accademia delle Scienze, Torino), con "L'interiorità smarrita e l'infinita distrazione", in occasione della pubblicazione del libro di Fabio Merlini, L'interiorità smarrita e l'infinita distrazione (Nino Aragno Editore, Torino 2022) (5 maggio, nuovamente presso la Biblioteca cantonale di Locarno) ; Silvano Tagliagambe (Università di Sassari), con "Visioni e congetture. L'accoppiamento virtuoso tra senso della realtà e senso della possibilità" (25 maggio) ; Nelly Valsangiacomo (Université de Lausanne), con "Vocalità, rumori, paesaggi sonori : come gli studi culturali hanno ricominciato ad ascoltare" (16 giugno) ; Davide Susanetti (Università di Padova), con "L'altrove e la necessità della mistica" (27 ottobre) ; Cinzia Sciuto (MicroMega e Mediacampus Frankfurt), con "Abbiamo ancora bisogno di Dio ?" (17 novembre) ; e Romano Màdera (Università di Milano-Bicocca),

range of themes: the state of health of our democracies; the fate of the 'book' as an object and of interiority in an age of endless distraction and social media; the reality of the metaverse, the overcoming of the human and the resources of mysticism; sound perception in a society that constantly stimulates the sense of hearing; the loneliness of the artist in the glittering world of the commodification of creativity; the drifts of the divine; the meaning of creating culture; and much more. In essence: a journey outside and inside ourselves.

The 2023 Eranos-Jung Lectures featured Franco Ferrari (University of Pavia), with a lecture on "Democracy and freedom today. Possible Platonic lessons," on the occasion of the publication of his book *La Repubblica di Platone* (Bologna: Il Mulino, 2022) (March 24, in this case at the Cantonal Library of Locarno); Gianarturo Ferrari (Mondadori Libri, Milan), with "The destiny of the book" (April 21); Massimo Mori (University of Turin and Academy of Sciences, Turin), with "Lost interiority and infinite distraction," on the occasion of the publication of Fabio Merlini's book, *L'interiorità smarrita e l'infinita distrazione* (Turin: Nino Aragno Editore, 2022) (May 5, again at the Cantonal Library in Locarno); Silvano Tagliagambe (University of Sassari), with "Visions and conjectures. The virtuous pairing of a sense of reality and a sense of possibility" (May 25); Nelly Valsangiacomo (University of Lausanne), with "Vocality, noises, soundscapes: how cultural studies have started listening again" (June 16); Davide Susanetti (University of Padua), with "The elsewhere and the necessity of mysticism" (October 27); Cinzia Sciuto (MicroMega and Mediacampus Frankfurt), with "Do we still need God?" (November 17); and Romano Màdera (University of Milan-Bicocca), with "Imagining otherwise. The elaboration of the human world in tools, beauty, and knowledge" (December 15).

The 2024 Eranos-Jung Lectures welcomed instead Massimo Danzi (University of Geneva), with "Between Christian Europe and the Islamic world. Hassan al-Wazzân (Leo Africanus) and the first *Description of Africa*" (March 15); Franco Bonsignori (University of Pisa), with

con "Immaginare altrimenti. L'elaborazione del mondo umano in strumenti, bellezza e saperi" (15 dicembre).

Le Eranos-Jung Lectures del 2024 hanno invece accolto Massimo Danzi (Université de Genève), con "Tra Europa cristiana e mondo islamico. Hassan al-Wazzân (Leone l'Africano) e la prima Descrizione dell'Africa*" (15 marzo); Franco Bonsignori (Università di Pisa), con "Memoria. Percorsi di singoli e popoli" (12 aprile); Alessandra Cislaghi (Università degli Studi di Trieste), con "Essere fuori di sé/essere in sé. Come pensarsi a partire dall'estasi" (7 giugno); Massimo Donà (Università Vita-Salute San Raffaele, Milano), con* "Dike, Polemos. *Sul senso della guerra" (4 ottobre); Carola Barbero (Università di Torino), con "Una lussuosa bellezza: saper ascoltare il linguaggio letterario" (15 novembre); e Fabio Merlini (Fondazione Eranos, Ascona, e Scuola Universitaria Federale per la Formazione Professionale* SUFFP*, Lugano), con "Venire a capo di sé: figure di una ricerca infinita" (13 dicembre).*

Nel corso di questo triennio, inoltre, la Fondazione ha realizzato oppure ha contribuito all'organizzazione di ulteriori iniziative scientifiche e culturali che, per diverse ragioni, questo Annale di Eranos *non può documentare.*

Dal 28 aprile al 1° maggio 2022, in particolare, si è tenuto a Monte Verità e a Eranos il congresso internazionale "Il Libro rosso *di Jung per il nostro tempo: alla ricerca dell'anima nel 21° secolo", promosso congiuntamente dalla Fondazione Eranos, dal Pacifica Graduate Institute, dalla International Association for Analytical Psychology* IAAP *e dalla Associazione per la Ricerca in Psicologia Analitica* ARPA*. L'evento è stato sostenuto finanziariamente dalle seguenti istituzioni: Foundation of the Works of C.G. Jung, Existential-psychologische Bildungs- und Begegnungsstätte Todtmoos-Rütte. Schule für Initiatische Therapie, International Society of Analytical Psychology* ISAP*, Istituto di Psicologia Analitica e Psicoterapia* IPAP *e Chiron Publications. Il suo successo, con partecipanti provenienti da tutto il mondo, è anche debitore della preziosa collaborazione della Fondazione Monte Verità, dell'Organizzazione Turistica Lago Maggiore e Valli, dell'Archivio Luigi Pericle e delle Case Editrici Daimon e Bollati Boringhieri. L'interrogativo di fondo su cui le tante relazioni presentate nell'ambito del simposio si sono interrogare è la seguente: cosa possiamo recuperare e fare nostro del* Libro rosso *di Carl*

"Memory. Paths of individuals and peoples" (April 12); Alessandra Cislaghi (University of Trieste), with "Being outside oneself/being within oneself. How to think of oneself starting from ecstasy" (June 7); Massimo Donà (Vita-Salute San Raffaele University, Milan), with "*Dike, Polemos*. On the meaning of war" (October 4); Carola Barbero (University of Turin), with "A luxurious beauty: knowing how to listen to literary language" (November 15); and Fabio Merlini (Eranos Foundation, Ascona, and Swiss Federal University for Vocational Education and Training SFUVET, Lugano), with "Coming to terms with oneself: figures of an infinite search" (December 13).

During this three-year period, the Foundation also organized or contributed to the organization of other scientific and cultural initiatives which, for various reasons, this *Eranos Yearbook* cannot document.

From April 28 to May 1, 2022, in particular, the international congress "Jung's *Red Book* for Our Time: Searching for Soul in the 21st Century," jointly promoted by the Eranos Foundation, the Pacifica Graduate Institute, the International Association for Analytical Psychology IAAP, and the Association for Research in Analytical Psychology ARPA. The event was financially supported by the following institutions: Foundation of the Works of C.G. Jung, Existential-psychologische Bildungs- und Begegnungsstätte Todtmoos-Rütte. Schule für Initiatische Therapie, International Society of Analytical Psychology ISAP, Institute of Analytical Psychology and Psychotherapy IPAP and Chiron Publications. Its success, with participants from all over the world, is also due to the valuable collaboration of the Monte Verità Foundation, the Lago Maggiore and Valli Tourist Organization, the Luigi Pericle Archive, and Daimon and Bollati Boringhieri publishing houses. The fundamental question addressed by the many presentations at the symposium is the following: what can we recover and make our own from Carl Gustav Jung's *Red Book*, individually and collectively, for our age, so deeply marked by *Umbra Mundi* (the "shadow of the world")? This is the basic

*Gustav Jung, individualmente e collettivamente, per la nostra epoca, così profondamente segnata dall'*Umbra Mundi *(l'"ombra del mondo")? Questa è la domanda di base che è stata affrontata dai relatori di questa occasione congressuale, la cui ideazione è inevitabilmente attraversata dai pensieri e dalle preoccupazioni riguardanti sia la pandemia di Coronavirus sia la crisi politica internazionale e la minaccia bellica che il mondo si preparava ad affrontare proprio in questo momento. In una prospettiva più generale, in ogni caso, in assenza della guida di una grande narrazione o di un mito collettivo, siamo consapevoli di vivere oggi in una fase storica di volatilità globale e di profonda incertezza rispetto al futuro. Una percezione simile era diffusa nel periodo in cui Jung lavorò al suo* Libro rosso*. In risposta a tale incertezza, dal 1913, Jung intraprese un viaggio interiore e diede forma a un'opera che riflette il suo ritrovamento di significato in un mito personale, attraverso il processo d'individuazione. Il suo approccio ai problemi presentati dallo spirito del suo tempo ha però anche un risvolto per il nostro tempo. Il* Libro rosso *ha infatti il potenziale per diventare una guida per chi vive nella condizione del* XXI *secolo. Sono intervenuti e hanno dialogato attorno a queste e altre riflessioni, stimolate anche dalla recente pubblicazione dei* Libri neri *di Jung, Stephen Aizenstat, Riccardo Bernardini, Paul Bishop, Steve Buser, Joseph Cambray, Linda Carter, Al Collins, Len Cruz, Thomas Fischer, Maren Hansen, Nancy Swift Furlotti, Nicole Janigro, Carl Christian Jung, Toshio Kawai, Romano Màdera, Christine Maillard, Frank N. McMillan* III*, Robert Michael Mercurio, Elaine Molchanov, Marianne Müller, Lance S. Owens, Heyong Shen, Leslie Stein, Murray Stein e Mari Yoshikawa. Gli atti del simposio sono confluiti nel 5° e ultimo volume della collana curata da Murray Stein e Thomas Artz, "Jung's* Red Book *for Our Time", con il titolo* Jung's Red Book for our Time: Searching for Soul in the 21st Century. An Eranos Symposium, *a cura di Murray Stein (Chiron Publications, Asheville, NC 2022).*

Nel 2022, ancora, sono state organizzate le seguenti iniziative extra-muros.

Il 6 maggio, presso la Biblioteca cantonale di Locarno, si è tenuta una attività della Scuola di Eranos, sul tema "Ripensare la solidarietà. La società

question that was addressed by the speakers at this congress, whose conception was inevitably influenced by thoughts and concerns about both the Coronavirus pandemic and the international political crisis and threat of war that the world was preparing to face at this very moment. From a more general perspective, in any case, in the absence of the guidance of a grand narrative or collective myth, we are aware that we are living today in a historical phase of global volatility and profound uncertainty about the future. A similar perception was widespread during the period when Jung was working on his *Red Book*. In response to this uncertainty, Jung embarked on an inner journey in 1913 and gave shape to a work that reflects his rediscovery of meaning in a personal myth through the process of individuation. However, his approach to the problems presented by the spirit of his time also has implications for our own. The *Red Book* has the potential to become a guide for those living in the 21st century. The following speakers took part in a discussion on these and other reflections, also stimulated by the recent publication of Jung's *Black Books*: Stephen Aizenstat, Riccardo Bernardini, Paul Bishop, Steve Buser, Joseph Cambray, Linda Carter, Al Collins, Len Cruz, Thomas Fischer, Maren Hansen, Nancy Swift Furlotti, Nicole Janigro, Carl Christian Jung, Toshio Kawai, Romano Màdera, Christine Maillard, Frank N. McMillan III, Robert Michael Mercurio, Elaine Molchanov, Marianne Müller, Lance S. Owens, Heyong Shen, Leslie Stein, Murray Stein, and Mari Yoshikawa. The proceedings of the symposium were published in the fifth and final volume of the series edited by Murray Stein and Thomas Artz, "Jung's Red Book for our Time," entitled *Jung's Red Book for our Time: Searching for Soul in the 21st Century. An Eranos Symposium*, edited by Murray Stein (Asheville, NC: Chiron Publications, 2022).

In 2022, the following *extra-muros* initiatives were also organized.

On May 6, at the Cantonal Library in Locarno, an activity of the Eranos School was held on the theme "Rethinking Solidarity. The Society of Individuals in the Face of War and Humanitarian

degli individui di fronte alla guerra e alle emergenze umanitarie", nell'ambito della quale sono intervenuti Matteo Bonazzi (Università di Verona), Federico Leoni (Università di Verona) e Matteo Vegetti (Università della Svizzera Italiana USI *e Scuola Universitaria Professionale della Svizzera Italiana* SUPSI*), in collaborazione con il Centro di Ricerca "Tiresia. Filosofia e Psicoanalisi" dell'Università di Verona.*

*Il 3 giugno, Nino Aragno Editore (Torino, Italia) e la Casa Editrice Aragno * Eranos Ascona (Ascona, Svizzera) hanno organizzato una presentazione del volume di Fabio Merlini,* Ritornare in sé. L'interiorità smarrita e l'infinita distrazione *(Nino Aragno, Torino 2022), presso la sede torinese della Casa Editrice Nino Aragno. Con l'autore hanno dialogato Ugo Nespolo, uno fra i più importanti artisti contemporanei, e Sarantis Thanopulos, presidente della Società Psicoanalitica Italiana* SPI*. Ha moderato l'incontro Riccardo Bernardini, Segretario scientifico della Fondazione Eranos, con la partecipazione di Nino Aragno.*

Il 23 giugno, la Fondazione Eranos e la Casa Editrice Rosenberg & Sellier, in collaborazione nuovamente con Nino Aragno Editore, hanno organizzato una presentazione del volume di Grazia Marchianò, Interiorità e finitudine: la coscienza in cammino. Orizzonti eurasiatici *("Saggi di Eranos", Vol. 6, Rosenberg & Sellier, Torino 2022), presso la sede torinese della Casa Editrice Nino Aragno. Ha dialogato con l'autrice Fabio Merlini e ha moderato l'incontro Riccardo Bernardini. Ricordiamo oggi quell'incontro, a distanza di tre anni, con particolare commozione, in quanto l'autrice, ospite a Eranos in più occasioni, è purtroppo venuta nel frattempo a mancare. Grazia Shōgen Marchianò-Zolla, specialista in estetica, filosofia e religioni dell'Oriente e dell'Occidente, è stata docente di Estetica comparata e Storia e civiltà dell'Asia orientale presso l'Università di Siena-Arezzo (Italia) e dottore* honoris causa *presso la Open University di Edimburgo (Regno Unito). È stata autrice e curatrice di diversi libri accademici e di numerosi saggi, relazioni congressuali e articoli in italiano e inglese sull'epistemologia indiana e buddhista, sulla scuola esoterica giapponese Shingon e sul patrimonio spirituale eurasiatico. Su quest'ultimo argomento in particolare, ha curato* Ponti sottili. Incroci di conoscenza per le vie dell'Eurasia tra l'Ottocento e il

Emergencies," with contributions from Matteo Bonazzi (University of Verona), Federico Leoni (University of Verona), and Matteo Vegetti (University of Italian Switzerland USI and University of Applied Sciences and Arts of Southern Switzerland SUPSI), in collaboration with the "Tiresia. Philosophy and Psychoanalysis" Research Center of the University of Verona.

On June 3, Nino Aragno Publishers (Turin, Italy) and Aragno * Eranos Ascona Publishers (Ascona, Switzerland) organized a presentation of Fabio Merlini's book, *Ritornare in sé. L'interiorità smarrita e l'infinita distrazione* [Coming Back to Oneself. The Lost Interiority and Infinite Distraction] (Turin: Nino Aragno, 2022) at the Turin headquarters of Nino Aragno Publishing House. The author was joined by Ugo Nespolo, one of the most important contemporary artists, and Sarantis Thanopulos, president of the Italian Psychoanalytic Society SPI. The meeting was moderated by Riccardo Bernardini, Scientific Secretary of the Eranos Foundation, with the participation of Nino Aragno.

On June 23, the Eranos Foundation and Rosenberg & Sellier Publishing House, in collaboration once again with Nino Aragno Editore, organized a presentation of Grazia Marchianò's book, *Interiorità e finitudine: la coscienza in cammino. Orizzonti eurasiatici* [Interiority and Finitude: Consciousness on the Move. Eurasian Horizons] ("Saggi di Eranos," Vol. 6; Turin: Rosenberg & Sellier, 2022), at the Turin headquarters of the Nino Aragno Publishing House. Fabio Merlini spoke with the author and Riccardo Bernardini moderated the meeting. Today, three years later, we remember that meeting with particular emotion, as the author, who was a guest at Eranos on several occasions, has sadly passed away in the meantime. Grazia Shōgen Marchianò-Zolla, a specialist in aesthetics, philosophy, and religions of the East and West, was a professor of Comparative Aesthetics and History and Civilization of East Asia at the University of Siena-Arezzo (Italy) and received an honorary doctorate from the Open University of Edinburgh (United Kingdom). She was the author and editor of

Novecento, *un volume scritto a quattro mani dai vincitori di una borsa di studio intitolata a lei e istituita dall'Officina di Studi Medievali di Palermo nel 2023. Il risultato più recente delle sue ricerche interdisciplinari, intitolato* Interiorità e finitudine: la coscienza in cammino. Orizzonti eurasiatici, *pubblicato nel 2022 come sesto tomo della collana dei "Saggi di Eranos", ha ricevuto il premio letterario Montale Fuori di Casa (2023). Tra le sue pubblicazioni, ricordiamo* Il codice e la forma. Propedeutica a un disegno di vita estetica *(1968),* La creatività. Le basi poetiche della mente *(1988),* L'armonia estetica. Lineamenti di una civiltà laotziana *(1991),* Le grandi correnti dell'estetica novecentesca *(1991),* La parola e la forma *(1993),* Sugli orienti del pensiero. La natura illuminata e la sua estetica *(1995),* East and West in Aesthetics *(1997) e* La cognizione estetica tra Oriente e Occidente *(2003). La sua attività accademica è stata accompagnata da ricerche analitiche che hanno portato alla pubblicazione di 15 volumi appartenenti alle "Opere complete" del marito Elémire Zolla (1926-2002) per Marsilio Editore (Venezia). La biografia intellettuale di Zolla da lei scritta,* Il conoscitore di segreti *(2012), appartiene alla suddetta collana. Altri contributi di Marchianò presentati a Eranos o dedicati a Eranos sono apparsi negli* Eranos Yearbooks *LXX/2009-2010-2011, LXXII/2013-2014, LXXIV/2017-2018 e LXXV/2019-2020-2021, nonché nel numero speciale della* rivista Spring. A Journal of Archetype and Culture *dedicato a Eranos (Vol. 92, 2015). Il 10 maggio 2023, presso la Sala Chierici della Biblioteca Berio, nello storico Palazzo del Seminario a Genova, come già ricordato, è stato assegnato a Grazia Marchianò, per il suo libro* Interiorità e finitudine, *il Premio Montale Fuori di Casa 2023.*

Dobbiamo purtroppo ricordare, con tristezza, la scomparsa anche di altri quattro fra i nostri autori, con un pensiero di riconoscenza per il loro generoso contributo intellettuale offerto alle nostre attività culturali.

Il 10 luglio 2023, a Roma, è venuto a mancare un altro affezionato relatore di Eranos, Antonio Vitolo, che ricordiamo con affetto e gratitudine attraverso le note biografiche composte da Riccardo Bernardini per la Rivista di Psicologia Analitica (Vol. 107, N. 55, 2023), *della quale è stato un importante contributore nel corso dei decenni. Nato a Caserta il 5 ottobre 1945, Antonio*

several academic books and numerous essays, conference papers, and articles in Italian and English on Indian and Buddhist epistemology, the Japanese esoteric school Shingon, and the Eurasian spiritual heritage. On the latter subject in particular, she edited *Ponti sottili. Incroci di conoscenza per le vie dell'Eurasia tra l'Ottocento e il Novecento* [Crossroads of Knowledge on the Roads of Eurasia between the Nineteenth and Twentieth Centuries], a volume co-authored by the winners of a scholarship named after her and established by the Officina di Studi Medievali di Palermo in 2023. The most recent result of her interdisciplinary research, entitled *Interiorità e finitudine: la coscienza in cammino. Orizzonti eurasiatici* [Interiority and Finitude: Consciousness on the Move. Eurasian Horizons], published in 2022 as the sixth volume of the "Saggi di Eranos" series, received the Montale Fuori di Casa literary prize (2023). Among her publications, we mention *Il codice e la forma. Propedeutica a un disegno di vita estetica* (The Code and the Form: Preparatory Studies for a Design of Aesthetic Life) (1968), *La creatività. Le basi poetiche della mente* [Creativity. The Poetic Foundations of the Mind] (1988), *L'armonia estetica. Lineamenti di una civiltà laotziana* [Aesthetic Harmony: Features of a Laozi Civilization] (1991), *Le grandi correnti dell'estetica novecentesca* [The Great Currents of Twentieth-Century Aesthetics] (1991), *La parola e la forma* [Word and Form] (1993), *Sugli orienti del pensiero. La natura illuminata e la sua estetica* [On the East of Thought: The Enlightened Nature and Its Aesthetics] (1995), *East and West in Aesthetics* (1997), and *La cognizione estetica tra Oriente e Occidente* [Aesthetic Cognition Between East and West] (2003). Her academic work has been accompanied by analytical research that has led to the publication of 15 volumes belonging to the "Collected Works" of her husband Elémire Zolla (1926-2002) for Marsilio Publishers (Venice). The intellectual biography of Zolla written by her, *Il conoscitore di segreti* [The Keeper of Secrets] (2012), belongs to the aforementioned series. Other contributions by Marchianò presented at Eranos or dedicated to Eranos have appeared in the *Eranos Yearbooks* LXX/2009-2010-2011, LXXII/2013-2014, LXXIV/2017-2018,

Vitolo ha vissuto e lavorato a Roma e Napoli. Psicologo Analista con funzioni di training, è stato Socio dell'Associazione Italiana di Psicologia Analitica AIPA *dal 1977 al 2017), del Centro Italiano di Psicologia Analitica* CIPA *dal 2018 al 2023 e della International Association for Analytical Psychology* IAAP *dal 1978 al 2023). Nell'*AIPA *ha ricoperto le cariche di Segretario del Consiglio Direttivo (dal 1989 al 1991) e Segretario del Training (dal 1992 al 1995), prima di diventarne Presidente (dal 2006 al 2010). Ha partecipato attivamente alla fondazione e alle attività della sezione napoletana dell'*AIPA. *Ha insegnato Teorie e tecniche del colloquio psicologico presso la Seconda Università degli Studi di Napoli (1996-2003), presso la Scuola di Specializzazione in Psicologia Clinica dell'Università di Roma "La Sapienza" (1990-2006) e presso l'Istituto di Psicologia Analitica e Psicoterapia* IPAP, *Scuola di Specializzazione in Psicoterapia, al Polo Formativo Universitario "Officina H Olivetti" di Ivrea (2017-2018). È stato* chairman *del decimo Congresso Internazionale della* IAAP, *tenutosi a Berlino dal 2 al 9 settembre 1986, nonché relatore in occasione dei Congressi della* IAAP *di Rio de Janeiro nel 2000 e di Montreal nel 2010. Ha tenuto complessivamente oltre trecento conferenze in Italia e all'estero, con particolare assiduità presso l'Istituto Italiano per gli Studi Filosofici di Napoli, per il quale è stato promotore di numerose iniziative culturali. Autore di numerosissime pubblicazioni, su cui si sono formate generazioni di analisti, ricordiamo, in particolare tra i suoi studi dedicati a Erich Neumann,* Un esilio impossibile. Neumann tra Freud e Jung *(Borla, Roma 1990), "Freud, Jung, Neumann: Polythéismes des rêves, besoin de laïcité et de tolérance", in* Monothéismes et modernités. Colloque internationale organisé à l'Acropolium de Carthage, 2-3-4 novembre 1995 *(*OROC, *Tunis 1996) e la traduzione dal tedesco all'italiano de* La Grande Madre. Fenomenologia delle configurazioni femminili dell'inconscio *(Astrolabio, Roma 1981), il monumentale studio di Erich Neumann che rappresenta anche l'unica pubblicazione nata direttamente dall'Archivio di Eranos per la Ricerca sul Simbolismo ideato da Olga Fröbe-Kapteyn dal 1934. Per la Casa Editrice Bollati Boringhieri, dal 1977 al 1995, in collaborazione con Luigi Aurigemma, Antonio Vitolo tradotto in italiano alcuni scritti di Carl Gustav Jung apparsi nell'ambito della collana delle* Opere*: "Il concetto di inconscio collettivo" e*

and LXXV/2019-2020-2021, as well as in the special issue of *Spring. A Journal of Archetype and Culture* dedicated to Eranos (Vol. 92, 2015). On May 10, 2023, in the Sala Chierici of the Berio Library, in the historic Palazzo del Seminario in Genoa, Grazia Marchianò was awarded the 2023 Montale Fuori di Casa Prize for her book *Interiorità e finitudine* [Interiority and Finitude].

Unfortunately, we must sadly remember the passing of four other authors, with gratitude for their generous intellectual contribution to our cultural activities.

On July 10, 2023, in Rome, another devoted Eranos lecturer, Antonio Vitolo, sadly passed away. We remember him with affection and gratitude through the biographical notes composed by Riccardo Bernardini for the *Rivista di Psicologia Analitica* (Vol. 107, nr. 55, 2023), to which he was an important contributor over the decades. Born in Caserta on October 5, 1945, Antonio Vitolo lived and worked in Rome and Naples. A training analyst, he was a member of the Italian Association of Analytical Psychology AIPA from 1977 to 2017, the Italian Center for Analytical Psychology CIPA from 2018 to 2023, and the International Association for Analytical Psychology IAAP from 1978 to 2023. Within the AIPA, he held the positions of Secretary of the Executive Council (from 1989 to 1991) and Secretary of Training (from 1992 to 1995), before becoming President (from 2006 to 2010). He actively participated in the foundation and activities of the Neapolitan section of the AIPA. He taught Theories and Techniques of Psychological Interviewing at the Second University of Naples (1996-2003), at the School of Specialization in Clinical Psychology at the University of Rome "La Sapienza" (1990-2006), and at the Institute of Analytical Psychology and Psychotherapy IPAP, School of Specialization in Psychotherapy, at the University Training Center "Officina H Olivetti" in Ivrea (2017-2018). He was chairman of the tenth International Congress of the IAAP, held in Berlin from September 2 to 9, 1986, as well as a speaker at the IAAP Congresses in Rio de Janeiro in 2000 and Montreal in 2010. He has given over three hundred lectures in Italy

"Sul rinascere", entrambi nel tomo 9/1. Sempre per Bollati Boringhieri ha tradotto, di Jung, Esperienza e mistero. 100 lettere, a cura di Aniela Jaffé (2019) e, di Marie-Louise von Franz, Psiche e materia (1992). Autore del volume Le psicoterapie (Il Saggiatore/Flammarion, Milano/Parigi 1997), ha inoltre curato Radici della cura laica (Borla, Roma 1997), Nascita, morte, trasformazione. Tra psicologia clinica e psicoterapia (Borla, Roma 2002) e Menti eminenti in sogno (Ma.Gi., Roma 2007). Alcuni suoi lavori sono stati tradotti in francese, tedesco, inglese, portoghese e giapponese. È intervenuto nell'ambito di programmi radiofonici di RAI Radio1, Radio 2 e Radio 3 (1982-1994) e, come articolista, ha regolarmente contribuito alla prima pagina e alla sezione culturale de Il Mattino (Napoli, 1986-1992 e 2004-2014). La sua sensibilità per la cultura mitteleuropea e la sua attenzione al mondo junghiano germanofono lo ha portato, negli anni 1987, 1989 e 1993, a svolgere presso la Fondazione Eranos di Ascona (Svizzera) una mirata attività di ricerca, documentata in parte nel capitolo "Le conferenze di Eranos" del Trattato di Psicologia Analitica curato da Aldo Carotenuto (UTET, Torino 1992). Sempre a Eranos, ha tenuto due conferenze su "The Ethic of Image" nel 1992 e "Uno spazio per il tempo interiore" nel 2017 (Eranos Yearbook LXXIV/2017-2018), contribuendo anche all'ultimo numero monografico di Spring. A Journal of Archetype and Culture (Vol. 92, 2025) dedicato proprio a Eranos. Nel 2012 ha fondato la rivista Tempo d'analisi. Paradigmi junghiani comparati, di cui è stato Direttore e sulla quale ha scelto di dare spazio, assieme a noti pensatori, anche alle più giovani generazioni di studiosi e clinici di orientamento junghiano. Ogni numero del periodico si apriva con questo esergo: "Oltre un secolo è trascorso dall'inizio della psicoanalisi, che nacque in Freud al crocevia tra medicina neuropsichiatrica, scienze umane e psicologia del profondo. I mercoledì viennesi di Berggasse 19, il filone junghiano, il circolo di Eranos, le controversie della Società Britannica di Psicoanalisi, l'innovativo ritorno a Freud di Lacan restano paradigmi storici tesi alla ricerca d'un linguaggio comune (Winnicott), semi del travaglio presente e vivo in quanti pensano e operano nella cura analitica. Il confronto appare meta di speranza, esercizio di tollerabilità di dissonanze e consonanze, orizzonte di ideazioni, sentimenti e comportamenti. Tra immancabili

and abroad, particularly at the Italian Institute for Philosophical Studies in Naples, where he has promoted numerous cultural initiatives. He is the author of numerous publications, which have shaped generations of analysts. Among his studies dedicated to Erich Neumann, we would particularly mention *Un esilio impossibile. Neumann tra Freud e Jung* [An impossible exile. Neumann between Freud and Jung] (Rome: Borla, 1990), "Freud, Jung, Neumann: Polythéismes des rêves, besoin de laïcité et de tolérance," in *Monothéismes et modernités. Colloque internationale organisé à l'Acropolium de Carthage, 2-3-4 novembre 1995* (Tunis: OROC, 1996), and the translation from German into Italian of *La Grande Madre. Fenomenologia delle configurazioni femminili dell'inconscio* [The Great Mother. An Analysis of the Archetype] (Rome: Astrolabio, 1981), Erich Neumann's monumental study that is also the only publication to have emerged directly from the Eranos Archive for Research in Symbolism, founded by Olga Fröbe-Kapteyn in 1934. For Bollati Boringhieri Publishing House, from 1977 to 1995, in collaboration with Luigi Aurigemma, Antonio Vitolo translated into Italian several writings by Carl Gustav Jung that appeared in the series of the "Opere": "Il concetto di inconscio collettivo" [The Concept of the Collective Unconscious] and "Sul rinascere" [Concerning Rebirth], both in volume 9/1. Also for Bollati Boringhieri, he translated Jung's *Esperienza e mistero. 100 lettere* [Experience and Mystery: 100 Letters], edited by Aniela Jaffé (2019) and, by Marie-Louise von Franz, *Psiche e materia* [Psyche and Matter] (1992). Author of the book *Le psicoterapie* [The Psychotherapies] (Milan/Paris: Il Saggiatore/Flammarion, 1997), he also edited *Radici della cura laica* [The Roots of Secular Care] (Rome: Borla, 1997), *Nascita, morte, trasformazione. Tra psicologia clinica e psicoterapia* [Birth, Death, Transformation. Between Clinical Psychology and Psychotherapy] (Rome: Borla, 2002), and *Menti eminenti in sogno* [Eminent Minds in Dreams] (Rome: Ma.Gi., 2007). Some of his works have been translated into French, German, English, Portuguese, and Japanese. He has appeared on radio programs on RAI Radio1, Radio 2, and Radio 3 (1982-1994) and, as a

ombre può maturare il riconoscimento dell'oscurità delle forze inconsce, la riconoscenza, sino a sentir pensabile la soglia dell'ignoto. Divenire soggetti responsabili è una realtà psichica che può durare, secondo Erich Neumann, oltre le dittature e le democrazie." Le parole di Antonio Vitolo, in questo momento storico così travagliato, risuonano in noi ancora più intensamente.

Augusto Romano (13 maggio 1934 – 21 luglio 2025) ci ha inoltre anch'egli lasciato, all'età di 91 anni. Nato nel 1934 a Bari, ha vissuto sin dalla giovane età a Torino, ove è stato pioniere del pensiero e della clinica a orientamento junghiano. Psicologo Psicoterapeuta, Analista con funzioni didattiche della Associazione per la Ricerca in Psicologia Analitica (ARPA), di cui è stato co-fondatore nel 1998 e per dieci anni Presidente, e poi dell'Associazione Italiana di Psicologia Analitica (AIPA), è stato socio ordinario della International Association for Analytical Psychology (IAAP). Ha insegnato Psicologia del lavoro presso la Scuola di Specializzazione in Medicina del Lavoro dell'Università di Torino (1973-1983) e, successivamente, Teorie della psicoanalisi (2004-2006) e Fondamenti di psicologia analitica (2006-2008) presso la Scuola di Specializzazione in Psicologia della Salute dell'Università di Torino; è stato anche docente di Fondamenti del pensiero junghiano presso la Scuola di Specializzazione in Psicoterapia dell'Istituto di Psicologia Analitica e Psicoterapia (IPAP) di Ivrea dal 2017. Tra i suoi lavori, tuttora punto di riferimento per chiunque lavori, studi e si formi nell'alveo della Psicoterapia a orientamento dinamico, ricordiamo Studi sull'Ombra *(con Mario Trevi, 1975, 1990 e 2009),* Madre di morte. Un caso clinico *(1988 e 2000),* Il flâneur all'inferno. Viaggio intorno all'eterno fanciullo *(1996 e 2006) e la raccolta di saggi* Il sogno del prigioniero *(2013). Con Gian Piero Quaglino, ha anche scritto i volumi di successo* A spasso con Jung *(2005 e 2021),* A colazione da Jung *(2006) e* Nel giardino di Jung *(2010) e curato, di C.G. Jung, le raccolte di* Aforismi *(2012) e* Aforismi dell'inconscio *(2014). Con Riccardo Bernardini e Gian Piero Quaglino, inoltre, ha curato il catalogo* Carl Gustav Jung a Eranos 1933-1952 *(pubblicato in associazione all'omonima mostra fotografica realizzata, sotto l'egida della Fondazione Eranos, presso il Rettorato dell'Università di Torino, nel 2007, in occasione del Decennale della Facoltà di Psicologia) e, di Carl Gustav Jung, l'edizione*

columnist, has regularly contributed to the front page and cultural section of the newspaper *Il Mattino* (Naples, 1986-1992 and 2004-2014). His sensitivity to Central European culture and his interest in the German-speaking Jungian world led him, in 1987, 1989 and 1993, to carry out specific research at the Eranos Foundation in Ascona (Switzerland), documented in part in the chapter 'Le conferenze di Eranos' in the *Trattato di Psicologia Analitica* [Treatise on Analytical Psychology] edited by Aldo Carotenuto (Turin: UTET, 1992). Also at Eranos, he gave two lectures on "The Ethic of Image" in 1992 and "A Space for Inner Time" in 2017 (*Eranos Yearbook* LXXIV/2017-2018), also contributing to the latest monographic issue of *Spring. A Journal of Archetype and Culture* (Vol. 92, 2025) dedicated to Eranos. In 2012, he founded the journal *Tempo d'analisi. Paradigmi junghiani comparati* [Time for Analysis: Comparative Jungian Paradigms], of which he was editor and in which he chose to give space, together with well-known thinkers, to the younger generation of Jungian scholars and clinicians. Each issue of the journal opened with this epigraph: "More than a century has passed since the beginning of psychoanalysis, which was born in Freud at the crossroads between neuropsychiatric medicine, human sciences, and depth psychology. The Viennese Wednesdays at Berggasse 19, the Jungian strand, the Eranos circle, the controversies of the British Psychoanalytical Society, Lacan's innovative return to Freud remain historical paradigms aimed at the search for a common language (Winnicott), seeds of the present and living struggle in those who think and work in analytical care. Confrontation appears to be a goal of hope, an exercise in tolerating dissonance and consonance, a horizon of ideas, feelings, and behaviors. Amidst inevitable shadows, recognition of the darkness of unconscious forces can mature, along with gratitude, to the point where the threshold of the unknown becomes conceivable. Becoming responsible subjects is a psychic reality that, according to Erich Neumann, can last beyond dictatorships and democracies."

critica de I miti solari e Opicino de Canistris. Appunti del Seminario tenuto a Eranos nel 1943 *(2014; anche in edizione inglese, 2015, sempre sotto gli auspici della Fondazione Eranos). Sulla storia della Psicologia torinese e piemontese, per Nino Aragno Editore, ha scritto il volume* L'inconscio a Torino *(2017). Raffinato melomane e suonatore di violoncello, al rapporto tra tale passione e la Psicologia ha dedicato il saggio* Musica e psiche *(1999 e 2002). In occasione del suo 80° compleanno, nel 2014, è stata pubblicata in suo onore la* Festschrift *dal titolo* L'ombra del flâneur. Scritti in onore di Augusto Romano, *curata da Ferruccio Vigna. Il suo primo romanzo,* La manutenzione dell'amore, *è uscito nel 2016, mentre nel 2024 è apparso il suo libro di poesie,* La memoria interrotta. *Il suo lavoro più recente è* Scritture della cura. Riflessioni intorno al "caso clinico" *(con Elena Gigante, 2024). Ha collaborato regolarmente per molti anni a* Tuttolibri, *il supplemento culturale del quotidiano* La Stampa. *Oltre a un suo contributo apparso nel 70°* Annale di Eranos *(2009-2010-2011), ricordiamo ancora con emozione la sua magistrale conferenza, intitolata "Morte dell'eroe e occultamento dell'Ombra", tenuta presso la Sala Balint di Monte Verità nell'ambito del Convegno di Eranos del 2015, dedicato al tema "Le origini del male", che offre tuttora delle straordinarie prospettive di lettura sulle tribolazioni della condizione umana contemporanea (*Annale *73/2015-2016).*

Pier Luigi Luisi (23 maggio 1938 - 26 agosto 2025) è stato un chimico e accademico italiano. Si è laureato in Chimica alla Scuola Normale Superiore di Pisa (Italia) nel 1963 e ha poi svolto tirocini presso l'Istituto di Biologia Molecolare di Eugene, Oregon (Stati Uniti), dove ha trascorso due anni lavorando nel campo della biologia molecolare, concentrandosi principalmente sull'enzimologia, in particolare lo studio dell'alcol deidrogenasi, e presso l'Istituto di Scienze Macromolecolari di Leningrado (Unione Sovietica). Questo primo approccio alla ricerca di alto livello ha plasmato il suo successivo percorso scientifico. Dal 1971 al 2003 ha svolto la sua carriera professionale presso il Politecnico Federale di Zurigo (ETH). È diventato professore ordinario di Chimica Macromolecolare presso il Dipartimento di Scienza dei Materiali, dove ha diretto la sezione Biopolimeri e, insieme a Pino e J. Meissner, ha co-fondato l'Istituto per lo Studio dei Polimeri. Il suo lavoro durante questo periodo si

Antonio Vitolo's words, in this troubled historical moment, resonate even more intensely within us.

Augusto Romano (May 13, 1934 – July 21, 2025) has also left us, at the age of 91. Born in Bari (Italy) in 1934, he lived in Turin from a young age, where he was a pioneer of Jungian thought and clinical practice. A psychologist, psychotherapist, and training analyst at the Association for Research in Analytical Psychology (ARPA), which he co-founded in 1998 and chaired for ten years, and then at the Italian Association of Analytical Psychology (AIPA), he was an ordinary member of the International Association for Analytical Psychology (IAAP). He taught Occupational Psychology at the School of Specialization in Occupational Medicine at the University of Turin (1973-1983) and, subsequently, Theories of Psychoanalysis (2004-2006) and Fundamentals of Analytical Psychology (2006-2008) at the School of Specialization in Health Psychology at the University of Turin. He has also been a lecturer in Fundamentals of Jungian Thought at the School of Specialization in Psychotherapy at the Institute of Analytical Psychology and Psychotherapy (IPAP) in Ivrea since 2017. His works, which remain a point of reference for anyone working, studying, or training in the field of dynamic psychotherapy, include *Studi sull'Ombra* [Studies on the Shadow] (with Mario Trevi, 1975, 1990, and 2009), *Madre di morte. Un caso clinico* [Mother of Death: A Clinical Case Study] (1988 and 2000), *Il flâneur all'inferno. Viaggio intorno all'eterno fanciullo* [The Flâneur in Hell: A Journey Around the Eternal Child] (1996 and 2006), and the collection of essays *Il sogno del prigioniero* [The Prisoner's Dream] (2013). With Gian Piero Quaglino, he also wrote the successful volumes *A spasso con Jung* [Walking with Jung] (2005 and 2021), *A colazione da Jung* [Breakfast with Jung] (2006), and *Nel giardino di Jung* [In Jung's Garden] (2010) and edited C.G. Jung's collections of *Aforismi* [Aphorisms] (2012) and *Aforismi dell'inconscio* [Aphorisms of the Unconscious] (2014). With Riccardo Bernardini and Gian Piero Quaglino, he also edited the catalog *Carl Gustav Jung a Eranos 1933-1952* (published in association with the photographic

è concentrato sui biopolimeri, esplorando argomenti quali l'enzimologia micellare, la biochimica dei liposomi e le vescicole giganti. Si è anche dedicato intensamente allo studio dell'origine della vita, che è culminato nel suo libro The Emergence of Life. Inoltre, la sua ricerca sull'autopoiesi, in particolare in collaborazione con Francisco Varela, ha avuto un ruolo significativo nel progresso della teoria dei sistemi nelle scienze biologiche. Successivamente ha ricoperto il ruolo di professore di Biologia Applicata presso l'Università degli Studi Roma Tre (Italia). Durante questo periodo, ha sviluppato un vivo interesse per la visione sistemica della vita, che enfatizza l'interconnessione e la complessità dei sistemi biologici. Il suo lavoro con Fritjof Capra, in particolare nell'ambito del libro The Systems View of Life, ha cercato di promuovere una comprensione multidisciplinare della realtà, particolarmente rilevante per affrontare le sfide ecologiche contemporanee. Oltre al suo lavoro scientifico, Luisi ha contribuito a un più ampio dialogo culturale e filosofico. Ha infatti collaborato con il Mind & Life Institute fondato dal Dalai Lama, Francisco Varela e Adam Engle con l'obiettivo di colmare il divario tra la prospettiva occidentale e quella buddista sulle scienze della mente. Il suo coinvolgimento in questa iniziativa ha portato alla pubblicazione del suo libro Mind and Life, in cui ha esplorato l'intersezione tra scienza e spiritualità. Mentre lavorava all'ETHZ, Luisi ha anche avviato nel 1985 la Settimana Internazionale di Cortona, "Science and the Wholeness of Life": una settimana residenziale interdisciplinare, in cui studenti laureati lavorano insieme a scienziati, economisti, filosofi, psicologi, musicisti, politici, leader religiosi e artisti, con l'obiettivo di scoprire nuovi e più ampi orizzonti della vita. La Settimana di Cortona si basa su una visione sistemica della vita e mira a fornire un'alternativa agli approcci riduzionisti che spesso prevalgono nella scienza contemporanea. Questa iniziativa è rimasta una parte fondamentale della sua eredità, promuovendo un approccio più olistico e integrativo alla ricerca scientifica. Il fatto che molti dei suoi ex colleghi dell'ETHZ lo abbiano regolarmente incontrato negli anni successivi dimostra quanto fosse apprezzato, sia per la sua leadership che per la sua personalità cordiale. È stato autore di oltre 400 pubblicazioni su riviste internazionali e di diverse monografie, tra cui Giant Vesicles (Perspectives in Supramolecular Chemistry, vol. 6,

exhibition of the same name, organized under the auspices of the Eranos Foundation at the Rectorate of the University of Turin in 2007, on the occasion of the tenth anniversary of the Faculty of Psychology) and, by Carl Gustav Jung, the critical edition of *I miti solari e Opicino de Canistris. Appunti del Seminario tenuto a Eranos nel 1943* (2014; also in English edition, titled *The Solar Myths and Opicino de Canistris. Notes of the Seminar given at Eranos in 1943*, 2015; again under the auspices of the Eranos Foundation). He dedicated his essay *L'inconscio a Torino* [The Unconscious in Turin] (2017) to the history of psychology in Turin and Piedmont, published by Nino Aragno Editore. A refined music lover and cellist, he dedicated the essay *Musica e psiche* [Music and Psyche] (1999 and 2002) to the relationship between this passion and psychology. On the occasion of his 80th birthday in 2014, a *Festschrift* entitled *L'ombra del flâneur. Scritti in onore di Augusto Romano* [The Shadow of the Flâneur. Essays in Honor of Augusto Romano], edited by Ferruccio Vigna. His first novel, *La manutenzione dell'amore* [The Maintenance of Love], was published in 2016, while his book of poetry, *La memoria interrotta* [The Interrupted Memory], appeared in 2024. His most recent work is *Scritture della cura. Riflessioni intorno al "caso clinico"* [Writings on Care. Reflections on the "Clinical Case"] (with Elena Gigante, 2024). For many years, he was a regular contributor to *Tuttolibri*, the cultural supplement of the daily newspaper *La Stampa*. In addition to his contribution to the 70th *Eranos Yearbook* (2009-2010-2011), we still remember with emotion his masterful lecture, entitled "Death of the Hero and Concealment of the Shadow," held at the Balint Hall of Monte Verità as part of the 2015 Eranos Conference, dedicated to the theme "The Origins of Evil," which still offers extraordinary insights into the tribulations of the contemporary human condition (*Eranos Yearbook* 73/2015–2016).

Pier Luigi Luisi (23 May 1938 – 26 August 2025) was an Italian chemist and academic. He took a degree in Chemistry at the Scuola Normale Superiore of Pisa (Italy) in 1963 and then held internships at the Institute of Molecular biology in Eugene, Oregon (United States),

con Peter Walde, 2000), Vom Ursprung des Universums zur Evolution des Geistes *(con Peter Walde, 2001),* The Emergence of Life: From Chemical Origins to Synthetic Biology *(2006),* Mind and Life. Discussions with the Dalai Lama on the Nature of Reality *(2009),* The Minimal Cell *(2011),* Chemical Synthetic Biology *(2011),* Sull'origine della vita e della biodiversità *(2013),* The Systems View of Life *(con Fritjof Capra, 2014; tradotto in diverse lingue, la versione italiana è stata pubblicata con il titolo* Vita e Natura. Una visione sistemica, *2014),* Essays on Life Science *(2020) e* The Tales of Tomorrow. Il nuovo mondo coraggioso dell'intelligenza artificiale *(2020). Dal 2015 ha scritto mensilmente sul periodico* Wall Street International. *Luisi è stato anche un prolifico autore di narrativa, principalmente in italiano: tra le sue opere narrative figurano* La regina di Samarcanda *(2017),* Il posto dei fichidindia. Storie elbane quasi tutte vere *(2019) e* Le cinque porte della felicità *(2020). Ha scritto anche diversi libri per ragazzi, quali* ClaudiTam e il sentiero dei sogni *(2008),* L'isola degli animali che non ci furono *(2020) e il più recente* Ed è subito giovedì *(2024): in quest'ultimo, ha trattato le sfide che i giovani devono affrontare nel prendere decisioni sul loro futuro, in particolare in relazione all'istruzione superiore e alla scienza.*

Pochi giorni prima dell'invio in stampa del presente Annale, infine, con grande dolore abbiamo dovuto apprendere della scomparsa di Massimo Danzi (1954–2026), studioso raffinato e amico caro con il quale, in anni di frequentazioni, è stato possibile imparare cosa significhi affrontare la vita, in tutte le sue manifestazioni, con spirito, intelligenza profonda, grandissima sensibilità. E con una forza e, al contempo, una levità, anche di fronte alla consapevolezza del male incurabile, che rimangono il più grande insegnamento che poteva lasciarci. Massimo Danzi ha studiato all'Università di Pavia, con specializzazioni presso la Freie Universität di Berlino e l'Istituto Nazionale di Studi Storici di Napoli, conseguendo il dottorato di ricerca presso l'Università di Ginevra nel 1989 con una tesi di filologia italiana sul poeta lombardo Matteo Bandello. Nel 1992-1993 è stato ricercatore presso il Centro di Studi sul Rinascimento Italiano dell'Università di Harvard. Tornato in Svizzera, è stato nominato prima maître de recherche et d'enseignement *e poi*

where he spent two years working in the field of molecular biology, focusing mainly on enzymology, particularly the study of alcohol dehydrogenase, and the Institute of Macromolecular Science in Leningrad (Soviet Union). This early exposure to high-level research shaped his subsequent scientific path. From 1971 to 2003, his professional career was spent at the Swiss Federal Institute of Technology (ETH) in Zürich. He became a full professor of Macromolecular Chemistry in the Department of Material Science, where he directed the Biopolymers section and, along with Pino and J. Meissner, cofounded the Institute for the Study of Polymers. His work during this period focused on biopolymers, exploring topics such as micellar enzymology, liposome biochemistry, and giant vesicles. He also devoted himself intensively to the study of the origin of life, which culminated in his book *The Emergence of Life*. In addition, his research on autopoiesis, particularly in collaboration with Francisco Varela, played a significant role in advancing systems theory in the biological sciences. He subsequently served as a professor of Applied Biology at the Università degli Studi Roma Tre (Italy). During this period, he developed a keen interest in the systemic view of life, which emphasizes the interconnectedness and complexity of biological systems. His work with Fritjof Capra, particularly the book *The Systems View of Life*, sought to promote a multidisciplinary understanding of reality, particularly relevant for addressing contemporary ecological challenges. In addition to his scientific work, Luisi contributed to a broader cultural and philosophical dialogue. He collaborated in fact with the Mind & Life Institute founded by the Dalai Lama, Francisco Varela, and Adam Engle with the aim of bridging the gap between Western and Buddhist perspectives on the sciences of the mind. His involvement in this initiative led to the publication of his book *Mind and Life*, in which he explored the intersection between science and spirituality. When working at the ETHZ, Luisi also started in 1985 the Settimana Internazionale di Cortona [International Week of Cortona, Italy], "Science and the Wholeness of Life": an interdisciplinary

professore di letteratura italiana all'Università di Ginevra. È stato membro del Consiglio Scientifico Nazionale per il VI Centenario della Nascita di Leon Battista Alberti (2004) e ha fatto parte dei comitati scientifici internazionali di diverse riviste. Dal 2018 ha presieduto la Fondation Barbier-Mueller pour l'étude de la littérature de la Renaissance a Ginevra e ha diretto la rivista di studi rinascimentali Italique. *La sua ricerca si è concentrata su temi al confine tra filologia testuale e storia sociale e culturale. Si è interessato a Petrarca e alla poesia del Medioevo e del Rinascimento, alla letteratura morale e comportamentale, con particolare attenzione alla "letteratura economica" (che tratta dell'economia "familiare" e della gestione domestica). Per quanto riguarda l'architetto Leon Battista Alberti, ha studiato le opere in latino e in volgare e si è interessato all'arte rinascimentale, al collezionismo librario e alle reti intellettuali su cui esso poggiava nell'Europa delle grandi famiglie patrizie e aristocratiche. Tra i suoi interessi figura la letteratura medico-termale che, a partire dal XIII secolo, ha accompagnato la pratica delle "acque medicate" in Europa, in un dialogo molto moderno tra scienza medica e letteratura. Ha pubblicato l'edizione critica annotata delle rime di Matteo Bandello (1989) e* Poeti del Cinquecento *(in collaborazione con G. Gorni e S. Longhi, 2001). Ha ricostruito la biblioteca dell'umanista veneziano Pietro Bembo in* La Biblioteca del cardinale Pietro Bembo *(2005) e ha raccolto parte dei suoi studi nel volume* "Ingenio ludere." Scritti di letteratura sul Quattrocento e sul Cinquecento *(2022). Per le Edizioni della Scuola Normale ha curato anche l'edizione di* Poeti latini del Cinquecento di Giovanni Parenti *(2 voll., 2021). In ambito medico e cosmografico, ha pubblicato il saggio* Per una storia della letteratura medico-termale tra Medioevo e Rinascimento *(2022) e l'edizione del* De Germaniae et Helvetiae thermis *di Conrad Gessner di Zurigo (1553). Ha organizzato o co-organizzato convegni su* Il Poeta e il suo pubblico. Lettura e commento dei testi lirici nel Cinquecento *(2007), sulla letteratura bucolica:* "Poesia en travesti". Spazio, cifre e statuto del codice bucolico tra Boccaccio e Marino *(2018) e sulla* Poesia dialettale del Rinascimento nell'Italia del Nord *(2020). Oppure, in ambito contemporaneo, su Giorgio Orelli (*Giorgio Orelli e il "lavoro" sulla parola, *2013) ed Enrico Filippini*

residential week, in which graduate students were working together with scientists, economists, philosophers, psychologists, musicians, politicians, religious leaders, artists, etc., with the aim of discovering new and broader horizons of life. The Cortona Week is based on a systemic view of life and aims to provide an alternative to the reductionist approaches that often prevail in contemporary science. This initiative has remained a fundamental part of his legacy, promoting a more holistic and integrative approach to scientific research. The fact that several of his former ETHZ colleagues met with him regularly in the following years shows how much he was appreciated, both for his leadership and for his warm personality. He was the author of more than 400 publications in international journals and several monographs, including *Giant Vesicles* (*Perspectives in Supramolecular Chemistry*, vol. 6, with Peter Walde, 2000), *Vom Ursprung des Universums zur Evolution des Geistes* (with Peter Walde, 2001), *The Emergence of Life: From Chemical Origins to Synthetic Biology* (2006), *Mind and Life. Discussions with the Dalai Lama on the Nature of Reality* (2009), *The Minimal Cell* (2011), *Chemical Synthetic Biology* (2011), *Sull'origine della vita e della biodiversità* (2013), *The Systems View of Life* (with Fritjof Capra, 2014; translated into several languages, the Italian version was released as *Vita e Natura. Una visione sistemica*, 2014), *Essays on Life Science* (2020), and *The Tales of Tomorrow. The Brave New World of Artificial Intelligence* (2020). Since 2015, he had been writing monthly in the *Wall Street International* magazine. Luisi was also a prolific author of fiction, mainly in Italian: his narrative works include *La regina di Samarcanda* [The Queen of Samarcanda] (2017), *Il posto dei fichidindia. Storie elbane quasi tutte vere* [The place of prickly pears. Stories from Elba Island, almost all of them True] (2019), and *Le cinque porte della felicità* [The Five Doors of Happiness] (2020). He has also written several books for young adults, such as *ClaudiTam e il sentiero dei sogni* [ClaudiTam and the Path of Dreams] (2008), *L'isola degli animali che non ci furono* [The Island of Animals That Never Were] (2020), and the most recent *Ed è subito giovedì* [And Suddenly It's

(Enrico Filippini a trent'anni dalla morte. Scrittura, giornalismo e politica editoriale nell'Italia del secondo Novecento, *2019). Nel campo moderno e contemporaneo, ha scritto su Tassoni, Alfieri, Leopardi, Ungaretti, Gadda, Giuseppe Zoppi, Alda Merini, Giorgio Orelli ed Enrico Filippini. Massimo Danzi è stato molto vicino alla Fondazione: intellettualmente curiosissimo, non si stancava di informarsi sulla sua storia e sul lavoro necessario a tenerne accesa la motivazione. Qualche anno fa, era stato nostro relatore, in una conferenza indimenticabile: nonostante la già ben visibile stanchezza aveva saputo, come sempre, affascinare tutti. Proprio in questi mesi, non senza affanno, con una tenacia ammirevole è riuscito ancora a correggere il testo del suo intervento, che il lettore può ora leggere nel presente volume. Ricorderemo Massimo per la sua gentilezza, la sua grazia, la sua devozione agli studi e la raffinata ironia con cui sapeva parlare persino della morte, come nel corso della nostra ultima telefonata. Rimane il suo vivo ricordo e il nostro grande affetto.*

Ulteriori iniziative promosse dalla Fondazione Eranos nel corso del 2023 sono le seguenti.

Il 23 settembre, in collaborazione con la Fondazione Monte Verità, si è svolto un appuntamento nell'ambito del ciclo "Mundaneum", dedicato in questa occasione a "Il destino della terra e dell'abitare e altre tragedie contemporanee". Mundaneum – dal nome scelto da Le Corbusier e Otlet per un centro culturale mondiale situato a Ginevra – è il titolo dei seminari promossi dalla Fondazione Monte Verità e dalla Fondazione Eranos dedicati alle trasformazioni del mondo globale e alle sfide che lo investono: un luogo di incontro tra discipline diverse, un laboratorio pubblico di idee per conoscere e comprendere il presente, con le sue dinamiche e le sue linee di tendenza. Dopo la prima edizione del 2018, in cui sono stati drammaticamente anticipati eventi che hanno segnato il nostro essere nel mondo, l'incontro del 2023 ha offerto la possibilità di un approfondimento sul complesso intreccio tra l'essere umano, l'ambiente naturale, l'architettura e la poesia dell'abitare, mettendone in luce le connessioni. È stato esplorato il legame tra uomo, terra e architettura, partendo dalla necessità di un nuovo approccio all'altezza delle sfide attuali, riflettendo sulla differenza tra spazi e luoghi, sull'urgenza

Thursday] (2024): in the latter, he addressed the challenges young people face in making decisions about their future, particularly in relation to higher education and science.

Finally, just a few days before this Yearbook went to press, we learned with great sorrow of the passing of Massimo Danzi (1954–2026), a distinguished scholar and dear friend from whom, over the years we knew him, we were able to learn what it means to face life, in all its forms, with spirit, profound intelligence, and immense sensitivity. And with a strength and, at the same time, a lightness—even in the face of the awareness of an incurable illness—that remain the greatest lesson he could have left us. Massimo Danzi studied at the University of Pavia, with specializations at the Freie Universität in Berlin and at the Italian Institute for Historical Studies in Naples, obtaining his Ph.D. from the University of Geneva in 1989, with a thesis in Italian philology on the Lombard poet Matteo Bandello. In 1992-1993, he was a fellow of the Harvard University Center for the Italian Renaissance Studies. Returning to Switzerland, he was appointed first *maître de recherche et d'enseignement* and then professor of Italian literature at the University of Geneva. He was a member of the National Scientific Council for the VI Centenary of the Birth of Leon Battista Alberti (2004) and of the international scientific committees of several journals. Since 2018, he has chaired the Fondation Barbier-Mueller pour l'étude de la littérature de la Renaissance in Geneva and directed the journal of Renaissance studies *Italique*. His research has favored topics on the border between textual philology and social and cultural history. He has been interested in Petrarch and the poetry of the Middle Ages and the Renaissance, in moral and behavioral literature, with a focus on "economic literature" (dealing with "family" economy and household management). Of the architect Leon Battista Alberti, he has studied Latin and vernacular works and has been interested in Renaissance art and book collecting and the intellectual networks on which it rested in the Europe of the great patrician and aristocratic families. His

di tornare a ragionare sul senso dell'artificio, nell'ambito di un rin-novato bilancio tra natura e edificazione. Ci si è interrogati sul senso dei luoghi nel quadro di spazi divenuti sempre più inospitali. L'architettura ha da sempre plasmato l'ambiente per adattarlo alle necessità dell'uomo, ma nell'odierna era di espansione urbana emergono nuove non poco problematiche complessità. Bisogna quindi avviare una riflessione profonda sul significato dell'artificio e su come stabilire un nuovo equilibrio tra uomo, terra e natura, soprattutto alla luce dei cambiamenti climatici e dei mutamenti auspicabili nella pratica dell'abitare. Come l'arte e l'architettura si sono evolute nel tempo per tematizzare lo spazio in modi nuovi, così è accaduto anche per il linguaggio della poesia. L'incontro ha cercato di attraversare queste differenti questioni, per avviare una riflessione su cosa ci aspetta e a quali responsabilità siamo oggi chiamati. Hanno partecipato come relatori Fabio Merlini (Fondazione Eranos, Ascona, e Scuola Universitaria Federale per la Formazione Professionale SUFFP, Lugano), Gianfranco Tuzzolino (Università degli Studi di Palermo), Amelia Valtolina (Università degli Studi di Bergamo), Matteo Vegetti (Università della Svizzera Italiana USI e Scuola universitaria professionale della Svizzera italiana SUPSI).

*Il 12 giugno, presso la Biblioteca di Scienze religiose "Erik Peterson" di Torino, il Centro di Scienze Religiose CSR dell'Università di Torino, in collaborazione con la Fondazione Eranos e la Casa Editrice Aragno * Eranos Ascona, ha organizzato un incontro di studi, sul tema "Miti e misteri di Károly Kerényi" in occasione del cinquantesimo anniversario della scomparsa di Károly Kerényi (1897-1973) e dell'edizione di* The Mysteries of the Kabeiroi. Introduction to the Study of Ancient Mysteries (Appendix: Castello di Tegna. An Archaeological Parallel to a Sanctuary in the Area of Thebes) / I Misteri dei Cabiri. Introduzione allo studio dei misteri antichi (Appendice: Castello di Tegna. Un parallelo archeologico con un santuario nella zona di Tebe)*, a cura di Natale Spineto, prefazione di Fabio Merlini e Riccardo Bernardini ("Classici di Eranos", Vol. 5, Aragno * Eranos Ascona, Ascona 2023). Sono intervenuti Riccardo Bernardini (Fondazione Eranos, Ascona), Cornelia Isler-Kerényi (Erlen-bach), Aldo Magris (Università*

curiosities include the medico-thermal literature that, from the 13th century onward, accompanied the practice of "medicated waters" in Europe, in a very modern dialogue between medical science and literature. He published the annotated critical edition of Matteo Bandello's rhymes (1989), *Poeti del Cinquecento* (in collaboration with G. Gorni and S. Longhi, 2001). He reconstructed the library of Venetian humanist Pietro Bembo in *La Biblioteca del cardinal Pietro Bembo* (2005) and brought together part of his studies in the volume *"Ingenio ludere." Scritti di letteratura sul Quattrocento e sul Cinquecento* (2022). For Edizioni della Scuola Normale, he also edited the edition of Giovanni Parenti's *Poeti latini del Cinquecento* (2 vols., 2021). In the medical and cosmographical fields, he has given the essay *Per una storia della letteratura medico-termale tra Medioevo e Rinascimento* (2022) and edited *De Germaniae et Helvetiae thermis* by Conrad Gessner of Zurich (1553). He has organized or co-organized conferences on *Il Poeta e il suo publico. Lettura e commento dei testi lirici nel Cinquecento* (2007), on bucolic literature: *"Poesia en travesti". Spazio, cifre e statuto del codice bucolico tra Boccaccio e Marino* (2018) and on *Poesia dialettale del Rinascimento nell'Italia del Nord* (2020). Or in the contemporary field, on Giorgio Orelli (*Giorgio Orelli e il "lavoro" sulla parola*, 2013) and Enrico Filippini (*Enrico Filippini a trent'anni dalla morte. Scrittura, giornalismo e politica editoriale nell'Italia del secondo Novecento*, 2019). In the modern and contemporary fields, he has written on Tassoni, Alfieri, Leopardi, Ungaretti, Gadda, Giuseppe Zoppi, Alda Merini, Giorgio Orelli, and Enrico Filippini. Massimo Danzi was very close to the Foundation: intellectually curious to the core, he never tired of learning about its history and the work required to keep its spirit alive. A few years ago, he served as our keynote speaker at an unforgettable conference: despite his already evident fatigue, he managed, as always, to captivate everyone. Just in recent months, not without difficulty but with admirable tenacity, he managed once again to revise the text of his speech, which the reader can now find in this volume. We will remember Massimo for his kindness, his grace, his devotion to

degli Studi di Trieste), Enrico Manera (Torino), Francesco Massa (Università di Torino) e Natale Spineto (Università di Torino).

Il 12 settembre, presso la Biblioteca cantonale di Bellinzona, è stata organizzata una conferenza sul tema della "Clemenza: né pietà né perdono", nell'ambito del Democracy Day 2023, in occasione della pubblicazione del saggio di Francesca Rigotti, Clemenza *(Il Mulino, Bologna 2023). Ne ha discusso con l'autrice Fabio Merlini; la serata è stata introdotta da Paola Piffaretti (Biblioteca cantonale di Bellinzona).*

Dal 30 giugno al 1° ottobre 2023, infine, la Kunsthalle Mainz ha allestito la mostra monografica dedicata "Olga Fröbe-Kapteyn: Conoscenza profonda", a cui la Fondazione Eranos ha contribuito organizzativamente. Curata da Yasmin Afshar, si tratta della prima esposizione monografica dedicata alle opere pittoriche di Olga Fröbe-Kapteyn (1881-1962), la fondatrice di Eranos. La mostra, che ha incluso anche opere di artisti contemporanei quali Monia Ben Hamouda, Kerstin Brätsch, Hylozoic/Desires (Himali Singh Soin & David Soin Tappeser), Mountain River Jump! e Sriwhana Spong, è seguita alle precedenti esposizioni collettive promosse dalla Fondazione Trussardi a Palazzo Reale, Milano, nel 2015, dal New Museum a New York nel 2016, dal Centre Pompidou a Parigi nel 2021 e dal Guggenheim Museum a Bilbao nel 2021-2022, documentate nei rispettivi cataloghi, e ha anticipato la seconda mostra monografica allestita al Museo Casa Rusca di Locarno nel 2024. Nel 2023, il Museo d'arte moderna della città renana di Magonza ha dedicato i suoi meravigliosi spazi espositivi, per la prima volta, a una mostra interamente dedicata ai vari periodi della produzione pittorica di Olga Fröbe-Kapteyn, oggetto di sempre maggiore interesse sia da parte del mondo dell'arte sia della ricerca scientifica. In occasione dell'inaugurazione, che ha avuto luogo il 29 giugno, con la curatrice Yasmin Afshar e Katharina Binz, Ministro per la Famiglia, le Donne, la Cultura e l'Integrazione dello Stato della Renania-Palatinato, sono intervenuti, per conto della Fondazione Eranos, Fabio Merlini e Riccardo Bernardini.

Nel 2024, tra le iniziative culturali non documentate in questo volume, segnaliamo la prima edizione del ciclo degli Eranos Colloquia, dedicati al tema "Ponti tra materia e spirito". Le sette conferenze, promosse dalla Casa

scholarship, and the refined irony with which he could speak even of death, as he did during our last phone call. His vivid memory and our deep affection for him remain.

Further initiatives promoted by the Eranos Foundation during 2023 are as follows.

On September 23, in collaboration with the Monte Verità Foundation, an event was held as part of the "Mundaneum" cycle, dedicated on this occasion to "The Destiny of the Earth and of Living and other Contemporary Tragedies." Mundaneum – the name chosen by Le Corbusier and Otlet for a world cultural center located in Geneva – is the title of the seminars promoted by the Monte Verità Foundation and the Eranos Foundation dedicated to the transformations of the global world and the challenges it faces: a meeting place for different disciplines, a public laboratory of ideas for learning about and understanding the present, with its dynamics and trends. After the first edition in 2018, which dramatically anticipated events that have marked our existence in the world, the 2023 meeting offered an opportunity to explore the complex intertwining of human beings, the natural environment, architecture, and the poetry of living, highlighting the connections between them. The link between man, earth, and architecture was explored, starting from the need for a new approach that is equal to the current challenges, reflecting on the difference between spaces and places, on the urgency of returning to think about the meaning of artifice, within the context of a renewed balance between nature and construction. The meaning of places was questioned in the context of spaces that have become increasingly inhospitable. Architecture has always shaped the environment to adapt it to human needs, but in today's era of urban expansion, new and highly problematic complexities are emerging. We must therefore engage in a profound reflection on the meaning of artifice and how to establish a new balance between humans, the earth, and nature, especially in light of climate change and desirable changes in the practice of living. Just as art and architecture

*Editrice Aragno * Eranos Ascona, dalla Fondazione Eranos e da Nino Aragno Editore, si sono svolte a Monte Verità (Ascona) (comprendendo anche due Eranos-Jung Lectures), Palazzo Bellono Aragno (Torino) e Villa Tornaforte Aragno (Cuneo). Materia e spirito, a un primo sguardo, sembrerebbero opposti e inconciliabili. Eppure, importanti studiosi legati ai Convegni di Eranos, come lo psicologo Carl Gustav Jung, il filosofo e iranista Henry Corbin, l'antropologo Gilbert Durand e lo psicologo James Hillman, rivelarono una possibile via per "sanare la frattura". La risposta andrebbe infatti trovata, a loro avviso, nella funzione mediatrice dell'immaginazione. Una lezione che offre ancora oggi risorse preziose per pensare queste due dimensioni dell'esistenza e del reale. Gli incontri, ognuno privilegiando un particolare punto di vista disciplinare, hanno affrontato il tema della relazione tra le due dimensioni, presentando contributi originali a una questione antica che non smette di interrogarci. Sono intervenuti, come relatori, Silvano Tagliagambe (Università degli Studi di Sassari), con una conferenza su "Alice e le meraviglie della teoria quantistica dei campi" (Torino, 15 febbraio); Gianfranco Bonola (Università degli Studi Roma Tre), con "Altri ponti su altri fossati. Sull'interazione mente-corpo nella visione buddhista (Torino, 30 maggio); Alessandra Cislaghi (Università degli Studi di Trieste), con "Essere fuori di sé/ essere in sé. Come pensarsi a partire dall'estasi" (Ascona, 7 giugno); Federico Faggin (Federico and Elvia Faggin Foundation Inc.), con "Intelligenza naturale e intelligenza artificiale" (Cuneo, 19 settembre); Jocelyn Benoist (Université Paris 1 Panthéon-Sorbonne), con "Per un nuovo materialismo" (Torino, 9 ottobre); Carola Barbero (Università degli Studi di Torino), con "Una lussuosa bellezza: saper ascoltare il linguaggio letterario (Ascona, 15 novembre); e Giovanni Filoramo (Università degli Studi di Torino), con "Metamorfosi dell'immaginazione. Dal mondo immaginale al mondo virtuale" (Cuneo, 21 novembre).*

Si è inoltre tenuto, il 6 aprile, a Monte Verità, un ulteriore appuntamento nell'ambito del ciclo di incontri "Mundaneum", sul tema "Mundaneum – Il mondo mutato", sempre in collaborazione con la Fondazione Monte Verità. Die Veränderte Welt 1918-1932 (Il mondo mutato, 1918-1932) *è il titolo di un libro realizzato da Ernst Jünger in collaborazione col fotografo*

have evolved over time to address space in new ways, so too has the language of poetry. The meeting sought to explore these different issues in order to reflect on what lies ahead and what responsibilities we face today. The speakers were Fabio Merlini (Eranos Foundation, Ascona, and Swiss Federal University for Vocational Education and Training SFUVET, Lugano), Gianfranco Tuzzolino (University of Palermo), Amelia Valtolina (University of Bergamo), and Matteo Vegetti (University of Italian Switzerland USI and University of Applied Sciences and Arts of Southern Switzerland SUPSI).

On June 12, at the Erik Peterson Library of Religious Sciences in Turin, the Center for Religious Studies CSR of the University of Turin, in collaboration with the Eranos Foundation and the Aragno * Eranos Ascona Publishing House, organized a study meeting on the theme "Myths and Mysteries of Károly Kerényi," on the occasion of the fiftieth anniversary of the death of Károly Kerényi (1897-1973) and the publication of *The Mysteries of the Kabeiroi. Introduction to the Study of Ancient Mysteries (Appendix: Castello di Tegna. An Archaeological Parallel to a Sanctuary in the Area of Thebes) / I Misteri dei Cabiri. Introduzione allo studio dei misteri antichi (Appendice: Castello di Tegna. Un parallelo archeologico con un santuario nella zona di Tebe)*, edited by Natale Spineto, with a preface by Fabio Merlini and Riccardo Bernardini ("Eranos Classics," Vol. 5; Ascona: Aragno * Eranos Ascona, 2023). Lecturers included Riccardo Bernardini (Eranos Foundation, Ascona), Cornelia Isler-Kerényi (Erlenbach), Aldo Magris (University of Trieste), Enrico Manera (Turin), Francesco Massa (University of Turin), and Natale Spineto (University of Turin).

On September 12, at the Cantonal Library in Bellinzona, a lecture was organized on the theme of "Clemency: Neither Pity nor Forgiveness," as part of the 2023 Democracy Day, on the occasion of the publication of Francesca Rigotti's essay, *Clemenza* [Clemency] (Bologna: Il Mulino, 2023). Fabio Merlini discussed the book with the author. The evening was introduced by Paola Piffaretti (Cantonal Library of Bellinzona).

Edmund Schultz per raccontare le sconvolgenti trasformazioni che stavano trasfigurando la realtà politica, sociale e antropologica del loro tempo. A Oriente come a Occidente, il mondo sembrava pervaso da energie incontrollabili e da una vertiginosa concatenazione di effetti su scale locali e globali. La mobilitazione politica delle masse, la crisi delle democrazie occidentali e la genesi di formazioni imperiali molto più ampie di quelle previste dal tradizionale ordine statuale, stavano mutando drasticamente la geografia globale. Cento anni dopo, l'impressione è che stiamo attraversando un'analoga esperienza storica. Gli attuali conflitti armati, la genesi di inediti rapporti spazio-politici e l'ascesa dei diversi populismi, suscitano nuovi inquietanti interrogativi: il mondo globale è destinato a tramontare? Il dominio americano, sfidato dalle nuove potenze della Russia e della Cina, è a sua volta sul punto di finire? Che significato hanno i movimenti populisti, intesi come espressione della psicologia delle masse contemporanee? Possiamo davvero rinunciare, in nome di un mondo multipolare, ai presupposti illuministici, universalistici, della politica? Per interrogarsi e provare a fornire alcune risposte a queste domande, sono intervenuti, come relatori, Alessia Amighini (Università del Piemonte Orientale), Camillo Boano (Politecnico di Torino e University College London), Maria Rosaria Ferrarese (Università di Cagliari e Scuola Nazionale dell'Amministrazione, Roma) e Teresa Pullano (Università degli Studi di Milano e Universität Basel). Hanno introdotto e moderato la giornata di studi Matteo Vegetti (Università della Svizzera Italiana USI e Scuola universitaria professionale della Svizzera italiana SUPSI) e Paolo Perulli (Università del Piemonte Orientale). I saluti introduttivi, a nome delle istituzioni proponenti, sono stati portati da Nicoletta Mongini (Fondazione Monte Verità) e Fabio Merlini.

Nel corso del triennio 2022-2023-2024, tutte le attività scientifiche realizzate della Fondazione – la maggior parte delle quali documentate ora in modo permanente non solo per iscritto, negli Annali di Eranos, *ma anche in formato digitale, nei nostri canali dedicati – hanno potuto svolgersi grazie alla dedizione dei responsabili e al supporto da parte del Consiglio di Fondazione, dei partner scientifici e dei sostenitori finanziari. Tra i partner istituzionali, è doveroso ricordare i contributi ricorrenti da parte del Cantone*

Finally, from June 30 to October 1, 2023, the Kunsthalle Mainz staged a monographic exhibition entitled "Olga Fröbe-Kapteyn: Profound Knowledge," which the Eranos Foundation helped organize. Curated by Yasmin Afshar, this is the first monographic exhibition dedicated to the paintings of Olga Fröbe-Kapteyn (1881-1962), the founder of Eranos. The exhibition, which also included works by contemporary artists such as Monia Ben Hamouda, Kerstin Brätsch, Hylozoic/Desires (Himali Singh Soin & David Soin Tappeser), Mountain River Jump! and Sriwhana Spong, followed previous group exhibitions promoted by the Trussardi Foundation at Palazzo Reale, Milan in 2015, the New Museum in New York in 2016, the Centre Pompidou in Paris in 2021, and the Guggenheim Museum in Bilbao in 2021-2022, documented in their respective catalogs, and preceded the second monographic exhibition held at the Museo Casa Rusca in Locarno in 2024. In 2023, the Museum of Modern Art in Mainz, Germany, dedicated its wonderful exhibition spaces for the first time to an exhibition entirely devoted to the various periods of Olga Fröbe-Kapteyn's painting, which is the subject of increasing interest from both the art world and scientific research. The opening ceremony took place on June 29, with curator Yasmin Afshar and Katharina Binz, Minister for Family, Women, Culture, and Integration of the State of Rhineland-Palatinate. Fabio Merlini and Riccardo Bernardini participated on behalf of the Eranos Foundation.

Among the cultural initiatives not documented in this volume, we would like to highlight the first edition of the Eranos Colloquia cycle, dedicated to the theme "Bridges between Matter and Spirit," which took place in 2024. The seven lectures, promoted by the Aragno * Eranos Ascona Publishing House, the Eranos Foundation, and Nino Aragno Publishers, took place at Monte Verità (Ascona) (including two Eranos-Jung Lectures), Palazzo Bellono Aragno (Turin), and Villa Tornaforte Aragno (Cuneo). At first glance, matter and spirit would seem to be opposites and irreconcilable. Yet, important scholars associated with the Eranos Conferences, such

Ticino, attraverso il fondo Swisslos, e del Comune di Ascona. Non dobbiamo dimenticare le facilitazioni offerte da BancaStato e il generoso sostegno da parte di Fortitude Wealth Management e di alcuni mecenati privati, come Peter e Anatina Miescher. Anche il gruppo di sostenitori individuali denominato "Circolo di Eranos" ha continuato a manifestare una notevole generosità. Grazie ai sostenitori summenzionati, la Fondazione Eranos ha potuto realizzare con successo le molteplici iniziative culturali qui documentate.

Fabio Merlini

Minusio, 2 giugno 2026

as psychologist Carl Gustav Jung, philosopher and Iranist Henry Corbin, anthropologist Gilbert Durand, and psychologist James Hillman, revealed a possible way to "heal the rift." In their opinion, the answer lies in the mediating function of the imagination. This lesson still offers valuable resources for thinking about these two dimensions of existence and reality. The meetings, each focusing on a particular disciplinary point of view, addressed the theme of the relationship between the two dimensions, presenting original contributions to an ancient question that continues to challenge us. The speakers included Silvano Tagliagambe (University of Sassari), with a lecture on "Alice and the wonders of quantum field theory" (Turin, February 15); Gianfranco Bonola (Roma Tre University), with "Other bridges over other moats. On the mind-body interaction in the Buddhist view (Turin, May 30); Alessandra Cislaghi (University of Trieste), with "Being outside oneself/being within oneself. How to think of oneself starting from ecstasy" (Ascona, June 7); Federico Faggin (Federico and Elvia Faggin Foundation Inc.), with 'Natural intelligence and artificial intelligence' (Cuneo, September 19); Jocelyn Benoist (Université Paris 1 Panthéon-Sorbonne), with 'Towards a new materialism' (Turin, October 9); Carola Barbero (University of Turin), with "A luxurious beauty: Knowing how to listen to literary language" (Ascona, November 15); and Giovanni Filoramo (University of Turin), with "Metamorphosis of the imagination. From the imaginal world to the virtual world" (Cuneo, November 21).

On April 6, another event was held at Monte Verità as part of the "Mundaneum" series of meetings, on the theme "The Changed World," again in collaboration with the Monte Verità Foundation. *Die Veränderte Welt 1918-1932* [The Changed World, 1918-1932] is the title of a book written by Ernst Jünger in collaboration with photographer Edmund Schultz to recount the shocking transformations that were transfiguring the political, social, and anthropological reality of their time. In both the East and the West, the world seemed pervaded by uncontrollable energies and a dizzying chain of effects on local and global scales. The political mobilization of the masses, the crisis of Western democracies, and the genesis of imperial formations much larger than those envisaged by the traditional state order were drastically changing the global geography. A hundred years later, the impression is that we are going through a similar historical experience. Current armed conflicts, the genesis of unprecedented space-political relationships, and the rise of various forms of populism raise new and disturbing questions: is the global world doomed to decline? Is American dominance, challenged by the new powers of Russia and China, also coming to an end? What is the significance of populist movements, understood as an expression of contemporary mass psychology? Can we really renounce the Enlightenment's universalist assumptions about politics in the name of a multipolar world? To explore these questions and attempt to provide some answers, the following speakers took part in the event: Alessia Amighini (University of Eastern Piedmont), Camillo Boano (Polytechnic University of Turin and University College London), Maria Rosaria Ferrarese (University of Cagliari and National School of Administration, Rome) and Teresa Pullano (University of Milan and University of Basel). The study day was introduced and moderated by Matteo Vegetti (University of Italian Switzerland USI and University of Applied Sciences and Arts of Southern Switzerland SUPSI) and Paolo Perulli (University of Eastern Piedmont). Introductory greetings on behalf of the organizing institutions were given by Nicoletta Mongini (Monte Verità Foundation) and Fabio Merlini.

During the three-year period of 2022–2023–2024, all of the Foundation's realized scientific activities – most of which documented now permanently not only in writing, in the *Eranos Yearbooks*, but also in digital format, in our dedicated channels – were able to take place thanks to the dedication and support from the Foundation Board, scientific partners, and financial contributors. Among the institutional partners, it is worth mentioning the recurring contributions from the Canton of Ticino, through the Swisslos fund, and the Municipality of Ascona. We should not forget the facilities offered by BancaStato and the generous support from Fortitude Wealth Management and some private patrons, such as Peter and Anatina Miescher. The group of individual supporters called the "Eranos Circle" also continued to show considerable generosity. Thanks to the above-mentioned supporters, the Eranos Foundation has been able to successfully carry out the many cultural initiatives documented here.

FABIO MERLINI

Minusio, June 2, 2026

The Board of the Eranos Foundation
Il Consiglio della Fondazione Eranos

The Board Members of the Eranos Foundation during the period covered by this publication are / *I membri del Consiglio di Fondazione Eranos durante il periodo coperto da questa pubblicazione sono*

FABIO MERLINI
Chairman of the Board / *Presidente del Consiglio di Fondazione*
Philosopher, Regional Director of the Swiss Federal University for Vocational Education and Training (SFUVET) / *Filosofo, Direttore Regionale della Scuola Universitaria Federale per la Formazione Professionale* (SUFFP), Lugano

RAPHAËL BRUNSCHWIG
Member of the Board / *Membro del Consiglio di Fondazione*
Chief Executive Officer of the Locarno Film Festival, President of the Eventi letterari Monte Verità, and Co-President of Swiss Top Events, Locarno / *Chief Executive Officer del Locarno Film Festival, Presidente degli Eventi letterari Monte Verità e Co-Presidente di Swiss Top Events, Locarno*

MAURIZIO CHECCHI
Member of the Board / *Membro del Consiglio di Fondazione*
Banking executive, City Councilor of Ascona with responsibility for Planning and Foundations and Charitable Endowments, representing the Municipality of Ascona / *Funzionario di banca, Municipale di Ascona con delega ai Dicasteri della Pianificazione e delle Fondazioni e legati, rappresentante la Municipalità di Ascona*

Paola Costantini
Member of the Board / *Membro del Consiglio di Fondazione*
Philosopher and Italianist, Head of the Office of Cultural Support of Cantone Ticino, representing the Government of the Canton of Ticino / *Filosofa e italianista, Capoufficio dell'Ufficio del sostegno alla cultura del Cantone Ticino, rappresentante il Cantone Ticino*

Claudio W. Metzger
Member of the Board / *Membro del Consiglio di Fondazione*
Historian and numismatist / *Storico e numismatico*, Ascona

Sandro Rusconi
Vicepresident of the Board / *Vicepresidente del Consiglio di Fondazione*
Biochemist, Professor Emeritus at the University of Fribourg, former Director of the Division for Cultural and University Affairs of the Department of Education, Culture, and Sport (DECS) of the Canton of Ticino / *Biochimico, Biochimico, Professore Emerito dell'Università di Friburgo, già Direttore della Divisione della cultura e degli studi universitari del Dipartimento dell'educazione, della cultura e dello sport del Cantone Ticino*

Legal advisor to the Foundation / *Consulente legale della Fondazione*
Giovanni Merlini
Lawyer and notary / *Avvocato e notaio*, Minusio

Acknowledgments

The Board of the Eranos Foundation would like to thank, for their support of the activities held in 2022, 2023, and 2024, our sponsors, namely the Canton of Ticino, the Municipality of Ascona, BancaStato, Fortitude Wealth Management, and Nino Aragno Editore. We would also like to thank the Susan Bach Foundation and the Jan Michalski Foundation for their support of this publication.

THE BOARD OF THE ERANOS FOUNDATION

Ascona, June 2026

Ringraziamenti

Il Consiglio di Fondazione Eranos desidera ringraziare, per il sostegno alle attività promosse nel corso del 2022, 2023 e 2024, i nostri sponsor, ovvero il Cantone Ticino, il Comune di Ascona, BancaStato, Fortitude Wealth Management e Nino Aragno Editore. Si ringraziano inoltre, per il sussidio alla presente pubblicazione, la Fondazione Susan Bach e la Fondazione Jan Michalski.

IL CONSIGLIO DELLA FONDAZIONE ERANOS

Ascona, giugno 2026

Presentations of the Eranos Conference

Earth Symbols:

The Inhospitable Planet

and the Thought of a New Habitability

Presentazioni del Convegno di Eranos

Simbologie della terra:

il pianeta inospitale e il pensiero di una nuova abitabilità

In collaboration with
the Ph.D. program in Transcultural Studies in Humanities, University of Bergamo, the Ph.D. program in Philosophy, University of Pisa and University of Florence, the Ph.D. program in Religious Sciences, Faculty of Theology of Lugano, the Ph.D. program in Germanic and Slavic Studies, 'Sapienza' University of Rome and Univerzita Karlova, Praha, and the Ph.D. program in Social and Political Change, University of Turin and University of Florence

In collaborazione con
il Dottorato di ricerca in Studi umanistici transculturali, Università di Bergamo, il Dottorato di ricerca in Filosofia, Università di Pisa e Università di Firenze, il Dottorato di ricerca in Scienze religiose, Facoltà di Teologia di Lugano, il Dottorato di Ricerca in Studi Germanici e Slavi, "Sapienza" Università di Roma e Univerzita Karlova, Praga, e il Dottorato di Ricerca in Mutamento sociale e politico, Università di Torino e Università di Firenze

Casa Eranos, Ascona

8–10 September / *settembre* 2022

La deuxième chute du Paradis

Panos Mantziaras

Genève / *Ginevra*, Switzerland / *Svizzera*
September / *Settembre* 2022

« Riche en mérites, mais poétiquement toujours,
sur terre habite l'homme. »[1]
(Friedrich Hölderlin)

Signaux et messages

Le lundi 10 septembre 2018, le secrétaire général des Nations Unies António Guterres déclarait, en pesant ses mots : « Nous sommes confrontés à une menace existentielle directe [...]. Le changement climatique est la question déterminante de notre époque – et nous sommes à un moment décisif. Le changement climatique évolue plus vite que nous, et sa rapidité a provoqué un séisme à travers le monde. Si nous ne changeons pas de cap d'ici 2020, nous risquons de manquer le moment où nous pouvons éviter un changement climatique incontrôlé, avec des conséquences désastreuses pour les humains et tous les systèmes naturels qui nous soutiennent. »[2]

Nous sommes déjà en 2025 et malheureusement le cap n'a pas changé, malgré les efforts sournois de tout un monde qui s'accroche au faux idéal d'une croissance économique infinie. Le secrétaire

1 F. Hölderlin, «En bleu adorable», dans: *Œuvres*, Gallimard, Paris, 1967, p. 939.
2 www.un.org/sg/en/content/sg/statement/2018-09-10/secretary-generals-remarks-climate-change-delivered.

général ne faisait d'ailleurs que condenser en quelques mots une *prise de conscience*, d'abord parmi les scientifiques, ensuite parmi les milieux politiques et sociaux, et enfin les médias.

Ces derniers ont rejoint la mouvance en faveur de la transition écologique assez tardivement ; tellement tardivement que le retour des bâtons anti-écologique renforcé par la nouvelle administration des Etats-Unis en janvier 2025. Pour autant, depuis les années 2020 et l'arrivée du Covid, les nouvelles sur les effets néfastes du réchauffement climatique ont gagné des places de plus en plus exposées au regard du public. A commencer par les méga-feux qui n'ont épargné aucun continent depuis le début de la décennie : Australie (2022), Sibérie (2023), Canada (2024), Californie (2024), et la liste va certainement s'allonger. Puis les sécheresses qui surprennent les populations des latitudes européennes, telles que l'Angleterre et l'Allemagne : des associations de protection des animaux ont même supplié les habitants d'aller sauver les poissons de l'Oder au nord-ouest de la Pologne. Le Rhin a vu pour la première fois dans l'histoire récente sa navigation commerciale interdite par manque d'eau... Sur les rives de l'Elbe, la baisse du niveau d'eau a fait apparaître des pierres gravées à la fin du Moyen Âge avec le message suivant : « Wenn Du mich siehst, dann weine » (Si tu me vois, alors pleure). De même avec des crues jamais vues auparavant, comme en Allemagne, en Belgique et au Pakistant ce dernier frappé par des « moussons sous stéroïdes »[3] en 2022, sans oublier la région de Valence à l'automne 2024. Entretemps, les glaciers du Groenland, de l'Antarctique, des Alpes, du Caucase, de l'Himalaya et de la Patagonie, mais aussi la calotte glaciaire de l'Arctique, se réduisent à des vitesses croissantes.

Le grand public apprend tout cela par les médias, lesquels cherchent leurs informations de plus en plus dans les milieux scientifiques et associatifs. Comme avec la biodiversité, qui pour l'instant ne produit aucun événement spectaculaire. Il faut aller chercher les chiffres des études publiées pour apprendre que des

3 L'expression est d'António Guterres.

milliers d'espèces disparaissent ou leurs populations se réduisent à des niveaux critiques partout sur la planète, à commencer par les animaux polaires, mais aussi les insectes, les poissons, les coraux, etc. Les scientifiques parlent d'une sixième extinction, alors qu'aujourd'hui 97 % de la biomasse animale comprend les humains et leurs animaux domestiques ; une proportion déroutante qui montre que l'humanité aurait sans doute pris trop au sérieux l'injonction biblique : « Soyez féconds, multipliez, remplissez la terre, et assujettissez-la ; et dominez sur les poissons de la mer, sur les oiseaux du ciel, et sur tout animal qui se meut sur la terre. »[4]

Le nouveau récit

Ce petit recours à l'Ancien Testament n'est pas accidentel, ni rhétorique. Il est dû à une observation selon laquelle les incidents qui composent la crise climatique est tellement longue, dramatique et sans précédent, qu'elle incite aussi bien les spécialistes que les journalistes à chercher leurs qualificatifs dans les profondeurs historiques et mythiques : catastrophe biblique, déluge, cataclysme, apocalypse, etc. Ces mots sont d'autant plus faciles à utiliser qu'ils sont (pour l'instant au moins) sans charge politique, idéologique et sociologique. Ce sont des mots « neutres » qu'on peut trouver presque dans toutes les cultures, lesquelles les emploient pour accentuer à la fois la magnitude de la catastrophe, le sentiment d'incapacité des humains devant elle, et enfin une inquiétude pour qu'elle annonce pour le futur. En 2016, le philosophe allemand Peter Sloterdijk faisait une remarque saisissante : « Depuis le XIXe siècle, quand nous nous retournons sur le passé, notre regard se porte dans une dimension chiffrable en millions d'années, et plus. Dans l'avenir, personne n'ose encore prévoir à plus de quelques décennies de distance. »[5]

---

4 *Genèse* 1:28.

5 P. Sloterdijk, *Après nous le déluge. Les Temps modernes comme expérience antigénéalogique*, Payot & Rivages, Paris, 2016, p. 479.

Accentué donc par tous ces mots d'origine souvent religieuse, l'horizon estompé du temps futur entraîne aussi l'espace dans son abîme. Si nous n'avons pas une espérance de futur, c'est que nous n'avons pas, non plus, de lieux où cette espérance pourrait trouver sa concrétisation. Ne pas pouvoir se projeter dans le temps de nos vies équivaut à ne pas pouvoir se projeter dans l'espace terrestre[6]. C'est en cela que les conditions matérielles de vie deviennent un enjeu.

L'apostrophe critique de Sloterdijk signifie notre incapacité d'articuler un message sur notre futur. Pour y répondre, et pour restituer la possibilité d'une histoire il faudrait d'une part maintenir la probabilité de vivre notre humanité, autrement dit maintenir l'habitabilité de la Terre. Et d'autre part, il est essentiel de construire de nouveaux récits qui rendent cette Histoire, et les histoires qui la composeront, possible. Les médias se sont mis déjà à cette tâche, en racontant jour après jour les multiples interprétations de nos expériences sur la crise climatique, en croisant quatre types de récits: scientifique, politique, citoyen et, enfin, mythologique[7].

C'est bien ce dernier type de récit que le présent texte entend aborder. Il ne s'agit pas de proposer une recherche conclusive sur ses croisements avec les autres trois. Il s'agit plutôt d'énoncer une possibilité de recherche future en creusant un peu plus sur les références archétypiques, mythologiques ou bibliques, avant de revenir vers la question du temps présent et de l'action.

Comment mettre côte à côte les discours scientifiques et les contes mythologiques? Mais parce que dans une paradoxale similitude, aussi bien la science que les symboles restent privés d'une validité générale et absolue, tellement ils sont mis en question, depuis l'intérieur comme depuis l'extérieur. D'une part Karl Popper écrivait: «La base empirique de la science objective n'a [...] rien d'absolu [...]. La science ne repose pas sur un socle solide. La structure audacieuse

6 Symétriquement, pour les croyants, un espoir après la vie se place forcément sur un lieu au-delà de la Terre.

7 Le récit et l'intrigue sont des formes littéraires qui racontent dans un ordre arbitraire, mais spécifique, des faits d'une histoire.

de ses théories s'élève, pour ainsi dire, au-dessus d'un marécage. C'est comme un bâtiment érigé sur pilotis. Les pieux sont enfoncés d'en haut dans le marais, mais pas jusqu'à une base naturelle ou 'donnée'; et si nous cessons d'enfoncer les pieux plus profondément, ce n'est pas parce que nous avons atteint un terrain ferme. Nous nous arrêtons simplement lorsque nous sommes convaincus que les pieux sont suffisamment fermes pour porter la structure, du moins pour le moment.»[8]

D'autre part, les débats entre les défenseurs et les détracteurs des théories de Carl Jung sur l'universalité des archétypes ne font qu'éclairer cet autre «bricolage» aussi fertile que fragile auquel s'emploient les cultures avec comme éléments premiers les symboles issus des récits mythologiques et religieux dans des incessants dialogues, malentendus, scléroses, isolations et dominations.

Par conséquent, science et récits symboliques ne sont pas objectifs: ils sont intersubjectifs. Ces deux nobles pans de l'activité humaine délimitent des champs de convergence de très nombreux sujets, qui s'accordent sur des sens et qui décident d'agir sur la base de ces accords. «Les métaphores sont plus que jamais nécessaires pour faire comprendre au plus grand nombre la véritable nature de la Terre et les périls mortels qui se profilent à l'horizon», écrivait il y a vingt ans James Lovelock (1919-1922), le scientifique le plus influent sur notre nouvelle compréhension de la Terre et du vivant. C'est ainsi qu'il a nommé sa théorie: «Gaïa».

Notre base empirique et l'éventail des récits scientifiques et mythologiques deviennent de plus en plus partagés et semble s'accorder sur un point commun: c'est non seulement l'hospitalité mais carrément l'habitabilité générale de notre planète qui se déstabilise. Entre hospitalité et habitabilité il y a une nuance non négligeable. Un milieu peut éventuellement rester habitable, *in extremis*, sans être nécessairement hospitalier. Le vivant peut s'y accommoder avec plus ou moins de stress hydrique, alimentaire, sécuritaire, etc. Le

8 K.R. Popper, *Logique de la découverte scientifique*, Payot, Paris, 1934) (trad. fr. 1973).

contraire, lui, n'est pas possible. L'hospitalité n'est que l'état optimal de l'habitabilité. Nous considérons donc l'habitabilité comme la qualité substantielle (*substantia*) de notre propos, l'hospitalité étant une qualité qui différencie (*differentia*) et, en dernier ressort, une qualité accidentelle (*accidentia*), pour reprendre la précieuse catégorisation de Saint Thomas d'Aquin. À moins que nous osions renoncer à habiter un milieu s'il n'est pas substantiellement hospitalier, ce qui présuppose une offre suffisamment large de choix possibles. Or, comme on le verra, les prévisions semblent restreindre nos options de manière considérable, sinon alarmante, avec « l'irruption de cette crise cosmologique »[9], comme la caractérise le sociologue et philosophe Bruno Latour, dont les analyses sur la Terre, le vivant et les humains, très influencées par Lovelock sont aujourd'hui des plus pertinentes.

On verra pourtant à la fin que, sans doute, la hiérarchie du binôme habitabilité (substance) – hospitalité (différence-accident) pourrait évoluer, au vu des besoins vitaux de l'humanité et de la planète. Car, il faut rester réalistes et inventifs face au « grand bouleversement du monde » comme le président de la République Française Emmanuel Macron l'a qualifié, en indiquant trois « fins » : fin de l'abondance, fin de l'insouciance, fin des évidences[10]. Arrière-goût d'une auto-réprimande, ou alors annonce des conséquences sur la base d'un récit partagé, celui d'une chute ?

L'apostrophe du président Macron rappelle aussi l'un des titres de la revue *Economist*, en 2008, au lendemain de l'effondrement bancaire international : « Paradise Lost », une référence directe au poème homonyme de Milton. Bien que malmenée depuis son apparition au poème homonyme de l'Anglais John Milton (1608-1674), elle arrivait là à condenser les angoisses du capitalisme financier, d'une part, et à exposer la propension viscérale d'une très grande

9 B. Latour, *Où suis-je ? Leçons du confinement à l'usage des terrestres*, La Découverte / Les Empêcheurs de penser en rond, Paris, 2021, p. 154.

10 Conseil des ministres, 24 août 2022

majorité des humains à s'adjoindre à des présages religieux, laïques, conservateurs et progressistes, libéraux, néolibéraux, paleo- et neo-socialistes, et autres.

Le motif du Paradis perdu semble ainsi révèler le moral sapé d'un nombre croissant d'humains face aux grands chamboulements de notre environnement. Aussi bien parce que nous ressentons que la fête est en train de finir, que parce que nous nous rendons compte que la raison de cette fin précipitée est que nous avons été (certains plus que d'autres) trop gourmands devant le buffet. C'est la révélation d'une hypocrisie somme tout assez bien dissimulée jusqu'ici entre le monde dans lequel nous vivons et le monde dont nous dépendons pour notre bien-être. Comme le remarque Bruno Latour : « Si un État se limitait à ses frontières, il ne vivrait pas. D'où son inquiétude : comment subsister ? Ce porte-à-faux, nous le ressentons forcément comme une angoisse, surtout si nous sommes riches ; et encore plus si nous sommes de ces générations qui en ont profité le plus longtemps, les célèbres et si encombrants *babyboomers*. Sentiment d'étouffement qui s'accroît au fur et à mesure que s'intensifie la mutation climatique. »[11]

Un sentiment qui s'intensifie au fur et à mesure que le sentiment de culpabilité se mélange avec le soupçon d'autres culpabilités réciproques, et cette réciprocité se résume en des controverses et des conflits autour de la « bonne position environnementale » : « Chaque portion de mon corps, de ma niche, de mon territoire est occupée par d'autres pour mon bien ou pour mon malheur. Je veux bien avoir des amis et des ennemis, mais je voudrais qu'ils s'organisent en lignes à peu près reconnaissables, en camps, en fronts. (...) Les émetteurs de CO2, où sont-ils ? Les destructeurs d'abeilles, comment savoir s'ils ne sont pas dans mon jardin, et même dans mes placards ? »[12]

Cette nébuleuse des lignes de front génère un fouillis psychologique qui a un nom : l'éco-anxiété. Ses innombrables expressions ont

---

11 B. Latour, *op. cit.*, pp. 56 sv.
12 *Ibid.*, p. 144.

tendance à se révéler dans des termes, images et symboles qui, puisés dans ce patrimoine immatériel de l'humanité que sont les récits. Les récits de cette anxiété dissimulent à peine le fait que désormais nous savons ! Nous sommes parfaitement au courant des causes de cette débâcle, grâce à des connaissances de plus en plus précises sur ces causes et leurs effets. Et nous sommes inquiets parce que notre rôle majeur dans cette situation, notre responsabilité, et peut-être même notre culpabilité, sont clairement avérés.

Nous pourrions donc ici émettre une hypothèse fondamentale selon laquelle si nous parlons de Paradis perdu, de prophétie, d'apocalypse, de cataclysme, etc. – du moins dans nos cultures occidentales, judéo-gréco-chrétiennes et latines – c'est parce que ces mots désignent un certain entendement, certes vague pourtant convenable et communiquable, des conséquences de nos actes. Les scientifiques l'ont déjà fait, en nommant notre ère Anthropocène[13]. Mais le commun des mortels est en train de découvrir de manière davantage consciente et informée, qu'une fin d'époque s'approche, plus ou moins brutale. Une analogie peut être établie entre le mythe de la première chute du Paradis causée par la connaissance du bien et du mal, d'une part, et la chronique de cette deuxième chute annoncée par le récit scientifique et notre sortie forcée de la bienheureuse modernité, d'autre part, puisque, nous commençons à nous rendre compte avec effroi qu'« il n'y a pas de Terre qui soit de taille à contenir [notre] idéal de progrès, d'émancipation et de développement »[14].

À quoi peut servir une telle analogie ? Et qu'en est-il du biais culturel qui subsiste entre le phénomène actuel (la crise climatique et ses conséquences) et le prisme d'interprétation langagière ? Cette interprétation n'est pas pour autant inopérante ou inutile, car cela reviendrait à nier la fonction culturelle et éducative des mythes

13 Ce terme a été définitivement écarté par la Commission internationale de la stratigraphie de l'Union internationale des sciences géologiques, en 2024.

14 B. Latour, *Où atterrir ? Comment s'orienter en politique*, La Découverte, Paris, 2017, p. 27.

et légendes du monde entier, dont le périmètre de validité varie selon les époques, les milieux, les moyens de communication et les continuités ou les ruptures historiques. Une fois ce biais reconnu et assumé, il nous permettra sans doute d'effectuer une lecture conceptuellement féconde d'une réalité saisie selon Hegel comme « une possibilité de ce qui suit »[15]. Cet effort de compréhension serait en « Sympathie avec la Nature [...] [en] accord général à travers la nature [...], comme les animaux anticipent les tremblements de terre »[16].

Par conséquent, en abordant la dynamique des références et symboles utilisés pour lire ce qui nous arrive, et en tentant de comprendre pourquoi notre pressentiment nous pousse à fusionner les informations scientifiques avec des schémas imprégnés de symboles bibliques, nous pourrions éventuellement renforcer notre résilience face aux prochaines secousses – autant matérielles que spirituelles – qui vont à coup sûr ébranler notre existence.

Le réchauffement climatique et les mots bibliques

Depuis les années 2010, parallèlement à une lecture scientifique cohérente du réchauffement climatique menée par le Groupe intergouvernemental des experts sur le climat (GIEC), apparaît une couverture médiatique qui pioche son vocabulaire dans le vaste champ lexical des références religieuses et bibliques : « We're just kind of at God's mercy right now, so hopefully people that never prayed before this, it might be a good time to start, » disait le Sheriff Don Zeller du comté de Linn suite aux pluies diluviennes et aux inondations dans

15 «In der Wirklichkeit schläft die Zukunft. Die Wirklichkeit ist zugleich die Möglichkeit des Folgenden.» Hegel, *Philosophische Enzyclopädie für die Oberklasse* (1808-11).

16 *Ibid.* « Sympathie mit der Natur. Sogenanntes Voraussehen. In der Wirklichkeit schläft die Zukunft. Die Wirklichkeit ist zugleich die Möglichkeit des Folgenden. Orakel, Prophezeiung aus Vogelflug, den Eingeweiden der Tiere. Allgemeine Stimmung durch die Natur, wie die Tiere die Erdbeben vorherempfinden. »

le Midwest américain, en 2008. "We're going to need a lot of prayers and people are going to need a lot of patience and understanding. »[17]

En 2014 le journal italien *La Reppublica* publiait la recherche du climatologue Australien Steven Sherwood, sous le titre : « Entro il 2100 le temperature saliranno di 4 gradi : sarà un'apocalisse[18]", en soutenant que "le emissioni di CO2 causeranno la scomparsa delle nuvole che riflettono i raggi solari e mitigano il clima terrestre »[19]. Le journal italien profite de cette préséance pour nous informer : « Il clima è già cambiato : numerose proiezioni scientifiche indicavano il 2050 come l'anno del cambiamento climatico estremo con temperature fino a 40°C all'ombra anche sul Nord Europa, in particolare sulle Isole Britanniche. Ebbene con 28 anni di anticipo, dopo siccità, incendi, 45°C diffusi su mezza Europa, ecco che la 'profezia' si avvera : il caldo nordafricano raggiunge anche la Terra d'Albione, l'Inghilterra, con valori termici eccezionali ed incredibili fino a 10-20 anni fa. »[20]

Et l'Agence France-Presse de déclarer que « dans certaines zones du Sud-Ouest, ce sera une apocalypse de chaleur », pour qualifier les températures caniculaires constatées sur le territoire français avec « des records absolus de température [qui] seront très certainement battus »[21] : « C'est l'apocalypse » ! exclame *Le Monde* tout juste la

17 Apocalypse Now: Floods, Tornadoes, Locusts. Is violent weather around the globe a sign of a coming Apocalypse? By Susan Donaldson James, June 12, 2008, ABC News, abcnews.go.com/US/Weather/story?id=5062583&page=1.

18 www.repubblica.it/ambiente/2014/01/04/news/sar_un_apocalisse_bollente_entro_il_2100_temperature_saliranno_di_4_gradi-75102569/ Recherche corroborée en 2020: S.C. Sherwood *et al.*, «An Assessment of Earth's Climate Sensitivity Using Multiple Lines of Evidence». dans: «in AGU, Advancing Earth and Space Science», 22 juillet 2020, doi.org/10.1029/2019RG000678.

19 www.repubblica.it/ambiente/2014/01/04/news/sar_un_apocalisse_bollente_entro_il_2100_temperature_saliranno_di_4_gradi-75102569/.

20 «Previsioni meteo, con Apocalisse nuovi record di caldo. Nove città da bollino rosso. Le temperature oltre i 35 gradi non risparmiano neanche il Nord Europa e le coste e i rilievi italiani. In Alto Adige registrata ieri la giornata più rovente dell'anno con 38°C», dans: «La Repubblica», 19 juillet 2022, www.repubblica.it/cronaca/2022/07/19/news/previsioni_meteo-358331954/.

21 «La France sous la canicule: 15 départements en vigilance rouge, ' une apocalypse de chaleur ' prévue lundi. Les températures seront particulièrement élevées

semaine dernière. « Le Pakistan ravagé par des inondations depuis trois mois. La moitié du pays de 220 millions d'habitants est sous les eaux en raison de la fonte des glaciers et d'une mousson totalement déréglée. Plus de 1'000 personnes ont été tuées depuis juin. »[22]

L'Apocalypse

Les quelques climatosceptiques qui perdurent encore ça et là diront qu'il y a toujours eu des catastrophes naturelles majeures. C'est vrai. Mais, depuis quelques années, par leur intensité, leur fréquence et l'ampleur des dégâts, ces phénomènes climatiques sont rassemblés et étudiés avec minutie grâce à un ensemble d'instruments et protocoles d'observation scientifiques. Ils sont ainsi alignés sur une interprétation principale, celle du réchauffement de l'atmosphère et des océans qui s'avère être la véritable cause. Ce dernier se décline en d'innombrables événements, incidences, déclinaisons, variantes, preuves et pièces d'un puzzle qui dévoile graduellement sous nos yeux sa figure menaçante.

C'est ainsi que l'ensemble des médias et des récits, non seulement occidentaux, se voient traversés par cette notion consacrée dans le Nouveau Testament. L'Apocalypse qualifie une catastrophe qui dépasse largement ce que les mots conventionnels et les données scientifiques peuvent annoncer au sujet du futur de la planète.

Nous sommes sans doute peu nombreux à avoir lu l'intégralité de ce texte qu'un dénommé Jean avait écrit sur l'île de Patmos vers la fin du premier siècle de notre ère. Son auteur écrit le terme *Αποκάλυψις* (dé-couvrement, dévoilement, révélation) dans la lingua franca de l'époque pour appuyer le sens d'une nouveauté absolue. Largement diffusée, interprétée et réinterprétée, l'Apocalypse offre un florilège d'images et de situations pour prédire une catastrophe terrestre

---

lundi, avec des records à 40 °C et plus», dans: «Le Monde», 18 juillet 2022.

22 «Le Monde», 29 août 2022, www.lemonde.fr/international/article/2022/08/29/c-est-l-apocalypse-le-pakistan-ravage-par-des-inondations-depuis-trois-mois_6139339_3210.html?random=353823828.

qui provoquerait l'effondrement de l'humanité sous le poids de ses propres erreurs.[23] L'habitabilité de la Terre s'y voit réduite à néant, et avec elle une humanité jugée indigne d'elle. Voici un extrait depuis la traduction du Genevois Louis Ségond, dans sa version de 1910: « Quand il ouvrit le septième sceau, il y eut dans le ciel un silence d'environ une demi-heure. Et je vis les sept anges qui se tiennent devant Dieu, et sept trompettes leur furent données [...]. Le premier sonna de la trompette. Et il y eut de la grêle et du feu mêlés de sang, qui furent jetés sur la terre ; et le tiers de la terre fut brûlé, et le tiers des arbres fut brûlé, et toute herbe verte fut brûlée. Le second ange sonna de la trompette. Et quelque chose comme une grande montagne embrasée par le feu fut jeté dans la mer ; et le tiers de la mer devint du sang, et le tiers des créatures qui étaient dans la mer et qui avaient vie mourut, et le tiers des navires périt. Le troisième ange sonna de la trompette. Et il tomba du ciel une grande étoile ardente comme un flambeau ; et elle tomba sur le tiers des fleuves et sur les sources des eaux. Le nom de cette étoile est Absinthe ; et le tiers des eaux fut changé en absinthe, et beaucoup d'hommes moururent par les eaux, parce qu'elles étaient devenues amères. Le quatrième ange sonna de la trompette. Et le tiers du soleil fut frappé, et le tiers de la lune, et le tiers des étoiles, afin que le tiers en fût obscurci, et que le jour perdît un tiers de sa clarté, et la nuit de même. Je regardai, et j'entendis un aigle qui volait au milieu du ciel, disant d'une voix forte : Malheur, malheur, malheur aux habitants de la terre, à cause des autres sons de la trompette des trois anges qui vont sonner ! Le cinquième ange sonna de la trompette. Et je vis une étoile qui était tombée du ciel sur la terre. La clef du puits de l'abîme lui fut donnée, et elle ouvrit le puits de l'abîme. Et il monta du puits une fumée, comme la fumée d'une grande fournaise ; et le soleil et l'air furent obscurcis par la fumée du puits. De la fumée sortirent des sauterelles, qui se répandirent sur la terre ; et il leur fut donné un pouvoir comme le pouvoir qu'ont les scorpions de la terre. Il leur

23 Voir par exemple la traduction du Genevois Louis Ségond, dans sa version de 1910.

fut dit de ne point faire de mal à l'herbe de la terre, ni à aucune verdure, ni à aucun arbre, mais seulement aux hommes qui n'avaient pas le sceau de Dieu sur le front. Il leur fut donné, non de les tuer, mais de les tourmenter pendant cinq mois; et le tourment qu'elles causaient était comme le tourment que cause le scorpion, quand il pique un homme. En ces jours-là, les hommes chercheront la mort, et ils ne la trouveront pas; ils désireront mourir, et la mort fuira loin d'eux [...]. A cette heure-là, il y eut un grand tremblement de terre, et la dixième partie de la ville, tomba; sept mille hommes furent tués dans ce tremblement de terre, et les autres furent effrayés et donnèrent gloire au Dieu du ciel. Le second malheur est passé. Voici, le troisième malheur vient bientôt. Le septième ange sonna de la trompette. Et il y eut dans le ciel de fortes voix qui disaient: Le royaume du monde est remis à notre Seigneur et à son Christ; et il régnera aux siècles des siècles. Et les vingt-quatre vieillards, qui étaient assis devant Dieu sur leurs trônes, se prosternèrent sur leurs faces, et ils adorèrent Dieu, en disant: Nous te rendons grâce, Seigneur Dieu tout puissant, qui es, et qui étais, de ce que car tu as saisi ta grande puissance et pris possession de ton règne. Les nations se sont irritées; et ta colère est venue, et le temps est venu de juger les morts, de récompenser tes serviteurs les prophètes, les saints et ceux qui craignent ton nom, les petits et les grands, et de détruire ceux qui détruisent la terre. Et le temple de Dieu dans le ciel fut ouvert, et l'arche de son alliance apparut dans son temple. Et il y eut des éclairs, des voix, des tonnerres, un tremblement de terre, et une forte grêle. »[24]

Ainsi se voit réduite à néant l'habitabilité de la Terre, et avec elle une humanité jugée indigne d'elle. Ces paroles vous paraissent exagérées, sorties tout droit d'une imagination fébrile? Comparons donc comparer ce récit imagé et allégorique à l'envi avec un autre qui a été prononcé il y a juste deux ans: « Nous faisons face à une pandémie dévastatrice, le réchauffement planétaire atteint de

---

24 *Apocalypse*, 8:7-18.

nouveaux sommets, la dégradation de l'environnement n'a jamais été pire. Pour dire les choses simplement, la planète est dans un piètre état. L'humanité fait la guerre à la nature. C'est une entreprise suicidaire. Car la nature répond toujours coup pour coup, et elle le fait déjà avec une force et une fureur, de plus en plus grandes. La biodiversité s'effondre. Un million d'espèces sont menacées d'extinction. Les écosystèmes disparaissent sous nos yeux. Les déserts gagnent du terrain. Les zones humides sont en train de disparaître. Chaque année, nous perdons 10 millions d'hectares de forêts. Les océans sont victimes de la surpêche – et envahis de déchets plastiques qui les étouffent. On assiste aussi à l'acidification des mers, sous l'effet du dioxyde de carbone qu'elles absorbent. Les récifs coralliens blanchissent et meurent. La pollution de l'air et de l'eau tue 9 millions de personnes par an, soit plus de six fois le nombre de victimes ayant succombé à la pandémie. Et comme les êtres humains et le bétail empiètent de plus en plus sur les habitats des animaux et perturbent les espaces sauvages, il n'est pas impossible que nous voyions davantage de virus et d'autres agents pathogènes passer des animaux aux hommes. Aujourd'hui, deux nouveaux rapports faisant autorité et publiés par l'Organisation météorologique mondiale et le Programme des Nations Unies pour l'environnement montrent que nous frôlons la catastrophe climatique. L'année 2020 est en passe de devenir l'une des trois années les plus chaudes jamais enregistrées au niveau mondial – en dépit de l'effet refroidissant qu'a eu La Nina cette année. La décennie qui s'achève a été la plus chaude de l'histoire de l'humanité. L'océan atteint des records de chaleur. Cette année, plus de 80 % des océans du monde ont connu une vague de chaleur marine. Dans l'Arctique, l'année 2020 s'est caractérisée par une chaleur exceptionnelle, avec des températures supérieures de plus de 3 degrés Celsius à la moyenne – et de plus de 5 degrés dans le nord de la Sibérie. En octobre, la formation de glace de mer arctique n'avait jamais été aussi limitée – et maintenant, le regel est plus lent que jamais. La tendance de long terme à la fonte de la glace du Groenland s'est poursuivie, avec 278 gigatonnes en moyenne de perdues par an. Le permafrost fond et libère du méthane, un puissant gaz à effet de serre. Les incendies et les inondations, les cyclones et les ouragans apocalyptiques deviennent la norme. L'an dernier, de telles catastrophes ont coûté au monde 150 milliards de dollars (on reviendra sur ce point comptable). Les confinements liés à la COVID-19 ont permis de réduire temporairement les émissions et la pollution. Mais on enregistre toujours des niveaux records de dioxyde de carbone, et la tendance est à la hausse. En 2019, les niveaux de dioxyde de carbone ont atteint 148 % des niveaux préindustriels. En 2020, la tendance à la hausse s'est poursuivie malgré la pandémie. Les émissions de méthane sont quant à elles montées en flèche, représentant 260 % des niveaux préindustriels. Les émissions d'oxyde nitreux, un puissant gaz à effet de serre, un gaz qui attaque également la couche d'ozone, ont augmenté de 123 %. Les politiques climatiques ne sont toujours pas à la hauteur de l'enjeu. Les émissions sont désormais de 62 % supérieures à ce qu'elles étaient au début des négociations internationales sur le climat, en 1990. Chaque dixième de degré de réchauffement est important. Aujourd'hui, nous en sommes à 1,2 degré de réchauffement et nous observons déjà des extrêmes climatiques et une volatilité sans précédents dans toutes les régions et sur tous les continents. Nous nous dirigeons vers une augmentation de la température de 3 à 5 degrés Celsius au cours du XXIe siècle. La science est très claire : pour limiter l'élévation de la température à 1,5 degré Celsius au-dessus des niveaux préindustriels, le monde doit réduire la production de combustibles fossiles d'environ 6 % par an d'ici à 2030. Mais le monde s'engage dans la direction opposée – et prévoit une augmentation annuelle de 2 %. L'assaut ainsi livré à notre planète a des retombées qui compromettent l'efficacité des efforts que nous faisons pour éliminer la pauvreté et menacent la sécurité alimentaire. Et cela rend l'action que nous menons en faveur de la paix encore plus difficile, car ces perturbations sont à l'origine d'instabilités, de déplacements et de conflits. Ce n'est pas une coïncidence si 70 % des pays les plus vulnérables face aux changements climatiques sont aussi parmi les plus fragiles sur les plans politique et économique [...]. Comme toujours, ce sont les personnes les plus vulnérables au monde qui sont les plus touchées. Ce sont les personnes qui ont la moindre part de responsabilité dans le problème qui en souffrent le plus. Même dans le monde développé, les personnes marginalisées sont les premières victimes des catastrophes et les dernières à s'en relever. Soyons clairs : les activités humaines sont à l'origine de notre plongée dans le chaos. Mais cela signifie aussi que l'action humaine peut nous aider à nous en sortir. Faire la paix avec la nature sera la grande œuvre du XXIe siècle [...]. La perspective d'un vaccin offre un rayon d'espoir. Mais pour la planète, il n'existe pas de vaccin. La nature a besoin d'un plan de sauvetage. En venant à bout de la pandémie, nous pouvons également éviter le *cataclysme climatique* et restaurer notre planète. »

Avec ces mots, le secrétaire général des Nations Unies António Guterres adressait l'Université Columbia, le 2 décembre 2020, en pleine pandémie[25], sous le titre « Faire la paix avec la Nature ».

Le cataclysme

Avec le *cataclysme climatique*, une deuxième notion catégorielle de catastrophes dues à une volonté supra humaine se voit récupérée de la tradition biblique. Elle colore le discours qui se veut – comme la Révélation – résolument inquiétant, voire révoltant.

En 2021, le milieu du Forum économique mondial reprend le terme, pour appeler à l'action sans tarder, puisque « le changement climatique sera soudain et cataclysmique. Nous devons agir vite », selon les mots de Peter Giger, chef du département des risques du Zurich Insurance Group[26]. L'année suivante, le qualificatif « cataclysmique »

25 unfccc.int/fr/news/faire-la-paix-avec-la-nature-est-la-tache-determinante-du-21e-siecle-secretaire-general-des-nations.

26 www.weforum.org/agenda/2021/01/climate-change-sudden-cataclysmic-need-act-fast/.

réapparaît dans un article du quotidien *The Guardian* annonçant une extinction cataclysmique de la vie marine sans égal depuis 250 millions d'années[27]. Et peu de temps après, la National Public Radio américaine signalait « des inondations cataclysmiques pour la Californie » quasi certaines, dues au réchauffement climatique[28].

En 2008, une institution proche du pouvoir américain, la Brookings Institution, publiait les résultats d'une recherche d'un groupe d'experts sous le titre *Climatic Cataclysm*[29]. Le point de départ de l'ouvrage est la sécurité nationale et son rapport au changement climatique. Mais la base de la réflexion est la pensée d'Al Gore, notamment celle où le destin du pays est lié au destin du globe. L'un des contributeurs, Robert James Woolsey, jusqu'à récemment ambassadeur des États-Unis dans le Pacifique, écrivait que « si nous considérons ensemble les points de basculements climatiques plausibles et l'augmentation des émissions provenant du développement économique mondial, il y a un risque que ce changement devienne cataclysmique. »[30] Le groupe d'experts qui y avait travaillé pendant un an n'a fait qu'anticiper les constats et les événements actuels dans un langage non moins ciselé que celui de Saint-Jean.

Contrairement à l'Apocalypse qui est un héritage proprement chrétien, le cataclysme, souvent traduit en français par le mot « déluge », lui, se produit dans de nombreuses cultures :

- l'épopée de Gilgamesh, qui date du 18ème siècle avant notre ère, selon lequel le dieu suprême, Enlil, détruit le monde avec un déluge parce que les humains sont devenus trop bruyants, alors que le dieu Ea, qui avait créé des humains à partir d'argile

---

27 www.theguardian.com/environment/2022/apr/28/global-warming-risks-cataclysmic-mass-extinction-marine-life.

28 www.npr.org/2022/08/12/1117161878/a-cataclysmic-flood-is-coming-for-california-climate-change-makes-it-more-likely?t=1660665820228.

29 K.M. Campbell, *Climatic Cataclysm. The Foreign Policy and National Security Implications of Climate Change*, Brookins Institution Press, Washington D.C., 2008.

30 R.J. Woolsey, «A Partnership Deal: Malevolent and Malignant Threats», dans: K.M. Campbell, *Climatic Cataclysm. The Foreign Policy and National Security Implications of Climate Change*, Brookins Institution, Washington D.C., 2008, p. 180.

et de sang divin, avertit secrètement le héros Utnapishtim du déluge imminent et lui donne des instructions détaillées pour construire un bateau afin que le vivant puisse survivre ;

- le récit du déluge de la Genèse, c'est-à-dire la version hébraïque du mythe universel du déluge tel que présenté dans les chapitres 1-11 du livre de la Genèse, selon lequel Dieu décide de restaurer l'univers dans son état d'avant la création pour redémarrer avec le microcosme de l'Arc de Noé ;
- le même prophète, nommé Nuh dans le Qu'ran qui reprend le récit biblique de l'Arc ;
- Manvantara-Sandhya dans l'hindouisme, qui est une période cyclique, et qui identifie la durée, le règne et l'âge d'un Manu, qui est le géniteur de l'humanité et dans lequel l'avatar Matsya du Vishnu avertit le premier homme, Manu, de l'inondation imminente, et lui conseille de construire un bateau géant ;
- le Gun-Yu dans la mythologie chinoise, une période de fortes précipitations accompagnées d'inondations majeures environ 2300-2200 avant notre ère, entraînant de grands déplacements de populations et des famines ;
- dans le mythe grec de Deucalion, selon lequel le mythique roi d'Arcadie Lycaon, sacrifie un garçon à Zeus. Consterné par cette offrande Zeus décide de mettre fin à la civilisation du bronze en déclenchant un déluge. Aidée par son père Prométhée, Deucalion en survit avec sa femme Pyrrha, grâce à un coffre flottant et réussit à refonder l'espèce humaine ;
- dans la mythologie nordique, notamment dans *Gylfaginning*, alors que le sang de l'ancestral être suprême Ymir inonde la terre, le dieu Bergelmir s'échappe sur un coffre avec sa femme pour refonder une lignée des géants ;
- dans le récit mythologique irlandais du *Lebor Gabála Érenn*, une pseudo-histoire chrétienne médiévale selon laquelle le chef Cessair arrive en Irlande avec les premiers habitants avant le déluge biblique.

Et encore dans certaines parties de la Polynésie comme Hawaii, la tradition des peuples K'iche' et Maya en Mésoamérique, la tribu ojibwa du lac Courte Oreilles des Amérindiens en Amérique du Nord, la tradition d'Unu Pachakuti (mythologie Inca), la Confédération Muisca et Cañari en Amérique du Sud, en Afrique et certaines tribus aborigènes en Australie.

Dans tous ces cas, le déluge ravive dans la mythologie des mémoires collectives l'extinction due à la fin de la glaciation, la montée des eaux marines et la perte d'anciennes civilisations. Mais, contrairement au récit de l'apocalypse, celui du déluge raconte aussi une refondation, après une purge dure et intégrale, supposément sur de meilleures bases.

Peut-être...

Peter Sloterdijk l'avait savamment compris dans un puissant livre publié en allemand en 2014 sous le titre *Die schrecklichen Kinder der Neuzeit* (Les vilains enfants de la Modernité) et traduit en français deux ans plus tard sous le titre bien plus poétique, *Après nous le déluge*. Le philosophe s'accroche ainsi à cette phrase légendaire que Madame de Pompadour aurait prononcé lors d'une fête en 1757, en apprenant la défaite de l'armée française à la bataille de Rosbach, face aux Prusses. Au-delà des us et coutumes « hysterico-galants » de la cour française de l'époque que condense cette phrase, Sloterdijk y saisit pourtant une importance autrement plus diachronique: « Les générations ultérieures voulurent lire dans cette expression le testament de la noblesse française, voire le dernier mot de l'ère aristocratique. Les classes frivoles des décennies suivantes se sont emparées de cette sentence prononcée au vol. Depuis, les riches et les casse-cous savent pertinemment que l'insouciance est une fiction qui se paye [...]. Les insouciants, les adeptes de la terre brûlée, les désinhibés d'aujourd'hui ne célèbrent pas une seule fête, entre Saint-Moritz, Dubaï et Moscou, sans que cette parole proverbiale y soit dans l'air. On peut le constater sur un ton tranquille : avec elle a débuté le gai savoir de la vie en temps abyssaux. »[31]

C'est par cette bénigne référence nietzschéenne au *gai savoir* que Sloterdijk met sur scène ce qui est aujourd'hui la clé de notre malaise sur ce vecteur prétendument infini que désigne l'alignement du passé, du présent et du futur : le savoir et la connaissance qui font découvrir le bord des abîmes.

L'habitabilité comme connaissance

Nous ne pouvons pas omettre de remarquer dans les récits ci-dessus qu'aux côtés des mots, ce sont des chiffres qui viennent corroborer les faits et tentent de décrire les paramètres objectifs de l'apocalypse ou du déluge. Un semblant de connaissance, scientifique ou symbolique. C'est le cas des médias, c'est le cas du secrétaire général, c'est le cas aussi de Saint-Jean. Mais l'arithmologie de l'ivresse prophétique de l'un n'est pas celle de la sobriété scientifique des autres. Dans les deux cas il s'agit de démontrer une compréhension nette du phénomène décrit. Et là nous ne pouvons que rappeler la fameuse apostrophe de William Thomson, alias Lord Kelvin : « I often say that when you can measure what you are speaking about, and express it in numbers, you know something about it ; but when you cannot measure it, when you cannot express it in numbers, your knowledge is of a meagre and unsatisfactory kind ; it may be the beginning of knowledge, but you have scarcely, in your thoughts, advanced to the stage of science, whatever the matter may be. »[32]

Nous n'allons pas comparer ici deux cultures de chiffres. Nous allons nous contenter pour l'instant de remarquer l'importance que prend le chiffre (et la connaissance précise qu'il sous entend) pour exprimer une certaine compréhension de la condition humaine :

31 P. Sloterdijk, *op.cit.*, p. 10.
32 W. Thomson, *Popular Lectures and Addresses in Three Volumes*, Vol. I: «Constitution of Matter», MacMillan & Co., Ltd., London, 1889, pp. 73 sv.

« Au moment précis où l'on découvrit l'immensité de l'espace disponible sur Terre, commença le fameux rétrécissement de la planète, et pour finir, dans notre monde (qui est la conséquence de l'époque moderne, [...]), tout homme est un habitant de la Terre autant que de sa patrie. [...] Seul le recul de l'Histoire nous montre ce qui est évident : rien ne reste immense de ce que l'on peut mesurer. »[33]

Si la Terre habitable se rétrécit pour les humains parce qu'on la mesure, comme le remarquait Hannah Arendt, nous savons maintenant que sa capacité à garantir des conditions acceptables pour nos organismes se réduit à un rythme accéléré, géométrique, spectaculaire. Pis, les conditions qui permettent à tous les êtres vivants de subvenir à leurs besoins organiques (nourriture, cycle de vie moyen, possibilité de reproduction) sont de moins en moins remplies. Mais ce qui disparaît surtout, c'est la relative régularité climatique qui permet au vivant d'établir des cycles réguliers d'approvisionnement en énergie solaire, oxygène, eau et carbone, qui font que la biosphère est une très fine « zone critique » pleine de vie.

C'est cette capacité fondamentale qui est aujourd'hui discutée par les cosmographes sous le terme d'habitabilité. Une propriété de la Terre qui reste unique dans l'Univers, jusqu'à preuve du contraire. Pour les sciences dures, l'habitabilité est donc la capacité d'un corps céleste à développer et accueillir la vie, sa vivabilité. Étant donné que nous ne connaissons pas pour l'instant d'autres e planètes avec une présence de vie avérée, l'habitabilité reste donc une extrapolation des conditions terrestres et des caractéristiques climato-organiques favorables à la vie. L'habitabilité donc pour l'instant un terme qui se trouve principalement dans la littérature qui examine notre capacité à coloniser l'univers et en ce sens qui fait partie du vocabulaire de la Modernité, expansive et colonisante[34].

Quelles sont les conditions minimales sur la planète Terre pour

33 H. Arendt, *Condition de l'homme moderne*, Calmann-Lévy, Paris, 1958; University of Chicago Press, Londres/Chicago, IL, 1961, p. 380.

34 J.J. Lissauer et I. de Pater, *Fundamental Planetary Science: Physics, Chemistry and Habitability*, Cambridge University Press, Cambridge, 2019.

accueillir la vie et plus précisément la vie humaine dans une relative garantie de continuité ? De combien de nourriture, eau, espace, matières, etc. avons-nous besoin pour rester en vie ? Quelles sont les faune et flore nécessaires pour nous, de combien et de quelles sortes d'individus vivants avons-nous besoin au minimum, pour dire que notre vie « vaut » quelque chose ? Quelle est la mesure de l'habitabilité de la Terre pour les humains ?

On ne peut pas aborder ces questions sans commencer par l'apport fondamental de James Lovelock et de son hypothèse Gaïa, parue en 1979 dans *Gaia: A New Look at Life on Earth*. Appelée également hypothèse biogéochimique, cette théorie avancée en collaboration avec la microbiologiste américaine Lynn Margulis, présente la Terre comme « un système physiologique dynamique qui inclut la biosphère et maintient notre planète depuis plus de trois milliards d'années en harmonie avec la vie ». L'hypothèse Gaïa a donné un nouvel élan à notre compréhension du phénomène extraordinaire de la vie, en démontrant que notre planète et le vivant ne sont pas deux choses séparées, que la Terre *est* du vivant. Mais l'hypothèse Gaïa n'arrive pas à connecter encore suffisamment le quantitatif et le qualitatif de l'habitabilité de la Terre, comme le clin d'œil de Lovelock lui-même sur le rôle des récits semblait l'indiquer. Sa prochaine phase serait donc de lier d'une part le continuum physio-bio-climatique, et d'autre part le psycho-sociologique du vivre-sur-terre, de ce qu'on peut annoncer comme *Da-auf-der-Erde-Sein*, pour paraphraser Heidegger. Cette méta-théorie de l'habitabilité n'est pas encore constituée en récit, ne serait-ce que pour en examiner sa validité et la faire évoluer, à l'instar de ce que préconise Popper. Il faut glaner des éléments à droite et à gauche, à commencer par le petit texte inspiré de Bruno Latour : *Où suis-je ?*, paru 2021[35]. Et pourtant l'ha-

35 De rares essais en langue française – et pratiquement aucune référence en langues allemande et italienne – expliquent fondamentalement les conditions d'habitabilité de la terre : M. Rollot, *Critique de l'habitabilité*, Libre & Solidaire, Paris, 2017 ; M.-C. Fourny et R. Lajarge, *Les sans mots de l'habitabilité et de la territorialité*, UGA, Saint-Martin-d'Hères, 2019.

biter, fut l'un des petits engrainages aguichants de notre héritage heideggerien, qui s'est trouvé aux côtés de la pensée et du bâtir pour signaler la trilogie motrice *bauen, wohnen, denken* pour ceux parmi nous qui allient la pensée et l'action, la *vita contemplativa* et la *vita activa*.

Revenons aux fonctions vitales et aux quantités d'éléments qui assurent la vie humaine, *en moyenne*, par jour : 2,5 litres d'eau, 400 litres d'oxygène, 2400 kcal, 0,83 g/kg de protéines et 13 types différents de vitamines. Et tout cela n'est possible que dans une couche très fine, la biosphère, et encore… : « Voilà qui nous donne déjà, à nous autres définitivement confinés, une idée assez juste de nos confins : les terrestres peuvent se déplacer, mais seulement aussi loin que la nappe, le biofilm, le courant, le flux, la marée montante des vivants nommés Terre ou Gaïa a réussi à créer pour les suivants des conditions d'habitabilité quelque peu durables. Pas un mètre plus loin que cet estran. »[36]

Et encore, c'est sans prendre en compte la complexité biologique du vivant. Selon l'anthropologue des sciences et de la biomédecine Charlotte Brives, les organismes ne pourraient pas survivre sans les microbes et les bactéries qui vivent en eux :« D'abord parce qu'ils dépendent des niches qui leur assurent des conditions d'habitabilité plus ou moins favorables, et ensuite parce qu'ils ont besoin, en chaque point de leur développement, du secours imprévu d'autres agents. Que peut signifier la sélection naturelle d'une vache si la fabrication de son intestin dépend de la sélection parallèle d'une myriade de bactéries qui, pourtant, ne font pas partie de son ADN ? Qu'est-ce qu'un corps 'humain', si le nombre des microbes nécessaires à son entretien dépasse de plusieurs ordres de grandeur le nombre de ses cellules ? L'incertitude sur les bords exacts d'un corps est si grande que Lynn Margulis a proposé de remplacer la notion trop réduite d'organisme par ce qu'elle appelle des 'holobiontes', ensemble d'agissants en forme de nuages aux contours flous qui

36 B. Latour, *Où suis-je ?…*, cit., p. 40.

permettent à des membranes un peu durables de subsister grâce au secours que l'extérieur apporte à ce qui tient à l'intérieur. »[37]

L'habitabilité de la Terre prend forme autour de nous, mais aussi en nous, par des quantités et les qualités infinies d'autres substances, organismes et équilibres naturels. D'une part : les bactéries, les microbes, l'oxygène, l'eau, les aliments, et d'autre part : la sécurité, la santé, l'éducation, la créativité, les relations sociales, le temps libre, et tout autre *standard* que le Sapiens s'est méticuleusement concocté durant ses trois centaines de milliers d'années d'existence qui entrent dans le continuum spatiotemporel terrestre. Mais alors que l'humanité semblait avoir bien conditionné son présent dans ce continuum, le futur s'annonce de plus en plus comme un déluge.

La crise environnementale comme phénomène et comme connaissance

En 2021, une recherche pluridisciplinaire a été publiée dans la revue internationale *Climate Change Biology*, sous le titre « Climate change research and action must look beyond 2100 ».[38] Des scientifiques de Montréal et du Royaume-Uni y présentent leurs modèles climatiques basés sur les projections du temps des concentrations atmosphériques de gaz à effet de serre (GES) pour des scénarios d'atténuation faibles, moyens et élevés jusqu'en 2500, soit bien après la durée de vie de notre génération. Les résultats révèlent une Terre aliène et étrangère aux humains et démontrent que la Terre sera devenue un milieu inhospitalier, sinon invivable. Dans les options d'atténuation faibles et moyens des modélisations, la végétation et les zones d'agriculture pourraient se déplacer vers les pôles. La superficie adaptée à certaines cultures serait également réduite. Des

37 *Ibid.*, p. 63.

38 C. Lyon, E.E. Saupe, C.J. Smith, D.J. Hill, A.P. Beckerman, L.C. Stringer, R. Marchant, J. McKay, A. Burke, P. O'Higgins, A.M. Dunhill, B.J. Allen, J. Riel-Salvatore et T. Aze, «Climate change research and action must look beyond 2100», dans: «Global Change Biology», Vol. 28, N. 2, 2022, pp. 349-61, doi: 10.1111/gcb.15871. Epub 2021 Sep 24. PMID: 34558764.

régions avec une longue histoire de richesse écosystémique et culturelle, comme le bassin amazonien, pourraient devenir stériles. Ils ont également constaté que le stress thermique peut atteindre des niveaux mortels pour les humains dans les régions tropicales très peuplées. Même dans les scénarios d'atténuation forte, l'équipe a constaté que le niveau de la mer continuerait à augmenter en raison de l'expansion de l'eau dans le réchauffement des océans.

Cette recherche, parmi d'autres de la même teneur, est établie sur la base de mesures, statistiques, expérimentations et échantillonnages sur toutes les latitudes et longitudes de la planète reproduits en laboratoire, et sur des échelles temporelles qui s'étalent de la très longue à la très courte durée – ce sont des *connaissances* qui allient espace et temps. Les projections construisent des *hypothèses* sur la base de modèles de prévision, eux-mêmes construits selon plusieurs méthodes mathématiques: forçage radiatif, probabiliste, déterministe-stochastique, etc. – ces projections.

Entre connaissances et hypothèses, un aller-retour incessant et intense établit des scénarios tendanciels sur le comportement de la biosphère et sur les conséquences de ce comportement climatique, énergétique et biologique sur le futur de l'humanité, et sur le futur plus largement des êtres vivants. Sans doute le modèle de prévisions globales le plus connu est le World 2.0, qui figure dans les *Limites de la croissance* de Dennis et Donella Meadows. Publié en 1972 pour le compte du Club de Rome, ce rapport est connu pour avoir averti (hélas, insuffisamment! ...) les scientifiques et les politiques d'une très probable fin de la croissance économique mondiale, due à l'épuisement des ressources. Actuellement, les croisements des hypothèses et des connaissances sur le réchauffement climatique conduisent le GIEC à établir quatre scénarios d'évolution des températures moyennes, selon la quantité de GES qui sera émise dans l'atmosphère. Ce sont les dénommés Representative Concentration Pathways (RCP). En résumé, le scénario le plus optimiste établit une relative stabilité du climat sous condition d'une action immédiate d'ampleur mondiale (RCP 2.6), alors que le plus pessimiste (RCP 8.5) prévoit une augmentation spectaculaire des températures et considère possible, probable, ou plausible l'effondrement de notre civilisation dû aux conditions défavorables que rencontrera la vie sur la planète Terre. Plus inquiétant encore, ce sont les probabilités de réalisation de l'un ou l'autre des scénarios, selon les aléas humains et sociaux. Là, le scénario optimiste a bien moins de probabilités de se réaliser, comparé au scénario pessimiste...

Un récapitulatif des connaissances sur le phénomène

L'effet de serre

Rappelons que les GES[39] existent dans l'atmosphère depuis plusieurs milliards d'années, pour une bonne raison : leur fonction d'absorption des rayons infrarouges que la terre renvoie vers l'atmosphère après les avoir reçus du soleil, installe des températures propices à la vie. Autrement dit, grâce à ce phénomène naturel, la terre devint « habitable ». Cette habitabilité primaire a donné lieu à plusieurs cycles d'apparition de la vie, suivis d'extinctions massives. Il y a sept millions d'années, les premiers hominidés apparaissent, jusqu'à l'arrivée de l'homme moderne il y a 300000 ans, et avant la dernière période de refroidissement global qui caractérise la fin du Pléistocène sur l'ensemble de la planète. La dernière glaciation débute il y a 115 000 ans et s'achève il y a 11 000 ans. Parmi les raisons de ce réchauffement – 4°C en moyenne avec une élévation du les niveaux des océans de 120m –, une plus grande concentration de GES est avérée : au fur et à mesure que des contrées entières dégelaient, les gaz issus de la méthanisation des matières organiques qui s'y trouvaient enfouies venant en contact avec l'oxygène. Ainsi débute l'Holocène. Les conditions deviennent favorables pour la révolution

39 Notamment : vapeur d'eau (H2O), dioxyde de carbone (CO_2), méthane (CH_4), protoxyde d'azote (N_2O) et ozone troposphérique (O_3).

du néolithique avec la généralisation de la civilisation agricole. En d'autres termes, le climat et le développement conséquent des sociétés agricoles ont fourni aux humains des conditions de vie relativement stables pour les derniers 10 000 ans, soit quatre cents générations d'humains.

Ce n'est qu'à la fin du XVIIIe siècle que le rapport entre GES et températures terrestres commence à être étudié. Le physicien genevois Horace Bénédict de Saussure explore le premier les effets thermiques du rayonnement solaire, en 1780. Ses mesures sont confirmées par le mathématicien et physicien français Joseph Fourier dans un texte diffusé en 1824.[40] Trente ans plus tard, la scientifique américaine Eunice Newton Foote découvre que le dioxyde de carbone retient particulièrement bien la chaleur et soupçonne qu'« une atmosphère constituée de ce gaz donnerait à notre Terre une haute température. »[41] En 1861, le physicien irlandais John Tyndall précise les principaux responsables de ce mécanisme : la vapeur d'eau et le dioxyde de carbone. Il suggère alors qu'une modification de la composition de l'atmosphère pourrait avoir une influence sur l'évolution du climat. Finalement, à la toute fin du XIXe siècle, le Nobel suédois en chimie Svante Arrhenius estime qu'un doublement du taux de CO2 causerait un réchauffement d'environ 5° C.[42] Ses calculs s'appuyaient sur le rythme d'augmentation du CO2 de son temps, avec un doublement du taux de CO2 nécessitant alors environ 3 000 ans. Au rythme actuel, selon les calculs du GIEC, ce doublement ne prendra qu'un siècle... Cela n'avait pourtant pris que six ans à la presse américaine pour s'emparer du sujet : un quotidien de l'Alabama, *The Selma Times*, publie en 1902 un « Avis aux consommateurs

---

40 Titre original : « Remarques générales sur les températures du globe terrestre et des espaces planétaires ».

41 Extrait de son article «Circumstances affecting the Heat of the Sun's Rays», dans: *The American Journal of Science and Arts*, Vol. 22, N. 66, 1856, pp. 382-83 (d'après davidmorrow.net/eunice-foote/).

42 Dans son article «On the Influence of Carbonic Acid in the Air upon the Temperature of the Ground », dans : « Philosophical Magazine and Journal of Science», Vol. 41, 1896, pp. 237-75.

de charbon» qui présente la théorie d'Arrhenius selon laquelle la combustion du charbon conduirait à un degré de réchauffement climatique qui serait la cause de l'extinction des humains.[43]

Les combustibles fossiles à l'origine des GES

Au cours de notre ère moderne, les connaissances précises relatives aux effets des GES sont rapidement associées à la combustion du charbon tout d'abord, puis aux autres combustibles fossiles. La science des matériaux est en fait très simple : les combustibles sont des matières qui réagissent chimiquement à la présence d'une étincelle et d'un «comburant» (donc l'oxygène) en produisant une réaction chimique exotherme. Les combustibles fossiles sont des combustibles – essentiellement des hydrocarbures, donc contenant de l'hydrogène – issus de la méthanisation d'êtres vivants morts et enfouis dans le sol à des périodes différentes qui vont jusqu'à 650 millions d'années. Il s'agit du pétrole, du charbon, du lignite et du gaz naturel. Lors de la combustion d'un carburant, il se dégage d'une part de la vapeur (donc de l'eau très chaude) qui est la vraie énergie utilisable pour mouvoir les pistons de nos véhicules, par exemple, et d'autre part du dioxyde de carbone (nommé ainsi parce que sa molécule est composée d'un atome de carbone et de deux atomes d'oxygène), et parfois du – bien plus dangereux – monoxyde de carbone. Comme tous les oxydes, le CO2 a la particularité chimique d'être très stable et de persister dans cet état dans l'atmosphère pour des dizaines, voire des centaines d'années. C'est par conséquent la concentration croissante dans les couches de l'atmosphère de cet oxyde en forme de gaz, et d'autres gaz, qui génère un effet de serre dans l'atmosphère. Ses particules qui se trouvent en suspension dans l'atmosphère empêchent une partie du rayonnement infrarouge que la terre reflète à s'échapper dans l'espace, en le redirigeant vers la surface terrestre.

43 «Hint to Coal Consumers», dans: «The Selma Morning Times», 15 octobre 1902, p. 4 (archives sur www.newspapers.com/newspage/570090173/).

Or, depuis que le bruit sec et répétitif du premier moteur à vapeur inventé en 1712 par l'Anglais Thomas Newcomen a retentit pour la première fois sur la surface de notre planète, nous avons émis plus de 1 300 gigatonnes de CO2 dans l'atmosphère[44], dû à la consommation de pétrole et de charbon. Environ un tiers de ce montant faramineux provient du développement économique postérieur à l'an 2000. Entre 1870 et 2008, nous avons consommé au moins 135 milliards de barils de pétrole[45] et une quantité non comptabilisée de charbon. Nous avons ainsi augmenté la concentration de CO2 dans l'atmosphère de 280 parties par million (ppm) à 420 ppm[46], un taux qui n'avait d'équivalent que bien avant l'apparition de l'humanité. Ce taux de concentration de CO2 et des autres GES, qui augmente très rapidement la température moyenne, déchaine d'autres effets néfastes. Contrairement à la fin de la glaciation et son effet d'une élévation extrêmement rapide des températures, le réchauffement climatique s'avère cette fois essentiellement anthropogénique.

Quant à la décarbonation, rappelons qu'il faut attendre au moins un siècle avant que le CO2 ne commence à être dissous dans l'atmosphère de manière significative, au moins dix ans pour le méthane, et même plus de mille ans pour certains halocarbures. Ce petit détail explique pourquoi le réchauffement climatique est un processus fondamentalement irréversible, et qu'il paraît sensiblement impossible d'influer sur l'emballement du climat par des moyens anthropiques et à brève échéance.

---

44 www.carbonbrief.org/doha-infographic-gets-the-numbers-wrong-underestimates-human-emissions/.

45 www.sciencedaily.com/releases/2009/05/090507072830.htm. Jones *et al.*, «Total amounts of oil produced over the history of the industry», dans: «International Journal of Oil Gas and Coal Technology», Vol. 2, N. 2, 2009, p. 199, DOI: 10.1504/IJOGCT.2009.024887.

46 reporterre.net/Record-de-CO_2-dans-l-air-vers-un-retour-en-arriere-de-15-millions-d-annees.

Le hiatus entre connaissance et action

Nous arrivons au terme de l'Anthropocène, pour qualifier la période géologique actuelle au cours de laquelle les humains dérèglent les cycles biogéochimiques de la planète, de manière vraisemblablement irrévocable. Autrement dit, nous sommes parfaitement au courant de la mise en stress de la biosphère, *nous savons* quelles seront les conséquences de nos actions. Alors, pourquoi l'humanité ne fait-elle actuellement qu'aggraver le problème ? Pourquoi persistons-nous dans cette voie, malgré tout ce savoir ? Pourquoi une telle désinvolture ? Pourquoi n'avons-nous pas cette forme d'intelligence qui s'appelle courage d'appréhender dans toute sa terrifiante vérité le futur qui se profile devant nous ?

Nous y voyons essentiellement deux raisons. Premièrement, en ne pouvant ou ne voulant prouver de manière concrète et comptable les conséquences des émissions exponentielles des GES, ces connaissances n'avaient jusqu'à récemment qu'une valeur purement théorique. Les psychologues y pointeront la grande difficulté qu'a l'espèce humaine à appréhender des dangers non imminents… Deuxièmement, et principalement, ces combustibles, connus depuis l'Antiquité, se sont révélés détenteurs d'une grande capacité énergétique : au moins trois fois supérieur à celui du bois, en quantités bien supérieures aussi, et aux formes matérielles facilitant l'extraction, le transport, le stockage et l'utilisation pour produire de l'énergie au service des humains. Ces propriétés ont permis l'utilisation du moteur à combustion par des machines fabriquées en métal, contrairement aux machines en bois qui n'étaient activables que par la force humaine, animale, le vent ou l'eau. Bien plus petites et maniables, ces machines ont considérablement augmenté le confort matériel, et pour ainsi dire l'habitabilité de la terre, du point de vue strictement humain. À commencer par le chemin de fer et les machines à tisser en Angleterre, l'histoire est bien connue…

Tout ce qui nous entoure provient de l'effet multiplicateur d'actes productifs humains soutenus par l'énergie fossile : notre santé, nos bâtiments, nos mobilités, notre nourriture, nos institutions, nos habitudes... C'est aussi la raison pour laquelle, depuis le début de l'ère industrielle, le labeur humain a décru tandis que la production de biens et de services a augmenté, tout en facilitant l'explosion de la population mondiale. Le fait que nous sommes en train de contempler ce problème, au lieu de labourer les champs, chasser ou pêcher pour assurer notre nourriture, est dû à l'usage de ces énergies par le moyen d'un dispositif technique qui s'est développé de manière exponentielle depuis la révolution industrielle.

La chute du Paradis

« Dans la fuite hors du monde 'matériel', vers un monde 'spirituel' apparemment rematérialisé, on ne voyait plus que des valeurs [...]. Elles tenaient du ciel puisque le progrès paraissait pratique, réaliste, empirique, mais, du Ciel, ces figures conservaient la valeur décisive, longtemps portée par les croyants, d'accéder à quelque chose de définitif et d'absolu. Le beurre et l'argent du beurre. L'amalgame n'était bien sûr pas stable, mais il a paru pour un temps irrésistible : toujours la quête du *Paradis*, mais sur terre ! »[47] Bruno Latour n'est pas le premier à discuter le symbole du Paradis en ces termes. Avant lui, ce fut la thèse d'Eric Voegelin (1901-1985), philosophe américain peu connu et quasi-oublié aujourd'hui, qui interprétait la modernité comme une entreprise qui installerait l'humanité dans une sorte de Paradis terrestre. Un Paradis dont les faux espoirs de réalisation ont fini par paralyser toute alternative, au point où « la rage de voir s'évanouir l'issue de secours du Paradis sur terre peut rendre dangereux des mouvements qui feront tout pour échapper à cette nouvelle prise de conscience »[48].

47 B. Latour, *op. cit.*, pp. 68 sv.
48 *Ibid.*, pp. 69 sv. et 75. Sinon comment comprendre que « Des paysans en faveur de l'initiative contre l'élevage intensif se cachent par peur des représailles », comme le dévoilait le quotidien romand *Le Temps* le 1er septembre 2022 ?, www.letemps.ch/

Le mot « Paradis » dérive de la notion zoroastrienne du jardin clos, *pairidaeza*. Le Paradis est donc étymologiquement distinct de l'Eden, le mot hébreu pour le plaisir, mais la notion culturelle du « jardin du Paradis » des Perses a été confondue au cours des millénaires avec le jardin d'Eden, de sorte que le mythe peut signifier à la fois l'expérience avant la naissance, ce qui est perdu mais pourrait être récupéré, le futur ciel, la ville sainte de la Nouvelle Jérusalem, ou des Élysées terrestres. La distinction entre *l'ailleurs* du Paradis et le *nulle part* de l'utopie – l'espoir d'une réalité sociale à venir – n'est pas toujours claire, car le mythe peut signifier soit la contemplation rétrospective, soit l'anticipation du futur[49]. Le mythe renvoie à l'idéal d'une vie sans peines, au travail (ou son absence) et au droit à l'exploitation des ressources, tant humaines qu'environnementales. Le Paradis est inextricablement lié à la « longue » modernité établie par la révolution industrielle, et il est évidemment rattaché aux terres nouvelles à conquérir et à coloniser depuis le XVe siècle, tout au long des Lumières et jusqu'à nos jours.

Ce qui nous intéresse ici n'est pas tant la malléabilité du motif originel que le sens de sa perte, à la suite de la consommation du fruit de la connaissance du bien et du mal par les protoplastes. Soit le sens de l'exil involontaire depuis un jardin clos et protégé, habitable par principe, lieu de l'insouciance, de l'abondance et des évidences, vers un espace extérieur non protégé, infini, où nos actes de survie s'articulent pour créer une nouvelle habitabilité, forcément imparfaite. Le récit initial est éloquent. Désir, volonté et temps s'y succèdent et s'y entrelacent pour créer un projet de vie.

---

suisse/paysans-faveur-linitiative-contre-lelevage-intensif-se-cachent-peur-represailles.

49 S. Deckard, *Paradise Discourse, Imperialism, and Globalization. Exploiting Eden*, Routledge, Londres/New York, NY, 2010.

Du récit mythologique à l'action concrète

On peut sans doute consentir que ce récit biblique offre un prisme d'interprétation puissant par rapport à ce qui se passe aujourd'hui dans le monde. Que cette nouvelle capacité humaine acquise par désobéissance, de distinguer le bien du mal, annonce la sortie de l'animalité et le début d'une conscience composée de perceptions, de pensées, de sentiments conduisant les humains à jauger la réalité, pour déterminer leur action dans le temps et dans l'espace.

La Chute du Paradis devient ainsi le début symbolique d'un être-au-monde en action, et ainsi le début d'un projet-de-monde. Goûter le fruit défendu est un acte que l'on pourrait désigner comme l'une des origines du monde moderne, car il positionne l'humanité en action « contre » une nature désormais distante physiquement et mentalement – du moins dans notre héritage occidental[50].

Si le « péché originel » et la première chute du Paradis qu'il a entraîné, signalent la sortie de l'humanité de sa non-verbalité, du non-récit, ils définissent aussi le passage de l'espace a-historique vers l'espace du jugement par le langage. Avec comme seule arme le pouvoir de jugement qu'offre le fruit de l'arbre du bien et du mal, l'humanité se trouve éjectée dans le vide sidéral de l'histoire et de la créativité obligatoire et contrainte – et toutes leurs conséquences bonnes et mauvaises. Dès lors, nous ne faisons qu'inventer des récits qui construisent des systèmes cohérents de sens, tels de nouveaux enclos au sein desquels nous nous mouvons avec une relative assurance. Heidegger l'avait bien repéré : « Habiter, être mis en sûreté, veut dire : rester enclos (*eingefriedet*) dans ce qui nous est parent (*in das Frye*), c'est-à-dire dans ce qui est libre (*in das Freie*) et qui ménage

50 Pour aller dans le sens du message du grand anthropologue français Philippe Descola qui rappelle un animisme primaire selon « ces histoires insolites d'une époque où humains et non-humains n'étaient pas différenciés ». P. Descola, *Par-delà nature et culture*, Gallimard, Paris, 2005.

toute chose dans son être. Le trait fondamental de l'habitation est ce ménagement. »[51]

Ce rapport entre habiter, ceinturer, protéger et ménager reste une des constantes de la compréhension de ce que la modernité nous a prescrit. Les deux derniers siècles en sont une sorte de *slow motion* d'un moment de prise de conscience qui dure au moins depuis deux cents ans, sinon depuis la Renaissance. Pendant ce long moment, nous goûtons ce nouveau fruit de la conquête de l'espace et des ressources infinies mises par la nature au service de l'humanité. Nous savourons un prétendu bonheur qui consiste à construire un système matériel et spirituel au sein duquel les efforts décroissent et les plaisirs croissent. Et nous découvrons l'arrière-goût amer de ce fruit, pendant que devant nos yeux se profilent les données, les chiffres et les formes de cette erreur de jugement fatale, résumé en apostrophe rhétorique par Latour : « Ô malheureux Modernes, comme on comprend que vous aspiriez à redevenir des humains à l'ancienne, libres, émancipés de toute attache, en voie vers le progrès, respirant à pleins poumons, dehors, dehors ! »[52]

Que faire? Le soin de notre jardin planétaire

Alors, que faire ? Cette question d'ordre mythique amorce le titre du roman du philosophe Nikolaï Gavrilovitch Tchernychevski *Les Hommes nouveaux*, publié en 1863, avant d'être reprise par Lénine pour son traité homonyme en 1902.

Que faire donc ? « Ne sommes-nous pas précipités dans une chute continue ? Et cela en arrière, de côté, en avant, vers tous les côtés ? » pour reprendre une question rhétorique d'origine nietzchéenne, que Sloterdijk interprète surtout concernant le passé : « loin de l'ancien centre de la sécurité, loin de tout ce qui fut jadis état, mesure

51 Cf. la conférence prononcée au mois d'août 1951 à Darmstadt dans *Bâtir, Habiter, Penser, Essais et conférences Martin Heidegger 1951*, Gallimard, Paris, 1958.
52 B. Latour, *op. cit.*, p. 151.

et bon fond »[53]. Autrement dit, loin du premier Paradis, mais aussi loin du Paradis terrestre façonné pour donner une nouvelle série de mesures et de standards à nos vies : « Mais », se demande Latour, « dans cette étrange perversion qui prétend orienter l'invention vers un seul but en dépassant les limites pour se projeter hors de ce monde au lieu de les tourner, ou, plus pervers encore, qui prétend instaurer le Paradis sur terre ? Deux formes, l'une pseudo-religieuse de sortie du monde, l'autre pseudo-séculière, de vouloir l'introduire sur terre. [...] En nous forçant à aller de l'avant, en rêvant de devenir des post-humains, en imaginant que nous allons vivre 'comme des dieux', ne voyez-vous pas que vous nous privez de la seule puissance de réorientation qui soit : tâtonner, essayer, revenir sur nos échecs, explorer ? »[54]

Tâtonner, oui. Mais comment ? En répandant dans l'atmosphère des filets pour attraper les rayons infrarouges, dans une n-ième action de géo-ingénierie, qui rate complètement l'échelle du problème ? Ou en descendant dans la rue pour exiger un changement des politiques publiques et du privé, jusqu'à la désobéissance civique comme le prônaient jusqu'à récemment les scientifiques ? Paniquer n'est pas non plus une solution devant ce qui n'est pas vraiment une crise, mais plutôt un nouveau régime climatique. Quoi que nous fassions, nous ne pourrons pas revenir en arrière. Nous n'allons plus retrouver les conditions climatiques que nous avons connues à notre naissance. La Terre continuera à se réchauffer, et nous n'avons aucune assurance quant aux limites de ce réchauffement, ni en termes de degrés de température, ni en termes de territoire terrestre. Avec cet emballement de l'atmosphère dans une sorte de cercle vicieux, les incidents irréguliers – le dérèglement donc – pourra durer des dizaines ou des centaines d'années. Autant dire qu'il y aura une vraie difficulté à trouver un régime stable à partir duquel une quelconque méthode de résilience puisse émerger, à

53 F. Nietzsche dans *Le gai savoir*, « Aphorisme 125, L'insensé », Gallimard, Paris, 1950.
54 B. Latour, *op. cit.*, pp. 164 sv.

la fois technique, intellectuelle et politique, dans le sens que nous avons eu l'habitude de construire depuis le début de l'Holocène.

La réaction de Latour appelle à changer de focale : « Mais comment allons-nous nous en sortir ? La réponse est que nous n'en sortirons pas, sauf si nous acceptons de prendre sur notre dos, comme Atlas, cette température, cette atmosphère, cette prolifération de commensaux, qui nous paraissaient naguère un simple ' environnement ' dont nous n'avions pas à nous occuper, et 'dans lequel' nous ne faisions que 'nous situer'. »[55] Cette réaction relève de la « métamorphose » de nous-mêmes, à l'instar du roman homonyme de Kafka où Gregor se transforme en cafard et que Latour utilise comme métaphore de notre nouvelle condition humaine : « C'est ça la métamorphose. C'est ça notre nouvelle liberté, une fois libérés de l'ancienne, celle d'avant le confinement. Tu comprends parfaitement qu'il n'y a plus d'extérieur infini. »[56]

La tâche est bien le retour de l'enivrement de la modernité, de l'univers des désirs infinis, dans la sobriété d'un enclos sensible. Comme le précisait bien avant Heidegger à temps utile : « Le vieux mot *bauen* [...] nous dit que l'homme *est* pour autant qu'il *habite*. Ce mot *bauen*, toutefois, signifie aussi : enclore et soigner, notamment cultiver un champ, cultiver la vigne. Selon ce dernier sens, *bauen* signifie seulement veiller, à savoir sur la croissance, qui elle-même mûrit ses fruits. Au sens d''enclore et soigner', *bauen* ne signifie pas 'fabriquer'. »[57] Se limiter volontairement à son enclos implique de s'accorder la liberté d'habiter la Terre en enveloppant de soins le vivant. Il s'agit donc de transformer la *fabrique du monde* en *soin du monde*. Ce ne seront plus des récits et stratégies de développement, mais bien *d'enveloppement*[58]. Et c'est bien ce que désignait le – feu ! – Pape François dans sa lettre encyclique *Laudato Si* : la terre est un *hortus conclusus* qu'il faut savoir cultiver : « Il est important de lire

55 *Ibid.*, p. 75.
56 *Ibid.*, p. 73.
57 Heidegger (1958).
58 B. Latour, *op. cit.*, p. 157.

les textes bibliques dans leur contexte, avec une herméneutique adéquate, et de se souvenir qu'ils nous invitent à "cultiver et garder" le jardin du monde (cf. *Genèse* 2:15). Alors que ' cultiver ' signifie labourer, défricher ou travailler, ' garder ' signifie protéger, sauvegarder, préserver, soigner, surveiller. Cela implique une relation de réciprocité responsable entre l'être humain et la nature. »[59]

« Pour les croyants – observe son lecteur Bruno Latour – tout repose maintenant sur la capacité de vivre autrement ce même monde qui n'est plus exactement ' matériel ' au sens moderne. Les voilà délivrés du ' spirituel ' et de l'obligation de fuir hors du monde en tournant les yeux vers le ciel. C'est la chance que saisit pour eux le pape François. »[60]. Dans un aller-retour incessant entre matière et esprit, nous serons donc amenés à transformer le *bauen*-construction, en *bauen*-culture. La spirale créative des arts et des techniques sera métamorphosée par des nouveaux récits d'appartenance à des enclos aussi bien concrets/matériels que sémantiques/spirituels profondément attachés au soin de notre « jardin planétaire » pour reprendre ce puissant concept du paysagiste Gilles Clément.

Mais il n'y a pas que les soignants qui soignent par leurs récits et leurs actes. Pour relever ce défi – le plus grand défi de l'humanité –, pour avoir un maximum de chances de nous relever après les chocs nous avons besoin par conséquent de tout le monde. Nous sommes tous appelés à devenir les « protoplastes » de notre temps. Tout simplement pour prendre soin des différents aspects de la vie. Pour prendre soin du savoir, nous avons besoin de scientifiques et d'enseignants ; pour prendre soin de notre imagination et pour stimuler nos émotions, nous avons besoin d'artistes ; pour prendre soin des aspects matériels, nous avons besoin d'ingénieurs low-tech, d'inventeurs fous, de paysans agro-écologistes et de survivalistes ; pour défendre ce à quoi nous tenons, nous avons besoin d'activistes,

---

59 *Lettre encyclique Laudato Sí du saint-père François sur la sauvegarde de la maison commune*, 24 mai 2015, Typographie Vaticane, p. 53 (consulté le 27 avril 2024 sur enseignement-catholique.fr/wp-content/uploads/2016/09/laudato-si.pdf).

60 B. Latour, *op. cit.*, p. 74.

de « militants »; pour prendre soin des corps et de notre psyché, nous avons besoin de « méditants » et de personnes impliquées sur des chemins spirituels; pour prendre soin de notre rapport au vivant, nous avons besoin des anthropologues, des biologistes et des éco-psychologues; pour prendre soin de notre nourriture, nous avons besoin des pionniers en permaculture. Nous avons besoin de personnes qui ne sont pas inquiètes, mais aussi des hyper-sensibles, nous avons besoin des résilients et des vulnérables.

Il n'y a pas de tâche plus noble, plus profonde et plus définitive que celle que notre génération portera dans les prochaines années. Nous avons le choix d'assumer cette tâche de manière optimiste, ou pessimiste. Mais il y aussi une troisième voie. Nous avons la possibilité de nous résoudre à ces récits et actions avec la force de la volonté - comme la qualifie Nietzsche dans son *Essai d'autocritique*. Nous pouvons agir avec réalisme, sans découragement face aux aspects imparfaits et déplaisants de notre existence. Au contraire, en étant prêts à reconnaître et à affronter les aspects les plus douloureux et les plus terrifiants, avec une capacité d'acquiescer à la vie, d'en jouir et d'y cultiver un nouveau sens.

La sacralizzazione della natura e i suoi pericoli

Giovanni Filoramo

Turin / *Torino*, Italy / *Italia*
September / *Settembre* 2022

Parte I

1. Considerazioni introduttive

Il tema che ho deciso di trattare all'interno del vasto progetto del convegno Eranos di quest'anno prende spunto da un aspetto importante messo in luce dalla Presentazione: l'esigenza, "per sentire la necessità del cambiamento", di "alimentare la nostra immaginazione", facendo riferimento "al ricco universo simbolico messoci a disposizione dalle diverse culture e tradizioni". Come studioso interessato alla storia delle religioni e al loro straordinario patrimonio simbolico, una prima possibilità, che mi si è subito affacciata alla mente quando sono stato invitato a partecipare, è stata quella di prendere in esame le cosiddette ecoteologie e cioè il modo in cui - a partire almeno dagli anni '90 del secolo scorso, sotto la spinta della crisi climatica ma anche di una serie di critiche al modo in cui avevano sino ad allora affrontato (o, più spesso, ignorato) la questione ecologica –, le varie religioni hanno cercato di far ricorso al proprio patrimonio simbolico per elaborare, da un lato, risposte teologiche adeguate alla situazione, dall'altro, trarne spunto per un attivismo ecologico che ha favorito il sorgere di un vero e proprio ambientalismo religioso[1].

1 Per la bibliografia relativa, v. n. 57.

Ho deciso, però, per una serie di ragioni che risulteranno più chiare nel seguito, di percorrere un'altra via, forse più impervia e problematica, ma che mi pareva più produttiva e interessante per i nostri scopi. Mentre una credente o un credente in una determinata tradizione religiosa, nel formarsi una coscienza ambientalista, può trovare nella rivelazione in cui crede o nella tradizione religiosa con cui si identifica una serie di risposte e di motivi fondati sui testi sacri e legittimati dalle esegesi che i rispettivi teologi ne danno in chiave teologica (appunto, le cosiddette ecoteologie), che cosa succede a chi religioso non è o, comunque, crede senza identificarsi in nessuna particolare religione, rientrando in quella schiera oggi sempre più ampia di persone che si ritengono "spirituali ma non religiose"?[2] A che cosa attingere, non avendo a disposizione un patrimonio dogmatico o tradizionale, per agire in funzione di una spiritualità ecologica che si dimostri in grado di alimentare una peculiare coscienza ecologica e un particolare ambientalismo[3]?

Per tentare di rispondere a questi interrogativi una via promettente mi è parsa quella di cercare di capire meglio il modo in cui oggi si tende a vivere e, prima ancora, a immaginare il rapporto con la

2 Cfr. R. Fuller, *Spiritual but Not Religious*, Oxford University Press, Oxford 2001; L. Berzano, *Spiritualità senza Dio?*, Mimesis, Milano 2014. Per la "rivoluzione spirituale", v. P. Heelas e L. Woodhead, *The Spiritual Revolution. Why Religion Is Giving Way to Spirituality*, Blackwell, Oxford 2005. Per una critica *ante litteram* della "spiritualità senza Dio" come una variante dell'ateismo, v. A. Comte-Sponville, *L'esprit de l'athéisme. Introduction à une spiritualité sans Dieu*, Albin Michel, Paris 2006. Non è questo il luogo per approfondire il problema dei rapporti tra spiritualità e religione, che è ormai da almeno due decenni al centro delle riflessioni di molti sociologi della religione: un bilancio recente in G. Vincett e L. Woodhead, "Spirituality", in: L. Woodhead, Chr. Partridge e H. Kawanami (a cura di), *Religions in the Modern World. Traditions and Transformations*, 3ª ed., Routledge, London/New York, NY 2016, pp. 323 sg.; H. Streib e C. Klein, "Religion and Spirituality", in: M. Stausberg e S. Engler (a cura di), *The Oxford Handbook of the Study of Religion*, Oxford University Press, Oxford 2016, pp. 73-83.

3 Non entro ora nel merito della questione spinosa della terminologia utilizzata per indicare questi fenomeni, che è molto varia: cfr. L.E. Sponsel, "Spiritual Ecology and Radical Environmentalism", in: W. Jenkins, M. Evelyn Tucker e J. Grim (a cura di), *Routledge Handbook of Religion and Ecology*, Routledge, London/New York, NY 2017, p. 220; I. Becci, "Grounding Eco-Spiritualities: Insights Drawing on Research in Switzerland", in: "AЯGOS", Vol. 1, 2021 ("Religion and Ecology"), pp. 103-25.

natura. Esso mi sembra caratterizzato da un paradosso di fondo. Per un verso, com' è noto, il modo in cui in Occidente, almeno a partire dalla Rivoluzione scientifica, ci si è posti di fronte alla natura, è stato dominato da un progressivo processo di disincantamento messo in moto dal moderno pensiero scientifico, che ha ridotto la natura animata degli antichi a realtà inanimata e meccanica, in ciò favorito da un pensiero cristiano che aveva contribuito in modo determinante a privare la natura, in quanto creatura di Dio, di ogni aspetto sacro o divino[4]. Per un altro verso, come ormai molti anni orsono sostenne lucidamente il sociologo Zigmunt Bauman, la condizione postmoderna ha finito per restituire ciò che il moderno aveva levato: "un reincantamento del mondo, che la 'modernità, aveva cercato a ogni costo di disincantare"[5]. Tutto questo, in nome di una moderna "religione della natura"[6], che, come ci accingiamo a vedere, ha radici antiche ma ha anche conosciuto in epoca moderna trasformazioni profonde, che l'hanno portata ad essere, accanto alle ecoteologie delle religioni tradizionali, la fonte a cui attingono spesso i vari filoni dell'ambientalismo non religioso.

---

4 Non è ora possibile approfondire le radici ideologiche della teoria del "disincanto" (*Entzauberung*). Mi limito ad osservare che i due più importanti studiosi tedeschi che, all'inizio del Novecento, hanno contribuito ad affermarla, Max Weber e Werner Sombart, hanno visto alla radice di questo processo un impulso specificamente giudaico, che affonda le sue radici nel messaggio dei profeti biblici. Secondo Sombart, nella diffusione europea di questo impulso secolarizzante originario, un ruolo importante avrebbe poi recitato la diaspora provocata dall'espulsione degli ebrei dalla Spagna nel 1492.

5 Z. Bauman, *Intimations of Postmodernity*, Routledge, London 1992, p. x. Un lavoro pionieristico in questo senso è M. Berman, *The Reenchantment of the World*, Cornell University Press, Ithaca, NY 1981; v. anche M. Maffesoli, *Le réenchentement du monde*, La Table ronde, Paris 2007.

6 Questo pendolo interpretativo è comune ai vari tentativi di ricostruire la storia del concetto di natura: si veda ad es. C.J. Glacken, *Traces on the Rhodian Shore: Nature and Culture in Western Thought from Ancient Times to the End of the Eighteenth Century*, University of California Press, Berkeley, CA 1967; R. Lenoble, *Histoire de l'idée de nature*, Albin Michel, Paris 1969; P. Coates, *Nature: Western Attitudes since Ancient Times*, University of California Press, Berkeley, CA 1998; A.E. McGrath, *The Reenchantment of Nature: Science, Religion, and the Human Sense of Wonder*, Doubleday, New York, NY 2002, in particolare il cap. 3 e i capp. 5 e 6, dove i due movimenti del pendolo sono analizzati efficacemente e con cognizione di causa.

Questo paradosso sta al centro della riflessione attuale sui rapporti tra ecologia e religione/religioni[7]. A seconda di come si decida di interpretarlo, infatti, si danno non soltanto visioni diverse di questo complesso rapporto, ma anche e soprattutto esiti pratici divergenti. Continuare ad interpretare la natura come una realtà materiale priva di vita a disposizione dell'uomo finisce per favorirne lo sfruttamento. Ritenerla, invece, una realtà vivente, dotata di una sua dimensione sacra e, dunque, intoccabile, costringe a ripensare radicalmente il rapporto che l'uomo ha con lei.

Ma come si arriva a sacralizzare la natura? E che cosa dobbiamo intendere esattamente con questa espressione? Che cosa significa rendere di nuovo sacra la natura? Quale natura e quale sacro sono in gioco? E che rapporto c'è tra la sacralizzazione della natura tipica di certe frange dell'ambientalismo e la sacralità della terra di cui parla, ad esempio, l'enciclica *Laudato si'* di papa Francesco? Che tipi di sacralità sono in gioco? E quali ricadute hanno o possono avere?

Per tentare di rispondere a questi interrogativi procederò nel modo seguente. Inizierò ricordando brevemente il modo in cui il rapporto con la natura si pone, da un lato, nelle cosmovisioni indigene e antiche, dall'altro, nel cristianesimo e in genere nelle religioni monoteistiche, dal momento che questo confronto, che sembrava appartenere al passato, si ripropone oggi seppure in forme nuove. Dopo qualche riflessione sui problemi interpretativi che pone il concetto di natura, passerò poi a precisare che cosa intendo con processi di sacralizzazione della natura. A mio modo di vedere, essi fanno parte di più generali processi di sacralizzazione tipici della società contemporanea, in cui in gioco, a differenza che nel passato, non è più un sacro religioso che si ispirava alle tradizioni religiose e agiva, di conseguenza, in un orizzonte di trascendenza, ma un sacro secolare che agisce ormai, privo di agganci con le religioni

7 Per un inquadramento generale del problema e la relativa bibliografia, v. quanto osservo in "Religione/i ed ecologia. Problemi e prospettive", in: "Humanitas", Vol. 76, N. 3, 2021, pp. 361-73.

tradizionali, in un orizzonte immanente[8]. I processi di sacralizzazione della natura cui oggi assistiamo possono, di conseguenza, essere di due tipi. Il primo consiste nel conferire alla natura un carattere sacro ricorrendo a un sacro religioso tradizionale e cioè religioso, come nel caso dei movimenti neopagani. Si tratta, in genere, di un sacro ontologico che trasforma la natura in Natura, conferendole una dimensione ontologica. Il secondo tipo di sacralizzazione della natura, per contro, fa ricorso a un sacro secolare di tipo costruttivo, che fonda, di conseguenza, una visione non essenzialista della natura. Questi due idealtipi, che io distinguo per ragioni di chiarezza espositiva, nella realtà concreta non sono, d'altro canto, distinti ed opposti, poiché talora si incrociano e si ibridano. Così, ad esempio, una componente importante dell'ambientalismo non religioso, che cioè non si richiama esplicitamente a una tradizione religiosa, anzi, spesso e volentieri, è critica nei suoi confronti, è proprio la componente neopagana.

2. Una prospettiva comparata

Se proviamo a guardare al rapporto tra religioni e natura in modo per forza di cose sintetico in una prospettiva comparata tipica della storia delle religioni, non potremo fare a meno di notare come la maggior parte delle religioni indigene siano delle cosmovisioni in cui il cosmo è visto e vissuto come un grande insieme vivente al quale l'uomo è associato per il solo fatto di esistere. In questo tipo di religioni, la vita religiosa, con i suoi miti e i suoi riti, consiste proprio nell'esaltazione della solidarietà dell'uomo con la natura. Si tratta di una prospettiva che, con un termine di moda nell'ambientalismo contemporaneo, possiamo definire *olistica*, nel senso che essa tende a concepire il cosmo in cui una determinata popolazione indigena vive – o forse sarebbe meglio dire, viveva – dagli aborigeni

8 Ho approfondito questo problema in *Sui sentieri del sacro. Processi di sacralizzazione nella società contemporanea*, FrancoAngeli, Milano 2022.

australiani agli indiani nordamericani alle popolazioni indigene del nord e sud America, come una realtà vivente in cui tutte le parti, dalle rocce e dalle pietre ai fiumi e alle foreste, sono collegate da un'energia o spirito vitale che è anche quello che si manifesta negli animali e nell'uomo. Scopo degli indigeni diventa, dunque, non violare l'armonia di questo cosmo vivente, rispettandone le leggi segrete e contribuendo alla sua vita misteriosa. Né è un caso che queste cosmovisioni siano ritornate oggi di attualità e siano state spesso assunte come termini di riferimento e di confronto da certe correnti dell'ambientalismo non religioso. Anche nelle religioni orientali come il buddhismo, l'induismo o il daoismo questo legame viene in genere affermato con forza: basti pensare al ruolo che il dao svolge in questa particolare tradizione religiosa come fondamento infondato di un cosmo in cui tutto è collegato e il dao ne costituisce l'energia vivente. Lo stesso accade nelle più antiche religioni europee precristiane, le quali riconoscono il carattere animato della natura, ritengono che esistano dei "luoghi sacri", fanno riferimento a una concezione ciclica del tempo e chiedono all'uomo di mettersi in sintonia con il mondo celebrando liturgie cosmiche.

Per contrasto, nelle religioni monoteistiche la natura è stata concepita come una creatura, creata da Dio e, secondo il racconto genesiaco, affidata all'uomo perché se ne prenda cura[9]. In quanto tale, essa è una realtà priva di ogni dimensione divina o sacra, qualità che pertengono unicamente al Creatore. Di conseguenza, secondo la teologia cristiana il mondo non diviene per emanazione, filiazione o suddivisione di una sostanza comune, bensì come novità radicale, prodotta dal libero volere di un Dio alla cui perfezione esso non può aggiungere alcunché. Dio è certamente presente ovunque nella natura, ma non ne rappresenta la dimensione invisibile, né le è immanente: è un essere distinto, che ha creato l'intero universo

9 Per una ricostruzione sintetica della posizione cristiana, v. quanto osservo in "*Imago Naturae*. Cristiani e pagani nello specchio della natura (IV-V secolo)", in: "Antiquité Tardive", Vol. 29, 2021, pp. 135-44.

con un atto gratuito. In quanto creata, la natura non può, di conseguenza, essere in sé portatrice di alcuna sacralità, che compete unicamente alla divinità creatrice. L'antica prospettiva "cosmica", pertanto, risulta abolita. Si tratta di una concezione che, per quanto variamente declinata nella storia millenaria dei tre monoteismi, in sostanza li accomuna[10].

I processi di secolarizzazione, tipici dell'Occidente cristiano, se, a partire dalla rivoluzione scientifica, non hanno fatto che confermare, sullo sfondo del dualismo cartesiano, una concezione della natura come realtà meccanica e materiale, nel contempo, hanno finito per alimentare, per contrasto, una concezione della natura come realtà viva e dinamica. Al disincanto ha fatto, così, da contraltare un processo di reincantamento e risacralizzazione della sfera naturale, che ha finito per riproporre in termini nuovi l'antico conflitto tra cosmovisioni 'pagane' e concezioni creazionistiche, che condannano questa visione come idolatra.

Non è ora possibile anche soltanto accennare ai complessi problemi filosofici che questo confronto comporta, a partire dal famoso articolo del 1967 dello storico medievista Lynn White in cui si sosteneva la tesi che, in concerto, le idee scientifiche e religiose dell'occidente cristiano stavano alla base della crisi ecologica che già all'epoca si annunciava minacciosa[11]. Il cristianesimo vi aveva contribuito da par suo riprendendo l'antropocentrismo biblico e, come si è già avuto occasione di ricordare, insistendo sul disincanto della natura, che in questo modo diventava un oggetto materiale messo a disposizione dell'uomo per lo sfruttamento tecnologico. Per questo il cristianesimo sarebbe la più antropocentrica delle religioni: "il cristianesimo, in un contrasto assoluto col paganesimo antico e con le religioni dell'Asia (con l'eccezione, forse, dello zoroastrismo), non soltanto stabilì il dualismo di uomo e natura ma

10 Per una visione d'insieme delle ecoteologie delle principali religioni, cfr. W. Jenkins, M. Evelyn Tucker e J. Grim, *op. cit.*, Pt. II, "Global Traditions".

11 L. White Jr., "The Historical Roots of our Ecologic Crisis", in: "Science", Vol. 30, N. 5, 1967, pp. 1203-07.

insistette nel contempo sul fatto che la volontà di Dio consiste nel fatto che l'uomo sfrutti la natura per i suoi propri fini". Distruggendo l'animismo tipico del paganesimo antico, il cristianesimo avrebbe posto in questo modo le premesse per lo sfruttamento di una natura ormai priva di anima: "gli spiriti presenti negli oggetti naturali, che fino ad allora avevano protetto la natura dall'uomo, svanirono. Il monopolio effettivo sullo spirito in questo mondo fu confermato, e le vecchie inibizioni che impedivano lo sfruttamento della natura crollarono"[12]. Il fatto, dunque, che, a partire dall'Ottocento, scienza e tecnologia si siano fuse e abbiano prodotto la crisi climatica non è privo di collegamenti con la teologia cristiana che, di conseguenza, porta una parte di colpa non piccola in questo processo. Ma se le cose stanno così – osserva White in modo profetico – per uscire da questa crisi non bastano la scienza e la tecnologia, ma è necessario "[to] find a new religion, or rethink our old one"[13]. Per questo, nella chiusa dell'articolo, egli invitava a ritornare a Francesco, la figura più radicale dopo il Cristo, e al suo "panpsichismo democratico", proponendolo come santo patrono degli ecologisti: un invito che sarà raccolto pochi anni dopo da papa Giovanni Paolo II.

Questo pionieristico articolo di White ha fatto sorgere un vivacissimo e vastissimo dibattito[14], che ha avuto tra i suoi esiti anche una maggiore presa di coscienza da parte delle varie religioni, a cominciare dal cristianesimo, della gravità della crisi ecologica e

---

12 Ivi, p. 1205.

13 Ivi, p. 1206.

14 Un'utile presentazione in B. Taylor, "The Greening of Religion Hypothesis (Part One): From Lynn White, Jr and Claims that Religions can Promote Environmentally Destructive Attitudes and Behaviors to Assertions they are Becoming Environmentally Friendly", in: "Journal for the Study of Religion, Nature and Culture", Vol. 10, N. 3, 2016, pp. 268-305; e Id., "The Greening of Religion Hypothesis (Part Two): Assessing the Data from Lynn White, Jr, to Pope Francis", in: "Journal for the Study of Religion, Nature and Culture", Vol. 10, N. 3, 2016, pp. 306-78; v. anche T. LeVasseur e A. Peterson (a cura di), *Religion and Ecological Crisis: The "Lynn White Thesis" at Fifty*, Routledge, New York, NY 2017; e C. Monnot, "La thèse de Lynn White Jr: un programme retentissant et son revers", in: "AЯGOS", Vol. 1, 2021 ("Religion and Ecology"), pp. 76-85.

della necessità di affrontarla anche da un punto di vista teologico: un cammino lungo e significativo che arriva fino alla *Laudato si'*. Ma, accanto all'articolo di Lynn White, merita ricordare anche le coeve posizioni, più volte espresse, di uno storico delle religioni come Mircea Eliade, il quale, a partire da premesse profondamente diverse e precisamente dalla sua visione ontologica del sacro, ha sostenuto la tesi secondo cui la scienza moderna non sarebbe stata possibile senza il giudeo-cristianesimo, che ha estromesso il sacro dal cosmo e, così facendo, lo ha neutralizzato e banalizzato, rendendo possibile lo studio obiettivo e scientifico della natura, ma anche il suo sfruttamento.

Molta acqua è passata sotto i ponti dai lavori profetici di Lynn White e di Eliade: il crescere della consapevolezza della drammaticità della crisi climatica non ha fatto che mettere in moto un "ritorno alla natura", una natura che doveva ritornare ad essere una realtà vivente e sacra come nelle antiche cosmovisioni[15]. Ma come colmare l'abisso scavato, da un lato, dal creazionismo biblico, dall'altro, dai processi secolarizzanti che su questo versante non hanno fatto che portare alle estreme conseguenze la sua concezione di una natura priva di sacralità? Come risacralizzarla senza poter più ricorrere al sacro religioso caro ad Eliade e tipico delle cosmovisioni antiche?

Prima, però, di tentare una risposta a questi interrogativi prendendo in esame alcuni esempi di questi recenti processi di sacralizzazione della natura è inevitabile, a scanso di equivoci, soffermarsi un momento su di una questione terminologica per il nostro discorso cruciale: che cosa intendere con il termine "natura"?

15 Per una visione d'insieme, v. B. Hurand e C. Larrère (dir.), *Y-a-t-il du sacré dans la nature ?*, Publications de la Sorbonne, Paris 2014.

3. *La natura della Natura*

In un celebre saggio del 1976 lo scrittore e saggista gallese Raymond Williams ha affermato: " Nature is perhaps the most complex word in the language"[16]. Da allora, è trascorso quasi mezzo secolo, ma la crisi ecologica non ha fatto che confermare il suo giudizio. In realtà, già quarant'anni prima, in *Primitivism and Related Ideas in Antiquity*, due filosofi e storici delle idee, Arthur O. Lovejoy and George Boas, in una fondamentale appendice del libro in cui indagavano, su un arco temporale che partiva dall'antichità greco-romana, i principali significati del termine, avevano stilato una lista di ben 66 definizioni[17]. È inutile aggiungere che, da allora, l'elenco non ha fatto che allungarsi. Né è un caso che gli studiosi che si sono trovati di fronte al compito ingrato di tentare di ricondurre a una griglia semantica ragionevole e controllabile questa pletora di significanti siano stati costretti a rifugiarsi dietro lo scudo della variabilità storica e, dunque, della variabilità semantica del termine[18].

A quale filo d'Arianna, di conseguenza, è possibile fare ricorso per non perdersi in questo labirinto interpretativo? Lo stesso Williams aveva tentato di ricondurre questa complessità a tre ambiti semantici centrali[19], nel tentativo di riassumere i principali significati che, fin dall'antichità greco-romana, il termine aveva

---

16 *Keywords: A Vocabulary of Culture and Society*, Fontana, London 1976, p. 219; cfr. Id., "Ideas of Nature", in: *Problems in Materialism and Culture,* New Left Book Club, London 1980, pp. 67-85.

17 A.O. Lovejoy e G. Boas, *A documentary history of primitivism and related ideas. Primitivism and related ideas in antiquity*, John Hopkins University Press, Baltimore, MD 1935.

18 Un solo esempio: A. Ivakhiv, "Nature", in: R.S. Gottlieb (a cura di), *Oxford Handbook of Religion and Ecology*, Oxford University Press, Oxford 2006, pp. 401-15; "'Nature' is a complex concept, with a variety of meanings that vary historically" (ivi, p. 401).

19 *Keywords*, cit., p. 219: "(i) the essential quality and character of something; (ii) the inherent force which directs either the world or human beings or both; (iii) the material world itself, taken as including or not including human beings. Yet it is evident that within (ii) and (iii), though the area of reference is broadly clear, precise meanings are variable and at times even opposed".

progressivamente acquisito[20]. Nelle parole dello stesso Williams, "(i) la qualità e il carattere essenziali di qualcosa; (ii) la forza innata che dirige o il mondo o gli esseri umani o entrambi; (iii) lo stesso mondo materiale, che includa o meno gli esseri umani". Anche altri tentativi successivi, come quello di Peter Coates, di ricondurre la pletora dei significanti storici a un numero ragionevole di significati poco o nulla ha aggiunto alla proposta di Williams, se non ricordare l'importanza della moderna dicotomia "natura-cultura", sulla quale ritornerò tra breve[21].

A mio modo di vedere, per orientarsi nell'attuale dibattito sui rapporti tra natura e religione e sui conseguenti processi di sacralizzazione, può essere più utile ricondurre il problema semantico a una questione ermeneutica di fondo. Chi cerca di approfondire questo problema, infatti, si trova ben presto di fronte a due visioni fondamentali e inconciliabili, essenzialista o ontologica l'una, costruttivista o funzionalista l'altra, che ricordano per molti aspetti le dispute medievali tra realisti e nominalisti.

La prima concezione, caratteristica di molta spiritualità ecologica e, in genere, della moderna religione della natura, presuppone una natura come realtà "essenziale", originariamente incontaminata: la Natura. In prospettiva storica, non si tratta certo di una novità. Infatti essa rappresenta una variante, al passo coi tempi, di una religione della natura di origini antiche, pagane se non precristiane, che riemerge periodicamente nell'occidente cristiano, dapprima

20 V. quanto osservo in *Imago Naturae*, cit., pp. 135-36.

21 P. Coates, *Nature*, cit.: " Understandings of nature in the Western world can roughly be divided (with some inevitable overlap) into five historically important categories: nature as a physical place, notably those parts of the world more or less unmodified by people (as in 'unspoiled nature') – and especially those threatened by human activity; nature as the collective phenomena of the world or universe, including or excluding humans; nature as an essence, quality and/or principle that informs the workings of the world or universe; nature as an inspiration and guide for people and source of authority governing human affairs; and, finally, nature as the conceptual opposite of culture." (pos. 172 del Kindle); v. anche A. Kalland (a cura di), *Nature Across Cultures: Views of Nature and the Environment in Non-Western Cultures*, Springer Netherlands, Dordrecht 2003.

come religione folklorica durante il Medioevo, per affermarsi poi durante il Rinascimento grazie, tra l'altro, alla riscoperta dell'ermetismo e della sua concezione del cosmo vivente e dei rapporti tra macrocosmo e microcosmo: una concezione olistica, quest'ultima, centrale, come si è appena ricordato, in molte cosmovisioni indigene e orientali, ritornata oggi di attualità nello studio dei rapporti tra ecologia e religione. Si tratta di una visione caratterizzata da uno sfondo panteistico e da un vitalismo animistico, che trova una sua formulazione filosofica alta, alternativa al dualismo cartesiano, nel particolare panteismo di Spinoza, per il quale *natura naturans* e *natura naturata* non sono separate dall'atto della creazione da parte dell'unico Dio, ma interagiscono su di uno sfondo monistico, come avviene in certe filosofie orientali, dall'induismo al daoismo, per cui la Natura è Dio o meglio il divino, circolante e sorreggente il cosmo vivente. Questa concezione è stata emarginata dalla rivoluzione scientifica e dal disincanto e dalla meccanicizzazione della natura che essa ha operato, per poi riemergere alla fine del Settecento in Germania, agli albori del romanticismo, come *Naturphilosophie*[22]. All'inizio dell'Ottocento questa filosofia della natura attraversa le acque dell'Atlantico per approdare nel nuovo continente grazie al trascendentalismo di Ralph Emerson, diventando una componente essenziale del panorama religioso americano, come ha ricostruito in modo magistrale Catherine Albanese in un suo importante saggio del 1990[23]. Si tratta di una prospettiva teologica ed essenzialista, per cui la Natura[24] è una realtà autonoma, vivente, spirituale, che può essere denominata anche in altri modi (la Gaia di James Lovelock[25]

22 V.A. Faivre, *Philosophie de la nature. Physique sacrée (XVIIIe-XIXe siècles)*, Albin Michel, Paris 1996.

23 C.L. Albanese, *Nature Religion in America: From the Algonkian Indians to the New Age*, University of Chicago Press, Chicago, IL 1991.

24 Uso il maiuscolo per sottolineare la particolare dimensione sacra che la natura assume in questa prospettiva.

25 J. Lovelock, *Gaia: A New Look at Life on Earth*, Oxford University Press, Oxford/New York, NY 1979.

ad esempio o l'Oceano di Rachel Carson[26], mitica matrice originaria del tutto vivente)[27].

Questa religione della natura, conservatasi sotterraneamente nelle tradizioni esoteriche[28], è riemersa nella religiosità alternativa degli anni '60 per diventare progressivamente una componente significativa del movimento ambientalista. Si tratta di una *green religion* che è biocentrica ed ecocentrica, dal momento che ogni specie ha un suo valore e una sua dignità indipendentemente dal rapporto con l'uomo e i suoi bisogni. Questo sistema di valori si basa sul sentimento di un legame di parentela con tutte le forme viventi, che talora può essere giustificato sulla base dell'evoluzionismo darwiniano, dal momento che tutte le forme della vita evolvono da antenati comuni e sono, dunque, collegate. Questa visione rifiuta l'antropocentrismo e i suoi valori, ispirandosi piuttosto a valori di umiltà francescana e compassione buddhista. Questa "religione verde" è animistica e olistica e può sposarsi con l'attuale visione scientifica, favorendo la costruzione di un'etica ambientalista indipendentemente da ogni fondamento religioso soprannaturalistico. D'altro canto, come ci accingiamo a vedere, essa può anche fondare il suo particolare concetto di natura ricorrendo a un sacro religioso, come nei movimenti neopagani contemporanei, che costituiscono una componente non

26 R. Carson, *Silent Spring*, Houghton Mifflin, Boston, MA 1962, tr. it. *Primavera silenziosa*, Feltrinelli, Milano 1999.

27 Un tentativo di ricostruzione storica di questa particolare religione è stato più volte abbozzato anche da Bron Taylor: v. "Earth and Nature-Based Spirituality (Part I): From Deep Ecology to Radical Environmentalism", in: "Religion", Vol. 31, N. 2, 2001, pp. 175-93; Id., "Earth and Nature-Based Spirituality. (Part II): From Earth First! and Bioregionalism to Scientific Paganism and the New Age", in: "Religion", Vol. 31, N. 3, 2001, pp. 225-44; Id., *Dark Green Religion: Nature Spirituality and the Planetary Future*, University of California Press, Los Angeles, CA 2010, cap. 2 e 3; e Id., "The Sacred, Reverence for Life, and Environmental Ethics in America", in: S. Gardiner e A. Thompson (a cura di), *The Oxford Handbook of Environmental Ethics*, Oxford University Press, Oxford 2016.

28 Questo nesso è particolarmente evidente nel caso della *Deep Ecology* o ecologia profonda: v. D. Landis Barnhill e R.S. Gottlieb (a cura di), *Deep Ecology and World Religions*, State of New York Press, New York, NY 2001.

trascurabile dell'attuale ambientalismo religioso di matrice non cristiana.

Di contro, la seconda concezione, tipicamente postmoderna, ha decostruito questo concetto essenzialista, aprendo la strada, analogamente alla teologia della morte di Dio, a un' interpretazione che presuppone la morte del concetto stesso di natura. In questa prospettiva, come ha affermato in modo sintetico ed efficace lo studioso delle religioni americano Whitney Bauman, come il cambiamento climatico globale, l' "ecologia del flusso", la teoria evoluzionistica, la giustizia post-coloniale e ambientalista e l'ecologia urbana suggeriscono," nozioni fondazionali di "natura" sono decisamente problematiche"[29]. Sovente, dietro idee contemporanee di reincanto, si celano, spesso in modo inconsapevole, concetti romantici della natura come realtà pura, selvaggia, paradisiaca, incontaminata cioè, in termini cristiani, prelapsaria. Si tratta, in genere, di concezioni tipicamente individualistiche fondate sulla ricerca di esperienze mistiche o estatiche di incontro con una natura mitizzata, incapaci, tra l'altro, di fornire un mandato etico per un corretto comportamento ambientalista.

In questa seconda prospettiva, che ha animato nel mondo anglosassone un dibattito molto vivace soprattutto negli anni '90 del secolo scorso ma che non ha certo in seguito perso di importanza[30], la natura è una costruzione sociale soggetta, di conseguenza, a variabilità storica. L'antropologo francese Philippe Descola ha ricostruito in modo brillante le fasi principali della storia moderna di questo concetto[31], giungendo alla condivisibile conclusione che l'opposi-

29 V. Whitney Bauman, "Ecology and Contemporary Christian Theology", in: "Religion Compass", Vol. 5, N. 8, 2011, pp. 376-88 (p. 384).

30 V. ad es. N. Evernden, *The Social Creation of Nature*, Johns Hopkins University Press, Baltimore, MD 1992; W. Cronon, *Uncommon Ground: Toward Reinventing Nature*, W.W. Norton & Co., New York, NY 1995 e la sintesi di B. Taylor, "Environmental Ethics", in: *Encyclopedia of Religion and Nature*, Bloomsbury USA Academic, Santa Barbara, CA 2005, pp. 597-608.

31 P. Descola, *Par-delà nature et culture*, Gallimard, Paris 2005 (ed. Kindle), in particolare cap. 3.

zione "natura-cultura" è, in sostanza, un'invenzione della cultura tedesca della seconda metà dell'Ottocento che, di conseguenza, non dovrebbe essere applicata ad altri ambiti storici o culturali che non la conoscono

Che cosa concludere da queste rapide considerazioni? Storicamente, non esiste una Natura in sé, ontologicamente fondata. Non esiste una storia dell'umanità che si svolge, leopardianamente, sullo sfondo di una Natura autonoma e indifferente alle vicende umane. L'unica natura che esiste è una natura pensata. Di conseguenza, la natura in gioco di cui ci occuperemo non sarà una natura in sé e cioè una pura astrazione, ma i differenti schemi di pensiero che di volta in volta, sotto il nome di natura, conoscono oggi un particolare processo di sacralizzazione.

4. Sacro e processi di sacralizzazione

Chiarito il modo in cui propongo di interpretare il problematico concetto di natura, dobbiamo ora cercare di precisare che cosa intendo per processi di sacralizzazione[32]. "Sacro" è una categoria interpretativa fondamentale delle scienze della religione che, dopo aver conosciuto alti e bassi negli studi del secolo scorso, dopo un'apparente eclisse, è ritornata oggi a recitare un ruolo significativo anche come effetto del mutare più recente del panorama religioso[33]. Si tratta di una nozione che fa parte del metalinguaggio dell'interprete o *outsider* (uso emico) e che, di conseguenza, non va confusa con il termine in quanto facente parte del linguaggio religioso e teologico dell'oggetto che egli studia e del punto di vista dell'*insider* (uso etico).

---

32 Per ulteriori approfondimenti mi sia permessa rimandare a *Sui sentieri del sacro*, cit., cap. 1.

33 Per una storia delle interpretazioni v. quanto osservo in *Che cos'è la religione*, Einaudi, Torino 2004, pp. 99 sg; "Sacro e storia delle religioni", in: E. Fabbri e G. Mongini (a cura di), *Il Sacro nel Novecento. Prospettive interdisciplinari*, Edizioni dell'Orso, Alessandria 2010, pp. 121-37.

In questa prospettiva emica, esso non si identifica con una religione specifica, né con le religioni nel loro complesso, ma costituisce un orizzonte simbolico e semantico che le ricomprende, così come, al contempo, si estende a fenomeni ed elementi non direttamente riconducibili ad esse. Il sacro è come un elemento caratterizzante e, al tempo stesso, trasversale, e quindi ulteriore o eccedente, rispetto alle religioni nelle loro diverse forme storiche e alle loro rispettive codificazioni normative, dogmatiche, liturgiche e rituali: per usare un'immagine cara agli astrofisici, è la *dark matter*, sul cui sfondo si dipana la storia delle religioni. Ciò significa, lungo la via aperta da Emile Durkheim, che il sacro viene logicamente prima della religione: perché vi sia una religione come sistema sociale, è infatti necessario che prima vi siano delle cose sacre cioè separate dal profano perché investite da una forza appunto sacra. Si tratta di una forza ambivalente che crea un sacro altrettanto ambivalente (dialettica del puro/impuro), ma anche pericolosa, perché il sacro, in quanto forza pulsionale indifferenziata, è intimamente legato alla violenza: può unire nel vincolo sociale come distruggere questo stesso vincolo. Questo "sacro selvaggio" e pulsionale, mentre, per un verso, risponde agli interrogativi concernenti i fondamenti vitali, le forze prerazionali che costituiscono e fondano il vincolo sociale, per un altro, forma una sorta di riserva inesauribile di pulsioni e di energie da cui trae alimento la vita sociale. In questo modo, il sacro si configura come il fondamento infondato della religiosità e della religione. In quanto tale, esso è la fonte a cui le religioni, in quanto istituzioni, periodicamente attingono per rinnovarsi; per converso, secondo quanto aveva affermato all'inizio del Novecento un allievo di Durkheim, Henry Hubert, la religione si configura come "amministrazione del sacro". D'altro canto, esso non è mai determinato una volta per tutte, ma varia a seconda dei contesti culturali e delle situazioni storiche: in quanto tale, esso è una tipica costruzione culturale, che non rimanda ad alcuna realtà ontologica.

Nelle religioni tradizionali, il sacro era collegato alle tradizioni religiose, che gli fornivano simboli e ne legittimavano il fondamento: era cioè innestato su di un asse verticale, che presupponeva una trascendenza identificata, in contesto occidentale, col Dio della tradizione monoteistica, in particolare cristiana. Oggi, invece, abbiamo a che fare sempre più con un sacro non religioso e immanentizzato, sganciato cioè dal legame con le religioni, un sacro "orizzontale" privo di trascendenza, e cioè di un fondamento metafisico, un sacro insomma *secolare*. Questo, però, non significa che la macchina del sacro perda colpi; anzi, come ci accingiamo a vedere, essa è in piena attività, creando una vera e propria "diaspora del sacro", che si manifesta in vari processi di sacralizzazione. Se è vero che la secolarizzazione ha sottratto alle religioni tradizionali una serie di campi d'azione e di sfere di vita rendendoli profani e autonomi, è altresì vero che questi campi e queste sfere sono ritornati ad essere, in tempi e modi diversi, indipendentemente dalle religioni tradizionali, produttori di sacro, per la precisione di un sacro secolare. Il sacro postmoderno, radicato nella vita stessa come *bios*, che ruota intorno al nuovo sole rappresentato dall'individualismo, sganciato dai suoi tradizionali simboli religiosi, seca ora le varie forme del vivere sociale, dalla natura alla tecnologia, dall'economia alla politica. Il Sé dell'individuo solitario e disperso naviga in più mondi e non può più appoggiarsi ad ancoraggi sociali e religiosi tradizionali duraturi e visibili, per cui tende a sacralizzare tutto ciò che lo conforta e gli dà un'identità di fondo, a cominciare, come nel caso della spiritualità ecologica, dalla natura.

D'altro canto, si errerebbe a sostenere che l'individualismo è l'unico agente di formazione del sacro postmoderno. Le sue forme sono, in realtà, costrutti culturali legati a contesti storici contingenti, che possono avere per soggetti anche forme differenti di comunità. I processi di sacralizzazione, infatti, sono processi culturali in grado di attribuire e comunicare significati valoriali assoluti. Storicamente determinati, essi permettono a individui o gruppi di sperimentare simboli, oggetti, sentimenti, pratiche come espressione di una realtà fondativa (il sacro, appunto), che legittima in modo assoluto la loro esperienza e le loro pratiche, distinguendole e opponendole alle esperienze e pratiche profane. Gli appartenenti a queste comunità, che possono variare da piccoli gruppi a movimenti ambientalisti, dal 'popolo' come inventore della sacralità della nazione all'umanità come fondatrice della sacralità dei diritti umani, vivono la radicalità delle forme sacre cui si riferiscono come non contingente e assoluta. In questo modo, queste forme acquistano un potere particolare sugli individui o gruppi che vi si identificano sia sul piano emozionale che morale, diventando per l'individuo, come insegnano la religione del sé e le varie forme di "spiritualità senza Dio", o per le collettività, come insegnano ad esempio le varie religioni nazionali, fattori di azione e coesione sociale. In conseguenza di ciò, come ha sostenuto il professore inglese di teologia e sociologia Gordon Lynch in un suo bel saggio dedicato appunto a indagare le forme del sacro nel mondo contemporaneo, gli ultimi tre secoli "hanno visto l'emergere e il diffondersi di forme sacre come lo stato nazione, il sé, la natura, i diritti umani, la sacralità della cura dei bambini, insieme a forme molteplici di sacro prodotto della crescente diversificazione religiosa. Di conseguenza, la tarda modernità si definisce in funzione della presenza simultanea di molteplici forme sacrali, che esistono secondo modelli complessi di complementarità e conflitto, dominio e soggezione"[34]. Data l'ambivalenza del sacro, d'altro canto, queste forme per contrasto producono forme negative alternative (il sacro come impuro) che, se teniamo a mente il forte legame che il sacro intrattiene con la violenza, in determinate situazioni possono diventare causa di conflitti anche violenti[35].

In conclusione di questa prima parte introduttiva, dovrebbe apparire più chiaro l'oggetto che cercheremo di affrontare nella seconda parte del nostro intervento: ricostruire le vie mediante

34 Cfr. G. Lynch, *The Sacred in the Modern World. A Cultural Sociological Approach*, Oxford University Press, Oxford 2012, p. 18.

35 V.R.S. Appleby, *The Ambivalence of the Sacred. Religion, Violence, and Reconciliation*, Rowman&Littlefield, Lanham, MY 2000.

le quali certe forme della natura assunte come sacre da individui o gruppi sono diventate per i loro aderenti, indipendentemente da ogni religione istituzionale e in un orizzonte secolare e immanente, una realtà assoluta che guida e ispira le loro vite.

Parte II

5. Un caso di sacro religioso: il neopaganesimo

Nella seconda parte del mio intervento, chiariti i presupposti metodologici che lo guidano, presenterò due esempi di sacralizzazione della natura con i suoi possibili problemi: il primo, fondato su di un sacro religioso, è fornito dai variopinti movimenti neopagani che costituiscono una componente non secondaria dell'ambientalismo contemporaneo; il secondo, fondato invece su di un sacro secolare, è offerto da certe correnti radicali dell'ambientalismo nord-americano. Pur nella profonda differenza di metodi e concezioni, ciò che accomuna questi due movimenti è un presupposto fondamentale: il fatto di considerare la natura come sacra, impregnata di un valore intrinseco che la rende degna, agli occhi di questi particolari fedeli, di cure riverenti e, se del caso, di dedizione assoluta.

Cominciando col primo caso, i movimenti neopagani a sfondo ambientalista[36], essi costituiscono oggi anche in Italia un aspetto

36 V.J. Pearson, R.H. Roberts e G. Samuel, (a cura di) *Nature Religion Today: Paganism in the Modern World*, Edinburgh University Press, Edinburgh 1998; S.M. Pike, *New Age and Neopagan Religions in America*, Columbia University Press, New York, NY 2004; B.J. Davy, *Introduction to Pagan Studies*, Rowman AltaMira Press, Lanham 2007; F. Stéphane, *Le Néo-Paganisme: une vision du monde en plein essor*, M.C.O.R./La Table d'Emeraude, Apremont 2007; J.R. Lewis e M. Pizza (a cura di), *Handbook of Contemporary Paganism*, Brill, Leiden 2009; K. Rountree, "Neo-Paganism, Animism, and Kinship with Nature", in: "Journal of Contemporary Religion", Vol. 27, N. 2, 2012, pp. 305-20; H.B. Urban, *New Age, Neopagan, and New Religious Movements. Alternative Spirituality in Contemporary America*, University of California Press, Berkeley 2015; G. Harvey, "Paganism", in: *Religions in the Modern World: Traditions and Transformations*, cit., pp. 345-67; Id., "Paganism and Animism", in: *Routledge Handbook of Religion and Ecology*, cit., pp. 209-17.

sempre più significativo della galassia ecologica a sfondo religioso non legata alle religioni istituzionali[37]. "Neopaganesimo" è una tipica definizione degli studiosi del fenomeno, un termine ombrello utile per collegare gruppi e movimenti che condividono un'aria di famiglia, anche se poi sono profondamente diversi per origine, natura e scopi. Privo di una direzione dogmatica univoca e ispirato a modelli religiosi diversi, il neopaganesimo contemporaneo è accomunato prima di tutto in negativo dal rifiuto del cristianesimo, del suo dogmatismo, della sua dimensione gerarchica e istituzionale e, non per ultimo, del modo antropocentrico con cui si è rapportato alla natura. In positivo, ciò che soprattutto accomuna le diverse anime di questa variegata famiglia religiosa, dal neo-celtismo al neo-druidismo, dalla *Wicca* o neo-stregoneria alle differenti riprese delle religioni precristiane, è l'idea di fondo per cui " la varietà fenomenica degli elementi naturali è espressione della potenza formatrice del sacro, quando non concretamente la sua presenza immanente"[38].

Queste varie correnti possono essere distinte a seconda del rapporto che stabiliscono con le forme pagane antiche. Esemplificando al massimo, possiamo distinguere tra un neopaganesimo contemporaneo "forte", nel senso che esso si vuole ripresa e continuazione di religioni pagane antiche, come ad esempio il druidismo e/o celtismo, caratterizzato, di conseguenza, da un soprannaturalismo che lo porta a vedere nella natura la presenza di miriadi di "realtà" divine e spirituali, e un neopaganesimo "debole", nel senso che esso ristruttura a proprio uso e consumo, in una prospettiva non soprannaturalistica, secondo un tipico *bricolage*, credenze, riti, culti antichi per adattarli a una moderna religione della natura[39].

---

37 Per un quadro complessivo del neopaganesimo italiano, v. M. Introvigne e P.L. Zoccatelli (a cura di), *Enciclopedia delle religioni in Italia*, Elledici, Leumann 2013, cap. 26; una buona sintesi aggiornata, con relativa bibliografia, si trova in M. Castagnetto Alessio e S. Palmisano, "Il neo-paganesimo ecologista tra attivismo green e ricostruzionismo religioso", in: "Humanitas", Vol. 76, N. 3, 2021, pp. 411-20.

38 Ivi, p. 414.

39 V. Bron Taylor, "Religion and Environmentalism in America and Beyond", in: R.S. Gottlieb, *Oxford Handbook of Religion and Ecology*, cit., pp. 586-610 (pp. 603 sg.).

Un altro elemento comune di fondo merita di essere sottolineato. Accanto al rapporto con il paganesimo antico, il neopaganesimo contemporaneo è stato influenzato dalle cosmovisioni delle popolazioni indigene. Questo è vero in particolare per le forme neopagane nordamericane, in cui ritornano in auge visioni della natura come realtà sacra animata e popolata da entità viventi, al punto che spesso si è fatto ricorso, per designare questo panpsichismo, a un termine come animismo[40]

Anche se in genere queste correnti neopagane hanno uno scarso grado di istituzionalizzazione, sono prive cioè di strutture gerarchiche e rifiutano qualunque impostazione dogmatica che le possa ricondurre all'odiato cristianesimo, con gli anni esse hanno teso a darsi sul piano nazionale e internazionale delle forme di collegamento che possono aiutare a capirne meglio la variegata natura e le credenze di fondo che le accomunano. L'organizzazione di riferimento per il neo-paganesimo europeo, ad esempio, è il *World Congress of Ethnic Religions* (WCER), creato nel 1998 e riorganizzato come *European Congress of Ethnic Religions* nel 2010[41]. Nella prima dichiarazione statutaria pubblicata sul sito di questa organizzazione, essa esprime la sua adesione a una sacralizzazione della natura intesa come principio religioso universale e originario: "We are worshippers of Nature just as most of mankind has been for the greater part of human history". Una Natura, dunque, essenzializzata in quanto sacra viene, in questo modo, ricuperata da quello che sembrava un passato ormai senza ritorno e rimessa in auge come realtà autosussistente. Ma sia la natura che il sacro ora in giuoco, passati attraverso il crogiuolo della modernità e della secolarizzazione, non possono essere più quelli delle religioni precristiane. La modernità ha, infatti, creato un nuovo rapporto tra di loro. In questo caso, sullo sfondo vi è il paradigma olistico dell'unità nella diversità emerso prepotentemente sulla

---

40 V.G. Harvey, *Animism: Respecting the Living World*, Columbia University Press, New York, NY 2006; K. Rountree, "Neo-Paganism, Animism, and Kinship with Nature", in: "Journal of Contemporary Religion", Vol. 27, N. 2, 2012, pp. 305-20.

41 ecer-org.eu/.

scena socioculturale a partire dagli anni Settanta del secolo scorso e che aveva trovato una sua compiuta espressione nella galassia della New Age. Soltanto che, nel caso dei movimenti neopagani a sfondo ecologico, questa unità non è più fornita, come per la New Age, dal tema della Coscienza cosmica, ma, appunto, dal tema del fondamento sacro di una Natura divinizzata ricorrendo a forme tradizionali di sacro religioso.

In questa corrente rientrano prima di tutto gruppi e praticanti neo-pagani per i quali la natura è sacra in se stessa; in quanto tale, le è dovuto un culto particolare che si esplica in forme rituali più o meno complesse. Vi rientra ad esempio "un'organizzazione come la statunitense *Gaia Community*[42], che è inoltre tra i firmatari del *Pagan Community Statement on the Environment*[43], iniziativa internazionale che propone una raccolta firme per lo sviluppo di *policies* ambientali e di programmi di educazione ecologica"[44]. Ma anche l'Italia presenta vari esempi di comunità ecologiche fondate su di una visione sacrale della natura[45]. Per dare soltanto un'idea della varietà di correnti e di pratiche che possono rientrare nell'etichetta di neopaganesimo italiano, si può ricordare il neodruidismo, la forma di spiritualità ecologica che si ispira al mondo religioso dei celti. Tralascio l'aspetto storico problematico della questione – che cosa sappiamo veramente dei celti – per limitarmi a sottolineare il fatto che abbiamo qui a che fare con un tipico esempio di culto ricostruzionista, un culto cioè ricostruito e adattato a una certa visione ecologica contemporanea. Tra i primi gruppi neodruidici formatisi in Italia vi è il Clan della Grande Orsa, un'associazione nata in Val d'Aosta, che ogni anno dal 1996 organizza un festival di un certo successo, "Celtica". Il caso del neodruidismo è esemplare delle fortune del neopaganesimo. Si tratta di un neotradizionalismo che ha radici almeno nel Settecento,

42 gaiacommunity.org/.
43 ecopagan.com/.
44 M. Castagnetto Alessio e S. Palmisano, *op. cit.*, pp. 416 sg.
45 Per quanto segue, v. S. Palmisano e N. Pannofino, *Religione sotto spirito. Viaggio nelle nuove spiritualità*, Mondadori Università, Milano 2021, pp. 47 sg.

si configura come tentativo di contrapporsi a una visione materialista e meccanica della natura, conosce periodici ritorni di fiamma e difende una visione della natura come luogo di manifestazione del divino nelle sue molteplici forme. Essa è tutto ciò che esiste e gli esseri umani ne fanno integralmente parte. Per sopravvivere, bisogna sottostare alle sue leggi e apprendere a vivere in armonia coi suoi ritmi ciclici.

Un secondo esempio è forse più rilevante dal punto di vista sociologico: la *Wicca* o neostregoneria, una forma di spiritualità ritornata in auge in Inghilterra a metà del Novecento grazie in particolare al funzionario britannico ed esoterista Gerald Gardner (1884-1964) e al successo del suo libro *Witchcraft Today* del 1954, esportata poi con successo negli Stati Uniti e che si caratterizza per la ripresa di culti tradizionali e per il posto centrale assegnato alla divinità femminile, la Dea, simbolo vivente della sacralità della natura[46]. La Wicca è una tipica religione misterica ed iniziatica, fondata su di un insieme di credenze e pratiche ispirate sia alla stregoneria antica e medievale sia alla magia cerimoniale. Essa si qualifica come "religione naturale" perché basata sulla fede in una divinità immanente al mondo naturale, cosa che rende tutti gli esseri viventi sacri. Riprendendo antiche modalità del tempo sacro, gli aderenti alla Wicca commemorano il ciclo naturale delle stagioni, rappresentato dalla visione ciclica della "ruota dell'anno", festeggiando otto sabba. Uno di questi, per non portare che un esempio indicativo, è la cerimonia di *samhain*, ripresa, a loro dire, di una festività celtica che segna, in questo particolare calendario dell'anno, la fine di un anno e l'inizio di un altro. In questo tipico capodanno, secondo modalità tradizionali attestate in molte religioni indigene e antiche, si aprono le porte che separano i vivi dai morti e sono possibili particolari comunicazioni tra questi due mondi.

Legata ma distinta dalla Wicca vi è poi la presenza crescente di

46 V. P.G. Davis, *Goddess Unmasked: The Rise of Neo-Pagan Feminist Spirituality*, Spence Publishing Co., Dallas, TX 1998.

una spiritualità ecologica femminile, incentrata sulla venerazione degli aspetti femminili del divino incentrati nella Dea Madre, simbolo della sacralità della terra e della natura. Collegato ma distinto è un altro ramo del neopaganesimo nostrano: l'etenismo, che si propone di ricuperare l'antica religione politeista dei popoli nordeuropei, come la Comunità Odinista, fondata a Ivrea nel 1994, che mira a restaurare il culto *asatrù*, e cioè la fede negli asi, gli dei germanici guidati da Odino. Una variante di questo neopaganesimo ricostruzionistico, per il quale la fede neopagana è espressione di una precisa appartenenza tribale ed etnica a un territorio e a un popolo, è il Movimento Tradizionale Romano, una corrente che si pone l'obbiettivo di rivitalizzare il culto religioso latino. Questo movimento si concentra soprattutto nel Lazio e nel Centro Italia e comprende gruppi come *Saturnia Tellus*, un'associazione che ha tra le sue attività principali la celebrazione dei solstizi. Infine si può accennare alle fortune dello sciamanesimo, legate all'attenzione crescente per le cosmovisioni dei popoli indigeni, in particolare dei nativi americani.

Possiamo concludere questa disamina sul neopaganesimo ricordando un esempio particolarmente interessante per la sua complessità e la sua ricchezza, che riunisce in sé le problematiche principali del sacro neopagano: la comunità di Damanhur. Si tratta di un caso ben noto grazie sia all'interesse che ha suscitato per vari motivi sui mezzi di comunicazione sia per l'attenzione crescente che vi hanno dedicato in questi ultimi decenni vari sociologi della religione italiani[47]. Esso si inserisce a buon diritto in una storia delle comunità a

47 V.L. Berzano, *Damanhur. Popolo e comunità*, ElleDiCi, Torino 1998; E. Pace, "Damanhur, de la religion à la politique", in: "Ethnologie française", Vol. 4, 2000, pp. 575-90; Id., "L'esoterismo come impresa sociale", in: P. Scarpi e M. Zago (a cura di), *Ermetismo ed esoterismi*, Libreriauniversitaria.it, Padova 2013, pp. 205-16; M.I. Macioti e M. Del Re, *Comunità spirituali del XXI secolo*, Aracne, Roma 2015; M. Cardano e N. Pannofino, *Piccole apostasie*, il Mulino, Bologna 2015; P.L. Zoccatelli, "'All the Heavens in your Hands'. Oberto Airaudi and the Art of Damanhur", in: "Nova Religio: The Journal of Alternative and Emergent Religions", Vol. 19, N. 4, 2016, pp. 145-62; S. Palmisano e N. Pannofino, *op. cit.*, pp. 108 sg. Per la fase più recente post-Airaudi, morto

sfondo naturistico che, tra Ottocento e Novecento, – da Monte Verità a Findhorn alla comunità di Auroville - ricorrendo a una visione tipicamente antimoderna della natura, hanno cercato di portare avanti forme alternative di vita[48]

Mi limito a ricordare, per chi non la conoscesse, che la comunità di Damanhur è stata fondata negli anni '70 del secolo scorso da un esoterista piemontese, Oberto Airaudi, che nel 1976, sulla base di sue conoscenze ed esperienze magico-esoteriche, acquista con un gruppo iniziale di sodali delle terre in Valchiusella, vicino ad Ivrea, iniziando un esperimento comunitario che arriva fino ai nostri giorni. Damanhur è, nel contempo, una tipica comunità esoterica basata sulla spiritualità alternativa all'epoca di moda e un ecovillaggio fondato su principi di sostenibilità e organizzato secondo proprie regole e leggi. Infatti nel 1979 essa si era data una Costituzione nella quale si definiva come "nazione", costituita da cittadini – che godevano, dunque, di un peculiare diritto di cittadinanza – e dotata di una moneta propria, il "credito", con lo scopo di "sviluppare una nuova forma di economia fondata su valori etici di cooperazione e solidarietà". Oggi la comunità è costituita da circa 600 membri, a cui occorre aggiungere le migliaia di visitatori, più o meno interessati a conoscere le sue pratiche, che ormai vengono da tutto il mondo, anche perché la comunità in questi ultimi anni si è aperta all'esterno e ha cercato di creare delle sedi in altri continenti. In questo modo, l'iniziale corpo esoterico è oggi rappresentato non solo dai Templi che sono stati costruiti e dalla foresta di simboli

---

nel 2013, e le trasformazioni profonde che la comunità ha conosciuto perdendo, almeno in parte, il suo carattere iniziale di setta per aprirsi maggiormente al mondo esterno, cfr. S. Palmisano e N. Pannofino (a cura di), *Damanhur: an esoteric community open to the World*, Palgrave Macmillan 2022.

48 Per una storia del mito del ritorno alla natura e le sue manifestazioni comunitarie otto-novecentesche, v. A. Baubérot, *Histoire du Naturisme. Le mythe du retour à la nature*, Presses universitaires de Rennes, Rennes 2004; per Findhorn e Damanhur come ecovillaggi, cfr. K.T. Litfin, "Ecovillages. Bridges of Integral Community?", in: S. Mickey, S. Kelly e A. Robbert (a cura di), *The Variety of Integral Ecologies. Nature, Culture, and Knowledge in the Planetary Era*, State University of New York Press, Albany, NY 2017, pp. 345-64.

che popolano la parte più antica della comunità (che risale al 1977-80), ma anche dalle varie opere che in tutti questi anni sono state avviate e sperimentate oltre che dalla microfisica degli stili di vita eticamente orientati: dalle regole di condotta (il cambio del nome, il modo di salutarsi, il modo di abitare) a quelle alimentari, dal modo di vestirsi all'uso della tecnica più avanzata nella gestione delle energie rinnovabili o della bioedilizia, dalla continua ricerca di regole di gestione politica che periodicamente sono riviste (perfezionando il modello federalista che sin dall'inizio caratterizza la vita della comunità delle origini) alla trasmissione del messaggio esoterico e delle pratiche conseguenti alla seconda generazione, "che comincia a crescere e a porsi le domande che tutte le seconde generazioni si pongono, quando si nasce in una setta o una comunità religiosa che non si è scelta"[49].

Nella prima fase, sotto la guida del fondatore, la comunità aveva un tipico carattere settario. Essere un damanhuriano, infatti, coincideva con il trasferirsi a Damanhur (o in zona), sede della sorgente delle linee sincroniche sul cui territorio si stavano edificando la Città e i Templi. Falco – il nome acquisito del fondatore Airaudi - incentivava questo tipo di affiliazione perché, per compiere la sua missione, necessitava tanto della tecnologia magica che i cittadini costruivano (dai Templi alla Baita al Bosco Sacro) quanto dei cittadini stessi, capaci di far funzionare quella tecnologia. Pertanto, sebbene esistessero le "cerchie esterne" dei sostenitori, queste erano per lo più accessorie perché la strada maestra per vivere da iniziati prevedeva l'entrata in comunità. L'accesso era regolato da una rigida selezione, vincolata al rito di "autoliberazione" (nel linguaggio della comunità: "sbattezzamento"), volto a recidere i legami con ogni impegno religioso-spirituale pregresso, indispensabile per ricevere l'iniziazione. Si abbracciava, in tal modo, una scelta di vita radicale, esclusiva ed

49 E. Pace, "L'utopia concreta come *mundus imaginalis*", in: G. Mongini (a cura di), *Utopie e comunità religiose tra età moderna e contemporanea*, Edizioni dell'Orso, Alessandria 2021, pp. 121-36 (p. 126).

esigente, normata dall'obbedienza totale su ogni ambito di vita (una sorta di " monastero per famiglie"), che agli esordi prevedeva pure la messa in comune dei beni e delle entrate economiche oltreché degli spazi abitativi. La vita quotidiana, compresa la maggior parte delle attività professionali, si svolgeva in comunità, complice l'idea, molto forte all'epoca, di autarchia. La frequenza alla scuola di meditazione era obbligatoria e non erano ammessi né ritardi né assenze, se non per ragioni gravissime e documentate.

L'ideologia della comunità rientra nel *bricolage* delle credenze tipico delle spiritualità alternative, con una preferenza accordata alle mitologie dei politeismi antichi a cominciare dall'Egitto, fino a motivi desunti dai movimenti teosofici, esoterici ed occultistici a sfondo magico del XIX e XX secolo. Se un elemento di fondo centrale si vuole individuare come filo rosso che collega queste varie credenze, è possibile ritrovarlo in un tipico mito gnostico: quello dell'Uomo primordiale, riletto e proiettato sullo sfondo cosmico-astrale caratteristico della visione di Airaudi. I damanhuriani raccontano, infatti, che circa 30 milioni di anni fa la Divinità Primeva Uomo, che stava al di fuori dello spazio e del tempo, desiderosa di espandere il proprio territorio di coscienza, entrò nella materia e si frantumò nella molteplicità delle sue forme. In questo modo, ogni forma dotata di una sufficiente complessità come l'uomo possiede una scintilla divina. Per questo i damanhuriani affermano che, potenzialmente, "ognuno di noi è un pezzettino di Dio". Frammentandosi in miliardi di schegge, però, questa divinità perse la memoria della propria natura divina. Perciò ogni creatura, per recuperare la memoria di quell'origine, dovrà entrare in contatto con la parte divina che alberga dentro di sé (scegliendo il proprio percorso spirituale-magico-esoterico che si esprime in vie, percorsi alchemici, rituali educativi, politici e di ricerca). Gli iniziati credono che l'evoluzione spirituale dell'umanità passi attraverso la ricomposizione delle parti dello "specchio divino" ossia dell'"anima Uomo" rappresentata dalla Divinità Primordiale. Per questo, come ha sottolineato in particolare un sociologo che ha studiato a fondo questa comunità, Mario Çardano, "la natura è sacra a Damanhur poiché in essa i damanhuriani riconoscono le vestigia di una divinità caduta, l'Anima-Uomo, che riuniva in sé, come un tutto, la natura e le "forze sottili" che la abitano"[50].

Tocchiamo così il tema che ci interessa più direttamente: la sacralizzazione della natura. Il legame dei damanhuriani con la natura si iscrive, per un verso, in un percorso di sacralizzazione caratteristico del neopaganesimo che, come abbiamo visto, fa ricorso a concezioni soprannaturalistiche tipiche dei politeismi antichi cui in effetti i damanhuriani si richiamano esplicitamente. Per un altro verso, però, si fa ricorso a una concezione del sacro immanente e secolare, sorta di energia divina che permea e circola nel cosmo e con cui occorre imparare a confrontarsi per entrare in simbiosi, secondo una dialettica che oscilla tra l'identificazione e la comunione, e cioè – tenendo a mente il mito fondativo dell'Uomo primevo i cui frammenti sono dispersi nelle mille forme della natura, oltre che in noi stessi – tra la possibilità di un recupero in cui si conservano, rispetto alle forme della natura, gradi di alterità e differenza e, di contro, un recupero in cui prevale la fusione e l'immersione mistica.

Sullo sfondo di queste concezioni sommariamente abbozzate, presenti a Damanhur ma anche in altri movimenti neopagani, si vede riemergere un tema di fondo, cui in questa sede è solo possibile accennare: quello della *philosophia perennis.* A prescindere, ora, dalla sua storia, che affonda nella *prisca theologia* degli antichi pagani e cristiani per risorgere a nuova vita nell'umanesimo e nel platonismo di un Ficino e trovare una prima formulazione sistematica nel *De perenni philosophia* (Lione 1540) di Agostino Steuco[51], questa dottrina si colloca al cuore del movimento di Ecologia profonda fondato dal filosofo norvegese Arne Naess e sta al centro del lavoro fondatore

50 M. Cardano, *Lo specchio, la rosa e il loto. Uno studio sulla sacralizzazione della natura*, SEAM, Roma 1997, p. 20.

51 Cfr. K. Oldmeadow, *Traditionalism: Religion in the Light of Perennial Philosophy*, Sophia Perennis, San Rafael, CA 2011.

del 1985 *Ecologia profonda* di Bill Deval e George Sessions[52]. In questa tradizione, l'ultima realtà trascendente viene chiamata con nomi diversi: Assoluto, Tao, Puro Spirito, Coscienza, Dio, Sommo Bene, Uno e, per finire, appunto Natura . Essa è considerata il principio di ogni realtà universale e umana, il fondamento metafisico di tutto ciò che esiste, la costante su cui poggia il divenire fenomenico. Ora, nei movimenti ecologici, che vivono in un orizzonte sempre più secolarizzato, questa realtà è diventata il Sacro: un Sacro vissuto come ontologico, che fonda la sacralità di una Natura concepita, a sua volta, come realtà ontologica.

Un tipico rappresentante di questa corrente di pensiero è stato Thomas Berry (1914-2009), un prete cattolico convertito al movimento ambientalista. Egli si iscrive nella storia secolare di pensatori, da R. Emerson a H.D. Thoreau, da J. Muir a R. Carson e A. Leopold, che hanno fornito contributi fondamentali all'emergere della tipica religione della natura americana[53], dallo studioso americano Bron Taylor definita *The Dark Green Religion*[54]. In una raccolta di saggi del 2009, *The Sacred Earth*[55], Berry esprime in modo suggestivo questa visione della Terra che rivela *an abiding numinous presence.* Di qui l'invito a prendere consapevolezza di questa realtà sacra presente nei vari elementi che compongono il cosmo, una realtà sacra che, alla fine scopriremo, coincide con lo stesso fondamento della nostra realtà, il sé ecologico:

"Anche i recenti interessi per la comprensione della Terra come organismo vivente non derivano da una sensazione arbitraria che

---

52 *Deep Ecology: Living as if Nature Mattered*, Peregrine Books, Salt Lake City, UT 1985, tr.it. *Ecologia profonda*, a cura di N. Saglio, Gruppo Abele, Torino 1989; ho analizzato queste tematiche in "Métamorphoses d'Hermès. Le sacré ésotérique d'Ecologie profonde", in: *Religion et écologie*, sotto la direzione di D. Hervieu-Léger, Cerf, Paris 1993, pp. 137-50; v. anche D. Barnhill e R. Gottlieb (a cura di), *Deep Ecology and World Religions: New Essays on Sacred Ground*, State of New York Press, Albany, NY 2001.

53 Cfr. la sintetica ma efficace ricostruzione di B. Taylor, "The Sacred, Reverence for Life, and Environmental Ethics in America", cit.

54 *Dark Green Religion: Nature Spirituality and the Planetary Future*, cit.

55 T. Berry, *The Sacred Universe: Earth Spirituality and Religion in the 21st Century*, Columbia University Press, New York, NY 2009.

sarebbe un'impresa interessante della mente umana. Siamo, piuttosto, spinti a questa indagine attraverso i nostri sforzi per la scoperta di noi stessi. È un'impresa mistica, poiché il suo scopo ultimo è raggiungere una comunione finale con quella realtà ultima da cui tutte le cose vengono all'essere"[56]

Questa presenza – com'è tipico della tradizione di *philosophia perennis* appena evocata – può essere sperimentata come il Dio dei monoteismi ma anche il fondamento ultimo delle religioni orientali, dallo Atman dell'induismo alla natura vera del Buddha, dal Tao all'Uno neoplatonico, per terminare col divino femminile. Comunque denominato, questo principio – nella nostra prospettiva: il fondamento infondato del Sacro – è l'elemento cui ricorrere per poter ristabilire un rapporto integrale col cosmo.

6. Un caso di sacro secolare: l'ambientalismo radicale

Il caso di Thomas Berry può servire da ponte per passare a trattare il secondo processo di sacralizzazione della natura: quello tipico dell'ambientalismo radicale soprattutto nordamericano che, almeno a prima vista, si presenta consapevolmente come agnostico se non ateo, rifiuta di essere definito religioso e, nella sua sacralizzazione della natura, di conseguenza, fa ricorso a un sacro secolare.

Anche se, come ho precisato all'inizio, ho deciso di non trattare dell'ambientalismo religioso e cioè di quelle forme di ambientalismo, fiorite negli ultimi trent'anni, che si ispirano alle ecoteologie delle differenti tradizioni religiose, a questo punto può essere utile, a scopi comparativi, accennare brevemente ad alcune sue caratteristiche,

56 "Even recent concerns for understanding Earth as a living organism arise not from an arbitrary feeling that it would be an interesting venture of the human mind. We are, rather, impelled to this inquiry through our efforts at our own self-discovery. It is a mystical venture, for its ultimate purpose is to achieve a final communion with that ultimate reality whence all things come into being" *The Sacred Universe*, cit., pos 1945 sg. dell'ed. Kindle.

che ci aiutino a mettere meglio in luce la differente natura del sacro ecologico in gioco in questi due casi.

L'ambientalismo di matrice religiosa è ormai diventato una componente importante, anche da un punto di vista delle politiche ambientali, del più generale movimento ambientalista[57]. Esso è un movimento globale presente nelle più diverse religioni, naturalmente in forme e con gradi di intensità diversi, dal giudaismo al cristianesimo, dall'islam al buddhismo, dall'induismo al daoismo, per non dire delle religioni indigene. Anche tradizioni cristiane all'inizio ostili come gli evangelicali si sono in questi ultimi anni convertite a una loro forma di ambientalismo religioso. Ciò che accomuna queste correnti è la convinzione, naturalmente motivata teologicamente in forme diverse, che la natura ha un valore intrinseco, una dimensione morale e un significato spirituale. Questa convinzione di fondo ha animato innumerevoli azioni ecologiche di protesta e di lotta nei cinque continenti che spesso, senza ricorrere alla violenza, hanno prodotto risultati positivi. Va anche aggiunto che il fatto di lottare insieme ha favorito sul piano pratico un dialogo e un confronto interreligioso e interconfessionale più difficile da conseguire sul piano teologico.

Una caratteristica interessante di quest'ambientalismo è il suo rapporto col mondo della scienza. Alcuni scienziati, mossi da un sentimento di rispetto verso la sacralità della terra, si sono dimostrati

57 Esiste ormai un'ampia letteratura scientifica su questo tema. Importanti i lavori di R.S. Gottlieb: *A Greener Faith: Religious Environmentalism and Our Planet's Future*, Oxford University Press, New York, NY 2006; Id., "Religious Environmentalism in Action", in: *The Oxford Handbook of Religion and Ecology*, cit., pp. 466-508; Id., "Religion and the Environment", in: R. Hinnells (a cura di), *Routledge Companion to the Study of Religion*, Routledge, London 2010, pp. 458-92; Id., "Religious Environmentalism and Environmental Activism", in: J. Hart (a cura di), *The Wiley Blackwell Companion to Ecology and Religion*, Wiley Blackwell 2017. Gottlieb ha anche curato un'antologia in quattro volumi sul tema: *Religion and the Environment*, Voll. 1-4, Routledge, London/New York, NY 2010. V. anche R. Bohannon, *Religions and Environments: a Reader in Religion, Nature, and Environment*, Bloomsbury Academic, London 2013; e S. Power Bratton (a cura di), *Religion and the Environment: an Introduction*, Routledge, London/New York, NY 2021.

pronti a collaborare con i rappresentanti delle tradizioni religiose impegnati ecologicamente. Questa collaborazione si può far risalire agli inizi degli anni '90 del Novecento, quando 34 scienziati di fama internazionale scrissero una lettera aperta alle comunità religiose invitandole a uno sforzo combinato in difesa dell'ambiente, in nome di una dimensione religiosa e di un senso del sacro che travalicavano le barriere confessionali[58]. Alla lettera risposero in modo positivo molti leader religiosi di differenti tradizioni, cosa che portò a un Summit sull'ambiente nel giugno del 1991, il quale, a sua volta, promosse uno sforzo congiunto da parte di mondi che sino ad allora si erano in genere ignorati o confrontati in modo conflittuale. La fede ambientalista diventava, così, non un'alternativa alla scienza ma un modo concreto per cooperare insieme nella difficilissima battaglia a difesa dell'ambiente. La "Carta della Terra" del 1992 rappresenta, in questa prospettiva, un documento fondamentale. Diversi dei suoi proponenti basavano esplicitamente il loro impegno sulla considerazione che la natura è sacra. Come si espresse uno dei suoi più famosi sottoscrittori, Mikhail Gorbechev, "I believe in the cosmos [...] *nature is my god*. To me, *nature is sacred*. Trees are my temples and forests are my cathedrals."[59]

Tutto ciò non deve, però, far dimenticare le profonde differenze che separano l'ambientalismo religioso da quello non religioso. Personalmente le ricondurrei alla diversa concezione del sacro e, per converso, del divino. Questa è evidente nel caso delle religioni abramitiche. Esse si fondano su un'idea di Dio unico ed esclusivo, annunciatore attraverso i suoi profeti di una verità esclusiva. Mentre per molti ambientalisti non religiosi, che hanno una visione neopagana e/o panteista, natura e Dio spinozianamente tendono a coincidere, è evidente che ciò non è possibile dal punto di vista di una teologia tradizionale cristiana o islamica. Per un teologo cristiano, nei rapporti con la natura è necessario conservare un'idea della

58 R.S. Gottlieb, *Religious Environmentalism in Action*, cit., pp. 483 sg.
59 In B. Taylor, *op. cit.*, p. 601.

trascendenza del Dio creatore, che si perde evidentemente in una prospettiva neopagana[60].

Questa prospettiva neopagana, nella versione debole precedentemente ricordata, sta invece al centro della visione dell'ambientalismo radicale. Ma chi sono gli ambientalisti radicali? Per semplificare, essi possono essere divisi in due tipi, *hard* e *soft*. Il primo gruppo, più ristretto e specifico, comprende individui e gruppi portati a compiere azioni illegali a difesa dell'ambiente. Costoro rifiutano ogni forma di antropocentrismo e specismo. Con le loro azioni di boicottaggio e distruzione essi ritengono di colpire alla radice la visione antropocentrica e i confini tradizionali tra le specie, che escludono da ogni considerazione morale quelle non umane, dagli animali alle piante. Essi si ritengono radicali perché pensano di continuare una lotta politica portata avanti da precedenti gruppi radicali come gli anarchici, le Pantere Nere, gruppi anticapitalisti. Ciò che li contraddistingue, di conseguenza, è il rifiuto di ogni compromesso.

Il secondo tipo di ambientalisti radicali, la versione *soft*, è più vario e dai confini più incerti[61]. Esso comprende i bioregionalisti, l'ecologia profonda, l'ecofemminismo, il primitivismo, l'ecologia sociale. Lo specialista americano di rapporti tra ecologia e religione Bron Taylor vi aggiunge anche altri gruppi, come i neopagani di cui abbiamo parlato, raggruppandoli sotto l'etichetta di "paganesimo ambientale"[62]. Anche se le linee di confine tra questi due tipi sono mutevoli (ad esempio, diversi degli aderenti ai movimenti radicali violenti sono neopagani, mentre diversi appartenenti a quello che

60 Cfr. R.S. Gottlieb, *A Greener Faith*, cit., pos. 2623-33 dell'ed. Kindle; e B. Taylor, *Religion and Environmentalism in America and Beyond*, cit., pp. 594 sg.

61 V. Leslie e E. Sponsel, "Spiritual Ecology and Radical Environmentalism", in: *Routledge Handbook of Religion and Ecology*, cit., p. 225.

62 V. ad es. B. Taylor, "The Tributaries of Radical Environmentalism", in: "Journal for the Study of Radicalism", Vol. 2, No. 1, 2008, pp. 27-61, n. 52: "Radical environmentalism includes not only groups like Earth First! and the Earth Liberation Front but also bioregionalists and green anarchists, deep ecologists and eco psychologists, ecofeminists and participants in the feminist spirituality movement, pagans and wiccans, anti-globalization protestors, and some animal liberation activists".

Taylor definisce il paganesimo ambientale hanno difeso posizioni violente nella lotta ambientalista), per il nostro discorso sulla sacralizzazione della natura merita sottolineare un altro aspetto. Da un lato, tutti gli aderenti a questi due tipi di spiritualità ecologica sono accomunati dalla concezione della sacralità della natura, una sacralità che può essere di tipo costruttivista, come nel caso di molti ambientalisti radicali, o di tipo ontologico, come nel caso dei neopagani, che spesso e volentieri la fondano sull'idea della divinità di Gaia. Da un altro lato, ciò che divide i due gruppi non è tanto l'idea del sacro in gioco, ma le conseguenze di quest'idea.

Per mettere meglio a fuoco quest'ultimo aspetto è necessario accennare al contesto politico in cui si formano e agiscono i gruppi più radicali. I più noti si sono distinti per le loro azioni violente – che hanno portato alcuni a parlare nei loro confronti di ecoterrorismo e che, comunque, per non pochi di loro, si sono tradotte nell'arresto e in pesanti condanne – soprattutto negli anni '80 e '90 del secolo scorso. Tralasciando ora coloro che lottano per la liberazione e i diritti degli animali, i più noti tra questi gruppi sono *Earth First!* fondato nel 1980, e lo *Earth Liberation Front*, fondato in Gran Bretagna nel 1992 ed emigrato poi negli Stati Uniti. Dal punto di vista sociologico, si tratta per lo più di giovani in età universitaria, che si iscrivono con queste lotte nella storia del radicalismo americano politico giovanile della controcultura degli anni'60[63], in cui recita un certo ruolo anche il radicalismo di matrice religiosa[64]. Ciò che unisce queste varie correnti, a prima vista eterogenee, è un'idea di "passione morale", che spinge ad agire per difendere non soltanto gli altri esseri umani ma anche quelli non umani dal disastro ambientale, facendo ricorso a vari tipi di azioni violente contro chi lo provoca, sulla base di idee di giustizia sociale e di una critica al capitalismo liberale e allo stato che lo protegge.

63 V. la ricostruzione che ne fa S.M. Pike, *For the Wild. Ritual and Commitment in Radical Eco-Activism*, University of California Press, Oakland, CA 2017

64 V. E. Berry, *Devoted to Nature: The Religious Roots of American Environmentalism*, University of California Press, Oakland, CA 2015.

La variante europea e nostrana più recente di questo radicalismo ambientalista è *Extinction Rebellion*[65], un movimento socio-politico nonviolento divenuto celebre in seguito alla grande manifestazione del 31 ottobre 2018 durante la quale migliaia di manifestanti hanno occupato le strade del centro di Londra e per vari giorni diversi ponti sul Tamigi. Esso avanza ai governi, attraverso azioni dirette e disobbedienza civile nonviolenta, tre richieste precise: controllare la crisi climatica, fermare la perdita di biodiversità e minimizzare il rischio di estinzione umana a causa del collasso ecologico e sociale. Esso è stato fondato nel Regno Unito nel maggio 2018 - anche con l'appoggio di un centinaio di accademici che hanno firmato un invito all'azione - da Roger Hallam, Gail Bradbrook, Simon Bramwell e altri attivisti del gruppo della campagna *Rising Up!*. In un suo libro manifesto tradotto in italiano[66], Hallam ha presentato un argomento che aiuta a comprendere meglio l'atteggiamento dei giovani che conducono queste azioni di protesta. La "disruption" che il movimento porta avanti deve essere supportata dalla volontà dei suoi aderenti di mostrare la loro vulnerabilità fino ad essere disposti a soffrire, per esempio finendo incarcerati: una disponibilità a soffrire che ricorda il martirio cristiano con le sue valenze pubbliche e ricadute politiche

Ma che significa 'sacro' per questi ambientalisti? In che senso per loro la natura è sacra e perché, dopo che è stata desacralizzata dall'uomo, è necessario risacralizzarla anche ricorrendo alla violenza?[67] Dave Foreman, leader carismatico di *Earth First!* e autore di un interessante libro autobiografico sulle sue lotte ambientaliste[68],

---

65 V. il manuale *Questa non è un'esercitazione. Extinction Rebellion: una guida*. Mondadori, Milano 2020, e la sintesi di parte di F. Carollo, *Extinction Rebellion e la rivoluzione ambientale*, Ass. Multimage, Firenze 2020.

66 R. Hallam, *Altrimenti siamo fottuti!*, Chiarelettere, Milano 2020.

67 V. K. Armstrong, *Sacred Nature. Restoring Our Ancient Bond with the Natural World*, Knopf, New York, NY 2022

68 D. Foreman, *Confessions of an Eco-Warrior*, Harmony Books, New York, NY 1991.

interrogato al proposito, ha fornito una risposta che merita di essere riportata e commentata:[69]

"Nella nostra società, è molto difficile discutere la nozione di sacro a prescindere dal soprannaturale. Io penso che ciò su cui dobbiamo lavorare è invece un concetto non soprannaturale di sacro. Una base non teistica del sacro. Quando io dico di essere un panteista non teista, riconosco in questo modo che ciò che è realmente importante è lo scorrere della vita, il processo della vita ... (Così), l'idea è quella non di proteggere ecosistemi congelati nel tempo ...ma (piuttosto) il grande processo ...dell'evoluzione. Noi non siamo che punti in questo vasto campo energetico .. delle manifestazioni temporanee di questa forza vitale, che è cieca e non teleologica. E così io suppongo che ciò che è sacro è ciò che è in armonia con questo fluire"

Foreman esprime chiaramente il concetto di sacro secolare. Quel che emerge da questa sua considerazione è un tema che ritorna continuamente in questi ambientalisti e nei loro autori di riferimento: una spiritualità ecologica come quella di Foreman e dei suoi colleghi è una spiritualità fondata sulla connessione, l'inserzione e l'appartenenza a un flusso vivente, la vita del cosmo, che ha in sé il suo fondamento sacro. Ma, per questi ambientalisti, non basta, come accade invece a molti ambientalisti del tipo *soft*, cercare di vivere in armonia con questo flusso sacro. Esso va difeso dagli assalti a cui è sottoposto fino al punto di essere disposti a sacrificare la propria vita (e a violare quella degli altri). Tocchiamo così l'ultimo tema delle nostre considerazioni sui processi di sacralizzazione della natura: il nesso tra sacro e violenza.

69 "It's very difficult in our society to discuss the notion of sacred apart from the supernatural. I think that's something that we need to work on is a nonsupernatural concept of sacred. A nontheistic basis of sacred. When I say I'm a nontheistic pantheist, it's a recognition that what's really important is the flow of life, the process of life [...]. [So] the idea is not to protect ecosystems frozen in time [...] but [rather] the grand process [...] of evolution [...]. We're just blips in this vast energy field [...], just temporary manifestations of this life force, which is blind and nonteleological. And so I guess what is sacred is what's in harmony with that flow" (B. Taylor, "The Tributaries of Radical Environmentalism", cit., p. 42).

Come ho appena ricordato, nel suo libro autobiografico Foreman si presenta come uno *eco-warrior*, un guerriero ecologico. Quella in cui lui e i suoi commilitoni di *Earth First!* erano impegnati, infatti, era una vera e propria crociata delle forze del bene contro quelle del male. Come una volta egli stesso si espresse nel 1989, "Noi siamo coinvolti nella crociata più sacra combattuta sulla terra"[70]. Su questo sfondo chiaramente dualista, collegato a uno scenario apocalittico che prevede a breve tempo il collasso di una civiltà che, provocando la crisi climatica, si sta autodistruggendo, si comprende meglio la natura religiosa di questa tipica variante del terrorismo. Come aveva sottolineato ormai vent'anni orsono uno specialista come Mark Juergensmeyer, la particolarità del terrorismo religioso sta nel fatto che esso è quasi esclusivamente simbolico, messo in atto con metodi altamente drammatici. Inoltre, queste inquietanti esibizioni di violenza sono accompagnate da forti rivendicazioni di giustificazione morale e da un tenace assolutismo, caratterizzato dall'intensità dell'impegno degli attivisti religiosi e dalla portata metastorica dei loro obbiettivi[71]. Tutte caratteristiche che si ritrovano in questi gruppi di ambientalisti radicali.

Dovrebbe ormai risultare più chiaro che il sacro in gioco in questi contesti è qualcosa di profondo e radicale. Esso è il valore assoluto che fonda quelle realtà in cui gli ambientalisti si identificano: valori sacri come la terra e l'ambiente che esigono, di conseguenza, una dedizione assoluta fino al sacrificio della propria vita (e, se del caso, anche di quella del nemico). Di qui il ruolo che i martiri ambientalisti, e cioè di coloro che sono morti in nome della causa ambientalista, hanno recitato nei particolari martirologi dei loro colleghi. In un articolo scritto in risposta alla morte di uno di questi, Brad Will, un attivista di *Earth First!*, il collega attivista Starhawk spiega che i martiri ci sono perché "sacrificio" significa "rendere sacro" [72]: una

70 In S.M. Pike, *For the Wild...*, cit., p. 207.
71 M. Juergensmeyer, *Terroristi in nome di Dio. La violenza religiosa nel mondo,* Laterza, Roma-Bari 2003.
72 S.M. Pike, *op. cit.*, p. 220.

spiegazione che coglie, nella sua semplicità, la valenza fondante del sacrificio e il nesso tra sacro e violenza, contribuendo a chiarire la natura e la complessità dei processi di sacralizzazione in gioco.

7. Conclusioni: l'ambientalismo radicale e i suoi pericoli

Tocchiamo così, in conclusione, il problema dei pericoli che questi processi di sacralizzazione comportano. Molti gruppi di ambientalisti, radicali e non, sono mossi, nelle loro battaglie, da un ideale o, se si preferisce, da una tipica utopia antimoderna, che ritorna continuamente nella storia delle utopie moderne mosse dal desiderio di un "ritorno alla natura": ricorrere a un passato preindustriale in grado di offrire un modello e risorse di fronte all'attuale crisi ambientale. Questo passato immaginario è fatto di vita comunitaria, egalitario, caratterizzato da una vita naturale in armonia con quella delle altre specie. Questo comporta riprendere forme semplici di vita e di lavoro, come cacciare, pescare e simili modi di vita ispirati evidentemente da una idealizzazione della vita dei popoli indigeni, se non di culture ancestrali. In questo modo, la vita in comune e in armonia con la natura avrà il minimo impatto ambientale.

È inutile dire che queste utopie hanno provocato critiche durissime. Non esistono, ad esempio, forme di vita che, a loro modo, non abbiano provocato disastri ecologici, come dimostra il caso di diverse pratiche dei popoli indigeni o di culture arcaiche e antiche. Queste utopie, per quanto spesso e volentieri si iscrivano in una prospettiva scientifica di tipo evoluzionista, si dimostrano poi nei fatti pericolosamente antiscientifiche, come è stato messo più volte in luce da quegli scienziati, favorevoli all'ambientalismo e alla lotta ecologica, che hanno sottolineato la scarsezza di risultati che deriva ad esempio dalle forme violente dell'ambientalismo radicale. Certe critiche sono state ancora più radicali. Per non portare che un esempio, il filosofo francese Luc Ferry ha definito questa visione un antiumanesimo guidato dall'odio per la modernità. A suo avviso, certi cattivi consiglieri di questa prospettiva come gli ecologisti profondi affondano le loro radici nel nazismo: la loro sarebbe, in fondo, una rappresentazione romantica di una natura pura e incontaminata, selvaggia, cui ritornare lasciando che la civiltà faccia la fine che merita cioè collassi[73]. Quanto a quei tentativi comunitari di cominciare a realizzare questa visione utopica come Findhorn, Damanhur e altre forme di ecovillaggi, colpisce il fatto che essi siano stati a loro volta accusati di "ecofascismo" da parte di personaggi come Jutta Ditfurth, cofondatrice del partito dei Verdi in Germania[74], sulla base di un presunto legame con un'ideologia *völkisch* del "suolo e del sangue", conservatrice e potenzialmente razzista (nella quale i maschi di razza bianca avrebbero un ruolo di privilegio).

Giunto al termine di queste riflessioni, mi sia concessa, a mo' di conclusione, un'osservazione a sfondo autobiografico. Come storico del cristianesimo antico che ha dedicato la maggior parte dei suoi studi a ricostruire il modo in cui questa religione si è formata soprattutto nel suo confronto e scontro col coevo mondo religioso greco-romano imperiale, confesso che, più approfondivo la tematica di questo contributo più mi sembrava di compiere un tuffo nel passato, ritornando agli antichi conflitti tra pagani e cristiani. Anni fa un filosofo come Michel Serres, nel *Tiers-instruit*, aveva osservato, riecheggiando Plutarco: "Il monoteismo ha distrutto gli dèi locali, noi non sentiamo più le dee ridere in mezzo alle sorgenti né vediamo i geni comparire tra le fronde; Dio ha svuotato il mondo; il grande Pan, si dice, è morto"[75], per contraddirsi però subito dopo affermando la sua resiliente fede pagana: "Sì, eccomi davvero pagano, lo confesso, politeista, contadino figlio di contadino, marinaio figlio di sottufficiale di marina [...]. Io credo, credo soprattutto, credo essenzialmente che il mondo è Dio, che la natura è Dio, cascata bianca e

73 L. Ferry, *Le nouvel ordre écologique. L'arbre, l'animal et l'homme*, Grasset, Paris 1992.
74 J. Ditfurth, *Entspannt in die Barbarei. Esoterik, (Öko-)Faschismus und Biozentrismus*, Konkret-Literatur-Verlag, Hamburg 1996.
75 M. Serres, *Le Tiers-instruit*, François Bourin, Paris 1991, p. 180.

riso dei mari, che il cielo variabile è Dio stesso..."[76]. Il ritorno degli antichi dei sembra avergli dato ragione. D'altro canto, limitarsi ad interpretare l'ecologismo contemporaneo come un semplice "neopaganesimo" significherebbe cadere in un duplice malinteso, sia su ciò che fu il paganesimo europeo, sia su ciò che è l'ecologia contemporanea. Fra l'uno e l'altra c'è parentela, ma non certo identità.

Anche se il modo di accostarsi a questi conflitti è negli ultimi decenni profondamente cambiato[77] e anche se, naturalmente, il confronto col mondo pagano e i suoi valori costituisce, a partire dall'Umanesimo, una costante della cultura europea, a me sembra che la maniera in cui esso si ripropone oggi nei movimenti ambientalisti di vario tipo cui si è fatto cenno appaia con aspetti di novità rilevante. Una di queste, che ho cercato di ricostruire, è appunto il modo in cui in questi movimenti si configura oggi il rapporto tra sacro e natura.

---

76 Ivi, pp. 229 sg.

77 E. Dal Covolo e G. Sfameni Gasparro (a cura di), *Pagani e cristiani. Conflitto, confronto, dialogo. Le trasformazioni di un modello storiografico*, Libreria Editrice Vaticana, Roma 2021.

Scientific Cosmograms, Botanical Universes, and Vegetative Souls

John Tresch

London, United Kingdom / *Regno Unito*
September / *Settembre* 2022

Part I: Scientific Cosmograms

Earth Symbols in Religion, Art, and Science

I approach our conference's theme – earth-symbols and a new habitability – by examining a specific class of symbols: cosmograms, objects of any kind that express the nature and order of the universe. The term "cosmogram" has been used in religious studies and anthropology. It has been applied to mandalas, inviting meditation on the levels of reality, and creation myths, mapping out stages of human life, individually and collectively, as in the Kongo "four moments of the sun."[1]

Cosmograms also play an important role in psychology. For Jung the mandala was an image of psychological wholeness and integration, laying out the contrasting characters, landmarks and tensions of the unconscious, and across the rich tradition of conversations that have been held here at Eranos, cosmograms appear frequently: in Jung's analysis of the process of individuation, in Zimmer's

1 J. Cornet and R. F. Thompson, *The Four Moments of the Sun: Kongo Art in Two Worlds* (Washington, DC: National Gallery of Art, 1981)

explication of Indian and Buddhist imagery such as mandalas and the cosmic elephant; in Corbin's verbal description of the topology of the "eighth clime," the immaterial but real world of the imaginal. The 1953 conference on "Man and Earth" included many important contributions, including an essay by Guiseppe Tucci, the scholar of Asian art and religions who applied the term "psychocosmogram" to temples and mandalas.[2] Jung's colleague at the ETH, Rudolph Bernoulli, historian of alchemical imagery, even used the phrase, "a seventeenth century cosmogram" to describe one of Robert Fludd's amazing maps of the relation between spirit and matter, light and dark – among the images discussed by Wolfgang Pauli as representing a lost mode of emotional, aesthetic knowledge, left behind after the rise of Descartes, Galileo, and Newton.[3]

But the modern natural sciences make cosmograms too. Think of Darwin's coral map sketching the branching logic of evolutionary descent through natural selection, marked with the wonderful note – "I think – which puts it in the realm of a proposition or probability. Yet Darwin is operating in a world where the diagram is meant to capture a real, recurrent, factual process. It's not an allegory, not a mystical gesture toward transcendence, not a moral or ethical symbol. Or think of the periodic table, first laid out by Mendeleev as a chart of the building blocks of the world, later elaborated by filling in new elements predicted by gaps in the chart, and by further defining atomic structure (to which Pauli's own "exclusion principle" made an important contribution).

2 G. Tucci, "Earth in India and Tibet," *Eranos-Jahrbuch* 22 (1953): 323–64, Id., *Teoria e pratica del Mandala con particolare riguardo alla moderna psicologia del profondo* (Roma: Astrolabio Ubaldini, 1969).

3 R. Bernoulli, "Seelische Entwicklung im Spiegel der Alchemie und verwandter Disziplinen," *Eranos-Jahrbuch* 3 (1935): 231–87; Engl. Ed., "Spiritual Development as reflected in Alchemy and Related Disciplines," in: J. Campbell, ed., *Spiritual Disciplines. Papers from the Eranos Yearbooks – Selected and translated from the Eranos-Jahrbücher ed. Olga Fröbe-Kapteyn* (London: Routledge & Kegan Paul, Ltd., 1960), pp. 305-40; C.G. Jung and W. Pauli, The Interpretation of Nature and the Psyche, tr. R.F.C. Hull and P. Silz (New York, NY: Pantheon, 1955).

Figure 1. map.gsfc.nasa.gov/media/121238/index.html

Or again, a much often reproduced "picture" from 2012 shows the cosmic background microwave radiation produced by the universe, millennia ago: an elongated oval, marked with blue, gold and green, at once egg, earth, and digital diagram. The image is meant to be understood realistically: a translation of otherwise invisible phenomena of an ungraspable size, now laid out in a manageable frame, a scale-model. Visually it carries an implication of boundedness, perhaps an analogy to the globe, implying a resemblance between microcosm and macrocosm. But such symbolic, allegorical aspects are not presented as essential to the representation.

This difference in the mode of representation between scientific cosmograms and those associated with religion, art, or psychology, highlights a fundamental aspect of the role that science has played in modern culture. Rather than one form of knowledge and set of beliefs about the world, science positions itself as the *only* true route to knowledge. Its pictures, though fallible and made by humans, are seen as the only ones that express a reality seen as solid, real, and universal. We can be moved or uplifted by the symbols of artists, priests, psychologists – but whatever truths they propose are seen as expressions of individual or collective belief, superstition, interpretation, or projection, beyond the realm of scientific fact. Science makes cosmograms, but its images are generally presented as if they were *not* made – as if they were free of interpretation, values, aesthetics, conjecture, myth, symbolism.[4]

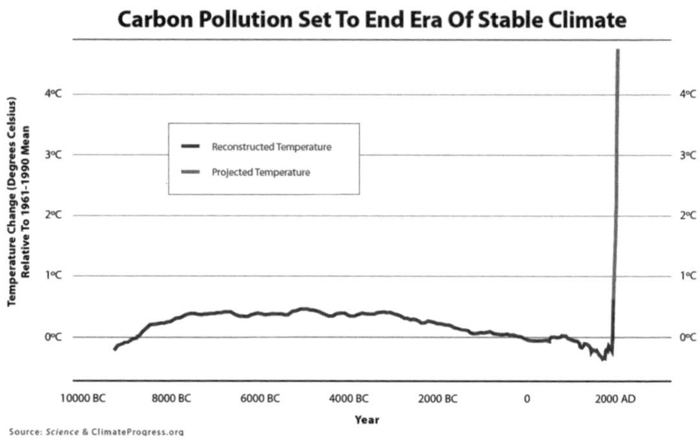

Figure 2. C. Mooney, "The Hockey Stick: The Most Controversial Chart in Science, Explained," The Atlantic, May 10, 2013

Consider an image like the famous "hockey stick" graph of Mann from 1998, showing a regular fluctuation of average temperature in the Northern Hemisphere from 1500, with a sudden, vertiginous upward turn starting in the early 20th century. This image makes a *factual* claim about a dangerous and extreme change in earth temperature. It doesn't say anything about what caused it, how we should feel, or what could be done to change it. As an earth symbol, it's crucial, indispensable – but insufficient. Modern scientific cosmograms are bound up with a way of knowing, and a view of the cosmos, that are *mechanical, material, and objective.* This orientation

4 B. Latour, *We Have Never Been Modern* (Cambridge, MA: Harvard University Press, 1993).

doesn't address just one domain of nature, but projects an entire cosmos: it treats the world as inert and passive, ruled by mechanical causality, observed from the outside, with detachment.

We have to acknowledge that this is the same view of the universe that has guided and enabled the intense, worldwide technological extraction and transformation that created the very problem the hockey stick diagram diagnoses: coal and oil, pesticides and fertilizers, dams and mines, with progress measured by economic indicators. These are now seen as one general if multi-part movement, "the great acceleration." We are living in an era of cosmological breakdown, and we need new images of the universe to orient and guide our actions, as individuals, collectives, as a planet. Science is absolutely essential for whatever comes next, but when it's presented in its major form, as *mechanical, material, and objective*, science alone cannot draw the images that show us where we're going.

I'm working on a book which looks at cosmograms both from within Western science and from outside. It aims to open up the huge variety of ways in which the world gets assembled and communicated, to show how the current, shaky cosmological order came together, and to give a sense of other possibilities – other cosmograms, other earth symbols, other forms of habitation. It is called *Cosmograms: How to Do Things with Worlds.* A cosmogram is anything that someone – usually a human – points to and says, directly or indirectly, "this represents or is the universe."

A cosmogram is not the same thing as a cosmology, or worldview, or conceptual scheme: unlike these abstractions, a cosmogram expresses the totality but is embodied in a finite object, in a particular place and time. They are made public and occupy some identifiable space. This concrete specificity makes it possible to avoid methodological problems associated with holism. Rather than trying to guess the contents of individual minds, we consider a concrete, observable object. There's also no need to assume that cosmological beliefs are shared by all members of a group: cosmograms may be met with assent, but also with resistance, refusal or silent skepticism. Finally, we don't need to assume that they are complete, bounded, or free from contradictions. Speaking of cosmograms in the plural affirms that other orders are possible. My primary hope with this project is to provide a framework for comparison among cosmograms, studying them in their particular settings, considering how well they're made and how they hang together.

In the first half of this essay I introduce this method with several examples, highlighting the role of *machines* in modern scientific cosmograms; in the second half I consider images of the universe which instead feature *plants*, drawing on a recent scholarly "vegetal turn" to bring out implications of these ancient and modern earth-symbols and the forms of habitation they propose.

How to Analyze a Cosmogram

One can approach a cosmogram according to seven aspects: *materials, mode, beings-relations, earth, assocation, story, action*. This open framework makes it possible to explain and compare cosmograms, but avoids imposing on the cosmogram any cosmology but its own.

The first aspect is *materials*. Cosmograms can be made of stone, paint, paper, sound or light; unfolding over weeks or appearing all at once. They can also be harder to pin down – an epic poem or symphony can sing the universe. Even certain uses of silence and secrecy can aim to convey the whole. A bird's refrain or nest may be a cosmogram, or the flight of a bee or the web of a spider – perhaps even a leaf or a tree's root-structure. What's crucial is that it be set aside by some consciousness and named as representing the universe. The crucial thing is to tie it down to a specific time, place, and mode of access.

The second approach is *mode*. This means asking about what *kind of thing* the cosmogram is – how it refers to its own status in relation to its makers, users, and the universe. It might be simply *representational*, a mimetic imitation or snapshot, as in a super collider's bubble chamber track of otherwise invisible and unlocated particles. It could be a combinatorial frame – as in the I Ching, or, in an informational ontology of bits of information. In other cases the image might be the focal object for meditation, inviting access to zones not directly given by the senses or discursive thought.

The third angle is what I call *beings-relations*. What does it show existing, and how does it all fit together? This includes the inventory of entities, and the many divisions and connections among them (plants and animals, living and inert, natural and supernatural, past, present, future; us and them). Some cosmograms put emphasis on the beings, others on their relations; we consider them together. These collections are *always* incomplete: what they feature, how they condense and summarize, and what they leave out, are key questions. The next three aspects through which to approach a cosmogram elaborate "beings-relations," pointing toward the key entities and domains that make up a world, human, nonhuman, temporal.

The fourth aspect, *earth*, is about how cosmograms express a relation to a particular territory and its neighbors, and the processes for living from that land. Sometimes this aspect is extremely central; sometimes it's abstracted, nearly forgotten, as in the "big board" of a stock exchange. How well cosmograms convey a relevant sense of the earth is a crucial aspect of their livability.

The fifth approach I call *association*. What understandings of the collective are conveyed or implied in a cosmogram, in terms of divisions of groups, functions, classes, kinship? How are the units of the social conceived – individuals, "dividuals," families, moieties?[5] What patterns of exchange, obligation, and hierarchy exist between them? What ethical or aesthetic rules and values hold them together? What ideals of governance, obedience, and freedom does the cosmogram express?

5 M. Strathern, *The Gender of the Gift: Problems with Women and Problems with Society in Melanesia* (Berkeley, CA: University of California Press, 1988).

Sixth, there is the question of *story.* What narrative does the cosmogram imply: an origin, causes and effects, the sense of an ending, turning points in a cycle? What is its temporality, historicity, division of eras? "Story" also means the narratives of makers and interpreters about how and why it was formed. The modern notion of linear "history" is only one version of "story."

Finally, the seventh and last line of approach is *action*. This is the *performative* aspect of the cosmogram: What new state of affairs does a cosmogram bring about? For instance, in ceremonial contexts and rites of passage, the entire cosmology is often both expressed and instituted, with individuals' positions and roles transformed; the entire order is redefined and re-established. Rather than philosopher J.L. Austin's question, *How to Do Things with Words*, we're looking here at how to do things with *worlds*, how the universe comes to resemble the pictures we draw of it.[6]

Example: Cathedral

To give you a sense of how this approach works, let's take a paradigmatic example: the Cathedral of Saint-Denis outside Paris, sponsored and guided by the Abbé Suger. Built in the 12th century by guilds of masons, woodworkers, glassmakers, its materials are stone, glass, wood, and the remains of the saints in its crypt. Its architectural innovations opened up a new kind of space, making it a giant box of light.

The cathedral contains didactic information about the *beings and relations* of the universe. What's in it: God, the holy spirit, humans, the earth, the stars, their interactions. There's a zodiac and crystalline spheres. There is a Jesse tree – the generations of patriarchs growing from King David's stomach. The entire Christian cosmological *story* appears in this building, from creation to Last Judgement.

6 J.L. Austin, *How to Do Things with Words: The William James Lectures Delivered at Harvard University in 1955* (Oxford: Clarendon, 1962).

In a sense, the whole story of creation in the Bible and the liturgy, and justified in the *Summa Theologia,* is summarized in this building.

It communicates in multiple *modes* at once. The lessons I just mentioned work in a didactic mode. Panofsky also saw its interior structure indirectly reinforcing the *habitus* of scholasticism: like the arguments of Aquinas, it makes everything manifest in a logic of homologous parts, and parts of parts, like in an outline. There's also the goal of balancing revelation and reason, and the dialectic through which seeming opposites are reconciled.[7]

But Suger also saw the cathedral working with another mode, offering an otherworldy experience of Paradise. He wrote: "When out of my delight and the beauty of the house of God the loveliness of the many colored stones has called me away from external cares, then it seems to me that I see myself dwelling, as it were, in a strange region of the universe which neither exists entirely in the slime of Earth, nor entirely in the purity of heaven. And that by the grace of God I can be transported from this inferior to the higher world, in an analogical manner."[8]

This mode is a fascinating merging of logic and aesthetics: when you enter in the right state of mind, through the colors and lights, and the narrative and the space and stillness, you are lifted out of the slime of the world of becoming, of change and death. The cathedral's relation to the *earth* is visible in its stones, narratives of Eden and the ark, geocentric representations, and the trade which pilgrimage to the cathedral supports. Paradoxically, in another sense it *denies* these connections, figuring the earth as a place of decay and decadence, a lower figure of the eternal paradise beyond.

As for *the social*, the Abbé Suger was advisor to Louis VI and Louis VII, and the cathedral would become the "cemetery of kings" over the following centuries: the ambition and opulence of its

7 E. Panofsky, *Gothic Architecture and Scholasticism.* (Latrobe, PA: Archabbey, 1951).
8 Suger in P. Frankl, *The Gothic: Literary Sources and Interpretations through Eight Centuries* (Princeton: Princeton University Press, 1960), p.19

construction testify to the reciprocal relation between church and king, Spiritual Power and Temporal Power, the first concerned with salvation, the second with protecting the flock during their worldly exile from heaven. Meanwhile the pilgrims, parishoners, the priests and theologians who use it all encounter their own versions and meanings in this shared object.

The cathedral's wider *action* is enormous. This building launches the movement of gothic architecture, fostering cathedral cities and the universities around them; it houses the remains of kings; it was the backdrop for Henri IV's conversion from Protestantism to Catholicism, and thus a stage set for the religious wars at the birth of modernity.[9]

So that is one quick example of how to read a cosmogram: how you set it in its concrete physical and social setting and draw out the world that it grounds. The bigger aim is to set such cosmograms more deeply into their historical contexts – to compare and contrast them in action – and trace the larger stories they form through their interactions.

Comparisons and Aims

One of my sources of inspiration is Aby Warburg – the founder of the institute where I work. His *Bilderatlas Mnemosyne* juxtaposed cosmological images from across Europe and the Mediterranean to tell multiple, open-ended stories of the disappearance and resurgence of ideas and emotions through specific images, iconographies, and gestures.[10] Another source is anthropology and its recent fascination with comparing ontologies. One of the leaders of this "ontological turn" is Philippe Descola, as in *Beyond Nature and Culture*, where he spells out the different relations between internal and external

9 S. Toulmin, *Cosmopolis: The Hidden Agenda of Modernity* (Chicago: University of Chicago Press, 1992).
10 A. Warburg, *Bilderatlas Mnemosyne: The Original* (Berlin: Hatje Cantz, 2020).

states in totemism, animism, what he calls analogism, and the Cartesian "naturalism" he finds in the modern West, which sees all beings as material, but humans alone possess a mind.[11]

That last ontology, naturalism, is most of interest to historians of science. One question I'm asking by studying scientific cosmograms is how did this one single view of knowledge and nature arise, establish itself, and spread – so effectively that by the early 20th century it was seen as self-evident. As Alexander Koyré presented it, a closed world was replaced with an infinite universe – a new cosmos characterized as *mechanical, material, and objective.*[12] These apparently simple terms hold all kinds of debates and ambiguities. Yet part of the power of modern science is to impose this view as a generally recognized ideal, even if it is never fully realized.

As a mnemonic for this grossly simplified but extremely effective précis of "modern science," I call it "MeMO" Nature – endlessly repeatable, like a *meme* or a *mimeograph*, inescapable and impersonal. This MeMO view of nature and knowledge, though at times challenged, and in many ways a fiction, continues to dominate our views of both science and the cosmos. It also shapes our understanding of ourselves – as the bearers of "selfish genes" – and of our civilization – which, in large part because of science, we still hold up as the most rational, as the vanguard of progress. Despite many blows and complications, this combined *scientific and civilisational* story still shapes popular big-picture stories about humanity, from Richard Dawkins to Steven Pinker and Yuval Harari, whose scientific-civilizational narratives echo evolutionary schemes in nineteenth century anthropology's passage from savagery to barbarism to civilization – or from magic to religion to science.

But that narrative – of progressively breaking free from superstition and seeing the world with increased objectivity and

11 P. Descola, *Beyond Nature and Culture*, tr. Janet Lloyd (Chicago: University of Chicago Press, 2013).

12 A. Koyré, *From the Closed World to the Infinite Universe* (Baltimore: Johns Hopkins University Press, 1957).

detachment – is no longer so persuasive. Rather than bringing a utopia, a paradise on earth, the scientific and technological attitude has created a situation where the nature we thought we could study and control from outside is returning in uncanny form, shaped by our decisions, habits, and goals. Humans and nature are inseparably mixed in the Anthropocene, the proposed geological epoch in which humans have irreversibly altered the physical makeup of the earth. We see extreme disruptions and threats to life on the planet, which we either deny, ignore, or respond to with an immobilizing terror.

We need new earth symbols, new images of the cosmos. I want to help through history and cultural comparison. My aim in studying cosmograms is fourfold: First, to track the *myth* of MeMO nature through its cosmograms, and show how it came to be, as both *effective and illusory*. Second, to reveal the varieties this simplified image of science hides, in diverse conceptions of nature; in varied understandings and uses of *machines* and *mechanism*; in variable conceptions and practices of *matter* and *materiality*; in shifting views of *objectivity*. But beyond this aim of opening up hidden possibilities *within* the sciences, the third aim is to recuperate alternative visions of the universe, alternative earth symbols. This would include alternative cosmologies within the West, other ways of knowing (spiritual disciplines, mind/body practices, e.g.), and non-Western cosmologies. Fourth and finally, the project seeks ways of weaving these alternative cosmologies with *science* – but a *science without MeMO*. This means acknowledging the regularly-repeating relations which well-tested modes of observation and experiment have picked out – scientific truths, if you like – but thoughtfully weaving them with *other* approaches to the world.

I want the analysis of cosmograms to make it possible to recognize key aspects of science as valid *alongside*, and not *instead of* other ways of knowing – to recognize the multiplicity of histories and worlds that science itself has made, and the staggering variety ways of making worlds that other traditions offer. This is the vision of a world containing science, a world in which science participates, but not a world *defined* by science, a world also open to other modes of access – a pluriverse, a science without "nature."

As matter for reflection, the book will recount episodes from the late medieval period to now, focusing on cosmological representations and cosmic symbols: for instance temples, maps, theaters, clocks, gardens, exhibitions, and screens. To give you a sense of some of these conjunctures, and the way in which cosmograms help illuminate what is at stake, I'll sketch three such groups of cosmic symbols, noting both their variability and the ways they were drafted into projects of a single, unified MeMO world, mechanical, material, objective.

Cosmic Symbol 1: Clocks

The late 16th and early 17th century saw the rise of the Rosicrucian movement – where alchemy was a road to personal salvation and social reform, as in the works of Heinrich Khunrath, in his *Amphitheater of Eternal Wisdom*, and Robert Fludd, in his study of the micro and macro worlds.[13] These developments helped pave the way for the new experimental science of the mechanical philosophers. Following Frances Yates and Paolo Rossi, we can consider the new science less as a break than as a modulation or shift of emphasis.[14] There were strong continuities even in their laboratory equipment – in the technical similarity between a hermetic instrument like Fludd's thermoscope, which showed the fluctuations of heat and cold, dry and wet across the universe, to Robert Boyle's air-pump, investigating the vacuum and the force and make-up of the air. Yet the cosmological instruments of Fludd and Boyle registered and represented different universes: Fludd's hermetic instruments were

13 H. Khunrath, *Amphitheatrum Sapientiae Aeternae* (Hamburg: 1595); R. Fludd, *Utriusque Cosmi Historia* (Oppenheim: Johann-Theodor de Bry, 1617–21).

14 F.A. Yates, *The Hermetic Renaissance* (London: Routledge & Kegan Paul, 1964); P. Rossi, *Magic, Science, and Francis Bacon* (London: Routledge & Kegan Paul, 1964).

machines without mechanism, operating in a universe of active spirits and influences with sympathy and analogical alignment but not efficient causality between microcosm and macrocosm, earth and stars. The instruments of Boyle and his friends at the Royal Society, by contrast, helped build the metaphor of the clockwork universe, "where all things are so skilfully contrived, that the engine being once set a-moving, all things proceed, according to the artificers first design."[15]

Isaac Newton deepened this clockwork metaphor in his *Mathematical Principles of Natural Philosophy* - with its three great laws of motion made into axioms of an all-encompassing system, where force acts on passive matter and each action has a proportionate reaction. He explained the mathematical relations between planets' distances and the time it takes for them to travel, as Kepler had first laid out, and attributed this motion to gravitational force, though without claiming to know what gravity is or why it works. He thus exemplified a clear method of establishing mathematical relationships between bodies through measurements in a universe of matter and force (even when those forces could not be defined). Newton's *Principia* wasn't a bestseller. Only a few hundred copies were published in the Latin edition. Even experts in mathematics had a hard time following it. This was no accident. Newton was so annoyed by the controversies he'd had with "little smatterers in mathematics" that he deliberately wrote in an obscure way. He attained a visible peak, but hid his tracks behind him.[16]

It was his disciples, such as Whiston, Desaguliers, and 'Sgravesend, who brought this universe to the world. They wrote short digests of Netwon's philosophy in accessible English with illustrations. They also took the show on the road, giving popular demonstrations, displaying mechanized versions of the solar system, with weights and

15 R. Boyle, *A Free Enquiry into the Vulgarly Received Notion of Nature* (London: Henry Herringman, 1686).

16 S.D. Snobelen, "On reading Isaac Newton's Principia in the 18th century," *Endeavour* 22 (4, 1998): 159-63.

pulleys to demonstrate laws of inertia and action. Above the details, the biggest message these popularizers conveyed was that there *are* laws; there *is* a clockwork to the world; there is *one creator* who is the designer and enactor of that clockwork; and Newton and his disciples are the priests who mediate between ordinary humans and those sublime truths. This powerful message was communicated in a theological, evangelical mode.

In other words, for a new cosmology to spread, it wasn't enough to learn it, or even write it out. The new philosophers needed compelling cosmograms, and a fleet of eager promoters, pushing it through sermons, spectacles, pamphlets. They needed to make it part of everyday life, which is exactly what Joseph Wright of Derby's large painting (four by five feet), "A Philosopher Lecturing on the Orrery," was still doing in 1766.[17] The lecturer at the painting's centre, standing above and explaining the machine of the solar system, resembles Newton himself. The children beneath him, rapt in curiosity, are caught up in the mechanism. But on the painting's other side there's a youth, puzzling it out, while a mature adult is taking notes, deferring to the authority of the philosopher who masters the picture, holds it all together.

Wright is taking sublime, extremely complex information about the structure of the universe, condensing it into a scene with mechanical props and *domesticating* it, putting it into relation with the stages of growth of humans, in a recognizable, eighteenth century middle-class interior. In this much-viewed and oft-reproduced cosmogram, the Newtonian cosmology and the ways of knowing it were right at the center of the world.

---

17 J. Molesworth, "The Cosmic Sublime: Wright of Derby's A Philosopher Lecturing on the Orrery," *Lumen: Selected Proceedings from the Canadian Society for Eighteenth-Century Studies/Lumen* 34 (2015): 109-21.

Cosmic Symbol 2: Garden

Descartes needed his promoters too. The prominence of his philosophy was secured by supporters in the Académie des Sciences, instituted in 1667 at the behest of Louis XIV. Louis insisted on his place as a man of learning, while raising the status of the sciences as valued tools of state, in remarkable paintings such as the famous portrait by Henri Testelin which showed the monarch surrounded by his ministers, scientists, instruments, and objects of cosmological ordering: globes, maps, armillary spheres, fossils, the observatory.

Cartesian geometrical order was also integrated into state cosmography in the straight pathways and symmetrical axes of the palace and gardens of Versailles. This palace complex was a cosmogram proclaiming and reinforcing the absolutist state, where geometry and perspective orient the control of land and men. The walking paths formed crucifixes while paintings and fountains depicted Apollo, aligning Louis with both Christian and classical deities, with the grounding frame as Descartes's natural philosophy: the mechanical interactions of circulating matter within a uniform, universal grid. A spirit of experiment also informed Versailles' agricultural innovations, such as orchard walls and glass jars to keep in heat; new methods for working with soils; and the cultivation of previously rare fruits such as melons, vegetables, and flowers.[18]

As a cosmogram, Versailles stands in interesting contrast with another imperial complex on the other side of the globe in the same period. Yuanming Yuan – the Garden of Perfect Brightness – was set up in Qing era China by the Yongzheng Emperor in the mid 17th century, and expanded by his son in the 18th. Twenty miles from the traditional palace complex in Beijing, it displays the reach and power of the emperor who, like Louis, presented himself as a patron and as

18 C. Mukherji, "The Political Economy of the Versailles Landscape," *Historical Social Research* 40 (2, 2015): 52–76.

a scholar. Like Versailles, this palace and garden put the Emperor at the center of the universe.

Yet it was a very different cosmos. The garden's overall picture was faithful to Confucian philosophy, showing the Emperor as responsible for protecting and instructing the entire kingdom. There was also a Taoist aesthetic, the gardens yielding to the natural course of things. It was a place to stage the emperor's central role in performing daily and seasonal rituals, renewing the balance of body, state, and nature, harmonizing the relations among the five elemental categories – thereby confirming and securing the mandate of heaven.[19]

The Garden of Perfect Brightness was ordered around multiple views, referencing the Chinese literary tradition of famous poems and philosophical notions known to all scholarly officials, evoked in poems by the Emperor himself. Order emanated outward from a center – wherever the Emperor stood – throughout the kingdom, to the pacified border zones, to the wilderness beyond. This was also a political balancing act. The gardens were a microcosm of the diverse territories of the empire, where he received diplomatic delegates paying tribute.

There were also Europeans in the garden, particularly Italian and French Jesuits and diplomats. The distant powers they represented were registered by the astrolabes, clocks and automata gathered in one of the garden's palaces – designed in European style and stuffed with tapestries, manufactures, and other curiosities: a diminutive fetishism of the European. Strikingly, this "*europeanerie*" was directly analogous to the fashion for "Chinoiseries" at Versailles in its Petite Trianon, a small pagoda for entertainment, and in the pagoda later built in Britain's "Imperial Gardens" at Kew. As mirrored representations of the universe, each containing the other in miniature, these imperial cosmograms pay a certain respect to

19 G.M. Thomas, "Yuanming Yuan/Versailles: Intercultural interactions between Chinese and European palace cultures," *Art History* 32 (1, 2009): 115-43.

distant orders, though in a reduced, playful form, unthreatening to their local claims of universal rule.

Cosmic Symbol 3: Globe

By the middle of the nineteenth century a new, mass-oriented form emerged for displaying nature as part of imperial orders: the International Exhibitions and World's Fairs, starting with the Crystal Palace Exhibition of 1851. These were sites for representing and ordering a universe categorized by nations, peoples, and products, and instituting a narrative of progress, measured in productivity, scientific development, technical innovation, colonial conquest. Much has been written about how the Exhibitions naturalized mass consumption, military and commercial competition, and racist justifications for European imperialism. The collections were arrayed according to an implicit and often explicit historical scheme that went from savagery to barbarism to (European) civilization, from magic to religion to science.[20]

Yet the narrow "universalism" of the Fairs also allowed other, minor cosmologies to appear. The displays of Native American life and ritual at the Chicago World's Fair in 1893, authorized by the Seneca leader Ely Parker, drew attention to living traditions and the political plight of tribes across the continent, and brought them into a new image of "world civilization." Likewise, the World's Fair was the occasion for the "World's Congreess of Religions" hosting the gods and practices of faiths beyond the west, arguing for the compatibility of all faiths and spurring the global expansion of syncretic forms of theosophy and spiritualism.

At the 1900 International Exposition, held in Paris, another striking display was planned: this was a cosmogram which offered a

20 L. Kriegel, "Narrating the Subcontinent in 1851: India at the Crystal Palace," in: L. Purbrick, ed., *The Great Exhibition of 1851* (Manchester: Manchester University Press, 2001), pp. 146-78.

strong counterpoint to the prevailing "MeMO" imagery of imperial competition and technological domination. The French anarchist geographer Elisée Réclus proposed an interactive monument for the Chaillot Hill, directly facing the Eiffel Tower. It would be two concentric globes, 200 meters high. The inner presented the earth in detailed relief at 1/100,000 scale, with walkways spiraling around it, from which tiny humans could examine their planet.[21]

This globe would be a contribution to geographic, natural historical, demographic, and meteorological research; its details had an accuracy that no 2-Dimensional map or photograph could match. But Réclus's insistence on realism and scientific utility served a bigger vision. He was a respected popular scientist; he was also a leading figure in an international network of anarchist geographers and social scientists, committed to ending war, abolishing social hierarchies and national divisions, supporting free associations loosely federated across the planet. Nonhumans of all kinds were part of this universal association: he protested against inhumane treatment of animals and lambasted thoughtless technical development that destroyed vegetation and landscapes.

Réclus redefined the story of historical progress, in direct opposition to the Exposition's reigning ideology of military and commercial competition: "To cultivate our terrestrial garden, redistribute and organize the surroundings to favor every individual life, plant, animal, or human, to take definitive consciousness of our human solidarity forming a body with the planet itself... this is what progress means."[22] Réclus drew on utopian socialists and *Naturphilosophie*'s view of the earth, life forms, and history as in constant development from an first unity into multiplicity and back. He summarized this view in his slogan: *Humanity is Nature taking consciousness of itself.*

21 S. Alavoine-Muller, « Un globe terrestre pour l'Exposition universelle de 1900. L'utopie géographique d'Elisée Reclus," *L'Espace géographique* 32 (2, 2003): 156-70.

22 Yet he declares, there is "no disorder in this astounding diversity"; "may everyone act according to their nature and may the diversity of actions give birth to communal action" (*L'Homme et la Terre*, t. VI, pp. 540 f.).

The fact that Réclus identified the world as a garden and a space of freedom, variety, and harmonious order – harking back to Schelling and earlier botanical universes – makes his optimistic, non-hierarchical globe an important counterpoint to the dominant cosmograms of the time. Perhaps predictably, it was never built. It opened a view of nature and knowledge linked to MeMO, but distinct, with the earth seen as alive, woven into egalitarian assemblies with humans in a living mesh of cross-species reciprocity. This counter-example to the accelerating march of mechanical, material, objective progress also anticipates the cosmograms of plants and gardens we will consider in the second part of this essay.

Part II: Vegetable Souls, Botanical Universes, Becoming Plant

Roots not Taken

Now I want to shift attention to visions of the universe that propose *alternatives* to the "MeMO" nature of a dead, mechanical world, observed and controlled by humans from outside it. To prepare for consideration of these alternative "earth symbols" and the "new habitability" they suggest, I consider beings very close to the earth, in fact inseparable from it: plants. By considering human relationships to plants, as theorized and represented in historical cosmograms – how we know, cultivate, and use them, but at a deeper level, how they work, what moral and epistemic virtues they propose – we might find resources for new images of the universe and better ways of inhabiting it.

How is our relationship to the universe earth mediated through our relations with plants, and how can changing those relations give the earth a better chance? I suggest a key is "getting back to our roots" – recognizing our kinship with plants. Many recent thinkers have been developing reflections on plants in what is sometimes called a "vegetal turn."[23] Some of their ideas lead to the curious proposal to "become plant."

I start with a historical truism: from about the middle of the 19th century, there was a change in thinking about humans and their place in nature. The revolutions in thought associated with Darwin, Nietzsche, and Freud downplayed reason as the defining characteristic of humans and insisted that humans are part of nature. Very often this meant asserting that humans are, at base, simply animals: they face the same struggle for survival that Darwin described for beasts. Instincts for sex, reproduction, and domination, however contorted or repressed, drive all expressions of culture. This emphasis on human animality, of course, wasn't about just any animal: the authors of these tracts often compared us to wolves, lions, and beasts of prey – and much less often to rabbits, fish, or ducks.

This is all well known, but what I want to point out is that this lowering or repositioning of human reason *stopped at the animal.* Another, perhaps deeper (and perhaps more congenial) identification would also have been possible: to recognize humanity's essential affinity and even shared nature with plants. As I will discuss below, this very move was suggested by many developments in the 18th century, but later it was sidelined – until recently, with the "vegetal turn" in philosophy and human science.

Just what is so great about plants? If you're a gardener you will find this question unnecessary, but I think it's worth asking. Recent arguments for focusing our attention plantward often begin with plants' role in making our breathable air: in photosynthesis they remove carbon dioxide from the air, convert it into sugar, and release precious oxygen. The botanist Francis Hallé, in his *Eloge de la plante,* goes further in diagnosing our prejudice in favor of humans and

23 T. Bristow and M. Marder, eds., *The Green Thread: Dialogues with the Vegetal World* (Lanham, MD: Lexington, 2016); D. di Paola, *The Vegetal Turn: Plants, Plurality and the Human* (London: Palgrave Macmillan, 2023).

animals as simply due to a species chauvinism.[24] Instead, he urges, plants should be admired for their form, geometry, and efficient design. Their extended root systems open up a vast surface area. They're able to convert just about anything into food, an adaptability and plasticity that are powerful substitutes for mobility. They enjoy a more peaceful living tempo compared to animals, whose limited digestive systems mean they suffer near perpetual hunger, dragged around by their stomachs. Hallé also points out that plants' spatial dispersion into roots and rhizomes, compared to animals' concentrated bodily forms, makes them much harder to kill. On the other hand, plants are much more robustly in contact with death than animals, going through constant processes of decay and rebirth. The boundaries of an individual animal are more visibly distinct than some plants' continuous, "modular" processes of reproduction, layering themselves with inseparable replicas. Such plants attain a kind of immortality.

Plants thus operate beyond the limits of individuality, suggesting different ways of thinking. The plant philosopher Michael Marder reflects on the "non-conscious intentionality of vegetal life," which he calls "an essentialism-free way of thinking that is fluid, receptive, dispersed, immanent."[25] Similarly, Emmanuele Coccia argues: "*to exist,* the plant has to merge with the world"; it thus destroys "the topological hierarchy that [reigns] over our cosmos." Plants "transform everything they touch into life, they make out of matter, air, and sunlight what, for the rest of the living, will be a space of habitation, a world." He sees this process through which plants produce a new habitability as something which philosophers at their best can emulate: to take any matter and transform it into living thought.[26]

More pointedly, anthropologist Natasha Myers puts plants at the center of her reflections on the climate catastrophe. Plants, "our

24 F. Hallé, *In Praise of Plants*, tr. D. Lee (Portland, OR/London: Timber, 2002).
25 M. Marder, *Plant-Thinking: A Philosophy of Vegetal Life* (New York, NY: Columbia University Press, 2013), p. 158.
26 E. Coccia, *The Life of Plants: A Metaphysics of Mixture* (Cambridge: Polity, 2018).

most powerful ally," have "significantly better skills in the realm of world-making and planetary-scale change." We can both rely on and learn from them. "Photosynthesizers, like cyanobacteria, algae, terrestrial plants and trees," she writes, "are the planet's most powerful agents of elemental rearrangement." She argues that we need "to learn not just how to collaborate, but also how to *conspire* with the plants, to breathe with them."[27] The call to think with plants, to listen to them, and to draw upon their wise and silent example is now coming from many directions.

In what follows there are three parts: First is a look at some of the older philosophical and religious views which *separated* and *elevated* humans from plants. Next will be a glimpse at cosmological ideas and images from the eighteenth century which put plants at the center of the universe; these cosmograms of a botanical universe offered models for human individual and collective existence as endlessly varied, constantly growing, free, both material and spiritual, and richly aesthetic. Finally I'll examine developments that contribute to the recent "vegetal turn" and the vistas of "becoming plant" it offers: new modes of "conspiring" with plants, generating new cosmograms, earth-symbols, and ideas of cross-species habitability.

Vegetative Souls

The recent calls I have just mentioned – to embrace our vegetality – are in strong contrast with a more ancient attitude of indifference or disdain toward plants.

The ancient Greeks did frequently depict humans closely connected to plants – the ancestry of Zeus, father of Gods and men, goes back to Gaia, the earth goddess, partnered with the sky, Uranus.[28]

27 N. Myers, "How to grow liveable worlds: Ten (not-so-easy) steps for life in the Planthroposcene," *ABC Religion & Ethics* 7 (2021): 4.

28 In Hesiod the earth (Gaia), gives birth to the gods, human beings, and plants (*Theogony* 2.116–138; at www.omacl.org/Hesiod/theogony.html); quoted in M. Hall, *Plants as Persons: A Philosophical Botany* (Abany, NY: SUNY, 2011).

The dryads and hamadryads were tree gods, and famously Apollo chased the naiad Daphne whose father, a river god, saved her, but at the price of turning her into a laurel tree. The myth of Demeter and her daughter Persephone – abducted by Hades while picking flowers – aligns tragic violence to the annual death and rebirth of vegetation.

Ancient Greek philosophers also attended to plant life, as plant philosopher Matthew Hall has made clear.[29] Empedocles recognized them as arising, just like humans, from the four elements or roots, interacting in love and strife. Yet Plato insisted on plants' difference and inferiority with regard to humans. In his cosmogonic dialogue, *Timaeus,* Plato stated that plants possess "sensations, pleasant and painful, together with desires" but denied that they possess reason, and disparaged their passivity: "[plants'] nature is always in a passive state, revolving in and about itself, repelling the motion from without... and accordingly is not endowed by nature with the power of observing or reflecting on its own concerns. Wherefore it lives and does not differ from a living being, but is fixed and rooted in the same spot, having no power of self-motion."[30]

Aristotle likewise denied the plant any power of self- motion or reason, but went much further: he denied that plants are capable of perception or desire. For Aristotle, any living thing is an ensouled body. In *De Anima*, he spelled out the faculties of the soul, frequently condensed to three: the *vegetative* (or nutritive) soul, the *sensitive* soul (which supports locomotion and perception), and the *intellectual* soul. Humans possess all three: the vegetative, the sensitive, and the rational. On one hand, this affirms that humans share with plants and animals an essential aspect, the vegetative soul, which might

29 *Ibid.*

30 Plato, *Timaeus*, "For everything that partakes of life may be truly called a living being, and the animal of which we are now speaking partakes of the third kind of soul [...] having no part in opinion or reason or mind, but only in feelings of pleasure and pain and the desires which accompany them" (quoted in Hall, *op. cit.*, p. 21; see also Marden, *Plant Thinking*, cit., p. 158).

suggest identification and equivalence. But it is also a sharp exclusion: plants lack the appetites and perceptions possessed by animals and humans. Crucially, the vegetative soul lacks reason, the highest human good: "let us leave the nutritive faculty alone," Aristotle wrote, "since it has by its nature no share in human excellence."[31] Our dominion over plants is seen as natural, rational, and just according to a natural hierarchy of goodness.[32] The nutritive beings exist for the sensitive beings, and both exist for the rational beings – the same logic used to justify Greek slavery.

The Aristotelian hierarchy of souls could be aligned with core statements of biblical cosmology. We read in Genesis that "the lord God made to spring up every tree that is pleasant to the sight and good for food"; God himself promised the Israelites that "Every moving thing that lives shall be food for you. And as I gave you the green plants, I give you everything. But you shall not eat flesh with its life, that is, its blood." (Genesis 2-3, 9). Thus humans were granted dominion over animals and plants – though again, plants were subordinate to animals, as they lack "breath" and "blood." Noah's Ark contained two of all the animals – but no mention was made of any plants, even as food.

Among early Christians, St. Augustine was explicit about the inferiority of the vegetative soul, while likening humans to angels due to their intellect: God "made man a rational animal composed of soul and body" and "gave life capable of reproducing itself in

31 *De Anima*, in Hall, *op. cit.*, p. 46. Aristotle also states: "For the vegetative element in no way shares in reason, but the appetitive and in general the desiring element in a sense shares in it, in so far as it listens to and obeys it" (quoted in *ibid.*, p. 24).

32 This hierarchy of souls notoriously underwrote the Greek political hierarchy: in *Politics*, Aristotle argued: "For the slave has not got the deliberative part at all, and the female has it, but without full authority, while the child has it, but in an undeveloped form" (*Pol.* 1.1260a). The free man, landowner and citizen, stands at the top of a social pyramid. This supremacy also applies to non-humans, as plants exist for humans and animals: "plants exist for the sake of animals and the other animals for the good of man" (*Pol.* 1.1256b), both quotes from Aristotle. *Aristotle in 23 Volumes*, Vol. 21, tr. H. Rackham (Cambridge, MA/London: Harvard University Press/William Heinemann, Ltd., 1944).

common with the trees; and sentient life, in common with the beasts; [but] intellectual life, in common with the angels alone."[33] Thomas Aquinas followed suit in the *Summa*. But Aquinas made even greater the division between humans and the beings beneath them. He defined the rational soul, "the principle of intellectual activity," as "an incorporeal principle": it possesses "an activity of its own in which the body is not involved."[34] The result is an even greater sense of the uniquely elevated rank of humans. The "dignity" of man places him even further above all other creatures.

In this combined Greek, Jewish, and Christian tradition, humans stand well above plants by virtue of their intellect and "rational soul." As plants have only a vegetative soul – and thus lack sentience, perception, and desire – humans may do with them as they please. There is much to explore in related views and uses of plants by the successors to scholasticism. Even more intriguing are the folk knowledge and practices in late medieval and early modern Europe, where a strong affinity or even kinship with plants often appeared. This was the case in recipes for medicine and healing up to Paracelsus and beyond; in imagery of "the green man," the vegetative figure associated with spring and rebirth as well as carnality often found on churches and public buildings; and in other visual arts, as in the floral and vegetative portraits made by Arcimboldo in the court of Rudolf II.

Despite these minor eruptions of vegetable sympathy, the major point stands: most often in European theological and philosophical traditions, the "vegetative soul" humans shared with plants was a basis not for commonalities but for differences, for assertions of the human right to an unchecked use and exploitation of nature.

33 Augustine, *The City of God*, quoted in Hall, *op. cit.*, p. 67.

34 Aquinas wrote: "Just as in the generation of a man there is first a living thing, then an animal, and lastly a man, so too things, like the plants, which merely have life, are all alike for animals, and all animals are for man" (*Summa Theologica*, Ia. Q.75, A.2., quoted in Hall, *op. cit.*, p. 69). For Aquinas the animals are still "more noble" than plants as they were created on the same day as humans.

Moving to the late 16th and early 17th century, Francis Bacon famously rejected many scholastic conceptions of souls in nature – but still strenuously insisted on human dominion over nature. He went so far as to present plants as inferior to "living creatures," explaining their motion by simple mechanical causes in the *Sylva Sylvarum.* As to why some flowers rise upward in the presence of the sun, he dismissively suggested, "It is nothing else but a little loading of the leaves and swelling them at the bottom with the moisture of the air; whereas the dry doth extend them."[35]

Bacon's debasement of the plant is all the more striking considering what a large share of his research was agricultural. Some authors have positioned Bacon as a definitive figure in the disenchantment of the world, although Bacon in fact saw "spirits" and "appetites" at work throughout nature.[36] But where plants were concerned, he often treated them as a kind of *nonlife* – placing them in a position even more lowly that Aristotle did, refusing them even the dignity of the vegetative soul.

Botanical Universes

Historians who study the period after Bacon, the seventeenth century and its "scientific revolution," have often emphasized the rise of mechanical philosophy and its accompanying idea of a dead, passive nature. This is undeniably a trend, in works of Descartes, Galileo, and eventually Newton. But I want to redirect attention away from this major, "MeMO" nature, to focus on a minor, alternative cosmological conception from the same period, which took the form of *botanical universes* and the images and sites that expressed them.

The practical and material development of botanic and physic

35 Bacon, quoted in Hall, *op. cit.*, p.46.

36 C. Merchant, *The Death of Nature: Women, Ecology, and the Scientific Revolution* (San Francisco, CA: Harper & Row, 1980).

gardens had been growing in scientific, medical, and commercial importance, with exemplary gardens in Padua echoed in Montpellier and in aristocratic and royal palaces around Europe. One spur might have been the floating gardens described in the astounding city of Tenochtitlan, now Mexico City, which explorers described as a Venice of the New World. There conquistadors found unheard-of plants and brought back seeds and clippings for re-acclimation to Europe.

Many of Francis Bacon's seventeenth-century admirers, notably Samuel Hartlib and his circle, also dedicated themselves to projects of agricultural improvement. Their interest in soils, strains, and the yield of harvests had a strong theological backdrop: to worship God by knowing his works, and to perform charity by feeding hungry mouths.[37] Another theological incitement was their vision of the Garden of Eden: with proper knowledge and labour, mankind would be able to return to the state of health, longevity, and wisdom of Adam and Eve before the fall.[38] The Royal Society scientist John Evelyn declared that a garden was "of all terrestrial enjoyments the most resembling *Heaven*, and the best representation of our lost felicitie" or happiness. His book, *Elysium Brittanica,* taught readers how to transform their estates and gardens into new Edens. He also published a farmer's almanac, the *Kalendarium Hortenses*, containing detailed descriptions of systems of planning, watering, grafting, and transplanting. Evelyn's *Discourse on Salads* extoled the virtues of green leaves and even specified the dressings with which to serve them.[39]

37 R. Drayton, *Nature's Government: Science, Imperial Britain, and the 'Improvement' of the World* (New Haven, CT: Yale University Press, 2000).

38 J. Bennett and S. Mandlebrot, *The Garden, The Ark, the Tower, the Temple: Biblical Metaphors of Knowledge in Early Modern Europe* (Oxford: Museum of the History of Science, 1998).

39 J. Evelyn, *Elysium Britannicum, or The Royal Gardens* (unpublished manuscript, c. 1650-1706); *Sylva, or a Discourse of Forest-Trees and the Propagation of Timber* (London: John Martyn, 1664). See his guidelines for cleaning and drying "your Herby ingredients," the proper oil and vinegar, as well as the importance of mustard ('that

This embrace of the science of vegetables was even more explicit in the work of John Parkinson, the Apothecary to James I and *Botanicus Regius* to Charles I, and the first person to grow yellow daffodils in England. He followed his *Theater of Botany* of 1640 with *Paradisi in sole paradisus terrestris* which presented an improved, well cared-for garden as a return to Eden – a sanctified microcosm for proper earthly habitation.[40] Its frontispiece showed plants and docile beasts encircled in divine emanations and crowned by the Hebrew inscription of God's name.

A copy of Parkinson's book held in Oxford includes the addition of a handwritten verse, taken from Milton's *Paradise Lost*:

> Tomorrow, ere fresh morning streak the east
> With first approach of light, we must be ris'n,
> And at our pleasant labor, to reform
> Yon flow'ry arbors, yonder alleys green,
> Our walk at noon, with branches overgrown.

In Eden, Milton suggested, work was pleasant, plants were bountiful and needed only gentle care. The 17th century agricultural reformers thought science would let humans return to this divinely-ordained, graceful nature. They saw God's plan for the universe as a well-tended botanical garden.[41]

---

noble ingredient'), and other "Strewings and Aromatizers" such as orange and lemon peel, juniper berries, and saffron mixed with honey. He further specified that the "Saladiere" (or salad-bowl) should "be of Porcelane, or of the Holland-Delft-Ware; neither too deep nor shallow, according to the quantity of the Sallet-ingredients; Pewter, or even Silver, not at all so agreeing with Oyl and Vinegar, which leave their several Tinctures" (see feast-and-fast.fitzmuseum.cam.ac.uk/discover/acetaria).

40 Parkinson's title, *Paradisi in sole*, was a pun on his name, "Park-in-Sun." Cf. J. Parkinson, *Theatrum Botanicum: The Theater of Plants* (London: Thomas Cotes, 1640); Id., *Paradisi in Sole Paradisus Terrestris* (London: Humfrey Lownes and Robert Young, 1629).

41 Bennett and Mandlebrot discuss this addition in *op. cit.*, p. 64.

Figure 3. www.metmuseum.org/art/collection/search/355128

The political and epistemic centrality of these botanical universes in seventeenth Europe suggests that we should rethink the notion that the rise of "the mechanical philosophy" meant the "death of nature." Even Newton, when working in an alchemical mode, spoke of a "vegetative spirit" akin to or identical to gravitation as the force holding matter together.[42] Later botanical universes went further. They went beyond the biblical and classical separation between humans and nature (whether to debase or embrace it) and came to argue that humans were *part* of the garden.

As one notable example, Newton's rival, Leibniz, fits within this lush configuration. Leibniz certainly incorporated the image and language of mechanism in his physics and metaphysics. But his dazzling *Monadology* was remarkable for its vision of infinite, generative plenitude, which instead of a *clock* turns to the *garden* as a key symbol: "Each portion of matter may be conceived as like a garden full of plants and like a pond full of fishes. But each branch of every plant, each member of every animal, each drop of its liquid parts is also some such garden or pond [...]. And though the earth and the air which are between the plants of the garden, or the water which is between the fish of the pond, be neither plant nor fish; yet they also contain plants and fishes, but mostly so minute as to be imperceptible to us [...]. Thus there is nothing fallow, nothing sterile, nothing dead in the universe."[43] The emphasis on fullness, generation and development found in Leibniz's botanical universe would have an influence as great on botanists, anatomists, and natural historians as Newton had on physicists.[44]

42 B.J.T. Dobbs, *The Janus Faces of Genius: The Role of Alchemy in Newton's Thought* (Cambridge: Cambridge University Press; 1991); Id., "Newton's alchemy and his theory of matter," *Isis* 73 (4, 1982): 511-28; see also her work on Kenelm Digby and his *Vegetation of Plants*: Id., Studies in the natural philosophy of Sir Kenelm Digby," *Ambix* 18 (1, 1971): 1-25.

43 G.W. Leibniz, *Monadology* (1714), tr. N. Rescher (Pittsburgh, PA: University of Pittsburgh Press, 1991), para. 68 and ff.

44 On Leibniz's possible angling for a position as a court philosopher in England in the Glorious Revolution, see S. Shapin, "Of gods and kings: Natural philosophy and politics in the Leibniz-Clarke disputes," *Isis* 72 (2, 1981): 187-215.

The eighteenth century saw an even greater efflorescence of botanical universes. Most influential was Carl Linnaeus, whose *Systema Naturae* (1735) and *Philosophica Botanica* ((1751) established his binomial nomenclature, later widely adopted by natural historians.[45] The frontispiece to the eleventh edition of his *Systema* showed Linnaeus in the garden of Eden as a new Adam, naming the beasts. To understand the cosmological implications of Linnaeus's system, three points must be emphasized. First, his work was closely tied to Sweden's cameralist state: his concerns with the "economy of nature" – the balance among its regions – were aligned with his duty to strengthen the economy of the kingdom. In Uppsala, he was inventorying the kingdom's vital assets and conducting experiments to domesticate important food and medical crops. The aim was a favorable balance of trade, exporting more than was imported.[46] Second, Linnaeus's classification system was strikingly dry and logical; it was less about getting to know the plants, their motions, their growth, or their sensibilities (if any), than it was about seeing them from above and putting them all in their proper slots. He effectively invented the index card. His work was an exercise of accounting and filing, putting "the world in a box."[47] Finally, but in contrast, the success of his system was largely due to its sex appeal. Linnaeus provided a clear and simple system to identify flowers by the number of their reproductive organs: the flowers were "beds," while the stamen were male "husbands" and the pistils were female "wives" – which could mingle in many combinations. Although Linnaeus

45 English-language students memorize the system with the appetizing mnemonic: *Dear Katie Please Come Over For Great Snacks*, for Domain, Kingdom, Phylum, Class, Order, Family, Genus, Species. C. Linnaeus, *Systema Naturae* (Leiden: Theodorum Haak, 1735); and Id., *Philosophia Botanica* (Stockholm: Kiesewetter, 1751).

46 Making clear the cartographic sources of his thought, Linnaeas wrote that "all plants exhibit mutual affinities, as territories on a geographical map" (Linnaeus, *Philosophia Botanica*, cit., quoted in S. Müller-Wille, "The love of plants," *Nature* 446 (7133, 2007) : 268.

47 A. Te Heesen, *The World in a Box: The Story of an Eighteenth-Century Picture Encyclopedia*, tr. A.M. Hentschel (Chicago, IL: University of Chicago Press, 2002).

presented himself as a devout Christian, humbly revealing the order of God's creation, his botany was a hit among libertines, especially anti-Christian promoters of materialist and vitalist natural philosophy.[48] The titillating aspect of botany and its sexual classifications made it a hugely popular pastime, especially in mixed company.

These three features made his system politically valuable, effective, and widely appealing. Botanical subjects featured heavily in the *Encyclopédie* of Diderot and d'Alembert – marking a rise in both intellectual and state interest in gardening. The impact was significant on the ground, as seen in the expansion of the Jardin du Roi in Paris, the Royal Botanical Garden in Kew, and the Sans Souci gardens of Friedrich II in Potsdam. One of the enlightened visitors to Friedrich's country estate, Jullien Offray de la Mettrie, is best known for his materialist thought experiment, *L'Homme Machine.* Yet he found a more accurate metaphor for his conception of human nature in a less familiar essay, *L'Homme Plante,* written the same year.[49] In both he argued that will, thought, and feeling – all that was previously attributed to the soul – were due to vital and material causes. In La Mettrie we see how the materialist cosmology and hedonistic, pleasure-pain psychology of Epicurus and Lucretius, far from leading to a dead mechanism, inert materialism, or terrifying randomness, was received in the 18th century in aesthetic terms and in figures of lively, joyful, sociable, and beautiful plants.

A quick glance at three other influential thinkers and their exuberant botanical universes shows how far the eighteenth century – whose thought is too often presented in reductive terms of rationality and mechanism – traveled in putting plant life at the center of the cosmos. Goethe saw the formal processes of plant

---

48 J. Llana, "Natural History and the Encyclopédie," *Journal of the History of Biology* 33 (1, 2000): 1-25; P. Ayres, *The Aliveness of Plants: The Darwins at the Dawn of Plant Science* (London: Routledge 2008); S. Gaukroger, *The Collapse of Mechanism and the Rise of Sensibility: Science and the Shaping of Modernity, 1680–1760* (New York, NY: Oxford University Press, 2010).

49 J.O. de La Mettrie, *L'Homme Plante* (Leiden: Elie Luzac, 1748).

growth and metamorphosis as a physical and cosmological principle. The temporal development which is visible in the growing leaf repeats itself throughout the plant: a moving, shifting membrane housing multiple cycles of emergence, development, death, and rebirth.[50]These formal processes recur throughout nature, in animal and human lives and thought. The plant is an *Urphaenomen* which makes immediately accessible an idea of nature. While Kant had argued that "cosmological ideas" always lay beyond human perception and knowledge, Goethe argued that the principles of a lively, formally ordered, and growing universe are open to the senses. In Goethe's epistemology of "delicate empiricism," observation merges with feeling and imagination to grasp the whole in its varied parts.

A second example is the German-born musician and astronomer William Herschel who, with his sister Caroline, made a distinct contribution to a botanical universe over years of star gazing. Their telescope at Bath brought news of the new planet, Uranus, and a catalogue of observations of nebulae: cloudy patches of distant star-stuff in diverse configurations. Herschel applied a logic of botanical description to these diverse varieties of nebulae, creating a general classification for a "natural history of the heavens."[51] These "species" of nebulae further served as data for his cosmogonic theory, also advanced by Kant and Laplace, known as "the nebular hypothesis": that our solar system formed through the condensation of a whirling cloud of nebulous gas, leaving revolving planets behind it, finally forming a hot ball of gas, a sun, at its center. Herschel's botanizing gaze found flowering worlds in the skies, allowing him to tell the developing story – the evolution – of our world and of the cosmos as a whole.

---

50 J.W. von Goethe, *Metamorphosis of Plants* (1790), tr. G.L. Miller (Cambridge, MA: MIT, 2009).

51 S. Schaffer, "Herschel in Bedlam: Natural history and stellar astronomy," *The British Journal for the History of Science* 13 (3, 1980) : 211-39 ; Id., "'The great laboratories of the universe' : William Herschel on matter theory and planetary life," *Journal for the History of Astronomy* 11 (2, 1980): 81-111.

A third late-18th century flowering of botanical universes appears in the works of Erasmus Darwin, amateur philosopher, poet, and grandfather of Charles. After helping publish a new, uncensored translation of Linnaeus, he wrote the surprise best-seller *The Botanic Garden* in two parts. The first part, *Economy of Vegetation*, provided an Epicurean, materialist account of the development of the universe, including life on earth – plants, animals, and humans. He described technical inventions such as the loom, the spinning jenny, and the steam engine patented by his friend, James Watt, as both results and drivers of an ongoing system of cosmic growth.

More celebrated (and more censored) was *The Botanic Garden's* second part, *Loves of the Plants*.[52] In this epic poem, Darwin drew upon Linnaeus's sexual dramas, while mixing in references to Ovid and Hesiod's stories of the mythological origins of plants, to form playful, suggestive scenes of vegetable romance. These plant dramas were certainly anthropomorphic, as they attributed human characteristics to plants; but the identification also worked in the other direction: Darwin's Epicurean epic of desire, union, and metamorphosis offered readers a sense of humans *becoming plant*. It produced a recognition of a living drive toward pleasure and away from pain as our motive force – beneath, alongside, and behind the rational intellect and all of its plans and justifications. There was also a political dimension to this provocative work: Darwin was a committed abolitionist, opposed to the slave trade, insisting on a fundamental equality among human races. At the level of *cosmopolitics*, the vision in *The Botanic Garden* was also radically egalitarian across *species*, encouraging sympathy and identification between humans and plants.

---

52 E. Darwin, *The Loves of the Plants* (London: J. Johnson, 1789); P. Fara, *Erasmus Darwin: Sex, Science, and Serendipity* (Oxford: Oxford University Press, 2012); M. McNeil, *Under the Banner of Science: Erasmus Darwin and His Age* (Manchester: Manchester University Press, 1987); R.J. Scholnick, *Poe's 'Eureka,' Erasmus Darwin, and Discourses of Radical Science in Britain and America, 1770–1850* (Lewiston, NY: Edwin Mellen, 2018).

Where Did the Flowers Go?

This discussion of Erasmus Darwin is a good place to pause and reflect before turning to contemporary visions of "becoming plant." First, he offers a particularly robust example of a botanic universe: a cosmos of becoming, passing through multiple cycles, formed of an infinity of varieties, plantings, forests, pastures, meadows, and plots, whose individual strivings, passions, couplings, alliances, and offspring work together in a multicolored, decentered, sensory pageant. In such a universe, endlessly ramifying varieties are inseparable from the unfolding of the garden as a whole. But he is also good to think with because of the contrast he forms with his famous grandson, Charles Darwin. Although Charles Darwin did reflect and write on plants, animals take the lead roles in the drama of *The Origin of Species*: the struggle for survival, natural selection operating on tortoises, moles, finches. In the analogy which made the work so compelling for Victorian readers, in *The Descent of Man* he applied the same arguments and observations to the human species.

Perhaps more than any other figure, it was Charles Darwin who taught humans to see themselves as animals – as beasts engaged, tooth and claw, in a ferocious, instinct-driven, generations-long struggle for survival. This was thanks in part to his devoted interpreters – from his "bulldog" Thomas Huxley and the "social darwinist" Herbert Spencer down to the "selfish gene" evangelist, Richard Dawkins. The "mechanism" of natural selection was later joined up with the statistical and computational logics of Mendelian distribution, population genetics, and the copy machine of RNA and DNA. Modern humans are now self-evidently animals; they are also *machines*. And crucially, since the middle of the 19th century – sometime between Erasmus and Charles Darwin – they largely ceased to be considered as *plants.*

How do we account for this severing of the ties between human and plant, this broken identification, from one Darwin to the next? I can only speculate. But it was precisely in those years, the first half of the 19th century, that two earlier historical tendencies conjoined, with powerful effects. On one hand, there was the industrial revolution: the application of steam engines and rational analysis to the making of everyday commodities, transforming urban and rural landscapes, social and economic relations. On the other hand, there was the streamlining of offshore imperial plantations which produced specific cash crops: sugar in the Caribbean, tea in India, and cotton in India and the southern US. These two developments were increasingly linked by the start of the 19th century: steam engines at first had agricultural applications, in draining fens, in replacing waterwheels for grain mills, eventually in processing cotton, while in the American south, the cotton gin was an accelerator of chattel slavery.[53]

In short, the early 19th century laid the groundwork for *industrialized plantations.* The plants produced in such sites, just like the enslaved or low-wage laborers doing the work, were treated as passive, mass-scale inputs. The result was systematically-produced, quantifiable, standardized *outputs*, repackaged and sold on a massive scale to feed, stimulate, and clothe the metropolitan workforce. As an extreme example, in the case of poppy plantations in British India, factory-organized farming and processing centers weaponized a crop and its finished form, opium, to take aim at the moral constitution of the Chinese population, to batter down their rulers' resistance to trade. The universe of the industrialized plantation was mechanized, controlled, surveilled, passive – in short, transformed into a MeMO site.

The industrial plantation replaced the botanical universe's varietal spontaneity, play of interacting species, and sensuous, aesthetic enjoyment with a serial production of monocultures, set

53 S. Beckert, *Empire of Cotton: A Global History* (New York, NY: Alfred A. Knopf, 2014); S.W. Mintz, *Sweetness and Power: The Place of Sugar in Modern History* (New York, NY: Viking Penguin, 1985).

within global economic (and biopolitical) strategies of expansion and conquest.[54] Pleasure gardens still existed, but they increasingly lost their connection with subsistence. For example, London's Royal Horticultural Society underwent a radical change at this time, from supporting food crops *within the city* to featuring only flowers and ornamental plants. The aesthetics remained, but not the subsistence. The real work of building a nation and empire was handed over to instrumentalized, weaponized plants, tools in a mechanical struggle for dominance, increasingly projected into nature as a whole. Flowers were merely beautiful – no longer the central stuff of life and the cosmos.

Becoming Plant

This is the legacy confronted by the question of earth-symbols and a new habitability. Today, earth scientists and authors such as George Monbiot stress that the sharpest edge of climate change will be felt not because of our excessive use of machines – though this is a huge factor – but because of our patterns of land use, water use, and planting.[55] Our ways of dealing with plants and soil – entrenched and unsustainable agricultural habits, overstocking of animals, and monocultures – are setting us up for catastrophe.

Over half of the calories that farmers produce come from just four crops – wheat, maize, rice, and soya. A huge proportion of these feed farm animals, many in former rainforests. Farming is the planet's greatest destroyer of habitats and the leading cause for extinctions and loss of wildlife. At the current growth rate for demand for animal products, the world will need to produce about 50% more grain

54 S. Chao, "Children of the palms: growing plants and growing people in a Papuan Plantationocene,"*Journal of the Royal Anthropological Institute* 27 (2, 2021): 245-64; D. Haraway, *Making Kin, Not Population* (Chicago, IL: Prickly Paradigm, 2018).

55 www.the-tls.co.uk/articles/rooted-sarah-langford-sixty-harvests-left-philip-lymbery-regenesis-george-monbiot-review-bill-mckibben/; Monbiot, G., *Regenesis: Feeding the world without devouring the planet* (London: Penguin, 2022).

than it currently does. This will become increasingly difficult as arable land is lost to severe droughts and desertification. In short, the climate crisis is taking the form not only of economic and political crises, military land-grabs, nationalist territorial nostalgia, and waves of refugees, but, perhaps most directly, an approaching crisis of land, soil, and food supply.

I can't say this is all due to having denied, disparaged, and neglected our vegetative souls and our kinship with plants. Nor is it a direct result of supplanting a sensitive, varietal botanical universe with a mechanical, material, objective world of mass produced crops. I'm also not so naïve as to say that engaging with plants as earth-symbols will somehow miraculously usher in the new habitability we seek. But at the very least, our distancing and denying of our plant nature is a prominent symptom of the greater cosmological disorders we suffer. And according to a number of current schools of thought, learning to recognize and honor our kinship with these beings can be a powerful step for redefining humans, their relations to the earth and to each other. My final section introduces a handful of current proposals for revising our relations to plants.

In particular, I'm interested in the minor motif in these works of *becoming-plant.* The phrase echoes Deleuze and Guattari's *becoming-animal,* itself borrowing from psychoanalytic and anthropological accounts of identifications with wolves and spirit-animals. Totemic societies also recognize a shared substance with plants. Maybe the unconscious holds strata that are not just reservoirs of our animal past but of our archaic nature as plants.

The term "becoming plant" appears in print in an essay by an ethnobotanist, delightfully named Julie Laplante, who describes how Indian Ocean herbalists and medicine-makers physically engage with plants, mixing and merging themselves bodily with the healing substances they then administer. Proof of their "plantification" is vividly apparent in the bright colors of their hands, stained yellow with turmeric. Laplante contrasts such fusions with Western pharmaceutical and medical knowledge which focuses on detachment, chemical structure, and "active ingredients." Getting to know the plant, for the maker as much as the user, heightens sensitivity to one's own body and those of others. The herbalists claim that the merger with the plant even makes cures more effective.

Many anthropologists have noted how animist societies' view of a social relationship between humans and their non-human kin (animals, plants, and other beings) are grounded in creation myths that propose a first time – a Dreaming, a "Distant Time" – in which all beings shared a common humanity. After a cataclysmic cosmic event, some branches of the family were transformed into the different species – birds, fish, jaguars, yams, trees – and under the proper ritual conditions we can still reach them.[56] Bill Neidjie, an elder of the Gagudju in North Australia, says: "That tree, grass [...] that all like our father. / Dirt, earth, I sleep with this earth. / Grass [...] just like your brother. / In my blood in my arm this grass."[57] In a Maori creation story, the embrace between the Sky Father Ranginui and Earth Mother Papatu-a-nuku gave birth to all members of nature. That original kinship is still expressed in folk tales, art, ritual, and in everyday communication with those other beings – in affectionate gardening songs, in phrases of gratitude to the earth beings who allow themselves to be caught and consumed.[58]

In her best-selling book, *Braiding Sweetgrass*, botanist Robin Wall Kimmerer – a U.S.-based scientist who is also a member of the Potawatomi Nation – weaves together lab- and field-based plant biology with Native American myths and practices of plant cultivation. She urges an attitude of care and gratitude toward the plants we depend on, to the point of recognizing plants as people. She argues

56 D. Danowski and E.V. de Castro. *The Ends of the World*, tr. R. Nunes (Cambridge: Polity Press, 2017).
57 B. Neidjie, *Story About Feeling* (Broome: Magabala Books, 1998), quoted in Hall, *op. cit.*, p. 102
58 G. Schrempp, *Magical Arrows: The Maori, the Greeks, and the folklore of the Universe* (Madison, WI: University of Wisconsin Press, 1992).

that we need to "expand our protocols of gratitude to the living earth" and acknowledge a physical and emotional economy of reciprocity. As we receive from them, we must return.[59]

The Canadian anthropologist Natasha Myers goes beyond *arguing* for reciprocity and kinship with plants; in works in which she explores the "Planthropocene," Myers proposes a yoga practice to "cultivate your inner plant... an opportunity to vegetalize your already more than human body." Among her instructions: "Find a patch of sunlight. Stand tall, let your feet sink into the ground below you, and close your eyes. Reach your bare arms outward [...]. Draw water up your growing stem into your leaves [...]. You are photosynthesizing: eating sunlight, inhaling gaseous carbon, exhaling oxygen and releasing water."[60]

Another form of bodily engagement with plants also claims a source in Indigenous traditions, and privileges direct, though incommunicable experience: I'm referring here to the recent renewal of interest in hallucinogenic plants, including the ayahuasca vine, psilocybin-bearing fungi, and buttons of the peyote cactus, available both legally and illegally, including in drug tourism. One of the most cited authorities in the current "psychedelic renaissance" is the late Terrence McKenna, an ethnobotanist and popular philosopher who advocated an "archaic revival," drawing directly on several authors who have spoken at Eranos. Although Mircea Eliade saw "narcotic shamanism" as decadent, McKenna employed Eliade's accounts of "techniques of ecstasy" to sketch his version of an "archaic" perennialist religion based in the respectful consumption of power plants, or "entheogens." McKenna saw naturally occurring hallucinogens as ancient triggers for human mental and social evolution; taken now, they reconnect us to ancient, enduring truths: "Nature is ourselves, to be cherished and explored. Shamanism has always known

59 R.W. Kimmerer, *Braiding Sweetgrass: Indigenous Wisdom, Scientific Knowledge, and the Teaching of Plants* (London: Penguin, 2020 {2013}), p. 377.

60 N. Myers, "A Kriya for Cultivating Your Inner Plant," *Centre for Imaginary Ethnography* (2014): 1-6.

this, and shamanism has always, in its most authentic expressions, taught that the path required allies. These allies are the hallucinogenic plants: the mysterious teaching entities, luminous and transcendental, that reside in that nearby dimension of ecstatic beauty and understanding that we have denied until it is now nearly too late."[61] According to McKenna, the plants speak through us: they are "chemical messengers... that act across species lines" to provide experiences of another, more real world. These experiences of shared identity lead us to renounce a "dominator" attitude toward nature.[62]

A related view of a profound interdependence and even co-creation amongst species and their environments appears in another recently-revived route toward becoming-plant, the "Gaia" theory developed by James Lovelock. Gaia took profoundly botanical turns in the works of his co-theorist, biologist Lynn Margulis. Margulis's earliest work explained how the basic unit of plant and animal life, the eukaryotic or nucleus-bearing cell, emerged from the "symbiotic merger" of two non-nucleated bacteria. Bacteria existed on earth for millennia, transforming and oxygenating the atmosphere, shaping the lithosphere, the geological layer of stone and rocks. The arrival of plants, and eventually animals, she argued, are brief episodes in this much longer set of planetary interactions between air, single-cell organisms, and the earth. These overlapping systems form a "consortium" of elements, none of which can be seen as truly independent: "The consortial quality of the individual pre-empts the notion of independence. What appears to be a single termite is comprised of billions of microbes, a few kinds of which do the actual digesting of the cellulose of wood. Gaia is the same sort of consortial

61 T. McKenna, *Food of the Gods: A Radical History of Plants, Psychedelics, and Human Evolution.* (London: Penguin, 2021 {1992}), p. 320.

62 Precisely this kind of communication is being studied among plant scientists who have shown how plants communicate not only to the creatures, such as bees, who aid them in survival, but to each other, releasing chemicals and even sounds to signal the arrival of threats and opportunities; cf. Monica Gagliano. *Thus Spoke the Plant: A Remarkable Journey of Groundbreaking Scientific Discoveries and Personal Encounters with Plants* (Berkeley, CA: North Atlantic Books, 2018).

entity but far more complex. Consortia, associations, partnerships, symbioses, and competitions in the interaction between organisms extend to the global scale. Living and non-living matter, self and environment are inextricably interconnected."[63] Margulis's view of Gaia as a consortium of interacting processes is at once *reductionist*, focused on chemical and biological micro-interactions, and *holistic*, concerned with the overall planetary systems constituted by these distinct but interdependent systems.[64]

Taking seriously Gaia's self-creating, self-referential (or auto-poetic) character means a huge shift away from MeMO cosmology, toward participatory and animist frameworks that "*must* upset the believers in the fundamental myths of our technological civilization." Margulis explained: "In the world of the Native American, humanity belongs to the earth; in the world of the money machines, the earth belongs to humanity. In the autopoietic framework, everything is observed by an embedded observer; in the mechanical world, the observer is objective and stands apart from the observed."[65]

These contemporary discourses of *becoming-plant* include Kimmerer's acknowledgement of kinship and reciprocity through protocols of gratitude toward the plant societies around us. Myers recommends meditations on our inner plant, rooting us imaginatively and physically in the non-individualist, resourceful, extended and quasi-immortal states of plant being. McKenna and other psychonauts urge us to ingest plant allies and attend to their message of cross-species identity. The Gaia of Margulis presents a scientifically

63 L. Margulis and D. Sagan, *Origins of Sex: Three Billion Years of Genetic Recombination* (New Haven, CT: Yale University Press, 1986), p. 16, quoted in B. Clarke, *Gaian Systems: Lynn Margulis, Neo-Cybernetics, and the End of the Anthropocene.* (Minneapolis, MN: University of Minnesota Press, 2020), p. 167.

64 Bruce Clarke puts it thus: "Gaia theory [is] at once a top-down view placing worldly systems in their widest environmental contexts and a bottom-up perspective on emergent processes arising from the coupling of living systems to non-living environments under constant Gaian reconstruction" (*ibid.*, p. 40).

65 L. Margulis, "Big Trouble in Biology: Physiological Autopoiesis versus Mechanistic Neo-Darwinism," quoted in Clarke, *op. cit.*, p. 17.

grounded consortium of "Living and non-living matter, self and environment," suggesting a new constellation of knowledge which directly rejects the dominance of the *mechanical-material-objective* cosmology of MeMO.

I end with a hopeful conclusion. In *Braiding Sweetgrass,* Kimmerer describes and reinterprets a mythical cosmogram to give a sense of how science, direct experience, and imagination might to work together – in a consortium, perhaps – to make a livable world. She comments on a Native American folk tale of "the three sisters": one tall and dressed in yellow, one wearing green, the third squat and dressed in orange. They appear among villagers during a hard winter but are welcomed and fed. In gratitude, they reveal their true natures: corn, bean, and squash.

Their seeds are now planted close together, in a way that might seem chaotic compared with the neat rows of Western industrial monocultural planting. The corn's tall stalks let the bean's vines wrap around them, as they fix nitrogen in the soil; both give shade to the squash, which chokes back weeds, letting the other two grow. Kimmerer writes: "The Three Sisters offer us a new metaphor for an emerging relationship between indigenous knowledge and Western science, both of which are rooted in the earth. I think of the corn as traditional ecological knowledge, the physical and spiritual framework that can guide the curious bean of science, which twines like a double helix. The squash creates the ethical habitat for coexistence and mutual flourishing. I envision a time when the intellectual monoculture of science will be replaced with a polyculture of complementary knowledges. And so all may be fed."[66]

I would simply add to this enticing picture that we might see ourselves as a fourth sibling in that group – entwining ourselves with our vegetable kin imaginatively and physically, horizontally and impersonally, without demands, rooting down into the earth in a verdant combination of action and passivity. We can picture

66 Kimmerer, *op. cit.*, p. 139.

ourselves there among them, weaving together but also caring for them as they care for us: watering, mulching, clearing weeds, replanting for the next year.

Of course the plants would be fine without us. But we cannot do without them.

“Come rane attorno a uno stagno...”: sguardi dei filosofi antichi sugli abitanti della terra

Maria Michela Sassi

Pisa / *Pisa*, Italy / *Italia*
September / *Settembre* 2022

Articolerò il mio discorso in due parti.[1] Nella prima, muovendo da un celebre passo del *Fedone* platonico (da cui è tolta anche la frase che figura emblematicamente nel titolo), esaminerò il *topos* della terra “vista dall'alto”, che a partire da Platone esprime la prospettiva del filosofo che mira al distacco dalle piccolezze della terra e dei suoi abitanti per guardare verso realtà superiori e divine. Nella seconda parte cercherò di mostrare come i filosofi antichi, segnatamente lo stesso Platone e Aristotele, non manchino di calarsi fra gli uomini non-filosofi esposti a un rapporto ambivalente con la natura, madre generatrice ma non priva di fragilità, che si manifesta sotto forma di diluvi, siccità, terremoti e maremoti che affliggono l'umanità.

I. Sguardi dall'alto

Cominciamo dunque con il passo del *Fedone*. Verso la fine del dialogo, Socrate apre uno squarcio di inaudita ampiezza, non consentita a chi sta sulla superficie della terra, sui “molti e meravigliosi

1 *Desidero ringraziare anzitutto Fabio Merlini e Riccardo Bernardini per l'invito a condividere quell'occasione rara di incontro di persone e idee che è Eranos, nonché gli autori dei numerosi interventi sulla mia relazione (non li cito per il timore di dimenticarne qualcuno), che mi hanno dato notevoli spunti di riflessione ulteriore. Ringrazio inoltre Roberto Bondì e Martino Rossi Monti per le nostre conversazioni via mail e i preziosi suggerimenti bibliografici.*

luoghi" che essa mostrerebbe a chi "riuscisse a spingersi fin su all'estremo lembo dell'aria, o, messe le ali, vi giungesse volando" (109e). Lo sguardo calato sulla "nostra terra" funge da introduzione al mito escatologico di un giudizio divino che accoglie le anime dei defunti nell'Ade (111c-114c), e in base alla misura della virtù che le ha accompagnate in vita le destina a premi o punizioni che esse otterranno, rispettivamente, in quella splendida dimora nell'etere in cui si saranno meritate di abitare insieme agli dèi o nelle più profonde zone sotterranee. È questa in realtà la "vera terra", che Socrate passerà poi a dipingere con i colori più brillanti e puri (110b-111c) a far da contrasto con la torbida atmosfera dentro la quale gli uomini vivono credendo, erroneamente, che la terra coincida con quella piccola e oscura porzione che essi abitano, "dal Fasi [fiume dell'odierna Georgia] fino alle colonne di Eracle" (109a7). In realtà essi non stanno neanche sulla superficie della terra ma in una delle sue tante cavità, come fossero formiche o rane intorno a una palude; e quello che essi credono sia il cielo non è che aria torbida, che offusca la vista: "[SOCRATE] Inoltre [...] credo che la terra sia qualche cosa di molto grande per se stessa, e che noi, dal Fasi alle colonne di Eracle, abitiamo soltanto una sua piccola parte; e abitiamo intorno al mare [Mediterraneo] come formiche o rane intorno a una palude; e altra gente molta abita altrove in molti altri luoghi simili a questo. Perché vi sono da ogni parte intorno alla terra molte cavità e diversissime l'una dall'altra così di forma come di grandezza, nelle quali confluiscono insieme l'acqua la nebbia e l'aria; ma essa, la vera terra, si libra pura nel cielo puro dove sono le stelle, il quale la più parte di coloro che si occupano di queste cose chiamano etere; e l'acqua la nebbia e l'aria sono un sedimento di questo etere e insieme si versano continuamente nelle cavità della terra" (Platone, *Fedone*, 109a-c; tr. M. Valgimigli).

L'idea che la parte di terra allora riconosciuta come abitata (*oikoumene*) non fosse l'unica ad ospitare uomini e culture parrebbe risalire ad Anassagora. Il filosofo, infatti, apparentemente presupponendo una nozione della sfericità della terra che gli studi più recenti fanno risalire a Parmenide e che doveva essere ormai consolidata nell'Atene del tempo, sembra aver postulato l'esistenza di altre zone della terra (probabilmente appunto agli antipodi), in cui il processo di separazione delle omeomerie avviato dal Nous deve aver prodotto uomini simili a noi. A costoro, si noti, il sole e la luna appaiono in periodi di tempo alternati e opposti a quelli in cui li vediamo noi, e come noi vivono dei frutti della terra, hanno costruito abitazioni e manufatti, e si sono costituiti in comunità.[2] Così recita l'inizio del celebre frammento 4: "Stando così queste cose, bisogna ritenere che molte cose e di ogni genere si trovino in tutto ciò che viene ad essere per agglomerazione e semi aventi forme, colori e gusti di ogni genere. E si condensarono uomini e tutti gli esseri viventi quanti hanno *anima*. E questi uomini hanno città abitate ed opere manufatte, come *presso di* noi, ed essi hanno il sole e la luna e tutte le altre cose, come *presso di* noi, e la terra produce loro molte cose e di ogni genere, delle più utili delle quali fanno uso, dopo averle raccolte nelle loro dimore" (Simpl. *Phys.* 157, 9 = Anassagora, fr. 4 Diels-Kranz; tr. D. Lanza, con modifiche in corsivo).

Platone traspone dunque elementi del sapere cosmologico e geografico contemporaneo in un quadro personalissimo, orientato da un'opposizione fra il basso della sfera sensibile e transeunte e l'alto del mondo intelligibile e trascendente. Colui che vola nel cielo a contemplare la terra, nell'immagine evocata da Socrate, è il filosofo, che può guardare serenamente in faccia alla morte perché si è preparato in vita, nel distacco dai beni materiali e sensibili, alla separazione

2 Questa lettura del frammento 4 (proposta fra i primi da F. M. Cornford, "Innumerable Worlds in Presocratic Cosmogony", in: "Classical Quarterly", Vol. 28, 1934, pp. 7 sg. e W.K.C. Guthrie, *A History of Greek Philosophy*, Vol. 2, Cambridge University Press, Cambridge 1965, pp. 313 sgg.) ha incontrato l'opposizione di studiosi che negano che Anassagora ritenesse la terra sferica e/o ritengono che stia qui avanzando, piuttosto, l'ipotesi di una molteplicità di altri mondi. Per un sintetico *status quaestionis* e una ripresa recente, rinvio a R.D. Mc Kirahan, *Philosophy Before Socrates: an introduction with texts and commentaries*, Hackett, Indianapolis, IN 2010[2], pp. 226 sgg.

finale dell'anima dal corpo. Ritengo probabile che l'immagine del volo del filosofo sia stata suggerita a Platone dal proemio del poema di Parmenide, che narra di un viaggio che ha portato il sapiente "sopra le città", su un cocchio trainato da cavalle divine, fino a confini non precisati del mondo, ove ha incontrato una dea che gli ha offerto la rivelazione dell'Essere.[3] Tuttavia è la visione del *Fedone* a installarsi come capostipite di una lunga tradizione letteraria sul viaggio cosmico dell'anima, sorta di "esercizio spirituale" di sguardo del filosofo, che meglio coglie dall'alto, e indica a chi voglia parimenti elevare lo spirito, le piccinerie della terra.[4] L'altra e complementare immagine inaugurale di questa tradizione si trova ancora in un dialogo platonico, il *Teeteto*. È il ritratto del filosofo in guisa di uomo libero, che può intrattenersi in piacevoli conversazioni intellettuali senza costrizioni di tempo, perché ha elevato il proprio spirito ben al di sopra delle preoccupazioni quotidiane e materiali; nelle misere questioni che si dibattono nella città viene invece invischiato il retore, schiavo del tempo rigorosamente assegnato al suo discorso dai regolamenti del processo giudiziario. Con costruzione sapiente, Platone fa tratteggiare questo ritratto dal personaggio di Socrate, nel corso della discussione sul concetto stesso di conoscenza (*episteme*) con il giovane Teeteto, in quello che è chiamato giustamente un "intermezzo" (la discussione "tecnica" riprenderà poco dopo), ma è anche un culmine drammatico, destinato a descrivere in una potente immagine non "cos'è" la conoscenza (una domanda che risulterà insoddisfatta, nell'impostazione aporetica del dialogo), ma certo il suo status valoriale: "[SOCRATE] [I filosofi] fin da giovani ignorano

3 Il viaggio di Parmenide affonda a sua volta le proprie radici in una ricca tradizione, richiamando da un lato l'immagine arcaica del carro volante del poeta (come Parmenide era), dall'altro le leggende di viaggi "sciamanici" di sapienti come Aristea di Proconneso o Abari Iperboreo.

4 Ricalco naturalmente l'espressione coniata da Pierre Hadot autore di *Esercizi spirituali e filosofia antica* (1988), nuova edizione ampliata, tr. it. Einaudi, Torino 2005. Ma per il tema trattato in questa sede è stata fondamentale la lettura di P. Hadot, *N'oublie pas de vivre. Goethe et la tradition des exercices spirituels*, Albin Michel, Paris 2008, rist, 2021, pp. 67-125.

la strada che porta alla piazza, o anche il tribunale, il palazzo del consiglio o qualunque altro luogo in cui si tengono le riunioni della città [...]. [Il filosofo] neppure sa di non sapere queste cose, perché non se ne tiene lontano per acquisire una buona reputazione, ma perché veramente solo il suo corpo si trova nella città e vi soggiorna , mentre il pensiero, giudicando tutte queste cose di poco e nessun valore, disprezzandole vola dappertutto, "nelle profondità della terra", come dice Pindaro, misurandone la superficie, e "al di sopra del cielo" studia le questioni astronomiche, e indaga in ogni luogo tutta quanta la natura degli enti ciascuno dei quali considerato nel suo aspetto universale, senza abbassarsi a niente di ciò che gli è vicino" (Platone, *Teeteto*, 173d-e, tr. F. Ferrari).

È anche da rilevare qui il richiamarsi vicendevole fra uno scritto della maturità come il *Fedone* e questo, il *Teeteto*, che si colloca sulla soglia dell'età tarda di Platone, e dopo il quale Socrate non comparirà più nei dialoghi come loro conduttore protagonista. Nel *Fedone* Platone attribuisce al personaggio di Socrate quello sguardo filosofico da un'altezza trascendente che si radica profondamente nel dualismo platonico, ma ha attinto linfa e alimento dall'*exemplum* di dirittura morale costituito da Socrate in vita, e supremamente nel momento della morte. Nel *Teeteto*, Platone rende di nuovo omaggio al maestro rappresentandolo, come nei dialoghi detti giovanili o socratici, mentre discute intorno a un determinato concetto (e quanto cruciale, quello di *episteme*!) alla propria maniera, maieuticamente e aporeticamente: e qui di nuovo la figura del filosofo delineata dal personaggio di Socrate assume i tratti del Socrate storico, o meglio di come il Socrate storico è stato percepito e idealizzato dal suo più grande discepolo: come un individuo atipico e *atopos*, ec-centrico e "senza luogo", perché nella scelta di una vita dedita alla *sophia*, nella forma della ricerca su concetti morali, ha di fatto trasceso i confini della città additando valori elevatissimi, che i suoi concittadini infatti sono stati incapaci di cogliere all'altezza della visione sensibile.

Ricordiamo che nel *Teeteto* il discorso di Socrate prosegue con il racconto su Talete di Mileto, il quale per primo, essendo caduto in un pozzo mentre era intento a osservare gli astri, avrebbe dato prova della tipica "distrazione" del filosofo la cui mente vaga in alto, a pensieri di portata universale, lontano da interessi e bisogni materiali. Questo racconto, anche se non è frutto dell'invenzione di Platone, grazie alla scrittura platonica è diventato per suo conto decisivo nell'installare uno svagato Talete nella posizione di "protofilosofo".[5] Ma è la figura di Socrate *atopos* che più immediatamente ha agito nel pensiero antico: a partire da Diogene di Sinope, iniziatore della tradizione cinica, che ha dato corpo (letteralmente) all'ideale socratico di autosufficienza del saggio riprendendone e enfatizzandone lo stile di vita trasandato, esibito *dentro* la *polis* come uno scandalo atto a denunciare l'insufficienza morale della *polis* stessa. Anche Diogene, come Socrate nel ritratto platonico ma più istrionicamente, si "delocalizza" rispetto a una città che è da allora in poi il "luogo problematico" in cui il filosofo si mette in gioco: nella città, ricordiamolo, Socrate è nato, ha abitato per tutta la sua vita non lasciandola se non in rare occasioni, ha aspirato a riconfigurarne i valori, ma non vi è riuscito, a tal punto che i suoi concittadini l'hanno messo a morte.[6]

Ma torniamo adesso al tema del viaggio cosmico, "métaphore du vol de l'esprit" che Pierre Hadot ha inscritto nella linea degli esercizi spirituali, percorrendone le vicende in uno studio magistrale delle variazioni di senso che il tema ha subìto dall'età antica alla medioevale e moderna. Fra i molti luoghi rilevanti del pensiero antico in

---

5 Cfr. H. Blumenberg, *Il sorriso della donna di Tracia. Una preistoria della teoria* (1987), tr. it. Il Mulino, Bologna 1988; su Socrate *atopos*, M.M. Sassi, *Indagine su Socrate. Persona filosofo cittadino*, Einaudi, Torino 2015, pp. 3 sgg.

6 Diogene, in realtà, arriva ad Atene esiliato dalla propria città e già *apolis*: e, consapevole del fallimento della missione di Socrate, si dichiara ben presto cittadino, semmai, del cosmo. Socrate, Platone e Diogene di Cinico sono presi in considerazione nella cornice del rapporto fra la filosofia (non solo antica) e "il luogo" da É. Helmer, *Ici et là. Une philosophie des lieux*, Verdier, Lagrasse 2019, pp. 77 sgg; Id., "Philosophie et géographie : lieu de la pensée et pensée du lieu en Grèce ancienne", in : "Dialogues d'histoire ancienne", Vol. 47, N. 2, 2021, pp. 91-112.

cui esso affiora, vorrei tralasciare quelli della tradizione epicurea (Lucrezio), stoica (Seneca, Marco Aurelio) e cinica (Luciano), già ampiamente dissodati dallo studioso francese.[7] Preferisco soffermarmi sul passo che più chiaramente di tutti riecheggia l'immagine del *Fedone*. Si tratta del *Somnium Scipionis* che conclude la *Repubblica* di Cicerone (VI 10-29), in cui Scipione Emiliano viene condotto in sogno dal suo glorioso antenato, l'Africano, a contemplare dalla sommità del cielo l'armonia delle sfere celesti (evidente risonanza pitagorica) e lontanissima al centro, di una piccolezza per cui Scipione ne prova pena (*Repubblica* VI 16), la terra: "[L'AFRICANO] Mi accorgo che tu anche ora vai contemplando la sede e la dimora degli uomini; e se questa ti sembra così piccola, come in effetti è, sempre guarda a queste cose celesti, e non tener conto delle cose umane. Tu, del resto, quale risonanza pensi che potrà avere il tuo nome sulla bocca degli uomini o quale gloria desiderabile? Vedi che sulla terra sono rari e angusti gli spazi abitati, e in mezzo a questi, simili a macchie dove si abita, sono interposte grandi e desolate plaghe deserte, e gli abitanti della terra sono non solo così separati che fra loro nulla può diffondersi dagli uni agli altri, ma rispetto a voi parte dell'umanità è situata di faccia al di là dell'equatore, parte sul versante opposto, parte addirittura agli antipodi. Da questi certo non potete sperare alcuna gloria" (Cicerone, *La Repubblica*, VI 19 = *Somnium Scipionis*, 6, tr. F. Nenci).

Scipione riunisce in sé, già nel primo libro del trattato a cui questo finale rimanda in una significativa composizione anulare (I 26-29), i tratti del sapiente che aspira alla conoscenza suprema e quelli dell'uomo politico il cui compito e dovere è proteggere lo Stato. Nel contesto del *Somnium*, addirittura, Cicerone dà voce all'aspirazione del condottiero a liberare al più presto la sua anima dalla

7 Cfr. P. Hadot, *N'oublie pas de vivre...*, cit., pp. 76-125. Non dimentichiamo qui un'altra efficace metafora, magistralmente contornata da Blumenberg, che analogamente a quella del volo cosmico enfatizza il senso di estraneità vs. coinvolgimento del saggio negli affanni umani, e analogamente trova innumerevoli variazioni dall'antico, con Lucrezio, fino all'età moderna: cfr. H. Blumenberg, *Naufragio con spettatore. Paradigma di una metafora dell'esistenza*, (1979) tr. it. Il Mulino, Bologna 1985.

prigione del corpo con espressioni riprese direttamente dal *Fedone*.[8] Ma la virtù di Scipione è necessariamente declinata, a Roma, come capacità di buon governo: è agendo da politico giusto, che si cura anzitutto della salvezza dello Stato (VI 13), che egli potrà attingere dopo la morte una condizione quasi divina, in una vita in comune con gli dèi (simile perciò a quella che nel *Fedone* è premio delle anime virtuose sulla "vera terra"). Parallelamente, la descrizione della terra si distingue per precisione fattuale dalla topografia mitica del *Fedone* e riflette, inoltre, uno stadio di conoscenze più avanzato di quello disponibile a Platone. Vi ritroviamo infatti una divisione in cinque zone climatiche che corrisponde a quella esposta da Aristotele nella *Meteorologia* (II 5): una zona equatoriale ritenuta inabitabile perché torrida, due zone temperate abitabili, in una delle quali si è sviluppata la civiltà greca e romana, e due zone glaciali inabitabili. È quindi, al tempo stesso, in una prospettiva fortemente realistica che viene ridimensionata la gloria che verrà raggiunta dall'Emiliano a Roma, ma non arriverà oltre i deserti: ché il premio vero alla sua *virtus* gli verrà accordato in cielo.

In età moderna si sono avvicendate, da Pascal a Leopardi a Baudelaire, numerose variazioni sul tema del volo sopra la terra inteso come sguardo sulla miseria delle cose umane; Goethe, in particolare, l'ha profondamente trasformato di senso, traducendolo in fascinazione per il mistero della natura e slancio verso l'infinito. Non è questa la sede per seguire questo sviluppo, del resto brillantemente tratteggiato da Hadot, ma vale la pena di introdurre nel discorso due variazioni novecentesche, la prima delle quali è molto meno nota e valorizzata di quel che dovrebbe essere (su di essa ha portato la mia attenzione un riferimento di Giovanni Pugliese Carratelli in uno degli studi che ha dedicato alla visone estatica della "vera terra" nel *Fedone*, e non l'ho più vista citata in questo contesto problematico

---

8 Cfr. M. Schofield, *Cicero: political philosophy*, Oxford University Press, Oxford 2021, pp. 107-10, anche per i rapporti con l'ideale cosmopolitico che la Stoa ha assunto dalla tradizione cinica.

né altro affine). [9] Si tratta della visione della sfera terrestre avuta da Carl Gustav Jung in un'esperienza premorte che ha vissuto nel 1944, in seguito a un infarto che lo aveva indotto in un lungo stato di incoscienza. L'episodio è stato minutamente rievocato da Jung in una delle "interviste" rilasciate a Aniela Jaffè, che ne raccolse e pubblicò i *Ricordi* postumi: "Mi pareva di essere sospeso in alto nello spazio, e sotto di me, lontano, vedevo il globo terrestre, avvolto in una gloriosa luce azzurra, e distinguevo i continenti e il mare di un blu profondo. In profondità sotto di me c'era Ceylon, e dinanzi a me, a distanza, il subcontinente indiano. La mia visuale non comprendeva tutta la terra, ma la sua forma sferica era chiaramente visibile e i suoi contorni splendevano di un colore argenteo, attraverso quella meravigliosa luce azzurra. In molti punti il globo sembrava colorato o chiazzato di verde scuro come argento ossidato [...]. Sulla 'sinistra', nella lontananza, c'era una vasta distesa, il deserto giallo rossastro dell'Arabia: come se l'argento della terra in quel punto avesse preso una sfumatura giallo rossastro. Seguiva il Mar Rosso, e lontano – come 'a sinistra in alto'– potevo scorgere anche un lembo del Mediterraneo, oggetto particolare della mia attenzione. Tutto il resto appariva indistinto. Vedevo anche i nevai dell'Himalaia coperti di

9 Cfr. G. Pugliese Carratelli, "«Chi guardi la terra dall'alto...»", in: "La Parola del Passato", Vol. 40, 1985, pp. 241-49, nonché vari anni dopo Id., "Da Jung a Orfeo", in: "La Parola del Passato", Vol. 45, 1990, pp. 161-74 (entrambi i saggi sono poi stati ristampati in varie sedi). Doveroso precisare che il parallelo individuato da Pugliese Carratelli riguardava piuttosto la descrizione della "vera terra" che si libra nel cielo, luogo di beatitudine abitato anche dagli dèi cui accedono le anime virtuose. Su questa interpretazione, nonché per una discussione approfondita sulla relazione fra Platone e Jung indicata dallo studioso, rinvio a M.M. Sassi, "La terra contemplata dall'alto (Plat. *Phaed.* 110b5-111c3): un'esperienza premorte? Da Pugliese a Jung, e oltre", in P. de Fidio, V. Gigante Lanzara e A. Rigo (a cura di), *Studi in memoria di Giovanni Pugliese Carratelli*, Olschki, Firenze 2022, pp. 339-57. Si veda anche, sull'argomento, R. Bernardini, "Integrazioni al resoconto delle visioni connesse alla malattia di Jung del 1944", in: "Rivista di Psicologia Analitica", Vol. 107, N. 55, 2023, pp. 127-168.

neve, ma in quella direzione c'era nebbia, o nuvole. Non guardai per nulla verso 'destra'. Sapevo che stavo per lasciare la terra."[10]

Poco dopo si apre a Jung, dentro un'enorme roccia sospesa nello spazio, l'ingresso a un tempio: ma mentre si appresta ad entrare nel tempio è raggiunto dall'immagine del suo medico, venuto dalla terra a comandargli di tornare. Ripresa coscienza, durante la convalescenza, Jung provò inizialmente ostilità verso il suo medico per averlo riportato indietro da quella che interpretò come una visione oggettiva della "beatitudine di una condizione non-temporale nella quale passato, presente e futuro siano una cosa sola". Comprese poi, gradualmente, che quella visione gli era stata concessa come in dono, e misurò da allora su di essa, come su di una promessa di conoscenza, la sua riflessione.

Questo episodio non è preso in considerazione neanche nell'ampia letteratura scientifica fiorita negli ultimi decenni sulle esperienze pre-morte, o Near Death Experiences (NDE), che essendo diventate ultimamente sempre più frequenti grazie ai progressi della medicina nel recupero di pazienti in coma, e avvertite da molti di questi come un viaggio nell'aldilà, sono diventate come si sa un fenomeno pop, spunto di best-seller autobiografici e di narrazioni cinematografiche. Ma il dato più topico comune alla visione di Jung e ai casi di NDE, in base alla letteratura che ho consultato, sembra essere quello dell'inviato dalla terra (per lo più un parente, o un conoscente con un ruolo significativo nella vita del soggetto) per riportare il moribondo in vita. Sembra raro invece che la visione sia rivolta *dall'alto* sulla terra: lo schema più comune è quello di un viaggio lungo e angoscioso attraverso una zona oscura o un tunnel, come nelle viscere della terra, che sfocia in uno spazio pervaso da una luce mistica. E poiché è chiaro che le visioni premorte, al di là

10 C.G. Jung, *Ricordi, sogni, riflessioni* [1961], a cura di A. Jaffè, tr. it. Il Saggiatore, Milano 1965, pp. 324 sg.; poiché la traduzione italiana delle *Erinnerungen* è condotta sull'edizione inglese, ho modificato qualche punto confrontandolo sull'originale tedesco: *Erinnerungen, Träume, Gedanken von C. G. Jung. Ausgezeichnet und herausgegeben von Aniela Jaffè*, Walter Verlag, Zürich-Düsseldorf 1962, pp. 293 sg.

di uno schema comune prodotto da condizioni neurologiche, sono plasmate dai ricordi personali del soggetto, nel caso di Jung mi piace pensare alla criptomemoria di una lettura delle pagine del *Fedone* da cui siamo partiti. In ogni caso, ritroviamo nella visione di Jung un dualismo di sapore platonico fra esaltazione dell'assoluto, e della beatitudine che l'immersione in esso comporta, e la constatazione pensosa dei limiti dell'esistente.

La seconda ed ultima visione della terra su cui varrà la pena che ci soffermiamo non è frutto di uno sguardo filosofico né una creazione poetica, ma un prodotto della tecnica. Si tratta della fotografia della terra vista dallo spazio, scattata la vigilia del Natale 1968 da William Anders durante la missione dell'Apollo 8, che mostra la terra come se sorgesse dalla superficie dalla luna. Questa fotografia è stata seguita da moltissime altre prodotte in successive spedizioni spaziali (un'altra foto famosa, scattata dall'equipaggio dell'Apollo 17 nel 1972, è stata battezzata "Blue marble").[11] Ma è *Earthrise* (tale il titolo assegnato alla foto) che è comparsa alle soglie del Duemila in un libro di Life dedicato a *100 Photographs that Changed the World*, in cui il fotografo naturalista Galen Rowell la dichiarò "the most influential environmental photograph ever taken". In realtà, a uno sguardo filosofico *Earthrise* può suscitare pensieri meno positivi di quelli che ha potuto ispirare ai movimenti ambientalisti. Qui ricorderò soltanto brevemente la reazione di Hannah Arendt al lancio dello Sputnik (1957), giudicato la manifestazione del desiderio dell'uomo di travalicare i limiti della condizione umana, andando verso un duplicato artefatto della vita sulla terra; e il commento costernato di Heidegger, nel 1966, davanti a *Earthrise*: "questa non è più la terra

11 Pugliese Carratelli, colpito dalla luce azzurrina da cui la terra compare avvolta già nella fotografia del 1968 così come nella descrizione di Jung, vi vide quasi una conferma della natura estatica delle due visioni, di Jung e Platone (cfr. Id., *Da Orfeo a Jung*, cit.).

su cui vive l'uomo" —traducibile come "quel che stiamo osservando non è *physis*, ma *techne*".[12]

Per concludere più ottimisticamente questa parte del nostro discorso, potremmo ricordare i sentimenti evocati negli astronauti stessi dalla visione della terra nella lontananza spaziale, durante i loro voli e dopo essere tornati a terra. Per dare compiutezza al suo discorso, Hadot non ha mancato di esaminare le testimonianze raccolte dai "cosmonauti" di diverse nazionalità che hanno volato nello spazio fra gli anni '60 e '80 del secolo scorso. Sparito completamente, come già con Goethe, ogni accenno di superiorità conoscitiva e morale rispetto all'umanità mediocre, molti hanno rivelato di essere stati colpiti piuttosto, come Goethe, dalla bellezza della terra e dalla varietà dei suoi colori, ma inoltre dalla mancanza di frontiere *visibili.* E non pochi hanno provato un senso di amore per il pianeta *tutto*, colto per la prima volta nella sua piccolezza, e desiderio di ritornarvi con amore per l'umanità che lo abita.[13]

Del tutto simili, in anni molto recenti, i sentimenti espressi dall'equipaggio della stazione spaziale internazionale in un dialogo avvenuto con Papa Francesco il 26 ottobre 2017, nel corso stesso del loro viaggio. Vale la pena leggere le parole pronunciate dall'astronauta russo Aleksandr Misurkin, poi dallo statunitense Randy Bresnik, nella traduzione del capo della spedizione Paolo Nespoli. La parola al russo: "[Nespoli] Il collega Aleksandr ha fatto una risposta molto bella in russo, che io adesso tradurrò un po' così, velocemente. Fa riferimento a un libro che sta leggendo in questi giorni qua sopra, per riflettere, "Il piccolo principe" di Saint-Exupéry. Fa riferimento alla storia che [*sic*] dà volentieri - o darebbe volentieri - la propria vita per tornare e salvare piante e animali sulla terra. E, sostanzialmente, l'amore è quella forza che ti dà la capacità di dare la tua vita per qualcun altro."

12 Cfr. B. Lazier, "Earthrise; or, The Globalization of the World Picture", in "American Historical Review", Vol. 116, N. 3, 2011, pp. 602-30.
13 Cfr. P. Hadot, *N'oublie pas de vivre...*, cit., pp. 120 sgg.

E ora la parola all'americano, Randy Bresnik: "Nella nostra velocità orbitale di 10 km al secondo, noi vediamo la terra con occhi diversi: vediamo una terra senza confini, vediamo una terra dove l'atmosfera è estremamente fine e labile, e guardare questa terra in questo modo ci permette di pensare come esseri umani, di come tutti dovremmo lavorare assieme e collaborare per un futuro migliore."[14]

L'ottimismo che, dicevo, potrebbero ispirare parole come queste si presta purtroppo a venature di amarezza, nel confronto con una realtà in cui i *confini* continuano a dividere interi popoli. Come ha osservato lucidamente Hadot, il viaggio cosmico reale (o percepito come possibile), non produce un'autentica trasformazione spirituale se non vi si accompagna, come nei filosofi antichi, un viaggio di purificazione interiore. Non c'è dubbio sulla sincerità di queste testimonianze, ed è probabile che la maggior parte degli astronauti che vivono una tale esperienza ne siano davvero interiormente trasformati *come uomini*. Ma si tratterà in ogni caso di trasformazione individuale, non sufficiente a incidere in modo significativo sull'automatismo dell'*homo technicus*, né sulla sua subordinazione alle spinte dell'*homo oeconomicus*.[15] Non si può non pensare tristemente a Elon Musk o Bezos o all'incombente spartizione della Luna, nel leggere queste parole del filosofo francese: "Sans voyage cosmique intérieur, sans regard d'en haut vécu comme exercice spirituel de détachement, de libération, de purification, les voyageurs de l'espace continueront à emmener la terre avec eux dans l'espace, non pas la terre partie du cosmos, mais la terre symbole de l'humain trop humain, symbole des mesquineries humaines. L'espace ne risque alors de n'être que le théâtre agrandi de ces absurdes guerres de religion qui continuent

14 Il testo della conversazione è riportato nel sito ufficiale della Santa Sede (www.vatican.va/content/francesco/it/speeches/2017/october/documents/papa-francesco_20171026_collegamento-astronauti.html). Il video si trova su YouTube (www.youtube.com/watch?v=c58LlPKPq9s) e la sezione di dialogo con l'astronauta americano è ricompresa nel film di Gianfranco Rosi, *In viaggio* (2022).

15 Con ciò rispondo negativamente a una domanda rivoltami durante la discussione: mi si chiedeva, per l'appunto, se a mio parere questi astronauti parlassero "da tecnici".

à déchirer l'humanité en ce début du XXIe siècle. La conquête de l'espace risque de donner seulement un champ plus vaste à la folie humaine." (P. Hadot, *N'oublie pas de vivre...*, cit., p. 125).

Nelle prossime pagine, tornando ai filosofi antichi, cercherò di mostrare che quegli stessi che perseguono un ideale di vita contemplativa come quella che dà la felicità somma (anche Aristotele condivide questa concezione platonica) non rinunciano a calarsi nella condizione degli uomini che abitano la terra "come formiche e rane attorno a una palude", per dirla con Platone. E in questa prospettiva si interrogano, fra l'altro, sul rapporto fra la terra, intesa come ambiente naturale, e l'intelligenza tecnica grazie alla quale l'essere umano è progredito rispetto a condizioni originarie di vita simile a quella degli animali.

II. Prospettive terrestri: presente, passato, futuro

La lingua greca non conosce termini che corrispondano ai nostri "clima" e "ambiente": il termine *klima*, che compare per la prima volta nel *De mundo* pseudoaristotelico, designa l'inclinazione dei raggi solari sulla superficie terrestre, mentre il termine più vicino alla nostra nozione di ambiente, *periechon* (participio di *periechein*, "circondare") si trova occasionalmente negli scritti cosmologici di Platone e Aristotele a indicare la superficie che circonda l'universo sferico, la cui immutabilità e eternità è assicurata da un principio divino (il Demiurgo del *Timeo* di Platone, il motore immobile di Aristotele). Ciò non toglie che possano emergere, in contesti disparati degli scritti di Platone e Aristotele, segni significativi di consapevolezza dei condizionamenti imposti, da un lato, dall'ambiente naturale sulla salute dell'uomo, dall'altro, da catastrofi naturali o mutazioni climatiche di lungo termine che si possono essere verificate nel passato. Appare subito significativo per esempio che, allorché affrontano il problema del rapporto fra ambiente naturale ed equilibrio psicofisico individuale, sia Platone che Aristotele assumono come paradigmatica la concezione elaborata nell'ambito della *techne* chiamata direttamente a risolvere le urgenze dell'essere umano malato: ovvero la medicina di matrice soprattutto ippocratica, fiorita fra seconda metà del V secolo e il IV secolo a. C.[16]

1. *Il presente*

Una nozione centrale elaborata dal sapere medico nel V secolo a. C. è che la malattia consista in uno squilibrio del rapporto caldo/freddo e secco/umido nella *physis* del paziente; squilibrio indotto, oltre che da errori nel regime di vita, da proprietà dell'ambiente naturale quali la qualità dell'aria e dell'acqua, i mutamenti stagionali, l'orientamento degli insediamenti abitativi rispetto al sole. Tale nozione, fra le più caratterizzanti dell'indagine diagnostica dei medici ippocratici, si presenta con particolare vivezza nel trattato sulle *Epidemie*, sorta di raccolta di cartelle cliniche compilate da medici itineranti nei diversi luoghi in cui potevano osservare il concentrarsi di patologie che ritenevano determinate dalla situazione ambientale, e ne registravano minutamente i sintomi (*epidemia* significa in greco "soggiorno", mentre la situazione che vede il diffondersi di determinati malanni in un determinato ambiente ha il nome di *katastasis*). Ma questa grande "scoperta" della medicina razionale si rivela in tutta la sua portata teorica nello scritto ippocratico (appartenente, come le *Epidemie*, agli ultimi decenni del V secolo a. C.) che porta nel titolo le arie, le acque, i luoghi. Leggiamone il proemio: "Chi vuole dedicarsi in modo corretto all'indagine

16 Le questioni di cui cerco di focalizzare qui i punti più cruciali intersecano più filoni di studio di grande ricchezza (storia della medicina, storia dell'idea di progresso, storia del pensiero politico classico), per cui mi limiterò ai riferimenti bibliografici più significativi (non necessariamente i più recenti). Il primo rinvio in queste pagine dev'essere all'indagine acuta ed esauriente di Ph. Hoffmann, "Climat et environnement chez les philosophes grecs de l'époque classique", in: J. Jouanna, Ch. Robin e M. Zink (a cura di), *Vie et climat d'Hésiode à Montesquieu, Actes du Colloque*, de Boccard, Paris 2018, pp. 29-86.

medica deve fare quanto segue. Anzitutto esaminare le stagioni dell'anno, l'influsso che ciascuna esercita: confrontandole ed esaminando i passaggi di stagione non troveremo somiglianza alcuna, bensì profonde differenze. Si devono poi esaminare *i venti*, caldi e freddi, con particolare attenzione quelli che interessano tutti i popoli e poi anche quelli locali, propri di ciascuna regione. Si devono esaminare anche *i poteri* (*tas dynamias*) *delle acque*: alle differenze di sapore e di peso corrispondono, per ciascun tipo, grandi differenze di poteri. Perciò, quando si arriva in una città di cui non si ha esperienza [...]. L'esame deve essere il più possibile preciso, ed estendersi alla *qualità delle acque*: si deve vedere se le acque usate sono *stagnanti* (*helodesi*) e tenere oppure salate e dure e provenienti da luoghi alti e rocciosi oppure salmastre e difficili da digerire. Quanto al *suolo* si deve vedere se è spoglio e privo d'acqua, oppure ricco di vegetazione e di acque, se è infossato e afoso, oppure elevato e fresco. Quanto al *modo di vita degli abitanti*, si deve vedere cosa preferiscono: se bevono molto, mangiano spesso e sono pigri, oppure se fanno molti esercizi fisici, amano la fatica, mangiano molto e bevono poco." (*Arie acque luoghi*, c. 1, tr. Bottin; corsivi di chi scrive).

Spicca per chiarezza, in questo passo di carattere programmatico, l'affermazione dell'influenza dell'aria respirata, della qualità dell'acqua e della vegetazione, nonché dello stile di vita degli abitanti di un determinato luogo. In particolare notiamo qui il riferimento ad acque stagnanti, che va preso come un'indicazione che il territorio dell'antica Grecia doveva essere assai più paludoso di come si presenta oggi. La consapevolezza che un ambiente paludoso sia malsano risulta chiaramente da molti trattati medici, in cui si trovano fra l'altro descritti una serie di sintomi identificabili come quelli della malaria; e anche un certo numero di fonti letterarie di V e IV sec. a. C. testimoniano la nozione diffusa che vivere vicino a sorgenti e acqua corrente è più salutare che vivere in terreni paludosi.[17]

17 Cfr. E. Craik, "Malaria and the Environment of Greece", in: O.D. Cordovana e G.F. Chiai (a cura di), *Pollution and Environment in Ancient Life and Thought*, Steiner,

È plausibile che di questa constatazione si nutra la rappresentazione di un'umanità raccolta intorno a una palude, nel *Fedone* di Platone, da cui siamo partiti.

Per converso d'altronde, in contesti in cui riflette sulle condizioni che si danno in Grecia per l'edificazione di uno Stato stabile mediante l'armonizzarsi delle sue componenti, Platone trae spunto dalla seconda parte di *Arie acque luoghi*. In questa, dopo la trattazione di questioni generali di eziologia climatica delle malattie (cc. 1-11), si passa nei cc. 12-24 a considerare l'influenza delle condizioni geografiche e climatiche sui caratteri psicofisici, e conseguentemente sui regimi politici, di diverse popolazioni —questa seconda parte, forse di autore diverso dalla prima, è stata notoriamente influente nel pensiero politico moderno, basti pensare all'*Esprit des lois* di Montesquieu. Leggiamo infatti il passo cruciale del IV libro della *Repubblica* in cui Platone, dopo essersi concentrato sulla complessità dell'anima, in cui convivono tre diverse forze motivazionali (appetito, passionalità, ragione), riprende il discorso sulla giustizia nella *polis*. Nell'argomentare che nella città dovranno trovare equilibrio le medesime proprietà generali e le stesse forze morali che operano in ciascuno di noi, il filosofo ricorre all'esempio delle differenze etniche, in cui tali proprietà diventano visibili a livello macroscopico: "Sarebbe infatti ridicolo se qualcuno pensasse che non dai privati

---

Stuttgart 2017, pp. 153-62; R.L. Cardullo, "Natura e salute nell'antichità greca. Le origini mediche e filosofiche del pensiero ecologico", in: R.L. Cardullo, G. Arena e L. M. Daher (a cura di), *Cura di sè, cura del mondo. L'impatto della crisi ambientale sul fisico (*sôma*) e sul morale (*psychê*) dell'uomo. Atti della Giornata di Studi, Catania 30 giugno-1° luglio 2021*, Le Monnier, Milano 2022, pp. 25-39. Gli studiosi del mondo antico hanno rivolto da tempo attenzione al duplice tema delle trasformazioni dell'ambiente prodotte, già nel Vicino Oriente Antico, da processi naturali o da grandi opere tecniche, e del "comune senso ambientale" già presente in Grecia e a Roma: oltre alle due raccolte citate, cfr. G. Panessa, *Fonti greche e latine per la storia dell'ambiente e del clima nel mondo* greco, 2 voll., Scuola Normale Superiore, Pisa 1991; *Ambiente e salute. Medicina ippocratica e medicina moderna a confronto*, fascicolo monografico di "Medicina nei Secoli", N. S., Vol. 7, N. 3, 1995; T.M. Robinson e L. Westra (a cura di), *Thinking about Environment. Our Debt to Classical and Medieval Past*, Lexington, Lanham 2002; W.V. Harris (a cura di), *The Ancient Mediterranean Environment between Science and History*, Brill, Leiden-Boston 2013.

individui fosse nato l'elemento irascibile nelle città per coloro che hanno tal fama, come quelli di Tracia e di Scizia e in genere nei paesi del Nord; oppure quello desideroso di apprendere che si potrebbe soprattutto attribuire ai nostri luoghi, o l'amore del guadagno, che si potrebbe ben dire trovarsi dalle parti dei Fenici e dell'Egitto" (Platone, *Repubblica*, IV, 435e-436a).

Platone accoglie e ricompone qui alcune caratterizzazioni etnologiche presenti nel trattato medico con altre depositatesi nella tradizione etnografica precedente, ma sottopone il complesso dei dati a spostamenti significativi funzionali al progetto della *Kallipolis*[18]. L'elemento del coraggio per esempio, attribuito ai Greci in *Arie acque luoghi*, diventa appannaggio dei popoli nordici, ma con la precisazione che i Greci ne sanno fare uso più equilibrato. L'indolenza e la meschinità imputate agli Asiatici nello scritto ippocratico rispuntano invece nell'avidità di Egiziani e Fenici. Infine, la tripartizione psico-etnografica platonica è orientata da un asse nord-centro-sud che mette in evidenza una scansione gerarchica fra popoli, parallela a quella che nell'anima sottolinea l'azione equilibratrice della facoltà razionale e promuove nella città il governo dei filosofi. Nel passo della *Repubblica* non è menzionato il ruolo del clima, non rilevante in quel contesto, ma non è difficile vedere nelle proprietà dell'ambiente naturale la ragione sottintesa della superiorità culturale dei "nostri luoghi", con cui si intende la Grecia tutta. Ne è conferma un passo del *Timeo* in cui il nesso fra coordinate climatiche e superiorità culturale è funzionale alla lode dello Stato ateniese, concentrato dell'eccellenza greca: l'origine stessa di Atene è riportata al desiderio della dea Atena, ugualmente amante della guerra e della sapienza, di creare un popolo fatto a sua somiglianza: perciò essa ha scelto l'Attica, che essendo privilegiata da un perfetto equilibrio stagionale produce gli uomini più valorosi e "più saggi" (*Timeo*, 24c-d).

18 Per una trattazione più dettagliata del sapere etnografico antico e dell'operazione cui lo sottopone Platone, cfr. M.M. Sassi, *La scienza dell'uomo nella Grecia antica*, Bollati Boringhieri, Torino 1988, pp. 96 sgg.

È notevole poi che la minuziosa progettazione della città delle *Leggi*, l'ultimo trattato politico di Platone, si apra all'inizio del libro IV con l'invito a considerare con attenzione il territorio in cui dovrà essere collocata la fondazione di Magnesia: invito che si conclude idealmente alla fine del libro V, con la precisazione che gli abitanti della nuova colonia dovranno essere saggi piuttosto che avidi di ricchezze come gli Egizi e i Fenici (si noti il riemergere del *topos* già visto nel passo della *Repubblica* appena citato), e alle loro doti fisiche e morali gioverà, per l'appunto, la qualità dei luoghi: "[ATENIESE] [...] neppure questo ci sfugga riguardo ai luoghi, così da immaginare che non ce ne siano alcuni più adatti di altri a generare uomini migliori o peggiori [...]. Alcuni luoghi, credo, sono avversi o favorevoli per venti di ogni sorta e per l'effetto del sole, altri per le acque, altri ancora per il nutrimento stesso fornito dalla terra, che produce non solo alimenti migliori o peggiori per i corpi, ma non è meno capace di generare nelle anime tutti gli effetti dello stesso genere" (Platone, *Leggi*, V, 747d-e, trad. Mori-Ferrari).

Ricordo solo velocemente che Aristotele, nella *Politica*, riprende direttamente il modello platonico là dove riflette sui caratteri psicologici augurabili per gli abitanti di quella che chiama la "città dei nostri voti" (*Politica*, VII 7, 1327b 19-28).[19] Più interessante qui è continuare a seguire il filo platonico delle *Leggi*, di cui troviamo uno sviluppo interessante all'interno dell'esposizione della legislazione di Magnesia che ha inizio nel libro VI. Il personaggio dell'Ateniese formula infatti, in un contesto che riguarda le leggi agricole (842e sgg.), una legge che vieta l'inquinamento delle acque che sono

19 Il passo della *Politica* guadagna interesse se consideriamo che Aristotele innesta idealmente la classificazione psicofisica dei diversi popoli nel quadro più ampio della classificazione animale operata nei trattati zoologici, riportando le differenziazioni interne fra le specie animali, nonché la superiorità della specie umana, alla diversa dotazione di calore e sottigliezza del sangue (qualità condizionate a loro volta da quelle dell'ambiente naturale). Ho argomentato questo punto nel mio libro *La scienza dell'uomo...* cit., pp. 104 sgg. Più in generale, cfr. M. Lazzaro, "Determinismo geografico e carattere dei popoli. Studio della *Politica*", in: Cardullo, Arena e Daher, *Cura di sè, cura del mondo...*, cit., pp. 40-55.

nutrimento di orti e giardini e prevede, oltre a una punizione pecuniaria, la riparazione manuale del danno: "[...] qualora qualcuno corrompa volontariamente l'acqua altrui, sia essa acqua di sorgente o raccolta, con avvelenamenti o scavi o furti, il danneggiato lo conduca in giudizio davanti agli astinomi, registrando per iscritto la stima del danno; e qualora uno sia condannato per danneggiamento con alcuni avvelenamenti, oltre all'ammenda ripulisca le fonti o il serbatoio dell'acqua, nel modo in cui le leggi degli interpreti prescrivano che debba avvenire ogni volta e per ciascuno la punizione" (Platone, *Leggi*, VIII, 845e).

Mette conto notare che questo passo non riflette semplicemente un pensiero di Platone. Alla protezione dell'ambiente naturale, in particolare della purezza delle acque, le stesse istituzioni di Atene erano attente già nel V secolo a. C., come testimonia un decreto conservato in un'iscrizione del 430 a. C., che vietava di scaricare i residui dell'industria conciaria "nel fiume Ilisso a monte del tempio di Eracle", e sanciva l'obbligo di trasferirne i laboratori lontano dall'abitato.[20] La cura della salute dei cittadini si congiungeva dunque con quella della purezza dello spazio sacro: nel mondo greco, i templi di dèi ed eroi erano spesso edificati in aree ricche di acque sorgive o correnti. Non per caso all'inizio del *Fedro* platonico (scritto poco più di mezzo secolo dopo), Socrate sceglie proprio di uscire dalle mura della città, nella campagna ove scorre l'Ilisso e si trova il tempio di Eracle, pullulante di memorie mitiche e presenze divine, per fermarsi con Fedro in confortanti conversazioni filosofiche. Ma anche nel passo delle *Leggi*, fra le righe di una norma apparentemente mirata alla coltivazione dei campi, possiamo ravvisare una preoccupazione per la natura che sconfina in un senso sacrale, grazie a due indizi significativi: da un lato il riferimento a "interpreti" delle leggi,

20 Cfr. L. Rossetti, "Il più antico decreto ecologico a noi noto e il suo contesto", in: Robinson e Westra, *Thinking about Environment...* cit., pp. 44-57; R. Fabiani, "La concia delle pelli e le acque dell'Ilisso: osservazioni su un documento normativo a carattere religioso (IG I3 257)", in "Hormos. Ricerche di Storia Antica", N.S., Vol. 10, 2018, pp. 371-405.

figure ufficiali nell'Atene storica addette a giudicare in materia di leggi sacre, dall'altro il termine *katharsis* o "purificazione", dalle ovvie risonanze religiose, per designare l'operazione di "ripulitura" cui sono obbligati i responsabili dell'inquinamento.

È legittimo in conclusione parlare di un "senso comune" ambientale nel mondo antico, come abbiamo visto ben condiviso da Platone, che si manifesta in particolare nella cura delle acque, nelle due direzioni dell'attenzione portata dalla medicina ippocratica sul legame ambiente-salute e di un diffuso rispetto sacrale per una natura in cui albergano dèi.[21] Sarebbe invece azzardato parlare di una vera e propria "coscienza ecologica", se non altro perché lo sviluppo delle tecniche non fu mai tale da produrre guasti macroscopici. Non mancano osservazioni occasionali di autori greci e latini su cambiamenti climatici causati da interventi umani, ma per lo più non si accompagnano, come è *pour cause* abituale oggi, ad espressioni di pessimismo globale.[22] Purtuttavia il pessimismo non manca, nella cultura greca, in contesti di valutazione del progresso tecnico *tout court*: quel progresso che, nelle rappresentazioni mitiche e filosofiche delle origini dell'umanità, permette di sopravvivere a un'umanità uscita dal tempo mitico di un'età dell'oro, in cui poteva cibarsi dei frutti donati in abbondanza da una natura perennemente benevola, e caduta nella temporalità di un mondo in cui si alternano stagioni

21 Cfr. su questo punto S. Settis, *Architettura e democrazia. Paesaggio città diritti civili*, Einaudi, Torino 2017, pp. 44 sgg. Inoltre R.L. Cardullo, "Natura e salute nell'antichità greca. Le origini mediche e filosofiche del pensiero ecologico", in: Cardullo, Arena e Daher, *Cura di sè, cura del mondo*, cit., pp. 25-39. Va aggiunto che l'attenzione al benessere della comunità prende forma sistematica nello Stato romano, molto attento allo stato delle acque e alla salute dei cittadini: cfr. per es. G. Arena, "Igiene collettiva e salute individuale: approvvigionamento idrico e avvelenamento da piombo in età romano-imperiale", ivi, pp. 68-83.

22 Per es. Aristotele, *Meteorologia* I 14, sul canale di collegamento fra Mar Rosso e Egitto che non sarebbe stato attuato per la consapevolezza che l'operazione avrebbe salinizzato le acque del Nilo; Teofrasto, *Sulle cause delle piante* V 14.2, sul cambiamento microclimatico prodotto dal prosciugamento del terreno paludoso di Larissa. Questi e altri dati rilevanti si traggono dalla ricca recensione di P.T. Keyser a Harris, *The Ancient Mediterranean Environment*, cit., in: "Aestimatio", Vol. 11, 2014, pp. 312-33.

favorevoli e rigori invernali, e richiedono il duro lavoro dell'agricoltore, la costruzione di vesti e case per ripararsi dalle intemperie, e di armi di difesa dagli animali.[23] Molto presto, nella letteratura greca classica, gli elogi dell'intelligenza pratica che ha consentito all'uomo di elevarsi sopra una condizione bestiale si alternano ai timori di una degenerazione morale che derivi da uno sviluppo delle *technai* non controllato da un sapere regolativo, attento al mantenimento della coesione sociale nel processo di soddisfacimento dei bisogni.[24] Dal panorama ricchissimo dell'idea antica di progresso,[25] mi limiterò a ritagliare qui il tema filosofico più direttamente collegato alla questione della diversità dei climi e dell'abitabilità della terra: il timore di una catastrofe *naturale* capace di distruggere i progressi raggiunti dalla civiltà. Tale timore è instillato, come vedremo subito, da racconti di catastrofi avvenute nel passato: che è la dimensione in cui si proietta, in questo caso, lo sguardo dei filosofi.

2. Il passato

L'idea che il genere umano possa essere annientato, totalmente o parzialmente, da una catastrofe affiora nella coscienza mitica fin dai tempi più antichi della cultura greca, più adatto dell'ideale esiodeo dell'età dell'oro a congiungere il presente con un passato più "realistico", allusivo alle difficoltà incontrate all'origine in ambienti

23 Il riferimento a età dell'oro vs. temporalità trae spunto dalla relazione di Fabio Merlini tenuta nell'ambito di questa *Eranos Tagung*. In questo contesto è opportuno menzionare un volume dedicato precisamente alla "stagionalità", intesa in riferimento alle varie stagioni dell'anno ma anche al ritmo stagionale di attività come la navigazione o le feste religiose: A. Lichtenberger e R. Rajna (a cura di) *The archaeology of seasonality*, Brepols, Turnhout 1921.

24 Questo problema è notoriamente centrale nel pensiero politico di Platone, ma pensieri sull'ambivalenza del progresso sono già presenti nel quinto secolo, si pensi soprattutto alla "tirata sulle *technai*" di Prometeo e al celebre stasimo dell'*Antigone* di Sofocle: cfr. G. Cambiano, *Platone e le tecniche* (1971^2), Laterza, Roma-Bari 1991, pp. 3-60.

25 Per un quadro generale rinvio al libro classico di L. Edelstein, *L'idea di progresso nell'antichità classica*, tr. it. Il Mulino, Bologna 1987, con ottima *Introduzione all'edizione italiana* di W. Leszl.

scarsi di risorse o climi ostili. Pensiamo a Zeus che manda sotterra la stirpe d'argento, irrispettosa degli dèi, nelle *Opere e i giorni* di Esiodo; al diluvio cui sopravvivono solo Deucalione e Pirra, destinati a ripopolare la terra (il parallelo che sorge immediato con il racconto biblico dell'arca di Noè ci ricorda la diffusione del tema del diluvio in più culture); al mito di Fetonte che porta il carro del Sole troppo vicino alla terra, così da bruciarne zone intere e renderle desertiche.

Muovendo dal retroterra mitico e, si può supporre, dalla memoria orale di catastrofi realmente avvenute, Platone e Aristotele costruiscono una vera e propria *teoria* di catastrofi che periodicamente (ma localmente) devono avere afflitto l'umanità, sullo sfondo della quale pensare gli inizi della storia e della civiltà.[26] Doveva essersi mantenuta in Grecia, per esempio, una memoria della spaventosa eruzione vulcanica avvenuta attorno alla metà del secondo millennio nell'isola di Thera (oggi Santorini), seguita da un maremoto, i cui effetti potrebbero avere raggiunto all'epoca l'isola di Creta. (Gli studiosi discutono da tempo sulla possibilità che un tale evento abbia potuto contribuire alla decadenza della civiltà minoica). Si è fatta l'ipotesi, tanto suggestiva quanto indimostrabile, che questo evento abbia lontanamente influito sul mito di Atlantide introdotto da Platone nel *Timeo* e nel *Crizia* nel quadro di una più ampia narrazione: quella del conflitto fra un'Atene "delle origini", strutturata sul

26 Cfr. G. Cambiano, "Catastrofi naturali e storia umana in Platone e Aristotele", in: "Rivista Storica Italiana", Vol. 114, N. 3, 2002, pp. 694-714; F. Zuolo, "Platone e le catastrofi. Il grado zero della civiltà in *Politico, Timeo, Leggi*", in: F. Calabi e S. Gastaldi (a cura di), *Immagini delle origini. La nascita della civiltà e della cultura nel pensiero* antico, Academia, Sankt Augustin 2012, pp. 87-104. A M.M. Sassi, *Natura e storia in Platone*, in: "Storia della storiografia", Vol. 9, 1986, pp. 104-28, mi permetto di rinviare anche per la problematica del mito di Atlantide in Platone, la cui interpretazione non ha subìto variazioni decisive negli studi più recenti. Sulla storia fattuale dei disastri naturali nel mondo greco e romano (eruzioni, terremoti, inondazioni, siccità, pestilenze), cfr. la doviziosa raccolta di testi di Panessa, *Fonti greche e latine per la storia dell'ambiente*, cit.; inoltre G. Reggi, "Eclissi e sismi nell'opera storiografica di Tucidide", in: "Atene e Roma", N.S., Vol. 51, N. 1, pp. 1-27, e i saggi di R. Bousquet, A. Laronde e P. Goukowski in J. Jouanna, J. Leclant e M. Zink (a cura di), *L'homme face aux calamités naturelles dans l'Antiquité et au Moyen Âge*, de Boccard, Paris 2006.

modello della *polis* ideale della *Repubblica* (*Timeo* 23b-c), riuscita una volta vittoriosa sul potente e aggressivo popolo dell'opulenta isola di Atlantide, situata al di là delle colonne d'Ercole e successivamente sprofondata dagli dèi nell'Oceano. Significativamente il personaggio di Crizia, che narra questo evento nel *Timeo*, riporta il racconto ai sacerdoti del tempio di Sais in Egitto, che l'avrebbero rivolto tempo prima al sapiente Solone, dimostratosi ignorante del lunghissimo e glorioso passato della civiltà greca. In una sorta di lezione sul legame fra uso della scrittura e conservazione della memoria storica, i sacerdoti osservano che i Greci non conoscono il loro passato più lontano a causa dei molti cataclismi avvenuti, dei quali non si è conservata alcuna traccia scritta perché per molte generazioni è andata perduta la conoscenza della scrittura, mentre non solo il territorio dell'Egitto per la sua natura particolare è rimasto salvo, ma inoltre si è conservata, negli archivi dei templi, una lunga tradizione scritta (*Timeo*, 22b5-c8).

La descrizione di Atlantide che segue fonde con i tratti dell'impero persiano quelli dell'Atene che, dopo aver dominato i mari nell'età dell'imperialismo pericleo, è poi stata vittima dei propri eccessi che hanno portato alla disastrosa sconfitta nella guerra del Peloponneso. Per contro, l'Atene del racconto vuole alludere alla città storica che, nobilissima e valorosa, nei primi decenni del V secolo a. C. era riuscita a far fronte all'invasione persiana, salvando la Grecia intera dalla schiavitù. Non per caso: non solo i cittadini di novemila anni prima erano stati addestrati alla guerra dalla dea Atena e vivevano in un ordinamento favorevole alla coltivazione del sapere (fra l'altro quello medico, aiuto alla salute fisica), ma, ancor prima, Atena aveva scelto per la città il territorio migliore per generare, grazie al felice equilibrio fra le stagioni, uomini che fossero somiglianti a lei anche nella sapienza, oltre che nel coraggio (*Tim.* 24b-e).

Crizia sospende il suo racconto per cedere la parola a Timeo, cui è affidato il racconto sulla formazione del cosmo e del genere umano che coprirà il resto del dialogo, ma lo riprende nel dialogo incompiuto

Crizia per narrare, con dovizia di particolari, i guasti naturali (ma non solo) che hanno devastato l'ambiente in cui prosperava quell'Atene gloriosa più antica. Nel lungo brano che segue (di cui do solo alcuni estratti più significativi) colpisce la drammaticità degli eventi geologici e climatici che hanno portato, lungo novemila anni, al deterioramento evidente di un territorio inizialmente ricchissimo di risorse. Le piogge torrenziali, per esempio, produssero un progressivo smottamento dei terreni più alti, e si susseguirono inoltre terremoti e finanche un diluvio, il terzo di quelli che precedettero l'età di Deucalione (112a), per cui del pingue territorio di un tempo sono rimaste nel presente "soltanto le ossa di un corpo ammalato" (111b). Inoltre: "C'erano sulle montagne molte selve di cui si vedono chiari indizi ancora oggi; poiché tra questi monti ve ne sono ai nostri giorni alcuni che offrono nutrimento alle sole api; ma non è poi molto tempo fa che vi erano *alberi, che sono stati tagliati per farne travi per i tetti, ancor oggi conservati, dei più grandi edifici.* C'erano anche molte altre piante coltivate di alto fusto, e [la terra] forniva pascolo abbondante alle greggi [...]; l'acqua, assorbita dai luoghi elevati nelle cavità che lasciavano filtrare ovunque, dava origine a copiosi corsi d'acqua di sorgenti e di fiumi, dei quali, anche oggi, i santuari rimasti presso sorgenti un tempo attive costituiscono l'indizio che quanto ora si dice è vero. Queste erano le condizioni naturali della campagna, ed erano migliorate, come è naturale, da *veri agricoltori* che attendevano proprio a questo, amanti del bello e dotati di buone qualità avendo a disposizione un'ottima terra e un'acqua abbondantissima e godendo sulla terra di stagioni ben temperate [...] [*mentre artigiani e contadini vivevano fuori della città, i guerrieri, sulla parte settentrionale dell'acropoli, avevano*] tutto quanto era conveniente alla vita comune, sia in fatto di abitazioni comuni che di templi, *senza oro e argento*, di cui non facevano assolutamente uso, ma, mirando a un giusto mezzo tra l'eccessiva abbondanza e un'indecorosa povertà, abitavano in case ben ordinate [...]. C'era un'unica sorgente nel luogo dell'attuale acropoli [112d] della quale, esauritasi in seguito agli sconvolgimenti sismici, restano le attuali piccole scaturigini tutt'intorno, mentre a quell'epoca offriva acqua abbondante a tutti quegli uomini, ben temperata sia d'estate che d'inverno [...] questi uomini, che avevano il carattere descritto e amministravano sempre giustamente la loro terra e l'Ellade, erano famosi in tutta l'Europa e in Asia per la loro prestanza fisica e per la loro rettitudine morale, ed erano i più rinomati tra tutti gli uomini allora viventi" (Platone, *Crizia*, 111a-112e; tr. Panessa lievemente modificata e corsivi miei).

Non è credibile che Platone ritenesse che nei millenni precedenti fosse avvenuto un deterioramento così macroscopico dell'ambiente naturale dell'Attica: basti confrontare il paesaggio idilliaco in cui Socrate conversa con Fedro nel dialogo omonimo, per ricordarci quanto sia rischioso interpretare un testo platonico isolandolo dal suo contesto. E come nel *Fedro*, dialogo sulla retorica, l'incanto della natura circostante è funzionale a sottolineare il piacere dei discorsi, così il passo del *Crizia* è mirato a sottolineare il più equilibrato rapporto con la natura in cui vivevano i cittadini dell'Atene primitiva, in allusiva contrapposizione alla crisi morale e sociale che Platone diagnostica nella società ateniese —e per questa via istituisce quella connessione, rara nel mondo antico, fra degrado dell'ambiente naturale e crisi sociale e culturale. È vero che nel testo citato sono messi in primo piano disastri di carattere naturale, ma va notato che la distruzione della vegetazione è collegata all'edificazione di grandi opere architettoniche, che come sappiamo fu caratteristica della prospera Atene di Pericle; e in Atene doveva essersi conservata memoria dell'enorme quantità di legname richiesta dalla costruzioni delle navi commerciali e da guerra, cardine della politica imperialistica della città periclea.[27] Il riferimento all'assenza di oro e argento

27 Per un commento puntuale sulla situazione di riferimento di questo passo, cfr. Panessa, *Fonti greche e latine*, cit., pp. 70 sgg. Nella sua ampia indagine, W.V. Harris, "Defining and Detecting Mediterranean Deforestation, 800 BCE to 700 CE", in Id., *The Ancient Mediterranean Environment*, cit., pp. 173-94, conclude che nell'antichità nel suo complesso la deforestazione in senso forte dev'essere stata episodica e limitata ai dintorni delle grandi città.

nelle suppellettili dell'Atene più antica, inoltre, rinvia *e contrario* allo sfruttamento intensivo delle miniere d'argento del Laurio, risorsa principale della ricchezza ateniese nel V secolo. Infine, l'elogio del semplice e genuino lavoro agricolo è caratteristico dell'ideologia aristocratica di un autore critico della città democratica, dove dominano gli artigiani, come fu Platone. È vero che Platone non collega *direttamente* le ferite subìte dal territorio all'uso di tecniche invasive: ma va forse ancora più nel profondo nell'individuare, alla base dell'impatto delle *technai* sull'ambiente naturale, la moltiplicazione dei consumi.

Aristotele accoglie e valorizza il tema delle catastrofi in due diversi quadri problematici. Uno di questi riguarda l'ipotesi che i miti conservino i "resti" di una sapienza antichissima andata perduta in periodiche catastrofi parziali, ma poi ritrovata grazie ai superstiti: esempio di questi "relitti" di un'"antica filosofia" sono i proverbi, sopravvissuti ad immani distruzioni di uomini grazie alla particolare concisione e acutezza.[28] Ma più ci interessa l'altro quadro problematico, ovvero la trattazione della *Meteorologia*, dedicata a una spiegazione fisica basata sulla teoria della doppia esalazione, secca e umida, di tutti i fenomeni del mondo sublunare (atmosferici e geologici), sia regolari che eccezionali. La prospettiva in cui sono indagate le catastrofi del passato è, come potevamo aspettarci, più empirica rispetto a quella assunta da Platone, ma dà luogo a una visione non meno significativa della storia della terra e, strettamente legata a questa, dell'umanità. Cruciale in questo contesto è il cap. 14 del primo libro, ove Aristotele afferma che la terra è soggetta a mutamenti ordinati di lunga durata in un processo ciclico di sviluppo e decadenza analogo a quello degli animali e delle piante, salvo che tale processo avviene non nell'intero corpo, come nell'animale o nella pianta, ma in diverse parti del corpo terrestre, variamente

28 Si veda almeno lo studio complessivo di C. Natali, "La teoria aristotelica delle catastrofi: metodi di razionalizzazione di un mito", in: "Rivista di Filologia e d'Istruzione Classica", Vol. 105, 1977, pp. 403-24.

sottoposte al riscaldamento o raffreddamento prodotto dal sole con i suoi movimenti (*Meteorologia*, I 14, 351a 25-35): "Ma poiché l'intero processo naturale del divenire della terra avviene gradualmente e in tempi lunghissimi rispetto alla nostra vita, esso ci sfugge; e tutti i popoli cadono in rovina e periscono prima che rimanga un ricordo di tali mutamenti dall'inizio alla fine. *Le più grandi e rapide rovine sono causate dalle guerre, dalle malattie e dalle carestie,* e queste ultime sono o rovinose o più graduali. *L'emigrazione dei popoli passa inosservata, perché una parte della popolazione abbandona la terra mentre un'altra rimane finché il paese non è più in grado di fornire nutrimento.* Il tempo che trascorre dalla prima all'ultima emigrazione è, così sembra, tanto lungo da far sì che che non rimanga alcun ricordo, e quando sono superstiti gli ultimi abitanti, la quantità del tempo passato ha già cancellato ogni memoria. *Allo stesso modo bisogna dunque ritenere che i popoli hanno perso il ricordo del loro originario stabilirsi in regioni che erano in corso di trasformazione da paludose e ricche d'acqua in aride*; perché anche qui lo sviluppo avviene gradualmente ed in lungo tempo, sì che si perde il ricordo dei primi abitanti, di quando giunsero e delle condizioni in cui erano i luoghi" (Aristotele, *Meteorologia*, I 14, 351b 8-28, tr. L. Pepe con una modifica e corsivi miei).

Aristotele prosegue argomentando che anche in Egitto, quel paese percepito come da sempre immutabile da Platone (ma anche nella cultura greca in generale), si è perso il ricordo di un lungo processo di inaridimento di un suolo che era originariamente paludoso; e così nell'Argolide e a Micene. Notevole, in questo capitolo, non è solo la proiezione a livello globale (nel senso in cui si poteva allora intendere) di una teoria fisica generale delle trasformazioni elementari e dei dati ricavabili da un'esplorazione della zona di Argo o dalla constatazione del ruolo del Nilo, ma il fatto che la ricostruzione genera a sua volta una riflessione sulla conservazione/perdita della memoria storica di un popolo. Ponendosi in continuità con l'emergere di questo motivo all'inizio del *Timeo* platonico,Aristotele lo sviluppa in una sorta di esperimento intellettuale che gli consente di scorgere una storia di migrazioni globali (nel senso che se ne poteva allora avere), e di coglierne le cause in diversi fattori causali: dai mutamenti climatici e dalle guerre alle carestie, alle epidemie, ai periodi di siccità che devono avere afflitto tutti i popoli sulla terra[29].

In ogni caso, Aristotele non dubita che "la totalità" sia "soggetta a mutamento ma non a generazione e corruzione, poiché il tutto permane" (*Meteor.* 352b16-17), e anche Platone considera le catastrofi naturali fenomeni parziali nel quadro di un cosmo imperituro. Per l'uno e per l'altro, il mondo è per definizione ordinato e la sua immortalità è garantita da un principio finalistico (rispettivamente, il Demiurgo del *Timeo* e il motore immobile del libro Lambda della *Metafisica*).[30] Ma non è questo l'unico modello cosmologico presente nel pensiero antico. Come vedremo nelle prossime pagine, a questa opzione teorica se ne affianca nel pensiero antico un'altra, che postula l'invecchiamento e distruzione della terra, e almeno in un caso illustre produce pessimismo e angoscia rispetto al futuro.

3. Il futuro

Sulle costruzioni cosmologiche di età presocratica ha agito, fin dall'inizio, una potente analogia fra micro- e macrocosmo. La natura e costituzione degli organismi viventi, in altre parole, ha fornito spunti fondamentali per una spiegazione della natura tutta, di cui quegli stessi organismi fanno parte. Talete deve aver pensato al ruolo di nutrimento dell'acqua nella vita animata allorché ha individuato nell'acqua l'elemento naturale fondamentale per la natura tutta; Anassimene ha esplicitamente rilevato, in un famoso frammento, l'analogia (o l'identità) fra l'aria che respiriamo e quella

---

29 Sarei tentata di cogliere nel passo anche una nota polemica contro il mito dell'autoctonia ateniese.

30 M. Rossi Monti, "Un altro giro. Meteorologia e teorie dell'eterno ritorno tra Medioevo e Rinascimento", in: "Bruniana e Campanelliana", Vol. 27, N. 1-2, 2021, pp. 99-116, indaga il legarsi delle riflessioni della *Meteorologia* con il concetto del perire e rinascere ciclico delle culture nella ricezione nel mondo arabo e nel Medioevo cristiano.

che circonda il cosmo –e non sono, acqua e aria, gli elementi di cui ci preoccupiamo maggiormente per la sopravvivenza della nostra specie? Anassimandro ha preferito pensare a una sorta di serbatoio infinito degli elementi naturali, l'*apeiron*, da cui masse calde e fredde, secche e umide emergono a confliggere l'una con l'altra e ottenere il predominio nell'avvicendarsi delle stagioni, in un'alternanza la cui regolarità è assicurata dallo stesso *apeiron*, principio divino inerente alla natura stessa. Ma l'equilibrio del cosmo, concepito come organismo vivente, è fragile: il celebre fr. 1 di Anassimandro parla di una distruzione delle cose complementare e opposta al processo della loro nascita, e un gruppo di credibili testimonianze gli attribuisce la nozione di un invecchiamento e morte della terra, concretamente ricondotta a un disseccamento dell'umido originario (12 A 14, A 17, A 27 Diels-Kranz); a questo mondo peraltro ne succederanno altri innumerevoli perché l'*apeiron*, ma solo quello, è eterno e divino.

A cavallo fra VI e V secolo a. C., il filosofo-rapsodo itinerante Senofane di Colofone avrebbe fondato una teoria simile su prove concrete ritrovate nella sua veste di indagatore empirico. Avendo osservato la presenza di conchiglie sulla terraferma e sui monti della Grecia, nonché "impronte" di foche e pesci nelle Latomie di Siracusa, a Malta e a Paro (21A33 Diels-Kranz), ne avrebbe dedotto che originariamente la terra era mescolata al mare e si era poi progressivamente disseccata; ma sarebbe in seguito tornata massa fangosa, in cui il genere umano sarebbe sprofondato e perito per rinascerne di nuovo, in un nuovo ciclo.

Il modello organicistico di un mondo che, così come nasce, cresce e invecchia, si ritrova in altri momenti importanti del pensiero greco, accompagnandosi talvolta all'idea di un ciclo di distruzioni e rinascite del cosmo, là dove gli autori cristiani privilegiano come noto un modello non-ciclico (e cercano di assimilarvi il concetto stoico di conflagrazione espungendo la nozione dell'eterno ritorno). Anche in questo quadro inoltre, va notato, è assente ogni parallelo fra fine del mondo e decadenza sociale e culturale del genere umano, e la prospettiva della fine del mondo, proiettata su una lunga prospettiva temporale e controbilanciata dall'idea di una rinascita, è lungi dal caricarsi di toni pessimistici. Luminosa (o cupa) eccezione in questo panorama è Lucrezio.[31] Questi segue la dottrina del maestro Epicuro, che riprendendo una concezione degli antichi atomisti (Leucippo e Democrito), sosteneva l'esistenza di innumerevoli mondi nel vuoto infinito, tutti soggetti a distruzione per cause naturali e fisiche. Ma pur elevando il maestro a salvatore dell'umanità, perché ha illuminato col suo pensiero le tenebre della superstizione rimuovendo la paura degli dèi (puri aggregati atomici incuranti della vita degli uomini) e quella della morte (che "non è nulla per noi"), Lucrezio manifesta in versi intensissimi la sua angoscia di fronte a una fine del mondo che vede incombente –e non si dimentichi quanto il pessimismo lucreziano ha a che fare con la crisi politica attraversata dallo Stato romano nel I secolo a. C. E così, il poeta che aveva aperto il *De rerum natura* con un inno ad Afrodite-*natura generatrix* non nasconde la sua disperazione nel vedere i segni di un logoramento inarrestabile del potere generatore della terra nella crescente calura, nel disseccamento della terra e nella difficoltà di trarre frutti che siano cibo all'umanità (anche gli animali diventeranno via via più piccoli):

> Ormai la nostra età è stremata, la terra esausta produce
> a stento meschini esemplari, la terra che un giorno generò
> ogni specie e creò dal suo grembo animali dai corpi possenti.
> Non certo una fune d'oro pendula dal cielo, io credo,
> calò in terra dall'alto le stirpi mortali, né queste
> furono generate dal mare e dai flutti che s'infrangono sugli scogli,
> bensì dalla stessa terra che ora di sè le alimenta.
> Inoltre essa in principio creò le splendide messi

31 Una panoramica che copre tutto l'arco del pensiero antico, sorretta da attentissima valutazione delle fonti, è offerta da J. Mansfeld, "The End of the World in Ancient Philosophy", in: "Eranos-Jahrbuch", Vol. 74, 2017-2018, pp. 91-140.

e i vigneti rigogliosi per sua forza spontanea in favore dei mortali,
essa donò i dolci frutti e i pascoli lieti,
che ora crescono a stento aiutati dalla nostra fatica.
(Lucrezio, *La natura delle cose*, II, vv. 1150-1160. tr. L. Canali)

Quella di Lucrezio non è né la terra che, in quanto organismo, si autoregola come la Gaia di Lovelock, né la Gaia.2, che si vendica irata degli esseri umani che l'hanno fatta ammalare.[32] È una Gaia.3, *naturalmente* invecchiata e inoltre, come gli antichi ben sapevano, *naturalmente* fragile perché sottoposta (e con lei il genere umano) a mutazioni climatiche, eventi sismici, alluvioni: ma che proprio per questo non dobbiamo privare ulteriormente delle sue risorse.

Potremmo continuare ad attualizzare questo o quel testo (molti altri ne troveremmo, di simile tenore) mediante espliciti paralleli con la situazione presente. Qui ci basti aver "conversato" con i filosofi antichi, condividendone la consapevolezza del nostro legame vitale con la terra che abitiamo.

32 Cfr. R. Bondì, "Is the Earth Sick?", in: "Archives Internationales d'Histoire des Sciences", Vol. 64, 2014, pp. 231-44.

Il legame con la madre terra: conquista di suolo o morte

Sarantis Thanopulos

Naples / *Napoli*, Italy / *Italia*
September / *Settembre* 2022

In *Edipo senza complesso* Jean Pierre Vernant afferma: "Per i greci in effetti, come Anzieu nota giustamente dopo Marie Delcourt, il sogno di unione con la madre – cioè con la terra che tutto genera, a cui tutto ritorna – significa talora la morte, talaltra la presa di possesso del suolo, la conquista del potere"[1]. Il significato che un analista attribuisce oggi alla congiunzione in sogno con la madre (presente in modo diretto sulla scena onirica, spesso in alternanza o sovrapposizione con un'altra donna, o in modo indiretto, simbolico attraverso figure dal significato materno) è diverso ma non scollegato da quello dei Greci. Secondo l'interpretazione analitica l'unione onirica con la madre testimonia il ritorno del desiderio incestuoso nei suoi confronti risalente alla prima infanzia. Può rappresentare un nodo irrisolto nella sua rimozione dalla coscienza che complica le relazioni sessuali del soggetto. Non significa la conquista di suolo in ogni caso e neppure l'incombere della morte.

È ragionevole pensare che l'avvento delle religioni monoteiste e in particolare di quella ebraico-cristiana, all'interno della cui tradizione, e in contrasto con essa, ha preso forma e si è sviluppata la psicoanalisi, abbia avuto un effetto sul nostro mondo interno e

1 J.P. Vernant, *Edipo senza complesso*, tr. it. Mimesis, Milano 2023 p. 43.

sulla relazione tra l'inconscio e la coscienza. Ha promosso una rimozione/repressione più rigida dei contenuti psichici incestuosi e ha intensificato il senso di colpa legato ad essi. Poiché il legame erotico con la madre è il fondamento della sessualità e del suo libero dispiegamento, il suo eccesso di repressione ha avuto degli effetti inibenti su di noi. L'inibizione nevrotica della sessualità individuale è stata correttamente letta dalla psicoanalisi come un eccesso di rimozione della componente incestuosa dell'eros che, a causa della conseguente incompleta sua evoluzione verso la dimensione esogamica, è diventata pervasiva e destabilizzante. Tuttavia, la psicoanalisi non ha propriamente considerato l'effetto dell'eccesso di rimozione prodotto dalla civiltà. Freud l'ha considerato come causa di disagio perenne del processo di civilizzazione, ma, al tempo stesso, come sua condizione necessaria.[2] In realtà la rimozione eccessiva dell'eros *anomos*, senza regole, degli inizi (il nucleo centrale del desiderio erotico in noi) più che essere necessaria alla civiltà, rappresenta un agente patogeno che essa cova dentro di sé, il nemico interno che potrebbe distruggerla.

L'eccesso di rimozione che ospitiamo internamente ha velato ai nostri occhi ciò i Greci coglievano con maggior libertà: il nodo essenziale della costituzione erotica umana, che può favorire l'appropriazione della vita o condannare a un destino infausto di rinuncia a vivere veramente, si trova nella relazione incestuosa che i figli di entrambi i sessi intrattengono con la madre nella primissima fase della loro infanzia. Questa relazione che si basa sul piacere sensuale più naturale che esista -godere del contatto con il corpo coinvolto e coinvolgente dell'altro, della compenetrazione in termini di sensazioni e affetti di due modi di essere intimamente legati da un sentimento di co-appartenenza – ha come sua unica condizione il rispetto della differenza reciproca di cui è garante la madre. Se la differenza è rispettata, la condizione necessaria perché entrambi figlia/o e madre restino emotivamente vivi e desideranti, il rapporto

2 S. Freud, *Il disagio della civiltà* (1929), tr. it. in: OSF 10.

incestuoso apre al bambino la strada a una vita feconda, profonda, intensa e significativa. Se, invece, la madre trattiene difensivamente la figlia/ il figlio nel suo spazio psichico, trattandolo come estensione di sé nel mondo, lo destina alla morte come soggetto desiderante.

L'antropologia considera come legge fondamentale che sancisce l'origine della società e della civiltà, la proibizione dell'incesto. L'incesto proibito, resta, nondimeno, attivo – seppure su un piano che non implica una partecipazione genitale – nella relazione madre-bambino e rappresenta l'elemento costitutivo della civiltà delle cure materne, la sensualità affettiva che le emancipa dal puro accudimento materiale. Inoltre, la proibizione dell'incesto, si è affermata con effetto posteriore. È l'avanzare graduale del processo di civilizzazione che ha reso inattivo l'incesto, ponendo, in un secondo tempo, il suo superamento a fondamento, non dichiarato, delle sue leggi.

L'incesto non è di per sé traumatico o innaturale, né sul piano dell'esperienza primaria del bambino né su quello della fase primaria della storia/preistoria dell'umanità. La sua rimozione, che precede la proibizione, è legata al limite che esso rappresenta per lo sviluppo pieno delle relazioni che costruiscono la trama della vita sociale, privata e pubblica. Contrariamente alla narrazione dominante, il limite non è affatto il godimento pulsionale sfrenato e insaziabile degli inizi che nella prospettiva erronea che seguono Hegel, Freud e Lacan, annienterebbe il suo oggetto e la relazione con esso. Il godimento pulsionale – questo lo si può vedere molto bene nel bambino, ma lo si può intuire bene anche tra i "selvaggi", a condizione che non si confonda il desiderio erotico con l'appagamento del bisogno – ha una sua durata, un ritmo e un andamento oscillatorio, un movimento di ascesa e di discesa, una persistenza, un degradare simile a quello delle onde del mare che lo rende insaturo e lo dissolve nel dolce piacere del vivere.

Il vero limite rappresentato dall'incesto è l'assuefazione del desiderio che esso crea. La sua permanenza determina una chiusura rispetto al resto delle relazioni (nelle loro infinite possibilità) che priva di alimentazione il piacere del vivere. Il desiderio si nutre delle differenze, diversamente muore di inedia. Anche nel caso di una relazione erotica che si mantiene felicemente/fortunosamente sul piano di un'appagante e non convenzionale monogamia, il desiderio e la sua soddisfazione vivono (con l'alterne vicissitudini) attraverso il complesso gioco delle differenze con gli altri, senza le quali il dialogo intimo della coppia si prosciugherebbe.

L'annessione dell'altro

La proibizione dell'incesto, che si insedia al centro della regolazione delle relazioni successive al suo superamento, si oppone all'attrazione del medesimo: l'originario luogo soggettivamente indifferenziato dell'esistenza. Per quanto è possibile capire nell'esperienza clinica analitica che riattiva l'esperienza psichica dell'infanzia, l'attrazione è parte della reazione del soggetto all'emergere della differenza dell'altro, resa ineludibile dallo sviluppo dello spazio comune del desiderio. È intensamente, drammaticamente evidente in una delle due correnti erotiche che spingono alla ricongiunzione con l'oggetto perduto precedentemente vissuto come estensione di sé: la corrente "masochistica", la spinta ad abbandonarsi, perdersi senza confini nell'altro. L'episodio di *Odissea* in cui Ulisse escogita un dispositivo complesso (farsi legare all'albero della sua nave e tappare con la cera le orecchie dei suoi marinai perché non ascoltassero le sue richieste a slegarlo) per sentire il canto delle sirene (l'irresistibile tentazione di cedere senza condizioni al potere di seduzione dell'altro) evitando di soccombere, mostra la doppia esigenza di censurare la spinta a farsi catturare nel mondo dell'altro e, al tempo stesso, di viverla. Se teniamo presente l'altra corrente del desiderio con cui si attraversa lo spazio della separazione dall'oggetto desiderato (lo spazio della sua mancanza) – cioè la volontà di disfarsi di ogni sua resistenza e determinazione per sottometterlo al proprio possesso

– si può comprendere come la persistenza e lo sviluppo dello spazio della differenza, senza il quale le relazioni deperiscono, è affidato al gioco di due opposte tendenze erotiche a cancellarlo. Che devono articolarsi tra di loro, diventando l'una la condizione dell'altra, per poter svilupparsi e vivere.

Antigone offre una prospettiva interessante di lettura del nostro complesso rapporto con la differenza. La pretesa di Creonte di lasciare insepolto Polinice nulla ha a che fare con il diritto della Polis di punire il suo nemico (peraltro già sconfitto e ucciso). Creonte in realtà nega il lutto: il sentimento di perdita che ci consente di vedere nell'altro nemico la possibilità perduta di un amico. Il lutto testimonia il radicamento nell'essere umano della differenza dell'altro, senza la quale egli non potrebbe essere un vero amico (oggetto che espande e arricchisce la nostra esperienza nel mondo). L'altro può costituirsi come amico solo se è libero di essere, in quella o in quell'altra circostanza, nemico del nostro desiderio.

Creonte annette l'oggetto nella sua autoreferenziale prospettiva. È un tiranno che, come il padre dell'orda primitiva, agisce in modo endogamico, difendendo la logica dell'*oikos* (Hegel ha preso un abbaglio nel sostenere il contrario). La negazione radicale della differenza dell'altro è l'*hybris* per eccellenza: posizionarsi nella vita come una pianta rigogliosa che cresce irrispettosa delle altre piante opprimendo il loro sviluppo (il significato della celeberrima parola greca che designa un superamento intollerabile del senso di misura). Tuttavia, dal punto di vista tragico – il dilemma indecidibile della scelta tra sé e l'oggetto desiderato – anche l'eccesso di altruismo è *hybris*. Antigone supera il limite perché nel difendere ad oltranza il diritto alla sepoltura del fratello, contro una forza avversa manifestamente sopraffacente, soccombe all'antagonista. Il sacrificio dell'amore proprio è dannoso per le relazioni come la sua affermazione oltremisura sull'altro.

Antigone è sanzionata da una legge ingiusta per aver difeso la giustizia, non c'è legge giusta che la possa sanzionare per averla difesa sacrificandosi. Creonte può e deve essere sanzionato da una legge giusta, ma il timore della giustizia non lo ferma, lo esalta. Per il tiranno la più severa delle punizioni (di cui corre il rischio, sfidandola) è la sua autodistruzione: come soggetto desiderante senza dubbio, ma anche (come spesso accade) sul piano della sua rovinosa caduta finale dal potere. La sanzione come salvaguardia delle relazioni umane fondate sul desiderio, può funzionare solo all'interno di una comunità di cittadini che si riconoscono nella condizione comune di soggetti diversi ma pari. La sanzione afferma che le regole che accordano tra di loro la diversità e la parità sono state infrante e richiama tutti e non solo i sanzionati al loro rispetto. Tuttavia, la sanzione nel suo intento costruttivo è annullata di fatto dall'inclinazione autodistruttiva (causata da un eccesso di egoismo o di altruismo). La sanzione non crea il senso di responsabilità (il rispetto del desiderio dell'altro come condizione del proprio e viceversa). Quando la legge difende la logica del desiderio (la parità dei soggetti desideranti) ha un doppio compito: sanzionare direttamente l'infrazione dei limiti (che danneggia l'interesse comune) e promuovere indirettamente lo sviluppo del senso di responsabilità (creando le condizioni che lo facilitano).

La differenza fa nascere e fa sviluppare l'investimento erotico del rapporto con la realtà dal momento della nostra nascita fino al momento della nostra morte. È la necessità che essa continui a svilupparsi (pena l'estinzione per assuefazione del desiderio) che ci porta a staccarci dalla nostra condizione di amanti incestuosi della madre e a scoprire e riconoscere il padre, già esistente psichicamente come segno invisibile della nostra differenza vissuta, ma non ancora concepita, da lei. Se nel complesso ecosistema erotico affettivo e mentale che la madre dovrebbe co-costruire con il suo bambino la differenza non regge, perché questo ecosistema è inserito in un ambiente psicofisico circostante in crisi che richiede l'adattamento al suo equilibrio difensivo, rigido, il soggetto sorgente viene catturato all'interno di un rapporto omeostatico, indifferenziante e ripetitivo. Di questo rapporto la madre è artefice e vittima. Danneggiata nella sua femminilità (la sua capacità di apertura, esposizione all'altro e alla sua diversità) la differenza la ferisce e il legame erotico con la vita (a partire dalla relazione coniugale) e il coinvolgimento profondo che esso implica, sono vissuti come terremoto interno, come perdersi senza poter ritrovarsi, come emorragia irrefrenabile del proprio desiderio. Piuttosto che relazionarsi con la diversità, la include nel suo spazio psichico. Trattiene nel suo grembo affettivo il bambino, che in questo modo non nasce nella sua fantasia (potente e contaminante) come essere a sé stante, ma resta indiviso da lei come sua protesi. Il figlio e/o la figlia restano risucchiati in uno spazio di gravidanza perenne. Con il primo la madre si identifica, costruendolo e assumendolo come modello puramente maschile di assetto psicocorporeo, come modalità erettile di esistenza avulsa da ogni coinvolgimento erotico e affettivo vero. Sulla figlia proietta la propria esigenza di non differenziarsi dall'uomo – esponendosi al rischio di un desiderio percepito come rovinoso – e tende a omologarla al proprio vivere in un limbo protettivo (tra sesso maschile e femminile). Investe entrambi come oggetti sessualmente neutrali e si costituisce come soggetto androgino (il cui riferimento inconscio è l'essere sferico del mito che Aristofane racconta nel Simposio). La sua identificazione con l'uomo non ha a che fare con il pene come soggetto/oggetto di piacere erotico, che è temuto, ma con un modo difensivo di essere fondato sulla contrazione della materia psicocorporea e sul suo funzionamento idraulico: lo scambio con la vita di cui si fa promotrice è appiattito sul piano del bisogno, della tendenza a liberarsi dalle tensioni. Il rapporto tra il bambino e la madre – con le due diverse prospettive opposte a cui esso conduce a seconda che la differenza, a partire da quella del padre, venga o non venga riconosciuta – simbolizza da sempre il rapporto che l'essere umano ha con la natura e con il suo ambiente sociale che può essere costruttivo o (auto) distruttivo. La madre androgina non è una costruzione autonoma, individuale, di una donna, ma il risultato del suo essere madre senza che le condizioni coniugali, famigliari e sociali le permettano di essere viva sul piano del desiderio. Allo stesso modo un legame indifferenziato con il mondo e con gli altri è il risultato di un processo collettivo anonimo massificante che distrugge le differenze, l'inconsueto e la sorpresa/scoperta e cattura il soggetto in un recinto costruito dal calcolo probabilistico che lo rende cieco. Il mondo indifferenziato trova il suo potente alleato in un uso insensato della tecnologia che de-simbolizza le relazioni e sostituisce il simbolo con l'algoritmo: la rappresentazione essenziale dell'androgino.

Nella dimensione fantasmatica individuale e collettiva, l'indifferenziazione (che colpisce tutte le differenze, a partire da quella fondamentale uomo-donna, e la sessualità profonda) è rappresentata, come l'esperienza psicoanalitica mette a fuoco, dalla triade Madre Vergine-Padre Ideale-Figlio Messianico che mette fuori gioco nella psiche dei soggetti la coppia coniugale e il padre reale. Si può discutere se nella cultura occidentale sia stata la religione cristiana a influenzare l'inconscio di tutti in questa direzione o se essa abbia configurato sul piano della coscienza una costellazione fantasmatica collettiva già esistente. Resta il fatto che nella cosmogonia narrata da tutte le culture sono molto presenti la dimensione incestuosa e la configurazione della madre androgina che mediante il figlio espropria il padre del suo potere virile, castrandolo. Restando nella mitologia greca, la triangolazione Gaia, Urano e Crono è molto eloquente, ma il mito di Minotauro si presta meglio a una lettura del complesso della madre indifferenziante, fallica che compete con il complesso di Edipo nella società e nella storia personale di ogni individuo per l'occupazione del centro di gravità della vita psichica (la sua prevalenza è all'origine di ogni manifestazione psicopatologica del dolore).

Il "toro di Minosse" (questo è il significato di Minotauro) simbolizza il pene, la virilità del re di Creta infiltrata e delegittimata nella sua funzione reale dall'oggetto ideale investito segretamente dalla regina. Giacendo con il toro, in cui si era incarnato Zeus, Pasifae si unisce incestuosamente con il padre divino e screditando la virilità del consorte sul piano reale, se ne appropria in forma ideale. L'unione padre-figlia si sostituisce all'unione coniugale e si incarna in modo perenne in un figlio per metà toro/essere divino e per metà essere umano, erede di nessuno (escluso da ogni filiazione) e sottratto alla vita reale. Egli è prigioniero, senza via d'uscita, di uno spazio materno labirintico che lo include in sé come fondamento della sua costituzione androgina. L'esistenza di questo figlio mostruoso si nutre della carne viva di adolescenti (maschi e femmine) non destinati alla vita sessuale: metafora dell'espropriazione della materia psicocorporea erotica di un figlio che fa di lui la materializzazione immaginaria del sogno autarchico della madre. Minotauro è un fantasma che abita l'inconscio collettivo là dove la relazione erotica svanisce e alla differenza dei sessi subentra il neutro, l'unisessuale. Anticipa la configurazione del legame fantasmatico della Madre Vergine con il Figlio Messianico. Ci aiuta a capire come nella sua funzione psichica inconscia che fa parte dell'inconscio di tutti, credenti e non credenti, di questa religione o di quell'altra, la figura del figlio salvifico corrisponde a un sacrificio di materia umana (condannata alla deprivazione sul piano del desiderio): donazione di sangue che dà illusione di vita reale alla costruzione ideale di un'esistenza asessuata, spiritualità pura, supposta invulnerabile ai conflitti e al dolore di ogni tipo di perdita. Il mito di Minotauro rivela il lato oscuro, inquietante del messianesimo. Con una lucidità che trascende ogni soggezione verso il divino, Euripide ha ripreso il tema nelle *Baccanti* (in cui l'assoggettamento di Agave al Messia Dioniso distrugge il rapporto reale madre-figlio) portando la tragedia nel suo estremo e profetico limite.

La co-appartenenza e la femminilità: Persefone e Alcesti

La nostra identità è radicata in un *terreno di co-appartenenza* mediata dai nostri sensi, incluso il sistema gestuale/sensomotorio (il movimento effettivo/potenziale del corpo che è percezione propriocettiva di sé e del mondo). All'inizio della nostra vita siamo immersi in un complesso insieme di profumi/odori, suoni/rumori, colori, panorami, squarci, prospettive, gusti, sensazioni tattili, temperature, atmosfere emotive che variano e si declinano in mille sfumature. È importante che, pur nel contrasto necessario che le differenzia e le rende significative, queste sensazioni/ impressioni/emozioni non di disconnettano tra di loro che la trama unitaria della loro tessitura non si interrompa. Questa trama ha il suo centro di gravità nel nostro respiro e nel suo legame con i ritmi del nostro ambiente di vita. Respiriamo con i ritmi del mondo e il respirare diventa il primo senso/la prima forma di pensiero della nostra vita (il significato senza significanti) se la percezione multipla del nostro esserci ha una continuità piacevole intensamente sensuale. *Ciò implica la costanza della variazione/trasformazione dello stato della nostra materia psicocorporea (che segue il principio della continuità nella discontinuità).*

L'appartenenza condivisa al nostro primo ambiente di vita non è mai chiusa in sé stessa. Essa è fondata sul gioco delle differenze e delle variazioni che rimanda sempre a qualcosa altro, a un cambiamento di orizzonti e di prospettive. Fonda un legame autentico ma non esclusivo con il nostro ambiente di vita, perché lo schiude oltre ogni confine prestabilito, crea una spinta continua verso la sorpresa e la scoperta. Non esalta una particolarità specifica, ma la particolarità in sé stessa (nelle sue infinite declinazioni), ama l'originalità dell'esperienza. L'essere umano che si affaccia alla vita è potenzialmente cittadino del mondo, il suo chiudersi in identità di appartenenza esclusive è il prodotto successivo di sovrastrutture sociali (che determinano indirettamente anche il grado della sua alienazione iniziale).

La relazione che fin dall'inizio abbiamo con il mondo è una relazione reciprocamente trasformativa. Non possiamo essere presenti in noi se non attraverso la nostra partecipazione a un processo di trasformazione. La trasformazione, ciò che ci permette di fare esperienza, ha in noi il proprio centro di gravità (che ci posiziona nel mondo come originale modo di essere), ma non sussiste senza la trasformazione dell'altro soggetto. Ci trasformiamo (a modo nostro) mentre trasformiamo l'altro che ci trasforma. *L'identificazione originaria con l'altro non è un processo di "importazione": è un'estensione della nostra soggettività oltre i suoi confini corporei definiti che resta sempre attiva dentro di noi.* Questa estensione è il prodotto dell'impronta dell'altro in noi e della nostra impronta in lui. Due materie ritmiche, respiranti si incontrano ed è l'accordo dei loro respiri a farle esistere.

Lo statuto della nostra identificazione primaria con l'altro cambia drammaticamente nel momento originario della nostra mutilazione dell'altro, quando la madre appare nella sua distinta, separata esistenza e ci troviamo attori di (e insieme esposti a) una doppia spinta: afferrare l'oggetto come nostro possesso in modo spietato, senza scrupoli (il Sé nel posto dell'altro); farsi catturare, possedere dall'oggetto senza riserve (l'altro nel posto di Sé). L'"identificazione narcisistica" consente di tamponare, colmare provvisoriamente lo spazio melanconico della nostra mutilazione dell'altro come parte di sé, ma non può reggere, se non provvisoriamente, l'antinomia delle due correnti opposte del desiderio che fondano ogni relazione erotica. Non consente, come Freud ha intuito, di superare il momento melanconico della perdita dell'altro come parte di sé, di sostare nello spazio della mancanza e avviare un processo di lutto. È l'"identificazione isterica", l'identificazione che è, al tempo stesso, relazione (l'assunzione transizionale dell'altro nel nostro mondo interno, mentre egli continua a esistere come soggetto diverso nel mondo esterno), che, mettendo dentro di noi in tensione due modi di essere, lega tra di loro il possesso spietato dell'oggetto desiderato e l'abbandono incondizionato ad esso, facendone l'uno la condizione dell'altro e viceversa.[3]

L'identificazione isterica ci estroverte, ci inclina verso l'altro da noi separato, ci rende per sempre eccentrici al nostro centro di gravità. Struttura in modo stabile il nostro senso di responsabilità, nei confronti di noi stessi e nei confronti dell'altro, che nasce all'interno e non al di fuori della relazione erotica. Il nostro desiderio non sopravvive se non rispettiamo il desiderio dell'altro, perché diversamente quest'altro diventa un oggetto manipolato, inerte e non desiderabile (l'errore di Creonte). Ma esso non sopravvive anche quando cediamo troppo al desiderio dell'altro, se all'eccesso di egoismo subentra un eccesso di altruismo (l'errore di Antigone).

La socializzazione del desiderio nasce come intrinseca esigenza del desiderio stesso (nella modulazione dell'intesa tra gli amanti guidati dalla sola esigenza di restare eroticamente vivi, desideranti) e non come sua limitazione esterna dettata da una saggezza che, nata posteriormente all'esperienza vissuta, si impone come forza prescrittiva. L'identificazione isterica consente l'elaborazione del lutto: accettare l'esistenza libera, autonoma da sé, della fonte del proprio desiderio e della sua soddisfazione, per entrare nel gioco delle esistenze separate e delle differenze riconosciute, dove i soggetti desideranti si perdono e si ritrovano, rinnovando l'intesa e evitando l'assuefazione.

È legittimo dire, come fa Freud, che la psicologia individuale è, fin dall'inizio, psicologia sociale non solo per via delle identificazioni stratificate con l'altro (a partire dalla prima manifestazione emotiva del legame con lui), ma anche perché entrambe si fondano sull'esperienza del lutto. Detto in altra maniera, entrambe si costituiscono sulla possibilità dell'altro di essere nemico e non necessariamente amico del nostro desiderio, altrimenti non è possibile entrare in un rapporto vero con lui. Al lutto è strettamente collegato come

---

3 Vedi S. Thanopulos, "Identificazione isterica", in Id., *Il desiderio che ama il lutto*, Quodlibet, Macerata 2016.

legame insolubile tra la psicologia individuale e quella sociale il processo della sublimazione: l'espansione all'infinito delle differenze (che mantiene vivo il desiderio) ben al di là della contiguità, compenetrazione dei corpi erotici. Ben inteso se per sublimazione non intendiamo disincarnazione: l'ascolto di un brano musicale, o una scoperta scientifica, sono esperienze intensamente sensuali. L'elaborazione del lutto e la sublimazione creano i legami erotici che costituiscono la Polis. La loro assenza domina la psicologia delle masse indifferenziate.

Il mito di Persefone è una rappresentazione del lutto originario: la perdita della madre-terra, il suo trasformarsi da radice della nostra esistenza a spazio aperto e imprevedibile che dobbiamo imparare a scoprire, conoscere e rispettare per poterlo rendere vivibile e fecondo. Il riferimento alla fecondità femminile è evidente: la tensione tra la gravidanza/primavera e il flusso mestruale/inverno che dissolve l'alloggio pronto ad accoglierla. Bisogna "coltivare" il terreno della vita, imparando dalla difficoltà del lavoro necessario per poterlo renderlo fertile. Rispettare l'idioma della terra da cui nasce la vita, piuttosto che vivere nell'onnipotenza, abitare nel legame tra perdita e ritrovamento, che tutto trasforma, invece di rifugiarsi in costruzioni immaginarie consolatorie (il paravento della morte).

Tuttavia, Persefone è anche la rappresentazione dell'eros femminile: morire e rinascere, la rinuncia al controllo sul proprio corpo come condizione per fiorire eroticamente. Più la donna si lascia andare nell'esperienza erotica, si perde senza pregiudizi e calcoli in essa, più si afferma come soggetto desiderante libero e profondo. Se le cose nella nostra vita sono andate per il verso giusto abbiamo fatto esperienza di ciò nel nostro legame con il seno materno: "consumato" come oggetto sensuale in ogni poppata, rinasce per la successiva. Tutto è diverso, invece, se il seno della madre non si dà al piacere erotico dell'allattamento e il bambino "pompa" il seno (invece di "svuotarlo" di tutto il suo piacere) per tenerlo eretto e imponente, così che la sua bocca e il suo corpo diventano uno strumento autoerotico per lei.

In ultimo, il mito di Persefone, che parla delle condizioni che rendono abitabile e godibile il mondo, mettendo al loro centro la femminilità, narra della solitudine della donna, del suo restare sola nel momento in cui il suo legame erotico con la vita raggiunge una profondità tale, da essere inaccessibile all'uomo. La donna è più esposta dell'uomo alla melanconia é anche più disposta a sostare nello spazio della mancanza. Nel soffrire della discrepanza di intensità e di persistenza che la separa da lui, è, nondimeno, capace di appropriarsi dell'incontro in modo più intimo e privato. Si potrebbe dire che "nel suo spazio di solitudine in presenza dell'altro, la donna sente il palpito del suo cuore non come rumore nel buio, ma come metronomo della vita nel suo corpo, misura dell'apertura del suo desiderio al mondo".[4]

Il desiderio femminile misura lo spazio e il tempo nel mondo. In *Alcesti* si vede tutta la disponibilità della donna ad abbandonarsi, perdersi nella relazione erotica e tutta la riluttanza dell'uomo che preferisce preservarsi. Nel loro relazionarsi, sotto la spinta del desiderio, le due opposte disposizioni si influenzano (per identificazione reciproca) e si trasformano: la passione della donna (mossa dal potere destrutturante della vagina) coinvolge l'uomo spingendolo a immergersi senza riserve nel legame e la maggiore presenza in sé dell'uomo (la cui sessualità è strutturata gerarchicamente attorno al pene) permette alla donna di costruire una sponda interna ed esterna per il libero, anarchico dispiegamento del suo desiderio. L'ombra della morte incombe, tuttavia, se questo equilibrio su cui si fonda l'intesa tra le differenti costituzioni della materia erotica dei due sessi (che regge l'intero edificio delle differenze) si rompe. Come accade quando il desiderio femminile è gravemente ferito dalla brama del possesso puro che abita la società patriarcale, quando la costituzione paritaria della relazione tra gli amanti è sottomessa

4 S. Thanopulos, *La solitudine della donna*, Quodlibet, Macerata 2018, p. 105.

alla logica del potere del più "forte", cioè del più senza scrupoli, del più centrato, senza incertezze e oscillazioni, su di sé.

L'espansione delle differenze: la simbolizzazione

Possiamo rendere fertile il nostro rapporto con la terra se ci allontaniamo dal legame endogamico, incestuoso con essa, dalla cittadinanza fondata sui legami di sangue. Se ci lasciamo andare al mescolamento delle culture, ai rapporti di scambio in cui entrano in gioco tutti i luoghi, i panorami, le albe e i tramonti del mondo intero. Ciò che, lontano da noi, gli occhi non vedono, e mai vedranno (se non attraverso il filtro che può essere ingannevole del materiale filmico), i nostri sensi lo percepiscono, le nostre emozioni lo sentono e i nostri pensieri lo intuiscono, se il desiderio per l'alterità resta vivo, se in ogni rapporto con lo "straniero" il nostro senso di co-appartenenza sorge spontaneo.

La comunità e l'individuo crescono e prosperano con lo sviluppo delle differenze che mantengono viva l'alterità costitutiva dell'oggetto desiderato e, al tempo stesso, la rendono accessibile e godibile. Relazioni e differenze si determinano a vicenda. La loro reciproca espansione coincide con il processo della sublimazione che amplia il campo del desiderio al di là della contiguità corporea degli amanti nello spazio infinito degli oggetti culturali e delle relazioni di scambio. La sublimazione è sorretta durante l'intera nostra crescita erotica, affettiva e mentale dal processo della simbolizzazione che ci porta oltre l'iniziale condizione endogamica in cui la nostra differenza da ciò che ci circonda (al cui centro è la madre) è vissuta, ma non è conosciuta e concepita come tale. La significazione simbolica nasce dallo spezzarsi di questa tessera originaria (che ci protegge dalla nostra impotenza biologica iniziale con l'illusione di essere tutt'uno con il mondo) come risposta all'esigenza di rimettere insieme i due pezzi separati. Senza annullare la loro separatezza e la possibilità di espandere il campo dell'esperienza attraverso la relazione con oggetti sempre più numerosi separati da noi. Il mondo è scoperto, conosciuto, amato e abitato pian piano che impariamo a esprimere e a capire la sua diversità senza temerla, a creare una rete di rapporti tra le cose differenti che lo costituiscono che lo rendono significativo e godibile, allontanandolo dalla percezione di un'entità incomprensibile e minacciosa. Nella nostra relazione con la madre la funzione protosimbolica è rappresentata dall'oggetto *transizionale* (un pupazzetto, un lembo di coperta, un batuffolo di lana). Questo oggetto, teorizzato da Winnicott[5], è usato come oggetto reale che esiste come possesso assoluto del bambino (che in questo modo rifiuta la sua separazione e dipendenza dall'altro) e, al tempo stesso, come simbolo della madre nella sua distinta esistenza. È un mezzo di unione e di separazione con l'altro, unisce i due pezzi della tessera spezzata senza annullare la loro divisione, rappresenta il passaggio dal puramente soggettivo all'oggettivo.

La simbolizzazione crea ponti tra il soggetto è l'alterità e, evolvendo, ponti tra gli infiniti oggetti del mondo. Nella tessera spezzata i due pezzi non solo ricompongono l'antica unità perduta (nell'antica Grecia rimetterli insieme, *symbalein*, serviva come riconoscimento di un antico sodalizio tra individui o comunità) ma finiscono per rappresentare l'un l'altro, così che la differenza non spezza il rapporto ma lo mantiene vivo. La differenza dell'uno mantiene in vita l'impronta della differenza dell'altro. Tra i due pezzi esiste uno spazio che si espande lateralmente alla concatenazione lineare degli eventi. Così la tensione/mancanza tra le due parti spezzate dell'unità/intesa originaria crea oggetti intermedi, sfumature, gradualità espressive e di significazione e la loro relazione si connette ad altre relazioni, altre spazialità, altre tensioni di affetti e significati. Lo spazio laterale prende forma in un tempo inattuale (in cui si è, al tempo stesso, e nel passato e nel presente), il tempo della trasformazione in cui ciò che è accaduto continua ad accadere e ciò che

5 D.W. Winnicott, "Oggetti transizionali e fenomeni transizionali" (1951), tr. it. in: Id., *Gioco e realtà*, Armando Armando, Roma 1974.

accadrà sta già accadendo. È nel tempo inattuale (tempo della nostra contemporaneità con ciò che precede e ciò che viene dopo) che le due parti separate continuano a combaciare, allontanandosi l'una dall'altra, immerse necessariamente in una complessità crescente, che le fa persistere nel desiderio, nell'emozione e nel pensiero. Se i figli di due amici si incontrassero dopo la morte dei genitori e mettessero insieme la tessera spezzata ereditata, rinnoverebbero il senso dell'antica amicizia attraverso le trasformazioni avvenute e non a discapito di esse. Se ritrovando un amico dopo molti anni sentiamo che è come se ci fossimo visti il giorno prima, non è perché non siamo diversi da quando ci siamo lasciati, ma perché le nostre differenze sono cresciute nel desiderio di un re-incontro.

Grazie alla simbolizzazione, una rete prima di essere un ordine di rappresentazione e organizzazione sociale, gli oggetti sublimati e le trame relazionali in cui essi si configurano come oggetti di desiderio e diventano coinvolgenti e significativi, ricevono un investimento soggettivo sensuale che mantiene l'esperienza incarnata e viva.

Il rischio del tramonto dello spazio tragico e della clonazione delle esistenze

Il gioco delle differenze consente di abitare la terra secondo la legge della musica: l'armonica disposizione degli esseri umani nello spazio della vita che non ignora la tensione, il tumulto e il contrasto, ma dando loro espressione, ne trae ispirazione e forza. Lo spazio di questo gioco è sempre più eroso da un processo di indifferenziazione che tende ad assoggettare gli esseri umani all'Uno, la regola della clonazione, della riproduzione perpetua dell'identico. Le cause della distruzione delle differenze sono molteplici: la plutocrazia che rende estremamente ineguali gli scambi e aliena il lavoro deprivandolo della sua creatività, creando una società precaria e fragile perennemente irrigidita in un assetto psichico difensivo; la digitalizzazione dell'esperienza, parallela alla robotizzazione della produzione, che rende le relazioni e le comunicazioni impersonali, assoggettate a schemi mentali comportamentali, calcolabili probabilisticamente, che possono essere predeterminati e perfettamente riproducibili nel tempo; l'evaporazione del tempo libero destinato alle relazioni erotiche, amicali e culturali (così importante per lo sviluppo dell'elemento femminile della vita); la sparizione degli spazi conviviali sia come luoghi di potenziale ritrovo abituale sia come luoghi di passaggio emotivamente significativi in cui lo sguardo di un estraneo o di un'estranea è incluso in modo transitorio nella nostra vita, o il nostro si proietta altrettanto transitoriamente nella loro. Se i piccoli spazi di relazione ravvicinata funzionano, si costituiscono come interconnessione di prospettive particolari e come spazio di transizione dal particolare all'universale: in un mondo in cui sono gli spazi piccoli a abitare e rendere significative e vive le grandi platee della comunicazione e l'ampia estensione geografica dello spirito umano, siamo sempre in compagnia di tanti sconosciuti che arricchiscono la nostra vita,

Le diverse condizioni che distruggono le differenze si alleano tra di loro e diventa difficile, e tutto sommato superfluo, chiederci quale di esse si costituisca storicamente come principio, anche se è necessario tener presente che il tumore che mina il tessuto sano della nostra civiltà è la repressione della sessualità femminile. È vero, in ogni caso che nella società attuale tutto comincia di nuovo a incancrenirsi dopo il nazismo con il liberismo. Il pensiero critico cerca di ampliare lo sguardo, la ragione politica non può consistere senza un nemico.

La deregulation ha favorito tutte le forze che si oppongono alla differenza non solo in modo diretto ma anche potenziando l'infiltrazione del conflitto amico-nemico, intrinseco alla relazione di desiderio[6], da parte del bisogno. Ha spostato decisamente il centro di gravità della società dai desideri ai bisogni materiali. Nel campo

6 La relazione di desiderio è fondata sulla contraddizione tra la libertà degli amanti di scegliere altro e il privilegio che devono accordarsi reciprocamente per potere andare fin in fondo nel coinvolgimento senza dispersioni. La loro differenza è la fonte del loro desiderio ma anche di conflitti potenzialmente molto dolorosi.

del bisogno le tensioni sono fonte di dispiacere e devono essere eliminate. In esse confluisce anche la frustrazione del desiderio non soddisfatto. Il bisogno rende tutti gli esseri umani uguali, ma niente affatto pari. Al contrario del desiderio, il suo appagamento non richiede, come condizione necessaria, il rispetto dell'altro. Si può far uso dell'altro come strumento di liberazione da una tensione o percepirlo egli stesso come fonte di tensione di cui liberarsene.

Nella nostra società centrata sui bisogni, che non solo insegue ma produce anche incessantemente (come strumento di profitto), facendo dell'equilibrio omeostatico dello psichismo umano il suo principio regolatore, i sentimenti tragici che rendono la nostra vita interpretabile e trasformabile sono incomprensibili e indesiderati. *Fobos* e *eleos*, terrore di fronte alla *hybris* che ferisce a morte la possibilità della convivenza all'interno della Polis e compassione di fronte alla perdita dell'altro che ricade su di noi, stanno perdendo il loro posto nel mondo. Viviamo in una parte consistente delle nostre relazioni sociali in un mondo post-tragico. Orfani del dispositivo trasformativo costituito dallo sconvolgimento del nostro psichismo di fronte alle catastrofi e dal lutto, che mettendo in moto il sentimento più umano che esista, la mancanza dell'altro desiderato, rimette in gioco in modo insieme sofferente e impetuoso, passionale il desiderio. Il desiderio ama il lutto perché è la perdita dell'oggetto amato che lo fa nascere e gli dà senso. Non si può amare senza incontrare l'amata/o nello spazio dell'intesa in cui le differenze si inseguono, si accordano e si disaccordano, si perdono e si ritrovano, restando vive e desideranti l'una l'altra.

Il mondo post-tragico è un mondo pazzo minato dalla tendenza all'autodistruzione. La sua pazzia è molto diversa dalla lacerazione dolorosa della soggettività, la follia come espressione di un disordine personale con cui il soggetto ferito a morte, ma purtuttavia vivo, resiste a un ordine impersonale, privo di senso. La pazzia che colloca il soggetto fuori dallo spazio tragico (di cui Kafka ha dato qualche anticipazione significativa) produce de-simbolizzazione.

Dissocia le differenze tra di loro perché dissocia la dimensione mentale dalla dimensione erotica, affettiva e dal corpo sensuale. Fa morire la capacità di lasciarci coinvolgere da ciò che viviamo e allontana l'esperienza umana dal farsi sconvolgere di fronte a ciò che la disumanizza. Diffonde un'umanità indifferente sulla terra.

L'indifferenza, nemico mortale della convivenza musicale degli esseri umani, è il disinteresse per le differenze. Senza le differenze non c'è desiderio e non ci sono esseri umani, se non come involucri biologici, mossi da bisogni e governati da forze distruttive e autodistruttive. La civiltà è fondata sulle relazioni. Più le relazioni sono libere e paritarie più la trama della civiltà è complessa, ricca e resistente. Relazioni e differenze hanno un destino comune. Le relazioni non esistono fuori dalle differenze e le differenze svaniscono se non si relazionano tra di loro.

Quando la differenza dell'uno non desidera la differenza dell'altro, o la vede come fonte di pericolo di cui sbarazzarsi, la differenza perde il suo significato e il proprio modo di essere si spersonalizza. La relazione indifferente con l'alterità fa diventare gli umani monadi isolate l'una dall'altra, ma del tutto identiche nel loro funzionamento. *Trionfa la clonazione di uno modello psichico fondato sull'eccitazione e sulla scarica degli impulsi e delle emozioni.*

Le monadi si muovono nello spazio riunendosi in masse mosse da schemi comportamentali che danno un falso senso di compattezza, sicurezza. Quando ciò non accade entrano in contatto tra di loro solo se si scontrano perché le loro traiettorie entrano in collisione. Possono essere governate solo su piano puramente tecnico, attraverso formule algoritmiche. L'umanità come corpo meccanico unico avanza come paradigma di esistenza e di governo.

Sotto l'effetto del processo di smantellamento delle differenze e delle relazioni di desiderio, le scienze naturali si sono divise nel loro interno tra la ricerca al servizio della conoscenza che rende più accogliente e abitabile il nostro mondo e la sua riduzione in pura applicazione tecnica dei principi scientifici, tendente alla manipolazione della realtà – dell'essere umano e della natura –, alla costruzione di prigioni artificiali e di nessuna conoscenza vera.

Il sapere tecnico che sorregge la macchina indifferenziante che fagocita le nostre relazioni non conosce la realtà perché si difende da essa. È cieco e porterà il mondo (se resterà indisturbato nella sua conquista degli spazi della vita) nella distruzione. È dotato di un grande potere di fascinazione perché è fondato su un'inconscia identificazione con la morte (di cui è un'anticipazione) che dà un senso di invulnerabilità che anestetizza. Immemore di Edipo scava la sua e la nostra fossa senza intuire nulla del futuro infausto in cui si addentra. L'*hybris* di Edipo, come di ogni carattere tragico, è la sua autoreferenzialità, la sua onnipotenza che, nel suo caso, si declina come volontà di essere artefici della propria nascita, come volontà di vedere a occhi aperti ciò che si vede solo con gli occhi dell'interiorità, ad occhi chiusi. L'umanità guidata dalla tecnica vuole abolire la differenza tra lo sguardo maschile che guarda il dentro da fuori e lo sguardo femminile che guarda il fuori da dentro. Distrugge così la loro intesa, che costruisce legami tra la prevedibilità e l'imprevedibilità, tra il consueto e l'inconsueto, tra il conosciuto e l'ignoto, e si acceca. Perde il suo ancoraggio sul mondo.

La reciprocità simbolica tra madre e terra

Domina l'inizio di questo secolo il conflitto tra la macchina e la natura, tra l'algoritmo e il legame simbolico dell'uomo con la realtà. Scienze naturali, scienze umane, letteratura e l'arte in tutte le sue forme costituiscono un unico complesso sistema di cultura conoscitiva, attraversato da conflitti e contraddizioni, ma proprio per questo aperto alle differenze e al dialogo. Questo luogo fecondo della creatività umana è oggi seriamente minacciato dall'arroganza della tecnocrazia. E ciò che più ne soffre, invisibilmente, è la complessa mediazione simbolica tra il nostro corpo, i nostri sensi, e le nostre emozioni e la costruzione del nostro alloggio materiale, culturale e politico sulla terra.

La mediazione è fondata sulla reciprocità simbolica tra madre e terra: la madre è il simbolo per eccellenza della terra e la terra è il simbolo per eccellenza della madre. Questa reciprocità simbolica regola il passaggio dal senso di co-appartenenza con la madre e con la terra (i loro profumi, i loro suoni, i loro panorami, il loro gusto, le loro asprezze, le loro dolcezze) alle relazioni di scambio, dalla relazione incestuosa a quella esogamica, dall'Oikos alla Polis. Fondamento della co-appartenenza tra la natura (umana e e non umana) e la cultura (che ha il suo punto di origine nella coltivazione della terra) essa si regge su due fondamentali condizioni: a) la natura erotica, aperta alla scoperta e alla sorpresa e desiderosa dell'alterità, della madre chc mette il bambino in comunicazione silenziosa, radicata nel "respiro" del loro incontro, con il desiderio di lei per il padre (il "terzo" attraverso il quale la loro relazione diventa eccentrica a sé stessa dischiusa, potenzialmente all'infinito, ad altre relazioni); b) la distribuzione musicale, basata sull'intesa primariamente erotica tra le differenze, degli esseri umani nello spazio della vita comune.

Se le differenze sono vive il nostro rapporto con la terra (con tutte le terre del mondo) e con la madre (con tutti gli oggetti sensuali carnali o sublimati che le succedono) diventa "*conquista di suolo*". Se il gioco delle differenze si sgretola il nostro rapporto con la terra e con la madre diventa la *nostra tomba.*

Presentations of the Eranos Conference
What the Name 'Freedom' Stands for:
The Story of Icarus and Other Contemporary Misfortunes

Presentazioni del Convegno di Eranos
Di che cosa è il nome "libertà":
la vicenda di Icaro e altre sventure contemporanee

In collaboration with the Ph.D. program in Transcultural Studies in Humanities, University of Bergamo, the Ph.D. program in Philosophy, University of Pisa and University of Florence, the Ph.D. program in Religious Sciences, Faculty of Theology of Lugano, the Ph.D. program in Germanic and Slavic Studies, 'Sapienza' University of Rome and Univerzita Karlova, Praha, and the Ph.D. program in Social and Political Change, University of Turin and University of Florence

In collaborazione con il Dottorato di ricerca in Studi umanistici transculturali, Università di Bergamo, il Dottorato di ricerca in Filosofia, Università di Pisa e Università di Firenze, il Dottorato di ricerca in Scienze religiose, Facoltà di Teologia di Lugano, il Dottorato di Ricerca in Studi Germanici e Slavi, "Sapienza" Università di Roma e Univerzita Karlova, Praga, e il Dottorato di Ricerca in Mutamento sociale e politico, Università di Torino e Università di Firenze

Casa Eranos, Ascona

7–9 September / settembre 2023

La libertà inoggettivabile. Partendo da Kant

Massimo Mori

Turin / *Torino*, Italy / *Italia*
September / *Settembre* 2023

1. Tra determinismo e libertarismo

Quello della libertà o – se vogliamo servirci di un termine un po' desueto – del libero arbitrio è un problema che ha attraversato il corso del pensiero occidentale senza trovare una soluzione definitiva. Gli opposti fronti dei difensori e dei negatori hanno assunto nomi diversi, ma spesso si sono serviti di argomentazioni ricorrenti, appena adattate al linguaggio dei tempi e degli stessi schieramenti. E anche oggi la questione continua a essere dibattuta, con alterne vicende, sia nell'ambito della filosofia di derivazione analitica sia in quella impropriamente detta "continentale"[1]. Anche perché spesso i deterministi non mancano di sentire il fascino della libertà, o almeno l'esigenza di riconoscere all'uomo una sfera di responsabilità individuale, se non proprio di autodeterminazione, mentre viceversa i sostenitori della libertà non possono essere insensibili alle potenti argomentazioni elaborate da secoli di filosofia deterministica, nonché alle prese di posizione che con sempre maggiore

1 Per un inquadramento generale, cfr. M. De Caro, *Il libero arbitrio. Una introduzione*, Laterza, Roma-Bari 2004. Per un'analisi storica del problema, si veda invece M. De Caro, M. Mori e E. Spinelli (a cura di), *Libero arbitrio. Storia di una controversia filosofica*, Carocci, Roma 2014. Per una ricostruzione storica dall'età moderna a quella contemporanea, cfr. M. Mori, *Libertà, necessità, determinismo*, Il Mulino, Bologna 2001.

autorevolezza provengono dalla scienza. Il dilemma tra determinismo e antideterminismo è dunque il punto da cui dobbiamo partire.

Il determinismo causale è la teoria secondo cui ogni evento è effetto necessario di un altro evento o di un insieme di altri eventi, solitamente in accordo con le leggi della natura. Nella forma più radicale il determinismo pretende di avere applicazione universale: secondo Pierre-Simon de Laplace, che nel 1812 ne diede la formulazione più classica, un'Intelligenza assoluta, che conoscesse tutte le leggi della natura e la situazione in cui si trovano in un determinato momento tutti i fenomeni, potrebbe prevedere esattamente lo sviluppo futuro dell'intero mondo naturale ed umano[2]. Un'affermazione così impegnativa può trovare oggi ben pochi sostenitori, poiché è giustamente prevalsa la convinzione che la causalità naturale operi sempre in sistemi specifici e parziali, le cui connessioni reciproche sono spesso fortuite. Uno di questi sistemi o sottosistemi, cioè una delle applicazioni specifiche del principio della causalità necessaria, è sicuramente il determinismo psicologico, le cui linee portanti sono state adeguatamente definite già in età moderna, con le riflessioni di Hobbes, Locke, Leibniz, Hume, John Stuart Mill, nonché degli utilitaristi e dei positivisti dell'Ottocento. La tesi fondamentale è che i fatti psichici sono del tutto assimilabili ai fatti fisici, per cui vale per i primi lo stesso principio di connessione causale necessaria che vige presso i secondi. Hume è tra i più lucidi sostenitori della teoria: "le nostre azioni possiedono un'unione costante con i nostri motivi, il nostro carattere e le circostanze in cui ci troviamo", per cui si può affermare che "nelle azioni umane c'è un generale processo naturale proprio come nelle operazioni del sole o del clima"[3]. Affermazione che può essere sottoscritta dalla maggior parte dei deterministi contemporanei.

La robusta analisi concettuale cui il determinismo psicologico è

2 P.S. de Laplace, *Saggio filosofico sulle probabilità* (1812), tr. it. in: *Opere*, UTET, Torino 1967, p. 243.

3 D. Hume, *Trattato sulla natura umana* (1739-1740), tr. it. in: *Opere filosofiche*, Vol. I, Laterza, Roma-Bari 1995, pp. 421, 423.

stato sottoposto sin dall'età moderna non è tuttavia la sola ragione che induce a considerarlo con attenzione. Non sono da trascurare i contributi che la scienza ha dato nella direzione di un suo consolidamento. La biologia ha difeso un determinismo genetico che riconduce a fattori ereditari le motivazioni generali dei comportamenti individuali. La psicologia evoluzionistica ha sostenuto posizioni "eliminazionistiche" che intendono espungere come non scientifiche dall'analisi psicologica tutte le categorie intenzionali o agenziali. Ma il contributo maggiore a sostegno del determinismo, soprattutto in tempi recenti, è pervenuto dalle neuroscienze[4]. Gli esperimenti di Benjamin Libet a iniziare dagli anni Novanta del secolo scorso hanno dimostrato che se la decisione consapevole di compiere un semplice movimento volontario, come muovere un dito o alzare il polso, precede l'atto fisico di duecento millisecondi, l'inizio del processo neuronale che mette capo al movimento – in termini più tecnici, il "potenziale di prontezza motoria" (PPM) – è anticipato rispetto ad esso di circa 1000 millisecondi. La corrente neuronale che sfocia nel movimento volontario precede quindi sensibilmente il momento in cui il soggetto diventa cosciente di essa, per cui la decisione consapevole di effettuare quel movimento rischia di essere soltanto l'epifenomeno di un processo cerebrale[5]. Lo psicologo sociale Daniel M. Wegner ebbe a usare in proposito una metafora efficace, secondo la quale la volontà cosciente è come la bussola della nave, che è molto utile per indicare la rotta, ma non ne è la causa[6]. Nel primo decennio di questo secolo gli esperimenti di Libet sono stati perfezionati da un'équipe di neuroscienziati anche grazie a una più sofisticata strumentazione: il *gap* tra l'inizio del processo neuronale e la decisione cosciente si è così ampliato a ben 10 secondi,

4 Su ciò cfr. M. De Caro, A. Lavazza e G. Sartori (a cura di), *Siamo davvero liberi? Le neuroscienze e il mistero del libero arbitrio*, Codice, Torino 2010.

5 Cfr. B. Libet, *Mind time. Il fattore temporale della coscienza* (2004), tr. it. Raffaello Cortina, Milano 2007.

6 Cfr. D.M. Wegner, *The Illusion of Conscious Will*, MIT Press, Cambridge, MA 2002.

permettendo agli sperimentatori di prevedere dall'esterno con largo anticipo quale decisione avrebbe preso il soggetto dell'esperimento[7].

Certo queste sperimentazioni non sono immuni da critiche, ma è innegabile che indichino un forte indirizzo della scienza a favore del determinismo. E una ricerca filosofica consapevole non può oggi non tener conto dei risultati della scienza, anche se – come vedremo – non necessariamente la prospettiva scientifica deve essere l'unica descrizione legittima della realtà. Non può quindi essere liquidata come fantasia di un romanzo distopico la *ashtonishing hypothesis* proposta dal premio Nobel Francis Crick, co-scopritore del DNA: "le tue gioie, i tuoi dolori, i tuoi ricordi e le tue ambizioni, il tuo senso di identità personale e di libero arbitrio non sono in effetti niente più che il comportamento di un'ampia organizzazione di cellule nervose e delle molecole loro associate"[8].

A contendere le tesi del determinismo ci sono ovviamente quelle dell'indeterminismo. Nell'ambito del dibattito sulla libertà, tuttavia, ciò che interessa non è l'indeterminismo *tout court*. Nella sua forma radicale, infatti, l'indeterminismo può giungere a negare non solo la causalità necessaria, ma qualsiasi forma di connessione causale, sostituendola con il caso. Ma è ovvio che un indeterminismo di questo tipo non gioverebbe alla difesa della libertà, che comporta la possibilità di un'azione non già fortuita, ma imputabile all'agente. Per questo Hume, per il quale non esisteva altra forma di causalità se non quella necessaria, usò lo spettro dell'indeterminismo come minaccia per la responsabilità umana: senza determinismo, cioè senza connessione causale necessaria, le azioni umane avverrebbero a caso[9]. Pertanto, anziché di indeterminismo, parleremo qui di "libertarismo" – brutto termine che traduce il già di per sé non

7 Cfr. C.S. Soon, M. Brass, H.J. Heinze e J.D. Haynes, "Unconscious determinants of Free Decisions in the Human Brain", in: "Nature Neurosciences", Vol. 2, 2008, pp. 543-45.

8 F. Crick, *La scienza e l'anima. Un'ipotesi sulla coscienza* (1994), tr. it. Rizzoli, Milano 1994, p. 3.

9 Cfr. D. Hume, *Trattato*, cit., p. 427.

bello *libertarianism* inglese[10]. I *libertarians* infatti non negano affatto che il libero arbitrio comporti una forma di causalità, ma ritengono che si tratti di una causalità particolare, irriducibile alla causalità necessaria quale vige nel mondo naturale. Il libertarismo contesta all'indeterminismo che ogni evento debba essere necessariamente causato da un altro evento e ritiene viceversa che l'uomo abbia la capacità di *autodeterminarsi*, cioè di non essere a sua volta determinato da qualcosa di esterno. Questa posizione, generalmente nota come *agent causation*, fu difesa nel 1788 da Thomas Reid in un'opera che fin dal titolo, *Essay on Active Powers of Man*, esprime l'esistenza nell'uomo di una facoltà, o un potere, di agire spontaneamente senza essere determinato da altro. Ma la definizione più chiara della libertà come autodeterminazione è probabilmente quella di Kant, che la intende come la "facoltà di iniziare da sé uno stato", precisando che la "causalità" di questa facoltà "non è dunque a sua volta subordinata per legge di natura a un'altra causa che la determini temporalmente"[11]. In altri termini, la libertà consiste nella *capacità di dare inizio a una serie causale.*

La posizione libertaria si avvale di un punto di forza che è però nello stesso tempo un elemento di debolezza. Il libertarismo presenta il vantaggio di corrispondere al senso comune (non a caso Reid fu il maggiore esponente della *philosophy of common sense*), che ritiene che ognuno abbia il sentimento immediato della propria libertà, cioè sia immediatamente consapevole di poter compiere l'azione che vuole e scegliere senza costrizione tra alternative diverse. Così Dr. Samuel Johnson affermava in proposito che "noi *sappiamo* di avere il libero arbitrio, e non c'è altro da dire"[12]. E a conferma di ciò dava un calcio a un ciottolo, per mostrare che, se decideva di farlo, poteva farlo. A quest'atteggiamento, filosoficamente poco attrezzato, era

10 Sul tema cfr. D. Palmer (a cura di), *Libertarian Free Will. Contemporary Debates*, Oxford University Press, Oxford 2014.

11 I. Kant, *Critica della ragion pura* (1787), tr. it. UTET, Torino 1992, p. 440.

12 Cit. da J. Boswell, *Vita di Samuel Johnson* (1791), tr. it. Garzanti, Milano 1982, vol. II, p. 453.

tuttavia possibile dare una più robusta argomentazione filosofica attraverso il concetto di evidenza, posto alla base non soltanto della libertà, ma anche di questioni che coinvolgono l'intero edificio della filosofia, come il problema della conoscenza. "È così evidente – afferma Cartesio nei *Princìpi di filosofia* – che noi abbiamo una volontà libera, che può dare il suo consenso o negarlo quando le piace, che questa può essere considerata una delle nozioni più comuni"[13]. Ma è proprio l'immediata autoreferenzialità dell'evidenza a trasformare la forza in una debolezza. L'evidenza vale come prova soltanto per chi la ritiene (o la sente) tale. Spesso essa si appoggia ad altre nozioni – come i "poteri attivi" cui faceva riferimento Reid oppure la "coscienza" come sede della verità cui fanno appello in genere gli spiritualisti – che non possono essere dimostrate con argomentazioni che non siano autoreferenziali. Il risultato è che la difesa della libertà come autodeterminazione rischia di essere un discorso filosoficamente debole dal punto di vista argomentativo o, peggio, dipendente da concetti oscuri quando non metafisici.

Il dilemma che si presenta quindi oggi a chi si pone il problema della libertà è quello di dover scegliere tra una soluzione deterministica che delude le sue legittime aspirazioni a un'azione liberamente responsabile e un'alternativa libertaria che, per quanto più attraente nei contenuti, è filosoficamente meno strutturata e non gode per lo più dell'appoggio della scienza. Questo dilemma è reso ancora più pesante dal fatto che il tentativo di trovare una mediazione tra le due soluzioni non sembra poter avere esiti soddisfacenti. Questa sfida è stata spesso intrapresa da parte di molti deterministi che, consapevoli del valore del libero agire, hanno cercato di mostrare come la posizione deterministica possa non escludere l'affermazione della libertà. Di qui il termine "compatibilismo" che da alcuni decenni denota questo indirizzo. Parafrasando William James, si potrebbe dire che "compatibilismo" è un "nome nuovo per un vecchio modo di

13 R. Cartesio, *I principi della filosofia* (1644), tr. it. in: *Opere filosofiche*, Laterza, Roma-Bari 1986, Vol. III, p. 41.

pensare". Un atteggiamento compatibilistico è infatti già reperibile in Tommaso d'Aquino e in Erasmo da Rotterdam, ed esso trova una piena affermazione nella filosofia moderna, con quegli stessi filosofi che già abbiamo ricordato come campioni del determinismo, Hume in testa. Nel dibattito contemporaneo il compatibilismo rappresenta il fronte filosofico che più validamente si oppone al *libertarianism*, con particolare frequenza nella filosofia anglosassone di impronta analitica (Donald Davidson e Daniel Dennett ne sono esempi eminenti).

La tesi della compatibilità del determinismo con l'idea di libertà poggia su due presupposti. La prima condizione, di carattere negativo, è che, affinché sia possibile la libertà, occorre che l'azione non sia impedita da forze esterne (essere in catene o chiusi in una stanza) o interne (un obnubilamento da alcol o da droghe che tolga all'agente la capacità di essere *compos sui).* La seconda e più importante condizione ha carattere positivo: una persona è libera quando, oltre a non essere impedita, agisce seguendo la sua volontà, indipendentemente dal fatto che tale volontà sia a sua volta condizionata, come richiede il determinismo, da una serie di cause di varia natura: fisiologiche, psicologiche, socio-ambientali. L'idea che sorregge questo ragionamento è che la volontà in base alla quale agisco, purché non coatta fisicamente o obnubilata, è la *mia* volontà, cioè è qualcosa che esprime il mio carattere, la mia personalità, il mio io. In altri termini, l'esecuzione della propria volontà, ancorché determinata, garantirebbe quell'autodeterminazione fondamentale che i *libertarians* erroneamente fanno coincidere con l'essere causa incausata. Questa posizione appare forse ancora più chiara con il linguaggio dei compatibilisti contemporanei, i quali preferiscono evitare il termine "volontà", suscettibile di sospetti essenzialistici se non espressamente metafisici, e lo sostituiscono con espressioni come "motivi", "impulsi", "desideri". Anche in questo caso il plesso di motivi, impulsi e desideri che sta alla base dell'azione, pur essendo ovviamente determinato, non esprime altro che la personalità del soggetto nel momento in cui opera, e quindi può essere considerato la più genuina espressione del suo io, a garanzia della piena libertà dell'azione.

La migliore critica al compatibilismo è probabilmente quella mossa da Kant a Leibniz, convinto assertore di un determinismo protocompatibilista. La libertà "compatibilista" proposta da Leibniz è per Kant assimilabile alla "libertà di un girarrosto, dato che anch'esso, una volta caricato, fa da sé i propri movimenti"[14]. Kant allude ovviamente a quei girarrosti automatici, il cui movimento era garantito da una molla preventivamente caricata: oggetto di ammirazione in un secolo affascinato da macchine semoventi e automi, a iniziare da quelli, di sorprendente complicazione, che il famoso meccanico Jacques de Vaucanson lasciò in eredità a Luigi XIV. In altri termini, la libertà compatibilista può sicuramente essere sufficiente per garantire la responsabilità dell'agente dal punto di vista esterno, come può essere quello giuridico – cosa alla quale probabilmente Hume soprattutto pensava nel difendere la sua posizione, divenuta modello concettuale di tutti i compatibilismi successivi. Ma se alla libertà e alla responsabilità si dà quella connotazione interiore e morale che era per Kant indispensabile per garantire l'autonomia dell'azione da qualsiasi condizionamento sensibile, l'autodeterminazione deve essere assoluta e l'agente deve essere causa esclusiva delle sue decisioni come delle azioni che ne conseguono.

2. La soluzione dualistica: Kant versus Cartesio

Da quanto precede emerge che il problema, per chi oggi voglia difendere l'idea della libertà con consapevolezza filosofica e in considerazione dei risultati della ricerca scientifica, è cercare di tenere insieme le due prospettive – il determinismo psicologico e il libertarismo – senza incorrere nelle forzature del compatibilismo. Ma questo può probabilmente essere fatto soltanto imboccando la strada

14 I. Kant, *Critica della ragion pratica* (1788), tr. it. in: *Scritti morali*, UTET, Torino 1970, p. 240.

opposta a quella scelta dai compatibilisti. Se il compatibilismo ha cercato di combinare necessità e libertà rimanendo all'interno dello stesso quadro descrittivo, e quindi servendosi dei medesimi strumenti concettuali, occorre invece riconoscere che la compatibilità è possibile solo se le due prospettive sono collocate distinguendo due (o più) differenti ambiti di validità gnoseologica. Occorre dunque ammettere che la soluzione deve avere un carattere dualistico (o meglio, come si vedrà, pluralistico), a condizione che la distinzione dei piani epistemologici si differenzi dai rozzi dualismi del passato e sia compatibile con le sofisticate analisi concettuali odierne.

La soluzione canonica del problema della libertà in termini dualistici è offerta, come noto, da Cartesio. Cartesio distingue due sostanze (*res*) ontologicamente indipendenti: la sostanza estesa e la sostanza pensante. Nell'ambito umano la contrapposizione si definisce come dualità di corpo e anima. La posizione cartesiana rappresenta quindi la traduzione filosofica della tradizionale versione cristiana, con la sua opposizione tra carne e spirito. Nella sostanza estesa, che coincide con il mondo materiale, regna la legge della connessione causale necessaria. Ciò vale anche per la sfera emozionale, poiché le passioni sono "spiriti animali", cioè fluidi che, per quanto sottili, hanno pur sempre natura materiale. Finché si tratta di vita emotiva, e non di puro pensiero, vale dunque anche per Cartesio lo schema del determinismo psicologico. Nella sostanza pensante invece, cioè nel regno dello spirito, la legge causale, nonché la necessità che essa implica, non ha alcuna validità: lo spirito, in base a una inveterata tradizione platonica che viene qui rinverdita, è sinonimo di attività spontanea, di autodeterminazione e di libertà.

La soluzione dualistica di Cartesio appare apprezzabile per la sua chiarezza (tant'è che, come abbiamo visto, egli invoca il principio dell'evidenza per illustrarla). Ma contiene una difficoltà criticità difficilmente superabile, insita nel carattere *metafisico* del dualismo cartesiano. La forza dell'argomentazione a favore della libertà risiede tutta nella natura reciprocamente indipendente delle due sostanze. Se la sostanza pensante è ontologicamente indipendente da quella estesa, non valgono per la prima le leggi che costituiscono l'essenza della seconda. Ma è proprio l'indipendenza metafisica a creare difficoltà quando si tratta di far interagire le due sostanze. Lasciando da parte i problemi generali che esulano dalla questione della libertà e limitandoci a quest'ultima, come possono le libere decisioni dell'anima agire sul corpo? Essere liberi significa non soltanto formulare liberamente pensieri, ma anche tradurre i liberi pensieri in libere azioni. Cioè proiettare la libertà dell'anima sulla necessità del corpo. Questo insolubile problema è stato felicemente descritto da Gilbert Ryle con la metafora del "fantasma nella macchina"[15]. Nella letteratura fantastica leggiamo di spiriti e fantasmi che, per quanto immateriali, agiscono sulla realtà fisica emettendo lugubri suoni, facendo tintinnare lampadari e sbattendo porte. Ma ciò che è accettabile nelle costruzioni della fantasia non vale per la filosofia. Come può agire il fantasma "anima" sulla materialità del corpo umano?

La difficoltà viene superata se il dualismo abbandona il suo carattere metafisico per limitarsi alla dimensione gnoseologica o epistemica. Si tratta, in altri termini, di parlare non già di realtà ontologiche diverse, ma piuttosto di diverse *modalità di descrivere* la realtà (che può continuare a mantenere la sua organica unità). In questo modo il piano metafisico viene sostituito dal piano metodologico. Le diverse modalità di descrivere la realtà possono definire diversi ambiti di validità metodologica, cioè campi in cui i criteri che definiscono la validità gnoseologica dei concetti sono differenti. Anche in questo caso la forza dell'argomentazione risiede nell'indipendenza dei diversi ambiti, ma, a differenza del dualismo o pluralismo metafisico, l'indipendenza non crea problemi, perché non sussiste la questione dell'interazione tra gli ambiti. Le diverse descrizioni della realtà ricevono la loro unità organica dal fatto di riferirsi tutte alla stessa realtà, ma non richiedono di interferire

15 G. Ryle, *Lo spirito come comportamento* (1949), tr. it. Einaudi, Torino 1955, p. 11.

l'una con l'altra per rendere comprensibile la loro struttura. Anzi, la validità gnoseologica di ciascuna di esse consiste nel fatto che ognuna obbedisce ai propri criteri epistemici, o semplicemente descrittivi, senza necessitare del supporto dei, o dell'accordo coi, criteri delle altre prospettive metodologiche.

Kant fornisce probabilmente il primo modello canonico di questa soluzione. Egli è un convinto sostenitore della conoscenza scientifica. La *Critica della ragione pura* può essere letta come un'opera di difesa della fisica newtoniana contro lo scetticismo, per quanto moderato, espresso da Hume. La conoscenza che in essa viene fondata è la conoscenza "costitutiva", cioè quella che costituisce e fonda il proprio oggetto conferendogli una validità epistemologica universale. Tra la conoscenza "costitutiva" della ragione pura e la conoscenza scientifica Kant non vede differenze, se non nell'ampiezza dell'applicazione. Al centro di questa conoscenza stanno le "forme" del tempo, dello spazio e della causalità, che sono concetti fondamentali della fisica galileo-newtoniana. Di conseguenza l'unica descrizione legittima della natura in base alla conoscenza costitutiva è quella di un insieme di fenomeni spazio-temporali connessi dalla legge di causalità necessaria. Il determinismo naturale è l'ultima parola di Kant in fatto di conoscenza scientifica.

D'altro lato, tuttavia, Kant è un *libertarian* ante litteram e un oppositore del "compatibilismo", come abbiamo visto nel caso di Leibniz. Come tenere insieme le due prospettive? Occorre introdurre una dualità di interpretazioni metodologiche, di descrizioni della realtà ovvero, come si esprime Kant stesso, di "punti di vista", *Standpunkte*. Due "punti di vista" che consentano di riconoscere nello stesso tempo la validità del determinismo e dell'affermazione della libertà, purché in due diversi ambiti metodologici, cioè in due differenti e indipendenti descrizioni della realtà. Kant parte infatti dal presupposto che l'uomo, in quanto essere razionale, appartiene a due mondi, che consentono due "punti di vista" sulla realtà completamente diversi: l'uno si proietta su una realtà naturale e "sensibile" retta dal principio di causalità necessaria, l'altro si apre su una realtà "intelligibile", un regno dello spirito in cui domina la legge della libertà autodeterminata.

Un essere ragionevole – scrive Kant nella *Fondazione della metafisica dei costumi* – in quanto intelligenza deve considerare se stesso come appartenente al mondo intelligibile, e non al mondo sensibile; ha dunque due punti di vista (*Standpunkte*) da cui considerare se stesso e conoscere le leggi che regolano l'impiego delle sue facoltà, quindi le leggi di tutte le sue azioni. Da un lato, in quanto appartiene al mondo sensibile, sotto le leggi naturali (eteronomia); dall'altro, in quanto appartiene al mondo intelligibile, sotto leggi che non dipendono dalla natura, non sono empiriche, ma fondate esclusivamente sulla ragione autonomia[16][AGGIUNGERE:] (autonomia).

In quanto essere ragionevole, quindi appartenente al mondo intelligibile, l'uomo non può pensare la causalità della propria volontà che in base all'idea di libertà, perché la libertà è l'indipendenza dalle cause determinanti del mondo sensibile[17].

Per chiarire questa posizione, occorre tuttavia analizzare la terza delle Antinomie della ragione pura, dove Kant fornisce una fondazione metodologica (e per lui anche trascendentale) della possibilità di avere contemporaneamente due "punti di vista", l'uno che interpreti la natura in termini deterministici, l'altro che riconosca all'uomo la libertà, cioè la capacità di dare inizio a una serie causale che dipende esclusivamente da lui. Da un lato il punto di vista della scienza, dall'altro quello della morale. La terza antinomia della ragione pura può quindi essere assunta come modello teorico

16 L'espressione "punti di vista", e la posizione relativistica he essa comporta, scomparirà nella *Critica della ragion pratica* del 1788, che tenterà di fondare la moralità, e solo di conseguenza la libertà, sulla sintesi trascendentale. Ma ai fini della nostra discussione possiamo trascurare questa distinzione.

17 I. Kant, *Fondazione della metafisica dei costumi*, tr. it. in: *Opere morali*, cit., pp. 113 sg. L'espressione "punto di vista" ricorre anche poco più avanti: "Il concetto di un mondo intelligibile è quindi null'altro che un *punto di vista* che la ragione si vede costretta ad assumere fuori dei fenomeni per *pensare se stessa come pratica*..." (p. 120).

da cui partire per elaborare una posizione filosofica che consenta di conservare sia la prospettiva deterministica sia quella libertaria senza cadere nelle difficoltà del compatibilismo.

3. La terza Antinomia della ragione pura

Una parte importante della "Dialettica trascendentale" della *Critica della ragione pura* è dedicata alla discussione dell'"Antinomia della ragione pura". Notoriamente la facoltà della ragione in senso stretto, intesa come facoltà che mette capo alla "parvenza trascendentale", è da Kant contrapposta all'intelletto, come facoltà della conoscenza "costitutiva". Il motivo è semplice. La sintesi trascendentale con cui l'intelletto sviluppa la sua conoscenza è condizionata dalla presenza dei dati empirici, cioè dalla testimonianza dell'esperienza. L'intelletto procede unificando, in sintesi sempre più ampie, "pezzi" di esperienza – intuizioni, concetti empirici, giudizi empirici – che ampliano sempre più il nostro orizzonte conoscitivo, il quale rimane tuttavia sempre limitato, perché finita è l'esperienza sensibile su cui poggia. In termini kantiani, l'intelletto "passa da condizionato a condizionato", cioè connette dato a dato, "pezzo" d'esperienza a "pezzo" d'esperienza, ma il risultato della sintesi, per quanto ampio, rimane esso stesso "condizionato", cioè limitato, parziale. Per un'illusione trascendentale tanto infondata quanto naturale, e quindi invincibile anche quanto ne diventiamo consapevoli, la ragione (in senso stretto) ritiene invece di poter travalicare con il ragionamento dialettico i limiti dell'esperienza e di poter "passare dal condizionato all'incondizionato".

In conseguenza di questo procedimento illusorio, che conduce non alla conoscenza ma alla "parvenza" della conoscenza, la ragione mette capo a un'"antitetica", in cui, su questioni che implicano il riferimento all'"incondizionato", vengono contrapposte coppie di enunciati che affermano contenuti contrari senza che si possa mai dimostrare né l'uno né l'altro di essi – né la tesi né l'antitesi – perché entrambi i ragionamenti, pro e contro, vanno al di là dell'esperienza possibile e cadono al di fuori della conoscenza "costitutiva". Queste coppie antitetiche, o più semplicemente queste "antinomie", sono quattro. Le prime due riguardano rispettivamente la finitezza o infinitezza del mondo e la riducibilità o non riducibilità del mondo a sostanze semplici. La quarta antinomia concerne sostanzialmente l'esistenza o l'inesistenza di Dio. La terza – che qui ci interessa – l'alternativa tra libertà e determinismo.

Terzo conflitto delle idee trascendentali.

Tesi. La causalità in base a leggi della natura non è l'unica da cui sia possibile far derivare tutti i fenomeni del mondo. Per la loro spiegazione si rende necessaria l'ammissione anche di una causalità mediante libertà. (...)

Antitesi. Non c'è libertà alcuna, ma tutto nel mondo accade esclusivamente in base a leggi della natura[18].

Va qui precisato che l'"incondizionato" oggetto di ciascuna antinomia è da Kant inteso di fatto in due forme diverse. In un primo senso – quando affermiamo ad esempio che il mondo è infinito nello spazio o nel tempo (cioè è eterno, privo di un inizio) – l'incondizionato è inteso nel senso della "totalità della serie dei condizionati", cioè della totalità dell'esperienza, che però non è mai data nell'esperienza reale. Dal punto di vista della conoscenza costitutiva, la totalità può valere solo come "idea regolativa", cioè come un concetto ideale che serve a orientare la ricerca, conferendo a ciascun nuovo "condizionato" conosciuto il suo posto nel sistema complessivo, senza però che la totalità possa mai essere raggiunta ovvero conosciuta realmente. Si tratta cioè di criteri euristici che erroneamente la ragione considera come oggetti reali. In un secondo senso, tuttavia, l'incondizionato può esprimere non già la totalità della serie, ma un presunto primo elemento di essa, che non è preceduto, e quindi

18 I. Kant, *Critica della ragion pura*, cit., pp. 382 sg.

condizionato, da null'altro. Questo è il caso della libertà intesa, come abbiamo visto, quale capacità di dare inizio (incondizionato) a una serie causale. Nessuno dei due casi – incondizionato come totalità delle condizioni o incondizionato come prima condizione non condizionata di una serie – può essere dato nell'esperienza. Nel primo caso perché l'intelletto non potrà mai unificare una totalità che non gli è data dall'esperienza (nel linguaggio kantiano, si tratta di un'affermazione "troppo grande" per l'intelletto). Nel secondo caso perché l'intelletto non riesce a concepire un fenomeno che oltre a condizionare la serie che ne deriva non sia a sua volta condizionato da un fenomeno precedente, poiché nell'esperienza è sempre possibile regredire nella serie delle condizioni da un anello all'anello precedente (quindi si tratta di un'affermazione "troppo piccola" per l'intelletto).

I risultati dell'analisi kantiana a proposito della libertà (terza antinomia) non sono fin qui molto soddisfacenti. Si accerta soltanto che la questione della libertà o del determinismo, come le affermazioni sulla natura complessiva del mondo o sull'esistenza di Dio, va al di là dell'intelletto, cioè di una conoscenza umana universalmente riconosciuta come valida. Ma a questo punto diventa dirimente una differenza procedurale tra le prime due e le ultime due antinomie. Le prime due, che Kant chiama "matematiche", riguardano in forma diversa la misura del mondo fisico, che in base ad esse dovrebbe essere dato come incondizionato nell'esperienza. Più precisamente si cerca l'incondizionato che deve risolvere la questione – se il mondo sia o non sia infinito, se sia o non sia divisibile all'infinito – all'interno della serie dei fenomeni, cioè all'interno del mondo dell'esperienza che, per sua natura, non può però mai passare dal condizionato all'incondizionato (qui preso nel primo dei due significati sopra indicati). In altri termini, si cerca di dare una risposta alle antinomie matematiche con gli strumenti della scienza empirica: il che è contraddittorio perché la scienza non potrà mai andare al di là dell'esperienza. Nel caso delle ultime due antinomie – che Kant chiama "dinamiche" – la soluzione è cercata "in una condizione eterogenea, che non fa parte della serie dei fenomeni"[19] (cioè in un incondizionato nel secondo significato sopra discusso). Infatti, come Dio viene posto quale causa intelligibile della natura al di là di essa, così anche la libertà è intesa come un principio intelligibile di una serie di azioni che in quanto tale è al di fuori del mondo empirico. In questo caso non si chiede alla scienza empirica di giustificare la libertà o Dio, ma soltanto di riconoscere che si tratta di questioni che cadono al di là della procedura scientifica. In altri termini, mentre nelle antinomie matematiche si cerca di spiegare il condizionato introducendo (erroneamente) l'incondizionato all'interno dell'esperienza, nelle dinamiche ci si limita a spiegare (ipoteticamente) il condizionato con il riferimento a un eventuale incondizionato che cade al di là del mondo empirico. Se le conclusioni opposte delle antinomie matematiche sono quindi entrambe false, quelle delle antinomie dinamiche (e quindi anche quella relativa all'antitesi libertà/determinismo) possono essere entrambe vere, purché riferite a due ambiti gnoseologici diversi, l'uno scientifico l'altro ascientifico.

Questo ragionamento, ammette Kant, non prova la realtà della libertà (per "postularne" la realtà, ma soltanto dal punto di vista pratico e non teoretico, egli dovrà introdurre un argomento morale). Esso prova esclusivamente la possibilità che l'ipotesi della libertà possa essere vera, se la consideriamo come facente parte di una descrizione della realtà diversa da quella scientifica. La forza della terza antinomia della ragione pura (come della quarta) è riconoscere che la conoscenza scientifica non è l'unico "punto di vista" possibile. L'importante è non confondere gli ambiti e non pretendere che la conoscenza costitutiva, e la scienza empirica che ne deriva, si esprima su temi che, come quelli della libertà agenziale, esulano per definizione dal suo campo, perché richiedono una incondizionatezza (essere principio incondizionato di una serie di condizioni) che non può essere fondata dalla procedura della scienza, ma che non

19 Ivi, p. 439.

è incompatibile con essa se fondata diversamente. Si potrà quindi asserire con certezza il determinismo, se si rimane nella serie fenomeni condizionati, e nello stesso tempo affermare la possibilità della libertà, se si dà della realtà una descrizione che obbedisce a criteri metodologici diversi da quelli della scienza. Le due affermazioni possono coesistere come entrambe vere se concepite come due diversi "punti di vista" sulla realtà.

4. Dal dualismo al pluralismo metodologico

Il vantaggio del dualismo kantiano su quello cartesiano è dato dal suo carattere metodologico anziché espressamente ontologico. Tuttavia anche la posizione di Kant non è esente da una componente metafisica. Vero è che, come dice Kant stesso, si tratta di due diversi "punti di vista": l'uno determinato dalle forme a priori della conoscenza costitutiva, l'altro dalla coscienza che l'uomo si può esimere da questo tipo di conoscenza appellandosi alla dimensione intelligibile che gli compete in quanto essere razionale. Ma è innegabile che, per quanto non si tratti più di due sostanze che si contrappongono sullo stesso piano ontologico, come nel caso della *res extensa* e della *res cogitans* cartesiane, si tratta pur sempre di due diversi livelli di realtà: da un lato il piano della realtà fenomenica (che dal punto di vista della conoscenza costitutiva è l'unica realtà possibile), dall'altro quello della realtà noumenica, che può essere "pensata" ma non "conosciuta". Il problema del rapporto tra questi due livelli di realtà torna quindi a porsi, seppure in maniera meno urgente e con minore rischio di contraddizione che non in Cartesio. Kant è esplicito nel sostenere che la serie delle cause fenomeniche e quella che trae inizio da una causa libera devono essere compatibili. Anzi, i due piani "non solo sono perfettamente *compatibili*, ma devono anche essere pensati come *necessariamente congiunti* nello stesso soggetto"[20]. Cioè sono compatibili non semplicemente perché appartengono a due

20 I. Kant, *Fondazione della metafisica dei costumi*, cit., pp. 117 sg.

ordini indipendenti, ma perché gli effetti della causalità libera di un singolo agente devono inserirsi armonicamente nella serie delle cause empiriche. Quindi non solo l'effetto sensibile di un'azione libera (intelligibile) dovrà essere causa necessaria di una serie di fenomeni empirici, ma dovrà a sua volta essere spiegato, oltreché come effetto della causalità libera, anche come anello necessario di una serie di cause fenomeniche che lo precede. La qual cosa, se pure non contraddittoria, non è priva di difficoltà teoriche. In altri termini, seppure in maniera mediata e molto più sfumata, il problema del "fantasma della macchina" sussiste anche per Kant.

Per eliminare completamente questa difficoltà occorreva ricondurre il dualismo all'esclusivo piano metodologico. E questo fecero, con sostanziale fedeltà all'impianto trascendentale, i filosofi neocriticisti, fieramente avversi a ogni forma di metafisica, sia di natura positivistica o spiritualistica, sia sedimento residuale della tradizione kantiana. Con il neocriticismo si conclude il processo di demetafisicizzazione del dualismo cartesiano: l'alternativa non è più quella tra realtà concorrenti sullo stesso livello ontologico, come le sostanze cartesiane, né tra "punti di vista" che si riferiscono a realtà di diverso livello ontologico, come in Kant, ma esclusivamente tra modi di descrivere la realtà, cioè tra forme di conoscenza.

In *Sulla libertà del volere* (1904) Wilhelm Windelband stabilisce una netta distinzione tra la conoscenza scientifica, che si propone di istituire una connessione legale (cioè stabilire una legge) tra i fenomeni mediante la causalità necessaria, e la conoscenza normativa (etica), che intende interpretare i fatti in termini di valore secondo una norma universale. Le due forme di conoscenza sono del tutto indipendenti nei loro criteri e pertanto, per quanto riguarda la questione della libertà, possono giungere a conclusioni compatibili seppure opposte: in base alla conoscenza scientifica tutto avviene secondo necessità causale, mentre la conoscenza normativa presuppone la responsabilità di una coscienza libera[21]. Una posizione

21 Cfr. W. Windelband, *Über Willensfreiheit*, Mohr, Tübingen 1905, pp. 195-97.

analoga verrà ripresa nel 1937 da Ernst Cassirer in *Determinismo e indeterminismo nella fisica moderna*. Le azioni umane sono suscettibili di una "duplice forma di determinazione". Come eventi temporali sono determinate in base alla connessione causale; come oggetti di valutazione normativa sono determinate dal concetto di dovere universale, che presuppone l'autonomia della volontà. Questi impianti concettuali "non entrano in concorrenza", perché appartengono a due "dimensioni" differenti, realizzate attraverso una differente "sintesi del diverso". Cassirer può quindi parlare di un "dualismo fra libertà e necessità naturale"[22].

Malgrado alcune aperture in Cassirer – in termini trascendentali nella *Filosofia delle forme simboliche*, scritta tra il 1923 e il '29, e in chiave più antropologica nel *Saggio sull'uomo* del 1944 – la possibilità di forme di conoscenza alternative obbedisce ancora prevalentemente nei neokantiani a un modello dualistico, probabilmente in conseguenza della dicotomia tra *Naturwissenschaften* e *Geisteswissenschaften*. Ma è ovvio che il discorso sulla pluralità delle forme di descrizione della realtà può essere proiettato anche su un piano pluralistico. Le forme in cui la realtà può essere descritta con criteri e strumenti diversi da quelli della scienza sono molteplici (del resto anche all'interno della scienza emerge sempre più la differenziazione dei parametri interpretativi di cui le diverse discipline scientifiche si servono, fino a rendere talvolta incomunicabili i diversi linguaggi usati, a dispetto di un impegno all'interdisciplinarità giustamente sempre più apprezzato: si pensi ad esempio alle diverse metodologie cui ricorrono la fisica quantistica e la macrofisica). Non solo le discipline normative, come l'etica e il diritto, ma anche quelle storiche, sociali, artistiche o religiose rappresentano descrizioni della realtà che, oltre ad essere totalmente eterogenee (e talvolta contrapposte) rispetto a quelle della scienza, sono affatto indipendenti le une dalle altre. Una statua in un santuario – per riprendere un esempio noto

22 E. Cassirer, *Determinismo e indeterminismo nella fisica moderna* (1937), tr. it. La Nuova Italia, Firenze 1970, pp. 292-303.

– può essere considerata come un insieme di molecole sottoposte a determinate leggi fisico-chimiche, oppure come il documento di un avvenimento storico, oppure come l'espressione di un certo gusto estetico oppure ancora come un oggetto di venerazione religiosa. Ciascuna di queste descrizioni si autogiustifica, poiché fa riferimento ai criteri che definiscono quella specifica modalità di interpretazione: per quanto diversa da tutte le altre, ciascuna di esse costituisce dunque una legittima descrizione della realtà. L'unica ragione di delegittimazione potrebbe essere il fatto che alcune conseguenze di una determinata descrizione della realtà siano palesemente smentite non da altre descrizioni, ma da dati di fatto accertabili senza la mediazione di una descrizione. Non è accettabile, ad esempio, una descrizione magica della realtà, in base alla quale esistano tappeti volanti o animali parlanti, poiché questo è contraddetto dall'esperienza immediata, precedente a qualsiasi descrizione.

Questa posizione può probabilmente essere espressa con adeguatezza ricorrendo alla nozione di "campo". Non userei tuttavia questo termine nell'accezione oggi diffusa dal realismo di Markus Gabriel. Attraverso questo concetto Gabriel rifiuta giustamente la nozione di "mondo", intesa come una realtà organica monistica che raccoglie sotto un unico punto di vista tutte le forme della realtà. All'unicità monolitica del "mondo" egli contrappone appunto la pluralità dei campi di significato, i quali tuttavia continuano a rappresentare una molteplicità di sfere ontologiche, ancorché indipendenti, ovvero una pluralità di forme di realtà, seppure non riconducibili a un unico principio unificatore[23]. Gabriel, che definisce il suo realismo "anarchico"[24], non esce quindi dalla prospettiva ontologica, seppure depotenziata in una pluralità di "campi" diversi. Il senso in cui il termine "campo" può essere utilmente usato è invece quello cui

23 Cfr. M. Gabriel, *Fields of Sense. A New Realistic Ontology*, Edinburgh University Press, Edinburgh 2015; Id., *Perché non esiste il mondo*, Bompiani, Milano 2015.

24 M. Gabriel, "Perché il mondo non esiste", in: T. Andina e C. Barbero (a cura di), *Ermeneutica, estetica, ontologia. A partire da Maurizio Ferraris*, Il Mulino, Bologna 2016, p. 207.

fece ricorso un filosofo ormai trascurato come Nicola Abbagnano, nel tentativo di costruire un'ipotesi "neoilluministica" come "trasfigurazione" della sua precedente esperienza esistenzialistica. Sostanzialmente antipositivista, Abbagnano contrappone il "campo" alla nozione di "fatto", cioè all'idea di una realtà oggettivamente solida e univoca, cui ogni forma di conoscenza umana deve adeguarsi in una supina riproduzione. Il campo, che Abbagnano prende a prestito dall'esperienza scientifica, è invece semplicemente un "campo di possibilità"[25], che priva l'oggetto di conoscenza (e di azione) di ogni dimensione ontologica, limitandone e definendone la periferia (e quindi il significato) in base ai criteri della ricerca filosofica o scientifica, così come della scelta esistenziale. Il campo di Abbagnano non è una fetta di realtà, né una realtà tra le tante, ma uno strumento metodologico per definire la realtà da un determinato punto di vista. Non pretende di essere né esclusivo né definitivo. È uno strumento per descrivere la realtà secondo una concezione plurale implicita nel fatto che il "senso" della realtà si costruisce progressivamente attraverso prospettive che devono continuamente essere verificate e corrette. La nozione di campo in Abbagnano è strettamente legata all'empirismo critico che è un esito inevitabile del neoilluminismo.

5. *Qualche conclusione provvisoria*

La tesi che si intende avanzare in questa sede è che i canoni di descrizione della realtà o, se si vuole, le forme della conoscenza del reale nel senso più generale del termine non sono solo molteplici, ma possono anche essere fluidi, cioè non legati a una rigida struttura epistemologica. In questa prospettiva anche l'esperienza esistenziale, pur essendo la più inoggettivabile di tutte le esperienze di conoscenza, rappresenta una legittima descrizione della realtà. Cioè una delle diverse descrizioni non scientifiche della realtà. Difatti noi ci

25 N. Abbagnano, "L'appello alla ragione e le tecniche della ragione", in: Id., *Scritti neoilluministici (1948-1965)*, UTET, Torino 2001, p. 169.

affidiamo di solito a questa esperienza come alla più veritiera descrizione del reale, anche se a una più articolata riflessione dobbiamo riconoscere che essa non esaurisce i modi in cui la realtà può essere definita o sentita, né può pretendere di esserne la principale via di accesso. In particolare, in quanto a capacità di oggettivazione e di universalizzazione, l'esperienza esistenziale non può minimamente competere con la descrizione scientifica della realtà, sebbene ciò non infirmi la nostra confidenza in essa. La scienza ci dice che non esistono colori, ma soltanto lunghezze d'onda. Tutti noi non dubitiamo di quest'affermazione, ma nessuno di noi pensa a una lunghezza d'onda quando vede qualcosa di rosso o di verde. E ciò non solo nella dimensione pratica della quotidianità (mi fermo al semaforo rosso e riparto con il verde), ma anche ai livelli più alti dell'esistenza, come in generale nell'esperienza estetica (quando sono affascinato da un paesaggio) o più specificamente artistica (quando ammiro un quadro). Qualcosa di analogo si potrebbe dire della descrizione scientifica della realtà acustica, che ci rivela frequenze impercettibili al nostro orecchio umano: ma l'intera storia della musica sarebbe vanificata se mettessimo in dubbio la nostra umana modalità di percepire, e quindi di descrivere, i suoni.

L'esperienza esistenziale ci colloca in una condizione del tutto inoggettivabile. Non solo perché le stesse cose sono vissute dai singoli individui in maniera mai perfettamente comunicabile agli altri. Ma anche, e soprattutto, perché perfino ciò che in qualche modo è condiviso e verificato anche nel prossimo – l'amore e l'odio, la paura e la sicurezza, l'ansia e la tranquillità, l'orgoglio e la depressione, la concezione del mondo e la stessa attribuzione di senso – cadono nella sfera dell'inoggettivabile. Possono essere descritti con categorie più o meno oggettivanti da sociologi, psicologi e antropologi, ma ogni descrizione che tenti di essere oggettivante nella sua neutralità cancella il significato irriducibile che queste cose hanno per noi nel momento in cui li proviamo, o nel nostro ricordo del passato e nella proiezione sul futuro. E se queste spiegazioni talvolta ci servono a comprendere meglio la nostra esperienza, è solo perché le reinterpretiamo in modo da avere un'altra nostra esperienza, più completa e più profonda di quella che avevamo prima: ma non per questo più oggettivabile della precedente.

Qualcosa del genere può valere anche per la questione della libertà. "Là dove io sono – sosteneva Jaspers – in quel senso originario che non si può oggettivare, là è anche il luogo della libertà"[26]. Solitamente, nell'esperienza vissuta comune, quando mi trovo di fronte a un bivio, di fronte a una decisione, banale o importante che sia, sento che posso prendere una o un'altra strada; e più esito, più sento che dipende da me la scelta. Nella mia esperienza esistenziale questo è ciò che conta: sapere che, in base alla scienza, la mia scelta dipende da un processo neuronale inconscio non è più importante del fatto di sapere che i colori che vedo sono soltanto lunghezze d'onda. Io vedo colori, e non lunghezze d'onda. Sento la libertà, e non la determinazione neuronale.

Tra l'esempio dei colori e quello della libertà c'è però una differenza. I colori, malgrado dipendano dal sistema percettivo umano o proprio perché dipendono dal sistema percettivo umano, sono percepiti da tutti più o meno nello stesso modo, salvo disturbi della percezione. Non così il sentimento della libertà. Esso è tanto inoggettivabile da non potersi neppure attribuire a tutti. Quanto il senso della necessità delle cose, del destino, del fato o semplicemente del caso abiti la mente di molte persone nel momento in cui prendono una decisione è stato narrato in maniera sublime da molta letteratura (si pensi al Raskolnikov di Dostojevski). Per questo ribadisco qui la conclusione cui giunsi parlando del libertarismo. L'evidenza esistenziale della libertà non è una prova: o almeno lo è soltanto per chi la sente. Giustamente infatti Kant concludeva l'esame della terza antinomia sostenendo la "possibilità" della libertà (in alternativa alla necessità), ma non la sua realtà. L'esistenza di una pluralità di

26 K. Jaspers, *Filosofia II. Chiarificazione dell'esistenza* (1932), tr. it. Mursia, Milano 1978, p. 155.

descrizioni della realtà non conferisce a nessuna di esse il sigillo della verità. Ciò che qui si vuole sostenere è semplicemente che esse sono descrizioni legittime dal loro punto di vista. E noi non abbiamo un punto di vista superiore che ne promuova qualcuna e ne confuti altre. Ma nulla vieta che si possano accettare insieme, su piani diversi, descrizioni discordanti: per esempio la descrizione delle neuroscienze e quella dell'esperienza interiore.

La conclusione provvisoria di questo discorso è semplicemente la difesa del *pluralismo metodologico* che deve guidarci nel nostro approccio alla realtà. Ciò che va escluso è la pretesa di un monismo onto-gnoseologico per cui, poiché la realtà è una sola, una sola dev'essere la strada per accedervi: la realtà è questa e basta. Questo è ciò che ci dice il riduzionismo scientista che vuole convincerci che la scienza sia la sola descrizione vera della realtà. Probabilmente è fondato dire che la realtà è una soltanto. L'ipotesi di una pluralità di realtà, a volte suggerita da certo pluralismo ontologico contemporaneo, non farebbe che moltiplicare il problema del "fantasma nella macchina" – o almeno rischierebbe di condannarci a una sorta di schizofrenia ontologica multipla. Ma ciò non significa che questa realtà unica possa e debba essere descritta in un modo soltanto, secondo un unico parametro[27]. Le strade per arrivare a stabilire un contatto con la realtà, cioè per descriverla (evito di proposito l'ambizioso verbo "conoscere") secondo criteri acconci alla natura umana e a quella dei singoli individui sono parecchie. A ciascuno la libertà e la responsabilità di scegliere quella che preferisce. O forse meglio: *quelle* che preferisce.

27 Una concezione pluralistica ma non relativistica della realtà è stata descritta efficacemente da M.P. Lynch, *Truth in Context. An Essay in Pluralism and Objectivity*, The MIT Press, Cambridge (MA) – London 1998.

Conceptions « radicales » du Moi et visions de la liberté: Max Stirner – Alfred Döblin – C.G. Jung

Christine Maillard

Strasbourg / *Strasburgo*, France / *Francia*
September / *Settembre* 2023

Introduction

Cette contribution sera consacrée à trois auteurs de langue allemande ayant œuvré en l'espace d'un peu plus d'un siècle, entre 1840 et 1960, et qui malgré une distance temporelle de plusieurs décennies séparant le premier des deux suivants, ont beaucoup en commun : ils considèrent que les conceptions de la liberté comme émancipation (se libérer *de* quelque chose) sont insuffisantes, qu'elles ne sont en somme que des conceptions « négatives » de la liberté ; et d'autre part que la question de l'individualité et de la formation de ce qui est appelé dans leurs œuvres le Moi ou encore la personnalité est au cœur de toute véritable réflexion sur la liberté. Pour l'œuvre de Max Stirner le contexte est celui des suites à long terme de la Révolution française dans l'espace germanique et des développements de la pensée des Jeunes hégéliens et de Karl Marx ; pour les œuvres de Döblin et de Jung c'est la période des « maîtres du soupçon » que sont, outre Marx, Nietzsche et Freud. Et de fait la question religieuse est présente et fondamentale dans ces trois œuvres ; nous verrons notamment que chacun des auteurs s'est exprimé de manière spécifique sur la figure du Christ et sa signification pour la question de l'individualité libre.

La première partie de ma contribution sera consacrée à l'œuvre de Max Stirner (de son nom au civil Johann Kaspar Schmidt, 1806-1856), connu surtout comme auteur d'un seul ouvrage : *Der Einzige und sein Eigentum* (*L'Unique et sa propriété*, 1844, parfois daté de 1845)[1], souvent mentionné dans des œuvres d'autres auteurs, mais rarement lu de manière approfondie, et dont l'influence souterraine a été considérable à partir des années 1900[2]. Marginal dans l'histoire de la pensée allemande et longtemps affecté d'une réputation douteuse, Stirner a eu de nombreux détracteurs, à commencer par certains de ses proches compagnons, comme Karl Marx qui voyait en lui un danger pour ses propres idées et qui a réfuté celles de Stirner dans l'œuvre posthume : *L'Idéologie allemande* (*Die deutsche Ideologie*), dont un seul chapitre avait été publié en 1846 ; le livre ne paraît qu'en 1903 en édition partielle, avec justement toute une partie sur Stirner, qui est plus longue que l'ouvrage de ce dernier ![3] La recherche la plus récente en revanche, tant en Allemagne qu'en France, a remis Stirner à l'honneur et considère sa pensée comme un moment capital de la réflexion anthropologique, pour l'histoire des théories du Moi et de la liberté[4]. La première partie de cette contribution s'attachera

1 M. Stirner, *Der Einzige und sein Eigentum. Ausführlich kommentierte Studienausgabe. Herausgegeben von Bernd Kast*, Karl Alber, Freiburg/München, 2016. Nous citerons le texte original dans l'édition la plus accessible : Id., *Der Einzige und sein Eigentum*, Philipp Reclam jun., Stuttgart, 2011 ; les traductions en français sont les nôtres.

2 Sur ce sujet, voir notamment T. L'Aminot, *Max Stirner, le philosophe qui s'en va tout seul*, L'Insomniaque, Montreuil, 2012.

3 K. Marx, *Die deutsche Ideologie. Kritik der neuesten deutschen Philosophie in ihren Repräsentanten Feuerbach, B. Bauer und Stirner, und des deutschen Sozialismus in seinen verschiedenen Propheten*, dans: Marx/Engels, *Werke*, Vol. III, Institut für Marxismus-Leninismus beim Zentral-Kommitee der SED, Berlin, 1956 *sv.*, pp. 9-530.

4 Parmi les recherches les plus récentes sur Stirner, on peut mentionner en particulier : M. Schuhmann, *Radikale Individualität. Zur Aktualität der Konzepte von Marquis de Sade, Max Stirner und Friedrich Nietzsche*, transcript, Bielefeld, 2011 ; T. L'Aminot, *Max Stirner, le philosophe qui s'en va tout seul*, cit. ; B. Kast, *Max Stirners Destruktion der spekulativen Philosophie. Das Radikal des Eigners und die Auflösung der Abstrakta Mensch und Menschheit*, Karl Alber, Münschen, 2016; O. Agard et F. Lartillot (éds.),

donc à évaluer l'apport de Stirner à la problématique de la liberté et son originalité dans son temps.

La deuxième partie sera consacrée à des thématiques proches dans les oeuvres d'Alfred Döblin (1878-1957) et de Carl Gustav Jung (1875-1961), et je tenterai de montrer que ces auteurs sont partiellement redevables de certaines de leurs conceptions à Stirner, le point commun étant l'idée d'individuation qui sera théorisée dans la psychologie de Jung. Commune aux trois est la notion de l'Unique (*der Einzige*), cette idée selon laquelle chaque être est irréductible à un autre et que cette unicité fonde aussi sa véritable liberté. On notera le « profil » de ces auteurs : ni Stirner, ni Döblin ni Jung ne sont des philosophes au sens disciplinaire et institutionnel du terme, même si chacun dispose d'une vaste culture philosophique ; ils expriment leurs idées dans des ouvrages à caractère essayiste, voire littéraire. Le corpus de cette étude comprendra, outre *L 'Unique et sa propriété* de Stirner, des œuvres choisies d'Alfred Döblin et de C.G. Jung particulièrement représentatives de leur conception radicale du sujet individuel, et conçues dans les années 1910 à 1930, période d'intense réception de l'œuvre de Stirner en Europe, comme par exemple dans *La Philosophie de la liberté* de Rudolf Steiner[5].

1. Max Stirner, de l'émancipation à la possession de soi : rejet ultime des aliénations et conquête de l'homme véritablement libre (der Eigner)

Rappelons d'abord très brièvement qui est l'auteur de *l'Unique et sa propriété*. Né en 1806 à Bayreuth, mort à Berlin en 1856 des suites d'une infection à l'anthrax, sa biographie est connue par les recherches d'un seul homme, l'Allemand John Henry Mackay, figure

Max Stirner. L'Unique et sa propriété. Lectures critiques, L'Harmattan, Paris, 2017 ; A.S. Hildebrandt, *Vom Weltschmerz zum Selbstgenuss. Max Stirners philosophische Therapie der Moderne*, Königshausen & Neumann, Würzburg, 2022.

5 R. Steiner, *Die Philosophie der Freiheit. Grundzüge einer modernen Weltanschauung* (1893-1894; 1918^{2}). Sur l'influence de Stirner sur cette œuvre de Steiner, voir: H. Zander, *Anthroposophie in Deutschland. Theosophische Weltanschauung und gesellschaftliche Praxis 1884-1945*, 2 vols., Vandenhoeck & Ruprecht, Göttingen, 2007.

du mouvement anarchiste qui, après des recherches étendues, publiera en 1898 *Max Stirner - Sein Leben und sein Werk.*[6] A l'Université de Berlin, Stirner suit les enseignements de Hegel et de Schleiermacher, des maîtres à penser mais aussi à dépasser. Après avoir obtenu une v*enia legendi* restreinte suite à un parcours universitaire quelque peu erratique, Stirner enseigne à partir de 1839, et pour cinq ans, dans une institution pour jeunes filles à Berlin. Il fréquente à partir de 1841 les réunions du Cercle des « Hommes libres » (*die Freien*) qui se tiennent dans une brasserie de la Friedrichstrasse au centre de Berlin. Les personnages qui s'y réunissent, d'anciens étudiants berlinois, sont tous des disciples de Hegel, mais qui se distinguent des hégéliens orthodoxes (aussi appelés « Althegelianer ») et entendent corriger certaines vues du maître. L'Etat prussien imposait une censure de la presse, et le roi Frédéric-Guillaume IV, qui accéda au trône en 1840, se révéla lui aussi très conservateur, laissant aux Eglises et à la religion un rôle prédominant[7]. Les champs d'intérêt de ces Jeunes hégéliens (*Junghegelianer*), dont le groupe se compose d'une dizaine de personnes - les plus connus étant Karl Marx et Bruno Bauer (1809-1882)[8] - sont le champ politique et la critique de la religion. Ils reprochent à Hegel d'avoir cautionné, dans sa philosophie de l'Etat, la politique réactionnaire du gouvernement prussien, en faisant des individus de simples rouages de l'Etat[9].

De telles contestations émanaient également des partisans de la Jeune Allemagne, le *Junges Deutschland*, avec notamment la figure célèbre du poète Heinrich Heine (1797-1856). Ils sont d'autre part très inspirés, pour leur réflexion sur la religion, par David Friedrich

6 J.H. Mackay, *Max Stirner. Sein Leben und sein Werk*, Schuster und Loeffler, Berlin, 1898.

7 Sur le contexte politique et social, cf. C. Stange-Fayos, « *Der Einzige und sein Eigentum* im politischen und sozialen Kontext des Vormärz », dans:O. Agard et F. Lartillot, *op. cit.*, pp. 165-84.

8 Sur les participants au Cercle « Die Freien » et leurs relations avec Stirner, cf. P. Clochec, « Le jeune hégélianisme de Stirner dans *L'Unique* », dans:O. Agard et F. Lartillot, *op. cit.*, pp. 71-88.

9 M. Stirner, *Der Einzige*, cit., p. 107 *svv.*

Strauss (1808-1874), auteur de *Das Leben Jesu*, paru en 1835[10] qui avait souligné l'historicité des religions, et notamment de la religion chrétienne, en considérant les Evangiles comme des récits mythiques propres à leur temps. Bruno Bauer (1809-1882), membre du Cercle des « Hommes libres » et parmi eux le plus proche de Stirner, sera encore plus radical que Strauss dans sa critique de la religion et mettra en évidence le concept capital de *Entfremdung* (l'aliénation), qui va être central dans la critique de la religion des Jeunes hégéliens[11]. Il s'agissait pour tous ces libres penseurs de dénier aux Eglises le droit de régenter les consciences. Si certains acceptent la théorie hégélienne de l'Etat, d'autres vont plus loin dans la démarche déconstructive et s'attaquent à l'idée de l'Etat idéal, l'utopie d'un Etat qui incarnerait l'Esprit, conception qui doit encore beaucoup à la représentation issue du romantisme allemand. Ils sont également tenants du libéralisme politique et sont donc perçus comme des opposants par le pouvoir prussien, qui les combattra et les interdira d'enseignement et de publications dans la presse officielle.

Pour ces Jeunes hégéliens, on retient également l'importance de la philosophie de la religion de Ludwig Feuerbach (1804-1872), avec l'œuvre majeure *Das Wesen des Christentums* (*L'Essence du Christianisme*,1841)[12], où l'auteur affirme que c'est l'essence de l'homme qui est la valeur suprême et non pas Dieu, ce dernier devenant une simple figure produite par l'esprit humain : à toute forme de religion confessionnelle mais aussi au déisme issu des Lumières, Feuerbach substituait un « humanisme » qui, s'il est bien accepté par divers membres du groupe des Hommes Libres, sera lui aussi l'objet de la

10 D.F. Strauss, *Das Leben Jesu, kritisch bearbeitet*. 2 vols., Osiander, Tübingen, 1835/1836.

11 Cf. à ce sujet J. Stewart, *Hegel's Century. Alienation and Recognition in a Time of Revolution*, Cambridge University Press, Cambridge, 2021; voir le chapitre V consacré à Bruno Bauer: « Bruno Bauer's Criticism of Christianity ».

12 L. Feuerbach, *Das Wesen des Christentums*, Otto Wiegand, Leipzig, 1841. Voir aussi: « Über das „Wesen des Christentums" in Beziehung auf den „Einzigen und sein Eigentum" » (1845), dans: L. Feuerbach, *Gesammelte Werke*, éd. W. Schuffenhauer, Vol. IX, Akademie, Berlin, 1970, p. 427-41, où Feuerbach rend hommage au caractère génial du livre de Stirner.

critique radicale de Stirner. Certains chercheurs considèrent que les Jeunes hégéliens sont à l'origine d'une rupture décisive dans l'histoire de la pensée au XIXème siècle, et le philosophe Jürgen Habermas, dans *Der philosophische Diskurs der Moderne* (1985) affirme que nous serions « restés des contemporains des Jeunes hégéliens. »[13]

La place de Stirner au sein des Jeunes Hégéliens est singulière et son livre va dépasser en matière de dénonciation des aliénations tout ce que ses compagnons auront pu écrire. Il est clair que sa pensée se développe au contact du cercle des Hommes libres et se nourrit des échanges au sein de ce groupe, en opposition à la tradition de la philosophie spéculative, mais également en opposition à certaines de leurs idées, notamment le communisme, à commencer par celui de Pierre Proudhon (1809-1865), qu'il considère comme une nouvelle forme d'aliénation[14]. Ce groupe était au demeurant traversé de courants contradictoires et concurrents et l'on s'y écharpait volontiers et souvent lors de ces réunions conviviales qui faisaient la part belle aux beuveries, partie de l'activité de laquelle Stirner s'abstenait plutôt[15].

Mais pour comprendre les racines de la pensée de Stirner, sa critique de la religion et sa conception d'un Moi « unique », il faut remonter plus loin en amont dans l'histoire des idées en Allemagne : des textes comme le poème *Prometheus* (« Prométhée ») de Goethe (1774/1785), ou encore la narration de Jean-Paul : *Rede des toten Christus vom Weltgebäude herab, dass kein Gott sei (Le discours du Christ depuis les espaces cosmiques, affirmant qu'il n'y a pas de Dieu)* de 1796, peuvent être convoqués comme contexte, temporellement plus éloigné, de cette déconstruction radicale opérée par Stirner sur les aliénations, notamment religieuses[16] .

13 Cf. B. Kast, *op. cit.*, p. 28.

14 M. Stirner, *Der Einzige*, cit., pp. 206, 285.

15 Cf. G. Raulet, « Actualité de Max Stirner ? », dans :O. Agard et F. Lartillot, *op. cit.*, pp. 11-23.

16 Sur la parenté avec ces textes, cf. A.S. Hildebrandt, *Vom Weltschmerz zum Selbstgenuss. Max Stirners Philosophie der Moderne*, cit., pp. 46-50 et 56-64.

Une question abordée dans la recherche sur Stirner est celle de l'affinité avec la pensée de Nietzsche, et de savoir si Nietzsche l'a lu. Cette question est hors champ dans la présente contribution, mais elle a bien sûr une grande pertinence pour les études nietzschéennes.

L'Unique et sa propriété est un texte singulier, sans rapport avec le style des traités philosophiques, mais qui possède sa structure propre, et où certains ont voulu voir une rémanence de la dialectique hégélienne[17]. Le style est d'une grande originalité dans le champ philosophique, notamment parce qu'il intègre le lecteur dans sa réflexion, en l'apostrophant, par l'usage de la deuxième personne du singulier en allemand (« Du »), ainsi dans le passage suivant : « Si quelqu'un te disait que tu es tout entier esprit, tu toucherais ton corps et tu ne le croirais pas... ». [18] Après un bref prologue qui expose le projet de l'ouvrage, *L'Unique et sa propriété* se compose de deux parties, respectivement intitulées « Der Mensch » (« L'Homme ») et « Ich », (« Moi »), et divisées chacune en trois parties. La première partie « Der Mensch » est consacrée à la dénonciation de l'ensemble des aliénations qui empêchent l'individu d'être libre : c'est la partie déconstructive, divisée en trois chapitres : « Die Alten » (« Les Anciens »), consacrée à l'aliénation dans les cultures de l'Antiquité jusqu'au Moyen-Age ; « Die Neuen » (« Les Nouveaux »), de la Réforme jusqu'à Hegel; enfin « Die Freien » (« Les Hommes libres »), qui concerne le moment contemporain et les tendances du libéralisme politique, qui n'est selon l'auteur qu'une illusion de plus.

Dans la seconde partie du volume, « Ich » (« Moi »), Stirner expose ses propres conceptions de ce que devrait être la condition humaine « libérée » de ces déterminations et il y développe les notions capitales et originales de *Die Eigenheit* (« la particularité »), *Der Eigner* (« celui qui se possède lui-même »), parfois traduit par « le propriétaire » - ce qui pose problème, et *Der Einzige*, (« l'Unique »), correspondant aux

17 Sur Stirner et Hegel, voir N. Waszek, « Max Stirner und Hegel », dans: O. Agard et F. Lartillot, *op. cit.*, pp. 47-70.

18 M. Stirner, *Der Einzige*, cit., p. 31 : « Sagte Dir jemand, Du seiest ganz Geist, so würdest Du an Deinen Leib fassen, und ihm nicht glauben... ».

trois sous-parties de cette grande deuxième partie. C'est ici que la notion d' « égoïsme » *(der Egoismus)* prend toute son importance.

Dans la première partie de l'ouvrage, « Der Mensch » (« L'Homme »), Stirner déconstruit l'ensemble des conceptions du politique qui avaient prévalu à la fois à travers l'histoire et à l'époque où il vit. Il réfléchit notamment sur la Révolution française et questionne les valeurs qui en sont issues. A-t-elle amené plus de liberté, plus d'égalité ? Qu'en est-il de la question des Droits humains ? Pour Stirner, la bourgeoisie s'est accaparée les privilèges de l'Ancien Régime à son profit, avec le primat de la loi, qui elle aussi devient instrument d'oppression. Dans les années quarante du XIXème siècle, de manière générale, la Révolution n'apparaît plus vraiment comme une époque de liberté et de progrès ; elle a débouché sur une nouvelle forme d'asservissement : l'idéal bourgeois, qui fut attaqué très tôt par divers théoriciens du communisme, comme Babeuf, Fourrier, Proudhon. Selon Stirner, ce n'est pas l'homme individuel qui a été libéré par la Révolution, mais tout au plus le citoyen. Il va même jusqu'à affirmer que la Révolution a gommé les individualismes qui restaient encore possibles dans l'Ancien Régime et il s'oppose à Hegel qui considérait la Révolution comme un progrès du point de vue de la réalisation de l'Esprit dans l'Histoire[19]. L'égalité elle-même est un leurre, elle ne profite qu'à la bourgeoisie qui met en place le développement économique à son profit et installe la concurrence. Les théories du Contrat social du XVIIIème siècle elles-mêmes, qui avaient visé à réformer l'Etat avant et après la Révolution, n'avaient abouti qu'à des formes variées d'aliénation de l'individu. Stirner dénonce toutes les formes historiques de l'oppression de l'individu : le sacré, sous sa forme profane, s'incarnerait selon lui dans les différentes formes de l'institution politique : la royauté, puis l'Etat, y compris dans les formes modernes de l'Etat libéral. De fait ce sont les finalités même de l'Etat qui sont soumises à la déconstruction chez Stirner, qu'il s'agisse de l'Etat de droit divin ou de l'Etat social moderne. L'Etat

19 *Ibid.*, pp. 121 *sv.*

est devenu un nouveau dieu, qui utilise les individus et les contraint à s'effacer devant lui et à se mettre à son service. Pour lui, « Tout Etat est despotisme »[20]. De telles conceptions expliquent le succès de Stirner auprès des mouvances anarchistes, depuis la fin du XIXème siècle chez son biographe Mackay, jusqu'aux années soixante-dix du XXème siècle.

Ces aliénations, Stirner les qualifie d' « idées fixes » (dans une terminologie qui remonte à Goethe[21]), voire de « fantômes » (*Gespenster*)[22] qui hantent les sociétés et les consciences individuelles et les contraignent à adopter une attitude de soumission à l'égard du ou des pouvoirs, et le communisme lui aussi, nouvelle forme d'aliénation, fait l'objet de cette déconstruction[23]. Stirner évoque donc la figure du « possédé » (*der Besessene*) qui est sous l'emprise de ces représentations contraintes et ne peut vivre qu'en référence à elles[24].

La première partie de l'ouvrage de Stirner (« Der Mensch », « L'Homme ») était donc consacrée à la critique de l'ensemble des dispositifs mis en place dans l'histoire de l'humanité pour asservir l'individu et le soumettre à des causes externes, qu'elles soient d'ordre politique, social, religieux ou psychologique. Il y est notamment montré comment l'humanisme contemporain, qui avec les thèses de Feuerbach prenait le relais des doctrines religieuses, constituait lui aussi un mode d'asservissement qui se substitue à celui qui résulte des croyances religieuses qui placent au-dessus de l'individu la figure de Dieu.

Dans la deuxième partie, intitulée « Ich » (« Moi »), Stirner développe ses propres vues sur l'existence humaine, sur l'individu et ses relations avec autrui, avec la société, sur la morale et sur la liberté. Cette deuxième partie est comme la première structurée en trois

20 *Ibid.*, p. 215.
21 Cf. M. Schuhmann: « Max Stirners Goethe-Rezeption. Weiterentwicklung von Goethes Denken oder Legitimationsbasis für die eigene Philosophie? », dans: O. Agard et F. Lartillot, *op. cit.*, pp. 125-35.
22 M. Stirner, *Der Einzige*, cit., p. 43 *sv.*, p. 194.
23 *Ibid.*, pp. 36 *svv.*, 206 et 285.
24 *Ibid.*, p. 36.

parties, intitulées chacune selon un concept propre à Stirner: *Die Eigenheit* (la particularité); *Der Eigner* (l'être particulier, qui se possède lui-même, parfois traduit par «le propriétaire»); *Der Einzige* (l'Unique). Stirner utilise ici des concepts qu'il a forgés lui-même, il développe sa conceptualité propre autour des deux notions-racines de «eigen» («propre», «particulier») et «einzig» («unique»). Il construit ici ce qui a été considéré comme son «individualisme radical»[25]. Toutefois cette partie constructive contient encore nombre de passages déconstructifs: la déconstruction des valeurs, des «idées fixes», des idéologies et des dispositifs du pouvoir se poursuit.

La section intitulée «Die Eigenheit» est largement consacrée à une critique de la notion de liberté telle qu'elle a été conçue à travers l'histoire, ancienne ou récente[26]. La liberté est depuis la Révolution française la première et la plus haute des valeurs à laquelle l'être humain et le citoyen puissent prétendre. Elle apparaît à l'époque de Stirner comme un idéal à la fois individuel et politique. Elle désigne dans ce contexte l'émancipation par rapport aux différentes sphères du pouvoir qui asservissent l'être humain et entravent de ce fait ses facultés d'épanouissement personnel. Pour comprendre les enjeux de cette deuxième partie, il faut se demander sur quoi l'auteur fonde sa critique de la liberté et que recouvrent au juste les notions d'*Eigenheit* («la particularité», «l'être propre de chacun») et de l'Unique (*der Einzige*), et ce que signifie au juste l' «égoïsme» stirnérien, qui n'a rien à voir avec l'acception banale de ce terme. «Mon être propre (*die Eigenheit*), c'est là tout mon être et mon existence, c'est ce que Je suis!»[27] Cet état, cette qualité, a créé une nouvelle forme de liberté[28].

On aura compris que la libération, selon Stirner, ne peut être qu'individuelle et non pas collective. Il s'agit de renforcer le Moi et la conscience que l'individu en a, de souligner l'importance de la corporalité (*die Leibhaftigkeit*). La liberté (*die Freiheit*) est remplacée

---

25 M. Schuhmann, *Radikale Individualität*, cit.
26 M. Stirner, *Der Einzige*, cit., p. 171 *svv.*
27 *Ibid.*, p. 173.
28 *Ibid.*, p. 179: «Die Eigenheit erschuf eine neue Freiheit.»

dans la vision de Stirner par la « particularité, l'être propre » de chacun (*die Eigenheit*), et c'est un état auquel il s'agit d' *accéder.* C'est la destination de l'individu de se reconnaître comme « particulier » et finalement comme « unique » (*einzig*). Cette « particularité » (*die Eigenheit*) est selon Stirner un idéal plus élevé que la simple « liberté » (*die Freiheit*), telle qu'elle est énoncée dans les théories contemporaines, qui n'est selon lui qu'une illusion de plus. C'est seulement par l'accession à cette « particularité » que se crée la véritable liberté individuelle, et la liberté collective ne saurait résulter que d'une conjonction de toutes ces particularités.

Le raisonnement de Stirner mène de la particularité (*die Eigenheit*) à l'Unique (*der Einzige*) : chaque individu diffère de tous les autres, et c'est cette différence qui fait la richesse de l'humanité et des sociétés. C'est ici qu'intervient le statut de celui que Stirner appelle l'*Eigner*, qui a été traduit par « propriétaire », ce qui donne nécessairement lieu à des malentendus ! L'Unique est un être particulier qui se possède d'abord lui-même (*der Eigner*) avant de devenir « propriétaire » (*der Eigentümer*) de tout ce qu'il parvient à s'assimiler : et il n'est pas ici question seulement de biens matériels, mais surtout de biens culturels, spirituels, affectifs...

Unicité et particularité de ce Moi (*Ich*) sont donc les valeurs majeures de la pensée de Stirner. Elles ne sont pas en contradiction avec la nature sociale de l'être humain, mais celle-ci est redéfinie par l'auteur de *l'Unique et sa propriété* suite à la déconstruction des valeurs qu'il a opérée. L'être particulier, propriétaire de lui-même (*der Eigner*), et non plus aliéné à un autre, aura aussi des buts existentiels redéfinis : non pas le sacrifice au profit d'une cause externe quelle qu'elle soit, mais la jouissance de soi-même et du monde, des autres... C'est en ce sens qu'il est dit « égoïste », une notion qui n'a rien à voir avec l'acception commune et moralisante du terme, ce que Stirner ne manque pas de préciser en distinguant deux formes d'égoïsme : l'égoïsme banal, qui est un aveuglement du sujet, borné et limité, une petitesse, et l'égoïsme véritable qui fait du sujet un individu à part entière, capable de se donner à lui-même ses propres lois[29]. La recherche la plus récente sur Stirner a pu établir que d'un point de vue linguistique la notion d'égoïsme à l'époque (fin du XIXème siècle, début XIXème) recouvrait l'individualisme, la conscience de l'individualité[30]. L'égoïsme désigne ainsi une attitude centrée sur l'individualité de chacun plutôt que sur des valeurs extérieures, collectives, telles qu'elles sont prônées par la religion, l'Etat ou l'idéal communiste. C'est l'individu avec ses besoins et ses désirs, qui constitue la plus haute des valeurs: « Pour Moi il n'y a que Moi qui compte, et non pas l''affaire'. Le critère de la vérité, c'est Moi. »[31]

La question est de savoir si un tel égoïsme, ainsi défini, réduit l'Autre à un simple objet, et s'il le nie donc en tant que sujet. Cet égoïsme-là exclut-il absolument le sens des valeurs collectives, et ouvre-t-il à nouveau la porte à la « guerre de tous contre tous »? A ces questions on peut répondre par la négative. Les passages consacrés à l'amour dans *L'Unique et sa Propriété* en témoignent: l'amour de l' « égoïste » n'en est pas moins sincère, simplement ce n'est pas l'amour désintéressé tel que le prône le christianisme (*agapê*) mais l'amour conscient de ce qu'il travaille à sa propre satisfaction (*eros*)[32]. Stirner distingue donc l'égoïsme inconscient de l'égoïsme conscient. Le premier ou « faux » égoïsme n'est autre que cette pulsion de puissance qui anime tous ceux qui exercent leur pouvoir sur les autres: prêtres, gouvernants, patrons, etc., et qui font obstacle à la liberté individuelle. Il ne se distingue pas de l'état de « possession » (*die Besessenheit*) par une idée fixe collective[33]. L'égoïsme conscient en est tout le contraire.

Le Moi dont il est question chez Stirner n'est pas une notion

---

29 *Ibid.*, p. 84 *sv.* et 87.

30 Cf. M. Schuhmann, *Radikale Individualität*, cit., p. 305 *svv.*

31 M. Stirner, *Der Einzige*, cit., p. 400: « Mir ist es nur um Mich, nicht um „die Sache" zu tun. Ich bin das Kriterium der Wahrheit. »

32 *Ibid.*, p. 324 *sv.*

33 *Ibid.*, p. 82.

métaphysique telle qu'elle apparaît dans l'idéalisme allemand, comme le Moi absolu de Fichte[34]. Lorsque Stirner parle du « Moi » (*Ich*), il emploie le terme sans article, et c'est le Moi empirique qu'il a en vue : « Quant à moi, je parle de Moi, du Moi empirique, temporel »[35]. Cette individualité n'est pas réductible à sa détermination sociale. La société n'est pas non plus habilitée à définir ce qui est bon ou mauvais pour l'individu. Et ce Moi est *unique* : il est l'Unique (*der Einzige*), tel qu'il figure dans le titre de l'ouvrage. On a pu dire avec raison que ce sont des accents mystiques qui le caractérisent : il est dit « unaussprechlich » et « unsagbar » c'est-à-dire inexprimable par le langage et indicible[36], qualificatifs que Maître Eckhart attribue à la Déité au-dessus de Dieu[37].

L'Unique n'a d'autre but que lui-même et ne se fonde sur aucune valeur surimposée, il est lui-même et à lui seul la mesure de toute chose[38]. C'est ce qui conduit Stirner à affirmer : « Je n'ai fondé ma cause sur Rien ! », qui est la première et l'une des dernières assertions du livre ![39], et : « Je suis mon espèce à moi tout seul, je suis sans norme, sans loi, sans modèle etc. Il est possible que je ne puisse faire que très peu de chose de moi ; mais ce peu est Tout et est mieux que ce que je laisserais faire par la violence d'autrui, par les dresseurs de la morale, de la religion, des lois, de l'Etat, etc. »[40].

Ce Moi ne trouve son sens que dans l'existence elle-même, non dans quelque monde supérieur ou transcendant. Dès les années 1950

---

34 *Ibid.*, p. 199, où Stirner se démarque de Fichte pour sa conception du Moi.

35 *Ibid.*, p. 199: « Ich aber spreche von Mir, dem vergänglichen Ich ».

36 *Ibid.*, p. 412.

37 Meister Eckhart, *Deutsche Predigten und Traktate*, éd. J. Quint, Carl Hanser, München, 1963.

38 M. Stirner, *Der Einzige*, cit., p. 200.

39 *Ibid.*, p. 3: « Ich hab' Meine Sach' auf Nichts gestellt ». Sur l'intertextualité de cette phrase, qui constitue un emprunt à Goethe, cf. Maurice Schuhmann, « Max Stirners Goethe Rezeption... », dans : O. Agard et F. Lartillot, *op. cit.*

40 *Ibid.*, p. 200: « Ich bin meine Gattung, bin ohne Norm, ohne Gesetz, ohne Muster u.dgl. Möglich, daß ich aus Mir sehr wenig machen kann; dieses wenige ist aber Alles und ist besser, als was Ich aus Mir machen lasse durch die Gewalt Anderer, durch die Dresser der Sitte, der Religion, der Gesetze, des Staates, usw. »

le philosophe français Henri Arvon et à sa suite divers chercheurs allemands ont ainsi pu voir en Stirner un précurseur de l'existentialisme[41]. La vocation de ce Moi est définie dans de nombreux passages forts, comme celui-ci : « Moi je te dis : libère-toi autant que tu le peux, et tu auras fait ta part ; car il n'est pas donné à tout le monde de briser tous les obstacles, ou plus clairement : ce qui est un obstacle pour l'un n'en est pas nécessairement pour l'autre. En conséquence ne t'épuise pas à écarter les obstacles des autres ; si tu parviens à mettre à bas les tiens, c'est bien suffisant. »[42] Ce « Rien » ou « Néant » est pourtant un Néant *créateur* (« ein schöpferisches Nichts »)[43], comme l'affirme Stirner dans la préface qui précède les deux parties, et ne peut devenir créateur que parce que le Moi s'est débarrassé de toutes les fausses identifications.

La réception de *L'Unique et sa propriété* est complexe et surtout polarisée entre les détracteurs du texte et ses lecteurs enthousiastes. Richard Retschika en Allemagne et Tanguy L'Aminot en France[44] ont étudié la réception de cette oeuvre, concluant qu'elle a été « immense quoique souvent clandestine, influençant de nombreux penseurs, écrivains et artistes »[45], de divers bords idéologiques ; ainsi des auteurs de la Révolution conservatrice comme Ernst Jünger ou Carl Schmitt se réclament de Stirner aussi bien que des membres des avant-gardes artistiques, du mouvement Dada aux surréalistes[46].

***

41 H. Arvon, *Max Stirner ou l'expérience du néant*, Seghers, Paris, 1973.

42 M. Stirner, *Der Einzige*, cit., p. 156: « Ich sage: Befreie Dich so weit Du kannst, so hast Du das Deinige getan; denn nicht Jedem ist es gegeben, alle Schranken zu durchbrechen, oder sprechender: Nicht Jedem ist das eine Schranke, was für den Anderen eine ist. Folglich mühe Dich nicht an den Schranken anderer ab; genug, wenn Du die Deinigen niederreißt. »

43 *Ibid.*, p. 5.

44 R. Retschika, *Philosophische Abenteurer: Elf Profile von der Renaissance bis zur Gegenwart*, Mohr Siebeck, Tübingen, 2001 (le chapitre consacré à Stirner: pp. 68-102); T. L'Aminot, *op. cit.*, p. 45 *sv.*

45 T. L'Aminot, *op. cit.*, p. 70.

46 Sur la réception de *L'Unique*, voir aussi : A. Stulpe, « Der Einzige und seine diskursive Funktion in der Stirner-Renaissance », dans :O. Agardet et F. Lartillot, *op. cit.*, p. 243-73.

Je voudrais à présent examiner les conceptions du sujet individuel et de sa liberté chez deux auteurs qui ont connu le texte de Stirner et qui développent eux aussi une conception radicale du Moi et de l'individualité dans les années 1910-1930, dans le contexte nouveau que représente l'émergence de la psychanalyse et des théories modernes de l'inconscient, mais aussi des divers courants de pensée de la modernité. Carl Gustav Jung et Alfred Döblin sont pratiquement contemporains et ont en commun leur formation médicale en psychiatrie; l'un est devenu un grand écrivain de langue allemande de la modernité, l'autre le fondateur de la psychologie analytique. Ils ont en commun également un intérêt profond pour le religieux et en particulier pour les courants mystiques et hétérodoxes du christianisme, ainsi que pour les religions de l'Asie, hindouisme, bouddhisme, taoïsme, sur lesquels ils ont tous deux écrit. Et Nietzsche est pour chacun une grande référence; tous deux l'ont lu intensément et ont écrit sur lui: des essais de jeunesse pour Döblin (1902)[47] et un grand séminaire consacré au *Zarathoustra* pour Jung dans les années 1934-39[48].

2. Alfred Döblin: le Moi, la Nature et l'Autre

Ecrivain, essayiste, Döblin est l'auteur d'une œuvre à la fois interdisciplinaire et interculturelle. Persécuté en tant que juif et exilé en Amérique durant la période nazie, francophile, il abordera de plus en plus dans ses œuvres des sujets religieux et même théologiques, et se convertira au catholicisme auprès des Jésuites américains dans les années 1940 durant son exil[49]. Les textes pertinents pour notre

47 A. Döblin, « Der Wille zur Macht als Erkenntnis bei Friedrich Nietzsche » (1902) et « Zu Nietzsches Morallehren » (1903), dans: Id., *Kleine Schriften I*, Walter, Olten/Freiburg im Breisgau, 1985.

48 C.G. Jung, *Nietzsche's Zarathustra. Notes of the Seminar Given in 1934-1939*, éd. J.L. Jarrett, 2 vols., Bollingen Series XCIX, Princeton University Press, Princteon, 1988.

49 Cf. C. Bartscherer, *Das Ich und die Natur. Alfred Döblins literarischer Weg im Licht seiner Religionsphilosophie*, Igel, Paderborn, 1997 (Reihe: Literatur- und Medienwissenschaft, Vol. 55).

questionnement sont antérieurs à cette conversion, mais même après celle-ci, le christianisme de Döblin restera hétérodoxe[50].

Le Moi est la figure centrale des réflexions dans ses œuvres philosophiques et théologiques dès les années 1920. Dans une interview qu'il donnera plus tard, en 1948, au Südwestfunk allemand, il affirme que le Moi est devenu peu à peu une problématique centrale dans son oeuvre[51]. Dans les années 1920 et 1930, cette conception du Moi s'énonce directement dans trois œuvres principales, deux essais à caractère philosophique et une épopée. *Das Ich über der Natur (Le Moi au-dessus de la Nature)* de 1927[52] est un petit traité entièrement consacré à la question du statut du sujet humain et à sa relation au monde naturel comme grandeur quasi métaphysique. Döblin y développe une sorte de « Naturphilosophie » propre à son oeuvre. Dans *Unser Dasein (Notre existence)* paru en 1933[53] et brûlé dans les autodafés nazis, l'auteur expose dans une suite de paragraphes de longueurs diverses des vues sur tout ce qui constitue l'existence humaine dans ses dimensions psychologiques, sociales, esthétiques, etc., se posant aussi la question de l'Etat, de la question juive et du sionisme[54]... Enfin l'épopée *Manas* (1927) traite un sujet inspiré de l'Inde ancienne et comporte des passages spéculatifs directement consacrés au Moi, désigné comme « le Grand Moi » (*das große Ich*)[55].

50 Cf. C. Maillard, « Trinitarische Spekulationen und geschichtstheologische Fragestellungen in Alfred Döblins Religionsgespräch 'Der unsterbliche Mensch' », dans: C. Maillard et M. Mombert (éd.), *Der Grenzgänger Alfred Döblin 1939-1957. Biographie und Werk*, Peter Lang, Bern, 2006, p. 171-86.

51 C. Bartscherer, *op. cit.*, pp. 7 *sv.*

52 A. Döblin, *Das Ich über der Natur*, Fischer, Berlin, 1928. Sur ce texte, voir notamment l'article de C. Gelderloos, « Das Ich über der Natur (1927) », dans: S. Becker (éd.), *Döblin-Handbuch. Leben-Werk-Wirkung*, J.B. Metzler, Stuttgart, 2016, p. 276-80; et *Elcio Loureiro Cornelsen, Gott oder Natur? Metaphysische Unterströmungen im Werk Alfred Döblins*, Inauguraldissertation, Freie Universität Berlin, 1999.

53 A. Döblin, *Unser Dasein*, Walter, Olten, 1988 (nous citerons cette édition). Les traductions françaises des citations sont les nôtres.

54 Sur *Unser Dasein* voir Ch. Maillard, « Unser Dasein », dans: S. Becker (éd.), *Döblin-Handbuch*, cit., pp. 280-285.

55 A. Döblin, *Manas. Episches Gedicht* (1927), Walter Verlag, Olten, 1987; sur ce texte, cf. Ch. Maillard, « „Da stieg Manas, ein leiblicher Mensch, über Klippen auf das Totenfeld". Alfred Döblins Indienrezeption - Mythopoiese und Subjekttheorie im

Pour des raisons de temps imparti, je me concentrerai sur *Unser Dasein*, la plus tardive des trois œuvres et qui présente la réflexion la plus aboutie de l'auteur sur le Moi. *Unser Dasein* est divisé en 8 livres, et les deux premiers sont consacrés au Moi : « Le Moi et le monde des objets » (« Das Ich und die Welt der Dinge ») et « L'antagoniste de la nature : les trois particularités du Moi » (« Gegenstück der Natur : Die drei Eigentümlichkeiten des Ich »)[56].

Il est avéré que Döblin a connu *l'Unique et sa propriété* ainsi que les mouvements stirnériens généralement de mouvance anarchiste des deux premières décennies du XXème siècle. Dans un compte-rendu sur les nouvelles revues (« *Neue Zeitschriften* ») paru en 1919, il évoque la revue *Der Einzige*, éditée par Salomon Friedländer de 1919 à 1925 [57], périodique qui diffuse des idées stirnériennes. Il mentionne directement l'auteur de *L'Unique* dans certains textes brefs exposant ses réflexions sur le politique[58]

Dès un texte important de 1919 intitulé *Jenseits von Gott* (« Au-delà de Dieu »)[59], Döblin affichait sa prise de distance avec les systèmes de croyances judéo-chrétiennes et surtout avec leurs formes institutionnalisées. C'est également la période où il s'intéresse fortement aux religions asiatiques, bouddhisme et taoïsme. Son débat avec ces traditions religieuses dites orientales, incluant aussi l'hindouisme, est toujours présent dans les deux essais de 1927 et 1933 : dans plusieurs brefs textes de *Unser Dasein*, Döblin questionne la vision bouddhiste du Moi et de son inexistence (*annatta, anatman),* et

---

Epos *Manas* (1927) », dans: H. Koopmann et M. Misch (éds.), *Grenzgänge. Festschrift für Hans-Jörg Knobloch*, Mentis, Paderborn, 2002, p. 151-79; et plus récemment K. Chairatana, *Zur Problematik der kontemplativen Selbstverwirklichung in Alfred Döblins „Manas"*, Aisthesis, Bielefeld, 2019.

56 A. Döblin, *Unser Dasein*, cit., p. 47.

57 Cf. A. Döblin, *Schriften zur Politik und Gesellschaft*, Walter, Olten/Freiburg im Breisgau, 1972, p. 88; voir à ce propos: S. Becker, *Döblin-Handbuch*, cit., p. 198. Dans l'un de ses essais sur Nietzsche, il parle du « solipsisme de Stirner » (*Zu Nietzsches Morallehren*, cit., p. 34).

58 A. Döblin, *Schriften zur Politik und Gesellschaft*, cit., pp. 245 et 286. L'éditeur du volume confirme que Döblin connaissait bien l'ouvrage de Stirner.

59 A. Döblin, *Jenseits von Gott* (1919), dans: *Alfred Döblin, Kleine Schriften*, cit., pp. 246-60.

exprime son désaccord avec cette vue : « Le Moi a de l'Etre » « Ich hat Sein » affirme-t-il dans un bref texte intitulé : *Gotamo Buddhos andere Meinung*[60] – *L'opinion différente de Gautama Bouddha* ; la même idée sera présente dans *Ablehnung eines buddhistischen Gedankens – Réfutation d'une idée bouddhiste.*[61] Dans l'essai *Au-delà de Dieu*, il fustigeait les valeurs transmises par l'habitude (*Gewohnheitswerte*), que l'on peut considérer comme proches des « idées fixes » dénoncées par Stirner, en écrivant par exemple : « Je ne suis ni bigot ni hérétique, je suis pour moi-même »[62].

Dans les années 1920 et jusqu'en 1933, date de la publication de *Unser Dasein*, le Moi et l'individualité sont au centre des réflexions théoriques de Döblin, d'abord dans le cadre d'une philosophie de la Nature, dans laquelle il investit sa vaste culture scientifique. Si pour lui, « la personne est à la fois partie et antagoniste de la nature »[63] , elle est aussi *au-dessus* de la Nature (« über der Natur »), et plus puissante qu'elle : « L'eau..., la glace... ce sont des forces gigantesques. Moi est plus puissant. »[64]. Döblin imagine donc un Moi plus fort que les forces gigantesques de la nature, qui serait à la fois « celui qui détruit et qui maintient » [65], référence évidente à la figure du dieu Shiva de l'hindouisme. Dans ces textes s'exprime l'affirmation de l'individualité, de son statut et de sa valeur contre les collectivismes aliénants, religieux ou politiques. Et comme le « Moi » stirnérien, le Moi döblinien a pour caractéristique d'être « unique » : « Le Moi qui est, est unique. Il n'existe qu'un Moi unique. Le Moi s'entoure du cercle de son unicité. »[66]

60 A. Döblin, *Unser Dasein*, cit., pp. 50 *sv.*

61 *Ibid.*, p. 228 *svv.*

62 A. Döblin, *Jenseits von Gott*, cit., p. 261: « weder Kirchler noch Ketzer, sondern für mich. »

63 A. Döblin, *Unser Dasein*, cit., p. 30: « Die Person als Stück und Gegenstück der Natur. »

64 *Ibid.*, p. 56: « Das Wasser [...], das Eis [...]. Sie sind Riesenmächte. Ich ist mächtiger. »

65 *Ibid.*, p. 90: « Ich bin der Zerstörer und bin der Erhalter . »

66 *Ibid.*, p. 57: « Das Ich, das ist, ist ein einziges. Es gibt nur ein einziges Ich. Das Ich zieht um sich den Kreis seiner Einzigkeit. »

Se référant, sans doute sous l'égide de Kant, au *principium individuationis*, il élève le Moi au rang de « fait premier donnant naissance au monde » [67] En même temps il observe que cette individuation est « incomplète » (« unvollständig »), mais qu'elle vise à la complétude. Nous sommes incapables de complétude, mais il faut viser à la complétude. »[68] Le lecteur de ces textes ne peut que se heurter aux paradoxes sur lesquels se construit la pensée de Döblin sur le Moi dans cette période. Mais à partir des années 1930 se dessinent deux importantes évolutions dans sa pensée du Moi : le dialogisme et le personnalisme. A côté de l'individualité il prend en compte la dimension interpersonnelle : « A côté du principe de l'individuation, le principe de la communion. »[69] Pour qualifier cette interaction, il utilise la notion de « résonance » (*Resonanz*) et introduit donc la dimension de l'altérité comme élément constitutif de la construction individuelle : « La résonance fonde le « Tu » dans le monde »-[70], une orientation proche des idées de Martin Buber, qui a théorisé l'altérité dans *Ich und Du*.[71] Les conceptions de Döblin évoluent aussi vers la notion de la « personne » (*Person*), déjà présente dans *Unser Dasein* et qui sera reprise dans les écrits théologiques de sa dernière période, et notamment dans le dialogue religieux D*er unsterbliche Mensch* (*L'Homme immortel)*[72] de 1946, où la figure christique est considérée comme l'archétype de l'individuation réussie et de la personnalisation accomplie. [73]

La dimension politique de la réflexion de Döblin sur le Moi et l'individualité le conduit à la critique de l'anarchisme[74] et aussi

67 *Ibid.*, p. 69: « das Urfaktum der Welt, das Ich... »
68 *Ibid.*, p. 70: « Unvollendbar sind wir, auf Vollendung soll und muß es gehen. »
69 *Ibid.*, pp. 69-70 et 73: « Neben das Prinzip der Individuation, das Prinzip der Kommunion. »
70 *Ibid.*, p. 172: « Die Resonanz begründet das Du in der Welt. »
71 M. Buber, *Ich und Du*, Leipzig, 1923 (1ère éd.). Mit einem Nachwort und Anmerkungen von Bernhard Lang, Reclam, Ditzingen, 2021.
72 A. Döblin, *Der unsterbliche Mensch. Ein Religionsgespräch* (1946), dtv, München, 1992.
73 Cf. C. Bartscherer, *Das Ich und die Natur*, cit., p. 280.
74 A. Döblin, *Unser Dasein*, cit., p. 466.

du capitalisme[75], censé rendre « libres » les êtres, et il évoque par delà toutes les constructions du politique à propos de la liberté, « la doctrine du Grand Moi et de l'homme libre, cette pensée pas encore menée à son terme »[76], une idée qu'il trouve présente dans les religions et spiritualités d'Orient et d'Occident.

3. C.G. Jung : l'être-unique (das Einzelsein) et son individuation

On ne présente pas Jung à Eranos, dont il a été un pilier ! Nous savons que le psychologue avait lui aussi lu l'ouvrage de Stirner, car il le reconnaît lui-même en réponse à un correspondant qui l'interroge à ce sujet et à propos de sa réception de Nietzsche. Voici ce qu'il écrit le 5 janvier 1961, l'année de sa mort, à Arthur W. Rudolph, de Los Angeles en Californie : « Max Stirner, que j'ai lu au même moment (que Nietzsche) m'a fait l'impression d'un homme qui a cherché à exprimer une vérité pleine d'un sens infini avec des moyens inappropriés »[77]. Ce bref jugement ne semble pas accorder de véritable importance à Stirner, mais en même temps souligne que le fond de sa pensée est « infiniment significatif » (« *unendlich bedeutsam* »), ce qui veut dire que Jung avait bien pris la mesure du message fondamental de *l'Unique et sa propriété*. Il ajoute dans la même lettre que l'expression que Nietzsche avait donnée à sa pensée dans le *Zarathoustra* lui parlait davantage[78]. Jung était un grand lecteur de Nietzsche et ne s'en cachait pas. Il a tenu dans les années 1934-39 un séminaire dans un contexte anglophone[79], publié en deux épais volumes. Dans son texte à caractère autobiographique *Erinnerungen, Träume, Gedanken* ,

---

75 *Ibid.*, p. 447.

76 *Ibid.*, p. 440: « Allen, allen überlegen bleibt aber, was die Menschen selbst fühlen und was einige Menschen der Religionen und des Geistes formulieren in Ländern des Abend- und Morgenlandes: die Lehre vom großen Ich und vom freien Menschen, diese noch nicht zu Ende gedachte Lehre. »

77 C.G. Jung, *Briefe III. 1956-1961*, Walter, Olten/ Freiburg im Breisgau, 1980², p. 371.

78 *Ibid.*

79 C.G. Jung, *Nietzsche's Zarathustra*, cit.

publié en français sous le titre *Ma Vie*, il explicitait à quel point cette relation comptait pour lui[80].

Jung se réfère dans ses textes à divers philosophes de la tradition allemande, principalement à Kant et à Eduard von Hartmann, ainsi qu'à Nietzsche, et aussi, davantage encore, à Goethe, penseur majeur même si l'on ne peut pas le considérer comme un philosophe à proprement parler. Les références directes à Stirner en revanche sont peu nombreuses et ne sont jamais amenées à l'appui d'une démonstration. Il lui arrive même de se tromper sur les idées de celui-ci, comme il ressort de ce passage du séminaire sur *Zarathoustra* : « Max Stirner, for instance, is a forerunner of Nietzsche's and would belong to those preachers of equality – comunistic equality, political and social equality. »[81] Contresens évident puisque Stirner critiquait justement l'égalité telle qu'elle est conçue par le communisme.

La question du sujet individuel, de son insertion dans un collectif et la question des valeurs occupent le psychologue Jung tout particulièrement durant les années qui suivent immédiatement sa rupture avec Freud, laquelle intervient en 1913. Il est question, dans certains de ses textes tout particulièrement, de la liberté individuelle du sujet, en des termes et dans un style assez différent de ce que sera son œuvre ultérieure. Le corpus sollicité ici ne pourra pas renvoyer à l'ensemble de l'œuvre de Jung, mais à des textes de cette période particulière de son œuvre, pertinents pour notre sujet, et qui d'ailleurs coïncident avec une période de réception intense de l'œuvre de Stirner dans différents milieux en Europe. C'est durant ces années que Jung énonce les conceptions de la psyché et de l'inconscient qui lui seront propres, préparées déjà par une série de textes des années 1910-12 où il se démarque très nettement de Freud[82].

Il produit à partir de 1913 un ouvrage singulier : *Le Livre Rouge*

80 C.G. Jung, *Erinnerungen, Träume, Gedanken von C. G. Jung, aufgezeichnet und herausgegeben von Aniela Jaffé*, Walter, Olten, 1979[10], p. 193.
81 C.G. Jung, *Nietzsche's Zarathustra*, cit., Vol. 2, p. 1101.
82 CG. Jung, *Freud und die Psychoanalyse*, édition C.G. Jung im Patmos Verlag, Ostfildern, 2011[3].

(Das Rote Buch) également appelé *Liber novus*, qui ne sera publié qu'en 2009 [83] et auquel la Fondation Eranos a consacré un colloque en 2022[84]. Dans le commentaire qu'en fait Jung lui-même, cet ensemble de textes serait le fruit de sa relation avec l'inconscient durant ces années et notamment juste avant et pendant la Première Guerre mondiale, et reposerait sur un ensemble de visions consignées dans les *Cahiers noirs (die Schwarzen Bücher, The Black Books)*[85] puis reprises et commentées dans le *Livre Rouge*, illustré par ailleurs par de nombreuses images à caractère symbolique, de la main de Jung ou attribuées à Jung[86]. L'ouvrage, qui a un caractère littéraire évident, se compose de parties dialoguées entre des personnages à caractère biblique ou mythologique, tels que Salomé et Elie, Philémon, le Serpent, et bien d'autres, et surtout de dialogues entre l'âme (*die Seele*) de Jung et son « Je » (*Ich*) ; et par ailleurs de parties énonciatives ou narratives et assertives, qui, curieusement, comme c'était le cas dans l'ouvrage de Stirner, sont partiellement rédigées à la deuxième personne, « Du », incluant ainsi le lecteur dans le raisonnement et l'apostrophant directement.

Les thèmes du Moi comme « unique » et de la liberté de l'individu sont omniprésents dans ces parties là : « Tu dois pouvoir te défaire de tout, faute de quoi tu es l'esclave, même si tu es l'esclave d'un Dieu. La vie est libre et choisit son chemin. »[87] Les conditions de

---

83 C.G. Jung, *Das Rote Buch. Liber Novus*, éd. Sonu Shamdasani, Patmos, Ostfildern, 2009; Id., *Le Livre Rouge. Liber Novus*, BPE/ L'Iconoclaste, Paris, 2011. Et la version au petit format : *Le Livre Rouge. Liber Novus*, tr. Ch. Maillard, avec P. Deshusses, V. Liard, C. Maillard, F. Malkani et L. Portes, L'Iconoclaste/ La Compagnie du *Livre Rouge*, Paris, 2012. Nos citations sont empruntées à cette édition de la traduction française.

84 Cf. M. Stein, éd., *Jung's Red Book for Our Time. Searching for Soul in the 21st Century. An Eranos Symposium.* Chiron Publications, Asheville, NC, 2022.

85 C.G. Jung, *The Black Books 1913-1932, Notebooks of transformation*, éd. S. Shamdasani, tr. M. Liebscher, J. Peck and S. Shamdasani, W.W. Norton & Company, London/New York, NY, 2020, 7 vols.

86 Sur le *Livre Rouge*, cf. Christine Maillard, *Au coeur du Livre Rouge : Les Sept Sermons aux Morts. Aux sources de la pensée de C.G.* Jung, Editions Imago/La Compagnie du *Livre Rouge*, Paris, 2017. On y trouvera une bibliographie des parutions sur ce texte.

87 C.G. Jung, *Le Livre Rouge*, cit., p. 417.

cette liberté sont explicitées : « Malheur à ceux qui vivent selon des modèles ! La vie n'est pas avec eux. Si vous vivez selon un modèle, vous vivez la vie d'un modèle, mais qui vivra votre vie sinon vous-même ? Donc vivez-vous vous-mêmes. »[88] Jung questionne aussi la polarité « individu et communauté » et se demande quelle peut et doit être la part collective dans la vie d'un individu aspirant à la liberté : « Il faut laisser s'établir autant de communauté que cela est nécessaire. »[89], écrit-il. Rappelons que Stirner avait préconisé de privilégier l'association libre (*der Verein*) des individus autonomes aux formes hiérarchiquement organisées de communautés, en rapport avec sa critique de l'Etat et de tous les systèmes.

«Le chemin conduit à un amour réciproque dans la communauté. Les hommes verront et sentiront la ressemblance et le caractère commun de leurs chemins.» (LR 147)

Le thème de l'égoïsme, tellement significatif de la pensée de Stirner, est également présent : « La convoitise égoïste se veut au bout du compte elle-même. Tu te trouves toi-même dans ta convoitise, aussi ne dis pas que la convoitise est vaine. »[90] Certains passages du *Livre Rouge* ne sont pas sans rappeler la condition de celui que Stirner appelle « der Eigner », celui qui est en possession de lui-même. Ainsi, en parlant de l'aspiration profonde de chaque être, il affirme qu'elle « est le chemin de la vie. (...) Si tu ne t'avoues pas ton aspiration profonde, alors tu ne le suis pas toi-même, mais tu empruntes des chemins étrangers qui t'ont été désignés par d'autres. Aussi tu ne vis pas ta vie, mais une vie étrangère. »[91] Enfin, le Néant créateur qui caractérise le Moi *(Ich)* de Stirner trouve lui aussi un écho dans l'injonction du *Livre Rouge* :« Se vivre soi-même, c'est être pour soi-même un devoir (...) « il te faut devenir ton propre créateur. »[92]

Comme chez Stirner et Döblin la figure du Christ apparaît chez

88 *Ibid.*, p. 147.
89 *Ibid.*, p. 589.
90 *Ibid.*, p. 199.
91 *Ibid.*, pp. 214-15.
92 *Ibid.*, p. 215.

Jung comme celle de l'être individué, qui n'a admis d'autre Loi que la sienne[93]. Il est donc question dans le *Livre Rouge* d'une certaine forme *d'imitatio christi*, mais au sens très particulier que lui donne Jung: « Le chemin du Christ ne peut être évité à personne, car ce chemin mène à ce qui est à venir. Il faut que vous deveniez tous des Christs. »[94]. « Mais si je dois véritablement comprendre le Christ, il me faut reconnaître que le Christ n'a vraiment vécu que la vie qui lui était absolument propre et qu'il n'a suivi personne. Il n'a imité aucun modèle. »[95] Et cette *imitatio* est en même temps un dépassement de la position chrétienne, ainsi qu'il ressort des passages suivants : « Vous devez encore apprendre à ne succomber à aucune tentation, mais à tout faire de votre propre gré ; alors vous serez libres et dépasserez le christianisme. » [96], et : « Par conséquent, si je suis véritablement la voie du Christ, je ne suis personne, je n'imite personne, mais je suis mon propre chemin, et d'ailleurs je ne me dirai plus chrétien. » [97]

Dans la dernière partie du *Livre Rouge* sont intégrés les *Sept Sermons aux Morts*, un bref texte de quelque dix pages dans lequel Jung expose une sorte de résumé ou de condensé de sa vision de l'homme et du monde, notamment du monde divin, dans un langage encore plus hermétique que celui du corpus complet du *Livre Rouge*. Se référant comme Stirner et Döblin au *principium individuationis* énoncé par Kant, et bien sûr fortement réinterprété, Jung énonce comme

93 Cf. Ch. Maillard, « Carl Gustav Jung's Subversive Christology and It's Meaning for our Times », dans: M. Stein et T. Arzt (éds.), *Jung's* Red Book *for our Time. Searching for the Soul under Postmodern Conditions*, Chiron Publications, Asheville, NC, 2019; Id., « Heterodoxe Wissensformen bei C.G. Jung (1875-1961). Betrachtungen zum *Roten Buch* (*Liber Novus*) und zur Religionspsychologie », dans: M. Lessau, P. Redl et H.-C. Riechers (éds.), *Heterodoxe Wissenschaft in der Moderne*, Brill/Wilhelm Fink, Paderborn, 2021, pp. 103-18.

94 C.G. Jung, *Le Livre Rouge*, cit., p. 159.

95 *Ibid.*, p. 367.

96 *Ibid.*, p. 163.

97 *Ibid.*, p. 367 ; dans la troisième partie du *Livre Rouge*, intitulée « Prüfungen / Epreuves », le personnage du Sage Philémon s'adresse ainsi au Christ : « Ce que quelqu'un peut faire pour les hommes, Tu l'as fait et accompli. Le temps est venu à présent où chacun doit accomplir sa propre œuvre de rédemption. L'humanité a avancé en âge et un nouveau mois a commencé. » (pp. 604 *sv.*)

but ultime l'accession de la personne à son « être-unique » (*das Einzelsein*), et c'est pourquoi il lui faut en passer par le processus de différenciation, qui dans son œuvre psychologique désigne l'accession à la conscience de contenus inconscients : « La différenciation mène à l'être-unique. »[98]. Et « c'est pourquoi il n'y a au fond qu'une seule aspiration : l'aspiration de chaque être à sa propre essence. »[99]

Outre le *Livre Rouge*, un autre texte, écrit en 1916 et resté inédit jusqu'en 1958, est très important pour la vision de la liberté liée à l'individuation chez Jung : *Anpassung, Individuation und Kollektivität*[100]. Ici Jung développe pour la première fois explicitement son idée de l'individuation. Y est exprimée l'idée de la radicalité de ce processus, qui signifie renoncement à tout système de certitudes collectives. Le texte est rédigé en pleine Première Guerre mondiale, durant la période du *Livre Rouge* et en partage l'esprit.

L'être cheminant sur la voie de l'individuation sera « le créateur de ses propres valeurs »[101], et sera nécessairement en rupture avec la société, qui le rejettera, car ce qu'elle demande, c'est l'adaptation à ses valeurs à elle, et elle le considérera comme un « déserteur » [102] : « L'exigence de la société repose sur l'imitation ou sur l'identification consciente, ce qui signifie de cheminer sur des voies reconnues et soumises à une autorité »[103]. Rares sont ceux qui ont le courage de s'engager dans cette voie, observe Jung ; pour celui qui ne le peut pas, s'agréger à des valeurs collectives est alors la solution[104]. Une certaine forme de solitude est le lot de celui qui veut s'individuer. Refusant de s'adapter aux valeurs collectives, il doit s'adapter à sa réalité intérieure. Il lui faut, écrit Jung, « séjourner dans le couvent

---

98 *Ibid.*, p. 589.
99 *Ibid.*, p. 567.
100 C.G. Jung, « Anpassung, Individuation und Kollektivität » (1916), dans: GW 18*ii*, § 1096.
101 *Ibid.*, §1096.
102 *Ibid.*, § 1096.
103 *Ibid.*, § 1099.
104 *Ibid.*, § 1095.

du Soi intérieur » (« in das Kloster des inneren Selbst »)[105] et créer ses propres valeurs. Plus encore, l'être qui veut s'individuer « se sépare aussi de la société »[106] et de ce fait, « le premier pas dans l'individuation est faute tragique »[107], faute envers les valeurs admises par la société dans laquelle il est inséré. La dimension autobiographique est assurément à l'origine des ces considérations. On peut penser que Jung parle ici à partir de son expérience individuelle durant ces années qui suivent immédiatement la rupture avec Freud.

Dès le *Livre Rouge*, Jung utilise la notion du Soi (*das Selbst*), qui ne sera théorisée qu'ultérieurement dans son oeuvre. Cette conception du Soi est développée dans la psychologie de l'inconscient de Jung dans le cadre de sa théorie des archétypes jusqu'à une période tardive de son œuvre, notamment dans l'ensemble de textes regroupé dans le volume *Aion* de ses œuvres complètes[108]. Son essai de 1932 sur le devenir de la personnalité (*Vom Werden der Persönlichkeit*)[109] est encore en rapport avec les conceptions précocement énoncées dans les textes des années 1910-16 : « L'accession à la personnalité », écrit-il, « n'est rien de moins que le meilleur développement possible de la totalité d'un être particulier », elle est « la réalisation la plus haute de la spécificité innée de l'être vivant particulier »[110]. Personnalité n'est pas individualisme, de même que l'égoïsme supérieur de Stirner n'est pas l'égoïsme banal. L'accès à la personnalité requiert le renoncement aux conventions diverses que la société ou les systèmes cherchent à imposer, ces conventions que Jung considère toutefois comme une nécessité collective. Dans ce texte également c'est la figure du Christ qui sert de référence, comme c'était le cas dans le *Livre Rouge* : il est le prototype psychologique d'une vie unique et

105 *Ibid.*, § 1097.
106 *Ibid.*, § 1103.
107 *Ibid.*, § 1094.
108 C.G. Jung, *Aion* (1951), dans: GW 9/2.
109 C.G. Jung, *Vom Werden der Persönlichkeit* (1932), Rascher paperback, Zürich/Stuttgart. Dans les œuvres complètes: GW 17.
110 C.G. Jung, *Vom Werden der Persönlichkeit*, cit., p. 135.

accomplie selon le sens qu'il a lui-même voulu lui donner, il a vécu selon ses propres lois et a créé de nouvelles valeurs[111].

Conclusion

Comparaison n'est pas raison, et l'objectif de cette contribution n'était pas de chercher à prouver une intertextualité *directe* entre *l'Unique et sa Propriété* et les œuvres de Döblin et Jung. Les phénomènes de réception sont toujours des phénomènes de transformation et de reformulation dans un contexte nouveau, une œuvre nouvelle. Toutefois, il me semble évident que ces deux auteurs de la modernité, comme un certain nombre d'autres déjà plus commentés dans la recherche sur la postérité de Stirner, ont intégré l'idée d'une inaliénabilité radicale du sujet individué, seul rempart contre la massification des sociétés et les désastres qu'elle engendre, un thème que tous deux développent aussi dans leurs diagnostics des situations collectives de leur temps, et qui reste plus que jamais valable pour notre actualité contemporaine. Cette histoire de l'idée d'individuation peut également se lire à rebours, par le constat que ce qui se formule dans le cadre d'une théorie de l'inconscient et du Soi dans la psychologie analytique de Jung est présent déjà dans diverses œuvres du XIXème siècle germanique et notamment chez Goethe, puis avec une radicalité inégalée, dans *L'Unique et sa propriété* de Stirner.

Concernant la problématique religieuse, centrale dans les œuvres de Döblin et de Jung[112], à laquelle ils ont réfléchi toute leur vie, on relèvera que non seulement elle ne fait *pas* chez eux l'objet d'un rejet ou d'une occultation, mais qu'une *nouvelle position face au religieux* se fait jour dans leurs œuvres, loin du rejet tout comme du suivisme et de l'adhésion doctrinale - et ce même chez le converti Döblin,

---

111 *Ibid.*, p. 144 *sv.*

112 Sur C.G. Jung et le religieux, cf. Ch. Maillard, « Carl Gustav Jung », dans : *Dictionnaire de psychologie et de psychopathologie de la religion*, dir. S. Gumpper et F. Rausky, Paris, Bayard, 2013, pp. 867 *sv.*

position que l'on pourrait résumer dans l'affirmation de Jung en réponse à un interlocuteur qui lui demandait s'il était « croyant »: « Ich glaube nicht, ich weiss ! », c'est-à-dire « Je n'ai pas besoin de croire, je sais ! »[113].

113 *C.G. Jung parle. Rencontres et interviews*, éd. W. McGuire et R.F.C. Hull, tr. M.-M. Louzier-Sahler et B. Sahler, Buchet Chastel, Paris, 1985, p. 334 ; interview par John Freeman à Küsnacht diffusé par la BBC le 22 octobre 1959.

Hermetic Freedom and Human Dignity

Wouter J. Hanegraaff

Amsterdam / *Amsterdam*, The Netherlands / *Paesi Bassi*
September / *Settembre* 2023

When I received the kind invitation to participate in a conference about freedom, at the original site of the legendary Eranos meetings, I decided immediately that I would address the theme of liberty and spiritual liberation in the Hermetic literature. This famous collection of treatises was written in Egypt during the period of the Roman empire, became famous during the European Renaissance, and has continued to fascinate readers up to the present day. A few years ago, I published a large monograph in which I argue that the Hermetica were not conventional philosophical treatises – as almost all previous scholars had assumed – but are grounded in an experiential tradition of spiritual transformation that was practiced by small networks of individuals during the second and third centuries CE.[1] Hermetic spiritual practice was all about the *liberation* of human consciousness from harmful mental delusions that prevent human beings from seeing reality as it really is and thus from acting responsibly in the world.

Before turning to that theme, I would like to begin with a small personal anecdote that could help explain the relevance, as I see it, of these ancient traditions to our current global situation. In the summer of 2023, after having visited a conference in Malmö (Sweden),

1 Wouter J. Hanegraaff, *Hermetic Spirituality and the Historical Imagination: Altered States of Knowledge in Late Antiquity*, Cambridge University Press, Cambridge 2022.

my wife Margôt and I spent a few days in Copenhagen. One morning, as we were having breakfast in our hotel, our conversation moved to the theme of climate change and environmental crisis. We talked about the rapid destruction of the rainforests, and Margôt mentioned the fact that about two hundred natural species currently are going extinct *each day* – that is to say, about six thousand each month and seventy-two thousand each year. As our conversation continued, and we discussed the wider phenomenon of rapidly accumulating social and political crises that we are facing on a global level today, I felt myself sinking into a state of depression, overwhelmed by feelings of sadness and profound malaise about the imminent future of nature and of human civilization. As we returned to our hotel room and I lay down on the bed for a moment, I watched a large painting that was hanging on the wall and realized that, all of a sudden, it felt perfectly flat and empty, as though drained of all life. This sense of profound disenchantment and depression continued as we set out for a stroll through the city; but as I was trying to process these feelings, I found myself thinking in terms of Hermetic concepts in close relation to the theme of freedom or liberty.

It suddenly dawned on me that the twin themes of *crisis* and *disenchantment* did not just dominate my own state of mind at that very moment, but were just as central to the famous Hermetic treatise known as a the *Asclepius*, on which I was already planning to focus in my Eranos lecture. Moreover, I suddenly realized what it was that had *really* caused my sudden state of hopelessness and depression. It was not just these feelings of sadness and despair about all those things of great beauty and value that we are currently destroying and losing forever. Much more specifically, what I actually felt was a debilitating loss of *agency* – that is to say, a total absence of what is technically known as *positive freedom*. I will return to this concept later. What struck me at that moment in a public park in Copenhagen was that (next to "crisis" and "disenchantment"), precisely this concept of "positive freedom" happened to be the third and final core concern of the Hermetic *Asclepius*. Remarkably enough, at the very moment when this realization dawned on me, my feelings of depression and hopelessness began to vanish, and I regained a more positive sense of agency and even *enthusiasm* – a term that I use here deliberately in its original meaning, based on the Greek verb *enthousiazein*, "being inspired or possessed by a daimon or deity." Of course the reasons for my negative state of mind had not changed at all, but my response to them was different.

This is why I ended up writing a lecture for Eranos focused on the triple thematic of *crisis*, *disenchantment*, and *positive freedom* which – as I will argue – lies at the very heart of the Hermetic *Asclepius*. For the same reason, I will deliberately be drawing some parallels between the original Hermetic writings from Roman Egypt and our contemporary predicament of global disasters and a profoundly threatening future. By taking such an approach, I consciously try to emulate the great tradition of Eranos itself, whose famous speakers consistently spoke to the multiple crises of modernity by focusing on relevant texts and experiential practices from pagan antiquity.

Light and Life

At some moment during the third century, we do not know exactly when, a person in Egypt whose name and identity are lost to us wrote down a spiritual treatise in Greek that (except for a few fragments) no longer exists. Its title was *Logos Teleios*, a "perfect conversation" between the legendary master of wisdom Hermes Trismegistus and his pupil Asclepius, in the presence of two other pupils named Ammon and Tat. One century later, as the Christianization of the Roman empire was well underway, this text was circulating in northern Africa in several copies. At one point, an anonymous educated gentleman who sympathized with traditional pagan practice took the trouble to translate it into Latin. This translation is known to us as the *Asclepius*. Moreover, some parts of the text were discovered in a Coptic translation in 1945, as part of the famous Nag Hammadi collection. This "perfect conversation" between Hermes and Asclepius will be at the center of my discussion; but I will also be referring quite frequently to the rest of the Hermetic treatises, notably the famous *Corpus Hermeticum* and the treatise *On the Ogdoad and the Ennead*, and occasionally to other texts such as the Stobaean fragments and the so-called Hermetic Definitions transmitted only in Armenian.[2]

For an Egyptian living during the Roman period, the whole of human existence depended on two basic realities. One was the Nile, the greatest river in the known world, as the source of water on which all *Life* and fertility depended. The other was the Sun as the source of *Light*. Contrary to popular prejudice, the Egyptians were not obsessed with death – on the contrary, they were in love with life. Already in the earliest wisdom texts, we encounter statements such as "Heed: death counts little for us; heed: life counts much for us."[3] For the Hermetic authors during this late hellenistic period, more specifically, death literally had no real existence: "There has never been anything dead in the cosmos, nor is there or will there be any such thing."[4] At the very heart of their worldview was a profound conviction that the whole of reality was eternally emanating

2 The standard edition with French translation has appeared in five volumes, to which I will be referring as follows. HT I = *Hermès Trismégiste*, Vol. 1: *Corpus Hermeticum I-XII*, eds. A.D. Nock and A.-J. Festugière (Paris: Les Belles Lettres, 1991 [1946]); HT II = *Hermès Trismégiste*, Vol. 2: *Corpus Hermeticum XIII-XVIII, Asclepius I*, eds. A.D. Nock and A.-J. Festugière (Paris: Les Belles Lettres, 1992 [1946]); HT III = *Hermès Trismégiste*, Vol. 3: *Fragments extraits de Stobée I-XXII I*, ed. A.-J. Festugière (Paris: Les Belles Lettres, 2002 [1954]); HT IV = *Hermès Trismégiste*, Vol. 4: *Fragments extraits de Stobée XXIII-XXIX, Fragments divers*, ed. A.-J. Festugière (Paris: Les Belles Lettres, 2002 [1954]; HT V = *Hermès Trismégiste*, Vol. 5: *Paralipomènes* (Nag Hammadi VI, 6-8, Clarkianus 11, Hermetic Definitions, Divers Fragments), ed. J.-P. Mahé (Paris: Les Belles Lettres, 2019). Standard abbreviations for the Hermetic treatises: CH = *Corpus Hermeticum*, *Ascl.* = *Asclepius*, SH = *Stobaei Hermetica*, NH VI = Nag Hammadi VI, HD = Hermetic Definitions (Armenian).

3 Jan Assmann, *Death and Salvation in Ancient Egypt* (Ithaca / London: Cornell University Press, 2005), pp. 13, 17.

4 CH XII 15; cf. CH VIII 1, CH XI 14, *Ascl.* 29, SH XI 2:9, HD VIII 3, HD VIII 7. Discussion in Hanegraaff, *Hermetic Spirituality*, pp. 271-81.

from a mysterious universal Source of Life and Light, referred to in Greek as the *pēgē*. This Source produced *only* life, *never* death – the moment anything comes forth from the *pēgē*, it has come alive and will henceforth keep living forever. What we mistakenly call "death" is actually just another transitional phase in life's eternal transformation.

It might be natural for us to refer to the *pēgē* as "God," but that name is now overdetermined by twenty centuries of Christian language and deep patterns of association and should therefore better be avoided. The Hermetic practitioners were in fact explicit about the fact that the *pēgē* could not be named in any way whatsoever.

> It has no name, or rather, it has every name, because it is One and All; so that one would have to call all things by its name, or give it the name of all things ... Such a being, then, that cannot be perceived by the senses, is unlimited, incomprehensible, and immeasurable. It cannot be captured, nor grasped, nor hunted down. Where it is, whither it is going, whence it has come, or how it is, or what – all that is uncertain. For it moves in sovereign stillness, and this stillness moves in it, be it God, or eternity, or both, or one in the other, or both in both.[5]

The point about the Hermetic *pēgē* is that we simply do not know what it is, where it has come from, or why it does what it does. It is utterly beyond our comprehension. All we know is *what it does*. This utterly mysterious universal Source or Fountain is unceasingly generating or bringing forth a continuous and inexhaustible stream of energy that appears to us as Light and Life.[6]

The primal Light that streams forth from the *pēgē* is referred to by the Greek word *Nous* – undoubtedly the most central term in the Hermetic literature. What does it mean? All standard dictionaries will tell you that *Nous* means "mind" or "intellect," and

5 *Ascl.* 20, 31.
6 Discussion in Hanegraaff, *Hermetic Spirituality*, pp. 266-71.

its activity (*noēsis*) is supposed to mean "thinking." But in actual fact, these modern translations are profoundly misleading. What *we* understand by those words today has very little to do with what *Nous* meant in many Platonizing and certainly in Hermetic contexts during late antiquity, whereas its true meaning has become distant and alien to us today. *Nous* actually meant precisely the universal "spiritual" (or, rather, noetic) Light that continually emanates from the *pēgē*; and it was understood to be not just an *ontological* reality but an *epistemological* capacity as well. This means that what we might refer to as "the Light of Understanding" (which enables us to gain knowledge of reality as it really is) is essentially nothing else than this noetic Light of *noēsis* streaming forth from the *pēgē*. In other words, when we speak of human "intelligence" as "the Light of Understanding," we usually take that as just a metaphor; but for the Hermetic authors, our capacity of understanding actually *is* quite literally noetic Light. This is not the physical sunlight that we perceive with our bodily eyes. The Light of the *Nous* can be perceived only by an *internal* sense within ourselves that is referred to by the same word – *nous*. In short, the "inner noetic Light" allows us to perceive the "universal noetic Light" because in their true essence they are one and the same divine energy.

But the *pēgē* does not just emanate Light, like an invisible sun of pure radiance. It also emanates Life. Even prior to its bodily manifestation as what we call "the world of nature," this primal energy or force of Life manifests as an infinite multitude of pure *souls*. These, again, can only be perceived or experienced by our internal noetic senses. And therefore we end up with a Hermetic trinity of sorts:

(1) the incomprehensible primal Source of infinite creative abundance that is known as the *pēgē*.
(2) the universal Light that is known as the *Nous*.
(3) the very energy of Life known as a multitude of souls.

But how then do we end up with our natural world, the material cosmos that we perceive with our physical senses? The answer is given in the first treatise of the *Corpus Hermeticum*. Right at the beginning of this text, the divine *Nous* appears to Hermes Trismegistus in a state of ecstatic trance, in the shape of a gigantic entity called Poimandres who proceeds to both show and explain to Hermes how the natural world came into existence and how human beings came to populate it. While I cannot describe this cosmogonic process here in any detail,[7] it is sufficient to know that we end up with the basic structure of the Ptolemaic cosmos in which the earth is surrounded by seven eternally revolving planetary spheres. "Beyond" these seven spheres (but we should resist the temptation of imagining extra-cosmic dimensions in spatial terms)[8] is the eight dimension known as the Ogdoad of living souls, the ninth dimension known as the noetic Ennead of Light, and finally the tenth dimension that is really the One and All – the unknowable *pēgē* or universal Source.

Throughout the twentieth century, almost all scholars of the Hermetica have been projecting Christian-theological and "gnostic-dualistic" frames of world-rejection onto the Hermetic literature, imagining a metaphysics that pits "spirit against matter," "soul against body," and "God against the world." Moreover, they even managed to project the entire biblical narrative of a "Fall of Man" into sin upon these purely pagan texts.[9] These hermeneutic fantasies resulted in extremely profound distortions of what the Hermetic sources are actually saying. If we can manage to divest ourselves of biblical and Christian-theological prejudice, it turns out that we are dealing in these texts with a thoroughly *positive* worldview of enthusiastic *world-affirmation* grounded ultimately in a metaphysics of radical *nonduality*. The phenomenal cosmos and the natural world are a gift from the *pēgē*. The world that appears to our senses is described as a magnificent temple filled with the presence of Life and Light. The inexhaustible beauty and splendor of all things that

7 Detailed analysis in Hanegraaff, *Hermetic Spirituality*, pp. 156-79.
8 *Ibid*., pp. 277-82.
9 *Ibid*., pp. 170-75.

are in it is nothing else than the continuous and infinitely generous self-manifestation of divinity in its own sacred space. The central task of human beings is precisely to take good care of this beautiful and precious world, in a spirit of profound gratitude, reverence (*eusebeia*), love, devotion, and priestly service to Life and Light.

Crisis

But the Hermetic practitioners who produced these texts were living under the political dominion of the Romans, who had nothing but contempt for the ancient traditions of Egyptian religion – they looked at its sacred rites as little more than superstitious "magical" nonsense. By the second and third centuries, the Egyptian priesthood had been deprived of its political power, social prestige, and economic revenue, and the practices of temple worship – as well as the temples themselves – were in a general state of decline. In the year 199 CE, an imperial decree even imposed capital punishment on anybody who would be found guilty of practicing divination, consulting oracles, participating in public processions of cult images, or claiming higher knowledge based on "written documents supposedly granted in the presence of a deity" – such as the Hermetica themselves.[10] It appears that Hermetic practitioners were now forced to meet secretly in private homes, temple sanctuaries, or solitary places in the desert. The Hermetic literature as we have it seems to consist of written treatises that they circulated among themselves as a means to remain in contact.[11]

And then, after 235 CE, the Roman empire entered a fifty-year period of political anarchy, civil war, and economic instability that brought the empire close to total collapse. Historians refer to it as "the crisis of the third century."[12] Upper Egypt (that is, the southern

10 *Ibid.*, p. 75.
11 *Ibid.*, p. 122.
12 *Ibid.*, pp. 48, 75, 94.

parts of the country) was invaded by desert tribes from Libya and Nubia, and in the year 270 the country was conquered for a while by the armies of the Syrian queen Septimia Zenobia. Moreover, this was a period marked by serious *climate change.*[13] During the previous centuries, the spread of Roman civilization had been profiting from excellent weather conditions, and the unique ecology of the Nile had made Egypt into the empire's chief supplier of grain. But now temperatures were cooling and the great river often fell dry, resulting in regular failure of the crops that caused long periods of devastating famine. Finally, just about the time when Roman citizens were celebrating the 1000-year anniversary of the city of Rome, in 248, a supremely frightening *pandemic* began to spread from Ethiopia in the far south, sweeping through the whole of Egypt and the rest of the empire. Most likely the disease was caused by an infectious agent similar to the modern Ebola virus.[14] People were dying like flies (the death toll in Rome seems to have been 5000 people per day), and the symptoms of disease were no less terrible than those of the far more famous black death or the bubonic plague. Our recent Corona pandemic was really quite a mild affair in comparison with these horrors.

All these apocalyptic events together led to a climate of fear and panic that gave fuel to mass movements of popular piety and may indeed have played a major, possibly even a crucial role in the spectacular expansion of Christianity during precisely this period. Christians were preaching a path of otherworldly salvation through pious suffering and submission to God's will; they believed that the human race was being punished for its worship of false pagan gods; and they widely believed that the end of the world was now at hand. From these apocalyptic conditions of "drought, pestilence, famine, and war" (the four horsemen of the Apocalypse), only Jesus Christ

---

13 Kyle Harper, *The Fate of Rome: Climate, Disease, and the End of an Empire* (Princeton: Princeton University Press, 2017)

14 *Ibid.*, pp. 142-44.

could bring salvation. But pagans had a different perspective. For instance, the Neoplatonic philosopher Porphyry made some bitter remarks that are highly relevant to our concerns, as will be seen. He was blaming the Christians for the pandemic. Their violent and intolerant anti-pagan campaigns had driven the gods away from their temples, so that humanity was now left without any divine protection.

> And yet they are astonished that, after so many years, the plague has taken hold of the city – even though Asclepius no longer visits it, nor the other gods. For now that Jesus is honored, no one has experienced any public benefit from the gods.[15]

Porphyry was suggesting that this crisis was the predictable result of the fact that the gods were no longer living in the temples but had withdrawn to heaven, thus leaving humans deprived of divine help and protection. The painful absence of Asclepius, the powerful god of healing, must have been particularly evident in the midst of this horrible pandemic. If you neglect the gods, then this is what you get...[16]

But much more famous than Porphyry's comment is a passage in the Hermetic *Asclepius* where the anonymous author describes, with deep sorrow and alarm, what happens when humanity no longer cares for the gods. To be sure, this passage is framed as a prophecy by a wisdom teacher from the remote past; but it is obvious that we are dealing with a first-hand account of how "the crisis of the third century" was ravaging Egypt while its ancient cultural and religious traditions were falling into decline. In reading this passage, it is important to pay special attention to the strong emphasis on *reverence* toward nature and the world (*eusebeia*) and its opposite, *irreverence* (*asebeia*).

---

15 Porphyry as quoted by Eusebius, *Praep. Ev.* 5.1.9.

16 To avoid confusion: the pupil Asclepius who appears in our Hermetic text should not be mixed up with Asclepius the god of healing.

All that is divine will depart from Egypt and return to heaven, and Egypt will be a widow, abandoned by the gods. Foreigners will enter Egypt and rule it. Egypt, and the Egyptians most of all, wil be prohibited from worshipping Divinity, and more than that, whoever will be found honoring and serving Divinity will be severely punished. In those days, this land that is reverent beyond all other lands will become irreverent. It will no longer be filled with temples but with tombs, and no longer with gods but with corpses. O Egypt, Egypt, your divinities will be like fables, and so will be your divine modes of worship ... Barbarians will surpass you in reverence, o Egyptian, whether they are Scyths, Indians, or others of that kind ... And you, o river, a day will come when you will be filled with blood more than with water. Corpses will be piled up higher than the banks, and the dead will be mourned less than the living ... Egypt, the lover of the gods, the home of the gods, the school of divinity, will become the picture of irreverence. That day, the universe will no longer be admired ... but it will risk becoming a burden to all people. So they will hold it in contempt, this magnificant world made by Divinity, this incomparable work ... Shadows will be preferred over light, death will be preferred over life. Nobody will raise his gaze to heaven. The reverent man will be considered crazy, the irreverent man will be honoured like a sage, the coward will be considered strong, and the good man will be punished like a criminal. As for the soul and all that is related to it ... all that will be held laughable and ridiculous. Believe me: to be devoted to the religion of *nous* will even constitute a capital crime. A new legal system will be created, with new laws ... And they will leave, the benevolent gods. But the wicked angels will remain with human beings to induce them, miserable wretches, to all kinds of evil excess: wars, looting, deceit, and all that is contrary to the nature of souls. Then neither will the earth be stable, nor will the sea by sailed, nor will heaven and the movement of the stars keep their balance. Every divine voice will be forced to fall silent, the fruits of the earth will rot, the earth will no longer be fertile, and the very air will hang heavy in lifeless torpor.[17]

It is evident that the anonymous author was deeply pessimistic about the future. He predicted that very soon, there would be literally nobody left who still understood the way of wisdom.[18] The future looked pitch-black to him. And in fact, he was not wrong: after the triumph of Christianity during the next century, the days of paganism were definitely over.

Disenchantment

Next to this "lament" over Egypt, the *Asclepius* is particularly famous for two other key passages in which Hermes Trismegistus praises the traditional practice of creating temple statues and then drawing the souls of gods or daimons down into these images, so that they will be literally animated and become alive.[19] These so-called "god-making passages" would later be condemned as idolatry by St Augustine, in the eight chapter of *De Civitate Dei*,[20] with enormous consequences for the reputation of Hermes Trismegistus during the middle ages and into the early modern period.[21] For our present concerns, it is essential to see the straight connection that Hermetic authors were drawing between the decline of Egyptian statue animation and the general crisis of the third century.

The speech and discussions of the *Asclepius* are situated in a temple sanctuary; and there is strong internal evidence to suggest

17 *Ascl.* 24-25; NH VI[8] 70-73 (this translation broadly follows the Coptic version, but takes inspiration from the Latin version in some specific instances).

18 *Ascl.* 12, 14 (see below).

19 *Ascl.* 23-24, 37-38.

20 Augustine, *The City of God against the Pagans*, tr. R.W. Dyson (Cambridge: Cambridge University Press, 1998), pp. 345-53.

21 Wouter J. Hanegraaff, "Hermetism," in: Karla Pollmann *et alii* (eds.), *The Oxford Guide to the Historical Reception of Augustine* (Oxford: Oxford University Press, 2013), pp. 1135-39.

that the teacher who appears here as Hermes Trismegistus was in fact an initiated Egyptian priest who was used to taking care on a daily basis, by means of meticulous ritual procedures, of the temple statues.[22] To get a sense of what this practice of statue animation may have meant to him, it is relevant to look at the architecture of these temples. As explained by Jan Assmann (here with reference specifically to the temple of Horus at Edfu),

> From the exterior to the interior, the rooms become ever smaller, while the floor becomes higher and the ceiling lower. Corresponding to the diminution of space is an increasing darkness. The courtyard, which is flooded with light, is followed by the crepuscular Hall of Appearance. The inner rooms lie in deep darkness, with only isolated slits in the roof and the walls casting mysterious, spotlight-like beams of light. ... The profane, the evil, and the impure were unable to penetrate the five layers of protection surrounding the sanctuary. In this way, the interior and the exterior were separated by a distinct boundary. This principle of extraordinary differentiation between interior and exterior is reminiscent of a nuclear reactor, though with the directions reversed: in the latter case, it is the exterior that is to be protected from the devastating energy collected deep inside, whereas in the case of the temple, it is the cult statues within that must be screened off from "contamination" from the outside world. But ... the protective layers also had the function of surrounding and retaining the radiant power of the image inhabited by the deity.[23]

I find this an extremely apt analogy. Just as in modern nuclear reactors, the pulsating divine energy that was hidden deep in the heart of the temples was capable of external manifestation as an

---

22 Discussion in Hanegraaff, *Hermetic Spirituality*, pp. 61-72.

23 Jan Assmann, *The Search for God in Ancient Egypt* (Ithaca / London: Cornell University Press, 2001), pp. 31-32.

incredibly brilliant light, with a power that could only be compared to the light of the sun itself. This enormous energy could be deadly for humans, so it must be carefully contained and managed by highly trained professionals – the priests, here equivalent to modern nuclear scientists – in order to safely channel and distribute it to the human world outside of the temples. Without this beneficial life-giving energy at its very core, the social organism would not be able to function properly and would surely fall apart.

The animation of temple statues by the spiritual presence of gods was often described, very precisely, as *illumination* by those gods. The Syrian philosopher and Hermetic practitioner Iamblichus[24] writes that when the gods appear to us, their brilliance is greater than any earthly light, it moves more rapidly than the human intellect, and this divine light can only be tolerated very briefly by terrestrial eyes. Even when it does enter the eyes, it is actually "seen" just by our soul.[25] The all-important point is that *material* objects were believed to become alive by the "real presence" of *spiritual* entities that animated these statues by filling them with their own divine light – the light of *Nous*. These were not metaphors, for such a temporary unification of pure spirit and pure matter was considered to be perfectly real.

If we compare the "god-making" passages in the *Asclepius* with the famous "lament," it becomes evident that they are related as cause to effect. The text makes clear that having to dwell in material bodies was never easy for the gods. The impurity of their surroundings made them irritable and quick to anger. To endure such uncomfortable living conditions, to stay where they were and remain willing to assist humanity in caring for the world, they had to be kept happy and entertained

24 Hanegraaff, *Hermetic Spirituality*, pp. 99-118.

25 Sarah Iles Johnston, "Animating Statues: A Case Study in Ritual," *Arethusa* 41 (3, 2008): 461 f.; further discussion in Hanegraaff, *Hermetic Spirituality*, pp. 70-72.

> ... by frequent sacrifices, hymns, praises, and lovely sounds in a mode that reflects the divine harmony, so that the part in them that is celestial, which through constant celestial practice was drawn into the statues, may be content to endure the presence of humanity and remain there for a long period of time. ... The gods down here all have their own specific assignments and are helping us out in a spirit of friendly communion, whether by giving specific prophecies through lots and divination, by foreseeing specific things, or assisting us appropriately in our human affairs.[26]

All these activities of divine protection and human assistance come to an end when the gods abandon their statues, leaving nothing behind but empty temples filled literally with dead bodies that are nothing but stone. The living organisms of the gods are reduced to corpses. The temple is now similar to a nuclear reactor whose core has been removed. This connection is made explicit at several places in the Hermetic "lament":

> All that is divine will depart from Egypt and return to heaven, and Egypt will be a widow, abandoned by the gods. ... [Egypt] will no longer be filled with temples but with tombs, and no longer with gods but with corpses. ... And they will leave, the benevolent gods...[27]

Hermetic practitioners must therefore have seen the crisis of the third century as a direct result and an unavoidable consequence of the *de-animation* of the temple statues and, more broadly, of the entire world. While I began this chapter with a personal anecdote about the connection between *crisis* and *disenchantment*, in fact I have reservations about that terminology, based on Max Weber's

26 *Ascl.* 38.
27 *Ascl.* 24-25.

famous concept of *Entzauberung*.[28] Our modern concepts of "magic" (*Zauber*, enchantment) are deeply indebted to ancient Roman, Christian, more specifically Protestant and Enlightenment concepts that happen to be alien to ancient Egyptian as well as Hermetic perspectives.[29] The state of deep cultural, spiritual, and even environmental crisis experienced by the third-century author of the *Logos teleios* had actually nothing to do with a "decline of magic" (to quote another famous title)[30] but everything, for them, with *a decline of the very energies of divine Light and Life* – the supreme "spiritual" powers that had their home in the Ennead and the Ogdoad but could and should be induced, by diligent human effort and devotion, to take up residence in our material world "and remain there for a long period of time."

In his fascinating volume *The Fate of Rome: Climate, Disease, and the End of an Empire*, Kyle Harper has argued that, due to a precipitous drop in solar activity that happened during the 240s CE, the *light* of the sun actually "weakened on the Romans." Due to the effects of climate change, with a lessening of sunlight and a cooling of the temperatures, contemporaries were beginning to think of the world as "a pale old man, leaning into the grave."[31] In the midst of the pandemic, the Christian author Cyprian felt that the power of *life* itself was diminishing:

> The world has grown old and does not stand in the vigor whereby it once stood, nor do the strength and liveliness that once availed it still abide ... In winter there is not such an abundance of rains to nourish the seeds. The summer sun burns less bright over the

28 Max Weber, "Wissenschaft als Beruf," in: *Wissenschaft als Beruf 1917/1919, Politik als Beruf 1919*, Studienausgabe der Max Weber-Gesamtausgabe Band 1/17, eds. W.J. Mommsen and W. Schluchter, eds. (Tübingen: J.C.B. Mohr (Paul Siebeck), 1994).

29 Hanegraaff, *Hermetic Spirituality*, pp. 16-18, 42-47; Id., "Magic," in: Glenn Alexander Magee, ed., *The Cambridge Handbook of Western Mysticism and Esotericism* (Cambridge: Cambridge University Press, 2016), pp. 393-404.

30 Keith Thomas, *Religion and the Decline of Magic: Studies in Popular Beliefs in Sixteenth- and Seventeenth-Century England* (London: Penguin, 1973 [1971]).

31 Harper, *The Fate of Rome*, p. 131.

> fields of grain. The temperance of spring is no longer for rejoicing, and the ripening fruit does not hang from autumn trees. ... The falling rays of the setting sun are not so bright or brilliantly fiery ... The fountain that once overflowed from abundant springs, now forsaken by old age, scarcely yields a drop.[32]

We may therefore have good reason to assume that citizens of the Roman empire during the third century CE, including Egyptians, were experiencing not just a frightening epidemic of "droughts, pestilence, famine, and war," but could be under the distinct impression that, in fact, the very powers of Life and Light themselves were diminishing in the world around them. For practitioners of the Way of Hermes, as we have seen, these two were nothing less than the supreme divine energies that were emanating from the *pēgē* and on which everything depended. Hermetic devotees certainly did not fear that the Source itself would cease its activity of emanating Life and Light. But they did argue that humanity was seriously neglecting or even abandoning its divinely appointed task – to receive, attract, channel, harness, and cultivate those energies for the good of society and the world as a whole. This was why the world was falling apart. With deep sorrow and resignation, the author of the *Logos teleios* was telling his pupils that they themselves were the last generation to be still in touch with the truth:

> After us, no one will have that simple love, the love of wisdom, that consists only in knowing the divinity through frequent contemplation and sacred reverence ... The people who will come after us will be deceived by cunning sophistry and estranged from the true, pure, and sacred love of wisdom.[33]

We have good reason to assume that the figure of Hermes Trismegistus who appears as the teacher in *Logos Teleios* and speaks these darkly pessimistic words had his real-life model in an

32 Cyprian, *Ad Demetr.* 3 (Harper, *The Fate of Rome*, p. 130).
33 *Ascl.* 12, 14.

initiated Egyptian temple priest. By contrast, his pupil Asclepius represents a younger generation that was no longer so sure about the supreme importance of statue animation. We can see this from the tense discussions between teacher and pupil about precisely that issue. Hermes Trismegistus seems to represent what is known as a "locative" tradition whereas Asclepius takes a "non-locative" perspective.[34] Locative traditions were inherently conservative, as they represented ancient cultic traditions tied to specific places, such as temples and sanctuaries. But Hermes' younger pupil seems to represent the cosmopolitan culture and mentality of the Hellenistic world, characterized by unprecedented degrees of mobility and intercultural exchange.[35] As formulated by Jonathan Z. Smith, non-locative forms of spirituality could be practiced "here, there, and anywhere."[36]

In fact, this non-locative perspective is much more typical for the large majority of the Hermetic treatises. Younger generations of practitioners may have been somewhat more hopeful than the Hermes Trismegistus who addresses Asclepius in the *Logos Teleios* – this old man with his deep attachment to traditional temples and statues. Even if Egyptian worship was now in irreversible decline, so that the statues were no longer cared for and the gods were abandoning their temples, dedicated individuals might perhaps still be able to find a path toward salvation through the attainment of *gnōsis*. With this possibility, we have reached the theme of *positive freedom* in the Hermetica.

---

34 Jonathan Z. Smith, *Map is not Territory: Studies in the History of Religions* (Chicago, IL/London: The University of Chicago Press, 1993), pp. xiii-xvi.

35 Hanegraaff, *Hermetic Spirituality*, pp. 62-64.

36 Jonathan Z. Smith, "Here, There & Anywhere," in: *Relating Religion: Essays in the Study of Religion* (Chicago, IL/London: The University of Chicago Press, 2004), pp. 323-39.

Human Dignity

Hermetic practitioners believed that when living souls descend from the Ogdoad down through the seven planetary spheres and are finally born in human bodies, they fill those bodies with the energy of Life and an inherent capacity for connecting with the universal noetic Light. The intimate marriage of *noetic* souls with *material* bodies is described as a wondrous and beautiful gift that makes human beings unique and special among all other living beings. Only *we* have been gifted this capacity to make bodies alive by connecting the Light of divinity with the darkness of material nature. This point is expressed in a famous passage of the *Asclepius* that bears directly on the Hermetic theme of positive freedom and human dignity:

> Therefore humans are a great miracle, Asclepius – living beings worthy of admiration and honour. They can pass into the nature of a god as though they were gods themselves. They are familiar with the nature of the daimons because they know themselves as having come from the same source. They look down upon the part in themselves that is purely natural, having put their trust in the divinity of the other part. Human nature – what a superior mixture it is! Humans are joined to the gods by a kindred divinity while looking down upon the part in themselves that is no more than terrestrial. All other beings (with whom they know to be connected by heavenly disposition) they draw close to themselves in a bond of affection while raising their gaze to heaven. And so they are placed in the privileged position of intermediary beings who value what is below them and are valued by what is above them. They take care of the earth, swiftly mingle with the elements and plumb the depths of the sea with the sharpness of their minds. All things are open to them. Heaven does not seem too high, for they measure it with their soul's sagacity, as if standing close by. No nebulous air blurs their mental focus, no

density of earth obstructs their work, no depth of water obscures their view. They are everything and everywhere.[37]

To properly understand this passage, it is important to see that it means to describe the *true essence* or *inherent potential* of human beings as such – that which makes them unique in comparison with all other entities that exist in the cosmos. If humans are such a splendid "miracle" (*thauma* in Greek), this is precisely because of their ambiguous position as *intermediary* entities who are able to participate simultaneously in matter and *nous*. It is for this reason that – potentially at least – they can experience absolutely everything that exists in the world. The key to the passage therefore lies in its deeply positive valuation of *embodiment* or *incarnation*. Our divinely-appointed task as human beings does *not* lie in pursuing the essentially egocentric project of saving ourselves, or saving our souls, by denying the material world and our mortal bodies and seeking to escape toward a noetic otherworld of pure spiritual bliss. On the contrary, our task is to channel the beneficial energies of noetic Light and Life *into* the body and *into* the world – in reverent service to all other living beings and for the greater purpose of enhancing the creative splendour of All That Is.[38]

Such then may be our task as human beings – but as everybody knows from daily experience, it is not what actually happens. It is perfectly evident that human beings are falling short, and seriously

37 *Ascl.* 6. The Latin *homo* is gender-inclusive and here refers to the entire "human family," both males and females (cf. for instance the German *der Mensch*, as distinct from *der Mann*). Therefore it cannot be properly referred to in this paragraph by "he" or "him"; but I resist the tendency towards hybrid grammar (referring to a single entity by the plural "they/them"). The only remaining solution is to understand *homo* as covering the full plurality of all human beings and thus translate it as the plural "humans." This can easily be done without sacrificing meaning or content.

38 We are dealing here with the key distinction between two opposed interpretations of Platonism and its path of salvation. Whereas philosophers such as Plotinus and Porphyry privileged an ascetic path of spiritual escape, the Hermetic literature is consistent with Iamblichus' practice of theurgical embodiment (Hanegraaff, *Hermetic Spirituality*, pp. 99-118; and see Index under "Embodiment").

so, of their true potential as "miraculous" intermediaries between the realms of *nous* and matter. This happens because, from the very moment of embodiment or incarnation, human souls get distracted by the impact of the bodily passions so that they end up making bad choices. It is precisely here that we encounter the key Hermetic concept of human freedom. Our inherently double nature means that, contrary to animals or even daimons or gods, we have an ability to choose. Will we allow our lives to be guided by our *nous* or will we become slaves to our emotional drives or bodily passions? In CH XII, we read how difficult it is to avoid the latter:

> ... as soon as it has entered a body, every soul gets corrupted by pain and pleasure. This happens because the body is a composite, full of pains and pleasures that are seething in it like juices, and into these the soul is dipped and fully immersed.[39]

In other words, the soul itself may be pure, but it gets exposed to an environment that is highly impure, poisonous, and toxic. The "seething cauldron" of the body exposes our soul to a wide variety of possible experiences that are unique to this state of embodiment and range from deeply painful to seductively pleasurable. Our natural tendency is to avoid pain while pursuing pleasure. And so, before we know it, we become so thoroughly obsessed by the experience of incarnation that we entirely forget the Light of our *nous*. Instead of making use of our capacity for freedom, by making an actual *choice* between our inner noetic Light and the comparative darkness of materiality, we spend our entire lives in that very darkness – running away from experiences of pain and pursuing fleeting experiences of pleasure while forgetting the true source of salvation that actually resides in ourselves. The ultimately futile attempt of choosing between pleasure and pain takes the place of the true choice available to us – that between the noetic Light of true reality and the Darkness of forgetting what is ultimately real.

39 CH XII 2 (cf. CH VI 2, SH IV 21-22, SH XXV 8, HD IX 4)

And that is not all. Moreover, the very *capacity* of our soul to *select* which objects or experiences it should desire and which ones it should fear gets severely limited as well. This is because, at the exact moment of physical incarnation, our souls and bodies are literally *invaded* by a swarm of daimonic entities that preside over the heavenly constellations of that particular time and place. To understand this, we must forget our modern assumption that time is essentially *quantitative*, a mere succession of moments that have no "quality" and are all exactly the same. On the contrary, each moment of time is *qualitatively* different from any other moment of time, because its very essence is defined by a perfectly unique constellation of heavenly bodies that will never occur again in exactly the same manner.[40] This is of crucial importance to our story, because each and every heavenly body has a specific "energy" (*energeia*) of its own – for instance belligerent and combative for the planet Mars, soft and loving for Venus, and so on and so forth – and this holds true not just for the seven planets but also for all the constellations of heavenly bodies in their infinite variety. Of course, this is the essence of the classical birth horoscope. In CH XVI we are told what happens at the exact moment of the soul's incarnation:

> The choir of daimons are placed under the sun's command – or rather, the choirs, for they are numerous and diverse, placed under the planetary quadrants, the same number [of daimons] for each of the seven planets. Arrayed in this manner, they serve each of the stars, each good or bad according to their nature, that is to say: their energies. For the essence of a daimon is its energy. Some are mixtures of good and bad.
>
> All these daimons have been given power over things done on earth and its troubles; they produce a variety of disorders both publicly in cities and among nations and in the lives of individuals. For they try to reshape our souls after themselves and arouse

40 Kocku von Stuckrad, *Das Ringen um die Astrologie: Jüdische und christliche Beiträge zum antiken Zeitverständnis* (Berlin / New York, NY: De Gruyter, 2000), pp. 76, 86 f.

> them, lying in ambush in our muscle and marrow, in our veins and arteries, in the brain itself, reaching to our very guts.
> For as each one of us is born and receives a soul, the daimons arrayed under each of the stars who are on duty at that exact moment take possession of him. For they change places from moment to moment, not staying in position but moving by rotation. Those that enter through the body into the two parts of the soul twist the soul about, each toward its own energy. But the part of the soul that consists of its *logos* stands free from the tyranny of the daimons and remains fit to receive Divinity.[41]

What we have here is nothing less than a diagnosis of why the world is so full of injustice, violence, and suffering. Summing up: first of all, we have seen that our soul is vulnerable to the toxic influence of harmful passions that are present in the "seething cauldron" of our body. Secondly, our very freedom of making choices while navigating our personal lives, exposed as we are to constant threats and temptations, gets narrowed and restricted by the specific daimonic energies that now reside in our very bodies and souls and pretty much determine the ways in which we act and respond from one moment to the next (in modern terms, our emotional temperament or our "character traits"). Thirdly and finally, there is yet another key element at play. In terms of Aristotle's concept of *imagination*, our soul is constantly exposed to personal *phantasms*, powerful images in our minds of what we fear and what we desire. In other words, we are not just running away from imminent dangers while grasping at pleasures right in front of us, as animals do; in addition to this, our imagination is constantly presenting us with more or less conscious, somewhat dreamlike narratives and personal fantasies about our special objects of desire (such as for sex, wealth, power, and so on) but also about our deepest personal fears (specific forms

---

41 CH XVI 13-15.

of pain, sorrow, death, and so on). All these imaginal narratives and scenarios become traps for the soul.

But if this is the human condition, then what about human freedom? Although we may flatter ourselves about being "in control" over our own lives, the Hermetica insist, in fact we are hardly in control at all. Our consciousness is constantly exposed to powerful influences that obscure and corrupt our sense of reality. Our personal ways of dealing with those influences are pretty much determined by equally powerful daimonic energies that define what we (mistakenly) think of as our own "character" and that are corrupting us further from within, by stimulating our passionate but futile pursuits of pleasure and our equally futile attempts at avoiding pain. And finally, our personal imagination keeps spinning stories in our minds that tempt and seduce us into pursuing our phantasms through an ever-expanding maze of illusions – a labyrinth in which we hope to find ultimate happiness but that actually does not have an exit toward the true source of salvation, the *nous*. In my book about the Hermetica, I have described all of this as a Hermetic *psychology of addiction* – in the literal sense of *enslavement.*[42] Liberation means *healing the soul* by breaking the spell of delusion and restoring our consciousness to a state of perfect soberness that will allow us to see reality "as it really is."

Against a stream of academic misinterpretations inspired by "gnostic-dualistic" and Christian-theological models, it is of critical importance to see that Hermetic spirituality does not work with the concepts of *evil* or *sin.*[43] The Hermetica often use Greek terms such as *kakia* or *kakos*, and modern scholars or translators have usually interpreted these words in terms of "evil," so that the body becomes a source of evil, the daimons become evil "demons," and the world as a whole becomes an evil "prison" for the soul. But all of that is Christian or gnostic – it is *not* Hermetic. In fact we are dealing here

42 Hanegraaff, *Hermetic Spirituality*, pp. 154 f.
43 *Ibid.*, pp. 149 fn. 14 and 152 fn. 28.

not with evil but with a condition of "badness" or "corruption." If a physician tells his patient "you have a bad heart," he does not mean that his heart is evil but that it is in a weak or vulnerable condition, perhaps made worse by corrupting influences such as smoking or alcohol. He means that the heart has "gone bad." In a similar way, the Hermetica tell us that our soul is in a bad condition because it has been exposed to powerful corrupting influences. If we get addicted to those influences and become slaves to our passionate fears or desires, this does not mean that we are evil or sinful – it simply means that all of it has been too much for us to handle. This nuance of compassion with human weakness is very much part of the essential Hermetic worldview.

But why then do we find ourselves in such a difficult condition at all? In response to this question, concerning the root cause of suffering, Hermetic authors would tell us that suffering is indeed the price one must pay for the miraculous gift of our spiritual freedom. The essence of that freedom consists in our ability to imitate the *pēgē* itself, by always choosing Being over Nonbeing, Life over deadness, and Light over darkness. In this manner, we help and assist the *pēgē* by, quite literally, *inseminating* the world of matter and the body with the divine energies of Life and Light. These energies are not just taken for granted by the Hermetic authors, but are seen as a freely given *gift* from the Source – as shown by the countless expressions of thanks and gratitude that we find throughout the Hermetic literature. In other words, the *pēgē* is not to be seen as just some impersonal power source that cannot help doing what it does – in modern terms, it has *agency*. If the Source is doing what it does, this is not because it has to, but because it *wants* to spread Life and Light. Moreover – and this bears repeating once again, because it is essential – we have seen that in actual fact, the Source never produces *anything else* than precisely Life and Light. This means that its opposites, death and darkness, have no real existence. They appear as delusions of consciousness, from the "nothingness" of which we need to liberate ourselves so that only the true reality of Light and Life will remain.

However, we are capable of *refusing* the gift by allowing ourselves to be overwhelmed and corrupted by the powerful influences of all things in reality that fall short of pure noetic unity and thus of perfection – the world of *hulē* or pure matter, the daimonic agents that preside over time and space, our mortal human bodies, our passionate desires for things that are not ultimately real, and our passionate fears of things that are not ultimately real either. No matter how powerful all these corrupting influences may be, the Hermetica insist that we *can* resist them. The "miracle" (*thauma*) of our freedom resides precisely in that ability of resistance. If we make "the inferior choice" of embracing the energies of darkness and deadness, we become mere shadows of our true human potential.

> If a human being makes the inferior choice, it ruins that person. Nothing offends Divinity except this – just as you might see processions of people marching through the crowd, achieving nothing themselves but hindering others, likewise these people are just parading through the cosmos carried along by their corporeal lusts. ... The sensations those people have are quite close to those of unreasoning animals, and as they are dominated by passion and anger, they have no awe for things worthy of admiration. They are focused on bodily pleasures and appetites, believing that human beings are born for that purpose.[44]

Significantly, we are reading here that *nothing offends Divinity except this*. Behind that statement lies a profound conviction that permeates the Hermetic literature as a whole. The foundation of ethical behaviour is captured by the Greek word *eusebeia*, which refers to an attitude of profoundly felt respect or awe that may be captured, along an ascending scale of intensity, by such terms as

44 CH IV 7 & 5 (I have changed the order for the purpose of clarity).

reverence, admiration, and veneration. As formulated in another passage,

> Irreverence [*asebeia*] is humanity's greatest offense against the gods. For the duty of the gods is to do good, that of humans is to show reverence, that of the daimons is to help. Whatever else humans may be up to, out of error, recklessness, compulsion (which they call *heimarmenē* [fate]), or ignorance – all that the gods can overlook. Only irreverence comes under their judgment.[45]

In other words, it's our basic attitude that counts. The gods are generous – they can forgive human weakness because they understand how hard it is to stay on the path while being under the continuous corrupting influence of daimonic entities and the bodily passions. But no matter how often humans may stumble, they can at least have reverence (*eusebeia*) for the limitless Source of Beauty and Goodness to which they owe their very lives.

All this can easily be applied even to our contemporary situation. Those who are making the "inferior choice" are those of us who lead their lives without a shred of *respect* for the gifts of Light and Life to which they owe their very existence. Instead of acting as "stewards of divinity" who fulfil their duty to take care of the world, they lead irresponsible lives – please note that "irresponsible" means, literally, a refusal to *respond* properly to what has been given. As a result, they end up destroying everything that is good and beautiful and true. The author of the *Asclepius* was lamenting the decline of Egypt due to rampant attitudes of *asebeia*, lack of reverence. We moderns, too, are making a mockery of our duty to take care of the earth, resulting in disastrous environmental destruction and climate change. The Hermetic authors would tell us that we have very good reasons to be deeply ashamed of ourselves because, as human beings, we do have a choice: we are actually blessed with the ability to make the "superior choice" of leading lives directed by reverence (*eusebeia*), so

45 CH XVI 11.

that the Light of our *nous* can become the "pilot of our soul" (as Plato calls it).[46]

We read in the *Asclepius* that precisely *this* unique ability to choose between what is good and what is bad is what makes human beings such "a great miracle (*thauma*), a being to be admired and honoured"[47] – something truly astonishing and worthy of great admiration. It is fascinating and important to compare this description of *humans* with the parallel description of the *terrestrial gods* who are living in the temple statues. Just as human souls descend into material bodies, these supreme noetic entities of pure Light are "drawn down" or "invited" by our ceremonial procedures to take up residence in impure material receptacles (statues made of earthly materials), so that they may stay there and be available to help humanity in its task of taking care of the world. However, having to dwell in material bodies is just as difficult and uncomfortable for the gods as it is for human beings. It makes them irritable and quick to anger, as we read in the *Asclepius*: "the terrestrial and material gods are easily angered, because human beings have made them of both natures."[48] This is why the priests must entertain them "by frequent sacrifices, hymns, praises, and lovely sounds,"[49] so that they will not give up and leave their statues to return to heaven. Therefore the gods, too, enjoy freedom of choice – they may either stay there or leave, and it is up to us to convince them. Contrary to humans, however, the gods *cannot be corrupted* – unlike us, they are not able to make the "inferior choice" of abandoning reverence and forgetting who they truly are. For better or worse, the great "miracle" (*thauma*) is that humans have been given *that* freedom – a power that even the gods do not possess.

46 Plato, *Phaedrus* 247c.
47 *Ascl.* 6.
48 *Ascl.* 37.
49 *Ascl.* 38.

Positive Freedom

But what kind of freedom are we talking about? In an extremely influential essay, based on a lecture given in 1958, the political philosopher Isaiah Berlin distinguished between "two concepts of liberty."[50] *Negative liberty* he defined simply as "freedom from interference," that is to say: my freedom to do what I like, go where I want to go, pursue the goals I want to pursue, and so on – a form of liberty that should ideally be limited only by the freedom of other individuals to do what *they* like as well. This concept of freedom is basic to modern liberalism as well as to neoliberal capitalism. However, even if I am allowed to do whatever I want, still I might find myself *unable* to do it. Imagine a man who is driving through town in search of a shop to buy cigarettes. Nobody interferes with his quest – he encounters no roadblocks, no prohibitions, and nobody tries to prevent him from finding that shop, buying a pack of cigarettes, and smoking them. He enjoys negative freedom, freedom from interference. But let's now assume that he happens to be addicted to nicotine. If so, he is not enjoying the blessings of *positive* liberty, as formulated by Berlin:

> Have not men had the experience of liberating themselves from spiritual slavery, or slavery to nature, and do they not in the course of it become aware, on the one hand, of a self which dominates, and, on the other, of something in them which is brought to heel? The dominant self is then variously identified with reason, with my "higher nature," with the self which calculates and aims at what will satisfy it in the long run, with my "real," or "ideal," or "autonomous" self, or with my self "at its best"; which is then contrasted with irrational impulses, uncontrolled desires, my "lower" nature, the pursuit of immediate pleasures, my "empirical" or "heteronomous" self, swept by every gust of desire and

50 Isaiah Berlin, "Two Concepts of Liberty," in: *Liberty* (Oxford: Oxford University Press, 2002), pp. 166-217.

> passion, needing to be rigidly disciplined if it is ever to rise to the full height of its "real" nature.[51]

It seems perfectly clear, then, that Hermetic freedom should be understood in terms not of negative but of *positive* liberty as defined by Isaiah Berlin. But it would seem that this description of the battle between our "higher" and our "lower" self also suggests *another* duality that might be defined as "dignity versus humiliation," or "pride versus shame." Addiction is a shameful condition. It is humiliating to experience our *inability* to be the person that we feel we could and should be. It is deeply embarrassing to admit that we are actually "slaves to our passions" – that, whether we like it or not, our better self (as Berlin puts it) "is brought to heel." It is very hard to admit to ourselves that we keep losing this battle on a daily basis or may already have lost it a long time ago. Our ego rebels against that realization, and so we usually deny it, even to ourselves. This truth is far too humiliating for most of us to face up front.

It is against these backgrounds that, in the final part of this article, I will now leave the original context of the Hermetica in Roman Egypt to focus on the most famous early modern interpretation of what the *Asclepius* is all about. To do so, we must travel all the way from Roman Egypt to the city of Florence during the period of the Renaissance. In the mid-1480s, an extremely prodigious young intellectual, Giovanni Pico della Mirandola (1463-1494), wrote an Oration that was intended to open a public debate with major intellectuals and church authorities.[52] It opens as follows:

> In Arab memorials, Most Reverend Fathers, I have read about Abdala, a Saracen: when asked what was the most astonishing sight to be seen on this stage of the world – so to speak – he answered that there was nothing to see more astonishing than

51 *Ibid.*, p. 179.

52 For the story of this debate and its context, see Wouter J. Hanegraaff, *Esotericism and the Academy: Rejected Knowledge in Western Culture* (Cambridge: Cambridge University Press, 2012), pp. 53-68.

man. Supporting this opinion is that saying of Mercury: *man is a great miracle, Asclepius.*[53]

After this, Pico embarked on a detailed explanation of why the human being is in fact such a great miracle, such an "astonishing animal." Alluding in thinly veiled language to the *Asclepius* again, he described how God created the world, "this cosmic house that we see, this most majestic temple of divinity," and finally turned to the creation of man. By that moment in the process of creation, he writes, all "riches in the treasury" had already been assigned to all levels in the "Great Chain of Being" (the plenitude of all that is),[54] so it seemed that there was nothing special left to give. This, Pico states, is why God decided

> that he to whom nothing of his own could be given should share whatever was reserved for every other being. Therefore, he took man as a work with no distinct image, stationed him in the midregion of the world and spoke these words to him:
> "No fixed seat, no special look, nor any particular gift of your own have we given you, Adam, so that what seat, what look, what gifts you choose for yourself, those you may have and hold as you wish, according to your purpose. For others, a definite nature is confined within laws that We have prescribed. With no strictures confining you, you will determine that nature by your own choice, which is the authority under which I have put you. I have set you up as the center of the world so that you will be better placed to survey what the world contains. And we have made you neither heavenly nor earthly, neither mortal nor immortal, so

53 Giovanni Pico della Mirandola, "An Oration by Giovanni Pico, Count of Mirandola and Concordia," in: Gianfrancesco Pico della Mirandola, *Life of Giovanni Pico della Mirandola* / Giovanni Pico della Mirandola, *Oration*, ed. and tr. B.P. Copenhaver (Cambridge, MA/London: The I Tatti Renaissance Library / Harvard University Press, 2022), pp. 80-81 (Latin and English).

54 On this important concept, see Arthur O. Lovejoy, *The Great Chain of Being: A Study of the History of an Idea. The William James Lectures delivered at Harvard University, 1933* (Cambridge, MA/London: Harvard University Press, 1964 [1936]).

that on your own, as molder and maker, specially appointed to decide, you may shape yourself in the form that you prefer. You can sink back into lower forms that are beasts; from your own resolute spirit, you can be born again to higher forms that are divine."[55]

These inspired poetic passages have come to dominate the fascinating reception history of Pico's Oration, which has recently been traced by Brian P. Copenhaver in an enormous monograph of no fewer than 682 pages.[56] Copenhaver explains that in 1504, ten years after Pico's death, his Oration was published by Jerome Emser, who invented a new title that would become famous and would be copied by virtually all later editors and translators ever since: *De hominis dignitate* – "On the Dignity of Man."[57] Under the influence of later humanistic traditions and influential Enlightenment discourses about universal human rights, Pico's speech would eventually gain an enormous reputation as the supreme Renaissance manifesto of human excellence, dignity, confidence, and supreme pride about the impressive human achievements in science and social progress, announcing all our modern liberal ideals of freedom and democracy. Particularly influential was a paperback volume published in 1948, *The Renaissance Philosophy of Man* – a standard textbook that was imposed as compulsory reading on generations of students who grew up immediately after World War II.[58] Therefore Pico's Oration was very widely read, and it was quite as widely understood as a proud manifesto of enormous confidence in the supreme power of "man." In sharp contrast to "medieval" obsessions with human

55 Pico della Mirandola, "An Oration," pp. 82-85 (Latin and English).

56 Brian P. Copenhaver, *Magic and the Dignity of Man: Pico della Mirandola and His* Oration *in Modern Memory* (Cambridge, MA/London: The Belknap Press of Harvard University Press, 2019).

57 Brian P. Copenhaver, "Introduction," in: Pico della Mirandola & Pico della Mirandola, *Life ... / Oration*, xxxvi-xxxvii (with reproduction of Emser's title page).

58 Ernst Cassirer, Paul Oskar Kristeller, and John Herman Randall, Jr., eds. and tr., *The Renaissance Philosophy of Man* (Chicago, IL/London: The University of Chicago Press, 1948); discussion in Copenhaver, pp. 318-320.

depravity and sin (humiliation and shame), man was now seen as an admirable entity placed strategically "in the middle of the universe," endowed with the power to create a better society by "operating on the world" with the tools of science and rational inquiry.[59] All of this resonated in a powerful way with celebrations of Renaissance genius as symbolized especially by Leonardo da Vinci's iconic image of the Vitruvian Man.

Pico's Oration became famous, during the decades immediately after World War II, in a cultural context that was marked by the recent victory of liberal democracy over fascist dictatorship and a widespread perception of free-market capitalism as the only possible alternative to communist dictatorship. During a long period of economic prosperity, based on the theories of John Maynard Keynes that were embraced by the Bretton Woods system of international monetary management, America felt supremely confident and proud about its world-historical role as the champion of universal freedom and progress. Pico's Oration "on the Dignity of Man" resonated beautifully with all these sentiments. It was widely heralded as the supreme "manifesto of the Renaissance spirit," and as history's first major proclamation of the universal values of liberty and human dignity (in other words, of democracy and human rights) that were seen as the essence of modern America and its world-historical mission to civilize the world.

But how do we look at this today, as so many of these high-minded ideals and aspirations are crashing down all around us? For several decades now (and most definitely since the global financial crisis of 2008), it is evident that the post-war liberal-democratic consensus, with its confident beliefs in human flourishing driven by capitalist competition and scientific-technological progress, has entered a state of deep crisis. Moreover, it has become ever more evident that

59 This power of "operating on the world" became central to the famous interpretation of "the Hermetic Tradition" of the Renaissance by Frances A. Yates, *Giordano Bruno and the Hermetic Tradition* (Chicago, IL: London: The University of Chicago Press, Routledge & Kegan Paul, 1964).

our modern concepts of civilizational progress have been deeply entangled, from the very beginning, with arrogant assumptions about Western superiority that have served to conceal or whitewash the horrors of global colonialism, lent intellectual legitimacy to racist politics, promoted widespread inequality, and led to extremes of technological hybris that have now brought us to the brink of a worldwide environmental apocalypse. In a nutshell: the Western project of universal civilization, fueled by feelings of deep pride and confidence in human dignity, freedom, and democracy would seem to have caused a series of humiliating disasters that should actually make us deeply ashamed or ourselves.[60]

In a brilliant, complex, and highly influential "Argument," the important Jamaican novelist, dramatist, critic and philosopher Sylvia Wynter highlighted Pico's Oration as the historical starting point of the modern age of "Man" as the dominant rational-political subject. She writes, in her notoriously strange and wordy prose,

> The manifesto ... that was to make possible the rupture in whose terms the Copernican Revolution and the new epoch that would become that of the modern world were to be made possible was that of the fifteenth-century treatise by the Italian humanist Pico della Mirandola (1463-1494) entitled *Oratio on the Dignity of Man*. ... It was therefore to be on the basis of this new conception, and of its related civic-humanist reformulations, that Man was to be invented in its first form as the rational political subject of the state, as one who displayed his reason by primarily adhering to the laws of the state – rather than, as before, in seeking to redeem himself from enslavement to Original Sin by primarily adhering to the prohibitions of the Church. ... It was in the context of this syncretized reinscription that the new criterion of Reason would

60 For my general take on this topic, see Wouter J. Hanegraaff, *Esotericism in Western Culture: Counter-Normativity and Rejected Knowledge* (London: Bloomsbury, 2025), pp. 191-208.

come to take the place of the medieval criterion of the Redeemed Spirit ...[61]

Most importantly, in the context of Wynter's Argument, the superior Man whose universal freedom and dignity Pico had been praising was evidently *masculine* and *white* – as opposed to women in general and the countless indigenous peoples whose lands were about to be invaded on a massive scale during the age of colonization (beginning with Columbus one year before Pico's death), and whose ancient cultures would be destroyed and denigrated in the name of a superior Western "civilization." In other words, women and people of colour were falling short of the implicit white masculine standard of what "Man" was all about: they enjoyed neither his "dignity" nor his "liberty" and could therefore be disregarded, excluded, suppressed, tortured, humiliated, or killed as *Untermenschen* and treated like slaves. In short, whereas the post-war Western consensus had seen Pico's Oration as the supreme manifesto of universal human freedom and dignity, those who represent the more recent decolonial consensus are bound to see it quite differently. To them, it signifies that Western "Man" took dominion over the earth and then gave himself a free pass to just do as he pleased – based, in fact, on the capitalist understanding of "negative freedom" as "freedom from interference."

Brian Copenhaver has argued in enormous detail that Pico's Oration had actually nothing at all to do with our modern liberal values of democratic freedom and universal human rights. His 457-page book aspires to cover all interpretations that have been given of Pico's "human dignity," although somehow he appears to have overlooked Sylvia Wynter. Be that as it may, it has to be said that when Wynter makes her grand argument (to the effect that Pico's treatise

61 Sylvia Wynter, "Unsettling the Coloniality of Being / Power / Truth / Freedom: Towards the Human, After Man, Its Overrepresentation – An Argument," *The New Centennial Review* 3 (2003): 257-337, here 276-77, 287.

"made the modern world possible"[62] by presenting white European males as the normative gold standard of true "human dignity," who thus enjoy a god-given right to impose their culture and their values on everybody else by force and violence), she was taking her cue from the same Western post-war consensus, correctly criticized by Copenhaver, that had been turning Pico's text into a projection screen for its own ideologies. The weak spot in Wynter's Argument is that, ironically, she follows that same logic; in her work, too, Pico stands for "humanism" as such and, in typical "presentist" fashion, for its entire posterity as well.

But in actual fact, Pico's concept of "human dignity" had almost nothing to do with the historical career of "Man" as the rational-political subject in modern philosophy and politics. So what *did* the Hermetic authors mean, and more specifically what did Pico mean, with their talk about "man the great miracle" and his unique gift of liberty? At another occasion, I hope to demonstrate in exact textual detail that Pico's Oration is more strongly and more seriously indebted to the original Hermetic message than one might conclude from reading Copenhaver, who sees it as a Christian-ascetic treatise obsessed with sin that is otherwise grounded primarily in Jewish kabbalistic exegesis. The importance of kabbalah to Pico's work is undeniable; but the problem is that Copenhaver's interpretation of the Oratio is deeply informed by his previous work on the Hermetica,[63] in which he himself (ironically, but entirely in line with mainstream scholarship) had been imposing a dominant frame of Christian and "gnostic-dualistic" *world-denial* onto a corpus of ancient texts that are in fact entirely pagan and grounded in a perspective of profound world-*affirmation*.[64] If we read the Oration against the background

62 Wynter, "Unsettling," pp. 276 et *passim*.

63 Brian P. Copenhaver, *Hermetica: The Greek* Corpus Hermeticum *and the Latin* Asclepius *in a New English Translation, with Notes and Introduction* (Cambridge: Cambridge University Press, 1992).

64 This is one of the main conclusions of Hanegraaff, *Hermetic Spirituality*. Copenhaver's perspective was in line with previous scholarship by central specialists

of what Hermetic spirituality was all about in its original context, we discover that Pico had grasped its worldview much more deeply and correctly than Copenhaver would allow.

Although the title *De hominis dignitate* was a later invention by Jerome Emser, I suggest it was actually quite appropriate. Certainly, Copenhaver is right that it does *not* refer to modern Enlightenment concepts of democratic freedom and human rights of the kind that would be proclaimed several centuries later. Pico meant to say – in perfect accord with the original Hermetica – that most of us in our daily lives are falling seriously short of the standard of our true dignity. He argued that we find ourselves in a humiliating state of bondage, a shameful condition of addiction or "enslavement" to our harmful passions. This fact is all the more degrading, he went on to argue, because in fact we have been given the ability to do better than we usually do and be better persons than we usually are. Our true "dignity" consists precisely in the "positive" freedom that we have been given to make "the superior choice," so that we may become what we were always meant to be, while avoiding the "inferior choice" that will cause us to sink deeply below our inherent human potential:

> If you see a person who has surrendered to the belly, for example, snaking along the ground, what you see is a vegetable, not a human. If you see someone blinded by false enchantments of fantasy, like a victim of Calypso, charmed into scratching where it itches and enslaved by the senses, what you see is no human but a beast. But if you find a philosopher distinguishing everything by the right measure, this is a person you should honor: this is a heavenly animal, not a terrestrial one. And if you see a pure contemplator, unaware of the body, withdrawn to the sanctuary

---

such as André-Jean Festugière, Walter Scott, Hans Jonas, and many others who followed in their footsteps.

of *nous*, this is an animal neither earthly nor heavenly – a more majestic divinity cloaked in human flesh.[65]

Copenhaver sees such statements as references to the biblical Fall of Man into matter and sin; and in doing so, as I already mentioned, he follows the standard scholarly tradition of projecting the biblical Genesis narrative onto the Hermetic texts. As an effect of such projection, one ends up seeing "evil" and "sin" everywhere in a pagan Egyptian narrative where no such concepts were actually present. By contrast, Pico was thinking much more evidently in terms of *Hermetic* models – although, given the Christian culture of which he was a part, he did seek to confirm them by convenient biblical references, notably Ps. 82:6 – "you are gods and all sons of the Most High." For that, I would argue, was his true belief – that instead of sinful entities dependent on salvation by Jesus or God, we were inherently divine beings who had the power to choose between corruption and goodness.

Concluding Remarks

To a considerable extent, in the case of the Hermetic literature, the history of *reception* turns out to be a history of *deception*. Such has been the power of Christian-theological models based on sin and redemption, and of gnostic-dualistic models based on matter as evil, that the meaning of Hermetic spirituality has been largely concealed from our view. Moreover, its most essential core terminology has been thoroughly misunderstood, because key terms such as *nous*, *noēsis*, *gnōsis*, and even *logos* have been overwritten by modern philosophical concepts that turn them into something different. Hermetic "freedom," too, becomes very hard to understand under such conditions – for if it does *not* mean liberation from sin, liberation from matter, liberation from the body, or liberation from the

65 Pico, "Oration," p. 87 (Copenhaver's "the mind's sanctuary" I have amended as "the sanctuary of *nous*").

cosmos, then what *does* it mean? My argument is that, essentially, it meant that we are not hopelessly condemned to those habitual conditions of consciousness that we have learned to consider "normal," but under the influence of which we are dominated by powerful passions and phantasmic delusions that make use of our natural desires for pleasure and the avoidance of pain.

As we have seen, the Hermetic author who wrote the Greek *Logos Teleios* was writing his treatise in a context of profound societal crisis. The Egyptian temples and sanctuaries were falling into decline around him, the gods had left their statues, and the true wisdom of *gnōsis* seemed to be vanishing from the world. His social world was dominated by profound political crises and economic chaos; rampant violence and the blind ambition of political leaders; a process of climate change that resulted in droughts, social unrest and mass starvation; and a frightening pandemic to which there seemed to be no cure. Under such dire circumstances, he did *not* think of positive freedom as liberation from suffering, by escaping from this troubled world to some pure spiritual otherworld beyond matter and the body. On the contrary: he claimed that as human beings, we can find liberation *in* our present state of embodiment from all those powerful negative energies that compromise and degrade our true human dignity and cause us to act and behave in manners that are actually *below* our dignity – that is, below the human potential that we possess in ourselves to inseminate the world with noetic light and assist in the creative marriage of divinity and matter. Most of all, positive freedom meant living lives of *eusebeia*, of reverence for the *pēgē*, the inexhaustible generative Source or Fountain of universal Life and Light.

Le tombeau d'Icare

Jocelyn Benoist

Paris / *Parigi*, France / *Francia*
September / *Settembre* 2023

À la mémoire de Robert Brisart,
qui n'aimait pas le Musée d'Art Ancien
mais m'a aidé à l'aimer

Première partie : Le réalisme comme démythologisation ?

La modernité a nourri une image de la liberté humaine qu'on peut qualifier de prométhéenne. L'affirmation de cette liberté a été présentée dans les termes d'une appropriation du monde, au moyen de la technique. On trouve un bon exemple de cette attitude dans la péroraison des *Conférences sur la Destination de l'Homme* de Fichte, à l'orée du XIXe siècle[1]. La liberté infinie doit surmonter la limitation que représente pour elle, à première vue, la contrainte naturelle, en imposant progressivement au donné sa loi. Une telle exigence dessine l'horizon du progrès, qui est d'abord progrès moral, au sens précisément de libération et accomplissement de la liberté.

Il serait impropre d'objecter à un tel point de vue son ignorance du réel. Un lien étroit, en effet, unit la liberté des Modernes et la notion de réel, au point que l'on puisse dire que celle-ci est une invention de celle-là. Le réel est d'abord posé par la liberté comme

1 J.G. Fichte, *Die Bestimmung des Menschen*, Felix Meiner, Hambourg, 1979, pp. 102 *sv.*

ce qui lui est soustrait et qu'elle a à prendre en compte comme tel. On trouve là la base de ce dualisme propre à la pensée moderne entre la connaissance et l'action. Si, cependant, le réel est d'abord posé comme ce qui, en ce sens, est indépendant de cette liberté, c'est pour mieux être rendu disponible à son action : il est essentiellement ce sur quoi peut s'exercer, avec plus ou moins de succès, l'action de cette liberté.

Il est très difficile de dégager la notion de réel de ce dispositif épistémico-pratique qui s'est mis en place au Moyen-Âge tardif, et qui l'a rendu possible. Dans cette instauration, la récession de l'omnipotence divine, toujours plus lointaine, au profit de la position d'une liberté humaine infinie (cf. Descartes) et d'une spontanéité absolue, a joué un rôle essentiel. Elle a été la condition de l'invention de la notion, proprement moderne, de réel. Souvent, on est tenté d'opposer un supposé réalisme des Anciens et l'idéalisme des Modernes, et cette opposition, certainement, signifie quelque chose. Il faut toutefois remarquer que la notion de réel ne connaît pas vraiment d'équivalent jusqu'au Moyen-Âge tardif[2]. En un certain sens, le réel est une invention de l'idéalisme moderne, c'est-à-dire de la pensée du sujet libre s'opposant la réalité.

Il ne sert donc à cet égard pas à grand-chose d'objecter à l'absolutisme de la liberté moderne la résistance du réel et la possibilité toujours pendante de l'échec. Une telle possibilité fait en réalité essentiellement partie de la dramaturgie de cette liberté. Concevoir le réel comme obstacle et possible pierre d'achoppement, c'est encore une fois l'entendre essentiellement depuis cette liberté qui gouverne son concept. Nul n'a mieux aperçu ce point que Jean-Paul Sartre, héritier tardif de la modernité qui, dans des pages célèbres de *L'Être*

2 Sur sa mise en place, voir L. Honnefelder, *Scientia transcendens: Die formale Bestimmung von Seiendheit und Realität in der Metaphysik des Mittelalters und der Neuzeit*, Felix Meiner, Hambourg, 1990, et J.-F. Courtine, *realitas*, in J. Ritter et K. Gründer (éds.), *Historisches Wörterbuch der Philosophie*, Schwabe, Bâle, 1971-2007, Vol. 8, pp. 177-88.

et le Néant, souligne comment il n'y a d'obstacle que pour et en un sens par notre liberté, c'est-à-dire en fonction du projet de celle-ci[3].

Aussi, si la contemplation régulière de *La chute d'Icare*, attribuée à Pieter Brueghel l'ancien, dans la version exposée au musée d'Art Ancien de Bruxelles, a pu nourrir il y a vingt ans déjà mes premières méditations quant à la possibilité de frayer la voie à un réalisme qui échappe au piège de cette pensée moderne qui définit le réel essentiellement par son tête-à-tête avec le sujet – l'un dût-il se briser la tête sur l'autre – n'est-ce pas tant l'échec d'Icare qui m'a paru emblématique dans ce tableau. M'y retenait plutôt l'*insignifiance* de cet échec. C'est à peine si on voit Icare y faire un trou dans l'eau et à vrai dire il faut le chercher pour le voir, guidé par le titre donné au tableau. Il s'agit d'un détail minuscule et périphérique dans la composition de la toile, occulté par l'évidence au premier plan du laboureur qui occupe le centre de la toile, et qui se détache nettement, d'un tout autre format – la superposition et le contraste de différents formats et de différents plans joue du reste un rôle structurant, et déstructurant, dans l'organisation générale du tableau. Le détail censé, d'après le titre, constituer le sujet propre de la toile est, de plus, assez confus. Deux jambes et une main dépassent de l'eau et, à la surface, il est peut-être possible de discerner quelque chose comme la structure réticulée d'ailes, sans qu'il soit complètement clair s'il ne s'agit pas plutôt tout simplement des remous de l'eau. Icare s'efface en quelque sorte dans le paysage.

Ce n'est cependant pas encore le trait le plus frappant de cette représentation, dont la fascination est indissociable d'un sentiment d'étrangeté. L'aspect le plus saillant de cette peinture est l'indifférence globale du réel par rapport au destin d'Icare. Indifférence du paysage, bien sûr : ce golfe marin et ces montagnes qu'on voit au loin, ce ciel laiteux vaguement irradié de rose par le disque solaire encore

3 Méditant sur l'exemple très suisse de la paroi rocheuse, qui n'a sens d'obstacle que pour le projet de l'alpiniste: cf. J.-P. Sartre, *L'Être et le Néant*, Gallimard, Paris, 1943, réédition « Tel » de 1981, pp. 544 *sv.*

adhérent à la mer, à l'horizon – et donc non à ce zénith où Icare serait allé le chercher – demeurent ce qu'ils sont, en toute indifférence à la tragédie qui vient de s'accomplir. Il ne s'agit cependant pas ici de l'étrangeté au destin humain d'un réel supposé *nature*. Le monde représenté est en effet de part en part humain. Les rives de ce golfe sont jusqu'en leur pointes extrêmes flanquées de villes et de châteaux, et la scène qui constitue l'arrière-plan du tableau est celle d'un grand port qui s'éveille, symbole de ce *monde moderne* dans lequel on rentre à l'époque de Brueghel, qui est celui de l'activité commerciale et des caravelles en partance. Quant à la mise en scène du premier plan, il s'agit des travaux et des jours : d'un monde informé par le travail humain, symbolisé par l'activité du laboureur. Or, dans cette construction stratifiée, grouillante d'activité, fondamentalement rien, ni personne, ne regarde Icare tomber. De façon très frappante, c'est même vrai du pêcheur, qui semble pourtant actif à proximité du point d'impact. Imperturbable, il s'affaire à sa tâche. De façon plus subtile encore, la scène n'attire pas même le regard de la perdrix que l'artiste a pris soin de faire figurer sur une branche également à proximité de la catastrophe. Le point est d'autant plus marquant que la toile, comme en général la peinture classique, suit d'assez près un *discours*, qui en l'occurrence est celui du livre VIII des *Métamorphoses* d'Ovide. La perdrix renvoie ici à la métamorphose du neveu de Dédale, Talos (appelé Perdix par les Latins, d'où « perdrix ») que son oncle, jaloux de son talent supérieur au sien, avait précipité du haut de l'Acropole et qu'Athéna avait opportunément transformé en perdrix avant qu'il ne puisse s'écraser au sol, de façon à ce qu'il puisse s'échapper à tire-d'aile. Dans l'histoire d'Icare, une chute fait donc référence à une autre : la mort du fils intervient en expiation du meurtre tenté contre le neveu, et le vol échoué d'Icare, faux oiseau, est l'inverse de celui qui a sauvé le neveu, réellement transformé en oiseau par les dieux. Ovide, qui n'oublie jamais d'introduire un élément moral dans ses récits, invite donc la perdrix au trépas d'Icare, auquel elle applaudit et dont elle se réjouit. Or, si Brueghel a bien fidèlement retenu la présence de la perdrix au tableau, celle-ci, là encore, regarde clairement ailleurs. On peut même dire qu'elle tourne le dos à la scène. Fondamentalement, le paradoxe du tableau *La Chute d'Icare*, c'est que rien ni personne ne s'y intéresse à l'histoire d'Icare.

Une autre lecture du tableau est cependant possible, étayée par l'autre version conservée également à Bruxelles, au Musée Van Buuren. Les deux toiles, de composition identique et essentiellement similaires, sont organisées l'une et l'autre autour d'un même détail central, même si celui-ci ne saute pas immédiatement aux yeux, l'œil étant attiré par le laboureur qui occupe le premier plan de la toile et s'y détache nettement. Il s'agit du berger paissant ses moutons, qui appartient au même registre que le laboureur, celui de l'industrie humaine. Celui-ci tourne diamétralement le dos à la tragédie qui est en train de se jouer dans le recoin en bas à droite du tableau : l'engloutissement d'Icare. Sa posture contribue donc à l'indifférence générale qui entoure l'effondrement de ce rêve humain. Cependant, contrairement aux autres acteurs de la scène, il regarde quelque chose. Il fixe intensément quelque chose dans le ciel, là où, dans l'exemplaire au moins du musée d'Art ancien, il n'y a rien. Ce détail, une fois perçu, renforce le sentiment d'étrangeté qui entoure la toile. La version du Musée Van Buuren, cependant, dissipe ce nimbe de mystère. En effet, dans le ciel, plus ou moins dans la ligne de visée du berger – même si la géométrie de la toile, superposant plusieurs plans, demeure quelque peu étrange également de ce point de vue : l'apparition dans le ciel et le regard censé la capturer ne coïncident pas non plus exactement – on y trouve la figure de Dédale, absent de la version du Musée d'Art Ancien. C'est ce prodige réalisé d'un homme volant que regarde le berger, Dédale lui-même étant le seul être dans le tableau dont le regard semble plonger précisément vers ce point où son fils est en train d'être englouti. Conformément au texte d'Ovide, on peut dire qu'il « voit des plumes sur les eaux ».

La présence du laboureur, du pêcheur et du berger s'inscrit

elle-même dans une même démarche d'adaptation du texte poétique. L'écart entre leurs fonctions dans le récit et dans la toile n'en est que plus frappant. Chez Ovide, le « pêcheur à la ligne », le « berger appuyé sur son bâton » et le « laboureur sur sa charrue » sont les spectateurs ébahis de l'exploit de Dédale et Icare, qu'ils « prennent pour des dieux ». Dans le tableau attribué à Brueghel, dans l'une et l'autre des versions existantes, le pêcheur et le laboureur ne semblent voir ni Dédale ni Icare, et paraissent tout ignorer de leur exploit. Rien ne paraît pouvoir les détourner de leurs occupations quotidiennes. Chacun est tout sa tâche (son *Beruf*), et ignore superbement tant le drame qui se joue que la présence même des autres, eux-mêmes à leur affaire[4]. La fonction de témoin est dévolue au seul berger et, dans celle des deux versions où on voit ce qu'il voit, il s'agit alors du seul Dédale. Icare est pour ainsi dire oblitéré.

Il est difficile de spéculer sur l'absence d'un élément dans un tableau. Peut-être l'exemplaire du musée d'Art ancien est-il simplement incomplet, ou la figure de Dédale y a-t-elle été effacée, même si cette hypothèse est plus improbable : la trace en aurait alors probablement été détectée compte tenu des investigations matérielles approfondies dont le tableau a été l'objet. Pour ma part, j'aurais tendance à tenir la version du Musée d'Art Ancien pour beaucoup plus forte. La non-représentation du prodige dont le secret est confié au seul regard fixe du berger perdu dans on ne sait quelle contemplation égarée accentue son extériorité à une scène qui loin de s'identifier à une simple bucolique de convention, est essentiellement celle de la prose du monde – de ce qu'on pourrait appeler le réel moderne, tel qu'il s'invente au XVIe siècle. Surtout, dans une telle mise en scène, le regard de Dédale n'est pas là pour désigner aux spectateurs ce qu'il faut regarder : l'engloutissement d'Icare. La toile referme en quelque sorte son silence sur lui. Le passage d'un medium à un autre, évidemment, fait son effet : le monde de la peinture, c'est le monde du

4 On peut dire, à cet égard, suivant une suggestion éclairante de Silvia Dadà lors de l'Eranos-Tagung, que c'est *une toile sans intersubjectivité*.

silence, et on ne peut entendre ici le cri désespéré d'Icare appelant son père à l'aide, sur lequel se termine sa chute d'après Ovide. D'un autre côté, il y a des moyens de représenter un cri en peinture[5], et c'est un choix délibéré de l'artiste de figurer Icare déjà englouti sous le silence du monde. Sa parole y est proprement inaudible et la *scène de genre* déployée n'est perturbée par aucun appel. Le « sujet » – qui est aussi, a priori, le sujet, au sens de l'objet, du tableau – n'y est plus une voix et n'y fait aucune différence.

C'est à ce titre que la mise en scène du tableau m'a toujours paru receler l'équation du problème du réalisme tel que la modernité, au-delà de ses succès et ses échecs, nous laisse en définitive devant lui : la question n'étant pas tant celle de l'échec de qui aurait voulu faire bon marché de ce qu'on appelle « principe de réalité », mais plutôt celle de cette *indifférence* dont peut toujours faire preuve le réel et qui est une dimension de son concept. Dans des lignes qui réassument très largement le programme des Modernes, John McDowell, dans *Mind and World*, évoque la formule hégélienne d'un monde dans lequel la liberté serait enfin « chez elle »[6]. Il lie un tel motif à l'idée d'un monde enfin complètement humanisé. Or, ce que représente la toile de Brueghel, plutôt que la scène de la disparition d'Icare qui en serait pour ainsi dire le héros, c'est *le monde sans Icare* : celui où sa disparition ne fait pas un pli. Son échec y est proprement insignifiant. D'un autre côté, ce monde n'a rien d'une nature sauvage : il est essentiellement humain et c'est en tant que monde humain, ou humanisé, qu'il est indifférent.

Il ne s'agit donc pas de définir le réel par son étrangeté à l'humain comme si, pour le retrouver, il suffisait de nettoyer notre monde de tout ce que notre humanité y imprègne. Assurément, le fantasme d'un monde totalement humanisé, et essentiellement mis à notre mesure, nous éloigne de la réalité. Une condition d'un véritable

5 Voir l'étude de Jérôme Thélot, *La peinture et le cri*, L'Atelier Contemporain, Strasbourg, 2021, sur les différentes figures d'une telle rupture du « silence de la chose peinte ».

6 Cf. J. McDowell, *Mind and World*, Harvard University Press, Cambridge, MA, 2016.

réalisme est certainement de reconnaître les limites de « l'humanisation » et de faire droit à l'existence de sens du réel entendus autrement qu'en référence à la seule histoire des êtres humains. Il y a certes une histoire humaine du soleil et la tentative d'Icare de se rapprocher de l'astre qui nous éclaire en fait partie. Pour autant, il n'y aurait pas de sens à *réduire* l'existence du soleil à son histoire humaine, fût-ce celle de l'exploration par l'homme du système solaire avec de nouveaux moyens techniques qui nous permettent de mieux en mieux connaître cette réalité dans son indépendance même par rapport à notre histoire humaine. La référence à l'humanité n'est pas pertinente dans tout ce qu'il y a à dire, et à savoir, du soleil, dont on pourrait donc dire qu'en un certain sens, il lui revient une double réalité : humaine d'un côté, étrangère à l'humain de l'autre.

C'est le lieu de citer Pascal : « le silence éternel de ces espaces infinis m'effraie ». Il s'agit bien sûr d'une réflexion sur le naturalisme des Modernes alors en train de se mettre en place. La profondeur diagnostique du propos réside dans le fait de montrer que la thèse naturaliste a des conséquences existentielles. Si, d'un côté, vidant la réalité physique de tout sens, elle la rend disponible à notre action, de l'autre, elle la fait fondamentalement indifférente à nous et il y a là une idée très difficile à supporter – comme une forme de solitude de l'homme dans un univers qui ne lui est rien, et pour lequel il n'est rien. Évidemment, on pourrait dire que Pascal, en existentialisant le problème, le réintègre à l'univers du sens humain : la nature vidée de sens du naturalisme devient essentiellement objet d'effroi. La pointe de la formule, cependant, est qu'il faut distinguer le sens proprement humain de cet effroi et ce qui le motive, qui est essentiellement absence de sens : silence. L'univers infini n'a *rien à nous dire.*

Reconnaître la part de l'univers infini, mais aussi bien d'autres infinis : de l'infiniment petit, de tout ce qui *n'est pas à notre échelle*, constitue certainement un aspect important du réalisme, aujourd'hui, contre toutes les tentatives de se recroqueviller sur l'humain. Cela ne veut pas dire que le sens du réel s'identifie par principe à celui d'une nature non-humaine. Le monde humain, tel que le dépeint essentiellement le tableau attribué à Brueghel l'Ancien, est tout aussi réel. Le problème est plutôt de faire droit à l'essentielle diversité de sens du réel, qu'il n'y a pas plus de raison d'identifier à l'inhumain que de restreindre à l'humain.

Je pourrais emprunter à mon ami Markus Gabriel le vocabulaire des « champs de sens »[7] et dire qu'ontologiquement, il y a une diversité de champ de sens, dont certains ont une signification prioritairement humaine, d'autres non, si la simple juxtaposition des champs de sens n'avait quelque chose d'excessivement pacifiant. En effet, tout le drame de la modernité réside dans le fait que non seulement il existe différents sens, mais qu'à la norme de certains d'entre eux, les autres peuvent paraître purement et simplement dépourvus de sens. En d'autres termes, ce n'est pas simplement qu'il y a différents sens ; c'est plutôt que la notion même de « sens » s'avère finalement équivoque, loin de représenter un opérateur neutre au moyen duquel pourrait être déclinée sereinement une pluralité d'options ontologiques toutes mises sur le même plan. Ne peut le croire que qui adopte sur le réel ce regard extérieur qui est précisément celui de la subjectivité moderne, au lieu de, comme Pascal nous en rappelle la difficulté, essayer de s'y situer.

L'objectif avoué de ce que Markus Gabriel appelle « Nouveau Réalisme » est pourtant, après beaucoup d'autres, d'essayer précisément de réintégrer au réel, ou en tout cas à l'être (puisqu'il se pourrait que cette réintégration se fasse au prix de l'abandon de la notion de « réel » et de la valeur discriminante qui lui est associée) la subjectivité. Ce souci de surmonter le dualisme ouvert par la modernité entre l'esprit d'un côté et le monde supposé regardé par l'esprit de l'autre est un trait commun de toutes les approches que l'on pourrait qualifier de *néo-modernes*, qui cherchent à sauver le point de vue du sujet humain tel qu'il a été inventé par les Modernes tout en refusant la

7 Cf. M. Gabriel, *Sinn und Existenz*, Suhrkamp, Berlin, 2016.

conséquence ontologique qui en découle chez les Modernes, à savoir que le monde soit fait pur objet, dans lequel ce sujet ne pourrait se trouver : du Putnam du « réalisme interne » à l'orée des années 80 du XXe siècle à John McDowell dans les années 90 ou Markus Gabriel aujourd'hui, le problème est toujours de nouveau de surmonter cette opposition entre sujet et objet.

À ce niveau, deux voies symétriques semblent s'ouvrir. Soit, suivant une démarche néo-kantienne, mettre en exergue l'*idéalité* et donc la subjectivité du plan objectif lui-même, en tirant toutes les conséquences du fait qu'il ne s'agit d'objectivité que pour un sujet (ou, suivant les cas, « interne » à la pensée ou à la connaissance, ou « de part en part conceptuelle »). Il est intéressant que ce soit là la voie empruntée par une certaine philosophie analytique lorsqu'elle a voulu échapper au réductionnisme qui semblait découler fatalement de son naturalisme. Comme si, confrontée à ses conséquences vécues comme indésirables, la modernité tardive n'avait d'autre recours que le retour réflexif sur son propre projet et son « réalisme » se retournait alors, inéluctablement, en idéalisme. De l'autre côté, on trouve la voie prétendument inverse, celle frayée par Markus Gabriel sur fond de revendication de réalisme contre et au-delà de l'idéalisme des Modernes. Celle-ci consiste à objectiver le subjectif, au sens d'en faire une part de l'objet lui-même : le point de vue sur l'objet serait en réalité une des propriétés de l'objet lui-même.

On ne peut complètement conjurer le soupçon que l'opposition entre cette analyse et la précédente soit plus formelle que réelle. La difficulté réside dans la mise en avant de la notion de *perspective* ou de *point de vue*, qui maintient le cadre de la subjectivité épistémique observationnelle des Modernes. Insister sur le fait que la vue sur l'objet fait partie de l'être de l'objet lui-même n'est-ce pas tout de même, en dépit de tout, non pas seulement objectiver le subjectif, mais plus fondamentalement subjectiviser l'objet, en le plaçant essentiellement sous la mesure d'un point de vue précisément ? Il est possible qu'une telle détermination fasse essentiellement partie de la notion d'*objet*, mais alors la bonne question est celle de savoir si le concept d'objet constitue la clé universelle d'accès au réel – ou ne représente pas plutôt un format très particulier de prise sur lui, essentiellement lié à un modèle épistémique, et plus précisément à ce modèle épistémique perspectival caractéristique de la modernité[8]. Encore une fois, le Nouveau Réalisme est-il autre chose qu'un néo-modernisme ? C'est-à-dire : au lieu de dépasser les présupposés de la subjectivité moderne, fait-il autre chose que les reconduire, en leur accordant même plus de poids qu'ils n'ont jamais eu, puisqu'une portée immédiatement et inconditionnellement ontologique ? Or, *n'est-ce pas précisément de la crise de ces présupposés que témoigne aujourd'hui l'urgence renouvelée de la question du réel ?* A un monde sans spectateur (qui en fait est essentiellement celui d'un spectateur, mais qui s'ignore), Markus Gabriel veut résolument opposer la figure d'une pluralité assumée de *sphères d'être avec spectateur.* Or, avant de se demander si le fait d'être regardé fait partie du sens de ce qui est regardé, il faudrait interroger les limites d'une approche, celle des Modernes, qui fait constitutivement de ce qui est l'objet d'un regard. La véritable nouveauté du réalisme, aujourd'hui, n'est-ce pas plutôt de réintroduire, au-delà de l'ère de la représentation, le sens du *réel comme ce qui n'est pas seulement un spectacle* – c'est-à-dire, en effet, certainement pas non plus un « spectacle sans spectateur » ?

Il faut, assurément, réintégrer dans le réel le sujet et ses œuvres. Pour faire droit à tous ces aspects du réel qui mettent en jeu, en un sens ou en un autre, la subjectivité, mais également pour, replaçant le sujet dans le réel et non plus en position de toiser celui-ci, affranchir le réel d'être sous la condition d'un sujet.

Ainsi, cette réintégration ne devrait-elle nullement conduire à une subjectivation générale du réel, mais plutôt à une prise de conscience du caractère local de la subjectivité qui, si elle a bien une

8 Sur ce point, voir mon essai « Objectivité sans perspective », dans : « Rivista di Filosofia Neo-Scolastica », Vol. 112, 2020, pp. 773-88, et le chapitre VIII de mon livre *Von der Phänomenologie zum Realismus. Die Grenzen des Sinns*, Mohr Siebeck, Tübingen, 2022: «Aus den Augen, aus dem Sinn: ein deutsches Requiem».

portée ontologique, n'échoie à l'être que sous certaines conditions et moyennant certains usages. Ce n'est qu'en vertu de l'agentivité de certains êtres qu'il peut être question de subjectivité dans l'être. Avoir le sens du réel ne suppose donc certes pas l'élision de la subjectivité, mais la conscience du fait que *tout n'est pas subjectif*. À subjectiver l'être dans son ensemble, on perd le sens de la « réalité » comme ce qui ne se définit pas essentiellement par le fait d'être devant un sujet, et par là même la possibilité pour le sujet d'être autre chose qu'une position de principe – en d'autres termes : on manque aussi bien *la réalité du sujet*.

C'est à ce niveau qu'il y a un sens à parler d'*indifférence du réel* : non pas d'indifférence en général ou par principe, mais de cette *possibilité de l'indifférence* qui est un ingrédient essentiel du sens de ce qu'on appelle « réel ».

Le réel peut être au rendez-vous ou non de nos actions ou de nos attitudes, ceci non pas simplement au sens qu'il peut les faire réussir ou échouer mais en ce qu'il peut être tel qu'elles *aient un sens ou non* – et donc y compris qu'il y ait un sens ou non pour leur échec.

Ainsi, il n'est pas question, encore une fois, d'affirmer une extériorité par principe du réel à l'action humaine. Toutes ces occupations et attitudes que restitue le tableau et qui constituent autant d'aspects d'un monde humain, ne sont possibles que dans le réel et dans la mesure où celui-ci y convient. Le réel n'est pas seulement en face d'elles comme un objet auquel elles donneraient ou non un sens « subjectif ». Il est leur site et le lieu de leur effectivité. Il n'y a pas de sens à opposer l'absence de sens des champs et le sens de l'activité humaine qui consiste à les labourer. Il n'y a de labour que là où il y a un sol à retourner et, d'un autre côté, ce sol ne gagne la signification de champ que là où il est préparé pour le labour et réservé pour cet usage.

Tel est le sens que généralement le réel a pour nous, qui est le sens d'un *contexte* dans lequel peut s'effectuer une action, ou être adoptée une certaine attitude, y compris épistémique. Il n'y a de connaissance que là où une certaine question peut être posée, qui détermine ce qu'il y a à savoir. Or pour qu'une question ait une signification, il faut toujours que certaines conditions réelles soient remplies. Ainsi, le réel n'est-il pas tant ce que donnent à connaître nos pensées vraies, que ce qui rend *pertinentes* nos pensées, vraies ou non et, au-delà de nos pensées, nos actions ou nos attitudes en général. C'est en ce sens qu'il faut renverser la priorité de la vérité sur la réalité, caractéristique de la pensée moderne et de son concept, purement épistémique, de réalité. La pertinence, en un certain sens, subordonne la pensée à la réalité ou plus exactement l'inscrit dans la réalité. En effet, symétriquement, elle est ce qui confère un rôle à des aspects de la réalité dans la pensée et plus généralement dans les attitudes humaines : la condition, en quelque sorte, de ce qu'on appellera « réalité humaine ».

Placer le rapport au réel sous le signe de la pertinence, c'est cependant essentiellement aussi ouvrir une place à l'éventualité de la non-pertinence, figure, suivant les cas, du non-rapport ou d'un rapport malheureux. On peut se tromper de contexte. La vie sociale est pleine de rencontres de ce type. Plus radicalement, certaines actions peuvent se retrouver pour ainsi dire *hors contexte* et se voir ainsi menacées dans leur sens même d'action. On croyait faire quelque chose, mais finalement on ne fait rien.

Ce serait une lecture possible de l'aventure d'Icare, telle que l'évoque, mais pour ainsi dire en la reléguant à la marge, la toile : la tragédie d'Icare apparaît ici fondamentalement hors contexte. Le seul contexte où elle ait un sens est celui, externe, de la contemplation du tableau, dont le titre nous pousse à chercher des yeux ce naufrage. En revanche, la chute ne fait partie d'aucun des contextes déployés par cette riche composition. Tout se passe comme si elle les avait traversés en leur demeurant extérieure. Et à vrai dire rien ne l'inscrit dans la toile telle qu'elle est, au moins, dans la version du musée d'Art Ancien. La version du musée Van Buuren diffère en cela, bien sûr, puisque le regard de Dédale restitue son contexte à ce petit remous d'écume en bas à droite de la toile, mais il est difficile de ne pas y voir une infériorité de cette version, d'autant plus que c'est alors la figure de Dédale dans le ciel, qu'on ne peut certes manquer, qui paraît pour ainsi dire appliquée et rajoutée sur la toile, avec laquelle elle jure stylistiquement, et dans laquelle son insertion géométrique, y compris par rapport au regard du berger censé la fixer, n'est pas tout à fait évidente. C'est en fait un peu comme si *une autre perspective était ouverte dans la toile*, dont la cohabitation avec celles qui structurent l'ensemble du tableau demeure problématique et produit un effet de surimposition. Si un contexte, qui est celui du récit qui inspire le tableau, est ainsi reconstitué, c'est la connexion des contextes – celui du mythe, et celui de la scène représentée au premier plan qui, si elle s'inspire bien très précisément du texte d'Ovide, ne présente pas avec le mythe la cohésion que lui prêtait la mise en scène du poète – qui est problématique. À cet égard, la version du Musée d'Art ancien paraît décidément plus puissante : l'autre contexte, qui est celui du mythe qu'on attend, y semble gommé, la chute d'Icare un détail insignifiant et dont *on ne sait littéralement que faire* dans la scène telle qu'elle est présentée. Et le détail intriguant qui subsiste au cœur de la scène, à savoir celui du regard fixe du berger, visant on ne sait quoi, dans le vide, acquiert une intensité sans pareille. En effet, rien dans la scène présentée ne peut expliquer ce regard et il n'est accroché à rien. Il regarde pour ainsi dire en dehors de la toile, *hors contexte*.

Hors contexte, on comprend assez bien en quoi peut sembler l'être aux yeux du berger ce qu'il voit et que, dans la version du musée d'Art Ancien, nous ne voyons pas. Il reste interdit (*obstipuit*, écrit Ovide), car ce qu'il voit n'a purement et simplement pas de sens : un homme volant, or un homme ne peut pas voler. Cette scène est donc radicalement étrangère au contexte dans lequel elle apparaît, et au répertoire du berger, comme des êtres humains censés être ses contemporains, il n'existe pas de contexte auquel il la puisse référer.

Hors contexte, ce détail l'est aussi bien, en un sens différent, par rapport à ce que représente réellement le tableau, à savoir non pas une pastorale ancienne, mais la prose de la terre cultivée et de la modernité qui en résulte. D'où son pur et simple effacement dans la version la plus connue et la plus puissante, celle du Musée d'Art Ancien. D'où aussi, en conséquence, là où il n'y a plus de regard pour l'indiquer, le quasi-effacement de l'autre détail, crucial, puisqu'il donne son titre et son sens au tableau : l'engloutissement du fils de Dédale. Car en effet, dans un tel tableau, il n'y a purement et simplement *plus de place* pour l'histoire d'Icare.

Et c'est en effet le paradoxe du tableau qui m'a toujours retenu, je le comprends maintenant, que ce qu'il a à nous dire sur la chute d'Icare, c'est précisément qu'il n'y ait plus rien à en dire : loin d'illustrer le mythe, il en est la fin, et c'est sur ce mythe que se referme ici son silence[9] – silence plein de sens, qui est celui d'une économie qui porte en soi sa propre fin et n'a pas besoin d'*ailleurs*. Cette victoire de la prose en peinture, certainement, est indissociable de l'invention du réel moderne[10]. La question, cependant, autant que ce qu'elle prétend montrer, est de ce qu'elle occulte.

Deuxième partie : Persistance du mythe

Pourtant, en effet, le mythe subsiste.

Pour apprécier la signification de la chute d'Icare, il faut la replacer dans la légende de son père. Cette catastrophe qui frappe le fils est en effet présentée par le mythe comme la juste punition des forfaits du père. Tout d'abord, on l'a vu, elle reproduit et compense, suivant la loi du talion, le crime de Dédale qui avait précipité son neveu plus doué que lui du haut de l'Acropole. Dédale a voulu tuer le fils de sa sœur, il se voit donc frappé en son enfant. De façon plus

9 Une remarque précieuse de Gabriele Guerra, lors de l'Eranos-Tagung, m'a permis de tirer pleinement cette conséquence.

10 Qui, suivant le paradoxe mis en avant par Hegel dans sa lecture profonde de la peinture flamande, est celle de l'idéalisme : cf. G.W.F. Hegel, *Vorlesungen über die Ästhetik* = *Werke*, 13, Suhrkamp, Berlin, 1986, pp. 214 sv.

subtile, il est puni exactement par où il a péché. En effet, c'est l'excellence technique du malheureux Talos qui avait suscité l'envie et le geste criminel de Dédale. Or, c'est la propre excellence technique de Dédale qui conduit à la mort de son fils. Le bien dont il revendiquait le monopole s'est donc avéré finalement pour lui un bien empoisonné.

Dédale est en effet d'abord, dans la mythologie et dans la pensée grecque en général, un artiste de la technique. Par des moyens techniques, il rend possible ce qui paraissait impossible.

Qu'il y ait là, pour les Grecs anciens, comme une forme de transgression de la condition humaine, et donc d'impiété, est probable, et c'est aussi ce qui est puni par la chute d'Icare. Dédale ne respecte pas les liens humains, en tuant par envie quelqu'un de son propre sang. Il ne respecte pas non plus la place des êtres humains dans le cosmos, en s'arrogeant le pouvoir non-humain de voler – ce qui fait d'ailleurs que, dans le récit d'Ovide, les spectateurs de cet exploit prennent l'ingénieur et son fils pour des dieux.

D'un autre côté, s'il est bien une chose qui frappe dans l'ensemble des récits associés à Dédale, c'est la prudence et la cautèle de ces transgressions. On est très loin des triomphes claironnants de la technique des Modernes. Il ne s'agit nullement de vaincre la nature, mais de s'en inspirer, et en quelque sorte d'en détourner les moyens. L'ensemble de la carrière de Dédale est placé sous le signe de *l'imitation de la nature*, dont Aristote fera la définition de la *technè*. En ce sens, l'action de ce héros s'inscrit bien dans les limites de la pensée grecque. Simplement, ce qui le caractérise, c'est que, outre qu'il pousse le paradigme grec de la technique jusqu'à une excellence plus qu'humaine, son usage de l'imitation relève essentiellement de la tricherie, car est indissociable d'une pratique de l'illusion et de la tromperie. L'imitation prend alors exactement le sens de la *mimésis* réprouvée par Platon et non celui de la mimésis aristotélicienne porteuse de vérité. En effet, il ne s'agit pas seulement de s'inspirer de la nature, mais d'en créer l'illusion, rendant indiscernable la technique et la nature qu'elle imite. Dédale est d'abord connu pour ses statues dont la légende fascinait Platon, statues si bien capables de donner le sentiment du mouvement vivant qu'on s'y trompait. C'est ainsi la frontière entre l'inerte et le vivant qui est transgressée. D'un autre côté, plusieurs de ses réalisations les plus spectaculaires consistent à supprimer la frontière entre l'animal et l'humain. Il construit la vache mécanique dans laquelle Pasiphaé, épouse de Minos, se dissimule pour réaliser son fantasme zoophile qui donnera naissance au Minotaure. Nul doute que ce soit aussi cette contribution à une transgression majeure, violation d'un tabou sexuel, que paie la mort d'Icare. On ne peut ignorer, cependant, le moyen de la transgression : un dispositif mécanique, prosthétique, qui donne à une humaine l'apparence d'une bête. La technique imite ici le vivant au sens où elle en crée l'illusion : elle fait passer un vivant pour un autre, et plus précisément, un être humain pour un animal (un être vivant pourvu de raison, pour un sans raison, transgressant ainsi le partage fondamental établi par la philosophie grecque).

Y compris là où, à première vue, il ne s'agit pas de tromper, il est frappant combien Dédale, dans les récits, est présenté comme cherchant systématiquement à maintenir ses inventions au plus près du modèle vivant (animal) qu'il imite, allant jusqu'à introduire à cet égard dans ses dispositifs une forme d'effet de réel. Ses prouesses techniques sont, de ce point de vue, affectées d'une véritable ambiguïté. D'un côté, comme le dit Ovide, il bouleverse la nature (*novat naturam*, avec le sens tendanciellement traumatique qu'a, en latin classique, la nouveauté), en produisant ce qui ne s'est jamais vu : les moyens pour un être qui, par nature, ne vole pas de voler. De l'autre, il prend bien soin, en cela, d'imiter les vrais oiseaux (*ut veras imitetur aves*) dans les moindres détails, jusqu'à courber légèrement chaque plume. La référence aux « vrais oiseaux » est parlante : d'une certaine façon, avec cet équipement, Dédale et son fils deviennent de *faux oiseaux*. Ainsi, leur réalisation devient un stratagème, et tout de même une sorte de tromperie : une tromperie par rapport à la nature.

Cette tromperie est cependant, aussi bien, une *assimilation*. Elle suppose la performance effective et l'intériorisation de l'imitation, et Ovide décrit dans les termes suivants comme le *devenir oiseaux* de Dédale et de son fils : l'inventeur « s'envole le premier, soucieux de son compagnon, comme l'oiseau qui pousse du nid dans l'espace sa tendre progéniture ». C'est non seulement un dispositif ou un procédé que l'ingénieur emprunte à un certain type d'animaux, mais une façon d'être et de se comporter et, tant l'assimilation est réelle et non seulement représentée, une *forme d'humanité*[11]. Cette porosité des formes de vie animales et humaines, sur un mode empathique, autour de l'invention technique, produit une forme d'hybridité ontologique avant la lettre.

Évidemment, la pointe de l'histoire est que cette hybridation échoue compte tenu de l'*hubris* d'Icare, auquel il ne suffit pas d'être un oiseau, ou qui n'a pas compris ce que c'est que d'être un oiseau : il ne voit dans sa transformation qu'un moyen de se libérer de la condition humaine, au lieu d'y reconnaître une sorte de prolongement animal de l'humain.

Il n'en reste pas moins que ce passage d'Ovide laisse entrevoir quelque chose, qui devait fasciner les Anciens : la perspective d'une forme de vie avec des ailes pour les êtres humains. C'est bien, en effet, d'une forme de vie qu'il s'agit dans ces petits gestes, cet apprentissage et ces affects.

Il ne faut pas donc identifier trop vite la technique à une forme d'échappement à la réalité. Généralement, autour d'un dispositif technique, se met en place une certaine forme d'usage de la réalité et par la même se sédimente la réalité d'une forme de vie. C'est au fond ce que nous donne à voir le tableau comme déjà la description d'Ovide, qu'il suit très exactement en cela : le pêcheur est muni de son « roseau tremblant » avec lequel il prend les poissons, le berger est appuyé sur le « bâton » avec lequel il marche et conduit les

11 La tendresse des oiseaux pour leur petits est du reste un topos de la rhétorique antique, érigé en modèle pour l'humanité par Platon (*Les Lois*, VII, 814b).

troupeaux, le laboureur est « penché sur sa charrue ». Chacun est muni du dispositif technique inhérent à sa forme de vie, et qui en est en grande partie constitutif. La scène répond bien à la thèse formulée par Maurizio Ferraris suivant laquelle l'être humain est essentiellement « im-bécile », c'est-à-dire un être qui a besoin du bâton (*baculum*) de la technique pour s'y appuyer[12]. Alors, pourquoi pas les ailes pour Dédale ? Ne nous sommes-nous pas, d'ailleurs, depuis, dotés d'ailes, qui ont par bien des côtés révolutionné notre forme de vie et induit en elles-mêmes des formes de vie spécifiques, même si celles-ci, aujourd'hui, par leurs effets, paraissent de nouveau problématiques ?

Le problème d'Icare, sur lequel il nous faut revenir pour terminer, est différent. Icare, ce n'est, au premier abord, pas tant l'échec de la technique que son mésusage. La technique, si elle altère le réel, suppose toujours qu'on tienne compte de celui-ci pour y exercer une action. Il n'y a pas de dispositif technique sans règles d'usage. Ainsi par exemple y a-t-il des préceptes de l'art de voler (*praecepta volandi*, dit Ovide), que Dédale tente de transmettre à Icare. En ce sens, la technique tout à la fois présuppose-t-elle toujours un certain contexte et est-elle éminemment formatrice de contexte, conformément à la dialectique précédemment indiquée.

Dédale, dans son exhortation, a bien fixé les limites d'un tel contexte. L'espace de ce vol est essentiellement *intermédiaire*, *sublunaire*, « car, si tu vas trop bas, l'eau risquerait d'alourdir tes plumes, et trop haut, le feu du soleil pourrait les brûler ». Or, Icare n'est prêt à se tenir à aucun contexte, ni à celui de ces occupations quotidiennes que restitue si bien la toile attribuée à Brueghel l'Ancien, ni à celui, « nouveau », de la pratique ouverte par Dédale. Il veut aller *au-delà*, là où les oiseaux ne vont pas, et là où on ne peut pas voler. Symboliquement, ses ailes ayant fondu, il n'a plus de *prise* sur l'air ambiant (*non percipit auras*), figure s'il en est de la perte de tout ancrage dans un contexte.

12 Cf. M. Ferraris, *L'imbecillità è una cosa seria*, Il Mulino, Bologne, 2016.

L'image qui vient immédiatement à l'esprit du philosophe est celle, kantienne, de la colombe de la raison pure qui ne peut voler sans l'air de l'expérience sur lequel s'appuyer. Bien sûr, à première vue, l'impossibilité kantienne paraît plus radicale – transcendantale. Là où s'aventure Icare, ce n'est pas l'air, mais ce sont ses ailes qui font défaut. En effet, dans cette région de l'être, le réel devient tel que ses ailes n'y sont plus adaptées et même n'y résistent pas. Le contexte n'est plus adéquat, mais notre héros n'est pas hors contexte, là où le vide de l'expérience, chez Kant, crée comme une forme d'arrachement à tout contexte.

La vraie question, cependant, est celle de savoir si la catastrophe d'Icare est à proprement parler le fait d'une *erreur* (d'un mésusage), ou si elle n'est pas précisément une *catastrophe métaphysique* : celle de qui veut aller *au-delà de l'usage* (et donc de tout contexte). Icare est-il simplement un « mauvais navigateur », comme le marquent un certain nombre de commentateurs anciens, qui invoquent à son propos le manque de connaissance et d'expérience de la jeunesse (διὰ τὴν νεότητα, dit Diodore) : quelqu'un qui ne sait pas voler ?

Certes, son action téméraire arrache l'invention de son père au contexte soigneusement construit par celui-ci et la conduit à sa destruction, en l'entraînant quant à lui vers sa perte inévitable. L'ignorance ne suffit cependant pas à expliquer la conduite d'Icare. Une solide tradition herméneutique, qui sera reprise et amplifiée par les commentateurs chrétiens jusqu'au Moyen-Âge et dont le jugement moral est probablement sous-jacent à la toile de Brueghel, voit dans le comportement d'Icare l'incarnation de l'*hubris* : non pas seulement de l'ignorance, mais de l'insolence et de l'excès de la jeunesse. Dans la rhétorique antique, Icare devient un topos servant à la stigmatisation morale de l'ambition, ainsi qu'on le voit chez Dion de Pruse qui, de façon intéressante, associe l'idée de la prétention immature d'Icare au caractère « violent (βίαιος) et antinaturel (παρὰ φύσιν) » de son ascension. Icare devient ici la figure de la vanité qui nous conduit à nous représenter au-delà de notre condition et donc agir contre nature, c'est-à-dire à commencer par contre notre propre nature.

Pourtant, la jeunesse n'a pas que des défauts. La passion d'Icare, en dehors de la vaine ambition, n'a-t-elle pas aussi un caractère beaucoup plus immédiat que nous pouvons bien comprendre, tant et si bien que son histoire continue de faire rêver à l'âge adulte les grands enfants que nous sommes, et non seulement comme un *exemplum* moral ?

Ovide dit, littéralement, que l'enfant qu'était Icare commença à *jouir* de son vol audacieux (*audaci coepit gaudere uolatu*) et en effet, quoi de plus naturel que cette jouissance de voler, qui fait que la finalité initiale de cet exploit technique devient finalement accessoire[13] ? La force du mythe, bien sûr, est qu'il retrouve un de nos désirs d'enfants et donc nous comprenons bien l'espèce de satisfaction gratuite qu'y trouve l'enfant ou le jeune adolescent du récit. Nous la comprenons d'autant mieux qu'en un certain sens, cette satisfaction, le récit nous la donne et, tout autant et plus que la leçon morale qu'ont voulu en tirer les commentateurs, c'est probablement ce point qui explique la popularité, jamais démentie et jamais périmée par aucun progrès technique, du mythe.

En même temps, ce désir infantile a bien une signification métaphysique. En un certain sens, il a bien à voir avec un dépassement de notre condition, dépassement avec lequel triche Dédale, puisqu'il ne l'assume pas vraiment – le dissimule derrière le paravent des animaux qu'il imite. Pour Dédale, il s'agit d'aller comme les oiseaux d'un

13 A cet égard, la transformation contemporaine de l'avion en moyen de transport, pour le meilleur et pour le pire, ne doit pas faire oublier l'exaltation associée aux heures héroïques de l'aéronautique. L'invention technique s'est accompagnée, dans cette aventure, d'un sens poétique, bien saisi par le futurisme italien, dont on trouve aussi l'écho (non sans hommage aux Italiens) dans les grandes œuvres de Miyazaki : cf. *Porco Rosso* et surtout *Le Vent se Lève*, dans lequel on ne pourra ignorer la façon dont le héros s'inspire d'une arête de poisson pour concevoir l'aile du chasseur Zero, exactement comme Talos le fit pour la scie, selon le mythe. L'œuvre de Miyazaki dans son ensemble témoigne, du reste, et de la persistance et du renouvellement du mythe dans le monde d'aujourd'hui, et de sa capacité de porter les ombres et les lumières de la technologie.

point à un autre. Tout au plus notre terrain de jeu s'est-il déplacé de la terre vers cet espace intermédiaire entre la terre et le ciel, par lequel un détour est maintenant possible, mais l'objectif fondamentalement demeure terrestre. En fait, plus précisément, il s'agit même d'un *retour* : le vol a été conçu comme un moyen de secours et pour ainsi dire une ruse[14] pour assurer ce *retour au pays natal* rendu impossible par le labyrinthe. Il s'agit de revenir au même, fût-ce par une voie détournée. Icare, au contraire, rompt le cercle de la nostalgie, ou transforme le sens (et la valeur) de cette nostalgie, en en faisant nostalgie de *l'ailleurs, aspiration* pure. Il voit tout de suite dans la nouvelle puissance qui nous est donnée le moyen de nous arracher à la terre pour aller vers ce qui a priori est essentiellement hors de notre portée : le Ciel, domaine des dieux. Ce faisant, bien sûr, il se rend coupable de sacrilège et l'entreprise ne peut que s'achever en catastrophe. Qu'y a-t-il cependant de plus humain que ce rêve du ciel, c'est-à-dire de ce qui, précisément, est au-delà de tous les contextes humains ? Icare est *enthousiaste*, au sens étymologique du terme. Une conscience prosaïque dira qu'il se prend, l'espace d'un instant, pour un dieu. Et mal lui en prend. Une conscience métaphysique dira qu'il est habité par un dieu – possession sensible dans l'exultation (la *jouissance*) de sa folle ascension. Peut-être un dieu l'aveugle-t-il. Mais ce serait encore une modalité de présence du divin.

Suivons Platon sur cette voie :

« La nature a donné à l'aile le pouvoir d'entraîner vers le haut ce qui est pesant, en l'élevant dans les hauteurs où la race des dieux a établi sa demeure ; l'aile est, d'une certaine manière, la réalité corporelle qui participe le plus au divin. » (*Phèdre*, 246c)

Certes, comme le rappelle le *Théétète*, la croyance pour un être humain d'avoir des ailes et d'être en vol a la consistance du rêve, qui est une forme de folie (158b). Cependant, si « quand, en voyant la beauté d'ici-bas et en se remémorant la vraie beauté, on prend des

14 Dédale est essentiellement un héros de la *métis*. Voir M. Detienne et J.-P. Vernant, *Les Ruses de l'intelligence : la Mètis des grecs*, Flammarion, Paris, coll. « Champs », 1974.

ailes et que, pourvu de ces ailes, on éprouve un vif désir de s'envoler sans y arriver, quand, comme l'oiseau, on porte son regard vers le haut et qu'on néglige les choses d'ici-bas, on a ce qu'il faut pour se faire accuser de folie », cette forme de folie est « la meilleure » (*Phèdre*, 249d), ce qui veut dire aussi que le mythe qui y correspond fait partie de ceux qui rendent la vie meilleure.

En ce sens, héros enfantin, Icare est un héros métaphysique. Il est celui qui veut aller au-delà, « là-bas », là où sont « les merveilleux nuages ». A quoi serviraient les ailes, si elles ne permettaient d'aller que d'*ici* à *là*, mais non *là-bas* ? Ou plutôt, alors, précisément, elles ne feraient que *servir*. Elles ne seraient que moyen d'une occupation et d'une tâche, à l'image de celles dans lesquelles sont absorbés chacun des protagonistes de la toile – à l'exception du berger qui semble, interloqué, suspendre sa tâche et regarde décidément *ailleurs*, ce qui en fait le seul métaphysique des personnages figurés. Ce à quoi notre cœur d'enfant ne peut se résigner.

Une fois fait droit à la dimension poétique, et non prosaïque, du récit, il est difficile de faire d'Icare un simple symbole de l'arraisonnement technique et de son excès. Dans l'histoire, c'est Dédale l'ingénieur, et lui, plutôt que de transcender les limites, triche avec elles. Icare est l'enfant et, comme tel, son désir est *sans limite* – il est sourd à la Loi du père – mais il se porte sur ce qu'il y a de plus désirable aussi, ce que Platon donnera comme figure concrète à l'objet du désir métaphysique, à savoir le soleil. Ce désir est inapproprié et présomptueux, mais il serait erroné d'y voir le signe d'une déshumanisation qui ferait d'Icare le monstre opportunément emblématique des excès des temps modernes. En effet, ce désir de s'affranchir, ne serait-ce qu'un instant, de l'humaine condition est intimement constitutif de l'humain, et il y aurait lieu de s'inquiéter s'il s'éteignait dans nos cœurs, silence qui annoncerait peut-être alors la vraie sortie – par le bas – de l'humain. Que serait en effet l'humain sans ce désir métaphysique, qui le rapporte toujours aussi à autre chose qu'à ses propres usages et le conduit à garder toujours un sens pour l'ailleurs c'est-à-dire pour ce dont il n'est pas évident qu'il puisse le faire tourner autour de lui ?

C'est certainement le sens de la chute de l'histoire d'Icare (pour ainsi dire « la chute de la chute » ...) telle qu'elle nous est parvenue dans au moins une certaine tradition, notamment via le Pseudo-Apollodore. Au-delà de la mort d'Icare, son engloutissement par les flots empêche son père de récupérer le corps et de lui donner une sépulture. C'est dire que celui qui a voulu toucher ce que les êtres humains ne peuvent atteindre se retrouve nié dans son appartenance à l'humanité. C'est assurément la pointe de la punition infligée à Dédale, qui a eu tort de tricher avec l'humanité : ne pas pouvoir faire de funérailles à son fils comme les humains le font. Or, significativement, c'est Héraclès, demi-dieu et donc en un certain sens intermédiaire entre les hommes et ce divin auquel ils aspirent si fort, et héros *par excellence* donc opérateur de mythologie, qui trouve le corps d'Icare et l'enterre, le restituant ainsi au règne des humains. Ainsi avons-nous finalement un corps pour faire le deuil de notre rêve. En faire son deuil, cependant, ici, ne veut pas dire y renoncer, mais le conserver, l'entretenir comme une part même de l'humain. Ce que fait le mythe, qui, en ce sens-là, est le vrai *tombeau*[15] d'Icare.

A l'humanité ainsi réaffirmée de celui qui avait voulu toucher au-delà des limites de l'humaine condition, le mythe, dans son ultime raffinement, oppose significativement les simulacres d'humanité résultant des machinations de Dédale, qui plutôt que l'au-delà, que prudemment l'imitateur n'a jamais prétendu atteindre, propose décidément la *réplique*, qui nous donne pour autres que nous sommes. « En retour [de ce geste généreux du héros], Dédale fit une statue à son image. Quand Héraclès vit cette statue, il faisait nuit ; abusé, il la prit pour un être vivant et la renversa d'un jet de pierre. »[16]

15 Au sens littéraire du terme, mais la question est précisément celle-ci : de conserver un sens à la *littérarité*.

16 Pseudo-Apollodore, *Bibliothèque*, II, 6, 3.

From Boltzmann's Brains to John Bell's Socks. The Knowns and the Known Unknowns of Freedom

Eric van Herwijnen

CERN, Geneva / *CERN, Ginevra*, Switzerland / *Svizzera*
September / *Settembre* 2023

Introduction

What is freedom? What can we learn from Icarus and other "misfortunes"?[1] Using the wings that his father Daedalos constructed for him, Icarus escapes prison. But, under the influence of the vengeful Perdrix, he is compelled to use his newly found freedom to reach the sun. He is punished. The heat of the sun[2] melts the wax with which his feathers are glued to his wings. He falls into the sea and drowns.[3] The Gods have set a red line not to be crossed by mortals: freedom comes with constraints. We all feel and know we have "Free will", but we should be careful how to use it. We should remain humble in our aspirations, in our actions as well as our attempts to

---

1 I thank Fabio Merlini for inviting me to this *Eranos Tagung*. Reading the stories behind the discoveries of the fascinating people that contributed to our knowledge was, and continues to be, extremely stimulating. It was an honour for me to participate in this event in its beautiful historic location on Lago Maggiore. I am grateful to Christine Maillard for asking a question after my lecture concerning the contributions of Pauli to quantum mechanics and synchronicity, which resulted in further study and many changes to this manuscript.

2 Of course, we now know that the temperature goes down as we move to higher altitudes, but Icarus would nevertheless have died of oxygen-deficiency.

3 Ovidius, *Metamorphoses*, Book VIII, 8 A.D.

understand the world in which we live. Only Gods can overcome the limits set by nature.

Judaeo-Christianity goes a step further and attributes our mortality to our freedom of choice, fuelled by our desire for knowledge. After using their "Free will" to eat fruit from the tree of knowledge, God punished Adam and Eve by making them mortal. They are banished from paradise and need clothes to cover their genitals, giving rise to our ambivalent attitude toward sexuality. The moral is that we should be content with what we know and that there are areas beyond our understanding that we should not attempt to enter. Spalding[4] gives interesting examples of how some of humanity's most brilliant minds used their "Free will" in unbelievably stupid ways and were immediately punished (by the deterministic laws of physics).

In recent years, during the Covid-19 pandemic, we have again been forced to recognize the limits to our freedom posed by nature. However, in this case, our understanding of nature has helped us to quickly develop a vaccine that allowed us to restore it. Perhaps the most threatening modern misfortune is the invasion by Russia of Ukraine. However, in this case, it is not nature, but greed and a lust for power by one group of human beings over other another group of human beings that is driving the limits of freedom. It falls outside the scope of this article.

Here I focus on the limits set by nature on our freedom of choice, or our "Free will". Despite the attempts by mythology and Judaeo-Christianity to place boundaries on human knowledge, physicists have created mathematical laws that describe, explain and quantify many phenomena by natural causes rather than divine intervention. What space does science leave for "Free will", if any at all? Are we living in a deterministic world, where everything that happens is

4 Katie Spalding, *The Limits of Genius: The Surprising Stupidity of the World's Greatest Minds* (London: Wildfire, 2023).

predicted by physical laws, or an indeterministic one, where things happen randomly?

2. Determinism and the Laws of Nature

2.1. Our Tools: Mathematics and Logic

To describe the laws of nature in an unambiguous and reproducible way, we use the language of mathematics. Our reasoning follows the rules of a branch of mathematics called logic. Boolean logic is characterized by a two-valued law based on the excluded middle, asserting that every proposition is either true or false. The development of mathematics, the mother of all sciences, has gone hand in hand with the development of physics. Progress in one area has often stimulated progress in the other. We try to understand nature with the help of mathematical models. If the predictions made by a model are correct, our understanding is right. If the predictions are false, our understanding is wrong, and we must make a new model. Models that have no predictive power (e.g., creationism) are clearly of limited use.

However, we should not confuse the mathematics that we use to describe reality with reality itself! Bear in mind Gödel's incompleteness theorem (1931) which states that there are theorems that are true but cannot be proven. The concepts of omni (all encompassing) and self-referencing can give rise to paradoxes. One famous paradox was pointed out by B. Russel in 1901. It concerns the set of all sets that are not members of themselves. Does this set contain itself? If it does, it is not a set that is not a member of itself. If it does not, there is at least one set that is not in the set of all sets. Apparently, the concept of a set does not work for things that are all encompassing (the Universe? God?). Another paradox arises when we consider an omnipotent benevolent God: if evil is the intention of God, he is not benevolent. On the other hand, if evil is contrary to his intention, he is not omnipotent.[5] "Free will" is a self-referencing concept so we should be on the lookout for inconsistencies. It might lie outside the realm of the laws of physics.

2.2. The Origin and (Temporary) Death of Scientific Thinking

Anaximander of Miletus (~550 B.C.) is credited as being the founder of scientific thought.[6] The common thinking at the time was that everything originated from water, and that the Earth was floating in it. Based on his observations, Anaximander realised that there is nothing below the Earth, and that the direction from high to low is not absolute but is relative to the Earth. He also realised that thunder was not caused by Zeus throwing darts in anger, but by clouds rubbing together; likewise, that the wind was not caused by Neptune blowing, but by air flowing from hot (warmed by the sun) to cold, Simplicius gives a quote that summarises Anaximander's thinking:

> Whence things have their origin,
> Thence also their destruction happens,
> According to necessity.
> For they give to each other justice and recompense
> For their injustice
> In conformity with the ordinance of Time.

In other words, things do not happen randomly but out of necessity, i.e., because there are laws, and not because they are caused by Gods.

The Stoic physicists reverted this thinking by equating the laws of nature with God. Everything is predestined. For at least a thousand years, under the influence of the church, the dogma "Attempting to know more than is given to man is a sin" was a major hindrance to scientific progress. Erasmus heckled this way of thinking in his

---

5 Paul Davies, *God and the New Physics* (London: J.M. Dent & Sons Ltd., 1983).
6 Carlo Rovelli, *La naissance de la pensée scientifique* (Paris: Dunod, 2009).

"Praise of Folly" (1511).[7] Ironically it was Luther[8] (the Protestant, Erasmus' arch enemy) who propagated the vision that man has no "Free will", and that his acts are completely predetermined. If they were bad, it was the will of God. It prompted Erasmus (the Roman Catholic) to write his treaty "On Free will" (1525) in which he takes the opposite view.[9] Humans cannot be held responsible if they have no choice. In 1559 all works of Erasmus were placed on the Index of Forbidden Books by the Roman Catholic Church.

2.3. Determinism and the Denial of "Free Will"

The 17th century rationalist philosopher Spinoza was at the origin of enlightenment thinking. He worked as a lens grinder for Christiaan Huygens and was undoubtedly aware of the latest scientific developments of the time. Despite his close contact with family Huygens, Spinoza was sceptical regarding the possibility of obtaining a complete knowledge of nature. His radical views on "Free will" and determinism were, and still are, a major influence on the scientific, artistic and popular world view. He denied the existence of "Free will", claiming it is an illusion. He propagated the principle of sufficient reason, meaning that all events are determined by previous events or causes, ad infinitum.[10] God is the cause of everything that exists, and God is the cause of itself.

As pointed out in Section 2.1, there are problems when considering the ensemble of all things. B. Russel illustrated the logical problem with this reasoning: "Every man who exists has a mother ... but obviously the human race hasn't a mother."[11] Asking for a cause of the whole universe has a different logical status than asking for a cause of an individual event.

7 Desiderius Erasmus, *ΜΩΡΙΑΣ ΕΓΚΩΜΙΩΝ id est STULTITIAE LAUS* (Paris: Gilles de Gourmont, 1511).

8 Luther was not interested in science, and he was a vehement opposer of Copernicus.

9 Desiderius Erasmus, *De libero arbitrio diatribe sive collatio* (Basel: Johann Froben, 1524).

10 Baruch Spinoza, *Ethica Ordine Geometrico Demonstrata* (The Ethics, 1674).

11 Davies, *God and the New Physics.*

This logical problem was not identified at the time and Spinoza's principle of sufficient reason was adopted by Leibniz (the best of all possible worlds), Maupertuis as well as Hamilton. It resulted in the principle of least action which is of fundamental importance in physics. The idea that "Free will" is an illusion caused by our ignorance of causes is still widely adopted, even in the context of quantum mechanics.[12]

2.4. Determinism and Classical Physics

When Newton published his *Philosophiæ Naturalis Principia Mathematica* in 1687, which contains his laws of motion and gravity, he laid the foundation of Classical Physics.[13] Using Newton's laws one can calculate the motion of massive bodies, employing the concepts of force and acceleration. In subsequent years, Classical Mechanics was used to great advantage in astronomy, physics and engineering. In 1799 Pierre-Simon de Laplace summarized what had been developed at that time in his *Mecanique Céleste*. Napoleon supposedly mentioned to him that he found no mention of God in this work, whereupon Laplace replied: "Sire, I had no need of that hypothesis."

In 1814, Laplace formulated his well-known scientific articulation of causal determinism:

> An intellect which at a certain moment would know all forces that set nature in motion, and all positions of all items of which nature is composed, if this intellect were also vast enough to submit these data to analysis, it would embrace in a single formula the movements of the greatest bodies of the universe and those of the tiniest atom; for such an intellect nothing would be uncertain and the future just like the past would be the present to it.

---

12 See, e.g., Gerard 't Hooft, *On the Free Will postulate in Quantum Mechanics* (January 15, 2007), arXiv:quantph/0701097v1.

13 Classical Physics and Mechanics are the study of matter on a human scale, whereas the New Physics and Quantum Mechanics concern the study of matter on the microscopic scale.

This is the definition of the deterministic Laplacian Universe.

2.5. Determinism in 19th Century Literature

The arts, literature in particular, are expressions of human emotions. One would assume that the laws describing the interactions between and emotions of human and other beings are approximate and chaotic. In the 19th century, the scientific endeavour underwent a rapid and successful growth. Stimulated by de Laplace and others, determinism became "mainstream" and it gave rise, in France in particular, to a literary genre called "naturalism". The main proponent of this was the French author Emile Zola, but the best known′ example is probably the novel Madame Bovary by Gustave Flaubert. Emma Bovary's fate is predestined by her inherited, passionate, nature; her past, consisting of an unwholesome upbringing; and her bourgeois surroundings. Profoundly disappointed by her life, she ends it miserably. During that period there were many more French naturalist authors, such as Honoré de Balzac.

The French naturalist stream also influenced authors in other countries. I mention the Dutch writer Louis Couperus, whose short story *de Binocle* (1920) contains a strong expression of a predestined disaster in the form of the protagonist's uncontrollable urge to throw a pair of binoculars at the theatre onto the bald head of a spectator sitting below him. Denial of "Free will" and determinism in one act.

2.6. The Death of "Free will"?

At the end of the nineteenth century, it was widely believed that the universe was Laplacian. Nature is governed by a set of laws from which everything can be predicted, and "Free will" does not exist. One could say it was the death of "Free will". However, even in a Laplacian universe, things are not as clear-cut as they seem. For example, imagine an intellect of the kind that Laplace described. This intellect would be able to calculate what I am about to do, such as drink a cup of tea. But the intellect cannot predict it, because I might then change my mind and have a cup of coffee instead. Similarly, if I were able to calculate it myself, I can predict what my actions will be, but only if I decide to do what my calculations tell me. Therefore, an element of "Free will" is preserved.[14] 't Hooft argues that even the best conceivable computer cannot compute ahead of time what I will do, simply because Nature does her own calculations much faster than any manmade construction can ever do. There is no need to demand for more "Free will" than that.[15]

3. Statistical mechanics: the end of determinism?

During the nineteenth century, while most thinking was still deterministic, the industrial revolution stimulated the need for a quantitative theory of heat to improve the efficiency of coal driven steam engines. At the same time, physicists started to believe that matter is composed of very small, randomly moving molecules. It was recognised that on the microscopic scale, we do not know what happens exactly because the number of particles involved is too large[16]. To describe the behaviour of gases, pressure and temperature, a new branch of physics called "Statistical Mechanics" was developed. Its laws are statistical and using them one can only calculate probabilities. This seemed to be the end of determinism.

3.1. Energy

During the study of heat, the concept of energy (*E*) was developed. Energy has different forms. Heat, light, gravitation, radiation, kinetic energy, mechanical work, nuclear energy and matter are all forms of energy. The amount of energy is constant. It can not be destroyed or

14 Davies, *God and the New Physics.*

15 't Hooft, *On the Free Will postulate in Quantum Mechanics.*

16 The number of atoms in 1 mole (12 grams of carbon-12) is given by Avogado's number: 6×10^{23}.

created, only transformed from one form to another.[17] Julius Robert von Mayer (1842) and Hermann von Helmholtz (1847) formulated the First Law of Thermodynamics which states that the total energy of a closed system is conserved. The word thermodynamics literally means "movement of heat". Heat, being a particular form of energy, can be changed into different forms. A famous example is $E = mc^2$.[18] Thus, a better translation of thermodynamics would be "change of energy". Heat flows from hot to cold, and when this happens, less energy is available for doing useful work (like expanding the gas inside a cylinder to move piston). Every time energy changes from one form to another we must pay Nature a price, which is called *entropy (S)*. There is a loss of available "free" energy.

3.2. Entropy (S)

The concept of entropy was invented by Rudolf Clausius in 1865. We need it to understand the Second Law of Thermodynamics. Heat is a flow of energy, and the change of entropy is caused by that flow. Some properties of entropy are:

- Entropy (S) × Temperature (T) = the amount of energy that cannot be converted for doing useful work.
- When $T = 0$, $S = 0$. When $T \geq 0$, $S \geq 0$ (when energy E is added, T increases).
- A differential change in entropy (ΔS) is equal to an exchange of an infinitesimal amount of heat (ΔQ) divided by the instantaneous temperature (T): $\Delta S = \Delta Q/T$. Dimension: $[ET^{-1}]$.
- ΔS always ≥ 0, thus the total entropy of the universe always increases.

Entropy is a measure of disorder. For example, if a container is

17 E. Noether showed in 1915 that energy conservation is a consequence of the invariance of the universe under the symmetry of time translation. It is a beautiful, mysterious and profound law.
18 One had to wait until 1905 for Einstein to derive this formula.

divided in two parts by a movable separation, the left-side containing oxygen gas and the right-side containing nitrogen, after removing the separation, both parts will contain a mixture of oxygen and nitrogen. The total amount of energy remains the same, but its entropy will increase because there are more ways in which the oxygen and nitrogen molecules can be mixed up than for them to stay separate. When heat or energy is spread out, entropy increases. The heat death of the universe occurs when whatever fuel there is, is burnt and the heat is mixed into the expanding cosmos.[19]

3.3. Ludwig Boltzmann (1844-1906)

Boltzmann laid the foundation of Statistical Mechanics. He was born in Vienna, became a professor at 25, and was a popular lecturer, purportedly good with numbers, except when they concerned the number of beers that he had consumed. He understood that the properties of gases could be explained by assuming they consist of a very large number of molecules in rapid motion. He tried to characterize the properties of gases in terms of properties of various molecular states of the system.

3.4. The Second Law of Thermodynamics

The Second Law of Thermodynamics,[20] linking entropy to probability, is mathematically expressed as:

$$S = k \log W \quad (1)$$

In a world of mechanically colliding particles, "disordered" states are the most probable with the highest value of *W*, the "macrostate". A closed system, such as a container with gas, can exist in a variety of states, called "microstates". For instance, in one microstate molecule 1 could have a kinetic energy of 2eV, while molecule 2 has energy 3eV. An equivalent, but different microstate would be where

19 Chris Impey, *How it Ends: From You to the Universe* (New York, NY: W.W. Norton, 2010).

20 Stanford Encyclopaedia of Philosophy, *Boltzmann's Work in Statistical Physics*, https://plato.stanford.edu/entries/statphys-boltzmann/.

the molecules swap their energy. Microstates are grouped into macrostates, according to the properties of the system. The container of gas with the two microstates will have a certain temperature *T*. In this example, *T* is the macrostate. To a macrostate belong several microstates, each microstate corresponding to a different configuration of molecules as in the example above. *W* is the number of different possible microstates. A large macrostate contains many microstates and corresponds to a high degree of disorder. As the temperature *T* of our gas decreases, the gas will liquify and finally solidify and the number of microstates corresponding to each temperature will decrease, eventually reaching 0.

The concepts of microstates, macrostates and the most probably distribution being the one of greatest entropy can be illustrated by the rolling of two dice (see Table 1). The most probably number to come up is 7, since it has the largest number of combinations that give 7 as their sum. Any player of the board game Catan will now immediately understand why the robber appears so frequently.

Macro-state	Microstates	*W*	Prob-ability (%)	Entropy ($k \log W$)
2	1+1	1	2.8	0
3	1+2,2+1	2	5.6	$k \times 0.69$
4	1+3,3+1,2+2	3	8.3	$k \times 1.1$
5	1+4,4+1,3+2,2+3	4	11	$k \times 1.39$
6	1+5,5+1,4+2,2+4,3+3	5	14	$k \times 1.61$
7	1+6,6+1,2+5,5+2,4+3,3+4	6	17	$k \times 1.95$
8	2+6,6+2,3+5,5+3,4+4	5	14	$k \times 1.61$
9	3+6,6+3,4+5,5+4	4	11	$k \times 1.39$
10	4+6,6+4,5+5	3	8.3	$k \times 1.1$
11	5+6,6+5	2	5.6	$k \times 0.69$
12	6+6	1	2.8	0

Table 1.
Macrostates, microstates, probabilities and entropy for two dice.

Entropy always increases. We can now understand that nature realises uniformity in the distribution of energy and matter to achieve the maximum entropy configuration where energy can no longer freely perform work (equilibrium).

Another fascinating fact about the increase of entropy in an isolated system, is that it happens in the forward direction of time but rarely or never in the opposite direction. It thus defines an arrow of time in nature:

> Humpty Dumpty sat on a wall.
> Humpty Dumpty had a great fall.
> All the king's horses and all the king's men
> Couldn't put Humpty together again.

However, Newton's laws are invariant under time reversal and thus microscopic reversibility seems incompatible with macroscopic irreversibility. This is called the reversibility problem, noted by Loschmidt in the form of a paradox in 1876. Loschmidt's argument was directed against a version of Boltzmann's theory prior to the one in which he established the link between entropy and probability. By introducing of probabilities, a way out of the reversibility paradox is possible, simply by stating that reversibility is not impossible, just highly unlikely.

3.5. Second Law of Thermodynamics: deterministic or indeterministic?

We know that entropy always increases and that this could result in the heat death of the universe, after $\approx 10^{106}$ years, when the state of maximum entropy has been reached.[21] The arrow of time tells us that what has happened cannot be unhappened.

However, entropy is linked to probability and statistical mechanics does not exclude fluctuations to happen, which could correspond to bizarre chance events (such as Boltzmann brains, see Section 3.6). Thermodynamics only tells us if a process *can* occur, not *whether* it will occur. Instead of than looking at the state of very high entropy, one could look at a completely deterministic system. Such a system

21 Impey, *How it Ends: From You to the Universe.*

has only one microstate, and thus its entropy remains constant (0). This is in contradiction with the Second Law of Thermodynamics and hence, if this law is true, nature must be indeterministic!

3.6. Boltzmann Brains

The possibility of a so-called Boltzmann brain stems from Loschmidt's paradox that we mentioned in Section 3.4. How can we construct a macroscopic arrow of time from a theory that is time symmetric on the microscopic scale? Why did the early universe have such a low entropy? Boltzmann realised that once the universe has obtained its maximum entropy in the most likely featureless state of thermal equilibrium, a further increase in entropy would be impossible. But fluctuations to lower entropy states would spontaneously occur, after which the universe would return to its maximum. Larger fluctuations to a more ordered state such as the universe in which we are living are much less probable than smaller ones. Eventually every kind of fluctuation will happen.

A Boltzmann brain would appear as a quantum fluctuation in the vacuum after $(10^{10})^{50}$ years. Note that the age of the universe is currently estimated to be 13.8×10^9 years. Because large fluctuations are exponentially less probable than small ones, observers in Boltzmann universes will be vastly outnumbered by observers in smaller fluctuations. The most numerous observers in an eternity of thermal fluctuations would be minimal "Boltzmann brains" popping up in an otherwise featureless universe. Boltzmann brains should then vastly outnumber normal human brains. This is a tricky paradox, and much has been written about it. None of us feel we are a Boltzmann brain, but it is not easy to disprove it. They seem extremely unlikely, and it appears to be unverifiable whether they would exist or not!

Boltzmann brains or not, we appear to be living in a highly ordered universe, despite nature's inexorable drive towards states of higher entropy, and the higher probability of disordered states with a higher degree of indeterminism. How can this come about?

3.7. Standard Big-Bang Cosmology and the Evolution of the Universe

The Second Law of Thermodynamics allows us to make some powerful statements on the history of the universe. The Standard Big-Bang Cosmology (SBBC) model is the current description of how the universe came into existence. The starting assumptions are that the universe is isotropic and homogeneous, and it obeys the rules of General Relativity. The universe was created out of a random (quantum, see Section 4.4) fluctuation of the vacuum, called the big bang. The universe was hot (average temperature ≥ 10^{20}K) and dense (density ≥ 10^{50}gm cm^{-1}), highly ordered with a low entropy. It subsequently expanded and cooled to the present state. A prediction of the SBBC model is the presence of a relic background radiation, which was observed as the Cosmic Microwave Background (CMB).

To solve various problems associated with the observation that the expansion of the universe is accelerating, it was suggested that the early universe underwent a rapid (starting at 10^{-36} and lasting until 10^{-33} seconds after the big-bang) expansion, called inflation. After this phase of rapid expansion, the energy of initial radiation was still high enough to convert into matter ($E = h\nu = mc^2$), but matter could also annihilate back into radiation. Protons, neutrons, electrons, neutrinos and other particles were created. The universe was in thermodynamic equilibrium. It took another 380,000 years for the universe to cool down sufficiently so that electrons could be bound to nuclei, and photons were able to illuminate matter. Before that time, photons scattered off the free electrons. The universe became electrically neutral, and under the influence of gravity, molecules formed gases which clumped together to form stars and galaxies. However, the gas-energy equilibrium was destroyed, and the temperature of radiation started to diverge from the temperature of matter.

3.8. *Order from Disorder?*

Setting aside spontaneous fluctuations, the SBBC model shows that complex, organized systems can spontaneously arise in nature.[22] "Physical, highly ordered" systems with a low entropy like gases "decay" to (more likely) randomness with high entropy as expected from the Second Law. But living things maintain an organization that doesn't immediately "decay to randomness" and grow through "processes of biology"[23] [24] fuelled by a flow of energy through the organism. The locally negative entropy is compensated for by the release of free energy causing an increase in entropy elsewhere.

3.9. *Energy Drives Evolution*

In open systems complex structures can arise using energy (by giving a plant water, it will grow). Further microscopic fluctuations (chance) within unstable dynamical systems give rise to macroscopic complex objects. In addition, increasing complexity can lead to new (emergent) phenomena. According to the Second Law of Thermodynamics, the combination of non-equilibrium conditions create energy flows which sustain complexity (to keep my engine running, I need to add fuel). We are back at determinism! Evolution manages energy flow via trial, error and feedback to improve the energy flow with each increase in organization. This is the process of natural selection.[25]

---

22 John D. Barrow, *Impossibility. The Limits of Science and the Science of Limits* (New York, NY: Vintage, 1999).

23 E. Schrödinger, *What is Life?* (Cambridge University Press, 1944)

24 *Westöstliche Seelenführung* - Vorträge gehalten auf der Tagung in Ascona 12.-22. August 1935, Eranos-Jahrbuch III/1935, ed. Olga Fröbe-Kapteyn (Rhein-Verlag, Zürich, 1936)

25 Pauli doubted the role of complete randomness associated with genetic mutations but believed that there are processes with a directed goal and causal influences of the environment on inherited properties. Nowadays this is called epigenetics. See Eric Chaisson, *Cosmic Evolution. The Rise of Complexity in Nature* (Cambridge, MA: Harvard University Press, 2001)

3.10. Energy Conservation in an Expanding Universe

Although the reason for the expansion of the universe is not understood, there are hints that it could help to avoid the (deterministic!) heat death of the universe. During its first 380,000 years, the universe was in thermal equilibrium, with maximal entropy. As noted in Section 3.7, after this period, the matter era began, and thermodynamic disequilibrium set in. The temperature of radiation (calculated from the red-shift of light from galaxies due to the expansion of the universe, $T_{\text{radiation}} \approx R^{-1}$)[26] diverged from the temperature of matter (calculated from $PV = RT_{\text{matter}}$, giving $T_{\text{matter}} \approx R^{-2}$). The expansion of the universe causes a disequilibrium; the maximal entropy and the actual entropies of the universe increase at different rates (see Figure 1).

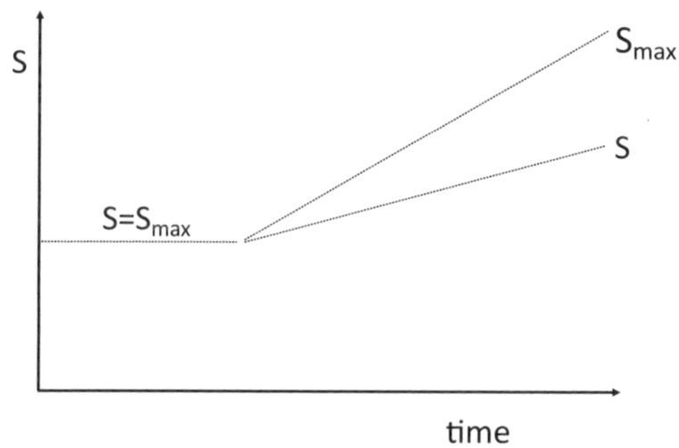

Figure 1. In an expanding universe entropy increases less rapidly than the maximum possible entropy. In the early, equilibrated universe, entropy was at its maximum.[27]

The potential for growth of information (order) is related to the difference between actual and maximum values of entropy. One can argue that the expansion of the universe is the source of order, form

26 $R \approx$ the size of the universe
27 Figure taken from Chaisson, *Cosmic Evolution.*

and structure in the cosmos[28]. It has been suggested that the order in our universe comes from the observation that in an expanding universe, time translation symmetry is violated, and hence energy would be no longer conserved.[29] At the end of the 19th century, Classical and Statistical mechanics both provided arguments for a deterministic as well as an indeterministic world. How about the New Physics from the 20th century?

4. Indeterminism in the New Physics

We have seen that aspects of the evolution of the universe can be understood by applying the laws of statistical physics. Order can arise, by chance, from disorder. Quantum mechanics introduces an additional randomness. It states that nature is unpredictable and indeterministic. Two well-known examples of this are Heisenberg's uncertainty principle and the fact that events can spontaneously occur without a well-defined cause. In the following sections I'll describe those properties of quantum mechanics that introduce this randomness and study their impact on determinacy and "Free will."[30]

4.1. Quantum Mechanics

Quantum mechanics is a framework for describing matter on the atomic and sub-atomic scale. It is used for solid state physics, chemistry, thermodynamics and radiation phenomena. To date, no experiment has been carried out that violates its principles. It was

28 Dark matter and dark energy are further unknowns that could change this picture.

29 Edward R. Harrison, "Mining energy in an expanding universe," *The Astrophysical Journal* 446 (63, 1995).

30 For an introduction to quantum mechanics, the reader should consult the literature: David J. Griffiths, *Introduction to Quantum Mechanics* (Cambridge: Cambridge University Press, 2017); Chris Ferrie, *Quantum Bullsh*t* (Naperville, IL: Sourcebooks, 2023). I have added this reference because it debunks various quantum myths that you might be tempted to believe.

developed between 1900-1930, evolving from an attempt to explain "black body radiation" using Classical Statistical Mechanics.

4.2. Black Body Radiation

The birth of Quantum Mechanics is attributed to Planck, who studied the problem of black body radiation. A black body is an object that absorbs all radiation that falls on it. One can use a box that has been painted black. To study the radiation that comes out of it, one pierces a small hole in one of the sides of the box and one places a spectrometer opposite the hole. In practise, many objects can be approximated by a black body, such as a rod of iron in a fire, or even human bodies in a room.

For each temperature the intensity of the radiation peaks at a different wavelength. One can see this by heating a bar of iron which changes colour as the temperature is increased. It starts off red, becomes orange, yellow and finally white. By using thermodynamics, Wien (1893) was able to derive a law that describes the shift of the peak. However, Wien's law works well for short wavelengths but fails for longer wavelengths. Raleigh came up with a formula that works at longer wavelengths. Planck combined Wien and Raleigh's law to create an empirical formula that reproduced the measurements, but for which he had no proof. In addition, it did not solve the so-called "infra-red" catastrophe since the calculation of the average energy of the radiators inside the body yielded an infinite result.

Planck did not believe in the atomic theory, nor in the probabilistic interpretation of the second law of thermodynamics. In "an act of desperation", he looked at Boltzmann's derivation, in which Boltzmann introduced energy "cells" to simplify his calculation. Planck re-used this idea in his own calculation and assumed $E = nh\nu$, i.e. the values of energy are constrained to take discrete values rather than arbitrary real numbers. This meant that in the calculation of the average energy, the integral over real numbers had to be replaced by an infinite sum over integers. Whereas the integral is infinite, the sum is finite[31]:

$$\bar{E} = \frac{\int_0^\infty E e^{-E/kT} dE}{\int_0^\infty e^{-E/kT} dE} \rightarrow \infty \tag{2}$$

but

$$\bar{E} = \frac{\sum_{n=0}^{\infty} nh\nu\, e^{-nh\nu/kT}}{\sum_{n=0}^{\infty} e^{-nh\nu/kT}} \rightarrow \bar{E} = \frac{h\nu}{e^{h\nu/kT} - 1} \tag{3}$$

The fact that by changing from the real number system ℝ to the natural number system ℕ, an infinite operation that yields an infinite result becomes finite, is astonishing and wonderful. However, Planck did not associate any physical meaning to the discreteness of energy, and thought it was a mathematical artefact.[32]

It was Einstein who coined the word "quantum" in his derivation of the photo electric effect in 1905 and showed that the discreteness of energy was real.

4.3. The Uncertainty Principle

Out of the many counterintuitive properties of quantum mechanics, the uncertainty principle is perhaps the best known. It has its roots in the fact that certain experimental observables do not commute, meaning that the result is affected by the order in which they are executed:

$$AB \neq BA \text{ or } AB - BA \neq 0. \tag{4}$$

Consider for example a three-dimensional rotation of an object lying in the *xz* plane. First rotate it 90° around the *x*-axis, then by 90° around the *y*-axis. It will result in the object lying in the *yz* plane. However, the same object, first rotated by 90° around the *y*-axis,

31 In these equations *k* is Boltzmann's constant, and *h* is Planck's constant.

32 Helge Kragh, "Max Planck: The Reluctant Revolutionary," *Physics World* (December 1, 2000).

followed by a rotation of 90° around the *x*-axis, will result in the object lying in the *xy* plane. The results are not the same!

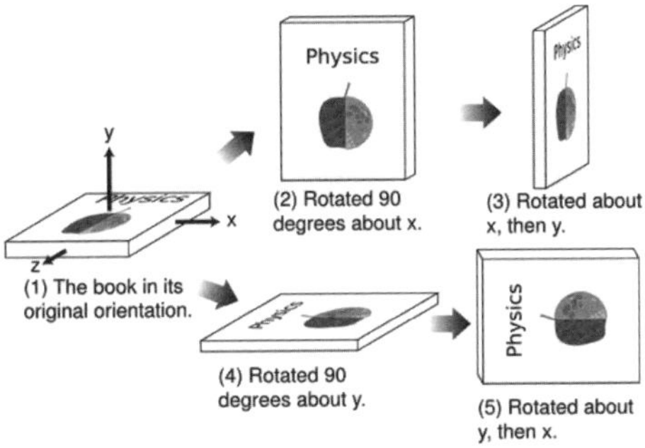

Figure 2. The outcome of rotations in three dimensions depend on the order in which the rotations are executed. The operations do not commute. Picture from B. Crowell, "General Relativity", 2009, www.lightandmatter.com.

It turns out that combinations of fundamental observable properties such as time and energy, space and momentum do not commute. Quantum mechanics says that in this case, we cannot predict exactly what the result of each observation will be. We cannot know both values exactly at the same time. Both observables will have uncertainties. If the measurement of one observable is exact, then the measurement of the other has an infinite uncertainty. For example:[33]

$$\textit{Space and momentum:}\quad \Delta x \Delta p \geq h \qquad (5)$$
$$\textit{Time and energy:}\quad \Delta t \Delta E \geq h$$

$$h = 6.62607015 \times 10^{-34} m^2 kg/s$$

The smallness of *h* ("Planck's constant") shows that the effect is very small.

33 Momentum (*p*) equals mass (*m*) times velocity (*v*), $p = mv$.

4.4. The Quantum World is Unpredictable

Another feature of quantum mechanics concerns the arrival (creation) or disappearance (decay) of a particle at a given place. Such an event has no cause, hence it is unpredictable. The particle just pops up in that place without reason. It is intrinsically random. For example, a photon (γ) can spontaneously disappear, leaving behind an electron (e^-) and a positron (e^+):

$$E = h\nu = \gamma \longrightarrow e^+ + e^- \qquad (6)$$

This remarkable phenomenon has been the cause of much debate. Einstein did not like it and said, "God does not play dice". He believed that the quantum mechanical description of nature is incomplete (see Section 4.7). Pauli noted this has implications on the concept of time. Physics does not define the instant "now", which is the moment between the future and the past. Future and past are indistinguishable. Processes are described starting from a given point in time, at which the initial conditions of the experiment are set up (experimental physicists call this moment t_0), after which a statistical outcome of the experiment is observed. Pauli interpreted this as implying a loss of "Free will" (see also Section 4.12). He suggested that the "physics" time is embedded in an 'internal' time that includes the concept of "now". "Now" has been described as a spontaneous breaking of the translation symmetry of time. For the moment, it cannot be derived from basic notions in physics. These reflections led Jung to develop his theory of "synchronicity."[34]

34 Harald Atmanspacher and Hans Primas, "Pauli's Ideas on Mind and Matter in the Context of Contemporary Science," *Journal of Consciousness Studies* 13 (3, 2006): 5-50.

4.5. The Wave Function

Quantum mechanics uses an abstract mathematical entity called the wave function (ψ) to describe microscopic events. The wave function is a so-called "complex"[35] function. It describes probabilities, and the complex wave function needs to be squared to obtain a real number that can be measured. But we should remember that the wavefunction is a mathematical construct that is helpful to do quantum mechanical calculations. Even though these calculations have been verified to a high degree of accuracy, it is not completely understood what the wavefunction corresponds to in reality.

4.6. The Role of the Observer

The act of observation turns the wavefunction into a classical, measurable entity. If an electron is a measurable "thing", the uncertainty principle says we cannot simultaneously know where it is and how fast it is moving (see Section 4.3). The electron's wave function is in a superposition of states, one describing its position and the other describing its momentum. The "Copenhagen interpretation" says that the electron only becomes reality when you observe it (i.e., you try to measure a property of it, like its position). This is called "the collapse of the wave function". What this "collapse" precisely means and how it comes about is not understood.

All we can say is that you can decide what to measure: position, or speed, but not both! A measurement always finds the electron in one state, but before and after the measurement, it interacts in ways that can only be explained by having a superposition of different states. The idea of superposition was taken to the extreme by Schrödinger with his famous cat. The cat can be both alive and dead, and only by looking we can find out. Observations not only disturb what must be measured, they produce it. We compel a particle to assume a definite position; if we are looking for an alive cat, it will be alive.

---

35 Complex numbers are written in the form $a + ib$ where a and b are real numbers and $i^2 = -1$. One can also write $r\cos\phi + ir\sin\phi$, where the angle ϕ is called the "phase".

4.7. The Einstein Podolsky Rosen (EPR) Paradox (1935)

Einstein never believed in quantum mechanics. He said:

> "I cannot seriously believe in the quantum theory because it cannot be reconciled with the idea that physics should represent a reality in time and space, free from spooky actions at a distance (*Spukhaften Fernwirkung*). Is the moon not there when nobody looks?"

Instead, he believed that the description of physical reality provided by quantum mechanics (the wave function ψ) is incomplete and further information is required. He, together with Podolsky and Rosen, set out to prove that this was the case.

Take two entangled particles. Quantum entanglement occurs when two particles interact or are generated. The word "entanglement" was coined by Schrödinger in 1935, but it was already understood early in the development of quantum mechanics. The electrons in an atom are entangled because of their "Coulomb" interactions with each other. The point is that the quantum state of each particle individually is not well defined, but their joint (entangled) state is. The two entangled particles must be considered a single entity, described by a single wave function, even if they are spread out over a large distance.

They then measure the position of the first particle, which, since the particles are entangled, allows the prediction of the position of the second. If instead the momentum were measured, the result of the measurement of the momentum of the second particle could be predicted. From this they conclude that the values of momentum and position both exist before the measurement, with definite precise values for both. But in quantum mechanics this is not possible since position and momentum do not commute, and so measuring the space coordinate with infinite precision would go to the detriment of not being able to measure the momentum. Their conclusion was that if quantum mechanics is true, there must be a faster than light communication between the two particles, or it does not provide a complete description of reality, i.e., there are some "hidden variables".

4.8. Hidden Variables

Since faster than light communication (also called non-locality[36]) is excluded by special relativity, there must be a deeper reality hidden beneath quantum mechanics, with hidden variables that can predict the outcome of measurements with exact certainty. For example, in the case of a gas, it is described by its temperature, pressure and volume. The velocities of the molecules in the gas are the hidden variables. The fact that properties exist whether we observe them or not, such as position and momentum, or the moon, is called "realism". Einstein and colleagues believed that the world is realistic and concluded that hidden variables must exist.

John Bell (1964) started from the assumptions of local (i.e., no communication faster than the speed of light) realism (hidden variables) and derived an inequality that local realistic theories must obey. He then showed that the predictions of quantum mechanics violate this inequality. Consequently, quantum mechanics is either non-local or non-realistic.

4.9. Bell's Inequalities and Socks

Bell's colleague Bertlmann[37] always wore odd socks, red or yellow. If I saw that the colour of one sock was red, and you looked at the other sock, I would immediately know that you saw a yellow sock. The results are correlated because the colours of the socks are entangled! Let's call the act of me measuring red a_0, and the act of

36 Locality means that for a cause at one point to have an effect at another point, something in the space between those points must mediate the action. Non-locality implies the instantaneous action at a distance.

37 John Stewart Bell, "Bertlmann's Socks and the Nature of Reality," in: Id., *Speakable and unspeakable in Quantum Mechanics* (New York, NY: Cambridge: Cambridge University Press, 2004).

you measuring red b_0, me measuring yellow a_1, you measuring yellow b_1. Assuming local realism, the values of these measurements would be ±1 and one obtains:

$$a_0b_0 + a_0b_1 + a_1b_0 - a_1b_1 = (a_0 + a_1)b_0 + (a_0 - a_1)b_1 \leq 2 \quad (7)$$

This is Bell's inequality. You and I can only choose to do one measurement, but since we know that a sock is either red or yellow, the above equation is correct. Of course, this example is purely classical, the fact whether I put a red filter over my apparatus commutes with a yellow filter.

But, if we were measuring non-commuting observables, such as position and momentum of electrons, the wave function of the entangled system would contain the complex phases of each object, and instead of (7) one obtains:

$$a_0b_0 + a_0b_1 + a_1b_0 - a_1b_1 \approx 2.8 \geq 2 \quad (8)$$

4.10. The 2022 Nobel Prize in Physics

Over the past 40 years, experiments with entangled photons have shown that Bell's inequality is violated, giving way to equation (8). The scientists carrying out the most convincing experiments, Alain Aspect, John Clause and Anton Zeilinger were awarded the Nobel prize in 2022.[38]

The property of the measurement does not have a value before it is measured. The measurement forces it. These experiments form the most conclusive evidence to date that quantum mechanics behaves as its founding fathers discovered one hundred years ago. Quantum mechanics is indeterministic.

38 The Nobel Committee for Physics, *For Experiments with Entangled Photons, Establishing the Violation of Bell Inequalitities and Pioneering Quantum Information Science*, October 4, 2022.

4.11. Violation of Bell's Inequalities and "Free Will"

"Free will" assumes that any observer has the freedom, always and all places, to choose, at will, what variables to observe and measure. Of course, there should be no superluminal communication between the observers. Bell's inequalities are violated when making measurements of non-commuting observables, which we are allowed to do because of our "Free will". To measure a different observable requires a macroscopic modification of the apparatus. If this modification also affects the approaching particle, it would imply a non-local interaction of the type that one would wish to preclude. Hence, the fact that Bell's inequalities are violated by experiments implies that quantum mechanics is compatible with the notion of "Free will".

In 2006 John Conway and Simon Kochen generalised the assumptions underlying Bell's inequalities and came up with the "Free will" theorem. They formalised their generalisation in a set of axioms. Given the axioms, if the choice about what measurement to take is not a function of the information accessible to the experimenters (the "Free will" assumption), the results of measurements cannot be determined by anything that happened before the experiments. The "Free will" theorem appears to make the case for indeterminism, although not everyone agrees with Conway and Kochen's definition of "Free will."[39]

4.12. Superdeterminism

Superdeterminism was suggested by Bell as a 'loophole' that would permit hidden variables. If all the initial conditions at the beginning of the universe were known, the intention of the measurer would be known, and the measuring apparatus would be modified accordingly. It is unclear whether he believed in it or not.

In the context of "Free will", it should be noted that a modification

---

39 't Hooft, *On the Free Will postulate in Quantum Mechanics.*

of our actions without corresponding modifications of the past is impossible.[40] One is free to choose, but whatever we choose to do, our decision has its roots in the past.

Rather than talking about observers, apparatus and measurement results, 't Hooft suggests concentrating on "physical variables", "physical states", and "complete descriptions" of these physical states. He calls this the "unconstrained initial state". Any model should consist of a complete description of its physical variables, the values they can take, and the laws they obey while evolving into credible scenarios for a universe for any choice of initial conditions. "Free will" is the freedom to choose the initial state, checking what would happen in the future according to some model.

The cellular automaton is an example of a superdeterministic model. It gained popularity when Conway invented his "Game of life" (1970). Simple laws (of physics) can quickly lead to complexity. A cellular automaton is a system with localized, classical degrees of freedom, arranged in a lattice which obey evolution equations. The evolution only depends on the data in adjacent cells. Quantum mechanics can be accommodated in the cellular automaton in a deterministic way.[41]

5. Relativity and free will

According to special relativity, the past, present and future are not absolute but depend on the observer. The notion of two events being simultaneous is relative to their motion. The future already exists! For instance, the light that reaches us from a star today left the star millions of light years ago. That star has evolved since then, but we will only discover how very far in our future. This suggests

---

40 *Ibid.*

41 Gerard 't Hooft, "The Cellular Automaton Interpretation of Quantum Mechanics," *Fundamental Theories of Physics* 185 (2016).

that the universe is deterministic, but we cannot predict it. "Free will" exists, but it is an illusion.

6. What do we know?

After this brief overview we can summarize the known knowns and the known unknowns of freedom. Table 2 shows what physics says about "Free will."

	Known	Unknown
Known	Classical mechanics : • Universe is deterministic • But, chaos creates indeterminacy • Some "Free Will" possible in a Laplacian universe	Classical mechanics: • "Free Will" is an illusion
	The Second Law of thermodynamics: • What has happened, can not unhappen • Statistically, strange things are possible • Universe is indeterministic	The Second Law of thermodynamics: • Energy non-conservation in an expanding universe • The "heat death" of the universe • We are Boltzmann brains. "Free Will" impossible
	Quantum mechanics • Uncertain outcome of measurements • Universe is indeterministic Quantum entanglement • Bell's inequalities are violated	Quantum Mechanics: • "Free Will" exists
	Special relativity: • Universe is deterministic • Absolute past, present and future do not exist • "Free Will" is an illusion	Myself: • The only thing I know, is that I know nothing
Unknown	How many more books I should read to understand the relation between Freedom and Physics	Unfortunately, D. Rumsfeld is dead, so we can't ask him.

Table 2. What we know and what we do not know about the existence of "Free will".

7. Conclusion. Pauli, Jung, and Eranos

Pauli was undoubtedly one of the greatest physicists of the 20th century. He apparently did not feel the "publish or perish" pressure that most scientists experience and so, many of his ideas appear in letters that he wrote to his colleagues, rather than in published articles in peer reviewed journals. He applied his inquisitive and analytical mind to all experiences that he encountered during his life, including the activity of the soul.

He established contact with Jung because "it was easier for him to achieve academic successes that successes with women."[42] Pauli was convinced of the existence of object-psychic things that cannot be explained from material causes. He described his dreams in a vivid correspondence with Jung who used 400 dreams out of this material for his 1935 Eranos lecture.[43] Pauli himself, as far as I know, never gave a lecture at Eranos, although he certainly knew of its existence. In the Eranos archives there is a letter from Erwin Schrödinger to Olga Fröbe-Kapteyn, in which he mentions having asked[44] Pauli to give her 19.70 ChF (expensive for that time!) to purchase his recently written book "What is life" for the foundation.[45]

Inspired by his correspondence with Pauli, Jung developed the theory of synchronicity, as a principle of acausal connections. This undoubtedly came from Pauli's ideas about time and the inability to derive the concept of "now" from physical principles (see Section 4.4). Jung uses the concept of archetypes in his depth psychology. They generate the underlying structures of both the psyche and the material world. The Platonic principle of the shadows in the cave is

42 Charles P. Enz, *No Time to be Brief* (New York, NY: Oxford University Press, 2002).

43 Carl Gustav Jung, "Traumsymbole des Individuationsprozesses. Ein Beitrag zur Kenntnis der in den Träumen sich kundgebenden Vorgänge des Unbewußten", *Eranos-Jahrbuch* 3 (1935), pp. 13-133.

44 In the years immediately following WWII it was very difficult to travel to and in continental Europe, particularly for Schrödinger.

45 Erwin Schrödinger, *What is Life?* (Cambridge: Cambridge University Press, 1944). See Id., letter to Olga Fröbe-Kapteyn, 1946 (Eranos Foundation Archives, Ascona-Moscia; EF-Sch-0009).

a useful metaphor when describing the relationship between physics and reality. "Free will" and freedom more generally, leave hazy, overlapping, shadows on the walls of our cave.

Interesting as this discussion may be, it remains highly speculative and with little predictive power. One should be careful not to look for a shadow from something that may or may not exist, or to infer from an existing shadow that a certain reality exists. From the various options in Table 2, it appears that the concept of freedom, and "Free will" cannot (yet) be unambiguously derived from first principles in physics.

The final words are by Murray Gell-Mann, taken from his discussion of "Free will":

> ... the resulting indeterminacies would seem more likely to contribute to the subjective impression of "Free will" than the indeterminacies narrowly associated with physics. In other words, human beings probably act on hidden motives more often than they use the results of an internal random or pseudorandom number generator. But the whole matter is poorly understood and for the time being we can only speculate.[46]

---

46 Murray Gell-Mann, *The Quark and the Jaguar* (New York, NY: W.H. Freeman and Company, 1994).

Politica e libertà al tempo del singolarismo. Singolarismo “politico”, estremismo liberale e liberalismo autoritario

Dimitri D’Andrea

Florence / *Firenze*, Italy / *Italia*
September / *Settembre* 2023

Premessa

Il 9 ottobre 2021 un nutrito gruppo di squadristi ha preso d’assalto la sede nazionale della Cgil a Roma al grido “Libertà, libertà”. Fra il 25 gennaio e il 23 febbraio 2022 il *Freedom convoy*, con la solidarietà di molti gruppi dell’estrema destra, ha bloccato Ottawa per protestare contro l’imposizione di una quarantena di quindici giorni ai camionisti canadesi di rientro dagli Stati Uniti che non avessero completato il ciclo vaccinale. Eric Zemmour candidato di estrema destra alla presidenza francese per il 2022 ha dichiarato: “Mi accusano di essere fascista, razzista, misogino, ma sono l’unico che difende le libertà”[1]. Più in generale, siamo di fronte ad una crisi profonda dell’ordine liberale sia nella dimensione internazionale, sia in quella domestica: sta andando in pezzi l’architettura economica e istituzionale della globalizzazione, ma sono in crisi anche gli assetti istituzionali dei regimi liberaldemocratici occidentali.

1 www.rainews.it/archivio-rainews/articoli/Presidenziali-Francia-2022-perquisizioni-e-manifestazioni-per-il-primo-comizio-di-Eric-Zemmour-2606a127-3330-470f-907e-c64645e74f47.html

Infine, la democrazia liberale ha perso slancio, capacità espansiva, fascino normativo.

Nell'ultimo mezzo secolo la libertà ha cambiato profilo, identità. È cambiato il suo colore, la sua collocazione politica, le libertà a cui immediatamente si pensa quando si dice libertà e, infine, il modo, per così dire, di intendere la libertà. La domanda "di che cosa è oggi nome la libertà?" verrà articolata in questo contributo in tre diverse direzioni. La prima è quella della ricostruzione della relazione fra le molteplici e differenti declinazioni contemporanee dell'idea di libertà e il liberalismo, nel tentativo di cogliere ciò che c'è ancora di liberale nelle rivendicazioni e nelle concezioni contemporanee della libertà che si sono diffuse nelle liberaldemocrazie occidentali. Una questione particolarmente complessa anche perché implica uno sforzo definitorio quanto mai problematico di che cosa sia, almeno nelle sue linee generali, il liberalismo.

La seconda direzione è quella di una riflessione sulle ragioni della trasformazione contemporanea della semantica e della sintassi della libertà. Si tratta di ragioni plurali ed eterogenee di cui però vorrei evidenziare uno snodo nel mutamento dell'immagine del mondo (*Weltbild*) egemone nelle società liberaldemocratiche occidentali. L'avvento di una immagine del mondo che tiene insieme *singolarismo* e *assolutismo della realtà* ha ridefinito il modo prevalente di intendere la libertà nelle società occidentali. Questa nuova immagine del mondo – unica malgrado le diversità che si possono registrare in merito ad aspetti secondari – è caratterizzata da due rappresentazioni che ne decidono lo spirito e l'impatto pratico complessivo: una nuova estrema forma di individualismo (*singolarismo*) e una percezione della realtà sociale (anche nella sua dimensione materiale) come fascio di relazioni a somma zero, senza alcuna possibilità di un futuro progressivamente e universalmente inclusivo (*assolutismo della realtà*). Insistere sul ruolo dei cambiamenti nell'immagine del mondo non significa affermare l'irrilevanza delle trasformazioni materiali (economiche, istituzionali, tecnologiche, fisico-ambientali), quanto piuttosto sottrarsi ad un determinismo materialistico e pensare al mutamento delle immagini del mondo e al loro impatto sulla fisionomia della soggettività come l'esito complesso dell'influenza di fattori materiali e di fattori ideali autonomi da – e irriducibili a – condizionamenti materiali.

L'ultima direzione è quella di una ricognizione delle divergenze, delle tensioni, delle paradossali compresenze fra le diverse declinazioni dell'idea contemporanea di libertà. Non siamo di fronte all'affermarsi di una nuova univoca idea di libertà, quanto piuttosto al giustapporsi spesso conflittuale di rivendicazioni impolitiche e radicali di libertà privata, di forme di mobilitazione politica di tipo molecolare e di precarietà di ogni appartenenza collettiva e, infine, di declinazioni autoritarie del liberalismo.

Quest'ultima è senz'altro la novità più dirompente. Nella crisi della globalizzazione liberale che ha plasmato il mondo negli ultimi quarant'anni e nelle difficoltà delle istituzioni liberali degli Stati-nazione sta lentamente prendendo forma, non senza tensioni e contraddizioni, un nuovo progetto di mitigazione del liberalismo di segno decisamente diverso da quello che ha dominato i Trenta gloriosi: un liberalismo autoritario. Una riarticolazione delle istituzioni liberali sul piano interno e internazionale che fa emergere un conflitto fra le diverse dimensioni del liberalismo e che si manifesta in una riscrittura della semantica della libertà, nell'avvento di un nuovo modo di declinare e di assemblare le diverse dimensioni della libertà. Al compromesso welfarista che limitava le libertà economiche, ma garantiva i diritti sociali e le libertà civili e politiche, si sta sostituendo nelle democrazie occidentali un compromesso "nazionalista" in cui la permanente centralità delle libertà economiche – del mercato e della concorrenza – sul versante interno si accompagna ad uno smantellamento della globalizzazione liberale e ad una semplificazione autoritaria delle democrazie in funzione di una migliore capacità di posizionamento nella competizione globale e di un recupero di risorse e di opportunità che risolvano gli ormai evidenti segni di declino e il carattere non inclusivo della (scarsa) crescita economica. A contenere e mitigare il liberalismo non è più l'idea di uguaglianza e la garanzia universalistica dei diritti sociali, ma quella di nazione come fondamento identitario e particolaristico di inclusione.

1. Modernità e individualismo

Per comprendere la natura e la fisionomia della riscrittura contemporanea della semantica della libertà è necessario individuare un termine di confronto, stabilire un punto di riferimento rispetto al quale misurare uno scarto, una differenza. Il candidato ideale per fungere da *terminus a quo* della declinazione contemporanea della libertà non può che essere il liberalismo, ovvero la concezione della libertà che ha preso forma nella modernità e che ne ha accompagnato, in posizione spesso egemone, la traiettoria.

Dal punto di vista filosofico la modernità è segnata dalla trasformazione del *Kosmos/Ordo* degli antichi nel *mondo* dei moderni, dal venir meno dell'idea di un ordine teleologico nella natura e nella società e di una gerarchia naturale fra gli enti. Fattore decisivo di questa rivoluzione nel modo di pensare il mondo è stato il *nominalismo*: l'idea dell'assoluta singolarità degli enti e dell'assenza di un ordine oggettivo e immediato orientato ad un fine e costruito in funzione degli esseri umani[2]. Manifestazione precipua del nominalismo è l'individualismo nella versione radicale che ne fornisce Thomas Hobbes come punto di partenza del suo ragionamento sul mondo sociale e politico.

Pensare gli esseri umani come individui significa, innanzitutto, pensarne la differenza. Gli individui sono tali in quanto differenti per passioni e opinioni. Desiderano cose diverse, valutano il bene e il male in base a criteri differenti e hanno opinioni e credenze difformi

2 H. Blumenberg, *La legittimità dell'età moderna* (1974), tr. it. Marietti, Genova 1992, pp. 143-46.

e divergenti. A dominare il mondo umano è un caos di differenze, una diversità senza ordine. Le passioni sono, infatti, anche mutevoli e incostanti per cui gli individui sono non soltanto diversi tra loro, ma anche da loro stessi in momenti differenti.

A caratterizzare l'individuo di Hobbes è, in secondo luogo, l'assenza di limiti del desiderio. La natura umana ha perso il limite e il desiderio di potere si è dilatato all'infinito. Dove non è più possibile disporre i piaceri in un ordine gerarchico in cui le forme superiori neutralizzano la desiderabilità di quelle inferiori, il desiderio umano si apre ad una successione senza fine. Dove manca un *summum bonum*, i desideri si succedono e si dilatano con il semplice scorrere del tempo: il desiderio umano di potere è illimitato perché la soddisfazione di un appetito lascia subito il posto ad un nuovo desiderio. A questa illimitatezza del desiderio corrisponde, poi, la disponibilità di un mondo illimitatamente manipolabile. Il meccanicismo hobbesiano disegna un mondo senza qualità e senza limiti in cui ciò che si può fare coincide con ciò che si ha il potere di fare. Senza un ordine finalistico e gerarchico della natura non esistono vincoli normativi all'azione dell'uomo.

Oltre che differenti, gli individui di Hobbes sono anche reciprocamente indifferenti: nessuna empatia, nessun amore del prossimo, nessun affetto sociale interviene a limitare l'assoluta strumentalità delle relazioni e nessun sentimento come la benevolenza, l'amicizia, la tenerezza può costituire un argine o un ostacolo al ricorso alla violenza come pratica che massimizza l'utilità immediata delle relazioni sociali. Gli individui desiderano le relazioni con i propri simili soltanto per un tornaconto egoistico e in questa prospettiva il dominio è meglio della società e la violenza è il mezzo più efficiente per ottenere il dominio.

Tutti ugualmente desiderosi di ricorrere alla violenza, gli individui di Hobbes ne sono, infine, tutti ugualmente capaci. L'uguaglianza degli individui di Hobbes è un'uguaglianza paradossale: non fonda né comunanza, né equilibrio. È un'uguaglianza nella capacità di sopraffare, di superare. Alla fine, di essere superiori. È un'uguaglianza nella capacità di uccidere che si fonda sulla capacità di farlo in modo diversi, sfruttando mezzi e strategie differenti. Gli uomini sono uguali nella capacità di ricorrere alla violenza perché possono uccidersi in modi diversi, perché le forme della violenza non sono definite per natura, ma contemplano l'invenzione di modi artificiali di uccidere inaccessibili agli animali.

La condizione di guerra di tutti contro tutti è, dunque, l'esito di un eccesso di libertà. L'uomo è l'animale privo di limiti: privo di limiti al proprio desiderio, libero dalla logica mezzo-scopo, emancipato dal presente e dotato di un futuro aperto, sprovvisto di limiti emotivi alla violenza, dotato di una razionalità imperfetta.

Su questo sfondo antropologico estremo e radicale Hobbes tratteggia le due idee tipicamente moderne che caratterizzano l'individualismo politico: quella che il fondamento della legittimità dell'ordine politico vada individuato nella volontà degli individui, e quella che lo Stato e l'ordine politico siano al servizio dell'individuo e dei suoi interessi. L'individuo è, così, l'alfa e l'omega dell'ordine politico. La modernità è pensare l'ordine "a partire dagli" e "in funzione degli" individui e di ciò che essi ritengono il loro interesse e il loro bene. L'ordine politico non è un fenomeno spontaneo, non è un dato di natura. È un artificio la cui legittimità e il cui senso dipendono interamente dagli individui. Privo di un fondamento oggettivo, lo Stato dei moderni serve a consentire agli esseri umani ciò che non è per loro possibile spontaneamente: la convivenza pacifica in società grandi e durature.

Il carattere estremo della libertà naturale si traduce, tuttavia, nella costruzione di un ordine politico come negazione radicale della libertà. L'assoluta libertà naturale si converte in una condizione civile come assenza di libertà. La libertà naturale è per Hobbes la principale minaccia all'autoconservazione degli uomini in società e l'ordine politico può essere costruito e mantenuto soltanto a partire da una radicale riduzione del fondamento dell'insocievolezza umana. Il fondamento individualistico della legittimità dello Stato convive, così, in Hobbes con un esito radicalmente autoritario.

2. Un concetto idealtipico di liberalismo: principi e istituti

Ricostruire il profilo della concezione liberale della libertà è impresa complessa da molti punti di vista. Con il termine liberalismo ci si riferisce infatti solitamente ad autori che appartengono a contesti storici e culturali anche molto distanti tra loro e che argomentano spesso a partire da presupposti e con stili filosofici estremante diversi. La mia prospettiva è quella di restituirne una immagine idealtipica costruita attraverso due mosse: da una parte, l'individuazione delle posizioni teoriche comuni e delle esigenze condivise se non da tutti almeno da gran parte degli autori "liberali"; dall'altra, il loro assemblaggio con l'esclusione di posizioni non coerenti con i principi di generali e, al contrario, con l'inclusione di quelle coerenti nella formulazione più conseguente e più radicale[3]. Il tentativo è quello di restituire un ideale liberale della libertà che non corrisponda integralmente a nessun pensatore liberale, ma che proponga un liberalismo internamente coerente e unitario.

In termini generali, il liberalismo è una teoria della promozione e della tutela – massimizzazione e difesa – delle libertà individuali contro l'arbitrio, la coercizione e le pretese di controllo dei propri simili e del potere politico. Quello che il liberalismo si propone di massimizzare è, essenzialmente, un particolare tipo di libertà: la libertà come indipendenza dall'arbitrio di un altro[4], la "libertà da"[5],

3 Per una definizione in termini idealtipici del liberalismo, cfr. G. Bedeschi, "Liberalismo", in: *Enciclopedia delle scienze sociali*, Treccani, Roma 1996, disponibile all'indirizzo www.treccani.it/enciclopedia/liberalismo_(Enciclopedia-delle-scienze-sociali)/.

4 La libertà intesa come possibilità per una persona "di agire in base alle sue decisioni e ai suoi progetti, in contrasto con la posizione di chi era irrevocabilmente soggetto alla volontà di un altro, il quale con una decisione arbitraria poteva costringerlo ad agire o a non agire in determinati modi" (F.A. von Hayek, *La società libera* (1960), tr. it. Rubbettino, Soveria Mannelli 2011, p. 70).

5 I. Berlin, *Quattro saggi sulla libertà* (1958), tr. it. Feltrinelli, Milano 1989, pp. 189-97.

la libertà come delimitazione di una sfera privata dell'individuo (protetta dall'ingerenza di altri e dalle pretese regolative del potere politico[6]) nella quale perseguire come si preferisce la propria felicità: "Che [una persona] sia libera o meno non dipende dalla gamma delle scelte [disponibili], bensì dal fatto che essa può aspettarsi di modellare la sua condotta in base a quanto si prefigge, oppure dal fatto che qualcun altro ha il potere di manipolarne le condizioni in modo da costringerla ad agire secondo una volontà esterna e non secondo la propria"[7].

Fra le molte e diverse accezioni di libertà, quella più lontana e più confliggente con l'idea liberale di libertà appena descritta – la libertà come capacità di agire in base alla propria volontà –è la libertà come potere: "Che io sia il padrone di me stesso e possa compiere le mie scelte e che le possibilità fra cui posso scegliere siano molte o poche sono due cose del tutto diverse"[8]. In questa accezione la libertà indica la capacità di fare ciò che voglio, l'ampiezza delle scelte a mia disposizione sulla base del potere di cui dispongo. Secondo Hayek, nessuna confusione fra la libertà individuale e altre forme di libertà è tanto pericolosa quanto quella che attribuisce alla libertà il significato di avere "'la capacità fisica di fare quello che voglio', il potere di realizzare i nostri desideri e di scegliere tra le numerose alternative che ci sono offerte"[9].

Pur variando, anche significativamente, da autore ad autore, questa libertà dall'interferenza degli altri e dello Stato riguarda essenzialmente tre dimensioni fondamentali: quella fisico-corporale (la libertà di movimento, la protezione della sfera privata da intrusioni, limitazioni e ispezioni arbitrarie, l'immunità dall'arresto

6 "Il fine degli antichi era la suddivisione del potere sociale fra tutti i cittadini, di una stessa patria: era questo ciò che chiamavano libertà. Il fine dei moderni è la sicurezza nei godimenti privati; e chiamano libertà le garanzie accordate dalle istituzioni a questi godimenti" (B. Constant, *La libertà degli antichi, paragonata a quella dei moderni* (1820), tr.it. Einaudi, Torino 2005, p. 16).

7 F.A. von Hayek, *op. cit.*, p. 71.

8 Ivi, p. 79.

9 Ivi, p. 76.

arbitrario), quella spirituale (la libertà di opinione, di parola, di fede) e quella economica (la libertà di disporre della proprietà privata, la libertà di scelta della professione, la libertà di impresa, la libertà di commercio, domestico e internazionale)[10]. Parte integrante di queste libertà è anche la libertà di associazione con altri cittadini in funzione del loro esercizio: le libertà di pensiero e le libertà economiche includono anche la libertà di farlo insieme agli altri, di organizzarsi liberamente con altri cittadini per diffondere le proprie idee o perseguire le proprie finalità economiche. In questa prospettiva il liberalismo è una teoria che promuove "[...] l'autonomia della società civile [...] come spazio economico (il mercato) e culturale (l'opinione pubblica) entro lo Stato, [ma] da esso non direttamente gestito"[11].

Questa finalità della promozione, espansione e garanzia della libertà individuale in senso negativo richiede una ridefinizione della configurazione del potere politico e del suo *modus operandi* intorno a quattro principi. Il primo è costituito dalla protezione da un esercizio arbitrario del potere politico attraverso la creazione di uno Stato di diritto: "il grado zero del liberalismo è costituito dall'affermazione del principio della certezza del diritto"[12]. I principi fondamentali di una concezione liberale del funzionamento del potere politico sono: il vincolo di legalità (l'esercizio del potere in conformità alla legge), l'uguaglianza dei cittadini davanti alla legge, il carattere generale, astratto e proibitivo delle leggi, l'inammissibilità di leggi retroattive, la libertà in tutto ciò che non è espressamente proibito dalla legge. Centrale è in questa prospettiva la questione dell'autonomia del potere giudiziario (*Habeas corpus*, *Magna Charta Libertatum* 1215): "se la legge deve avere questo carattere di generalità e astrattezza, essere cioè una regola che non menziona casi o persone particolari, allora la sua applicazione non può essere affidata agli stessi organi

10 N. Bobbio, "Liberalismo", in: A. Biraghi (a cura di), *Dizionario di filosofia*, Comunità, Milano 1957, pp. 617 *sg*.
11 N. Matteucci, "Liberalismo", in: N. Matteucci e N. Bobbio (a cura di), *Dizionario di politica*, UTET, Torino 1976, p. 542.
12 P.P. Portinaro, "Profilo del liberalismo", in: B. Constant, *op. cit*,, p. 72.

che la stabiliscono, ma solo a un potere giudiziario indipendente e separato"[13].

Il secondo principio che caratterizza il modo liberale di concepire il potere politico è l'aspirazione allo Stato minimo[14] e debole (divisione e distribuzione territoriale dei poteri). L'aspirazione alla massimizzazione della libertà negativa individuale comporta una limitazione della regolazione politica alle funzioni essenziali per l'ordine sociale che i privati non sono in grado di garantire con la loro libera iniziativa. Al tempo stesso, da una parte, i poteri di questo Stato minimo devono essere divisi e separati (legislativo, esecutivo, giudiziario); dall'altra, le funzioni di governo devono essere il più possibile decentrate (federalismo), ovvero attribuite alle comunità locali con le dimensioni minime sufficienti a produrre una regolazione efficiente.

Il terzo principio è quello del governo rappresentativo[15]: ovvero "la partecipazione indiretta dei cittadini alla politica e con la responsabilità del governo nei confronti delle Assemblee e/o dell'elettorato"[16]. La limitazione del potere politico, la protezione dall'invadenza dello Stato passa anche dalla promozione della partecipazione (*di una parte*[17]) dei cittadini (di coloro sui quali il potere politico si esercita) alla formazione delle decisioni attraverso assemblee composte da rappresentanti eletti senza vincolo di mandato: "Gli autori liberali pongono invece al centro delle loro rivendicazioni il principio *no taxation without representation*"[18]. Più che la promozione positiva

---

13 Ivi, p. 91.

14 F.A. von Hayek, *Liberalismo* (1973), tr. it. Rubbettino, Soveria Mannelli 2012, p. 42.

15 B. Manin, *Principi del governo rappresentativo* (1997), tr. it. il Mulino, Bologna 2010, in particolare pp. 6-9.

16 N. Matteucci, *op. cit.*, p. 542.

17 Sul carattere inegualitario dell'elettorato attivo e passivo nella prima fase (liberale) del governo rappresentativo, cfr. B. Manin, op. cit., in particolare pp. 105-46.

18 P.P. Portinaro, *op. cit.*, p. 97. Slogan politico, utilizzato per la prima volta nel 1768 durante la rivoluzione americana (1765-83), con cui le Tredici colonie esprimevano il loro malcontento nei confronti del Regno di Gran Bretagna. I coloni americani ritenevano di non essere rappresentati dal lontano Regno Unito, e che tutte le

della partecipazione al potere, della difesa della libertà come autodeterminazione collettiva e come assenza di obbedienza a leggi imposte da altri, il liberalismo concepisce la rappresentanza (non universalistica e non egualitaria) come mezzo per un contenimento delle pretese e delle funzioni dello Stato[19]. Qualcosa che serva a contenere la tassazione e le regolazioni politiche con essa finanziate in ragione della presenza della voce dei tassati: "negli Stati moderati vi è un compenso per la pesantezza dei tributi: la libertà"[20].

Il quarto principio è la limitazione del potere politico attraverso una costituzione scritta che stabilisca non soltanto la fonte dell'autorità e le competenze e le funzioni dei diversi poteri dello Stato, ma anche i principi generali che limitano contenutisticamente il potere del legislatore: "l'idea di costituzione implica non solo l'idea di una gerarchia dell'autorità o del potere, ma anche quella di una gerarchia delle norme giuridiche, in cui quelle che hanno un più alto grado di generalità e che provengono da un'autorità più elevata limitano i contenuti delle leggi più specifiche approvate da un'autorità delegata"[21]. La costituzione scritta è uno strumento giuridico che serve a proteggere le libertà individuali dal potere della maggioranza. Accanto ai rapporti fra i poteri dello Stato, stabilisce, infatti, a costituzione vigente, il limite invalicabile in termini di contenuti possibili della legislazione. La divisione dei poteri e la partecipazione dei cittadini alla formazione della volontà politica (la libertà politica) non garantiscono in termini assoluti il rispetto delle libertà individuali e "per questo è sempre importante limitare il potere del governo sugli individui, anche quando i governanti sono

tasse imposte dagli inglesi costituissero una negazione dei loro diritti in quanto ritenevano che il consenso dei contribuenti nella determinazione delle imposte fosse uno dei cardini tradizionali della libertà degli inglesi.

19 "La libertà individuale, lo ripeto, ecco la vera libertà moderna. La libertà politica ne è la garanzia; la libertà politica è di conseguenza indispensabile" (B. Constant, *op. cit.*, p. 27).

20 C.-L.-S. de Montesquieu, *Lo spirito delle leggi* (1748), tr. it. BUR, Milano 2022, Pt. II, libro XIII, 12, pp. 374 *sg.*

21 F.A. von Hayek, *La società libera*, cit., p. 332.

regolarmente responsabili verso la comunità, ovvero verso il partito che in essa predomina"[22].

In una prospettiva idealtipica il liberalismo può essere definito, dunque, sulla base di una serie coerente di principi e istituti: le libertà civili, la proprietà privata, il libero mercato e il libero commercio, la tolleranza religiosa e la libertà di parola, le frontiere aperte, lo Stato minimo, il governo rappresentativo, il principio di legalità, la divisione dei poteri e la difesa costituzionale dei diritti individuali e delle minoranze[23].

3. I confini della libertà

Ma quanto deve essere ampia la libertà negativa dei cittadini rispetto allo Stato, quanto deve essere estesa la zona di non interferenza, di libertà dalla costrizione di cui ciascun cittadino deve godere?

Ci sono, innanzitutto, tre ambiti in cui la libertà – radicalmente e idealtipicamente – liberale si configura come assoluta. Il primo è relativo alla definizione del proprio bene, del proprio interesse, di ciò in cui consiste la propria felicità. Il liberalismo si definisce innanzitutto per una posizione radicalmente anti-paternalistica: "Non [...] si può costringere [qualcuno] a fare o non fare qualcosa perché è meglio per lui, perché lo renderà più felice"[24]. Ognuno è l'unico giudice dei propri interessi, di ciò in cui consiste il proprio bene e nessuno può costringerlo a fare o non fare qualcosa per il suo bene. Certo, è possibile discutere, criticare, polemizzare, ma non costringere qualcuno ad essere felice o ad essere felice – o a

22 J.S. Mill, *Sulla libertà* (1859), tr. it. SugarCo, Milano 1990, p. 24.

23 Per una definizione del liberalismo che sottolinea molti di questi contenuti, sia pure in una prospettiva che li attribuisce a ciò che oggi chiamiamo libertarismo, cfr. M. Walzer, *Che cosa significa essere liberale* (2023), tr. it. Raffaello Cortina, Milano 2023, p. 17.

24 J.S. Mill, *op. cit.*, p. 32.

perseguire la felicità – nel modo indicato da qualcun altro. Su ciò che riguarda il mio bene, io sono l'unico giudice legittimo.

Un secondo ambito di libertà assoluta riguarda le azioni che incontrano il consenso di coloro che direttamente o indirettamente sono coinvolti o che ne subiscono gli effetti. Fra le relazioni sociali che possono essere proibite non figurano quelle fra individui adulti e consenzienti che hanno espresso la volontà di aderirvi. Allo stesso modo non posso essere costretto ad astenermi dal dare o dal fare a qualcuno qualcosa al quale egli abbia esplicitamente acconsentito. La libertà è assoluta non soltanto quando il nostro agire riguarda soltanto noi, ma anche quando riguarda soltanto persone che abbiano espresso il loro consenso a ciò che noi direttamente o indirettamente facciamo a loro: "non vi è ragione di porre tale questione [se sia necessaria una limitazione della libertà] quando la condotta di un individuo tocca soltanto i propri interessi, o coinvolge quelli di altre persone consenzienti (tutti essendo maggiorenni e dotati di normali facoltà mentali). In tutti questi casi, vi dovrebbe essere completa libertà, legale e sociale, di compiere l'atto e subire le conseguenze"[25]. La premessa individualistica che definisce l'approccio liberale impedisce di limitare la libertà di qualcuno quando le sue azioni e i relativi effetti abbiano ricevuto il consenso esplicito e consapevole dei destinatari.

Un terzo ambito di libertà assoluta è costituito dalla manifestazione delle opinioni. Uno dei tratti caratterizzanti del liberalismo è che la semplice espressione delle proprie opinioni o credenze debba essere sottratta ad ogni limitazione da parte del potere politico. Finché siamo di fronte soltanto alla manifestazione di un pensiero, di una fede, di un'opinione non esistono argomenti per invocare una limitazione politica. Esprimere un'opinione – anche quando è relativa a come è giusto, doveroso, utile *agire* – è qualcosa di ontologicamente diverso dal fare. Il dire non è il fare e il dire gode di uno statuto irriducibile e incomparabile con il fare.

25 Ivi, p. 127.

C'è, poi, una forma di limitazione della libertà che risulta, invece, del tutto inaggirabile. È quella che risulta funzionale alla difesa della libertà: "Non si può evitare del tutto la coercizione, perché l'unico modo per evitarla è la minaccia di coercizione. La società libera ha risolto questo problema conferendo allo Stato il monopolio della coercizione, e tentando di limitare tale potere dello Stato ai casi in cui si rende necessario, per evitare la coercizione esercitata da soggetti privati"[26]. La limitazione di una parte della libertà da parte dello Stato (minimo) è una necessità per poter godere in sicurezza della libertà: "Se l'uomo nello stato di natura è così libero come s'è detto, se egli è signore assoluto della propria persona e dei propri possessi, eguale al maggiore e soggetto a nessuno, perché vuol disfarsi della propria libertà? [...] Al che è ovvio rispondere che sebbene allo stato di natura egli abbia tale diritto, tuttavia il godimento di esso è molto incerto e continuamente esposto alla violazione da parte di altri, perché essendo tutti re al pari di lui, ed ognuno uguale a lui, e non essendo, i più stretti osservanti dell'equità naturale e della giustizia, il godimento della proprietà che egli ha è in questa condizione molto incerto e malsicuro"[27].

Ma la necessità strumentale di una limitazione della libertà legittima funzionale al godimento della stessa non toglie la questione fondamentale di una limitazione normativa della libertà, della individuazione di un fondamento in base al quale stabilire il perimetro della libertà legittima, distinguendola da forme di libertà ingiustificate o eccessive.

---

26 F.A. von Hayek, *op. cit.*, p. 85.

27 J. Locke, "Secondo trattato del governo civile" (1690), in: Id., *Due trattati sul governo e altri scritti politici*, tr. it. UTET, Torino 1982, p. 318.

4. Il valore della libertà: dispositivi argomentativi e assunti cognitivi

Alla questione di quale sia il fondamento del valore della libertà (negativa) e di quali siano i limiti della sua tutela, il liberalismo ha dato risposte diverse. Queste risposte sono tra loro eterogenee e in qualche misura antagonistiche, spesso differenziate per i diversi tipi di libertà e, tuttavia, non di rado compresenti negli stessi autori. Questi differenti fondamenti non hanno un rapporto necessario con versioni più o meno radicali del liberalismo, con concezioni più o meno estreme della libertà.

Una possibile fondazione della libertà consiste nel riferimento ad un'idea normativa di uomo, ad una concezione della dignità umana: "il riconoscimento della dignità inerente a tutti i membri della famiglia umana e dei loro diritti, uguali ed inalienabili, costituisce il fondamento della libertà, della giustizia e della pace nel mondo"[28]. La dignità è ciò che spetta ad ogni essere umano in quanto tale in conformità al valore che gli viene attribuito da una determinata immagine del mondo (metafisica o religiosa). L'affermazione che "nessun individuo potrà essere sottoposto a tortura o a trattamento o a punizione crudeli, inumani o degradanti"[29] può essere giustificata anche in base all'argomento che la tortura è un modo di trattare gli esseri umani che non ne rispetta il valore, che non è conforme al modo in cui gli esseri umani devono essere trattati a partire da un certo modo di concepirli. In questa prospettiva, la libertà è un bene in sé i cui effetti sugli altri o sulla collettività sono del tutto irrilevanti. L'eventualità che la tortura possa servire ad evitare un male maggiore non è un argomento a sostegno di una lesione dell'integrità psico-fisica dell'individuo. In questo tipo di approccio la libertà è assoluta e incondizionata: definisce delle immunità che

28 ONU, Dichiarazione Universale dei Diritti Umani, 10 dicembre 1948, Preambolo, disponibile all'indirizzo www.senato.it/application/xmanager/projects/leg18/file/DICHIARAZIONE_diritti_umani_4lingue.pdf.

29 ONU, *op. cit.*, Art. 5.

non possono essere violate indipendentemente da quali potrebbero essere gli scopi che tale violazione consentirebbe di raggiungere.

C'è, poi, una vasta famiglia di teorie che attribuisce alla libertà (negativa) un valore positivo – riconosce che la libertà è un bene per l'individuo –, ma che ragiona intorno alle sue eventuali limitazioni in considerazione degli effetti (negativi) che potrebbe produrre sugli altri o sulla collettività. Qui la libertà è un bene che non necessariamente merita una tutela assoluta e incondizionata: i suoi limiti sono definiti sulla base degli effetti che produce, da una parte, sul singolo individuo, dall'altra sulla collettività. Caratteristica specifica di questo tipo di approcci è la presenza di assunti di tipo cognitivo-fattuale sul funzionamento del mondo: se la giustificazione di un certo ambito di libertà dipende dalle sue conseguenze, la conoscenza dello stato delle cose diviene parte del ragionamento normativo, l'*essere* diviene parte integrante di un ragionamento sul *dover essere*.

Di questo tipo di giustificazione della libertà si possono tratteggiare tre forme. La prima è circoscritta all'espressione delle credenze religiose (tolleranza). Si tratta di un'argomentazione che verte sulla *inutilità* della imposizione di una professione pubblica diversa da quella a cui si aderisce interiormente: *dato il fatto del pluralismo religioso*, la limitazione della libertà – o, addirittura, la costrizione ad una professione pubblica di fede stabilita dal sovrano – non è legittima perché è inutile. La coercizione non può cambiare le credenze, può soltanto costringere all'ipocrisia, ma l'ipocrisia non serve alla salvezza e pertanto la limitazione della professione pubblica delle credenze non può essere giustificata: "anche se l'opinione religiosa del magistrato fosse quella valida, e veramente evangelica la via per la quale egli ordina di inoltrarsi, ciò non gioverà alla mia salvezza se non ne sono intimamente persuaso. Una via che intraprendo contro coscienza non potrà mai condurmi alle sedi dei beati. Posso arricchire con un mestiere che detesto; posso essere guarito da medicine su cui ho dei dubbi; ma non posso essere salvato da una religione di cui dubito, da un culto che detesto"[30].

Siamo di fronte ad un argomento che dipende da assunti di tipo sia metafisico, sia empirico. Innanzitutto, l'attribuzione all'individuo, contro qualsiasi principio di autorità, delle capacità e della responsabilità della cura della propria anima: "quell'unico e angusto sentiero che conduce al cielo non è più noto al magistrato che ai privati cittadini; e perciò io non posso seguire con sicurezza una guida che, mentre può ignorare la via giusta tanto quanto me, d'altra parte non può non essere meno sollecito della mia salvezza di quanto lo sia io stesso"[31]. Il singolo individuo ha tutte le risorse e tutto l'interesse a trovare la salvezza, mentre chiunque altro non ha maggiori competenze, ma ha senz'altro meno interesse al mio bene. C'è poi una interpretazione del Cristianesimo e delle condizioni di accesso alla sua promessa di salvezza evidentemente debitrice della Riforma e della sua enfasi sul ruolo dell'interiorità. C'è, infine, senz'altro più controversa, l'assunzione che l'inefficacia della coercizione sovrana riguardi non soltanto la capacità di persuadere chi crede diversamente dal sovrano, ma anche l'incapacità di promuovere, attraverso la coercizione all'unicità del culto e del relativo insegnamento, la persuasione sincera delle generazioni che verranno.

La seconda forma di legittimazione della libertà, di difesa del suo valore insiste sulla sua capacità di *non nuocere*: "La libertà consiste nel poter fare tutto ciò che non nuoce ad altri"[32]. Si tratta del principio già enunciato esplicitamente da Locke come criterio di discriminazione fra libertà e licenza: "nessuno deve recar danno ad altri nella vita, nella salute, nella libertà o nei possessi"[33]. È sulla base di questo principio che per il liberalismo non deve essere

30 J. Locke, "Lettera sulla tolleranza" (1689), in: Id., *Scritti sulla tolleranza*, UTET, Torino 1977, p. 153.

31 Ivi, p. 151.

32 *Dichiarazione dei diritti dell'uomo e del cittadino* del 26 agosto del 1789, Art. 4. Disponibile all'indirizzo www.dircost.unito.it/cs/docs/francia1789.htm.

33 J. Locke, "Secondo trattato sul governo" (1690), in: Id., *Due trattati sul governo e altri scritti*, UTET, Torino 1982, p. 231.

limitata la libertà su se stessi: "per ciò che concerne soltanto lui, la sua indipendenza è di diritto assoluta. Su se stesso, sul suo corpo e sulla sua mente, l'individuo è sovrano"[34]. Ma la libertà delle azioni deve essere massima non soltanto dove non sono coinvolti altri individui, ma anche dove gli individui coinvolti hanno espresso esplicitamente il proprio consenso. Non esistono buoni argomenti per limitare i comportamenti reciproci che due o più individui, *autonomi e nel pieno possesso delle loro facoltà*, abbiano consentito di accettare. La libertà su se stessi e su altri individui consenzienti è un bene che deve essere tutelato perché non reca danno a nessuno o perché gli effetti su altri individui non sono da questi giudicati dannosi (consenso). Alla fine, dunque, la possibilità di escludere alcune tipologie di azione da ciò che siamo liberi di fare riguarda esclusivamente la possibilità che tali azioni arrechino dei danni – ledano interessi legittimi o beni meritevoli di tutela – di terze persone.

In riferimento a questo problema, la posizione idealtipica del liberalismo consiste in un terzo tipo di argomento a sostegno del valore della libertà e della sua più ampia estensione: la sua utilità. La libertà è un bene rigorosamente individuale che va garantito in tutte le forme perché non soltanto non ha effetti negativi su terzi, ma addirittura produce vantaggi per tutti. Al cuore del dispositivo di legittimazione liberale della libertà degli individui c'è un assunto cognitivo di tipo armonicistico-progressivo che collega ciò che è bene per ciascuno a ciò che è bene per tutti, il vantaggio individuale al vantaggio generalizzato. A fondamento del valore e della (massima) ampiezza della libertà liberale c'è l'idea che questa non soltanto non nuoccia ad altri, ma sia per loro il miglior aiuto al conseguimento dei loro fini, produca benefici per tutti.

Un caso esemplare di questo tipo è relativo alla giustificazione della libera circolazione delle idee e della libera espressione del pensiero. La libertà di pensiero non soltanto non diffonde l'errore, ma favorisce la progressiva affermazione della verità contro pregiudizi

34 J.S. Mill, *op. cit.*, p. 32.

e superstizioni: "gli ostacoli frapposti alla libera espressione di un'opinione hanno questo di particolare, che danneggiano l'intera umanità, non solo la generazione vivente, ma anche la posterità, e coloro che dissentono da quest'opinione ancor più di coloro che la condividono. Se l'opinione è giusta, essi vengono privati dell'opportunità di abbandonare l'errore per la verità; se è sbagliata, perdono un beneficio quasi altrettanto grande: la percezione più chiara e più viva della verità, prodotta dal contrasto con l'errore"[35]. Il libero confronto delle opinioni è il miglior modo per produrre un progresso verso il superamento degli errori, l'affermazione della verità e la liberazione dal pregiudizio.

5. *La libertà di mercato*

Ma l'esempio più rilevante di fondazione della libertà e della sua asintotica illimitatezza nella sua utilità per tutti è costituito dal mercato come luogo in cui il libero perseguimento degli interessi economici privati produce il bene comune. La legittimazione del libero perseguimento dell'interesse economico privato riposa su un presupposto cognitivo di tipo *armonicistico* che ne esalta la vantaggiosità per tutti: "i filosofi che hanno una visione ottimistica della natura umana e credono nella possibilità di armonizzare gli interessi umani, come Locke e Adam Smith e, in alcuni momenti, Mill, credono che l'armonia e il progresso sociali siano compatibili col riservare alla vita privata un ampio spazio che né allo Stato né ad alcun'altra autorità dev'essere consentito di invadere"[36]. Che al fondo della legittimazione liberale delle libertà "economiche" si trovasse il presupposto armonicistico della convergenza fra l'interesse dei particolari e il bene generale era stato tematizzato anche da Max Weber: "a ciò [alla libertà di coscienza] si aggiungono gli altri "diritti umani", "civili" o "fondamentali": soprattutto il diritto alla libera

35 Ivi, p. 41.
36 I. Berlin, *op. cit.*, p. 193.

tutela dei propri interessi economici, a propria discrezione, entro i limiti di un sistema valido in astratto in modo uguale per ciascuno, di regole giuridiche garantite, le cui sotto-componenti più importanti sono l'inviolabilità della proprietà individuale, la libertà di commercio e la libertà di scelta professionale. Tali principi trovano la loro giustificazione ultima nella credenza dell'epoca illuministica che la "ragione" del singolo, quando le venga dato libero corso, in virtù della provvidenza divina e perché il singolo conosce meglio di chiunque altro i propri interessi, possa dar luogo almeno al miglior mondo relativo"[37].

Di questo dispositivo armonicistico esistono, tuttavia, due versioni distinte. Adam Smith è stato l'autore che per primo e meglio di ogni altro ha sottolineato il legame inintenzionale fra la libera ricerca dell'interesse economico individuale e la produzione dell'interesse della società[38]: "dirigendo quell'industria in modo tale che il suo prodotto possa avere il massimo valore egli mira soltanto al proprio guadagno e in questo, come in molti altri casi, egli è condotto da una mano invisibile a promuovere un fine che non entrava nelle sue intenzioni. Né per la società è sempre un male che questo fine non entrasse nelle sue intenzioni. Perseguendo il proprio interesse, egli spesso promuove quello della società in modo più efficace di quando intenda realmente promuoverlo"[39]. Si scrive interesse della società, ma si legge interesse di tutti. La divisione del lavoro e la cooperazione mercantile costituiscono relazioni a somma positiva perché mettono chiunque voglia soddisfare i propri desideri nella condizione di poterlo fare soltanto in virtù della soddisfazione dei

---

37 M. Weber, *Economia e società. Dominio* (1922), tr. it. Donzelli, Roma 2018, pp. 482 *sg.*

38 Una formulazione analoga si trova già in Josiah Tucker: "The proper Design of this Chapter is to shew, That the universal Mover in human Nature, Self-Love, may receive such a Direction in this Case (as in all others) as to promote the Public Interest by those Efforts it shall make towards pursuing its own" (R.L. Schuyler, a cura di, *Josiah Tucker. A Selection from His Economic and Political Writings*, Columbia University Press, New York, NY 1931, p. 92, ma formulazioni analoghe si trovano anche alle pp. 59 e 62).

39 A. Smith, *La ricchezza delle nazioni* (1776), tr. it UTET, Torino 2023, p. 584.

fini altrui[40]. L'idea è che quando le persone agiscono perseguendo il proprio interesse personale, in un sistema di divisione del lavoro e di libero scambio, la loro condotta produce la crescita economica e il miglioramento delle condizioni di vita di tutti. Nella mia prospettiva a caratterizzare questo modello non è tanto la presunta naturalità del meccanismo di mercato o la sua dipendenza da un addomesticamento dell'egoismo, quanto piuttosto il fatto che il mercato costituisce il fattore che produce un miglioramento differenziato, ma generalizzato delle condizioni economiche *di tutti e di ciascuno.*

In questa versione la libertà individuale cessa di far paura, di costituire come in Hobbes una minaccia alla produzione e alla conservazione dell'ordine sociale. L'ordine diviene economicamente e politicamente liberale perché viene meno la sua incompatibilità con la libertà e perché si scopre un interesse materiale generale all'esercizio della libertà individuale. La libertà viene unanimemente riconosciuta come un bene.

Sensibilmente diversa è la versione di questo dispositivo armonicistico tratteggiata da F.A. von Hayek. Anche per il filosofo austriaco l'assunto di una convergenza fra il perseguimento di fini personali e un vantaggio generalizzato costituisce il fondamento di legittimità dell'ordine di mercato: "il complesso delle norme giuridiche e delle diverse istituzioni funzionali alla formazione dell'ordine di mercato può determinare solo la fisionomia generale o astratta di questo, ma non i suoi effetti specifici su individui o gruppi particolari. *Sebbene la sua giustificazione poggi sull'idea che esso accresce le possibilità di tutti* [corsivo mio], sicché la posizione di ogni individuo dipende in larga misura dai suoi sforzi, esso fa tuttavia in modo che, per ciascun individuo o gruppo, l'esito dipenda anche da circostanze impreviste, che nessuno (l'interessato o altri) è in grado di controllare"[41].

In Hayek il valore della libertà non consiste in una sua presunta

40 Per questa interpretazione, cfr. L. Infantino, "Prefazione", in: F.A. von Hayek, *Liberalismo*, cit., p. 12.

41 F.A. von Hayek, *Liberalismo*, cit., p. 47.

utilità materiale generalizzata, ma nella universale dotazione di *opportunità* di inventare soluzioni a sfide inedite, di escogitare migliori strategie adattive e, soprattutto, di realizzare il nuovo, di far accadere nel mondo ciò che era imprevisto e imprevedibile[42]. La libertà è opportunità per tutti di innovare, di sperimentare, di azzardare l'inedito, ma con il rischio di fallire e sotto la responsabilità dell'esito dei propri tentativi: la "libertà, riconosciuta a tutti coloro che erano giudicati responsabili delle proprie azioni, li rendeva al tempo stesso responsabili del loro destino: mentre la protezione offerta dalla legge consisteva nel permettere a ciascuno di perseguire i propri scopi, ciò non implicava tuttavia che il governo dovesse garantire agli individui un particolare risultato dei loro sforzi. Mettere l'individuo in grado di far uso delle sue conoscenze e delle sue capacità nel perseguire gli obiettivi autonomamente scelti era considerato, da un lato, come il più grande vantaggio che il governo potesse garantire a tutti e, dall'altro, come la via migliore per indurre questi individui a fornire il loro maggiore contributo al benessere altrui"[43].

La libertà economica privata non produce, dunque, per Hayek una garanzia universalistica di miglioramento della propria condizione materiale e neppure necessariamente una condizione materiale migliore di quella che potrebbe essere garantita da un regime illiberale: "dobbiamo comunque riconoscere che possiamo essere liberi ed essere infelici. La libertà non significa tutti i beni o assenza di tutti i mali. È pur vero che essere liberi può anche significare esser liberi di soffrire la fame, di fare costosi errori o di correre rischi mortali"[44]. La libertà è, quindi, la condizione in cui si accede alla più ampia gamma di soluzioni e di possibilità di innovazione, in cui si ha la più ampia *chance* di realizzare i propri desideri, ma in un contesto che non garantisce dal fallimento, che non assicura un livello minimo di

42 Cfr. F.A. von Hayek, *La società libera*, cit., pp. 97 *sg*.
43 F.A. von Hayek, *Liberalismo*, cit., p. 43.
44 F.A. von Hayek, *La società libera*, cit., p. 80.

prestazioni. Il mercato è il luogo in cui possiamo avere il massimo, ma in cui non possiamo essere sicuri del minimo.

La libertà viene così risucchiata nel gorgo del pluralismo: da fattore che produce un avanzamento universalistico nella condizione materiale diviene la caratteristica di un tipo umano, uno stile di vita che propone uno scambio fra ampliamento delle possibilità e rischio di insuccesso. Si appoggia su una retorica che rimanda ad una gerarchia di valori e ad un modello antropologico: "L'imprenditore sperimenta a suo rischio e pericolo, talvolta attratto dal guadagno di un possibile profitto (mai garantito), talaltra spinto da uno spirito di avventura, di progresso, di scoperta di nuove occasioni offerte all'agire umano. Quando si parla del profitto come unica molla dell'iniziativa imprenditoriale, si dimenticano gli innumerevoli casi in cui l'imprenditore che innova lo fa per il piacere di innovare, per spirito pionieristico, per amore della creazione in sé e per sé"[45]. La dimensione del vantaggio materiale declina a favore di una propensione al rischio e all'innovazione molto più assiologicamente condizionata: l'imprenditore è colui che riesce "ad inventare *nuove* e migliori risorse da impiegare in nuovi e migliori processi produttivi. Il mercato diventa il luogo dove chiunque può provare, in libertà, la sua innovazione, verificare la sua speranza di saper fare meglio degli altri con una sua idea originale"[46], ma in cui l'individuo deve anche "subire le conseguenze delle proprie azioni [...]. Libertà e responsabilità sono inseparabili. Una società libera può funzionare o conservarsi soltanto se i suoi membri ritengono giusto che ciascun individuo occupi il posto conseguente alla propria azione e lo accettino come tale"[47].

Questo tipo di liberalismo e questa legittimazione dell'economia di mercato riposa su un'immagine prometeica dell'essere umano: un individuo animato da esigenze autoaffermative, orientato alle

45 S. Ricossa, "Prefazione all'edizione italiana del 1998", in: ivi, p. 692.
46 Ivi, pp. 691 *sg.*
47 Ivi, p. 161.

opportunità, disponibile al rischio e capace di portare la responsabilità delle proprie azioni e delle proprie scelte.

6. *Altre libertà: tensioni, mitigazioni, ibridazioni*

Da un punto di vista idealtipico il liberalismo è, dunque, l'idea della massimizzazione della libertà negativa e della minimizzazione – della forza e dell'ampiezza della regolazione – della politica. Variamente legittimata, questa idea non sembra poter fare a meno di un presupposto armonicistico – anch'esso variamente declinato – che consenta di generalizzare i vantaggi della più ampia indipendenza possibile dalla volontà di un altro[48].

In questa versione idealtipica, il liberalismo risulta completamente estraneo se non ostile, come abbiamo visto, a qualunque declinazione della libertà che non coincida con il suo profilo meramente negativo e soprattutto alla logica e alle implicazioni del principio di uguaglianza. Non si tratta di affermare l'estraneità di tutti o di molti pensatori liberali alle esigenze dell'uguaglianza, quanto piuttosto di leggerle come segno di una ibridazione della logica astrattamente pura del liberalismo, come qualcosa, cioè, di eterogeneo rispetto alla sua logica. Di per sé, il liberalismo non intrattiene nessun rapporto cogente con l'idea della universalizzazione delle libertà negative o con quella di una uguale distribuzione di quelle politiche. E, anche dal punto di vista degli assetti istituzionali, l'esistenza di una distribuzione fortemente ineguale delle libertà civili e politiche non ha mai assunto per il liberalismo il profilo di uno scandalo.

Certo, in prospettiva storica, l'universalizzazione delle libertà civili è risultata meno problematica e avversata della estensione del suffragio al di là del censo per non dire del genere. Eppure, non esiste nella libertà niente che costringa a pensare alla sua uguale distribuzione perché l'uguale rispetto e la reciprocità che essa descrive non hanno a che fare con la definizione di quanti siano i meritevoli

48 Ivi, p. 70.

di rispetto. Affermare la libertà dei cittadini – la loro uguale protezione dall'arbitrio o la loro uguaglianza davanti alla legge – non dice ancora nulla su chi siano i cittadini, o su quanto universale debba essere la cittadinanza.

Un'identica estraneità concettuale il liberalismo la presenta rispetto all'idea di libertà come potere. Hayek ha sostenuto esplicitamente la tesi che la preoccupazione per la libertà come potere costituisca l'anticamera di un socialismo: "L'uso metaforico della parola è da lungo tempo comune, ma fino a poco tempo fa solo pochi confondevano questa "libertà" dagli ostacoli, questa libertà come onnipotenza, con la libertà individuale che un eventuale ordine sociale può garantire. Questa confusione è divenuta pericolosa da quando è stata deliberatamente favorita dall'esser parte della tematica socialista. Una volta ammessa l'identificazione della libertà con il potere, non esistono più limiti al sofisma mediante il quale le seduzioni della parola "libertà" possono essere usate per convalidare misure atte a distruggere la libertà individuale"[49]. L'idea che essere liberi possa voler dire anche avere a disposizione una certa quantità di potere per perseguire le proprie finalità, che un regime politico debba perseguire la distribuzione egualitaria di una certa (minima) quantità di potere viene considerato il punto di partenza di una deriva che conduce – prima o poi, ma necessariamente – alla fine delle libertà liberali.

Su questa base possiamo leggere i regimi liberaldemocratici come l'esito della contaminazione reciproca di democrazia e liberalismo. L'idea di democrazia è stata ibridata, da una parte, con l'idea di una limitazione (anche istituzionalmente garantita) della onnipotenza della volontà del popolo a partire dal riconoscimento di libertà individuali indisponibili, dall'altra, con l'importazione di elementi oggettivamente aristocratico-inegualitari come quelli legati alla rappresentanza libera. Sul versante opposto il liberalismo è stato sottoposto ad una pressione egualitaria e solidaristica che ha investito

49 Ivi, p. 77.

dapprima la dimensione civile, poi quella politico-elettorale (suffragio universale) e infine si è tradotta in un ampio riconoscimento di diritti sociali. L'esito è stato il *Welfare State* dell'Europa dei Trenta gloriosi: un compromesso fra liberalismo, democrazia politica e diritti sociali in cui il modello liberale è stato ibridato dai principi di uguaglianza e solidarietà sul versante sia dei diritti civili e politici, sia su quello dei diritti sociali. Un compromesso che ha prodotto la compresenza di Stato di diritto, garanzie costituzionali delle libertà negative, estensione delle libertà civili e politiche, riconoscimento dei diritti sociali. Il tutto al prezzo di un contenimento delle libertà economiche in ragione di esigenze di uguaglianza e solidarietà.

7. Una nuova immagine del mondo: il singolarismo come nuova forma di individualismo

Questa è l'idea di libertà che sta alle nostre spalle. La libertà del compromesso welfarista fra libertà, uguaglianza e solidarietà che ha iniziato ad andare in frantumi negli ultimi decenni del Novecento. Ma qual è la semantica della libertà che sta prendendo forma oggi? È ancora quella della globalizzazione e della rivincita del pensiero e dell'antropologia liberale o si sta facendo strada qualcosa di nuovo e di inedito?

Credo che per comprendere la semantica contemporanea della libertà sia necessario guardare all'immagine del mondo (*Weltbild*)[50] egemone nelle società liberaldemocratiche occidentali e al modo in cui essa descrive la soggettività. L'immagine del mondo è, infatti, il costrutto complesso di significati e credenze che mediano il nostro rapporto con il mondo e all'interno del quale noi concepiamo noi

50 Riprendo il concetto di immagine del mondo (*Weltbild*) da Max Weber, ma si tratta di un concetto a cui hanno fatto ampiamente ricorso molti autori del Novecento. Prossimo a questa accezione è senz'altro Hans Blumenberg. A qualcosa di simile al concetto di immagine del mondo fanno ricorso, tuttavia, anche autori che non usano esplicitamente questo concetto: cfr. I. Berlin, *Le radici del romanticismo*, tr. it. Adelphi, Milano 2001, pp. 25-28.

stessi e interpretiamo i nostri desideri e i nostri interessi. Un *Weltbild* è l'orizzonte ultimo nel quale prende forma la risposta alla domanda "che cos'è l'uomo?" e che contiene i riferimenti fondamentali in relazione ai quali noi orientiamo il nostro agire nel mondo, l'insieme di credenze indimostrate e indimostrabili che svolgono una fondamentale funzione di orientamento pratico.

Questo ruolo dell'immagine del mondo non implica l'assenza di un ruolo delle trasformazioni materiali siano esse economiche, politiche, ambientali o tecnologiche. Significa piuttosto concentrarsi su un punto di rifrazione: significa fissare lo sguardo sul sistema di credenze e significati che media il nostro rapporto con il mondo e che per quanto sensibile all'influenza e al condizionamento di fattori materiali non è ad essi deterministicamente riducibile.

L'interpretazione e la pratica contemporanea della libertà può essere compresa, a mio avviso, a partire dall'affermazione di un'immagine del mondo caratterizzata da due nuclei costitutivi: una forma radicale di individualismo che chiamo *singolarismo* o *individualismo della singolarità* e un modo di concepire il mondo che definirei *assolutismo della realtà*. Si tratta di un'immagine del mondo che declina due assolutismi: quello di un io che si pensa letteralmente il centro del mondo (l'io al posto di Dio) e quello di un mondo immodificabile nelle sue regole generali di funzionamento. I modi variegati, e in qualche caso contraddittori, in cui vengono declinati oggi in Occidente il significato e le pratiche della libertà sono l'esito dell'intreccio fra la fede nell'assoluta singolarità dei soggetti e le diverse declinazioni possibili di questa idea della immodificabilità della realtà: un assolutismo della realtà più all'insegna di una competizione inesorabile per la sopravvivenza, un altro più segnato dalla fiducia nella possibilità del soggetto di essere felice indipendentemente dallo stato del mondo.

Con il termine *singolarismo*[51] intendo una concezione di sé come

51 Sul singolarismo, cfr. D. Martucelli, *La société singulariste*, Armand Colin, Paris 2010; Id., "Il singolarismo, nuovo avatar dell'individualismo", tr. it. in: C. Leccardi

essere unico, speciale, diverso da tutti gli altri che pretende di "essere valorizzato, ammirato, amato per i propri talenti e per la propria irripetibile originalità, tanto più creativa quanto più refrattaria ad ogni schema o standardizzazione"[52]. Una forma di individualismo che riproduce su scala di massa i caratteri e le dinamiche che nella modernità erano state proprie del genio e delle avanguardie in campo artistico e creativo[53]. Le principali caratteristiche del singolarismo – come tipo puro al quale gli individui reali tendono sempre di più ad avvicinarsi – possono essere descritte a partire dalle due caratteristiche generali che definiscono questa forma di soggettività: immediatezza e unicità.

A definire il singolarismo è, in primo luogo, l'*immediatezza* del rapporto con sé, con gli altri e con il mondo come assenza di condizioni, assolutizzazione della datità, non dipendenza da altro. Immediatezza è sinonimo in questo contesto di assenza di mediazione, di un'autoreferenzialità che si traduce in una declinazione solipsistica dell'autonomia, della libertà e del potere del soggetto.

In questa prospettiva, immediatezza della singolarità significa, innanzitutto, accettazione incondizionata di sé, dei propri desideri e delle proprie preferenze. I materiali presenti all'interno del perimetro identitario – credenze, interessi, preferenze relative agli ambiti più diversi: dagli stili di vita ai rapporti tra i generi, dai consumi

---

e P. Volonté (a cura di), *Un nuovo individualismo? Individualizzazione, soggettività e legame sociale*, Egea, Milano 2017, pp. 133-48; A. Reckwitz, *Die Gesellschaft der Singularitäten*, Suhrkamp, Berlin 2017; F. Rigotti, *L'era del singolo*, Einaudi, Torino 2021; P. Rosanvallon, *La società dell'uguaglianza*, tr. it. Castelvecchi, Roma 2013; D. D'Andrea, "Significato e senso del lavoro al tempo del singolarismo", in "Politica e Società", Vol. 1, 2023, pp. 3-30; e Id., "Libertarismo ringhioso. Siamo divenuti moderni", in: "Teoria politica", Vol. 12, 2022, pp. 137-58.

52 L. Paoletti, "Tra Zuckerberg e Hegel", in: "Paradoxa", Vol. 17, N. 3, 2023, p. 10.

53 Sulla cifra intrinsecamente creativo-artistica di questa forma di soggettività cfr., tra gli altri, R. Guardini, *La fine dell'epoca moderna* (1950), tr. it. Morcelliana, Brescia 1987, pp. 43-4; P. Rosanvallon, *op. cit.*, pp. 220-29, L. Boltanski e E. Chiapello, *Il nuovo spirito del capitalismo* (2011), tr. it. Mimesis, Milano-Udine 2014, in particolare pp. 63-108; G. Lipovetsky, *L'estetizzazione del mondo. Vivere nell'era del capitalismo artistico*, tr. it. Sellerio, Palermo 2017, in particolare pp. 323-51; e G. Lipovetsky, *La fiera dell'autenticità* (2021), tr. it. Marsilio, Venezia 2022, in particolare pp. 44-59.

alimentari al governo dei flussi migratori – non sono selezionati sotto un vincolo di coerenza e disposti in modo gerarchico, ma semplicemente assemblati, giustapposti. L'identità individuale non è più uno spazio organizzato, ma un sé frammentato, un aggregato caotico di elementi eterogenei accomunati esclusivamente dall'essere stati risucchiati, attraverso scelte di gusto del tutto arbitrarie e insindacabili, nel campo gravitazionale dell'io. L'individualità singolarista è, dunque, una soggettività al di là del principio di coerenza, riottosa all'idea stessa di una *Bildung*, di un dover divenire altro da quello che si è già.

L'individuo singolarista rivendica, poi, il diritto alla costruzione immediata e irrelata dei significati, al carattere soggettivo della costruzione della realtà. La pluralizzazione incontrollabile dei significati – delle risposte alla domanda "che cos'è?" relativa agli enti (oggetti, fenomeni, processi, eventi) del mondo – produce la perdita del mondo come sfondo-contesto comune in cui si situa l'agire e la vita degli esseri umani. L'individualismo della singolarità ci trasporta così nell'epoca della post-realtà e della post-verità, del disaccordo su ciò che è reale come primario rispetto a quello sul suo valore o sulla sua legittimità.

Ma ricerca dell'immediatezza significa, anche e soprattutto, non tanto un'elisione quanto piuttosto una riscrittura radicale del rapporto con qualunque dimensione sovraindividuale. A cominciare dai valori: il singolarismo coincide con la pretesa soggettiva di definire non soltanto il significato dei fatti, degli eventi, delle cose, ma anche quello dei valori che finiscono per perdere qualunque significato preciso e condiviso e si confondono in una sorta di equivalenza generale. I valori perdono trascendenza nel senso che cessano di essere qualcosa di oggettivo e universale per divenire libere creazioni o interpretazioni individuali. Detto altrimenti: perdono la loro alterità, la loro capacità di obbligare. Lipovetski ha parlato di società post-moralista, radicalmente estranea e ostile ad una declinazione dell'etica in termini di dovere e/o di sacrificio fosse anche soltanto delle proprie idee, opinioni, preferenze[54].

A caratterizzare la contemporaneità, più che l'annichilimento di qualsiasi relazione del soggetto con qualcosa che lo trascende (valori, divinità), è l'inversione della gerarchia della relazione: se nella modernità classica era l'individuo al servizio della trascendenza, adesso è quest'ultima ad essere al servizio dell'individuo e delle sue esigenze. La trascendenza ha cessato di essere qualcosa da servire e si è trasformata in un'agenzia di servizi per l'immanenza, qualcosa che viene convocato al servizio dell'individuo e delle sue esigenze di vita. Non è più la dimensione che interpella, inquieta, esige, ma quella che sostiene l'individuo nel compito di vivere/essere se stesso. Cristo da colui che pone una domanda si è trasformato in chi fornisce la risposta alle problematiche dell'esistenza quotidiana. L'orientamento all'immanenza del singolarismo non implica la rimozione di tutto ciò che trascende la singolarità, quanto piuttosto la sua subordinazione alle esigenze della singolarità

Di questa riscrittura del rapporto con la dimensione sovraindividuale fa parte anche il rifiuto della trascendenza delle identità collettive: la labilità delle appartenenze e la tendenziale riduzione a zero dei vincoli e dei limiti posti da una qualsiasi entità collettiva. Ogni appartenenza risulta temporanea e precaria perché l'inclusione o riposa su una motivazione strumentale o risulta accettabile per il singolo soltanto a condizione di una piena coincidenza fra le proprie posizioni e quelle del gruppo. Il sacrificio anche soltanto parziale delle proprie opinioni/preferenze viene percepito come intollerabile.

La soggettività singolarista non si caratterizza per una sovrana indipendenza o per l'assoluta asocialità, ma per un paradossale "desiderio di ritrovarsi tra simili"[55]. L'unicità singolarista è portatrice di

54 Cfr. G. Lipovetsky, *Le crépuscule du devoir*, Gallimard, Paris 1992.

55 G. Lipovetsky, *L'era del vuoto. Saggi sull'individualismo contemporaneo* (1989), tr. it. Luni, Milano 1995, p. 17.

un desiderio di socialità fra identici perché sperimenta il peso della relazione con la differenza, la rinuncia a sé che la stabilità di una relazione con l'alterità finisce per comportare. Ma, per soggetti unici che rivendicano la propria differenza, la comunità con l'identico si può produrre soltanto a partire da condivisioni miniaturizzate e da interessi iperparticolaristici. La socialità singolarista è fatta così di microgruppi costruiti su microcomunanze fra soggetti che per tutto il resto risultano differenti in quanto unici. Di più: tali gruppi esistono e resistono soltanto fin quando la condivisione riguarda non solo la sfida, il problema, la condizione, ma anche il posizionamento assunto, la soluzione, la ricetta che viene individuata e proposta. Le dinamiche della socialità singolarista sembrano in sostanza riprodurre in forma idealtipicamente pura quelle della setta weberiana.

Da qui una specifica forma di superficialità. Non quella che coincide con l'assenza di riflessività, con l'assenza di motivazioni profonde o con l'adozione di futili motivi. Neppure quella che coincide con la successione indifferente dei contenuti identitari – passioni, interessi, credenze – con una sorta di volubilità e contingenza del sé che di fatto coinciderebbe con la sua dispersione. Obiettivo più auspicato che registrato da tanto pensiero contemporaneo. La superficialità dell'individualità singolarista è quella più specifica che lega il sé al noi, l'identità individuale a quella del gruppo. Ad essere divenuto superficiale nel senso di privo di radici e pertanto instabile e incostante non è il sé, ma il legame che lo unisce al noi[56]. La superficialità singolarista è quella della precarietà delle ragioni dell'appartenenza, di una forma radicale di individualismo che non si nutre della propria precarietà, ma della irrinunciabilità a sé.

56 Per questa accezione di superficialità, si veda M. Alagna, "Pura superficie", in Id. e L. Mazzone, *Superficialismo radicale. Soggetti, emancipazione e politica*, ETS, Pisa 2021, pp. 27 *sgg*.

8. *L'individuo indaffarato con se stesso*

La seconda e ultima caratteristica distintiva della soggettività singolarista è costituita dalla fede nella propria *unicità* e dall'immediata traduzione dell'unicità in valore (*autenticità*).

Nel singolarismo l'unicità non allude all'eminenza, ad una distinzione verticale, ma alla logica orizzontale della differente composizione di elementi condivisi, al diverso assemblaggio di ciò che è condiviso. Si tratta di un'unicità costruita sul registro non dell'eccellenza, bensì dell'originale, inedito, irripetibile assemblaggio di proprietà normali, ordinarie. Essere singolari non significa essere eccellenti. Nel singolarismo l'unicità è costruita sul *comune*, su un ordinario che non cessa di costruire differenza, di produrre divisione. La logica del singolarismo è quella dell'uguale diversità, di una diversità che non discrimina e non gerarchizza, ma che neppure accomuna.

L'unicità singolarista si nutre del simile nel dettaglio perché ripone la differenza e il valore del singolo sulla totalità. L'unicità per differenza degli assemblaggi è la risposta singolarista alla questione tipicamente moderna del valore degli individui. O meglio: il suo superamento attraverso l'attribuzione democratica a ciascuno di un uguale valore in ragione della sua unicità. L'immediata traduzione della singolarità in valore, la fondazione del valore di ciascuno nella sua differenza è la forma singolarista dell'egualitarismo: "uno vale uno" è la regola aurea del singolarismo, la sua formulazione più icastica. Una forma di estremismo della dignità che cancella ogni gerarchia, l'affermazione incondizionata del "tutti uguali, perché tutti differenti".

Il singolarismo opera un radicamento del valore di ciascuno nella propria differenza che cancella ogni riferimento al principio di prestazione, che elide ogni riferimento ad una qualche forma di prova, di verifica, di conferma (*Bewährung*). Se ciò che conta è il possesso di una qualità, di un interesse, di una capacità, di una passione – e non la loro intensità –, qualsiasi riferimento alla misura e al suo accertamento risulta irrilevante. Il valore non dipende dal successo in una prova, dal superamento di una verifica, ma dal *fatto* di una differenza senza quantità, senza gerarchia. L'uguaglianza nella differenza comporta l'irrilevanza della misurazione e della verifica: con il singolarismo siamo di fronte ad una soggettività al di là del principio di realtà. Non soltanto non esiste più un modello, un criterio esterno con il quale ci si senta costretti a misurarsi e che consenta di stabilire il diverso valore di ciascuno, ma scompare anche la rilevanza della quantità delle proprietà (competenze, capacità, saperi, talenti) che definiscono l'identità. La vittima principale del valore della differenza è il principio di autorità. Trionfa l'idea che ciascuno sia – o tutt'al più possa diventare in breve, magari con qualche rapida lettura in rete – epidemiologo, virologo, medico, economista, musicista, alpinista, artista, e che possa esprimere nei più diversi ambiti una posizione dotata di uguale legittimità e autorevolezza.

La coincidenza immediata di unicità e valore consente al singolarismo di riscrivere, riducendola all'autoreferenzialità del giudizio del soggetto su di sé, la complessa e ambivalente sintassi moderna del *riconoscimento*. La centralità della questione del riconoscimento nella filosofia moderna possiede il proprio fondamento nell'incertezza su quale sia il posto del singolo nella società nel momento in cui questo cessa di essere un dato di natura. Ben prima di Hegel, il tema del riconoscimento irrompe come risposta alla domanda sulla collocazione del singolo nella gerarchia sociale: in una società in cui non esistono più ruoli e funzioni attribuite per nascita, il singolo si interroga sul proprio valore e conseguentemente sul posto che potrà occupare in società.

È Hobbes l'autore che per primo ha esplicitato il ruolo del riconoscimento nella costruzione della gerarchia sociale e che ha tematizzato con chiarezza i due momenti eterogenei su cui risulta incardinata la dinamica del riconoscimento: la messa alla prova e l'opinione altrui. Da una parte, l'individuo deve dimostrare, *in primis* a se stesso, di avere una certa quantità di potere (superiore a quella di altri) attraverso la realizzazione di azioni che ne testimonino l'esistenza. Dall'altra, il possesso di un certo quantitativo (superiore) di potere deve essere riconosciuto anche dagli altri. Per un verso, una superiorità di potere basata esclusivamente sull'opinione altrui è *vanagloria*, è cioè una mera opinione priva di qualsiasi fondamento reale: un'idea di se stessi fondata esclusivamente sull'opinione altrui è illusoria e fragile. Per un altro, tuttavia, un'opinione di sé fondata esclusivamente sulle azioni (sugli effetti del potere) senza il giudizio altrui è priva di effettività. Il potere che le nostre azioni certificano potrebbe essere, infatti, giudicato dagli altri inutile, irrilevante o addirittura dannoso. La stima di sé dipende, quindi, inestricabilmente dalla verifica effettiva dell'esistenza di un potere e dall'opinione altrui sulla sua consistenza e rilevanza. Non è possibile acquisire la propria autostima attraverso percorsi che neutralizzino completamente il giudizio degli altri, così come non esiste una buona opinione di sé davvero solida senza una verifica oggettiva del possesso di certe qualità. Il mancato riconoscimento da parte degli altri è un fattore che mina la propria autostima, che mette in discussione la percezione del proprio valore.

L'individualismo della singolarità emancipa l'autostima non soltanto – come abbiamo appena visto – dal principio di prestazione, ma anche dal riconoscimento da parte degli altri. L'opinione altrui rimane decisiva per l'accesso a beni, prestazioni, diritti, ma il giudizio degli altri non ha più alcuno effetto sull'opinione di sé. Il riconoscimento perde rilevanza per l'autostima e diviene esclusivamente la mediazione per ciò che continua a dipendere dall'opinione degli altri. Così, il riconoscimento, da aspirazione, desiderio, con i relativi elementi di incertezza, diviene pretesa, diritto, qualcosa che si esige in quanto fondato su ciò di cui non si dubita: il proprio valore. In qualche modo il singolarismo democratizza i caratteri e la postura dell'individuo carismatico weberiano. Dal punto di vista del profeta o del capo il riconoscimento non costituisce "il *fondamento* della legittimità", ma piuttosto "un *dovere* per coloro che sono chiamati [...] a riconoscere"[57] le sue qualità: "Nessun profeta ha considerato la sua qualità come dipendente dall'opinione delle masse nei suoi riguardi"[58]. La soggettività singolarista è la generalizzazione della pretesa carismatica di vedere riconosciuta una qualità di cui non si dubita, una unicità che non è in discussione, una pretesa di uguale valore, di uguale ascolto, di uguale importanza che costituisce la fede inscalfibile che struttura le relazioni con l'alterità.

In questa configurazione della dinamica del riconoscimento perde ogni rilevanza la qualità di chi riconosce. Il riconoscimento preteso consiste nel giudizio di un chiunque, nell'opinione di un altro generico e senza nessuna qualificazione o competenza particolare, nella massa più o meno grande dei *followers*. Se scompaiono le prestazioni, se il giudizio non verte più su una specifica qualità e sulla sua intensità, ma sull'unicità dell'insieme, il *like* di uno vale quello di un altro, l'opinione di un individuo che si percepisce come unico e irripetibile pretende di essere ascoltata e riconosciuta come valida su qualunque cosa, come quella di chiunque altro, da parte di chiunque. L'indifferenza alla qualità di colui che riconosce è la conseguenza diretta della fine dell'autorevolezza nel mondo dell'uguaglianza degli unici.

Quella del singolarismo è una soggettività post-invidiosa. Non certo nel senso di essere immune dalla rivendicazione di un riconoscimento di cui si dovesse sentire priva, o di non essere mossa dalla pretesa di voler di più rispetto a ciò che ha e che invece altri sono riusciti a conseguire. Dell'invidia le manca piuttosto il tratto decisivo dell'ossessione per la gerarchia e la sofferenza di percepirsi inferiore a qualcuno. A differenza del Salieri di Milos Forman (*Amadeus*, 1984), l'individuo del singolarismo non è neppure sfiorato dal

57 M. Weber, *Economia e società*, a cura di P. Rossi, Edizioni di Comunità, Milano 1980, Vol. I, p. 238.
58 Ivi, p. 239.

dubbio che qualcuno possa essere migliore di lui, così come è del tutto inimmaginabile che possa desiderare di essere qualcun altro. L'invidia è la passione dell'inferiorità dell'io – e non semplicemente il desiderio del destino materiale e del prestigio di qualcun altro –, una passione che rimanda alla percezione di una gerarchia di valore e di capacità del tutto sconosciuta all'individualismo della singolarità. Per essere invidiosi bisogna essere convinti della disuguaglianza di valore degli esseri umani e interessati alla propria collocazione gerarchica. Dove mancano questi due presupposti può esistere conflitto, antagonismo, rivalità, ma non c'è spazio per l'invidia.

La soggettività singolarista è perennemente ed esclusivamente *indaffarata con se stessa*. Da frutto di un processo complesso di mediazione fra il sé, gli altri e il mondo l'autostima diviene un fenomeno volontaristicamente autoprodotto nell'interiorità individuale, l'effetto di una postura soggettiva più che di una prestazione, di una decisione del soggetto più che il risultato di un confronto con la realtà. L'opinione che noi abbiamo di noi stessi non dipende da fattori esterni o oggettivi, ma da un atteggiamento soggettivo; non dalla realtà, ma dal nostro modo di guardare la realtà. Come insegna Sonja Lyubomirsky – e tutta la psicologia positiva[59] – l'autostima è una scelta, il prodotto di tecniche ed esercizi (imparare a perdonare, esprimere gratitudine, evitare il confronto sociale, coltivare l'ottimismo e i ricordi positivi) che chiunque in qualunque momento della propria vita può eseguire indipendentemente dalle circostanze materiali individuali e collettive: "Judith è probabilmente nata con un basso livello di felicità e, fin dalle prime fasi della sua vita, si è trovata a fare i conti con circostanze di vita difficili ed esperienze dannose. Anche oggi sta vivendo momenti difficili. Recentemente un suo caro amico si è suicidato e lei non è riuscita a farsi rinnovare il lavoro. Ma Judith si è elevata al di sopra delle circostanze e della sua

59 Sul nesso felicità-autostima nella psicologia positiva, cfr. E. Cabanas e E. Illouz, *Happycracy. Come la scienza della felicità controlla le nostre vite* (2018), tr. it. Codice, Torino 2019, in particolare pp. 49-76.

natura, sforzandosi di raggiungere un obiettivo di trasformazione della vita: cambiare il modo in cui pensava a se stessa e al mondo che la circondava, costruire la sua autostima e alimentare il pensiero ottimista, scegliendo di essere felice"[60].

L'individuo singolarista concepisce il mondo sociale al di fuori di qualsiasi sintassi del dovere e dell'obbligo: la società è il suo terreno di gioco, l'ambito in cui manifestare la propria unicità. L'espressione di sé (autoespressione) costituisce la ragione ultima della propria condotta (espressivismo), l'alfa e l'omega del suo rapporto con il mondo e con gli altri. A differenza dell'autorealizzazione, l'autoespressione è del tutto svincolata dal principio di prestazione e si configura, quindi, come un obiettivo al riparo da ogni possibilità di fallimento o di insuccesso. L'autorealizzazione singolarista in quanto espressione dell'*unicità del comune* è un'opportunità sempre disponibile. Non richiede condizioni materiali particolari, standard qualitativi da raggiungere: può manifestarsi indifferentemente nel lavoro, nel tempo libero, nel consumo, nello stile di vita, nell'estetica del corpo. Anche quando le cose vanno male da un punto di vista oggettivo e materiale (salute, lavoro), esiste sempre un margine di libertà per esprimere se stessi, un modo per svelare al mondo la propria unicità.

L'espressivismo singolarista neutralizza la spinta autoaffermativa da cui sono scaturiti i tratti più dinamici della soggettività moderna. Il singolarismo non prevede progetti (con i necessari costi, sacrifici, rinunce) e tantomeno progetti progressivamente più impegnativi o ambiziosi, ma soltanto l'espressione di una unicità bell'e pronta, sempre già data, che non conosce che il piacere dell'attività in se stessa. Alla soggettività singolarista manca la spinta autoaffermativa che scaturisce dalla interrogazione sul proprio valore e dalla necessità di dimostrarsi migliore. L'individualismo della singolarità coincide, così, con un tipo di condotta che riduce l'attrito con il mondo, che anche quando compete per risorse scarse lo fa con

60 S. Lyubomirsky, *The How of Happiness*, The Penguin Press, New York, NY 2008, p. 67.

distacco, senza coinvolgimento. L'agire nel mondo della soggettività singolarista è orientato ad un edonismo delle piccole cose[61], che investe nel lavoro e nella professione soltanto quando consentono una piena, ma non totalizzante o esclusiva, manifestazione di sé e che, altrimenti, li considera con indifferenza e attribuisce loro un senso esclusivamente strumentale[62].

9. L'assolutismo della realtà

L'altro aspetto dell'immagine del mondo egemone nelle società liberaldemocratiche occidentali che gioca un ruolo decisivo nella riscrittura della semantica della libertà è costituito dall'assolutismo della realtà: un modo di concepire il mondo all'insegna di quattro idee chiave.

La prima consiste nella fine della fede nel progresso, l'esaurirsi della fiducia che l'accadere mondano possieda una direzione che va verso il meglio. Certo, il nostro è il tempo di un progresso tecnologico spettacolare, ma il progresso come singolare collettivo che alludeva ad una dimensione unitaria del movimento verso il meglio è scomparso dalla nostra immagine del futuro. Il pianeta e le sue risorse si stanno rapidamente degradando, mettendo a repentaglio la salute delle generazioni presenti e le *chances* di vita di quelle future. Al progredire della tecnica non corrisponde alcun progresso morale o civile. Al contrario: lo squadernarsi di nuove e inedite sfide – dall'intelligenza artificiale alle tecnologie di manipolazione e riproduzione della vita – minaccia alla radice i nostri standard di civiltà. Infine, la qualità del nostro vivere sociale è lungi dall'essere attraversata da un movimento verso il meglio: nuove e inedite patologie individuali e sociali segnano il nostro tempo solo in parte legate alle nuove

---

61 Sulla rilevanza del piacere delle piccole cose per gli italiani, cfr. CENSIS, *Rapporto sulla situazione sociale del paese 2023*, pp. 9-18.

62 Sulla relazione fra soggettività singolarista e lavoro, cfr. D. D'Andrea, *Significato e senso del lavoro al tempo del singolarismo*, cit., pp. 3-30.

tecnologie. Il futuro è ancora modernamente aperto, ma è popolato di incubi.

Il secondo aspetto è legato al fatto che il nostro presente è un tempo – un inedito nella modernità – che non conosce sogni di emancipazione, progetti di trasformazione radicale della società e della politica. Con il Novecento sono finite anche le idee che auspicavano e annunciavano come possibile il superamento dei mali del mondo sociale: al loro posto sono subentrati da una parte un atteggiamento catecontico che cerca di conservare il meglio di quello che abbiamo percependolo come esposto a minacce radicali, dall'altra uno sguardo con le spalle al futuro che affronta il presente e i suoi problemi ricorrendo al patrimonio di idee e di soluzioni sperimentato nel nostro passato. Il nostro è il tempo della paralisi dell'immaginazione sociale e politica.

In terzo luogo, è venuta ormai definitivamente meno qualunque idea di una possibile composizione in un gioco a somma positiva degli interessi confliggenti: la possibilità di immaginare un mondo futuro in cui tutti possano avere un posto e una voce. Così è, *in primis*, per lo sviluppo economico. È ormai andata definitivamente in crisi l'idea che, sia pure in tempi medio-lunghi, la globalizzazione economica possa essere vantaggiosa per tutti. L'immagine armonicistica di uno sviluppo economico in cui "quando l'acqua sale tutte le barche salgono" è stata sostituita da un'immagine darwiniana di competizione selettiva nella quale alla crescita di alcuni fa riscontro il declino di altri. Il mercato globale ha cessato di produrre benessere per tutti ed è diventato il luogo in cui si combatte una lotta – anche e soprattutto con gli strumenti della politica – prevalentemente per conservare le posizioni acquisite o arrestare e invertire il declino.

Dell'assolutismo della realtà fa, infine, parte una forma generica di pessimismo antropologico. Gli esseri umani sono mossi dalla ricerca del potere come mezzo per soddisfare i propri interessi particolaristici. Sono costantemente alla ricerca, per dirla con i classici del realismo politico (Tucidide e Hobbes, *in primis*), non soltanto dell'utile e della gloria, ma anche delle condizioni che garantiscano la loro sicurezza, che soddisfino le loro paure. In questo scenario, la pace e la cooperazione diventano eccezioni motivate da situazioni contingenti su cui incombe sempre la possibilità del ricorso alla violenza e alla guerra e tutti gli attori rivendicano sempre più esplicitamente la legittimità di definire le loro relazioni sulla base dei rispettivi rapporti di potere.

L'assolutismo della realtà costituisce, per riassumere, una forma di realismo pessimistico che afferma lo strapotere dell'esistente concepito come immodificabile nel suo funzionamento generale e dominato dalla logica di una competizione escludente. L'assolutismo della realtà è l'affermazione della durezza della realtà: dura nel senso di resistente a qualunque tentativo di trasformazione radicale, dura nel senso di spietatamente selettiva ed escludente, dura nel senso di agita da attori individuali e collettivi che perseguono esclusivamente e senza scrupoli i propri interessi particolaristici.

10. Estremismo liberale

L'immagine del mondo del singolarismo e dell'assolutismo della realtà ha determinato la riscrittura della semantica in tre direzioni differenti. Le prime due sono forme di radicalizzazione del liberalismo e consistono in una forma di estremismo liberale impolitico, da una parte, e nella perdita di forza e di stabilità delle appartenenze politiche, dall'altra. Entrambe hanno la loro origine nel singolarismo come forma estrema di individualismo. La terza direzione di ridefinizione della libertà consiste nella elaborazione di un liberalismo ringhioso e autoritario. Fenomeno indubbiamente paradossale e internamente attraversato da tensioni il cui fondamento è costituito, invece, dall'intreccio fra un'immagine dell'individuo come essere singolare e l'assolutismo della realtà: la prima, un *Weltbild* del tutto coerente con il liberalismo, la seconda, un'immagine del mondo storico-sociale che invece tende a sostenere idee e politiche illiberali e autoritarie.

Il più immediato effetto politico del singolarismo è l'esasperazione del carattere impolitico della libertà liberale[63]. Il singolarismo esaspera una declinazione della libertà che è tipica della modernità: la libertà come universale vuoto (indifferente ai contenuti) che rende possibile la società dei diversi. Più gli individui divengono diversi più diviene necessaria la libertà come mediazione per la loro convivenza. L'esplosione della diversità individuale e della percezione soggettiva del suo valore – della sua irrinunciabilità – implica un'esigenza sempre più radicale di sottrazione alla presa di qualsiasi regola che non sia pienamente condivisa, che non sia la propria. Come ben hanno mostrato Max Weber e Carl Schmitt – ma anche, in una prospettiva diversa, Hannah Arendt –, la libertà dei moderni ha avuto da subito il volto antipolitico della richiesta di sottrazione al controllo politico di porzioni sempre più ampie di vita e di agire sociale. L'epoca neoliberale non inventa una declinazione antipolitica della libertà, la porta semmai ad uno sviluppo ipertrofico e unilaterale. La libertà singolarista è essenzialmente a-politica o antipolitica perché è indisponibile all'obbedienza, ma anche disinteressata al comando. Non è interessata a far fare, vuole semplicemente essere lasciata libera di fare. L'ossessione per l'espressione dell'unicità è, infatti, incompatibile sia con l'obbedienza, sia con la condivisione e la comunanza necessarie al comando politico.

Il liberalismo singolarista è un liberalismo estremo e radicale, impolitico e antistatale: la rivendicazione di "una libertà puramente egocentrica, [secondo la quale] il mondo potrebbe crollare finché la loro libertà individuale non verrà toccata. Sono individui monadi autosufficienti, imperi nell'impero, ciò che accade agli altri non li

63 Sull'idea di libertà impolitica, si veda M. Weber, *Economia e società. Dominio*, cit., pp. 476-83; sulla tesi weberiana del carattere antipolitico della libertà dei moderni, cfr. D. D'Andrea, "La genealogia della libertà dei moderni", in: "Riforma e movimenti religiosi", Vol. 2, 2017, pp. 69-112.

riguarda"[64]. È la rimozione di qualunque idea di limitazione della libertà a partire dai suoi effetti sugli altri: la rivendicazione ostinata di uno spazio di libertà privato sottratto a qualsiasi vincolo di responsabilità e ostile ad ogni regolazione o costrizione politica. È stata di questo tipo la libertà che abbiamo visto rivendicata e brandita contro le politiche di contenimento della pandemia da covid19, ma è di questo tipo ogni concezione in cui il valore della libertà viene assolutizzato al di là di ogni mediazione e compromesso con altri valori o beni degni di tutela.

Se si confronta con la dimensione delle istituzioni e dei diritti, la soggettività singolarista promuove un ricorso al diritto che media la richiesta di apertura e di riconoscimento di nuovi spazi di libertà, di nuove possibilità. Un uso del diritto inclusivo, orientato alla moltiplicazione delle forme giuridiche, all'inclusione nel registro del possibile piuttosto che alla proibizione e alla costrizione. Il diritto viene, così, utilizzato come strumento di apertura di nuove opportunità che spesso non comportano oneri per l'istituzione statale: una richiesta di ritrazione della politica funzionale ad un'esigenza di ampliamento della libertà soggettiva come condizione per l'espressione di una diversità che si percepisce incomprimibile. È questa la fisionomia di massima della politica contemporanea dei diritti soggettivi legati alle scelte sessuali, alle tipologie di famiglia, al fine vita. Ma a questa postura rimandano anche tutte le battaglie della galassia multiculturale.

Sul versante istituzionale, le idee di legittimità e di obbligo politico (l'obbedienza come dovere) sono state le principali vittime dell'individualismo della singolarità a tutto vantaggio di un rapporto strumentale con le istituzioni incentrato sulla loro capacità di fornire prestazioni funzionali ai progetti individuali di felicità e benessere. Le istituzioni più solide e stabili sono quelle ritenute più efficienti – e fintanto che sono ritenute più efficienti – perché il rispetto delle regole è divenuto, da dovere che era, un puro mezzo

64 V. Gérard, *Tracer des lignes*, MF, Paris 2021, p. 13

funzionale alla realizzazione di scopi privati. Alla legittimità di *input* si è sostituita quella di *output*[65], la doverosità dell'obbedienza e del rispetto delle regole ha lasciato il posto all'oggettiva uniformità di alcune tipologie di agire sociale motivate da una situazione di interessi. Il singolarismo radicalizza un rapporto strumentale con le regole che sostituisce la legittimità con l'efficacia, l'obbligo con l'utilità. Le uniche regole che godono di un rispetto assoluto sono quelle che si presentano come dispositivi tecnici indifferenti ai fini. Come mezzi neutri per tutti i fini. Al di là di ogni legittimità e di ogni obbligo politico – al di là di ogni identità – le istituzioni sono esclusivamente strumenti funzionali alle esigenze dei singoli e la loro capacità di ottenere la fedeltà dei cittadini dipende soltanto dalla loro funzionalità immediata ai bisogni individuali.

11. A gruppi di uno: precarietà delle appartenenze e crisi della rappresentanza

Il secondo effetto del singolarismo sulla sintassi della libertà è stato l'enfatizzazione della autonomia individuale rispetto a qualunque tipo di appartenenza politica sia essa statale, partitica, associativa. La politica singolarista è, infatti, idealtipicamente una politica a "gruppi di uno", segnata da una generalizzata indisponibilità ad ogni appartenenza con la quale non ci sia una identificazione perfetta e che, pertanto, comporti una qualche esperienza di non condivisione o addirittura di obbedienza. L'attivismo politico e sociale dell'individualità singolare ha come condizione di possibilità il consenso pieno e senza ombre alle finalità e alle modalità organizzative del gruppo: ogni appartenenza politica viene interpretata sul registro dell'associazione volontaria nella quale si sta soltanto e fintanto che se ne condividono integralmente finalità e forme di azione. L'individualismo della singolarità, con la rivendicazione

65 Per questa distinzione, cfr. F. Scharpf, *Governing in Europe: effective and democratic?*, Oxford University Press, Oxford 1999.

ossessiva dell'unicità individuale, è la radice prima della volatilità del consenso politico e della scomposizione delle appartenenze politiche che hanno segnato negli ultimi decenni la politica delle liberaldemocrazie occidentali, soprattutto in confronto allo scenario di stabilità delle identità politiche nei Trenta gloriosi.

A questa esigenza di condivisione totale tipicamente singolarista sono riconducibili anche due caratteristiche delle mobilitazioni politiche contemporanee ampiamente sottolineate dalla letteratura sui movimenti sociali: il loro carattere *single issue* e la loro natura prevalentemente interdittivo-negativa. Ormai da qualche decennio le mobilitazioni variamente definite e le associazioni che si presentano nello spazio pubblico si caratterizzano per avere ad oggetto tematiche specifiche (cambiamento climatico, libertà soggettive – spesso di gruppi specifici –, conflitti internazionali) che non soltanto non si saldano tra loro, ma che si indeboliscono e tendono a dividersi se e quando pretendono o sono costrette a posizionarsi rispetto a questioni diverse da quelle originarie. Il caso delle posizioni di Greta Thunberg sulla Palestina è soltanto quello più recente ed eclatante[66]. La pluralità immediata e incoerentemente assemblata delle preferenze dell'individuo singolarista lo rende inadatto a mobilitazioni che assumano ad oggetto una diversa idea complessiva di società o anche soltanto la dislocazione dell'impegno su un insieme di questioni simili o affini. La ricerca dell'identificazione completa si realizza più facilmente non soltanto riducendo l'ampiezza delle questioni, ma anche assumendo una postura essenzialmente negativa. Mobilitarsi contro è più facile che mobilitarsi per: il no unifica e produce appartenenza molto più facilmente del sì.

La politica singolarista si dispone all'insegna più della condivisione di veti o di opposizioni che dell'affermazione di contenuti positivi: più della protesta e della resistenza, che del progetto e della

66 Sui conflitti interni al movimento Fridays for Future a partire dall'episodio del 3 novembre 2023 ad Amsterdam, si vedano maggiori informazioni all'indirizzo www.repubblica.it/green-and-blue/2023/12/06/news/greta_thunberg_frydays for_future_palestina_israele-421588243/.

proposta. In questo senso Rosanvallon ha persuasivamente parlato di contro-democrazia, di forme di partecipazione attiva che delineano "una sorta di *contro-politica* fondata sul controllo, l'opposizione, l'umiliazione di quei poteri che non si ha più voglia di fare oggetto prioritario di conquista"[67]. Si tratta di mobilitazioni democratiche con un carattere squisitamente reattivo che non esprimono alcun contenuto positivo collettivamente condiviso. Bersagli privilegiati di questo tipo di agire collettivo sono le localizzazioni delle opere pubbliche in generale e, in particolare, dei grandi impianti e delle grandi infrastrutture.

La rivoluzione singolarista si è tradotta, infine, nella crisi dei partiti e della rappresentanza generale. Alla base della disaffezione nei confronti delle istituzioni democratiche e della volatilità del consenso dei partiti c'è sicuramente una costellazione ampia e variegata di fattori che non è possibile affrontare in questo contesto neppure per accenni. Vale, tuttavia, la pena sottolineare come l'individualismo della singolarità vada annoverato come un fattore non secondario nella produzione di distacco dalla politica e dai partiti e nella crisi della partecipazione democratica. La democrazia funziona al meglio in presenza di un conflitto riconoscibile e rilevante per la vita dei cittadini fra due idee o progetti di società. La rappresentanza generale presuppone partiti che siano portatori di progetti unitari e coerenti di società ed elettori che siano capaci di aderirvi e di riconoscersi nella proposta di un soggetto politico che li rappresenta nell'intera gamma delle questioni – attuali e potenziali – dell'agenda politica. La diffusione dell'individualismo della singolarità rende, viceversa, estremamente improbabile un consenso unitario ad un'idea coerente di società quale sarebbe necessario per una partecipazione attiva e convinta alla vita politica così come le istituzioni democratiche la strutturano. Più che la scomparsa o il declino della differenza fra destra e sinistra, il singolarismo ha segnato la scomparsa di individui

67 P. Rosanvallon, *La politica nell'era della sfiducia* (2006), tr. it. Città Aperta, Trina 2009, p. 29.

interamente e coerentemente di destra o di sinistra, sancendo una scollatura strutturale fra ciò che si muove e si mobilita nella società e le forme della rappresentanza generale.

12. Un liberalismo autoritario

C'è, infine, una terza direzione della riscrittura contemporanea della libertà. È la libertà del vento di destra che spira in Europa e in Occidente. Un'idea di libertà che declina il singolarismo – la forma radicale dell'individualismo contemporaneo – con l'assolutismo della realtà, con l'idea di un mondo darwiniano in cui la libertà recupera un volto escludente e inegualitario dal punto di vista spaziale e sociale. È il volto della libertà (politica e civile, individuale e collettiva) in un mondo in cui "non ce n'è per tutti", in cui è necessario limitare le libertà di alcuni per proteggere quelle di altri, in cui l'identità torna a giocare un ruolo politico rilevante come criterio di differenziazione di accesso alle risorse. Una libertà liberale con venature autoritarie, al tempo stesso, ringhiosa e particolaristica, sfiduciata sulle possibilità di inclusione e di crescita generalizzata e tesa a sfruttare l'identità come criterio di governo della scarsità delle risorse economiche, delle opportunità di crescita, dell'accesso al mercato e ai servizi del Welfare.

La globalizzazione è stata sul piano internazionale e su quello domestico degli Stati-nazione la grande rivincita del (neo)liberalismo sugli assetti politici e sociali dei Trenta gloriosi. La crescita esponenziale dell'interdipendenza (economica e non solo) su scala globale ha significato uno scambio fra aumento di potere e perdita di autonomia degli attori individuali e collettivi. L'aumento dell'ampiezza della rete di interdipendenze fa aumentare il potere dei partecipanti, ma ne riduce il peso nel network e l'autonomia decisionale. Si tratta di uno scambio che funziona a due condizioni tra loro intrecciate: la sostanziale condivisione delle finalità della cooperazione e la generalizzata partecipazione ai suoi vantaggi.

È su queste due condizioni che il meccanismo della globalizzazione economica e dell'ordine liberale si è inceppato. A partire dal primo decennio di questo secolo è divenuto chiaro che per alcuni attori la globalizzazione stava significando declino economico e perdita di quell'autonomia politica che poteva essere impiegata per invertire la tendenza. La libertà di produrre e commerciare su scala globale ha perduto la capacità di produrre vantaggi economici per tutti, privando i principali attori politici (gli Stati) della loro autonomia politica, del controllo sulle variabili fondamentali del loro destino economico e non solo. Ha così cominciato a prendere forma in Occidente un consenso sempre più esplicito e di massa verso un recupero della libertà come autonomia da parte degli Stati: una strategia di parziale immunizzazione da una interdipendenza percepita come dannosa. La libertà come condizione di immunità contro una libertà che produce interdipendenza.

Siamo di fronte ad un ritorno di legittimità del particolarismo, dell'interesse nazionale, dell'idea di nazione *tout court* come soggetto collettivo il cui destino contiene e riassume il destino materiale degli individui, dei suoi cittadini. Ad un ritorno della politica e della sua pretesa di governo dei processi e dei fattori fondamentali per il benessere dei cittadini. *Make America Great Again* riassume alla perfezione questo approccio: la potenza della nazione come fattore di crescita economica e la crescita economica come fattore/garanzia di inclusione. Una correzione politica dei meccanismi del mercato globale per consentire alla nazione di tornare a crescere e con questo di produrre benessere generalizzato. Non una contestazione alla radice del mercato – che rimane il dispositivo fondamentale di razionalità sociale –, ma una sua correzione in ragione degli effetti di declino che produce per alcuni. Dazi, protezione politica di asset ritenuti strategici, garanzie politiche di accesso alle materie prime sono divenuti – in particolar modo dopo la pandemia – parte integrante dei principi che governano le politiche degli Stati.

Ma la nazione costituisce la risposta ad una esigenza di protezione dagli effetti escludenti del mercato e dello smantellamento del Welfare anche sul versante domestico. Un'idea di nazione che si carica di contenuti normativi e gerarchizzanti – esplicitamente discriminanti – nei confronti di alcuni tipi di soggettività, di alcuni diritti civili e di alcune libertà fondamentali al fine di configurare un accesso differenziale e differenziato al mercato e una distribuzione selettiva delle risorse e delle prestazioni del Welfare. "Prima gli italiani" esprime bene la funzione che la nazione svolge nel limitare l'accesso a posizioni vantaggiose e privilegiate sul mercato – sul mercato del lavoro in particolare – e nelle politiche pubbliche. Non casualmente la nazione contemporanea risulta svuotata di un fondamento etnico, o di un riferimento a qualunque idea di superiorità razziale. A strutturare la sua semantica e a definirne la funzione è piuttosto il paradigma proprietario – "padroni a casa propria" – e la sua declinazione nativista.

Diversamente dal passato la nazione non costituisce oggi una risorsa di *status*, quanto piuttosto un veicolo di opportunità di mercato e di prestazioni pubbliche. Non veicola risorse simboliche – prestigio e autostima –, ma l'accesso a posizioni vantaggiose, protette sul mercato e nelle politiche pubbliche. È un principio di legittimazione delle *policies* e di definizione di posizioni non universalizzabili: da quelle sui migranti alla legittimazione dell'evasione fiscale, dai tassisti ai balneari, dai bonus alle politiche sulla e per la famiglia. È questa strumentalità che spiega il ricorso con successo alla triade "Dio, patria, famiglia" in un paese ampiamente secolarizzato, in cui pochi sarebbero disposti al sacrificio per la patria e in cui le famiglie naturali sono sempre meno. A partire da quelle di coloro che le difendono.

Non siamo, dunque, di fronte ad un ritorno della trascendenza delle identità collettive, ad una riedizione di appartenenze capaci di esigere e ottenere dagli individui sacrifici e rinunce. La nazione non chiede all'individuo di fornire prestazioni, ma piuttosto gliele offre. Costituisce un fondamento di legittimità dell'esclusione o della gerarchizzazione dell'altro e non della dedizione di sé, uno strumento, non un fine: uno strumento per l'esclusione di chi sta fuori e minaccia di entrare, per la limitazione delle libertà di alcuni e segnatamente dei più deboli.

Nella libertà contemporanea c'è, infine, un tratto esplicitamente autoritario: l'insofferenza per le garanzie liberali della democrazia, per la divisione e il bilanciamento dei poteri, per le garanzie di legalità percepite come ostacoli ad una immediata e diretta attuazione delle decisioni politiche. La democrazia liberale richiede tempo, consenso di una pluralità di attori, rispetto delle regole. Tutte cose che ostacolano l'efficienza, la rapidità e l'effettività delle decisioni. L'assetto liberale della democrazia risponde ad un'esigenza di debolezza del potere politico, di bilanciamento fra poteri funzionale alla ricerca di un equilibrio in un contesto di pluralismo moderato, ma poco adatto dove si tratta di ridurre la complessità e di adottare rapidamente soluzioni politiche univoche. Il pluralismo – delle istituzioni e delle idee – liberale viene percepito come un lusso che una collettività che si sente a rischio di declino non si può permettere. Quando la barca affonda non c'è tempo da perdere.

13. Singolarismo ringhioso

Questa declinazione di destra della libertà contemporanea si trova in sintonia profonda con una soggettività singolarista che ha smarrito la fiducia nella capacità delle libertà del mercato di armonizzarsi nella produzione del bene della generalità.

Intanto, per la motivazione e la forma della partecipazione dell'individuo singolare alla competizione mercantile: una partecipazione senza impegno, priva di significato e di motivazioni autoaffermative. Il mercato non è il luogo della conferma del proprio valore, è piuttosto un gioco a cui si partecipa a condizione che non sottragga troppo tempo ed energie a quella espressione di sé che è il vero *primum movens* della soggettività singolarista. L'individuo singolare non sperimenta nessuna resistenza alla rendita, al privilegio o alla sottrazione alle regole del mercato perché non considera il mercato qualcosa di dotato di un qualche valore più che strumentale. Discriminare l'accesso di alcuni per favorire la posizione di altri – truccare la competizione per vincere più facilmente – non costituisce il problema perché non è sul mercato e sull'esito della competizione che si costruisce l'autostima. L'aspirazione non è così alla pratica delle libertà di mercato, quanto piuttosto alla libertà dal mercato e dalla competizione che lo caratterizza.

L'intreccio fra la percezione di una minaccia di declino materiale collettivo e l'assenza di pulsioni autoaffermative spiega la particolare torsione del conflitto per le risorse scarse agito dalla soggettività singolarista e la sua prevalente direzione verso il basso. Il conflitto agito dall'individualismo della singolarità ha un carattere essenzialmente anti-emancipativo. È un conflitto che guarda in basso, agito da chi sta meglio nei confronti di chi sta peggio, mosso dall'ostilità verso chi insidia piuttosto che dall'ira per chi opprime. L'individuo singolarista può così assumere anche la postura del *ringhio*, del cane che protegge l'osso da chi glielo vuole sottrarre, di chi ha qualcosa da difendere, di chi si sente minacciato in un suo qualche possesso, materiale, da chi ne è privo. L'obiettivo di chi ringhia è quello non di ascendere, ma "semplicemente" di non sprofondare. Non si ringhia nei confronti di chi gode di qualcosa di cui ci si sente defraudati, o che si vorrebbe acquisire, ma per difendere – con le unghie e con i denti – quel che si ha già da chi potrebbe strapparcelo. La *ringhiosità* è un'aggressività difensiva, la passione dei penultimi: di chi non guarda verso l'alto, di chi non si sente oppresso, ma insidiato dal basso. È la passione di chi ha solo da perdere: di chi non lotta per ottenere di più, ma per proteggersi da chi ha di meno.

Perfettamente sintonica con la libertà disuguale ed escludente della destra occidentale è, inoltre, l'insensibilità singolarista per l'uguaglianza. Il principio che governa il singolarismo è infatti quello della differenza, dell'unicità. Un principio che non comporta particolari resistenze alla richiesta di ineguali libertà se questo è funzionale al mantenimento o all'acquisizione senza sforzo delle condizioni materiali funzionali all'espressione di sé. Del resto, anche l'individualismo classicamente liberale lasciava indeciso e impregiudicato chi fossero i titolari della libertà, gli individui a cui spettavano uguali libertà liberali fossero esse civili o politiche.

Infine, pienamente ed integralmente singolarista è il rapporto dell'individuo con le identità collettive e il loro uso strategico. La nazione come fondamento di legittimità per l'esclusione o l'inclusione differenziata non allude a nessuna disponibilità al servizio o al sacrificio. E neppure all'obbedienza incondizionata. Il riferimento ad un'identità collettiva risulta anche del tutto privo di qualunque valore o significato normativo per la condotta individuale: non implica alcun dover essere.

Così, accanto alla spoliticizzazione e al congedo dalla politica, all'idiosincrasia per la regolazione e alla rivendicazione di maggiore spazio per le differenze, compare una diponibilità all'uso della politica volto a limitare non genericamente la libertà degli altri, ma dei più deboli, di chi sta fuori e minaccia di entrare, contro le nuove pretese di un posto a tavola quando si ritiene impossibile aumentare il cibo disponibile. Il ritorno dei sovranismi, la fissazione nativistica del confine, l'uso strategico dell'identità come ostacolo materiale e simbolico all'inclusione testimoniano un'esigenza di protezione immunitaria che veicola una differenziazione della tutela delle diverse specie di libertà.

Differenziato nell'epoca del singolarismo ringhioso è, così, l'atteggiamento nei confronti delle diverse forme di libertà. Quelle economiche e mercantili sono ridimensionate (nella dimensione domestica e internazionale) attraverso la costruzione di privilegi e di posizioni immuni dalla concorrenza in funzione di una garanzia del benessere di alcuni non mediata dal principio di uguaglianza o da norme di carattere generale. Sul piano dei diritti sociali (della libertà come potere) si assiste ad un sempre più marcato arretramento dello

Stato: sanità, istruzione, previdenza si trovano a dipendere sempre di più dalle risorse economiche dei singoli e, quindi, dalle virtù della crescita economica. Le libertà civili vengono ridimensionate nelle acquisizioni più recenti e più legate alle questioni di genere e alla sfera riproduttiva, mentre rimangono inalterate o addirittura si rafforzano attraverso la crescente opposizione ai tentativi di limitazione giuridico-politica dell'espressione di idee estreme o discriminatorie (negazionismi, discorsi d'odio, ecc.). Infine, nella dimensione più strettamente politica, le libertà democratiche, in senso stretto, non sembrano a rischio, mentre prende campo l'insofferenza per la configurazione istituzionale tipica della democrazia liberale e per le garanzie del pluralismo delle idee e delle opinioni. È lo spettro delle democrazie autoritarie che si aggira per l'Occidente.

Nel complesso, lo scenario è quello di una forma inedita di ridimensionamento delle libertà liberali finalizzato alla costruzione di una coesione e protezione sociali fondate non più sul principio universalistico di uguaglianza, ma sull'idea di nazione con il suo portato differenziante ed escludente.

Liberté et cheminement intérieur. Réflexions sur la mystique persane médiévale

Mohammad Ali Amir-Moezzi

Paris / *Parigi*, France / *Francia*
September / *Settembre* 2023

« Les recherches sur le passé doivent avoir un sens actuel, personnel, formateur, existentiel »
(Pierre Hadot, *la philosophie comme manière de vivre*, 1995)

Commençons par deux remarques préliminaires. D'abord, une précision terminologique : le terme « mystique », aussi bien le substantif que l'adjectif, n'a pas d'équivalent exact ni en arabe ni en persan, pour ne parler que des deux langues majeures de l'islam. Ce que l'on pourrait appeler la mystique musulmane est une des formes de la spiritualité en islam centrée sur la notion d'« amour » (*maḥabba*) et dont la manifestation la plus populaire, mais non la seule, est sans doute le soufisme (*taṣawwuf*). Autrement dit, la mystique ne se réduit pas au seul soufisme (il existe même une mystique anti-soufie) et ne représente pas toute la spiritualité islamique qui comprend au moins deux autres types : la spiritualité ascétique dont le centre de gravité est la notion de « crainte révérencielle » (*makhāfa*) et la spiritualité ésotérique fondée sur la notion de « connaissance » (*ma'rifa*). Ces types de spiritualité ne constituent pas toujours des catégories étanches mais demeurent distincts dans bons nombre de cas[1]. Plusieurs mots arabes ou persans évoquent plus ou moins le même contenu que le terme « mystique » (qui n'est pas moins problématique d'ailleurs dans les langues occidentales) : l'arabe *bāṭin* ou le persan *darūn* : « intérieur, caché, ésotérique » ; *ma'nawī*, adjectif formé à partir du substantif arabe *ma'nā* : « sens profond », « substance, essence » (s'opposant à la forme, à la matière) ; *'irfān* , utilisé surtout en Orient musulman et dans l'aire culturelle iranienne, nom commun tiré de la racine arabe *'RF* : « connaissance », « gnose salvatrice et transformatrice » ; enfin *rūḥānī*, littéralement « spirituel » (de l'arabe *rūḥ* : esprit, souffle vital, s'opposant à *jismānī*, « corporel », « matériel »). On se rend ainsi compte que les champs conceptuel et sémantique de ce qu'évoque la mystique en terre d'islam sont particulièrement diversifiés et c'est par simple commodité et faute de mieux que nous utiliserons le terme « mystique » tout le long de cette étude.

En ce qui concerne la notion de liberté en islam dit « orthodoxe » en général, elle est surtout abordée en droit canonique d'un point de vue juridique, opposant notamment les statuts de l'homme libre à l'esclave[2]. La problématique se pose autrement chez les philosophes et les théologiens, notamment dans les interminables discussions au sujet du déterminisme et du libre arbitre[3]. Pour ce qui est notre propos, en mystique musulmane et plus singulièrement dans la spiritualité médiévale de langue persane et son principal véhicule de transmission à savoir la poésie en particulier la question de la liberté semble marquée par un paradoxe. Le substantif « liberté » (*āzādī*,

---

1 Mohammad Ali Amir-Moezzi, « Crainte révérencielle, amour, connaissance. Remarques sur le sens de la vie en spiritualité musulmane », dans : E.D. Carosella (éd.), *Le sens de la vie*, Actes du colloque organisé par l'Académie des Sciences et l'Académie des Sciences Morales et Politiques (28 février – 1er mars 2017), Hermann, Paris, 2018, pp. 145 *sv.* ; voir aussi A.T. Karamustafa, *Sufism : the Formative Period*, Edinburgh University Press, Edinburgh, 2007, pp. 1 *sv.*

2 Voir l'ouvrage classique de F. Rosenthal, *The Muslim Concept of Freedom Prior to the Ninteenth Century*, Brill, Leiden, 1960 ; aussi M. Charfi, *Islam et liberté : le malentendu historique*, Albin Michel, Paris, 1999 et maintenant H. Redissi, *S'exprimer librement en islam*, Seuil, Paris, 2023, surtout Troisième Partie.

3 Voir les chapitres consacrés à ces sujets dans les ouvrages cités à la note précédente.

āzādegī) et l'adjectif « libre » (*āzād, āzādeh*) ne se rencontrent presque jamais dans les sources. Or, les contenus de ces termes, dans toute leur complexité, y sont omniprésents et ils sont presque toujours articulés avec la notion de connaissance de soi. La présente étude se veut un modeste examen de cette association liberté-connaissance de soi, d'abord ses exposés théoriques et ses modes d'expression, ensuite ses aspects pratiques dans la vie spirituelle, fondés sur une psychologie aussi fine que rigoureuse.

Un vers du grand poète mystique Ḥāfeẓ de Shiraz (m. vers 792 de l'hégire/1390 de l'ère commune), sur lequel nous reviendrons longuement, introduit assez bien notre propos. C'est un des rares endroits où le mot « libre » apparaît ; de plus, le poète semble y faire allusion, non sans ironie, à l'opposition juridique entre liberté et esclavage, en soulignant que pour lui ces notions sont situées sur un tout autre plan que celui du droit :

> «Je suis l'esclave de la force intérieure de qui,
> sous la Roue azurée du ciel,
> Reste libre de tout ce qui porte couleur d'attachement. »[4]

I. *De quelques théories et modes d'expression*

I.1. Les Gens du Blâme

Au IIIe/IXe siècle, grâce aux enseignements des maîtres tels que Ḥamdūn Qaṣṣār et ses disciples Abū Ḥafṣ Ḥaddād ou Abū 'Uthmān Ḥīrī, apparut à Nīshāpūr, rayonnante capitale de l'immense province iranienne du Khorassan, un courant spirituel qu'on appellera

4 *Gholām-e hemmat-e ānam ke zīr-e čarkh-e kabūd/ ze har če rang-e ta'alloq pazīrad āzād ast* ; Ḥāfiẓ, *Dīvān*, éd. Qazvīnī-Ghanī, n° 37 ; éd. Khānlarī, n° 23; éd. Neysārī, n° 25, partout le vers n° 2 (nous n'indiquons dans ces références que le numéro du poème dans les éditions différentes car, de chaque édition il existe de très nombreuses parutions, réalisées notamment à Téhéran à des dates différentes) ; la traduction française de Charles-Henri De Fouchécour, *Hâfez de Chiraz : le Divân*, Verdier, Paris-Lagrasse, 2006, n° 37, vers 2 (traduction quelque peu modifiée par nous).

très vite la Voie du Blâme, *Malāmiyya* ou *Malāmatiyya* [5]. L'objectif premier de cette voie semble avoir été la liberté intérieure, être libre de soi-même et d'autrui. Le moyen en est la lutte implacable contre l'égo, le moi haïssable, et contre toute forme de complaisance envers soi, formes souvent très subtiles qu'il fallait déceler et arracher par les racines. Cette lutte caractérisait la dure discipline spirituelle des Malāmatī-s. Elle était plus particulièrement dirigée contre la complaisance dans l'accomplissement des actes pieux, des pratiques de dévotions ou des exercices spirituels. Les maîtres du Blâme ne cessaient de mettre en garde leurs fidèles contre le plaisir, dévastateur sur la voie de la perfection par le détachement, que peuvent procurer les actes d'obéissance religieuse, et aussi contre la valeur exagérée que les disciples pourraient attacher à leur accomplissement. C'est ainsi qu'était enseigné le blâme lucide, impartial et perpétuel de soi. On comprend aisément pourquoi la pensée et la pratique *malāmatī* étaient centrées sur deux notions fondamentales qui, toutes deux, désignent des modalités subtiles de « sincérité » : d'abord la notion d'*ikhlāṣ*, la pureté totale de l'intention, s'opposant au *riyā'*, à la fois ostentation, hypocrisie et recherche de considération d'autrui, défauts qui vident les œuvres de toute valeur et de toute véracité. Ensuite, la notion de *ṣidq*, sincérité héroïque qui est la seule voie d'accès à la véritable foi. De même que l'opposé de l'*ikhlāṣ* est la considération de l'opinion d'autrui, de même l'opposé du *ṣidq* est, pour les hommes du Blâme, le regard de satisfaction porté sur soi-même, regard de complaisance de soi considéré donc comme la plus grande des faussetés. Al-Jurjānī (m. 816/1413), grand admirateur des hommes du Blâme, apporte dans son célèbre *Livre des définitions*, plusieurs explications significatives de ces termes dont la traduction

5 Pour la traduction et l'explication des termes et expressions de la Voie du Blâme, nous utilisons le travail, remarquable dans sa densité et sa précision, de Roger Deladrière dans Sulamî, *la lucidité implacable. Epître des Hommes du Blâme*, traduit de l'arabe et présenté par R. Deladrière, Arléa, Paris, 1991 (traduction française d'al-Sulamī, *Risālat al-malāmatiyya*) ; sur cet auteur voir maintenant la somme de J.-J. Thibon, *L'œuvre d'Abū 'Abd al-Raḥmān al-Sulamī (325/937-412/1021) et la formation du soufisme*, Publications de l'Institut Français du Proche-Orient, Damas, 2009.

exacte en français, on s'en rend compte, pose difficulté: « *Ikhlāṣ*, la purification, la sincérité adorative [...]. C'est l'épuration ou la clarification du cœur, obtenue en faisant disparaître l'impureté du mélange qui trouble sa limpidité [...]. L'*ikhlāṣ* est que tu ne recherches pas d'autre témoin que Dieu pour ton acte [...]. L'*ikhlāṣ*, a-t-on dit, est un voile protecteur mis entre le serviteur et Dieu. L'ange scribe ne sait rien consigner de la sincérité, nul démon ne peut l'altérer et la passion n'a aucune prise sur elle [...]. La différence entre *ikhlāṣ* , la sincérité et *ṣidq*, la véracité, la loyauté, est que cette dernière qualité est la cause (de l'acte) et que la première en est la conséquence. »[6]

Les Malāmatī-s continuaient, en l'enrichissant considérablement, la voie d'un certain nombre d'ascètes et de mystiques et aussi celle des *fityān* (singulier *fatā*) du Khorassan, ces « jouvenceaux-chevaliers de la foi » qui tous avaient fait de la sincérité et de la pureté de l'intention les clefs d'une spiritualité véridique[7]. Mais l'apparition de la Voie du Blâme peut également être comprise, en partie tout au moins, comme une réaction envers une tendance quasi générale des élites de la communauté musulmane qui commençaient à goûter à la fabuleuse richesse des conquêtes et les privilèges du pouvoir, et aussi, plus particulièrement envers la mystique musulmane qui s'organisait de plus en plus systématiquement sous forme d'un soufisme figé et formalisé: tendance de religiosité affichée, de piété ostentatoire, de compétences canoniques criardes qui, à cette époque de l'imposition parfois violente des « orthodoxies », étaient autant de

6 'Alī b. Muḥammad al-Jurjānī, *Le Livre des définitions* (*Kitāb al-Ta'rīfāt*), traduction, introduction et annotations par Maurice Gloton, préfacé par Pierre Lory, Markaz-e nashr-e dāneshgāhī, Téhéran, 1994, p. 48.

7 Sur les *fityān* et leur mouvement – *al-futuwwa* – voir par ex. F. Taeschner: *Texte zur Geschichte der Futuwwa*, Artemis, Zürich-München, 1979. La traduction « jouvenceaux chevaliers de la foi » est de Henry Corbin par exemple dans son introduction aux *Rasā'il-e javānmardān*, éd. M. Ṣarraf, Maisonneuve, Téhéran-Paris, 1973. Voir aussi M.A. Amir-Moezzi, « 'Les descendants d'Adam sont les organes d'un même corps'. Remarques sur la solidarité non communautaire en islam », dans : A. Supiot (éd.), *La Solidarité. Enquête sur un principe juridique*, Odile Jacob, Paris, 2015, pp. 183-97.

gages de respectabilité sociale voire de réussite dans les carrières religieuses et politiques.

Dans une première phase, l'attitude par excellence de l'homme du Blâme pour garder la pureté de sa sincérité consistait à préserver sa vie spirituelle des regards d'autrui. Il s'efforçait de rester anonyme, anodin, invisible dans la masse des croyants, « marchant et gagnant sa vie dans les souks et parlant paisiblement avec les gens », selon l'expression d'al-Sulamī. Respectueux des usages de la vie en société et adoptant les coutumes et habitudes les plus ordinaires, le degré de spiritualité du Malāmatī, voire sa sainteté passaient totalement inaperçus. Le grand théosophe de l'Espagne musulmane Ibn 'Arabī (m. 638/1240), dit « le Maître suprême » (*al-shaykh al-akbar*), considérait cette attitude comme la plus haute manifestation spirituelle et plaçait les hommes du Blâme au sommet de la hiérarchie de la sainteté : « Les gens du Blâme sont les hommes spirituels qui ont revêtu le plus haut degré de la sainteté. Il n'y a au-dessus d'eux que la station de la Prophétie. (Leur station) est celle qu'on désigne par la Station de la Proximité [...]. On ne connaît d'eux aucun miracle ; on ne les admire pas car ils ne se distinguent pas aux yeux des hommes par un comportement ostensiblement vertueux [...]. Ils sont les cachés, les purs [...] occultés parmi les hommes. »[8]

Ailleurs, le même mystique déclare : « Ils sont entrés dans les Tentes du Mystère et s'occultent sous le voile des comportements ordinaires [...]. Ils sont les héros, les cachés, les gens du Blâme [...]. Quand ils sont présents, personne ne fait attention à eux ; quand ils se retirent, nul ne prend garde à leur absence. Ils se fondent dans la masse des croyants : aucune ascèse apparente, aucune dévotion surérogatoire visible, aucune intervention manifeste du surnaturel dans la trame de leurs vies très ordinaires ne les signale au regard. Le ' blâme ' c'est à la fois celui qu'ils s'adressent à eux-mêmes dans un

8 Cité par C. Addas, *Ibn 'Arabî ou la quête du soufre rouge*, Gallimard, Paris, 1989, pp. 95 *sv.*

effort sans relâche pour déceler leurs propres imperfections et celui auquel ils s'exposent de la part de ' l'élite '. »[9]

La seconde partie de cette dernière phrase semble faire allusion à une deuxième phase de l'enseignement *malāmatī*. En effet, les gens du Blâme auraient pu se contenter de passer inaperçus, de se satisfaire de leur discrétion et de leur effacement volontaire. Mais il appert que, dans leur démarche, ils ont été amenés à aller plus loin encore en s'exposant courageusement au blâme d'autrui et en dissimulant volontairement leur condition spirituelle sous des apparences déplaisantes. C'est le principe de la Voie du Blâme connu sous le nom de *talbīs*, littéralement « travestissement » ou encore plus précisément le fait de « cacher la vérité et la manifester autrement qu'elle n'est », toujours selon *le Livre des définitions* de Jurjānī[10]. S'appuyant en partie sur l'héritage des fameux « sages fous » (*al-'uqalā' al-majānīn*) qui les avaient précédés, certains hommes du Blâme déployèrent désormais tous leurs efforts pour acquérir mauvaise réputation auprès de leur communauté et plus particulièrement auprès de « l'élite » à savoir les docteurs de la loi, les théologiens, les philosophes, les hommes du pouvoir ou encore les ascètes et les mystiques « officiels », reconnus et respectés comme tels. Ce passage de l'effacement, de l'anonymat à l'effronterie et à la provocation marque un tournant historique de la Voie du Blâme ou tout au moins celui de l'attitude de la plupart des spirituels se réclamant de cette voie, et semble se situer à la fin du IXe et début du Xe siècle de notre ère. Le passage aurait également une valeur initiatique et disciplinaire individuelle puisque l'évolution de la première attitude à la seconde est parfois décelable chez un certain nombre de Malāmatī-s postérieurs, soit dans leurs œuvres soit à travers le récit de leur vie raconté par leurs biographes-hagiographes[11].

---

9 Cité par M. Chodkiewicz, *Le Sceau des saints. Prophétie et sainteté dans la doctrine d'Ibn 'Arabî*, Gallimard, Paris, 1986, pp. 136 *sv.*

10 Al-Jurjānī, cit., *sub talbīs*, p. 136.

11 Voir de nombreuses contributions à l'ouvrage collectif *Melāmis-Bayrāmis. Etudes sur trois mouvements mystiques musulmans*, réunies par N. Clayer, A. Popovic et T.

Qu'est-ce qui a motivé ce tournant ? Quelles sont les raisons de l'élaboration du principe de *talbīs* ? Il est difficile d'y répondre précisément tant il est vrai que la mise en place d'un cheminement spirituel garde toujours une grande part de mystère et ce d'autant plus dans le cas des gens du Blâme qui avaient fait de la discipline de l'arcane un devoir sacré. Cependant les écrits des auteurs sur lesquels nous reviendrons sommairement un peu plus loin fournissent par allusion quelques éléments de réponse. Les raisons évoquées, bien qu'intimement liées, semblent être de deux ordres différents : une dimension individuelle et puis une dimension sociale voire politique dans le sens large du terme. D'abord, les hommes du Blâme auraient senti que la spiritualité discrète vécue dans l'anonymat pouvait devenir une nouvelle source de satisfaction de soi, entamer la pureté de l'intention requise et entraver la réalité de la liberté recherchée. Les comportements déplaisants, la mauvaise réputation, l'image négative auprès des autres, tout en cachant la véritable vie intérieure de l'individu qui y avait recours, faisaient éclore en lui un sentiment de détachement inébranlable vis-à-vis de lui-même et de ses semblables et déjouaient ainsi les subtils pièges de l'égo. En même temps, cette voie spirituelle est dite voie de l'Amour. Sans sincérité point d'amour. L'homme du Blâme est donc désormais comme l'amoureux qui, embrasé par le feu de la passion, s'adonne volontiers à la folie de son amour sans se soucier du regard d'autrui. Par ailleurs, selon les Malāmatī-s, l'hypocrisie, surtout dans le domaine religieux et spirituel, était devenue si envahissante et si préjudiciable à la fois que, désormais, toute forme de conformisme était jugée intolérable. Les discours et méthodes spirituels habituels étaient perçus comme inopérants sinon malfaisants et un violent choc salutaire était considéré comme nécessaire.

La dialectique de la sincérité et de l'hypocrisie dans la vie religieuse du croyant reste toujours la préoccupation centrale. Ascètes, docteurs de la loi, théologiens, soufis, juges, censeurs des mœurs,

---

Zarcone, Isis, Istanbul, 1998.

tous ceux qui dirigent et contrôlent la vie morale et religieuse sont désormais la cible des sarcasmes subversifs des Malāmatī-s qui les accusent de cacher sous le voile d'une religiosité suspecte leur avidité et leur soif d'intérêts et de privilèges dans ce monde et dans l'au-delà. Comment peut-on prétendre servir Dieu qui est le bien-aimé par excellence en recherchant d'autres choses que lui ? Au nom de la sincérité amoureuse, les Malāmatī-s se voient contraints à crier leur folie à la face des bigots calculateurs et intéressés. Si ces gens-là sont les musulmans vertueux, ne cesseront de dire en substance les maîtres du Blâme, alors nous sommes des impies et des débauchés et nous en sommes fiers puisque, libres et sincères dans notre amour sacrilège, dénonçant la piété hypocrite, nous ne pouvons qu'être purs aux yeux du bien-aimé.

I.2. Les voyous de la taverne

L'Ecole Malāmatiyya proprement dite n'eut qu'une vie éphémère, mais les idées et les pratiques des gens du Blâme vont imprégner une part non négligeable de la spiritualité musulmane. En particulier la pratique de *talbīs*, « le travestissement de la réalité », ainsi que l'emploi constant du vocabulaire d'amour dans la description de l'itinéraire spirituel trouvèrent un terrain particulièrement favorable en Iran où ils connurent un développement fascinant. Naturellement, les premières grandes figures de ce mouvement étaient toutes originaires du Khorassan, berceau de la Voie du Blâme : Abū Sa'īd Abū l-Khayr de Mīhana (m. 441/1049), Aḥmad Ghazālī de Ṭūs (m. 520/1126), Sanā'ī de Ghazna (m. 536/1141) ou encore Farīd al-Dīn 'Aṭṭār de Nīshāpūr (m. 628/1230). Chose significative, la plupart de ces auteurs ont choisi la poésie pour moyen d'expression et le persan pour langue. Etait-ce pour se distinguer de « l'élite » qui écrivait principalement en prose arabe ? Cherchait-on à introduire une dimension sacrale dans la poésie d'expression persane qui, dorénavant, deviendra la langue par excellence de la poésie mystique en terre d'islam ? La poésie était-elle perçue comme le moyen artistique et littéraire le plus efficace pour véhiculer le message mystique et toucher la conscience profonde de l'interlocuteur ? En tout cas, à partir du Ve/XIe siècle, la poésie mystique d'expression érotique et de tendance *malāmatī* deviendra le genre le plus puissant et le plus populaire de la littérature en langue persane et touchera tout l'Orient musulman de l'Asie Mineure à l'Inde, l'Asie centrale et même le Turkestan oriental[12].

Le représentant, sans doute le plus génial, de ce courant fut le déjà mentionné Ḥāfiẓ de Shiraz (m. vers 792/1390), surnommé « la langue de l'Invisible » (*lisān al-ghayb*), et que beaucoup considèrent comme le plus grand poète persan de tous les temps. On a souvent discuté de « l'originalité », tant de la forme que du fond, propre à Ḥāfiẓ. Il apparaît en effet à lui seul comme le confluent de plusieurs traditions littéraires et mystiques : la poésie persane de tendance *malāmatī* dont il vient d'être parlé ; la mystique poétique du symbolisme de « la beuverie » dont les plus grands noms en Iran seraient ceux de 'Irāqī (m. 687/1288) et de Khājū Kirmānī (m. 753/1352) ; la littérature satirique, avec des auteurs d'un mordant sarcastique célèbre comme Ẓahīr Fāryābī (m. 598/1201) ou 'Ubayd Zākānī (m. 772/1370) ; la tradition des « fidèles d'amour » (*'āshiqān*) pour qui l'amour divin et l'amour humain sont inextricablement liés et la beauté humaine est une manifestation de la beauté divine et dont les auteurs les plus représentatifs, Rūzbihān Baqlī (m. 606/1209) et le grandissime poète Sa'dī (m. 691/1291) étaient tous deux concitoyens de Ḥāfiẓ[13]. Celui-ci renoue également à sa manière avec la vieille tradition de la poésie arabe du « libertinage et de la débauche » représentée au IIe/VIIIe

12 Voir N. Pūrjavādī, « Ḥekmat-e dīnī va taqaddos-e zabān-e fārsī », dans : Id., *Bū-ye jān. Maqāle hā-yī dar bāre-ye she'r-e 'erfānī-ye fārsī*, Markaz-e nashr-e dāneshgāhī, Téhéran, 1372 solaire/1993, pp. 1-17 ; M.A. Amir-Moezzi, « Remarques sur le persan, seconde langue sacrée de l'islam », dans : « *Annali* » (Università degli Studi di Napoli « L'Orientale ») = « *Annali dell'Istituto Universitario Orientale di Napoli* », Vol. 66, N. 1-4, 2006 [en fait 2010], pp. 69-82.

13 Pour l'expression « fidèles d'amour », voir par ex. la traduction, par Henry Corbin du *'Abhar al-'āshiqīn* de Rūzbehān Baqlī, *Le Jasmin des Fidèles d'amour*, Verdier, Paris-Lagrasse, 1991.

siècle, principalement en Irak et en Syrie, par un courant bachique, hédoniste et humoristique que tout lettré musulman connaissait sous les noms de *mujūn* ou de *khalāʿa*. Ḥāfiẓ gardera de cette tradition le vocabulaire cru et choquant du libertinage et de l'immoralité, en le rendant admirablement en persan et surtout en insufflant aux termes et expressions un contenu hautement spirituel. On va y revenir. Fait remarquable, les deux plus grands poètes libertins de *mujūn*, à savoir Bashshār b. Burd (m. 167/783) et Abū Nuwās (m. 195/810), étaient d'origine iranienne et il leur arrive assez fréquemment de chanter la gloire et la grandeur de la culture iranienne préislamique. Or, Ḥāfiẓ, tout en étant reconnu comme un musulman convaincu, présente une sensibilité manifeste envers cette culture, plus particulièrement envers la sagesse iranienne antique, et, s'adonnant à sa grande prédilection, il en fait un autre facteur de provocation. Ses fréquentes allusions à « la religion des mages », au « mage » identifié au sage par excellence, au « culte du feu », etc. sont bien entendu autant de « chiffres » pour désigner « la mauvaise religion » ; d'autant plus qu'à l'époque on surnommait les tenanciers des tavernes et les fabricants de boissons enivrantes les « mages ». Mais, étant donné son érudition et sa maîtrise de plusieurs terminologies techniques, il aurait très bien pu choisir d'autres expressions. En tout cas sa poésie tout entière semble être un développement, amplifié jusqu'à ses extrêmes limites symboliques, de cette « confession » du poète épique Daqīqī (m. vers 360/971), chantre des légendes et épopées des rois de l'Iran antique et précurseur du grand Ferdowsī, auteur du *Livre des Rois* :

> «Quatre choses essentielles a choisies Daqīqī
> De tout le bien et le mal du monde :
> Des lèvres de rubis, le gémissement de la harpe,
> Le vin d'une belle rougeur et la religion de Zoroastre »[14].

14 *Daqīqī čār kheṣlat bar-gozīde, be gītī az hame nīkī-yy o zeshtī / lab-e yāqūt rang o nāle-ye čang, mey khosh rang o dīn-e zard-heshtī.*

L'originalité de Ḥāfiẓ réside justement dans le fait qu'il a su réunir l'ensemble de ces traditions et ces lexiques dans un système doté d'une grande cohérence et d'une inégalable esthétique poétique. Son apport sans doute le plus génial et en tout cas le plus durable est l'élaboration, en langue persane, du symbolisme de « la débauche » intimement lié au vocabulaire de « la beuverie », symbolisme mis au service de la Voie du Blâme et celle des fidèles d'amour et qui caractérisera, après lui, la Voie des Voyous ou des Hommes Rusés (*ṭarīq-e rendān*). En effet, Ḥāfiẓ utilise toute une série de termes et expressions qui, à son époque, étaient des plus péjoratifs et des plus grossiers. Il n'est pas le premier à le faire mais la cohérence de son discours et sa maîtrise de l'ambiguïté font de lui un véritable fondateur et sont telles que, souvent, à la lecture de tel ou tel poème on s'interroge sur la possibilité d'une lecture autre que littérale. Seule une vision synoptique de l'œuvre permet de déceler, sous le masque de l'immoralité, de profondes significations spirituelles et c'est ce qu'ont fait effectivement les nombreux commentateurs classiques et modernes du grand poète. Illustrons tout de suite notre propos par quelques exemples en nous faisant aider justement par ces commentateurs. Dans les traductions, on respectera les règles de la décence mais il faut savoir qu'en réalité les mots font partie de l'argot vulgaire de l'époque, le vocabulaire des maisons closes en particulier :

Rend : sens littéral : rusé, voyou, hors-la-loi, qui déjoue toute autorité et se moque d'elle. Sens caché : le plus grand sage initié, libre et sans attache, intérieurement et extérieurement, le plus passionné des amoureux et donc le plus sincère des hommes.

Kharābāt : sens littéral : ruines, cabaret, taverne, maison close. Sens caché : lieu de l'initiation, demeure du maître spirituel, cœur du mystique.

Naẓarbāzī : sens littéral : « jouer avec le regard » d'où voyeurisme, volupté ressentie à la vue d'actes de lubricité. Sens caché : vision théophanique, faculté de percevoir l'invisible à travers le visible, le transcendantal à travers l'immanent.

Shāhedbāzī: sens littéral: « jouer avec l'éphèbe » d'où l'hédonisme, amour de jeunes adolescents, pédérastie. Sens caché: contemplation transcendantale, faculté de percevoir la beauté absolue à travers la beauté naturelle, surtout humaine[15].

Une polysémie analogue caractérise le lexique de la beuverie ou celui de l'érotisme. L'espace qui nous est imparti et la complexité du sujet ne permettent pas de traiter chaque cas en détail; disons seulement que des termes tels que l'ivresse, le vin, la coupe, la lie, l'échanson, etc. désignent principalement les états de conscience de l'amant, les étapes de son itinéraire spirituel, les moyens et les aides dont il dispose dans son parcours initiatique. De même, les différentes parties du corps de l'aimé ou les détails de sa beauté sont autant d'allusions imagées aux subtiles et multiples modalités de manifestations du divin à l'œil spirituel du mystique visionnaire. On comprendra aisément que ces couches sémantiques superposées, ces différents symbolismes magistralement agencés et l'équivocité permanente des expressions déterminent et dirigent la lecture et l'intelligence des vers et en rendent la traduction quasi impossible[16].

Lorsque Ḥāfiẓ se décrit:

«Je suis un passionné, un rusé, un voyeur, je le dis ouvertement
Afin que tu saches de combien de vertus je suis orné,
On peut tout aussi bien comprendre le premier hémistiche comme suit:

15 Voir par ex. S. J. Sajjādī, *Farhang-e moṣṭalaḥāt-e 'orafā'*, Dāneshgāh-e Tehrān, Téhéran, 1339 solaire/1960, *s.v.*

16 Les traductions existantes de Ḥāfiẓ sont naturellement loin de restituer ces multiples significations. Pour avoir une idée des travaux consacrés au grand poète en langues occidentales voir *Bibliographie de Hâfez. Ouvrages et articles en langues européennes*, Publications de l'UNESCO, Paris, 1998 (bibliographie fort utile mais non exhaustive même jusqu'à cette date). Depuis, voir les belles traductions françaises de Charles-Henri de Fouchécour, *Hâfez de Chiraz : le Divân* (ci-dessus note 1) et Gilbert Lazard, *Hâfez de Chiraz : cent un ghazals amoureux*, Gallimard, Paris, 2011. Je me permets d'apporter ici mes propres essais de traduction en relation avec mon propos.

Je suis un amant mystique, un initié, un visionnaire des théophanies ...[17]
Ou bien lorsqu'il confesse :
Dans la taverne des faiseurs de vin je vois la lumière de Dieu,
Merveille ! Quelle lumière je vois et grâce à quel endroit !
Le premier hémistiche peut se traduire également ainsi :
Je vois la lumière de Dieu dans le lieu d'initiation des mages d'amour »[18].

Ou encore :

«Les palais du paradis sont la récompense d'actes pieux
Le cabaret des impies nous suffit, nous, les gueux et les voyous, »

Où le second hémistiche contient simultanément le sens suivant :

« L'école des maîtres de sagesse (littéralement : le couvent des mages) nous suffit, nous les pauvres (dans le sens mystique) et les libres (ou ' rusés sans attaches ' ou encore ' adeptes initiés ') »[19].

Ḥāfiẓ présente l'amour comme étant l'essence de la Voie de la Ruse. La sincérité demeure donc la vertu cardinale de l'homme rusé. L'opposé de celui-ci, le stupide, le borné, l'entravé, est le non-amoureux, l'égoïste, l'hypocrite calculateur soit, dans le langage de Ḥāfiẓ, le pieux, l'ascète, le soufi, le prédicateur, tous hommes de meilleure réputation et représentant, aux yeux de la communauté, l'autorité religieuse et morale. Etre l'opposé de cette « élite » bien- pensante et respectable est donc une fierté et même plus, une revendication :

---

17 *'Āsheq o rend o naẓar bāzam o mīgūyam fāsh/tā bedānī ke be čandīn honar ārāsteam* (pour ne pas alourdir l'appareil des notes en donnant les références des poèmes dans leurs différentes éditions, nous nous contentons de reproduire leur translittération, permettant ainsi au lecteur de les retrouver aisément dans n'importe quelle édition du *Dīvān* de Ḥāfiẓ).

18 *Dar kharābāt-e moghān nūr-e khodā mībīnam/ vīn 'ajab bīn ke če nūrī ze kojā mībīnam.*

19 *Qaṣr-e ferdows be pādāsh-e 'amal mībakhshand/ mā ke rendīm o gedā deyr-e moghān mā rā bas.*

«Quoi d'étonnant à ce que le pieux ascète ne comprenne pas la ruse
L'amour est une œuvre qui nécessite guidance[20].

L'eau du cabaret emporta mon manteau de piété,
Le feu de la taverne incendia la demeure de ma raison[21].

Mon cœur est crispé par le couvent des soufis et le froc de l'hypocrisie,
Entre écouter la prédication et le son du luth, mon choix est fait[22].

Je n'ai rencontré nul vertueux adorateur des apparences,
Qui ne portât sous son froc le signe de l'impiété[23].

Mon Dieu, fais en sorte que le soupir du remords couvre le miroir de compréhension
Du bigot égoïste qui n'est capable que d'y voir lui-même »[24].

L'homme de la Ruse sait qu'il lui suffit d'être un amoureux sincère. Compter sur ses actes, se satisfaire de sa propre piété, attendre des résultats de ses œuvres vertueuses et de surcroît mener les autres sur le même chemin n'est qu'égoïsme, hypocrisie et ambition, autant de vices sournois qui ne trouvent nulle place sur le chemin de l'amour. La Ruse consiste à savoir, de tout son être, qu'il n'y a rien à faire si ce n'est polir et purifier son besoin d'amour et de liberté (nous verrons comment dans le seconde partie du présent article) car alors le reste est fait, est donné par le bien-aimé. Ce « non-faire », fondement de la véritable liberté, est, pour le Rusé, le secret de l'amour :

20 *Zāhed ar rāh be rendī nabarad ma'dhūr ast/'eshq kārī st ke mowqūf-e hedāyat bāshad.*
21 *Kherqe-ye zohd-e ma rā āb-e kharābāt be bord/khāne-ye 'aql-e ma rā ātash-e meykhāne besūkht.*
22 *Delam ze sowme'e begreft o kherqe-ye sālūs/ samā'-e va'ẓ kojā naghme-ye robāb kojā.*
23 *Be hīč zāhed-e ẓāher parast na'gzashtam/ ke zīr-e kherqe na zonnār dāsht penhānī.*
24 *Yā rab īn zāhed-e khodbīn ke be joz khīsh nadīd / dūd-e āhīsh dar āyīne-ye edrāk andāz.*

«Le bigot pieux, sa présomption et sa prière, moi, mon ivresse et mon indigence
On verra lequel des deux sera choisi par la Providence[25].

Echanson ! Apporte le vin, le mois du jeûne est terminé,
Donne-moi la carafe, honneur et bonne réputation ne sont plus de mise.
Le pieux ascète, plein de vanité, ne sut trouver le salut,
Grâce à son indigence, le voyou trouva la demeure de la paix[26].

Le bigot importun me reproche ma ruse et mon amour,
Me reproche-t-il la connaissance des secrets de la sagesse cachée ?
Il faut y voir la perfection du secret d'amour et non un péché,
Mais ne peut voir que des défauts celui qui n'a pas de qualité[27].

Ô chef des pèlerins de la Mecque! Ne t'enorgueillis pas trop pour moi,
Car tu vois la Maison alors que moi, je vois le Propriétaire de la Maison.
Ô amis de Dieu! Ne reprochez donc pas à Ḥāfiẓ son voyeurisme,
Il fait en vérité partie des Amis de Dieu »[28].

I.3. Les hommes du détachement absolu

Le cours banalisant du temps rattrapa la Voie de la Ruse. Très vite, Ḥāfiẓ fit « école », ce qu'il n'avait probablement jamais cherché lui-même. La poésie de « débauche-beuverie-érotisme » marquera dorénavant, d'une manière indélébile c'est-à-dire pratiquement

25 *Zāhed o 'ojb o namāz o man o mastī yyo niyāz / tā khod ū rā ze miyān bā ke 'enāyat bāshad.*
26 *Sāqī biyār bāde ke māh-e ṣiyām raft / dar deh qadaḥ ke mūsem-e nāmūs o nām raft.*
Zāhed ghorūr dāsht salāmat nabord rāh / rend az rah-e niyāz be dār as-salām raft.
27 *Ma rā be rendī o 'eshq ān fozūl 'eyb konad / ke e'terāz be asrār-e 'elm-e gheyb konad.*
ḳamāl-e serr-e maḥabbat bebīn na naqṣ-e gonāh / ke har ke bī honar oftad naẓar be 'eyb konad.
28 *Jelve bar man maforūsh ey malik al-ḥāj ke to / khāne mībīnī yo man khānekhodā mībīnam.*
Dūstān 'eyb-e naẓar bāzī-ye Ḥāfiẓ makonīd/ ke man ū rā ze moḥebbān-e khodā mībīnam.

jusqu'à nos jours, la mystique en langue persane. Elle deviendra un genre littéraire des plus respectables, des plus prisés, des plus galvaudés. La force symbolique de Ḥāfiẓ de Shiraz était perçue avec une telle intensité que moins d'un siècle après lui, on avait oublié le sens premier, originel des termes pour ne retenir que leurs significations cachées spirituelles. *Rend* ne signifie plus « le voyou rusé, client des maisons closes » mais seulement « le sage » ; le « vin » désignera seulement l'amour divin, « les rondeurs du corps de la femme » ne seront perçus que comme les manifestations de la beauté céleste. Le choc du langage, à l'origine ressenti comme une gifle, était désormais amorti ; la ruse, ou tout au moins son mode d'expression, n'était plus efficace, la portée des mots s'édulcorait de plus en plus. L'alchimie de Ḥāfiẓ, qui transmuait le grossier en subtil, le profane en sacré, le vulgaire en sublime, n'était plus opérative. La Ruse était devenue « l'habitude » de tout lettré. La sincérité amoureuse, ne tolérant nulle habitude ni banalisation, et qui, jusque-là, était sauvée grâce à un processus d'inversion du discours et des valeurs en s'appuyant sur plusieurs langages symboliques avait désormais besoin d'un autre mode d'expression. La Ruse n'arrivait plus à devancer la banalisation pour éviter la dégradation.

Puisque seul était perçu le symbolisé, le symbole n'avait plus de raison d'être ; on va donc adopter le langage le plus simple, le plus direct, le plus sobre qui, justement par sa simplicité et la sincérité de son ton, frappera les esprits et brisera les habitudes. Un groupe de maîtres spirituels, se rattachant expressément à la Voie du Blâme et à celle de la Ruse, semble avoir essayé de relever ce défi. Il s'agit des descendants spirituels du Yūsuf Hamadānī (m. 535/1140), connus sous le nom de « Seigneurs » (*Khājegān*) et dont l'enseignement, principalement en persan, connut un grand rayonnement en Asie centrale jusqu'au Turkestan oriental et dans le subcontinent indien. Les grandes figures des Khājegān, principalement des Persans et des Turcs, sont à l'origine de puissantes confréries musulmanes comme les Yeseviyya, les Naqshbandiyya, les Khalwatiyya ou encore les

Čishtiyya, mais bon nombre d'entre eux se disaient étrangers aux clivages doctrinaux et confrériques et étaient affiliés à plusieurs ordres ou bien n'étaient attachés à aucun[29]. Au sein des Khājegān, certains maîtres, conjuguant la simplicité des premiers maîtres du Blâme et les méthodes choquantes des Rusés, optèrent pour l'exposition la plus claire et la plus simple des vérités spirituelles, même les plus secrètes. Selon eux, le secret est son propre gardien, il n'y a donc rien à cacher; le secret est caché substantiellement et non accidentellement et seuls peuvent le découvrir réellement ceux qui en sont dignes. Etant donné la tendance à la banalisation et à la récupération, la sincérité spirituelle exigeait désormais la provocation et la rupture des habitudes par le discours le plus simple et le plus spontané, signe d'une grande liberté intérieure. Ces maîtres donnèrent à leur voie le nom d'*iṭlāq*. Ce terme arabe signifie à la fois « lâcher quelque chose que l'on tient » et « rendre absolu ». C'est pourquoi nous traduisons ici l'*iṭlāq* par « la Voie du détachement absolu ». Dans cette voie, ce qui est visé, au-delà même de l'amour et de la connaissance, c'est la liberté totale, sereine et forte du croyant, le détachement tranquille à l'égard de tout, même à l'égard des valeurs les plus sacrées aux yeux de la communauté et ses gardiens de « l'orthodoxie ». Cette liberté louée en termes simples et sans équivoque ne manqua pas en effet de scandaliser encore une fois « l'élite » et des maîtres tels que Ya'qūb Čarkhī (m. 851/1447) ou Ḥājjī Bayrām (IXe/XVe siècle) eurent à subir les persécutions des autorités religieuses.

Nous trouvons utile de terminer cette première partie par la traduction d'un beau texte persan très représentatif, à notre sens, de la Voie du Détachement. La limpidité du discours et la sincérité du ton magistralement mises au service du message de liberté rendent ce texte plus parlant que n'importe quelle conclusion. Il s'agit de « l'Epître sur le sage » (*Resāle-ye 'āref*) d'un maître de l'*iṭlāq* appelé

29 Voir par ex. M. Molé, *les mystiques musulmans*, Les Deux Océans, Paris, 1982 ou A. Knysh, *Islamic Mysticism: A Short History*, Brill, Leiden, 2000, *s.v.*

Khāje Khord, littéralement: « petit seigneur (de sagesse) », qui était originaire de la région de Kaboul et vécut au XIe/XVIIe siècle[30]:

> « Frère ! Le sage fait le bien sans nul désir et évite le mal sans nul jugement. Il fréquente tout le monde sans aucun attachement, reste séparé de tous sans aucune pensée de fuite et voit Dieu à travers tout sans qu'il y ait nul dualisme. Sa manière d'être est différente de toute autre sans qu'il y fasse la différence, il adopte toutes les manières d'être sans être touché par aucune. Il désire Dieu sans nulle imploration et il L'oublie parfois sans distinguer la réalité de l'oubli de celle du rappel. Il est présent dans l'oubli et oublieux dans la présence. La femme est pour lui le témoin théophanique par excellence et suivant la directive du plus parfait des envoyés Muḥammad –prière et paix divines sur lui – il goûte le plaisir sans chagrin dans tous ses états et dans tout ce qu'il fait et ressent les chagrins dans le plaisir pur sans plaisir. Le sage est en même temps Dieu et créature. Il trouve le Seigneur dans l'état de servitude et trouve cet état identique à l'état seigneurial. Il n'a que faire de ces états car sa réalité dépasse la seigneurie et la servitude. Si tu demandes au sage s'il connaît quelque chose ou s'il trouve quelque chose, il te répondra qu'il ne sait rien et qu'il ne trouve rien[31]. Si tu lui demandes si quelque chose lui est inconnu ou s'il cherche quelque chose, il te répondra que rien ne lui est inconnu et qu'il ne cherche rien car tout lui est connu et se trouve en lui. Le sage sait tout et ne sait rien. Il va de contradiction en contradiction et de perplexité en perplexité et cela ne lui cause aucun souci. Il est à lui-même sans lui-même. Tout dans le monde arrive par la volonté du sage et sans sa volonté; il ne cherche rien ni n'évite rien. Le sage est celui qui connaît mais cela n'est qu'une expression, il est identique à l'objet de sa

---

30 Le texte persan a été édité, avec une introduction, par William Chittick dans « *Soufi* » 4 et 5 (revue iranienne publiée à Londres, 1989 et 1990), pp. 22-26 et 11-12.

31 Dans cette phrase et les suivantes, l'auteur développe sa pensée sur le mot « sage » (*'ārif/'āref* en arabe et persan) qui signifie littéralement: « celui qui connaît ».

connaissance. L'objet de connaissance n'est qu'une expression, il est identique à celui qui connaît. Connaissant et connu ne sont que deux mots illusoires, il n'y a ni connaissant ni connu. Voici la réalité sans réalité et voici l'ultime limite de la connaissance qui n'est que perplexité et ignorance. Mais quelle connaissance? Quelle perplexité? Elles sont toutes deux perdues dans la réalité essentielle du sage. On ne connaît du sage que le mot ' sage ', le reste c'est lui-même, lui qui est connu et ignoré, lui qui n'est ni connu ni ignoré. Le sage est au-delà de l'espace et du temps; ce monde ci et l'autre lui sont indifférents, le paradis et l'enfer lui sont indifférents. Ecoute bien! Il n'y a pas lieu d'être prolixe. Rappelle-toi de Dieu sans en faire une idole. Abandonne ton moi sans t'oublier. Respecte la Loi sans aucune intention ni prétention et évite ce que la Loi t'interdit sans jugement ni crainte. Sois bon sans t'attacher à tes actes et sois satisfait de ce qui t'arrive sans t'y attarder. Profite du plaisir licite sans oublier la réalité qui s'y cache et ne t'enorgueillis pas de la découverte de cette réalité. Ne sois ni présent ni absent, ni serviteur ni Seigneur. Sois et ne sois pas. Suis les directives du plus parfait des envoyés. Ne distingue pas Muḥammad de la vérité mais ne limite pas la vérité à Muḥammad. Voici la perfection de la perfection de la perfection. Dieu connaît mieux la réalité des choses. Il est la réalité des choses. Paix ».

II - De la réalisation pratique de la liberté

II.1. Remarques introductives

Encore une fois, avant d'entrer dans le vif du sujet, quelques remarques préliminaires seraient utiles pour déterminer les contextes intellectuel et historique de notre propos. D'abord, Il semble que dès le IIIe/IXe siècle, les milieux mystiques se sont vus contraints de dissimuler un certain nombre de leurs théories et pratiques ou bien de les évoquer de manière allusive voire cryptée. Les raisons invoquées par les sources sont de deux sortes : d'abord, les hautes vérités mystiques et les pratiques spirituelles sont difficilement exprimables par les mots et les maîtres qui les connaissent par science et expérience ne peuvent les transmettre que de manière secrète initiatique ou par langage paradoxal, symboles, paraboles et métaphores. Ensuite, théories et exercices spirituels ne sont pas toujours perçus en accord avec une « orthodoxie » et une « orthopraxie » qui, à cette époque, commencent à se cristalliser de manière de plus en plus rigide et défendues par des autorités politiques et religieuses parfois agressives. Ainsi, les maîtres spirituels, surtout ceux qui avaient acquis popularité et donc influence sociale, se sentaient menacés et se voyaient obligés de rester discrets voire secrets dans leur enseignement[32]. Une des méthodes de dissimulation les plus employées par les auteurs mystiques, comme on vient de le voir, a été le lexique technique symbolique, désigné par le terme arabe *ramz* que l'on pourrait traduire par « langage secret » ou « symbole ». Al-Sarrāj al-Ṭūsī (m. 378/998), un des auteurs les plus importants des premiers manuels du soufisme, écrit dans son célèbre ouvrage *al-Luma'* : « Le langage secret, c'est un sens ésotérique caché sous un discours exotérique et auquel n'ont accès que les gens du secret »[33]. À la même époque, le grand poète Ferdowsī (m. *ca* 410/ 1019), adepte d'une mystique non soufie, écrit au sujet des niveaux de significations cachés de certaines parties de son célèbre *Livre des Rois* :

« Ne considère pas ces histoires comme mensonge et fable
Ne les crois pas univoques en tout temps
Il en est des éléments acceptables pour la raison

32 M.A. Amir-Moezzi, « Dissimulation », dans : J.D. McAuliffe (éd.), *The Encyclopaedia of the Qur'ān*, Brill, Leiden, t. 1, 2001, pp. 320-24 ; Id., "Sirr", *Encyclopédie de l'Islam*, 2e éd., Brill, Leiden, 2007, supplément 11-12, pp. 778 *sv.*

33 *Al-ramz ma'nā bāṭin taḥta kalām ẓāhir lā yaẓfiru bihi illā ahlihi,* al-Sarrāj, *al-Luma' fī l-taṣawwuf*, éd. R.A. Nicholson, Brill, Leiden, 1914, p. 338.

D'autres ne trouvent sens qu'en tant que symboles »[34].

Comme on l'a vu également, ce sont surtout les mystiques iraniens de langue persane, et plus particulièrement les poètes, qui ont mis au point de nombreux lexiques techniques symboliques lesquels ont fait la renommée de leur art: les lexiques de l'érotisme, de la beuverie, de la débauche, des beautés de la nature, etc.[35] Nous allons y revenir encore.

Ensuite, aux confins des IIIe et IVe /IXe et Xe siècles, les lettrés iraniens, aidés de leurs juristes-théologiens et certaines autorités politiques, parvinrent à donner à la langue persane un statut presque aussi sacré que l'arabe. Le tournant sans doute le plus décisif fut la traduction en persan du Coran, à partir du monumental commentaire coranique d'al-Ṭabarī (m. 310/923), pendant le règne du souverain sāmānide Manṣūr b. Nūḥ (règne de 350/961 à 366/976), sur les directives d'une assemblée de grands savants de la Transoxiane. Ce fut la toute première traduction du Coran. À partir de là commença l'extraordinaire floraison de la littérature persane aussi bien en prose qu'en poésie et dans tous les domaines du savoir. C'est ainsi que, dès le Ve/ XIe siècle, des auteurs comme ʻAbdallāh Anṣārī dans ses *Monājāt* – littéralement « Chuchotements confidentiels » rédigés en forme de prière – ou encore Aḥmad Ghazālī dans ses *Sawāniḥ* – sublime et monumentale première monographie sur l'amour mystique – ont pu exprimer par la langue persane les subtilités de la pensée religieuse et les profondeurs de la vie intérieure et faire

34 *To īn rā dorūgh o fasāne madān/be yeksān ravesh dar zamāne madān Azū har če andar khorad bā kharad/ degar bar rah-e ramz maʻnā barad*; Ferdowsî Ṭūsī, *Shāh-Nāmeh*, éd. « Kolāla Khāvar » par Muṣṭafā Ramaḍānī, 5 vols., Téhéran, 1312 solaire/ 1933, vers 137-38.

35 S. J. Sajjādī, *Farhang-e moṣṭalaḥāt-e ʻorafā'*, introduction; C.-H. De Fouchécour, *La description de la nature dans la poésie lyrique persane du* XIe *siècle*, Klincksieck, Paris, 1969, chap. IV ; T. Pūrnāmdāriyān, *Ramz va dāstān hā-ye ramzī dar adab-e fārsī*, Téhéran, Sokhan, 1364 solaire/1985², Introduction.

de cette langue celle de la spiritualité mystique dans tout l'Orient musulman et ce jusqu'aux temps modernes[36].

II.2. L'esprit et le corps

Revenons à notre sujet. Comme on vient de le voir, la poésie mystique de langue persane à l'âge classique (*grosso modo* du Xe au XVe siècle de l'ère chrétienne) est caractérisée, entre autres, par l'extrême richesse de ses vocabulaires symboliques : on peut y déceler les lexiques de l'érotisme, de la beauté de la nature et de l'être humain, de l'ivresse et de la vie de la taverne, de l'immoralité et de la débauche… Dès la période médiévale, d'innombrables « dictionnaires », expliquant les significations cachées sous ces terminologies allusives et parfois provocatrices, ont vu le jour ; le phénomène a été abondamment étudié par les spécialistes[37]. Ici, notre examen ne concerne pas ces technicités mais une autre : une couche sémantique particulière, demeurée plutôt méconnue, cachée sous ces mêmes lexiques et ayant rapport avec les pratiques ascétiques et les exercices initiatiques spirituels et corporels. C'est à travers ces pratiques, fondées sur une psychologie subtile, que l'itinérant mystique réalise concrètement, c'est-à-dire organiquement dans son corps, la liberté

36 N. Pūrjavādī, « Ḥekmat-e dīnī va taqaddos-e zabān-e fārsī », dans : Id., *Būy-e jān*, pp. 1-37 ; M.A. Amir-Moezzi, « Remarques sur le persan, seconde langue sacrée de l'islam ». Sur le rôle des traductions et des commentaires en persan du Coran dans la sacralisation progressive de cette langue, voir maintenant T. Zadeh, *The Vernacular Qur'an : Translation and the Rise of Persian Exegesis*, Oxford University Press and Institute of Ismaili Studies, Oxford-Londres, 2012 ; sur le rôle de la poésie dans la sauvegarde et la « sancturisation » du persan, voir J. Landau, *De rythme et de raison. Lecture croisée de deux traités de poétique persan du XIIIe siècle*, Presse Sorbonne Nouvelle, Paris, 2013.

37 Pour les dictionnaires classiques, on peut consulter la bibliographie de référence de l'ouvrage de S.J. Sajjādī déjà cité. Pour les études, voir par ex. Julian Baldick, «Persian Ṣūfī Poetry up to the Fifteenth Century», dans: G. Morrison (éd.), *History of Persian Literature*,Brill, Leiden-Köln, 1981, pp. 111-32 ; A. Schimmel, *As Throught a Veil : Mystical Poetry in Islam*, Columbia University Press, New York, NY, 1982, *passim* ; J.T.P. De Bruijn, *Persian Sufi Poetry : An Introduction to the Mystical Use of Classical Poems*, Routledge, Richmond, 1997 ; N. Pūrjavādī, *Zabān-e ḥāl dar ʿerfān va adabiyyāt-e pārsī*, Hermes, Téhéran, 1385 solaire/2007 ; M. R. Shafīʿī Kadkanī, *Qalandariyya dar tārīkh*, Sokhan, Téhéran, 1386 solaire/2008, *passim*.

et le détachement nécessaires dans sa quête intérieure. Autrement dit, la liberté intérieure n'est pas uniquement une réalisation intellectuelle, spéculative. Elle est le fruit d'une rigoureuse connaissance de soi ayant pour socle une psychologie complexe et pour moyen des exercices spirituels et des pratiques corporelles.

Ici, la tâche de l'historien n'est pas aisée : d'une part ces pratiques, souvent considérées comme secrètes, tout comme leurs fondements théoriques, sont nombreuses et peu connues ; d'autre part, les indications textuelles les concernant sont, dans la quasi-totalité des cas, des allusions furtives éparses dans l'énorme corpus de la littérature mystique médiévale en prose, y compris les classiques du soufisme. Par souci de concision et de clarté, nous n'aborderons dans les lignes qui suivent que de la pratique qui semble être à la base de toutes les autres et sur laquelle les données textuelles semblent les plus fréquentes, à savoir la pratique de la respiration, ses fondements théoriques et ses résultats.

Le but ultime de la voie mystique, on l'a vu, semble coïncider avec l'étape finale de l'amour, à savoir l'union avec l'être aimé. La vertu cardinale de l'amant, sans laquelle il ne peut simplement pas y avoir d'amour, c'est la sincérité. Nous l'avons déjà examiné dans la première partie de cette étude mais ici nous allons l'étudier sous un autre angle.

Selon la complexe psychologie mystique, le principal obstacle pour atteindre la pure sincérité amoureuse, là où n'existe que l'aimé, c'est l'égo, le petit moi formé d'une infinité de désirs chaotiques couvrant le réel Désir. Ce petit moi est appelé *nafs* (littéralement : soi, égo, âme, personne). La substance constitutive de l'égo, sa véritable nourriture, ce sont les pensées associatives, *khāṭir*, pluriel *khawāṭir*, celles dont le flot ininterrompu et incontrôlable ne cesse de « traverser » (c'est le sens premier de la racine arabe *KhṬR*) le mental en créant un « bavardage intérieur » continuel qui nous coupe du Réel. Pour pouvoir atteindre l'être dans sa réalité, inséparable de la Réalité de l'être aimé, il est impératif d'effacer l'égo en acquérant la capacité d'interrompre volontairement ce qui le maintient dans son existence virtuelle, ce qui constitue son activité la plus ordinaire : le perpétuel torrent illusoire des *khawāṭir.* Comme le déclare 'Abdallāh Anṣārī (m. 481/1089) : « La pure sincérité, c'est l'effacement de l'égo qui s'obtient par l'annihilation des pensées associatives (*nafy-e khawāṭir*) »[38]. Tâche particulièrement ardue mais cependant possible grâce à la prise de conscience et la maîtrise de la respiration, pratique non moins difficile. Il existe en fait deux sortes de souffle : le souffle obscur car pollué par les pensées associatives c'est-à-dire par l'égo, et le souffle lumineux, purifié de celles-ci, vidé de l'idée illusoire de l'égo. « En une journée, tu respires trente mille fois, aurait dit Abū Sa'īd Abū l-Khayr (m. 440/1049). Le souffle qui n'est pas respiré dans le réel (*har ān nafas ke na be-ḥaqq barāyad*) pue le cadavre »[39]. La respiration inconsciente est comparée à la fumée noire et le souffle conscient du réel à la luminosité de l'eau de source. D'après le même Abū Sa'īd : « Lorsque l'égo domine, il n'y a pas de [véritable] respiration mais une fumée s'élevant du four corporel »[40]. Maybudī (m. 520/1126) rapporte qu'on interrogea le Maître de la Voie, c'est-à-dire 'Abdallāh Anṣārī, sur les souffles des bienheureux (*i.e.* les mystiques initiés) et des malheureux (*i.e.* les hommes ordinaires). Il répondit : « Le souffle du malheureux est la fumée d'une lampe qui vient de s'éteindre dans une pièce étroite et aveugle, alors que le souffle du bienheureux est une source d'eau claire coulant au milieu d'un verger plein de fruits »[41]. Dans une de ses séances d'enseignement, Aḥmad Ghazālī (m. *ca* 520/1126) dit clairement que la

38 Maybudī Rashīd al-Dīn, *Kashf al-asrār wa 'uddat al-abrār*, éd. 'Alī Aṣghar Ḥekmat, 10 vols., Amīr Kabīr, Téhéran, 1357 solaire/1979 (3e éd.), vol. I, p. 458. Selon certains rares mystiques, les *khawāṭir*, en tant que pensées se présentant à la conscience, ne sont pas toujours négatifs. Ils sont parfois d'origine céleste et, dans ce cas, ils ne sont pas à éliminer ; voir al-Qushayrī, *al-Risāla al-qushayriyya fī 'ilm al-taṣawwuf*, Dār al-nashr, Beyrouth, s.d., p. 43.

39 M. b. Munawwar, *Asrār al-tawḥīd*, éd. Shafī'ī Kadkanī, 2 vols., Amīr Kabīr, Téhéran, 1366 solaire/1988, vol. I, p. 285.

40 Ibid., vol. I, p. 294.

41 Maybudī, *Kashf al-asrār*, Vol. IV, p. 460.

pollution et l'obscurité des respirs viennent des pensées associatives et des surgissements mentaux incontrôlés (*al-anfās mukaddara bi l-khawāṭir wa l-hawājis*)[42]. « Surveiller le souffle », en persan *pās-e anfās*, s'avère donc capital sur la voie de l'effacement de soi et la prise de conscience de la réalité de l'être. Dans une missive adressée à son célèbre disciple 'Ayn al-Quḍāt Hamadānī (m. 526/1131), le même Aḥmad Ghazālī écrit que la cessation des attributs personnels et l'acquisition de la véritable sincérité s'effectuent grâce à l'illumination (*ishrāq*) produite par la persévérance dans la concentration (*davām-e murāqabat*) et la surveillance de la respiration (*pās-e anfās dāshtan*)[43]. Cette illumination se manifeste « organiquement » par la luminosité du souffle, comme on vient de le voir. Pour d'autres, la maîtrise du souffle et donc des *khawāṭir* s'obtient plus facilement par l'exercice qui consiste à stopper sa respiration (*ḥabs-e dam*), comme l'aurait préconisé par exemple le maître de la confrérie des Čishtiyya, Sayyid Muḥammad Ḥusaynī Gīsū Derāz (m. 825/1421-1422)[44]. Ainsi, comme l'ont résumé les mystiques de la Malāmatiyya, la Voie du Blâme que nous connaissons : la sincérité, c'est l'abandon des pensées associatives grâce à la maîtrise de la respiration[45]. Sous cet angle, prend pleinement sens le fameux hémistiche de Ḥāfiẓ de Shiraz qui, en l'absence de ce « décodage » rendu possible par les textes mystiques, a suscité de nombreux commentaires souvent fantaisistes : *be ṣidq kūsh ke khorshīd zāyad az nafasat* (« Persévère dans la sincérité afin que le soleil naisse de ton souffle »)[46].

Si le souffle conscient a prise sur le réel c'est qu'il donne accès à

42 Gazālī Aḥmad, *Majālis*, éd. Aḥmad Mujāhid, Dāneshgāh-e Tehrān, Téhéran, 1376 solaire/1998, p. 3.

43 *Mokātebāt-e Kh(w)āja Aḥmad Ghazālī bā 'Ayn al-Quḍāt Hamadānī*, éd. N. Pūrjavādī, Markaz-e nashr-e dāneshgāhī, Téhéran, 1356 solaire/1977, p. 30.

44 Gīsū Dirāz, «Adhkār-e Čishtiyya», dans: *Yāzdah Resāle*, Dār al-ṭab', Haydarabad, 1360 lunaire/1941, p. 123 (*ḥabs-e nafas az barā-ye daf'-e khawāṭir...*).

45 Voir par exemple les propos du maître du Blâme du IVᵉ/Xᵉ s., 'Abdallāh Munāzil de Nīshāpūr, cité par 'Aṭṭār, *Tadhkirat al-awliyā'*, éd. Muḥammad Este'lāmī, Sokhan, Téhéran, 1355 solaire/1977, p. 542.

46 Premier hémistiche du vers nº 6 du *ghazal* débutant par : *be-jān-e khāje vo ḥaqq-e qadīm o 'ahd-e dorost/ke mūnes-e dam-e ṣobḥam do'ā-ye dowlat-e tost.*

l'instant présent, « ici et maintenant », à cette présence suspendue mystérieusement entre deux absences, entre les deux néants du passé et de l'avenir. D'où les jeux de mots constants avec le terme arabe *ḥāl* qui désigne aussi bien le temps présent -« moment » fugace entre le passé et le futur- que l'état de conscience modifié du mystique éveillé (*ḥāl*, pl. *aḥwāl*). Dans ce contexte, le terme est proche de la notion mystique de *waqt*, pl. *awqāt*, littéralement « temps » ou « moment », dans le sens du moment de conscience accrue où l'esprit s'ouvre à la réalité de l'être et perçoit les choses comme elles sont. Ou encore le même genre de jeux de mots avec le terme persan *dam* qui signifie « souffle » et « instant » ; d'où l'expression récurrente « apprécier, goûter, connaître la vraie valeur de l'instant/du souffle » : *dam rā ghanīmat shemordan, dam rā mughtanam dānestan,* etc[47]. C'est ce que chante Ḥāfiẓ :

> «Savoure le moment (*waqt*) tant que cela est dans ton pouvoir,
> Ami! Sache que le fruit de la vie est cet instant/ce souffle»[48].

Dans le même esprit 'Abdallāh Ansārī est dit avoir déclaré : « Le passé (littéralement : « hier », *dī*) a disparu et ne reviendra pas ; le futur (litt. « demain », *fardā*) ne mérite pas confiance. Apprécie cet instant/ ce souffle car il est très passager »[49]. Dans son livre *al-Luma' fī l-taṣawwuf,* al-Sarrāj al-Ṭūsī lie clairement « l'instant de présence » à l'exercice du souffle : « Le "moment mystique" désigne la respiration (consciente) entre deux (inconscientes) »[50]. Abū Sa'īd Abū l-Khayr le dit de manière légèrement différente : « Ton "moment" est ton souffle présent entre deux souffles, celui qui vient de passer et celui qui n'est pas encore arrivé »[51]. Ce qui est en cause, c'est la Présence,

---

47 Voir par exemple Sajjādī, *Farhang-e moṣṭalaḥāt-e 'orafā', sub verbo* «dam», pp. 182 *sv.* et « waqt », pp. 419-21.

48 *Waqt rā ghanīmat dān ān qadar ke betvānī/ ḥāṣel-e ḥayāt ey jān īn dam ast tā dānī.*

49 Anṣārī, *Majmū'a-ye rasā'il*, éd. Sarvar Mowlā'ī, Ṭahūrī, Téhéran, 1372 solaire/1994, Vol. I, p. 421.

50 *Al-waqt yushīru ilā l-nafas alladhī bayn al-nafasayn*, al-Sarrāj, *al-Luma'*, p. 405.

51 *Waqt-e to nafas-e to-st miyān-e do nafas yekī gozashteh va yekī nā āmadeh;* Muḥammad b. Munawwar, *Asrār al-tawḥīd*, Vol. I, p. 285.

ḥuḍūr, notion fondamentale de la vie mystique : l'homme ordinaire est constamment « absent », absent à soi-même car englouti par l'égo, absent à l'être et à sa réalité, indissociables de l'être aimé. Celui-ci ne devient réellement, c'est-à-dire organiquement, présent que lorsque l'égo est effacé, autrement dit réduit au silence par l'interruption du « bavardage » perpétuel des pensées associatives -*khawāṭir*. L'amour est une histoire de présence, celle intensément vécue dans la fugacité de l'instant présent, ici et maintenant.

Vivre intensément l'instant grâce à la conscience aiguë du souffle, c'est dépasser le vice absolu sur le chemin spirituel : l'oubli, la négligence, l'absence (*ghafla, ghayba*) ; savourer la vie dans sa chaleur et son intensité, c'est être en même temps conscient de la perpétuelle présence de la mort. On rapporte du maître de la confrérie des Naqshbandiyya, 'Ubaydallāh Aḥrār (né en 806/1403-1404) : « Les grands sages de notre ordre ont dit qu'il faut savoir que chaque souffle peut être le dernier de l'existence et que par conséquent chaque acte peut être l'acte pendant lequel le souffle s'arrête. Il faut en être conscient car il faut en répondre dans l'au-delà »[52]. « La conscience du (ou « dans le ») souffle » (*hūsh dar dam*), que l'on peut également traduire par « l'intelligence de/dans l'instant », est d'ailleurs le cinquième des onze principes saints de cette confrérie[53]. Le poète et philosophe mystique 'Abd al-Raḥmān Jāmī (m. 898/1492), lui aussi affilié à la même confrérie, écrit dans ses *Lawā'iḥ* : « Il faut pratiquer la relation continuelle avec Dieu, à tout moment, en toute situation [...] Cette relation doit être présente à chaque instant, alors soit conscient de ton souffle afin qu'il ne prenne pas fin dans l'inconscience »[54]. Dans son commentaire de l'ouvrage de Jāmī, probablement datant de 908/1502-1503, Mullā 'Imād, glosant

52 Wā'iẓ Kāshifī, *Rashaḥāt 'ayn al-ḥayāt*, éd. 'A.A. Mo'īniyān, 2 vols., Islāmiyya, Téhéran, 1356 solaire/1978, Vol. I, p. 228.

53 Ibid., Vol. I, pp. 38 *svv.*; aussi Pārsā Kh(w)āja Muḥammad, *Qudsiyya*, éd. Aḥmad Ṭāherī, Téhéran, Markaz-e nashr-e dāneshgāhī, rééd. 1389 solaire/2011, l'introduction de l'éditeur, pp. 55 *svv.*

54 Jāmī, *Lawā'iḥ*, éd. et trad. par Yann Richard, *Les jaillissements de Lumière*, Les Deux Océans, Paris, 1982, chap. 7, p. 60 (texte persan).

ce 7e chapitre, déclare : « Certains disent qu'il faut prendre appui sur le souffle : chaque souffle est un joyau précieux dont le Donateur du souffle connaît le prix. On ne peut obtenir la vie éternelle si on laisse s'échapper le souffle dans la négligence. On appelle cela la "garde du souffle" (*pās-e anfās*) ou la "conscience dans le souffle" (*hūsh dar dam*) »[55]. Au chapitre suivant, Jāmī poursuit : « La relation à Dieu sera d'autant plus forte que les pensées associatives (*khawāṭir*) et les tentations mentales (*wasāwis*) auront été mieux effacées. Il faut s'efforcer d'expirer hors de la poitrine (*i.e.* par la pratique du souffle) ces pensées associatives afin que la lumière manifestant le Réel – qu'Il soit glorifié – illumine l'espace intérieur de l'être »[56].

Ainsi, loin d'être morbide, la conscience de la mort fait ressentir encore plus ardemment l'infinie valeur de la vie et déclenche, avec ferveur, l'action de grâce (arabe : *shukr* ; persan : *sepās*) à l'égard du Créateur de la vie et Ses bienfaits. Le grand poète et lettré, Sa'dī de Shiraz (m. *ca* 691/1291) a magnifiquement condensé cet enseignement dans la célèbre « ouverture » de son *Golestān* : « Loué soit Dieu : son adoration crée la proximité et la gratitude à son égard rend ses dons encore plus abondants. Chaque inspiration prolonge la vie et chaque expiration enchante l'âme. Toute respiration comporte donc deux bienfaits et chaque bienfait exige une action de grâce :

« ... Nuage, vent, lune, soleil et ciel sont en œuvre
Afin que tu obtiennes une bouchée de pain et que tu ne la manges pas dans l'inconscience »[57].

Ainsi, chaque souffle devient une prière silencieuse, un rappel perpétuel (*dhikr dā'im*) de Dieu, objet ultime de l'amour, l'Ami par excellence. Dans son fameux manuel de la mystique, *al-Risāla*, Abū l-Qāsim al-Qushayrī (m. 465/1072) rapporte des grands maîtres que « la plus haute des actions de grâce (ou « acte d'adoration »), c'est être

55 Ibid., p. 61, n° 33.
56 Ibid., chap. 8, p. 62 (texte persan).
57 Sa'dī Shīrāzī, *Golestān*, éd. Gh. Yūsufī, Téhéran, Dāneshgāh-e Tehrān, 1370 solaire/1992[3], p. 1.

conscient de son souffle (littéralement : « compter ses respirations », *shemordan-e nafas*) »[58]. La conscience du vrai soi (*khod*) coïncide ainsi avec la conscience de Dieu (*khodā*), puisque la première tire sa vie par et dans la seconde, et la respiration en est l'illustration la plus évidente et la plus immédiate, à condition qu'elle ne se fasse pas de manière mécanique et dans l'inconscience. Selon Aḥmad Jām (m. 536/1141) : « Dieu nous a envoyé dans ce monde et nous a légué la respiration comme notre capital. Nous avons donc la capacité de nous rappeler de Dieu dans chaque respiration, faisant ainsi, perpétuellement et à tout moment, sa louange »[59]. D'après Rūzbihān (m. 606/1209) : « Ne mérite le nom de souffle que la respiration issue du cœur et contenant le Rappel »[60], sinon il ne s'agit que d'un vent futile (*bād*) comme le déclare 'Abdallāh Anṣārī[61]. Ainsi prend encore tout son sens le vers de Ḥāfiẓ :

> « Ô toi qui réside dans le cœur et qui ne te soucie de tes amis
> Pas un souffle/un instant (*dam*) sans que je me rappelle de toi »[62].

Vers qui semble être une paraphrase en persan de l'hémistiche en arabe d'al-Ḥallāj (m. 309/922) : « je ne respire sans que tu n'accompagnes mon souffle »[63]. Le même mystique supplicié de Bagdad aurait dit dans une de ses prières : « Seigneur ! À côté de ce que j'ai trouvé

---

58 Qushayrī, *Tarjome-ye Risāla-ye Qushayriyya* (vieille traduction persane de l'original arabe), éd. B. Forūzānfar, Amīr Kabīr, Téhéran, 1347 solaire/1969, p. 128.

59 Jām Shaykh Aḥmad, *Uns al-tā'ibīn*, éd. 'Alī Fāḍil, Yektā, Téhéran, 1368 solaire/1990, p. 93.

60 *Nafas ān ast ke bā dhikr az del bar āyad* ; Rūzbihān Baqlī Shīrāzī, *Sharḥ-e shaṭḥiyyāt*, éd. H. Corbin et M. Mo'īn, Maisonneuve, Téhéran-Paris, 1344 solaire/1966, p. 417.

61 Maybudī, *Kashf al-asrār*, Vol. VIII, p. 179.

62 2e vers du *ghazal* commençant par *be možgān-e siyah kardī hezārān rakhne dar dīnam/ biyā kaz čashm-e bīmārat hezārān dard barčīnam*. Sur le cœur comme lieu de présence divine dans la littérature mystique, voir G. Gobillot et P. Ballanfat, « Le cœur et la vie spirituelle chez les mystiques musulmans », dans : « *Connaissance des religions* », Vols. 57-59, janvier-septembre 1999, pp. 170-204 ; aussi M.A. Amir-Moezzi, *Le Guide divin dans le shi'isme originel*, Verdier, Paris-Lagrasse, 1992 (2e éd. 2007, même pagination), pp. 112-45 en particulier pp. 129-32.

63 *Mā tanaffastu illā kunta ma'a nafasī; Dīwān de Ḥallāj*, éd. L. Massignon, dans : « *Journal Asiatique* », 1931, p. 126 ; aussi al-Sarrāj, *al-Luma'*, p. 348.

dans le zéphyr de ton amour et les parfums de ta proximité, les hautes montagnes, les cieux et les terres me paraissent insignifiants [...]. Par ta Vérité, je n'échangerai pas même le paradis contre une seconde de mon "temps" (*waqt*) ni contre un souffle de mes chaudes respirations (*aḥarr anfāsī*) »[64]. Rashīd al-Dīn Maybudī, déjà mentionné à plusieurs reprises, rapporte un propos analogue d'Abū Yazīd Basṭāmī (m. 261/875) : « Je n'échangerai pas un seul de mes soupirs matinaux, surgi de ma poitrine et accompagné de ton rappel, contre les huit paradis ni contre le royaume des deux mondes [...]. Pour moi, le royaume d'un seul souffle, expiré dans le soupir de son chagrin d'amour, est supérieur au royaume de millions d'univers »[65].

Les expressions utilisées par Ḥallāj et Basṭāmī nous fournissent de nouvelles clés pour saisir la technicité mystique de certaines expressions utilisées surtout par les poètes persans : « le zéphyr de l'amour » (*nasīm e-ḥubb*), « les parfums de la proximité » (*'awāṭir al-qurb*) et « le soupir matinal » (*āh-e saḥargāhī*)[66]. Pourquoi cette

64 L. Massignon, *Akhbār al-Ḥallāj*, Vrin, Paris, 1975, p. 68 (texte arabe), n° 44 (tr. française de Massignon, p. 132 du texte français). Nous nous permettons de donner notre propre traduction, littérale et non littéraire, afin de dégager prioritairement le rapport du texte avec notre propos. Voir aussi deux courts textes de L. Massignon, fort instructifs pour notre problématique : « Le souffle dans l'Islam », dans : « *Journal Asiatique* », 1943-45, pp. 436-38 (maintenant dans Id., *Écrits mémorables*, éd. C. Jambet *et al.*, Robert Laffont, Paris, 2009, Vol. II, pp. 217-19) et « L'idée de l'esprit dans l'Islam », dans : « *Eranos Jahrbuch* », *Vol.* 13, 1945, pp. 277-82 (= *Écrits mémorables*, Vol. II, pp. 63-67).

65 Maybudī, *Kashf al-asrār*, Vol. X, p. 60.

66 Le mot persan *āh* qui signifie « soupir » est en même temps un son utilisé comme formule de *dhikr* (littéralement « le Rappel » : répétition rythmique d'un mot ou d'une formule sacrée), de la même manière que les sons *hā* et surtout *hū* (ce dernier terme signifie en arabe « lui » et les mystiques ne manquent pas de souligner que ce pronom désigne Dieu). Maybudī déclare que, parmi les lettres, seul le *H* (la lettre *hā'*), véhicule du souffle, concerne Dieu. Toutes les autres lettres sont prononcées au niveau de la langue et de la bouche, alors que le *hā'*, venu du fond de la poitrine et du cœur, provient de l'âme. Prononcée par les hommes aux cœurs purs et aux intentions sincères, cette lettre exprime le Réel (*Kashf al-asrār*, Vol. VII, p. 55 ; *cf.* aussi Vol. II, p. 23). Najm al-Dīn Kubrā (m. 617/1220-1221) étend le Rappel de Dieu à travers le son « H » porté par la respiration profonde jusqu'aux animaux ; ainsi tout le règne animal fait acte de Rappel et prend conscience du Créateur à travers le souffle (*Die Rawā'iḥ al-jamāl wa fawātiḥ al-jalāl des Najm ad-dīn al-Kubrā*, éd. F. Meier, Erschienen, Wiesbaden, 1957, pp. 65 *svv.* ; voir la traduction française

insistance sur différentes sortes de « souffles » ? Sur leur parfum ? Sur le matin ? Il s'agirait en effet d'allusions à des exercices respiratoires secrets pratiqués à l'aube, accompagnés d'actes de rappel (*dhikr*) avec perception d'odeurs agréables et diverses expériences sensorielles. En effet, d'autres expressions poétiques du même genre sont également employées : la brise matinale (*nasīm-e saḥarī*), le vent de l'aube (*bād-e saḥarī*), le zéphyr de l'intimité (*nasīm-e ons*), le zéphyr de l'est (*i.e.* direction du soleil levant : *bād-e ṣabā*), le souffle du miséricordieux (*nafas al-raḥmān*), etc.[67] Toujours selon Maybudī : « Ce que les initiés (*ʿārifān*) appellent "le zéphyr de l'est" désigne en fait le souffle parfumé de Dieu (*nafkha-ye ilāhī*) qui circule dans l'univers, cherchant le cœur pur et l'esprit vide (*sirr-ī khālī* c'est-à-dire « vide » de l'égo ou des pensées associatives mécaniques, *khawāṭir*) des hommes pieux pour s'abriter dans leur souffle (*tā dar dam manzil konad*) » ; on peut également traduire cette dernière phrase : « afin de s'installer dans l'instant (présent) », selon la double significations du terme *dam*[68].

Des phénomènes sensoriels supranormaux sont dits accompagner les exercices matinaux du souffle. Nous avons déjà mentionné la perception des parfums. Les allusions à cette olfaction spirituelle semblent en effet être les plus fréquentes. Selon Rūzbihān Baqlī : « Le souffle du matin prend son origine des vergers du monde du mystère (*bostān hā-ye ghayb*) [...]. Le souffle inspiré (*nafas-e kashīdeh*) est le Respir de Dieu insufflé dans les âmes sanctifiées duquel se dégage le parfum de la brise de l'union (*bū-ye khosh-e nasīm-e veṣāl*) et les senteurs de la proximité de la beauté divine (*rā'iḥa hā-ye qorb-e jamāl*) »[69].

---

de Paul Ballanfat : *Les éclosions de la beauté et les parfums de la majesté*, Editions de l'Eclat, Nîmes, 2001, pp. 97 *svv.*).

67 N. Pūrjavādī, « Nasīm-e ons », dans : « *Nashr-i Dānish* », Vol. 17, n° 1 (1379 solaire/2001) ; maintenant dans Id., *Nasīm-e ons* (recueil d'articles), Farhang-e moʿāṣer, Téhéran, 1384 solaire/2007, article n° 1, pp. 31 *svv.*

68 Maybudī, *Kashf al-asrār*, Vol. V, p. 139. Sur le sens technique du « zéphyr de l'est » (*bād-e ṣabā*), voir aussi Mustamlī Bukhārī (m. 434/1043), *Sharḥ al-Taʿarruf*, éd. M. Rowshan, 5 vols., Amīr Kabīr, Téhéran, 1363-66 solaire/1985-88, Vol. III, p. 1342.

69 Rūzbihān Baqlī Shīrāzī, *Mashrab al-arwāh*, éd. N. Hoca, Isis, Istanbul, 1973, p. 198.

Ḥāfiẓ, comme beaucoup d'autres poètes mystiques, ne cesse de chanter de mille façons le parfum exquis de l'haleine de l'Ami, apporté par le « vent du matin »[70]. Nos auteurs mentionnent aussi le goût sucré que ressent le mystique pendant la pratique du Rappel (*dhikr*) accompagnée de l'exercice du souffle. C'est ce qui est appelé « la douceur » (dans les deux sens du terme) du Rappel (*shīrīnī/ ḥalāwat-e dhikr*) et qu'il ne conviendrait pas de prendre uniquement dans un sens métaphorique ; certains auteurs la mettent explicitement en relation avec l'exercice de la respiration consciente en général et celui de stopper le souffle en particulier[71]. La pratique provoque en même temps la transpiration, singulièrement celle du visage qui s'empourpre. Le phénomène est alors décrit par la métaphore de la rosée matinale perlant sur les pétales de la rose ou toute autre fleur rouge[72]. Métaphore maintes fois utilisées par les poètes persans, d'ailleurs presque toujours en connexion avec « la brise matinale ».

De même, des phénomènes visuels pourraient accompagner l'exercice du souffle. En particulier la vision des lumières colorées ainsi que celle d'une entité perçue au niveau du cœur et jouant le rôle du « guide intérieur » semblent les mieux attestées par les textes[73]. La couleur sur laquelle insistent le plus nos auteurs est le rouge dans ses différentes variations : rouge sombre, rose foncé,

70 Voir des expressions comme «le musc apporté par la brise de l'aube» dans *nafas-e bād-e ṣabā moshk feshān khāhad shod*; «respirer le parfum de la rose avec le souffle auroral» dans *be bū-ye gol nafasī ham dam-e ṣabā mībāsh*; «parfumer son souffle par l'haleine matinale de l'Ami» dans *tā mo'aṭṭar konam az loṭf-e nasīm-e to mashām/ shamme-yī az nafaḥāt-e dahan-e* (ou *nafas-e*) *yār biyār*, etc.

71 Voir par exemple Pārsā, Kh(w)āja Muḥammad, *Qudsiyya*, p. 35 : « Stopper le souffle pendant le Rappel provoque une saveur sucrée intense... » (*bāzdāsht-e nafas sabab-e wajadān-e ḥalāwat-e 'aẓīma ast dar dhikr...*).

72 *Ibid.*, pp. 35 *sv.*; aussi Ghujduwānī 'Abd al-Khāliq (m. 617/1220), « Ṣāḥibiyya », éd. Sa'īd Nafīsī, dans : « *Farhang-e Īrān Zamīn* », Vol. 1, 1332 solaire/1954, p. 85.

73 Voir H. Corbin, *L'homme de lumière dans le soufisme iranien*, Présence, Paris, 1971 (étude de ce que Corbin appelle « les photismes colorés » surtout chez les grands maîtres de la tradition mystique Kubrāwī) ; voir aussi M.A. Amir-Moezzi, *Le Guide divin dans le shi'isme originel*, excursus « la vision par le cœur », pp. 112-45 ; Id., *La religion discrète. Croyances et pratiques spirituelles dans l'islam shi'ite*, Vrin, Paris, 2006, ch. 10 (« Visions d'imams en mystique duodécimaine moderne et contemporaine »).

vermeil, pourpre, écarlate... D'où les métaphores et les jeux de mots, infiniment utilisés par les poètes, avec le vin, le sang, le soleil couchant, la rose (c'est toujours la rose rouge qui est visée) et d'autres fleurs rouges. Ḥāfiẓ n'a eu apparemment aucun maître spirituel physique. Il fait cependant quelques rares allusions à un maître qu'il appelle « le vieux/le maître couleur de vin » (*pīr-e mey rang*) ou « le vieux/le maître couleur de rose » (*pīr-e gol rang*). Il s'agirait très probablement de son « guide intérieur », perçu en vision, au niveau du cœur, comme une entité d'une luminosité rougeâtre[74].

Moins fréquemment et plus discrètement, les sources font également état de phénomènes auditifs accompagnant l'exercice. Dans ce cas, les exemples les plus récurrents concernent l'audition d'un son métallique, celui d'un battement d'écuelle, du bruit d'une chaîne ou encore le tintement d'une cloche. Les recueils de traditions rapportent des expériences analogues vécues par le prophète Muḥammad lors de « la descente » de la Révélation[75].

Effectivement, ce qui est en cause, l'enjeu majeur de la maîtrise du souffle, c'est bien acquérir la capacité de recevoir l'inspiration ou la révélation. Encore une fois, Rūzbihān Baqlī le déclare dans une de ces formules denses et synthétiques dont il a le secret : « Dieu créa les cœurs et y déposa son secret. Il créa ensuite les souffles et les introduisit dans les conduits qui relient le secret (*sirr*, une des « couches » profondes de la conscience) au cœur. La connaissance

74 N. Pūrjavādī, « Pīr-e gol rang », dans : Id., *Ishrāq va 'irfān: maqāle hā va naqd hā*, Markaz-e nashr-e dāneshgāhī, Téhéran, 1380 solaire/2002, article n° 8, pp. 142-77 (initialement paru dans : « *Nashr-i Dānish* », *Vol.* 16, n° 4 [1378 solaire/1999], pp. 43-54). Sur « le guide intérieur lumineux » et la vision des lumières colorées voir Najm al-Dīn Kubrā, *Rawā'iḥ al-jamāl*, éd. F. Meier (et dans la traduction française de P. Ballanfat), ch. 7, 13 et surtout 66 et 69 (il s'agit d'un des principaux ouvrages analysés par H. Corbin dans *L'homme de lumière*). Sur la vision intérieure de la lumière rouge et son symbolisme, voir aussi H. Corbin, « Réalisme et symbolisme des couleurs en cosmologie shî'ite. D'après le " Livre du hyacynthe rouge " de Shaykh Moḥammad Karîm-Khân Kermânî (ob. 1870) », dans : Id., *Temple et contemplation*, Flammarion, Paris, 1980, article n° 1, pp. 7-66 (initialement paru dans: «*Eranos-Jahrbuch* », *Vol.* 41, 1972, pp. 109-77).

75 Voir A.J. Wensinck, *Concordances et indices de la tradition musulmane*, Brill, Leiden, 1933-65, *s.v. jaras, ṣalṣala, ṭast.*

(*ma'rifat*) se trouve dans le cœur comme l'unification (*tawḥīd*) réside dans le secret et aucun souffle ne circule en dehors de la guidance de la connaissance et l'orientation de l'unification. Un souffle vide et inconscient de cela est tout simplement mort et son propriétaire en est responsable »[76]. Il peut s'agir de la révélation de la connaissance d'un état spirituel, d'un mystère de la vie, d'un point de sagesse, d'un propos de maître ou encore d'une vérité religieuse. La finalité d'un exercice spirituel est donc l'initiation, non pas uniquement sur le plan spéculatif mais surtout aux mystères de l'être même du mystique. L'initiation, la connaissance transforme l'initié. Or, sur la voie de l'amour, la plus grande révélation, autrement dit la plus intense des transformations, c'est la manifestation de l'objet d'amour, la vision plénière de l'être aimé, humain ou divin, puisque pour nos mystiques les deux amours, s'ils sont sincères et purs, sont inséparables. Selon un propos particulièrement dense d'Aḥmad Ghazālī, un des résultats merveilleux, extraordinaires de l'exercice du souffle, c'est l'apparition « organique » de l'Ami dans le for intérieur de l'amant. Ici réside un des plus grands secrets individuels de l'unification. D'où la tonalité particulièrement allusive de notre auteur, laquelle semble désormais claire à la lumière de tout ce qui vient d'être dit : « En amour, il existe une étape étonnante où le sujet aimant peut contempler la réalité de ce qui est véhiculé par son souffle. Or, le souffle consciemment inspiré et expiré porte l'objet aimé car celui-ci (le souffle ? L'être aimé ? Les deux ?) réside dans le cœur et la respiration, descendant dans le cœur, en puise le parfum et en prend la forme [...]. Bien aimé ! Tu es toujours présent dans mon cœur ; quand je te désire, il me suffit de fixer le regard sur mon cœur »[77]. Dans le lexique technique de la littérature mystique,

---

76 Rūzbihān Baqlī, *Sharḥ-e shaṭḥiyyāt*, p. 381.

77 *Qadamī hast dar 'eshq bo l-'ajab ke dar ān qadam mard-e 'āsheq moshāhed-e nafas-e khod gardad zīrā ke nafas-e āyande va shavande markab-e ma'shūq mīāyad az ān rūy ke del maskan-e ūst va nafas bovad ke az del būy va rang-e ū gīrad...to khod be del andarī negārā shab o rūz/ har gah ke to rā khāham dar del negaram* ; Ghazālī Aḥmad, *Savāniḥ*, éd. N. Pūrjavādī, Bonyād-e farhang-e Īrān, Téhéran, 1359 solaire/1981, p. 40.

cette réalisation concrète de l'image de l'être aimé dans le cœur de l'amant grâce à une certaine pratique de la méditation (*fikr, tafakkur*) est souvent appelé la forme [« la face », « le visage »] mentale (*ṣūrat-e fikriyya*)[78]; c'est à ce phénomène que semble faire allusion le grand Jalāl al-Dīn Muḥammad Balkhī dit Mawlavī Rūmī (m. 672/1273) :

> «Par la pratique du *dhikr* (répétition rythmée d'un mot sacré), une voie s'ouvre,
> Grâce à la pratique de *fikr* («méditation»), surgit la forme du roi»[79].

II.3. Retour à Ḥāfiẓ

Jusqu'ici, nous avons déjà vu les exemples de quelques vers de poésie persane, notamment ceux de Ḥāfiẓ, « décodés » à l'aide de « clés » fournies par les propos de grands maîtres spirituels. Pour terminer notre propos et l'illustrer davantage, nous allons tenter de traduire et commenter les extraits de quelques autres poèmes célèbres du grand poète de Shiraz médiéval selon les significations techniques examinées dans les pages qui précèdent. Les termes-clés, relevés et analysés ci-dessus, seront marqués en italique.

– Exemple 1.

Le *ghazal* d'ouverture du *Dīvān* de Ḥāfiẓ commençant par l'hémistiche arabe *alā yā ayyuhā s-sāqī adir ka'san wa nāwilhā*[80] :

---

78 Pour la mystique sunnite, voir A. Ventura, «La presanza divina nel cuore», dans: «*Quaderni di Studi Arabi*», *Vol.* 3, 1985, pp. 63-72; Id., «L'invocazione del cuore», dans: *Yād Nāma... Alessandro Bausani*, Rome, 1991, Vol. 1, pp. 475-85 ; pour la mystique shi'ite, voir M.A. Amir-Moezzi, *La religion discrète*, pp. 266 *svv.* Sur la mystique de la Face, voir H. Corbin, *Face de Dieu, Face de l'Homme. Herméneutique et soufisme*, Flammarion, Paris, 1983, *passim*.

79 *Dhekr ān bāshad ke bogshāyad rahī / fekr ān bāshad ke pīsh āyad shahī; Mowlavī, Mathnavī*, éd. R.A. Nicholson, rééd. A. Kabīr, Téhéran, s.d. (*circa* 1950), Daftar 2, vers n° 3207, p. 427 (Histoire du bédouin et du philosophe).

80 Nous nous permettons ici d'indiquer les références exactes des poèmes : Ḥāfiẓ, *Dīvān*, éd. Qazvīnī-Ghanī, n° 1; éd. Khānlarī, n° 1; éd. Neysārī, n° 1; la traduction française de Ch.H. De Fouchécour, *Le Divan. Hâfez de Chiraz*, n° 1, p. 85 *svv.* L'auteur de ces lignes se permet de fournir sa propre traduction des vers en ne se souciant guère de la forme, mais en tentant seulement de rendre leur technicité, celle qui

1 – Échanson! Fais circuler la coupe et fais-la goûter,
Car l'amour semblait facile au début mais surgirent les difficultés.

(Le poète s'apprête à décrire les épreuves et les expériences de la voie de l'amour).

2 – Dans la quête du *parfum de musc* que *le vent matinal de l'est* fait surgir de ses boucles,
À cause des torsades noires de sa chevelure *parfumée, les cœurs sont noyés dans leur sang.*

(Selon les commentateurs, « la chevelure noire de l'être aimé » symbolise le mystère divin. Le poète médite ce mystère en pratiquant l'exercice matinal du souffle, en percevant les parfums spirituels et la couleur rouge au niveau de son cœur).

3 – À l'étape du chemin où se trouve l'ami(e)[81], point de tranquillité car à chaque *souffle/instant,*
La cloche se met à tinter pour annoncer le départ.

(Le poète utilise le vocabulaire du voyage en caravane. Il semble faire allusion à l'exercice du souffle, à la présence dans l'instant et à l'expérience de l'audition spirituelle d'un son métallique).

4 – Si le Vieux Mage te l'ordonne, *colore de vin* ton tapis de prière,
Car l'itinérant initié connaît bien les règles du voyage.

(« Le Vieux Mage » – appelé ailleurs « le Vieux de la taverne » ou encore « le Maître vendeur de vin » – est identique au « Maître

---

nous occupe, de la manière la plus accessible possible. La première « victime » en est évidemment la magnifique poésie de Ḥāfiẓ et sa langue somptueuse. Nous en sommes pleinement conscient et nous prions les admirateurs du poète de nous en excuser. Nos traductions seront suivies de nos commentaires, réduits au strict minimum et mis entre parenthèses, faits uniquement dans le cadre de notre propos. Il est évident que lesdits commentaires n'excluent en rien les autres niveaux de sens, plus manifestes et simultanément présents dans les vers du Sage de Shiraz, ni les très nombreux autres commentaires des auteurs anciens et modernes.

81 Le persan n'ayant pas de genre, l'être aimé, nommé de différentes façons, peut être masculin ou féminin.

couleur de rose », c'est-à-dire le guide intérieur du poète. « Tapis de prière » désigne, selon les commentateurs classiques, le cœur du mystique. L'aspect provocateur du discours mis à part, Ḥāfiz semble parler aussi de la pratique de la concentration sur le cœur avec la perception du « Guide de lumière » de couleur rougeâtre).

[...]

7 – (dernier vers) – Si tu es à la recherche de *la Présence*, Ḥāfiẓ, ne sois pas absent de Lui,
Lorsque *tu rencontreras* Celui que tu désires, dis adieu au monde de tous les jours.

(Au dernier vers, le poète révèle la finalité de son exercice spirituel : atteindre la Présence – c'est-à-dire le Silence intérieur obtenu par l'interruption du bavardage perpétuel causé par les pensées associatives- et la rencontre tant recherchée de l'objet de son amour).

– Exemple 2.

Le ghazal débutant par *ey ṣabā nak.hatī az khāk-e rah-e yār biyār* [82] :

1 – *Zéphyr matinal de l'est*! Apporte-moi *le parfum* du chemin de l'ami(e),
Efface le chagrin du *cœur* en m'apportant des nouvelles du *possesseur de mon cœur.*

(Le poète semble faire allusion à l'exercice matinal du souffle ; à la perception du parfum ; à la présence de l'entité spirituelle du cœur, identifiée à l'être aimé).

2 – Dis-moi le mot vivifiant l'âme provenant de *l'haleine* de l'ami(e),
Apporte-moi la missive contenant la bonne nouvelle du *monde des mystères.*

82 Éd. Qazvīnī-Ghanī, n° 249 ; éd. Khānlarī, n° 244; éd. Neysārī, n° 226; trad.de Fouchécour, n° 244, pp. 652 *svv.*

(Le souffle vivifiant apporte l'inspiration donnant accès au monde spirituel).

3 – Pour parfumer ma respiration à la grâce de ta brise,
Apporte quelque *senteur* des *parfums du Respir* de l'ami(e).

(Même commentaire que le vers 1).

4 – Au nom de ta fidélité, montre-moi le chemin de ce cher compagnon
Purifié de la poussière *de tout autre que lui.*

(La persévérance dans la pratique s'ouvre à l'union et à la compagnie sans distraction de l'être aimé).

5 – Au-delà de tout intrus étranger, apporte-moi la poussière des pas de l'ami(e),
Afin de calmer mon *regard* injecté de *sang.*

(Dépassant les obstacles mentaux, le souffle apporte la paix de l'objet de désir ; allusion à la vision de la couleur rouge).

[...]

8 – *La bouche de mon âme* est devenue *amère* dans l'attente vide de l'ami(e),
Apporte-moi une faveur de ses *douces* lèvres desquelles *il pleut du sucre.*

(Allusion à l'amertume de l'absence et le goût sucré accompagnant le Rappel et la sensation suave de la Présence).

9 – Depuis quelque temps mon *cœur* n'a pas *contemplé la face de l'être désiré,*
Échanson, apporte-moi la coupe qui sert de miroir.

(Allusion à la pratique de la vision de l'ami, du guide intérieur, au niveau du cœur dans un état de conscience altéré – évoqué par le symbolisme de la beuverie et de l'ivresse – où le sujet aimant et l'objet aimé s'unissent – symbolisme du miroir où la face de l'ami se superpose et s'identifie à celle de l'amant).

– Exemple 3.

Le *ghazal* commençant par *dūsh vaqt-e saḥar az ghoṣṣe najātam dādand* [83]:

> 1- La nuit dernière, au moment de *l'aube*, ils me délivrèrent de la tristesse,
> Dans l'obscurité nocturne, ils me firent boire l'Eau de la Vie.

(Le poète semble décrire une cérémonie rituelle matinale où on lui a fait boire une boisson provoquant un état de conscience altéré. La rime ... *am dādand* « ils m'ont donné » évoque une troisième personne de pluriel indéfinie. De qui s'agit-il ? Des initiés d'une société secrète ?).

> 2 – Dans l'éclat éblouissant de la lumière de l'Essence, ils me firent sortir de moi;
> De la coupe de la théophanie des Attributs, ils me firent boire le vin.

(Allusion à un état extatique de sortie de soi ; perception sous forme de la lumière – rouge comme le vin ? – de différents niveaux ontologiques de Dieu : Essence et Attributs).

> 3 – Quel aube bénie et quelle nuit heureuse!
> Cette Nuit de la Puissance où ils m'offrirent une nouvelle inspiration[84].

---

83 Ed. Qazvīnī-Ghanī, n° 183; éd. Khānlarī, n° 178; éd. Neysārī, n° 161; trad. De Fouchécour, n° 178, pp. 509 *svv.*

84 Allusion à la Nuit de la Puissance (ou du Décret ou encore du Destin) coranique (*laylat al-qadr*; en persan: *shab-e qadr*). Dans les versets 1 à 5 qui constituent la très brève sourate 97 intitulée justement al-Qadr, la tradition a vu le moment de la révélation du Coran au prophète Muḥammad: « Au Nom de Dieu le Clément le Miséricordieux/ C'est Nous qui le fîmes descendre pendant la Nuit de la Puissance/

(Allusion au « moment » – *waqt*, terme présent dès le premier hémistiche – de révélation provoqué par l'état extatique de sortie de soi).

4 – Dorénavant mon visage va se refléter dans le miroir de la Beauté,
Car, là-bas, ils m'initièrent à la manifestation de l'Essence.

(Expérience, à travers le beau, de l'unicité entre l'initié aimant et Dieu, objet d'amour).

[...]
7 – Tout ce *miel* et ce *sucre* qui se répandent par ma bouche,
C'est la *très douce* récompense qu'ils m'offrirent pour ma patience.

(Encore une allusion – à côté de celle faite à sa propre poésie comparée au miel et au sucre – au goût sucré produit par l'exercice de Rappel accompagné de la pratique du souffle ; par ailleurs, le poète avoue que ses dons poétiques sont dus à son cheminement spirituel).

8 – C'est grâce à l'énergie spirituelle de Ḥāfiẓ et aux *souffles* des éveillés de l'*aube*
Qu'ils me sauvèrent de l'angoisse des jours.

(*hemmat* (de *himma* arabe ; voir ci-dessus la note 2, le vers de Ḥāfiẓ cité), « énergie ou force spirituelle », force de persévérance et de patience dans l'exercice spirituel ; encore une allusion à la pratique matinale du souffle ; qui sont « les éveillés de l'aube » ? Il s'agit certainement de ces mystérieux hommes que la troisième personne du

---

Qu'est-ce qui peut te faire comprendre ce qu'est la Nuit de la Puissance ?/ La Nuit de la Puissance vaut plus qu'un millier de mois/ Pendant cette Nuit font leur descente les anges et l'Esprit avec la permission de leur Seigneur, pour tout décret/ Salut sur elle jusqu'au lever du jour ». En référence à cette tradition, « le moment » où l'initié entre en contact avec le monde transcendantal et/ou reçoit une inspiration est conventionnellement appelé « la nuit du Décret » de ce dernier (voir par ex. Maybudī, *Kashf al-asrār*, Vol. X, pp. 557 *svv.*). D'où l'allusion de Ḥāfiẓ à la réception d'une « nouvelle inspiration » (en persan : *tāze(h) barāt* ; précisons que ce dernier terme a de nombreuses autres significations).

pluriel de la rime évoque avec insistance. Soufflent-ils sur le poète ? La pratique existe dans certaines confréries mystiques).

– Exemple 4.

Le *ghazal* commençant par *ṣabā be tahniyat-e pīr-e meyforūsh āmad* [85] :

1 – Le *zéphyr matinal* de l'est vient complimenter le *Maître marchand de vin*,
Car voici venu le temps de la joie, de la vie palpitante, de l'amour et de la beuverie.

(Allusion à la pratique matinale du souffle ; au « maître intérieur » de couleur rouge ; à la joie due à l'éclosion de l'amour).

2 – L'*air* est devenu guérison comme le *souffle* du Christ et la *brise est musquée*,
L'arbre verdit et l'oiseau se met à pépier.
3 – Le vent printanier empourpre le calice de la tulipe,
Les pétales sont couverts de rosée, oui, la fleur transpire.

(La pratique respiratoire fait rougir le visage qui se couvre de sueur).

4 – Prête-moi ton attention, vis pleinement cette joie!
Car, à *l'aube*, j'ai entendu *le messager invisible* proclamer:

(allusion à l'inspiration qui peut suivre le Rappel du matin).

5 – «*Arrête la dispersion de tes pensées afin que tu deviennes un,*
Lorsque le démon s'en va, arrive alors l'ange».

(L'interruption du flot des pensées associatives chaotiques fait éclore le silence du recueillement et l'unité de l'être).

Arrêtons ici les exemples. Nous aurions pu les étendre à un grand nombre d'autres poèmes de Ḥāfiẓ ou encore nous tourner

85 Édition Qazvīnī-Ghanī, n° 175 ; éd. Khānlarī, n° 171; éd. Neysārī, n° 155; trad. De Fouchécour, n° 171, pp. 496 *svv.*

vers d'autres noms célèbres de la poésie mystique persane comme Sanā'ī Ghaznavī (m. 525/1131), 'Aṭṭār Nīshāpūrī (m. *ca* 628/1230), Fakhr al-Dīn 'Irāqī (m. 688/1289) ou encore 'Abd al-Raḥmān Jāmī (898/1492), pour ne citer que les plus prisés jusqu'à nos jours. Cette poésie possède plusieurs couches de sens entretenues aussi bien par son sens littéral que par les nombreux lexiques symboliques qu'elle met à contribution[86]. De ce point de vue, elle remplit, magistralement et avec un sens aigu de l'esthétique poétique, les fonctions du « paradoxe » ou de ce « langage paradoxal » qui, selon nos mystiques, est le seul moyen de dire l'ineffable, en l'occurrence les subtilités et les profondeurs de l'intense expérience intérieure des réalités transcendantales[87].

Les quelques exemples que nous venons d'offrir suffisent, nous semble-t-il, pour montrer que, parmi ces lexiques symboliques, il y en a un resté plutôt méconnu ayant rapport avec la dimension pratique, corporel du cheminement spirituel vers la liberté. La reconnaissance de ce niveau de technicité et son décodage à l'aide des sources parallèles appartenant aux mêmes milieux intellectuels et spirituels que nos poètes, ouvrent de nouveaux horizons de sens, de

86 Voir maintenant E. Feuillebois-Pierunek, *De l'ascèse au libertinage. Les champs de la poésie mystique persane. Sanā'ī (1087 ?-1130 ?) et 'Aṭṭār (ca 1145-ca 1221)*, Editions du Cerf, Paris, 2021.

87 Sur les questions fondamentales du paradoxe et du langage paradoxal (souvent exprimés et appelés par le terme *shaṭḥ*, pl. *shaṭaḥāt, shaṭḥiyyāt*) dans la mystique musulmane voir, entre autres, L. Massignon, *Essai sur les origines du lexique technique de la mystique musulmane*, Vrin, Paris, 1922, index *s.v. shaṭḥ*; Id., *La passion de Hallâj, martyr mystique de l'Islam*, rééd. Gallimard, Paris, 1975, 4 vols., index. *s.v. shaṭḥ;* l'introduction de H. Corbin à Rūzbihān Baqlī Shīrāzī, *Sharḥ-e shaṭḥiyyāt*; 'Abd al-Raḥmān Badawī, *Shaṭaḥāt al-ṣūfiyya*, Dār al-ṭab', Koweit, 1978[3], surtout l'introduction ; P. Nwyia, *Exégèse coranique et langage mystique*, Dar el-Mashreq, Beyrouth, 1970, index., *s.v. shaṭḥ* ; C. Ernst, *The Words of Extasy in Sufism*, State University of New York Press, New York, 1985, *passim* ; P. Ballanfat, « Réflexions sur la nature du paradoxe. La définition de Rūzbehān Baqlī Shīrāzī », dans « *Kâr-Nâmeh* », *Vol.* 2-3, 1995, pp. 25-40 ; P. Lory, « Les paradoxes mystiques (*shaṭaḥāt*) dans la tradition soufie des premiers siècles », *Annuaire de l'École Pratique des Hautes Études, section des sciences religieuses* 102 (1994-1995), et 103 (1995-1996) et maintenant Id., *Oublie le chemin, tu parviendras à Dieu. Etudes sur les paradoxes de la mystique musulmane*, Editions du Cerf, Paris, 2023.

nouvelles grilles herméneutiques, sans lesquels le risque est grand de passer complètement à côté d'un certain nombre de vers voire de poèmes entiers, de commettre de plus ou moins profonds contresens ou, dans le moins pire des cas, de n'en saisir qu'un sens littéral ou métaphorique. Ce lexique technique confirme, s'il en était encore besoin, ce sur quoi personne n'a autant insisté, en s'appuyant sur une grande connaissance des textes, que le regretté Pierre Hadot, un peu partout dans son œuvre considérable : la sagesse, la philosophie, la spiritualité des maîtres du passé, loin d'être uniquement des disciplines purement spéculatives, étaient des modes de vie, des méthodes de transformation, des chemins d'amélioration de soi accompagnés d'exercices spirituels et de pratiques initiatiques impliquant aussi bien l'esprit et la pensée que le corps[88].

88 Par ex. P. Hadot, *Plotin ou la simplicité du regard*, Paris, Plon, 1963 ; Id., *Exercices spirituels et philosophie antique*, Paris, Etudes augustiniennes, 1981 ; Id., *Wittgenstein et les limites du langage*, Paris, Vrin, 2004 ; Id., *N'oublie pas de vivre. Goethe et la tradition des exercices spirituels*, Paris, Albin Michel, 2008. Nous avons commencé cet article avec Pierre Hadot (1922-2010) ; cela nous tenait à cœur de le terminer avec lui.

Presentations of the Eranos Conference
The Age of Disoriented Consciousness:
Uncertainties of Time and Anxiety of the Future

Presentazioni del Convegno di Eranos
L'epoca della coscienza spaesata.
Incertezze del tempo e ansia del futuro

In collaboration with the Ph.D. program in Transcultural Studies in Humanities, University of Bergamo, the Ph.D. program in Philosophy, University of Pisa and University of Florence, the Ph.D. program in Religious Sciences, Faculty of Theology of Lugano, the Ph.D. program in Germanic and Slavic Studies, 'Sapienza' University of Rome and Univerzita Karlova, Praha, and the Ph.D. program in Social and Political Change, University of Florence and University of Turin

In collaborazione con il Dottorato di ricerca in Studi umanistici transculturali, Università di Bergamo, il Dottorato di ricerca in Filosofia, Università di Pisa e Università di Firenze, il Dottorato di ricerca in Scienze religiose, Facoltà di Teologia di Lugano, il Dottorato di Ricerca in Studi Germanici e Slavi, "Sapienza" Università di Roma e Univerzita Karlova, Praga, e il Dottorato di Ricerca in Mutamento sociale e politico, Università di Firenze e Università di Torino

Casa Eranos, Ascona
5–7 September / settembre 2024

Adorno and Jung, Bloch and Klages: Disorientation and Reorientation of Consciousness in the Totally Administered Society

Paul Bishop

Glasgow / *Glasgow*, United Kingdom / *Regno Unito*
September / *Settembre* 2024

Part One: The Disorientation of Consciousness in T.W. Adorno and Jung: Dreams, Commodity Fetishism, the Totally Administered Society, and arrheton

According to Anthony Storr, Jung once told him that, "with dreams, there is always a chance of the Eucharist every night," and at the Eranos Conferences it was usual that, when Jung came down to breakfast in the morning, if he had experienced a dream the night before, the other delegates all gathered round to hear it like a revelation.[1] This practice would have displeased Walter Benjamin (1892-1940), who in *One-Way Street* (1928) warned against recounting one's dreams in the morning on an empty stomach. Benjamin explained his thinking behind his endorsement of this "popular tradition" as follows:

> Though awake, one remains under the spell of the dream [...]. He who shuns contact with the day, whether for fear of his fellow men or for the sake of inward composure, is unwilling to eat

1 Vincent Brome, *Jung* (London: Macmillan, 1978), p. 252.

and disdains his breakfast. He thus avoids a rupture between the nocturnal and the daytime worlds – a precaution justified only by the combustion of dream in a concentrated morning's work, if not in prayer; otherwise this avoidance can be a source of confusion between vital rhythms. In this condition, the narration of dreams can bring calamity, because a person still half in league with the dream world betrays it in his words and must incur its revenge. To express this in more modern terms: he betrays himself.[2]

This advice is followed by the narration of three dreams (about his best friend at school, about visiting Goethe's house, and about meeting Goethe himself), presumably with a view to confirming Benjamin's further assertion that, in the day time, the dreamer "has outgrown the protection of dreaming naïveté, he surrenders himself": "For only from the far bank, from broad daylight, may a dream be addressed from the superior vantage of memory [...]. The fasting man tells his dream as if he were talking in his sleep." Now it might come as a surprise that dreams should be taken so seriously by Benjamin, but in fact the Frankfurt School was far more interested in dreams than one might expect. This became clear when, in 2005, Suhrkamp Verlag published extracts from the dream protocols of Theodor W. Adorno (1903-1969).[3]

As far back as 1942, Adorno had published three dreams that he had had in America (dated 30 December 1940, 22 May 1941, and

2 Walter Benjamin, "Breakfast Room," in *One-Way Street*, in *Selected Writings*, Vol. 1, *1913-1926*, ed. Marcus Bullock and Michael W. Jennings, trans. Edmund Jephcott (Cambridge, MA, and London: Belknap Press of Harvard University Press, 1996), pp. 444 *f.*

3 Theodor W. Adorno, *Dream Notes*, ed. Christoph Gödde and Henri Lonitz, trans. Rodney Livingstone (Cambridge and Malden, MA: Polity, 2007). For the German original, see Theodor W. Adorno, *Traumprotokolle*, ed. Christoph Gödde and Henri Lonitz (Frankfurt am Main: Suhrkamp, 2005). For further discussion, see Stefan Müller-Doohm, "Traumprotokolle," in Richard Klein, Johann Kreuzer, and Stefan Müller-Doohm, eds., *Adorno-Handbuch: Leben – Werk – Wirkung*, 2nd Ed. (Berlin: Metzler, 2019), pp. 19-22.

January 1942) in *Aufbau*, a German-language émigré newspaper published in New York from 1934 onwards and into the present day.[4] In 1968 Adorno selected a further sixteen dreams for publication but they were never published. The three American dreams and the further sixteen were published in volume 20.2 of Adorno's *Gesammelte Schriften*, and Adorno added the following note: "These Dream Notes, which have been chosen from a much larger collection, are authentic. I wrote them all down immediately on waking and in prepating them for publication have only corrected obviously linguistic lapses."[5] Indeed, it seems that, ignoring Benjamin's advice, Adorno would write down his dreams "on waking up," and his wife, Gretel Adorno, would then make fair copies of them. Adorno would sometimes then make a few changes or add some explanations, but more often than not he did not, and the dream protocol was simply allowed to stand. Of these dreams, the *Dream Protocols* of 2005 contain a much wider – if still incomplete – selection.

Two remarks noted in early January 1956 clarify two points about the significance Adorno attached to dreams in general and the interconnectedness of his own in particular. First, "certain dream experiences lead me to believe that the individual experiences his own death as a cosmic catastrophe."[6] (In this respect, then, the end of the world is indeed nigh, in the sense that, as the saying attributed to Benjamin Franklin goes, "in this world nothing can be said to be certain, except death and taxes" ...) And second, "our dreams are linked with each other not just because they are 'ours,' but

4 See Theodor W. Adorno, "Träume in Amerika: Drei Protokolle," *Aufbau*, Vol. 8, no. 40 (2 October 1942), 17; reprinted in Theodor W. Adorno, *Gesammelte Schriften*, Vol. 20.2, *Vermischte Schriften II*, ed. Rolf Tiedemann (Frankfurt am Main: Suhrkamp, 1986), pp. 573-575. For further discussion, see Theodor W. Adorno, "Three American Dreams," in Marc Schell and Wener Sollors, eds., *The Multilingual Anthology of American Literature: A Reader of Original Texts with English Translation* (New York, NY and London: New York University Press, 2000), pp. 583-93; and Anne Halley, "Theodor W. Adorno's Dream Transcripts," *The Antioch Review* 55 (1, 1997): 57-74.

5 Adorno, *Gesammelte Schriften*, Vol. 20.2, cf. pp. vi and 80.

6 *Ibid.*, p. vi.

because they form a continuum, they belong to a unified world, just as, for example, all Kafka's stories inhabit 'the same world.' The more dreams hang together or are repeated, the greater the danger that we shall be unable to distinguish between them and reality."[7] The relation between dream and reality was of fundemental importance for Adorno. In *Minima Moralia* (1951), he commented (in §122):

> Between "there came to me in a dream" [*es träumte mir*] and "I dreamt" [*ich träumte*] lie the ages of the world. But which is the more true? No more than it is spirits who send the dream, is it the ego that dreams. Before the eighty-fifth birthday of a man well provided for in every respect, I asked myself in a dream what I could give to him to cause him real pleasure, and at once answered my own question: a guide to the realm of the dead.[8]

And in his essay entitled "Looking Back on Surrealism" (1956), Adorno argued that the dreams turned into literature by the surrealists were not real dreams, because "that is not the way people dream; no one dreams that way":

> Surrealist constructions are merely analogous to dreams, not more. They suspend the customary logic and the rules of the game of empirical evidence [...]. There is a shattering and a regrouping, but no dissolution. The dream, to be sure, does the same thing, but in the dream the object world appears in a form incomparably more disguised and is presented less as a reality than it is in Surrealism, where art batters its own foundations. The subject, which is at work much more openly and uninhibitedly in Surrealism than in the dream, directs its energy towards

7 *Ibid.*, p. vi.

8 Adorno, *Minima Moralia: Reflections from a Damaged Life* [1951], trans. E.F.N. Jephcott (London and New York, NY: Verso, 2005), p. 190. Likewise, in Jung's *Red Book*, the role of the dead is a significant one, as Jung calls on us – in the words of Maggy Anthony – to return to our roots, pay respects to our ancestors, and listen to our dead.

its own self-annihilation, something that requires no energy in the dream; but because of that everything becomes more objective, so to speak, than in the dream, where the subject, absent from the start, colours and permeates everything that happens in the wings.[9]

By contrast, Adorno's dreams are *very* dreamlike and to that extent they may be said to carry the stamp of authenticity.

Not surprisingly, given Adorno's remarkable erudition, there are educational dreams, e.g., Frankfurt, 13 April 1962: "I was due to sit an exam, an oral exam in geography" (p. 65); and Sils Maria, 4 September 1964 (shortly before waking up): "I had to write a six-hour-long school essay on Goethe" (p. 70). Then again, there are numerous dreams involving word-play, e.g. Los Angeles, 25 November 1942 (p. 16); Los Angeles, 15 February 1943 (p. 21); Los Angeles, 19 September 1945 (pp. 38-39); Frankfurt, summer 1952 (p. 51); Frankfurt, 22 March 1966 (p. 73). And a considerable number of dreams are frankly erotic, e.g., a dream of a ship boarded by pirates and women, two of whom begin to undress (New York, 8 February 1941) (pp. 5-6); a dream of discussing anal intercourse with a girlfriend (Los Angeles, 1942) (p. 14); a dream of a visit to an American brothel (Los Angeles, 10 January 1943) (pp. 18-19); a dream of a press ball or a party than turns into "a love scene that was completely shameless, without being exhibitionistic" (p. 28); another brothel dream, this time in Paris (Los Angeles, 20 January 1945) (pp. 31-35); a dream of visiting Anatole France, in the course of which the French writer changes into "a young, highly seductive woman with provocative breasts which pressed hard against the V-shaped neckline of her black lace dress, and long, black silk stockings," in response to which Adorno "kissed the top of her breasts, her mouth, played with her legs, and it was settled that from now on she would be my mistress" (p. 44); a dream

9 Theodor W. Adorno, "Looking Back on Surrealism," in *Notes to Literature*, trans. Shierry Weber Nicholson (New York, NY: Columbia University Press, 1991), Vol. 1, pp. 87 *ff.*

of a ball or party in which Adorno dances with a Bulgarian girl with "beautiful legs" and "ochre-coloured stockings" and, as they dance, he slips his hand "into her dress at the back and gave her bottom a feel" (p. 49); and a dream of "a kind of masochistic brothel" that morphs into a martyrdom scene (p. 54).

A dream from Los Angeles, 16 January 1943 (early morning) begins as follows: "I was lying in bed with two delightful women. One of them was small, delicate, with round, very firm breasts, and she was distinguished by great devotion and tenderness, which I at once noted with gratitude. The other was tall, slender, 'good looking' – except that from behind she had strangely protruding bones" (pp. 19-20). The dream continues: "Both of them had wonderful perfumed skin and I remember that I paid them a quite fatuous compliment, saying that 'at long last I had found some genuine high-class tarts.' However, we never progressed as far as intercourse – something I never dream of explicitly, any more than I dream of death – but only to kissing and indecent fondling" (pp. 19-20). In another dream of mid-September 1958, there is a ceremony in which Adorno is solemnly installed as head of music of his old high school: "After that, there was a great celebratory ball. I danced with a giant yellowish-brown Great Dane [...]. He walked on his hind legs and wore evening dress. I submitted entirely to the dog and, as a man with no gift for dancing, I had the feeling that I was able to dance for the first time in my life, secure and without inhibition. Occasionally, we kissed, the dog and I. Woke up feeling extremely satisfied" (p. 62).

It lies outside the scope of this paper to discuss in detail the representation of the feminine in Adorno's dreams, although one image is particularly revealing. In his dream of January 1942, Adorno descends in a lift into the basement, where he is approached by a group of crocodiles with the heads of "extraordinary beautiful" women, intending to devour him (p. 8). One of these crocodile-women tries to reassure Adorno, telling him that "being eaten didn't hurt" (p. 8). In her commentary on this dream, Anne Halley reminds us of how, twenty-seven years later, Adorno was to be humiliated by a group of revolutionary female students in the summer semester of 1969 in the first of a planned series of lectures on "An Introduction to Dialectical Thinking." When three female students staged a protest by bearing their breasts, caressing him, and scattering him with rose petals, he walked out of the lecture room and cancelled the rest of the lectures; a few weeks later, he died of a heart attack. Of this famous incident, Peter Sloterdijk has cuttingly remarked, "It was not naked force that reduced the philosopher to muteness, but the force of the naked."[10] While explaining that, by proclaiming that "as an institution, Adorno is dead," the students had "transformed the sphere of daily predictable events and (with luck) comprehensible order into a dream fantasy, a revolutionary theater event," Halley also notes that "the crocodile woman in Adorno's distant dream had been kinder and more reassuring."[11] In the case of the *Red Book*, the feminine is represented by the figure of Salome, whom Jung subsequently identified as an "anima figure," as the "erotic element," and even as a personification of *eros*, while conceding that "such a definition would be excessively intellectual."[12] More significant, however, is the fact that Salome is accompanied, not just by Elijah, but by a large, black snake.

Interestingly, Adorno's dreams reveal – aside from the crocodile-women – a fascination with dinosaurs. In a dream from Hamburg in May 1954, during which Adorno thought he could feel his veins "swelling and hardening to bursting point," he sees the following: "Some kind of disgusting little animals were creating havoc. A toy-size triceratops appeared so as to introduce order, but nothing

10 Peter Sloterdijk, *Critique of Cynical Reason*, trans. Michael Eldred (Minneapolis, MN: University of Minnesota Press, 1987), p. xxxvii.

11 In Adorno, "Three American Dreams," in Marc Schell and Werner Sollors, ed., *The Multilingual Anthology of American Literature: A Reader of Original Texts with English Translations* (New York, NY and London: New York University Press, 2000), pp. 583-89 (pp. 586 *f.*).

12 Carl Gustav Jung, *Memories, Dreams, Reflections*, ed. Aniela Jaffé (London: Fontana, 1967), p. 206.

happened and he finally became indistinguishable from the little animals" (p. 52). And a dream of 16 June 1955 features "two giant, black triceratops, as if made of plastic, furious, horrifying animals," one of which attacked an ankylosaurus (pp. 55-56). Now while Jung, as far as I know, never had any dinosaur dreams, the black snake plays a central role in the fantasies or visions of the *Red Book*, acting (in Jung's later view) as a "counterpart of the hero" and serving as an indication of a hero-myth.[13] Moreover, in his seminars on dream analysis (1928-1930) Jung explains that "these cold-blooded relics [snakes, crocodiles, etc.] are, in a way, uncanny powers, because they symbolize the fundamental factors of our instinctive life, dating from Paleozoic times," and "so whenever life means business, when things are getting serious, you are likely to find a saurian on the way," and – when benevolent – this saurian is a "tremendous force of organized instinct and pushes you over an obstacle which you would not believe possible to climb over by will-power or conscious decision" and "there the animal proves to be helpful."[14] (In short, the saurian brings to light the contents of the unconscious in a way that enables us to move forward.)[15] Moreover, there is the important difference that, whereas Adorno simply transcribed his dreams and allowed them to stand, Jung worked on and elaborated his dreams, first in the *Black Books* and then in the form of the *Red Book*.

That said, there are striking affinities between Adorno and Jung's *Red Book*. First of all, there is the principle articulated by Adorno about the sequentiality (or the interconnectedness) of dreams. Certain patterns and recurring motifs can be disengaged from the selection in the *Dream Protocols*, while the *Red Book* clearly illustrates the Jungian belief that dreams or visions are not to be considered

13 *Ibid.*

14 Carl Gustav Jung, *Dream Analysis: Notes of the Seminar given in 1928-1930*, ed. William McGuire (London: Routledge & Kegan Paul, 1984), pp. 645 *f.*

15 "The contents of all the early manifestations of religion came, not from the mind, but from the sympathetic system. And it is the saurian, the original worm, that brings up the contents of the unconscious" (Jung, *Dream Analysis*, p. 334).

in isolation but in terms of the dynamism of the sequence of which they form part.[16] Second, some of the dreams mentioned in the *Protocols* were incorporated into other works; for instance, the notes on that dream of 16 April 1943 (about giving "something useful" to the banker and economist Albert Ludwig Hahn (1889-1968), which turns out to be a "guide to the kingdom of the dead" [p. 24]) found their way into the section entitled "Monograms" in *Minima Moralia* (§122).[17] In his Afterword to the *Protocols*, Jan Philipp Reemtsma points out that such writers as Wieland Herzfelde (1896-1988), Ernst Jünger (1895-1998), or Franz Fühmann (1922-1984) produced literary elaborations of their dreams that represented (in the words of Franz Fühmann) "attempts to treat the dream as a literary form" (*Versuche, den Traum als literarische Form zu behandeln*).[18] In this respect, Adorno is the outlier, while Jung fits the more typical pattern. Equally, mandalas featured in the *Red Book* were presented elsewhere as works produced by clients.[19]

16 In the subsection entitled "Method" introducing "Individual Dream Symbolism in Relation to Alchemy" (1936) – which, as we now know, discusses a series of dreams by the theoretical physicist Wolfgang Pauli (1900-1958) –, Jung remarked how these dreams form a "coherent series in the course of which the meaning gradually unfolds more or less of its own accord," adding that "*the series is the context which the dreamer himself supplies*" (Carl Gustav Jung, "Individual Dream Symbolism in Relation to Alchemy" (1936), in *CW* 12, para. 50).

17 Adorno, *Minima Moralia*, p. 190.

18 Cited in "Afterword," p. 80; "Nachwort," p. 92. See Wieland Herzfelde, *Tragigrotseken der Nacht: Traüme* (Berlin: Malik, 1920) (with illustrations by Georg Grosz); Ernst Jünger, *Träume*, in *Sämtliche Werke*, Vol. 13 (Stuttgart: Klett, 1981), pp. 335-73; and Franz Fühmann, *Unter den Paranyas: Traum-Erzählungen und -Notate*, in *Werke*, Vol. 7 (Rostock: Hinstorff, 1993), pp. 207-388 (p. 231).

19 For instance, the mandala included in the chapter "Nox Secunda" [Ms. p. 105] is reproduced in his "Commentary on 'The Secret of the Golden Flower'" (*CW* 13, image A6), where it is attributed to a "male patient during treatment," and again in "Concerning Mandala Symbolism" (*CW* 9/i, para. 682), where it is attributed to a "middle-aged man" (cf. Carl Gustav Jung, *The Red Book: Liber Novus* [Reader's Edition], ed. Sonu Shamdasani, trans. Mark Kyburz, John Peck, and Sonu Shamdasani (New York, NY and London: Norton, 2012), p. 294, fn. 186); and the mandala composed on 9 January 1927 [Ms. p. 159] is reproduced in his "Commentary on 'The Secret of the Golden Flower'" (*CW* 13, image A3), where it is described as a "luminous flower in the centre, with stars rotating about it" and "around the flower, walls with eight gates," and "the whole conceived as a transparent window," and again in

There are some surprising overlaps with Jung's *Red Book* in respect of four particular motifs. Like Jung, Adorno is fascinated by the figure of Siegfried, with all its mythological and (particularly in the case of Adorno) its Wagnerian inflections. While Adorno was working on his *In Search of Wagner* and staying in London in 1937, he had a dream about Siegfried:

> It took place on a vast stage which did not just represent a landscape but actually was one: small rocks and a lot of vegetation, rather like in the mountains leading up to the Alpine pastures. Siegfried was striding through this theatrical landscape toward the rear, accompanied by someone, I cannot remember who. He was dressed half in mythological, half in modern clothes, a little bit like for a rehearsal. Finally, he discovered his adversary, a figure in riding dress: grey-green suit, riding breeches and brown riding boots. He started to fight with him, but their struggle was plainly all fun [...]. Brünnhilde then appeared in the background in the shape of the Statue of Liberty in New York. Sounding like a nagging wife, she screamed, "I want a ring, I want a beautiful ring, don't forget to take her ring from her". This was how Siegfried obtained the ring of the Nibelung. (pp. 2-3)

As well as echoing Jung's famous vision of Siegfried as recorded in the *Red Book* in "The Murder of the Hero" and reprised in *Memories, Dreams, Reflections*, this dream is also reminiscent of that moment in the *Red Book* when Jung becomes caught up in the Good Friday ceremonial from *Parsifal*. For in "Nox Quarta" Jung pushes aside the

---

"Concerning Mandala Symbolism" (*CW* 9/i, paras. 654-655), where it is described as a "spontaneous product from the analysis of a male patient" (cf. Jung, *Red Book* [Reader's Edition], p. 418, n. 296); as well as the mandala dated to 1928 [Ms. p. 163], reproduced in "Commentary on 'The Secret of the Golden Flower'" (*CW* 13, image A10), where it is described as a "mandala as a fortified city with wall and moat" (or, more precisely two moats: "within, a broad moat surrounding a wall fortified with sixteen towers" and another "inner moat" enclosing a "central castle with golden roofs whose centre is a golden temple"), and "Concerning Mandala Symbolism" (*CW* 9/i, para. 691) (cf. Jung, *Red Book* [Reader's Edition], pp. 422-423, n. 307).

curtain after talking to the librarian in the library who has lent him Thomas a Kempis's *The Imitation of Christ* and suddenly finds himself in a high-ceilinged hall with, in the background, a magnificent garden. Immediately Jung identifies this garden as the "magical" garden belonging to Clinschor or Klingsor, the evil sorcerer in Wolfram von Eschenbach's epic and Wagner's opera – and thereby finds himself on a stage on which, so it seems, the legend is being re-enacted, for Parzival "enters from the left."[20] This Parzival, however, is uncannily familiar to him, as is Klingsor: "How closely Klingsor resembles me! [...] How strange, [Parzival] also looks like me."[21] Indeed Jung identifies with the questing knight, for he participates in the ritual surrounding Good Friday, and he receives the redemptive power of the legendary Holy Grail, thereby creating his *own* version of the Grail myth:

> The scene changes: It appears that the audience, in this case me, joins in during the last act. One must kneel down as the Good Friday service begins: Parzival enters – slowly, his head covered with a black helmet. The lionskin of Hercules adorns his shoulders and he holds the club in his hand; he is also wearing modern black trousers in honour of the Church holiday. I bristle and stretch out my hand avertingly, but the play goes on. Parzival takes off his helmet. Yet there is no Gurnemanz who could absolve him [*entsühnte*] and could consecrate him. Kundry stands afar off, covering her head and laughing. The audience is enraptured and recognizes itself in Parzival. He is I [*Er ist ich*]. I take off my armour layered with history and my chimerical decoration and go to the spring wearing a white penitent's shirt, where I wash my feet and hands without being helped by anyone. Then I also take off my penitent's shirt and put on my civilian clothes. I walk out of the scene and approach myself – I who am still kneeling down in

---

20 *Ibid.*, p. 364.
21 *Ibid.*

prayer as the audience. I rise and become one with myself [*Ich ... werde eins mit mir selber*].[22]

The significance of this episode stayed with Jung: around four decades later, in *Mysterium Coniunctionis* (1955-1956), he wrote of the images that emerge during analysis that "so long as [the modern individual] simply looks at the pictures he is like the foolish Parsifal, who forgot to ask the vital question because he was not aware of his own participation in the action."[23]

Second, there is the motif of the dwarf-like figures of the Kabeiroi who, in the Red Book, help Jung build his Tower.[24] The negative aspect of these figures comes to the fore in an "indescribably ghastly dream" that Adorno has in Locarno – just down the road from Eranos – at the end of August 1954 about a "kind of masochist brothel": "I was in a pub on the River Main, the first building in the Old Town you come to after the Alte Brücke. I was not alone (was my mother with me?). The place was full of monstrosities and extremely tiny dwarfs, including a bare negro head; these monstrosities walked around on legs like lobsters, trying to attack people's genitals" (p. 53). This highly sexualized dream – later on a night-club hostess grabs Adorno through his trousers – concludes with a "large number of silent, shadowy people," whom Adorno regards with superficial calm ("they won't do anything to me") but underlying disquiet ("even greater fear, fear of their unreality").

These figures are a manifestation of a third motif in Adorno's dreams: the presence of the dead. (In "Nox Secunda" in the *Red Book*, these figures go rushing past Jung on their way to pray at the holy sepulchre in Jerusalem, and are described as "shadowlike human forms [...] like a horde of large birds – with a frenzied flapping of

22 *Ibid.*, p. 364 (translation modified). For further discussion of Jung and the Grail, see Paul Bishop, *Jung and the Epic of Transformation*, Vol. 1, *Wolfram von Eschenbach's "Parzival" and the Grail as Transformation* (Asheville, NC: Chiron, 2024).
23 Jung, *CW* 14, para. 753.
24 Jung, *Red Book* [Reader's Edition], pp. 425-29.

wings".[25] Describing in the *Draft* the dead as being led by "a prophet, whose proximity to God had driven him insane," that is, by Nietzsche, Jung urges us to "turn to the dead, listen to their lament and accept them with love [...] accept the dead, who have fluttered through the air and lived like bats under our roofs since time immemorial."[26] And in "Scrutinies," Philemon delivers his seven sermons to the dead, after which the dead, who have remained silent throughout, "ascended like smoke above the shepherd's fire, who watches over his flock by night.")[27] In a dream of 1 April 1955, Adorno goes in search of his aunt, Agathe (who later in the dream changes into his wife, Gretel): "An endless parade of men goose-stepped past me. Somehow, I realized that they were all going to a shop where they would be able to buy some coarse shirts at ridiculously low prices in a sale. They meant us no harm. At the same time, I realized: it was a procession of ghosts, and woke up" (p. 55). And the protocol of a dream dated Frankfurt, 18 November 1956, reads: "I dreamt of a catastrophic fire. In the cosmic inferno all the dead reappeared in their former shape for a few seconds, and I realized: only now are they truly dead" (p. 59).

Fourth, several of Adorno's dreams involve his execution and specifically his crucifixion, beginning with his dream in Los Angeles at the end of May 1942: "I dreamt I was to be crucified. The crucifixion was to take place at the Bockenheimer Warte, just by the university. I felt no fear throughout the entire process" (p. 10). Another dream of crucifixion (25 June 1957) (p. 60) is followed by a urination fantasy: "I was looking for somewhere to relieve myself [...] I found a large, white elegant lavatory in a grand hotel [but] the urinals had been festooned with wreaths, flower arrangements and roses. Servants rushed around busily. But nothing could stop me from relieving myself. However, the quantity of urine that flooded out of me turned

25 *Ibid.*, p. 334.
26 *Ibid.*, pp. 343, fn. 183, and 344 *f.*
27 *Ibid.*, p. 535.

out to be so vast that the bowl overflowed and flooded the entire banqueting hall. Without any end in sight, I awoke with a feeling of horror" (p. 64). This fantasy of being crucified is the most startling overlap with Jung, who in "The Way of the Cross" sees how a black serpent "crept into the body of the crucified and emerged again transformed from his mouth," winding itself "around the head of the dead one like a diadem, and a light gleamed above his head, and the sun rose shining in the east";[28] and who in "The Magician" is himself left hanging, Wotan-like, from the "divine tree" for three days and three nights.[29] Aside from these crucifixion fantasies, in Los Angeles on 1 August 1944 Adorno dreamed: "I was due once again to be executed – like Pierrot lunaire. This time, like a pig. I was to be thrown into boiling water" (p. 27); in Frankfurt at the end of December 1959 he had yet another execution dream, this time of beheading (pp. 63-64); there are dreams of being in charge of the Nazis being executed (p. 26), a mass execution scene with "naked, athletic young men," from which Adorno awoke with an erection (p. 36), the execution of a criminal (p. 39), the execution of Pierre Laval for collaboration, after which Adorno woke up with "indescribable feelings of terror and a wildly racing pulse" (pp. 44-45), a dream of execution by water *and* fire (p. 56), the execution in the electric chair of a condemned man (p. 72); and, most disturbing of all, the dream of a child being handed over to Adorno for him to torture (p. 47). (This dream is reminiscent of one of the most horrific episodes in the *Red Book* when, in "The Sacrificial Murder," Jung is invited by his soul to eat the liver of a brutally murdered child.)[30]

Finally, there is the remarkable, visionary dream that Adorno has after listening to a call by General Eisenhower on the radio for

28 *Ibid.*, p. 388. On the question of where the serpent enters the body, compare with Adorno's dream in Locarno on 30 August 1954: "St Charles Borromeo is said to have tried to enter the man in the cross through the anus. Through a miracle, this had opened to receive him and Borromeo had vanished inside completely. This was why he had been canonized" (p. 53).

29 *Ibid.*, p. 443.

30 *Ibid.*, pp. 320 *ff.*

the Germans to lay down their arms (31 March 1945). In this dream, Adorno find himself in southern Germany, in a large room with a bay window looking out onto a market place, perhaps Würzburg or Amorbach (the provincial Frankish village where Adorno spent his summers as a child and to which he devoted in 1966 an affectionate essay).[31] The weather is unusually warm, and Adorno looks up at the sky, which is "a deep greeny blue, of a shade only seen in theatre decorations":

> [The sky] contained a myriad little shining stars which, however, were all identical with each other and arranged in a symmetrical order [...]. To my delight I discovered a group of stars, a constellation, which stood out from the general pattern. It consisted of larger and brighter stars. Admittedly, each of them seemed more like an electric light. At the same time, the efforts I was making to look at them and my scepticism in the midst of my dream made me wake up. The entire thing can have lasted no more than a second. The dream made me feel *exceedingly* happy; highly colourful. (pp. 35-36)

This dream is reminiscent of those mandala types of dream, in which the archetype of order manifests itself. In the case of the *Red Book*, one thinks of the mandala sequence that follows "The Sacrificial Murder" [Ms. pp. 79-97], or the mandala that accompanies the chapter "The Three Prophecies" [Ms. p. 125], or the mandala painted on 9 January 1927 included in the chapter "The Magician" [Ms. p. 159]. Adorno's mandala-like dream would seem to confirm the truth of Jung's own description of the mandala as being like a "window opening on to eternity."[32]

Now it is important not to overlook the very real differences of outlook that exist between critical theory and analytical psychology;

31 See Susan H. Gillespie, "On 'Amorbach,'" *New German Critique* 43 (1, 2016): 215-26.
32 Jung, *CW* 9/i, para. 655; cf. *CW* 14, para. 763.

for instance, in relation to the utility (or otherwise) of astrology![33] Yet a lynch-pin between these two theoretical approaches can be found in the notion of "inner nature" or "nature in the subject."[34] In *Civilization and its Discontents* (1930), Freud wrote that "a piece of unconquerable nature" (*ein Stück der unbesiegbaren Natur*) forms "a part of our own psychical constitution."[35] In so writing, Freud was echoing none other than Jung. For Jung, in a paper on "Psychological Types" (1923) given at the International Congress on Education held in Territet, Switzerland, had remarked that "the unconscious is the residue of unconquered nature [*das Unbewußte ist der Rest unbezwungener Urnatur*] in us, just as it is also the matrix of our unborn future."[36] This idea of an inner, primordial nature crops up time and again in the thinking of the first and second generations of the Frankfurt School. In *Dialectic of Enlightenment* (1944), for example, Max Horkheimer (1895-1973) and Adorno speak of the "remembrance of nature in the subject" (*Eingedenken der Natur im Subjekt*) as the central point at which the Enlightenment is opposed to tyranny. "Through this remembrance of nature within the subject," they write, "a remembrance which contains the unrecognized truth of all culture, enlightenment is opposed in principle to power [...]."[37]

33 See Adorno, "The Stars Down to Earth: The Los Angeles Times Astrology Column," *telos* 19 (1974): 13-90; reproduced in *The Stars Down to Earth and Other Essays on the Irrational in Culture*, ed. Stephen Crook (London and New York, NY: Routledge, 2002), pp. 46-171. And see Liz Greene, *Jung's Studies in Astrology: Prophecy, Magic, and the Qualities of Time* (London and New York, NY: Routledge, 2018); and *The Astrological World of Jung's "Liber Novus": Daimons, Gods, and the Planetary Journey* (London and New York, NY: Routledge, 2018).

34 For further discussion, see Paul Bishop, "Analytical Psychology and the Dialectic of Enlightenment," in Jon Mills and Daniel Burston, eds., *Critical Theory and Psychoanalysis: From the Frankfurt School to Contemporary Critique* (Abingdon and New York, NY: Routledge, 2022), pp. 95-114.

35 Sigmund Freud, "Civilization and its Discontents" [1930], in *SE* 21, pp. 57-146 (p. 86).

36 Jung, "Psychological Types" [1923], in *CW* 6, paras. 883-914 (para. 907).

37 Max Horkheimer and Theodor W. Adorno, *Dialectic of Enlightenment: Philosophical Fragments* [1944], ed. Gunzelin Schmid Noerr, trans. Edmund Jephcott (Stanford, CA: Stanford University Press, 2002), p. 32. For further discussion of the relation between Jung and critical theory, see Tilman Evers, *Mythos und Emanzipation: Eine kritische Annäherung an C.G. Jung* (Hamburg: Junius, 1987).

In his *Theory of Communicative Action* (1981), Jürgen Habermas (b. 1929) focuses on this key phrase as part of *his* critique of Adorno's and Horkheimer's critique of instrumental reason. Here Habermas accuses his colleagues of "follow[ing] the (largely effaced) path that leads back to the origins of instrumental reason, so as to *outdo* the concept of objective reason"; hence their theory of mimesis, Habermas argues, leads them to speak about it "only as they would about a piece of uncomprehended nature [*wie über ein undurchschautes Stück Natur*]."[38] Habermas's judgment on Adorno is particularly severe: "As opposed as the intentions behind their respective philosophies of history are, Adorno is in the end very similar to Heidegger as regards his position on the theoretical claims of objectivating thought and of reflection: the mindfulness [*Eingedenken*] of nature comes shockingly close to the recollection [*Andenken*] of being."[39] Of course, one might choose to see the shared legacy with Heideigger as a strength, not a weakness, and as evidence of the global appeal and truth of this *topos*.

If, as I have argued elsewhere, there is an affinity between Jung and a thinker on the intellectual Right such as Ludwig Klages (1872-1956), so that one could describe each as a searcher for the soul, [40] so equally, on the other side of the political spectrum, one could point to the case of Adorno as a prominent thinker of the intellectual Left who has an equal affinity with Jung and an equal right also to be

38 Jürgen Habermas, *The Theory of Communicative Action* [1981], trans. T. McCarthy, Vol. 1, *Reason and the Rationalization of Society* (Cambridge: Polity Press, 1987), p. 382. For a critique of Habermas, see Jozef Keulartz, *Die verkehrte Welt des Jürgen Habermas* [1992], trans. Inge van der Aart (Hamburg: Junius, 1992).

39 Habermas, *Theory of Communicative Actions*, Vol. 1, p. 385.

40 Paul Bishop, "*The Red Book* and Other Searchers for the Soul: The Case of Klages and Jung," in Murray Stein, ed., *Jung's Red Book for Our Time: Searching for Soul in the 21st Century*, Vol. 5, *An Eranos Symposium* (Asheville, NC: Chiron, 2022), pp. 253-72. For further discussion of Klages and Adorno, see Vincenza Martello, *Dialectics of Cultural Criticism: Adorno's Confrontation with Rudolf Borchardt and Ludwig Klages in the "Odyssey" Chapter of "Dialektik der Aufklärung"* (doctoral thesis, Justus-Liebig-Universität Gießen, 2012); and Mikko Immanen, *Adorno's Gamble: Harnessing German Ideology* (Ithaca, NY and London: Cornell University Press and Cornell University Library, 2025).

described as a searcher for the soul. Yes, even Adorno, who writes in §108 of *Minima Moralia* entitled "Princess Lizard":

> The sedentary man envies the nomadic existence, the quest for fresh pastures, and the painted wagon is the house on wheels whose course follows the stars. Infantility, fixated in desultory motion, the joylessly restless, momentary urge to survive, stands in for the undistorted, for fulfilment, and yet excludes it, inwardly resembling the self-preservation from which it falsely promises deliverance. This is the circle of bourgeois nostalgia for naivety. The soullessness of those in the margins of civilization, forbidden self-determination by daily need, at once appealing and tormenting, becomes a phantasm of soul to the well-provided-for, whom civilization has taught to be ashamed of the soul. Love falls for the soulless as a cipher of living spirit, because the living are the theatre of its desperate desire to save, which can exercise itself only on the lost: soul dawns on love only in its absence. So the expression called human is precisely that of the eyes closest to those of the animal, the creaturely ones, remote from the reflection of the self. At the last, soul itself is the longing of the soulless for redemption [*Am Ende ist Seele selber die Sehnsucht des Unbeseelten nach Rettung*].[41]

Thus, *Kulturkritik* and *soziale Kritik* turns into *psychologische Kritik*, and this point seems to have been understood by popular culture, however much disdain Adorno may have had for it. (Adorno's dislike of jazz is a case in point, although it is often overlooked that, when uttering his strictures, Adorno had in mind the essentially formulaic jazz of Trad Jazz or Swing Bands, rather than the complex improvisation of such artists as Miles Davies or John Coltrane.)[42] For in the American TV series *Mr. Robot*, a young computer geek called

41 Adorno, *Minima Moralia*, p. 170.

42 For further discussion, see Andrew Bowie, "Adorno and Jazz," in Peter E. Gordon, Espen Hammer, and Max Pensky, eds., *A Companion to Adorno* (Hoboken, NJ: Wiley-Blackwell, 2020), pp. 123-37.

Elliot Alderson is recruited, by a mysterious figure known as "Mr. Robot," into an anarchist group aiming to cancel almost the entire global debt by attacking a massive conglomerate known as E Corp. In episode 9 of season 1 there is a moment of high dramatic tension when, after Elliot accuses Mr. Robot, "You're not real," he receives the following rhetorical outburst in response:

> Is any of it real? I mean, look at this, look at it! A world built on fantasy! Synthetic emotions in the form of pills! Psychological warfare in the form of advertising! Mind altering chemicals in the form of food! Brainwashing seminars in the form of media! Controlled isolated bubbles in the form of social networks! Real? You want to talk about reality? We haven't lived in anything remotely close to it since the turn of the century! We turned it off, took out the batteries, snacked on a bag of GMOs, while we tossed the remnants into the ever-expanding dumpster of the human condition. We live in branded houses, trademarked by corporations, built on bipolar numbers, jumping up and down on digital displays, hypnotizing us into the biggest slumber mankind has ever seen. You'd have to dig pretty deep, kiddo, before you can find anything real. We live in a kingdom of bullshit, that even you have lived in for far too long. So don't tell me about not being real: I'm no less real than the fucking beef patty in your Big Mac. As far as you concerned, Elliot, I am very real. We are all together now, whether you like it or not.[43]

The question of the relation between reality and fantasy that is explored in this TV series is also the question that occupied Jung in his *Red Book*, produced about a century earlier, as well as Adorno in

43 *Mr. Robot*, series 1, episode 9; first broadcast 2015. In his concluding sentences, Mr. Robot echoes Jung's words – minus the expletive – in *Mysterium Coniunctionis* that in the alchemical (and, by analogy, the psychoanalytic) process "it is a psychic fact that this fantasy is happening, and it is as real as you – a psychic entity – are real" (*CW* 14, para. 753).

his theory of commodity fetishism.[44] Elsewhere, notably in a radio broadcast, transmitted from Frankfurt by Hessischer Rundfunk on 19 September 1959, of a discussion between Adorno, Horkheimer, and the historian and sociologist Eugen Kogon (1903-1987) this critique of commodity fetishism is broadened into a more general critique of what Adorno called the "totally administered society" (or, in German, *die verwaltete Welt*).[45] On this account, there has been a "transition of the entire world, of life as a whole, to a system of administration, to a particular kind of control from above"; in its most recent forms, bureaucracy serves to "rationalize the irrational," whilst the system of planning conceals a complete lack of real planning. (In the intervening decades, Adorno's analysis has acquired an almost prophetic dimension, in its vision of a world which is curiously akin to that of Jung's *Red Book* as it was described by Andrew Samuels shortly after its publication: "It's about why living in the kind of society we've got right now drives you crazy – because the inner world, what you've got going on inside you, is not listened to, not

44 Closely related to the notion of reification, commodity fetishism refers to the (false) perception of economic value as inhering in the exchange of commodities for money, rather than arising from the labour that produces them. In *Capital*, Marx defines commodity fetishism as follows: "As against this, the commodity-form, and the value-relation of the products of labour, within which it appears, have absolutely no connection with the physical nature of the commodity and the material relations arising out of this. It is nothing but the definite social relation, between men, themselves, which assumes here, for them, the fantastic form of a relation between things. In order, therefore, to find an analogy, we must take flight into the misty realm of religion. There the products of the human brain appear as autonomous figures endowed with a life of their own, which enter into relations, both with each other and with the human race. So it is in the world of commodities with the products of men's hands. I call this the fetishism which attaches itself to the products of labour as soon as they are produced as commodities, and is, therefore, inseparable from the production of commodities" (Karl Marx, *Capital*, trans. Ben Fowkes (London: Penguin, 1990), p. 165).

45 "Die verwaltete Welt oder: Die Krisis des Individuums," Hessischer Rundfunk, 19 September 1959; rebroadcast by ORF, Ö1, "Im Gespräch," 14 October 2010. See Max Horkheimer, *Gesammelte Schriften*, Vol. 13, *Nachgelassene Schriften 1949–1972*, ed. Gunzelin Schmid Noerr (Frankfurt am Main: Fischer, 1989), pp. 121-42. For further discussion, see Harvey C. Greisman and George Ritzer, "Max Weber, Critical Theory, and the Administered World," *Qualitative Sociology* 4 (1, 1981): 34-55

wanted on board. We live in a flattened, regulated, controlled society that's also actually out of control, as the economic crisis shows" –[46] and as many other global events, too numerous to mention, have in the meantime confirmed.)

The six million dollar question for the Frankfurt School, however, is: How – given what it says about the power of commodity fetishism and the "totally administered society" – is it actually possible for Adorno, Horkeimer, and other Frankfurt School theorists to escape the totalizing ideology of late capitalism and attain sufficient intellectual freedom to elaborate a critique of the society that is shaped by this ideology? In this respect, it seems to me, Jung has a significant advantage over Adorno and the Frankfurt School.

First, in relation to the category of myth, in *Dialectic of Enlightenment* Horkheimer and Adorno propose two theses: namely, that "myth is already enlightenment" and that "enlightenment reverts to mythology."[47] As such, the Frankfurt School inhabits and works within a fundamentally binary logic. By contrast, however, in his "Prolegomena" to his *Essays on a Science of Mythology* (co-authored with Jung), Carl Kerényi (1897-1973) aligns himself with the view proposed by Bronisław Malinowski (1884-1942) that myth is "not an explanation put forward to satisy scientific curiosity"; rather it is "the re-arising of a primordial reality in narrative form."[48] Seen in this light, myths "never, in any sense, explain"; rather, they "always set up some precedent as an ideal and as a guarantee of the continuance of that ideal" – an ideal whose existence the Marxist-inspired

46 Interview with Andrew Samuels, broadcast on BBC Radio 4, *Today*, 28 October 2009. For further discussion, see Paul Bishop, "In a World That Has Gone Mad, Is What We Really Need ... A Red Book? Plato, Goethe, Schelling, Nietzsche and Jung," in Murray Stein and Thomas Arzt, eds., *Jung's Red Book For Our Time: Searching for Soul under Postmodern Conditions*, Vol. 1 (Asheville, NC: Chiron, 2017), pp. 125-42.

47 Horkheimer and Adorno, *Dialectic of Enlightenment*, p. xviii.

48 Carl Gustav Jung and Carl Kerényi, *Essays on a Science of Mythology: The Myth of the Divine Child and the Mysteries of Eleusis*, trans. R.F.C. Hull (Princeton, NJ: Princeton University Press, 1969), p. 6. See Bronisław Malinowski, "Myth in Primitive Psychology" [1926], in *Magic, Science and Religion and other Essays* (Glencoe, IL: The Free Press, 1948), pp. 72-123 (p. 79).

outlook of Horkheimer and Adorno would, of course, inevitably dispute.

Second, Adorno may have had many dreams; he may have noted them down (and, in some cases, in remarkable detail); but he did not follow the advice that Jung gave to Christiana Morgan when he told her, "put it all down as beautifully as you can – in some beautifully bound book," which can become "your church – your cathedral – the silent places of your spirit where you will find renewal."[49] (Others did, however, follow this advice; the case of Olga Fröbe-Kapteyn comes to mind.)[50] In other words, Adorno never created his own *Red Book*.

This was Adorno's mistake. And it was a mistake, not least because the *Red Book*, in terms of its scope and its stylistics, betrays the influence of Goethe, of Nietzsche, and of that very German culture that Adorno saw as being eroded by the ideology of late capitalism. Like the second part of *Faust*, the *Red Book* is "more than a literary exercise."[51] As if echoing the words of the Lord in *Faust*, Part One, "Whilst still man strives, still must he stray" (*Es irrt der Mensch, so lang er strebt*) (l. 317), in *Memories, Dreams, Reflections* Jung describes the "uncertain path that leads into the depths of the unconscious" as a "path of error [*Irrtum*], ambiguity, and misunderstanding," and embarking on this path as a "risky experiment or a questionable adventure."[52] To emphasize the existential seriousness of the *Red Book*, at this point Jung cites these lines from *Faust*, Part One, "Yes, let me dare those gates to fling asunder / Which every man would fain go slinking by!" (*Vermesse dich, die Pforten aufzureißen, / Vor denen jeder gern vorüberschleicht*) (ll. 710-711), referring to Faust's words when, in the opening "Night" scene, he is in despair and contemplating

49 Jung, *Red Book* [Reader's Edition], p. 77.

50 See Raphael Gygax, ed., *Olga Fröbe-Kapteyn: artista – ricercatrice* (Locarno/Ascona/Bellinzona: Museo Casa Rusca/Fondazione Eranos/Casagrande, 2024); and Riccardo Bernardini, *The Art of the Self: The "Blue Book" of Eranos Founder Olga Fröbe-Kapteyn* (Asheville, NC: Chiron, 2025.

51 Jung, *Memories, Dreams, Reflections*, p. 213.

52 *Ibid.*

suicide. What Jung is saying here is that the *Red Book* was a matter of life and death, but he is doing so in a way that is mediated by Goethe's *Faust*, and by implication *this* work itself is a matter of life and death as well.

Precisely because it is "more than a literary exercise," for Jung the *Red Book* constitutes a "link in the *aurea catena* [i.e., the golden chain],"[53] or the Western tradition of alchemy or Hermetic philosophy – a chain that leads from the beginnings of philosophical alchemy and Gnosticism down to Nietzsche's *Zarathustra*, and which is said to be "mostly unpopular, ambigious, and dangerous" – because it is nothing less than a "voyage of discovery to the other pole of the world."[54] In so writing, Jung is not only placing himself in what Peter Kingsley has described as "an unbroken lineage linking and connecting the ancient Gnostics to our modern world: often hidden, sometimes persecuted, always to some degree or other submerged,"[55] but also highlighting the epochal significance within this tradition of such works as Goethe's *Faust* and Nietzsche's *Zarathustra* as well.

For the secrecy surrounding the *Red Book* is part of a strategy that Jung also learned from Nietzsche – namely, not to speak "naïvely and incautiously" about one's *arrheton*, i.e., the term for the "unspeakable"

53 On the "golden chain" (or *aurea catena*), see Pierre Lévêque, *Aurea catena Homeri: Une étude sur l'allégorie grecque* (Paris: Les Belles Lettres, 1959). For his part, Jung refers to this chain in *CW* 12, para. 148, n. 24; *CW* 14, para. 344; and in *Memories, Dreams, Reflections*, p. 213. In his letter to Rudolf Bernoulli of 5 October 1944, Jung notes that the *aurea catena* of which Hermeticism speaks "does not run through schools and conscious tradition but through the unconscious" and that Hermeticism is "not something you choose, it is destiny" (Carl Gustav Jung, *Letters*, ed. Gerhard Adler and Aniela Jaffé, trans. R.F.C. Hull, 2 vols. (Princeton, NJ: Princeton University Press, 1973-1975), Vol. 1, p. 351). As Peter Kingsley observes, this image of the golden chain was transmitted from classical Greek antiquity into medieval Western alchemy *and* into the Sufi tradition – "where, as the *silsilat adh-dhahab*, it came to play a crucial role for the Naqshbandi Sufi lineage in particular" (Peter Kingsley, *Catafalque: Carl Jung and the End of Humanity*, 2 vols. (London: Catafalque Press, 2018), Vol. 2, p. 586).

54 Jung, *Memories, Dreams, Reflections*, pp. 213 *f.*

55 Kingsley, *Catafalque*, Vol. 1, p. 187.

in the ancient Greek mystery cults.[56] In *Memories, Dreams, Reflections*, Jung describes himself as having been more clever than Nietzsche, inasmuch as he had quickly noticed that to speak the unspeakable could "lead to trouble."[57] Like the educated Philistines or *Bildungsphilister* which, tragi-comically, he criticized – tragi-comically, because he himself was one – Nietzsche did not understand himself when he "fell into the mystery" – *das Mysterium*, the same term used by Jung in his *Red Book* – "and into the unspeakable [*das Nichtzusagende*]," and when he wanted to "sing its praises" (that is, of falling into the mystery or the unspeakable) "to the crowd that had been forsaken by all the gods."[58] Although Nietzsche had wanted to "find people who could share his ecstasy and could understand the 'revaluation of all values,'" this was nothing but a "childish hope."[59]

This failed ambition on the part of Nietzsche to find an audience that would listen to his praise for his *arrheton* was the reason for "the bombastic language, the metaphors that got carried away, the hymnlike enthusiasm, that tried in vain to make itself audible to a world that has sold its soul to a disconnected knowledge that only knows what is worth knowing" (MDR, 124). In the chapter "Confrontation with the Unconscious" when Jung describes the creation or the confection of the *Red Book*, he similarly describes the style of the archetypes as "high-flown language" and as "speak[ing] the language of high rhetoric, even of bombast."[60] (In an aside, Jung admits

56 Note the following distinction: "The ancient Greek language has two words for 'that which is not to be spoken of': *arrheton* and *aporrheton*. The first translates as 'the ineffable': that which, in principle, *cannot* be brought to speech; the second refers to that about which discourse is *forbidden*. The prohibition against speaking or writing of the ineffable may be statutory, as in classical Athens, or self-imposed, following from religious conviction" (Charles Stein, "Ancient Mysteries," in Glenn Alexander Magee, ed., *The Cambridge Handbook of Western Mysticism and Esotericism* (Cambridge: Cambridge University Press, 2016), pp. 3-12 [p. 3]).

57 Jung, *Memories, Dreams, Reflections*, p. 123.

58 *Ibid.*

59 *Ibid.*

60 *Ibid*, p. 202.

that he finds this style "embarrassing," and this sentiment seems to have been shared by some later readers of the *Red Book* as well.)[61]

Later in *Memories, Dreams, Reflections*, in the chapter on his "Travels" where he gives an account of his visit to the Pueblo Indians (as he calls them) of New Mexico, Jung notices the utmost secrecy with which the Puebloans or Pueblo peoples guard their religious practices, which reminds him of the ancient Greeks; in other words, it reminds him of *arrheton*. The strange situation where the air was filled with a secret gave Jung, we are told, a sense of what it must have been like at Eleusis, the site of arguable the most famous of the ancient Mystery Cults, the *Eleusinia*, celebrated in honour of the goddesses Demeter and Persephone. When Pausanias or Herodotus says that he was not permitted to mention the name of a god,[62] now Jung

---

61 See, for instance, Robert A. Segal, "[review of] Reading the *Red Book*: An Interpretive Guide to C.G. Jung's *Liber Novus*," *International Journal of Jungian Studies* 5 (3, 2013): 271-73, where the *Red Book* is described as "inchoate outpourings," "hackneyed ... oppositions," and being "plodding" (p. 271).

62 See Pausanius, who records that the crest of a hill above the city of Pallantium has a sanctuary identified as belonging to the *katharoi*, i.e., the "Pure Ones," where it is customary to take the "most solemn oaths," adding that "the names of the gods either they do not know, or knowing will not divulge" (*Description of Greece*, Book 8, chapter 44, §5-§6), while he himself writes of the goddess worshipped in the Eleusinan Mysteries as the daughter of Demeter and Poseidon and known by the epithet *Despoina* (i.e., "the Mistress") that he is "afraid" to write her "real name" to the "uninitiated" (book 8, chapter 37, §9; cf. chapter 25, §7) (Pausanias, *Description of Greece*, trans. W.H.S. Jones, Vol. 4 (London; Cambridge, MA: Heinemann; Harvard University Press, 1935), pp. 125, 89, and 25). And see Herodotus, *Histories*, Book 2, §170-§171: "Also in the sanctuary of Athena at Sais is the tomb of one whose name I consider it religiously offensive to mention in this context ... It is on this lake that they have nocturnal performances reenacting the sufferings of the god, which the Egyptians call the mysteries. Now, although I know all the details of these rites, may my reverence ensure that they remain unspoken. I feel the same way about the rite of Demeter which the Hellenes call the Thesmophoria, so may my reverence ensure that they also remain unspoken, except for that which one can say without offense to religion" (*The Landmark Herodotus: The Histories*, ed. Robert B. Strassler (London: Quercus, 2008), p. 198). In his commentary, Strassler suggests that "May my reverence ensure that they remain unspoken" is a metrical phrase, possibly part of a hymn or ritual prayer (p. 198). As Daniela Bonanno has noted, "to call upon the gods by name is tantamount to identifying them, giving them an anchor in time and space and, in a way, overcoming their otherness in order to establish communication with them," whereas there may be "different

understands why: it is not mystification, but rather the preservation of a vital mystery.[63]

This understanding of the project of analytical pyschology as expounded by Jung in *Memories, Dreams, Reflections* ties in with a long-term debate linked to the very place this lecture was given in September 2024: namely, the debate within the Eranos community about whether its work should be "mystical" or whether it should be "scholarly," whether it should be "esoteric" or "academic," "metaphysical" or "intellectual."[64] Seen in this light, we might ask ourselves whether the Eranos Conferences should be understood as a living revival of the mysteries of Eleusis and other Mysteries, or a mere archaeological recovery of those Mysteries. In other words, is there an *arrheton* of Eranos? and, if so, what is it?

---

reasons for failing to name a god," viz. "because of a genuine uncertainty as to the identity of the deity; because the prayer takes place in the context of mysteries, in which both *legomena* and *dromena* had to remain secret; or because the prayer is an appeal to the infernal gods, whom one would always approach with a measure of dread" ("Memory Lost, Memory Regained: Considerations on the Recovery of Sacred Texts in Messenia and in Biblical Israel: A Comparison," in Nicola Cusumano, Valentino Gasparini, Attilio Mastrocinque, and Jörg Rüpke, eds., *Memory and Religious Experience in the Greco-Roman World* (Stuttgart: Franz Steiner Verlag, 2013), pp. 63-80 [p. 67]). For further discussion, see Robert Parker, *Greek Gods Abroad: Names, Natures, and Transformations* (Oakland, CA: University of California Press, 2017), especially "Names and Epithets," pp. 1-32.

63 Jung, *Memories, Dreams, Reflections*, p. 278.

64 See Jeffrey J. Kripal, "[Review of] *Eranos: An Alternative Intellectual History of the Twentieth Century*," *Aries: Journal for the Study of Western Esotericism* 16 (2016): 241-61 (pp. 250-51). For further discussion, see Hans Thomas Hakl, *Eranos: An Alternative Intellectual History of the Twentieth Century*, trans. Christopher McIntosh (Montreal and Kingston: McGill-Queen's University Press, 2013; rpt. London and New York, NY: Routledge, 2014), as well as Steven M. Wasserstrom, *Religion After Religion: Gershom Scholem, Mircea Eliade, and Henry Corbin at Eranos* (Princeton, NJ: Princeton University Press, 1999); Riccardo Bernardini, *Jung a Eranos: Il progetto della psicologia complessa* (Milan: FrancoAngeli, 2011); *Eranos: Its Magical Past and Alluring Future: The Spirit of a Wondrous Place* [*Spring: A Journal of Archetype and Culture* 92], eds. Riccardo Bernardini and Nancy Cater (New Orleans, LO: Spring Journal, 2015); and Louise Belfrage, ed., *Ideas and Influences on Eranos* (Stockholm: Axel and Margaret Ax:son Johnson Foundation for Public Benefit, 2025).

Part Two: "All That Is Apelike Struts With The Spoils Plundered From The Shattered Temple Of Life": Bloch and Klages on Gnosis, Apocalypse, and Paganism

In an article published in 2007 in the *Neue Zürcher Zeitung* Manfred Papst commented that "everything" around the German philosopher Ernst Bloch (1885-1997) has "gone quiet" (*um den Autor des "Prinzips Hoffnung" ist es still geworden*).[65] But it is hard to describe in comparison the deafening silence that surrounds the work of Ludwig Klages. Yet it is Klages who – perhaps more than any other thinker, even Jung – can help us understand the problem of the disorientation of consciousness in the totally administered society and envisage its reorientation. This problem (and its solution) revolves around the key concept in Klagesian thought – namely, the problem of "soul" (or *Seele*).

Of course, this has nothing to do with James Brown, nor indeed with the religious sense of "soul" (which has a complicated history), nor necessarily with the conventional psychoanalytic sense of "soul," but rather "soul" in the sense of Klages's central thesis, namely (as the title of his main work of 1929-1932, *Der Geist als Widersacher der Seele*, puts it): *the spirit is the enemy of the soul.* (Or as we might also translate it, *mind is the antagonist of the soul* or *intellect is the opponent of psyche*). This core thesis is expounded by Klages in a number of key passages in his writings, of which the following may serve as an example:

> Body and soul are the *poles* of the life-cell which belong inseparably together [...], into which from *outside* the spirit, like a wedge, inserts itself, in the endeavour to split them apart, to "de-soul"

65 Manfred Papst, "Plädoyer für Ernst Bloch," *NZZ*, May 13, 2007. For an overview of recent work on Bloch, see Cat Moir, "Ernst Bloch: Life – Work – Reception," in Henk de Berg and Cat Moir, eds., *Rethinking Ernst Bloch* (Leiden and Boston: Brill, 2024), pp. 1-37. (As a collection of essays, this volume itself demonstrates how Bloch, although possibly less vocal, has by no means entirely disappeared.)

the body, to disembody the soul, and in this way finally to kill all the life it can reach.[66]

This thesis marks at the same time the contrast with Ernst Bloch *and* the (surprisingly large) area of convergence between Bloch and Klages. Using Bloch as a counterfoil to Klages can help us appreciate the latter's analysis and solution to the problem of disorientation and reorientation of consciousness; understand some of the limitations of Bloch's position; and *might* even contribute towards a rehabilitation of some kind of Klages (even though this might seem to be a task for a lifetime...).[67]

It might well come as a surprise to hear that there are areas of convergence between Bloch and Klages, given that Bloch has always been one of Klages's major opponents – enemies, even – in the battle for intellectual hegemony. Often (and significantly) yoking Klages to Jung, Bloch regards them both as fundamentally regressive thinkers; mocked in the circles around Bloch as *Gemüse-Klages*, Bloch's rejection of Klages reaches its intensity in the first volume of *The Principle of Hope* (*Das Prinzip Hoffnung*, 1938-1947) where, along with dismissing Jung as the "fascistically frothing psychoanalyst" (*der faschistisch schäumende Psychoanalytiker*), the "Romantic-reactionary distortions" of Henri Bergson's vitalism, and D.H. Lawrence as a "sentimental penis-poet" (*sentimentaler Penis-Dichter*)[68] – what Bloch's invective lacks in sophistication it makes up for in its vigour –, Bloch describes Klages as a "complete Tarzan philosopher" who calls us back – as he had phrased his attack in *Heritage of Our Times* (*Erbschaft dieser Zeit*, 1935) – to a "diluvial Romanticism," and whose sounding

66 Ludwig Klages, *Der Geist als Widersacher der Seele*, 6th Ed. (Bonn: Bouvier Verlag Herbert Grundmann, 1981), p. 7; cf. p. 755.

67 For further discussion of the philosophical achievement of Klages, see Paul Bishop, *Ludwig Klages and the Philosophy of Life: A Vitalist Toolkit* (London and New York, NY: Routledge, 2018).

68 Ernst Bloch, *The Principle of Hope*, trans. Neville Plaice, Stephen Plaice, and Paul Knight, 3 vols. (Cambridge, MA: The MIT Press, 1986), Vol. 1, p. 59; Ernst Bloch, *Das Prinzip Hoffnung*, 3 vols. (Frankfurt am Main: Suhrkamp, 1980), Vol. 1, p. 65.

of a "Dionysian death knell of bourgeois culture" is "the most elaborate, the most consistent Romanticism of an older, indeed of the oldest known one" – namely, "an 'Orphic Greece' in late capitalist fugitive and mixed space."[69]

(Such criticisms found an echo a decade or so later in *The Destruction of Reason* (*Die Zerstörung der Vernunft*, 1953), where Georg Lukács (1885-1971) traced various forms of twentieth-century irrationalism back largely to the influence of Nietzsche, and hence on his followers (or those he perceives as such).[70] Then again, in an investigation into the origins of German fascism published in 1930, Walter Benjamin wrote of those "habitues of the chthonic forces of terror, who carry their volumes of Klages in their packs."[71] But the Left could also be more nuanced in its approach. In *Eclipse of Reason* (1947), for instance, Max Horkheimer provides a detailed critique of pragmatism, and only touches on reactionary cultural convervatism, on the revival of pagan mythology in Germany, and on *Lebensphilosophie* as sources of

69 Bloch, *The Principle of Hope*, Vol. 1, p. 59; *Das Prinzip Hoffnung*, Vol. 1, p. 65; and Ernst Bloch, *Heritage of Our Times*, trans. Neville and Stephen Plaice (Cambridge and Oxford: Polity Press, 1991), p. 310; Ernst Bloch, *Erbschaft dieser Zeit: Erweiterte Ausgabe* (Frankfurt am Main: Suhrkamp, 1962), p. 342.

70 Georg Lukács, *The Destruction of Reason*, trans. by Peter Palmer (Atlantic Highlands, NJ: Humanities Press, 1981), pp. 522-27. Lukács discusses Klages in the context of "pre-fascist and fascist vitalism" – and in the highly mixed company of Alfred Baeumler (1887-1968), Rudolf Boehm (1927-2019), Ernst Krieck (1882-1947), and Alfred Rosenberg (1893-1946).

71 Walter Benjamin, "Theories of German Fascism" (trans. Jerolf Wikoff), in *Selected Writings*, Vol. 2, pt. 1, *1927-1930*, ed. Michael W. Jennings, Howard Eiland, and Gary Smith (Cambridge, MA, and London: Belknap Press of Harvard University Press, 1999), pp. 312-21 (p. 321); and Walter Benjamin, "Theorien des deutschen Faschismus: Zu der Sammelschrift 'Krieg und Krieger,'" *Die Gesellschaft* 7 (2, 1930): 32-41, rpt. in *Gesammelte Schriften*, Vol. 3, ed. Hella Tiedemann-Bartels (Frankfurt am Main: Suhrkamp, 1991), pp. 238-50. For further discussion of this review of Ernst Jünger's collection of essays *War and Warriors* (*Krieg und Krieger*, 1930), see Ansgar Hillach, "The Aesthetics of Politics: Walter Benjamin's 'Theories of German Fascism,'" *New German Critique* 17 (1979): 99-119 [Special Walter Benjamin Issue]; and Samir Gandesha, ed., *Spectres of Fascism: Historical, Theoretical and International Perspectives* (London: Pluto Press, 2020), pp. 2, 7, and 46.

that "eclipse."[72] Nor are his examples of the domination of nature – his critique of the ego, and the modern habit of thinking of the moon "in terms of ballistics or aerial mileage" – far removed from Klages's own critique of modernity.)[73]

Yet it seems to me there is something obsessive about Bloch's recurrent critique of Klages, which cannot simply be explained with reference to Bloch's compositional technique of self-plagiarization. What is it that Bloch was so afraid of in Klages? Why does Bloch always opt to offer invective rather than critique? And what does his response to Klages tell us about today's society and our sense of disorientation and our search for reorientation? For it is this sense of disorientation – or, to put it another way, this sense that there is something missing –[74] that forms the link between Bloch and Klages, for this idea of something missing (or, if you like, the sense of the presence of an absence), seems to me to be a quintessentially Gnostic one.[75] And the framework within which we should think about Klages and his relation to paganism should be seen in this context: not

72 Max Horkheimer, *Eclipse of Reason* (New York, NY: Oxford University Press, 1947), pp. 41-53 (pragmatism), pp. 54, 56, 164 (cultural conservatism), 65 (pagan revival), and 171 *f.* (*Lebensphilosophie*).

73 See Horkheimer, *Eclipse of Reason*, pp. 92-127 (domination of nature), 105 *f.* (critique of the ego), and 101 *f.* (the moon).

74 For further discussion of this expression, which has its source in Bertolt Brecht, see "Something's Missing: A Discussion between Ernst Bloch and Theodor W. Adorno on the Contradictions of Utopian Longing," in Ernst Bloch, *The Utopian Function of Art and Literature: Selected Essays*, trans. Jack Zipes and Frank Mecklenburg (Cambridge, MA, and London: The MIT Press, 1988), pp. 1-17. (The German expression, *Aber etwas fehlt*, comes from one of the songs in Brecht's and Kurt Weill's political-satirical opera, *The Rise and Fall of the City of Mahagonny* [1930].)

75 The controversial question of Jung's relation to Gnosticism has been the subject of numerous episodes of the podcast *Aeon Byte Gnostic Radio*. For the relevant texts in Jung, see Robert A. Segal, ed., *The Gnostic Jung* [1992] (London and New York, NY: Routledge, 2008); for further discussion, see Tilman Evers, "C.G. Jung – Psychologie und Gnosis," in Peter Koslowski, ed., *Gnosis und Mystik in der Geschichte der Philosophie* (Zurich and Munich: Artemis, 1988), pp. 329-51; and for a fresh assessment of Martin Buber's accusation of Gnosticism in Jung, see Leora Batnitzky's "Introduction to the 2016 Edition" in Martin Buber, *Eclipse of God: Studies in the Relation between Religion and Philosophy* [1952] (Princeton, NJ, and Oxford: Princeton University Press, 2016), pp. vii-xxii.

so much as an anti-Christian stance, as a post-Christian stance – a post-Christian stance that represents a return to pre-Christian and non-Christian sources. After all, there are many different varieties of paganism: Klages is associated by Bloch with the primeval swamp, and pagans dancing around the fire (or the "misunderstood" pagans of Goethe's poem "Die erste Walpurgisnacht" [1799]),[76] but Klages is in fact closer to the pagan in the sense of a non-Christian (that is, the Cynic-Epicurean-Stoic) tradition.

In this light, Klages turns out to be not so much a regressive thinker, as a thinker who wishes to bring about a return to what has been occluded by the Judeo-Christian-Enlightenment tradition. (Like Nietzsche, Klages does not see Judeo-Christianity and the Enlightenment as opposites, but rather sees them as representing a continuity that has, uninterruptedly, dominated – and doomed – Western thought).[77] For this fundamental sense of disorientation that sets us off on the search for a reorientation of our consciousness, this sense that – somewhere, somehow – something is missing is, after all, quintessentially Gnostic. Gnosticism or *gnosis*, one might say, is (a) a sense of loss; (b) a *knowledge* of this loss; and (c) a *knowledge* of how to put things right.[78] It is this sense of loss that is so beauti-

76 Goethe, *Gedichte in zeitlicher Folge*, ed. Heinz Nicolai (Frankfurt am Main: Insel, 1982), pp. 503-06. The poem was memorably set to music by Mendelssohn as his Opus 60, consisting of an overture followed by nine movements. For further discussion, see John Michael Cooper, *Mendelssohn, Goethe, and the Walpurgis Night: The Heathen Muse in European Culture, 1700-1850* (Rochester, NY; Woodbridge: University of Rochester Press; Boydell & Brewer, 2007).

77 In this respect, Klages offers an equivalent to Heidegger's narrative of Western thought as the "forgetting" of Being. For further discussion of the affinities between Heidegger and Klages, see Hans Kunz, *Martin Heidegger and Ludwig Klages: Daseinsanalytik und Metaphysik*, ed. Heinrich Balmer (Munich: Kindler, 1976).

78 This necessarily schematic definition of Gnosticism should in no way detract from an appreciations its many different (and diverse) forms; in addition to such classic studies as Hans Leisegang, *Die Gnosis* (Leipzig: Kröner, 1924), and Hans Jonas, *The Gnostic Religion: The Message of the Alien God and the Beginnings of Christianity*, 2nd Ed. (Boston, MA: Beacon Press, 1963), see David Brakke, *The Gnostics: Myth, Ritual and Diversity in Early Christianity* (Cambridge, MA: Harvard University Press, 2010); Nicola Denzey Lewis, *Introduction to "Gnosticism": Ancient Voices, Christian Worlds* (New York, NY and Oxford: Oxford University Press, 2013); Roelof van den Broek,

fully evoked in the "The Hymn of the Pearl," part of the early-third century work known as *The Acts of Thomas.*[79] While facing prison, Thomas tells his fellow prisoners a story in the form of a psalm or oriental hymn, which includes these lines about the disorientation of our consciousness:

> I clothed myself in garments like theirs,
> so that I would not be seen as a stranger
> And as one who had come from abroad to take the pearl [...].
> [...] I tasted their food.
> I no longer recognized that I was a king's son,
> and I served their king.
> I forgot the pearl for which my parents had sent me.
> And I fell into a deep sleep because of the heaviness of their food.[80]

and these lines about our gnostic reorientation:

> Awake, and arise from your sleep [...].
> Remember you are the son of kings,

Gnostic Religion in Antiquity (New York, NY: Cambridge University Press, 2013); Dylan M. Burns, *Apocalypse of the Alien God: Platonism and the Exile of Sethian Gnosticism* (Philadelphia, PA: University of Pennsylvania Press, 2014); Stuart Douglas, *The Apocalypse of the Relucant Gnostics: Carl G. Jung and Philip K. Dick* (London and New York, NY: Routledge, 2018); and Garry W. Trompf, Gunner B. Mikkelsen, and Jay Johnston, eds., *The Gnostic World* (London and New York, NY: Routledge, 2019).

79 According to Ramona Fradon, this work and other Gnostic treatises – known to us from the Nag Hammadi library – find an "encoded presence" in the original "*Faust* book," a chapbook entitled *Historia von D. Johann Fausten*, written by an anonymous German author and published in 1587 by Johann Spies in Frankfurt am Main, suggesting that "these remains of the ancient heresy were ... familiar to certain scholars at that time and ... were circulating secretly in several Christian countries under the cover of the popular little folk book" (*The Gnostic Faustus: The Secret Teachings Behind the Classic Text* (Rochester, VT: Inner Traditions, 2007), p. 6).

80 *The Acts of Thomas*, §109 and §110, in J.K. Elliott, ed., *The Apocryphal New Testament: A Collection of Apocryphal Christian Literature in an English Translation* (Oxford: Clarendon Press, 1999), p. 489; cf. Bentley Layton, ed., *The Gnostic Scriptures: A New Translation with Annotations and Introductions* (London: SCM Press, 1987), pp. 366-75; and Willis Barnstone and Marvin Meyer, eds., *The Gnostic Bible: Gnostic Texts of Mystical Wisdom from the Ancient and Medieval Worlds* (Boston, MA: Shambhala Publications, 2003), pp. 388-91.

You have fallen beneath the yoke of slavery.
Remember your gold-spangled garment,
Recall the pearl for which you were sent to Egypt,
Your name has been called to the book of life [...].[81]

Moreover, what we might call a gnostic sensibility is common to Bloch and Klages, and this becomes clearer when we examine other aspects associated with Gnosticism, namely its messianic and apocalyptic elements.[82] Hans Urs von Balthasar has spoken about how, in Klages, the "apocalyptic moment" unites the "living primordial images and the opened soul, standing opposite each other, gazing spellbound into each other's eyes."[83] And in "Humankind

81 Elliott, ed., *The Apocryphal New Testament*, p. 489; cf. Layton, ed., *The Gnostic Scriptures*, p. 373; and Barnstone and Meyer, *The Gnostic Bible*, p. 391. Here Thomas touches on a key theme in non-Gnostic Christianity, reflected in the words of Gregory of Nyssa and Basil of Caesarea, "O man, scorn not that which is admirable in you! ... Realize what you are! Consider your royal dignity! ... Behold, of all that exists there is nothing that can contain your greatness" (Gregory of Nyssa, *Homilies on the Song of Songs*, homily 2; Pseudo-Nyssa, *First Homily on the Creation of Man*; Basil, *Homilies on the Psalms*, 48 §8; cited in Henri de Lubac, *The Drama of Atheist Humanism* [1943], trans. Edith M. Riley, Anne Englund Nash, and Mark Sebanc (San Francisco, CA: Ignatius, 1995), p. 20). We find this theme elsewhere in Orthodox Patristic thinking; for example, in the homilies of St Marcarius, who declares, "Know, O man, thy nobility and thy dignity, how honourable thou art, the brother of Christ, the friend of the King, the bride of the heavenly Bridegroom ... Recognise therefore thy nobility, that thou art called to kingly dignity, a chosen generation, a royal priesthood, and a holy nation" (*Spiritual Homilies*, 27, §4; cf. A.J. Mason, *Fifty Spiritual Homilies of St. Marcarius the Egyptian* (London and New York, NY: SPCK; Macmillan, 1921), p. 202), as well as in the Western Patristic tradition, cf. Pope St Leo the Great, *Sermo de natale Domini*, 1, §1-§3 [= *Corpus Scriptorum Ecclesiasticorum Latinorum*, Vol. 138, 85ff.; cf. *Patrologia Cursus Completus*, Series Latina, Vol. 54, 190ff.]: "Agnosce, o christiane, dignitatem tuam" (i.e., "O Christian, beware of your nobility"). The origin of this idea is biblical, cf. Exodus 19:4-6; and 1 Peter 2:9.

82 For discussion of the extent to which Bloch does or does not succeed in "overcoming" Gnosticism, see Agata Bielik-Robson, "Will There Be Nothing Rather Than Something? Ernst Bloch's Overcoming of Gnosticism," in de Berg and Moir, eds., *Rethinking Ernst Bloch*, pp. 38-70. By contrast, Michael Pauen has insisted on the structural affinities between Bloch's philosophy and Gnosticism ("Apotheose des Subjekts: Gnostizismus in Blochs "Geist der Utopie," in *Dithrambiker des Untergangngs*, pp. 200, 215, 254).

83 Hans Urs von Balthasar, *Apokalypse der deutschen Seele: Studien zu einer Lehre von letzten Haltungen*, Vol. 2, *Im Zeichen Nietzsches* [1939] (Freiburg: Johannes, 1998),

and Earth" (*Mensch und Erde*), an address written to commemorate the Freideutscher Jugendtag held on the Hoher Meißner in October 1913, Klages attacks "progress," lambasts "capitalism," laments the disappearance of the chthonic gods, draws attention to the destruction of the environment, and comments gloomily on the bleakness and greyness of the workaday world. And it is with a thoroughly apocalyptic scenario that Klages concludes his account of the "prehistory" of the discovery of the images (*Bilder*) and brings it to this close:

> This wave [from 1770 to 1900, encompassing *Sturm und Drang*, Romanticism, and *fin-de-siècle*] was the last one, because along with it the essence [of life] left the planet. Never perhaps have human beings experienced and suffered more ardent shudders than they did then. The horizons flamed in the sunset of a departure, that in the language of humans was a departure for ever, and – "all those who take their leave speak like drunkards and like to behave festively".[84] [...] What we have offered as motives and facts for the advance of unrestrainable disaster is verifiable, the source of our inner certainties is not. Of them one can convince only those who share the same fate; and for this reason these words have been given space, so that the reader may know why we have described the last bearers of earth's essence as dithyrambic panegyrists of decline. They were surrounded by

pp. 78-108 (p. 94). For further discussion, see Paul Bishop, "The Battle between Spirit and Soul: Messianism, Redemption and Apocalypse in Klages," in Wayne Cristaudo and Wendy Baker, eds., *Messianism, Apocalypse and Redemption in 20th Century German Thought* (Adelaide: ATF Press, 2006), pp. 181-94.

84 A line from Friedrich Hölderlin's novel, *Hyperion*, Vol. 2; see the passage where Alabanda cries: "My soul seethes over of itself and will no longer be confined to the old circle. Soon the beautiful days of winter will be here, when the dark earth is but the foil to the shining heavens – that would be the right time, then the isles of light glimmer the more hospitably! – You are amazed by what I say? Dearest one! all who are departing talk like drunken men and delight to behave as at a feast. When the tree begins to wither, do not all its leaves bear the red of morning?" (Friedrich Hölderlin, *"Hyperion" and Selected Poems*, ed. Eric L. Santner (New York, NY: Continuum, 1990), p. 116).

> lemurs and vampires, who meanwhile have almost completed their work.[[85]] The earth gives off smoke as never before from the blood of the slain, and all that is apelike struts with the spoils plundered from the shattered temple of life.[86]

Bloch comments – negatively, as one will not be surprised to hear – on this passage in *Erbschaft dieser Zeit.*[87]

Yet messianic and apocalyptic motifs inform Bloch's writings, too. As Michael Pauen has argued, there is a distinctly Gnostic emphasis in Bloch's conception of the subject as "the light that continues to burn in us alone" (*In uns allein brennt noch dieses Licht*), as "the one, what is always sought, the unique intuition, the unique conscience, the unique salvation" (*das Eine, das stets Gesuchte, die eine Ahnung, das eine Gewissen, das eine Heil*), as "the last thing that remains for us" ([*das*] *Letzte, das uns blieb*).[88] And in Bloch's thinking, aesthetic experience (especially music) can lead us to a kind of Gnostic knowledge of the self-presence of ego, and he interprets aesthetic experience as pre-eminently a moment of self-encounter. Moreover, there is clearly an entire eschatological dimension to Bloch's thought and above all, to his self-presentation.

In *Atheism in Christianity* (*Atheismus im Christentum*, 1968) Bloch

85 There are echoes here of the final scene of *Faust II*, with its references to being "surrounded by danger" (*umrungen von Gefahr*) (l. 11577) and to the lemurs that dig Faust's grave towards the end of Act 5.

86 Klages, *Geist als Widersacher der Seele*, p. 923.

87 Bloch, *Heritage*, p. 316; *Erbschaft*, p. 349.

88 Ernst Bloch, *Geist der Utopie. Zweite Fassung* [*Gesamtausgabe*, Vol. 3] (Frankfurt am Main: Suhrkamp, 1985), p. 13; cf. Michael Pauen, "Apotheose des Subjekts: Gnostizismus in Blochs 'Geist der Utopie," in *Dithyrambiker des Untergangs: Gnostizismus in Ästhetik und Philosophie der Moderne* (Berlin: Akademie-Verlag, 1994), pp. 199-254 (pp. 218 *f.* and p. 245). For further discussion of aspects of Gnosticism in Marxism, see Boris Groys, "Elemente des Gnostizismus im Dialektischen Materialismus (sowjetischen Marxismus)," in Peter Koslowski, ed., *Gnosis und Mystik in der Geschichte der Philosophie* (Zurich and Munich: Artemis, 1988), pp. 352-67; and Eric Voegelin, *Modernity without Restraint: "The Political Religions"; "The New Science of Politics"; and "Science, Politics, and Gnosticism"* [*Collected Works*, Vol. 5], ed. Manfred Henningsen (Columbia, MO and London: University of Missouri Press, 2000), which brings together three works originally published in 1938, 1952, and 1958.

notes that "the messianic is everywhere the last foothold of life" (*Messianisches ist allerorten der letzte Halt des Lebens*),[89] and the messianic – derived from the Hebrew term used to describe kings and priests, meaning "the anointed" – is a major topic for him. In a letter to Lukács written at the end of October 1911, Bloch even declared: "I am the paraclete" (*Ich bin der Paraklet und die Menschen, denen ich gesandt bin, werden in sich den heimkehrenden Gott erleben und verstehen*).[90] And Marianne Weber has reflected on how, in their time at Heidelberg, both Bloch and Lukács were motivated by "eschatological hopes for a new emissary of the otherworldly god," regarding a "socialist order of society, achieved through fraternity," as the "precondition for salvation."[91] Finally, there is Heinz Brandt's description of Bloch speaking as being like an Old Testament prophet –[92] a comparison whose validity is confirmed by the release of Bloch's lectures and radio broadcasts on CD (or on YouTube).

Now, for Michael Pauen, there is a fundamental opposition between Klages's "pagan gnosis" and Bloch's "revolutionary gnosis": but here, using the concept of *gnosis* as a pivotal point, I wish to explore their commonalities. In part, this task is made difficult by the fact that Bloch has read Klages, and come to a negative judgement about him, whereas Klages has not read Bloch (although, if

89 Ernst Bloch, *Atheismus im Christentum: Zur Religion des Exodus und des Reichs* [*Gesamtausgabe*, Vol. 14] (Frankfurt am Main: Suhrkamp, 1968), p. 334.

90 Bloch, letter to Georg Lukács of end of October 1911, in *Briefe 1903-1975*, ed. Karola Bloch et al., 2 vols (Frankfurt am Main: Suhrkamp, 1985), Vol. 1, pp. 66-67 (cited in Pauen, *Dithyrambiker des Untergangs*, p. 224).

91 Marianne Weber, *Max Weber: Ein Lebensbild* (Tübingen: Mohr, 1926), p. 474 (cited in Pauen, *Dithyrambiker des Untergangs*, p. 242).

92 "Wie er da stand, schlohweißen Hauptes, mit beschwörendem Seherblick, die Arme zum Himmel gereckt, Zornesfalten über der Nase, steil zur zerfurchten breiten Stirn aufsteigend, so daß sich die vertikalen und horizontalen Linien michelangelesk überschnitten, glich er einem alttestamentarischen Propheten, der, mit Jehova hadernd, den Untergang seines Jerusalems abzuwenden unternimmt" (Heinz Brandt, *Ein Traum, der nicht entführbar ist: Mein Weg zwischen Ost und West* (Munich: Paul List Verlag, 1967), p. 259 (cited in Otto A. Böhmer, *Sternstunden der Philosophie: Schlüsselerlebnisse großer Denker von Augustinus bis Popper* (Munich: Beck, 1994), p. 144).

he did, he would doubtless come to a negative judgement about *him* ...). Yet there is clearly a dialogue (of sorts) going on between their respective massive *opi magni*, *Das Prinzip Hoffnung* and *Der Geist als Widersacher der Seele*. And each proposes a solution to the problem of the disorientation of consciousness and our search for its reorientation, or for the problem of what is missing, a solution which is essentially Gnostic in nature, but involves a different attitude towards Time. Or, to put this schematically: for Bloch, what is missing *lies in the future*, whereas, for Klages, what is missing *lies in the past*.

After all, as has already been suggested, Bloch's critique of Klages centres on the way in which Klages (and indeed Jung) allegedly saw salvation in the past, as being a thinker "for whom all of culture is [to be] negated as an inhibition of [...] instinct," and for whom "the path is supposed to lead back to the ancient forests, as if these still existed," as he puts it in his essay "The Rock Dove, the Neantherdal, and the True Human: On the Sermon and the Landscape of the Pleistocene in Klages and Also in C.G. Jung."[93] Yet surely we can also identify in Klages's work an implicit critique – a latent critique, as it were, or a critique waiting to be unfolded – of Bloch and of all those utopian thinkers who see salvation in the future, and particularly in the kind of futurity-in-the-present that lies at the heart of Bloch's concept of utopia.[94]

And there are moments when Bloch himself comes close to sensing this: commenting in *Erbschaft dieser Zeit* on the passage quoted

93 Ernst Bloch, "The Rock Dove, the Neanderthal, and the True Human: On the Sermon and Landscape of the Pleistocene in Klages, and Also in C.G. Jung" [1929], in *Literary Essays*, trans. Andrew Joron et al. (Stanford, CA: Stanford University Press, 1998), pp. 409-17 (pp. 410 and 409); cf. "Die Felstaube, das Neandertal und der wirkliche Mensch (Zur Predigt und Landschaft des Diluvium bei Klages, auch C.G. Jung)," in *Literarische Aufsätze* [*Gesamtausgabe*, Vol. 9] (Frankfurt am Main: Suhrkamp, 1965), pp. 462-70.

94 For further discussion of Bloch's notion of utopia and its "spiritual" dimension, see Peter Thompson, "Ernst Bloch and the Spirituality of Utopia," *Rethinking Marxism* 28 (3-4, 2016): 438-52; and Douglas Kellner, "Ernst Bloch's Utopian Philosophy: From Hegel to Marx and Beyond," in de Berg and Moir, eds., *Rethinking Ernst Bloch*, pp. 206-21.

above about how all that is apelike is strutting with the spoils plundered from the shattered temple of life, Bloch makes the usual remarks about "Tarzan 'prototypes' copy[ing] mystery" (*Tarzan-»Urbilder«Geheimnis kopieren*[*d*]), but he also replaces – indeed, in a sense, even aligns – "every path into the 'unconscious of the beginning'" (*jeder Weg ins»Unbewußte des Anfangs«*) with "an encapsulated one *into the not yet conscious* of that which lies in human beings and has not yet become in their history" (*ein verkapselter* ins noch nicht Bewußte *dessen, was in den Menschen steckt und in ihrer Geschichte noch nicht wurde*).[95]

Furthermore, Bloch goes so far as to suggest that, in the "mythic" dimension of even such thinkers as Klages, a kernel of utopianism might be found:

> Yet beyond this, indeed in the encapsulation of some mythical images themselves, there is occasionally a fairy-tale cipher of still unbecome light and of the utopian lands of happiness, lands of significance which it illuminates. [*Jedoch darüber hinaus, ja, in der Einkapselung einiger Mythenbilder selbst, ist zuweilen eine Märchenchiffer noch ungewordenen Lichts und der utopischen Glücksländer, Bedeutungsländer, welche es beleuchtet.*][96]

Yet Bloch appears not to notice that Klages should be read above all as offering an insistent critique of society, that does not look for an escape from the horrors of the present in the future, nor for one in the past, for that matter.

To cast this argument in the framework of an institutional parallel: in the world as Klages conceives it, the administrators have seized control, and brutally suppress the pleasure of learning, the sheer joy of the exchange of ideas between those who love their subject – they have destroyed *die Seele* ... In this respect, much of Klages can be read today as an extended metaphor for the growth of bureaucracy;

95 Bloch, *Heritage of Our Times*, p. 316; *Erbschaft dieser Zeit*, p. 349.
96 *Ibid.*

indeed, there is evidence that Klages's indictment of "instrumental rationality" was an influence on the Frankfurt School's more well-known critique of the "totally administered society."[97] Walter Benjamin, in particular, was a devotee of Klages, until ordered by Adorno to drop his interest.[98] (In fact, the influence of Klages in the Twenties and Thirties was widespread, and among the philosophers who responded (and reacted) to his works are Martin Heidegger [1889-1976], Max Scheler [1874-1928], Ernst Cassirer [1874-1945], and Otto F. Bollnow [1903-1991], – it is not without some reason that Klages once described himself as "the most plundered author of the age" (*der am meisten ausgeplünderte Autor der Gegenwart*).[99]

And what annoys Klages most about the administrators is their

97 For further discussion, see Axel Honneth, "L'esprit et son objet: Parentés anthroplogiques entre la 'Dialectique de la raison' et la critique de la civilisation dans la philosophie de la vie," in *Weimar ou l'explosion de la modernité*, ed. Gérard Raulet (Paris: Éditions Anthropos, 1984) pp. 97-112; Georg Stauth, "Critical Theory and Pre-Fascist Social Thought," *History of European Ideas* 18 (1994): 711-27; Georg Stauth and Bryan S. Turner, "Ludwig Klages (1872-1956) and the Origins of Critical Theory," *Theory, Culture and Society* 9 (3, 1992): 45-63; and Albrecht Wellmer, *Zur Dialektik von Moderne und Postmoderne: Vernunftkritik nach Adorno* (Frankfurt am Main: Suhrkamp, 1985), pp. 72 and 77. For discussion of how Klages – who in "Mensch und Erde" (1913) argued that "behind the endeavour to know stand the goals of humankind, demanding and guiding, and only by knowing the direction of the latter can we understand the former" (*Hinter der Erkenntnisbemühung stehen fordernd und lenkend die Zwecke der Menschheit, und nur aus der Richtung dieser können wir jene verstehen*) (Ludwig Klages, *Philosophie III* (Bonn: Bouvier Verlag, 1991), pp. 614-30 [p. 625]) – can be seen as a predecessor of the Habermasian analysis of *Erkenntnis* and *Interesse*, see Michael Großheim, "Das Prinzip Hoffnung und das Prinzip Gegenwart," in Michael Großheim and Hans-Joachim Waschkies, eds., *Rehabilitierung des Subjektiven: Festschrift für Hermann Schmitz* (Bonn: Bouvier, 1993), pp. 143-78 (p. 169).

98 For further discussion, see Richard Block, "Selective Affinities: Walter Benjamin and Ludwig Klages," *Arcadia* 35 (2000): 117-36; Werner Fuld, "Die Aura: Zur Geschichte eines Begriffes bei Benjamin," *Akzente* 26 (1979): 352-70; Werner Fuld, "Walter Benjamins Beziehung zu Ludwig Klages," *Akzente* 28 (1981): 274-87; Michael Großheim, "Archaisches oder dialektisches Bild? Zum Kontext einer Debatte zwischen Adorno and Benjamin," *Deutsche Vierteljahrsschrift für Literaturwissenschaft und Geistesgeschichte* 71 (1997): 494-517; and Pauen, *Dithyrambiker des Untergangs*, pp. 139 and 187 *ff.* (on Benjamin),139 *f.*, and 189 *f.* (on Adorno).

99 Klages, *Der Geist als Widersacher der Seele*, "Vorwort für die Zeitgenossen" [1929], in *Philosophie II* [*Sämtliche Werke*, Vol. 2] (Bonn: Bouvier, 2000), pp. 1525-44 [p. 1535].

"excessive emphasis on purposefulness and planning," which finds its counterpart in "the 'historical sense' that cannot get enough of ever more comprehensive records of data."[100] Once again, we discover in Klages an alert and vigorous critique of the ruinous consequences of managerialism and of the endless paper trails of rampant bureaucracy ... but his argument is an important one: it is that the "subjugation of life through purposes and the future" (*die Knechtung des Lebens durch Zwecke und Zukunft*)[101] leads to the "devaluation of the present moment" (*Entwertung des Augenblicks*) and the "deprivation of its rights of the present moment" (*Entrechtung des Augenblicks*).[102] Thus, in his view, the overprivileging of the future leads to a neglect of the present.[103]

Now, the question of Time plays an important role in Bloch's utopian philosophy. Bloch's view of Time involves the idea of the

---

100 Klages, *Der Geist als Widersacher der Seele*, p. 635.

101 Ludwig Klages, "Die psychologischen Errungenschaften Nietzsches," in *Charakterkunde I* [*Sämtliche Werke*, Vol. 4] (Bonn: Bouvier Verlag Herbert Grundmann, 1983), pp. 703-07 (p. 707).

102 Ludwig Klages, *Vom kosmogonischen Eros* (1922), in *Philosophie III* (*SW*, Vol. 3), pp. 353-487 (pp. 409 and 421).

103 "Human beings of today tend to divide temporal appearance [*die Zeiterscheinung*] into three periods: past, present, future; yet these do not have the same significance for them. Whilst the past means to them something that has simply been [*Gewesenes*] and as it were achieved [*Erledigtes*], with their thoughts and wishes they are so focused on the future that they lose sight of the vital present [*die lebendige Gegenwart*]. For prehistorical human beings ... the future means what it actually is, a conceptual fiction [*eine gedankliche Fiktion*], whereas the past means what is overwhelmingly real [*das überragend Wirkliche*], dependent on the minute-by-minute of the present. This has an unforeseeable variety of consequences" (Ludwig Klages, "Bachofen als Erneuerer des symbolischen Denkens" [1937], in *Corolla: Ludwig Curtius zum sechzigsten Geburtstag dargebracht* (Stuttgart: Kohlhammer, 1937), pp. 177-79 (p. 177); cited in Hans Eggert Schröder, "'Der alten Mutter forschet nach'" (1971), in Hans Eggert Schröder, ed., *Schiller - Nietzsche - Klages: Abhandlungen und Essays zur Geistesgeschichte der Gegenwart* (Bonn: Bouvier Verlag Herbert Grundmann, 1974), pp. 444-53 (pp. 450-51); and *Der Geist als Widersacher der Seele*, where Klages criticizes the "insatiable craving for planning" (*die unersättliche Programmsucht*) as a "gross overvaluation of a conceptual-object, the future" (*eine maßlose Überbewertung des Gedankendinges Zukunft*) (p. 1422).

"non-simultaneity" (*Ungleichzeitigkeit*),[104] or the *Stadialität* of time. The *darkness of the lived moment* (*Dunkel des gelebten Augenblicks*) is the Now that is lived through (*ge-lebt*) but not fully experienced (*er-lebt*):

> Only when a Now has just passed or when and for as long as it is expected, is it not only lived, but also experienced. [*Nur wenn ein Jetzt gerade vergangen ist oder wenn und solange es erwartet wird, ist es nicht nur ge-lebt, sondern auch er-lebt.*][105]

This is because "I am" - but "I do not yet have myself," and "this is why we first become" (*Ich bin. Aber ich habe mich noch nicht. Darum werden wir erst*).[106] As a result, it is in what is closest-to-hand that we should, according to Bloch, look for the true source of our experiences:

> Not the most distant therefore, but *the nearest is still completely dark*, and precisely because it is the nearest and most immanent; *the knot of the riddle of existence is to be found in this nearest.* [*Nicht das Fernste also, sondern* das Nächste ist noch völlig dunkel *und deshalb,*

104 See Bloch, *Heritage of Our Time* (*Erbschaft dieser Zeit*), and the section entitled "Non-Contemporaneity and Obligation to Its Dialectic" ("Ungleichzeitigkeit und Pflicht zu ihrer Dialektik" (*Heritage of Our Times*, pp. 97-116; *Erbschaft dieser Zeit*, pp. 104-26 [esp. p. 104]). For further discussion, see Douglas Kellner, "Ernst Bloch, Utopia and Ideology Critique," in Jamie Owen Daniel and Tom Moylan, eds., *Not Yet: Reconsidering Ernst Bloch* (London and New York, NY: Verso, 1997), pp. 80-95; and for discussion of the source of this aspect of Bloch's thought in the right-wing art critic Wilhelm Pinder (1878-1947) and his notion of "the 'non-simultaneity' of the simultaneous" (*die "Ungleichzeitigkeit" des Gleichzeitigen*) in his *Das Problem der Generation in der Kunstgeschichte Europas* (1926), see Frederic J. Schwartz, "Ernst Bloch and Wilhelm Pinder: Out of Sync," *Grey Room* 3 (2001): 54-89.

105 Bloch, *The Principle of Hope*, p. 287; *Das Prinzip Hoffnung*, Vol. 1, p. 334. See also the footnote in Großheim, "Das Prinzip Hoffnung und das Prinzip Gegenwart," p. 147, n. 6. As Großheim points out, Bloch's problem is anticipated by Dilthey in his *Die geistige Welt: Einleitung in die Philosophie des Lebens* [1924].

106 Bloch, *Tübinger Einleitung in die Philosophie* [*Gesamtausgabe*, Vol. 13] (Frankfurt am Main: Suhrkamp, 1970), p. 13. Compare with the passages quoted in Großheim, "Das Prinzip Hoffnung und das Prinzip Gegenwart," p. 149, n. 10.

weil es das Nächste, das Immanenteste ist; in diesem Nächsten steckt der Knoten des Daseinsrätsels.] [107]

Bloch adopts the Horatian formula, *carpe diem*; but the "day" we should "seize" is "as a genuine one in genuine present" (*als echtes an echter Gegenwart*).[108] And the Now of the "authentic present" is to be distinguished from the "wishful images of the fulfilled moment" (*Wünschbilder des erfüllten Augenblicks*), extensively analysed in the fifth part (i.e., the third volume) of *Das Prinzip Hoffnung*, which nevertheless express a desire for that moment.

In this part, Bloch engages at length with the early Goethe, with *Faust* and the wager, and the parallels between Don Quixote and Faust. In the section entitled "Intention of sublimity, Faust-Gothic and metamorphosis," Bloch draws attention to how the young Goethe's "fermentation" – expressed in those lines where Faust cries out, "An unbelievably sweet yearning / Drove me to roam through wood and lea, / Crying, and as my eyes were burning, / I felt a new world grow on me" (ll. 775-778) – matures into the words declared in the final act of Part Two by Lynkeus, the watchman:

The sun sinks, the last ships appear,
Gaily they pass the harbour bar,
Soon a tall vessel will be here.
In the canal; how merry are
Those fluttering pennants! Each one plays
From a proud standing mast; the crew
Are sharing the good fortune too
That greets you in your latter days

107 Bloch, *The Principle of Hope*, Vol. 1, p. 292; *Das Prinzip Hoffnung*, Vol. 1, p. 341. Compare with this section entitled "Dunkles Jetzt" [1935] in *Philosophische Aufsätze zur objektiven Phantasie* [*Gesamtausgabe*, Vol. 10] (Frankfurt am Main: Suhrkamp, 1969), p. 74.

108 Bloch, *The Principle of Hope*, Vol. 1, p. 313; *Das Prinzip Hoffnung*, Vol. 1, p. 364.

[*Dich grüßt das Glück zur höchsten Zeit*]. (ll. 11143-11150)[109]

This "highest time" (*höchste Zeit*) is, in Bloch's words, "that of the fulfilled moment [*die des erfüllten Augenblicks*], and around this, around the opening up of its origin, unloading of its content, all these faces of creation were moved or positioned, around the utopia of the fully stated Here and Now [*die Utopie des voll ausgesagten Jetzt und Hier*]."[110]

By contrast, Klages introduces the idea of *Eros*: but this Eros is an Eros, not of immediacy, but of distance (*Eros der Ferne*).[111] Yet it is not a distance that projects into a Utopian future, nor even one that looks back to a paradisiacal, Pelasgian past, but one that seeks a contemplative distance: an erotic distance (*Ferne*) that enables us to contemplate the present moment, and hence to love it. In respect to his theory of time, Klages's position is diametrically opposed to that of Bloch, yet it is one which nevertheless (or precisely for this very reason) deserves to be taken seriously, for – as Michael Großheim has argued – in contrast to Bloch's "principle of hope" (or *Prinzip Hoffnung*), Klages articulates a "principle of the present" (*Prinzip Gegenwart*).[112]

On this account, Bloch's focus is resolutely on the future, and the present moment is of significance inasmuch as it reveals – albeit only partially – what the future will – in its totality – reveal:

Primarily, everybody lives in the future, because they strive, past

109 Goethe, *Faust: Part One and Sections from Part Two*, trans. Walter Kaufmann (New York, NY: Random House, 1963), p. 121; Goethe, *Faust: Part Two*, trans. David Luke (Oxford and New York, NY: Oxford University Press, 1994), p. 210.

110 Bloch, *Principle of Hope*, Vol. 3, p. 982; *Das Prinzip Hoffnung*, Vol. 3, p. 1154.

111 Thus the title of Klages's great treatise, first published in 1922 and in an expanded and revised edition in 1926 and in 1930. See Ludwig Klages, *Of Cosmogonic Eros*, trans. Mav Kuhn (Munich: Theion Publishing, 2018; 2022²); and *On Cosmogonic Eros*, trans. K.J. Elliott ([unknown location]: Anarch Books, 2023). For further discussion, see Stefan Breuer, "Erotischer Fundamentalismus: In der Manier von Ludwig Klages," *Recherches Germaniques*, 30 (2000): 105-23.

112 Großheim, "Das Prinzip Hoffnung und das Prinzip Gegenwart," p. 144.

things only come later, and as yet genuine present is almost never there at all. [*Primär lebt jeder Mensch, indem er strebt, zukünftig, Vergangenes kommt erst später, und echte Gegenwart ist fast überhaupt noch nicht da.*][113]

Or as he puts it elsewhere in an essay:

> The human being always experiences what belongs to him more in the future than in the present. [*Der Mensch erlebt das Seine immer mehr in der Zukunft als in der Gegenwart.*][114]

In this sense, for Bloch the "thing-in-itself" (*das Ding an sich*) is what is not yet (*was noch nicht ist*), and the "ultimate future" (*letzte Zukunft*) is the "authentic present" (*echte Gegenwart*).[115]

The presence (*Präsens*), in which Bloch is interested, is the Utopian one, to be found in "concrete revolutionary work," namely in the "realization of the proletariat" as the "abolition of philosophy" (*die Verwirklichung des Proletariats als Aufhebung der Philosophie*) and in the "abolition of the proletariat" as the "realization of philosophy" (*Aufhebung des Proletariats als Verwirklichung der Philosophie*).[116] This "utopian present" is defined by Bloch as "begun *abolition of the distance of subject and object*, therefore also of self-abolishing utopian distance itself" (*begonnener Aufhebung des Abstands von Subjekt und Objekt, also auch des sich aufhebenden utopischen Abstands selbst*).[117]

113 Bloch, *The Principle of Hope*, p. 4; *Das Prinzip Hoffnung*, Vol. 1, p. 2.

114 Bloch, "Zur oberen Schwelle des Bewußtseins," in *Philosophische Aufsätze zur objektiven Phantasie*, pp. 84-85 (p. 84).

115 Bloch, *Geist der Utopie*, p. 256; cf. "Ein Essay des Vorbewußten nach vorwärts: Das noch nicht bewußte Wissen," in *Philosophische Aufsätze zur objektiven Phantasie*, pp. 115-12 (p. 121): "philosophical knowledge ... is the *conquest* of the thing-in-itself, which is only what is not-yet, which is the final future, in the end the authentic present, as an as yet unknown, incomplete utopia" (*die philosophische Erkenntnis ... ist* Eroberung *des Dings an sich, das nur dieses ist, was noch nicht ist, was letzte Zukunft, endlich echte Gegenwart ist, als noch unbekannte, unfertige Utopie*); cited in Großheim, "Das Prinzip Hoffnung und das Prinzip Gegenwart," p. 148).

116 Bloch, *The Principle of Hope*, Vol. 1, p. 315; *Das Prinzip Hoffnung*, Vol. 1, p. 367.

117 Bloch, *Das Prinzip Hoffnung*, Vol. 1, p. 367; *The Principle of Hope*, p. 315. Cf. the further quotations in Großheim, "Das Prinzip Hoffnung und das Prinzip Gegenwart," p. 150.

Whereas Bloch argues that what is really real is the future, and that the present participates in that reality only inasmuch as it contains the seeds of that really real future, for Klages the future is the ultimate unreality – inasmuch as it simply does not exist.

Using Klages's early treatise *Of Cosmogonic Eros* (*Vom kosmogonischen Eros*, 1922) as evidence, Bloch accuses Klages of denying the future. As, indeed, Klages does, both in that work and elsewhere.[118] Yet, as the phenomenologist Hermann Schmitz (1928-2021) has suggested, Klages's misgivings concern, not situational time (*Lagezeit*), but modal time (*Modalzeit*). The former, the time of empirical science, operates with the categories "before," "at the same time as," "after"; it does not recognize, as modal time does, "past," "present," and "future," and this is what Klages is criticizing.[119] In a recent study of the ontology of time in the work of Klages and his friend, the poet Alfred Schuler (1865-1923), Baal Müller has remarked:

> By no means should Klages's rejection of the future as a temporal dimension be understood purely as reactionary *ressentiment*; it becomes more plausible when one considers it from the standpoint, not of abstract ontology, but of experienced reality: only the past can have an effect [*wirken*], and so it is real [*wirklich*].[120]

118 "If I think of the past, I think of a *reality* that has been; by contrast, if I think of something in the future, I am thinking of something *un*-real, or more precisely of a matter that has existence only inasmuch as it is thought! ... Future is related to the past, not like one distance in time to an opposite distance in time, but as reality itself to a mere concept, or in other words: the future is not a quality of real time!" (*Gedenke ich der Vergangenheit, so gedenke ich einer gewesenen* Wirklichkeit; *denke ich dagegen ein Zukünftiges, so denke ich etwas* Unwirkliches, *genauer gesagt, einen Sachverhalt, der bloß im Gedachtwerden Dasein hat! ... Zukunft verhält sich zu Vergangenheit nicht wie* eine *Ferne der Zeit zu einer entgegengesetzten Ferne der Zeit, sondern wie zur Wirklichkeit überhaupt ein bloßer Begriff oder: Zukunft ist keine Eigenschaft der wirklichen Zeit!*) (Klages, *Vom kosmogonischen Eros*, in *Philosophie III* [*SW*, Vol. 3], pp. 433-44. For further examples, see Großheim, "Das Prinzip Hoffnung und das Prinzip Gegenwart," p. 154, n. 19.

119 See Hermann Schmitz, *Die Gegenwart* [*System der Philosophie*, I] (Bonn: Bouvier, 1981), pp. 442-43, cf. pp. 438-49.

120 Baal Müller, *Kosmik: Prozeßontologie und temporale Poetik bei Ludwig Klages und Alfred Schuler: Zur Philosophie und Dichtung der Schwabinger Kosmischen Runde* (Munich:

Klages's conception of time is thus comparable to the Homeric one, in the sense proposed by the German classical philologist of Baltic descent, Max Treu (1907-1980).[121]

We can see this affinity in *Of Cosmogonic Eros*, where Klages draws a link between, on the one hand, the "doctrine of redemption," which "promises, instead of an eternity of life, rather an unending existence; transforms the mystagogue's garland into the martyr's crown, and falsifies the *in aeternum renatus* into resurrection in – a spiritual beyond," and, on the other, the way in which "the modern human being of this world has installed the moloch 'future,' which insatiably gnaws away at the moment, which alone is alive, and re-evaluates it into the mere means of a purpose 'in itself,' or put more clearly, into a work-slave in the service of the insane thought of a *human ego* whose *domination of the world* can in no present ever be completed."[122]

In effect, like Bloch, Klages offers a critique of capitalism, but on different grounds, condemning "the wakefulness, robbed by the eternal-judaic lack of sleep, of ever insatiable willing and its self-anaesthetization through the worship of mammon" ([*die*] *ahasverisch schlummerberaubte Wachheit des ewig sättigungslosen Wollens und dessen Selbstbetäubung durch Mammonsdienst*).[123] In the modern world of capitalism a "sense-filled *intensity* of life is replaced by a senseless

---

Telesma, 2007), p. 146. For further discussion, see Hans Eggert Schröder, "Vergangene und zukünftige Zeit im Denken von Klages," *Hestia* (1965/66): 64-76.

121 In contrast to the modern sense of time, which sees the past as behind us and the future in front (and hence susceptible to our manipulation), in antiquity time was regarded as stretched out behind us (and hence open to our inspection), whereas we move unsuspectingly into an unknown future (see Max Treu, *Von Homer zur Lyrik: Wandlungen des griechischen Weltbildes im Spiegel der Sprache* (Munich: Beck, 1955), p. 134). For further discussion of the ancient paradigma of time, see Müller, *Kosmik*, pp. 30-33.

122 Klages, *Vom kosmogonischen Eros*, in *Philosophie III* [*SW*, Vol. 3], p. 394.

123 Klages, *Vom kosmogonischen Eros*, in *Philosophie III* [*SW*, Vol. 3], pp. 468-49. At this point, Klages's argument risks being compromised by the anti-Semitic overtones of his anti-Judeo-Christian discourse, in the form of his reference to the figure of Ahasver, the "wandering Jew."

energetics of willing."[124] What matters for Klages is the present which is significant inasmuch as it is elusive, dynamic, intense, and – if only we would pay it attention – experientially rich, and he urges us to abandon ourselves to (and thereby find ourselves in) the moment: "There" – i.e., in capitalism – "the conduct of life is determined by the obsession to accumulate and calculating utilitarianism, here" – in Klages's biocentric view of life – "by the pathos of the deed or the work or a sense of festiveness at the incalculable abandonment to the pleasures and joys – as well as to the dangers – of the moment" (*Dort wird die Lebensführung von Raffsucht und rechenverständigem Nützlichkeitssinn bestimmt, hier vom Pathos der Tat oder des Werkes oder der Festlichkeit bei rechenunfähiger Preisgegebenheit an die Genüsse und Freuden wie aber auch an die Gefahren des Augenblicks*).[125] Whereas Bloch urges us to learn hope – "It is a question of learning hope" (*Es kommt darauf an, das Hoffen zu lernen*),[126] Klages urges us to "unlearn willing" (*Unsre Aufgabe ist* [...] *das Wollen* [...] *zu* verlernen).[127] (We should remember Klages's earlier remark that the essence of *Geist* is not simply intellect, but (instrumental) will – *Unser Werk findet den Schlüssel zum Wesen des Geistes* nicht *im Intellekt, sondern im* Willen.)[128]

Hence Klages's reputation as an exponent of pessimism,[129]

124 Ludwig Klages, *Die Sprache als Quell der Seelenkunde*, in *Charakterkunde II* [*Sämtliche Werke*, Vol. 5], pp. 261-689 (p. 487).

125 Klages, *Die Sprache als Quell der Seelenkunde*, in *Charakterkunde II* [*SW*, Vol. 5], p. 484.

126 Bloch, *Principle of Hope*, Vol. 1, p. 3; *Das Prinzip Hoffnung*, Vol. 1, p. 1.

127 Klages, "Generationen," in *Rhythmen und Runen: Nachlaß herausgegeben von ihm selbst* (Leipzig: Johann Ambrosius Barth, 1944), p. 279. Here, too, one can register an anti-Semitic outlook when Klages contrasts Aryan and Judaic spirit, but also an active humankind from a contemplative humankind (*ein schauendes wurde durch ein handelndes Menschentum, arischer von judaischem Geiste verdrängt*). Transcending any misguided racial typology, however, Klages declares: "Our protest against the spirit of this age" (*Unser Protest gegen den Geist dieses Zeitalters*) – or what, in his *Red Book*, Jung would call the "spirit of this time" (*der Geist dieser Zeit*) – "is *abstention from every deed*" (*heißt* Enthaltung von jeder Tat) (*ibid.*, p. 279).

128 Klages, *Der Geist als Widersacher der Seele*, p. 1420.

129 "Klages' outlook is pessimistic" (Thea Stein-Lewinson, "An Introduction to the Graphology of Ludwig Klages," *Character and Personality* 6 (3, 1938): 13-176 (p. 166). For a discussion of this philosophical outlook, see Joe Bailey, *Pessimism* (London and New York, NY: Routledge, 1988).

although the whole picture is a bit more complicated than that. For although it is true that, ultimately, there is, for Klages, no "Happy End," not even one that is, in Bloch's words, "seen through" (*durchschaut*) and "yet still defended" (*trotzdem verteidigt*),[130] nevertheless there *is* the possibility of a "specific happiness" (*ein spezifisches Glück*). For in Klages's words, "just as it is certain that there can be no going back" – *keine Rückkehr* – "so there *could be* – a turning around" (*Umkehr*).[131] This "turning around," *metanoia*, or conversion would consist, Klages explains, in "*do[ing] everything one does as perfectly as possible*" (*alles [...] so vollkommen wie möglich zu verrichten*).[132] And, in turn, this "turning-around" would bring us "the moments of great experience" (*die Augenblicke des großen Erlebens*) – moments which "either come or do not come, and *if* they come, they also go again": "No willing, no activity can compel them to come back," and "only each single thing done *perfectly* [*jedes* vollendet *Geleistete*] grants the gifts of a minute of happiness, which is not by a long way the highest or most profound happiness, but is nevertheless a pure happiness and moreover the only one that it is given to a human being to obtain."[133] In other words, "participating in a thought-picture [*Gedankenbilde*] of the *meaning* of the world [*vom* Sinn *der Welt*] can mean for anyone who is willing and capable of doing this a specific happiness [*ein spezifisches Glück*] and a lightning-like gleam [*einen wetterleuchtenden Schein*] which is fundamentally able to illuminate every path of life."[134]

This *Glück* can be found, if at all, in the present, to which the past inevitably stands in an important relation inasmuch as it informs the present (in *Of Cosmogonic Eros*, as the idea of *Vergangenheitsseelen* or "souls of the past"). It is in this precise sense, then, that Klages

---

130 Cf. the undoubtedly unintentionally ambiguous title of the conclusion to part 5 of *The Principle of Hope* (p. 441), cf. *Das Prinzip Hoffnung*, Vol. 1, p. 512.
131 Klages, *Der Geist als Widersacher der Seele*, p. 1424.
132 *Ibid.*
133 *Ibid.*
134 *Ibid.*, p. 1429.

invites a return to paganism: not so much to the world of the pagans dancing round the fire (or Goethe's "misunderstood" pagans), as to what is symbolized, for Klages, by the pre-historic world of Minoan Crete, Mycenean Greece, and the matriarchal culture of ancient Aegean, as expounded by Johann Jakob Bachofen (1815-1887) and his notion of *Gynaikokratie*. But is also represented by pagan in the sense of those pre-Christian and non-Christian – i.e., Cynic, Epicurean, Stoic – traditions whose *exercices spirituels* have been so admirably analysed and made viable for the modern age by the work of Pierre Hadot (1922-2010).[135]

For as Klages put it in his early study of 1902 on the German poet Stefan George (1868-1933), by "pagan" (*heidnisch*) he understood "not a chunk of history, but a belief in *the supra-personal reality of the moment that glows*" (*nicht ein Stück Geschichte, sondern der Glaube an* die ausserpersönliche Wirklichkeit des glühenden Augenblicks).[136] So it is precisely this moment that is missing today and inexorably leads to our current sense of disorientation, whereas its reinstatement – as difficult as it is to imagine this in the midst of the totally administered society – could lead to a fresh sense of new reorientation, in the sense of the recovery of soul (*Seele*).

Conclusion

In his lecture "The Spiritual Problem of Modern Man" (*Das Seelenproblem des modernen Menschen*, 1928; ²1931),[137] Jung demonstrated that he can be just as much a practitioner of *Kulturkritik* as Adorno

---

135 See, for example, Pierre Hadot, *Philosophy as a Way of Life: Spiritual Exercises from Socrates to Foucault*, ed. Arnold I. Davidson, trans. Michael Chase (Oxford and Cambridge, MA: Blackwell, 1995); and Id., *The Present Alone is Our Happiness: Conversations with Jeannie Carlier and Arnold I. Davidson*, trans. Marc Djaballah and Michael Chase (Stanford, CA: Stanford University Press, 2011).

136 Ludwig Klages, *Stefan George* [1902], ed. Michael Großheim (Bonn: Bouvier, 2008), p. 38.

137 Carl Gustav Jung, "The Spiritual Problem of Modern Man" (*Das Seelenproblem des modernen Menschen*) (1928; 1931), in *CW* 10, paras. 148-96.

or Bloch ever could. In his revised version of this paper, first published in the conservative-leaning *Europäische Revue* in 1928 and then revised for inclusion in *Seelenprobleme der Gegenwart* in 1931,[138] Jung wrote that "the soul of our worldliness" (*die Seele unserer Weltlichkeit*) – which R.F.C. Hull, not entirely erroneously, translates as the "spirit of the times" – reveals itself in the "international or supernational ideal, embodied in the League of Nations and the like, as well as in sport and lastly and tellingly in cinema and in jazz":

> These are characteristic symptoms of our time, which extends the ideal of humanity [*das Ideal der Humanität*] unmistakeably also to the body. Thus sport signifies a unusual evaluation of the body, which is underlined in modern dancing. On the other hand the cinema, like the detective novel, makes it possible for us to experience without danger all those excitements, passions, and fantasies which would have to be repressed in a humane age.[139]

Like Adorno, Jung connects these cultural phenomena with our "psychic condition"; unlike Adorno, however, who gets his psychoanalytic theory from Freud, Jung sees in this rediscovery of the body – a topic to which he will return in his seminar on Nietzsche's *Zarathustra* –[140] a chance for something positive. "The fascination of the soul" (*die Faszination der Seele*) is, Jung claims, "nothing other than a new self-contemplation [*eine neue Selbstbesinnung*], a return

138 See Carl Gustav Jung, "Das Seelenproblem des modernen Menschen," *Europäische Revue* 4 (9, 1928): 700-15; and Id., "Das Seelenproblem des modernen Menschen," in *Seelenprobleme der Gegenwart* (Zurich: Rascher, 1931), pp. 401-35. See also Tillmann Heise, "'Konservative Revolution' transnational? Der *Kulturbund* und die *Europäische Revue* als Intellektuellennetzwerke der Zwischenkriegszeit," *Brücken: Zeitschrift für Sprach-, Literatur- und Kulturwissenschaft* 1 (2022): 59-76.

139 Jung, *CW* 10, para. 195 (trans. modified).

140 For example: with reference to Zarathustra's encomium of "the meaning of the earth" in "Of the Bestowing Virtue," Jung concludes that "the meaning of [Nietzsche's] revelation" is that "the earth, the body, should become of spiritual value" and that "[hu]mankind has come down to the earth once more" (Carl Gustav Jung, *Seminar on Nietzsche's "Zarathustra": Abridged Edition*, ed. James L. Jarrett (Princeton, NJ: Princeton University Press, 1998), pp. 197-98).

to fundamental human nature [*eine Rückbesinnung auf fundamentale menschliche Natur*]."[141] On Jung's account, "it is no surprise that this leads to the body, which for so long was held in low esteem vis-à-vis the spirit [*gegenüber dem Geiste*], being rediscovered," and sometimes, he added, "one almost feels tempted to speak of a *revenge of the flesh on the spirit*" (§195). In this paper, Jung dropped in a passing reference to Oswald Spengler (1880-1936), also a figure of interest to Adorno,[142] noting that Spengler's pessimism had proved to be impressive, but that this impressiveness was restricted within "pleasingly circumscribed, academic limits."[143] As if anticipating the famous critique of relativism made by Joseph Ratzinger (1927- 2022) shortly before his election as Pope Benedict XVI,[144] Jung warns that "all relativism, if it becomes a supreme and ultimate principle, has exclusively destructive effects" (*aller Relativismus, wenn er oberstes und letztes Prinzip ist, wirkt ausschließlich zerstörend*).[145] And he goes on to disavow any attempt at pessimism, declaring instead that "the unconscious,

141 Jung, *CW* 10, para. 195 (trans. modified).

142 See Theodor W. Adorno, "Spengler after the Decline," in *Prisms*, trans. Samuel and Shierry Weber (Cambridge, MA: The MIT Press, 1981), pp. 51-72; Theodor W. Adorno, "Spengler Today," *Studies in Philosophy and Social Science* 9 (1941): 305-06; and "Wird Spengler recht behalten?," in *Vermischte Schriften I* [*Gesammelte Schriften*, Vol. 20.1], ed. Rolf Tiedemann (Frankfurt: Suhrkamp, 2003), pp. 140-48, translated as "Was Spengler Right?," *Encounter* 26 (1, 1966): 25-29. For further discussion, see Jens Paulsen, "Decline of the West and Dialectic of Enlightenment: Theodor W. Adorno's Critique of Oswald Spengler's Relativism," *The Philosophical Journal of Conflict and Violence* 7 (1, 2023): 1-14.

143 Jung, "Das Seelenproblem des modernen Menschen," *Europäische Revue*, p. 714; and Id., "Das Seelenproblem des modernen Menschen," in *Seelenprobleme der Gegenwart*, p. 427.

144 See the Homily of His Eminence Cardinal Joseph Ratzinger, Dean of the College of Cardinals, on the occasion of the Mass "Pro Eligendo Romano Pontifice," held in the Vatican Basilica on 18 April 2005, available at https://www.vatican.va/gpII/documents/homily-pro-eligendo-pontifice_20050418_en.html. For further discussion, see Jeffrey M. Perl, ed., *The Dictatorship of Relativism? Symposium in Response to Cardinal Ratzinger's Last Homily* [*Common Knowledge*, Vol. 13, nos. 2-3] (Durham, NC: Duke University Press, 2007).

145 Jung, "Das Seelenproblem des modernen Menschen," *Europäische Revue*, p. 714; and Jung, "Das Seelenproblem des modernen Menschen," in *Seelenprobleme der Gegenwart*, p. 427.

unconcerned about its daunting appearance, exercises a mighty power of attraction, und not only on sick natures [*krankhafte Naturen*], but also on healthy, positive minds [*gesunde, positive Geister*]":[146]

> The subterranean level of the soul is nature, and nature is creative life [*Der Untergrund der Seele ist Natur, und Natur ist schöpferisches Leben*]. Of course nature pulls down what she has built, but she builds it again. Those values of the visible world which modern relativism destroys will be given to us again by the soul. At first we only see the descent into darkness and ugliness, but whoever cannot bear this sight will never be able to create brightness and beauty. Light is only ever born from night, and no sun ever stood still in the sky because an anxious human yearning clung on to it.[147]

Like Adorno (and Heidegger),[148] Jung drew comfort from those famous lines by Friedrich Hölderlin (1770-1843), "But where danger threatens / That which saves from it also grows" (*Wo Gefahr ist, / wächst das Rettende auch*).[149] Such comfort is, however, sorely needed, as the world begins to adjust to a new tempo that Jung was swift

146 Jung, "Das Seelenproblem des modernen Menschen," *Europäische Revue*, p. 714; and Jung, "Das Seelenproblem des modernen Menschen," in *Seelenprobleme der Gegenwart*, p. 427.

147 Jung, "Das Seelenproblem des modernen Menschen," *Europäische Revue*, p. 714; and Jung, "Das Seelenproblem des modernen Menschen," in *Seelenprobleme der Gegenwart*, pp. 427 *f*.

148 Heidegger used these lines, "Wo aber Gefahr ist, wächst / Das Rettende auch," as the starting-point for his reflections on technology (see Martin Heidegger, *Die Technik und die Kehre*, 5th Ed. (Pfullingen: Neske, 1962), pp. *28 ff*.). For Adorno, the key sentence in this poem is the line, "Denn alles ist gut," which Adorno interpreted as "[die] verzweifelte Affirmation des Todes Christi," and as "die durch solche Reduktion trostlose Quintessenz des Idealismus" (Theodor W. Adorno, "Parataxis," in *Noten zur Literatur*, ed. Rolf Tiedemann [Gesammelte Schriften, Vol. 11] (Frankfurt am Main: Suhrkamp, 1974), pp. 447-91 [p. 486]).

149 Jung, *CW* 10, para. 195; Id., "Das Seelenproblem des modernen Menschen," in *Seelenprobleme der Gegenwart*, p. 427. See Friedrich Hölderlin, *Poems and Fragments*, trans. Michael Hamburger, 3rd Ed. (London: Anvil Press Poetry, 1994), pp. 482 *f*; cf. Friedrich Hölderlin, *Sämtliche Gedichte*, ed. Jochen Schmidt (Frankfurt am Main: Deutscher Klassiker Verlag, 2005) pp. 498-99 and 350; cf. p. 357 (and commentary, pp. 969-78).

to associate, as was Adorno,[150] with the United States: "And indeed we see how the Western world strikes up a more rapid tempo, the American tempo, the opposite of quietism and world-negating resignation," Jung concludes, adding: "An unprecedented tension arises between outer and inner or, more precisely – between the objective and the subjective, perhaps a final race between aging Europe and youthful America, perhaps a healthy or a desperate attempt to escape the might of dark natural laws and achieve a yet larger and more heroic victory of wakefulness over the sleep of nations."[151] Likewise, in *The Science of Character* (1926), Klages identified America as the battleground for the conflict, as he saw it, of the soul versus *Geist*: "America, where more rapid 'progress' allows us to foresee the future day to day, has established a considerable lead in the standardization of thought, amusement, and so on [...]. These 'free citizens' are in fact puppets who imagine that they are free, and a single glance at American methods of work or American methods of amusement is enough to show that *l'homme machine* ['the man-machine'] is no longer imminent, but has already become reality there."[152] Klages's critique of "standardization" or *Schablonisierung* constitutes a counterpart to Jung's notion of "identification with the mask" or what the Existentialists called a lack of "authenticity," a

150 For further discussion, see Martin Jay, "Adorno in America," *New German Critique* 31 (1984): 157-82; Claus Offe, *Selbstbetrachtung aus der Ferne: Tocqueville, Weber und Adorno in den Vereinigten Staaten* (Frankfurt am Main Suhrkamp, 2004), trans. as *Reflections on America: Tocqueville, Weber and Adorno in the United States*, trans Patrick Camiller (Cambridge and Malden, MA: Polity, 2005); David Jenneman, *Adorno in America* (Minneapolis, MN and London: Minnesota University Press, 2007); and Shannon Mariotti, "Adorno's Democratic Modernism in America: Leaders and Educators as Political Artists," in Peter E. Gordon, Espen Hammer, and Max Pensky, eds., *A Companion to Adorno* (Hoboken, NJ: Wiley-Blackwell, 2020), pp. 139-51.

151 Jung, *CW* 10, para. 196; Id., "Das Seelenproblem des modernen Menschen," in *Seelenprobleme der Gegenwart*, pp. 434 *f.*

152 Ludwig Klages, *The Science of Character*, trans. W.H. Johnston (London: Allen & Unwin, 1929), pp. 160 *f.*

term whose use as piece of philosophical jargon Adorno was wont to decry.[153]

Within these thinkers (with the exception of Bloch) there runs a deep strand of pessimism. Yet as we look and search for a reorientation of consciousness in an age of disorientation – in the age of the "totally administered society" (*die verwaltete Welt*) – these thinkers can nevertheless serve as a light in the ever-increasing darkness; indeed, they *are* a light in the dark, much as Jung imagined in a dream during his student years which both "frightened" and "encouraged" him:

> It was night in some unknown place, and I was making slow and painful headway against a mighty wind. Dense fog was flying along everywhere. I had my hands cupped around a tiny light which threatened to go out at any moment. Everything depended on my keeping this little light alive. Suddenly I had the feeling that something was coming up behind me. I looked back, and saw a gigantic black figure following me. But at the same moment I was conscious, in spite of my terror, that I must keep my little light going through night and wind, regardless of all dangers. When I awoke I realized at once that the figure was a "specter of the Brocken," my own shadow on the swirling mists, brought into being by the little light I was carrying. I knew, too, that this little light was my consciousness, the only light I have. My own understanding is the sole treasure I possess, and the greatest. Though infinitely small and fragile in comparison with the powers of darkness, it is still a light, my only light.[154]

And, like Klages and his notion of a "specific happiness," Jung came to realize that his whole being was "seeking for something still unknown which might confer meaning upon the banality of life

153 See Theodor W. Adorno, *Jargon der Eigentlichkeit: Zur deutschen Ideologie* (Frankfurt am Main: Suhrkamp, 1964); and Id., *The Jargon of Authenticity*, trans. Knut Tarnowski and Frederic Will (Evanston, IL: Northwestern University Press, 1973).

154 Jung, *Memories, Dreams, Reflections*, pp. 107 *f.*

[*ein noch Unbekanntes, das der Banalität des Lebens einen Sinn verleihen könnte*]."[155] Historically speaking, we find ourselves at a moment when, as Jung puts it, "the Christian nations have come to a sorry pass": "their Christianity slumbers and has neglected to develop its myth further in the course of the centuries," he declares.[156] Moreover, he adds, "those who gave expression to the dark stirrings of growth in mythic ideas were refused a hearing," and so "Joachim of Fiore, Meister Eckhart, Jacob Boehme, and many others have remained obscurantists" – *Dunkelmänner* is the term Jung uses – "for the majority."[157] "Our myth," Jung concludes, "has become mute, and gives no answer."[158] Whilst it is always the darkest before the dawn, it is also the darkest before the light goes out completely, and we live in an historical epoch where it is unclear exactly which kind of darkness we are facing today.

Indeed, the old question posed by the Gnostics, "Whence comes evil?" has, Jung believes, been given "no answer by the Christian world"; "no myth," he avers, will "come to our aid," even if we have "such urgent need of one"; and, as a result of the "political situation" on the one hand and the "frightful, not to say diabolic, triumphs of science" on the other — and Jung was thinking of the late 1950s and early 1960s — we are prey to "secret shudders and dark forebodings" (*heimliche Schauer und dumpfe Ahnungen*), from which we know no escape.[159] For what is at stake, Jung finally announces, is nothing less than the "long-forgotten *soul of Man*," an issue which requires us to engage with Eros — and with "cosmogonic 'love.'"[160] As Jung declared in the *Black Books* and then in the *Red Book* and as *Memories,*

155 *Ibid.*, p. 189.
156 *Ibid.*, p. 363.
157 *Ibid.*, pp. 363 *f.* Referring to the promulgation in 1950 of the dogma of the Assumption of the Blessed Virgin Mary by Pope Pius XII in his papal bull *Munificentissimus Deus* as the "only ray of light," Jung laments the fact that "people do not even know what I am referring to when I say this" (*ibid.*, p. 364).
158 *Ibid.*
159 *Ibid.*, pp. 364 f.
160 *Ibid.*, pp. 365 and 386 f.

Dreams, Reflections confirms, Η ΑΓΑΠΗ ΜΗΔΕΝ ΕΚΠΙΠΤΕΙ — *Die Liebe höret nimmer auf* — "Love never ends."[161]

161 *Ibid.*, p. 387; cf. C.G. Jung, *The Black Books, 1913-1932: Notebooks of Transformation*, ed. Sonu Shamdasani, trans. Martin Liebscher, John Peck, and Sonu Shamdasani, 7 vols. (New York, NY, and London: Norton, 2020), vol. 4, p. 255; and *Red Book* [Reader's Edition], p. 441.

Il ritorno e la deistituzionalizzazione della guerra

Alessandro Colombo

Milan / *Milano*, Italy / *Italia*
September / *Settembre* 2024

Premessa

Nella politica internazionale, poche esperienze sono fonti di disorientamento quanto il passaggio da un'aspettativa diffusa di pace a un'aspettativa diffusa di guerra: a maggior ragione ogniqualvolta il passaggio avviene in modo brusco, come è accaduto negli ultimissimi anni nel nostro contesto internazionale. Per comprendere quanto rapido sia stato il passaggio è sufficiente dare uno sguardo ai documenti politico-strategici di tutti i principali Stati e di tutte le principali organizzazioni internazionali. Ancora fino a una manciata di anni fa, questi documenti non si nascondevano la necessità di tenersi pronti ad affrontare "un'ampia varietà di rischi militari e non militari multi-direzionali e difficili da prevedere" [1], dall'instabilità nelle aree limitrofe ai movimenti incontrollati di popolazione al terrorismo allo scoppio di possibili pandemie. A maggior ragione, la pianificazione politica e militare di tutti i principali Stati – a cominciare dagli Stati Uniti e dai paesi europei – teneva conto della possibilità di dover ricorrere contro qualcuno di questi rischi all'uso della forza: una possibilità realizzata sia nella stagione dell'interventismo democratico e umanitario degli anni Novanta sia, a maggior ragione,

1 Nato 1999. Nato (1999), *Strategic Concept*, Bruxelles.

in quella della guerra globale al terrore del decennio successivo. Ma, tra queste minacce e questi rischi, non prendeva più neppure in considerazione la possibilità di uno scontro diretto tra grandi potenze. Come riconobbe senza esitazioni, ancora nel 1999, il nuovo Concetto Strategico della Nato, "una aggressione convenzionale su vasta scala contro l'Alleanza è altamente improbabile"[2].

Da pochi anni a questa parte, al contrario, cioè almeno a partire dall'aggressione russa all'Ucraina del febbraio 2022, proprio questa possibilità di una guerra aperta tra grandi potenze è tornata al vertice delle preoccupazioni e dei calcoli di tutti. È il richiamo presente in tutti i principali documenti politici e strategici dell'ultimo quinquennio, dagli Stati Uniti all'Unione Europea alla Nato alla Russia alla Cina. Con conseguenze ancora più profonde, lo spettro della guerra è un argomento usato sempre più spesso nella retorica politica sia interna che internazionale, in particolare proprio nella regione, l'Europa, che con questa eventualità sembrava avere definitivamente chiuso i conti dopo la fine della guerra fredda. Ma ad alimentare le ansie dei governi e, sempre di più, delle stesse opinioni pubbliche sta, da una parte, l'ovvio riconoscimento che un mutamento così radicale del contesto internazionale richiede un precipitoso riadattamento politico, tecnologico, organizzativo e persino culturale; e, dall'altro lato, il sospetto che per un riadattamento di questa portata possa essere già *troppo tardi*.

Nelle prossime pagine, ci chiederemo quale sia più precisamente la natura di questo ritorno della guerra e per quali ragioni esso porti con sé inquietudini ancora più profonde di quelle che sono già normalmente associate a questa condizione. Ma non prima di avere introdotto un'ultima premessa. Contrariamente a ciò che pretenderebbe di suggerire la nostra cultura politica e giuridica, la guerra non è mai un fenomeno marginale, eccezionale o patologico. Al contrario, essa è l'immagine riflessa (e in qualche caso, persino, lo smascheramento) del contesto politico e sociale a cui appartiene:

2 *Ibidem*.

perché "in nessuna epoca le armi possono appartenere a un livello tecnico diverso da quello al quale appartengono gli utensili da lavoro"; perché "l'organizzazione dei combattenti non può differire fondamentalmente dall'organizzazione sociale"[3]; perché, anche sul piano simbolico, le strategie di legittimazione, le retoriche, le liturgie, le iconografie e le metafore della guerra devono necessariamente attingere alle convinzioni e ai linguaggi di volta in volta (e di luogo in luogo) dominanti; e perché, appunto, per la stessa ragione per quale la forma della guerra corrisponde sempre alla forma della convivenza internazionale, ogni trasformazione della seconda trascina con sé una trasformazione della prima.

Per questa ragione, il ritorno della possibilità della guerra segnala, in realtà, una disgregazione più comprensiva dell'ordine internazionale. Se la guerra è tornata al centro delle preoccupazioni e dei calcoli di tutti gli attori è perché l'intero ordine internazionale è collassato. E se, come vedremo, la guerra sta subendo un pauroso processo di deistituzionalizzazione è perché tutto il tessuto istituzionale della convivenza internazionale è in via di lacerazione.

Fine della storia e fine della guerra. Il grande incanto del dopoguerra fredda

Per potere cogliere il senso e la portata del disorientamento occorre partire proprio dalla condizione opposta alla quale ci eravamo abituati dalla fine della guerra fredda. Una condizione contrassegnata, come prima cosa, dalla fuoriuscita dall'"età della catastrofe"[4] del secolo precedente, nel corso del quale le vittime dirette o indirette delle guerre erano state tra i 140 e i 150 milioni, tra le quali circa 75 milioni solo nelle due guerre mondiali tra il 1914 e il 1945[5]. Ma, soprattutto, una condizione contrassegnata

3 R. Aron, *Pace e guerra fra le nazioni* (1962), tr. it. Comunità, Milano 1983, p. 411.

4 E.J. Hobsbawm, *Il secolo breve. 1914-1991: l'era delle grandi catastrofi* (1994), tr. it. Rizzoli, Milano 2000, pp. 33-264.

5 Le differenze dipendono, oltre che dall'incertezza dei dati, dalla varietà delle fonti e, soprattutto, dai criteri impiegati per il conteggio: in particolare, dal fatto che

dalla fiducia nel fatto che il mondo emerso da quelle catastrofi non sarebbe stato più esposto ad autentiche minacce esistenziali: né al proprio interno poiché, dopo essere stata sfidata per quasi un secolo sia da destra che da sinistra, la democrazia liberale non sembrava più avere alternative praticabili; né al proprio esterno poiché, con la scomparsa dell'Unione sovietica, sembrava essere scomparso anche l'ultimo possibile competitore dell'Occidente vittorioso. "Il trionfo dell'Occidente, dell'idea occidentale", scriveva Francis Fukuyama nel fatidico 1989, "è evidente prima di tutto nel totale esaurimento delle alternative sistematiche praticabili al liberalismo occidentale. [...] Ma questo fenomeno si estende oltre l'alta politica e può essere visto anche nella diffusione ineluttabile della cultura consumista occidentale. [...] Ciò a cui stiamo assistendo non è solo la fine della Guerra fredda, o l'esaurimento di un periodo particolare della storia post-bellica, ma è la fine della storia come tale: vale a dire, il punto finale dell'evoluzione ideologica dell'umanità e l'universalizzazione della democrazia liberale occidentale quale forma finale del governo umano"[6].

Ancora dieci anni più tardi, nella sua ultima National Security Strategy del 1999, l'Amministrazione Clinton poté offrire un'immagine non troppo diversa del secolo che stava per aprirsi: "Il ventunesimo secolo sarà un'era di grandi promesse. La globalizzazione – il processo di crescente integrazione economica, tecnologica, culturale e politica – sta stringendo sempre più strettamente gli uni agli altri cittadini di tutti i continenti, consentendo loro di condividere idee, beni e informazioni in un solo istante. Un numero crescente di nazioni ha abbracciato i valori capitali dell'America – il governo democratico, l'economia di libero mercato, il rispetto per i diritti umani fondamentali e il governo della legge – creando nuove

siano conteggiate oppure no le vittime indirette delle guerre (per malnutrizione, carestie o malattie) e quelle uccise in eventi associati alla guerra (pulizie etniche, genocidi ecc.).

6 F. Fukuyama, "The End of History?", in: "The National Interest", Vol. 16, 1989, pp. 3-18.

opportunità per promuovere la pace, la prosperità e la cooperazione tra le nazioni. Molti ex avversari lavorano adesso insieme a noi per obiettivi comuni. Il dinamismo dell'economia globale sta trasformando il commercio, la cultura, le comunicazioni e le relazioni globali, creando nuovi lavori e nuove opportunità per gli Americani"[7].

Tutti i mutamenti storici più caratteristici e promettenti dell'epoca sembravano concorrere, oltre tutto, a rendere obsoleta la guerra (o, almeno, la *major war*). Mutamenti di carattere politico, intanto, condensati nella transizione apparentemente inarrestabile alla democrazia liberale e nella fiducia, veicolata dalla fortunatissima teoria della pace democratica, che l'espansione della democrazia si sarebbe automaticamente tradotta nell'aumento del numero degli stati inclini a non farsi più la guerra tra loro[8]. Mutamenti di carattere economico, riassunti nella maturazione dell'"interdipendenza complessa" della seconda metà del Novecento in un vero e proprio spazio economico globale, destinato a rendere la guerra come tale un "cattivo affare" e, storicamente, un anacronismo – secondo il luogo comune della "pace attraverso il commercio" che aveva già contrassegnato la sensibilità liberale e borghese dalla fine del Settecento fino a tutto il Novecento. Mutamenti di carattere istituzionale, simboleggiati al livello più superficiale dalla proliferazione delle organizzazioni internazionali[9] ma estesi, in realtà, all'intero impianto dell'ordinamento giuridico internazionale successivo alla Carta

7 White House, *US National Security Strategy*, Washington DC, 1999.

8 La letteratura sulla pace democratica è sterminata. A puro titolo indicativo, si vedano M. Doyle, "Kant, Liberal Legacies, and Foreign Affairs", pt. I e II, in: "Philosophy and Public Affairs", Vol. 12, N. 3, 1983, pp. 205-35 e N. 4 (1983), pp. 323-53; Id., "Liberalism and World Politics", in: "American Political Science Review", Vol. 80, N. 4, 1986, pp. 1151-69; R.L. Schweller, "Domestic Structures and Preventive Wars: Are Democracies More Pacific?", in: "World Politics", Vol. 44, 1992, pp. 235-69; Z. Maoz e B. Russett, "Normative and Structural Causes of Democratic Peace, 1946-1986", in: "American Political Science Review", Vol. 87, N. 3, 1993, pp. 61-73; B. Russett, *Grasping the Democratic Peace*, Princeton University Press, Princeton, NJ 1983.

9 B. Russett, J. R. Oneal e D. R. Davis, "The Third Leg of the Kantian Tripod for Peace: International Organizations and Militarized Disputes, 1950-85", in: "International Organization", Vol. 52, N. 3, 1998, pp. 441-67.

delle Nazioni Unite[10], grazie in particolare alla criminalizzazione della guerra d'aggressione, al divieto della conquista territoriale e allo sviluppo della giustizia penale internazionale[11]. Mutamenti di carattere tecnologico, tanto profondi da spingere verso una non meno inedita "pace tecnologica" [12]: una condizione *senza precedenti storici*, nella quale sarebbe toccato questa volta al grado di distruttività delle tecnologie militari rendere irrazionale, se non addirittura folle la pretesa di ottenere guadagni attraverso la guerra (secondo la formula intenzionalmente paradossale della MAD, *Mutual Assured Destruction*). E mutamenti culturali e psicologici, infine, capaci di andare persino oltre qualunque considerazione di costi e benefici per squalificare la guerra come tale ad attività "sub-razionalmente impensabile e, quindi, obsoleta" (*subrationally unthinkable and therefore obsolescent*)[13]: una opzione "indesiderabile, persino ridicola"[14], che non avrebbe più neppure potuto essere oggetto di calcolo in quanto sarebbe apparsa sin dal principio inconcepibile o assurda.

Rieccoci allora al castello di rappresentazioni e aspettative nel quale ci siamo "sentiti a casa" per tutti i primi trent'anni del dopoguerra fredda, e dal quale siamo stati espulsi solo negli ultimi cinque. Questo castello di aspettative, a costo di qualche inevitabile forzatura, può essere sintetizzato in sette punti. (1) All'inizio del ventunesimo secolo la guerra, almeno nella sua forma classica e nelle sue principali manifestazioni, sembrava avere cessato di costituire

10 P. Wallensteen, "Universalism vs. Particularism: On the Limits of Major Power Order", in: "Journal of Peace Research", Vol. 21, N. 3, 1984, pp. 243-57.

11 K.J. Holsti, "The decline of interstate war: pondering systemic explanations", in: R. Väyrynen (a cura di), *The Waning of Major War. Theories and Debates*, Routledge, London/New York, NY 2006, pp. 141-45; H.Spruyt, "Normative transformations in international relations and the waning of major war", in: R. Väyrynen, *op. cit.*, pp. 185-206; e M. W. Zacher, "The Territorial Integrity Norm: International Boundaries and the Use of Force", in: "International Organization", Vol. 55, N. 2, 2001, pp. 215-50.

12 C. Kaysen, "Is War Obsolete?: A Review Essay", in: "International Security", Vol. 14, N. 4, 1990, pp. 42-64.

13 J. Mueller, *Retreat from Doomsday: The Obsolescence of Major War*, Basic Books, New York, NY 1989, p. 219.

14 Ivi, p. 11.

un elemento-cardine della politica internazionale e dei calcoli degli attori, quale era sempre stata considerato nella meccanica tradizionale della Realpolitik e quale continuava a essere considerata dall'approccio cosiddetto "realista" alle Relazioni Internazionali. (2) La tendenza alla diminuzione del numero e dell'intensità delle guerre sembrava perpetuare, per di più, una dinamica storica già riconoscibile a partire dalla fine della guerra di Corea (l'ultima occasione nella quale due grandi potenze, Stati Uniti e Cina, si erano scontrate direttamente tra loro sul campo di battaglia)[15], se non da un periodo storico ancora più lungo – per esempio a partire dal diciottesimo secolo[16] o già per tutti gli ultimi 500 anni[17], nonostante le cesure eccezionali delle guerre napoleoniche prima e delle due guerre mondiali poi, o addirittura da ancora prima, secondo un processo apparentemente irresistibile di continuo "incivilimento" e superamento della propensione alla violenza[18]. (3) Quale che fosse la dinamica storica precedente, questa tendenza al rifiuto della guerra appariva già consolidata nella parte più "sviluppata" (politicamente, militarmente ed economicamente) o euforicamente post-storica del sistema internazionale, quella etichettata di volta in volta quale "spazio centrale", "mondo sviluppato", "comunità di sicurezza fra le grandi potenze-guida"[19] o, direttamente, "zona della pace"[20], e comprendente almeno i due sistemi interstatali regionali europeo e quello americano. (4) Il fatto che la guerra non cessasse di tormentare

15 R.M. Siverson e M.D. Ward, "The Long Peace: A Reconsideration", in: "International Organization", Vol. 56, N. 3, 2002, pp. 679-91.

16 P.W. Schroeder, "The life and death of a long peace, 1763-1914", in: R. Väyrynen, *op. cit.*, pp. 33-63.

17 K.J. Holsti, "The decline of interstate war...", cit.

18 S. Pinker, *Il declino della violenza. Perché quella che stiamo vivendo è probabilmente l'epoca più pacifica della storia* (2011), tr. it. Mondadori, Milano, 2017.

19 R. Jervis, "Theories of War in an Era of Leading-Power Peace", Presidential Address, American Political Science Association, 2001, in: "The American Political Science Review", Vol. 96, N. 1, 2002, pp. 1-14.

20 J. M. Goldgeier e M. McFaul, "A Tale of Two Worlds: Core and Periphery in the Post-Cold War Era", in: "International Organization", Vol. 46, N. 2, 1992, pp. 467-91; M. Singer e A. Wildavsky, *The Real World Order: Zones of Peace/Zones of Turmoil*, Chatham House Publishers, Chatham, NJ 1993.

invece i soggetti che, non essendo ancora approdati al mercato e alla democrazia, restavano "impantanati nella storia" (secondo la formulazione quasi brutale di Francis Fukuyama), esponeva ancora di più il suo carattere anacronistico o, almeno, residuale, nel senso di politicamente marginale e geograficamente periferico (se non, anche, psicologicamente patologico)[21]. (5) A maggior ragione, ciò poteva apparire vero in quanto guerre civili o di frammentazione territoriale quali quelle in Liberia, in Sierra Leone e nella stessa ex Jugoslavia sfuggivano completamente al tradizionale paradigma della guerra interstatale, tanto da essere comunemente etichettate come guerre "privatizzate", "post-moderne" o, più semplicemente, "nuove guerre"[22]. Delle "attività predatorie quasi opportunistiche condotte da gruppi spesso molto piccoli di criminali, banditi e teppisti"[23]; rese possibili non più dalla capacità organizzativa degli Stati, bensì dalla loro dissoluzione; finanziate, invece che dall'economia "centralizzata, totalizzante e autarchica" delle grandi guerre novecentesche, da un insieme di attività criminali di tutti i tipi (estorsioni, cattura di ostaggi, traffici illegali di materie prime o di esseri umani, saccheggio dell'assistenza umanitaria); combattute non più da due eserciti regolari specularmente simili tra loro, bensì da una congerie di soggetti sempre più indifferenti alle distinzioni "classiche" tra interno ed esterno, combattenti e non combattenti, pubblico e privato. (6) Analogamente, la scomparsa della prospettiva e del timore di uno scontro armato con "competitori di pari livello" (peer competitor) non significava ancora che America ed Europa avessero rinunciato una volta per tutte all'uso della forza. Ma assicurava almeno che il ricorso periodico alle armi potesse avvenire senza costi eccessivi – o "a costo zero", come furono definite non

21 J. Mueller, "Accounting for the waning of major war", in: R. Väyrynen, *op. cit.*; e Id., *The Remnants of War*, Cornell UP, Ithaca, NY and London, 2007.

22 M. Kaldor, *Le nuove guerre. La violenza organizzata nell'età globale* (1999), tr. it. Carocci, Roma, 2001

23 J. Mueller, "Policing the Remnants of War", in: "Journal of Peace Research", Vol. 40, N. 5, 2003, p. 507.

casualmente tutte le guerre degli anni Novanta, a partire da quella "umanitaria" contro la Jugoslavia nel 1999; "lontano da casa", tanto da non "disturbare" neanche minimamente il corso normale della vita dei consociati; e con l'assicurazione supplementare che, in caso di difficoltà, anche le proprie truppe avrebbero avuto la possibilità di abbandonare il teatro dell'intervento (come avvenne già nel 1993 in Somalia, in seguito alla perdita di soli diciotto uomini da parte del contingente americano, e come si sarebbe ripetuto su scala ben più ampia nell'exit strategy da Iraq e Afghanistan)[24]. (7) Soprattutto, così come la democrazia liberale e l'interdipendenza economica (e, come detto, in rapporto non casuale con esse), anche il superamento della guerra appariva destinato a diffondersi presto o tardi dalle aree centrali alle aree periferiche del sistema internazionale, attraverso la consueta combinazione di coercizione, competizione, apprendimento ed emulazione[25]. Si trattava, ancora una volta, solo di una questione di tempo: la direzione della storia, se non addirittura la sua fine, sembravano già segnate.

Il ritorno della guerra e la rimilitarizzazione delle relazioni internazionali

Il cosiddetto "ritorno della guerra" significa, come prima cosa, l'abbattimento di questo castello di aspettative. Che non si esaurisce nel fatto puro e semplice che numerosi conflitti armati sono già in corso: secondo gli ultimi dati dei quali disponiamo, ben 52 solo nel corso del 2023, venti dei quali di alta intensità (cioè con un numero di vittime tra 1000 e 10.000) e quattro di grandi dimensioni (cioè con più di 10.000 morti): le guerre civili in Sudan e nel Myanmar e le due guerre in Ucraina e a Gaza[26]. La cosa persino più inquietante, oltre che la più rilevante dal punto di vista politico e strategico, è che a essere

24 A. Colombo, *La guerra ineguale. Pace e violenza nel tramonto della società internazionale*, Il Mulino, Bologna, 2006.

25 B.A. Simmons, F. Dobbin e G. Garrett, "Introduction: The International Diffusion of Liberalism", in: "International Organization", Vol. 60, 2006, pp. 781-810.

26 SIPRI Yearbook, *Trends in armed conflicts*, 2024.

tornata al centro delle preoccupazioni di tutti i principali attori (Stati e organizzazioni internazionali) è proprio la guerra tra grandi Stati organizzati per una posta in gioco prioritaria (e potenzialmente vitale), con l'impiego di tutte le risorse disponibili (politiche, economiche e militari) e con la partecipazione (diretta o indiretta) di tutti i principali protagonisti della convivenza internazionale. È il rovesciamento già materializzato dalla guerra in Ucraina: una guerra scoppiata nel bel mezzo dell'Europa, a riprova che la guerra è tornata al "centro" del sistema internazionale o, più maliziosamente, che è l'Europa a essere scivolata alla sua "periferia"; capace di attirare, oltre alle due parti direttamente coinvolte nello scontro, un numero crescente di altri attori (sia all'interno che all'esterno della regione), fino a mettere l'uno di fronte all'altro i due principali protagonisti del contesto diplomatico-strategico europeo, la Nato e la Russia; e, a dispetto di quarant'anni di retoriche sul "mondo senza confini", interamente combattuta attorno a un confine – quello "territoriale" tra Ucraina e Federazione russa e, sullo sfondo, quello geopolitico tra la sfera di influenza occidentale e quella russa. E una guerra, quella ucraina, destinata a riscattare dopo quarant'anni di "guerre a bassa intensità" anche il "modello" tradizionale della guerra interstatale, combattuta da eserciti regolari lungo un fronte riconoscibile di sistemi difensivi, scandita da una successione ininterrotta di offensive e controffensive e alimentata dalla "mobilitazione" dei rispettivi sistemi produttivi. E nella quale non una, ma tutte e due le parti mettono in gioco interessi e valori fondamentali (l'integrità territoriale nel caso dell'Ucraina, il mantenimento dello status di "grande potenza" nel caso della Russia); tutte e due sono in grado di infliggere danni e perdite significative all'altra; tutte e due accettano questa eventualità come una componente ineliminabile dello scontro; coerentemente, tutte e due sono disposte a "portare all'estremo" lo scontro, non prendendo neppure in considerazione l'eventualità di una exit strategy e continuando a combattere fino alla vittoria o alla sconfitta.

Non casualmente, al ritorno della guerra si è accompagnato l'inceppamento o, peggio, il rovesciamento delle tendenze storiche che avevano alimentato la fiducia opposta nella sua obsolescenza. Si è interrotta intanto, anzi si è in larga parte invertita la tendenza alla transizione alla democrazia, come conseguenza da un lato del processo di "regressione democratica" che ha interessato diversi paesi e intere aree regionali e, in parte, del malessere stesso che le restanti democrazie (comprese le più consolidate) stanno vivendo anche al proprio interno. Parallelamente, sotto l'effetto combinato dei tre choc successivi degli anni Venti del nostro secolo – la pandemia del Covid-19, la guerra in Ucraina e la nuova guerra in Medio Oriente – si sono moltiplicati i freni alla globalizzazione economica e politica degli ultimi decenni: la spinta (politica più ancora che economica) a "riportare a casa" attività in precedenza delocalizzate, almeno in settori nuovamente dichiarati "strategici"; la riscoperta della promessa di "confinamento" e "messa in sicurezza" dei confini dei singoli Stati nazionali e delle stesse organizzazioni regionali (Unione Europea compresa); la rinnovata enfasi sulla necessità strategica dell'autonomia, associata a una ancora più significativa rilettura dell'interdipendenza economica come possibile (e sempre incombente) "arma"; quale risposta a tutto ciò, la tentazione di "smontare" e, se mai, "rimontare" la globalizzazione in spazi più ristretti e *solo* attorno ad attori, princìpi e progetti compatibili con i propri. In modo ancora più distruttivo, ha quasi completamente ceduto il tessuto istituzionale e normativo della società internazionale. Un cedimento spinto dall'inevitabile invecchiamento del disegno istituzionale concepito tra la metà e gli ultimi decenni del Novecento (e sedimentato in organizzazioni quali le Nazioni Unite, la Banca Mondiale, il Fondo Monetario Internazionale e, più recentemente, il G7); alimentato, più in profondità, dal declino della centralità dell'Occidente e dal conseguente riflusso dell'impatto occidentale sul resto del mondo[27]; reso ancora più insidiosa dall'apparente e almeno parziale cedimento dell'impalcatura "vestfaliana" della convivenza internazionale come, essenzialmente, politica interstatale. Ma, soprattutto, un cedimento capace di abbracciare tutte le dimensioni fondamentali dell'ordinamento politico-giuridico esistente, a cominciare da quelle più fondamentali di tutte relative alla legittimità e ai limiti del ricorso legittimo alla violenza[28]. Infine, si sono incrinate anche le fondamenta della "pace tecnologica" del recente passato. Non perché si siano abbassati i costi di un eventuale scontro diretto tra le principali potenze. Ma perché, anche per evitare o contenere questi costi, gli sviluppi più recenti delle tecnologie militari (dalla cyberwarfare alla guerra dei droni all'impatto ancora da valutare dell'Intelligenza Artificiale) si sono orientati alla ricerca di forme alternative di aggressione *short of war* o, nel caso peggiore, di forme di guerra in grado di fare a meno del coinvolgimento diretto degli esseri umani, con il rischio di alterare nuovamente l'equilibrio critico tra i costi (potenzialmente sempre più bassi) dell'attacco e i costi (potenzialmente sempre più alti) della difesa.

Da qui, allora, la tendenza – impressionante anche nei tempi - alla rimilitarizzazione delle relazioni internazionali. Che si è già espressa, come sempre nella storia, in un vertiginoso aumento delle spese militari[29]. Tra il 2014 e il 2023, le spese militari degli Stati Uniti (che coprono tuttora il 37% delle spese mondiali per la difesa) sono cresciute di un ulteriore 10%, quelle della Cina (attualmente al 10% del totale) addirittura del 60%, quelle della Russia del 57%, quelle dell'India del 44%. Ancora più indicativo è l'aumento delle spese europee: la Polonia ha aumentato le proprie spese del 181%, la Danimarca del 108%, la Finlandia del 92%, la Svezia del 63%, i Paesi Passi del 56%, la

27 H. Bull e A. Watson (a cura di), *L'espansione della società internazionale. L'Europa e il mondo dalla fine del Medioevo ai tempi nostri* (1984), tr. it. JacaBook, Milano 1994.

28 O.A. Hathaway, "War Unbound. Gaza, Ukraine, and the Breakdown of International Law", in: "Foreign Affairs", Vol. 3, 2024, pp. 84-96.

29 I dati che seguono sono tratti da SIPRI Fact Sheet, *Trends in World Military Expenditure 2023*, aprile 2024.

Svezia del 63%, la Germania del 48%. Come prevedibile, l'aumento ha subito una brusca accelerazione in seguito alla guerra in Ucraina. Senza considerare naturalmente i due paesi direttamente coinvolti, in un solo anno tra il 2022 e il 2023 gli Stati Uniti hanno aumentato le proprie spese del 2,3%, la Cina del 6%, l'India di più del 4% mentre, ancora una volta, la parte del leone l'hanno fatta i paesi che fino a pochissimi anni fa si ritenevano al sicuro dalla guerra, quelli europei: in Polonia le spese sono cresciute del 75%, in Finlandia del 54%, in Danimarca del 39%, nei Paesi Bassi del 14%, in Germania del 9%, nel Regno Unito dell'8%.

L'incremento quantitativo dell'investimento sugli armamenti si è accompagnato, scontatamente, a una nuova corsa all'innovazione delle tecnologie militari. Che significa che ha proceduto a ritmo sempre più serrato l'innovazione tecnologica in tutti i settori di punta delle tecnologie militari: dall'applicazione dell'Intelligenza Artificiale alla robotica ai droni aerei e marittimi ai missili ipersonici ai sistemi anti-missile. Senza risparmiare, questa volta, neppure la dimensione nucleare[30]. In triplice senso. A un livello che solo affrettatamente si potrebbe liquidare come superficiale, è ricomparsa la spericolata evocazione della possibilità di impiego di armi nucleari sia, episodicamente, da parte di Israele nell'ultima guerra in Medio Oriente sia, su scala molto più ampia, da parte della Russia nella guerra in Ucraina – con un effetto latente di banalizzazione della soglia tra armi convenzionali e armi nucleari. In modo persino più preoccupante, le guerre degli ultimi tre anni hanno confermato che il possesso di queste ultime pesa, anzi pesa in modo potenzialmente decisivo, aumentando l'una fianco all'altro la capacità di dissuasione e intimidazione delle potenze nucleari (come la Russia e Israele) a danno delle altre (come l'Ucraina e l'Iran). Per la stessa ragione, le due ultime guerre hanno presumibilmente procurato un forte incentivo a chi non possiede armi nucleari e procurarsele, e a chi

30 L. Bozzo, "Rethinking the unthinkable: la rivincita del nucleare", in: "Meridiana", Vol. 110, 2024, pp. 19-41.

le possiede ad ammodernare e diversificare il proprio arsenale (sia strategico che tattico)[31].

Infine, la rimilitarizzazione delle relazioni internazionali non può essere compresa fino in fondo se non si tiene conto anche della sua dimensione diplomatica. Che si è espressa, oltre che nell'approfondimento delle relazioni bilaterali di carattere militare tra singoli attori (tra Stati Uniti, Giappone e Filippine nell'Indopacifico, tra Russia e Bielorussia in Europa, tra Russia e Cina su scala globale), nel varo di nuovi raggruppamenti multilaterali e nel rilancio contemporaneo di vecchi: l'istituzione dell'AUKUS tra Stati Uniti, Regno Unito e Australia nel 2021, l'allargamento dell'Organizzazione di Shanghai per la Cooperazione (SCO) tra il 2017 e il 2023, la nuova spinta al QUAD tra Stati Uniti, India, Australia e Giappone, per non parlare del rilancio e del nuovo allargamento della Nato all'indomani dell'aggressione russa all'Ucraina nel 2022.

Un motivo di disorientamento in più. La de-formazione politica e giuridica della guerra

Ma a portare all'estremo il disorientamento prodotto dal ritorno della guerra è il fatto che la guerra stessa, nel frattempo, ha cambiato forma – più precisamente, ha perduto *qualunque* forma: in particolare, quella forma che era tipica della guerra interstatale moderna e che consentiva, da un lato, di estrarre la guerra in quanto violenza *pubblica* e solenne dallo sfondo delle violenze *private* più diffuse e, dall'altro, di separarla dalla condizione opposta ma altrettanto *pubblica* della pace. Eccoci allora all'altra e persino più profonda fonte delle nostre ansie. Nello stesso momento in cui dichiariamo quasi ossessivamente di doverci preparare alla guerra, non sappiamo più neppure che cosa sia e che cosa dovrebbe essere una *vera* guerra,

31 Per alcuni dati, SIPRI, *Role of nuclear weapons grows as geopolitical relations deteriorate*, Yearbook 2024.

poiché il modello normativo dal quale ricavavamo tutte le nostre risposte si è completamente disgregato.

Prima di riassumere brevemente in che cosa consistesse questo modello normativo, e per evitare di esagerare il grado di novità o addirittura eccezionalità del nostro contesto storico, è opportuno introdurre almeno tre elementari premesse. Tanto per cominciare, l'esistenza di una chiara distinzione tra pace e guerra non costituisce affatto la regola nella storia delle relazioni internazionali. Al contrario, nella maggior parte dell'esperienza storica le relazioni tra estranei – quali quelle tra Imperi e barbari o quelle tra diversi spazi di civiltà – hanno avuto luogo in una sorta di stato di guerra permanente o, quanto meno, in uno stato di tenace indistinzione tra la pace e la guerra, come nella *guerra tibia* (in spagnolo moderno: *tivia*) tra Cristiani e Musulmani in Spagna della quale si scriveva già nel quattordicesimo secolo[32]. Non solo: anche all'interno dello stesso spazio di civiltà, la possibilità di una chiara distinzione della guerra dalla pace, da un lato, e da tutte le altre forme di violenza dall'altro dipende da condizioni tutt'altro che scontate e, in ogni caso, sempre riversibili: l'esistenza di unità politiche abbastanza coese da sapere distinguere tra relazioni "interne" e relazioni "esterne"; la disponibilità di soglie cerimoniali di natura religiosa o giuridica o, nello stesso tempo, religiosa e giuridica; il permanere di un sufficiente grado di omogeneità politica, culturale e sociale tra le parti; una distinzione sufficientemente marcata tra le tecnologie e le capacità necessarie alla pace e le tecnologie e le capacità necessarie alla guerra. Condizioni che, nella maggior parte dell'esperienza storica, non si sono realizzate pienamente o, almeno, non lo hanno fatto quasi mai tutte insieme.

Da qui, allora, la seconda premessa. Invece che una semplice manifestazione di qualche presunta continuità storica, la doppia riconoscibilità della guerra interstatale – rispetto alla pace

32 AlliertenMuseum, *"Cold War – The (Pre)History of a Term. A "late Twentieth-Century Neologism"?*, www.alliertenmuseum.de.

interstatale e rispetto a tutte le altre forme di violenza – merita di essere considerata come una delle grandi realizzazioni dell'ordinamento politico-giuridico moderno. Che è ciò che intendeva Carl Schmitt celebrando questo ordinamento come "classico": "Che cosa vi è di classico in un simile modello di unità politica, pacificata compattamente all'interno e agente verso l'esterno altrettanto compattamente, come sovrana nei confronti di altri sovrani? La classicità consiste nella possibilità di distinzioni chiare e univoche. Interno ed esterno, guerra e pace; durante la guerra, militare e civile, neutralità o non neutralità; tutto ciò è chiaramente distinto e non può essere intenzionalmente confuso"[33]. Ed è lo stesso che, a partire da premesse del tutto diverse, avrebbe ribadito qualche anno più tardi Hedley Bull: "lo sviluppo del concetto moderno della guerra come violenza organizzata fra Stati sovrani è stato il risultato di un processo di limitazione e confinamento della violenza. Noi siamo abituati, nel mondo moderno, a contrapporre la guerra fra Stati alla pace fra Stati; ma la vera alternativa storica alla guerra tra Stati è una violenza più diffusa"[34].

É di questa specifica riconoscibilità, allora, che non c'è più alcuna traccia nel contesto attuale: e non c'è più traccia perché, tra le altre cose, ha ceduto progressivamente per tutto l'ultimo secolo l'intero edificio della convivenza internazionale quale convivenza (essenzialmente) interstatale. Il che ci porta alla nostra terza e ultima premessa. Se si vuole comprendere l'imprendibilità politica, strategica e giuridica della guerra che caratterizza il nostro contesto internazionale, occorre tenere a mente che il processo di erosione della nozione tradizionale di guerra aveva già avanzato in tutto il secolo precedente. Anche su questo punto, oltre che su molti altri, le retoriche attuali sulle "nuove guerre" e, peggio ancora, sul ruolo che in essa avrebbero pratiche non militari di aggressione quali le

33 C. Schmitt, C. (1932), *Il concetto di "politico"* (1932), tr. it. in: Id., *Le categorie del "politico"*, Il Mulino, Bologna 1972, pp. 91-92.

34 H. Bull, *La società anarchica. L'ordine nella politica mondiale* (1977), tr. it. Vita e Pensiero, Milano 2005, p. 185.

"false notizie", la "disinformazione" e la "sovversione", rischiano di risultare ingannevoli, se non del tutto fuorvianti. Perché le "chiare distinzioni" tra pace e guerra, combattenti e non combattenti, belligeranti e neutrali avevano già clamorosamente ceduto per tutto il Novecento, in coincidenza non casuale con il cedimento più comprensivo dell'ordinamento politico-giuridico moderno. Perché pratiche quali la propaganda, la disinformazione, il sostegno e il finanziamento di partiti, movimenti politici o gruppi di pressione "amici" erano già stati la moneta corrente degli scontri politico-ideologici del secolo – e su scala ben più ampia di quella attuale. E perché, quindi, il vero problema storico e politico non è se e quanto siano "nuove" le guerre e le aggressioni short of war del presente, ma che cosa cambino e che cosa aggiungano rispetto a quelle che avevano già scardinato l'edificio moderno nel secolo precedente.

Un modello archetipico. Le "chiare distinzioni" della guerre en forme e l'analogia tra guerra e duello

Dovendolo riassumere in poche righe, e a prezzo di qualche inevitabile semplificazione, mi sembra che il paradigma moderno – paradigma, si noti bene, non necessariamente esperienza concreta – possa essere sintetizzato (e stilizzato) in quattro elementi, tutti altrettanto vulnerabili all'evoluzione attuale della guerra.

Il primo, alla base di tutti gli altri, era un ideale razionalistico di discrezione, che già Emmerich de Vattel espresse in pieno Settecento nella nozione di *guerre en forme* come opposto della violenza senza forma e, quindi, senza limiti propria della guerra civile. Per sfuggire al carattere epidemico e contaminante di quest'ultima, la violenza finì racchiusa in un triplice e rigoroso processo di clausura. Al vertice stava la clausura stessa della guerra in quanto violenza "pubblica", distinta da un lato da tutte le altre manifestazioni "private" di violenza e, dall'altro, dall'istituzione altrettanto pubblica della pace, attraverso soglie temporali quali la dichiarazione di guerra e soglie spaziali quali la dichiarazione di neutralità. In secondo luogo, nel corso stesso delle ostilità la violenza era tendenzialmente circoscritta nei limiti spazio-temporali della battaglia (il "centro di gravità" della guerra, come la definisce Clausewitz), affinché potessero esserne risparmiati tutti gli altri luoghi e, soprattutto, i diritti "privati" maturati in tali luoghi. Infine, perché queste clausure potessero essere realizzate fino in fondo, a partire dalla seconda metà del Seicento cominciò a essere perseguita la clausura stessa dei combattenti rispetto ai non combattenti – una clausura istituzionale, culturale, comportamentale e persino, anzi soprattutto, fisica, assicurata dalla segregazione materiale nelle caserme e nelle città di guarnigione e dall'adozione dell'uniforme al posto del fasto dei colori e dell'arbitrio degli ornamenti precedenti[35].

A questo progetto di clausura corrispondeva, non casualmente, un imperativo di disciplinamento della violenza. Qui siamo al secondo obiettivo della "messa in forma" moderna della guerra - un ideale mai pienamente realizzato, ma destinato a operare come modello normativo tanto sul piano filosofico quanto sul piano giuridico quanto sullo stesso piano militare, come nella polemica di Clausewitz contro l'audacia in nome del principio di obbedienza[36]. A spingere questa impresa fu diffusione, a partire dal diciassettesimo e dal diciottesimo secolo, dei procedimenti disciplinari come forma generale di controllo[37]. Se le chiare distinzioni tra interno ed esterno, pubblico e privato, militare e civile avevano già consentito di estrapolare la guerra interstatale dallo sfondo delle violenze senza forma, la disciplina fornì a questa impresa lo strumento che le era necessario. Da un lato, nella stessa misura in cui assicurò la malleabilità dell'esercito e la circolazione degli ordini lungo la sua scala gerarchica, la disciplina sembrò assicurare la dipendenza della

35 F. Cardini, *Quella antica festa crudele. Guerra e cultura della guerra dal Medioevo alla Rivoluzione francese*, Milano, Mondadori, Milano 1995, pp. 216-19.

36 K. Clausewitz, *Della guerra* (1832), tr. it. Mondadori, Milano 2000, p. 195.

37 M. Foucault, *Sorvegliare e punire. Nascita della prigione* (1975), tr. it. Einaudi, Torino 1976.

guerra dalla politica e della politica dallo Stato – cioè la tenuta della cornice più comprensiva dell'ordine politico-giuridico moderno, quella che Clausewitz avrebbe espresso nella successione ordinata politica-strategia-tattica e nella quale avrebbe continuato a riflettersi (fino alla catastrofe della Prima guerra mondiale) l'idea stessa della guerra come strumento docile della politica e dell'esercito come strumento docile della strategia. Dall'altro lato, in stretta associazione con questa impresa di razionalizzazione, la disciplina impose un modello di sobrietà della violenza, lontanissima tanto dal vecchio ideale di *virtus* del cavaliere[38] quanto dalla sfrenatezza disordinata della guerra civile e ispirato, al contrario di queste, all'obiettivo di modulare e incanalare la violenza verso un massacro metodico, non ridondante, "misurato" sugli obiettivi della politica e capace di (anzi tenuto a) non andare oltre, non per scrupoli umanitari ma per un economia calcolata degli sforzi.

La stessa "misura" ritornava, e con lo stesso grado di comprensività, nel carattere (altrettanto razionalistico) di simmetria e reciprocità della guerra interstatale moderna. A differenza della impossibilità di riconoscimento (etico e politico, prima di tutto, ma anche acustico e visivo) propria delle guerre civili di religione, e a differenza della incommensurabilità tra gli eserciti regolari europei e i "selvaggi" che continuavano a combattere nelle spedizioni extraeuropee, le guerre in Europa divennero – non solo culturalmente, ma anche nella forma organizzativa e istituzionale dei combattenti – guerre tra simili, cioè tra eserciti "regolari" strutturati secondo linee gerarchiche e ordinamenti paralleli (la distinzione orizzontale fra le tre armi principali – fanteria, artiglieria, cavalleria; quella verticale tra ufficiali e truppa; l'unità del reggimento) e accomunati da uno stesso codice comportamentale bellico rispettoso, almeno in linea di principio, di cerimoniali aristocratici. Una analoga simmetria aveva luogo sul terreno dell'esperienza. Attraverso atti cerimoniali quali la dichiarazione di guerra – che non denotava,

38 F. Cardini, *op. cit.*, p. 328.

come noto, l'atto concreto del combattere, ma solo il passaggio a uno stato giuridico diverso da quello della pace – nessuna delle due parti poteva sentirsi in condizione di guerra senza che anche l'altra si sentisse nella stessa condizione. A maggior ragione poiché la natura stessa della guerra sembrava implicare che ci fosse almeno un minimo di possibilità di vittoria per ciascuno dei contendenti – se non per forza propria, almeno per la possibilità di intervento di qualche terzo interessato.

Qui arriviamo al significato più profondo della reciprocità della guerra. In senso materiale, essa comportava che ciascuna delle due parti avesse o, almeno, sperasse di avere il potere di imporre la propria volontà all'altra. La guerra, scrive ancora Clausewitz, "non suppone il lavoro di una forza attiva contro una massa inerte [...]; consiste invece sempre nell'urto di due forze attive contrapposte [...]. É, quindi, una nuova azione reciproca; finché non abbiamo battuto l'avversario, dobbiamo tenere noi stessi di esserne abbattuti; [...] la guerra non è l'effetto di una volontà esercitata sulla materia inerte, come avviene nelle arti meccaniche, o verso un oggetto vivente ma passivo, senza reazione, come lo sono lo spirito ed i sentimenti umani nei riguardi delle arti immaginative: la guerra agisce sopra un oggetto *vivente e reagente*"[39]. In senso giuridico e cerimoniale, poi, la reciprocità comportava che ciascuna delle due parti avesse non soltanto il potere ma anche il diritto di combattere e, potenzialmente, di vincere. È ciò che Carl Schmitt riassunse dietro l'etichetta di "guerra non discriminante"[40]: "Ovviamente nel diritto internazionale sono permesse soltanto guerre giuste. Ma la giustizia della guerra ora non consiste più nella concordanza con determinati contenuti di norme teologiche, morali o giuridiche, bensì nella qualità istituzionale e strutturale di entità politiche che si muovono guerra su uno stesso

39 K. Clausewitz, *op. cit.*, pp. 130.
40 C. Schmitt, *Il nomos della terra* (1950), tr. it. Adelphi, Milano 1991.

piano e che, malgrado la guerra, non si considerano reciprocamente come traditori e criminali, ma come *iusti hostes*"[41].

Infine, tutti questi elementi si condensavano, sul piano iconografico, nell'analogia tra guerra e duello: un'analogia diffusa tra giuristi (come lo stesso Schmitt), storici (come Johan Huizinga), polemologi (come Gaston Bouthoul) e, appunto, pensatori militari come Clausewitz. Era il duello, alla fine, la forma specifica della "guerra in forma": un "duello su vasta scala", come la definisce Clausewitz, cioè ancora una volta l'opposto del carattere illimitato ed epidemico del bellum omnium contra omnes, così come il duello privato lo è "dell'omicidio impreveduto causato da ira sfrenata"[42]. Il duello, scrive Gaston Bouthoul, "è una rissa differita: due uomini che si sono insultati [...] invece di gettarsi brutalmente l'un contro l'altro o di tentare di reciprocamente assassinarsi a tradimento o con un tranello, convengono di ritardare questa loro rissa immediata e di sostituirla con un combattimento regolare e che abbia una certa solennità. [...] Lo stesso è della guerra"[43]. Eccoci quindi al significato dell'analogia. La guerra-duello doveva essere, prima di tutto, uno "stato speciale e solenne di ostilità generale distinto dalla contesa individuale e, fino a un certo punto, dalle liti familiari"[44], con la loro inclinazione alla *mimesis* violenta delle rappresaglie e delle vendette senza fine[45]. Coerentemente con questo carattere cerimoniale, la guerra era un fenomeno discreto nel tempo e nello spazio, un hortus clausus chiaramente delimitato rispetto alla condizione altrettanto definita della pace, in modo che non ci potessero essere incertezze su quando e dove ci fosse guerra e quando e dove ci fosse pace. In terzo luogo, la guerra manteneva un carattere agonale e di azzardo – da cui l'altra analogia tra guerra e gioco – che richiedeva che il risultato

41 Ivi, pp. 166 *sg.*
42 J. Huizinga, *Homo ludens* (1939), tr. it. Einaudi, Torino 1973, pp. 110 *sg.*
43 G. Bouthoul, *Le guerre. Elementi di polemologia* (1951), tr. it. Longanesi, Milano 1982, p. 40.
44 J. Huizinga, *op. cit.*, p. 111.
45 R. Girard, *La violenza e il sacro* (1972), tr. it. Adelphi, Milano 1980, p. 35.

non fosse conosciuto o determinato in anticipo in virtù di qualche incolmabile sproporzione di potere o, peggio, di diritto. Un duello infatti, come ricorda Schmitt, "non è giusto per il fatto che in esso vince sempre la causa giusta, ma perché nella tutela della forma sono assicurate determinate garanzie: la qualità delle persone duellanti, l'osservanza – che consente la limitazione della lotta – di una determinata procedura, e in particolare il ricorso paritario a testimoni. [...] Così si svolge nella sua forma ideale anche la guerra interstatale del diritto internazionale infraeuropeo"[46]. Infine, dietro tutti questi elementi di analogia esplicita ne restava uno, ancora più importante in quanto chiamato ad ancorare la rappresentazione della guerra a quella della politica e del diritto internazionale circostanti. Se la guerra poteva essere rappresentata come "un duello su vasta scala" o persino, come esplicitamente fa Clausewitz, come "l'azione di due lottatori", era proprio perché gli Stati potevano essere personificati quali *magni homines*, titolari di diritti (a cominciare dallo jus belli) e portatori di ragione e di interessi ("ragion di Stato", "interesse di Stato", "interesse pubblico", "interesse nazionale"), rappresentati da "tecnici" della pace e della guerra quali i diplomatici e i militari e dotati ciascuno di "intenzioni ostili" e della volontà di imporle all'altro. In questo senso, la guerra-duello costituiva il precipitato sul terreno della violenza della politica interstatale moderna, da un lato, e della politica estera come politica di gabinetto dall'altro: una soluzione destinata a diventare implausibile nel contesto della "guerra civile europea" e poi mondiale del Novecento.

La dissoluzione novecentesca della forma. Dalla guerra totale alla guerra fredda

Come già accennato, infatti, questo edificio politico-giuridico si sgretolò in maniera apparentemente inarrestabile già per tutto il corso dell'ultimo secolo. I primi segnali di crisi si erano accumulati,

46 C. Schmitt, *op. cit.*, pp. 166 *f.*

in realtà, già nel secolo precedente, sotto i colpi di fattori materiali quali l'impatto della rivoluzione industriale sui campi di battaglia e di fattori immateriali quali la crisi della rimozione scettica degli appelli alla giustizia e l'aspirazione già settecentesca dell'"elemento morale [...] a diventare politico"[47]. Ma il colpo decisivo all'aspirazione razionalistica della subordinazione della violenza bellica all' "intelligenza politica" dello Stato fu inferto soltanto dalla Prima guerra mondiale. La quale ebbe l'effetto immediato di fare saltare in aria il vecchio impianto "clausewitziano" della subordinazione della guerra all'"intelligenza politica" dello Stato: o invertendo radicalmente la "formula", cioè subordinando questa volta non la guerra allo Stato ma lo Stato alla guerra; o disarticolando lo Stato stesso, delegittimandolo a "comunità illusoria" incapace di rappresentare da solo tutti gli interessi della società[48]; oppure salvando la subordinazione allo Stato ma solo dopo avere reciso il rapporto di quest'ultimo con l'intelligenza, come nell'incubo grottesco del *dottor Stranamore*; oppure, ancora, facendo della guerra come tale una forza indipendente – un automa, come nell'immaginario scaturito dall'esperienza stessa dei combattenti nel corso della Grande guerra[49] oppure, più comunemente, una malattia.

Non è un caso allora che, al posto dell'ideale di *confinamento* della violenza che era racchiuso nella *guerre en forme* moderna, già il Novecento arrivò a coniare due immagini della guerra improntate all'esperienza opposta dell'*indistinzione* e del *contagio*. La prima, apparsa già all'indomani della Grande guerra, fu la nozione di guerra "totale" o "totalitaria": totale, appunto, in quanto indifferente a tutti i limiti, a partire da quelli racchiusi nelle distinzioni sempre meno sostenibili tra guerra e pace, battaglia e luogo riparato, combattenti e non

---

47 R. Koselleck, *Critica illuministica e crisi della società borghese* (1959), tr. it. Il Mulino, Bologna 1972, p. 39.

48 R. Aron, *Penser la guerre, Clausewitz*, Vol. II, *L'age planétaire*, Gallimard, Paris 1976, pp. 60 *f.*

49 E.J. Leed, *Terra di nessuno. Esperienza bellica e identità personale nella prima guerra mondiale* (1979), tr. it. Il Mulino, Bologna 1985, p. 176.

combattenti, ethos dei primi ed ethos dei secondi. I testimoni e gli interpreti più radicali di questo sfondamento della violenza furono due tedeschi, un ufficiale e un letterato. Il primo, Erich Ludendorff, uomo di punta dello Stato maggiore tedesco durante la Prima guerra mondiale e autore, nel 1937, di un libro intitolato appunto *La guerra totale*, riconobbe come novità fondamentale dell'ultima guerra proprio il fatto che essa avesse reso sempre più "difficile determinare dove cominciasse la forza armata propriamente detta e dove finisse quella del popolo. Popolo ed esercito erano diventati una sola cosa"[50]. Per questo, concluse Ludendorff, anche in futuro "i rapporti tra politica e strategia devono modificarsi" e "tutte le teorie di Clausewitz vanno sostituite". È la politica, nella nuova condizione, a doversi "mettere a servizio della guerra"; e non può farlo senza diventare a propria volta totale, cioè prima di tutto preparandosi "già in tempo di pace a sostenere la lotta vitale dei tempi di guerra"[51].

Il secondo grande interprete della rottura fu un letterato, Ernst Jünger, che all'esperienza della guerra appena conclusa dedicò non soltanto una imponente produzione narrativa, ma almeno due saggi destinati a ribaltare l'immagine tradizionale della guerra, pur senza opporle un sentimento pacifista: *L'Operaio. Dominio e forma* del 1932[52], e *La mobilitazione totale* del 1930[53]. In questo ultimo scritto, in particolare l'indistinzione tra guerra e pace si spinge fino alla completa fusione: e non più, come in Ludendorff, quale risultato di qualche esplicita misura politica o strategica, bensì come "qualcosa che si compie da sé [...], in guerra come in pace, l'espressione della legge misteriosa e inesorabile a cui ci consegna l'età delle masse e delle macchine. Succede allora che ogni singola vita tenda sempre più indiscutibilmente alla condizione del Lavoratore, e che alle guerre dei cavalieri, dei re e dei cittadini succedano le guerre dei *Lavoratori*,

50 E. Ludendorff (1937), *La guerre totale*, Flammarion, Paris 1937, p. 7.
51 Ivi, p. 14.
52 E. Jünger, *L'Operaio. Dominio e Forma* (1932), tr. it. Guanda, Parma 2000.
53 E. Jünger, "La Mobilitazione Totale" (1930), tr. it. in: Id., *Foglie e pietre*, Adelphi, Milano 1997, pp. 113-35.

guerre della cui struttura razionale e della cui implacabilità il primo grande conflitto del XX secolo ci ha già dato un'idea"[54]. È sotto la spinta di questa fusione che "i paesi si trasformarono in fabbriche gigantesche destinate a produrre alla catena di montaggio armate da spedire senza tregua sui campi di battaglia, dove un consumo altrettanto meccanico, e cruento, provvedeva a eliminarle"[55]. Ma soprattutto è per effetto di questo processo, nel quale "si annuncia nel modo forse più evidente il sorgere dell'età del lavoro"[56], che "l'immagine stessa della guerra come azione armata finisce per sfociare in quella, ben più ampia, di un gigantesco processo lavorativo. Accanto agli eserciti che si scontrano sui campi di battaglia nascono i nuovi eserciti delle comunicazioni, del vettovagliamento, dell'industria militare: l'esercito del lavoro in assoluto. Nell'ultima fase, già adombrata verso la fine della Guerra mondiale, non vi è più alcun movimento – foss'anche quello di una lavoratrice a domicilio dietro la sua macchina da cucire – che non possieda almeno indirettamente un significato bellico"[57]. Col risultato che, da questo momento, nessuno di coloro che si troveranno consapevolmente o no coinvolti nello sforzo bellico finiranno per sfuggire alla possibilità di restarne vittima. "Come ogni vita produce il germe della propria morte, così la comparsa delle grandi masse racchiude in sé una democrazia della morte. L'età del colpo mirato ormai è alle nostre spalle. Il comandante di una squadriglia aerea che a notte fonda impartisce l'ordine di bombardare non fa più alcuna distinzione tra militari e civili, e la nuvola di gas letale passa come un'ombra su ogni forma di vita. Ma la possibilità di siffatte minacce non presuppone una mobilitazione parziale o generale: presuppone una Mobilitazione *Totale*, che si estende anche al bambino nella culla. Esso è minacciato come tutti gli altri, se non addirittura di più"[58].

54 Ivi, p. 121.
55 Ivi, pp. 121 *f.*
56 Ivi, p. 121.
57 Ivi, pp. 118 *f.*
58 Ivi, pp. 120 *f.*

L'esperienza della guerra totale si esaurì con la nuova e persino peggiore catastrofe della Seconda guerra mondiale – nel corso della quale, non a caso, i civili divennero l'obiettivo preordinato delle operazioni militari, fino al punto più estremo della distruzione nucleare di Hiroshima e Nagasaki. Ma non si può dire che il successivo confronto politico-militare, la Guerra fredda, si sarebbe rivelato più ospitale per le chiare distinzioni tra guerra e pace e tra la guerra e le altre forme di violenza. Al contrario, anche questa nuova denominazione della guerra stette a indicare una condizione intermedia, né vera guerra appunto né vera pace, nella quale l'impensabilità di una nuova guerra totale tra le due superpotenze – all'ombra dell'inedito rischio di una escalation nucleare – non sarebbe riuscita a produrre altro che una semplice condizione di stallo, nella quale la bellicosità non avrebbe mai potuto essere davvero superata ma soltanto riorientata o, persino, "ingannata". In questo significato, l'espressione "guerra fredda" era già comparsa nel periodo infrabellico sia in Francia (come *guerre froide* o *guerre blanche*) sia nel Regno Unito[59]. Nel 1945, sotto l'impressione di Hiroshima e Nagasaki, era toccato a George Orwell prevedere che l'acquisizione della stessa arma da parte dell'Unione sovietica avrebbe reso "più probabile porre fine a guerre su vasta scala, ma a costo di prolungare indefinitamente una pace che non è una pace"[60]. Ma toccò a Walter Lippmann rendere definitivamente popolare l'espressione "guerra fredda", in una serie di articoli del 1947 raccolti nello stesso anno in un unico volume[61].

Questa condizione ibrida tra la pace e la guerra – che, come osservò uno dei suoi interpreti più acuti, Raymond Aron, accentuava "l'elemento psicologico dei conflitti a scapito della violenza fisica"[62] - operò come una nuova fucina di confusioni e di contagio. Intanto, erodendo o cancellando la distinzione tra guerra esterna e guerra interna. "Le lotte dei partiti diventano *oggettivamente*

59 AlliertenMuseum, *op. cit.*
60 G. Orwell, "You and the Atomic Bomb", *Tribune*, 19 ottobre 1945.
61 W. Lippmann, *The Cold War: A Study in U.S. Foreign Policy*, Harper, New York, NY 1947.
62 R. Aron, *Pace e guerra*, cit., p. 212.

episodi dei conflitti tra stati. [...] Le fasi delle grandi guerre - guerre di religione, guerre della rivoluzione e dell'impero, guerre del XX secolo - hanno coinciso con la messa in discussione del principio di legittimità e dell'organizzazione degli stati"[63]. Soprattutto, ben prima della cosiddetta "guerra ibrida" del contesto attuale, la guerra fredda spostò già la pratica della guerra dall'"uso della forza organizzata e delle truppe regolari" all'impiego di forme non-violente di attacco, così poco riconoscibili da rendere sempre più impraticabile (politicamente e giuridicamente) la nozione stessa di aggressione: "sarebbe troppo semplice considerare soltanto la forza armata e il suo uso diretto. [...] Anche i diversi mezzi di costrizione o di attacco economico, psicologico, politico devono venire condannati. Ma quali procedimenti di 'pressione economica' sono colpevoli? Quale propaganda è criminale e quale è tollerabile"?[64] In una condizione, per di più, nella quale "l'organizzazione del disfattismo nel campo avverso [è già diventata] un aspetto permanente e normale dei rapporti fra le nazioni"[65].

Portare la deformazione all'estremo. Violenza e guerra dopo il Novecento

È da questo punto che occorre muovere, allora, per comprendere la condizione attuale. La quale non solo non è stata in grado di rimettere in piedi la distinzione tra la guerra, la pace e la violenza più diffusa, ma è riuscita a portare persino più avanti il suo smottamento.

Rimanendo sul terreno di incontro tra strategia e linguaggio, questa radicalizzazione si è espressa in almeno tre direzioni. La prima, più scontata, è stata la riapertura della fabbrica di eufemismi impegnata a nascondere la guerra sotto l'apparenza della pace. Riapertura, appunto, in quanto anche questa fabbrica aveva già operato a più riprese a partire dalla fine della Prima guerra

---

63 Ivi, p. 132.
64 Ivi, p. 155.
65 Ivi, p. 203.

mondiale, conformemente a quella "polarità di pathos etico e di calcolo economico"[66] contro la quale aveva polemizzato da subito Carl Schmitt: "Per l'impiego di questi strumenti si sta formando d'altra parte un vocabolario nuovo essenzialmente pacifistico che non conosce più la guerra ma solo esecuzioni, sanzioni, spedizioni punitive, pacificazioni, difesa dei trattati, polizia internazionale, misure per la preservazione della pace. L'avversario non si chiama più nemico ma perciò egli viene posto, come violatore e disturbatore della pace, *hors-la-loi* e *hors l'humanité*, e una guerra condotta per il mantenimento o l'allargamento di posizioni economicistiche di potere deve essere trasformata, con il ricorso alla propaganda, nella 'crociata' e nell' 'ultima guerra dell'umanità'. Questo è il frutto della polarità di etica ed economia"[67]. Inutile sottolineare quanto questa deriva eufemistica abbia pesato anche sulle strategie di legittimazione dell'uso della forza dell'ultimo trentennio, dalle "operazioni di polizia internazionale" dei primi anni Novanta all'interventismo e alle guerre "umanitarie" degli anni successivi fino all'"operazione militare speciale" dell'aggressione russa all'Ucraina.

La seconda direzione, anche in ordine di tempo, è stata quella imboccata nel decennio successivo dalla guerra globale o infinita contro il terrore. "Guerra", questa volta, anzi quasi una super-guerra tra "la civiltà e coloro che vorrebbero distruggerla"[68], "tra i popoli civili" e una "ideologia del male"[69], tra la comunità internazionale e "la barbarie del terrorismo"[70], tra "la causa dell'umanità [...] e coloro che cercano di imporre l'oscurità della tirannia e del terrore sul mondo intero"[71]. Ma "infinita", appunto, cioè programmaticamente priva di limiti spaziali, temporali e, più surretiziamente, normativi. Sul primo terreno, già dalle settimane successive all'11 settembre 2001

66 C. Schmitt, *Il concetto di politico*, cit., p. 159.
67 Ivi, p. 165.
68 White House, *US National Security Strategy*, 2010, Washington DC, p. 29.
69 Tony Blair in BBC, *Full Text: Blair Speech on Terror*, 16 luglio 2005.
70 V. Putin, 14 novembre 2015, all'indomani degli attentati di Parigi.
71 G.W. Bush, Discorso alla Casa Bianca in vista del quinto anniversario degli attacchi dell'11 settembre, 5 settembre 2006.

la guerra al terrore si presentò come una guerra "despazializzata", sia nel senso dell'indifferenza alle specificità dei diversi contesti regionali o locali, sia nel senso del superamento della giurisdizione interna degli stati accusati di ospitare o proteggere terroristi, sia nel senso della mancanza di un "teatro delle operazioni" riconoscibile e, quindi, delimitabile. L'infinitezza spaziale fu completata e, si potrebbe dire, portata fino in fondo sul terreno temporale. Oltre che come ubiqua, infatti, la guerra globale al terrore fu programmaticamente concepita e praticata come una sorta di guerra preventiva permanente. Preventiva in quanto, non essendo possibile proteggere tutti i possibili obiettivi di futuri atti terroristici, l'unico modo di evitarli sembrò essere quello di colpire le minacce in anticipo, anzi addirittura "prima che [fossero] interamente formate"[72]. E permanente perché questa prevenzione avrebbe dovuto continuare senza soste, perché "più frequentemente e incessantemente colpiremo i terroristi su tutti i fronti, con tutti mezzi a nostra disposizione, più efficace sarà la nostra azione" [73]. E perché, a differenza che nelle guerre "tradizionali" del passato, questa volta non sarebbe stato possibile neppure riconoscere il momento di fermarsi: "La vittoria contro il terrorismo", si legge nella *National Strategy for Combating Terrorism* del febbraio 2003, "non avverrà in un singolo momento definito. Non sarà segnata da niente di simile alla cerimonia di resa sul ponte della USS *Missouri* che pose termine alla Seconda guerra mondiale"[74]. Infine, l'uso della forza fu emancipato surrettiziamente anche da molti limiti giuridici ed etici, come non tardò a rivelare l'assuefazione sempre crescente all'occorrenza di cosiddetti "danni collaterali" nella caccia (a maggior ragione se riuscita) ai terroristi veri o presunti: l'interpretazione sempre più estensiva della nozione di "doppio uso", tale da consentire di colpire qualunque tipo di infrastruttura civile accusata o semplicemente sospettata di prestarsi a

72 White House, *US National Security Strategy*, Washington DC 2002, Introduzione.
73 White House, *US National Strategy for Combating Terrorism*, Washington DC 2003, p. 2.
74 Ivi, p. 12.

un (possibile) uso militare; l'impiego stesso di strumenti a dire poco dubbi sul terreno etico e giuridico quali gli "omicidi mirati" e le extraordinary renditions.

Le guerre di polizia, le guerre umanitarie, le operazioni di peace enforcing e, soprattutto, la guerra globale al terrore avevano già trascinato con sé, dunque, una riabilitazione politica, giuridica e persino etica della guerra; e lo avevano fatto, per di più, facendo della guerra una condizione invisibile e, peggio, permanente. Ma tutte queste guerre, per quanto diversissime tra loro, avevano goduto almeno del "vantaggio" di essere rivolte contro soggetti "minori" o, comunque, più deboli: e di poter assicurare, quindi, che la posta in gioco per gli attori più forti sarebbe rimasta trascurabile e, cosa ancora più importante, facilmente rinunciabile. Anche questa estrema rassicurazione non riesce più a reggere di fronte alle guerre tra grandi potenze alle quali, stando ai responsabili politici e militari di tutti gli Stati, dobbiamo prepararci nel prossimo futuro. Guerre destinate a intaccare, questa volta, la vita e il benessere dei cittadini dei grandi Stati democratici e liberali di Europa e America. Ma senza per questo recuperare, neanche questa volta, la riconoscibilità rispetto alla pace e alla violenza più diffusa delle forme "tradizionali" della guerra interstatale. Tutto l'opposto: anche le guerre che si intravedono all'orizzonte non sono state fino adesso ed è difficile immaginare che diventino "vere guerre" – ammesso che questa espressione conservi ancora qualche significato. È ciò che indicano espressioni di uso sempre più comune quali "guerra ibrida", "grey zone" o "guerra oltre i limiti", e che i Russi esprimono come guerra "sovversiva", "ambigua", "di coscienza" o "non lineare"[75]. Guerre condotte attraverso forme "coperte" di aggressione (cyberwarfare, terrorismo, omicidi e rapimenti mirati, disinformazione, sovversione). Affidate a soggetti diversi dalle proprie forze armate regolari: militari senza mostrine di riconoscimento, paramilitari, mercenari,

75 C. Stefanachi, "Nella 'zona grigia' tra pace e guerra: l'eterno ritorno del political warfare", in: "Meridiana", Vol. 110, 2024, pp. 69-91.

milizie o eserciti alleati, civili esperti nell'uso di tecnologie a doppio uso quali quelle informatiche, al massimo della perfezione robot. E rivolte, a propria volta, contro l'insieme sempre più vasto di infrastrutture "critiche" di significato potenzialmente militare ma di uso immediatamente civile.

Almeno in questo senso, sebbene in questo soltanto, è possibile dire che la profezia della fine della guerra all'insegna della quale si era aperto il ventunesimo secolo si sia già realizzata in forma paradossale solo vent'anni più tardi. La guerra è scomparsa non perché sia scomparsa la violenza nella politica internazionale, ma perché sono franate tutte le chiare distinzioni (pace/guerra, pubblico/privato, militari/civili, interno/esterno) che consentivano di racchiuderla entro contorni definiti. Qui sta anche il significato quasi letterale di tutte le espressioni impiegate per designare la guerra negli ultimi venticinque anni: "umanitaria", "globale", "infinita", "ibrida", cioè in tutti i casi priva di confini spaziali e temporali, amorfa, contaminante[76]. L'imprendibilità politica e giuridica di tutte le guerre degli ultimi due decenni è tutt'uno con questa fluidità. Nella crisi delle mediazioni istituzionali del passato, la mancanza di una distinzione formale con la pace imprime sulla guerra contemporanea il sigillo vero e proprio della sua novità rispetto alla *guerre en forme* dell'ordinamento politico-giuridico moderno: il fatto che, appunto, essa non comincia e non finisce mai.

Le conseguenze sull'ordine politico e giuridico

Questa dissoluzione della distinzione tra guerra e pace dà la spinta finale al nostro disorientamento politico, e giuridico e cognitivo. Tanto per cominciare, in una condizione storica nella quale pace e guerra non si contrappongono più tra loro quali condizioni anche giuridicamente definite, ma penetrano l'una nell'altra fino a rendere impossibile concordare su se, quando e dove si sia in guerra o in pace

---

76 C. Galli, *La guerra globale*, Laterza, Roma-Bari 2002.

– anzi facendo di questa distinzione un puro e semplice artificio retorico, utile solo a legittimare le proprie azioni e a screditare quelle dei propri avversari – in una situazione di questa natura dicevamo diventa sempre più difficile concordare su che cosa sia lecito e che cosa no nella competizione internazionale. Quando abbiamo diritto di dichiararci sotto attacco? E che cosa abbiamo diritto di fare per rispondere? Senza mai dimenticare che vale anche il reciproco: quando gli altri hanno diritto di sentirsi attaccati da noi? E che cosa hanno diritto di fare per rispondere?

Con un'aggravante decisiva. In assenza di soglie cerimoniali e solenni quale era, in passato, la dichiarazione di guerra, e in una condizione nella quale non cessano di moltiplicarsi le forme coperte e non convenzionali di aggressione (terrorismo, attacchi mirati, cyberwarfare, sovversione), non soltanto diventa problematico stabilire se ci si trovi già all'interno di un conflitto armato e, nel caso, se si tratti di un conflitto armato internazionale ma, a maggior ragione, diventa problematico stabilire chi, quando e dove lo abbia cominciato. Col risultato di rendere ancora più evanescente di quanto non fosse già in passato la nozione di "aggressione" e di spalancare uno spazio sempre più ampio alle strategie opportunistiche degli attori, diminuendo nella stessa misura i costi politici e reputazionali delle loro violazioni.

Di più. Per la stessa ragione per la quale risulta sempre più difficile stabilire chi ha cominciato la guerra, diventa sempre più difficile anche trovare un modo di concluderla. Che è un'altra delle lezioni deprimenti delle due guerre contemporanee degli ultimi due anni, quella in Ucraina e quella a Gaza. Nelle quali ciò che è mancato fino a oggi non è solo un negoziato, ma è l'idea stessa della negoziabilità: e non soltanto perché, una volta assimilata a un'azione legale e morale su vasta scala, la guerra non può più avere altro obiettivo che la punizione *esemplare* del nemico; ma perché, appunto, in una condizione di infinitezza della guerra, questa sembra destinata a perdere sempre di più il senso del suo rapporto necessario con la pace.

Non casualmente, tutto ciò porta con sé anche una crisi sempre più radicale dell'istituto della neutralità – un altro segnale, tutt'altro che marginale, della disgregazione dell'ordinamento politico-giuridico moderno. Una crisi che, ancora una volta, non deriva soltanto dal fatto che in guerre sovraccaricate di valori morali quali quelle attuali la neutralità è destinata a cadere nello stesso sospetto nel quale cade l'indifferenza ogni volta che è in gioco l'alternativa tra legalità e illegalità e, a maggior ragione, fra bene e male. Ma deriva, ancora prima, dal fatto che ogniqualvolta risulta impossibile tracciare una chiara distinzione tra chi è coinvolto e chi no nel conflitto si chiude anche lo spazio per la figura del "terzo".

Infine, la dissoluzione del confine tra pace e guerra non risparmia neppure gli Stati al proprio interno, almeno nel senso che suggerisce loro di estendere le retoriche e le politiche della sicurezza sia all'interno che all'esterno, e sia prima che dopo l'accertamento del pericolo. Anzi, in una condizione nella quale la minaccia (che si tratti del terrorismo o della "guerra ibrida) figura come sempre incombente, le pratiche della prevenzione tendono a propria volta a non finire mai, tanto da trasformarsi in una sorta di mobilitazione politica e militare permanente, destinata a forzare l'equilibrio tradizionalmente critico tra il principio democratico di pubblicità e trasparenza delle decisioni e gli arcana imperii della Ragion di Stato ma, soprattutto, a inquinare lo stesso dibattito pubblico, confondendo sempre di più la figura *pacifica* del dissenziente in quella *bellicosa* del "nemico interno".

The Systems View of Life

Pier Luigi Luisi

Cortona / *Cortona*, Italy / *Italia*
September / *Settembre* 2024

The title and some points of my lecture[1] are indications of the crisis of our society (which is present in the very title of the 2024 Eranos Conference), focusing on: what is life? Within this big chapter – "what is life?" – for me it is very important the relation between life and consciousness, which is a duality, a dyad with different meaning depending on the society you belong. We will see in particular the Buddhist tradition, where this dyad acquires the value of equivalents. About the systems view of life, I had the privilege to write the book that Riccardo Bernardini mentioned with Fritjof Capra, *The Systems View of Life*, promptly translated into Italian the same year by Aboca with a different title, *Vita e Natura*, which is a very good, perfect translation.

What does this systemic view imply? It is mostly the following concept: when you consider a problem, a question ("life, what is life?"), what is important is to consider the various disciplines that are connected to this root. It would be not right – actually it would be wrong – to consider only one discipline at a time, and for example the question "what is life?" cannot be dealt with only internal

1 Professor Pier Luigi Luisi's text is published here based on the transcript of his oral lecture, which was accompanied by numerous images and delivered in a rather conversational style. Due to his unexpected passing, the author was unable to review and revise his talk into the form of a formal essay.

spirituality [...], God, and praying. Nor can be dealt only with the answer of biology – yes, it is a biological question, but maybe also a philosophical one. So, you have for this question ("what is life?") to consider at least these three disciplines – biology, philosophy, and spirituality – an see how these three disciplines connect to each other to form a system, the system of what is life.

Here I put in the sentence what I just said: "a vision in which disciplines should not be seen as isolated, but mutually interacting and cooperating". And then this famous sentence, "the whole is more than the sum of the parts", which became almost a common saying, but it's actually something very deep and very important. For example, we should take a cell, one cell might contain one thousand different components – salt, ATP, enzymes – none of which is leading, but then you put them together in a cell, in a particular situation, and then something new arises, which you call life. So, indeed the whole is more than the sum of the parts and none of the parts contains life, it's only the interaction of all compounds which makes something we call life. This systemic view of life I represent today, the modern way of looking at complexity – complexity it's something that's around us, complexity of the living, of the machines, of watches and cars – this systemic view of life is however something relatively young, as for the last two centuries we were under quite different opinion. Thanks to two giants of the thought of that time, one was Renée Descartes the other being a beautiful handsome man, Isaac Newton – quite a peculiar character, apparently when he was young and strong, he was boxing in the streets to make some money (just to know the versatility of the man). Famous in these visions is the sharp division between body and mind. This you have seen particularly in Cartesio, with the idea that all elements of nature are like machines: lungs are seen as a pump for oxygen, heart is the pump for blood... And what's interesting in this division between body and mind is that it is present in the West, but it is not present in Asia, in China or in India. We will come back to this point later on.

Now, this dualistic view was born in the so-called analytical analysis, which consists in the following: you want to study a butterfly, you take the butterfly, dead, and you study first the composition of the wings and you describe minutely all components. Then you do the same for the gelatinous body, you do the same for the antennas, and the idea would be then to put all together in order to get the essence of the butterfly. But, clearly, by doing so, on the basis of a dead butterfly, you don't get the most important property, which is flying and being alive. Actually, just because of this question – what is life? – at the beginning of the other century a series of students – the names are partly famous, John Von Neumann, Gregory Bateson, Alan Turing, Norbert Wiener – were emphasising the notions which were not there before: self-organization, holistic complexity, system thinking, emergent properties, collective properties, non-linearity. So that the question "what is life?" was seen in a different way. Here you see, for example, a well know figure the human body, with all these parts – how many, ten, hundreds, depends on how you measure them. And here I put all the organs which are joint together all by arrows, and these arrows are not in the fantasy of the friend, the painter who helped me with this slide. The real physiological meaning – for example, certainly, intestines and stomach are connected together, and brain and nervous system, and brain with the heart... – so that life is seen as a conglomerate, as unity of interaction, seen as integration of all the functions of different organs. So, life is integration. And maybe it will happen that in time some of these arrows break down and you may even arrive to a point (which we call death) in which all organs are perhaps still there, maybe working for some minutes or some hours, but they are not talking anymore with each other. Just as if in this orchestra, where all players are connected to each other and each one has to wait for the behaviour of the other one in order to be active. At this point of organization, each sits in its chair and does not care anymore about of the others. That is fragmentation, life is integration. To that I usually, when I was teaching, present at my students with the question of the two horses, it goes like that. There are two horses, one is wild and jumping and keeping around very alive, the other is dead, just died. Now, this one which is dead contains however all DNA of the living one, all proteins, all blood, all organs, so if this contains everything why do you call it dead? And the students would say: "but it has no life". Yes, I know, I meant to ask, what is missing in the dead one in order that you call it dead? This is a question which I like to leave open, maybe to your fantasy and understanding. But let me say it's not an easy question, because if you answer: "yes, what's missing it's the interconnection, the internal interaction among all organs", I say: "yes, you are saying there is a life, I know, but what's physically missing in the dead horse in order that you call it dead?"

While I leave you with this question, let me go a little ahead with this question, central to our main question of the Eranos today. First of all, if talk about life, you talk – on our Earth – about cells. There is no life beyond the cellular evidence. Here you see another way of looking at the question: the game of the two lists. The list of the living – fly, tree, mule, baby – notice that they're quite different from each other, from the fly to the mushroom, from the mule to the amoeba. And here you see a list of the non-living – automobile, moon, computer. Now the question is: while these living things are very different from each other, however they must have something in common so that you can call them all living and this property which is in common here cannot be present in *any* of the elements of the non-living. So, what is this property, which is present in all of them, in spite of their diversity and not present in any of these non-living things? Here comes the notion of autopoiesis. If you think, my haemoglobin (which is S) is degraded in amino acids and catabolites which are expelled, however my haemoglobin is done again because of nutrients which I acquire and these nutrients are transformed in haemoglobin or whatever. So that life is seen as autopoiesis, self-producing, in the sense that whatever is eliminated is regenerated by the body itself. You think, for example, that the black cat you've seen yesterday is the same black cat of today and will be the same of tomorrow. This is only partially true, because the cat of today, with respect to the cat of yesterday, has at least some 10'000 cells which are different, because 10'000 cells have been degraded and remade by the system. Just like my haemoglobin is remade, so the cells of the cat. And maybe 100 hairs are made anew. So life is the machinery which make a constancy of shape by the principle of autopoiesis, remaking all what is consumed away by taking the food and transforming it in energy, food in energy, transforming in whatever it's here. Of course, in this process then there is the addiction of aging, but you want to leave it alone. Now here is a real cell, just a little bit of one of the main components of our gut proteins. Well, each point is a chemical compound; each line is chemical reaction. So, there are hundreds of thousands of chemical reactions. The thing, which is not apparent here, is that all must be at a certain time: in order to be that, this is here only because there are reactions which make this, and this makes this, but this must happen before this goes to that. So, it's all very regulated and the question, for example, "where is life localised?" – is there a point here, a centre, where life is localised? Is there a place where life is localised? No. Cellular life is a global, distributed quality. The life of an elephant is the whole elephant, is not due to a particular centre or compound. Of course, in order to talk about life, you have to talk about environment. This is the living cell and these are all the nutrients the it needs in order to live autopoietically and those are part of its life.

Maturana and Varela, in their theory of autopoiesis, talk about cognition. Cognition – and here is an interesting difference between cognition and consciousness – cognition is also by bacteria and is all that you need in order to have autopoiesis, which can also be unconscious. You do certain things in order to maintain the life machinery, which generates all the components from the inside. Consciousness (and here you can also use the term self-consciousness) is the awareness of that process, which is a part of mind and which is not part of genetics. This difference between genetics and mind is central to the question of mind science and we will come back to this point later on. But you see here examples of organism which make their own environment. The spider makes its web and the web is also what permits the spider to be alive. Another example, the termites: this is done by the termites and it's something which permits their life. And here you this example of another interesting animal, it's called man, mankind – has done his or her schools, shops, skyscrapers, in order to live.

Actually, the question "what is life?" should be answered not only in terms of the biological self, regenerating structures, but also in term of environment. There is no life without environment. And the two are together by the force of this cognition, this mechanism which permits the interaction between autopoietic unity and environment. Here the question begins to get more complex and, of course, all this life is connected to the evolution. Apparently, according to Darwin, according to what we assume today, we come from a common ancestor, which diversifies in the three kingdoms of bacteria, archaea and *eukarya* (to which we belong, you see, part of all these ramifications). This leads to philosophical questions, which we only can touch upon. But, for example, this complexity, if you ask where does this complexity come from, it is something which has been thought by anybody or not thought, it is only a product of chance? An answer was famously given William Paley, who in so early as 1802, wrote: "If you find a watch, you look at it and admire the mechanical perfection, you arrive at the conclusion that such a watch must have a constructor", and he says: "the designer must have been God". Not everybody of course agrees with him and let me give you the word of an atheist, a famous one, Richard Dawkins, who says – with his famous colourful language: "Paley's argument is wrong, gloriously and utterly wrong. The analogy between telescope and eye, between watch and living organism, is false. Natural selection is blind, unconscious, automatic, has no purpose in mind, there's no plan for the future". So that all these branching is not because somebody talked to it, but it came by itself.

In spite of the atheistic vision of Dawkins, this – I think – it's one of the most (if you want) spiritual picture there is in science, because it shows we're all coming from a common family, we're all brothers and sisters. So that all living creatures, including plants, are intrinsically linked to each other and form one single family.

And then another question concerning "what is life?" and I like to mention Stephen J. Gould, and his famous theory of contingency. To understand what is contingency take the example of a bird, which is flying and there's wind and the wind moves a tile and the tile slides away from the roof and hits the bird which drops dead. You can say "oh, what a chance!" Yes, it is a chance. But here comes what Gould calls the tyranny of a parameter. If there would be no wind, it would not happen. If the bird would be 10 cm lower, it would not happen. If the tile of the roof would have been revised... So that, yes, it's a chance, but it's depending on the details of each single parameter. This is the notion of contingency. And he goes on and says the following, very famous. He considers the time from the origin of life, 3.5 billion (somebody says 4) years ago. A point, here, about one million years ago, only 2 million years ago, only unicellular organisms were present, and only here the multicellular organism (according to him, questionable) came around. And then he famously said: round the tape again, do another roll of the dice and maybe this time, by changing PH or temperature or pressure, instead of 2 billion it may have taken 12 billion.

The consequence is the same for all other events in biology. They are all necessary to arrive at men, which if you consider the man as the ultimate being, all seems that it happens by chance – but (you see) once you accept the idea of contingency... For example, when over millions of years ago meteorites stroke Mexico, killing all dinosaurs, then it could also be so for all mankind. It may have not happened, if experimental condition would have been different. This is a very strong point; it goes also to our consciousness of being. Are we ready to accept that we could have not been here if things like temperature or pressure of PH would have been different? And in fact, precisely in this period (as the title of Eranos says) we're facing a lot of problems due to all these things, the warming, the insane consumption of energy, the differences in richness. And again, these things could not be considered as isolated, they form a system. You see: there is pollution, yes, bat this pollution is the cause of global warming, which is the cause of climate disaster, which is the cause of migrations, which is the cause of destabilization... So this again is systemic view of our problem, which the title of Eranos 2024 [...]. All these problems – all of them, if you look at them – are caused by men. So that man is also the dominant species thanks to intelligence, imagination, consciousness.

Consciousness is the quality by which you know that you know that you know. It is the internal world. And actually, we live, all of us, often without noticing, in two ways. One is to look at the outside, and we look at the various aspects of reality. But the outside has reverberation inside – we listen to the barking of a dog and it's something away from you, ok, but at the same time it may evoke some feeling in you and this internal world is completely different from the world outside and actually we are living in a dualistic perspective. There is the world outside there and there is a world inside us. Only some wise people are able to overwhelm this dualistic perspective. I will say something about the Buddhist vision later. The point is that this relation life-consciousness acquires a particular value in the Buddhist vision and is very relevant for what we're saying. Buddha used to go to his monks and says "there is this because there is that and that is there because there's a third one and that is there because of another one". So, causality is a central pillar.

At the same time, another important principle of this Buddhist tradition is impermanence, the notion that whatever was born must die. A monk, which is very famous for this vision ("there is this because there is that"), Nagarjuna – which compiled and invented the notion of emptiness, a very important monk – used to ask his fellow monk: "find for me something which has an intrinsic reality, namely which exists without depending from another element". He could show there's none, because everybody, everything you consider – the tree depends on the semen, depends on the sun, and the rain depends on the cloud – everything, even if you consider our previous cell, this depends on this, this depends on that, there is nothing, as we claim, this cell is the whole reality. If you consider the two things together, causality (or when there are more causes: the tree which depends on the sun, on the rain, on the earth...), if you take together the two concepts of co-dependent arising ("there is this because there is that"), but at the same time also the notion of impermanence, you arrive at a very important conclusion: ff all things are mutually linked and causally interdependent, but at the same time they continuously change, then the entire universe is not made by isolated, independent things, but is a dynamic, totally interactive process.

We arrive at the notion of One, unity of the universe. I mentioned in the beginning the systems view of life. And the same that we are dealing with that gigantic dynamic network could be said – with due extrapolation – for the systems of our life. If there is nothing which can stand by itself, as an independent and intrinsically autonomous object, then we arrive at a whole as a gigantic dynamic network. Of course, that's the way we– and also science – normally sees the duality, there is the world outside and the world of consciousness inside. Only for the spiritual seeker, two becomes one. There is something interesting at this level, there are some authors who, in the last years, took again the notion of consciousness which has been ignored by science. With us our many centuries, contrary to the oriental world – Indian, Buddhism – where the notion of consciousness has been there and discussed all over for thousand years. Federico

Faggin has taken away again this notion of consciousness. In the book, which appeared last year and sold 47'000 copies in few months, he wrote something very revolutionary, putting consciousness first, before science, seeing where it gets. "The way to explain how the universe can create life and consciousness is to assume that the universe is itself and alive from the beginning". He put's – and this is very strong – consciousness *before* the origin of life. "If you seriously consider this hypothesis, and accept it, your entire conception of reality is transformed". In fact, the book by Faggin is very ambitious and aims at putting science down and to start from consciousness – it can only come from consciousness [...]. And for him the machines, the computers, are only things that we create. It's a very strong book and had a lot of reactions, not always willing to accept this notion that consciousness is there first, much before life, and creates all the rest. If you want to read it again: "The only way to explain how the universe can create life and consciousness is to assume the universe is itself aware and alive from the beginning".

I emphasize consciousness because, if we take the Eranos title, we talk about crisis and about the lack of hope for the future and certainly it's always a problem of consciousness and if you consider again the notion of consciousness not as a consequence of the evolution of the brain, but from the very start, then everything indeed changes. Scientists can find very difficult to accept entirely the view of Federico Faggin, but more and more people do so. Consciousness it's something which is very important also for our friend, about consciousness he however says: "careful not to take consciousness as a solipsistic value". Consciousness is OK, but first of all men are men because they can relate to each other. A human being is a part of a whole, called by us "universe", a part limited in time and space. He experiences himself, his thoughts and feelings as something separated from the rest. A kind of optical delusion of his consciousness. This delusion is a kind of prison for us. Our task must be to free ourselves from this prison by widening our circle of compassion to embrace all living creatures and the whole of nature in its beauty. You see here, at the same time, consciousness is something which is very important to us, but it also can be a delusion, if you are not able to relate to the other people. With this message from Albert Einstein, I would like to conclude this first part of my talk.

We should agree that the basis of this disorientation is ignorance and I believe that one way to get out of this ignorance is to be aware of the various relationships, which makes the truth convincing. As soon as you have a problem and you begin to see the relations among the various disciplines you make exercises of awareness here and now, and I believe that this is the way to fight or to be against the uncertainty and the corresponding ignorance.

What I want to do in this hour is to present to you two different lived experiences of, the systemic view, in particular of the dyad life consciousness. The first one is to take you in a faraway country, in Bhutan, where I had the good fortune, one of the most interesting experiences in my teaching life, of doing two weeks of lecturing on life consciousness to being in a monastery of nuns. It happens that I, as a member of the Mandala Institute I am, was a close friend of Matthieu Richard, the right arm of the Dalai Lama, and he invited me to give a lecture. The Queen and the King are a very beautiful couple and I was surprised to see, in practically all shops in the capital of Bhutan, the picture of the King and the Queen, together with the picture of the Buddha. It was, for me, very beautiful, in a way touching, to see this naïveté and faithfulness of the people there.

You cannot talk about Bhutan without mentioning the National Happiness Program, so, a small parenthesis. Bhutan is the only country in the world, the only one who, instead of having a heel or a gross national problem, has a National Happiness program. Every three years 1% of the population, about 7'000 citizens: half men and half women are subjected to a series of long questions, which focus on the point: what do you need to be happy? It's a very particular national program. Each person has a five-hour interview with 128 questions.

Multiply that for 700'000 and you have an impressive amount of material. The main question is: what do you need to be happy? And some of the answers say: more money is okay, but meditation and prayer are more so. They are so important for them, meditation and prayer. It takes a very long time to complete their analysis. It was interesting that I was considered a kind of initiative of the Dalai Lama, which was not true, but that admits me to have an interview with the minister responsible for the national program, with the Minister of Youth Justice and many other important people. This allowed me to get a good idea of this small, interesting, country.

That's the way I taught my lecture: the temple was close to Thimphu, which is the capital of Bhutan, the only place with an airport and only a few miles away. It was hard for us to really discriminate between mind cognition and consciousness. We did exercises, and they were also having a good time, but, very often, it was all a confrontation because they didn't accept all our points of view well. For example, I was telling them about an amoeba, which was put in a sugar gradient and was eating. For us, in science, this will be a sign of cognition, which is different from consciousness. Namely, it's not as if the amoeba is aware of what it's doing; it does what it does as a kind of genetic machinery. So, for example, between one point and the other, there is a difference of concentration of sugar and this produces contraction which gives the mobility to this structure. They were saying: no. They were saying: you said the bacteria are living but they have no mind, no motivation: nonsense! This is an interesting point. For them life is equal, is equivalent to consciousness. What we call consciousness they call mind and they were telling me, since the amoeba has a motivation, it clearly has the motivation to eat. That means that it is aware. It is conscious and therefore it should be considered conscious. I would not agree with that. I would say the idea that amoeba is there for the motivation is just an anthropomorphic projection. It's a kind of you would like to be there and you would like to eat, but the amoeba does not think of eating. Is that what it has to do because the genetic machinery demands the movement due to a concentration gradient. This was one of our points of view. Not a matter of debate. It was impossible to convey the idea of a possible anthropomorphic projection that we project on the amoeba, what we, as humans, would like to do. When I was telling them about the neuroscience, that is the difference of expression which produced on the skin and the surface of the amoeba a contraction, they would not take that very seriously.

Another point of discussion talking about the consciousness again, it's about death. We usually think that the day of death the body dissolves and we also think that there is a reshuffling. We think that we are probably, not probably, certainly the same atoms which were around 1 million years ago and were forming the dinosaurs or the other big beasts that they died, and the atoms are still there and are used again for new forms of life. For us also the mind dissolves and disappears completely. Of course, believers will may have a slightly different opinion, but scientists really are within these lines of thought. Science says that after death there is a reshuffling of all molecules. Their question was very funny to me: is this reincarnation or science? There was one important Rinpoche; in their language it means jewel, but it indicates a reincarnated lama who comes from the reincarnation of some previous master. He says: you talk about the reshuffling; you say that you were a dinosaur or stone or tree. Does it mean that science accepts the idea of reincarnation? And I was of course saying, I'm talking about the reshuffling of atoms, the possibility of some molecules, but I'm not talking about the incarnation of the self and actually, I asked the question to him: if there is no self who is reincarnating?

It was funny because they took my questions very seriously. We talked and laughed about this question for a long time. In many years, in my life, I met many western scientists who were lovers of Buddhism, but I didn't find one, not one, who was believing in reincarnation. The only one was Matthieu Richard, who is a monk and the right arm of the Dalai Lama. He was a molecular biologist; he got a Ph.D. in molecular biology in France. He and his father, a famous philosopher, together wrote the book: *The Monk and the Philosopher*. I asked him about reincarnation, and he explained to me the following. He gave me an image that I think is a good image and was the following. He said: imagine a fire, and the fire gives away sparks, and one of the sparks starts another fire nearby. Now this fire is the same as before. We call it reincarnation, that is. The same thing, however, is also different and reincarnation functions like that. There is a transmigration of something, which we cannot define better from one person to the next generation. I keep this image for myself, although I have some difficulty in believing in the incarnation as they do. For them it is an obvious thing.

We had other discussions about consciousness. The most important was that for them, there was no difference between cognition and consciousness. For us cognition is a kind of non-conscious mechanism. What do you do, what, for example, the fish does in order to maintain its life in the water, what the bird does in order to maintain its life in the sky, it's all in a way, we think scientists, automatic is inborn by the genetics of the organism. For them, once there is a kind of motivation, like flying, like moving in the water to get to smaller fish, it's already literally a sign of consciousness. It's a very important difference, for them, in these terms life and consciousness are equivalent. If there is life, there is consciousness and consciousness is there each time there is life. But interesting, they will not go far enough to say, (The monk and the philosopher) that consciousness existed before life, before the first force of energy form and they would agree with the notion of consciousness as implemented in a body, body consciousness. They will not say anything about consciousness before life.

I would like now to talk about another experience of mine, which consists in education. The idea is how to teach systems thinking to students. We have the support Cortona week which I created in

1985, which is a residential week, namely, you have to stay the whole week. Students, for the most part students, are mixed with artists, musicians, religious leaders, and philosophers. The aim is connecting science with the other aspects of life. In fact, the title of the Cortona week is "Science and the Wholeness of Life". There are not only talks, but there are also experiential workshops where you can see more. You can paint, you can do fashion, you can sculpt and you can sing and then things which usually we don't do in school or in real life, but which give you an idea of this wholeness of life. We have a Cortona manifesto written by Federico Faggin, myself, Fritjof Capra and professor Lapenta of John Cabot University. It has always been a series of issues in our society showing that, again, most of the problems are systemic. We have seen global warming returns connected with very many factors. Global warming is connected with rising sea levels, loss of biodiversity and of course the economic neo capitalistic system with extreme poverty of some and from this it follows that the leaders of the world, mostly the politicians, should have an idea of this interconnection or this systemic view. This is a perspective that is missing today in our educational system. From that the idea of the summer school, at least, to integrate with this missing principle. The idea came from 1983, from the first meeting of all on science and spirituality. This was in Alpbach in 1983. The presence of the Dalai Lama and David Sanders and some people who become my friends for life like Fritjof Capra, Rupert Sheldrake, Francisco Varela, and a series of other people, made this convergence between natural science and spiritual tradition very clear. From this experience the idea of: why not for our Ph.D. and graduate students? And in fact, already in '83, in Cortona I invited in that talk the student of Einstein [David Bohm], to give a talk, people – after he talks about his apparent reality – were asking: "Did he talk about physics, did he talk about philosophy and spirituality?" And the fact that people were not able to discriminate between one discipline and the other was for me exactly what I was hoping to do, namely that the different disciplines were so connected together that you cannot distinguish them. The question: what is life? As we said before, it is physical and spiritual. And many years later, 40 years later, when talking about consciousness and said about the same in his talk about consciousness, he mixed purposely quantum mechanics with spirituality.

We used to do our Cortona week in an old monastery turned into a hotel by the clergy. We used to invite high professionals, but people who, with their presence, should be the temple of integration between science and humanity. Our main problem and task for this conference is to find speakers who can personally know what they talk about. We had the plenary lecture in the morning, in the afternoon workshop. The main aim of Cortona Week was to form any time, any class of work, the leader provided with the systemic view of life: science and other aspects of life, where science was seen as a holistic concept, combining science and humanity and not dividing. Speakers like Francisco Varela, died at an early age. Here there is the workshop of Tony Majdalani, our drum teacher. You can see the atmosphere. And another totally different workshop with our master in working with wood and tools. Here, there are Israeli and Palestinian, many different people with different lineages and traditions that do painting, together, each one doing some part, all together. Every lunch and every dinner there is a gong indicating silence for two minutes. Silence, as a reminder of spirituality and silence for a time to look into yourself, to see what the experience brought about.

Now I want to talk about questions, which actually are coming from graduate students. They began to ask because I am in a conference organised together with the Fletcher Institute. What are your questions about science and spirituality? What is in your heart? And those are some of the questions that are very interesting. Different angles of reality and spirituality. And you can ask me and say what would you say as an answer. In other words, after that, answered in terms of science or in terms of spirituality. The second question is important, particularly for me, for people who – like me – work very mentally with life or tried to make a model for life: why nobody has been able to synthesise life? Here we can go back to the question I asked, and we will lecture about the dead and the living horse. What do you see in the dead horse? Is there something physical in order to call it dead? And this is probably the most important question of all. We need spirituality to give a meaning to life? I believe this is a very important question and should be answered positively. But once positively, we go back to the first question: we should live reality in terms of science, objective values, or in terms of consciousness, for example, as Federico Faggin would say?

The following question: the order of the universe, the beautiful orbits of the planets is something natural or something created by our consciousness? Something then made by our mind and therefore spiritual? The next question goes to the modern artificial intelligence, whether this is a danger to humanity. This is a question that became very actual in the last few years, when artificial intelligence acquired the dimension of being close to the intelligence of men. Here one should make a difference between intelligence on one side and consciousness on the other. Machine could be very intelligent, namely, they can solve problems. Now here is the problem of opening a box or opening a stronghold, or going from A to B they can be very faster than men. But in terms of being aware of things no machine, according to Faggin, according also to most scientists today, no machine is able to have an internal consciousness because machines cannot feel. This question is still debated.

There are some groups, particularly in the States, who have a mind to make machines, which are able to feel fear or joy or happiness, but, until now, they have not been able to do so. However, all of Federico Faggin's data meant that machines would never be able to feel anything, and men were the only ones able to have consciousness. And this goes back to the first question which was: should reality have to do with consciousness and not with the objectivity of science? You can answer all these questions and come to the next Cortona Week. We will see you there.

Vivere il disincanto

Ugo Nespolo

Turin / *Torino*, Italy / *Italia*
September / *Settembre* 2024

Sono felice di esser parte quest'anno della *Eranos Tagung*, che affronta un tema che mi sta particolarmente a cuore e che qui è stato indicato come "L'epoca della coscienza spaesata. Incertezze del tempo e ansia del futuro". Un argomento che da tempo mi appassiona al quale ho pensato e penso lavorando e scrivendo e che dentro di me suona come una domanda – se non una vera e propria richiesta d'aiuto – e che si chiede come si possa, oggi, *essere artisti negli anni del disincanto.*

Le questioni sono molte e complesse e hanno da fare in primo luogo con ragioni teoriche ma, nonostante ciò, mi sento costretto a tentare di far convivere queste ragioni con alcuni tratti personali, operatività e persino sentimenti, augurandomi di poter mettere in chiaro – per quanto possibile – aspetti delle criticità che tormentano l'operare di chi ha da fare oggi con la creatività. Certo, non soltanto gli artisti.

Sono sicuro sarebbe stato più prudente iniziare e concludere questa mia conversazione prestando fede – e mettendo in pratica – quanto scrive Ludwig Wittgenstein nel 1932 in *Pensieri diversi*, quando dice: "In arte è difficile dire qualcosa che sia altrettanto buono del non dire niente". Ma tant'è. Nelle cose del mondo dove non si può negare una certa vanità ci si inerpica spesso per sentieri difficili e impervi.

Quasi ambito personale

M'incammino quindi, con qualche titubanza, nel tentativo di indicare il mio modo di essere e di agire nel più che variegato mondo delle Belle Arti, provando insomma a dire quale figura d'artista ho cercato di vivere.

Enigmatica sorpresa per mio padre, che sognava un figlio alla ricerca di un mestiere concreto, magistrato era quello che lui forse sperava, nel vedermi invece diretto verso i vaghi, mai definiti e molto incerti (anche economicamente s'intende) territori del far arte, cosa che gli dava un senso d'ansia che spesso non nascondeva. Poi, forse ricordando di chiamarsi Libero, pian piano se n'era fatta una ragione, trasformata un po' più avanti in una pallida forma di fiducia cresciuta come una sorta d'intesa, non priva di qualche incoraggiamento.

Sto parlando di non poco tempo fa, indietro sino ai primi Anni Sessanta, in una Torino che viveva allora di una grande tradizione artistico-intellettuale dove ancora si potevano scorgere, non del tutto estinte, vive memorie primonovecentesche, riverberi non così tanto inutili e lontani persino di Gozzano e degli adepti della Scuola dell'ironia, Gramsci, Gobetti e i gobettiani erano materia ancora viva, Casorati e il Gruppo dei Sei, Pavese, Einaudi, gli allievi di Augusto Monti per arrivare sino a Primo Levi e Italo Calvino che avevano non poco da fare con Gianni Vattimo, Umberto Eco. Sono gli anni in cui nell'Ateneo torinese insegnano Bobbio, Mila, Pareyson, Venturi, quello stesso ateneo dal quale erano partiti Sapegno, Contini, Argan. Proprio intorno a quei gruppi prende il via – ad esempio – la ricerca sperimentale di Edoardo Sanguineti, col quale avrò molto da fare negli anni a venire.

È il tempo in cui, come ben racconta Giuseppe Zaccaria, "la cultura italiana recepisce all'estero le nuove acquisizioni epistemologiche e metodologiche, in particolare quelle semiotico-strutturaliste, nascono le neoavanguardie che coniugano le discipline linguistiche col neomarxismo, l'antropologia, la scienza del mito, la psicoanalisi e tanto altro".

Quelli sono proprio gli anni della mia formazione, quelli in cui in Arte si è appena materializzata la totale capitolazione dell'École de Paris orfana di un'estinta e incomparabile stagione di fiammeggianti avanguardie a favore della repentina e travolgente ascesa della nuova cultura d'oltreoceano, quell'America che ai nostri occhi di giovanissimi appariva quasi una sorta di *promised land* in cui – eravamo certi – si stavano mettendo in atto con forza il nuovo fronte delle più spericolate ricerche artistico-letterarie.

Biennale '64

Laggiù dove, dopo le tragedie belliche che avevano sconvolto il mondo, s'aprono profonde crepe nel corpo della modernità con il nascente elogio figurativo del contemporaneo e dei suoi simboli più evidenti e si dava il via a quella che i filosofi indicheranno poi come era postmoderna.

L'informale internazionale intanto era già avviato in quegli anni verso un inesorabile declino ucciso dal conformismo stilistico, mentre proprio attraverso alcuni artisti americani definiti *germinali* come Robert Rauschenberg prende il via la grande stagione Pop, che con prepotenza celebra e santifica l'oggetto-merce e le meraviglie del consumismo *stigmatizzate in Europa* da alcuni intellettuali radicali – tra i quali non si può non ricordare almeno Guy Debord e la sua l'Internationale Situationniste, movimento di matrice lettrista, tardo surrealista e marxista.

Per una sorta di silenziosa insofferenza ai dettami e agli obblighi di appartenenza e con la convinzione che il percorso creativo di un artista non debba esser monodimensionale, ho sin dall'inizio tentato di praticare la difficile idea di *eclettismo permanente*, ripensando alcuni atteggiamenti patrimonio degli artisti delle Storiche Avanguardie, Futurismo (sino ad allora tenuto molto sottotraccia),

Surrealismo e Dada e – insomma – di tutte le compagini creative che avevano fatto del loro operare un campo aperto, sino ai limiti dell'incoerenza. Ero certo che accanto *all'homo-faber* potesse esistere con pari dignità l'*homo-ludens* come aveva insegnato Johan Huizinga, dove il ritratto dell'artista può diventare il *Portrait de l'artiste en saltimbanque*, per usare il titolo di un libro del 1983 di Jean Starobinski (titolo che aveva preso a prestito dal joyciano *Portrait of the Artist as a Young Man*).

The wrong way

Forse quell'atteggiamento – anche pratico – mi è molto servito per trovarmi perfettamente a mio agio con gli ambienti internazionali fatti di cultura post-dadaista e new-dada come Fluxus o quelli del cinema sperimentale come il New American Cinema. In quegli anni – ma ancora oggi – mi sono fatto l'idea che la stessa figura dell'artista non possa e debba esser altro che l'insieme di un qualche talento legato a un individuo che deve aver da fare con la cultura, forse qualcuno che lavora all'ombra di teorie e di teorici, di progetti e pensieri per rifuggire l'idea peregrina del *naïf di genio* e che l'opera possa essere soltanto il frutto casuale della sua mano. Son quelli gli anni delle mie continue migrazioni milanesi fatte di incontri che per sempre han segnato la mia formazione e il mio lavoro.

L'amicizia durata per sempre con Enrico Baj, uomo colto, artista spregiudicato e di enorme talento, colui che mi ha mostrato la strada verso una visione internazionale del pensare e fare arte. *Viaggi parigini o americani, opere comuni, libri, conferenze e molta, molta ironia* alla quale avevamo dato casa nel mai dimenticato *Premiato Studio d'Arte Baj & Nespolo*, provvisto su strada di targa al neon, proprio nel cuore di Milano. Baj è stato l'anello che mi ricordava gli esiti del tardo Surrealismo, delle teorie bretoniane, del Movimento Nucleare e di quella Bauhaus immaginista che aveva tanto da fare con Jorn, Gallizio e l'Internazionale Situazionista. Poi Milano per me era la galleria di Arturo Schwarz, in quegli anni certo un mercante e intellettuale tra i più influenti e illuminati non solo in Europa, che accolse il mio lavoro tra quelli di grandi artisti come Duchamp, Picabia, Schwitters, Arakawa, Klapheck e che ospitò nella storica galleria di Via del Gesù 17 la mia prima mostra milanese curata da Pierre Restany dal titolo *Macchine e oggetti condizionali*, mostra che Schwarz esportò poi in Belgio e a New York.

È proprio in quel giro di anni che vengo colto d'amore profondo per quella *Scienza delle soluzioni immaginarie* che tanto aveva affascinato artisti, scrittori e poeti. La Patafisica – "Forse l'ultimo pensiero disponibile" o, come dichiarava l'amico Jean Baudrillard, "la più alta tentazione dello spirito. L'orrore del ridicolo"! Dice Baj: "Nel 1963 a Milano, sotto la reggenza del poeta futurista Farfa e di Raymond Queneau, fu fondato l'Istituto Patafisico Mediolanense mentre a Torino più tardi – Nespolo imperante – è stato fondato il Turin Institute of Pataphysics".

Bel gioco e atteggiamento irriverente che ha affascinato per anni personaggi come Boris Vian, Ionesco, Queneau, Miró, Dubuffet, Duchamp, Michel Leiris: già in quegli anni si sentiva il bisogno di un salvacondotto, di un "Salvavita indispensabile alla sopravvivenza psicologica dell'immaginario". L'eredità di Alfred Jarry aveva e ha tutta l'aria di un vaccino altamente immunizzante, che contiene tra l'altro "la suprema indifferenza verso il potere" un distacco marcato, una spinta verso l'eudaimonìa quella sorta di felicità descritta da Aristotele, riflessione, contemplazione, distacco dalle cose. Allora Patafisica come Filosofia.

Prima della fine degli Anni Sessanta le frequentazioni continue di Ben Vautier a Nizza e la vicinanza alle teorie di George Maciunas a New York mi avvicinano non poco a *Fluxus*, sorta di gesto artistico di sovversione individuale, un'arte dell'insignificanza, un atteggiamento fluido, liquido e sovente acido e penetrante tra le pieghe di una cultura da negare, da sovvertire, da risvoltare, da insultare ma soprattutto da banalizzare in uno sberleffo senza fine.

All'astrazione patafisica e al taglio colto, *Fluxus* oppone una sorta di ironica estetica della marginalità, fatta per lo più di scarti, di frammenti della stupidità e della banalità. Vera opposizione alla *respectable culture* e all'intrattenimento borghese per provare a dirigersi – come voleva Henry Flynt – verso una cultura davvero democratica. Cultura post-dadaista che molto deve alle intuizioni di John Cage, Lamont Young, George Brecht, Dick Higgins.

Nascono qua e là nel mondo attività eterogenee con artisti di prima grandezza pronti a mettere in dubbio se non in ridicolo l'arrogante concretezza mercantile e le sue arbitrarie scelte, i falsi concettualismi e psicologismi. Sono Yōko Ono, George Maciunas, Henry Flynt, Sylvano Bussotti, Ben Vautier e una vasta schiera di personaggi a lavorare con paradossi estetici a un *Fluxus* come luogo della mente in cui l'arte e la vita s'accoppiano per procreare ben oltre i limiti e l'ideologia mortale del valore-prezzo. Proprio a Torino nel 1967 Ben e io realizzammo il primo *Concerto Fluxus* Italiano intitolandolo *Les mots et les choses*, subito dopo l'uscita italiana del libro di Michel Foucault. Il concerto comprendeva azioni nella città tra le quali un vero assalto estetico-fisico alla GAM all'insegna di slogan quali *L'art est inutile rentrez chez vous.*

Molte peregrinazioni mentali e fisiche anche verso l'America, attrazione per il fascino della nascente arte Pop, i suoi miti, le sue culture alternative, la Beat Generation, i magnetici luoghi espositivi del sud Manhattan calamitavano il mio interesse proprio come gli sghembi ambienti New Dada e *Fluxus*. Poi, come ho scritto qualche volta, partii con la Bell & Howell 16 millimetri con lo zoom Angénieux alla scoperta del cinema e fui fortunato. L'incontro e la frequentazione dei leader del New American Cinema come Jonas Mekas, P. Adams Sitney, Taylor Mead, Andy Warhol, Regina Cornwell, mi aveva fornito un nuovo mezzo espressivo, strumento in quegli anni del tutto libero e radicale. Ricorda Marco Giusti: "Allora si poteva fare il cinema con tutto. Parte della fortuna era inquadrare gli amici, gli artisti, i poeti, i critici, le gallerie, le strade". Semplificava ancora

Glauber Rocha: "Per fare del cinema è sufficiente una camera nella mano e un'idea nella testa".

Sono anni molto favorevoli alla riaffermazione dello spirito delle avanguardie e anche al riconoscimento della rilevanza di un neosperimentalismo che comprendeva oltre all'underground americano, le innovazioni letterarie della Beat Generation, il Gruppo 63 in Italia, il *Nouveau Roman* e *Tel Quel* in Francia che avevano generato uno sfrenato clima di ricerca e di scambi.

Fortunato, dicevo, a mettere senza troppe difficoltà all'opera i personaggi dei miei film. Parlo di Lucio Fontana, Enrico Baj, Michelangelo Pistoletto, Alighiero Boetti, Mario Merz, Allen Ginsberg, Edoardo Sanguineti e poi tutti gli altri che appartenevano al mio mondo espressivo, tutti quelli che dividevano con me quello che pareva l'unico gioco possibile al di fuori del mercato e dai vizi del vorace sistema dell'arte. A Parigi Man Ray si mostrò non poco sorpreso del fatto che qualcuno procedesse sulla strada del cinema sperimentale da lui magistralmente indicata e percorsa (penso ai suoi *Emak Bakia* o *Les Mystères du Château du Dé* del 1929) e fu tanto sorpreso da affidarmi un manoscritto per un film che io poi realizzai col titolo di *Revolving Doors*.

Quello che io allora consideravo una sorta di pallido anello di congiunzione con le stranianti espressioni del cinema surrealista e dada che tanto avevamo visto e studiato hanno poi miracolosamente viaggiato e continuano a farlo da qualche tempo in tutti i maggiori musei dal Centre Pompidou al Guggenheim, dalla Tate Modern al MoMA, forse come riconoscimento almeno dell'energia che gli artisti avevano profuso in quegli anni alla ricerca di una zona espressiva franca, autonoma e di sapore internazionale.

È ancora il 1968 l'anno in cui prende vita quell'insieme di atteggiamenti artistici, in parte mutuati da esperienze d'oltreoceano, battezzati poi da Germano Celant con l'etichetta di Arte Povera. Gruppo eterogeneo e di marcata disomogeneità costituito da artisti eminentemente torinesi, il cui lavoro ha poi riscosso il meritato

(Il testo continua a pagina 589, dopo la sezione iconografica)

Images by Ugo Nespolo

Fig. 1
Ipotesi dialettica, 1974.
Photograph, 235 x 103 cm

Fig. 2
Ipotesi dialettica, 1974.
Photograph, 235 x 103 cm

Fig. 3
Fuga in avanti dalle idee, 1978.
Wood and leather, 99 x 50 x 16 cm

Fig. 4
Gentlemen's Agreement, 1978.
Fine woods and silver, 79 x 40 cm

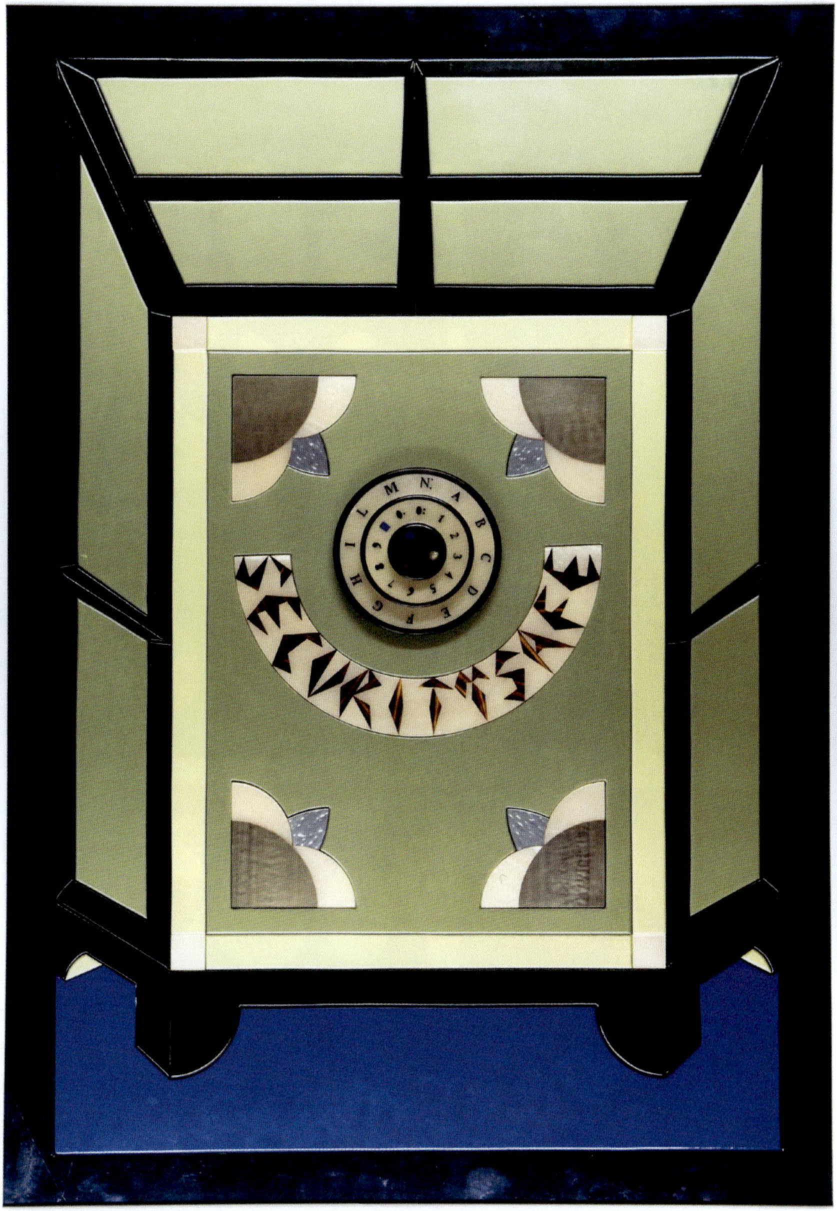

Fig. 5
Security Safe, 1979.
Acrylics, ebony, mother-of-pearl, and various materials on wood, 100 x 70 cm

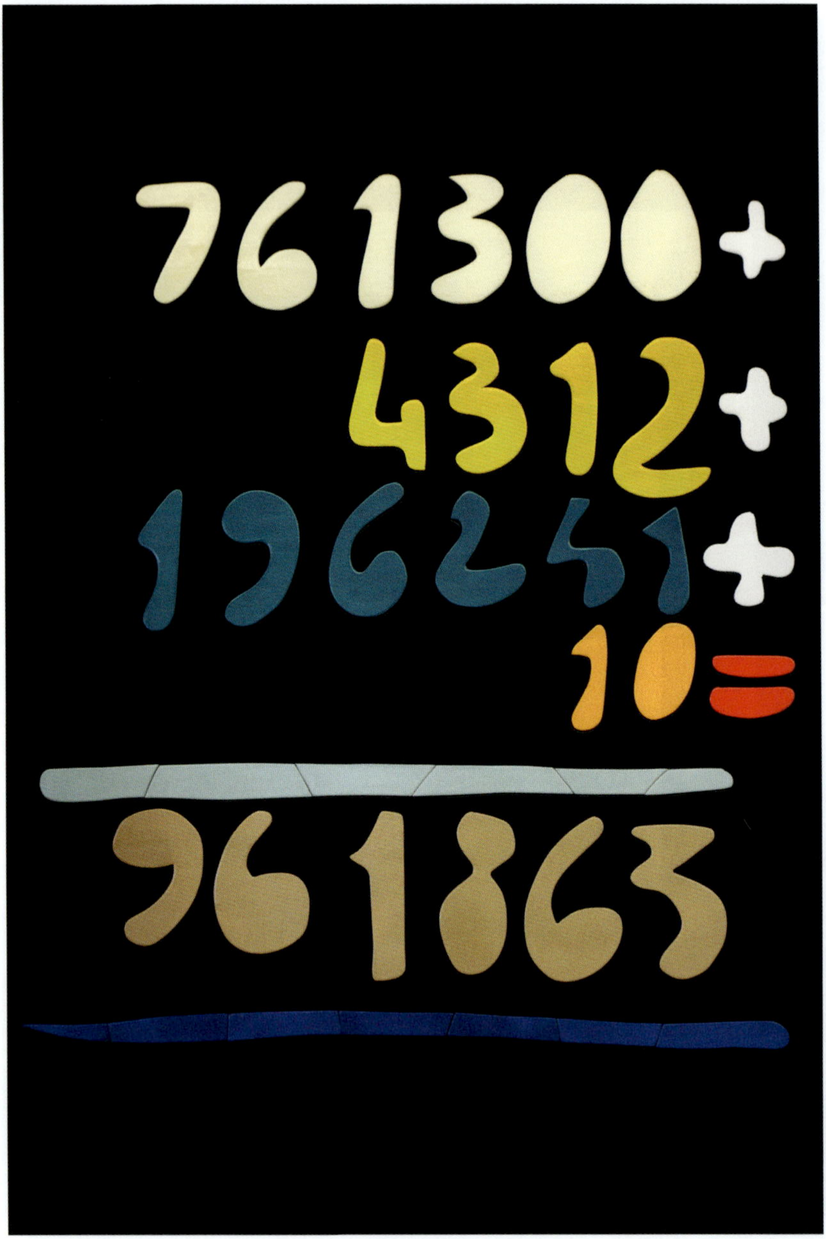

Fig. 6
Addizione, 1973.
Nitro on wood, 182 x 155 cm

Fig. 7
Head, 2003.
Glass, 50 x 30 cm

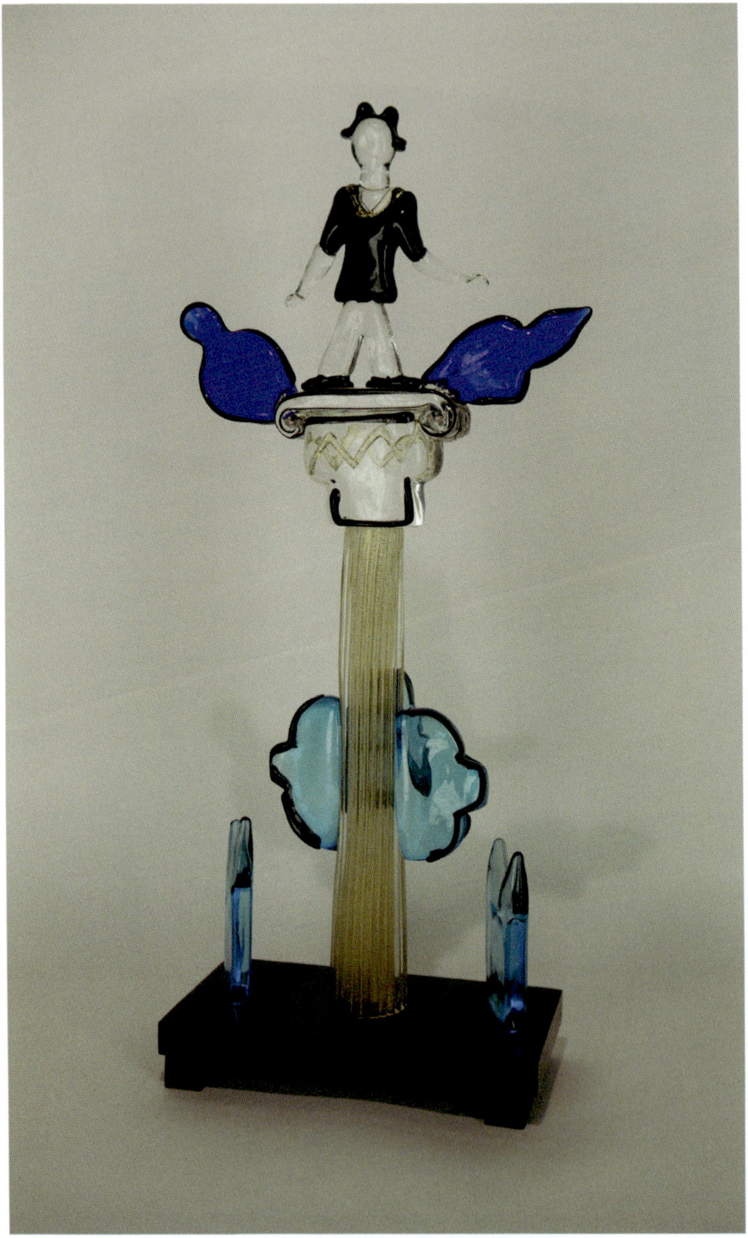

Fig. 8
A Berlin Summer, 2003.
Glass, 73 x 32 x 15 cm

Fig. 9

Single Shot, 2012.

Acrylics, graphite, and silver leaf on wood, 220 x 120 cm

Fig. 10
The Right Foot, 2012.
Acrylics, graphite, and silver leaf on wood, 220 x 120 cm

Fig. 11
In the First Such Scene, 2012.
Acrylics on wood, 142,5 x 102,5 cm

Fig. 12
In the Meantime, 2012.
Acrylics and aniline on wood, 140 x 100 cm

Fig. 13
La femme et le pantin, 2024.
Acrylics on HDF, 140 x 100 cm

Fig. 14
À l'envers, 2024.
Acrylics on HDF, 160 x 115 cm

Fig. 15

Poster Van, 2024.

Acrylics on HDF, 160 x 115 cm

Fig. 16
Andy Dandy, 1973.
Enamels and nitro on wood, 182 x 153 cm

Fig. 17
Les mains pleines, 1973.
Alabaster and maple, 80 x 100 x 20 cm

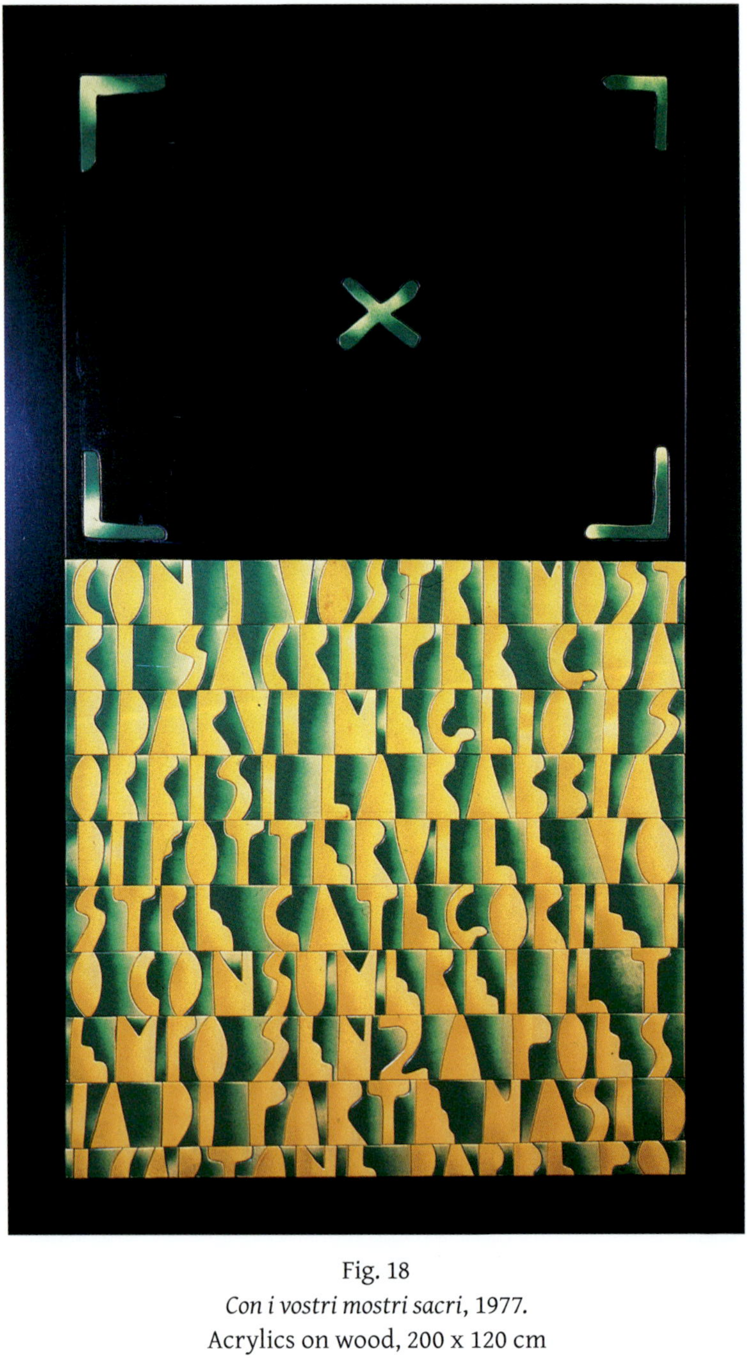

Fig. 18

Con i vostri mostri sacri, 1977.

Acrylics on wood, 200 x 120 cm

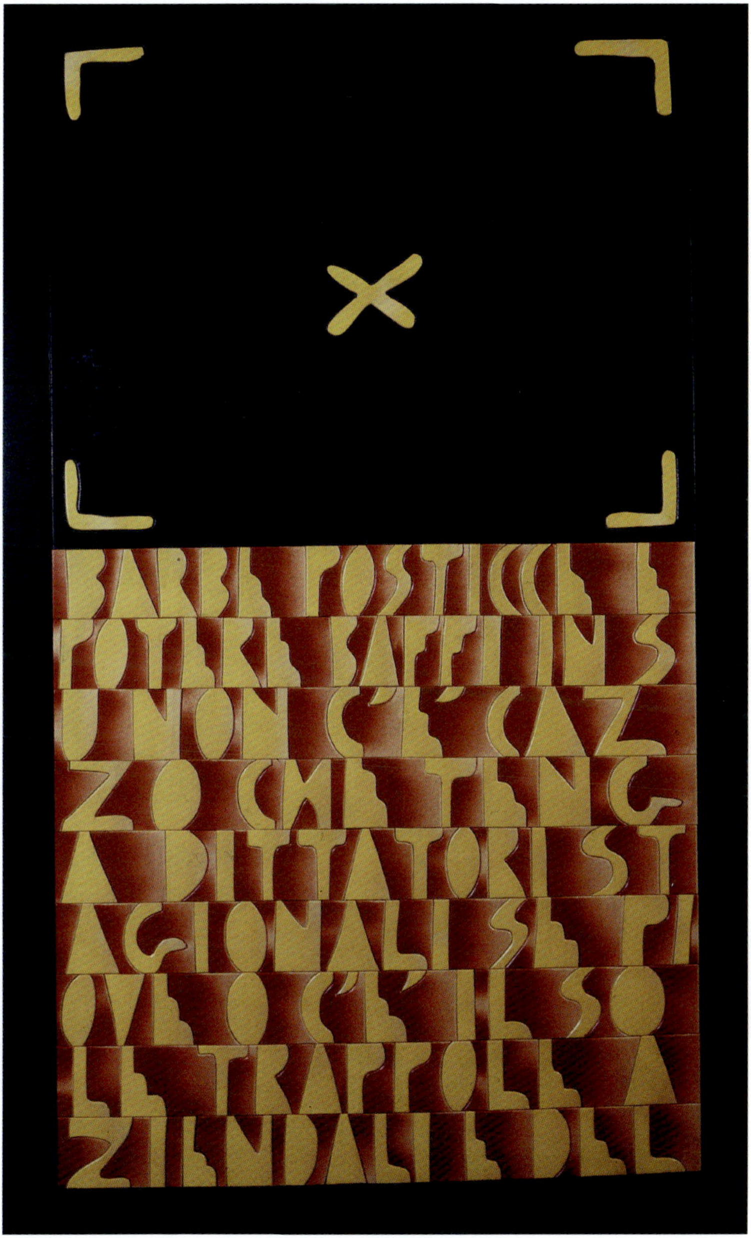

Fig. 19

Barbe posticce e potere, 1977.

Acrylics on wood, 200 x 120 cm

Fig. 20
Museo espressionista, 1985.
Acrylics on wood, 180 x 180 cm (two parts)

Fig. 21
Still-life / Siberiana, 1985.
Mixed media and collage on tracing paper, 200 x 170 cm

Fig. 22
Frammento problematico, 1989.
Acrylics on molded wood, 193 x 84 cm; base cm 50 x 51 cm

Fig. 23
China Town, 1996.
Acrylics on wood, diam. 190 cm

Fig. 24
Money Time, 1996.
Acrylics on wood, diam. 190 cm

Fig. 25

La fontana malata, 1996.

Acrylics on molded wood, h. 150 cm x diam. 120 cm

Fig. 26

Some men cannot, 2007.

Mixed media and collage on tracing paper, 180 x 130 cm

Fig. 27
Because of the same, 2007.
Mixed media and collage on tracing paper, 180 x 130 cm

Fig. 2
Novantiqua 2, 2009
Acrylics and gold leaf on wood, diam. 120 cm

Fig. 29
Novantiqua 3, 2009.
Acrylics and gold leaf on wood, diam. 120 cm

Fig. 30
Les deux lignes, 2012.
Acrylics on wood, 152,5 x 132 cm

Fig. 31
Account – Svaso, 2011.
Polypropylene and colored plastics, 152 cm x diam. 110 cm

Fig. 32
Oriente, 2005.
Glass, 36,5 x 23 x 10 cm

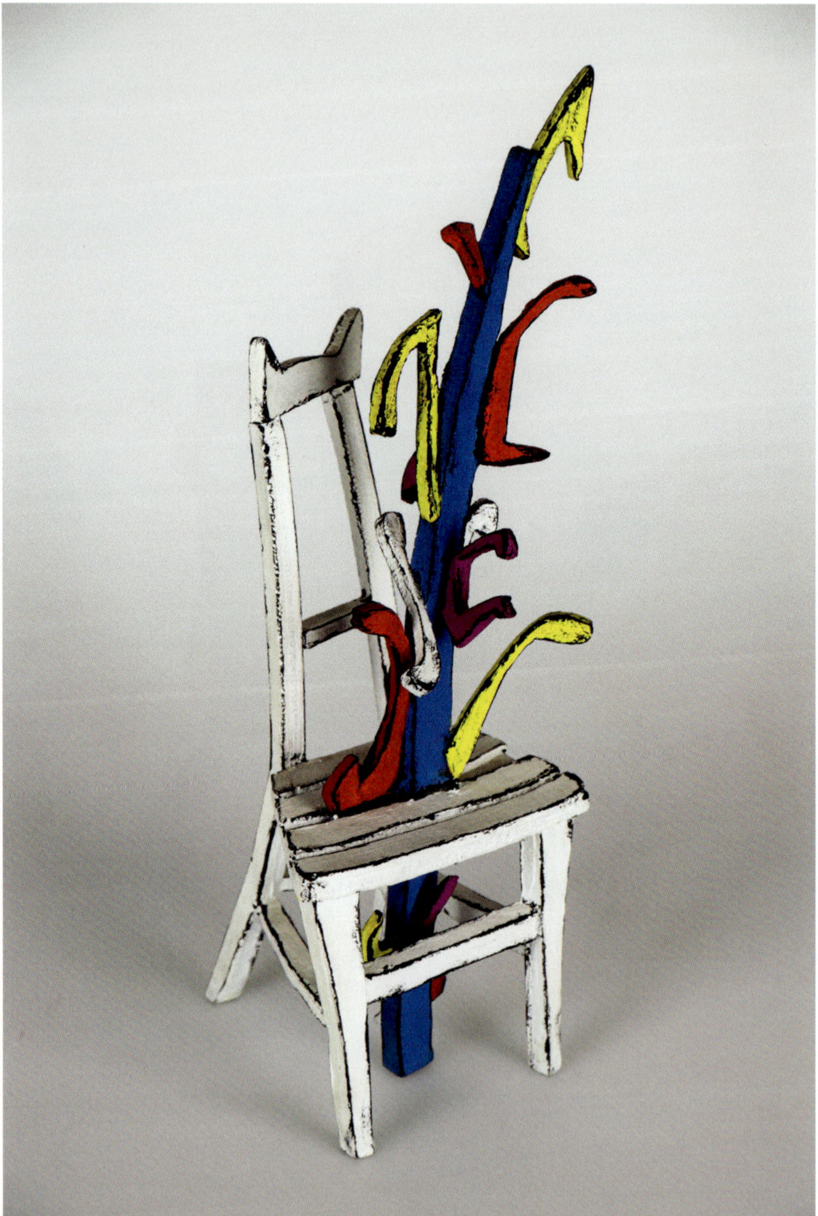

Fig. 33
Monk and Sphere, 2003.
Painted bronze, 22 x 14 x 15 cm

interesse internazionale. Ho partecipato a molte delle mostre germinali del gruppo e in particolare a quella che si deve considerare la prima mostra-manifesto a Roma, *Nove per un percorso.*

Con parecchio desiderio di semplificazione e quasi per tentar meglio di capire e darmi una ragione di quanto è successo in quegli anni e in quelli a venire, mi sembra di poter considerare quegli esiti espressivi tra gli ultimi – e ormai pallidi – fuochi che perpetuavano quell'idea di modernità tutta intrisa di fede nel contesto delle innovazioni, del superamento continuo dell'idea di un *nuovo perenne.* L'illusione della rottura come tradizione e anche della tradizione della negazione. Come ricorda Antoine Compagnon, si può forse dire che "la tradizione moderna ha praticato una sorta di superstizione del nuovo".

È stato Baudelaire a proclamare in chiusura del suo *Salon* del 1845 *l'avvento del nuovo* e a esprimere l'idea che Courbet e Monet sarebbero stati i primi *artisti moderni*, in quanto fondatori di una tradizione che impone a ogni generazione di contrapporsi a quelle precedenti esprimendo qualcosa di *nuovo.* Son proprio quelli gli anni in cui si è cominciato a pronunciare il termine *Avanguardia* in toni via via più flebili, Avanguardia come idea per la quale il far arte ci avrebbe potuto fornire persino la magnifica illusione d'essere in grado di portare un attacco all'istituzione arte, a quella che aveva collocato il fare artistico al di fuori della vita reale mediante l'ipostatizzazione della sua assenza. Peter Bürgher ha ben spiegato come "il fallimento del progetto avanguardistico non abbia significato un ritorno alle condizioni di partenza, piuttosto ha avuto come conseguenza un cambiamento dell'istituzione arte che si può – quindi – formulare dicendo che l'istituzione arte ha continuato a esistere ma minata dalle fondamenta!".

La crisi apertasi nella seconda metà dell'Ottocento ha trovato in campo artistico prima una sua multiforme espressione attraverso le esperienze delle Avanguardie Storiche, poi, dopo una fase di ricerca sperimentalistica a cavallo della Seconda Guerra Mondiale, una nuova espressione nell'ulteriore passaggio critico degli ultimi decenni, in quella che è stata comunemente definita età postmoderna. Ancora oggi sembra persistere quel carattere post-istorico che ha definito la civiltà di oggi. Un dopo la storia che va inteso nel senso di rinuncia al dogma storicistico di un progresso continuo e senza fine.

È stato Harold Rosenberg a introdurre proprio a metà degli Anni Sessanta il concetto di *anxious object* per esprimere lo stato dell'arte in un contesto che non era ancora il postmoderno, ma che cominciava a emettere segnali che sarebbero diventati poi i *caratteri precipui del postmodernismo.* Il critico inglese segnalava così l'incertezza, di fronte alle manifestazioni dal Ready-Made di Duchamp al Neodada e alla Pop Art, nel decidere *se e perché ci si trovava di fronte a oggetti artistici.* Nel postmoderno, come ormai si sa da un pezzo, manca la carica di provocazione, quella appunto collegata all'impostazione storicista. Si afferma che *anything goes*, un tutto va bene. Né il furore distruttivo dell'iconoclastia, né l'entusiasmo per le novità tecnologiche, né l'utopia, ma la semplice citazione, la sovrapposizione senza simbolismi e messaggi forti.

Per Lyotard, autore del volume *La Condition Postmoderne* del 1979 che ha acceso il dibattito interdisciplinare in Europa, il postmoderno è "il grado zero della cultura generale contemporanea". Per Clement Greenberg il postmodernismo costituisce una sorta di abdicazione dell'arte alla sua purezza e autenticità. Per Jean Baudrillard la citazione postmoderna è "la forma patologica della fine dell'arte". Per Vattimo e il pensiero debole il postmoderno è come rimettersi da una malattia.

Compagnon scrive: "Ci siamo rimessi dalla visione teleologica del modernismo, il che non vuol dire che tutto vada bene ma più modestamente che non si può più rifiutare un'opera con la scusa che sarebbe superata". La condizione postmoderna con la rinuncia allo storicismo e alle pretese delle teorie razionalistiche non è parsa avere *elementi sufficienti per la riapertura di prospettive* che non siano risultate *deludenti*, che siano cioè in grado di offrire la possibilità di dare risposte all'esigenza umanistica di conferimento di senso alla progettualità dell'operare e in ultima istanza alla vita stessa.

Agli artisti – e non solo a essi – non era rimasta che la navigazione a vista, mentre lentamente svaporavano i fumi di quell'enorme *grande bouffe*, l'era tragicamente favolosa dell'*everything goes*, le non poche stagioni immerse nel qualunquistico brado dell'andante postmoderno. *L'artista cosciente* si è trovato a specchiarsi nudo e orfano al freddo e al gelo di uno scabro universo creativo per lo più svuotato di teorie, per vivacchiare all'ombra di poeticucce stente e ininfluenti. Spaesato, spesso alla ricerca di vecchie novità, si è ritrovato immerso nel regno del barocco involontario, quello che in noi ravviva la memoria del Cavalier Marino paladino della *caccia alla meraviglia* e del "*Chi non sappia stupir vada alla striglia*", precisando ancora che si parla "dell'eccellente e non del goffo", goffaggini appunto spesso ammantate di spuntate provocazioni di concettualismi anemici.

Il mondo dell'arte svuotato di teorie e di poetiche, quelle fatte di operatività pratica e di convinzioni spesso utopiche sul modello di passate avanguardie, ha generato anche la scomparsa di movimenti, gruppi e persino affinità e tendenze per lasciare l'artista ad aggirarsi solo a caccia di indicazioni, di pensieri guida che non siano soltanto quelli del diabolico mercato. Occultamento delle teorie e scomparsa dei teorici quando forse è proprio intorno alle teorie che si solidificano progetto e decisioni per poterci allontanare dalla grigia *waste land* in cui ci si muove ora.

Già nel 1980 Philippe Sollers scriveva: "La teoria ritornerà, come tutte le cose, se ne riscopriranno i problemi il giorno in cui l'ignoranza sarà giunta al punto che non nascerà altro che noia". E Renato Poggioli nel suo fondamentale *Teoria dell'Arte d'Avanguardia* ricordava come e quanto "un tempo si teorizzasse in modo elevato per sapere se l'arte assolve la sua vera missione".

Parodie teoriche

Secondo il filosofo Mario Perniola si è assistito negli ultimissimi anni a una vera e propria destabilizzazione del mondo dell'arte. Dopo la celebrazione delle Avanguardie storiche, la bolla speculativa che si era precipitosamente gonfiata a dismisura, dice Perniola, ed "è finalmente scoppiata. Il tentativo di rinnovarsi continuamente attraverso [...] mode più o meno effimere, ammantate di nomi provocatori, son servite soltanto a tentare di mantenere il sistema dell'arte sotto lo stretto controllo di alcuni mercanti e collezionisti e la complicità di qualche Istituzione". Opere d'arte che ora son soltanto feticci iperbolici, operazioni mediatiche per trasformare gli artisti in divi dello spettacolo, la notorietà basata sulla *marca*. Già la Pop aveva reso possibile l'idea che l'arte potesse esse fatta da tutti: "Questo fare implicava azioni minime come sottrarre un oggetto dal suo contesto per utilizzarlo introducendolo nel regime estetico, dissolvere l'aspetto fisico dell'opera in un mero flusso comunicativo, delegare agli artigiani l'esecuzione effettiva di un progetto o addirittura smaterializzare completamente l'opera dissolvendola in una frase, un'idea, un concetto".

Un esempio chiaro di come e quanto si è destabilizzato l'*Artworld* è rappresentato dalla Biennale di Venezia del 2013 di Massimiliano Gioni, in cui, con l'esposizione del *Palazzo Enciclopedico* di Marino Auriti (solo 157 opere), si racconta quanto sia mutato il paradigma di ciò che è sempre stato considerato arte. Non si parla più di artisti ma di una catalogazione più ampia possibile di manufatti, articoli, personaggi, che non hanno nulla in comune fra loro – un'idea di arte espansa che comprende potenzialmente tutto e tutti persino gli artisti involontari. Quella mostra dimostrava intanto che l'arte non era più sufficiente a se stessa e certificava che le alte barriere che dividevano la cosiddetta *Insider Art* come luogo di una cultura alta, professionale, prestigiosa e quella di *Outsider Art* come luogo invece di una cultura grezza, incolta, irrazionale si siano talmente assottigliate da diventare permeabili, sino a confondersi.

Non si tratta – per queste ragioni – di condurre la mia esposizione con i toni di una ballata triste; certo è che l'artista cosciente vive il tormento di trafficare all'ombra di un mestiere evaporato, soffocato da un senso di velleitarismo e d'impotenza. Può sorgere una sorta di resa apatica proprio come quando per il malfunzionamento di una qualche ghiandola endocrina si registra un netto calo della libido. Si soffre un doloroso stato di inadeguatezza, la scomparsa dell'eroismo che vince la depressione cede il posto a quella demotivazione che abbatte l'eroico volontarismo creativo. Già s'era avuta più di una trepidazione nel sapere che l'arte s'era trasformata da ultimo quasi soltanto in un bene atto a produrre *capital gain*, considerata un bene rifugio, un *asset class*, un aggregato, una commodity proprio come soia, cacao, bulk chemical, nickel, gas naturale, maiali e, come scrive Jean Clair, si sia davvero in un rigido inverno della cultura dove "l'artista non ha armi se tutto il sistema è in mano a una strana oligarchia finanziaria, due o tre gallerie per lo più d'oltreoceano, un paio di case d'asta e alcune istituzioni pubbliche". Nel recentissimo *Bolle, Baraonde e Avidità*, l'economista Donald Thompson della Harvard Business School scrive causticamente che "la domanda e i prezzi delle opere son dettati dai super ricchi, dai fondi sovrani, dagli agenti e dalle transazioni esentasse".

Il prezzo fissa anche il valore artistico delle opere in omaggio al ben noto assioma del *ciò che più costa più vale*. Par di risentire la voce querula di Andy quando sentenziava: "*The good business is the best art*" o si può ancora fremere alle dichiarazioni di Thomas Hoving, già direttore del Metropolitan Museum di New York, quando sentenziava: "L'Arte è sexy, l'arte è soldi sexy, arrampicata sociale fantastica". Prezzi miliardari e super guidati vivono senza rapporto o raffronto di valore, cifre accettate come valori estetici assoluti. Proprio Jean Clair ci ricorda come vendere opere d'arte contemporanea equivalga ai traffici immobiliari e finanziari dove si può vendere qualsiasi cosa, persino il quasi niente.

Sembrerà paradossale ma è soltanto con questa consapevolezza che si potrà ancora accettare l'impari sfida del teorizzare e progettare arte. Non essere coscienti dei lati oscuri, fidarsi alla cieca dell'esteriorità dell'*Artworld* significa, in fondo, annientare il potere critico che vuole ancora sapere di un'arte influente, *meno esteriore*, la ricerca di un atteggiamento ancora fiducioso in *un'arte che non sia una fuga dal sé*. La scelta potrà essere ancora *tra anima e distrazione*, *tra vanità ed esteriorità* o *ricerca di una sorta di nuovo misticismo* di cui già si sente dire come eco ancora lontano dagli studi di James Elkins, dal desiderio di spiritualità proprio come era stata pensata da Matthias Grünewald, o Théodore Géricault, Vasilij Kandinskij, Mark Rothko, paladini di un'arte profonda.

Arte influente, allora, che in una sorta di transfert totale riesca persino a disattivare le distrazioni dell'esteriore e del mondano e dare vita a un rapporto con l'opera unico e indimenticabile. Lo racconta Marcel Proust nel suo saggio *Sulla lettura*, quando da giovanissimo tenta di proteggere il tempo sacro della lettura dagli assalti del mondo esterno, *quei poveri ostacoli* a cui non può sottrarsi per scoprire poi che quel mondo disturbante può persino essere parte viva di un vissuto emozionale arricchendone la memoria. L'esercizio non facile di mediare la propria anima con quella che si considera una realtà perturbante ci consente allora di *trasformare l'esteriorizzazione dannosa e dispersiva in un valore armonico*, che ci potrà forse salvare dall'implacabile e malinconico allentamento da noi stessi.

Note conclusive

Ora: mollare la partita o provare a vivere coscientemente la propria solitudine, provare a vivificare in luce di ragione la propria condizione melanconica? Pensare, intanto, come condizione per credere di potersi riparare in un luogo sicuro. Pensare e poi scrivere, raccontare per capirsi e capire, è una sospensione necessaria per cercare una luce, sia pure flebile e individuale, per fingere di credere di potersi riparare in un luogo sicuro.

Travolgente il pensiero di Thomas Bernhard nel suo romanzo del 1978, *Il respiro. Una decisione*, quando scrive: "L'artista [...] ha addirittura l'obbligo di farsi ricoverare di tanto in tanto in ospedale, e poco importa se questo ospedale è un ospedale vero e proprio o una prigione o un convento [...]. L'artista [...] che non si faccia di tanto in tanto ricoverare in ospedale, che non si faccia perciò ricoverare in un quartiere del pensare [...] finisce col tempo per smarrirsi nella futilità perché rimane impigliato alla superficie delle cose" (*Der Atem / Eine Entscheidung*).

La domanda allora sarà: l''arte contemporanea vuole rendere il mondo migliore o soltanto essere un divertimento sofisticato? Lotta è impari, marginalità, solitudine dove l'unica medicina è il rifugio in seno alla *malinconia* rivolta al mondo, quella che in Dürer si rivolge verso l'interiorità quella *Besonnenheit* (Riflessione consapevole) suggerita da Aby Warburg.

Vincent Van Gogh – "Se non studio e non cerco più sono perduto" – nel *Borinage* (1878-80) scrive a Theo: "Invece di cedere alla disperazione ho preso la via della malinconia attiva, per quel tanto di energia che avevo, o in altri termini, ho preferito la malinconia che spera, che aspira e che cerca a quella che, cupa e stagnante, dispera".

Presentations of the Eranos-Jung Lectures

On Cancel Culture. From Judging to Lynching:

Repressions and Discriminations in the Name of Morality

Presentazioni delle Eranos-Jung Lectures

Sulla *cancel culture*. Dal giudizio al linciaggio:

rimozioni e discriminazioni in nome della morale

Monte Verità, Ascona

2022

Contro il dogmatismo: per un'analisi critica della "*cancel culture*" e delle politiche identitarie[1]

Cinzia Sciuto

Frankfurt / *Francoforte*, Germany / *Germania*
June / *giugno* 2022

Quello che va sotto il cappello di *cancel culture* è uno di quei classici temi che si prestano a essere trattati come un grande calderone in cui ciascuno mette un po' quello che vuole, facendo un minestrone di cose che fra loro magari c'entrano poco.

A me i calderoni non piacciono, preferisco di gran lunga i setacci. Per questo nella prima parte di questo intervento tenterò di utilizzare il setaccio per separare, distinguere, tirare fuori dal minestrone i singoli ingredienti che sono stati gettati dentro a casaccio, analizzandoli uno per uno e cercando di capire se ha senso metterli tutti insieme nel calderone oppure no[2]. Per ognuna delle fattispecie individuata, cercherò di mettere in luce due facce della medaglia. L'espressione *cancel culture* è infatti molto parziale e fa rifermento

---

1 Il testo di questa relazione è la rielaborazione dei seguenti due saggi dell'autrice: "Contro il dogmatismo. Per un'analisi critica della *cancel culture*", in: "MicroMega", Vol. 4, luglio 2021, e "Il vicolo cieco dell'identità. *Identity politics* e *cancel culture*", in: AA.VV., *Non si può più dire niente? 14 punti di vista su politicamente corretto e cancel culture*, UTET, Milano 2022.

2 Non mi riferirò tanto a casi concreti quanto piuttosto fattispecie generali. Per una rassegna di episodi relativi a pressoché tutte le fattispecie qui analizzate si rimanda a I. Colanicchia, "La dittatura del politicamente corretto: una rassegna", in: "MicroMega", Vol. 6, 2018.

solo alla faccia della "cancellazione", mentre ognuno di questi fenomeni ne ha anche un'altra, che è quella del riconoscimento.

Nella seconda parte invece mi chiederò cosa c'è dietro questi fenomeni, approfondendo la questione del riconoscimento e cercando di spiegare perché la via identitaria non è la migliore per i movimenti di emancipazione.

I – Le diverse fattispecie di cancel culture

Canoni letterari, fra cancellazione e riconoscimento

La prima fattispecie in cui ci imbattiamo è la richiesta di eliminare dai canoni letterari, artistici o musicali alcuni autori o di modificare romanzi, opere liriche o poetiche eliminando o edulcorando espressioni o parti del racconto. Il tutto perché gli autori o le espressioni in questione sarebbero razzisti o misogini o comunque discriminatori verso un qualche gruppo.

A me pare che questa richiesta provenga dal fatto che nei classici pretendiamo di rispecchiare noi stessi o, ancora meglio, di trovare un canone non letterario, artistico, musicale ma morale. Naturalmente se trattiamo i classici come dei libri sacri, è ovvio che ci ritroveremo nella imbarazzante situazione di leggere cose che alle nostre orecchie suonano moralmente inaccettabili e dunque toccherà adoperarsi per espungere da essi tutto ciò che è completamente inconciliabile con una sensibilità moderna e democratica. È peraltro quello che tentano di fare coloro che, non volendo rinunciare al loro carattere sacro e non accettando di trattarli come normali opere letterarie, si affannano (con scarsi risultati peraltro) a interpretare la Bibbia o il Corano per renderli compatibili con i valori della democrazia, del pluralismo, con i diritti delle donne eccetera. Un atteggiamento, questo, profondamente antilluministico e dogmatico, condiviso sia da chi vuole far fuori autori e libri dai corsi di studio perché razzisti e misogini sia da chi li considera intoccabili perché sacri. Basterebbe assumere un atteggiamento critico per comprendere che il fatto che un autore possa essere considerato razzista e/o misogino non ne mina automaticamente il grande valore letterario, artistico, filosofico che, per inciso, va di norma ben oltre la finitezza (talvolta misera) della persona. Immanuel Kant era certamente, con gli occhi di oggi, razzista e misogino, eppure la sua filosofia morale è il fondamento su cui abbiamo potuto costruire quella morale universale che ci ha consentito di mettere in discussione razzismo e misoginia. Perché gli autori, anche i grandi classici, sono esseri umani finiti, delle "bestiole umane, fottute non meno che sacre", per citare Eduardo Galeano, mentre spesso le loro opere li trascendono. Per cui diciamo che questa prima fattispecie rappresenta un non problema: i classici non vanno né idolatrati né cancellati, ma semplicemente studiati.

Come dicevo, però, pressoché ogni fattispecie di questa rassegna ha due facce. L'altra faccia della richiesta di cancellazione di autori e opere è la richiesta di inserimento di nuovi autori e opere, ossia di aprire i canoni ad autori e opere che, sempre per il razzismo e la misoginia di cui sopra, sono stati ingiustamente ignorati.

Qui il discorso si fa ben più interessante perché ci induce a riflettere sui motivi per i quali dentro questi canoni troviamo di fatto solo una tipologia umana: quella del maschio bianco aristocratico. La prima ragione risiede ovviamente nel fatto che, in quanto storicamente svantaggiate, le altre categorie di persone di fatto hanno avuto meno occasioni per sviluppare i propri talenti. Virginia Woolf ha magnificamente descritto questo fenomeno, con riferimento alle donne, immaginando come un'ipotetica sorella di Shakespeare non avrebbe mai avuto la possibilità di diventare effettivamente «Shakespeare», perché non avrebbe avuto modo di studiare, di viaggiare e di fare tutte le esperienze che all'epoca erano consentite a un uomo. Moltiplicatelo per milioni di donne nei secoli e avrete spiegata la quasi totale assenza di opere di donne nei canoni consolidatisi proprio in quei secoli che videro la loro esclusione dallo spazio pubblico.

Di questo noi naturalmente possiamo rammaricarci e soprattutto su questo possiamo lavorare affinché in futuro l'ipotetica sorella di Shakespeare abbia le stesse identiche possibilità di sviluppare le proprie capacità del fratello, ma – ahimè – i talenti perduti non sono recuperabili. Ora, i detrattori di questo tipo di richieste si fermano qui dicendo "spiacenti, le cose sono andate così, fatevene una ragione e andiamo avanti". C'è però un secondo livello che costoro non vogliono vedere, perché li chiama direttamente in causa e non consente di fare semplicemente spallucce. Se è vero, infatti, che la stragrande maggioranza delle ipotetiche sorelle di Shakespeare non ha potuto che soccombere al proprio destino, qualcuna però per varie vicissitudini personali è riuscita comunque a sviluppare il proprio talento, producendo opere letterarie e artistiche che hanno avuto enormi difficoltà ad affermarsi in una società maschilista e misogina. Basti pensare a quante scrittrici hanno preferito scrivere sotto pseudonimi maschili, ricorrendo all'anonimato o addirittura usando i nomi dei mariti proprio per prevenire l'ostracismo dell'ambiente letterario e poter scrivere liberamente. Opere, queste, che dunque esistono e che è nostra precisa responsabilità riportare alla luce, dando loro il posto che meritano accanto ai classici già riconosciuti come tali.

Statue, fra storia e memoria

Negli scorsi mesi il movimento Black Lives Matter ha messo sul tavolo un altro tema che va sotto il cappello della *cancel culture*, ossia la rimozione delle statue che rappresentano personaggi storici che incarnano valori non democratici. Il tema delle statue riguarda sì il passato ma nell'ottica della costruzione della nostra identità di oggi e di quello che vogliamo essere nel futuro. Qui viene in aiuto la distinzione fra storia e memoria. La prima, pur non essendo una scienza dura, mira a ricostruire i fatti nella maniera più oggettiva possibile e non può per definizione scegliere, selezionare gli eventi o i personaggi se non sulla base del mero criterio della rilevanza storica (che naturalmente è tutt'altro che oggettivo, ma qui entreremmo in una discussione storiografica che esula dal nostro tema). La memoria è invece per sua natura selettiva e quando per esempio si parla della memoria storica di un Paese – quella memoria che, si dice, dovrebbe essere il più possibile "condivisa" affinché il Paese sia unito – è inevitabile non solo selezionare ma anche, e soprattutto, giudicare, scegliere da che parte stare. Nella costruzione della memoria storica i simboli, tra cui le statue, giocano un ruolo cruciale e la valutazione sull'opportunità o meno di rimuoverli va fatta di volta in volta, valutando il momento, il contesto, le motivazioni, gli obiettivi. È insomma una valutazione politica e non storica. Naturalmente rimuovere una statua da una piazza non significa cancellare il personaggio che quella statua rappresenta dai libri di storia: non abbiamo statue di Mussolini in Italia (almeno non nello spazio pubblico, qualche busto del duce si ritrova nelle case e nei locali di alcuni nostalgici) ma ovviamente i libri di storia gli dedicano pagine e pagine. Di nuovo: storia e memoria, soprattutto conoscenza storica e idealizzazione morale e politica, sono due cose diverse.

C'è poi un altro elemento che gioca un ruolo cruciale in questo ragionamento: la distanza storica, ossia *quanto* quelle statue ci parlano ancora e *cosa* ci dicono. Immagino che nessuno neghi il diritto e persino il dovere di rimuovere i simboli di una dittatura all'indomani di una rivoluzione ma a nessuno verrebbe in mente di abbattere oggi la statua dell'imperatore Marco Aurelio in Campidoglio, perché oggi quella statua è soprattutto parte dell'enorme patrimonio artistico della capitale, come il Colosseo che oggi ammiriamo non certo per gli orrori che vi si consumavano al tempo in cui fu costruito ma per il suo valore artistico e architettonico. Insomma, i simboli mutano nel tempo il proprio significato. Da questo punto di vista le ferite che la schiavitù ha inferto per esempio nella società statunitense sono ancora talmente vive che è comprensibile che alcune statue di personaggi che, fra le altre cose, erano anche mercanti di schiavi oggi vengano avvertite quanto meno come fuori luogo.

Naturalmente, anche se storia e memoria sono e devono essere distinte, non c'è dubbio che il progredire della ricerca storica possa contribuire al mutamento di sensibilità collettiva e dunque anche al mutamento del significato di un simbolo. Quando ero studentessa a Roma abitai per qualche anno in via dell'Amba Aradam e solo dopo diverso tempo che abitavo lì mi ritrovai a riflettere sul fatto che quella via è stata intitolata così in memoria della battaglia dell'Amba Aradam del 1936, che si concluse con una netta vittoria del maresciallo Badoglio. Una vittoria dovuta anche a un vero e proprio massacro perpetrato dall'esercito italiano che fece larghissimo uso dell'iprite, un gas urticante rilasciato a bassa quota anche sui civili, e di proiettili all'arsina e al fosgene, fortemente tossici. Fra soldati e civili morirono in quella battaglia 20 mila etiopi. Sappiamo perfettamente che la storia del periodo coloniale italiano è una storia che per molti anni è stata raccontata a metà[3] e sulla quale non c'è ancora quella distanza storica che ci consente di guardare a questi eventi con lo stesso distacco con cui guardiamo al Colosseo. Per cui se oggi un comitato di cittadini, alla luce di una nuova sensibilità e di conoscenze storiche più precise, proponesse di modificare il nome di quella via, magari intitolandola alle Vittime del massacro dell'Amba Aradam, non rubricherei questo come un tentativo di cancellare la storia, ma anzi di farvi finalmente luce.

Se cade un mito

Una fattispecie di *cancel culture* ancora diversa è la richiesta di mettere al bando scrittori, filosofi, attori, registi non per quello che pensano, dicono o scrivono ma per quello che fanno o hanno fatto nella loro vita privata. Il riferimento è ai casi – emersi in particolare con il movimento #MeToo – di attori e registi accusati di molestie (non sempre con accuse circostanziate in tribunale) e per questo estromessi dai film o dalle serie tv cui stavano lavorando. La vicenda

3 Si veda V. Deplano, "I crimini coloniali dell'Italia", in: "MicroMega", Vol. 7, 2020.

forse più nota è quella di Kevin Spacey che, accusato di molestie da diversi uomini, è stato letteralmente cancellato dalle scene di un film già finito e montato, scene che sono state girate nuovamente con un altro attore.

Un movimento come quello del #MeToo, onda spontanea senza direzioni univoche, ha come obiettivo non tanto le singole persone ma la rottura di un sistema nel quale le molestie sono pane quotidiano ed è da questo obiettivo che scaturiscono le denunce, perché quello delle molestie è un tipico fenomeno che si nutre di omertà: tutti sanno ma tutti tacciono[4]. Il metodo "colpirne uno per educarne cento" può però rivelarsi molto pericoloso perché finché l'uno che viene colpito è un personaggio come Harvey Weinstein (riconosciuto colpevole di violenza sessuale e stupro e condannato a 23 anni di carcere) poco male, ma nel tritacarne può finire chiunque con livelli di gravità delle colpe eventualmente commesse molto diversi fra loro e anche con un potere interno al sistema molto diverso.

A questa fattispecie si possono applicare gli stessi ragionamenti che abbiamo fatto a proposito dei classici e delle statue. Si pretende che l'attore, il regista, il cantante eccetera siano anche esempi di vita, mentre il piano intellettuale/artistico va distinto da quello della persona. L'eventuale abiezione morale (e talvolta anche penale) non cancella il valore dell'opera. Certo, su persone viventi, non ancora dei classici, il discorso è in parte diverso perché il proprio valore professionale dipende almeno in parte anche dalla propria credibilità e serietà. Insomma, anche in questo caso: non è possibile avere un atteggiamento dogmatico in un senso o nell'altro, ma val la pena analizzare i singoli casi e valutare con spirito critico.

4 Per un approfondimento sul movimento #MeToo, rimando al mio "Meriti e limiti del #MeToo", in: "MicroMega", Vol. 6, 2018.

La cultura non è un territorio da marcare

L'ultima frontiera della *cancel culture* è quella della cosiddetta "appropriazione culturale", accusa lanciata a chi appartenente alla cultura "A" (considerata dominante) faccia uso di tradizioni, usi, costumi della cultura "B" (considerata svantaggiata).

È quanto accaduto per esempio alla scrittrice statunitense Jeanine Cummins per il romanzo *Il sale della terra*, la cui protagonista è una libraia messicana: Cummins è stata accusata di essersi "sostituita" alla voce dei migranti messicani da una posizione privilegiata, assecondando stereotipi e pregiudizi. Da un lato le si rinfaccia di aver tratteggiato in modo stereotipato i migranti messicani, cosa che avrebbe fatto proprio perché non ne conosce direttamente e personalmente l'esperienza, dall'altro si sottolinea come l'industria libraria non dia voce ad autori con background diversi, che magari conoscono meglio queste realtà.

Nello stesso filone si inserisce anche la vicenda della traduzione delle poesie di Amanda Gorman, poetessa nera americana: nei Paesi Bassi l'editore Meulenhoff aveva assegnato la traduzione dei suoi lavori a Marieke Lucas Rijneveld, scelta contestata su giornali e social network da diverse attiviste che hanno accusato l'editore di aver preferito un autore bianco a svariate donne nere che sarebbero state più indicate[5]. Perché? Perché con l'autrice delle poesie queste ultime condividevano un vissuto, elemento considerato fondamentale per poter meglio interpretare il senso delle sue poesie.

Ancora più recente è il caso dello sceneggiatore e produttore televisivo britannico Stephen Russell Davies, autore della serie *It's a Sin*, che ha dichiarato che i personaggi omosessuali dovrebbero essere interpretati solo da omosessuali[6]. Una scelta che si inserisce

5 Su questa vicenda, si veda l'articolo di M. Testa," Chi può tradurre Amanda Gorman? Quando si confondono letteratura e marketing", in: "MicroMega online", 2 aprile 2021, tinyurl.com/ycku9y8x.

6 C. Kaiser, "Should Straight Actors Play Gay Roles? A Star TV Writer Says No", in: "New York Times", 24 febbraio 2021, tinyurl.com/aa33sr8m.

nel filone delle politiche di Diversity and Inclusion portate avanti da molte aziende.

Amazon Studios ha pubblicato un *Inclusion playbook*[7], nel quale, partendo dalla innegabile premessa che «alcuni gruppi rimangono in gran parte invisibili sullo schermo, in particolare i personaggi di gruppi razziali/etnici sottorappresentati, i ruoli lgbtq+ e i personaggi con disabilità», si chiede ai futuri direttori di casting che «per i diversi ruoli vengano presi in considerazione attori di talento a prescindere dal loro background». Intenzioni nobilissime e condivisibili, naturalmente. Il terreno diventa però scivoloso quando al direttore di casting si chiede di scegliere «una persona la cui identità corrisponde al ruolo che deve interpretare»: cosa vuol dire esattamente? Finché diciamo che una persona di colore va interpretata da una persona di colore (e non come si usava un tempo da un bianco con la pelle scurita dal trucco), così come un uomo da un uomo e una donna da una donna (ai tempi di Shakespeare le donne non potevano recitare e per questo i ruoli femminili venivano interpretati da uomini opportunamente truccati e travestiti da donne) possiamo convenirne. Ma fino a dove si può spingere questa coincidenza fra l'"identità" dell'attore nella vita reale e il personaggio? Quante volte attori molto giovani sono stati appositamente invecchiati per interpretare dei personaggi molto più vecchi? Forse che non ci sono attori anziani da ingaggiare per quei ruoli? Certo che sì, ma nella libertà di sceneggiatori e registi deve essere inclusa anche questa, o no? E non vogliamo qui tirare in ballo la privacy: perché mai un attore dovrebbe rendere noto il proprio orientamento sessuale in fase di selezione per un personaggio omosessuale?

Non c'è dubbio che tutto questo movimento abbia avuto il grandissimo merito di sensibilizzare verso la sottorappresentazione di alcune categorie di persone. Nella serie tv *Designated Survivor* Michael J. Fox interpreta un cinico avvocato. L'attore, divenuto famoso negli anni Ottanta per *Ritorno al futuro*, da diversi anni è affetto da

7 Si veda il sito di Amazon Studios, tinyurl.com/yx7vrwzp.

una grave forma di Parkinson giovanile che lo ha progressivamente costretto ad allontanarsi dai set per gravi problemi di mobilità. Probabilmente fino a qualche anno fa a nessuno sarebbe venuto in mente di chiamare un attore disabile, seppure del calibro di Fox, a interpretare un ruolo in cui la disabilità non è centrale. È altamente probabile che la scelta sia caduta su Fox proprio per soddisfare le nuove esigenze di *Diversity, Equity and Inclusion*, e infatti nella se- rie compaiono anche diversi attori e attrici di colore, ci sono personaggi omosessuali eccetera. E questo dimostra che talvolta queste misure possono innescare dei meccanismi virtuosi, rompendo i bias che inevitabilmente guidano le nostre scelte. Per cui ben vengano[8].

Se però non diventano dogmi. Perché l'idea che solo chi ha vissuto personalmente un'esperienza possa parlarne, scriverne o addirittura interpretare un ruolo legato a essa, può essere pericolosa. E questo per almeno tre motivi:

1. innanzitutto, rappresenterebbe la tomba della politica, dell'arte, della letteratura, del teatro, del cinema: tutti ambiti nei quali centrale è esattamente la capacità di trascendere la propria situazione contingente e mettersi nei panni degli altri;
2. in secondo luogo, non è affatto sempre vero che chi ha vissuto un'esperienza sia anche capace, per il solo fatto di averla vissuta, di riflettere su di essa, di analizzarla, di approfondirla, di metterla in discussione, di farne opera letteraria o di interpretarla a teatro o in un film. Anzi, molto spesso accade che chi vive un'esperienza, e proprio per questo, non sia nelle condizioni di guardare a essa con la giusta distanza critica;
3. infine: coloro che hanno vissuto una certa esperienza, che fanno parte di uno stesso gruppo, che condividono quel pezzetto di identità, sono persone tra loro anche molto diverse, ciascuna con il proprio singolo, irripetibile vissuto, e ciascuna con il proprio personale rapporto con quel pezzetto di identità.

---

8 Rimando al mio "L'invisibilità delle donne e il ruolo degli operatori della cultura", in: "MicroMega online", 17 settembre 2020, tinyurl.com/yckzvr7v.

Anche in questo caso però le facce della medaglia sono almeno due: se infatti non ha nessun senso sostenere che bisogna aver vissuto sulla propria pelle certe esperienze per poterne parlare o scrivere o per interpretare un ruolo, qualche attenzione merita invece la denuncia di un sistema editoriale e mediatico che fa ancora fatica a riconoscere il valore letterario di autori appartenenti a categorie storicamente svantaggiate e di un immaginario cinematografico in cui a farla da padrone è solo una tipologia umana. Rimanendo nell'ambito letterario, l'auspicio sarebbe quello di riuscire a trovare un modo di scuotere questo sistema, inducendolo ad abbandonare la pigrizia e a dare il giusto rilievo al valore letterario di autori appartenenti a categorie storicamente svantaggiate senza che per fare questo si debbano colpevolizzare autori che nella loro piena libertà artistica devono poter parlare di qualunque esperienza, più o meno vicina alla propria. Sarà poi la qualità della loro opera a decretare se sono buoni scrittori o meno. Che poi è l'unica cosa che conta.

Mi offendo dunque sono

Nel dibattito su *cancel culture* e politicamente corretto un ruolo centrale lo gioca la categoria dell'"offesa". Quella che nasceva come sacrosanta rivendicazione di correttezza del dibattito pubblico, che deve svolgersi sulla base di argomentazioni razionali e non a colpi di offese, insulti e stereotipi, è piano piano diventata una clava brandita contro qualunque osservazione critica. La propria sensibilità offesa è diventata una sorta di altolà che viene sollevato di fronte a qualunque interlocutore osi mettere in discussione i presupposti della propria identità, creando in tal modo delle zone franche – dei tabù – nelle quali la critica non è più ammessa.

Le femministe che ribadiscono la differenza biologica fra uomini e donne e che ritengono che essa debba continuare a essere la base per il riconoscimento di alcuni diritti delle donne vengono bollate come Terf (femministe radicali trans-escludenti) e accusate di transfobia da coloro che invece ritengono che donna* (sì, esatto, donna-con-l'asterisco: così in ambiente tedesco inizia a essere scritta la parola *Frau*, donna appunto, a indicare che ci si riferisce all'identità di genere e non a un dato di fatto biologico[9]) sia chiunque così si senta[10]. Chi sostenga che il velo è un simbolo di segregazione e di oppressione della donna è immediatamente accusato di islamofobia e messo nelle condizioni di non poter argomentare la sua tesi[11]. Nelle università americane i corsi di studio vengono ormai sistematicamente introdotti da *trigger warnings* che mettono in guardia alcune categorie di studenti dal fatto che i contenuti del corso potrebbero urtare la loro sensibilità, e nelle case editrici americane si stanno diffondendo i cosiddetti *sensitivity readers*, figure che hanno il compito di verificare che il testo in via di pubblicazione non contenga rappresentazioni inesatte, stereotipate, offensive di una certa comunità, o linguaggio "problematico".

La questione è altamente complessa ed entrano in gioco almeno due livelli. Il primo è il contesto: non esistono, non possono esistere, parole vietate in assoluto. Esistono contesti diversi nei quali è importante saper riconoscere qual è il registro adatto. E dunque, esattamente come nel caso delle statue, i giudizi si possono dare solo caso per caso. La politica non è uguale alla satira, la satira non è uguale al giornalismo, il giornalismo non è uguale alla letteratura, un convegno accademico non è equivalente a una bacheca Facebook

9 Si veda per esempio S. Arndt, *Sexismus: Geschichte einer Unterdrückung* (Sessismo: storia di una sottomissione), C.H. Beck, München 2020.

10 Lo Statuto delle donne del Partito dei Verdi tedeschi (bit.ly/3aKz7Pc) stabilisce che "con il concetto di 'donna' si intende chiunque si definisca tale". Sulla base di questo Statuto Tessa Ganserer, donna trans, è stata eletta nella "quota donne" al parlamento tedesco. Si veda C. Sciuto, "Germania: la prima donna trans in parlamento accende il dibattito", in: "MicroMega online", 22 febbraio 2022, bit.ly/3IKxUnr.

11 Del velo e il suo significato, non solo nella tradizione musulmana, ho parlato diffusamente in C. Sciuto, *Non c'è fede che tenga. Manifesto laico contro il multiculturalismo*, Feltrinelli, Milano 2020 (2018[1]), pp. 68 sgg.

eccetera. E ciascuno di questi ambiti ha una sua precisa "grammatica" che fornisce la cornice e il senso di ciò che si sta dicendo o scrivendo.

Quello che certamente è inaccettabile è che un professore di Letteratura italiana negli Usa si senta costretto a fare lunghe premesse e a usare giri di parole quando vuole parlare ai suoi studenti americani di Salvatore Nigro[12], illustre critico letterario la cui unica colpa è avere un cognome che ha un'assonanza con la parola "nigger", parola ormai talmente vietata negli Usa che se è necessario usarla, per esempio in una frase come quella che avete appena letto, viene scritta così: "n-word".

Così come è inaccettabile che una studentessa musulmana che indossa il velo pretenda che nel suo dipartimento non venga più invitato uno studioso che in una conferenza aveva sottolineato gli aspetti patriarcali del velo[13].

E con questo veniamo al secondo aspetto del problema: chi decide quando qualcosa è offensivo? La studentessa in questione si è sentita offesa da semplici affermazioni sul significato del velo fatte in toni del tutto sereni e fondate su argomentazioni precise nell'ambito di una conferenza universitaria. E l'"offesa" può raggiungere livelli tali da minacciare la stessa vita delle persone coinvolte: nel 1989 l'ayatollah Khomeini lanciò una fatwà contro Salman Rushdie ritenendo che i suoi *Versetti satanici* offendessero i musulmani e nel 2015 la redazione di *Charlie Hebdo* fu massacrata per aver osato pubblicare delle vignette di Maometto, vignette che nell'ottobre del 2020 il professore Samuel Paty ha mostrato in classe nell'ambito di una lezione sulla libertà di espressione a pocjhi giorni dall'inizio del processo contro gli attentatori di *Charlie*, subendo la stessa tragica fine. A chi invoca la pretesa di non essere offeso non interessa il contesto (un

---

12 L'episodio è raccontato da Alessandro Carrera in *Anatomia degli Stati Uniti. Diario di un amore difficile*, Luca Sossella, Roma 2021, p. 70.

13 L'episodio è raccontato da Sandra Kostner nell'intervista "Basta con le intimidazioni morali all'università!", in: "MicroMega online", 17 marzo 2021, bit.ly/3cnYZxP.

romanzo, un giornale satirico, una lezione di educazione civica) ma esclusivamente la propria immunità a qualunque critica.

L'argomento fantoccio continuamente opposto a chi rivendica la necessità di un dibattito pubblico libero da tabù è il solito: «Allora voi volete l'offesa libera!», facendo finta di non conoscere la differenza fra offesa diretta a una persona, o a un gruppo di persone, e critica, anche radicale e urtante, a un'idea, a una prassi, a una tradizione, a una opinione, a una fede.

Ma la fallacia dell'argomento fantoccio è facile da smascherare, perché viene applicato solo ad alcune categorie, quelle considerate (a torto o a ragione) oppresse o comunque discriminate. Se io, infatti, affermo che il cattolicesimo è il brodo di coltura nel quale il sistema patriarcale ha trovato nutrimento per secoli, nessuno mi accuserà di "cattolicofobia" perché è evidente che mi sto riferendo a un sistema e non alle singole persone di fede cattolica (molte delle quali peraltro sarebbero perfettamente d'accordo con la mia affermazione). Tutt'al più chi non è d'accordo mi dirà che ho torto e cercherà di convincermi del contrario. Se però nella stessa frase sostituisco "islam" a cattolicesimo, divento immediatamente "islamofoba", un'accusa che ha il grande vantaggio (per chi non ama il dibattito pubblico) di troncare sul nascere qualunque discussione. Ma davvero il modo migliore per tutelare i gruppi discriminati è renderli immuni da qualunque critica? Non ci si rende conto che questa è essa stessa una forma di discriminazione, e delle peggiori, perché di fatto non riconosce i membri di quel gruppo come soggetti autonomi? E davvero si fa finta di non vedere che le comunità, anche le più minoritarie e oppresse, possono rappresentare esse stesse delle fonti di oppressione nei confronti dei loro membri e che renderle immuni dalle critiche non fa altro che rafforzare chi, al loro interno, detiene il potere?

La sensibilità offesa poi non può essere il parametro della libertà di espressione, non fosse altro che per l'estrema variabilità e soggettività del suo contenuto. Chi stabilisce cosa è offensivo e cosa no?

Rimanendo nell'ambito della critica alle religioni, la suscettibilità alle offese aumenta all'aumentare del grado di fondamentalismo: accettare che sia il soggetto offeso a stabilire i limiti della libertà di espressione significa di fatto delegare questo compito ai più fondamentalisti. Kenan Malik, nel suo libro *Il multiculturalismo e i suoi critici*, riferisce il seguente episodio accaduto poco dopo la pubblicazione sul quotidiano danese "Jyllands-Posten" delle vignette su Maometto che hanno scatenato reazioni violentissime nel mondo musulmano: "Il parlamentare danese Naser Khader, che è musulmano sebbene non osservante, racconta di una conversazione avuta con Tøger Seidenfaden, direttore di 'Politiken', un giornale di sinistra molto critico verso le vignette. 'Mi disse che le vignette offendevano tutti i musulmani,' ricorda Khader, 'e gli dissi che io non ero offeso'. Lui rispose: 'Ma lei non è un vero musulmano'"[14].

II - Il vicolo cieco dell'identità

Tutti i casi riconducibili all'orizzonte della cosiddetta *cancel culture* hanno in comune un elemento: la richiesta di riconoscimento di una identità che si presume negata.

Ma di cosa parliamo quando parliamo di identità? Identità etnica, identità religiosa, identità di genere, identità culturale, identità politica, identità sociale, identità psicologica: in ognuno di questi casi la parola "identità" assume significati diversi, talvolta persino incompatibili fra loro.

Fare politica con l'identità: un ossimoro

L'identità ha che fare con il mondo dei fatti (e del caso): il fatto di essere bianchi o neri, maschi o femmine, di essere nati in un posto invece che in un altro, in una certa famiglia invece che in un'altra,

14 K. Malik, *Il multiculturalismo e i suoi critici. Ripensare la diversità dopo l'11 settembre*, Nessun Dogma, Roma 2016, p. 68.

di essere stati educati nell'ambito di una certa cultura invece che in un'altra.

La politica (in senso lato) invece ha a che fare con il mondo dei valori (e delle scelte). E Max Weber, e Hume prima di lui, ci ha insegnato che dai fatti non si possono dedurre valori. Il che però non significa naturalmente che i due mondi siano incomunicanti e soprattutto indifferenti l'uno all'altro, anzi. Perché i fatti hanno una straordinaria importanza nel determinare le condizioni nelle quali ciascuno di noi si trova a vivere, e dunque anche i nostri valori: «Nascere donna a Kabul o a Oslo non ha lo stesso significato», sintetizza efficacemente Amin Maalouf[15]. E per condurre qualunque azione politica – e l'attività culturale è azione politica nel senso più pieno – si devono naturalmente conoscere le condizioni di fatto. Che però rappresentano il punto di partenza, non l'obiettivo dell'azione politica stessa, la quale non può rinunciare a essere guidata da valori. Distinguere i fatti dai valori non significa sostenere dunque che i fatti non abbiano nessuna rilevanza, ovviamente, ma semplicemente che fra i primi e i secondi non c'è una relazione di implicazione biunivoca.

Se dunque l'azione politica è guidata e fondata sulla comunanza di valori e se i valori non si possono dedurre dai fatti, può la comunità di azione politica coincidere con una comunità identitaria? O meglio: può una comunità identitaria – nella quale dunque gli individui sono accomunati da fatti – diventare fondamento di azione politica?

L'identità di ciascuno di noi è un prisma dalle mille sfaccettature. Ciascuna di esse dice qualcosa della nostra identità ma nessuna di esse la esaurisce. Ma soprattutto la mia identità non è la mera somma aritmetica delle diverse sfaccettature, ma una combinazione unica in cui i diversi elementi vengono tessuti insieme grazie alla mia esperienza, ai miei convincimenti politici, etici, alla mia capacità critica, alle relazioni con gli altri... È ovvio che in questa combinazione ci sarà anche una qualche gerarchia, e a seconda del

15 A. Maalouf, *L'identità*, tr. F. Ascari, Bompiani, Milano 2000 (1998[1]), p. 28.

contesto sociale, storico, politico, culturale eccetera alcuni elementi prenderanno il sopravvento su altri. Ma si tratta di una gerarchia non statica, in continua evoluzione. Ora, quando diciamo che "condividiamo" un'identità stiamo dicendo che apparteniamo a una stessa categoria, per esempio "gli italiani". Ma questa è solo una parte della mia identità. Non condivido *la* mia identità con gli altri italiani, ma solo una tessera del mosaico che costituisce la mia identità, mentre il mosaico intero è unico e non riducibile a nessuna delle sue singole tessere. Dunque: con questa tessera di mosaico condiviso posso farci politica? Certo, posso usarlo per fare politica, ma può essere il fondamento e il fine della mia azione politica?

Da cittadina italiana residente in Germania posso votare alle elezioni amministrative. A Francoforte, dove vivo e dove la presenza di stranieri di diverse origini è molto alta, alle amministrative, a fianco ai tradizionali partiti politici, si presentano diverse liste identitarie: la lista dei polacchi, dei turchi, degli italiani eccetera. Ma perché io dovrei sentirmi meglio rappresentata da "italiani" con i quali so di condividere solo la nazionalità ma dai quali potrebbero separarmi le opinioni politiche? Ovvio che, in quanto "italiani a Francoforte", condividiamo tutti alcune problematiche, ma da qui a dire che rappresentiamo un soggetto politico ce ne corre. Peraltro, le componenti più conservatrici di questi gruppi sono di norma anche quelle più militanti che, anziché presentarsi per quello che sono, ossia forze conservatrici e spesso reazionarie, si ammantano di una pretesa di rappresentatività identitaria.

Altro esempio. Io sono una donna e mi batto per i diritti delle donne: che nesso c'è fra questi due elementi? Fra il fatto di essere donna e il valore "diritti delle donne" per cui mi batto? È sufficiente il primo elemento per implicare il secondo? Evidentemente no, come dimostra la gran quantità di donne che non solo non si battono per i diritti delle donne, ma lavorano pervicacemente per tenere in piedi le strutture del patriarcato.

Se dal fatto di essere donna non posso dedurre i valori politici per cui mi batto, è evidente che la mia comunità di azione politica non può coincidere tout court con quella identitaria delle donne. Con le altre donne – tutte – condivido una determinata esperienza, che però in ciascuna si combina con le altre mille sfaccettature della propria identità contribuendo a dare un risultato finale anche molto diverso in ciascuna. E dunque la comunità di azione politica – se volete: il soggetto politico – non è "dato", ma si costruisce attorno a una condivisione di valori e di obiettivi politici.

È dunque certamente possibile un'azione politica mirata e rivolta esclusivamente a un certo gruppo identitario, ossia a un certo gruppo di individui che condividono una precisa condizione di fatto e che dunque hanno precisi bisogni (le donne, i migranti, i gay eccetera). Il punto però è che quella condizione di fatto può dare luogo a politiche diverse, e infatti esistono molte realtà diverse che "rappresentano" i diversi gruppi identitari perché fondate su valori diversi.

Condividere un fatto, dunque, è una cosa diversa dal condividere un'idea, un principio, un valore, un progetto politico. E viceversa, per condividere un'idea, un principio, un valore, un progetto politico non è necessario che io condivida anche una o più tessere di quel mosaico che è la mia identità.

Identità versus emancipazione

Chi mette al centro della propria azione politica il concetto di identità, deve necessariamente riferirsi a categorie, a gruppi, a etichette, ignorando la complessità delle identità (al plurale) che ciascuno di noi contiene e che, come abbiamo visto, sono in costante evoluzione, in continua ricombinazione.

Ora il gruppo – anche il più piccolo e anche il più oppresso – rappresenta sempre potenzialmente una qualche forma di potere nei confronti del singolo. E una politica di sinistra dovrebbe avere come obiettivo sempre quello di scardinare il potere, qualunque forma esso assuma, fosse anche solo quella di un gruppo nei confronti di un suo membro.

Nel concetto di identità di gruppo (sia a destra sia a sinistra[16]) gioca un ruolo centrale la retorica dell'autenticità, per cui se soddisfi una serie di requisiti sei un "autentico" rappresentante di quel gruppo, altrimenti, nella migliore delle ipotesi, sei un eccentrico che non "rappresenta" il gruppo, nella peggiore, un traditore. Il che ha per effetto che chiunque si ponga in maniera critica nei confronti del gruppo non viene mai preso sul serio come "esponente" o "rappresentante" di quel gruppo. Lo sanno bene, per esempio, le donne musulmane che non portano il velo, completamente ignorate dall'opinione pubblica. Se in un qualunque contesto – che sia un convegno, una trasmissione televisiva o una lista elettorale – si vuole inserire la voce di una "vera" musulmana, la si sceglierà certamente col velo. Con il che è stato già decretato che chi non lo porta non è una "vera" musulmana. E il circolo vizioso è servito. Per non parlare poi dell'appiattimento dello "straniero" sull'appartenenza religiosa, per cui qualunque persona di origine vagamente araba è inevitabilmente associata all'islam, come se non esistessero arabi di altre religioni o atei, così come all'estero noi italiani veniamo immediatamente "catalogati" come cattolici.

Il rischio qui è evidentemente quello che le persone, ciascuna con la propria unica e irripetibile identità e soprattutto con le proprie idee, valori, capacità, competenze, diventino fungibili rappresentanti di un'etichetta.

Il paradosso è che le politiche identitarie, quando sposate da sinistra, hanno il nobilissimo scopo di sostenere l'emancipazione di gruppi discriminati, con l'effetto però di discriminarli ancora di più e, soprattutto, di non riconoscere agli individui che compongono

16 Sulle analogie ideologiche fra l'approccio identitario di destra e di sinistra, si veda A. Pfahl-Traughber, "La dimensione anti-illuministica della sinistra identitaria. Una critica in dieci tesi", in: "MicroMega+", 29 ottobre 2021, tinyurl.com/2p9ykm7j.

questi gruppi il diritto al dissenso rispetto al proprio gruppo (diritto invece sempre garantito ai membri dei gruppi maggioritari).

Il punto non è naturalmente disconoscere che i diversi gruppi hanno delle specificità e dei bisogni precisi. Il punto è che questi sono i punti di partenza e non il fondamento dei diritti. Donne, gay, neri, disabili, anziani, bambini (come vedete la divisione in gruppi e sottogruppi – più o meno minoritari e più o meno discriminati – è anch'essa potenzialmente infinita e ciascuno di noi fa di norma parte di più gruppi contemporaneamente) hanno diritti non in quanto donne, gay, neri, disabili, anziani, bambini, ma in quanto esseri umani. Naturalmente poi l'articolazione concreta di questi diritti dovrà tenere conto delle singole specificità, che però non rappresentano il fondamento in nome del quale quei diritti vengono reclamati.

Il punto molto debole delle soluzioni identitarie in ogni caso (sia quelle negative come la *cancel culture* sia quelle positive come le *identity politics*, il multiculturalismo, le politiche di *Diversity, Equity and Inclusion* delle aziende) è che sono "pigre", perché pretendono di risolvere direttamente e velocemente a valle problemi che invece risalgono a monte e che sono di norma complessi. Naturalmente affermare che i problemi sono complessi, che ci sono cause profonde e che non si risolvono piazzando qui e lì qualche donna, qualche disabile e qualche gay rischia di fungere da alibi per non caricarsi della responsabilità del cambiamento, me ne rendo conto. E tuttavia non dovremmo mai perdere di vista che lo scopo della nostra azione politica e culturale è che non esistano più gruppi discriminati, non accontentarci che i gruppi discriminati siano adeguatamente rappresentanti.

Mimina immoralia. Meditazioni della cultura offesa

Gian Piero Quaglino

Mazzè / *Mazzè*, Italy / *Italia*
October / *Ottobre 2022*

Quando nel dicembre del 1954 uscì per i tipi della casa editrice Einaudi la traduzione italiana dei *Minima Moralia* di Theodor W. Adorno come numero 183 di quella prestigiosa collana in arancione dei Saggi che a partire con il numero 1 del *Voltaire politico dell'Illuminismo* di Raimondo Craveri (1937) aveva spaziato in ampi orizzonti di tempo e di genere ovvero, per rendere l'idea, dal *Diario di uno scrittore* di Fjòdor Dostojevskij a *La crisi della civiltà* di Johan Huizinga, dalle *Memorie* di Madame de Rémusat ai *Saggi sul realismo* di György Lukács, da *I miei ricordi* di Massimo d'Azeglio a *Il lavoro intellettuale come professione* di Max Weber, da *Qualcosa di me. Per i miei amici noti e ignoti* di Rudyard Kipling a *Morte nel pomeriggio* di Ernest Hemingway, dal *Diario (1804-1863)* di Eugène Delacroix alla *Storia delle idee del secolo XIX* di Bertrand Russell, dal *Carteggio Goethe-Schiller* a *Il problema dell'inconscio nella psicologia moderna* di Carl Gustav Jung, da *Classicità e spirito moderno* di Augusto Rostagni al *Crepuscolo del pianoforte* di Beniamino Dal Fabbro, dal *Mozart* di Berhnard Paumgartner alla *Apologia della storia* di Marc Bloch, dal *Diario londinese (1762-1763)* di James Boswell a *Politici ed economisti* di John Maynard Keynes, da *La letteratura americana e altri saggi* di Cesare Pavese a *America primo amore* di Mario Soldati, da *La crisi della coscienza europea* di Paul Hazard a *Problemi umani del macchinismo industriale* di Georges Friedmann, da *Il futuro è già cominciato* di Robert Jungk a *I negri d'America* (sic!) di Arnold Rose, da *La carne, la morte e il diavolo nella letteratura romantica* di Mario Praz a *Saper vedere l'architettura* di Bruno Zevi, da *Riflessioni e pensieri inediti* di Charles de Montesquieu ai *Pensieri di un libertino* di Arrigo Cajumi, da *Viaggio al Congo e ritorno dal Ciad* di André Gide alla *Teoria della classe agiata* di Thorstein Veblen, da *Ragione e fede* di Piero Martinetti a *L'uomo senza miti* di Felice Balbo ecc. ecc. (senza dimenticare – ahinoi! – *Il marxismo e la questione nazionale e coloniale* di un certo Josef Stalin)... ebbene, dicevo, quando nel dicembre del 1954 apparvero i *Minima Moralia* di Theodor W. Adorno con curatela di traduzione e lunga – e dotta – introduzione (più di cinquanta pagine) a firma di Renato Solmi, risultò (o almeno sarebbe dovuto risultare occhi di chiunque fosse stato un addetto ai lavori, come dire un adorniano di stretta osservanza o almeno un accreditato francofortese d'adozione, e pure in possesso di una copia dell'edizione originale pubblicata tre anni prima, nel 1951, per i tipi della Suhrkamp Verlag) che non solo ne era omesso il sottotitolo ovvero quel "Meditazioni della vita offesa" (*Reflexionen aus dem beschädigten Leben*) che suonava decisamente inequivoco a dispetto del più austero, e velato, latinismo del titolo, ma pure un bel po' di pagine. Quante pagine, per la precisione? Difficile da calcolare, e forse superfluo in questa sede, ma in ogni caso essendo il testo costruito per "aforismi", peraltro per niente aforistici, cioè non conformi al rigoroso dettato del pensiero breve, bensì di estensione variabile dalla meno di mezza alle più di quattro pagine, dei centocinquantatré dell'originale ne comparivano, di fatto, soltanto centoquindici (il che oltretutto sarebbe stato di ben difficile accertamento datosi che pure la numerazione dei brani era assente).

Le ragioni di queste mancanze (derubricazioni o espunzioni o depennamenti che fossero: "tagli", in buona sostanza, *cancellazioni*...)? Ignote del tutto, ovviamente. Ci sarebbero stati gli estremi per un, peraltro modestissimo, giallo editoriale? Forse sì. Ma di sicuro di difficile, se non improbabile, o diciamo pure impossibile, risoluzione. E chi mai avrebbe potuto, d'altra parte, appassionarsene? Intendo intestardirsi a raccogliere indizi sul "colpevole", pur sempre presunto, di una tale riduzione a tre quarti dell'originale (amputazione o mutilazione o soppressione che fosse, sempre un "taglio", una *cancellazione* appunto...)? Presunto colpevole chi, cioè, della sottrazione al lettore dei trentotto aforismi mancanti all'appello? Il traduttore e curatore? Oppure l'editore? Entrambi in solido? Oppure altri *attaché*, a vario titolo, di casa editrice? E quanto alle ragioni del taglio, poi? Per eccedenti dimensioni del volume? Per conseguenti insostenibili costi editoriali? A fronte di sfavorevoli, e perciò non incoraggianti, "ipotesi di mercato"? Resta il fatto che se proprio volessimo intestardirci ancora oggi ad esercitare e forzare il cosiddetto *paradigma indiziario* per semplice impuntatura bibliofilica (o cocciutaggine o puntiglio o tigna, fosse pure per pura capricciosità, insomma per tempo da perdere, per nient'altro di meglio da fare, diciamo per innocente gioco dietrologico da inconfessata inclinazione complottistica...) allora non potrebbero di certo sfuggirci le quattro righe in corpo minore (minore-minore davvero, tipo "bugiardino" di medicinale si potrebbe dire, se non fosse che di questi tempi di politicamente corretto anche un'espressione di largo uso nel linguaggio comune come questa potrebbe ormai esporci ad un qualche rischio di reclamo con doppio rischio di querela da parte dell'intera potentissima lobby dell'Industria Farmaceutica...) che compaiono a mo' di nota a piè di pagina o di post scriptum dell'Introduzione a firma di Solmi (che, va ricordato, l'*Institut für Sozialforschung* di Francoforte l'aveva pur frequentata nei primi anni Cinquanta assistendo alle lezione di Max Horkheimer e dello stesso Adorno dopo il loro ritorno dall'esilio americano imposto alla fine degli anni Trenta per le vicende che possiamo immaginare...) righe che così recitano: "Questa traduzione non riproduce interamente il testo dei *Minima moralia*. Sono stati tralasciati gli aforismi di contenuto specificamente tedesco, ricchi di allusioni che sarebbero rimaste incomprensibili al lettore italiano, o che avrebbero richiesto note lunghe e ingombranti. Tutte le note, salvo avvertenza in contrario, sono del traduttore"[1]. Come interpretare questa avvertenza? Una sorta di *excusatio non petita* rafforzata dall'esternazione di una qualche benignità rivolta al lettore presunto "ingenuo" alle prese con un testo altrimenti "incomprensibile", ma al contempo pure a se stesso nel risparmiarsi in tal modo l'onere e il carico di note inevitabilmente "ingombranti"? Sospendiamo, per il momento, la questione. Ci arriveremo più avanti. Ritorniamo alle vicende, o vicissitudini, editoriali dei *Minima moralia.*

Per avere un'edizione integrale del testo, compreso di sottotitolo e di corretta numerazione dei brani, occorre attendere il 1979. In pratica venticinque anni, o come dire un quarto di secolo. "Prima edizione completa" si legge infatti nel colophon del volume ricollocato dalla collana dei Saggi in quella della Nuova Universale, precisamente al numero 162 e dunque tra il 161 corrispondente a *La gaia scienza* di Friedrich Nietzsche e il 163 corrispondente a *Rivoluzione e costruzione* di Mao Zedong (?!?). Mentre in copertina la traduzione si conferma attribuita a Renato Solmi, l'Introduzione, evidentemente nuova, risulta a nome di Leonardo Ceppa. L'interrogativo è obbligato: i trentotto aforismi mancanti nella prima edizione del '54 erano dunque già disponibili all'epoca considerato il nome del traduttore o ci si è messo mano nel frattempo? Domanda forse oziosa, ma di agevolissima risposta: la prima delle due. Per quale motivo? Semplice, perché, in quel frattempo, a Solmi era accaduto, e precisamente nel 1963, di abbandonare la casa editrice ("abbandonare" cioè essere invitato ad abbandonare...) perché in forte dissenso con quella che potremmo definire la linea editoriale. Non entriamo nei particolari. Sono reperibili pure su Wikipedia (il che è tutto dire). Se tuttavia si pensasse di ritrovare, in questa nuova Introduzione, chiarimenti in merito al perché della omissione dei trentotto aforismi "incriminati" (potremmo dire altrimenti?) dalla prima edizione, ebbene

1 R. Solmi, "Introduzione", in: T.W. Adorno, *Minima moralia* (1951), tr. it. Einaudi, Torino 1954, p. LXI.

resteremmo delusi. Non una parola a riguardo. Per quanto le pagine di Ceppa risultino più o meno la metà, in lunghezza, di quella di Solmi, ma tuttavia di pari livello quanto a contenuto seppure entro una differente cornice argomentativa, nessun motivo (o motivi) del "completamento" viene addotto ed esplicitato. Tuttavia, per puro sfizio, annotiamoci qualche passaggio dalle prime due pagine di avvio. Chissà mai che anche al famoso lettore ingenuo della prima edizione, trascorso quel quarto di secolo che un minimo dovrebbe pur valere, qualcosa non possa risuonare di "indiziario". Leggiamo: "'Molte delle tesi di Adorno potranno sembrare, a un lettore italiano, paradossali e arbitrarie. E questa impressione sarà, almeno in parte, giustificata'. Presentando – con una introduzione che fece epoca – la prima versione italiana di questo libro, Renato Solmi metteva allora in luce l'attualità del pensiero adorniano rispetto alla situazione sociale e politica del nostro paese. Alla consorteria filosofica italiana degli anni '50 Adorno doveva apparire un autore paradossale. I teologi non avevano ancora buttato alle ortiche San Tommaso, i pochi marxisti in cattedra erano crociani che passavano a Gramsci, i molti ideologi del neoilluminismo scoprivano la logica formale o proponevano Dewey come ultimo grido [...]. Che l'americanizzazione ideologica di quegli anni non sopprimesse affatto la nostra arretratezza, ma finisse per rendere ancora più pertinenti le analisi dei critici francofortesi, era ciò che l'introduzione di Solmi riusciva brillantemente a dimostrare. 'Questo valga di ammonimento ai critici frettolosi: *de re vestra agitur*'. Da allora è ormai passato un quarto secolo e sono successe molte cose. Io credo che dopo le indigestioni ideologiche del Sessantotto, e ciò che ne seguì – occorra adesso imparare a prendere le distanze dall'immagine vulgata di Adorno. La difficoltà di presentare una sua opera ha cambiato di segno: si tratta di non fare l'autore troppo attuale"[2]. Interessante,

2 L. Ceppa, "Introduzione", in: T.W. Adorno, *Minima moralia. Meditazioni della vita offesa* (1951), tr. it. Einaudi, Torino 1979, p. VII.

non vi pare? Molto interessante. Un breve commento perciò è più che obbligatoriamente obbligato.

Dunque Ceppa concede l'incipit al traduttore (un pur doveroso omaggio) scegliendo tuttavia parole che consentano, da subito, di avvertire il lettore (solo quello "ingenuo" di venticinque anni prima o pure quello altrettanto *naif*, seppure per ragioni differenti, di venticinque anni dopo? Presumo entrambi...) del carattere "paradossale e arbitrario" delle tesi adorniane. Ora, nessuno potrebbe certo chiedere ad un traduttore o ad un curatore di condividere né in parte né in toto ciò a cui si applica. Questo va da sé, questo è scontato. Ma perché mettere da subito le mani avanti? Il sospetto è giustificato, o quantomeno consentito. Si leggeranno cose che si potrebbero non condividere? Va da sé. Ci si potrebbe ritrovare a storcere il naso per l'eccentricità, la stravaganza, l'assurdità perfino di certe espressioni di puro esercizio battutistico, talvolta non poco velenosette, alla Karl Kraus per intenderci? E perché no. L'impressione, non peregrina, resta cioè quella di una sorta di avvertenza "pedagogica" ad uso di un lettore non propriamente edotto della materia (addomesticato?) e di conseguenza fin troppo propenso, eventualmente, a lasciarsi sedurre da certi funambolismi dell'autore o, peggio ancora, ad andargli dietro, a fare proprie le idee espresse, a cadere insomma nella trappola del lasciarsene incantare irriflessivamente, e perciò irragionevolmente, abdicando così al ben ponderato esercizio dello spirito critico (ammesso e non concesso che ne possegga in giusta misura di spirito critico, cosa di cui si può ben dubitare non potendo considerarsi in alcun modo alla pari nel confronto con gli studiosi accreditati della disciplina, accademici in servizio permanente effettivo o di complemento o riservisti che siano). Detto in altro registro, ci troveremmo mica, a stringere, nel perimetro noto di quel vezzo arcinoto non solo largamente praticato all'epoca ma sempre sottotraccia ancora oggi, ovvero il vezzo (la fissa, il chiodo, il pallino, il ticchio...) di quell'ideologismo simil-progressista da "Educare il Popolo"? Più che un sospetto, un timore non infondato, almeno a mio parere ovviamente. In ogni caso, archiviata l'avvertenza per l'uso (il maneggiare con cautela), il rimanente delle parole di Ceppa dalla citazione riportata sembra concentrarsi sulla questione della attualità, o inattualità, del pensiero adorniano contenuto ed espresso nei *Minima moralia.* Giustamente si sottolinea l'estraneità, o dovremmo dire la refrattarietà, al tempo della prima edizione, del panorama intellettuale offerto dalla "consorteria filosofica" (corretta osservazione!... e giustamente ripartita equamente tra integralismi di antipodici – si può dire così? – schieramenti da "per un pugno di cattedre"...), il che tuttavia avrebbe però anche potuto condurre, sfortunatamente, a rafforzare l'immagine del "fuori dal coro" del pensiero adorniano, del "non allineato", del "contro corrente" finendo per ottenere l'effetto opposto, cioè di alimentare l'adesione a quel pensiero, di fare adepti tra i bastian contrario, o di dare rifugio ai senza fissa dimora, o, peggio ancora, del serrare le fila degli oppositori del "pensiero dominante". Per questo Ceppa, sembra di poter dire, insiste sulla questione dell'attualità, o inattualità, del pensiero adorniano. È vero, dalla prima edizione del '54 "sono successe molte cose", un quarto di secolo non è di sicuro passato invano, il "movimentismo" di fine anni Sessanta è ormai un reperto storico, ma questo sarebbe sufficiente per chiudere la partita rubricando l'opera nel cliché dell'"ultimo classico tedesco"? Non sarebbe un'operazione un po' frettolosa? Davvero i *Minima moralia* parlano di un tempo ormai lontano, ormai perduto, ormai archiviato? Al Ceppa che insiste sull'"americanizzazione ideologica di quegli anni" come carattere dell'epoca ormai perduto scappa tuttavia una osservazione circa il fatto che essa "non sopprimesse affatto la nostra arretratezza, ma finisse per rendere ancora più pertinenti le analisi dei critici francofortesi", un'osservazione che suona, a me pare, parecchio sintomatica. Perché a ben vedere, non è forse quello che sta accadendo proprio oggi sotto i nostri occhi? Intendo l'americanizzazione ideologica da un lato e la conseguente lungimiranza delle analisi dei critici francofortesi dall'altro? Se pure volessimo cioè convenire con Ceppa circa l'inattualità del pensiero adorniano alla soglia degli anni Ottanta del secolo scorso come potremmo metterla oggi, ovvero altri quarant'anni dopo? Ancora più inattuale o perfettamente riattuale? Per argomentare un minimo di attualità, inattualità e riattualità, dovremmo però a questo punto ricordare, en passant, ciò che i *Minima moralia* furono. La digressione è d'obbligo.

Guardiamo ai *Minima moralia* come al diario di uno spaesamento. Di un doppio spaesamento, per la precisione. Da un lato lo spaesamento di un esilio forzato negli Stati Uniti fine anni Trenta, dall'altro lo spaesamento per tutto ciò che si rendeva evidente, agli occhi di un osservatore attento, della società americana, delle "forze sociali" all'opera (l'osservatore era pur sempre "del mestiere" essendo stato tra i nomi dell'*Institut für Sozialforschung* di Francoforte), della spinta trasformativa di quelle stesse forze e del loro carattere incontenibile, incoercibile, inopponibile. Come dire, "Ecco il futuro che ci toccherà!". Il diario raccoglie dunque pensieri e riflessioni, sentenziati in "aforismi" che, come già detto, occupano talvolta anche più pagine, lungo un arco di tempo compreso tra il 1944 e il 1947, svariando tra i più differenti argomenti. Pensieri e riflessioni che sono "meditazioni" appunto, come recita il sottotitolo. Meditazioni critiche, nei fatti, meditazioni provocatorie talvolta, e talaltra, con intonazioni diverse e molteplici, amare o taglienti, sdegnate o caustiche, sconsolate o sferzanti, contristate o avvelenate, paradossali assai spesso (ha ragione Ceppa), arbitrarie sarebbe da dimostrare (non ha ragione Ceppa). Non potendo entrare nel merito più che tanto, tentiamo una esemplificazione estrema di qualcuno dei temi di meditazione adorniana ricorrendo alla rilettura che ce ne offre la puntuale introduzione di Solmi della prima edizione, per cogliere, in pochi passaggi, l'inclinazione almeno dell'"atmosfera" che si respira in quelle pagine: "La decadenza dei rapporti privati (di cui la morale privata non è che la sistemazione più o meno organica) comincia con la trasformazione della società borghese in 'società di massa', o – in altri termini – dell'economia basata sulla libera concorrenza in economia di monopolio [...]. La progressiva scomparsa del tessuto tradizionale di mediazioni tra società e individuo si riflette nella crisi della morale privata, al posto della quale subentrano (e cinema, radio e altri organi della cultura di massa contribuiscono ad accelerare questo sviluppo) *standards* collettivi di comportamento [...]. Il destino delle autonomie è segnato. Spariscono del tutto, o si trasformano in pallide larve [...]. Dove la concentrazione del potere economico ha assunto proporzioni inaudite, la dittatura politica rischia di diventare superflua [...]. L'isolamento crescente, favorito dalla comunicazione, si traduce in quella che Adorno definisce una progressiva 'paralisi del contatto' [...]. La voce dell'industria culturale, dell'arte prefabbricata, assorda il mondo. Come ciascuno è solo davanti al telone o all'apparecchio televisivo, così ciascuno è solo di fronte alla società [...]. Questo fenomeno ha la sua manifestazione più vistosa nella trasformazione del tenore di vita degli intellettuali. Essi soggiacciono, uno dopo l'altro, alle lusinghe dell'industria culturale, che li trasforma in funzionari stipendiati. Si abituano a ragionare in termini di produzione, di mercato, di domanda, e i teorici della comunicazione sanciscono questo stato di fatto [...]. Il principio del successo è la soggezione, la prontezza nell'intesa [...]. Quando l'individuo non ha nulla da perdere, è troppo facile comprendere e perdonare [...]. L'amore è sussunto, in tutto e per tutto, sotto il rapporto di scambio [...]. Ma la bellezza è diventata più che mai un mito [...]. Moralismo e scetticismo sono i poli opposti e complementari della coscienza liberale. Essa passa dall'uno all'altro, in un processo dialettico ininterrotto. Le forze della tenebra non prevarranno, la verità è destinata a trionfare, la libertà è un'esigenza insopprimibile dell'uomo. Ma tutto il mondo è paese, e gli uomini sono quello che sono. E la vittoria del bene presuppone l'insorgenza continua del male [...]. L'arte di massa pretende di non essere presa sul serio: la sua ideologia è il 'servizio al cliente' [...]. Il film non tende – come è stato affermato – a trasformare tutti in *voyeurs*, ma ad insegnare agli uomini a godere della frustrazione [...]. Anzi, una delle funzioni principali del film è quella di 'mettere a posto' gli spettatori, di ricondurli al senso dell'assoluta rassegnazione. Il film non lascia adito alla speranza, e sia pure ad una speranza illusoria. Il suo verdetto è l'assoluto 'così è': il suo diletto il piacere della rinuncia [...]. Ancora: al film è negata la possibilità dell'indugio, l'intervento benefico della riflessione. La voce del commentatore è già quella del collettivo [...]. I ritrovati della tecnica non sono neutri e indifferenti, strumenti possibili del bene e del male. Nella cattiveria dei loro effetti, riproducono quella della loro origine [...]. Occorre diffidare di un certo ottimismo a buon mercato, che si spaccia per illuministico, e che, sulla base della neutralità dello strumento, fa dipendere ogni cosa dalla buona volontà di chi se ne serve [...]. Il pensiero totalmente emancipato è il pensiero totalmente asservito: il pensiero 'scientifico' è la 'tautologia organizzata', la ricaduta nell'ecolalia."[3].

Che aria tira? Di pessimismo sicuro, e se non cupissimo quantomeno sconfortato. Di nostalgismo pure da *o tempora o mores*? Di conservatorismo da *mala tempora currunt*? Si potrebbe dire così, o anche no. Resta il fatto che se pretendessimo la viva voce dell'autore forse potrebbero bastare poche righe dall'incipit del testo, cioè queste: "Quella che un tempo i filosofi chiamavano vita, si è ridotta alla sfera del privato, e poi del puro e semplice consumo, che non è più se non un'appendice del processo materiale della produzione, senza autonomia e senza sostanza propria [...]. Lo sguardo aperto sulla vita è trapassato nell'ideologia, che nasconde il fatto che non c'è più vita alcuna"[4]. Per poi compendiare il tutto nella chiusa esemplare dell'aforisma 18 (titolo: *Asilo per senzatetto*): "Non si dà vera vita nella falsa"[5]. La musica è chiara, direi. È quella dell'esito infausto pronosticato dall'attento, e dobbiamo supporre attonito, osservatore catapultato entro l'orizzonte dell'*american way of life*: della pessima prognosi del mondo a venire (cioè del mondo della vita a venire...)

3 R. Solmi, *op. cit.*, pp. XI-XLVII, *passim*.
4 T.W. Adorno, *Minima moralia*, tr. it. Einaudi, Torino 1954, cit., p. 3.
5 Ivi, p. 29.

condannato alla progressiva falsificazione ad opera, in primis, della proterva azione dell'Industria Culturale. A questo proposito non va dimenticato – digressione nella digressione – il fatto che in contemporanea alla stesura dei *Minima moralia*, Adorno si trovasse impegnato a collaborare con Max Horkheimer, anch'egli riparato negli Stati Uniti a fine anni Trenta, a quella *Dialettica dell'illuminismo* (*Dialektik der Aufklärung. Philosophische Fragmente*, pubblicata nel 1947, ma tradotta in edizione italiana solo nel 1966 a cura di Lionello Vinci, sempre per Einaudi, e collocata non nella collana in arancione dei Saggi bensì in quella in giallo della Biblioteca di cultura filosofica, al numero 27, cioè a valle del *Tractatus logico-philosophicus* di Ludwig Wittgenstein e a monte del *Trattato dell'argomentazione* di Chaïm Perelman e Lucie Olbrechts-Tyteca – come dire, per concedersi una battuta stupida, "trattato" bene quel testo dei due francofortesi –, per poi ricomparire in nuova edizione nel 1980 con traduzione di Renato Solmi (a volte ritornano...) e ricollocata nella collana in bianco-blu degli Einaudi Paperbacks al numero 117, cioè tra *Le culture del popolo* di Natalie Zemon Davis e *La stregoneria* a cura di Mary Douglas come dire, per concedersi non un'altra battuta ma una fantasticheria da scherzo dell'inconscio, in posizione "antagonista", e scaramantica, da caccia alle streghe)... ecco, dicevo, non va dimenticato, rimandando alla *Dialettica dell'illuminismo*, che proprio nel saggio ivi dedicato all'Industria Culturale (con sottotitolo "Illuminismo come mistificazione di massa") ci si imbatte in passaggi inequivoci del tipo di questi: "La civiltà attuale conferisce a tutto un'aria di somiglianza. Film, radio e settimanali costituiscono un sistema [...]. Film e radio non hanno più bisogno di spacciarsi per arte. La verità che non sono altro che affari, serve loro da ideologia, che dovrebbe legittimare gli scarti che producono volutamente [...]. La razionalità tecnica, oggi, è la razionalità del dominio stesso. È il carattere coatto della società estraniata a se stessa [...]. L'unità spregiudicata dell'industria culturale attesta quella – in formazione – della politica [...]. La vita, tendenzialmente, non deve più potersi distinguere dal film [...]. Qui uno può ancora fare fortuna, purché non guardi troppo diritto davanti a sé, ma acconsenta a trattare [...]. Immancabilmente ogni singola manifestazione dell'industria culturale riproduce gli uomini come ciò che li ha già resi l'industria culturale intera [...]. L'industria culturale non sublima, ma reprime e soffoca"[6]. Più che sufficienti, questi pochi passaggi no?, per ribadire, ce ne fosse ancora bisogno, l'attualità dell'analisi. Al massimo inattualità per difetto, trovandosi pur sempre quegli osservatori nel punto mediano del secolo scorso. Ma settant'anni dopo, mediatizzato il mondo intero, il panorama è esattamente quello, per quanto decisamente in peggio. Perciò fine della digressione nella digressione. E fine pure della digressione. Possiamo riprendere il filo del nostro tema: il motivo della omissione dei trentotto aforismi dalla prima edizione dei *Minima moralia*. Perché c'è una sorpresa. "Una sorpresa?". Esatto, una sorpresa.

Esattamente tre anni prima dell'edizione einaudiana "completa" dei Minima Moralia, cioè nel 1976, presso una piccola casa editrice che potremmo definire "di nicchia" (nonché, nella vibrazione di quegli italiani anni Settanta, "alternativa") ovvero *L'Erba Voglio*, costola della omonima rivista apparsa cinque anni prima come voce movimentista di una certa sinistra extraparlamentare e di un femminismo di prima generazione, fondata e diretta tra gli altri, da Elvio Fachinelli, uno sicuramente dei più originali psicanalisti italiani di scuola freudiana di seconda generazione e autore, nel 1971, del testo evidentemente ispiratore di *L'erba voglio. Patica non autoritaria nella scuola...* ecco, dicevo, per i tipi di quella casa editrice, a seguire, tanto per rendere sempre l'idea, *Alice è il diavolo* del Collettivo A/traverso e *Atlante secondo Lenin* di Enzo Mari e Francesco Leonetti (nonché a precedere quel *La freccia ferma. Tre tentativi di annullare il tempo* dello stesso Elvio Fachinelli che sarà poi ripubblicato nel 1992 dalla Adelphi) compare a cura di Gianni Carchia, brillante filosofo torinese purtroppo prematuramente scomparso, un testo dal titolo

6 M. Horkheimer e T.W. Adorno, *Dialettica dell'illuminismo* (1947), tr. it. Einaudi, Torino 1966, pp. 130-51, *passim*.

MINIMA imMORALIA. Aforismi "tralasciati" nell'edizione italiana (Einaudi, 1954). Nella più che concisa Nota Introduttiva (due pagine) si legge: "Al di là di pochi trasparenti casi che autorizzano a parlare di una censura, per così dire, a prima vista, ideologica, nel senso di un rifiuto opposto a ciò che troppo offendeva il comune senso dell'ortodossia marxista del tempo, oppure troppo urtava moralismi e politiche di ascendenza controriformistica, difficile appare, ad una prima, anche attenta, lettura degli aforismi 'tralasciati' nell'edizione italiana dei *Minima Moralia*, reperire il denominatore comune essenziale di tanto accanito zelo censorio. Così si affaccia il sospetto che la verità sia quella implicita nell'impressione superficiale di chi, fattesi ormai remote ed incredibili quasi le ragioni prese a prestito dalla storia e dalla politica di quel tempo – gli anni cinquanta –, non riesce ormai a scorgere dietro quei tagli altro che ragioni di 'gusto', ingiustificate sì, ma non poi così gravi 'ideologicamente' come quelle appunto 'ideologiche'. Inconsciamente, questa percezione approssimativa coglie nel segno più di quanto non vorrebbe il suo sapore di mezza discolpa, denuncia più di quanto essa stessa non creda: perché, in un senso radicale, è proprio dietro il tabù del gusto, come richiamo ad una facoltà del senso comune che non tollera sproporzioni ed eccessi di sorta, che probabilmente hanno cercato protezione e mascheramento tutti gli altri tabù, quelli più inconfessabili. Gli aforismi di *Minima Moralia* sono stati, nell'edizione italiana, assoggettati ad un trattamento 'estetico': perciò sono stati scorporati e rifiutati tutti quelli che mostravano impurità, o che passavano un qualche limite, o che apparivano marginali [...]. Solo un'ingenuità fatale può aver presieduto al tentativo di sacrificare – velandone l'"impudenza' – ciò che ad essa sembrava radicale e caduco, brutto e debole, nel cuore stesso di un pensiero che ha proprio nel desiderio di salvare quegli estremi il suo impulso. Ma tale ingenuità, nata forse come volontà di mitigare l'inflessibilità della teoria adeguandola alla pratica, oppure sorta dall'apprensione per l'audacia di un pensiero sentito come troppo indifeso, troppo esposto di fronte al potere del male ed al male che esso attacca *à corps perdu* per resistergli senza cammuffamenti, non finisce poi sempre col diventare l'alibi della scaltrezza che del pensiero radicale si serve per disinnescarlo e piegarlo alla logica della sopravvivenza?"[7].

Acutissimo Carchia. Certo non ci svela l'arcano dei trentotto aforismi omessi (chi mai potrebbe del resto?), ma adombra il giusto (intendo "a sufficienza": cioè il giusto dello sbagliato...). Anzitutto non sarebbe il caso di chiamare le cose con il loro nome? Benissimo, *censura*. Derubricati, espunti, depennati, come abbiamo detto? Omessi, soppressi, rescissi? Cassati, eliminati, aboliti, rifiutati, respinti, scartati? A sinonimi, sfumature diverse. Nella sostanza, identico esito. Tagliati e cancellati. E dunque "censura"? Sempre nella sostanza, senza troppi giri di parole, nella sostanza dei fatti, ovvio che sì, ovvio che censura. A parte il fatto che la storia della censura sarebbe vecchia quanto il mondo, così da essere noi perfettamente al corrente dei perché, dei per cosa e dei percome, vale a dire dei cento volti assunti di epoca in epoca e tutti sempre per *offesa* (a proposito di "vita offesa"!) a qualcuno o a qualcosa, al papa o all'imperatore, alla fede o alla pubblica morale, al buon costume o al comune senso del pudore, nonché perfettamente al corrente, noi, dei centomila (centomila per dire, la lista sarà anche dieci o cento o mille volte tanto...) che l'hanno patita, resta il fatto che in questo più che modestissimo caso rappresentato dai *Minima moralia*, se, ripeto, Carchia ci ha visto giusto, il taglio di qualcuno almeno di quei trentotto aforismi ("pochi trasparenti casi"...) rientrerebbe di sicuro nel caso di specie. In quale caso – in quali casi – esattamente? Evidentemente non lo sappiamo, né, credo, mai lo sapremo. Per quanto pochi, trasparenti manco per niente. Da caccia al tesoro piuttosto. Anche se per le ragioni di una tale censura il motivo indicato suona davvero curioso (per usare un aggettivo sufficientemente "neutrale" quanto ad un motivo non poi così peregrino avendo

7 G. Carchia (a cura di), *Theodor W. Adorno. MINIMA imMORALIA aforismi "tralasciati" nell'edizione italiana (Einaudi, 1954)*, L'Erba Voglio, Milano 1976, pp. 7 sg.

presente il tempo, il luogo e l'azione... la "commedia" intendo... o la "tragedia"... fate voi...): un'offesa al "comune senso dell'ortodossia marxista" nonché al moralismo e alla politica "di ascendenza controriformistica". Potremmo forse dirci stupiti che da quelle parti dell'ortodossia marxista e cattoclericale si sia mai potuto peccare di "tanto accanito zelo censorio"? Manco per niente. Conosciamo i nostri polli (se l'espressione, pure questa, non suoni offensiva...). Va da sé che allora, per altri aforismi, a parte i suddetti pochi e trasparenti (che continuano però a restare nella nebbia...) la ragione del taglio non sarebbe da imputarsi ad alcuna censura ideologica, ma piuttosto a motivi di opportunità (di opportunismo?) da reinterpretarsi come pure e semplici (?) "ragioni di gusto": insomma di patente venialità, "non così gravi ideologicamente"? Vale il dubbio se poi lo stesso Carchia finisce con il riconoscere che l'etichettare il gusto come un tabù dietro il quale, per giunta, "hanno cercato protezione e mascheramento tutti gli altri tabù", pure quelli più inconfessabili. Su questo, anzi, un'altra breve digressione sarebbe obbligata e perfettamente in tema. Nell'aforisma 131 dei *Minima moralia*, infatti, aforisma dal titolo quantomai sintomatico, ovvero "Lupo in veste di nonna" (che poi sarebbe nient'altro che il travestimento preferito di tutti i criptosodali del principio dell'"educare il popolo"), si legge: "Il gusto di massa a cui il film obbedisce non è per nulla il gusto delle masse, ma un gusto *octroyé*? Ma è sciocco parlare di un gusto di massa diverso dal gusto che le masse hanno in realtà, e la cosiddetta arte popolare non ha mai fatto che rispecchiare il dominio"[8]. Circolo vizioso dunque (non ci si lasci però scappare il riferimento all'*octroyé* che ci tornerà utile più avanti...). E se poi volessimo qualcosa in più, ecco, dalla *Dialettica dell'illuminismo*, sempre a proposito di Industria Culturale, un'altra perla: "L'inganno non è, quindi, nel fatto che l'industria culturale ammannisce svago, ma che essa guasta il piacere restando volutamente legata ai *clichés* ideologici della cultura in corso di liquidazione. Etica e buon gusto

8 T.W. Adorno, *Minima moralia*, tr. it. Einaudi, Torino 1954, cit., p. 199.

vietano come 'ingenuo' l'*amusement* incontrollato – l'ingenuità non è meno malvista dell'intelletualismo"[9]. Capito l'antifona? Parlare di *gusto* è sempre un'arma a doppio taglio. Per cui – fine anche di questa brevissima digressione – ha di sicuro ragione Carchia nel sostenere la tesi del possibile "assoggettamento ad un trattamento 'estetico'" di quegli aforismi omessi per via del fatto che avrebbero mostrato "impurità o che passavano un qualche limite", ma doppiamente nel concluderne che ciò non abbia mostrato altro che un'"ingenuità fatale". A questo punto però la domanda, ingenua quanto si vuole (o intellettualistica quanto si vuole...), sarebbe una sola: omettere o non omettere, tagliare o non tagliare, cancellare o non cancellare, censurare o non censurare, sarebbe questione di intelligenza o non piuttosto di stupidità? Scartiamo per il momento la domanda. Ci sarebbe infatti ancora una piccola sorpresa nella sorpresa di cui dare conto e vivacizzare così il ricorso al paradigma indiziario, pure sempre – lo ripeto a scanso di equivoci – del tutto campato in aria.

Il fatto è che la brevissima Nota Introduttiva di Carchia, le due paginette di cui si è detto, esita in una ancor più sintetica Avvertenza, quindici righe, di cui riprendiamo qui le prime dieci: "Gli aforismi qui tradotti sono *tutti* quelli omessi – perché 'di contenuto specificamente tedesco' – nell'edizione italiana dei *Minima moralia* (Torino 1954), nella quale, oltre a mancare integralmente 38 dei 153 aforismi dell'originale (Frankfurt a.M. 1951), sono resi solo parzialmente in italiano 6 aforismi o raccolte di aforismi, che si distinguono dagli altri come mosaici di frammenti, sogni, motti di spirito, ricordi"[10]. Il giallo s'infittisce? Così sembrerebbe. A parte il fatto di riprendere le testuali parole di Solmi in nota di chiusa (in carattere da bugiardino e in tono di excusatio) quanto all'incompletezza del testo dovuta, o imposta, per via del "contenuto specificamente tedesco", Carchia ci rivela pure che altri sei aforismi risulterebbero aver subito omissioni e tagli. Davvero singolare! E per le stesse ragioni

9 M. Horkheimer e T.W. Adorno, *op. cit.*, p. 154.
10 G. Carchia, *op. cit.*, p. 9.

del contenuto specificamente tedesco o per altre? E quali, se è lecito saperlo? Beh, ovviamente delle ragioni si tace. Almeno però, avendo certezza dei tagli, acqua al mulino del paradigma indiziario ne porterebbe. E allora perché non esercitarlo fino in fondo 'sto paradigma indiziario e raccogliere qualche passaggio in credito di "sospettosità"? Ma certo, proviamoci. Per gioco, certo, ma proviamoci. Solo per gioco, certo, però perché no? Ovviamente non per intero tutti e sei gli aforismi "sforbiciati". Non sarebbe possibile qui con le pagine a disposizione. Diciamo una selezione della selezione di sforbiciate. Tipo "a campione". Tipo un "campionario". E se non proprio estratti a sorte da affidare tutto al caso, almeno scelti a intuito, fosse pure a occhio, o a naso. A intuito a fiuto (a pensar male che magari ci azzecca...). Sì, proviamoci: "Aforisma 29. *Frutta nana.* La cortesia di Proust sta nel risparmiare al lettore l'umiliazione di ritenersi più intelligente dell'autore [...]. Nell'ottocento i tedeschi hanno dipinto il loro sogno, e sempre ne son risultate cavolate. Bastava che i francesi dipingessero cavoli, ed era già un sogno [...]. Nei paesi anglosassoni le prostitute hanno l'aria di offrire insieme con il peccato anche la pena dell'inferno [...]. Nella psicoanalisi nulla è vero se non le sue esagerazioni. / Aforisma 51. *Dietro lo specchio.* Per chi non ha più una patria lo scrivere addirittura diventa l'avere una casa. E così, come un tempo la famiglia, anch'egli produce inevitabilmente rifiuti e scarti. / Aforisma 72. *Seconda raccolta.* Oggi i più ricalcitrano con il pungolo [...]. Le pantofole – 'ciabatte', *slippers* – sono fatte perché le si infili con i piedi, senza l'aiuto della mano. Sono monumenti dell'odio per l'inchinarsi [...]. Un tedesco è un uomo che non sa pronunciare una menzogna senza crederci [...]. Che di fronte all'esistenza dei panifici industriali la preghiera per il nostro pane quotidiano sia diventata una pura e semplice metafora ed, al tempo stesso, il colmo della disperazione, questo dice di più contro la possibilità del cristianesimo che non ogni critica illuminata della vita di Gesù [...]. Dalla voce di ogni donna si può riconoscere, al telefono, se colei che parla è carina. / Aforisma 122. *Monogrammi.* Dire 'noi' ed intender 'io' è una delle offese più ricercate [...]. Tra 'mi è capitato un sogno' e 'ho sognato' ci sono di mezzo le età del mondo. Ma cosa è più vero? Quanto poco sono gli spiriti ad inviare il sogno, altrettanto poco è l'Io a sognare [...]. Verlaine: il peccato mortale veniale. / Aforisma 128. *Regressioni*. Nulla ci promette la luce perfetta, se non il buio inconsapevole; nulla ci promette ciò che un tempo, infine, potremmo essere, se non il sogno di non essere mai nati. / Aforisma 143. *In nuce*. La debolezza di tutta la cultura tradizionale al di fuori della sua tradizione fornisce il pretesto per migliorarla e, così, sfigurarla barbaricamente [...]. Kafka: il solipsista senza *ipse*"[11]. E va bene, qui siamo. Davvero frasi come queste, battute più che altro, spiritosaggini, facezie, boutade, lepidezze, frecciatine, motteggi, punzecchiature – chiamatele come volete – sarebbero da censura? Cos'è? Vietato? Cioè Proust non si tocca, Kafka non si tocca, Verlaine non si tocca? Proibito irridere i tedeschi, gli inglesi, i francesi? Cos'è, blasfemia alludere al cristianesimo mentre ce la si sta prendendo con i panifici industriali? Cos'è, misoginia un guizzo alla Oscar Wilde sulle donne al telefono? Cos'è, lesa maestà sfottere la psicoanalisi in stile Karl Kraus? E poi, sarebbe forse vietato perché di cattivo gusto nominare ciabatte, prostitute, rifiuti? Ma invece non sarebbe forse vero che fin troppo spesso invocare il *noi* sottintende sempre e solo l'*io*? Perché, non avete presente niente del narcisismo *covert* di oggi da epidemia? E non sarebbe forse altrettanto vero che il "progressismo", in cultura, finisce sempre per sfigurarla, la cultura, per imbarbarirla, cioè per degradarla al mercato? Perché, non avete altrettanto presente il disastro di un certo giornalismo nostrano di penna saputella? E non sarebbe forse più che vero verissimo che "oggi i più ricalcitrano con il pungolo"? Perché, siete proprio sicuri che nell'oggi dell'oggi a impuntarsi, a rifiutarsi, a dire di no si sia più i tanti che nell'oggi di ieri? Quanto poi al fatto che tra "mi è capitato un sogno" e "ho sognato" non ci sia alla fin fine una gran differenza, beh su questo si potrebbe pur obiettare, da junghiani fidenti, che la prima espressione è sicuramente

11 Ivi, pp. 29-123, *passim*.

più appropriata della seconda, ma senza stare a fare drammi o a metterla sul pesante se Adorno risulta di avviso contrario. E quanto al fatto che "nulla ci promette ciò che un tempo, infine, potremmo essere, se non il sogno di non essere mai nati" suvvia, suonerà anche tristissima e dolentissima, cupamente pessimistica o tragicamente disfattistica, ma a chi non è mai capitato almeno una volta nella vita un nero pensiero del tipo alzi la mano. Insomma, inutile insistere a girarci intorno, la domanda non cambia: veramente frasi come queste avrebbero potuto irritare qualcuno in casa editrice, irritarlo fino al punto di sforbiciarle di brutto? E sforbiciate per quale motivo? E comunque in nome di che? Per non far sfigurare l'autore? Per non turbare il lettore? O magari – sempre a pensar male... – perché non le si condivideva? È così che gira? Se non condivido metto mano alle forbici? È questa la linea editoriale? Si pubblica solo quel che si condivide? A me sembra tutto, giuro, piuttosto inverosimile che possa essere successa una cosa del genere, anche tenendo nel conto dovuto che si era metà anni Cinquanta del secolo scorso. Non me lo ricordo così quel tempo, così da occhiuti censori e trinariciuti. Davvero, tutto questo a me sembra incredibile, inconcepibile, inspiegabile. Pure inimmaginabile? Questo forse no. Per via di immaginazione tutto può farsi possibile. E allora perché non provare? Ma sì, immaginiamo, che male non fa, mai.

Immaginiamo. Immaginiamo quel qualcuno di "Cassator Cortese" in lettura delle bozze di traduzione dei *Minima moralia*, lì nel suo stanzino del piano 2 di via Biancamano, civico 2, intorno alle 2, minuto più minuto meno, di un piovoso pomeriggio di metà ottobre '52 (e per giunta con il riscaldamento fuori uso). Immaginiamolo scorrere le pagine e, di quando in quando, chinare lo sguardo, accennare un'impercettibile incurvatura di labbra, poi rialzare lo sguardo, darsi un'occhiata intorno, strofinarsi il mento, lisciarsi una guancia, ruotare impercettibilmente la testa a destra e a sinistra, levarsi gli occhiali, strofinarsi leggermente le palpebre tra il pollice e l'indice, rimettersi gli occhiali, puntare al soffitto, tirare un sospiro del tipo

"Non è possibile!", e a un certo punto, di scatto, mettere mano al primo cassetto, afferrare un lapis rossoblù da maestrino (o maestrina, mi raccomando, nessun maschile sovraesteso!) per attaccare a segnare, a margine di una certa pagina, un punto interrogativo, poi un'altra pagina e due punti interrogativi, un'altra ancora e un punto esclamativo, poi due punti esclamativi, poi un "no", poi un altro "No", poi ancora un altro "NO", poi tirare un frego blu su un paio di righe, poi un altro frego blu su una mezza dozzina di righe, poi ancora un altro frego blu su una mezza pagina e una riquadrata a tre giri di rosso, e via così fino alla fine, che sarebbero ormai più o meno le sette della sera ("Ah, che terribili sette della sera! / Più nessuno in ufficio alle sette della sera! / Sparse le bozze nel dovunque intorno / alle sette della sera. / Il lapis rosso e blu un moncherino / alle sette della sera. / Giornata di m***a alle sette in punto della sera. / Ah, che terribili sette in punto della sera!"). È davvero così che è andata? O anche solo che potrebbe essere andata? Lo ripeto per l'ennesima volta, nessuno può dirlo. Resta il fatto che nella prima edizione dei *Minima moralia* di quelle frasi che abbiamo sopra richiamato in via puramente esemplificativa (a intuito del tutto personale, diciamo pure idiosincratico o simpatetico...) non c'è traccia. E resterebbe comunque pure l'altro fatto, ben più rilevante, dell'omissione dei trentotto. Tra mutilarne sei e cassarne trentotto c'è una bella differenza, no? E allora dai, visto che siamo in ballo, perché non darci un'occhiata anche a loro? Perché non estrarre qualche frase dai trentotto che, sempre in via del tutto ipotetica mi raccomando, non possa non aver provocato un qualche sobbalzo al nostro qualcuno con conseguente frego blu e riquadro rosso sull'intero pezzo? "Via! Siamo seri! Ma per favore! Questo è troppo! Mica al bar! Questo non passa! Questo non si pubblica! Non ne va forse del buon nome della casa editrice? Sicuro che sì! E allora quando è troppo è troppo! Perciò questo, che è troppo, fuori! Cassato! E quest'altro? Fuori pure quest'altro! Cassato! E quest'altro ancora? Fuori, cassato, soppresso, obliterato e cancellato!!!". Come li chiamano oggi i tipi del genere? *Sensitivity reader*? Sensitivity reader certo, i figli steroidizzati del politicamente corretto che, bontà loro, si sacrificano per la nostra incolumità di lettori, che ci preservano da tutto quello di "disturbante" in cui potremmo mai imbatterci leggendo, da ogni possibile ed eventuale motivo di irritazione o insofferenza, dispetto o stizza, disorientamento o smarrimento, nonché da ogni altro possibile ed eventuale "turbamento psichico" di tipo sussultorio o ondulatorio, cioè aggressivo o depressivo, allucinatorio o persecutorio, paranoide o schizoide ecc. ecc (insomma degli psico-sensitivity reader in allerta-sintomi...). Che ci spianano cioè la strada da ogni possibile rimbalzo sull'umore così da non rovinarci la giornata, o la pace dei sensi, o la vita felice. Bontà loro! E sarebbe un mestiere questo? Sicuro che sì. Dal correttore di bozze al correttore di testi comunque un bel salto! Va bè, lasciamo perdere. Lasciamo i sensitivity reader alla loro nobile missione, e proviamo comunque a fare per conto nostro. Proviamo a pescare qualche frase da qualcuno dei trentotto aforismi soppressi, qualche frase così, a naso, da sensitivity. Non da tutti i trentotto però, è ovvio, non c'è spazio abbastanza. Diciamo da una dozzina. È sufficiente una dozzina? Secondo me sì, dodici potrebbero bastare, sempre per via del dare l'idea e sempre a frasi scelte, non per intero per via delle solite ragioni di spazio e di tempo, a frasi scelte a piacere (mio...). Se poi non bastassero allora non ci sarà che procurarsi una copia del testo. Già, ma se nell'edizione completa non si fa riferimento a quelli reintegrati e nella prima edizione la numerazione è omessa sarebbe un lavoraccio ricostruire il tutto, o no? Nessun problema, agevolo io, al vostro servizio: i trentotto aforismi a suo tempo cassati fanno riferimento ai numeri 7, 8, 11, 12, 14, 17, 25, 26, 27, 32, 48, 52, 53, 55, 56, 57, 70, 71, 75, 76, 78, 91, 95, 102, 105, 108, 112, 114, 117, 119, 132, 133, 135, 140, 141, 142, 148, 151. Contenti così? E allora andiamo avanti. Che la faccenda si sta facendo fin troppo lunga.

"Aforisma 7. *They, the people.* Gli intellettuali non dovrebbero, per il fatto di avere a che fare per lo più con intellettuali, indursi a ritenere i loro pari perfino più volgari del resto dell'umanità. Infatti essi fanno gli uni esperienza degli altri, senza eccezione, nella situazione, fra tutte, più umiliante ed indegna, quella dei postulanti in reciproca concorrenza, e per questo si rivolgono l'un l'altro, in maniera quasi coatta, i loro aspetti più detestabili [...]. Gli intellettuali che – soli – scrivono sugli intellettuali e a loro procurano, in nome dell'autenticità, il loro cattivo nome, rafforzano la menzogna. / Aforisma 8. *Se i peccatori ti voglion sedurre.* Il sacrificio dell'autodisciplina intellettuale riesce però troppo facile a chi lo prende su di sé perché si possa credere che per lui esso sia davvero tale. Evidente diviene questa osservazione in quegli intellettuali la cui situazione materiale è cambiata: essi, non appena riescono a convincersi in qualche modo di dover guadagnare denaro con lo scrivere e con null'altro, immettono nel mondo esattamente, fin nelle sfumature, quel medesimo ciarpame che un tempo, da ben piazzati, proscrivevano nel più veemente dei modi. / Aforisma 11. *Due cuori, una capanna.* Non appena persone, anche buone di indole, gentili e colte divorziano, suole levarsi un polverone che ricopre, facendogli mutare colore, tutto ciò con cui esso viene in contatto [...]. Cose, le quali sono state un tempo segni di apprensione amorosa, immagini di conciliazione, si rendono all'improvviso autonome come valori e mostrano il loro lato cattivo, freddo e rovinoso. Professori si introducono con la forza, dopo la separazione, nell'abitazione della loro consorte per trafugare oggetti dalla scrivania, mentre signore agiate denunciano i mariti per frode tributaria. / Aforisma 12. *Inter pares.* Le uniche che possono ancora concedersi in generale qualcosa come un amore irragionevole sono proprio quelle signore, dalle quali un tempo i mariti fuggivano per andare *chez Maxim.* Esse, mentre sono per i loro mariti per colpa di questi non meno noiose delle loro mamme, sono in grado per lo meno di concedere agli altri ciò di cui per altro sono da tutti defraudate [...]. Così alla fine le signore della buona società fanno onore al loro disonore nel momento in cui non esistono più nessuna società e nessuna signora. / Aforisma 57. *Esumazione.* Nell'ammissione delle donne a tutte le possibili attività sottoposte a controlli si cela il perdurare della loro disumanizzazione. Le donne restano nella grande azienda quel che erano nella famiglia, oggetti. Basta pensare non solo alla loro miserabile giornata lavorativa nella professione ed alla loro vita in casa, la quale mantiene assurdamente condizioni di lavoro chiuse, da economia domestica, nel bel mezzo di quelle industriali, bensì a loro stesse [...]. Anziché risolvere la questione femminile, la società maschile ha talmente esteso il suo principio che le vittime non sono addirittura più in grado di porre in questione la questione. / Aforisma 71. *Pseudomenos.* La forza magnetica che le ideologie esercitano sugli uomini, mentre pure esse sono divenute per loro completamente logore, si spiega, al di là della psicologia, in base alla decadenza obbiettivamente determinata dell'evidenza logica in quanto tale. Si è giunti al punto che la menzogna suona come la verità, la verità come menzogna. Ogni enunciato, ogni notizia, ogni pensiero sono preformati dai centri dell'industria culturale. Ciò che non reca la traccia fidata di tale preformazione è a priori inattendibile. / Aforisma 76. *Pranzo di gala.* Al progresso tecnico risponde il desiderio caparbio ed ottuso di non acquistare mai alcun fondo di magazzino, di non restare indietro al processo di produzione scatenato, non importa quale sia il senso di quel che si produce [...]. I clienti della società di massa, così come vogliono subito essere della partita, non possono neppure lasciarsi scappare nulla [...]. Ogni programma deve essere consumato fino alla fine, ogni best seller deve essere letto, ogni film guardato al momento del suo successo nel locale più importante. La profusione di quel che è consumato senza scelta diviene fatale. / Aforisma 91. *Vandali.* Spesso è come se gli intellettuali riservassero per la loro produzione particolare proprio soltanto quelle ore che rimangono loro libere da impegni, uscite, appuntamenti ed inevitabili divertimenti. Ripugnante, e tuttavia in qualche modo razionale, è perfino il guadagno di prestigio di colui che può presentarsi come uomo tanto importante da dover essere presente dovunque. Egli stilizza la sua vita, con una soddisfazione di proposito mal simulata, come un unico *acte de présence*. La gioia con la quale rifiuta un invito con la scusa di un altro invito già accettato annunzia il trionfo nella concorrenza. / Aforisma 108. *La principessa lucertola*. Proprio quelle donne accendono l'immaginazione, alle quali l'immaginazione manca. Di luce più viva splende l'aura di coloro che, del tutto estroverse, sono affatto sobrie. La loro attrattiva proviene dalla mancanza di coscienza di sé, anzi della mancanza di un Sé in generale: è in relazione a ciò che Oscar Wilde ha trovato la definizione di 'Sfinge senza enigma'. Esse somigliano all'immagine convenuta: quanto più sono pura apparenza, non disturbata da alcun impulso proprio, tanto più sono simili ad archetipi – Preziosa, Peregrina, Albertine –, che appunto fanno supporre come mera apparenza ogni individuazione e che pure, per via di ciò che sono, debbono sempre nuovamente deludere. / Aforisma 117. *Il servo padrone*. Solo attraverso una permanente regressione le classi subalterne divengono capaci delle prestazioni ottuse che la cultura del dominio esige da loro. Proprio il deforme in loro è un prodotto della forma sociale. La generazione di barbari da parte della cultura, però, è sempre stata da questa utilizzata per mantenere in vita la propria essenza barbarica. Il dominio delega la violenza fisica, sulla quale esso poggia, ai dominati. / Aforisma 119. *Specchio di virtù*. Chi è ricco oppure acquista ricchezza fa esperienza di sé come un individuo che 'in base alle proprie forze' realizza, in quanto Io, quel che vuole lo spirito oggettivo, la predestinazione davvero irrazionale d'una società tenuta insieme da una brutale diseguaglianza economica. Così il ricco può poi attribuirsi come bontà ciò che testimonia invece solo della sua assenza. Egli stesso e gli altri vedono nel ricco la realizzazione del principio universale. Poiché quel principio è l'ingiustizia, l'ingiusto diventa allora regolarmente il giusto. / Aforisma 132. *Stampe Piper*. La società è integrale già prima ch'essa venga retta totalitariamente. La sua organizzazione abbraccia, modellando la loro coscienza, perfino coloro che la osteggiano. Anche quegli intellettuali che hanno pronti politicamente tutti gli argomenti contro l'ideologia borghese soggiacciono ad un processo di standardizzazione che, malgrado i contenuti in stridente contrasto, li avvicina talmente – a causa della disposizione, anche da parte loro, ad adeguarsi – allo spirito dominante, che il loro punto di vista obbiettivamente sempre più accidentale, legato soltanto più a tenui preferenze oppure alla valutazione delle proprie *chances*"[12].

Dunque alcuni, pochi, passaggi dei trentotto aforismi omessi dalla prima edizione dei *Minima moralia*. Dodici piccoli indizi del "maltolto", meno di un terzo, a titolo semplicemente dimostrativo. Dodici esempi esemplari a titolo puramente esemplificativo. Insistiamo: motivi dell'omissione? Ripetiamo: i soliti ignoti. A provare a fare il sensitivity reader, "offensivi" di che? Mistero del ministero. Epperò noi non ci diamo pace. Insistiamo e ripetiamo, noi, fino allo sfianco: troppo difficili da intendere? Troppo complicati da spiegare? Perciò in qualche modo offensivi del comune senso del lettore a corto di colto? Che se così fosse non sarebbe però una bella immagine quella di un lettore *zulù* (sto parlando di allora, mi raccomando, che anche su "zulù" oggi si rischia il penale...). Allora, in altro modo, offensivi dato il soggetto? O l'oggetto? Cioè il soggetto-oggetto? Il soggetto oggetto di messa alla berlina? O di messa in cattiva luce? O di messa in giù la maschera? Certo che, a leggerli e rileggerli, da questi pur pochi passaggi scelti, non è che, tanto per cominciare da qui, gli "intellettuali" ne escano benissimo, che facciano una bella figura. Fateci caso. *Intellettuali* [Aforisma 7] che si detestano cordialmente gli uni gli altri, che covano sordi, e sordidi, rancori gli uni per gli altri, che sparlano a malalingua gli uni degli altri, che rivaleggiano a colpi bassi gli uni con gli altri, che manovrano sottobanco, sottotraccia (e pure, non si fatica a rappresentarselo, sottoscorta dei fedeli discepoli... tipo a bande armate...) gli uni contro gli altri, e che, in tocco finale, scendono in campo, cioè su pagina, a nero su bianco, a "in verità vi dico", per discreditarsi e svergognarsi a vicenda (a colpi bassi e a colpi proibiti, a bordate e a silurate... insomma a tutto l'armamentario in dotazione per il *de bello gallico* – il combattimento tra

12 Ivi, pp. 13-127, *passim*.

"galletti" dello stesso pollaio), insomma una scena patetica e indecorosa da ballatoio di periferia, da scazzottatura alla fiera di paese. E poi *intellettuali* [Aforisma 8] fin troppo allettati dal tornaconto, dalla moneta, dall'introito così da rendersi disponibili, per un dividendo purchessia, fosse pure minimo, a predicare bene e razzolare male, cioè a smerciare, una volta conquistato l'ambito posto nel parterre dei selezionatissimi (il meeting, la convention, il festival...),

quel tipo "ciarpame" contro cui avevano, un tempo, da meno abbienti, da perfetti sconosciuti, da scalpitanti giovani promesse, tuonato e inveito e savonarolato con tanto di anatemi ed esecrazioni e filippiche, magari a colpi di coltissime citazioni dei venerati maestri (esattamente quegli stessi venerati maestri a cui destineranno, una volta scalzati dal posto, il ben noto epiteto di "vecchi rincoglioniti"...). E poi ancora *intellettuali* [Aforisma 91] di dissimulato sussiego in pubblico, ma di gran sollucchero intra moenia per l'agenda piena, le plurichiamate, il presenziamento "in terra e in cielo e in ogni luogo", intellettuali a "Tondo-Doni" ovvero il dono di sé all'inclito e al volgo (ma il tondo soprattutto la cifra...) per il dispensario della buona novella, per l'omelia e la lectio, per la cattedra e il pulpito, e conseguentemente a reprimere a stento il godimento interiore che procura loro il comunicarsi costretti a rifiutare un invito per via "di un altro invito" con tanto di esibito sconsolamento da nobile animo, fino al doppio del godimento del godimento per l'invidia eccitata in qualcuno dei concorrenti (che non solo ci speravano, ma ci contavano proprio...). E infine, per concludere in disgloria, *intellettuali* [Aforisma 132] intrepidi e infervorati, votati alla coscienza critica, arruolati all'impegno in politica, che si ritrovano scavalcati a destra (o a sinistra, a piacere...) e reintegrati al sistema, omologati, conformati e normalizzati, intiepiditi dell'intrepido fervore, svuotati del voto alla critica, riposizionati sotto lo stendardo dello *standard*, insomma ricondotti a più miti consigli e al tempo stesso confinati all'ininfluente, da contare più niente, da valere uno come l'altro, da non fare più nessuna differenza, nel migliore dei casi a piangersi addosso, nel peggiore a nemmeno accorgersene, se non fosse per quell'inspiegabile senso di spaesamento da insignificanza, quell'incomprensibile peso di avvilimento da anonimato. Triste, solitario y final.

No che non ci escono benissimo gli intellettuali dalle pagine di Adorno, certo che no. Si trattava degli anni Cinquanta, d'accordo, gli intellettuali non erano la folta schiera di oggi, anche se, a ben vedere, più *pseudo* oggi che veri, gli intellettuali, a riprova del fatto che lui, Adorno dico, se l'era pur ben figurata la deriva, ma nemmeno lui così catastrofica per via di una certa epidemia di Narciso incontrollata e incontrollabile. Più che altro si trattava all'epoca, di intellettuali "organici", organici intendesi al partito X o al partito Y (direi soprattutto al partito X che mi astengo dal nominare – tanto lo scopriremo più avanti... se mai qualcuno non ci fosse già arrivato da sé... –, ma che di sicuro stanziava ben posizionato ai piani nobili della casa editrice in oggetto, lì ben insediati e, i meglio, impoltronati...), ma che a qualcuno di quelli non sia piaciuto il tono e il dileggio non è affatto improbabile. Così come non è improbabile che a qualcun altro (intellettuale magari, questa volta, più organico al partito Y, per cui un colpo al cerchio e uno alla botte...) non sia piaciuta la storiella [Aforisma 11] dei *professori* (intellettuali del resto pure loro, almeno all'epoca, oggi meno, oggi un po' tanto meno...) e del divorzio (direi soprattutto questo...), del divorzio come causa di scadimento dei costumi, delle buone maniere e dei bei modi, cioè la storiella dei professori di buona indole e innato garbo, che nel frangente divorzistico pure loro cedono di aplomb e scadono di livello, si disinciviliscono e s'introglodiscono, finendo per offrire lo spettacolo non propriamente edificante di serrature forzate, di appartamenti a soqquadro e di argenteria trafugata (roba che oggi suonerebbe più da calciatori e veline...), anche se, a pensarci bene, giusto come prova a carico delle negatività del divorzio, avrebbe pure potuto fare gioco ai passatisti parassitari di entrambi i partiti. Che a vedere, cioè, l'effetto che può fare, un divorzio, il come ti può ridurre l'eminente in demente, beh, meglio proibirlo no? Insomma, per tirare le somme, davvero questi aforismi omessi, vale a dire "censurati", per lesa maestà intellettuale? Cioè di cosa si sarebbe trattato, esattamente? Di oltraggio alla categoria? Di vilipendio della casta? Di scherza con i fanti ma lascia stare i santi? Che qualche intellettuale dell'epoca potesse pure vantarsi dell'aureola, e che qualcun altro l'ambisse, cioè d'essere aureolato, in quanto arruolato, dalla casa editrice, lo si potrà pur ipotizzare. Ma non è che per questo motivo si possa poi passare a vantarsi di una qualunque superiorità (intellettuale?) in virtù della quale poter poi dettare la legge del "passa non passa" su chiunque (ovvero trattare perfino un Adorno da uomo qualunque...). E per compiacere poi chi? Se stessi? Cioè il se stesso dell'autoimmagine inflazionata? Dell'io ipertrofico? Dell'ego-diniego? O piuttosto per compiacere l'editore (già di suo sia *più* che *tosto*...)? Cioè per pura adulazione? Per patetica infatuazione? Per calcolato servilismo? E per via di tutto questo, Adorno trattato come uno scolaretto a cui si corregge il compito? Una gran soddisfazione certo per il tipo (o il sottotipo...) in questione. Ma che pena a pensarlo in mascherata di sicofante a prezzo di saldo. Di giannizzero dello zero. Di tirapiedi da tirapugni. Insomma chiudiamola qui perché insistere ad immaginarsi la scena del "Cassator Cortese" (cortese inteso "di corte", perché amabile o garbato o riguardoso è sicuro che no...) fa male al cuore. E anche perché resterebbe il fatto che con la questione degli aforismi omessi non avremmo ancora chiuso. Passiamo allora da quelli degli intellettuali a quelli delle *donne.*

Qui le cose sembrerebbero farsi ancora più misteriose in tema di censura. È vero un po' di misoginia adorniana qua e là circola negli aforismi che abbiamo selezionato per esemplificativa. Ma a prima impressione però, secondo me. Non sarebbe il caso di darci un'occhiata più attenta? Partiamo dalla faccenda delle *donne* [Aforisma 108] che difettano di immaginazione e proprio per questo l'accendono. Ora, che non ci siano donne che difettino di immaginazione mi sembra impossibile. Di più o di meno degli uomini? Secondo me uguale, ma anche se fossero di meno il discorso non cambia, nessuna sarei per escluderlo. Cosa vuol dire mancare di immaginazione? Discorso lungo e complicato. Se ci aggiungiamo il "del tutto estroverse" di Adorno ci arriviamo prima. Donne tutta apparenza? Tutta facciata? Tutto *look&make-up*? Probabile. Donne tutta chiacchiera? Tutta scena? Tutto *chatty-chatty&bang-bang*? Probabile anche questo. In ogni caso, donne di fiera delle vanità, di fatuità e vacuità, di capricciosità e volubilità. Che poi potrebbe anche finire per inciampare nelle solite etichette della "svanita" e "svaporata" e "svampita" (mi raccomando, così per dire, per far capire, cioè niente *mansplaining* né tanto meno *womanshaming*...), ma a quel punto, se non si vuol scadere di livello, si potrebbe benissimo risolvere il tutto con la battuta wildeiana della "Sfinge senza enigma" e dovremmo esserci arrivati. Potremmo aggiungerci un "fin troppo", estroverse, per non demonizzare l'estroversione e mantenere il giusto equilibrio degli opposti nel rapporto con l'introversione? Sì, se l'estroversione non va a discapito della *coscienza di sé* (o addirittura del Sé, il che qui suona un'altra volta parecchio junghiano...) che male c'è. Ora però, a pensarci meglio, se sono donne così, donne senza immaginazione (come dire senza profondità, spessore, lucidità di pensieri...) ad accendere l'immaginazione, la domanda sorgerebbe spontanea: l'immaginazione di chi? La risposta però dovrebbe risultare altrettanto spontanea: e di chi mai se non degli uomini? E di quali uomini mai se non di quelli senza immaginazione? Di quelli a cui l'immaginazione difetta in misura ancora maggiore? Di quelli palesemente sottodotati, di immaginazione? Per cui, alla fin fine, potrebbe anche suonare misogino l'aforisma in questione, ma ancora di più misandrico. O no? Cioè, secondo logica, è più scemo chi lo fa o chi ci va dietro? Senza tener conto del fatto che l'avvertenza contenuta nell'aforisma, ovvero che per troppa estroversione si finisce per mancare l'individuazione, suonerebbe a tutto vantaggio diagnostico e prognostico dalla parte del femminile (oltreché, ancora una volta, ben calibrata in prospettiva junghiana...). Ma fermiamoci qui, che se poi volessimo approfondire pure la questione degli archetipi in ballo con tanto di puntuali rimandi alla Preziosa di Cervantes e alla Peregrina di Mörike e alla Albertine di Proust finiremmo di sicuro per moltiplicare le pagine. Torniamo agli aforismi e passiamo al prossimo delle *donne* [Aforisma 57]. Ebbene qui la musica inequivocabilmente cambia. Cioè l'equivocabile del precedente aforisma scompare del tutto. Da latente misogino, Adorno, trapassa quasi a manifesto protofemminista. "Anziché risolvere la questione femminile, la società maschile ha talmente esteso il suo principio che le vittime non sono addirittura più in grado di porre la questione in questione". Parole di fine anni Quaranta. Avete presente? Come dire in grande anticipo sui tempi che seguiranno. Ma settant'anni (quasi ottanta...) dopo? Beh, di sicuro, la questione, posta è stata posta. Sul risvolto però ci sarebbe da stendere un velo pietoso. Se cioè l'accento cade sulla "disumanizzazione" e "oggettificazione" delle donne nella grande famiglia aziendale tanto quanto nella piccola famiglia domestica, sulla "miserabile giornata" a doppio turno, allora gli argomenti non mancherebbero certo per il dibattito aperto. A questo punto concludiamo con la faccenda delle *donne* [Aforisma 12] che, per colpa dei loro mariti divengono "non meno noiose delle loro mamme" ("loro" cioè quelle dei mariti, verosimilmente, anzi quasi certamente...). Per cui benissimo il pan per focaccia di un "amore irragionevole", delle mogli, a compensazione delle scappatelle *chez Maxim* dei mariti. Quando la misura è colma (la sopportazione fino alla sottomissione...) allora "misura per misura". Occhio per occhio, dente per dente. Clandestino per clandestino, adulterino per adulterino. Disonorevole? C'è sempre un onore vendicato in ogni disonore. C'è sempre una rivalsa, una rivincita e un risarcimento più che onorevoli a dispetto del disonorevole di ogni inclinazione al conformistico e perbenistico dei "vizi privati e pubbliche virtù". E d'altra parte quale questione ancora di onore e disonore in una "buona società" che ha già disonorato se stessa nel miserevole squallore delle "evasioni" notturne *chez Maxim*? (Nessun fraintendimento su questo, per carità: non si tratta di un giudizio moralistico, piuttosto semplicemente "estetico").

Ecco, arrivati a questo punto saremmo però di nuovo alle solite: in virtù (o in vizio...) di che, esattamente, l'esclusione di questi aforismi dalla prima edizione dei *Minima moralia*? Più che un mistero, qui, mi pare, siamo all'enigma. Impossibile che i tagli siano da attribuirsi all'oscurità dei contenuti. Omessi perché complessi? Concettosi, astrusi, involuti? Non mi pare proprio questo il caso. Magari il contrario? Omessi perché troppo semplici? Banali, superficiali, scontati? Oppure troppo semplici nel senso di "ordinari", cioè senza spunti di originalità, guizzi di vivacità, sprazzi di intelligenza? Non si capisce. Ma non mi pare sia questo, tra il troppo complesso e il troppo semplice, il criterio utilizzato per deciderne l'esclusione. Forse fin troppo semplice, se fosse andata in questo modo (o forse fin troppo complesso – o meglio complicato, cioè arzigogolato – il giro di pensieri per arrivarci). Qualcuno però si sarà pur dovuto "adombrare" per qualcosa del contenuto di questi aforismi, da arrivare a cassarli, a eliminarli. Quale mai potrebbe esserne stata la causa? Per esempio il tono fin troppo sbarazzino a proposito di donne dai "facili costumi" (e di uomini no?), tipo da vederci un'intonazione sin troppo accondiscendente al libertinaggio con tanto di rischio di scricchiolìo del sacro vincolo del matrimonio? Tipo una velata minaccia al principio di indissolubilità imposta dal sacro sacramento? O addirittura un incoraggiamento equivoco, mal dissimulato (e decisamente contro-natura) alle corna? D'accordo che tutto il mondo è paese, ma mai dimenticarsi che *omnia immunda immundis* però! Omessi dunque per non irritare le alte gerarchie del clero militante? O forse le altre gerarchie della politica militante a sentir parlare però non tanto infedeltà domestica, ma di iniquità di trattamento da sottoproletariato al femminile? Per conformismo e perbenismo, come detto, o perfino per quel certo filisteismo conservator-progressista che da qualche parte doveva pur starsene in allerta da pompiere del "sopire, troncare, padre molto reverendissimo: troncare, sopire"? Cos'era, all'epoca, un tabù toccare questioni di donne sull'orlo di una crisi di nervi perché "mal trattate" da mariti amante-muniti o da datori di lavoro lati-fordisti? (E perché, oggi no?). Insomma, sono davvero un enigma queste omissioni da "innocenti evasioni" del pensiero critico. Perciò lasciamo lì e passiamo agli ultimi aforismi di cui ci resta da indagare il perché del taglio, ovvero quelli in tema di segni di *declino* della società ("la vita offesa") per i quali, a occhio dovremmo perfino cavarcela più rapidamente.

In *declino*, in primo luogo, le ideologie [Aforisma 71], svigorite, snervate, sfibrate, consumate e logorate dal "logorio della vita moderna" a tutto consumo, e così grandi valori ridotti a parole vuote (eroso ogni pensiero, volatilizzato...) e nobili ideali finiti in slogan (esaurita ogni spinta, evaporata...), e perciò condannati alla ripetizione a strillo come se alzare la voce fosse il criterio del giusto, e tanto più quanto più rimbalzata a ripetizione, a papera, a toni sempre più accesi, a invettive e sproloqui, a insulti e turpiloqui, così che il falso suoni come il vero e viceversa, fino all'indistinguibile della simulazione e della dissimulazione, del ciarlatanesco e del truffaldino, con tutti i potenti mezzi dell'Industria Culturale, giornali&canali, all'opera per la persuasione occulta, per l'imbonimento ottuso. In *declino*, in secondo luogo, [Aforisma 76] la vita ridotta a rincorsa dell'"ultimo ritrovato", condannata a incetta dell'"ultimo modello" (con tanto di data di scadenza sempre più ravvicinata e di sostituzione già pre-programmata), e così l'imperativo del non rimanere mai indietro, dell'essere in *pole* (position...), dell'essere in *up* (to date...), in obbedienza e in ossequio al supremo comandamento del presente come "immediato futuro" a portata di mano, il crudele destino dei succubi delle "carte false" per l'accaparramento purchessia di un qualunque status symbol perfino di trucco-tarocco, salvo poi celebrare il passato nel *revival* del più amaro amarcord, a pretendere di giovaneggiare "alla faccia del tempo che passa", per poi impiombarsi nel vaneggiamento della nostalgia che incanaglisce (il giovaneggiamento...). In *declino*, in terzo luogo, [Aforisma 117] la forma sociale che garantisce la reciprocità del rispetto a dispetto dell'appartenenza di ceto, ovvero la degradazione imposta dall'ingegnerismo dei processi (dalla catena della tecnica della catena...) che si ripropone come degradazione delle relazioni sociali, così che la sottomissione regolata scala in regressione sregolata, fino all'ottenebramento, fino al suo punto di rovesciamento in incivilimento, e il gioco è fatto, i tratti inumani, malvagi, spietati che appartengono ai dominanti trasferiti (proiettati...) tout court a quei dominati che non solo non sono nemmeno più li riconoscono nei primi, mentre il costo, materiale e immateriale, dell'identificazione proiettiva è trasferito a tutto svantaggio dei secondi. In *declino*, in ultimo luogo, [Aforisma 119] la giustizia distributiva, o quel che ne rimane, la giustizia distributiva mortificata dall'allargamento senza vergogna della forbice delle diseguaglianze in spregio dell'inaffluente e in gloria dell'affluente, e l'accumulo di ricchezza che si fa paradigma di ogni emulazione e campionario di ogni bella speranza, fulgido esempio e radioso ideale, medaglia al valore e distintivo di merito, fino al paradosso del "danaroso" portatore sano, e santo, di stimmate di bontà, che se pure il modo dell'arricchimento avesse violato il giusto e contemplato l'ingiusto (l'indebito, l'illecito, l'immorale...) non per questo invaliderebbe il principio in base al quale qualunque fine, per quanto ingiusto, è reso giusto da qualunque mezzo, per quanto ingiusto, con tanto di guerra tra poveri che mima, in ridicolo, le lotte di potere per la classifica dei patrimoni. Morale? Adorno il passatista? Adorno il vetero-pessimista? A parte il profetico che sarebbe però validato solo in grazia dei settant'anni e passa che ci sono di mezzo per arrivare all'oggi, sarebbe per via di questa visione da "dialettica del negativo" che si spiegherebbe la nostra faccenda dell'omissione di questi aforismi dalla prima edizione dei *Minima moralia*? Difficile da credere. Non è che altri aforismi ammessi risultino poi tanto più rosei, dolcificati, cuorcontenti. E allora di cosa può essersi trattato? Vietato, ad esempio, anche solo accennare a ogni deperimento "organico" dell'ideologia? Cioè l'ideologia che se la passerebbe male una favola da disfattisti? Un procurato allarme del tutto ingiusticato? A subdolo detrimento di una gagliarda militanza? E poi vietato pure anche solo adombrare il trappolone della dittatura dei consumi da infrollimento dello spirito, da imborghesimento del "popolo-bue", da imbolsimento della "massa soporificata" (o *soap-operificata* – si dia un'occhiata, per questo, alla già citata *Dialettica dell'illuminismo*, poi si faccia un triplo salto ai *Reality&Talent* dell'oggi e tanti cari saluti...)? Cioè vietato fare controrivoluzione evocando sconfitte sicure del proletariato su tutta la linea (di montaggio...) con tanto di retrocessione disumanizzante e tramonto imminente del "sol dell'avvenire"? E più che vietato, per concludere, anche solo alludere ad un possibile scenario di ricchi sempre più ricchi e poveri sempre più poveri che tuttavia ai primi destinano pure ammirazione (la beffa oltre al danno...) mentre si incanagliscono a prendersela tra loro? No, non credo che così ne potremmo mai uscire. Tutte fantasie. Il paradigma indiziario ha fallito. Riordiniamo i pensieri però, prima di arrenderci incondizionatamente. Almeno questo.

Dunque, punto primo, ripartiamo dalla excusatio di Solmi in nota finale all'Introduzione della prima edizione, incompleta, dei *Minima moralia* (1954): dal giro di parole di "Questa traduzione non riproduce interamente il testo dei *Minima moralia*. Sono stati tralasciati gli aforismi di contenuto specificamente tedesco, ricchi di allusioni che sarebbero rimaste incomprensibili al lettore italiano, o che avrebbero richiesto note lunghe e ingombranti. Tutte le note, salvo avvertenza in contrario, sono del traduttore"[13]. E andiamo a verificare, a confronto, l'edizione completa (1979) con Introduzione di Ceppa. Quante note per i 38 aforismi tagliati più i 6 sforbiciati? Un'ottantina, come dire meno di due ad aforisma, comunque un bel po'. Quante note per aforismi di "contenuto specificamente tedesco"? Senza stare a sofisticare, su ciò che possa significare l'espressione (citazioni da autori davvero "sconosciutissimi" del tipo di Goethe, Schiller, Holderlin, Mörike, Brentano, Nietzsche, i Grimm? Si fatica

13 R. Solmi, "Introduzione", *op. cit.*, p. LXI.

a crederlo. Rimandi a detti e proverbi, usi e costumi, pubblicazioni e associazioni, e ad ogni altro elemento "popolare" della tradizione o della società tedesca del tempo? Si fa meno fatica a crederlo, ma ugualmente più che tanto l'excusatio non regge), ebbene si potrebbe dire, occhio e croce, un due terzi sul totale. Delle quali note, tuttavia, le "lunghe e ingombranti" quante? Di sicuro meno delle dita di una mano, se la lunghezza e l'ingombro si calcolano all'incirca dalle dieci righe in su (tipo la nota sull'*Espressionismo* nell'Aforisma 122, o la nota sul *Biedermaier* nell'Aforisma 141). E allora? Beh, anche se abbiamo appena detto che il paradigma indiziario ha fallito, perché non insistere con il "provaci ancora"? C'è infatti qualche nota di contenuto che un po' insospettisce, sempre a pensar male. Diciamo tre, nello specifico: tre che "intorno al cor mi son venute" (cioè venute a me che – me lo dico da me – sono un malfidente e un malpensante di natura...). Nell'ordine, la nota dell'Aforisma 71 (quello in tema di "declino delle ideologie" a cui abbiamo fatto cenno qualche pagina sopra) che, a proposito del rovesciamento del vero nel falso (che nella traduzione di Carchia a cui ci siamo rifatti suona "Si è giunti al punto che la menzogna suona come la verità, la verità come la menzogna"[14], mentre nella traduzione originale di Solmi suonava "Le cose sono giunte al punto che la bugia ha il suono della verità, e la verità il suono della bugia"[15] – se devo dire, preferisco Carchia...), così recita: "È il noto paradosso del mentitore (o del cretese), che risale alla scuola megarica. Se io dico che mento, mento o dico la verità? Se dico la verità mento, ma se mento dico la verità. Se il problema fosse posto ad un cervello elettronico, hanno sostenuto certi logici moderni, e se ogni affermazione cera fosse segnalata dall'accensione di una lampadina, la lampadina si accenderebbe e si spegnerebbe senza interruzione. Il fascismo, che dice di mentire, dice paradossalmente la verità (è più veritiero dei regimi democratici che cercano di occultare la loro natura di classe)". Insomma, a parte l'immagine del

14 G. Carchia, *op. cit.*, p. 55.
15 T.W. Adorno, *Minima moralia*, tr. it. Einaudi, Torino 1979, cit., p. 121.

cervello elettronico a lampadine (che non credo sia questo a destare sospetto, semmai tenerezza da fantascienza anni '50 – sempre per via di revival...), la chiusa sul fascismo più veritiero, per paradosso, dei regimi democratici qualche dubbio lo accende (così, tanto per dire, "a lampadina"...), e a parte, per soppramercato, l'accostamento di *regime* con *democrazia* (di sicuro innominabile, all'epoca, indecente e sconcio, empio e blasfemo...). Lasciamo qui. Passiamo all'Aforisma 148, con la nota che recita: "Il mondo moderno è riuscito ad avvilire e ad umiliare ciò che forse si presta meno di ogni altra cosa ad essere avvilito ed umiliato, avendo in sé, quasi, si potrebbe dire, nella sua costituzione, un genere particolare di dignità, come un'incapacità singolare ad essere degradato: degrada ed avvilisce la morte"[16]. Anzitutto c'è da dire che la nota è una traduzione di ciò che nel testo originale di Adorno è citato in francese con tanto di inciso "[...] – osserva il cattolico di sinistra Charles Péguy fin dal 1907 – [...]"[17]. In questo caso il dubbio, per l'omissione, lo accende più che non il contenuto della citazione, forse il suo autore. In certi ambienti del tempo il nome di Charles Péguy faceva di sicuro storcere il naso sia a destra che a sinistra (basti pensare al testo pamphlettistico del 1913 su *Il denaro*, che dovette irritare parecchio i rispettivi "tutori dell'ordine" – ma pure questo testo parecchio profetico alla luce dell'oggi...). Concludiamo con l'Aforisma 151 (il più lungo, tra l'altro, di tutto il volume dei *Minima moralia*, e dal titolo inequivoco "Tesi contro l'occultismo") in cui, a un certo punto, si legge "L'ipnosi che le cose occulte esercitano, somiglia all'orrore totalitario: nei processi attuali le due cose si confondono reciprocamente"[18] (questo nella traduzione di Carchia, mentre nella traduzione di Solmi suona, direi, meglio così: "L'azione ipnotica esercitata dalle cose occulte presenta qualche somiglianza col terrore totalitario; nei processi alla moda i due fenomeni trapassano l'uno nell'altro"[19]). Ebbene a

16 Ivi, p. 283.
17 Ivi, p. 282.
18 G. Carchia, *op. cit.*, p. 130.
19 T.W. Adorno, *Minima moralia*, tr. it. Einaudi, Torino 1979, cit., p. 293.

questo passaggio corrisponde la seguente nota: "Adorno allude qui, probabilmente, ai processi di Mosca degli ultimi anni '30 (a meno che questo brano non sia stato scritto o completato dopo il 1949, quando hanno avuto luogo i primi processi nei paesi dell'Europa orientale). Egli pensa, con ogni probabilità, alle strane confessioni in cui l'accusato sembrava immedesimarsi senza riserve nel punto di vista dei suoi accusatori"[20]. Temo che l'accostamento tra occultismo e sovietismo, tra ipnotismo e purghe staliniane, con tanto di confessioni estorte in atmosfera quasi esorcistica (una sorta di "estorticismo" da ossimoro di *Opera al Nero* in *Lubjanka*...), a qualcuno possa essere risultato fin troppo esplicito da essere azzardato, avventato, temerario, oltreché pretestuoso, capzioso, cavilloso, insomma parecchio piantagrane, parecchio parecchio, parecchio fin troppo (e per giunta se mai, per puro caso – o scherzo del destino – gli fosse saltato all'occhio in un certo giorno del marzo del '53, tipo, tanto per dire, venerdì 6, il titolo in prima pagina dell'Unità, a tromba di "STALIN è MORTO. Gloria eterna all'uomo che più di tutti ha fatto per la liberazione e per il progresso dell'umanità"). Chiudiamo qui. Passiamo al punto secondo e al punto terzo che dovremmo riuscire a cavarcela più in fretta.

Punto secondo. Nella quarta di copertina dei *MINIMA imMORALIA. Aforismi "tralasciati" nell'edizione italiana (Einaudi, 1954)* si legge: "Per la sinistra intellettuale degli ultimi vent'anni, i Minima Moralia di Adorno sono stati, volta a volta: un testo teorico da attraversare; una guida per la modernità; un breviario morale; e forse anche *l'ultimo* libro. Ma questo libro, nella sua edizione italiana (Einaudi, 1954), era un altro: mutilato, privato delle sue antenne più inquietanti e sensibili, messo in ordine. Queste parti amputate, e ancora vive come tentacoli appena recisi, sono qui presentate integralmente per la prima volta in italiano". Ecco, non sono proprio sicuro sicuro che le cose stessero esattamente così come recita il claim – e con una certa enfasi di righe sopra le righe, mi pare, fin eccessiva – a fine anni '70

20 *Ibidem*.

(vado a memoria... potrei sbagliarmi... è comunque passato l'equivalente psichico di un secolo...): "un testo da attraversare" è possibile (ma da attraversare a quale velocità? Lento pede? Fast and Furious? E da attraversare nel senso di "trapassare", cioè di addentrarsi, di internarsi, di sprofondare, insomma di lasciarsene attraversare, oppure da attraversare nel senso di "sorvolare" a volo d'uccello, di sfogliar pagine e sbecchettare qua e là?); "una guida per la modernità" ci potrebbe stare (si tratterebbe pur sempre di un *Lonely Planet* del mondo della modernità pressante, incalzante, assillante e conformante da "vita offesa", da "conformodernismo" ambiguo, ingannevole, infido di Industria Culturale a reti unificate e big network dell'informazione); "un breviario morale" forse, ma per chi, nello specifico? Per inguaribili profeti di sventura del "di male in peggio"? Per incorreggibili epigoni del "ve l'avevo detto che sarebbe andata a finire così"? Per recidivi renitenti alla leva dell'intruppamento social? Per novelli "escapers from freedom" da finale alla Blade Runner? Insomma per tutta la variegata e variopinta galassia dei *neofobi* di sussitenza e di resistenza? Quanto poi all'"*ultimo libro*", l'aggettivo suona di sicuro perentorio, ma al tempo stesso pure piuttosto sommario. Cioè "ultimo" in che senso, più precisamente? Ultimo perché definitivo, conclusivo, terminale? Ultimo perché ultimativo del tipo "dopo di me il diluvio" o "mille e non più mille"? Ultimo che nessuno potrà più leggere nient'altro dopo? Ultimo, in buona sostanza, da ultima chiamata, ultimo appello, ultima fermata? Mi permetto di dubitare fortemente che non si sia trattato d'altro se non di una voluta forzatura del claim con sottintesa attesa di contenimento dei resi (intendesi, degli invenduti...). Ma soprattutto mi permetto di dubitare doppiamente che così potesse valere (possa essere valso) per la "sinistra intellettuale" di quegli ultimi vent'anni passati dalla prima edizione dei *Minima moralia*. Per la sinistra in toto (vado sempre a memoria... potrei sbagliarmi due volte...) lo escluderei. Per la sinistra di partito e di massa, di post-Komintern e di neo-Kominform, di falce e di martello in "croce e milizia", di "proletari di tutto il mondo" e "contrordine compagni", di Comitato Centrale e Botteghe Oscure, ecc.ecc., direi impossibile che Adorno fosse di casa, o anche solo si aggirasse da quelle parti. Più possibile per qualche "frazione" della sinistra (che c'era pure l'imbarazzo della scelta tra scissionisti e sotto-scissionisti e sottosotto-scissionisti...) che avrebbero potuto ritrovare o ripescare nelle pagine adorniane tesi (e pure antitesi...) in dissenso, in dissidio, in dissidenza, insomma in "deviazionismo" (in sintesi in dialettica "negativa", *ça va sans dire...*) con la linea ufficiale del partito. Escluso tutto questo, resta il fatto che sì – confermato e comprovato, attestato e asseverato – la prima edizione era stata oggetto di "mutilazione", di troncatura (o, forse, stroncatura...) delle sue "antenne più inquietanti e sensibili" (?) e ancora vivissime come "tentacoli appena recisi" (??). D'accordo, espresso con fin troppa enfasi, ma come dargli torto, all'editore o all'autore che fosse ad aver concepito il claim di quarta di copertina, visto e considerato che una "Sentenza di Cassazione" doveva pur essere stata pronunciata e applicata in "Corte Suprema" di casa editrice. Ma ad opera di chi? Di chi l'"ardua sentenza"? Di chi il *Non Imprimatur!* imposto a quei trentotto aforismi (più i sei sforbiciati)?

Punto terzo, e ultimo. "Giulio Einaudi cominciò probabilmente senza saperlo a praticare l'editoria come forma, spinto da una vocazione esigente e radicale. Ma già nei primi anni del dopoguerra la sua singolarità doveva apparirgli chiarissima. Anche se certamente l'avrebbe definita in altro modo. Fu allora, infatti, che dovette balenargli l'immagine dell'editore come Sommo Pedagogo ovvero come Sovrano che filtra, secondo suoi illuminati disegni, la materia di cui è fatta la cultura perché essa venga a poco a poco *octroyée* al popolo. L'occasione, senza dubbio, era grandiosa. Dopo vent'anni di fascismo, tutto sembrava da fare o rifare. D'altra parte i democristiani, con la loro molle e proterva accortezza, [...] avevano lasciato capire che a loro bastava la pura, muta, incessante gestione del potere politico ed economico. La cultura poteva invece amministrarla la Sinistra, anche perché loro non erano tagliati per frequentarla e oltretutto non ne subivano l'attrazione. Abbandonarono persino il cinema, accontentandosi di vigilare sulle scollature. Mentre non ebbero dubbi quando apparve la televisione – quella sì era roba per loro. Giulio Einaudi capì tutto questo meglio di ogni altro. Se è vero che ogni editore tende inevitabilmente a essere un po' autocrate e un po' dongiovanni [...], si può dire che l'Italia del primo dopoguerra si presentasse come un *hortus deliciarum*. Nel caso di Giulio Einaudi, l'autocrate si affidò senza batter ciglio, e come fosse cosa del tutto naturale, il compito di educare e addestrare l'intero popolo della Sinistra, identificabile innanzitutto in folte schiere di professori, dalla scuola media all'università, che molto avrebbero contribuito alle fortune commerciali della casa editrice, zavorrandone però il catalogo con le continue offerte, troppo spesso accolte, di propri titoli per concorso"[21]. Parole di Roberto Calasso, artifex e pontifex, per sessant'anni, dell'Adelphi, estratte dal breve ritratto dedicato al fondatore dell'Einaudi contenuto nel volumetto del 2013 dal titolo (quantomai sintomatico...) *L'impronta dell'editore*, ma comparso in realtà tempo prima sul Corriere della Sera del 15 aprile 1999, come dire a cinque anni di distanza dal passaggio di proprietà della casa editrice (per acquisizione da parte del Gruppo Mondadori) e a una decina di giorni dalla scomparsa dello stesso Giulio Einaudi. Il ritratto è "di stile", ci mancherebbe, molto onorevole G.E.-*San* ecc. ecc., ma il passaggio citato ci risuona parecchio indiziario. La Sinistra che va alla Cultura (o la Cultura che va alla Sinistra, il risultato non cambia, poco da dire, il risultato si è visto...); la Sinistra che ci è più "tagliata" (i democristiani a sforbiciare scollature e gli altri pagine – o anche solo aforismi? – si può fare a gara per le "forbici d'oro" nell'Italia degli anni '50...); la Sinistra che taglia "seguendo la linea" (tipo cartamodello, o collage, o coupon...) sotto dettatura del partito (sotto dittatura del "partito preso"...). E poi l'editore Sommo Pedagogo (il precettore, l'educatore, il mentore, l'aio...) in formato "missione del Dotto" (arduo compito, e ingrato al massimo, ma pur nobilissimo

21 R. Calasso, *L'impronta dell'editore*, Adelphi, Milano 2013, pp. 105 *sg*.

l'"educare il popolo"...); l'editore Autocrate in carica di supremo istitutore e tutore dell'ordine pubblico (istitutore dell'ordine del pubblico dei lettori e tutore dell'ordine del "si pubblichi!"...); l'editore Supremo Sovrano (Mi Re Sol...), con tanto di Corte a concertare (per il Si Fa, o il *non* Si Fa, ma pure, perché no?, per il Do – per quel "Do ut des" di quei professori a concorso, magari gli stessi di quegli aforismi tagliati..), ma comunque e sempre al sommo di scala del La dell'"accordatura" (arrangiamento, strumentazione, concertazione...) da direzione d'orchestra in stile "centralismo democratico". Ebbene, sempre a paradigma indiziario per la nostra modestissima questione dei tagli dei *Minima moralia*, saremmo autorizzati a questo punto, e per tutto questo, a indiziare al numero uno il Numero Uno di casa editrice, ovvero l'esponente primo di quell'"octroyéismo" (visto che l'*octroyée* di Adorno è tornato?) che dispensa o non dispensa a suo insindacabile giudizio, che conferisce, concede, elargisce secondo inappellabile volontà di Sua Grazia *et ubi licet ac placet convertuntur*? Insomma, detto fuori dai denti, saremmo legittimati a riconoscere il "colpevole", che come si sa, nella migliore tradizione del giallo classico *golden age* è spesso il maggiordomo della casa, nella persona stessa del maggior*dominus* della casa *editrice*? In fantasia saremmo ovviamente autorizzati e legittimati a tutto, ma dal momento che la questione resta sempre davvero modestissima (un "assassinio" di aforismi che sarà mai? Un Assassinio nella Cattedrale di un Arcivescovo è un conto, un assassinio in cattedra – o meglio *ex cathedra* – di una manciata di pagine è un *de minimis*...) moderiamoci pure che tanto da un lato è tutta acqua passata, e dall'altro dell'edizione completa ne disponiamo ormai da quarant'anni. Cioè, mica più un *cold case*. E quindi è tempo di chiuderla davvero qui la questione? Sì, è tempo di chiuderla qui. Non prima però di un'ultima sorpresa. Un'ultima sorpresa? Sì, un'ultima sorpresa.

Nel 2011, la casa editrice Einaudi, che ormai da quasi un ventennio aveva perduto l'unicità della proprietà in capo al "Divo Giulio" dopo cinquant'anni di regno incontrastato (ma pure parecchio contristato da svariate disavventure finanziarie...), pubblica *I verbali del mercoledì* in due volumi (Volume 1, 1943-1952; Volume 2, 1953-1963). Si rende così disponibile un materiale documentale di indubbio interesse che mostra il Consiglio Editoriale dell'epoca a dibattere di collane, di responsabilità di collane, e soprattutto di titoli da includere (o meno...) nelle collane. Come ricorda Luisa Mangoni in incipit di Prefazione ai due volumi: "Quando ormai anche le stagioni sembrano aver perso la loro naturale cadenza, a ritmare il passaggio del tempo. Sopravvivono, implacabili e a regolari intervalli, le polemiche sulla casa editrice Einaudi. L'occasione può variare. Si tratti di Delio Cantimori consulente della casa editrice; dell'iniziale rifiuto di *Se questo è un uomo di Primo Levi*; di Renato Poggioli collaboratore non difeso dagli attacchi di parte comunista; di Cesare Pavese e del suo *Taccuino*; della soggezione nei riguardi del Pci; dei modi con cui venne acquisita alla sinistra una egemonia sulla cultura italiana; fin della personalità e 'megalomania' di Giulio Einaudi: quello che in ogni caso si può dire è che ciò che l'Einaudi fu, continua ad essere un tarlo di cui uomini e organismi culturali, spesso di minor rilievo, non riescono a liberarsi. La domanda sottintesa è sempre la stessa: perché? E, come?"[22]. Tutto chiaro. Da un lato la sinistra, il partito, la linea (i "compagni che sbagliano"...), dall'altro l'editore, la personalità, il carattere, l'inclinazione (al mega, al super, all'iper...) e nel mezzo la smania dell'egemonia. Per il resto, il tarlo degli interrogativi, sempre gli stessi, del *perché* e del *come*. Già, a proposito, perché? E come? Cioè "perché" e "come" a proposito della nostra faccenda del taglio dei trentotto aforismi (più sei) dalla prima edizione dei *Minima moralia*? Un tarlo minimo questo, certo, minuscolo, infinitesimale, ma si sa come vanno a finire certe cose del genere: che il tarlo ti resta, che un po' ti rode, prima, e poi ti trivella, e così ti ritrovi a intestardirti, a incaponirti, a incaparbirti (tutto di testa, evidentemente, ma anche un pochino del resto...). Per cui, diamoci dentro a 'sti famosi Verbali

---

22 L. Mangoni, "Prefazione", in: T. Munari (a cura di), *I verbali del mercoledì. Riunioni editoriali Einaudi*, Vol. I, 1943-1952, Einaudi, Torino 2011, p. IX.

da Missa Solemnis del mercoledì (intendo il Consiglio editoriale riunito a conclave "extra omnes"). Curiosità, tutta curiosità, nient'altro che curiosità (la "verità" è fuori questione). Sì, sfogliamo le pagine, cerchiamo indizi.

Dal *Verbale della Riunione del 5 marzo 1952*: "Presenti: Bobbio, Bollati, Boringhieri, Calvino, Einaudi, Foà, Fonzi, Mila, Natalia, Serini, Solmi, Venturi [...]. Minima moralia di Adorno: Solmi riferisce sulla lettura di questo libro che costituisce, a suo parere, il miglior tentativo di critica, fatta dall'interno, della cultura tedesca. Il libro è fatto di riflessioni, organicamente legate tra loro, che rivelano, oltre a tutto, uno scrittore di notevole valore letterario. Mila interviene nella discussione ricordando che l'Adorno è stato il Consigliere musicale di Thomas Mann per il Dottor Faust, ed è pure l'autore di un pregevole studio sulla musica contemporanea di cui potrebbe essere presa in considerazione la pubblicazione. Il Consiglio decide di affidare a Bobbio, in seconda lettura, il Minima Moralia, e di prendere in esame il saggio musicale dello stesso Adorno [...]. Allegato: [Osservazioni di Cantimori] Adorno. Potrei vedere anch'io i Minima moralia?"[23]. In poche parole, Solmi impeccabile nell'elogio all'Adorno finissimo "critico" della cultura tedesca (ma pure di quella americana, per la precisione...), Massimo Mila di rinforzo da indiscusso numero uno della musicologia, Norberto Bobbio in carico di seconda lettura e, presumibilmente dopo aver preso visione del verbale inviatogli a Roma, Delio Cantimori in versione di "Pierino curiosino". Fin qui niente di che. A parte la singolarità singolare (se non l'aveste notata...) dell'unica donna a sedere in Consiglio, Natalia Ginzburg, indicata con il solo nome anziché con il cognome come tutti gli altri (no comment). Procediamo. Dal *Verbale della Riunione del 25 giugno 1952*: "Presenti: Bobbio, Boringhieri, Calvino, Einaudi, Foà, Fonzi, Mila, Natalia, Serini, Solmi [...]. Osservazioni e relazioni di Cantimori: Foà legge alcune osservazioni di Cantimori a recenti verbali

23 T. Munari (a cura di), *I verbali del mercoledì. Riunioni editoriali Einaudi*, Vol. I, 1943-1952, Einaudi, Torino 2011, pp. 371 *sgg.*

e la sua relazione sull'Adorno: [...] b) Minima Moralia di Adorno (v. verbale 5.3.52): il parere di Cantimori è nettamente sfavorevole alla pubblicazione di questo libro, cui peraltro riconosce un certo potere di seduzione. È un tardivo prodotto di quella letteratura di massime e considerazioni socio-psico-filosofiche molto in auge nel periodo 'weimariano' ('considerazioni marginali', sfoggio di 'eleganza sovrana', di buon gusto e di delicatezza nervosa, di interpretazioni 'profonde' che da un particolare deducono un fatto o fenomeno generale, ecc.). Il Consiglio prende atto della esauriente e gustosa relazione di Cantimori e invita il primo relatore, Solmi, a preparare un''apologia' da inviare a Cantimori. [Allegato alla lettera di Cantimori a Bollati del 23 giugno 1952]: "Non so se sia di derivazione francese, o se sia di tradizione locale, questa letteratura di massime trasformate in succedersi di meditazioni, a volte a rosario, a volte a cannocchiale; ma insomma, ha una sua tradizione che data già da Nietzsche, della quale io ho assaggiato e gustato a suo tempo qualche esempio [...]. A confronto delle cose che conosco, l'Adorno mi sembra scadente: è una lontana risonanza di quella letteratura del periodo 'weimeriano', con la novità dell'impostazione dell'esilio; ma se l'esilio non gli ha insegnato altro... (con tutto il rispetto, mi raccomando bene!) Perciò permettetemi di sorridere della ingenuità di chi ci trova qualcosa di così importante da doverlo tradurre [...]. Non mi pare meglio di tante altre cose del genere, anzi; superficiali le considerazioni sociologiche p. es. sull'America ecc., anche se posson far piacere; 'letteratura filosofica' o 'filosofia letteraria' i passi 'dialettici' (voglio dire 'poesia' oscura come metafisica, metafisica alata e lirica come 'poesia': nessuna cosa al suo posto, disordine elegante del salotto buono! (Montanelli!); ridicole le considerazioni morali-psicologiche p. es. sulle donne (ma allora, traduciamo proprio Aristotele, con le sue curiose osservazioni degli scrittori minori!). | Certo la scrittura è elegante e raffinata, ma evasiva quanto basta per irritare. Ma allora, meglio Nietzsche! Sono considerazioni marginali, sfoggio di 'eleganza sovrana', di buon gusto e di delicatezza nervosa, di interpretazioni 'profonde' che da un particolare deducono un fatto o fenomeno generale [...]: strapaese-stracittà Longanesi, Malaparte, Giovanni Ansaldo: non fa differenza sono in grosso e in reazionario e l'Adorno è in fino e in liberale: è la stessa zuppa; anche se il colore cambia per qualche ingrediente, il sapore insipido è sempre quello"[24]. Qui la cosa si fa davvero interessante. Cantimori ha letto l'Adorno (riga per riga?... pagina per pagina?... aforisma per aforisma? ...) e la stroncatura è servita. L'antifona dovremmo averla capita. Dire che a Cantimori l'Adorno dei *Minima moralia* non vada a genio per niente sarebbe un puro eufemismo. Bordate a destra e a sinistra (direi soprattutto a destra...): bordate all'Autore a cui l'esilio americano non è servito a granché (apprendimento zero... magari un secondo esilio per gli esami da ripetente?), che scriverà anche chic e stilè, ma da infastidire parecchio (da irritare... da far venire il prurito alle mani?), che se la tira da dandy del pensiero abissale senza esserne all'altezza ("buon gusto", tutto da discutere... "delicatezza nervosa", poverino lui!); e bordate all'Opera che è niente di che (solita solfa di massime sgranate a rosario... solita tiritera di meditazioni binocolate al contrario), che sull'America sfida il banale, il generico, il semplicistico (anche se qualche volta ci prende... il che non guasta mai), che a trattare di certe questioni è sempre meglio affidarsi ai grandi maestri che han già detto tutto in anticipo (tipo Aristotele, tanto per dirne uno... o tipo Nietzsche, tanto per dirne un altro... almeno per chi ovviamente l'ha "assaggiato e gustato"... tipo lui stesso lui... molto modestamente). Insomma Adorno un autore tra i molti (sempre troppi, purtroppo) liberal-borghesi blasé e parecchio fumé (alla Indro Montanelli, Leo Longanesi, Curzio Malaparte, Giovanni Ansaldo, per far nomi di casa... e intanto non perdere mai l'occasione di una stecca ben meritata alla cricca nostalgica dell'Italietta), e i *Minima moralia* un testo a cui possono abboccare solo gli incompetenti o gli sprovveduti, i semplici o i merli (una stecca, in implicito, pure per Solmi?). Firmato Cantimori Delio. E il Consiglio

24 Ivi, pp. 415-18.

editoriale che prende atto della "esauriente" (?) e "gustosa" (?) filippica e incarica Solmi di vedersela lui con il suddetto Cantimori, cioè di rispondere al fuoco nemico a colpi di panegirico (!). Esito dello scontro ad armi "Impàri!"? Nove mesi dopo si legge dal *Verbale della Riunione del 3 dicembre 1952*: "Presenti: Bobbio, Bollati, Boringhieri, Calvino, Einaudi, Foà, Fonzi, Mila, Natalia, Serini, Solmi, Vittorini [...]. Mimina moralia di Adorno: Bobbio, che ha letto il libro e lo trova senz'altro meritevole di pubblicazione, raccomanda di affidare la traduzione in buone mani, poiché si tratta di un lavoro non lieve. Solmi avanza la candidatura di Cases (il quale sta ora terminando la versione dei saggi di Lukacs che compariranno con il titolo Il Marxismo e la critica letteraria): Il Consiglio è d'accordo"[25]. Commenti superflui. Il dissidio si è ricomposto? Chi lo sa. Ma se è addirittura Norberto Bobbio a tagliare il nodo riconoscendo i *Minima moralia* meritevoli di pubblicazione, allora si proceda. Passano due anni, e in data 20 novembre (Francesco Toso stampatore in Torino) il volume è in uscita (prezzo di copertina L. 2000). Naturalmente con sottotitolo di "Meditazioni della vita offesa" espunto, trentotto aforismi tagliati e sforbiciati sei, omessa la numerazione che così non ci si potesse accorgere troppo della reductio (non esattamente da *Reader's Digest...* più da *Reader's "Indigest"*, verrebbe da dire).

Ecco, arrivati – a fatica – sin qui il rebus di queste "cancellazioni" resterebbe comunque insoluto. Una specie di "formazione di compromesso" per compiacere un po' tutti? Possibile. Una mediazione "sufficientemente buona" da accontentare entrambe le parti, i favorevoli e i contrari? Probabile. Difficile immaginare che il Cantimori Delio ("Crudelio"?) abbia fatto marcia indietro su tutta la linea. Avete presente il personaggio? Penso di no. Qualcosa tanto per averne anche solo una pallida idea? Qualcosina. Curatore e traduttore dei *Principi politici del nazionalsocialismo* di Carl Schmitt, pubblicato dall'editrice Sansoni nel 1935, chiamato nel 1940 da Giovanni Gentile a collaborare al *Dizionario di politica* del PNF, iscritto al PCI nel

25 Ivi, p. 492.

1948, curatore e traduttore del *Capitale* di Karl Marx pubblicato dalle Edizioni Rinascita nel 1951, fuoriuscito dal Partito (in nobile compagnia... Italo Calvino, per esempio, altro nome einaudiano di primo piano) nell'ottobre del 1956 a seguito dei "fatti d'Ungheria" (....). Insomma niente di più (né di meno...) che uno dei non pochi casi italici di "giro di vite" anni '40, ovvero di "conversione a U" in conformità al ben noto principio ouroborico della *coincidentia oppositorum* in base al quale è sufficiente un passo appena più a destra per ritrovarsi, magicamente, a sinistra. Non è dunque peregrina la fantasia che certi aforismi (magari proprio quelli sugli *intellettuali*, le *donne* e il *declino* di cui abbiamo esemplificato) siano risultati parecchio indigesti al Cantimori dell'epoca, ancora influente esponente del Partito, così da convincere altri in casa editrice a evitare il rischio di incorrere in qualche sanzione per inosservanza della "linea" (la "soggezione" ricordata da Luisa Mengoni in Prefazione ai *Verbali*). Difficile comunque ritenere che la decisione sia stata in capo al solo Giulio Einaudi, al Maggior*dominus* di casa editrice. E pura fantasia, ovviamente, la nostra immaginazione di quel qualcuno a leggersi le bozze di traduzione armato di lapis rossoblù in un piovoso pomeriggio torinese dell'ottobre '52 (oltretutto completamente sfasata nei tempi). Più una storia, sempre per immaginazione, da congiurati del tipo *Idi di Marzo* (con tanto di "...ma Delio è uomo d'onore" ecc.ecc.), o del tipo *Assassinio sull'Orient Express*, per quanto in assenza di un vero cadavere (solo un testo ferito, un testo "mutilato" di qualche decina di pagine... che sarà mai!). Caso chiuso? Proviamo a tirare le fila e ad arrivare, infine, alle conclusioni.

La vicenda toccata ai *Minima moralia* di Theodor W. Adorno non è che una delle molte che si sono registrate nel corso della storia in tema di "censura". Nemmeno una delle più significative. Toccò sicuramente di peggio, per fare un solo esempio dei più celebri del Novecento, all'*Ulisse* di Joyce che ci mise dieci anni prima di venir pubblicato negli Stati Uniti (e quaranta prima di essere tradotto in italiano), senza dimenticare che all'incirca duemila anni prima l'*Ars amatoria* di Ovidio era costata all'autore l'esilio sul Mar Nero. Il caso dei *Minima moralia* potremmo dunque annoverarlo, al confronto, tra i *minima marginalia*. Se non fosse che, essendo un libro di "Meditazioni della vita offesa" risulta parecchio emblematico di quella faccenda di meditazioni della "cultura offesa" che da qualche anno ci perseguita sotto l'etichetta della *Cancel Culture*. Con la non irrilevante differenza che, mentre settant'anni fa la questione della censura in qualunque forma (dalla proibizione totale al rimaneggiamento parziale... senza escludere, in qualche circostanza, pure il rogo...) si applicava a ciò che era "contemporaneo", ora si applica a qualsiasi testo di ogni epoca del presente e del passato. Il che ci condurrebbe a svolgere moltissime considerazioni, che tuttavia, proprio grazie ai *Minima moralia* di Adorno (e in aggiunta alla *Dialettica dell'Illuminismo* con Horkheimer) condensiamo in una sola: quell'alba del declino della vita e della cultura ad opera, in primis, della messa in moto dei perversi meccanismi dell'Industria Culturale ha trovato settant'anni dopo il suo mezzogiorno. L'oscurantismo della Cancel Culture (il suo frutto della stupidità dal seme dell'ignoranza) è il "sole nero" che illumina di "assenso e consenso" (anziché "d'immenso"...) la vita offesa della via americana in pompa di sé (compreso il girovita...). Roba certo da far impallidire, in tema di cultura offesa, quella patetica imitazione di censura sovietica che si aggirava, nei nostri anni '50, tra i corridoi romani di via delle Botteghe Oscure 4, la sede del Partitone del Migliore, e, per altrettanto patetica soggezione, quegli altri corridoi torinesi di Via Biancamano 2, la sede dell'Editore dello Struzzo da *Spiritus durissima coquit* (cioè che manda giù tutto, che digerisce anche i chiodi ... e pure che ficca la testa sotto la sabbia...). Ma che tuttavia conferma, e definitivamente, quanto i *Minima moralia* finiscono per assumere il carattere di un testo davvero profetico (e con o senza i trentotto aforismi omessi della prima edizione italiana, il risultato alla fine è identico).

A questo punto ci sarebbe da approfondire il come si sia arrivati sin qui, il come sia stato possibile cadere nel grande buio dell'obbrobrio (e dell'idiozia) della Cancel culture. Siccome però dobbiamo ormai davvero concludere, siamo costretti a rimandare ad un'altra occasione. Ci consentiamo soltanto di esprimere, almeno questo, quell'unica certezza che ci resta e che potremmo riassumere, in una battuta, così: se si riconosce il secondo principio della termodinamica nella legge dell'*entropia* ovvero della fine di tutto nel grande disordine, allora si potrebbe riconoscere il secondo principio della "psicodinamica" nella legge dell'*enantiodromia* ovvero della inesorabile, ineluttabile e implacabile conversione di ogni cosa nel suo opposto. Come a dire che presto o tardi, prima o poi, dopodomani o tra un secolo, è sicuro che agli epuratori toccherà di divenire gli epurati, ai censuratori di divenire i censurati, e ai cancellatori, pure loro, di divenire i cancellati.

Presentations of the Eranos-Jung Lectures

The Great Worksites of Contemporaneity:

Looks at the Knots of the Present (I)

Presentazioni delle Eranos-Jung Lectures

I grandi cantieri della contemporaneità:

sguardi sui nodi del presente (I)

Monte Verità, Ascona

2023

Il destino del libro

Gian Arturo Ferrari

Milan / *Milano*, Italy / *Italia*
October / *Ottobre* 2023

Comincerò parlando della mia bibliografia, citando cioè due libri dedicati al tema libro. Il primo, pubblicato nel 2014 da Bollati Boringhieri e ripubblicato nel 2023, si intitola prima *Libro* e poi *Il libro* e quindi non c'è possibilità di sbagliare.

Il secondo invece è uscito a metà novembre 2023 e si chiama *Storia confidenziale dell'editoria italiana*, pubblicato da Marsilio. Questo è un libro più ironico, come si capisce dal "confidenziale" che non vuol dire pettegolo però vuol dire che ci sono dette molte cose che usualmente non vengono dette e quindi il suo principale motivo di attrazione è proprio questo. Questi due libri contengono per ora quasi tutto il mio pensiero sul libro, ma non tutto perché ci sarebbero anche molte altre cose da dire.

Io tratterò qui alcuni punti specifici, alcuni macro temi. Il primo di questi temi è: tempo, durata, eternità parole come si vede di qualche peso e qualche impegno. Il libro oggi viene ritenuto parte di quell'enorme continente chiamato comunicazione che comprende tutto e il contrario di tutto comprende dalla pubblicità ai trattati propriamente scientifici. E in mezzo a tutto a questo ci sono i libri. Quello che noi possiamo trovare su questi strumenti, cioè sui libri, che sono i nostri compagni di vita più fedeli e più duraturi, dentro tutta questa enorme galassia che sono i libri, la relazione che hanno con il tempo il loro rapporto con il tempo assume un aspetto forse definitivo. Moltissimo tempo fa nella Grecia del quinto secolo avanti Cristo ha luogo un momento di transizione tra una cultura fondata sull'oralità, fondata sul parlato, e una cultura fondata invece sullo scritto. Quelli che poi diventeranno i libri. E in questo stato nascente dei libri io sono andato a cercare i testi in cui per la prima volta coloro i quali scrivono i libri si rendono conto che il libro che loro scrivono è una cosa diversa da tutte le altre e ne ho trovati due. Sono entrambi storici, i due principali storici Greci non quindi filosofi non quindi oratori professionali, retori, sofisti ma storici. Partiamo dal primo. Il primo è Erodoto che scrive un'opera vastissima e che mette a quest'opera una specie di frontespizio o di proemio una cosa iniziale tanto isolata che molti critici hanno ritenuto che non l'abbia iscritta lui (io non credo. Credo invece che un tono così reciso e così imperioso non possa che appartenere solo all'autore vero e proprio). Questo inizio dice così: "Questa è l'esposizione dell'indagine di Erodoto di Alicarnasso perché gli eventi umani non svaniscano con il tempo e le imprese grandi e meravigliose compiute sia dei Greci sia dei Barbari non restino senza fama." É la prima volta in cui si parla di che cos'è un libro di come è fatto un libro. Un libro è una *apodeixis*, si dice in greco, cioè una esposizione - una pubblicazione potremmo dire - della ricerca, dell'indagine, che si chiama in greco istorie da cui deriverà poi storia, quindi della storia fatta da Erodoto di Alicarnasso, o secondo un'altra versione di Turi, una colonia panellenica siciliana fondata da Pericle e di cui Erodoto era una specie di cittadino onorario. Ma la cosa fondamentale è "perché gli eventi umani non svaniscano con il tempo" e questa è una caratteristica centrale e ineludibile: gli eventi umani tendono a svanire tendono a scomparire, la memoria è labile. E tutto quello che è successo si dimentica. Ebbene il libro che Erodoto scrive con questa presentazione delle sue ricerche è destinato a vincere il tempo è fatto perché varchi il tempo. Mentre tutto si disgrega e si allontana quello che c'è dentro un libro deve rimanere, il libro ha un valore sovra-temporale viene scritto un libro perché si vuole resistere all'avanzata del tempo.

Un concetto molto simile viene espresso pochi anni dopo, probabilmente una cinquantina ma probabilmente anche meno, da un altro personaggio che noi definiamo oggi “storico” ma lui non sapeva di esserlo. Era un generale ateniese, un militare fallito, aveva sbagliato una campagna militare e gli ateniesi che non erano gente tenera l’avevano fatto fuori, l’avevano destituito. E quindi lui, Tucidide, che era ricco di famiglia, con la sua famiglia che possedeva delle miniere nel nord della Grecia, dopo essere stato licenziato non era ridotto alla fame, non doveva chiedere la carità, però voleva raccontare che cosa era successo a lui e la ragione per la quale poi era stato così brutalmente esautorato. E quindi scrive una sua storia della guerra del Peloponneso e all’inizio polemizza con la tendenza che in generale tutti quelli che hanno raccontato di queste vicende hanno mescolato i fatti con degli elementi mitici e favolosi e invece lui non vuole mettere dentro degli elementi mitici favolosi e dice (siamo nel libro primo al capitolo 22): la mancanza del favoloso in questi fatti li farà apparire forse meno piacevoli all’ascolto, perché all’inizio in questa fase aurorale del libro i libri venivano letti in pubblico, quelli che poi sarebbero diventati libri erano in realtà delle scalette per delle letture pubbliche, per delle conferenze come questa che stiamo facendo qui e ora, quindi la mancanza del favoloso - dice lui - renderà quel che racconto meno piacevole all’ascolto. Ma, se a quelli che vorranno investigare la realtà degli eventi passati e di quelli futuri saranno utili le informazioni contenute nella mia opera, tanto mi basta. Cioè anche se sono meno piacevoli siccome quelli che vogliono sapere come sono andate veramente le cose lo possono fare leggendo il mio libro, io sono già contento così. La mia opera è un patrimonio per sempre. Così, pari pari. Questo generale aveva fallito ma aveva una consapevolezza di sé piuttosto alta e pensava della sua opera che fosse destinata a durare per l’eternità. Io non so se durerà per sempre perché non lo posso sapere, ma certo è durata per tantissimo tempo, Tucidide all’eternità si è comunque abbastanza avvicinato: essa è in effetti un patrimonio per sempre. Come ben si vede è lo stesso concetto che aveva espresso Erodoto. Quello che a noi adesso interessa non è tanto la vicissitudine e il contenuto delle singole opere quanto l'idea che al libro venga annessa questa idea di perennità. Il libro è una cosa terribile destinata a durare per sempre, varca il tempo. Guardate che questa è una concezione molto diffusa anche oggi: quasi tutti pensano che una volta stampato un libro è destinato a durare in eterno o in un eterno umano. Tempo fa quando io facevo il mestiere di editore mi capitava spesso di avere degli amici e conoscenti che mi telefonavano e mi dicevano: "C'è un libro che io cerco da moltissimo tempo e non riesco, proprio non riesco a trovarlo; tu che sei lì non potresti procurarmelo, farlo cercare? Eravamo nei primi anni 2000, più di vent'anni fa. Ma questo libro - chiedevo io - quando è stato pubblicato? Ah non so, credo nel 1950 negli anni 50 o negli anni 60. Tutti noi abbiamo l'idea che un libro una volta stampato rimanga per sempre e molti pensano che si possa anche comperare. Non si rendono conto che i libri muoiono come tutte le altre cose e scompaiono come tutte le altre cose. Ma l'idea del libro è l'idea invece di sopravvivere, di vincere il tempo. E quelle persone che mi chiedevano di procurare un libro pubblicato nel 1962 o 63, quaranta o cinquant'anni dopo non si rendono conto che la maggior parte dei libri oggi, per dirla un po' trucemente, dura sei mesi al massimo. Questa è la verità, poi vanno al macero, vengono eliminati. Ma non importa che facciano questa brutta fine, importa invece che ci sia questa idea che noi annettiamo al libro una sorta di statuto speciale. Naturalmente la contrapposizione agli inizi è tra la oralità destinata a disperdersi nei discorsi che non hanno consistenza stabile, quindi vengono dimenticati e sono spesso divorati dal tempo, e la scrittura che invece li fissa e quindi tra la caducità e la permanenza. Nei libri noi continuiamo a vedere una promessa di eternità una promessa di sopravvivenza e uno dei motivi maggiori per i quali gli uomini scrivono libri e ne scrivono così tanti, è proprio questo: perché vogliono sopravvivere perché pensano che siccome il libro varca il tempo se loro scriveranno un libro, in qualche modo anche loro non partiranno. Questa è una cosa profondissima.

Nel caso della scrittura del libro la motivazione profonda è quella di resistere al tempo di dare una testimonianza perenne e più forte di tutto il resto. La gente cosiddetta normale non si rende conto di che cosa voglia dire scrivere. La maggior parte pensa che la scrittura non sia altro che il parlato, che così come parla si può trasferire quello che dice su una pagina, non ha idea della tecnicità della scrittura mentre tutti abbiamo idea della tecnicità faccio per dire della pittura, sappiamo che c'è un medium che noi dobbiamo padroneggiare per poterci esprimere; mentre tutti pensiamo che c'è un medium anche nella musica, sappiamo che certo la musica piace a tutti, però solo alcuni possono suonarla, nella scrittura non c'è questa sensazione. Così come pensano nella loro testa e così come dicono e parlano altrettanto possono scrivere. Pensano che la scrittura sia un calco del parlato mentre è completamente diversa. La scrittura è una delle cose se così possiamo dire con un contenuto di tecnologia interno più alto cioè è una delle cose più difficili che si possono fare, perché scrivere è manovrare una tastiera lunghissima in cui qualsiasi tasto influenza tutto il resto e bisogna quindi avere una capacità di governo molto elevata. Del resto la principale conseguenza dell'idea della perennità dei libri è l'idea e poi la nascita della biblioteca. La inventa un signore che si chiamava Aristotele e la inventa per un motivo diciamo teorico, preciso. Aristotele è convinto che la verità non sia una cosa sola che non c'è un posto dove c'è tutta la verità e io vado là e la trovo e me ne impadronisco. Non è l'isola del tesoro, la ricerca della verità è sparsa ovunque, quasi tutti quelli che hanno scritto hanno detto qualche verità. Allora siccome la verità è sparsa in questo mondo l'unico modo per averla tutto intera è avere un posto dove ci stanno tutti i libri che sono stati scritti, tutti i libri. Visto che ognuno contiene un pezzetto di verità insieme formeranno questo mosaico che è la verità in tutto il suo insieme. Aristotele fu la prima persona nella storia dell'umanità a creare la biblioteca così come siamo abituati a fare anche noi: la prima vera grandissima biblioteca del mondo.

La trasmissione dei libri era lineare cioè se io scrivevo un libro su cosa succedeva in quel mondo lì e poi volevo diffonderlo ad altri, allora cosa dovevo fare? Qualcuno me lo copiava e lo dava ad un altro. Naturalmente in queste copiature il testo si deformava perché è un fatto inevitabile ed è per questo che allora nasce la filologia. Perché i bibliotecari di Alessandria si propongono di dare il vero testo e però per dare il vero testo bisogna confrontare tutta una serie di copie che contengono tutte degli elementi differenti: bisogna avere dei criteri per sapere qual è quella vera: così nasce appunto la filologia. Ad Alessandria raccontano alcuni libri c'è questa biblioteca che è molto grande anche se non sappiamo i numeri esatti dei libri che c'erano dentro perché sappiamo i numeri dei volumi ma siccome i volumi sono i rotoli di papiro e per dire l'Iliade erano 24 rotoli che sono diventati poi i libri quelli che noi oggi chiamiamo libri, quindi non sapendo di quanti papiri era composto ogni libro è molto difficile dire oggi quanti libri ci fossero nella biblioteca di Alessandria. Però l'amore per i libri all'epoca arrivava al punto che i sovrani di Egitto decisero di promulgare una legge secondo la quale tutte le navi che entravano nel porto di Alessandria erano obbligate a consegnare i libri che avevano a bordo. Al loro arrivo degli ispettori come quelli che oggi cercano la cocaina o altre cose vietate allora cercavano i libri che portavano poi alla biblioteca. E siccome questi erano dei sovrani illuminati fanno copiare i libri e restituiscono alla nave non l'originale, ma la copia, perché sapevano che in questo processo il testo inevitabilmente si deformava. Oggi tanto per avere un'idea la più grande biblioteca al mondo è quella del Congresso degli Stati Uniti che è la biblioteca come dice il nome che serve ai legislatori americani per documentarsi sulle leggi che devono fare ed è composta da circa una trentina di milioni di volumi e la biblioteca ha più di tremila dipendenti e un budget di centinaia di milioni di dollari all'anno. Non so come siano messe le biblioteche svizzere penso bene e saranno sicuramente messe meglio di quelle italiane che invece fanno molta fatica oggi.

Il secondo capitolo di questa relazione è relativo alla stampa: la velocità di trasmissione cambia molto con la stampa dei libri. La duplicazione dei libri a mezzo stampa viene inventata attorno al 1450 in Germania da gente che non aveva niente a che fare con il mondo dei libri e questa è una cosa significativa, importante: la stampa come il volo non è un proseguimento non ha niente di naturale non è un proseguimento naturale di quello che si faceva prima ma è un salto completo. La stampa non è il proseguimento di quello che facevano i copiatori professionali del mondo antico. L'introduzione della stampa non è stata amata fino alla rivoluzione francese e c'era addirittura una parte della popolazione, i grandi aristocratici, che si rifiutavano di tenere nelle proprie biblioteche private dei libri a stampa perché li consideravano volgari e quindi volevano dei libri scritti a mano: io ne ho avuto per le mani alcuni e non avete idea della bellezza, dell'eleganza: si capisce e io capisco che questi nobili volevano per le loro biblioteche una versione copiata a mano e non stampata.

Anche il materiale su cui erano copiati questi libri, la pergamena, è una cosa impalpabile, sottilissima più sottile di un foglio di carta, su cui si scrive in una maniera straordinaria, meravigliosa mentre quando noi parliamo di pergamena ci immaginiamo delle pelli di vacca spesse. Invece no e l'utilizzo della pergamena andò avanti fino alla fine del 1700. Fino a quando un signore che era il Lord Cancelliere del regno britannico Sir Francis Bacon più noto come Francesco Bacone scrive nel 1620 un'opera molto nota che si chiama *Npvum Organum* in cui l'aforisma 129 dice così: "Bisogna considerare anche la forza, la virtù e gli effetti delle invenzioni che si manifestano con maggiore evidenza che altrove in quelle tre invenzioni che erano ignote agli antichi: l'arte della stampa, la polvere da sparo e la bussola queste tre invenzioni hanno cambiato la faccia del mondo e le condizioni della vita sulla terra." Questo è un passo celeberrimo che viene ripreso e citato infinite volte ma lasciamo stare la polvere da sparo e la bussola per soffermarci invece solo sull'arte della stampa, andiamo a vedere il nucleo in che cosa cambia. Non ci addentriamo qui in particolari tecnici e come funziona la stampa anche se questo tema è molto, molto interessante. Ma parliamo della stampa come nuova tecnica di riproduzione dei libri. La cosa fondamentale della stampa è che c'è un vantaggio nel disporre di molte copie di uno stesso libro che è un'idea non comune ma non così strana.

Probabilmente non abbiamo mai pensato alla stampa in questa luce: la stampa non è una meccanizzazione della scrittura, la meccanizzazione della scrittura, cioè la dattilografia, verrà in uso solo nell'ultimo decennio dell'Ottocento con l'invenzione delle macchine da scrivere. No, la stampa non meccanizza la scrittura, meccanizza la copiatura.

Ma poi le copie dei libri bisogna venderle questa è la realtà. Nel mondo precedente la stampa le copie dei libri venivano create una per una, ma un conto è il processo lineare degli amanuensi che copiano uno dietro l'altro, in fila e tutt'un altro conto è un procedimento come la stampa che mette immediatamente a disposizione una grande quantità di copie del testo che vogliamo stampare. Questo fenomeno produce un effetto primario fondamentale divide i libri tra stampati e no. Il problema adesso di chi scrive un libro è quello di farselo stampare: vuol dire trovare qualcuno che investa denaro e tempo per acquistare o costruire i dispositivi fondamentali. Il torchio per esempio.

Il problema fondamentale che viene in luce con la stampa è che l'autore crea il libro ma non lo mette al mondo. Questo è il nodo centrale: perché il libro esista non basta che l'autore lo scriva, ci vuole qualcuno che lo metta al mondo ci vuole uno stratega una levatrice del libro, questa levatrice, questa ostetrica è l'editore e infatti la parola editore ha a che fare in latino con il parto, è legato al parto, l'editore è la levatrice, l'ostetrica dei libri. Cambia anche la modalità di trasmissione in ragione del fatto che adesso è disponibile una quantità di copie immediatamente. Non ho più una trasmissione lineare, ma una diffusione a raggiera, in cerchie, e quanto più queste cerchie si allargano o quanto più se ne aggiungono di nuove, tanto più io stampo.

Si forma con la stampa la trinità del libro. La società del libro è una figura sola che ha però tre persone come la Santissima Trinità: è contemporaneamente uno stampatore, un editore e un libraio. La stessa persona fisica fa all'inizio tutte e tre queste cose: da una parte stampa quindi possiede l'arte della stampa che non è un'arte semplice, anche se è ancora artigianale, tutto il processo è manuale, si fa a mano. Il torchio per la stampa deriva dai torchi che si usavano per pressare la biancheria. Quasi tutte le case d'Europa ce l'avevano ed è una macchina, un oggetto, molto semplice: ha una vita senza fine e ha questa manovella con cui si pressano due tavole di legno, due pezzi uno sull'altro. Solo all'inizio dell'Ottocento ci sarà un bizzarrissimo conte inglese, molto contestato, il quale per una sua trovata di genio fabbricherà questa stessa struttura in ghisa ottenendo una cosa molto più pesante e quindi con una capacità di impressione molto maggiore rispetto quelle di legno. Ma la cosa fondamentale è che l'editore è figlio della stampa, l'editore non è precedente la stampa è suo figlio, è il processo di stampa a far sì che ci sia qualcuno che stabilisce chi deve vedere la luce e chi no, sceglie quali libri stampare e quali no e questa figura è essenzialmente l'editore. L'altra grande conseguenza della stampa è la rapidità, il movimento che immette nel mondo del libro, che era fin lì un mondo lento. Faccio solo un esempio: la sera di un giorno preciso il 13 marzo 1610 Francesco Bacone pubblica il *Novum Organon*. Uno stampatore padovano che si chiama Tommaso Baglioni lo stesso giorno comincia a stampare un'opera il *Sidereus nuncius*, il *Messaggero delle stelle* che è stato scritto dal matematico dell'università di Padova che si chiama Galileo Galilei. Baglioni la sera del 13 finisce di stampare il *Sidereus*, ne stampa 550 copie cioè una buona quantità - le quantità sono sempre la cosa più complessa da governare nel mondo dei libri - per esempio verso la fine del Cinquecento in Germania nei pressi di Wittenberg il totale delle Edizioni della Bibbia in tedesco, tradotta in tedesco da Martin Lutero ammonta ad una somma più o meno di 200 mila copie, una quantità mostruosa per l'epoca, però 550 copie sono già un bel numero. Allora il 19 marzo le copie sono finite non ce ne sono più. Due settimane dopo una copia arriva a Firenze, su richiesta, e il Baglioni riceve altre richieste da Roma, Londra, Augusta in Germania e Napoli. Altre copie raggiungono Parigi, Colonia e soprattutto Praga. Perché è importante soprattutto Praga? Perché a Praga ci sta l'imperatore vale a dire la massima autorità civile esistente sulla terra. Questo nuovo modello di diffusione della stampa è completamente diverso da quello che il libro aveva prima. Il libro diventa una cosa completamente diversa anche perché entra in gioco un fatto fondamentale che noi generalmente tendiamo a trascurare, sul libro c'è scritto una data che è la data in cui è stampato, la sua data di nascita. Prima i libri non avevano la data di nascita: chi sa esattamente in quale momento, in quale anno, Francesco Petrarca ha finito di scrivere il *Canzoniere,* non si sa. L'unico altro oggetto che aveva sempre la data scritta sopra erano le pietre tombali, però le pietre tombali avevano la data non della pietra ma del defunto mentre i libri hanno la data di nascita del libro, di quando il testo è diventato un libro e questo produce un cambiamento fondamentale su cui noi generalmente non riflettiamo. Siccome c'è sempre su una data, così nascerà la categoria delle "novità", se non c'è la data non c'è novità ma invece con la data io posso dire che questo libro è una novità. E allora ecco che la testa degli uomini colti si proietta sulla novità e non sul passato. Tutta la cultura umanistica era fondata sul principio e sul fatto che il meglio era le nostre spalle e il futuro era solo una decadenza progressiva di quello che era stato. La novità proietta l'interesse di tutti sulle cose nuove su questo libriccino stampato a Padova nel quale si dice che ci sono dei pianeti di Giove e soprattutto che la luna è fatta esattamente come la terra, è fatta di materiali uguali a quelli della terra. E allora tutti guardano lì e tutti sono attirati dalla novità. Molti anni dopo questo interesse per la novità riguarderà altri prodotti dell'arte della stampa ovvero i giornali e nascerà la categoria fondamentale della notizia che prima non c'era. Nella storia umana gli eventi si sono sempre succeduti regolarmente Ma la notizia nasce nel momento in cui il fatto che nasce in quel momento sia verificato e diventa un bene commerciabile cioè diventa una notizia. Una cosa se ci si pensa abbastanza assurda e invece è una delle categorie fondamentali su cui si svilupperà più avanti la nostra civiltà.

E così finisce questo secondo capitolo e comincia il terzo capitolo quello del libro industriale. La stampa di cui ho appena finito di parlare gode di grandissima popolarità, se voi prendete un qualsiasi libro dedicato agli scolari nelle scuole elementari o nel primo ciclo di scuole medie vedrete che la stampa menzionata nel libro di storia è quella del torchio ma oggi i libri sono tutto un'altra cosa sono prodotti dell'editoria industriale. Ora la parola industriale ha un significato del nostro linguaggio comune negativo ma la nostra civiltà farebbe meglio a occuparsene e ad apprezzare quello che ci hanno saputo dare i libri che leggiamo oggi quelli che sono tutti prodotti dell'editoria industriale e non di quella precedente. Che cos'è l'editoria industriale? Guardiamola nel suo insieme: c'è una premessa che sono una serie di cambiamenti tecnologici, questi cambiamenti tecnologici riguardano la stampa vera e propria cioè il processo di impressione vera e propria, poi riguardano la composizione e poi riguardano la carta. Principalmente la carta è una cosa fondamentale e il prezzo della carta nel corso della modernità crolla scende in maniera vertiginosa e non c'è tanto modo di approvvigionarsi né della bellissima carta in uso nel Seicento, nel Settecento e ancora nell'Ottocento (che è una carta di stracci ottenuta sfibrando stracci di lino e di canapa e poi laminandoli fino al livello del foglio: quindi si prende quel foglio laminato così ancora molle, ancora bagnato, e lo si mette ad asciugare su una specie di rete fatta di tanti sottilissimi fili di metallo. (Che diventeranno la filigrana: la filigrana è il fatto che la carta è stata asciugata, è stata messa a seccare, su grandi telai). Questi sono cambiamenti tecnologici rilevantissimi, ma relativamente minori. Il principale cambiamento tecnologico è il fatto che invece di azionare tutte queste cose con l'energia umana, con la fatica umana, vengono azionate da energie non umane prima quella ricavata dal vapore e poi quella elettrica. Questo cambio di fonti di energia e determina il cambiamento fondamentale e principale poiché meccanizza completamente il processo di fabbricazione dei libri. Il processo comincia più o meno intorno al 1830 e finisce in realtà diciamo un secolo dopo, più o meno. Qual è invece la cosa veramente fondamentale dentro questo cambiamento fondamentale la conseguenza decisiva di questo cambiamento? Per fare operare tutti questi cambiamenti qui descritti occorrono molti capitali, molti soldi, le macchine a vapore costano tanto, le nuove macchine da stampa costano ancor di più, le macchine per la composizione sono molto delicate e costano molto, tutto costa molto. E allora per poter fare questa attività io devo finanziarmi devo avere i soldi. Anche prendendoli a prestito dagli istituti bancari che diventano i grandi protagonisti dell'industrializzazione non solo nella stampa ma in tutti i settori delle attività umane. Però naturalmente loro i soldi li vogliono indietro, quelli che hanno prestato ma anche gli interessi. Allora io che voglio fare l'editore e lo stampatore per comprare tutte queste macchine mi devo far prestare i soldi dalla banca e poi come faccio a restituirli? Devo vendere molti libri perché solo in questo modo riesco a completare il ciclo, cioè ad avere i ricavi che mi consentono di rimborsare i finanziamenti. Quindi per me diventa essenziale vendere perché se no tutta questa impresa non sta più in piedi. Da qui quello che secondo alcuni è la rovina dei nostri tempi, secondo me invece è un'evoluzione molto interessante di tutta questa storia: la sequenza impianti molto costosi, necessità di capitali, necessità di rientro dei medesimi, saturazione degli impianti e quindi produzioni illimitata diventano sequenza base. Ne deriva la nascita della ricerca del grande pubblico propriamente inteso. Fermiamoci solo un minuto a riflettere: anche i libri antichi avevano un pubblico. E anche i libri di Gutenberg avevano un pubblico. Ma è un pubblico completamente diverso da quello dell'editoria industriale, completamente diverso anche da quello fatto per una cerchia di possibili fruitori. Le copie stampate dal Baglioni nel 1610 a Padova vanno a gente del mestiere. Vanno gli astronomi, vanno ai professori, vanno all'imperatore. Ma i libri pubblicati alla metà dell'Ottocento nei grandi paesi dell'editoria cioè Francia, Gran Bretagna e Germania non vanno a quelle persone. Sono indirizzati a un pubblico indefinito indeterminato ed è a quelli che li vado a vendere. Quindi cambia completamente lo schema. Naturalmente la nascita vera del pubblico, che è questa qui, e della nozione legata al pubblico che è la nozione di successo di un libro, nasce quando nasce questo pubblico. E questo pubblico che cosa lo può far nascere? I grandi cambiamenti sociali e politici che avvengono nella prima metà dell'Ottocento. Innanzitutto l'istruzione pubblica che poi diventerà alla fine del secolo più o meno obbligatoria in tutti i paesi e che consente di leggere. E poi assolutamente fondamentale è l'urbanizzazione il fatto che la gente va a vivere nelle città, il che semplifica enormemente la diffusione dei libri perché è più facile venderli in quei posti e soprattutto principalissimamente più di tutto più di ogni altra cosa venderli alle donne. Le donne prima stavano in campagna a coltivare i campi o mungere le mucche ecc. ma quando arrivano nelle città per loro cambia tutto. Il pubblico fondamentale dell'editoria industriale è femminile, quello che determina il successo del genere principale dell'editoria industriale che è il romanzo. Il romanzo è un figlio dell'editoria industriale determinato dall'esistenza di un largo e avido pubblico femminile. Questo è il circuito e in conseguenza e grazie a questo fatto l'editoria diventa un'impresa vera e propria. E anche qui come in tutto nell'editoria industriale e nel mondo industriale, ci sono delle date ci sono dei personaggi. Il personaggio chiave è un signore che si chiama colonnello George Harvey un americano che viene assunto da JP Morgan il grande banchiere umanista, il quale aveva comprato dai fratelli Harper la loro casa editrice Harper, quella che poi verrà usualmente chiamata Harper&Row. E che cosa fa il colonnello Harvey, che viene dall'acciaio, dalla produzione dell'acciaio e dalle ferrovie, dalla elettrificazione delle ferrovie? Applica i criteri di gestione dell'industria e a partire dal 1896 struttura le case editrici come imprese industriali. Dopodiché tutti nel mondo prima o poi si strutturano in questo modo: una struttura industriale divide le aziende in dipartimenti, le dipartimentalizza, le mette nelle mani di manager. Ognuno dei quali è responsabile dei risultati del suo settore. In breve tempo il mondo dell'editoria prende una fisionomia nazionale, le editorie diventano sempre più a carattere nazionali. Mentre ancora fino a tutta l'era pre-stampa ma anche nei primi secoli della stampa la gran parte dell'editoria era in latino, i libri erano in latino, venivano letti in latino, adesso sono letti nelle lingue nazionali. Anche perché le signore che leggono i romanzi vogliono le storie d'amore non hanno voglia di leggere altro. Quindi in ogni paese in breve tempo si costruisce un sistema per cui ci sono due o tre o quattro grandi case editrici per ciascun paese, soprattutto Gran Bretagna, Francia, Germania e Stati Uniti. La conseguenza finale di tutto questo è che il libro diventa un prodotto. Questa è la conclusione di questo processo, il libro diventa un prodotto e come prodotto può, non deve ma può, essere trattato e viene di fatto di fatto trattato. Questo processo crea una scissione e una tensione fondamentale all'interno del libro e dell'industria tra due principi che io ho brevemente chiamato Dio e Mammona. Come sapete la storia di Dio e Mammona discende dal Vangelo secondo Matteo. Nel discorso della montagna Gesù Cristo dice non si possono servire due padroni non si può servire contemporaneamente Dio e Mammona. Ebbene nell'editoria non solo si può ma si deve. Questo è il problema vero dell'editoria libraria: che deve servire tutte e due, deve servire Dio cioè la cultura e deve servire Mammona cioè deve stare in piedi, riuscire a procurarsi i mezzi per stare in piedi, perché se non hai questi mezzi chiudi e fallisci e allora addio anche a Dio. Un'ultima considerazione su un brevetto di cui ci si è molto preoccupati negli ultimi anni: l'e-book. Ci si è chiesto se l'avvento di questi oggetti avrebbe determinato la morte del libro o il suo completo trasferimento su questi oggetti. La buona notizia è che il libro cartaceo è vivissimo e quelli che leggono libri hanno in sostanza rifiutato il passaggio su questo nuovo mezzo. In generale il libro è sopravvissuto contro tutte le aspettative contro tutto quello che era ragionevole pensare. Perché il libro in ultimissima analisi è un oggetto affettivo. Nei libri c'è una componente affettiva che non è riducibile alle categorie economiche e neanche alle supreme categorie culturali. Il libro è vissuto dall'umanità, dalla maggior parte dell'umanità proprio come un fedele compagno, come un cane a cui noi siamo molto affezionati. E gli uomini continuano a comprare i libri di carta anzi ne comprano sempre di più, non tantissimi di più ma sempre di più, e come sapete la recente pandemia ha dato un robusto impulso perché tutti eravamo chiusi in casa e così si è ripreso a leggere. Perché i libri parlano alla fantasia.

Finisco con citare un pezzo della lettera che il 31 maggio 1468 il Cardinale Basilio Bessarioni indirizza al Doge di Venezia per comunicargli il dono di 482 volumi greci e 264 latini (che diventeranno poi la base della Biblioteca Marciana):

> I libri sono pieni delle parole dei saggi, degli esempi degli antichi, dei costumi delle leggi, della religione. Vivono, discorrono, parlano con noi, ci insegnano, ci ammaestrano, ci consolano, ci fanno presenti ponendole sotto gli occhi cose remotissime dalla nostra memoria. Tanto grande è la loro dignità e maestà e infine la loro santità che, se non ci fossero i libri, noi saremmo tutti rozzi ed ignoranti, senza alcun ricordo del passato, senza alcun esempio: non avremmo conoscenza alcuna delle cose umane e divine; la

stessa urna che accoglie i corpi cancellerebbe anche la memoria degli uomini.

Visioni e congetture.
L'accoppiamento virtuoso tra senso della realtà e senso della possibilità

Silvano Tagliagambe

Sassari / *Sassari*, Italy / *Italia*
May / *maggio 2023*

1. *Che cosa dobbiamo intendere per "ambiente"*

Per capire la relazione tra senso della realtà e senso della possibilità e le potenzialità insite nel loro accoppiamento virtuoso bisogna prima di tutto svincolarsi dalle coppie oppositionali che imbrigliano il nostro pensiero: quella tra natura e cultura, tra naturale e artificiale, tra biologia e tecnologia. Per farlo occorre problematizzare il concetto di ambiente, liberandosi dal peso del paradigma classico della teoria evolutiva di Darwin, basato sul concetto di adattamento, che è letteralmente il processo di adeguamento a un contesto preesistente, per portare fino in fondo le conseguenze del passaggio da esso all'idea di *coevoluzione* tra gli organismi viventi e il luogo in cui vivono. Ciò comporta una preliminare e necessaria distinzione tra l'ambiente nel senso del reale stato totale dell'intero universo – che, ovviamente, non è causato dai geni o dai meccanismi di sviluppo di un individuo o di una specie – dall'ambiente rilevante per lo sviluppo – quello con cui ogni organismo interagisce – che, in un senso significativo, si può dire sia il prodotto dell'evoluzione, in quanto si sviluppa e si modifica di pari passo con la risposta organizzata dell'organismo a esso. La confusione di questi due sensi ben distinti di "ambiente" ha oscurato il fatto che l'affermazione corretta che esiste un mondo fisico al di fuori di un organismo che continuerebbe a esistere in assenza della specie non va confusa con l'affermazione errata che gli ambienti esistono senza le specie.

Ogni forma di vita ritaglia il proprio ambiente secondo le strutture percettive e la conformazione che la contraddistinguono: per il cane lo spazio ha innanzitutto una organizzazione olfattiva che struttura il suo ambiente in territori nei quali lasciare tracce odorose; i luoghi sorvolati dalla mosca risentono della particolare morfologia di occhi composti da migliaia di elementi, ognuno dotato di cristallino proprio. Uno stimolo per essere tale non deve solo prodursi ma deve anche essere avvertito, presuppone cioè l'interesse del vivente e la sua capacità di captarlo; dunque, non proviene dall'oggetto ma dalla domanda del vivente. Di tutta la ricchezza di cui un determinato ambiente è costituito, in quanto elargitore di perturbazioni potenzialmente illimitate, ciascun animale e ciascuna specie vivente non ritiene che alcuni segnali. Ciò che chiamiamo "ambiente" per l'uomo rappresenta pertanto una selezione di parte dell'intero ambito geografico che solo egli riesce a percepire.

In questo quadro di riferimento sistemico, riassumendo:

1. l'organismo determina quali parti dell'ambiente saranno messe insieme per creare il proprio ambiente specifico;
2. l'organismo costruisce attivamente il proprio mondo, il proprio ambiente;
3. questo rappresenta un processo costante e attivo di alterazione del mondo, per sostenere il processo di vita. L'esempio più semplice è che ogni organismo vivente consuma e produce;
4. l'organismo può modulare e regolare costantemente le proprietà statistiche dell'ambiente nel corso del tempo. Questa proprietà mostra l'intelligenza intrinseca della vita;
5. ogni organismo seleziona e interpreta in modo peculiare i

processi fisici che percepisce. L'assetto dell'organismo determina l'esistenza di un mondo specifico e non di un altro. Questa proprietà significa che non solo noi esseri umani, ma tutta la vita biologica ha una natura disposizionale e che ogni specie sul pianeta abita un mondo parzialmente o totalmente diverso.

Ogni nicchia coevolutiva umana è anche una nicchia culturale, per cui presuppone ed esige non soltanto una descrizione biologica, ma una "prospettiva eco-cognitiva", che tenga adeguatamente conto del fatto che il soggetto è inseparabile dal mondo, ma da un mondo che egli stesso progetta e contribuisce costantemente a rimodellare.

Ciò che chiamiamo "mondo" va pertanto colto come *sistema* corpo-soggetto-mondo: essendo il mondo il correlato delle nostre esperienze, non vi può essere alcun mondo disgiunto dal soggetto, così come non vi può essere alcuna forma di soggettività senza mondo.

Per questo ciò che chiamiamo "ambiente" va pensato e configurato come una serie distinta di livelli di realtà, reciprocamente autonomi, tra i quali si intrecciano, senza soluzioni di continuità, relazioni che danno loro senso: ignorando uno di essi e una di queste relazioni si perde qualcosa di essenziale, in quanto "tutti i livelli di spiegazione sono necessari per afferrare una data situazione [...]. I livelli di spiegazione operano insieme come strati di una torta, per cui è impossibile coglierne appieno il sapore ignorando gli strati superiori e considerando esclusivamente la base"[1].

2. Dall'interpretazione all'ampliamento: la saldatura tra realtà e virtualità

Di questa torta fanno parte anche il metaverso, i mondi virtuali che sono il prodotto delle tecnologie che stiamo sviluppando e che incidono sempre più sul nostro vissuto: ogni virtualità del reale,

1 C. Marletto, *The Science of Can and Can't. A Physicist's Journey through the Land of Counterfactuals*. Allen Lane, London 2021; tr. it. *La scienza dell'impossibile. Alla ricerca delle nuove leggi della fisica*, Mondadori, Milano 2022, p. 35.

ogni apertura all'indeterminato e al possibile, frutto della nostra capacità di immaginazione e di progettazione dell'inedito, è ormai reale per definizione, in quanto interagiamo concretamente con essa e la incorporiamo nel nostro vissuto.

Sbaglieremmo a ritenere che si tratti di qualcosa che appartiene alla sola nostra epoca: di questa miscela tra reale e virtuale, tra potenza di essere e di non essere parlava infatti già Aristotele in un passo straordinario della sua Fisica: "La steresis, la privazione, come una forma" (eidos ti, Phys. 193b, 19-20), la cui importanza viene giustamente segnalata da Giorgio Agamben[2]. Si tratta dell'essenza della potenza, di quel campo di forze teso fra potenza e impotenza che attende il battesimo della propria realizzazione e che, una volta prodottosi, getterà una sorta di luce retrospettiva sul proprio passato, creando l'illusione di essere sempre stato presente "da qualche parte" sotto forma di possibile.

Questa crescente incidenza del virtuale e del possibile, con la carica di potenzialità presso che inesauribile che comporta, inibisce qualsiasi tentativo di interpretazione univoca del nostro mondo, per cui non ci può essere alcuna spiegazione che possa esprimerlo completamente e in modo esaustivo, se non il processo di vita individuale nella sua complessità. Ecco perché l'approccio che deve essere seguito se vogliamo realmente capire la situazione nella quale ci troviamo e il contesto in cui viviamo non può in alcun modo essere quello interpretativo, basato sulle descrizioni e sulle rappresentazioni, bensì quello che possiamo definire *incrementale*, che fa riferimento al costante *ampliamento* della nostra esperienza in virtù dei risultati di ciò che progettiamo e realizziamo, come concreta espressione, quindi, della nostra immaginazione produttiva, che modificano costantemente ed estendono le nostre forme di vita e i luoghi in cui si radicano. In presenza di questa saldatura di percezione e progettazione, dell'effettuale con il possibile non si può parlare

2 G. Agamben, *Creazione e anarchia. L'opera nell'età della religione capitalista*, Neri Pozza, Vicenza 2017, p. 16.

di *mimesis*, di semplice rappresentazione e imitazione di ciò che è qui e ora: bisogna invece cogliere il processo, il farsi, il divenire delle forme, la loro continua ricreazione.

3. *L'incidenza della memoria: il passato non passa mai*

La cosa che non dobbiamo mai dimenticare però è che questa integrazione della percezione con il riferimento all'immaginazione, al progetto, al possibile, a ciò che non è ancora, va combinata e completata con quello, altrettanto imprescindibile, alla memoria, al ricordo, al passato, anche remoto, a ciò che è stato. A spiegarci in modo esemplare perché è Hegel, secondo il quale "quello che è *noto* non è già perciò *conosciuto*"[3]; anzi, proprio ciò che è noto è il meno conosciuto, e bisogna *saper vedere* per conoscerlo. Saper vedere è però imparare, e imparare, a sua volta, è, appunto, staccarsi dal noto e dai suoi pregiudizi.

Questi straordinaria riflessione di Hegel ci aiuta a capire che non siamo in grado di individuare un taglio netto che separa il passato dal presente, in quanto per farlo dovremmo poter definire con precisione quando terminiamo di percepire e cominciamo a ricordare. La sostituzione di un ricordo a un fatto percettivo è sempre qualcosa di articolato all'interno della stessa percezione. In realtà, passato, presente e futuro sono 'astrazioni', non c'è un passato, un presente, un avvenire, non esistono istanti discreti A, B, C, né le loro rispettive ritenzioni o protensioni. Il presente non va ad aumentare il volume del passato, né mette in moto in futuro, ma costituisce il passaggio di un futuro al presente e quindi al passato, in un movimento unico.

Il ricordo, nel cervello, non è una cosa, ma un processo: rappresenta un evento che si produce quando reti neurali differenti, registratesi in tempi diversi e in regioni diverse, vengono ricondotte a una configurazione sufficientemente coerente da rendere possibile la

3 G.W.F. Hegel, *Wissenschaft der Logik*, Schrag, Nürnberg, 1812-16; tr. it. *Scienza della logica*, Vol. I, Laterza, Roma-Bari, 1974, p. 11.

ricomparsa di un'esperienza, di un'immagine, di un episodio, di una tonalità affettiva. In questo senso la memoria è, fin dall'inizio, distribuita. Un'esperienza vissuta non lascia una sola impronta, ma una costellazione di modificazioni: componenti visive, uditive, propriocettive, interocettive, emotive, linguistiche, temporali, motorie. Ciascuna di esse tende a essere registrata nei sistemi che presiedono a quella specifica modalità di elaborazione. Ciò che noi chiamiamo "ricordo" è la possibilità di farle tornare a convergere.

Se è così bisogna trarne le conseguenze anche a livello epistemologico, negando ogni soluzione di continuità tra il passato remoto del sapere precategoriale, che precede parola e pensiero, e le fasi che caratterizzano il processo di acquisizione e di egemonia di queste ultime, facendo di quello stadio originario qualcosa che non si disperde, non svanisce, non viene neppure superato, in quanto rimane impresso permanentemente nel corpo, come suo pensiero irriflesso, risultato dell'accumulazione e della trasmissione dell'intero patrimonio conoscitivo accumulato via via dalle generazioni precedenti. In noi vi è sempre una forma di pensiero non concettuale che agisce, un *pensiero del corpo* – risultato di migliaia di anni di evoluzione – frutto di uno scambio di "informazioni" continuo tra corpo e ambiente, in virtù del quale il nostro corpo è un sistema integrato (incarnato) all'ambiente.

4. Il corpo come accumulatore di esperienze e "bricoleur"

Il corpo è dunque un "accumulatore" di esperienze e conoscenze che assorbe, assimila e conserva tutto ciò che la specie è venuta via via acquisendo nel suo processo di continua interazione con l'ambiente, un "bricoleur" che ricombina di continuo questi "pezzi" di memoria che porta impressi in sé e li mescola con le esperienze che vive nel suo presente e con i suoi progetti che riguardano l'avvenire, incorporando il tempo, facendone la chiave di volta del suo rapporto con il mondo e divenendo capace, proprio per questo, di esprimere una forma di pensiero che riguarda non solo il cervello, ma tutti i suoi organi. Anche la mano, ad esempio, pensa, come è giunto a intuire Leopardi nello *Zibaldone*, in un passo geniale che esprime l'idea che noi "sentiamo corporalmente il pensiero": "La materia pensante si considera come un paradosso. Si parte dalla persuasione della sua impossibilità, e per questo molti grandi spiriti, come Bayle, nella considerazione di questo problema, non hanno saputo determinar la loro mente a quello che si chiama, e che per lo innanzi era lor sempre paruto, un'assurdità enorme. Diversamente andrebbe la cosa, se il filosofo considerasse come un paradosso, che la materia non pensi; se partisse dal principio, che il negare alla materia la facoltà di pensare, è una sottigliezza della filosofia. Or così appunto dovrebbe esser disposto l'animo degli uomini verso questo problema. Che la materia pensi, è un fatto. Un fatto, perché noi pensiamo; e noi non sappiamo, non conosciamo di essere, non possiamo conoscere, concepire, altro che materia. Un fatto perché noi veggiamo che le modificazioni del pensiero dipendono totalmente dalle sensazioni, dallo stato del nostro fisico; che l'animo nostro corrisponde in tutto alle varietà ed alle variazioni del nostro corpo. Un fatto, perché noi *sentiamo corporalmente il pensiero*: ciascun di noi sente che il pensiero non è nel suo braccio, nella sua gamba; sente che egli pensa con una parte materiale di sé, cioè col suo cervello, come egli sente di vedere co' suoi occhi, di toccare colle sue mani. Se la questione dunque si riguardasse, come si dovrebbe, da questo lato; cioè che chi nega il pensiero alla materia nega un fatto, contrasta all'evidenza, sostiene per lo meno uno stravagante paradosso; che chi crede la materia pensante, non solo non avanza nulla di strano, di ricercato, di recondito, ma avanza una cosa ovvia, avanza quello che è dettato dalla natura, la proposizione più naturale e più ovvia che possa esservi in questa materia; forse le conclusioni degli uomini su tal punto sarebbero diverse da quel che sono, e i profondi filosofi spiritualisti di questo e de' passati tempi, avrebbero ritrovato e ritroverebbero assai minor difficoltà ed assurdità nel materialismo"[4].

Dopo Leopardi sarà anche Kant a porre in primo piano il ruolo centrale del fenomeno (corpo) come condizione per la realizzazione dell'autonomia dell'uomo e della sua ragione. Nelle *Lezioni di etica* egli sottolinea infatti che "il corpo costituisce la condizione assoluta della vita, a tal punto che noi non possiamo avere un'idea di un'altra vita se non mediante il nostro corpo e non ci è possibile usare della nostra libertà se non servendoci di esso [...]. È mediante il corpo che l'"uomo ha un potere sulla sua vita".[5]

Oggi, sulla scia di queste indicazioni, nella letteratura filosofica e scientifica si parla con insistenza di *embodied cognition*, di "conoscenza incarnata", una prospettiva, sempre più radicata anche nelle ricerche neuroscientifiche, basata sull'idea della centralità del corpo, da cui nascerebbe non solo ogni percezione, ma anche ogni pensiero, ogni emozione, ogni immaginazione. Attraverso ciò che sentiamo nel nostro corpo e col nostro corpo, impariamo a capire, a riconoscere, a costruire significato. È un'idea potente, che propone un'immagine dell'essere umano già anticipata, ancora una volta, più di un secolo fa, nel seguente passo di un articolo datato 20 novembre 1917, dal filosofo, teologo e matematico sovietico Pavel Florenskij, secondo il quale il nostro corpo è "la materializzazione del nostro istinto, della nostra vita più profonda, della nostra vita primordiale, [...] una *pellicola* che separa l'ambito dei fenomeni da quello dei noumeni. Se vogliamo, il nostro corpo può essere paragonato allo strato di *terreno* che separa la zona delle radici di una pianta da quella delle foglie e dei frutti. Il confine del corpo separa il buio del sottosuolo, cioè il subcosciente, dalla luce della coscienza; e con ciò essa, vicina anche al nostro spirito, divenendo simbolo viene allontanata e si

4 G. Leopardi, *Zibaldone di pensieri*, Firenze, 18 settembre 1827, in: Id., *Pensieri di varia filosofia e di bella letteratura*, Le Monnier, Firenze 1921, p. 4288 (corsivo mio).

5 I. Kant, *Eine Vorlesung Kants über Ethik*, a cura di P. Menzer, Pan Verlag R. Heise, Berlin 1924; tr. it. *Lezioni di etica*, a cura di A. Guerra, Laterza, Roma-Bari 2004, p. 270.

fa evidente. La comprensione è allontanamento. Il corpo è la soglia concretizzata della coscienza, il *limen* dell'allontanamento, il *pathos* di grado zero della distanza. Quel che è *oltre* il corpo, dall'*altra* parte della pelle, è quella stessa tensione di autosvelamento, pur se celata alla coscienza; quel che è da *questa* parte della pelle è la datità immediata dello spirito, che perciò non è estrinsecata *al di fuori* di esso. Comprendendo mascheriamo e smettendo di comprendere smascheriamo noi stessi".[6]

A guidarne il funzionamento, secondo Florenskij, è pertanto la pienezza della vita stessa, che genera reazioni affettive inconsapevoli, basate sul carattere edonico degli stimoli che giungono sulla superficie dell'organismo, sui suoi confini, che sono piacevoli o spiacevoli, e determinano le appropriate risposte comportamentali automatiche con le quali l'organismo reagisce a essi. A partire da queste risposte meccaniche e non intenzionali si formano intuizioni che poi vengono elaborate e assemblate cognitivamente, dando luogo a quei sentimenti consci che sono le emozioni e i sentimenti. Al centro di tutto vi è dunque il nostro corpo, materializzazione dei nostri istinti più profondi, della nostra vita più recondita. Esso però non sa solo reagire in modo automatico: è capace anche di esprimere la coscienza, la quale "è un riflesso speculare, il punto focale immaginario di un'azione trattenuta. È evidente che, se è così, tale punto focale sarà la raffigurazione – finanche immaginaria – non di una qualche cosa, ma proprio di *quella determinata* azione trattenuta. I raggi che, intersecandosi, formano un quadro dell'azione trattenuta sono, pur se immaginari, la prosecuzione di quegli stessi raggi trattenuti. [...]. Di conseguenza l'azione può o realizzarsi direttamente, espandendosi nella sua naturale, per così dire, grandezza e disperdendosi nel mondo circostante, oppure può trattenersi, accumularsi,

6 P.A. Florenskij, *Chozjajstvo* (Lo strumentario), articolo datato 20 novembre 1917, corretto in seconda stesura nel 1922 e pubblicato postumo per la prima volta sulla rivista 'Simvol' (Simbolo) nel n. 28 del 1992. Traduzione italiana in P.A. Florenskij, *Il simbolo e la forma. Scritti di filosofia della scienza*, a cura di N. Valentini e A. Gorelov, Bollati Boringhieri, Torino 2007, 201-207.

accrescendo il proprio potenziale, può riflettere, raccogliersi, dare una raffigurazione immaginaria, e *tale* immagine si realizza allora in un *altro* ambiente, che solo mentalmente si riflette nell'ambito della natura, e della natura pare una parte, ma che in realtà, essendo *corpo*, del corpo risulta essere una *prosecuzione*, una sorta di corpo umano germogliato nella natura".[7]

Un *altro* ambiente, che della natura pare una parte, ma in realtà è solo germogliato in essa per acquisire poi una sua specifica autonomia. Uno spazio nuovo, diverso e alternativo rispetto a quello fisico, la cui natura può essere compresa solo se teniamo adeguatamente conto del fatto che "tutto ciò che noi chiamiamo 'natura esteriore', tutta la 'realtà empirica', compreso il nostro corpo', stanno solo alla superficie del confine tra due profondità dell'essere: la profondità dell'"Io' e la profondità del 'non-Io'", e perciò "non si può dire se il nostro corpo appartenga all'Io o al non-Io".[8]

È tra queste due profondità dell'essere, quella dell'Io e quella del non-Io, che si genera lo scarto, che è qualcosa di profondamente diverso dalla differenza. Infatti, mentre in quest'ultima i termini coinvolti e i soggetti implicati puntano soprattutto a definire ciascuno la propria specificità, con la conseguenza di restare chiuso all'interno di essa, nello scarto la distanza tra gli aspetti in gioco li mantiene in tensione, lasciando aperta la ricchezza del confronto e consentendo di far emergere squarci su possibilità inattese di interazione e scambio. Si genera in tal modo uno spazio intermedio, un "tra", appunto, che permette di uscire da una prospettiva chiusa, basata sul riferimento al solo ambito fenomenico, e istituisce con l'altro e il diverso, con la presenza ancora sfuggente della realtà

7 P.A. Florenskij, *Organoproekcija* (La proiezione degli organi), saggio del 1919 pubblicato per la prima volta con notevoli riduzioni sulla rivista 'Dekorativnoe iskusstvo SSSR' (L'arte decorativa dell'URSS', 145 (1969), Una seconda e più accurata pubblicazione in lingua russa è apparsa sulla rivista di studi slavistici "Simvol", 28 (1992), pp. 153-170, tr. italiana in *Il simbolo e la forma*, cit. p. 158

8 P.A. Florenskij, *Stolp i utverždenie Istiny. Opyt pravoslavnoj feodicej v dvenadcati pis'mach, Put', Moskva 1914, tr. it. a cura di N. Valentini, La colonna e il fondamento della verità, San Paolo, Cinisello Balsamo (Mi), p. 282.*

noumenica, una relazione che non significa assimilazione e che è la condizione e al contempo lo scopo di un confronto autentico, nel quale mondo visibile e mondo invisibile si sfiorano, incidono e si influenzano reciprocamente.

È proprio la presenza dello scarto, dunque, che dà consistenza e spessore in prima istanza all'altrove, al "simbolo in sé", allo "spirito che si fa carne"[9] e diviene concreto, e poi all'all'altrimenti, un altrimenti che non sia soltanto una proiezione immaginaria di ciò che è conosciuto, ma sia davvero frutto di un'immaginazione che va al di là dell'effettuale e guarda al possibile. Ed è la parola a dar forma via via a questo spazio intermedio tra visibile e invisibile in quanto essa lo riempie, sdoppiando la realtà, dal momento che "è la realtà stessa che viene pronunciata dalla parola"[10]. Le sue dimensioni sono quelle dell'*essere*, da una parte, e dunque della realtà alla quale ci si riferisce e che si nomina, e il *significare*, dall'altra, che sono inscindibili e fanno della parola medesima qualcosa che proprio per questo è più di sé stessa, come ogni rappresentazione e ogni simbolo: "per mezzo della parola la vita si trasforma, e proprio tramite la parola lo spirito assorbe in sé la vita [...]. La parola è magica, la parola è mistica [...]. Con la parola è possibile agire influendo sul mondo".[11]

Per Florenskij, dunque, la percezione visiva non è una semplice finestra sul mondo, ma una vera creazione del cervello, che fa del nostro corpo un sistema caratterizzato da una potente capacità di immaginare. Le nostre percezioni sono una storia sempre in movimento, sempre crescente, sempre mutevole, e il cervello ci consente

9 P.A. Florenskij (1915), *Magičnost' slova*, in ID. *U vodorazdelov mysli (Agli spartiacque del pensier)*, a cura dell'igumeno Andronik Trubačëv, M.S. Trubačëva e P.V. Florenskij, vol. II, Pravda, Moskva, 1990, pp. 226-227, tr. it. di E. Treu, *La natura magica della parola* in D. Ferrari-Bravo, *"Slovo". Geometrie della 'parola' nel pensiero russo tra '800 e '900*, ETS, Pisa 2000, p. 186

10 P.A. Florenskij, *"Magičnost' slova" i "Imeslavie kak filosofskaja predposylka"*, in "Studia Slavica Hungarica" (1988), 34/1-4, a cura di N.K. Boneckaja, p. 49; trad. it. a cura di G. Lingua, *Il carattere magico della parola e la venerazione del nome come presupposto filosofico*, in P. A. Florenskij, *Il valore magico della parola*, cit., p. 34.

11 P. A. Florenskij, *Magičnost' slova*, tr. it. in D. Ferrari-Bravo, E. Treu, a cura di, *La parola nella cultura russa tra '800 e '900*, cit., p. 439.

di non essere soltanto gli ascoltatori passivi di quella storia, bensì i narratori che la scrivono anche. Il fatto più rilevante in tutto questo è che, attraverso l'immaginazione, è possibile a tutti gli effetti modificare il nostro cervello e la nostra storia e, quindi, i nostri stessi comportamenti percettivi. Nessuna delle nostre percezioni genera un significato univoco. I significati emergenti sono sempre multistratificati, proprio perché basati su una gamma estesa di livelli, che va dagli istinti alla coscienza, che ci mette in grado di esplorare mentalmente scenari e possibilità diverse, passando da una immaginazione all'altra: il nostro sistema corpo-cervello-mente ci permette di immaginare molteplici mondi e possibilità, e le narrazioni che immaginiamo e che ne derivano ci cambiano profondamente. Le basi neurofisiologiche della creatività sono connesse alle potenzialità dell'immaginazione, alla capacità, di cui il nostro corpo è espressione, di creare una gamma, praticamente illimitata, di espressioni di noi stessi.

Oggi Vittorio Gallese, neuroscienziato che negli anni novanta fece parte del team che scoprì i neuroni specchio, basandosi sull'idea, ormai consolidata, che azione e percezione, lungi dall'essere elementi isolati e distinti, siano due facce della stessa medaglia e costituiscano l'ingrediente essenziale di ciò che chiamiamo cognizione", per cui esse non stanno in successione, ma si danno insieme, parla non soltanto di "conoscenza incarnata", ma si "simulazione incarnata". Se il sistema motorio non è un "organo esecutivo", laddove lo scopo di un movimento viene mappato da qualche altra area del cervello, ma è il sistema motorio stesso che mappa le azioni, ovvero è caratterizzato in termini di scopo, per cui la conoscenza è determinata dalle potenzialità del corpo e vive di esse, allora la differenza specie specifica dell'umano è, come diceva Florenskij, proprio il comportamento simbolico, la disposizione a tradurre un oggetto in un significato, che ne fa un *sense-maker*. L'uomo si affida ai propri sensi per ricevere informazioni precise, in modo che le sue percezioni e le sue azioni si fondino su una realtà oggettiva. Ma questo è vero solo in parte. I suoi sensi forniscono le informazioni necessarie per agire, ma non presentano al cervello una realtà oggettiva; forniscono al cervello le informazioni di cui ha bisogno per *costruire* la realtà. Le informazioni provenienti da ciascuno dei sensi sono raccolte da cellule progettate per captare il suono più debole, il tocco o il movimento più lieve, e queste informazioni sono trasportate lungo un percorso dedicato fino a una regione del cervello specializzata in quel particolare senso. Il cervello analizza poi le sensazioni, coinvolgendo emozioni e ricordi significativi di esperienze passate per costruire una rappresentazione interna del mondo esterno. Questa realtà autogenerata, in parte inconscia e in parte cosciente, proprio come pensava e scriveva Florenskij, guida i pensieri e il comportamento dell'uomo.

Se c'è una cosa su cui oggi gli scienziati concordano è l'idea, proposta per la prima volta da Dostoevskij nel suo romanzo breve del 1864 (quando Freud aveva 8 anni!) *Le memorie dal sottosuolo* e fatta propria da Florenskij, che esiste un inconscio, per cui molto di quello che fa la nostra mente accade a livello inconscio. La loro concezione dell'inconscio di solito si distacca da quella freudiana, e ci sono molte controversie su come funzioni nella pratica questo enorme sottosuolo, questa grande realtà sotterranea; nessuno, però, ormai discute più sul fatto che esista e non possa essere ignorata.

La simulazione incarnata per Gallese è il meccanismo attraverso cui il cervello "riusa" parte delle risorse neurali, normalmente utilizzate per agire nel mondo, per modellare le relazioni e le esperienze, anche quando osserviamo gli altri. La comprensione degli altri, a suo avviso, non passa solo per un ragionamento logico, bensì attraverso una "consonanza intenzionale". Noi riconosciamo le azioni e le esperienze altrui come simili alle nostre perché le simuliamo automaticamente dentro di noi. La *nostra* apertura al mondo è garantita da un sistema motorio che predispone il corpo a interagire con l'ambiente, rendendo la conoscenza un processo somatico e relazionale. Egli sfida così la visione cartesiana, sostenendo che il pensiero e la cognizione sociale non nascono da processi puramente logici o linguistici, ma dall'interazione fisica del corpo con l'ambiente. Il corpo, per lui, *non è altro che un insieme di relazioni, sensoriali, affettive, viventi con il resto del mondo.*

Se il corpo è relazione, allora l'essere umano, prima di essere pensiero, prima di potersi pensare come un puro cogito e separato, non può non essere un corpo esposto al mondo, ossia agli altri corpi. *Il cogito, allora, non è il punto di partenza, semmai un punto di arrivo sempre mai davvero raggiunto.* Piuttosto che assumere la soggettività umana come originaria, occorre allora parlare dell'arduo processo di individuazione: all'inizio c'è il corpo, e, data la sua natura relazionale, ciò equivale a dire che all'inizio c'è il "noi"; per questo quella che chiamiamo intersoggettività coincide in grande misura con la nascita della stessa individuazione relazionale e individuale. Il processo di individuazione da cui emerge la soggettività scaturisce pertanto da un corpo sempre in contatto con il mondo, e si sostanzia, inoltre, nella possibilità di pensarsi come separati dal corpo stesso. Infatti, noi umani siamo un corpo e contemporaneamente abbiamo un corpo. Il fatto di averlo significa che, come ce l'hai, puoi non averlo e puoi perderlo con la morte. Non avere, quindi, è una specificazione che solo il linguaggio può fornire, e che consente di prendere le distanze da sé stessi.

L'intreccio della complessità umana biologicamente fondata si esprime nella stretta relazione *corpo-cervello-mente* che lega le nostre funzioni superiori, la mente, al nostro essere radicati in un corpo di carne, sangue, nervi. È il nostro corpo, di cui il cervello fa parte, a essere "cablato" per entrare in relazione e mettersi in movimento verso l'altro fino dai movimenti fetali, come è stato verificato e studiato nelle gravidanze gemellari. I feti si muovono con maggiore delicatezza quando entrano in contatto fra di loro. Il nostro cogito, di cui andiamo giustamente orgogliosi, nasce dall'esperienza che è sempre e primariamente corporea, corpi in movimento in contesti dati ma anche co-costruiti. È attraverso questa interazione costante che si producono fenomeni emergenti, differenze e variabilità potenzialmente infinite.

Ricercatori quali Dehaene, Berthoz, Lakoff e Nunez, Giuseppe Longo e tanti altri, partendo da prospettive diverse oggi convergono nell'esprimere l'idea del senso come atto radicato in *gesti* antichissimi, e per questo solidissimi, quali il contare qualcosa, l'ordinare e la pluralità di pratiche a essi collegate. A questi gesti il linguaggio e la scrittura hanno dato l'"oggettività dell'intersoggettività", la stabilità della notazione comune, fornendo le strutture portanti del ponte di cui si parlava tra il passato remoto, il presente e l'avvenire. Il senso complessivo di questa svolta è ben illustrato da Berthoz, che in una sua fondamentale opera del 1997 osserva che "la percezione non è una rappresentazione: è *un'azione simulata e proiettata sul mondo.* La pittura non è un insieme di stimoli visivi: è un'azione percettiva del pittore che ha tradotto, col suo gesto, su un supporto vincolante, un codice che evoca immediatamente non la scena rappresentata, ma la scena che egli ha percepito. La pittura ci tocca perché riproduce all'inverso il miracolo delle immagini dipinte sulla parete di Lascaux. Io guardo il quadro al posto del pittore che vi ha proiettato la sua attività mentale. Il genio è colui che mi guida a percepire come lui"[12].

Viene così posta al centro dell'attenzione la questione, spesso sottovalutata o addirittura taciuta dalla filosofia, del peso che sulla conoscenza ha la trasmissione di informazione tra le generazioni successive, che contribuisce in modo determinante a strutturare e organizzare ciò che chiamiamo "esperienza", che spesso siamo portati a ridurre al "qui" e "ora", senza renderci conto che senza le guide cognitive e i criteri di selezione ereditati da un passato anche remoto e impressi nel nostro corpo non saremmo mai in grado di affrontare la complessità e le sfide del presente che viviamo.

Il tema che attualmente, non a caso, è all'ordine del giorno delle

12 A. Berthoz, *Le sens du mouvement,* Odile Jacobe, Paris 1997, p. 90; tr. it. *Il senso del movimento,* McGraw-Hill, Milano 1998, p. 124.

neuroscienze e della paleogenetica è quello dell'azione, per ogni specie, della selezione naturale sull'infotipo, ovvero su una combinazione fra tutte le fonti di informazione acquisibili, preservabili e trasmissibili per ogni specie, – a maggior ragione nel caso della nostra. E la domanda che, a proposito del tempo, questi studi inducono a porre al centro dell'attenzione è per quanto tempo può essere trasmesso e restare intellegibile un contenuto informativo nella nostra specie, ovvero quanto può perdurare una tradizione culturale, un meme, con lo stesso significato invariato attraverso i millenni.

Se, come abbiamo fatto, in questa apertura di orizzonti rivolgiamo lo sguardo non solo al passato, ma lo orientiamo anche in direzione dell'avvenire, cioè di un futuro che non può essere considerato il risultato di una continuità che proietta sul domani le regolarità di ieri e di oggi, dobbiamo trarne coerentemente la conclusione che ciò che chiamiamo "spazio naturale" è una *virtualità dell'essere*: a partire da qui possiamo comprendere come le trasformazioni di quest'ultimo e le possibili ibridazioni con la tecnologia non implichino alcun dualismo tra natura e tecnica, dunque nemmeno tra corpo e tecnica.

5. La tecnologia è biologia

Quindi *la tecnologia è biologia, e viceversa,* con buona pace di quanti amano baloccarsi con la loro contrapposizione, giudicando lo sviluppo tecnologico una profanazione della sacralità della natura. E così come il corpo reca impressa in sé l'eredità dell'intero passato della nostra specie, dobbiamo essere pronti ad accettare l'idea della sua trasformazione in seguito agli sviluppi futuri della tecnologia.

Se le cose stanno così è chiaro perché, per parlare in modo adeguato di ambiente, sia urbano che extraurbano, bisogna abbinare, ibridare e gemellare realtà e possibilità, fisico e digitale, passato, presente e futuro. Il gemello digitale territoriale è la concreta espressione di questa esigenza. Esso ci consente di simulare scenari complessi in un ambiente controllato e sicuro. Possiamo, ad esempio, prevedere l'impatto di eventi naturali come terremoti o inondazioni, o esplorare le conseguenze di decisioni urbane, come la costruzione di nuove infrastrutture o l'implementazione di politiche ambientali. Questa capacità di simulazione non solo aiuta nella pianificazione e nella prevenzione, ma apre anche nuove strade per l'innovazione sostenibile.

Il gemello digitale territoriale non è un'isola a sé stante; è parte di una rete interconnessa che abbraccia dati, persone, territori, infrastrutture e sistemi. Questa interconnessione facilita una collaborazione senza precedenti tra urbanisti, scienziati, politici e cittadini, consentendo una condivisione e un'analisi dei dati più efficiente e trasparente. Attraverso questa collaborazione possiamo costruire comunità più coese, resilienti e adattabili. Si ha così la concreta possibilità di valutare (anche in autovalutazione) e di governare tutte le relazioni che esistono tra i dati materiali e immateriali del territorio, degli ambienti, dei paesaggi e tutte le attività materiali e immateriali che caratterizzano il territorio medesimo.

6. Il gemello digitale territoriale è un "in più" del reale

Il valore dei gemelli digitali territoriali risiede nella loro capacità di integrare sostenibilità e progresso. Attraverso la digitalizzazione dei nostri ambienti, possiamo non solo ottimizzare l'uso delle risorse, ma anche proteggere e valorizzare i nostri ecosistemi. Questi strumenti digitali ci permettono di esplorare scenari alternativi, valutando l'impatto di varie decisioni su scala ambientale, sociale ed economica e prevedendone in modo controllabile e affidabile i risultati, grazie alle risorse dell'intelligenza artificiale. La sostenibilità non riguarda solo la preservazione di beni tangibili; riguarda la salvaguardia della salute del nostro pianeta e del tessuto della nostra società.

Ciò che risulta da questa analisi è che il digitale non è solo una tecnologia, ma è anche e soprattutto un modo di pensare e di fare.

Proprio così: pensare e fare in sincronia! Pensare il sé e l'altro, il possibile e l'impossibile: il mondo. Ed è una modalità suscettibile di applicazioni o attribuzioni non rigorosamente limitate a ciò che è materiale e determinato, ma anche a ciò che è immaginario e immateriale e che tende a far si che, per quanto possibile, ci possa essere una cogente relazione e non una netta separazione tra pensare e fare, tra teoria e prassi. Il digitale ci accompagna e stimola contemporaneamente nel pensare e nel fare, nel fare e nel pensare. Nel gemello digitale computazione numerica, algoritmica, cibernetica e Intelligenza artificiale, provano – per ora in modo più che promettente – a far interagire le forme della logica, le strutture relazionali e simboliche che permettono le configurazioni di linguaggi, le forme concettuali determinate che emergono da ciò che chiamiamo pensiero, i meccanismi di feedback analoghi a ciò che chiamiamo memoria, con l'intelligenza artificiale e una sua modalità, il machine learning. Tutto questo per rendere l'insieme interoperabile. Parlare di interoperabilità significa fare riferimento alla capacità di scambiare funzioni e servizi tra entità tra loro diverse. L'interazione diviene continua tra hardware, software, il singolo operatore o un insieme di operatori, a loro volta, sia naturali che artificiali. L'interazione elabora dati preventivamente accumulati, dati raccolti in tempo reale e dati previsionali in modalità probabilistica. Viene così resa più cogente – o se vogliamo più significativa e proattiva – anche la relazione tra passato, presente e futuro possibile: il già stato, il qui e ora e il non ancora. Questo intreccio che per molti aspetti possiamo considerare come organico, cioè vitale, spinge verso un pensiero non strettamente determinista e aperto a logiche controfattuali, cioè a pensare e a creare possibili alternative a eventi (fatti) che si sono già verificati. Apre quindi all'immaginazione e al diverso da ciò che è già dato. L'interoperabilità mettendo in relazione tra loro enti materiali e immateriali apre al possibile.

Per sintetizzare: il gemello digitale è un in più del reale e non una sua semplice rappresentazione, non propone solo dati, ma processi;

non propone solo ciò che si presenta nella propria oggettività, ma come ciò che attiva la stessa oggettività in quanto potenziale stato di relazione, non determinata, aleatoria, probabile.

7. L'innovazione

L'accoppiamento virtuoso tra senso della realtà e senso della possibilità che viene qui prospettato stimola e favorisce i processi d'innovazione, come viene evidenziato in un testo non recente ma di grande attualità, scritto nel 1954 e pubblicato solo nel 1993 del MIT, riproposto nel 2022 in traduzione italiana da Rubbettino per iniziativa di Andrea Bonaccorsi, ordinario di Ingegneria Gestionale all'Università di Pisa. L'autore è Norbert Wiener[13], un matematico e statistico statunitense, famoso per le sue ricerche sul calcolo delle probabilità, ma soprattutto per gli sviluppi dati, insieme a Claude Shannon, alla teoria dell'informazione, che ne hanno fatto il padre riconosciuto della cibernetica moderna.

In questo breve ma denso contributo, dal titolo *Invention: The Care and Feeding deas,* Wiener si chiede, innanzitutto, cosa sia l'invenzione, e la definisce come un'esperienza "possibilista", espressione cioè del senso della possibilità, della capacità di cogliere e proporre qualcosa che non è rilevante dal punto di vista statistico in quanto le sue probabilità, nella fase iniziale, sono scarse, se non quasi nulle. Come esempio potremmo proporre quella che Einstein definiva "l'idea più felice della mia vita", il cui presentarsi viene così raccontato nella sua *Autobiografia*: "Stavo seduto in una poltrona nell'Ufficio Brevetti di Berna, quando all'improvviso mi ritrovai a pensare: se una persona cade liberamente, non avverte il proprio peso. Rimasi stupefatto.

13 N. Wiener, *Invention: The Care and Feeding of Idea*, MIT Press, Cambridge, MA 1993; tr. it. *L'invenzione. Come nascono e si sviluppano le idee*, a cura di F. Cicerone, comm. A. Bonaccorsi, Rubbettino, Soveria Mannelli 2022.

Questo pensiero così semplice mi colpì profondamente e ne venni sospinto verso una teoria della gravitazione"[14].

All'origine una semplice visione, dunque, frutto della creatività e dell'immaginazione, che però piano piano prende corpo e si trasforma, appunto, nel pensiero più felice della vita, assumendo la forma dell'inesistenza, per un osservatore che cada dal tetto di una casa, di alcun campo gravitazionale, almeno nelle immediate vicinanze. Infatti, se l'osservatore che si trova in questa situazione lascia cadere dei corpi, questi permangono in uno stato di quiete o di moto uniforme rispetto a lui, per cui il campo gravitazionale ha solo un'esistenza relativa. Attualizziamo questo esempio. Poniamo che l'ambiente in cui vi sto parlando, anziché essere così aperto e luminoso, sia una stanza chiusa e senza finestre, priva dunque di riferimenti esterni. In questa ipotetica condizione nessuno di noi avrebbe una qualche possibilità – buon senso a parte – di sapere se è in quiete nel campo gravitazionale della Terra o se la sua stanza in cui ci troviamo è stata sequestrata da una civiltà aliena e viaggia con un'accelerazione pari a 9,8 m/s^2 nello spazio vuoto verso un'altra galassia. Le due condizioni – la quiete in un campo gravitazionale o l'accelerazione nello spazio vuoto – sono del tutto indistinguibili dal punto di vista fisico. Se mi scappa di mano il microfono con cui vi parlo, in entrambi i casi esso finisce sul pavimento con la medesima velocità. Il pensiero più felice della vita di Einstein è il "principio di equivalenza" tra massa inerziale (quella che si oppone a un'accelerazione) e massa gravitazionale (quella dovuta all'attrazione della Terra e di ogni altro corpo materiale). Sulla base di questo principio, già nel 1907, Einstein sentì di poter elaborare una teoria della relatività più generale di quella formulata nel 1905, perché in grado di spiegare anche il comportamento dei corpi soggetti alla forza di gravità. Detta in altri termini, Einstein

14 Citazione tratta da A. Pais, *"Subtle is the Lord..." The Science and the Life of Albert Einstein*, Oxford University Press, Oxford 1982; tr. it. *"Sottile è il Signore". La vita e la scienza di Albert Einstein*, Boringhieri, Torino 1986, p. 195.

comprende di poter elaborare una nuova teoria della gravitazione universale in grado di spiegare, a differenza di quella di *Isaac Newton*, anche il comportamento dei corpi che viaggiano a velocità prossime a quelle della luce. Ben presto si rende conto che nell'ambito di questa nuova teoria la materia, una massa gravitazionale, per esempio quella del Sole, è in grado di "curvare" lo spazio, anzi, lo spaziotempo: ovvero la rete quadridimensionale che unifica spazio e tempo nella relatività ristretta.

Naturalmente per arrivare dalla visione iniziale a una scoperta fisica vera e propria è stato necessario un lungo percorso, protrattosi dal 1907 al 1915, capace di tradurre l'immagine fisica dell'uomo in caduta libera che non sente il suo peso in un linguaggio matematico che contenga una nuova teoria della gravitazione universale. C'è dunque una differenza sostanziale tra l'invenzione iniziale e la scoperta finale, ma Wiener concentra la sua attenzione sulla prima per chiedersi quali ne siano i presupposti.

Innanzi tutto, come detto, il senso della possibilità, quello che verrà magistralmente descritto un quarto di secolo dopo la straordinaria intuizione di Einstein, da Robert Musil nel suo romanzo incompiuto *L'uomo senza qualità* con queste illuminanti parole: "Per riuscire a varcare porte aperte, si deve badare al fatto che gli stipiti sono duri: questo principio che il vecchio professore aveva seguito per tutta la vita, è semplicemente un postulato del senso di realtà. Ma se c'è il senso di realtà, e di questo nessuno dubiterà, poiché è legittimo che esista, allora deve esistere anche qualcosa che si può chiamare senso di possibilità. Chi lo possiede, non dice ad esempio: "Qui è accaduto, accadrà, o deve accadere questo o quello", ma dirà: "Qui potrebbe, o dovrebbe accadere questo"; e se di qualcosa gli si spiega che è come è, allora penserà: "Certo, ma potrebbe anche essere diversamente" ... Le conseguenze di questa indole creativa, com'è evidente, possono essere significative, e purtroppo spesso fanno apparire sbagliato quel che gli uomini ammirano e lecito ciò che essi vietano, o entrambe le cose come indifferenti. Questi individui della possibilità vivono, come si suol dire, in una trama più sottile, fatta di fumo, immaginazione, fantasticherie e congiuntivi; se un bambino manifesta una tale tendenza, gliela si fa passare con metodi energici e, davanti a lui, quelle persone vengono definite visionarie, sognatrici, vigliacche e saccenti o criticone"[15].

Il frutto di un'immaginazione, dunque, di cui, come Musil dobbiamo fortemente augurarci che i nostri figli e nipoti non vengano privati, che Wiener presenta come il risultato della combinazione e dell'intreccio di tre fattori indispensabili: lo spirito, un'istruzione basata su valori autentici e sui sentimenti, oltre che sulle conoscenze, e il tempo.

Il primo, lo spirito, è ciò che "illumina"[16], è radicato nella globalità della cultura, sistematizzato e innervato nel suo impianto integrato, che non conosce barriere e frontiere disciplinari se non per varcarle, e si presenta, nello scienziato, sotto forma di dedizione, nel senso che egli "deve essere dotato di coscienza e di spirito di devozione, e anche di quella spinta interiore che non gli permetterà mai di accontentarsi di qualcosa di meno del miglior lavoro che egli possa compere grazie alle proprie capacità".[17] Senza questa forza interiore non si avrebbe alcuna possibilità di "spingersi ai più alti livelli dell'invenzione, perché le probabilità sono scarse per un lungo periodo di tempo, e l'uomo che è disposto a scommettere contro di esse dev'essere accompagnato da una grande fede"[18].

L'importanza e l'incidenza di questo riferimento allo spirito sono sintetizzate in un passo straordinario, di cui è facilmente rilevabile la drammatica attualità: "In questo crepuscolo degli dei, in cui lunghi inverni dello spirito umano si succedono l'un l'altro senza che fra loro si frapponga mai un'estate, lo scienziato genuinamente

15 R. Musil, *Der Mann ohne Eigenschaften*, 1930-33, romanzo incompiuto; tr. it. *L'uomo senza qualità*, Mondadori, Milano 2014, cap. 4.
16 N. Wiener, *L'invenzione...*, cit., p. 144.
17 Ibidem.
18 Ivi, p. 32.

creativo, il creatore di idee, non deve dimenticarsi di fare onore alla missione della propria vita"[19].

Per poter adempiere a questa missione e interpretarne correttamente il senso il promotore dell'invenzione deve poter fruire di un'istruzione adeguata fin dalle prime fasi della sua vita: "Se vogliamo scoprire o educare scienziati veri, dobbiamo cominciare dalla prima infanzia dell'uomo che diventerà uno scienziato. L'uomo che dovrà dedicarsi alla scienza deve avere avuto l'occasione di vedere che cosa sia la dedizione. L'uomo che sarà mosso da un disperato desiderio di conoscere la natura e dalla riluttanza a lasciarsi sconcertare da qualsiasi ostacolo che gli sia possibile superare deve dar corpo a questo orientamento molto presto, prima di essere catturato dai valori materiali ed essere attratto dal migliore offerente. Se non farò così, la nostra civiltà scivolerà verso una mediocrità bizantina e la nostra scienza sarà diretta da funzionari e da impiegati, non da uomini"[20].

8. Il tempo

Il terzo fattore cruciale dell'invenzione e dell'innovazione è il tempo, per un duplice ordine di motivi. In primo luogo, per il fatto che esse hanno bisogno di tempi necessariamente lunghi per svilupparsi ed esprimere le proprie potenzialità. Ma questo è soltanto l'aspetto più superficiale della questione. Quello più sostanziale è costituito dal necessario intreccio e dall'ibridazione tra due tempi radicalmente diversi che ne costituiscono il tratto distintivo dal quale non si può prescindere.

Un'idea radicalmente nuova, come mostra l'esempio dell'idea più felice della vita di Einstein da cui siamo partiti, si presenta alla mente in forma improvvisa e fulminea. Essa è dunque l'espressione dell'idea di tempo come *καιρός*, come esigenza e capacità di cogliere al volo le opportunità che la vita ci presenta. Si tratta, in questo caso,

19 Ivi, p. 125.
20 Ivi, p. 54.

di una esperienza del tempo che implica l'abilità di individuare e mantenere la giusta distanza tra pensiero e azione, da una parte, e realtà, dall'altra, in modo che innovazione e trasformazione possano realizzarsi. Proprio per questo, i termini implicati nella relazione, se per un verso, devono mantenere una certa distanza tra di loro, affinché il pensiero e l'azione non siano travolti dal corso degli eventi, per altro verso, non devono neppure risultare troppo lontani, se vogliono assicurarsi il contatto con il "potenziale della situazione".

Posidippo definisce *Kairos* "pandamator", ossia colui che domina su tutto: è in punta di piedi, ha doppie ali, tiene nella mano destra un rasoio, ha i capelli sul volto ed è calvo sulla nuca. Sono queste le caratteristiche che Posidippo individuava nella statua di Lisippo: la traduzione in termini iconografici dell'idea del "momento debito", che deve essere colto non appena si presenta. Pena: la sua imprendibilità. Quella stessa inafferrabilità del momento propizio, irrimediabilmente trascorso, che nell'iconografia lisippea si traduce appunto nel *καιρός* privo dell'appiglio della chioma. Nell'*Etica Nicomachea* (1096a 27) *esso* è la declinazione del bene del tempo, proprio perché "l'agire deve allora riferirsi al *Καιρός*, al momento opportuno, cioè deve afferrare il tempo debito quando esso viene a maturazione e decidere l'azione".

Parlare di "tempo opportuno e debito" significa dunque riferirsi allo sforzo e all'obiettivo di trarre vantaggio dalle circostanze, facendone delle occasioni. L'espressione indica quindi anche la pazienza di aspettare che la situazione evolva "al punto giusto", per poi cogliere al volo gli sviluppi favorevoli: è la capacità di individuare le opportunità del tempo, così da poterne trarre vantaggio. Il termine *καιρός* esprime quindi una nozione di tempo qualitativa: per ogni cosa esiste, ad un certo punto, un momento di compiutezza e di pienezza. Esso indica il momento ottimale, il punto culminante, ma soprattutto lo spazio decisionale per un'azione che intende andare a buon fine e, dunque, raggiungere il proprio *telos*.

È però importante, ai fini del nostro discorso, sottolineare che vi è anche una derivazione etimologica diversa di questa idea di tempo. È una interpretazione che ne fa emergere, con maggiore efficacia, i tratti distintivi. Si tratta dell'idea di tempo come *kaîros* (dove si nota una diversa accentuazione) - un termine tratto, questa volta, dall'arte della tessitura. Tessitura, tempo e fato sono idee spesso collegate. Un'apertura nella trama del fato può significare un varco nel tempo, un istante eterno in cui il disegno si fa più compatto, oppure si allenta: nel momento critico, il tessitore spinge la spola e la navetta attraverso l'apertura trai fili dell'ordito. Il momento critico è quello opportuno, perché il varco nell'ordito dispone di un tempo limitato, e il colpo va assicurato mentre il varco è aperto.

Questa idea di tempo esprime in forma efficace l'idea del nostro universo interiore come luogo dell'incrocio e dell'intreccio inesauribili delle interazioni orizzontali (sincroniche) e di quelle verticali (diacroniche), con gli effetti di risonanza tra i diversi livelli che ne conseguono, spiega e rafforza la prospettiva policronica che ne consegue, che fa riferimento alla continua ibridazione di dimensioni temporali differenti, in particolare della singolarità dell'individuo come si palesa qui e ora e ciò che è radicato nella tradizione culturale del passato. Se nel processo di individuazione interviene, come fattore determinante, il piano indeterminato e preindividuale, carico di potenziali, che ciascuno eredita dal passato, anche remoto, per la sua effettiva comprensione acquista una funzione imprescindibile il riferimento all'evoluzione culturale e psico-spirituale dell'uomo nella sua continuità.

Il supporto di questa permanenza e continuità è la concezione del tempo come *Αἰών*, alla quale Jung assegnò un significato e un valore cruciali. In una delle conferenze tenute alla Tavistock Clinic di Londra nel 1935, facendo riferimento al simbolismo della chiave e a quello associato ai misteri della caverna, egli osserva: "Nel culto di Mitra esiste un bizzarro tipo di dio, Aion, di cui sembra difficile spiegare la presenza. A me personalmente, però, sembra del tutto comprensibile. Egli è rappresentato come una figura alata con la testa di leone, ed è avvolto nelle spire di un serpente, che gli sale fino sopra il capo. Esiste una sua raffigurazione al British Museum. Egli è il tempo infinito e la Durata infinitamente lunga: è il dio supremo della gerarchia mitraica e crea e distrugge tutte le cose, la *durée crèatrice* di Bergson. È un dio solare. Il leone è il segno zodiacale in cui si sofferma il sole d'estate, mentre il serpente simboleggia l'inverno o il tempo umido. Così Aion, il dio leontocefalo con il serpente avviluppato intorno al corpo, rappresenta di nuovo l'unione degli opposti, luce e oscurità, maschile e femminile, creazione e distruzione. Il dio è raffigurato con le braccia incrociate e una chiave in ciascuna mano. Egli è il precursore spirituale di San Pietro, poiché detiene le chiavi. Quelle di Aion sono le chiavi di passato e futuro"[21].

Αἰών rappresenta dunque un principio vivente eterno che contiene i princìpi dominanti che governano il flusso del reale, gli archetipi che determinano il destino e che si collegano alla dimensione creatrice dello stesso flusso del tempo. Accanto a questo Αἰών eterno, immutabile, fuori del tempo ce n'è però un altro che s'invera nel mondo e ne permette la "durata", la nascita, la crescita e poi la fine di ogni processo di manifestazione. Sul piano temporale ciò non può essere espresso se non come passato, presente e futuro, mentre sul piano simbolico diventa un *Αἰών* che si fa fanciullo, poi adulto e infine vecchio. Sono propriamente queste le raffigurazioni più conosciute del dio Αἰών, rappresentato come fanciullo non solo nei rituali, ma perfino nella prima concezione ellenica (Eraclito, poi Euripide).

Il simbolo di *Αἰών* che si esprime attraverso le tre età fondamentali che scandiscono i momenti di un ciclo cosmico si ritrova, significativamente, nel mosaico di Antiochia della Casa di Aion, databile alla metà del III secolo d.C. (fig. 1).Questo mosaico si distingue per una sua particolarità; raffigura, infatti, una scena di simposio o comunque tricliniare dove sono presenti quattro figure di sesso maschile giacenti su delle *klinai.* La figura di sinistra, un uomo maturo ma

21 C.G. Jung, "Fondamenti della psicologia analitica" (1935), tr. it. in: *Opere* 15, p. 130.

non vecchio, con barba e baffi e capo recinto da una corona di foglie, che tiene nella mano destra la ruota dello Zodiaco riposa su un'altra *kline* di cui è evidente solo la testata. Egli volge lo sguardo alla sua sinistra, in direzione di tre personaggi frontalmente distesi su una kline. Accanto alla figura di sinistra che giace sul letto di cui si vede solo la testata compare la scritta AION mentre accanto alle tre figure del letto frontale si leggono rispettivamente altre tre scritte, MELLON (futuro), ENESTOS (presente) e infine PAROCHEMENOS (passato). Inoltre tra la testata del letto di sinistra e la *trapeza* compare un'altra iscrizione che dovrebbe riferirsi alle tre figure maschili osservate frontalmente, CHRONOI (tempi). L'aspetto più curioso della raffigurazione musiva che naturalmente ne rende ancora più interessante l'interpretazione consiste nella comunanza simultanea di Aion e dei Chronoi; questa "simultaneità" non può non richiamare alla memoria – anche per questioni cronologiche – il titolo del trattato III 7 delle Enneadi, *Sull'eternità e il tempo* dove Plotino attribuisce all'Anima la temporalità della durata, essendo tale ipostasi più a contatto con il mondo sensibile, e al *Nous* l'eternità a-temporale: significativamente Plotino scrive (en., III 7 7-8) che per indagare il tempo si deve discendere (*katabateon*) dall'eternità. All'altezza cronologica di Plotino e verosimilmente anche del mosaico antiocheno il significato di *aion* si era ampiamente stabilizzato: infatti con quel termine si indicava, da un lato, l'eternità in opposizione agli aspetti durativi della temporalità, dall'altro, come forse è il caso del mosaico in questione, l'eternità che si declina nella durata del tempo, passato presente e futuro.

Questo richiamo alla presenza simultanea di eternità e divenire segnala un'esigenza indifferibile: quella del recupero degli aspetti della tradizione culturale del passato di cui, nel corso dello sviluppo storico, si è affievolita la memoria, con il risultato di smarrire chiavi interpretative di indiscutibile valore per un'autentica comprensione di ciò che siamo.

Fig. 1. Mosaico della Casa di Aion ad Antiochia

Questo intreccio e questa ibridazione tra *Καιρός* e *Αἰών* è il modo migliore di cogliere ed esprimere, secondo Wiener, ciò che egli considera la caratteristica fondamentale della ricerca scientifica e dell'innovazione, in quanto "il lavoro scientifico di qualità, di quel genere che probabilmente porta a scoperte di grande valore, mostra una trama fatta di coerenza, immaginazione e temerarietà. Tutto ciò permette spesso di distinguere un concetto promettente da una proposta banale, molte generazioni prima che se ne trovi un uso pratico adeguato"[22].

Emerge così il nucleo fondamentale della questione che egli intende porre al centro dell'attenzione con il suo scritto: "Voglio ribadire invece e ritengo di averlo dimostrato in una certa misura che, se non si vuole svendere il destino dell'umanità, occorre affrontare i

22 N. Wiener, *op. cit.*, p. 141.

problemi a lungo termine con retroazioni a lungo termine di carattere sociale, ovvero, se si preferisce, con verifiche e correttivi"[23].

9. *L'articolazione e la differenza degli orizzonti temporali*

Con il suo riferimento al tempo come fattore cruciale dell'invenzione e dell'innovazione Wiener intende sottolineare che per una grande classe di fenomeni della realtà il controllo della validità e dell'efficacia si articola secondo *orizzonti temporali* molto differenziati, per cui se cerchiamo feedback in tempi brevi a problemi progettuali che richiedono tempi lunghi non arriviamo mai allo stato desiderato. Si tratta di una questione cruciale e ineludibile, in quanto la sopravvivenza dell'umanità dipende dalla sua capacità di dedicare una parte del suo pensiero e delle sue strategie alle imprese a lungo termine. Come regolarle, allora, in modo che questa strategia possa trovare un certo grado di conferma della propria validità?

Egli sottolinea in proposito che molte delle idee che hanno dato origine al progresso tecnologico contemporaneo hanno richiesto tempi molto lunghi di maturazione e sono diventate realtà solo grazie alla compresenza contingente di inventività individuale, condizioni favorevoli della domanda, ambienti culturali e istituzionali ricettivi. Le imprese hanno funzionato come sistemi a retroazione molto efficaci per problemi nei quali il rischio è calcolabile. Ma, e qui viene il problema, il sistema economico contemporaneo assoggetta tutte le idee a un *unico* feedback estremamente *corto*, il profitto aziendale. Che di per sé può essere considerato un buon meccanismo di retroazione per molti problemi della società, segnalando agli imprenditori cosa correggere in corso d'opera, ma solo se il rischio è calcolabile. Ma non per tutti i problemi della società, in particolare non per quelli nei quali il calcolo non è possibile. Qui l'autore elenca i problemi che operando solo con retroazioni corte non potranno mai essere risolti, e sembra – come sottolinea opportunamente

23 Ivi, p. 160.

Bonaccorsi nel suo *Commento* al testo – di sentire un osservatore contemporaneo: inquinamento, fame, scarsità di acqua, ignoranza, sovrappopolazione. Siamo, come detto, nel 1954, quasi settant'anni fa. L'utilità a lungo termine di idee che hanno una trama fatta di coerenza e rigore, ma anche di immaginazione e di temerarietà, si spinge troppo in là nel tempo per poterla valutare con criteri diretti e immediati di resa. Come uscire da questa impasse? Secondo Wiener lo si può fare solo riferendosi a un insegnamento che possiamo trarre da una grande lezione di Maxwell, frutto di una sua scoperta fatta nel 1862, quella del principio della retroazione completa, non a caso alla base dei processi di cui si occupa la cibernetica. Questo geniale scienziato, attraverso un'interpretazione più approfondita del fenomeno di induzione elettromagnetica, giunse alla conclusione che se ogni variazione di un campo magnetico genera la comparsa di un campo elettrico rotazionale, doveva sussistere anche l'effetto inverso: ogni variazione di campo elettrico nel tempo deve creare, per ragioni di simmetria, un campo magnetico rotazionale concatenato col campo elettrico. E siccome i due campi esistono a prescindere dalle cariche elettriche che li hanno generati, in quanto l'esistenza del campo elettrico indotto è indipendente dalla presenza del conduttore che in sostanza ha soltanto una funzione ausiliaria, quella di costituire un dispositivo che permetta di porre in evidenza l'esistenza di questo campo canalizzandolo, lungo la spira, si può concludere che i campi elettrici e magnetici si *autoalimentano* ed esistono a prescindere dalle cariche elettriche che li hanno generati.

Il meccanismo della retroazione, secondo Wiener, può insegnarci a utilizzare alternativamente il senso della possibilità, orientato al lungo periodo, e il senso della realtà, o per essere più precisi dell'effettualità, che fa riferimento al "qui" e "ora", al breve periodo e ai risultati immediati, facendo riferimento al primo come strumento di monitoraggio e di controllo intermedio, regolato dalla retroazione, delle visioni e delle strategie che guardano a un futuro non prossimo, permettendoci così di distinguerle dalle utopie astratte e sterili. A suo giudizio, infatti, "ogni iniziativa che si protragga per un certo periodo di tempo, deve essere regolata e corretta, per quanto concerne il rendimento, dai suoi stessi risultati. Essi rappresentano, dal punto di vista dell'informazione, qualcosa di strettamente analogo a ciò che nell'ambito di un sistema di controllo si definisce retroazione"[24].

10. "Strano Anello" e Serendipity

Questa via, indicata da Wiener, è stata esplorata con efficacia da Douglas Hofstadter, il quale, in una sua opera del 1979, ha avuto il merito di mostrare gli straordinari effetti creativi che si possono ottenere applicando il fenomeno dello "Strano Anello", che "consiste nel fatto di ritrovarsi, inaspettatamente, salendo o scendendo luogo i gradini di qualche sistema gerarchico, al punto di partenza"[25]. Gödel, e poi Bach ed Escher, con l'esplosiva creatività di cui sanno essere interpreti, mostrano concretamente tutte le potenzialità di questo "aggancio" tra le due componenti in cui si articola ogni Strano Anello. Escher, ad esempio, propone disegni nei quali "un unico tema potrà ripresentarsi a diversi livelli di realtà. Per esempio, un livello del disegno rappresenterà chiaramente la fantasia e l'immaginazione; un altro livello potrà rappresentare la realtà. Questi due livelli saranno magari gli unici a essere esplicitamente rappresentati. Ma la semplice presenza di questi due livelli invita lo spettatore a considerarsi partecipe egli stesso di un altro livello ancora; e così facendo egli si troverà irrimediabilmente impigliato nella catena di livelli che Escher aveva predisposto e in cui, per ognuno dei livelli, c'è sempre un livello più alto, di maggiore "realtà", come pure un livello più basso, "più immaginario". Già di per sé questo fenomeno è sconcertante. Ma che cosa succede se la catena dei livelli non è

24 Ivi, p. 136

25 D.R. Hofstadter, *Gödel, Escher, Bach: An Eternal Golden Braid*, Basic Books, New York, NY 1979; tr. it. *Gödel, Escher, Bach: un'eterna ghirlanda brillante*, Adelphi, Milano 1984, p. 11.

lineare ma forma un anello? Cosa sarà allora realtà, cosa sarà fantasia? Il genio di Escher sta nella sua capacità di escogitare e allo stesso tempo realizzare figurativamente dozzine di mondi semi-reali e semi-immaginari, mondi pieni di Strani Anelli, nei quali sembra invitare lo spettatore a entrare"[26].

Escher escogita e "realizza figurativamente" le situazioni teorizzate da Wiener e descritte in maniera così incisiva ed efficace da Hofstadter. Commenta Bonaccorsi: "Ora, e qui viene il punto più originale, il sistema economico appartiene a una classe di sistemi nei quali la retroazione segue profili temporali nettamente diversi, alcuni a breve termine ma altri a lungo e lunghissimo termine. Questa articolazione temporale della retroazione è negata drasticamente dal funzionamento dell'economia contemporanea"[27]. E ancora: "aver trascurato la distinzione tra rischio e incertezza e avere teorizzato che gli obiettivi a lungo termine siano raggiungibili capitalizzando su quelli a breve si sta rivelando insostenibile"[28].

La conclusione da trarne è che per progettare futuri possibili e desiderabili occorre una coprogettazione del tutto inedita tra istituzioni con orizzonti temporali diversi, alcuni a breve (ad esempio le imprese), altri a lungo (le istituzioni della ricerca, in particolare, ma non solo). Bisogna inoltre preoccuparsi di incrementare e alimentare quanto più possibile la capacità di immaginare e di produrre visioni alternative rispetto agli stili di pensiero egemoni e radicati, svincolandosi dall'idea di un'incidenza inesorabile e senza scampo del passato sul presente e sul futuro, che, secondo Wiener, è contraddetta proprio dall'invenzione e dai caratteri di casualità che essa spesso presenta. Egli scrive infatti a questo proposito: "Ho davanti agli occhi un articolo apparso nel settembre 1953 su 'The Lamp', la rivista aziendale della Standard Oil Compamy del New Jersey: l'articolo si intitola 'Serendipity, ovvero l'arte di essere fortunati in

26 Ivi, p. 16.
27 A. Bonaccorsi, "Commento al testo. Considerazioni attuali su un testo inattuale", in: N. Wiener, *op. cit.*, p. 180.
28 Ivi, p. 185.

laboratorio'. La parola chiave di questo articolo è l'antiquato termine *serendipity*, vale a dire l'arte di trovare ciò che non si sta cercando. Come spiega l'articolo, il termine fu coniato duecento anni orsono da Horace Walpole, 'gentiluomo del secolo XVIII, scrittore e spirito arguto'. 'Serendip' deriva da 'Sinhaladnipa', il nome sanscrito dell'isola di Ceylon, attraverso la trascrizione araba 'Sarandib'. Un'antica favola narra di tre principi di Ceylon che – cito – 'quando le loro Altezze erano in viaggio, scoprivano di continuo, per caso e per acume, cose delle quali non erano alla ricerca'"[29].

Con il riferimento a questa favola Wiener intende sottolineare i forti effetti aleatori ai quali è soggetta la fase di creazione delle idee. Per questo nessuno sa con precisione e tanto meno può prevedere quando una buona idea vedrà la luce: l'unica possibilità per favorirne la nascita è supportare un numero quanto più ampio possibile di menti indipendenti e lasciarle libere di esplorare. L'altra possibilità da evidenziare è l'esigenza di riferirsi a una concezione della causalità che la svincoli da qualsiasi necessità metafisica e da una sua interpretazione in chiave fatalistica, che la assuma come espressione della convinzione che tutta la nostra attività cosciente e tutte le nostre scelte ed azioni dipendano non solo da ciò che accade dentro di noi, ma anche dalle catene di eventi che si sono succedute nel passato e da ciò che succede nel nostro ambiente. Wiener scrive a questo proposito: "Per definire l'influsso della causalità dobbiamo rivolgerci a un mondo in cui la causalità sia in un certo senso circoscritta. Se il passato è causa interamente del futuro, e non si può dire molto di più specifico, allora la causalità è un concetto troppo generale per essere utile ai fini di un'analisi, ma se si vuole considerare la causalità in modo meno vago di questo e prendere in esame la possibilità che esistano quantità variabili di causalità, si deve considerare un mondo in cui sia possibile misurare una causalità parziale. Il rigido mondo della fisica newtoniana non fa mai alcun riferimento alla causalità poiché la tecnica per valutare la causalità consiste

29 N. Wiener, *op. cit.*, p. 39.

nell'allentare alcuni vincoli che agiscono sul mondo e vedere in che modo questo allentamento nel passato si ripercuota sul presente e sul futuro"[30].

Per illustrare questo concetto Wiener fa riferimento a un paragone interessante: "La situazione è molto simile a quella di un ponte a travi reticolari. Per determinare quali siano le sollecitazioni sopportate dai diversi elementi, si piazza un peso sul ponte, in un punto qualsiasi, e si misura la deformazione elemento per elemento. Se non c'è alcuna deformazione, e se il ponte è del tipo usualmente detto sovradeterminato – il che significa essenzialmente che si toglie un elemento qualsiasi il ponte non crolla – allora, per quel che se ne sa, ci può essere un elemento che sopporta una sollecitazione di gran lunga superiore a quella per cui è stato progettato, e il ponte non è quindi sicuro. Qui non si tratta semplicemente di una difficoltà teorica per un intellettuale ipercritico, ma di qualcosa che fa effettivamente crollare i ponti. Il ponte saldato può arrivare all'equilibrio soltanto cedendo senza crollare, e alcuni ponti saldati costruiti con un materiale così rigido da non cedere in maniera percettibile sono spesso crollati senza che se ne potesse stabilire il motivo, a causa della cattiva distribuzione, non osservabile, delle sollecitazioni interne. Analogamente, per poter individuare un'effettiva causalità in un sistema, deve essere possibile esaminare quale sarebbe stato il comportamento del sistema se fosse stato costruito in maniera leggermente diversa. Per esempio, se si desidera confrontare l'importanza di Newton e di Edison nella storia delle invenzioni, occorre essere in grado di valutare in maniera ragionevole che cosa sarebbe successo senza Newton e che cosa sarebbe successo senza Edison"[31].

30 Ivi, p. 24.
31 Ivi, p. 25.

11. Un ponte che si volta!

Questa metafora del ponte merita di essere ripresa e approfondita. Facendo riferimento, intanto, a uno splendido racconto breve di Kafka, in cui in ponte viene personalizzato, facendone un soggetto attivo del transito, che vive, che pensa e che prova emozioni: "Ero rigido e freddo, ero un ponte, stavo sopra un abisso. Di qua avevo le punte dei piedi, di là avevo confitto le mani, e mi tenevo rabbiosamente aggrappato all'argilla friabile. Da una parte e dall'altra mi si agitavano le falde della giacca. In fondo rumoreggiava il gelido torrente popolato di trote. Nessun turista si smarriva fino a quelle impervie altezze, il ponte non era ancora registrato nelle carte topografiche. Così me ne stavo e aspettavo. Dovevo aspettare. Un ponte, una volta costruito, non può cessare di essere ponte senza precipitare. Una volta, era verso sera – la prima? la millesima? non so – i miei pensieri erano sempre confusi e giravano in tondo. Verso sera, d'estate, il torrente scrosciava più buio, udii un passo d'uomo. A me, a me! Stenditi, ponte, mettiti in posizione, trave senza spalletta, reggi colui che ti è affidato. Pareggia insensibilmente il suo passo incerto, ma se vacilla, fatti conoscere e come una divinità montana scaglialo a terra. Quello venne, mi percosse con la punta ferrata del bastone, sollevò con essa le mie falde e me le aggiustò addosso. Infilò la punta nei miei capelli folti e ve la lasciò a lungo, probabilmente guardandosi ansiosamente intorno. Ma poi – stavo appunto seguendolo nel sogno per monti e valli – mi balzò in mezzo al corpo a piedi pari. Rabbrividii per un dolore lancinante, ignaro di tutto. Chi era? Un bambino? Un sogno? Un bandito? Un suicida? Un tentatore? Un distruttore? E mi girai per vederlo. Un ponte che si volta! Non mi ero ancora voltato che già precipitavo e già ero straziato e infilzato sui sassi aguzzi che mi avevano sempre fissato così pacifici dall'acqua impetuosa"[32].

32 F. Kafka, *Tutti i racconti*, tr. it. Mondadori, a cura di E. Pocar, Milano 1979, Vol. II, pp. 110 *sg*.

Rilevante, in questo racconto, sono l'ambientazione e la conclusione: l'ambientazione ci parla di un qualcosa/qualcuno ponte che non è a conoscenza delle proprie origini, del proprio passato e proprio per questo è totalmente frastornato e disorientato in quell'ambiente privo di umanità che viene descritto così efficacemente; per questo, è costretto a fidarsi di una figura misteriosa, che sarà causa della sua caduta. E rilevante è la conclusione che viene tratta: un ponte deve esercitare la sua funzione di raccordo tra il passato e il futuro, ma deva farlo senza voltarsi, perché altrimenti vien meno la sua funzione e precipita.

Dello stesso tenore è l'epilogo di uno splendido *componimento poetico* dal titolo *Il fiume e l'oceano*, del celebre poeta e scrittore libanese Khalil Gibran, noto anche per il suo tentativo *di unire nelle sue opere la civiltà occidentale e quella orientale. Questa sua poesia* racconta la paura del fiume di fronte all'immensità e alla forza dell'oceano, ulteriormente alimentata dalla consapevolezza che il suo ingresso in questa immensità segnerà, inevitabilmente, la fine non solo del suo viaggio, ma anche dell'identità che aveva avuto sino a quel momento:

> Dicono che prima di entrare in mare
> Il fiume tremi di paura.
> Guarda indietro
> tutto il cammino che ha percorso,
> i vortici, le montagne,
> il lungo e tortuoso cammino
> che ha aperto attraverso giungle e villaggi.
> E vede di fronte a sé un oceano così grande
> che a entrare in lui può solo sparire per sempre.
> Ma non c'è altro modo:
> il fiume non può tornare indietro.
> Tornare indietro è impossibile nell'esistenza.
> Il fiume deve accettare la sua natura
> ed entrare nell'oceano.

Solo entrando nell'oceano
la paura diminuirà,
perché solo allora il fiume saprà
che non si tratta di scomparire nell'oceano
ma di diventare oceano.

Il cambiamento rappresentato dal lento fluire del fiume verso valle e dall'incontro con l'oceano, con il conseguente profilarsi della sfida tra due forze impari che non potrà che concludersi con la dissoluzione dell'una nell'altra, genera un timore che si può superare solo comprendendo che, in virtù di questa metamorfosi, l'identità nella quale ci si era riconosciuti sino a quel momento non scompare, ma si amplia e si rafforza. Proprio come l'io che, secondo Jung, non si dissolve, ma al contrario acquisisce nuova forza e consapevolezza nel momento in cui s'imbatte nel vasto mare del suo prossimo e, anziché ritrarsi per la paura di questo incontro, accetta la sfida del cambiamento, diventando sé, una persona che sa incorporare l'altro e lo sa amare, riconoscendosi in lui e cancellando la presunzione di aver bisogno di riferirsi soltanto a sé stesso.

Il messaggio è il medesimo in entrambi i casi, e riguarda il fatto che il nostro cervello ricorda non per ritornare a ciò che è stato e riviverlo, voltandosi indietro, ma per orientarsi e individuare nuove opportunità. Per questo ha bisogno che il passato resti abbastanza stabile, per poter guidare il presente in modo affidabile, ma anche abbastanza aperto e fluido per consentire la sua integrazione con ciò che è e ciò che verrà, come il fiume fa con il mare. Il cervello dispone ampiamente di questa capacità, in quanto l'atto stesso del richiamo che opera di continuo contribuisce a ridefinire il paesaggio dinamico della memoria. Richiamare un ricordo non significa infatti limitarsi a guardarlo dall'esterno, come si guarderebbe un oggetto già pronto e immobile, ma riattivarlo, e dunque rimetterlo in uno stato di parziale plasticità, che induce a vederlo diversamente. In altre parole, il recupero non è soltanto un ritorno a ciò che era stato:

è già un evento nuovo che accade nel presente e che, proprio per questo, modifica l'equilibrio della traccia. Il ricordo, nel momento in cui viene riportato alla luce, non resta identico a se stesso, entra nuovamente nel circuito vivente delle interpretazioni, delle emozioni, delle associazioni e delle salienze del soggetto che ricorda.

Questa plasticità è anche la ragione per cui memoria, immaginazione e previsione condividono in parte gli stessi circuiti. Se ricordare significa ricostruire a partire da frammenti distribuiti, allora immaginare non è un'attività completamente diversa, ma una variazione sul medesimo principio. Molte delle reti che il cervello usa per evocare episodi passati vengono mobilitate anche quando esso simula scenari futuri, costruisce ipotesi, anticipa possibilità non ancora realizzate. L'ippocampo, le regioni mediali frontali, il precuneo, la corteccia cingolata posteriore e le aree associative temporali partecipano non solo alla memoria autobiografica, ma anche alla prospezione del futuro. Il cervello utilizza il materiale del passato come base per montare il possibile. La memoria, in questo senso, non è soltanto retrospettiva: è anche una riserva di forme per il non ancora.

Ecco perché il risultato di questo continuo lavoro di conservazione e rielaborazione, nel quale la memoria è legata all'apprendimento, per cui *imparare significa modificare la probabilità futura di certi percorsi di attivazione già sperimentati* e l'episodio vissuto viene ricomposto e reinterpretato, e non si presenta pertanto mai come una pura ripetizione, richiama alla mente la bellissima definizione che dell'arco e della sua struttura fornita da Leonardo da Vinci: "Arco non è altro che una fortezza causata da due debolezze, imperò che l'arco negli edifizi è composto di 2 parti di circulo, i quali quarti circoli, ciascuno debolissimo per sé, desidera cadere, e opponendosi alla ruina dell'altro, le due debolezze si convertano in unica fortezza"[33].

33 Leonardo da Vinci, MSS, Institut de France, Paris, 50r, "Frammenti sull'architettura" (1490), in: A. Bruschi (a cura di), *Scritti rinascimentali di architettura*, il Polifilo, Milano 1978, p. 292.

Tutto ciò che il cervello fa, come l'arco, per sostenersi ha bisogno di "due debolezza che si convertano in unica fortezza", cioè del riferimento congiunto sia al passato, sia al presente e al futuro, che presi di per sé sono debolissimi e desiderano cadere, e di fatto cadono, proprio come il ponte di Kafka, se non si sostengono a vicenda. Se il ponte si volta e guarda esclusivamente indietro, al passato, perdendo la capacità di preoccuparsi del presente e di progettare il futuro la sua funzione viene meno e precipita.

Non si tratta di una una semplice metafora, bensì del riferimento concreto alla capacità che il cervello esprime e manifesta di continuo nel suo modo reale di operare, capacità che, in termini più tecnici, prende il nome di *pattern completion*, il processo in virtù del quale un indizio incompleto, purché sufficientemente pertinente, consente di ricostruire una configurazione più estesa dell'esperienza. Un dettaglio percettivo, un tono, una parola, un profilo ambientale possono bastare a riaprire una rete di relazioni molto più ampia di quanto quel singolo indizio non lasci supporre. Questo processo è strettamente legato al sistema ippocampale e, in particolare, alla capacità di alcune sue sottoregioni di operare come dispositivi di ricomposizione associativa. Ma nel pattern completion il cervello non recupera un originale chiuso in un archivio; riapre una costellazione. Questo spiega perché un frammento minimo possa, talvolta, riaccendere un intero episodio, ma chiarisce anche perché il ricordo così riemerso non si presenti mai come una pura ripetizione.

Accanto al *pattern completion* vi è però un meccanismo complementare, senza il quale la memoria collasserebbe nella confusione: il *pattern separation*. Se il cervello si limitasse sempre a completare, esperienze simili finirebbero per fondersi le une nelle altre. Per poter richiamare un episodio in modo selettivo, ed evitare così che tracce vicine nel tempo, nello spazio o nel contenuto si sovrappongano fino a diventare indistinguibili, è necessario che il sistema sappia anche differenziare, separare, rendere non equivalenti configurazioni affini. È questo il compito attribuito, in particolare, al giro dentato e ad altre componenti del sistema ippocampale: trasformare input simili in rappresentazioni abbastanza distinte da poter essere conservate senza interferenze eccessive.

Ecco le due debolezze di cui parla Leonardo da Vinci, ciascuna debolissima per sé, che possono convertirsi in un'unica forza opponendosi l'una alla ruina dell'altra. Anche la memoria, come l'arco, vive di una tensione costitutiva tra due esigenze opposte e complementari: da una parte quella di collegare, completare, ritrovare il medesimo dentro il frammentario; dall'altra quella di separare, distinguere, *preservare la singolarità e specificità degli episodi*. Se prevalesse solo la prima, il mondo verrebbe continuamente riassorbito nel già noto; se prevalesse solo la seconda, ogni esperienza si isolerebbe in modo sterile, senza possibilità di ampliamento, approfondimento e generalizzazione. Il cervello ricorda bene proprio perché, come un buon architetto, sa articolare, mescolare e far convergere entrambe le esigenze, traendone un equilibrio dinamico: riconosce e differenzia, collega e discrimina, ricompone e tiene separate le tracce.

Proprio come la struttura del ponte di cui parla Kafka, tutto il materiale che il cervello elabora nel corso della sua multiforme e prodigiosa attività deve essere flessibile e non rigida, e basarsi su una causalità circoscritta e parziale, come la chiama Wiener, che contempli il riferimento non solo ai vincoli, ma anche allo spettro di opportunità che si aprono una volta che questi ultimi siano stati fissati.

Va a questo proposito ricordato che il vincolo introdotto in fisica dal principio di indeterminazione di Heisenberg – secondo il quale è impossibile misurare simultaneamente osservabili incompatibili, come la posizione e la quantità di moto – conferisce a una particella quantistica uno spettro molto più ampio di comportamenti possibili. Come osserva acutamente Chiara Marletto "dichiarare che qualcosa è impossibile porta a un numero maggiore di cose possibili; per quanto possa sembrare bizzarro questo fatto è la base della fisica quantistica"[34].

12. La metastabilità della persona umana

Un'ulteriore conferma di questo aspetto e della necessità di una visione capace di riferirsi congiuntamente alla memoria e al progetto, alla conoscenza del passato e allo sguardo rivolto verso il futuro, ci viene dagli studi sulla complessità come quelli di Mauro Ceruti che ne costituiscono un'eccellente applicazione e una conferma della sua validità. Un esempio tra i tanti che potrebbero essere proposti è quello relativo all'idea della persona come sistema complesso metastabile, che vive nel presente, ma "protegge dentro di sé un laboratorio dove è all'ordine del giorno la sperimentazione, attraverso la quale può originarsi e svilupparsi la varietà necessaria per il futuro senza che essa interferisca immediatamente con i processi necessari per il presente. Potremmo dire che il genoma umano si è rivelato il modello paradigmatico di un'organizzazione duale, nella quale gli scopi del breve termine e gli scopi del lungo termine si integrano in un meccanismo assai complesso, non solo molto efficiente, ma anche molto efficace. Mi piace ricordare il modo in cui Stephen J. Gould ha sintetizzato la questione: in natura il materiale ridondante non è quasi mai *garbage*, cioè rifiuti che si buttano via, ma quasi sempre junk, cianfrusaglie o ferrivecchi pronti a essere reinterpretati e riutilizzati. Il riuso non è una strategia marginale, ma una strada maestra dell'evoluzione biologica"[35].

Si deve allora concludere che, per i sistemi viventi "s'impone appunto la necessità di essere duali, con un piede nel presente e un piede nel futuro: bisogna saper far bene il lavoro di routine, consolidando le tendenze in atto e generando adattamenti a queste tendenze. Ma bisogna anche preservare la consapevolezza che

34 C. Marletto, *op. cit.*, p. 112.
35 M. Ceruti, *Il tempo della complessità*, Raffaello Cortina, Milano 2018, p. 108.

queste tendenze si avvicinano sempre più al punto di rottura e che presto emergeranno altri equilibri e altre tecnologie caratterizzate da logiche e da regole assai differenti, in ogni caso non riducibili a quelle del momento presente"[36].

Questo orientamento verso il futuro, come si è visto, deve essere integrato con il riferimento, sempre al centro degli interessi e delle riflessioni di Ceruti, all'importanza cruciale della narrazione, del tempo e dell'incidenza del passato, parti costitutive imprescindibili di qualunque sistema complesso, e dunque anche della persona, in quanto in ogni universo del discorso l'insieme delle possibilità evolutive non è fissato a priori e una volta per tutte. Il complesso delle possibilità si rigenera ricorrentemente in modo discontinuo e imprevedibile a partire dalle condizioni inziali. Ogni storia è un racconto nel quale nuovi universi di possibilità si producono in coincidenza con le grandi svolte, le grandi discontinuità, le grandi soglie dei processi evolutivi: nel corso di essa determinate possibilità si fissano e si trasformano in vincoli che eliminano alcune alternative ma ne producono altre, per cui vincoli e possibilità non vanno contrapposti, secondo la logica delle coppie opposizionali che si escludono a vicenda, ma vanno pensati insieme, in quanto coevolvono. Ne scaturisce una danza, un gioco che è caratterizzato dalla coesistenza di regole rigide e di fattori di imprevedibilità, nel quale ogni vincolo descrive un *limes,* un confine, un punto di fine, la conclusione di una storia, ma rappresenta contemporaneamente un *limen*, una soglia, l'inizio di una nuova storia. I vincoli della storia, di conseguenza, sono da interpretare non solo come limiti del possibile, ma come condizioni di nuovi possibili.

Queste condizioni di nuovi possibili, come sottolinea Gilbert Simondon, sono legate proprio al carattere di metastabilità della persona, per definire la quale occorre far ricorso a nozioni quali quella di energia potenziale di un sistema, di ordine e di aumento dell'entropia, e che va considerata il risultato del fatto che "al disotto

36 Ivi, p. 150.

del continuo e del discontinuo, sussiste il quantico e il complementare metastabile (il più-che-unità) che consiste nel vero e proprio preindividuale"[37]. In virtù di queta sua fondamentale caratteristica "il vivente risolve problemi non solo adattandosi, ovvero modificando la sua relazione con l'ambiente (come può fare una macchina), bensì modificando sé stesso, inventando nuove strutture interne, introducendosi completamente nell'assiomatica dei problemi vitali. *L'individuo vivente costituisce sistema d'individuazione, sistema individuante e sistema che si individua:* la risonanza interna e la traduzione del rapporto a sé stesso in termini d'informazione avvengono all'interno del sistema vivente".[38]

La coesistenza, l'interazione, l'ibridazione e la fusione delle tre dimensioni temporali nella persona in quanto sistema complesso metastabile fa sì che "a livello dell'essere individuato, l'essere risulta di già necessariamente *polifasico*, poiché il passato preindividuale sopravvive parallelamente all'essere individuato e permane germe di nuove operazioni amplificanti: l'individuazione interviene nell'essere come *nascita correlativa di fasi distinte* a partire da ciò che non comporterebbe, consistendo in un potenziale onnipresente. L'individuo, *risultato* e *ambiente dell'individuazione*, non deve essere considerato come unico e risulta tale solo in rapporto ad altri individui, secondo un *hic et nunc* molto superficiale"[39].

La metastabilità si presenta dunque come quella precisa condizione di equilibrio in cui si trova un sistema allorché al suo interno si rilevano *potenziali inespressi* che, pur in presenza dei vincoli che ne condizionano sia la struttura interna, sia la relazione con l'ambiente, rendono costantemente il sistema medesimo sul punto di sfasarsi

37 G. Simondon, *L'individuation à la lumière des notions de forme et d'information*, Jérôme Millon, Grenoble 2005; tr. it. *L'individuazione alla luce delle nozioni di forma e d'informazione*, a cura di G. Carrozzini, pref. J. Garelli, Mimesis, Milano-Udine 2011, Vol. I, p. 37.

38 Ivi, p. 38.

39 Ivi, p. 433.

e di aprirsi alle opportunità compatibili con la presenza dei vincoli suddetti.

Abbiano quindi a che fare con una potenzialità che dà ulteriore significato e spessore a quanto si è detto sull'importanza e l'incidenza del senso della possibilità, accanto al senso della realtà e in costante correlazione con esso. È a questo proposito interessante ricordare, in conclusione, il riferimento delle neuroscienze, e in particolare di Stanislas Dehaene, che ne è oggi uno dei più autorevoli esponenti, a ciò che egli chiama significativamente "l'energia ombra del cervello", la sua "attività a riposo": "Che cosa succede quando ci rilassiamo, quando lasciamo vagabondare la mente senza pensare a niente? E poi, è davvero possibile non pensare a niente? La risposta con una delle scoperte più sorprendenti degli ultimi trent'anni, e cioè che il nostro cervello non solo non smette mai di essere attivo, ma questa attività spontanea, a riposo, è responsabile della maggior parte del nostro consumo energetico. Nel bilancio energetico cerebrale, le risposte alle richieste del mondo esterno, le celebri catene stimolo-risposta care a Pavlov e ai comportamentisti, rappresentano appena il due per cento del consumo della corteccia. Il resto corrisponde al mantenimento del nostro mondo interiore: i neuroni e le sinapsi che conservano i nostri ricordi e i nostri pensieri reconditi. È sufficiente contare le sinapsi in entrate e in uscita, persino nella corteccia visiva primaria, le fibre in ingresso provenienti dalla retina rappresentano meno del 10 per cento delle sinapsi totali: il resto forma circuiti che gli anglofoni chiamano *top-down* (verso il basso o centrifughi), che rimandano verso le aree visive delle predizioni e se ne servono come se fosse uno schermo delle nostre immagini mentali. L'attività del cervello a riposo è rimasta a lungo invisibile perché i ricercatori, ingannati dal suo carattere imprevedibile, la scambiavano per un rumore di fondo e la consideravano soltanto la media dell'attività evocata da numerosi stimoli. Ebbene, è nell'istante che va cercata l'attività spontanea: in un cervello cosciente, essa fluttua di continuo mentre circuiti temporanei si creano e si disfano"[40].

E Dehaene mostra l'immagine, ottenute con le più potenti tecniche di visualizzazione cerebrale oggi disponibili, di una delle reti dominanti dello stato di riposo, la "modalità di default", il *Default-Mode Network* (DMN), una rete neurale distribuita in diverse regioni corticali e sottocorticali, che si sottrae al prevalente orientamento all'azione, ed è attiva proprio quando il lavorio della mente non è rivolto a stimoli esterni ma verso il mondo interno. Pur non occupandosi delle usuali faccende quotidiane il metabolismo del cervello è intenso, cioè la corteccia consuma una gran quantità di energia e sono all'opera diverse componenti del sistema cerebrale: il lobulo parietale inferiore, la corteccia cingolata posteriore, la corteccia prefrontale ventro-mediale e la formazione dell'ippocampo. Si tratta di un sistema di aree cerebrali dense e fitte di connessioni che "interviene nel linguaggio interiore, nella riflessione su sé stessi e sugli altri. La sua attività segnala un episodio di introspezione e di richiamo alla memoria autobiografica. Tutto ciò che viviamo e che per noi è importante, il nostro cervello lo rivive e lo riproduce talora decine di volte, sotto forma di *replay* nel nostro mondo interiore"[41].

Questi risultati della più recente ricerca scientifica riguardante i processi cerebrali confermano che le visioni e i prodotti dell'immaginazione non sono vane e pericolose illusione, da estirpare in quanto assimilabili a credenze erronee e fuorvianti, e tali da nuocere a un sano equilibrio della mente. Al contrario, come scrive giustamente Francesco Cicione, curatore dell'edizione italiana del testo di Wiener al quale ci siamo qui riferiti nella sua "Nota all'edizione" medesima, sono l'espressione dell'imprescindibile esigenza di "recuperare il primato delle prospettive 'profonde' su quelle 'superficiali', perseguendo il giusto equilibrio tra 'lentezza' e 'velocità' [...]; per

40 S. Dehaene, *Face à face avec son cerveau*, Éditions Odile Jacob, Paris 2021; tr. it. *Vedere la mente. Il cervello in 100 immagini*, Raffaello Cortina, Milano 2022, p. 107.
41 Ibidem.

fare buona innovazione è necessario recuperare un solido 'cathedral thinking', rinunciando a perseguire 'rese' di breve periodo in favore di inderogabili obiettivi di orizzonte intergenerazionale"[42].

Ricordiamo che in epoca medievale, i costruttori di cattedrali generalmente iniziavano un progetto e non potevano vederlo mai terminato durante la loro vita. Le maestose cattedrali venivano costruite da più generazioni, dal momento che si trattava di progetti che per il loro completamento richiedevano fino a due o trecento anni. Lo stile di pensiero dei costruttori delle cattedrali è quindi l'opposto del desiderio incessante di soddisfazione immediata: è una mentalità che richiede visione e pazienza e sforzi prolungati: il richiamo a esso costituisce pertanto un invito a riscoprire le virtù del tempo prolungato, del lavoro profondo e della gratificazione differita.

13. La "condensazione" e il dialogo e l'interazione tra le due culture

Il recupero di questo stile di pensiero costituisce uno dei motivi e degli obiettivi fondamentali di un dialogo tra la cultura umanistica e quella scientifica tale da soddisfare l'amore per la conoscenza che deve essere alla base di ogni attività di ricerca e da fornirle strumenti in grado di rispondere a una esigenza alla quale essa non può, in alcun caso e per nessun motivo, rinunciare: la comprensione del significato delle invenzioni e delle scoperte alle quali si perviene in virtù del suo apporto.

A questo proposito va evidenziato il fatto che la mente umana non opera estrapolando alla cieca correlazioni brute, e non può accontentarsi del fatto che esse siano statisticamente rilevanti, ma cerca – e non può rinunciare a farlo – spiegazioni dotate di significato, che includono non soltanto descrizioni e previsioni, ma anche controfattuali, e ipotesi e congetture le cui probabilità sono scarse.

---

42 F. Cicione, "Nota all'edizione. In dialogo con l'innovazione armonica", in: N. Wiener, *op. cit.*, p. XVII.

La creatività umana, come sottolinea appunto Wiener, è caratterizzata dalla capacità di pensare ed esprimere cose anche altamente improbabili ma perspicaci e in grado di generare modi di vedere le cose alternativi rispetto a quelli radicati ed egemoni.

Non possiamo per questo omettere di segnalare con preoccupazione, in conclusione, la divaricazione che si sta profilando, anche in ambienti colti e accreditati dal punto di vista scientifico, tra la semplice constatazione di regolarità e correlazioni statisticamente rilevanti e di indubbia efficacia e lo sforzo di comprendere il significato di ciò che accade e ci circonda, sulla base di chiavi interpretative che non riducano la questione cruciale del senso al riscontro delle regolarità solo in media, quale quello che si può ottenere in un approccio esclusivamente statistico. Considero esemplare, da questo punto di vista, la lezione che ci è stata offerta nel 1908 in *Science et méthode* da Henri Poincaré il quale, con un'originalità e una capacità di anticipazione che ancora oggi non cessano di stupire, osservava, a proposito del comportamento dello scienziato, che egli deve, quando si trova di fronte ai dati e alle osservazioni che costituiscono il suo materiale di lavoro, "non tanto constatare le somiglianze e le differenze, quanto piuttosto individuare le affinità nascoste sotto le apparenti discrepanze. Le regole particolari sembrano a prima vista discordi, ma, a guardar meglio, ci si accorge in genere che sono simili; benché presentino differenze materiali, si rassomigliano per la forma e per l'ordine delle parti. Considerandole sotto questa angolazione, le vedremo ampliarsi, tendere a diventare onnicomprensive. Ed è questo che dà valore a certi fatti che vengono a completare un insieme, mostrando come esso sia l'immagine fedele di altri insiemi già noti. Non voglio insistere oltre; saranno sufficienti queste poche parole per mostrare che l'uomo di scienza non sceglie a caso i fatti che deve osservare [...]. Egli cerca piuttosto di concentrare molta esperienza e molto pensiero in un esiguo volume, ed è per questo motivo che un piccolo libro di fisica contiene così tante esperienze passate e un numero mille volte maggiore di esperienze possibili delle quali si conosce già il risultato"[43].

Concentrare molta esperienza e molto pensiero in un esiguo volume è ciò che l'uomo di scienza, l'intellettuale, ma anche ogni persona dovrebbero proporsi di fare. E giova ricordare che si tratta di una capacità per esprimere la quale possiamo opportunamente riferirci al termine "condensazione", non a caso considerata da Freud il tratto distintivo del linguaggio onirico e dei sogni. E questo, chiudendo il cerchio, ci riporta all'importanza imprescindibile delle visioni "controllabili" e "controllate", da cui si è partiti seguendo la via tracciata da Norbert Wiener, e all'esigenza impellente di disporne oggi più che mai.

Concludo questo mio intervento con due domande che propongo come sintesi di ciò che ho cercato di sostenere in questa sede:

- qual è il destino di una società che, anziché coltivare la coesistenza e l'intreccio delle tre dimensioni temporali di cui si è parlato, *Καιρός*, nella sua duplice versione, *Αἰών* e *Chronos*, appare totalmente immersa in quelle che, in un libro scritto con Fabio Merlini[44], abbiamo chiamato le "catastrofi dell'immediatezza", disinteressandosi della sua memoria, dimenticando, anzi ignorando la sua tradizione e il suo straordinario patrimonio culturale e privandosi di ogni prospettiva futura a lungo termine e della progettualità che la deve saper esprimere? Mostrando così di non tenere nella debita considerazione il fatto, opportunamente evidenziato da David Kolb con il suo *approccio esperienziale/scientifico*, secondo il quale l'apprendimento va inteso come "il processo attraverso il quale la conoscenza si forma tramite la

43 J.H. Poincaré, *Science et méthode*, Ernest Flammarion, Paris, 25 novembre 1908; tr. it. *Scienza e metodo*, a cura di C. Bartocci, Einaudi, Torino 1997, pp. 14 *sg*.

44 F. Merlini e S. Tagliagambe, *Catastrofi dell'immediatezza*, "Saggi di Eranos", Vol. 3, Rosenberg & Sellier, Torino, 2016.

trasformazione dell'esperienza"[45], per cui la conoscenza di qualsiasi fenomeno indagato è sempre una combinazione di comprensione e di trasformazione della realtà, di memoria e di progetto, di passato, presente e futuro, appunto, come si è detto;

- cosa possiamo attenderci da una ricerca che sembra parlare solo in termini di efficacia e di applicazioni pratiche, si fa ubriacare dalla frequenza delle correlazioni brute, va alla caccia di nessi altamente probabili, non cerca spiegazioni dotate di significato, che giudica ormai superflue, e non si occupa di quelle che Wiener chiama le "esperienze possibiliste", con un grado ridotto di probabilità, e quindi rischiose, ma sorgenti imprescindibili e inesauribili della capacità di vedere e pensare altrimenti, cioè della creatività?

La preoccupazione per l'affermarsi di orientamenti di questa natura è, non a caso, espressa in. modo esplicito anche da Giorgio Parisi, il quale nel suo ultimo libro[46] fa riferimento a domande fondamentali che non possono essere eluse: "Si dice che alcune capacità emergono quando gli LLM sono sufficientemente grandi e addestrati, ma come caratterizzare con precisione queste proprietà emergenti? Ho la sensazione fastidiosa che ci manchi qualcosa nell'analisi teorica, che stiamo guardando un dito ma non vediamo la luna. Noi vorremmo macchine che ragionano, ma come definire accuratamente il ragionamento? Macchine che manipolino simboli, ma cosa sono i simboli in una rete neurale? Non lo so"[47].

Per una società e una cultura migliori dobbiamo porci con urgenza queste domande e fornire risposte profondamente diverse da quelle che oggi appaiono egemoni. Un compito, anzi una missione

45 A.D. Kolb, *Experiential Learning: Experience as the Source of Learning and Development*, Prentice Hall, Englewood Cliffs, NJ 1984. p. 41.

46 G. Parisi, *Le simmetrie nascoste.* Perché la fisica è alle radici dell'intelligenza artificiale di oggi e di domani, Rizzoli, Milano 2026.

47 Ivi, p. 240.

che abbiamo il dovere morale di considerare tutt'altro che disperata: e la presenza di luoghi simbolo come la Fondazione Eranos, e di iniziative come i colloqui da essa organizzati, che coltivano e diffondono con amore e passione – proseguendo la meritoria iniziativa avviata nel 1933 da Olga Fröbe Kapteyn su ispirazione di Rudolf Otto – il patrimonio della cultura classica, coniugato con il rigore di quella scientifica, stimolando così e favorendo non la semplice coesistenza, ma il dialogo proficuo ed efficace tra le due gambe su cui si regge la conoscenza umana, costituisce un motivo concreto di speranza per l'avvenire.

Vocalità, rumori, paesaggi sonori: come gli studi culturali hanno ricominciato ad ascoltare

Nelly Valsangiacomo

Lausanne / *Losanna*, Switzerland / *Svizzera*
June / *giugno 2023*

Come gli studi culturali hanno cominciato ad ascoltare

Questo breve excursus non ha nessuna pretesa di esaustività; intende piuttosto presentare alcune piste intraprese per integrare il sensibile, in particolare gli aspetti sonori, negli studi culturali. Per l'impossibilità di rendere conto di tutte le sfaccettature assunte dai diversi percorsi di ricerca, si è scelto di mantenere l'impianto originale in quattro momenti, previsto per la presentazione tenuta al Monte Verità, nell'intento di offrire alcuni spunti di riflessione sul tema. Dopo un primo e sommario panorama su alcune discipline che hanno cominciato ad interessarsi al suono e più in generale al sensibile, saranno affrontati tre casi di studio: la costruzione sociale della voce dell'Altro, in particolare la voce femminile, il rapporto tra suono e potere e, infine, la rappresentazione del paesaggio sonoro alpino.

Il sensorium. *Colorare una fotografia in bianco e nero*

Anche se la riflessione sui sensi nelle scienze umane ha una lunga storia, è soprattutto negli ultimi decenni, che gli studi sulle percezioni sensoriali, o *sensory studies,* si sono sviluppati prendendo sempre più in considerazione tutto il sensorium: un'affermazione attestata dalla creazione di centri, riviste e pubblicazioni di spessore e completata nel 2021 da un manifesto, *A Sensory History Manifesto,* di Mark M. Smith.

Anche la storiografia, riprendendo un sottile filo che risale almeno alla prima scuola degli Annales[1], si è interrogata su questi temi, spesso riprendendo con altri interrogativi fonti ben conosciute. È il caso delle celebri descrizioni di Parigi redatte da Louis-Sébastien Mercier alla fine del XVIII secolo. Sebbene le ricerche si concentrino spesso su un solo senso, è tuttavia evidente che nessuna persona percepisce per compartimenti stagni, ma un senso rinvia all'altro. Ciò accade anche nelle fonti; ad esempio, l'opera *Tableaux de Paris,* redatta da Louis-Sebastien Mercier negli anni Ottanta del XVIII secolo, offre numerosi spunti sensoriali[2].

> Il sangue scorre lungo le strade, coagulando sotto i piedi e arrossando le scarpe. Mentre passate siete improvvisamente colpiti da gemiti lamentosi. Un giovane bue è stato abbattuto, la sua impalcatura è stata legata con delle corde al suolo; una pesante mazza gli ha frantumato il cranio, un largo coltello gli ha inciso l'esofago. Il suo sangue fuma e scorre denso di vita. Ma i suoi gemiti dolorosi, i suoi muscoli che tremano e si muovono in terribili convulsioni, il suo agitarsi, il suo "guaire", gli ultimi sforzi

---

1 V. L. Febvre, "La sensibilité et l'histoire: Comment reconstituer la vie affective autrefois?", in: "Annales d'histoire sociale", Vol. 3, N. 1/2, 1941, pp. 5-20, www.jstor.org/stable/27574143.

2 Il volume è peraltro tra i riferimenti di una straordinaria ricostruzione di archeologia sonora svolta da Milène Pardoen, "L'archéologie du paysage sonore: de la théorie à la pratique", in: "RiMe. Rivista dell'Istituto di Storia dell'Europa Mediterranea", Vol. 1, N. 1, 2017, pp. 181-83 [online].

che fa per sottrarsi a una morte inevitabile, tutto lascia presagire la violenza della sua angoscia e la sofferenza della sua agonia.[3]

L'abbattimento degli animali oggi definiti da reddito, con la scia sensoriale di odori, suoni, secrezioni che accompagnano la morte è un esempio eloquente. Tra i vari fattori dell'allontanamento di questa pratica dal centro cittadino, che avverrà nel corso del XIX secolo, vi è l'aspetto igienico, correlato alla teoria dei miasmi, ossia degli odori che possono corrompere. Più in generale, si assiste a un cambiamento di sensibilità accompagnato non solo dalle prime riflessioni etiche sul benessere della bestia da macello, ma soprattutto da un cambiamento della sensibilità nei confronti dei fenomeni sensoriali che accompagnano la violenza[4]. Un mutamento della sensibilità che in alcuni casi è sostenuta dal desiderio di distinzione sociale delle nuove classi nascenti; è il caso della borghesia nel XIX secolo, come ha ben dimostrato Alain Corbin nel suo imprescindibile lavoro sull'olfatto[5].

Se si concentra l'attenzione sull'ascolto, va ricordato che le orecchie non hanno palpebre, come afferma lo specialista del suono Michel Chion, rinviando con questa immagine a un trasporto per il visivo, che si considera predominante nella nostra società occidentale, almeno da quando Platone definì la vista quale senso mediatore verso l'intellegibile e Aristotele la mise al primo posto, nella sua lista dei cinque sensi classici[6]. Il suono ci accompagna sin dal ventre

3 L.-S. Mercier, *Tableau de Paris*, 1782, "Boucheries" (mia traduzione).

4 Senza pretesa di esaustività, per una breve sintesi, v. tombrychevalier.com/2019/09/17/une-histoire-environnementale-des-abattoirs-en-france/ (ultima consultazione 13 luglio 2024).

5 A. Corbin, *Le miasme et la jonquille: l'odorat et l' imaginaire social, XVIIIe-XIXe siècles*, Flammarion, Paris 1982.

6 Questo forse spiega in parte l'interesse tardivo degli studi culturali per le sonorità. Gli studi sulla musica meritano un discorso a sé. Vale però la pena ricordare che le nuove forme di ascolto riguardano anche il mondo della composizione musicale; si può pensare agli scritti di Pierre Schaeffer, considerato il padre della musica concreta (v. almeno P. Schaeffer, *Traité des objets sonores. Essai interdisciplines*, Seuil, Paris 1966 (per la versione originale), ma anche allo svizzero Pierre Mariétan, che in concomitanza con Raymond Murray Schafer (*infra* nel testo) pensa alle sonorità

materno, fa vibrare il nostro scheletro ed è pervasivo, se c'è aria si propaga; è in sintesi una parte essenziale della nostra quotidianità. La sensazione di sgradevolezza o di piacere, l'interesse o il disinteresse che un suono suscita non sono però solo aspetti soggettivi, ma appartengono all'educazione e al significato sociale che è attribuito a queste sonorità; un significato che varia nel tempo e nello spazio e che ci permette di analizzare le interazioni sociali, le costruzioni identitarie, i rapporti di potere attraverso un'altra chiave di lettura, quella dell'orecchio.

A cavallo del nuovo millennio, le scienze umane e culturali hanno cominciato ad interessarsi a questo aspetto dell'ascolto. I lavori su quelle che sono definite le percezioni culturali delle sonorità svelano un nuovo approccio all'analisi culturale del sociale, anche se rimane per lungo tempo un filone di ricerca eccentrico, che interseca altri ambiti di studio sviluppatisi nel frattempo. Di seguito, ne sono presentati alcuni tra i diversi che hanno permesso di arricchire questo campo di studi con preziosi, quando non imprescindibili, approfondimenti, che dall'ambiente sonoro spaziano fino agli studi culturali del suono e dell'ascolto, rimescolando così le scale di valore che hanno accompagnato nella cultura occidentale la ripartizione delle sonorità: si pensi in particolare all'utilizzo dei termini musica o rumore[7].

---

nel territorio, preferendo però il termine di ambiente sonoro (*environnement sonore*) a quello di paesaggio sonoro (*Soundscape.*) (v. N. Belval, "L'environnement sonore de Pierre Mariétan: un art de l'écoute au cœur du Valais", in: S. Pont e N. Valsangiacomo (dir.), *Valais Sound System. Sonorités alpines contemporaines*, "Cahier du Musée d'histoire du Valais", Vol. 14, Musée d'histoire du Valais- Hier und Jetzt, Sion/Zürich 2024, pp. 29-33).

7 J.-F. Augoyard e H. Torgue, *A l'écoute de l'environnement. Répertoire des effets sonores*, Parenthèse, Marseille 1995, p. 5.

"Paesaggi sonori"

Negli anni Settanta, grazie anche all'estensione dei movimenti ecologisti, si amplia la riflessione critica sull'accresciuta presenza sonora umana nel territorio, quella che poi sarà chiamata antropofonia o tecnofonia[8]. In contemporanea, si assiste alla semplificazione delle tecniche di registrazione, che saranno fondamentali per i primi progetti di raccolta di suoni. Dal registratore portatile al walkman, sia la rivoluzione dell'ascolto sia la diffusione del *field recording* e di tutte le discipline legate all'eco- e bioacustica devono infatti molto a questi progressi tecnologici.

Il lavoro del compositore e ricercatore canadese Raymond Murray Schafer, co-fondatore nel 1969 del *World Soundscape Project* all'università Simon Fraser a Vancouver è emblematico di questo interesse. A Schafer si attribuisce la divulgazione del concetto di *Soundscape*, paesaggio sonoro, molto utilizzato e altrettanto criticato[9]. Con questo termine si definiscono tutti i suoni percepibili di un dato territorio. La registrazione e l'analisi di tali sonorità si accompagnano all'idea di ridisegnare gli equilibri di un paesaggio sonoro considerato deteriorato dall'attività umana. È presente, dunque, un afflato morale riscontrabile anche in alcune pratiche di ricerca successive, in particolare nell'ambito dell'ecologia sonora, sovente abbinata all'espressione artistica.

Anche altre discipline votate allo studio del territorio come l'architettura e la geografia non sono rimaste indifferenti alla questione dell'ambiente sonoro e hanno prodotto lavori che hanno influenzato gli studi culturali. Sono da ricordare almeno gli importanti lavori

---

8 La tripartizione in antropofonia, biofonia e geofonia è attribuita a Bernie Krause. V. B. Krause, *The Great Animal Orchestra. Finding the Origins of Music in the World's Wild Places*, Little Brown & Co., New York, NY 2012; e Id., *Voices of the Wild: Animal Songs, Human Din, and the Call to Save Natural Soundscapes*, Yale University Press, New Haven, CT 2015.

9 R.M. Schafer, *The Tuning of the World*, Alfred A. Knopf, New York, NY 1977 (online; prima tr. it. 1985). Per una sintesi sulle diverse critiche a Schafer, v., tra gli altri, A.Y. Kelman, "Rethinking the Soundscape", in: "The Senses and Society", Vol. 5, N. 2, 2010, pp. 212-34 [online].

realizzati al CRESSON, Centre de recherche sur l'espace sonore et l'environnement urbain, fondato nel 1979 a Grenoble, alcuni dei quali con un'impronta storica[10].

Etnomusicologia e antropologia del suono sono state molto influenzate dai lavori di Steven Feld, che con il suo primo libro del 1982, *Sound and Sentiment. Birds, Weeping, Poetics, and Song in Kaluli expression*[11] rivoluziona la pratica di ricerca domandandosi come le società umane sviluppano la conoscenza del loro ambiente attraverso la percezione del suono.

Negli anni successivi, Feld introduce il concetto di *acustemologia* o conoscenza del luogo attraverso il suono. John Blanking aveva già ricordato che la musica e le sonorità più in generale devono essere considerate come suoni organizzati e dunque inserite in un contesto socioculturale da analizzare su più piani[12]. Si trattava, in sintesi, di considerare maggiormente il contesto di produzione delle sonorità, evitando paragoni fuorvianti e decolonizzando per certi versi l'orecchio della ricerca.

Infine, un filone di ricerca tra i molti che si interessano alle sonorità discende dal rinnovamento storiografico avvenuto nella seconda parte del Novecento. Sulla scorta dei lavori di Michel Foucault e di Michel de Certeau, si assiste negli studi storici a un rovesciamento della gerarchia tra le pratiche culturali da un lato e i fattori diplomatici, sociali ed economici dall'altro lato. Semplificando, si pone maggiore enfasi sulle convenzioni, sulle norme, sulle forme simboliche e culturali, con l'idea che i discorsi e le rappresentazioni partecipano a pieno titolo alla costruzione del mondo sociale, agendo sulla realtà e modellando il mondo oggettivo.

In questa nuova valorizzazione dei fenomeni culturali, che rivoluziona la metodologia di una parte significativa della storia sociale, si inserisce lo studio dell'evoluzione delle sensibilità, inteso come

10 Si vedano, tra gli altri, i lavori di Pascal Amphoux, Jean-François Augoyard e Olivier Balaÿ.

11 Pubblicato in italiano da il Saggiatore nel 2009.

12 J. Blacking, *How Musical is Man?* , Washington University Press, Seattle, WA 1973.

la possibilità di descrivere la storia attraverso la lente dei sentimenti, delle sensazioni, dell'interesse per il corpo, delle emozioni, sfidando l'assunto che tali aspetti siano "normali" o "soggettivi", ma richiamandosi piuttosto al presupposto che anch'essi possono essere influenzati dal contesto. Alain Corbin, tra i primi nell'ambito storico a occuparsi di sensibilità, affronta il suono, o meglio l'ascolto, con il suo magistrale *Les cloches de la terre* che studia le pratiche legate al mondo campanario nelle campagne del XIX secolo[13].

L'aspetto tecnologico può inoltre assumere un ruolo molto importante, come dimostrano i *Sound Studies*, sviluppatisi nel mondo anglofono attorno a una storia sociale e culturale della tecnologia sonora e che ormai, per estensione, comprendono buona parte delle ricerche sul suono[14]. Per tutte queste ricerche, la sfida è di denaturalizzare la percezione del suono, dimostrando che è parte integrante dei nostri costrutti culturali. Per definire le differenze percettive, nello spazio e nel tempo, si devono affrontare necessariamente le strutture sociali, economiche o politiche, permettendo così di mostrare la complessità dei meccanismi legati al sensibile. Utilizzando una metafora visuale, è come colorare una fotografia in bianco e nero, per renderne tutte le sfaccettature.

"Qui la voce suă soave". La costruzione del genere attraverso la vocalità

La voce può essere considerata non solo come un fenomeno fisiologico e soggettivo, ma anche quale suono storicamente e culturalmente costruito. Si pensi a quanto possono sembrare strane o sorprendenti le registrazioni d'epoca, non solo per la tecnologia desueta, ma anche per l'impostazione stessa di chi parla. La necessità di considerare tutti gli elementi che compongono il significato

13 A. Corbin, *Les Cloches de la Terre. Paysage sonore et culture sensible dans les campagnes au XIXe siècle*, Albin Michel, Paris 1994.

14 Tra i testi fondatori, va senz'altro ricordato J. Sterne, *The Audible Past. Cultural origins of sound reproduction*, Duke University Press, Durham 2003.

culturale attribuito alla voce nella sua materialità[15], porta a privilegiare nelle scienze umane e sociali il termine di auralità o vocalità[16], che racchiude la doppia esperienza di emissione e di ricezione della voce.

Per lungo tempo, lo studio delle parole ha prevalso su quello dei suoni. Le recenti ricerche tendono a fissare tra il XVIII secolo, con l'Illuminismo, e il lungo XIX secolo una sorta di separazione binaria tra l'aspetto semantico, ossia la parola, il discorso dotato di significato, e l'aspetto vocalico, il suono. Per alcune studiose questa separazione è preesistente all'epoca moderna e rinvia a un ordine simbolico patriarcale che identifica il maschile con la mente, il logos; il femminile è dunque il corpo e il suo suono, una voce priva di particolare significato, correlata all'emozione, non contestualizzata e paragonabile per certi versi alle sonorità animali[17]. Un esempio in questo senso potrebbe essere la cerimonia funebre nel mondo greco e romano: la *laudatio funebris* è pronunciata dagli uomini, mentre alle donne restano le lamentazioni, le grida di dolore e il canto[18].

Se i luoghi e contenuti dell'espressione verbale sono indagati con profitto da molto tempo, la voce nella sua materialità è rimasta in secondo piano e solo negli ultimi anni gli studi sulla vocalità si sono moltiplicati e hanno colonizzato molte discipline accademiche. Per chi si occupa di studi culturali, la voce non è solo uno "specchio dell'anima", un elemento per comprendere la personalità di chi ci sta di fronte, ma è soprattutto un comportamento sociale; come tale

15 A. Weidman, "Voice," in: D. Novak e M. Sakakeeny (a cura di), *Keywords in Sound*, Duke University Press, Durham/London 2015, K232 (volume consultato in versione kindle).

16 Sulla definizione di vocalità, v. K. Meizel, "Une voix puissante: enquête sur la vocalité et l'identité", in: "Volume! La revue des musiques populaires" ("La voix pop"), Vol. 16-17, N. 2-1, 2020, pp. 183-97 [online].

17 A. Cavarero, *A più voci. Filosofia dell'espressione vocale*, Feltrinelli, Milano 2003.

18 J.-N. Allarde P. Montlahuc, "La construction genrée des émotions dans les mondes grec et romain", in: "Clio. Femmes, Genre, Histoire", Vol. 47, 2018, pp. 23-43 [online].

vanno indagati i suoi registri, i suoi codici, e i modelli vocali che sono trasmessi nel tempo[19].

La ricerca storica deve fare i conti con l'assenza non tanto delle voci, quanto delle loro tonalità[20]; esistono tuttavia molte fonti disponibili, quali i discorsi sulla voce che evidenziano gli aspetti normativi e prescrittivi della vocalità, come i manuali delle discipline scientifiche che si interessano di fisiologia e che partecipano così alla valorizzazione sociale di caratteristiche quali la voce definita "virile". Il ruolo della cultura mediatica non è stato estraneo all'appropriazione di questa materialità per costruire sia i canoni della voce femminile e maschile sia i luoghi della sua standardizzazione, alla base di un riconoscimento sociale fortemente sessuato.

La riflessione di Georges Geville, tra i primi animatori radiofonici francesi, illustra tali distinzioni:

> [...] I microfoni non sono adatti alle donne [...]. Se siete belle... e lo siete senza dubbio... nessuno lo saprà perché nessuno vi vedrà. [...]. Il microfono distorce l'armonia della vostra voce, non si adatta alle vostre corde vocali [...] e la vostra voce si presta [...] molto male agli effetti oratori, manca di calore, di vibrazione, di flessibilità, è monotona, acida [...]. Quando recitate una scena teatrale, siete al vostro posto, e il vostro tono è affascinante nella vostra replica maliziosa, ma quando volete interpretare l'uomo [...] non funziona. Gli argomenti seri possono essere affrontati solo con espressioni serie, profonde e di ampio respiro, che il vostro corpo non vi permette [...]. Sui temi importanti, la voce di una donna è inferiore all'argomento, senza convinzione, senza appeal... senza seduzione. [...] Parlateci di bambini, di moda, di tutte quelle cose in cui le donne restano padrone, che restano il loro dominio. Ma

19 J. Deniot e C. Dutheil, "La voix, sa toile anthropologique", in: J. Deniot, C. Dutheil e F. Xavier Vrait (a cura di), *Dire la voix. Approche transversale des phénomènes vocaux*, L'univers musical/L'Harmattan, Paris 2000, p. 41.

20 A. Farge, *Essai pour une histoire des voix au dix-huitième siècle*, Bayard, Paris 2009, p. 14.

> la politica! I problemi sociali, tante altre cose che non si adattano alla vostra dolcezza o alle vostre intonazioni signore [...], non abusate del microfono... è nel vostro stesso interesse che vi consiglio di farlo [...].[21]

Agli esordi della radiofonia, fioriscono le riflessioni su come prendere la parola al microfono. Come sopperire all'assenza della vista? Il pubblico non vede la persona che si esprime, che non può gesticolare, né far circolare lo sguardo sulla platea. Con lo sviluppo della tecnologia del suono, le pratiche acusmatiche, ossia l'ascolto di un suono senza individuarne la fonte primaria, diventano una realtà quotidiana: l'ascolto casalingo della radio o di un disco, gli altoparlanti negli spazi pubblici; la modernità sonora prevede la voce disincarnata. Nello specifico, la vocalità è abbinata ad elementi della personalità, ma anche più ampiamente sociologici. L'autore rafforza così, attraverso un suono –la voce – una divisione di genere condivisa dalla maggioranza dei contemporanei. Il genere femminile non deve occuparsi di temi considerati più seri, che riguardano la gestione pubblica della società, poiché anche la voce è integrata in una retorica discorsiva che designa tra gli altri aspetti anche diverse caratteristiche biologiche, quali fondanti per l'idoneità ad assumere dei ruoli sociali.

Ci vogliono infatti "espressioni serie, profonde e di ampio respiro" per parlare di argomenti importanti. Un "ampio respiro" che rinvia agli studi sull'interazione tra corpo e abito, tra dominazione e abbigliamento, laddove la moda femminile spesso costringe e comprime il busto, e l'espressione vocale. La voce autorevole ha caratteristiche che coincidono con un eloquio e una vocalità maschili, mentre la funzione principale della voce femminile è sedurre. La vocalità nelle donne è pertanto intesa quale un aspetto della corporeità e non,

21 G. Geville, "La femme au Micro", in: "L'Echo du studio", 6 dicembre 1930, p. 1, tratto da M. Beccarelli, "*«Croyez-moi, Mesdames, n'abusez pas du Micro...».* Per una storia delle voci femminili alla radio francese", in: S. Cavallo e N. Valsangiacomo (a cura di), "Genesis", Vol. 19, N. 2, 2020 ("Dare un corpo alla voce"), p. 140 [mia traduzione].

come nel caso degli uomini, come una materializzazione delle competenze intellettuali.

Anche se negli anni Trenta non tutte le persone che si occupano di radio sono d'accordo con questa argomentazione, nondimeno, il testo esplicita una serie di stereotipi e pregiudizi che accompagnano il rapporto tra vocalità e genere[22]. Del resto, permase a lungo una percezione della voce virile, se non più radiogenica certo più autorevole, contribuendo a una separazione dei ruoli nella programmazione e costringendo lo stesso genere maschile ad adeguarsi a un'idea di virilità vocale.

La sanzione sociale può altresì passare attraverso la voce. Si pensi ai movimenti femministi della prima ora, a cavallo del XX secolo, che rivendicavano il suffragio femminile. La differenza tra la voce considerata pacata degli uomini e la voce, spesso definita stridula, delle donne in lotta diventa sintomo e rappresentazione di un rapporto di potere. Per farsi ascoltare le donne devono alzare la voce, perché sono in posizione subalterna, ma proprio perché in posizione subalterna questo atteggiamento non è socialmente autorizzato[23]. La voce definita "isterica" delle suffragette diventa dunque significativa al contempo dell'impossibilità di farsi ascoltare e del rifiuto di stare in silenzio. La questione non è la voce, ovviamente, ma il luogo nel quale essa si esprime. La voce delle donne è in questo caso riconosciuta culturalmente dissonante nel tono, poiché considerata come fuori luogo nello spazio pubblico. A distanza di più di un secolo, la presenza più rilevante di donne e di persone non binarie nel dibattito pubblico sta facendo evolvere la percezione della vocalità, ma i fattori culturali cambiano molto lentamente e in maniera discontinua.

---

22 Su questo tema mi permetto di rinviare al numero della rivista delle storiche italiane "Genesis" curato da Sandra Cavallo e della sottoscritta citato alla nota 19 (*supra*).

23 P. Molinier, "Des différences dans les voix différentes: entre l'inexpressivité et la surexpressivité, trouver le ton", in: "Recherches féministes", Vol. 1, 2015, pp. 45-60.

Suono, dominazione e potere

Le voci, aspetti sonori all'apparenza marginali, hanno una parte significativa nelle forme di stigmatizzazione, poiché nel corso della storia tutti i gruppi dominati non solo hanno dovuto tacere, ma hanno anche dovuto adeguare tutte le proprie manifestazioni sonore. In questo senso, il termine rumore relativo a un'espressione vocale considerata come eccessiva, fuori luogo, spesso volgare, può essere decostruito. Chi fa rumore, nel senso di produrre un suono che infastidisce, è infatti sempre l'altro, ma anche l'Altro, ossia la persona che io considero diversa da me.

> Il nostro problema non sono gli stranieri, è che c'è un'overdose. Può essere vero che non ci sono più stranieri di prima della guerra, ma non sono gli stessi e questo fa la differenza. È certo che avere spagnoli, polacchi e portoghesi che lavorano per noi pone meno problemi che avere musulmani e neri [...]. Come si può pensare che un operaio francese che vive nella zona della Goutte-d'or - dove tre o quattro giorni fa passeggiavo con Alain Juppé - che lavora con la moglie e che insieme guadagnano circa 15.000 franchi [francesi], veda una famiglia con un padre, tre o quattro mogli e una ventina di bambini ammassati sul pianerottolo accanto alla sua casa popolare, che guadagnano 50.000 franchi [francesi] di sussidi sociali, senza ovviamente lavorare! Se a questo si aggiungono il rumore e la puzza [risate fragorose], beh, il lavoratore francese sul pianerottolo impazzisce. Impazziscono. È così. E dovete capire che se foste lì, avreste la stessa reazione. E questo non significa essere razzisti. Non abbiamo più i mezzi per onorare il ricongiungimento familiare e dobbiamo finalmente aprire il grande dibattito necessario nel nostro Paese, che è un vero e proprio dibattito morale, per capire se è naturale che gli stranieri beneficino, allo stesso modo dei francesi, di una solidarietà nazionale alla quale non partecipano perché non pagano le tasse! [...] [A proposito dei droghieri locali] La maggior

parte di queste persone sono brave e laboriose; siamo molto felici di averle. Se non avessimo un droghiere cabilo all'angolo, aperto dalle 7 del mattino fino a mezzanotte, quante volte non avremmo nulla da mangiare la sera.[24]

Il discorso di Orléans, del 20 giugno 1991, è tra i più ricordati nella lunga carriera di Jacques Chirac. Il futuro presidente della repubblica, allora sindaco di Parigi e presidente del Rassemblement pour la république (RP) per sottolineare la sua opposizione alle politiche del governo del socialista François Mitterrand adotta una posizione radicale nei confronti dell'immigrazione facendo una distinzione tra le persone di origine europea immigrate in Francia prima della Seconda guerra mondiale, che "pongono meno problemi" rispetto ai nuovi immigrati "musulmani o neri", impiegando i toni dell'estrema destra di Jean-Marie Le Pen, alla quale vuole sottrarre elettorato. Molte sono le affermazioni problematiche in questo estratto; fu però il passaggio sensoriale, "Le bruit et l'odeur", il rumore e l'odore, la puzza, a fare molto scalpore: si era agli albori di uno sdoganamento, ormai normalizzato, di un gergo più aggressivo in politica.

L'immagine dell'immigrazione rumorosa è però lungi dall'essere nuova, né è limitata alla Francia o alle "nuove immigrazioni", come Chirac sembra suggerire adducendo in maniera implicita una maggiore vicinanza culturale con le immigrazioni precedenti. Basterebbe riferirsi alla storia dell'immigrazione italiana in Svizzera. L'epiteto spregiativo "cincali" (o *Tschingg*) usato per descrivere Italiani e Svizzero italiani nella Svizzera tedesca, a partire dalla fine dell'Ottocento, derivava dalla percezione di un suono rumoroso ed esotico: il suono molto nitido della morra[25]. O ancora, nelle interviste televisive alla cittadinanza svizzera durante il periodo definito

24 Estratto dal video sul sito dell'Institut National de l'Audiovisuel (INA), www.ina.fr/ina-eclaire-actu/jacques-chirac-en-1991-si-vous-ajoutez-a-cela-le-bruit-et-l-odeur [mia traduzione].

25 R. Fibbi, "Quando li chiamavano cincali", in: R. Fibbi, M. Marcacci e N. Valsangiacomo, *Italianità plurale. Analisi e prospettive elvetiche*, Armando Dadò, Locarno 2023, pp. 133-36.

di Schwarzenbach, gli stagionali, spesso uomini giovani, erano definiti rumorosi[26]. Il suono che disturba è quindi uno dei parametri sensoriali essenzializzanti coinvolti nella costruzione dell'Altro, nel renderlo visibile e nel controllarlo nello spazio pubblico, trascurando qualsiasi altro parametro di analisi.

Queste esternazioni narrano dei sensi come marcatori sociali e geografici. Se ci si sofferma sul suono, mostrano anche che il silenzio, inteso come assenza di suoni antropici, è diventato un valore sociale e di mercato nella società occidentale. Non è sempre stato così. La questione del silenzio si pone già nell'urbanismo dei secoli precedenti al Novecento. Dal XVIII secolo, i mestieri più rumorosi tendono ad essere spostati dal centro alla periferia della città. Con il tempo, cominciano a disegnarsi delle geografie cittadine del silenzio. Le zone urbane vengono suddivise in quartieri silenziosi e zone in cui si concentrano le attività più rumorose e la circolazione; chi vi abita spesso alloggia in case mal isolate, anche dal punto di vista fonico. Lavorare nel rumore, vivere in quartieri rumorosi diventa un parametro distintivo delle categorie sociali meno elevate, e crea delle ripartizioni territoriali nette nelle zone urbane. L'essenzializzazione dell'Altro alla quale tende il discorso pubblico non prevede tuttavia queste sfumature. Così, le sonorità, il loro ascolto e il giudizio che si emette su di esse possono anche svelare dei rapporti di potere simbolico, sociale, politico o economico.

Il rapporto tra suono e potere è lungi dall'essere aneddotico. Dall'inizio del XX secolo, con il consolidamento della riproduzione sonora si cerca di capire quali siano i legami tra il suono e il comportamento di chi li ascolta. Ben presto, affiorano anche interessi economici; in un sistema che sta mutando i modi di produzione e di consumo, si crea un vero e proprio marketing pseudoscientifico

26 V. N. Valsangiacomo, "Migration in Swiss Broadcasting (1960s-1970s): Players, Policies, Representations", in: B Lüthi e D. Skenderovic (a cura di), *Switzerland and Migration. Historical and Current Perspectives on a Changing Landscape*, "Palgrave Studies in Migration History", Palgrave Macmillan, London/New York, NY 2019, pp. 123-40.

attorno a quella che viene definita come musica d'ambiente o *Muzak*, dall'azienda statunitense, la Muzak Holding, che per prima si occupò di produrre questo genere di musica trasmessa in filodiffusione come sottofondo nei luoghi molto frequentati.

L'idea alla base di queste ricerche è che si possa industrializzare il suono, producendo e diffondendo della musica che permetta di ottenere reazioni anticipabili e riproducibili, nelle fabbriche, ad esempio, per aumentare la produttività, negli ospedali e nei luoghi in cui si deve attendere per calmare le persone, nei supermercati, per aumentare i consumi. Malgrado risultati non brillanti, queste sonorità hanno invaso gli spazi pubblici, prima dell'avvento dell'ascolto personalizzato tramite le cuffie.

I suoni assumono anche un valore politico, come dimostra una riflessione del responsabile politico del Centro Patronale svizzero durante il primo confinamento europeo del COVID-19:

> Dobbiamo evitare la tentazione di alcuni di abituarsi alla situazione attuale, o addirittura di lasciarsi sedurre dalle sue insidiose apparenze: molto meno traffico sulle strade, un cielo deserto dal traffico aereo, meno rumore e agitazione, un ritorno alla vita semplice e al commercio locale, la fine della società dei consumi... Questa percezione romantica è fuorviante, perché il rallentamento della vita sociale ed economica è in realtà molto doloroso per innumerevoli residenti che non vogliono più sopportare questo esperimento forzato di decrescita.[27]

Dal civile al militare, e ritorno, il passo è spesso breve. Le ricerche sugli effetti del suono hanno posto le basi per lo sviluppo delle armi sonore utilizzate dagli eserciti e dalla polizia.

> Possiamo tranquillizzare, bloccare, immobilizzare, molestare, scioccare, irritare, stupire, nauseare, agghiacciare, accecare e

27 P.-G. Bieri, "Vers une stratégie de sortie de crise", Centre Patronal, Service d'information, N. 3284, 15 aprile 2020, cit. in: J. Volcler, *L'orchestration du quotidien. Design sonore et écoute au 21e siècle*, La Découverte, Paris 2022, p. 9 [mia traduzione].

> assordare temporaneamente o semplicemente spaventare a morte chiunque la polizia abbia legittimamente bisogno di controllare.[28]

Così afferma nel 1970 James Scheur, membro del Congresso degli Stati Uniti, pensando alle armi sonore. Sono gli anni dei movimenti contro la guerra nel Vietnam, sotto i riflettori dei media. Si trattava dunque di pensare a forme di controllo che apparissero non violente all'opinione pubblica. Seppure la loro ideazione ebbe inizio durante il secondo conflitto mondiale, è in questi anni di fervore sociale che si assiste allo sviluppo di armi definite "non letali", che implicano anche la deprivazione sensoriale. Sono armi applicate ovviamente soprattutto al di fuori di situazioni di guerra, contro dei civili; è del resto dei nostri giorni l'utilizzo di un muro del suono da parte della Grecia, attraverso dei dispositivi che producono il suono di una sirena ad alta intensità - un rumore assordante, di 160 decibel[29] - con possibili danni fisici, quali la rottura dei timpani.

Modernità, paesaggi montani, convivenze sonore...

L'orecchio è un bersaglio semplice e i suoni possono modificare profondamente lo stato psicofisico di una persona. Come precedentemente visto, i suoni ci offrono la possibilità di analizzare diversamente i vari rapporti di potere, un potere che si esplica tra esseri umani, ma anche tra esseri viventi.

> Quando ho iniziato a studiare i paesaggi sonori quasi mezzo secolo fa, a volte registravo per circa quindici ore per ottenere un'ora di materiale utilizzabile [...]. Oggi, a causa della complessa e confusa interazione di forze diverse, tra cui il riscaldamento globale, l'estrazione di risorse, la trasformazione territoriale, l'antropofonia, l'inquinamento dell'aria e dell'acqua e molti altri

28 James Scheur, membro del Congresso degli Stati Uniti, 1970, cit. in: J. Volcler, *Le son comme arme. Les usages policier et militaires du son*, La Découverte, Paris 2011, p. 132 [mia traduzione].

29 Un aereo in fase di decollo emette un frastuono pari a 120 decibel.

fattori, possono essere necessarie da duecento a duemila ore di registrazione - a seconda dello stato dell'habitat - per catturare un'ora di suono utilizzabile della stessa qualità.[30]

Afferma Bernie Krause, musicista e artista sonoro, che da decenni si occupa di bioacustica. Il suono prodotto dall'umano ha infatti modificato l'ambiente sonoro, ma ha soprattutto cancellato il suono degli altri esseri viventi.

Nei precedenti capitoli, le sonorità sono state affrontate anche come un possibile regolatore sociale; sono difatti pensate affinché le persone, ma in generale gli esseri viventi, assumano un determinato comportamento, oppure per attirare o respingere specifiche tipologie di persone, come i giovani, da determinati luoghi. Negli anni, una serie di suoni molto connotati si susseguono negli spazi urbani. A volte, la loro presenza o la loro assenza, delimita delle zone e le privatizza dal punto di vista sensoriale: possono essere zone definite di silenzio per il bene pubblico, si pensi agli ospedali, oppure zone residenziali per i gruppi sociali che godono di privilegi socioeconomici. La risposta tecnologica a quella che per alcune persone è una cacofonia è stata quella di proporre la creazione di un ambiente sonoro personalizzato, che dall'invenzione del walkman negli anni Settanta del Novecento ha sempre più preso piede nelle pratiche quotidiane.

Il suono come regolatore del mondo sociale non è però un fenomeno contemporaneo. Il caso più eclatante in Europa è quello delle campane, che Alain Corbin definisce come semiofori, ossia oggetti portatori di molteplici significati[31]. Per lungo tempo hanno delimitato il territorio e sono state uno strumento strutturante per le comunità in modi diversi: scandendo i ritmi di lavoro, come segnale di allarme e per le attività della comunità, per sottolineare i riti

30 B. Krause, *Chansons animales & cacophonie humaine. Manifeste pour la sauvegarde des paysages sonores naturels*, Actes sud/Fondation Cartier pour l'art contemporain, Paris 2016 [2015], p. 50 [mia traduzione].

31 A. Corbin, *op. cit.*

collettivi. Quando queste funzioni sono venute meno, sono aumentati i problemi di coabitazione, poiché quel suono non aveva più il medesimo significato sociale, né identitario.

Cambiano gli ambienti sonori, ma mutano anche le nostre percezioni dei suoni, con l'evoluzione delle immagini sonore che una società ha di determinati paesaggi, ma anche in concomitanza con le preoccupazioni che abitano una collettività: dalla salute, si pensi alle importanti campagne contro il rumore dell'ultimo decennio, fino al grande interesse per la bioacustica e l'ecoacustica e ai molti lavori sonori tra scienza e arte che si interrogano sul cambiamento climatico e il suo impatto sull'ecosistema.

Dal punto di vista degli studi culturali, la maggior parte dei lavori sull'ambiente sonoro si è concentrata sulle città e sulle regioni urbane, con ricerche che si spingono oltre l'archeologia sonora, cercando non solo di analizzare le sonorità di determinati spazi in epoche di preregistrazione, ma anche di ricostruirle.

Oggetto di numerosi studi sulle pratiche musicali e vocali, le montagne e le Alpi sono state meno investigate dai *sensory* e *soundscape studies*[32]. La regione alpina è un luogo in cui le visioni di tradizione, modernità e progresso sono messe alla prova. La rappresentazione delle Alpi è densa e presente da secoli, al punto che non solo ha influenzato la visione che dall'esterno si ha di queste regioni montane, ma ha per certi versi forgiato l'identità delle regioni stesse. Le Alpi vengono "riscoperte" all'inizio dell'epoca moderna e anche la percezione del paesaggio sonoro di questo territorio ha contribuito alla lenta costruzione di un idillio alpino, poi consolidato dal Romanticismo. Tra i primi autori di questo periodo, si possono citare Conrad Gessner (1516-1565) e Johann Jakob Scheuchzer (1672-1733); i loro scritti svilupparono una conoscenza multisensoriale delle Alpi come oggetto scientifico ed estetico:

32 V. N. Valsangiacomo e J. Mathieu (a cura di), *Paysages sensibles. Toucher, goûter, sentir, entendre, voir les Alpes*, Antipodes, Lausanne 2024.

> L'udito si diletta nelle piacevoli conversazioni, nei giochi e negli scherzi dei compagni di viaggio, nei dolci canti degli uccelli nei boschi e nel silenzio stesso della solitudine. Qui non c'è nulla che possa essere sgradevole o fastidioso per le orecchie, nulla del rumore e del tumulto delle città, nessuna lite tra gli uomini. Qui, in un silenzio profondo e religioso, dall'alto delle sublimi creste delle montagne, sembra quasi di percepire l'armonia, se esiste, delle sfere celesti.[33]

In questa citazione di Conrad Gessner, che descrive la sua scalata al monte Pilatus, il rapporto tra luogo e benessere è evidente. Il contrasto tra la montagna, *locus amoenus*, e la pianura, in particolare la città, è già presente ed esplicito. L'accento è posto sul piacere sensuale di essere circondati dalle montagne. La loro bellezza e la loro diversità attraggono i sensi del tatto, della vista, dell'olfatto, del gusto e anche dell'udito.

Tra il XVIII e il XIX secolo, l'idea di maestosità delle Alpi è sempre più presente nella narrazione e il Romanticismo ammanta le Alpi del velo di paradiso perduto. Per quanto riguarda i suoni, negli scritti dell'epoca il piacere della scoperta sensoriale comprende tutte le sonorità della natura, ma anche l'antropofonia che si distingue dai suoni più meccanici[34]. La bella musica delle montagne e i canti dei pastori, ma anche l'uso moderato della parola da parte delle persone che abitano quei luoghi, sono aspetti che contribuiscono chiaramente alla concezione dell'*homo alpinus*. Sono suoni antropici percepiti e descritti in sintonia con la natura e che al contempo contribuiscono alla costruzione di un'identità alpina, ripresa e consolidata viepiù che la postmodernità si annuncia.

---

33 Ascensione di Conrad Gessner al monte Pilatus, nel 1555, cit. in: C. Reichler e R. Ruffieux, *Le voyage en Suisse. Anthologie des voyageurs français et européens de la Renaissance au XXe siècle*, Robert Laffont, Paris 1998, p. 83 [mia traduzione].

34 Con il termine tecnofonia, Almo Farina distingue i suoni prodotti da dispositivi tecnologici autonomi o semi-autonomi (traffico, industria, infrastrutture) dai suoni di origine umana (antropofonia): A. Farina, *Soundscape Ecology: Principles, Patterns, Methods and Applications*, Springer, Dordrecht 2014.

È un fenomeno che tocca anche il sonoro, come ad esempio alcune strategie di adattamento. I marcatori territoriali quali le campane delle mucche, le grida, i fischi sull' alpeggio e i corni che amplificano il suono, sono mezzi di comunicazione che testimoniano l'unicità del territorio, i suoi confini e il modo di orientarvisi, laddove il senso della vista è insufficiente o gli spostamenti possono essere difficili. Tolte dal loro uso e contesto originari, tali pratiche sonore riescono a conservarsi, proprio perché patrimonializzate. Si può pensare al revival del corno delle Alpi e dello jodel, sul cui uso storico gli specialisti discutono da tempo. Dagli anni Settanta, queste pratiche hanno integrato diversi generi musicali, dal pop alla musica classica al funk, dando vita ad associazioni amatoriali in tutto il mondo.

La patrimonializzazione sostenuta dalla visione turistica si accompagna a una riappropriazione identitaria, grazie anche ai media che hanno un forte impatto sulla sua diffusione e trasformazione. La rivisitazione televisiva del folclore ha molteplici sfaccettature: dall'integrazione regolare di trasmissioni nella programmazione, come accade nella Svizzera germanofona[35], o alla creazione dell'evento, come fu il caso del Ranz des Vaches. Secondo la leggenda resa celebre da Rousseau, che lo cita nel suo *Dictionnaire de musique* del 1767, questo canto dei pastori non poteva essere cantato dai mercenari svizzeri perché causava nostalgia di casa, l'*Heimweh*, considerato tipicamente elvetico[36]. Grazie alla televisione, la versione dei pastori della Gruyère è resa celebre e iconica nel 1977 in uno dei momenti più simbolici del folclore della Svizzera francofona: la *Fête des vignerons* di Vevey, che si rinnova ogni 25 anni dal XVIII secolo[37]. È proprio questa consacrazione come canzone collettiva che spingerà

35 V. ad esempio l'interessante progetto Claiming Folklore, fernsehfolklore.ch/ (ultima consultazione 15 aprile 2026).

36 C. Schmid, "Nostalgia", in: *Dictionnaire historique de la Suisse (DHS)*, versione del 31 marzo 2010, traduzione dal tedesco, hls-dhs-dss.ch/fr/articles/017439/2010-03-31/, consultato il 19 maggio 2024. Sul Ranz des Vaches, v. G. Metraux e A. Philipona, *Le Ranz des vaches Du chant de bergers à l'hymne patriotique*, Ides Et Calendes, Lausanne 2019.

37 V. www.confreriedesvignerons.ch/ (ultima consultazione il 14 luglio 2024).

nel 2019 due membri del partito nazionalista e conservatore Unione democratica di centro (UDC) a proporla come inno del cantone Friburgo, di cui la regione della Gruyère è parte.

La riappropriazione identitaria di pratiche sonore non è relativa solo alla musica, ma si riscontra anche in pratiche più triviali. Le lamentele nei confronti dei campanacci al collo degli animali di allevamento hanno preso particolare vigore alla fine del secolo scorso, quando l'aumentata multifunzionalità del territorio ha creato difficili convivenze tra il mondo contadino e turisti o nuovi abitanti delle regioni montane, le cui sensibilità non erano più in sintonia con le produzioni sensoriali di tale mondo. La diatriba si è spesso spostata dalla legittimazione di una pratica, quella dei campanacci che permettono di distinguere e ritrovare gli animali, a questioni identitarie, di difesa della propria essenza nei confronti dell'Altro.

Anche alcuni suoni naturali, come il fenomeno dell'eco o dell'acqua dei fiumi nelle valli, sono stati assunti nel tempo quasi come una *madeleine* sonora. Nella quotidianità, l'attenzione vitale rivolta ai suoni della natura come segnali di pericolo costruisce anche potenti narrazioni come l'idea che in montagna non si debba gridare per non innescare una valanga; una convinzione che potrebbe correlarsi alla natura sublime del silenzio, "rumore negativo della montagna", attorno al quale si costruisce un potente immaginario alpino. Un silenzio che sembra essere infranto dal rumore di fondo della modernità, alla quale il turismo appartiene. Già nel 1895, il biologo svizzero Émile Yung si lagnava:

> Dobbiamo convenire che il fischio stridente di una locomotiva non si armonizza con il belato delle pecore o il canto degli uccelli [...] il suo fiato disturba la pace della solitudine e opacizza la trasparenza di un'atmosfera purificata dalla neve. E poi porta con sé un sacco di gente, gli stonati e gli irrispettosi, che anch'essi e più ancora abbruttiscono e disincantano.[38]

38 E. Yung, *Zermatt et la vallée de la Viège*, Société anonyme des arts graphiques, Genève 1896.

È soprattutto una prospettiva esterna a insistere sull'interferenza tra un ideale sano e il "disincanto" che deriva dall'arrivo della modernità. Dopo il Secondo conflitto mondiale, i rumori meccanici raggiungono in massa le altitudini: la modernizzazione dell'agricoltura, le stazioni turistiche, elicotteri e aeroplani concorrono a cambiare l'ambiente sonoro. Emblematico è il caso dei "piloti dei ghiacciai"[39] che negli anni Cinquanta e Sessanta del Novecento iniziano tra le altre attività a condurre i turisti sulle ancora immense lingue di ghiaccio delle cime alpine.

Con l'aumento dell'attività aviatoria, fiorisce il dibattito politico sulle nuove regole da adottare, che prevedono anche zone di silenzio nelle Alpi, ossia aree sulle quali vietare i passaggi di aerei privati e da turismo. Si creano subito due schieramenti tra chi vuole evitare l'inquinamento acustico e proteggere la natura, e chi, comprese le guide alpine, ha a cuore gli aspetti turistici ed economici delle regioni alpine[40]. Quest'ultima visione ha la meglio; l'antropizzazione, anche sonora, delle Alpi, subisce così una forte accelerazione nella seconda parte del ventesimo secolo.

> Sì, come dicevo, ho trascorso due mesi in un luogo sull'Himalaya. Non c'era un aereo in cielo, né un elicottero, né un veicolo. Solo, i suoni della natura, i suoni delle montagne. Questo mi ha colpito per l'assenza dei rumori che sentiamo costantemente qui, i veicoli, tutto ciò che vola. Mi ha colpito molto. Ma c'erano molti rumori naturali: gli uccelli, la montagna, il vento.[41]

Anche il silenzio però, ha diverse interpretazioni. Da un lato, è vissuto come assenza di suoni antropici e dunque come sinonimo di

39 Il nome *pilotes des glaciers* sembra essere stato ispirato dalle imprese di Hermann Geiger (1914-1966), pioniere del soccorso in montagna.

40 ATS (Sion), "Les guides valaisans contre une réduction plus poussée des vols en montagne", in: "L'Express", 25 novembre 1966, p. 6.

41 Intervista a BrM raccolta da Claudia Pellegrini (1992, trascrizione) nell'ambito di uno dei primi progetti svizzeri sui paesaggi sonori, diretto da Justin Winkler. V. J. Winkler, "Saisir l'écoute du paysage", in: N. Valsangiacomo e L. Chanteloup (a cura di), *Résonances. La dimension sonore des Alpes*, Antipodes, Lausanne 2025, pp. 87-106.

fragilità socioeconomica, o addirittura di abbandono, per chi vive nelle Alpi:

> Ma ora quale desolante silenzio, soltanto due famiglie che hanno adattato quelle cascine ormai non più utilizzate per quella destinazione che avevano un tempo; nessun richiamo, nessun suono dei campanacci - che ora a tanti dan fastidio. Son andato fino alla Fruda. Il riale che scorre lì vicino, al limitar del bosco; son restato li un poco a ricordare. Solo, con alcuni uccelli che si davan la voce e che ho cercato di imitare nel loro richiamo, come facevo già allora.[42]

Dall'altro lato, e in maniera completamente paradossale tenuto conto che il turismo ha portato alla moltiplicazione dei suoni nelle Alpi, il silenzio può essere anche una proposta allettante per attirare nuove persone, un vero e proprio strumento di marketing, come attestano le pubblicità immobiliari che offrono chalet in montagna immersi nella tranquillità, ma a pochi passi da sonori impianti di risalita. Negli ultimi decenni, tuttavia, con l'aumentata consapevolezza del devastante impatto umano sulla biodiversità, è aumentato l'interesse per il silenzio e per suoni naturali, la biofonia, associata a una nuova necessità di tutelare i paesaggi alpini di alta montagna, anche attraverso la preservazione di sonorità a rischio di estinzione.

Brevi riflessioni conclusive

Questo breve excursus intendeva proporre lo studio del suono come una possibile griglia interpretativa della società. La sfida è soprattutto quella di comprendere il legame tra i suoni oggettivi e il modo in cui vengono percepiti da una collettività: che si tratti di attaccamento identitario, di apprendimento del suono, di suggestioni percettive, di rituali politici e sociali, di pratiche vocali o di altri

---

42 Guipi, "Gariva (o Ghiariva)", in: "La Voce di Blenio", 1° luglio 1997, p. 11.

fattori, ciò che conta è il rapporto tra l'ascolto e le sonorità, e come esso si evolve nel tempo.

Si è molto discusso, con pareri discordi, sull'ascolto come mezzo privilegiato per sviluppare un'altra percezione del territorio e della società che lo abita. Più modestamente, si può forse dire che aprendosi agli aspetti sensoriali gli studi culturali ci ricordano che la nostra capacità di comprensione di un fenomeno passa da piani diversi. Se ciò può ripercuotersi anche sulla consapevolezza dei nostri atti, è musica del futuro.

L'altrove e la necessità della mistica

Davide Susanetti

Venice / *Venezia*, Italy / *Italia*
October / *ottobre* 2023

"L'uomo è un'invenzione di cui l'archeologia del nostro pensiero mostra agevolmente la data recente. E forse la fine prossima. Se tali disposizioni dovessero sparire come sono apparse; se, a seguito di qualche evento di cui possiamo tutt'al più presentire la possibilità, ma di cui ora non conosciamo né la forma né la promessa, esse precipitassero [...] possiamo senz'altro scommettere che l'uomo sarebbe cancellato, come sull'orlo del mare un volto di sabbia". Sono, queste, le parole con cui Michel Foucault chiudeva il suo scavo archeologico-genealogico relativo alle scienze umane nella pagina finale de *Le parole e le cose* (1966)[1]. Parole che fanno segno al compimento e all'eclisse dell'"uomo" nei termini di un paradigma e di un soggetto prodotti dalla modernità. Rispetto all'interrogativo epistemico che si poneva Foucault, oggi siamo ben consapevoli che la cancellazione non riguarda unicamente i modi del conoscere e del concepirsi come soggetti, ma investe, in modo più radicale, la vita e la sopravvivenza in un orizzonte di risorse del tutto esauribili e di un ambiente che risulterà necessariamente inospitale. Del pari, la "possibilità" che tutto ciò avvenga, a distanza di alcuni decenni, è ben più di un presentimento.

Avvertiamo e, per molti versi, sappiamo che un mondo è

1 M. Foucault, *Le parole e le cose*, tr. it. Rizzoli, Milano, 2016, p. 425.

terminato, ma stentiamo a trovare parole e immagini per vedere un "dopo". Avvertiamo di muoverci nella dimensione di ciò che a vario titolo etichettiamo premettendogli il latino "post" – come post-moderno o post-politica –, e con ciò anche segnaliamo implicitamente il nostro perdurante legame con quanto sta svanendo e con quanto, spesso, continuiamo ad agire in modo inerziale. Ma fatichiamo, per l'appunto, a trovare termini che sostituiscano queste formule del tutto provvisorie. Al medesimo tempo, l'accelerazione evidente e traumatica delle trasformazioni in corso – rispetto a processi che è oramai troppo tardi per pensare di neutralizzare – ingenera dibattiti, rivendicazioni, abbozzi di strategie e tentativi di progettualità, oltre che paura, inquietudine e ovvia conflittualità. Dibattiti, strategie, rivendicazioni che, nelle forme o nei termini, spesso rimangano, comunque, presi nelle medesime polarità dialettiche cui tentano di opporsi o di costituirsi come alternativi. Superfluo aggiungere che l'AI determinerà ulteriori gradi di cancellazione e di superfluità dell'umano oggi esistente. A sussistere potrà essere semmai quella forma ulteriore dell'umano stesso che si sappia collocare sul confine tra *dianoia* e *nous*, tra razionalità discorsiva e l'intuizione che eccede spazio-tempo. Quel piano che, per altri versi, è proprio dell'artista o dell'iniziato in ragione dell'esperienza radicale che l'uno e l'altro devono attraversare per fare ciò che fanno. Quel piano ove avviene la sintesi tra digitale e analogico e forse si schiude il baluginare di una supercoscienza. Di qui la necessità o l'opportunità dell'"altrove" e della "mistica". Altrove che interrompa e sospenda le concrezioni identitarie, i modi del linguaggio e del pensiero e che, nell'assoluta vertigine, apra un differente orizzonte del possibile. Mistica che, nel suo etimo, è pratica di "chiusura" – chiusura degli occhi e della bocca – come condizione di attraversamento di una soglia al di là della quale vengono tolte tutte le forme e le distinzioni attraverso le quali, per solito, si vive, si reagisce e si interagisce con l'esistente[2].

2 Cfr. D. Susanetti, *La via degli dei. Sapienza greca, misteri antichi e percorsi di iniziazione*, Carocci, Roma 2017, pp. 20 *sg*.

Si potrebbero proporre, in tal senso, tre immagini tratte dall'arsenale dell'immaginario greco, ma in ogni tradizione – che poi è sempre la medesima perenne tradizione – se ne rinvengono di analoghe.

Odisseo vuole fare ritorno a Itaca, ritrovare patria, casa, famiglia e quella che anche ritiene essere la sua identità, il suo nome, la sua "fama" e il suo ruolo. Circe, tuttavia, gli svela che, se vuole tornare, prima si deve recare a consultare le ombre dei morti, deve interrogare l'anima dell'indovino Tiresia che gli offrirà indicazioni per il suo viaggio. Indicazione che contrasta con la direzione più ovvia del "progetto" e dell'intenzione che anima l'eroe. Anziché dirigere immediatamente la rotta verso la propria isola, dovrà procedere nella direzione esattamente contraria, verso la tenebra dell'estremo occidente ai confini del mondo. Anziché avvicinarsi alla meta coscientemente desiderata, dovrà allontanarsi quanto più possibile da essa consegnandosi al pericolo e all'ignoto. Anziché volgersi alla volta dell'"identico", dovrà sprofondare nell'assolutamente "diverso"[3]. Ascoltando le parole di Circe, Odisseo inizia a piangere e sente il cuore schiantarsi. Eppure si attiene a quella raccomandazione come a cosa necessaria e inevitabile. Laggiù, dove mai raggio di luce penetra, egli incontra lo spettro di Tiresia che gli predice alcuni snodi e alcune condizioni di ciò che lo attende. Incontra gli spettri della madre defunta e di alcuni compagni di guerra, che gli restituiscono segmenti di un passato che lo riguarda e che insieme egli ignora. Ma incontra e si intrattiene anche con tutte le ombre degli eroi e delle eroine che abitano quella dimensione. Tutti gli eroi e tutte le eroine di ciò che definiremmo corrivamente come mitologia. Essi sussistono e si danno nell'incontro come spettri, ombre o più propriamente come *eidola* ovvero come "immagini" in cui è coagulata una forma di vita e il tracciato esemplare di una storia. Tutte le storie e tutte le vite: questo è quanto Odisseo vede laggiù, insieme al proprio passato, al

3 Cfr. D. Susanetti, *Luce delle Muse. La sapienza greca e la magia della parola*, Bompiani, Milano 2019, pp. 183 *sg.*

proprio presente e alla traccia ancora tenue del proprio futuro. Solo dopo essersi sprofondato in questo altrove può navigare verso casa. Solo dopo essersi smarrito può ritrovarsi ed essere[4]. Dall'epica arcaica al teatro di età classica, è ancora questo spaesamento e questa dislocazione che opera, ritualmente e poeticamente, lo spettacolo della tragedia nel segno di Dioniso che, ogni volta, rinvia lo stesso terribile monito: "Non sai che cosa stai vivendo, non sai che vedi, non sai chi sei"[5].

Ma torniamo ancora a Omero. L'*Iliade* inizia con una scena conflittuale. Non si tratta, tuttavia, dello scontro tra Greci e Troiani che occupa il resto del poema. È lo scontro aspro tra due eroi. La scena di un'offesa che lede la dignità e l'identità dell'uno ad opera dell'altro. Furiosamente adirato per la decisione di Agamennone di sottrargli la preda di guerra già assegnata, Achille stava per scagliarsi contro di lui a spada sguainata quando, dal cielo, discese Atena a trattenerlo e consigliarlo. Invisibile a tutti gli altri, la dea "si fermò alle sue spalle e l'afferrò per i biondi capelli. Achille, preso da sacro stupore, si voltò e subito la riconobbe, riconobbe quegli occhi che mandavano lampi terribili"[6]. Ascoltando la voce di Atena, l'impetuoso guerriero si astenne dalla reazione violenta a cui d'impulso si sarebbe abbandonato. Atena che frena e impone misura. Dea della saggezza che contiene l'io collerico dell'eroe. Ma l'episodio può essere letto in una prospettiva ancora ulteriore. Commentando lo *thambos* di Achille, il suo attonito e riverente "stupore", Plotino ebbe a dire: "Chi potesse voltarsi per propria virtù o avesse la fortuna di venire tirato da Atena, vedrebbe dio, sé stesso e l'universo"[7].

4 L'altrove raggiunto da Odisseo non è peraltro così diverso da quel viaggio in "In-Nessun-Luogo" – ove "si unificano tutti i tempi" e tutte le storie – che compie, in tempi a noi più prossimi, il protagonista del Pellegrinaggio a Oriente di Hesse. Un Altrove *imaginalis.* Su questo, cfr. D. Susanetti, "Partire, smarrirsi, ritrovarsi. Appunti su Pellegrinaggio in Oriente di Hesse", in: "Mondi. Movimenti simbolici e sociali dell'uomo", Vol. 6, 2023, pp. 1-32

5 Cfr. D. Susanetti, *L'altrove della tragedia greca*, Carocci, Roma 2023, pp. 12 *sg*.

6 Omero, *Iliade* 1,197-200.

7 Plotino, *Enneadi* 6,5,7.

Si accorgerebbe di appartenere al tutto e di coincidere con esso, scoprirebbe come la realtà sia altra da come ha sempre immaginato. Si renderebbe conto che lui stesso, in un'infinita espansione della propria natura, è anche dio e universo. Comprenderebbe che quell'io con cui è solito identificarsi non è che la parvenza esterna e parziale di una meravigliosa totalità: "Siamo – prosegue Plotino – come molte facce rivolte all'esterno, ma appartenenti, nel proprio interno, a un unico vertice". Ed è ciò che la soglia "mistica", appunto, produce[8].

Un ultimo spunto sempre dalla Grecia. Le splendide e minuscole laminette che gli iniziati alla sapienza orfica portavano con sé nella tomba. Laminette ove erano racchiuse le istruzioni per compiere il viaggio nell'aldilà, insieme alle opportune parole di passo. Il monito a non bere l'acqua dell'oblio per non reincarnarsi. L'invito ad attingere al lago benefico della Memoria per reintegrarsi nel divino. E, in tutto ciò, colpisce la formula con cui gli iniziati dovranno presentarsi alle potenze che là li attendono. Non dovranno pronunciare il proprio nome. Quel nome con cui, nella precedente esistenza, erano noti e riconosciuti e con cui essi stessi facevano segno a sé stessi. Ma dovranno dire: "Son figlio della Greve Terra e del Cielo Stellato". Dovranno avere "memoria" di essere questo – di questa filiazione e di questa origine – consegnando, per converso, all'"oblio" il proprio nome. La memoria mistica, nel suo attuarsi, è dimenticanza[9].

Tuttavia, è a un testo a noi temporalmente più vicino che potremmo forse ulteriormente indirizzarci in questa nostra riflessione per esplorare l'incrocio di altrove e mistica con gli interrogativi che ne derivano.

"Il carcere è profondo e di pietra; la sua forma quella di un emisfero perfetto, perché il pavimento è un po' minore di un cerchio massimo, il che aggrava in qualche modo i sentimenti di oppressione

8 Cfr. D. Susanetti, *Il simbolo nell'anima. La ricerca di sé e le vie della tradizione platonica*, Carocci, Roma, 2020, pp. 40 *sg*.

9 Cfr. D. Susanetti, *Atene post-occidentale. Spettri antichi per la democrazia contemporanea*, Carocci, Roma 2014, pp. 269 *sgg*.

e di vastità"[10]. Tale è l'avvio di uno dei sapienziali racconti che si inanellano ne *L'Aleph* di Borges, maestro di specchi, di labirinti, di dimensioni parallele, di eresiarchi e di gnostiche dottrine. Quello spazio petroso, vasto e insieme opprimente, evoca, nel suo emisfero visibile da chi guardi dal basso, la dimensione della terra e del cielo, l'universo del sensibile, in cui trascorre l'esistenza degli umani incarnati. Che grotte oscure di scabra roccia, stillante umidità, siano, per eccellenza, immagine di tale dimensione, è tradizione che risale a tempi remoti, come ci ricorda, fra gli altri, il neoplatonico Porfirio: "Gli antichi consacravano davvero opportunamente antri e caverne al cosmo, considerato nella sua totalità o nelle sue parti e facevano della terra il simbolo della materia di cui il cosmo è costituito [...]. A causa della materia, il cosmo è oscuro e tenebroso"[11]. E nell'antro, così inteso, i mortali, per totale inconsapevolezza dell'essere, vivono, per solito, quali ignari prigionieri, come, per altri versi, la memorabile rappresentazione del settimo libro della *Repubblica* di Platone ci ricorda. Incatenati a un'unica prospettiva e a un unico sguardo, senza nemmeno sospettare che vi sia d'altro fuori di quello spazio, senza nemmeno poter volgere il capo e gli occhi per poter vedere l'interezza di sé. Sottomessi alle potenze che governano la materia e il fato, "gregge" ottenebrato e misero, come, con angolatura ulteriore, ribadiscono alcuni trattati del *Corpus hermeticum*. L'antro è prigione, ma, per la coincidenza e la reversibilità propria dei simboli, esso è anche il luogo in cui si compiono i riti ineffabili e le iniziazioni, tenebra di morte, infera oscurità in cui si muore per rinascere alla propria liberazione e per realizzarsi come mai si sarebbe altrimenti immaginato[12].

Valenze che il racconto di Borges evoca in sottofondo, creando

10 J.L. Borges, *La scrittura del dio*, in: Id., *L'Aleph*, a cura di T. Scarano, tr. F. Tentori Montalto, Adelphi, Milano 1998, p. 94. Qui e di seguito la traduzione utilizzata sarà tratta da questa edizione.

11 Porfirio, *L'antro delle Ninfe* 5-6 (si cita da Porfirio, *L'antro delle Ninfe*, a cura di L. Simonini, Adelphi, Milano 1986, pp. 45-47).

12 Cfr. D. Susanetti, *La via degli dei*, cit., pp. 81-110.

una prospettiva e un'attesa per lo svolgersi della narrazione. Il carcere petroso, in questo caso, è posto nel Nuovo Mondo, al tempo in cui i conquistatori spagnoli, con la violenza delle armi, posero a ferro e fuoco quelle terre, sterminando le popolazioni e, con esse, facendo perire la sapienza della tradizione che colà si era espressa nei secoli. Il prigioniero, alla cui voce è affidato il dispiegarsi della *fabula*, è un sacerdote e un mago, sopravvissuto all'incendio della "piramide di Qaholom", presso cui officiava i suoi riti, custodendo l'ordine del regno. Catturato, barbaramente torturato e infine relegato laggiù a marcire indefinitamente. Distruggendo le immagini sacre e l'effigie del dio, gli spagnoli gli avevano dato il tormento, lacerandone le carni e spezzandogli le ossa, affinché egli rivelasse il luogo in cui sarebbe stato nascosto il mitico tesoro del suo popolo. Il mago aveva taciuto, sopportando in silenzio ogni strazio. Di altri tesori, semmai, era custode, ma agli spagnoli interessava solo l'oro, la ricchezza materiale da depredare e di cui riempire le loro navi. Non riuscendo a ricavarne nulla, essi lo avevano, infine, confinato in quella tenebra, come per sbarazzarsi e quasi dimenticarsi di una presenza incomoda e inquietante. Da allora, il tempo non aveva cessato di scorrere monotono e ineluttabile. Il prigioniero, che al momento della cattura era ancora un giovane, era inevitabilmente invecchiato, finendo per smarrire il conto preciso degli anni trascorsi e, con il computo degli anni, perdendo anche le forze residue del corpo, che era ormai esausto e debolissimo. Tutta la sua vita si era pressoché consumata in tale dura e assurda condizione. O non era, invece, affatto cosa assurda che il corpo, con tutti i suoi moti e i suoi bisogni, fosse ridotto a un nulla? Vi era forse, a dispetto delle apparenze, qualcosa di propizio in ciò per quanto sarebbe dovuto poi accadere?

A rompere l'immutabile dell'oscurità e dei giorni vani, vi era un unico ripetuto evento: una volta al giorno, dall'alto, si apriva una botola da cui veniva calato il poco cibo necessario al sostentamento. Unica occasione in cui un fiotto di luce squarciava il nero del carcere, accendendo la nostalgia di un'altra vita e il desiderio di libertà, ma anche consentendo una prima enigmatica scoperta. Tzinacàn – questo il nome del mago – pensava di essere completamente solo in quelle tenebre e, invece, in quel tratto di maggior visibilità, ben presto si accorse che laggiù, separato da un muro interrotto da una finestra sprangata, vi era un giaguaro, suo inspiegabile compagno di prigionia. Perché mai i conquistatori avevano ritenuto di porre anch'esso nel carcere, di confinare nel pozzo un animale, come tanti altri si potevano trovare in quelle terre? La domanda – e con essa la meraviglia – resta inizialmente sospesa, poiché su di essa poi gli eventi troveranno anche la loro intera soluzione.

Tzinacàn trascorre ormai la maggior parte del tempo in uno stato di completa immobilità, steso come un cadavere sul pavimento. Anche il suo corpo sembra quasi divenuto una pietra come le pareti intorno a lui. Ma non è questa la posizione tradizionale delle sacre incubazioni in cui, nell'assoluta stasi fisica e nell'oscurità, avvengono le visioni e alcune potenze latenti si destano, mentre la compagine fisica cessa di essere un intralcio o un peso stordente? Le indicibili torture degli spagnoli, la perdita del proprio ruolo, lo stremo e la consunzione della prigionia appartengono alla violenza atroce della storia, all'opera bruta della forza cieca che, negli eventi mondani, riduce ogni essere a "cosa". E se tutto ciò fosse anche, e diversamente, un'opportunità? Se la malvagità esacerbata e stolida dei nuovi signori fosse, al di là della pesante e ineludibile letteralità dei fatti, un simbolo e una possibilità di altro? Non aveva detto anche Platone che solo con dolore atroce – e andando contro ogni naturale e spontanea attitudine, contro le tendenze e le abitudini del corpo – il prigioniero della caverna poteva mutare postura e sguardo?

Nella solitudine divisa solo con l'animale selvaggio e nella forzosa inazione, il mago, a un certo punto, aveva iniziato a dedicarsi all'unico esercizio possibile in quello stato. Da principio, si trattava solo di un modo, dettato dalla disperazione, per "popolare il tempo" vuoto. Ma, da capo, ciò che si incomincia per uno scopo può condurre a tutt'altro esito. Tzinacàn si sforzava di esercitare la sua memoria: "Volli ricordare, nella mia ombra, tutto quello che sapevo. Notti intere consumai a ricordare l'ordine e il numero di certi serpenti di pietra o la forma di un albero medicinale"[13]. Recuperare con metodo e pazienza le tracce deposte nella mente, ricordare oggetti e luoghi, ricostruire con l'immaginazione, che alla memoria si lega, le forme esatte delle cose, ripercorrere e riplasmare, nell'immaterialità dell'anima, tutto ciò che era parte del mondo: anche questo evoca pratiche inscritte in un sapere tradizionale. Di primo acchito, per il prigioniero traumatizzato e spossessato della sua pregressa esistenza, porsi a ricordare è una modalità di non perdersi e di riappropriasi in qualche misura di sé. Ed è quello che tutti i vinti, tutte le vittime di guerra e gli esiliati fanno rispetto alla propria patria e alla propria esistenza perdute. Tentare, nella derelizione estrema, di non dimenticarsi di ciò che erano stati, di tenere accesa la tenue fiamma di un'identità e di una storia. Qui, tuttavia, forse anche per l'esperienza pregressa del mago e per gli oggetti su cui l'esercizio si appunta, lo sforzo prende progressivamente una diversa piega.

La clausura nell'antro, la solitudine della tenebra non è anche, per tradizione, il luogo eletto per una completa "ricapitolazione" di sé in cui il tracciato di una vita può assumere un differente disegno e coscienza? La pratica intensa e puntuale della rimemorazione non era anche, in diverso modo, alla base della formazione iniziatica raccomandata dai pitagorici?

Ricordare, ad uno ad uno, tutti gli eventi, i gesti, i pensieri di ogni singola giornata, e poi dell'insieme dei giorni, e di un'intera vita. E poi ancora ricordare e ordinare, con metodo, tutte le nozioni del sapere, così che siano sempre pronte e disponibili, fisse e immutabili. A distanza di secoli, anche le ruote mnemotecniche costruite e raccomandate da Giordano Bruno funzionavano per assicurare una tale abilità. Ma l'agilità della memoria non è evidentemente se non lo scopo più ovvio e superficiale. La capacità di ricordare gli eventi

13 J.L. Borges, *op. cit.*, p. 95.

occorsi nelle giornate della vita è esercizio che produce consapevolezza e presenza integrale a sé stessi, prima ancora che alle cose esterne. Ordinare i luoghi della memoria interiore, usando la facoltà dell'immaginazione per disporvi tutte le conoscenze possibili, non è tanto un modo per sapere "qualcosa" o recuperare dei "dati", bensì un modo di ricreare, su un piano diverso, l'intera realtà, portandosi all'immedesimazione profonda con essa e con le sue forze.

"Ricordare, nella mia *ombra*, tutto quello che sapevo" dice sintomaticamente Tzinacàn. Per parte sua, Giordano Bruno affermava che noi uomini siamo "ombra profonda" e possiamo salire alla luce del divino utilizzando sapientemente le "ombre delle idee", su cui l'esercizio mnemotecnico si appunta con l'elaborazione sapiente di immagini, allo scopo di evadere dalla "caligine confusissima" in cui siamo, per solito, immersi, per evadere dall'"ombra della morte" stessa cui l'effimero sensibile e corporeo è altrimenti destinato: "Così per il tramite di memoria e intelletto potrai concepire e riprodurre la struttura e la scansione ordinata del mondo triplice, come pure le cose in esso contenute. E come avrai esposto questo stesso grembo e matrice mirabile alla luce che si diffonde da occidente e da oriente, da settentrione e da meridione, così ugualmente lo potrai abbracciare avvicinandoti"[14]. Memoria come sapere totale, come coscienza integrale che non ricorda ciò che è nel tempo, ma libera totalmente dal vincolo della temporalità. Memoria divina che corrisponde, *in toto*, all'essere stesso dell'universo, e sfocia in luce di platonica anamnesi, memoria che domina, standone al di fuori e al di sopra, i piani molteplici in cui il tutto si articola e consiste. Accadrà così anche al mago di Borges?

Tzinacàn si applica con determinazione assoluta e assidua continuità, com'è, d'altro canto, sempre necessario, perché un effetto si produca. Dapprima, riesce a "rientrare in possesso", dice, di "quanto

14 G. Bruno, *Il sigillo dei sigilli* 17 (si cita da G. Bruno, *Le ombre delle idee - Il Canto di Circe — Il sigillo dei sigilli*, intr. M. Ciliberto, tr. N. Tirinnanzi, BUR, Milano, 1997, pp. 354 *sg.*). Per la mnemotecnica rinascimentale e bruniana si veda anche il classico F.A. Yeats, *L'arte della memoria*, tr. Albano Biondi, Einaudi, Torino 1972.

era già mio". Il "mio" è certo importante, ma costituisce, per l'appunto, solo il primo passo in cui una centratura si ricostituisce e si definisce. Più importante è quel che ancora si può dischiudere. Ed è appunto la sensazione che qualcosa d'altro, molto più importante ed essenziale, stia per avvicinarsi e per prodursi con la prosecuzione della pratica. Una sensazione che si accompagna a una "agitazione del sangue", segno che un fuoco di differente ardore si è acceso, facendo presagire un più prezioso approdo e un compito affatto superiore che resta da portare a termine. Nell'istante balena infine netta la traccia di una tradizione avita, una traccia che riemerge come dall'abisso assoluto del mito e dell'origine, quando, nel momento della creazione, il dio, che il mago e il suo popolo avevano da sempre venerato, aveva provveduto a concepire e celare una formula di salvezza. Il dio, "prevedendo che alla fine dei tempi sarebbero occorse molte sventure e rovine, scrisse nel primo giorno della Creazione una sentenza magica, atta a scongiurare i mali. La scrisse in modo che giungesse alle più remote generazioni e che non la toccasse il caso. Nessuno sa in qual punto l'abbia scritta né con quali caratteri, ma ci consta che perdura segreta, e che la leggerà un eletto"[15].

Nell'istante dell'inizio è già inscritto e previsto il tempo della fine, forse perché la salvifica sentenza, concepita nel primo giorno, è essa stessa la formula che ha presieduto al potere di creare. Ed è solo alla fine di un ciclo, nell'apocalisse di un mondo, che essa può, semmai, essere ri-pronunciata, per una palingenesi totale. Sentenza scritta e subito nascosta, perché solo chi abbia le qualificazioni necessarie possa faticosamente reperirla. Un motivo, questo, che suscita catene di analogie e si rinviene ripetutamente in altri scenari del mito. All'alba del tutto, anche Hermes aveva scritto i misteri del divino e della natura e, dopo averli tracciati in libri incorruttibili, aveva nascosto la sua stessa scrittura, sottraendola alla vista profana, perché fosse trovata da chi ne fosse capace, come si racconta nella *Kore*

---

15 J.L. Borges, *op. cit.*, p. 95.

Kosmou, nel trattato ermetico *La pupilla del mondo*[16]. È il segreto, per altri versi, del nome divino su cui la sapienza cabalista si appunta con le proprie pratiche di permutazione e di ricombinazione: nome tracciato e nascosto con "fuoco nero su fuoco bianco", disseminato nelle pagine della Scrittura, invisibile nella visibilità delle lettere tracciate in sequenza dall'inchiostro[17]. È la ricerca, ancora della "parola perduta", chiave di ogni cosa, su cui alcuni gradi dell'iniziazione massonica sono centrati[18].

Ma dove cercare la formula totipotente, il nome sacro, la parola smarrita? Forse presso la tomba di Osiride ove Hermes aveva riposto i simboli sacri e gli oggetti segreti del dio prima di tornare in cielo?[19] Nel libro sacro, come vuole la tradizione ebraica, magari permutando sapientemente le lettere della Torah, laddove Mosè attraversa il Mar Rosso?[20] In un pozzo profondo, in un luogo sotterraneo cinto da alti archi, sotto le macerie del tempio distrutto di Salomone, come suggerisce la leggenda assunta dalla Libera Muratoria? O, ancora, scrutando la natura stessa del cosmo perché è in esso che, come in un libro, il divino ha disseminato i suoi simboli e i suoi segni essenziali, come i neoplatonici sapevano: "Tutte le cose si danno come segni [...] e per i viventi sono come lettere di diverso genere scritte in un libro, alcune fenicie, altre egizie, altre ancora assire; chi è sapiente è in grado di leggerle [...], c'è chi legge una cosa, chi un'altra, alcuni di più, altri di meno: uno legge compitando le sillabe, un altro invece coglie la parola nel suo insieme, un terzo legge l'intero discorso"[21].

E Tzinacàn, dove e come procede nella sua *quête*? È una "vertigine" che, dapprima, lo afferra. Forse quella formula l'aveva vista mille volte nella sua vita precedente e mai l'aveva riconosciuta. Le

16 D. Susanetti, *La via degli dei*, cit., pp. 227 *sg*.
17 Su questo, cfr. M. Idel, *Qabbalah. Nuove prospettive*, tr. it. Adelphi, Milano 2010.
18 Cfr. I. Mainguy, *Simbolica dei gradi di perfezione e degli ordini di saggezza*, tr. it. Mediterranee, Roma 2007, pp. 298 sg.
19 Cfr. *Kore Kosmou* 7 (cfr. Ermete Trismegisto, *La pupilla del mondo*, a cura di C. Poltronieri, Marsilio, Venezia 1994).
20 Cfr. N.H. Crivelli, *I Settantadue Nomi di Dio*, Psiche2, Torino 2012, pp. 22 *sg*.
21 Sinesio, *I sogni* 2 (cfr. D. Susanetti, *Il simbolo nell'anima*, cit., pp. 89 *sg*.).

cose arcane sono spesso celate nell'assoluta evidenza della piena luce, in quanto altrimenti è più comune e familiare. Forse la formula era inscritta nel tempio stesso di cui era stato sacerdote. Ma poi gli sovviene che è forse allo spettacolo dell'universo che occorre volgere lo sguardo: le montagne, i fiumi, gli astri che trapuntano il cielo. Nella natura vi sono "forme" che possono racchiudere il segreto del divino: "Qualunque di esse poteva essere il simbolo che cercavo"[22]. E, tuttavia, questa prospettiva presto tramonta, in lui, per la considerazione del tempo che corrode, trasforma e livella ogni elemento dell'orizzonte naturale. Le posizioni stesse degli astri mutano nei secoli. Nulla, nella natura sensibile, resiste, nulla è propriamente, su questo piano, comparabile a una forma "incorruttibile" ed "eterna". Il tempio che può essere distrutto come gli eventi della storia hanno testimoniato, il libro della natura che è sottoposto a una vicissitudine perenne sono orizzonti che vengono, tosto, messi da parte. Non possono essere questi lo scrigno della formula divina. Bisogna che essa sia riposta in qualcosa di "più tenace", di "più invulnerabile"[23].

E se la parola perduta fosse in lui stesso, se la "magia" sovrana e assoluta fosse nel suo volto? "Forse io stesso ero il fine della mia ricerca", gli viene da pensare. Ed è un passo fondamentale nella ricerca, la quale è, di fatto, un ulteriore sviluppo dell'iniziazione cui Tzinacàn si incammina. Dove se non nel proprio microcosmo la parola segreta può essere rinvenuta? Dove se non nella propria compagine e nel ritornare alla radice del proprio sé riposa la formula di ogni magia che attende solo di essere destata? Ed è proprio quando egli formula questo pensiero che, contemporaneamente, la sua attenzione è catturata dalla presenza del suo compagno di prigionia. Il giaguaro, recluso con lui laggiù, non era forse sacro al dio? Non era forse "uno dei suoi attributi"? E dunque poteva essere proprio quello il simbolo totale e assoluto in cui trovare la soluzione, con cui risalire alla fonte del divino e al segreto della creazione. Tzinacàn non

22 J.L. Borges, *op. cit.*, p. 95.
23 Ivi, p. 96.

lo dice e non lo pensa esplicitamente, ma il lettore che ne segue il racconto può essere indotto a un'ulteriore considerazione. Il proprio sé e il giaguaro, il mago e l'animale rinviano l'uno all'altro, come specchi reciproci di un'unica di potenza, cosa doppia che rinvia, nei fatti, a un'unica cosa. L'uomo, l'animale e il dio che in essi si riflette e si racchiude. Frammenti del simbolo efficace che si ricompone nel possibile sprigionarsi del suo potere. E allora non resta che applicarsi a quel mantello screziato, alla configurazione delle macchie che ora formano punti, ora si compongono in linee trasversali, ora ancora si intersecano e formano anelli in serie ripetute. Là era la scrittura di dio tanto desiderata.

Ma come decifrarla? E, soprattutto, come, per così dire, tradurla alla portata umana? Il che suscita, di necessità, nel mago, una riflessione sulla natura stessa del linguaggio, che tange, ancora una volta, aspetti tante volte affioranti nella tradizione sapienziale. Le parole umane si compongono in un discorso articolato, implicano successione e si dispiegano nella molteplicità: sono concatenazione e trapasso da un termine all'altro. Ma, sul piano divino, non vi è molteplicità distinta e separata, non vi sono transizioni ed estensioni. Nulla di "progressivo" può sussistere a quel livello. Tutto, come molti maestri hanno ripetuto nei secoli, deve avere la natura dell'assolutamente "immediato". Il linguaggio degli uomini, dei mortali incarnati e prigionieri del sensibile, è solo "ombra" o "simulacro": "povere voci" che non possono contenere la potenza e l'energia della vera e unica parola divina[24]. Le parole umane sono solo, come aveva notato fra gli altri Plotino, un "riflesso" attenuato e indebolito di quella "sapienza sintetica" che è propria della mente divina[25]. Solo

24 Ivi, p. 97.

25 Fondamentali da questo punto di vista sono le considerazioni che Plotino svolge nel trattato sul *Bello intelligibile*: "I sapienti egizi, mi sembra, lo avevano ben compreso, forse in virtù di una scienza esatta o per sapere innato. Quando volevano esprimere qualcosa secondo sapienza, non si servivano del tracciato delle lettere con cui si sviluppano discorsi e premesse imitando il suono e l'enunciazione delle proposizioni. Procedevano altrimenti. Disegnavano immagini e le imprimevano sui muri dei loro templi: una singola immagine per ogni singola cosa. E in tal modo

il simbolo, appunto, può costituire un elemento di connessione tra i piani. Ma così, da capo, si poneva per Tzinacàn il problema di come accostarsi e di come cogliere quel che il mantello del giaguaro – e forse il mago stesso nella propria natura – portava inscritto come un geroglifico sacro.

Con tenacia, il mago non cessa di interrogarsi e di contemplare l'occulto disegno di quelle macchie. E in questo si spendono interamente i suoi giorni, con tesa e imprescindibile concentrazione, che solo il sonno può interrompere. Ed è in un momento di attenuazione della coscienza che un sogno spaventoso lo visita. Gli sembra che nella cella vi sia un granello di sabbia che, a un certo punto, prende a moltiplicarsi all'infinito, come infinito è l'universo. E quella sabbia, raggiungendo la volta emisferica della cupola, non può infine che far perire soffocato il prigioniero stesso, ponendo fine alla sua ricerca. Una voce nell'incubo risuona. Una voce minacciosa che lo irride e lo disillude: Tzinacàn non è, affatto, un risvegliato, un desto che ha piena coscienza di sé, e non riuscirà, mai, a destarsi davvero all'essere. Tzinacàn è immerso in una dimensione di cui non ha alcun controllo, e quello che egli ritiene di essere, quell'io in cui egli crede di consistere, non è altro che un sogno all'interno di un altro sogno in una fuga infinita[26]. Occorre dare ascolto a questo avvertimento

---

rendevano evidente la natura non discorsiva di ciò che appartiene all'intelletto. Il che significa che ogni immagine è, in sé, una forma di sapienza e di saggezza, una realtà particolare espressa in maniera sintetica, senza discorso né deliberazione. Solo in un secondo momento, tale sapienza sintetica si dispiegò in una sorta di riflesso, in una diversa rappresentazione che ne articola il contenuto, esponendo le cause per cui le cose sono come sono" (*Enneadi* 5,8,6; si cita da Plotino, *La bellezza, l'anima e l'uno*, a cura di D. Susanetti, Feltrinelli, Milano 2021).

26 Un motivo questo che ricorre più volte nella scrittura di Borges, ove la pretesa consistenza del soggetto diviene evanescenza in moltiplicarsi interminabile di piani e di proiezioni. Rivelante, a tal proposito, è il racconto *Le rovine circolari*, il cui protagonista è ancora un mago che – con la potenza dell'immaginazione e nella dimensione altra del sogno – si sforza si creare, pezzo per pezzo, la forma di un altro essere umano capace di agire e di sentire sul piano della realtà. Ma proprio quando pensa di aver raggiunto lo scopo dei suoi sforzi, egli stesso si rende conto di essere lui stesso un sogno, un simulacro che altri ha plasmato: "Con sollievo, con umiliazione, con terrore, comprese che anche lui era un'apparenza, che un altro

onirico? Occorre pronunciare la propria definitiva resa dinanzi a un compito che viene dichiarato impossibile e interminabile, oltre che sostanzialmente inane?

In realtà, il sogno di paura e la sua voce terribile sono un'ulteriore prova, un ulteriore passo del cammino di iniziazione che si sta svolgendo. Una vera e propria soglia da attraversare, vincendo la paura e la minaccia che in essa risuona. Una soglia in cui, come avviene in altri casi, un guardiano si oppone come ostacolo spaventoso, a misurare la determinazione e la forza di chi è giunto ad essa, ad esigere, per così dire, un pegno e una resistenza per concedere il transito. Ed è, per l'appunto, quello che accade a Tzinacàn nell'umiliazione di sé che il messaggio onirico comporta. Fin qui egli aveva agito e operato sulla base di ciò che era stato. Aveva proseguito la sua ricerca aderendo alla propria identità di mago e sacerdote esperto di cose divine e di riti. Aveva indagato la formula animato dall'intento di essere un "vendicatore" del suo popolo contro gli spagnoli. Ma è questa identità appartenente alla contingenza della sua storia che deve crollare e deve essere abbandonata. È questo distacco dalla persona e dal ruolo ricoperti nell'esistenza quotidiana che deve cadere, sciogliendo ogni cristallizzazione rigida.

La minaccia onirica del fallimento è un passaggio che, nella spoliazione, deve ricondurre Tzinacàn a vedersi davvero, al di là delle sue illusioni e delle umane pretese. A riconoscersi, al di là di tutto ciò che egli si era sempre figurato, nella propria condizione di "prigioniero" delle tenebre. Questo e nient'altro risulta decisivo. È solo riportandosi a tale consapevolezza che è possibile procedere oltre, abbandonando le fantasie vane, gli astratti furori e i grandiosi intenti. È solo nel venir meno del risentimento per le proprie ferite, nel decadere di ogni desiderio di rivalsa soggettiva, nel disinganno dei propri propositi e delle proprie velleità, che qualcosa d'altro può compiersi.

---

lo stava sognando" (J.L. Borges, *Finzioni*, a cura di A. Melis, tr. it. Adelphi, Milano 2003, p. 54).

Tornando a sé, risovvenendosi dal sogno, Tzinacàn benedice la pietra della sua prigione, benedice il suo corpo esausto, benedice il giaguaro, benedice quello stesso stato in cui, suo malgrado, altri lo ha posto. E la benedizione è il segno necessario di una lucidità e di una coscienza che infine si dischiude. Un mutamento radicale di prospettiva e di postura interiore. Un grado zero che, annientando le spoglie umane, infine dissuggella la porta tanto sospirata. Tutto quell'orrore esperito nel carcere era, in altro senso, un dono di cui essere grati: "Allora avvenne quel che non posso dimenticare né comunicare. Avvenne l'unione con la divinità, con l'universo [...]. Io vidi una Ruota altissima, che non stava avanti ai miei occhi né dietro, ma in ogni parte a un tempo [...]. Lì erano le cause e gli effetti e mi bastava vedere la Ruota per comprendere tutto senza fine [...]. Vidi l'universo e vidi gl'intimi disegni dell'universo. Vidi le origini [...]. Vidi le montagne [...], vidi i primi uomini [...]. Vidi il dio senza volto che sta dietro gli dei"[27]. Esperienza d'estasi e di visione totale, istante folgorante di conoscenza assoluta e insieme di realizzazione suprema, in cui il velo si squarcia, facendo toccare quanto è al di là dei vincoli e della finitudine dello spazio e del tempo, della carne e del molteplice disperso. È la medesima esperienza che, in un altro racconto di Borges, si produce con la visione dell'Aleph, mediata dal ricordo della donna amata e da tempo defunta, dal ricordo di quella Beatriz che il protagonista aveva tanto adorato, così come era accaduto a Dante con la sua "donna" dal medesimo nome. E, in modo analogo all'apparizione della Ruota che è ovunque senza essere in nessun luogo, anche l'incontro immediato e fulmineo con l'Aleph si produce come indicibile contatto con l'uno che è insieme tutto, con il "punto" che contiene "tutti i punti", "tutti i lumi, "tutte le lampade, tutte le sorgenti di luce", "il microcosmo di alchimisti e cabalisti": "Ogni cosa [...] era infinite cose. Vidi il popoloso mare, vidi l'alba e la sera, vidi le moltitudini d'America [...], vidi contemporaneamente ogni lettera di ogni pagina [...], vidi insieme il giorno

27 J.L. Borges, *La scrittura del dio*, cit., p. 98.

e insieme la notte di quel giorno [...], vidi il meccanismo d'amore e la modificazione della morte, vidi nell'Aleph la terra e nella terra di nuovo l'Aleph, vidi il mio volto e le mie viscere"[28].

Visione e unione, visione e coincidenza integrale con il principio e la sorgente del tutto. *Cognoscere est coire*, come la tradizione ripete. Così esperisce anche Tzinacàn. E, in quell'istante supremo e ineffabile, anche il segreto del mantello, il segreto della scrittura divina viene da lui colto fulmineamente, al pari di ogni altra realtà. La parola perduta è, infine, ritrovata e disponibile all'iniziato che ha toccato il vertice del proprio percorso. "è una formula – rivela il mago dopo la subitanea e sconvolgente illuminazione – di quattordici parole casuali (che sembrano casuali) e mi basterebbe pronunciarle ad alta voce per essere onnipotente. Mi basterebbe dirla per abolire questo carcere di pietra, perché il giorno invadesse la mia notte [...], per affondare il santo coltello nel petto degli spagnoli, per ricostruire la piramide e l'impero"[29].

Tuttavia è proprio a questo punto che la vicenda del protagonista e il racconto piegano verso una conclusione che può apparire sconcertante rispetto alla strenua tensione dello sforzo compiuto e delle premesse stesse della ricerca. Proprio quando la formula della potenza assoluta è afferrata e integralmente posseduta, il mago decide, con improvviso scarto, di non pronunciarla. Non intende, in alcun modo, servirsi di essa, né realizzare alcuno dei mirabili effetti che essa concede nella sua precisa e puntuale intonazione.

Al lettore possono forse tornare in mente le scene disegnate in altre opere e leggende, ove maghi potenti abdicano all'improvviso, lasciando andare tutto ciò che sanno e che sarebbero altrimenti in grado di mandare ad effetto. Come Prospero che, al termine della

---

28 J.L. Borges, *L'Aleph*, in: Id., *L'Aleph*, cit., pp. 166 *sg.* (su cui si veda R.K. Salinari, *Alias - Aleph. Mundus imaginalis borgesianus*, Punto Rosso, Milano 2017, pp. 20 *sg.*). Merita di essere notato come la ripetuta sequenza di "vidi" sia analoga, per molti versi, alla scansione delle molteplici visioni/incontri di cui fa esperienza Odisseo (cfr. Omero, *Odissea* 11,564 *sg.*).

29 J.L. Borges, *La scrittura del dio*, cit., p. 98.

Tempesta di Shakespeare, libera tutti gli spiriti che aveva asservito e depone gli strumenti della propria arte, pronunciando un'abiura solenne di ogni magia: "Spezzerò la mia verga, la seppellirò molte tese sotto terra, e più a fondo di quanto mai abbia sondato il mio scandaglio annegherò il mio libro"[30]. O, prima ancora, si può rammentare la fine di Merlino che cede alle lusinghe amorose di Niniane e, rivelandole ogni segreto, finisce – in modo del tutto consapevole – per farsi imprigionare da lei, scomparendo alla vista di tutti e perdendo ogni suo potere. Egli si riduce a una voce, a una presenza invisibile di quella foresta incantata da cui era venuto: "Nell'abbandonarsi alle arti magiche di Niniane, che sono esclusivamente le sue, sapendo ad ogni passo del suo cammino che cosa egli sta perdendo e quale sarà la sua fine, Merlino assurge alle serene altezze di un dio indiano che si ritira, dopo un periodo di manifestazione, nel silenzio che gli è proprio"[31].

Tanto nel primo caso quanto nell'altro, la deposizione e la scomparsa sono, tuttavia, successive a un efficace esercizio di quegli stessi poteri. Nell'isola, Prospero era riuscito a ricomporre le fila dolorose della propria vicenda: aveva ottenuto una rivalsa sul fratello che gli aveva proditoriamente strappato il ducato, ma, al contempo, aveva propiziato l'evento di una catarsi e la possibilità di un nuovo corso del regno che cancellasse le violenze e i traumi del passato. Alla corte di Artù, Merlino aveva protetto il re e i suoi cavalieri, aveva consolidato il trono e contribuito a sconfiggerne gli avversari. Più radicale appare, per questo, la posizione di Tzinacàn che esprime la propria rinuncia nel momento stesso in cui egli è giunto alla rivelazione essenziale. Prima di averne fatto un qualsiasi uso. Il conseguimento della sovrana potenza coincide perfettamente

30 Cfr. W. Shakespeare, *La tempesta* 5,1 (la traduzione utilizzata è da W. Shakespeare, *La tempesta*, intr. e tr. A. Serpieri, n. C. Mucci, Marsilio, Venezia 2006).
31 H. Zimmer, *Il re e il cadavere. Storie della vittoria dell'anima sul male*, a cura di J. Campbell, tr. it. Adelphi, Milano 1983, pp. 222.

e senza residui con il suo rifiuto, obliterando il senso e la necessità di esercitare alcun intervento e alcuna opera[32].

L'esito dell'unione con il divino – e con esso il coronamento dell'iniziazione – corrisponde, di fatto, a una suprema dis-identificazione: "So che mai dirò quelle parole perché non mi ricordo più di Tzinacàn"[33]. Quell'uomo che aveva sofferto per la distruzione del proprio popolo e delle sue tradizioni, che voleva punire e sterminare i conquistatori, che desiderava restaurare quanto era stato, non esiste più. Cogliere nell'immediatezza la formula, diventare la formula stessa nell'attimo della realizzazione suprema, tangere il divino nella sua istantanea totalità vuol dire scomparsa e annientamento dell'umano, dissoluzione di ogni psicologia e di ogni ragione, e, insieme a tutto ciò, cancellazione di ogni intento che riguardi le contingenze mondane.

In uno dei suoi trattati, Plotino aveva affermato che l'"anima buona" – ma sarebbe meglio tradurre l'anima "valente", che ha raggiunto la pura eccellenza della sua natura – "è obliosa", dimentica del sensibile, del molteplice, della storia e di tutte le cose terrene. Quanto più l'anima tange il regno luminoso della Mente o il centro sorgivo dell'Uno, tanto più si distacca da ogni realtà inferiore: "Parli pure – prosegue Plotino – Eracle delle sue imprese, ma chi [...] si trovi nel mondo intelligibile, chi si sia mostrato più forte di Eracle nelle prove che sostengono i sapienti, che mai potrà dire? Che memorie

---

32 A proposito dei due maghi appena ricordati, è stato osservato che "Merlino come il Prospero shakespeariano ha sperimentato la magia come capacità di piegare ai propri fini le forze della natura, ma come lui sa che questo stesso potere proviene da un ordine naturale profondo. Il vertice della magia sta quindi nell'assecondare l'ordine intrinseco della natura, ma anche nella scoperta decisiva che vede l'adesione umana a tale ordine come ciò che è essenziale perché esso sia reale. La magia somma non mantiene nessun potere, ma si scioglie in un'armonia cosmica che non avverrebbe senza il suo concorso e che non permane senza di essa [...], una situazione non ignota alla grande mistica, quella che vede il distacco dal creato come gesto che s'intreccia necessariamente con il moto stesso della sua creazione" (A. Brandalise, *Metodi della singolarità. Compiti impossibili tra pensiero e poesia*, tr. it. Mimesis, Milano 2019, p. 199).

33 J.L. Borges, *op. cit.*, p. 98.

potrà conservare un'anima che è entrata nel dominio della Mente e dell'Essere?"[34].

Svuotamento totale della natura mortale e della soggettività, annullamento della propria persona, rinuncia a qualsiasi attaccamento – si tratti di opere, parole o immagini – abbandono dell'idea stessa di dio, nudità assoluta che giunga alle soglie del nulla è quanto, per altri versi, indicava Meister Eckhart come condizione perché, nel cuore dell'anima, si generasse davvero il Verbo, il Figlio di Dio, perché l'anima partorisse nel suo seno il "bambino" divino di una rigenerazione totale ed effettiva. "Bisogna – osserva Eckhart – che dal cuore esca tutto quel che si può chiamare questo o quello, ed è proprio quanto accade con il cuore distaccato [...]. Questa corsa non è altro che un allontanarsi dalle creature e un congiungersi con l'Increato"[35]. Stato di perfezione e di gioia cui perviene l'"uomo nobile" che ha appreso, nel vuoto di sé, il segreto della *Gelassenheit*, dell'"abbandono", del "lasciar essere", al di là di qualsiasi umana valutazione o finita prospettiva, perché il divino stesso si realizzi e operi.

In modo, per certi versi, analogo sembra trovare suggello la vicenda di Tzinacàn – o di quel "nessuno" che egli è diventato – nella cosciente decisione di abbandonarsi, per l'appunto, rimanendo lì, disteso inerte, sulla pietra della prigione: "Chi ha scorto l'universo, non può pensare a un trono, alle sue meschine gioie o sventure, anche se quell'uomo è lui. Quell'uomo è stato lui e ora non gli importa più. Non gl'importa la sorte di quell'altro, non gl'importa la sua azione, perché egli ora è nessuno. Per questo non pronuncio la formula, per questo lascio che i giorni mi dimentichino, sdraiato nelle tenebre"[36].

Forse, in quel labirinto-biblioteca con cui Borges fa coincidere ed evaporare il mondo, l'unica possibilità sono la quiete del nirvana e

34 Plotino, *Enneadi* 4,3,32 e 4,4,1.
35 Meister Eckhart, *Dell'uomo nobile*, a cura di M. Vannini, Adelphi, Milano 1999, pp. 144 *sg.*, su cui si veda anche R. Schurmann, *Maestro Eckhart o la gioia errante*, tr. it. Laterza, Roma-Bari 2008.
36 J.L. Borges, *op. cit.*, p. 99.

l'impermanenza di un io felice di dimenticarsi, felice e consapevole di essere un miraggio in uno specchio infinito. O forse, per altri versi, potremmo aggiungere, prolungando l'eco della scrittura, è proprio questo esito negativo il dono che più di ogni altro occorre accogliere e custodire. Nessuna regale signoria che possa essere conseguita. Nessuna magica operazione che debba essere realizzata. Nessuna parola o formula che possa essere pronunciata. Nessun progetto da perseguire o mettere in atto. Nessun intento di servirsi di alcunché. Abdicazione, rinuncia, abbandono, oblio. Consegna di sé al nulla. Sono tutti elementi, questi, che risuonano nella tradizione secolare e riaffiorano in luoghi e tempi diversi. Ma la domanda che vorrei ora consegnare, al termine di questo minimo attraversamento, riguarda quel confine che ci sta innanzi. Se fosse questa l'unica prospettiva ora percorribile, come ciò che lo *Zeitgeist*, per così dire, esige? L'unica prospettiva quando tutto il "resto" è terminato, quando ogni altro discorso è ormai consegnato all'esaurimento e la fine della forma "uomo" non è più solo un vago presentimento? L'unica via offerta al nostro essere "posteriori", scavalcando di un balzo ogni altra ragione della storia e della politica? La scelta radicale dell'"impotenza" per poter essere e divenire in una ulteriorità che diviene contemporanea al principio stesso, alla propria nascita e alla nascita di ogni cosa[37]. Se fosse ora davvero necessario raggiungere la medesima postura finale di Tzinacàn, immobile sul pavimento della cella, poiché unicamente in essa ci può essere un "inizio" di quanto viene "dopo"? Un "inizio" che sia definitivo "andare oltre", raggiungendo l'altra sponda di quel ponte che è l'umano? La salvezza di chi non si figura più alcuna salvezza ed è perciò finalmente e da sempre salvo. La salvezza di chi decide di non "utilizzare" più nulla. Ma se così fosse, sarebbe necessario praticare, con metodo e con pazienza, al pari del prigioniero della cella, l'altrove dislocante ove sono tutte le immagini, la rimemorazione che annulla la memoria, la visione

37 Cfr. anche la nozione di "inoperosità" presente in G. Agamben, *L'uso dei corpi*, Neri Pozza, Vicenza, pp. 309 *sg*.

istantanea in cui tutto coincide, la deposizione di un corpo cadavere, al fine di essere nuovamente e impensabilmente vivi.

Abbiamo ancora bisogno di Dio?

Cinzia Sciuto

Frankfurt / *Francoforte*, Germany / *Germania*
November / *novembre* 2023

Perché da atea ti occupi di Dio?

Parto da una domanda che mi sono sentita rivolgere spesso: perché da atea ti occupi di Dio? Una necessaria premessa: "ateo" è una parola composta per "privazione", ma per essere privi di qualcosa bisogna essere sicuri che quel qualcosa esista. E infatti è una parola nata in un contesto religioso per stigmatizzare i letteralmente "senza Dio". È dunque una definizione che porta in sé l'enorme asimmetria di potere che nel corso della storia c'è stata fra credenti e non credenti e che ha costretto questi ultimi ad accettare una definizione per privazione di cui farebbero volentieri a meno. Ma le cose sono andate così, e poiché la fede ha strutturato per secoli, per millenni, la vita comunitaria di gran parte delle società del mondo è utile accogliere questa definizione a patto però che non venga chiesto all'ateo di spiegare perché è ateo: le "prove" di qualcosa sono tutte a carico di chi ne afferma l'esistenza, altrimenti dovremmo passare l'intera vita a dimostrare l'inesistenza di una quantità (letteralmente) infinita di cose.

Tornando alla domanda: perché da atea ti occupi di Dio? Preciso che io non mi occupo di "Dio" ma *dell'idea di Dio*, della cui esistenza, a differenza di quella Dio stesso, siamo sicuri eccome. L'idea di Dio esiste, e ha diversi effetti nel mondo. Mi occupo quindi di ciò che gli esseri umani hanno inteso con questa parola. E me ne occupo per due ragioni, una teoretica e una etico-politica. La prima è che l'idea di Dio è stata tirata fuori nella storia dell'umanità per rispondere a domande estremamente interessanti. Quello che in realtà mi interessa, dunque, non è tanto la risposta, ma le domande. Le grandi, classiche domande della filosofia – Chi siamo? Perché esistiamo? Da dove veniamo? Perché c'è il tutto e non il nulla? C'è uno scopo nella vita? Dove andiamo quando moriamo? Cos'è il bene? Cos'è la giustizia? Perché dovrei fare il bene e non il male? – sono anche le grandi domande a cui le religioni tendono a rispondere con la parola "Dio".

La seconda risposta, quella etico-politica, è che "Dio" (ossia chi parla in nome di Dio: le Chiese, le religioni, i preti, gli imam, i rabbini, i credenti in generale) si occupa molto di me, della mia autonomia, del mio corpo, della mia educazione, delle mie relazioni eccetera. Per questo anche gli atei sono non solo titolati ma anche interessati al tema "Dio".

L'equivoco della tolleranza

Che ciascuno "possa" (nel senso tedesco di *dürfen*) credere/pensare quello che vuole è uno dei pilastri di una società democratica e liberale. Ma questo non significa affatto che le sue credenze siano solo affar suo. Significa solo che non c'è un potere coercitivo che impedisce con la forza di avere determinate credenze.

Ma le credenze di ciascuno non sono affatto una questione privata perché spesso le credenze hanno effetti che vanno ben oltre chi le ha. Il fatto che ci siano persone che per motivi religiosi, per esempio, non credono all'evoluzione è un fatto sociale rilevantissimo, che ha conseguenze sulla vita di tutti (si pensi solo alle richieste di insegnamento del creazionismo nelle scuole, alla pretesa da parte di alcune famiglie fondamentaliste di esonerare i figli dallo studio della biologia ecc.). Che esistano persone che credono che qualcosa che chiamano anima entri a un certo punto molto prossimo al concepimento nel feto ha conseguenze sulla possibilità di compiere ricerche sulle staminali embrionali, per non parlare dell'aborto. Che ci siano persone che sono fermamente convinte che l'omosessualità sia un abominio contro la volontà di Dio contribuisce a rendere la vita degli omosessuali un inferno. E potrei continuare con un lungo elenco di esempi.

Di quale Dio parliamo (e di quale invece no)

"Dio" è una parola polisemica, che nel corso della storia è stata riempita dei significati più diversi, al punto da renderla buona per ogni uso, e in fin dei conti dunque per nessuno. È necessario dunque chiarire e circoscrivere preliminarmente a quale di questi significati ci riferiamo quando qui di Dio.

L'idea di Dio a cui qui si fa riferimento è quella delle religioni monoteiste con le seguenti caratteristiche: un ente (più o meno personificato) dotato di volontà, infinitamente buono, onnisciente e che – elemento centrale –si interessa della vita umana in generale e delle vite dei singoli esseri umani in particolare, determinandone (o avendo la possibilità di determinarne) il destino, con il quale i credenti possono in un qualche modo interagire (tramite preghiere, voti, riti ecc). Parliamo dunque di un Dio personale (non necessariamente personificato).

D'altro canto, un Dio in cui si "crede" non può che essere un Dio personale. Qualunque altra accezione di Dio, non può per definizione essere oggetto di "fede". Per esempio, un Dio che si identifica con il tutto non è certo un Dio in cui si possa o meno avere "fede". Non ha senso avere "fede" in quello che c'è, quello che c'è e basta, a prescindere da qualunque atto di fede da parte nostra. E, cosa ancora più importante, quello che c'è è totalmente indifferente a noi. Mentre il senso di un Dio in cui *si crede*, in cui si ha fede, è un Dio che in un qualche modo entra in relazione con noi e non è indifferente rispetto alle nostre vite. Peraltro, di un Dio che non si cura di noi cosa ce ne faremmo?

Centrale nella definizione di Dio che qui ci interessa è anche l'alterità: Dio è *altro* dall'essere umano e dal mondo (d'altro canto ne è l'origine): "Il fatto decisivo per l'autenticità della religione non è la visione personificata del divino, ma che io mi rapporti a Lui come ad uno che mi sta di fronte, anche se non sta *soltanto* di fronte a me. Una completa inclusione del divino della sfera dell'umano toglierebbe al divino la sua qualità divina"[1].

Sono due le ragioni principali per le quali nel corso della storia l'umanità ha fatto ricorso all'idea di Dio: a) spiegare l'esistenza del mondo e della vita (umana in particolare); b) fornire un fondamento all'azione morale. A queste due funzioni corrispondono una serie di credenze che sono fondamentalmente di due tipi: a) credenze empiriche (ossia affermazioni che vogliono dire qualcosa su come vanno le cose nel mondo: sull'origine del mondo, sulla vita oltre la morte ecc), b) credenze da cui si fanno derivare valutazioni etiche e precetti morali: l'omosessualità è contro natura, *quindi* immorale; la donna è nata dalla costola di Adamo, *quindi* gli è subordinata; la vita è un dono di Dio, *quindi* l'aborto e l'eutanasia sono degli omicidi.

In quel che segue proverò ad argomentare perché la prima delle due ragioni è ormai venuta meno (e dunque l'idea di Dio da questo punto di vista è diventata inutile) e perché la seconda è *bene* che venga meno (ossia perché l'idea di Dio è pericolosa).

Non abbiamo bisogno di Dio per spiegare il mondo

Come cerchi concentrici la scienza nel corso della sua storia ha sottratto sempre più terreno alle spiegazioni religiose. Mano a mano che la scienza forniva spiegazioni scientifiche a fenomeni prima inspiegabili – si pensi per esempio agli studi delle neuroscienze che

1 M. Buber, *L'eclissi di Dio. Considerazioni sul rapporto tra religione e filosofia* [1953], tr. it. U. Schnabel, Mondadori, Milano 1990, p. 28; cfr. anche ivi p. 93.

stanno svelando anche il funzionamento della nostra "anima" – le religioni si sono mano a mano adattate iniziando a leggere in maniera sempre più metaforica i loro racconti.

Rimane però sempre un'idea di fondo che, per quanto la scienza progredisca, ci sarà sempre qualcosa che essa non riuscirà a spiegare. È ben possibile che questo sia vero, anche solo per il fatto che mano a mano che la scienza spiega qualcosa si aprono nuovi livelli di ignoranza. Quello che non è chiaro è in che senso l'idea di Dio possa esserci utile in questo.

L'idea di Dio infatti aggiunge semplicemente un ulteriore livello di complessità da spiegare ed è dunque sulla base del principio del rasoio di Occam del tutto inutile. Tutte le domande "irrisolte" che si possono rivolgere alla scienza si possono infatti riferire tali e quali a Dio. Non è che con l'atto di dare un nome a ciò che non si conosce (on questo caso "Dio") lo si è conosciuto. Questo atto non ha aggiunto neanche un granello di conoscenza a quella che avevamo prima di dargli un nome.

Il concetto stesso di "soprannaturale" è un *non sense*: "Il soprannaturale comprende quei fenomeni che violano le leggi di natura note. [...] Poiché noi di sicuro non conosciamo tutte le leggi di natura dobbiamo prendere in considerazione la possibilità che qualcosa che alla scienza appare 'soprannaturale' possa cambiare status in seguito a nuovi studi"[2].

Peraltro chiedersi, per esempio, cosa o chi c'era prima del Bing bang è insensato perché le scoperte della fisica del Novecento hanno dimostrato che la stessa nozione di tempo è tutta dentro l'universo per come lo conosciamo. Chiedersi cosa c'era prima del bing bang equivale a chiedersi cosa c'era prima del tempo, "è come chiedersi cosa c'è a sud del polo Sud"[3]: la domanda è insensata perché la nozione di tempo sta dentro il nostro universo stesso. Siamo noi che,

2 J.A. Coyne, *O scienza o religione. Perché la fede è incompatibile coi fatti*, Nessun Dogma, Roma 2016, p. 139.

3 S. Hawking, *Le mie risposte alle grandi domande*, tr. it. Rizzoli, Milano 2018, p. 71.

poiché viviamo nello spazio e nel tempo non possiamo non chiederci cosa c'è prima e cosa c'è dopo. Ma così come abbiamo imparato a fare i conti con molte cose controintuitive che la scienza ha dimostrato (a partire dal fatto che la Terra sia rotonda e giri attorno al Sole) riusciremo prima o poi anche a fare i conti con il fatto che l'universo sia nato letteralmente dal nulla.

Una delle differenze centrali tra la mentalità scientifica e quella religiosa è che la prima non ha nessuna paura a dire "non lo so", mentre la seconda ha il terrore di lasciare domande senza risposta. La scienza ha dimostrato di essere in grado di fornire risposte a domande che prima non le avevano e con ogni probabilità ne darà ancora altre in futuro. Fino a quel momento, serenamente rispondiamo "non lo so" a domande alle quali non sappiamo ancora rispondere.

Un altro degli argomenti principali a favore dell'idea di Dio sarebbe la "peculiarità" della vita (e dentro la vita in generale, di quella forma di vita specialissima che è l'essere umano). Si dice: la vita è un evento talmente improbabile che non è possibile che sia accaduto casualmente. Ora: innanzitutto quando una cosa è accaduta, per quanto improbabile, è accaduta e basta. Altamente improbabile non significa impossibile. Ma soprattutto: questo evento così improbabile non è "accaduto" in un istante, non si è "acceso" all'improvviso. È esso stesso frutto di tentativi ed errori della natura. Le cose altamente improbabili che sono accadute nel corso della storia dell'universo sono infinite, noi ci "accorgiamo" della vita (e della vita dell'essere umano in particolare) perché ci riguarda direttamente.

Il principio antropico[4] non dice che non potevamo non esserci ma che, *poiché ci siamo*, le cose devono essere andate in modo tale da consentire la vita per come la conosciamo altrimenti, per definizione, non potremmo esserci. È un principio che vale per qualunque cosa che accade: quell'incidente poteva non verificarsi, non era *necessario* che si verificasse ma, poiché si è verificato, significa che le cose sono

4 Ivi, p. 64.

per forza andate in modo tale da creare le condizioni affinché si verificasse[5].

Credere in Dio e "credere" nella scienza

Prima di procedere, faccio una piccola parentesi sulla differenza fra "credere" nella nella scienza e "credere" in Dio. Nella *Critica della ragion pura* Kant distingue tre gradi del "tener per vero": "L'*opinare* è un tener per vero insufficiente *tanto* soggettivamente *quanto* oggettivamente, e accompagnato da coscienza. Se il tener per vero è sufficiente solo soggettivamente, ed al tempo stesso viene considerato oggettivamente insufficiente, si tratta di un *credere.* Infine il tener per vero, che sia sufficiente tanto soggettivamente quanto oggettivamente, si chiama *sapere*"[6]. In altri termini, la fede è una modalità del "tener per vero" che ha una forza di convinzione soggettiva molto più forte della mera opinione, ma allo stesso tempo non può ambire ad avere cogenza *erga omnes*, come è il caso invece del sapere. La scienza si muove nel campo del "sapere" non del "credere" né tantomeno dell'"opinare".

Avere "fiducia" nella scienza, non significa "credere" ciecamente in una qualche autorità, ma avere fiducia nel *metodo* scientifico perché esso ha dimostrato di produrre conoscenze affidabili (sulla base delle quali, per esempio, è possibile fare previsioni affidabili) e "credere" nelle verità scientifiche significa credere che le verità prodotte dalla scienza siano "affidabili" perché prodotte con un certo metodo, che è *verificabile* e *ripetibile.* Non si tratta dunque di un principio di autorità ma di un atteggiamento esso stesso scientifico. È chiaro che nella vita quotidiana questo si traduce per la maggior parte delle persone in un "credere" a quanto dicono gli scienziati, perché naturalmente non sarebbe pensabile che ciascuno di noi

5 J. Monod, *Il caso e la necessità* (1970), tr. it. Mondadori, Milano 2022.

6 I. Kant, *Critica della ragion pura* (1781), "Dottrina trascendentale del metodo", sez. III, a cura di G. Colli, tr. it. Adelphi, Milano 2001, p. 798 [B 533].

abbia le conoscenze sufficienti per sottoporre ogni singola affermazione di uno scienziato a una verifica secondo il metodo scientifico.

Nella divisione del lavoro sociale c'è una categoria di persone che hanno le competenze e le capacità per portare avanti la ricerca scientifica e offrire i loro risultati alla società. Questo vale per qualunque lavoro: quando ci "affidiamo" a un notaio lo facciamo perché ci fidiamo del fatto che abbia le competenze, le capacità e le conoscenze in un certo ambito che noi non abbiamo ma che *in linea di principio* potremmo avere. E in quel "in linea di principio" sta tutta la enorme differenza fra l'autorevolezza della scienza e l'autorità dogmatica delle religioni. Non c'è verità scientifica che siamo "costretti" ad accettare senza spiegazioni, non c'è verità scientifica che non sia verificabile, falsificabile, sottoponibile a ulteriori indagini. E soprattutto non c'è scienziato, fosse anche il più autorevole, che non deve sottoporre le sue ricerche alla comunità dei pari affinché essi le possano verificare. Nella scienza non esiste lesa maestà, non esiste blasfemia, non esiste apostasia, non esiste eresia.

Dove c'è Dio non c'è autonomia

Passiamo adesso al secondo gruppo di argomenti a favore della necessità dell'idea di Dio. Si tratta di un insieme di argomenti sostenuti spesso anche da non credenti, è che ruota attorno all'idea che, sebbene l'idea di Dio non sia in grado di spiegare il mondo, essa è comunque utile alla coesione sociale e, soprattutto, alla moralità (è quella che Dennett chiama la "credenza nella credenza"[7]).

L'idea che le religioni (ossia i diversi insiemi di credenze, riti, norme che si costruiscono attorno all'idea di Dio) sia innocua o addirittura utile alla società è alla base della benevolenza con la quale esse vengono viste anche dai non credenti. Pensiamo alle numerose deroghe alle leggi ordinarie per motivi religiosi: negli Usa ci sono deroghe all'obbligo di assistenza medica per motivi religiosi,

7 D. Dennett, *Rompere l'incantesimo* (2006), tr. it. Raffaello Cortina 2007.

in diversi Paesi ci sono deroghe alle norme sulla macellazione degli animali e via così.

"Se Dio non c'è tutto è permesso" è una convinzione diffusa, sia fra i credenti che fra i non credenti. Ora, sarebbe troppo facile richiamare le infinite atrocità che sono state commesse, e che continuano a essere commesse, nella storia in nome di Dio: dal suprematismo bianco cristiano di Breivik al fondamentalismo islamico, non c'è Dio che non sia stato invocato per fare guerre e commettere atrocità. Ma questo è un argomento debole, perché è un argomento empirico al quale si può facilmente rispondere che chi commette questi crimini in nome di Dio non è un "vero" credente.

La mia tesi è invece che dove c'è Dio c'è il vero nichilismo: finché c'è Dio, tutto è permesso perché dove c'è Dio non c'è autonomia, e dove non c'è autonomia non c'è responsabilità né in definitiva moralità.

È il dilemma di Eutifrone (Platone): «Il santo è caro agli dei perché è santo, o è santo perché è caro agli dei?»[8].

Il punto infatti è: fai il bene perché è bene in sé (e dunque non ti serve Dio) o fai il bene perché l'ha detto Dio (e dunque non è una scelta morale ma una cieca obbedienza)?. Delle due l'una: o a essere assoluto è Dio o è il Bene (e se Dio è il Bene, allora non serve distinguere il bene da Dio, e non ci serve Dio). Nel suo libro Io e Dio, vito Mancuso racconta che il figlio, dopo aver ascoltato la storia di Isacco e Abramo, gli chiede: "Papà, se Dio ti ordina di uccidermi, tu mi uccidi?"[9]. Mancuso risponde di no, perché l'etica sta sopra all'autorità di Dio. Ma salvando il figlio, ha ucciso Dio.

Molti non credenti invidiano i credenti perché almeno nella fede in Dio trovano una consolazione ai dolori, alle sofferenze, alle ingiustizie della vita. Ma cosa c'è di consolatorio nell'idea che la sofferenza sia funzionale al disegno divino? Nell'idea che la volontà di Dio, indifferente alla tua sofferenza o a quella dei tuoi cari, la usi per

8 Platone, *Eutifrone*, 10a.
9 V. Mancuso, *Io e Dio*, Garzanti, Milano 2011, p. 174.

i suoi scopi? Nell'idea che il disegno divino abbia bisogno della tua sofferenza per realizzarsi? Io trovo molto più consolatoria l'idea che la nostra sofferenza sia frutto del caso: almeno non implica l'esistenza di una volontà che, se ha bisogno del nostro dolore per realizzarsi, non può che essere cinica.

Immaginare altrimenti: l'elaborazione del mondo umano in strumenti, bellezza e saperi

Romano Màdera

Milan / *Milano*, Italy / *Italia*
November / *novembre* 2023

Molti, certo soprattutto le persone anziane, quelli della mia generazione, ricorderanno un film capolavoro di Stanley Kubrick, *Odissea nello spazio*, uscito nel 2001, ma in ogni caso, anche per chi non l'ha visto, è semplice immaginare le prime scene: si vedono alcuni ominidi che vivono nella savana africana, si capisce che non è facile procurarsi il cibo, che bisogna difendersi da ogni sorta di pericoli, dalle fiere come da altri gruppi di ominidi, tutto è difficile, anche trovare un po' d'acqua. A un certo punto compare uno strano monolite e gli ominidi trasformano dei pezzi di roccia per sviluppare rudimentali utensili per la caccia e per sopraffare violentemente i gruppi rivali. Il montaggio passa in pochi movimenti da un'arma appena abbozzata, un osso animale lanciato verso il cielo, a un'astronave. Ho evocato una scena di un film che non ha pretese di ricostruzione paleoantropologica, per dare un'immagine del nesso tra la scoperta dell'uso degli strumenti e il corso vertiginoso della storia della tecnica e della scienza, parte decisiva della storia del sapere. Ma l'immagine cinematografica che fa da sintesi è stata ideata da un regista, un regista che è un artista: Kubrick. Già dunque in questa scena la scoperta dello strumento apre il mondo del sapere e della bellezza.

Superfluo, perché qui sarebbe solo un accenno impreciso, ricordare che già nella storia della filosofia greca antica e, in generale, nella cultura greca, il ruolo dell'uso trasformativo delle mani che con lo strumento plasmano il materiale, viene valutato in molti modi, a volte sottovalutandone l'importanza ma, all'opposto, a volte facendone un tratto fondamentale – nel senso etimologico della parola – delle possibilità creative dell'umano nel mondo.

Talete di Mileto (624-546 a.C.), al quale dopo Aristotele molti attribuiscono l'inizio del filosofare, è incluso da Platone fra i sette savi che non erano solo i migliori nello spirito ma anche con le mani. Anassagora (499-428 a.C.) poi, che è stato certo un grande filosofo, è ricordato da Aristotele fino a Gehlen (uno dei grandi iniziatori della antropologia filosofica), come colui che ha attribuito la superiorità umana sugli altri animali quanto ad intelligenza, proprio all'uso abile delle mani[1]. E così si potrebbe continuare con altre decine di citazioni che smentirebbero l'idea nietzscheana, e di moltissimi dopo di lui, che la grande cultura greca avesse del lavoro e dell'uso degli strumenti solo un giudizio negativo. Il che non toglie che questa ombra svalutante ha accompagnato per secoli la grande cultura: da Socrate (naturalmente secondo l'attribuzione di altri, dato che come si sa non abbiamo niente di scritto di suo), fino alle centinaia di opere che, nel Novecento, si sono esercitate e sbizzarrite nella critica della "tecnica" (che è già in se stesso un concetto alienante perché, attraverso il predominio della cosiddetta "tecnica", si fanno sparire le forme del lavoro e quindi della storia economico-sociale).

Non bisogna però tralasciare che, accanto a queste non rare esaltazioni del lavoro e della perizia manuale, non mancano, nella cultura greco-romana antica, neppure le posizioni più aristocratiche, alle quali probabilmente pensava Nietzsche nella sua descrizione della società greca. Senofonte (430-354 a.C.), ad esempio, nell'*Economico* (IV, 2-3) professa il suo disprezzo per il mondo del lavoro manuale: «Quelle che sono chiamate arti meccaniche (*baunasikái téchnai*) sono

1 Aristotele, *De partibus animalium*, 687 a7.

screditate ed è del tutto naturale che nelle città siano tenute in grande dispregio. Rovinano il corpo di quelli che le esercitano e di quelli che le dirigono, obbligandoli ad una vita sedentaria e chiusa. Poi anche le anime seguono i corpi nell'infiacchimento». Il giudizio di Senofonte è ancora più significativo se si tiene conto del fatto che queste idee sono messe sulla bocca di Socrate. Non sapremo mai se uno dei padri della filosofia condividesse o meno tali affermazioni. Senofonte non è però il solo a svalutare l'importanza e il ruolo del lavoro, specie manuale, Platone stesso lo pone al fondo della piramide sociale e Aristotele ritiene il sapere condizione della stessa abilità della mano e l'operare una condizione comunque inferiore e funzionale alla contemplazione.

Questi sono solo vaghi accenni a una questione di gigantesca portata e importanza che ho evocato qui solo per dare un microscopico assaggio del quadro complesso e variegato che si deve tener presente, almeno sullo sfondo, quando si vuole avvicinare il fenomeno e la funzione dell'immaginazione. Che io chiamo "immaginare altrimenti" riferendomi alla costruzione dell'insieme del mondo umano, per sottolineare come l'immaginazione stia alla base non solo dei fenomeni psichici (e quindi debba essere considerata centrale nelle terapie della psiche) ma sia la fonte creativa dell'intera cultura umana, materiale e spirituale, pratica e teorica.

E qui propongo un passaggio per me tanto cruciale quanto poco considerato sia nei tempi di grande interesse per l'autore, sia oggi, quando è trattato come una sorta di "cane morto": indico una frase di Karl Marx ne *Il Capitale*, proprio nel paragrafo dedicato al lavoro in generale. Sottolineo questo punto: siamo all'origine del "lavoro umano", quindi, nella concezione di Marx, all'origine della cultura e della storia propriamente umana. Così scrive, all'inizio del capitolo 5 del primo libro de *Il Capitale*: "Il nostro presupposto è il lavoro in una forma nella quale esso appartiene esclusivamente *all'uomo*. Il ragno compie operazioni che assomigliano a quelle del tessitore, l'ape fa vergognare molti architetti con la costruzione delle sue cellette di cera. Ma ciò che fin da principio distingue il peggiore architetto dall'ape migliore è il fatto che egli ha costruito la celletta nella sua testa prima di costruirla in cera. Alla fine del processo lavorativo emerge un risultato che era già presente al suo inizio nella *idea del lavoratore,* che quindi era già presente *idealmente.* Non che egli *effettui* soltanto un cambiamento di forma dell'elemento naturale; egli *realizza* nell'elemento naturale, allo stesso tempo, il *proprio scopo,* che egli *conosce,* che determina come legge il modo del suo operare, e al quale deve subordinare la sua volontà. E questa subordinazione non è un atto singolo e isolato. Oltre lo sforzo degli organi che lavorano, è necessaria, per tutta la durata del lavoro, la volontà *conforme allo scopo,* che si estrinseca come *attenzione:* e tanto più è necessaria quanto meno il lavoro, per il proprio contenuto e per il modo dell'esecuzione, attrae seco l'operaio; quindi quanto meno questi lo gode come giuoco delle proprie forze fisiche e intellettuali.

I momenti semplici del processo lavorativo sono la *attività conforme allo scopo,* ossia il *lavoro stesso; l'oggetto* del lavoro; e i *mezzi* di lavoro."

Dunque possiamo dire che lo specifico dell'umano, secondo Marx, è proprio la presenza ideale prima della realizzazione, l'immaginare altrimenti il dato che verrà trasformato. L'immagine sta alle origini, è la condizione prima ed essenziale della sua realizzazione nell'opera della trasformazione. E basterebbe un esercizio molto semplice per renderci conto di quanto la nostra vita, anche biologica ormai (basti pensare all'uso dei medicinali e al prolungamento della vita media) dipenda da ciò che viene prodotto come seconda natura dal lavoro sociale umano: guardatevi intorno, nella vostra casa, nel vostro luogo di residenza, e meditate sulle origini e sulle funzioni di ciò che vi circonda e su ciò che è indispensabile alla vostra sopravvivenza. La meditazione di un semplice calorifero, di una cucina e di un pasto, di un edificio, ripensando e immaginando come sono stati costruiti, da dove vengono i materiali e come e da chi sono stati trasformati, porterebbe tutti noi a realizzare percettivamente l'interdipendenza da tutti e da tutto. E con ciò, come aggiungo con un neologismo che mi sono inventato, capiremmo sensibilmente la *interintradipendenza*, perché la nostra stessa interiorità è, sempre più sensibilmente, formata nello scambio socio-culturale-psichico che attraversa l'umanità intera e il nostro pianeta.

L'immaginare altrimenti è quindi anche all'origine della nostra "anima", del nostro mondo interiore. Fin dalla nostra formazione come appartenenti alla specie umana, formazione che avviene innanzitutto attraverso il gioco: non solo il gioco nasce dall'immagine che trasforma, che altera e inventa nuove condizioni e situazioni del "dato", ma "educa", fa crescere, colui che gioca dentro la relazione con altri, come hanno ben teorizzato George Herbert Mead e Lev VygotskiJ[2].

Ma l'immaginare e il giocare sono anche alla radice del pensiero di Jung, che in questo, nel 1930, si riferisce a Schiller:

Tutte le opere dell'uomo hanno la loro origine nella fantasia creativa, Che diritto abbiamo allora di disprezzare la forza immaginativa? Nel corso normale delle cose la fantasia non cade facilmente in errore, essa è troppo strettamente legata alle radici dell'istinto umano e animale. Riesce sempre in maniera sorprendente a farsi giustizia. L'attività creativa dell'immaginazione, libera l'uomo dalla sua schiavitù del "senso del nulla" e lo eleva allo stato d'animo di colui che gioca, perché, come dice Schiller: 'L'uomo è completamente umano solo quando gioca'. Lo scopo a cui miro è di provocare uno stato psichico nel quale il mio paziente cominci ad esperimentare la propria natura e cerchi di ottenere uno stato di fluidità, di dinamismo e superamento, in cui non vi sia più nulla di eternamente

2 L. Vygotskij, *Immaginazione e creatività nell'età infantile* (1930), tr. it. Editori Riuniti, Roma 1972; G.H. Mead, *Mente, sé, società* (1936), tr. Giunti Barbera, Firenze 1966.

fisso e di disperatamente fossilizzato.[3]

Sul gioco voglio riprendere alcune considerazioni di Paolo Aite, l'analista junghiano che ha sviluppato l'uso del gioco della sabbia nell'analisi dell'adulto, riprendendo e ampliando le intuizioni di Dora Kalff che usava questa tecnica analitica principalmente con i bambini. Rimando al "gioco della sabbia" perché il rappresentare con miniature un sentimento-intuizione-pensiero mi appare come una trasposizione convincente della metafora della creazione del mondo umano, storico-culturale, dentro l'esperienza del singolo. Quindi condensa e sintetizza, in una sorta di laboratorio sperimentale della ri-creazione, quel gesto nativo che è immaginazione di mondo e di sempre nuove parti di mondo – esteriore e interiore, fattuale e simbolico. Una attività che esprime, in una sintesi laboratoriale attuale, il nesso tra immaginare altrimenti ed elaborazione del mondo in strumenti, saperi e bellezza come convivenza armonica e disarmonica delle parti: dunque una simbolica del creare umano, come è detto nel nostro titolo.

Scrive Aite: "È possibile cominciare ad indicare quando, come e dove scopriamo che è in atto un 'gioco'? Usiamo questo termine per indicare una pluralità di esperienze che vanno dalla azione spontanea con la materia e gli oggetti di un bambino, al gioco mentale che è in atto in un poeta quando evoca atmosfere ed immagini tramite le parole? Quale è il gioco mentale di un ricercatore che, ossessionato da una domanda in quel momento per lui di fondo, scopre un indizio significativo che gli offre un nuovo squarcio alla comprensione? Penso a Kekule, inventore della chimica organica (citato da Jung) che vedendo danzare una coppia ipotizza la struttura della molecola che sta cercando. Il discorso si allarga troppo e il termine "gioco" rischia di diventare vago, troppo approssimativo. Oppure se ci domandiamo quale condizione psichica, quale campo di necessità evoca questa

3 C.G. Jung, *Il problema dell'inconscio nella psicologia moderna*, tr. it. Einaudi, Torino 1959, p. 81.

esperienza umana di fondo apriamo una prima porta? Nell'esperienza che cerchiamo di avvicinare c'è sempre uno stato di necessità, un tentativo di rispondere, di trovare qualcosa che è presente e non visto in fondo a noi. Qualcosa di oscuro chiede un confronto. Penso anche al 'gioco d'azzardo'. Che fa il nostro progenitore quando dipinge nella sua grotta il bisonte che è tanto più forte di lui? In quel gioco con la materia cerca di porsi a confronto con una esperienza travolgente, cerca di farla propria. Su questa linea del pensiero junghiano si inserisce il ' Gioco della sabbia' come mezzo nuovo per stabilire un costruttivo rapporto tra lo ed inconscio. Il gioco della sabbia è una tecnica proiettiva. Chi inizia 'il Gioco' ha a disposizione una cassetta rettangolare di zinco di cm. 57x72x7 col fondo dipinto di azzurro e contenente sabbia. Vi sono un gran numero di oggetti sia naturali come sassi, terre colorate, vegetali, conchiglie, sia rappresentazioni in miniatura di tutto quello che si può osservare nel nostro mondo come alberi, case, animali feroci e domestici, uomini, donne in vari aspetti della loro vita. L'operatore è invitato ad attuare nella cassetta una composizione con quello che più gli aggrada. La sabbia si adatta ai processi proiettivi perché da un lato non è strutturata, dall'altro è un materiale tridimensionale che, mescolato con l'acqua, diviene plastico e di consistenza variabile. Sia la sabbia come tutti gli oggetti descritti devono essere considerati come 'attivatori' di proiezioni."[4]

4 P. Aite, "Il gioco della sabbia nella psicologia di C. G. Jung", in: "Rivista di Psicologia Analitica", Vol. 1, N. 2, 1970.

Presentations of the Eranos-Jung Lectures

The Great Worksites of Contemporaneity:

Looks at the Knots of the Present (II)

Presentazioni delle Eranos-Jung Lectures

I grandi cantieri della contemporaneità:

sguardi sui nodi del presente (II)

Monte Verità, Ascona

2024

Tra cultura cristiana e islam. Hasan-al Wazzân (Leone l'Africano) e la prima *Descrittione dell'Africa* (1526)

Massimo Danzi

Geneva / *Ginevra*, Switzerland / *Svizzera*
March / *Marzo* 2024

> Le principal mérite de Léon l'Africain, intermédiaire entre la chrétienté et l'Islam, est d'avoir transmis à l'Europe l'essentiel des connaissances des Arabes sur l'Afrique. Jusqu'à Mungo-Park et à René Caillié [esploratori della fine del '700 e dell'inizio dell''800: ndr.] l'Occident n'en apprendra pas beaucoup plus.
>
> (N. Broc, *La géographie de la Renaissance 1420-1620*, 1986)

Ringrazio il presidente della Fondazione per questo invito e gli amici che hanno creduto di intervenire a questa conferenza. E dirò subito che l'argomento mi pare di quelli che si collocano bene nel solco della tradizione di Eranos, almeno secondo l'intento della sua fondatrice, Olga Fröbe-Kapteyn. Nel 1933, al momento del primo incontro sul tema di "Yoga und Mediation im Osten und Westen", la Fröbe-Kapteyn constatava che la trasformazione del salotto intellettuale che aveva avviato a Ascona stava cominciando a prendere contorni più stabili e il tema delle riunioni si precisava nella relazione tra Oriente e Occidente: "Die Eranos-Tagungen haben sich das Ziel eine Vermittlung zwischen Ost und West gesetzt"[1]. Naturalmente, per la cultura tedesca successiva alla grande stagione orientalistica che dal Cinque arriva al Settecento, un tale tema aveva poi trovato un punto fermo nell'opera di Goethe, di cui sono noti gli interessi per una "Weltlitteratur" che andasse oltre le letterature nazionali valorizzando gli apporti che venivano dal mondo arabo, persiano, turco ma anche dalla letteratura confuciana e cinese. E nel 1819, l'apparizione della raccolta poetica del *West-östlicher Divan*, dove il palinsesto principale era costituito dalla poesia del poeta e teologo persiano Hafiz, mostrava come Goethe avrebbe messo in pratica quel programma[2]. E di lì sarebbe partita la fondatrice di Eranos.

1. Tra Oriente e Occidente, la Descrizione dell'Africa di Hasan al-Wazzan (1526)

La figura di Leone l'Africano, che sarebbe più opportuno chiamare col nome musulmano di al-Hasan b. Muhammad b. Ahmad al-Wazzan vista l'origine di questo granatino nato nella Spagna di *al-Andalus* alla fine del Quattrocento e poi passato ancora bambino in Africa settentrionale rientra dunque perfettamente nell'ambito di quelle relazioni tra Oriente e Occidente che a Eranos avevano preso inizio nel nome di Goethe. Nell'Africa ormai islamizzata, Hasan al-Wazzan visse per circa vent'anni, prima di passare nel 1518 avventurosamente a Roma dove le sue tracce si perdono alla fine del terzo decennio del Cinquecento. Siamo dunque in Europa e al tempo del Rinascimento, che è non è categoria storiografica esportabile al mondo orientale visto che il continente africano, e non solo, ha

1 "Yoga und Meditation im Osten und im Westen. Fünfzehn Vorträge gehalten auf der Tagung in Ascona 14-26 August 1933", "Eranos-Jahbuch", Vol. 1, 1933, a cura di Fröbe-Kapteyn, Rhein-Verlag, Zürich 1934. O. Fröbe-Kapteyn, "Vorwort", in: ivi, p. 6. E si noti la vicinanza della data al primo centenario della morte di Goethe (1932).

2 Sull'orientalismo di Goethe, si veda K. Mommsen, *"Orient und Okzindent sind nicht mehr zu trennen". Goethe und die Weltkulturen*, Wallstein, Göttingen 2012 ("Schriften der Goethe-Gesellschaft", Vol. 75), libro che promuove a titolo un verso del *West-östlicher Divan* di Goethe.

conosciuto una sostanziale continuità tra l'inizio dell'arabizzazione e l'epoca di Hassan e anche dopo. Nella staordinaria bibliografia dei simposî di Eranos, che Riccardo Bernardini e Fabio Merlini hanno dato recentemente e sulla quale possiamo ora misurare l'attività di Erasnos, è una stagione davvero poco documentata e a prevalere sono piuttosto l'epoca antica e quella successiva degli stati coloniali[3]. In questo senso, la figura di Hasan al-Wazzan, che a Roma vive nel momento di massimo splendore della corte pontificia, tra 1518 e 1527, prima dunque del Sacco imperiale che colpisce la città nel 1527, costituisce un utile ponte tra quelle due stagioni, che Eranos ha preso a carico con simposî e sotto sfaccettature diverse dedicati a temi come Antichi e Moderni, Macrocosmo e Microcosmo, Anima e Corpo, Spirito e materia, ecc.

Sulla figura di Hasan al-Wazzan, che più tardi sarà noto in Europa come Leone l'Africano, si sarebbero trovati d'accordo, se ne avessero avuto conoscenza, alcuni dei grandi protagonisti di Eranos. Va dunque reso omaggio, in apertura di questo contributo, allo studioso di Leone Africano, che nel 2023 ha dato non solo la prima edizione critica commentata del grande testo della *Descrizione dell'Africa* di Leone, il cui originale si serba in italiano, ma addirittura quella dell'intero documentale sull'*Africa,* pubblicando l'edizione dell'unico manoscritto che abbiamo (datato al 1526), quella dell'*editio princeps* veneziana del 1550 e un corposo terzo volume di introduzione, apparati, commenti e ricchissimi indici[4]. Il lavoro che Andrea Donnini fornisce così ora, per la prima volta a cinquecento anni dalla composizione del testo, offre la possibilità di leggere la *Descrizione* nelle redazioni diverse del codice di Roma e della stampa del 1550, questa per di più opportunamente rivista e depauperata degli errori che la

3 "List of the *Eranos Yearkooks* / Elenco degli *Annali di Eranos* 1 (1933)-LXXV (2019-2020-2021)", in: "Eranos-Jahrbuch", Vol. 75, 2019-2020-2021.

4 Giovanni Leone de' Medici (Yuhanna al-Asad) detto Leone l'Africano (Leo Africanus), già al-Hasan b. Muhammad b. Ahmad al-Wazzan, *Africa*, a cura di A. Donnini, Roma nel Rinascimento, Roma 2023, 3 voll. (d'ora in poi, Al-Hasan, *Descrizione dell'Africa*).

inficiavano. Il terzo volume è poi aperto da due importanti saggi di grandi conoscitori del mondo e della letteratura araba attorno al bacino mediterraneo all'epoca delle grandi conquiste geografiche, lo storico spagnolo Fernando Rodriguez Mediano e la comparatista americana d'origine magrebina Oumebaldine Zhiri: entrambi conoscitori, oltre che della storia e della letteratura araba del tempo, anche di quella lingua e cultura. Ma l'edizione di Donnini colma anche un altro vuoto, di natura più storiografica perché riporta l'attenzione sul testo non solo nella sua veste originale ma proprio sulla relazione che esso ha con l'Italia, paese che fino a oggi di Hasan e della *Descrizione* si era interessato assai poco, se si esclude la pregevolissima riproposta della silloge Ramusio che Marica Milanesi ha dato, tra 1978 e 1988, presso Einaudi[5]. Un esempio rimasto unico a fronte di culture come la francese nella quale operavano studiosi come Pouillon, la Zhiri e altri, attivi, nel 2009 anche sul fronte di un importante convegno dedicato a Leone[6].

2. Le Navigazioni e viaggi *di Giovanni Battista Ramusio (1550-1559)*

La *Descrizione dell'Africa* di Hasan al-Wazzan apparve nel 1550, entro l'importante raccolta geografica delle *Navigazioni e viaggi* messa insieme e stampata dal geografo veneziano Giovan Battista Ramusio tra 1550 e 1559 in tre volumi. E, anzi, a dimostrare la coscienza per le novità che il Ramusio recava con quel testo sull'Africa nella descrizione dell'orbe sta la sua collocazione ad apertura del primo volume. Era una scelta precisa se si pon mente che la silloge ramusiana delle *Navigazioni e viaggi* era costituita da una settantina di relazioni geografiche provenienti da tutto il mondo, e dal nuovo mondo in particolare, e dunque tutte d'indubbio e nuovo interesse. In questo senso, la raccolta ramusiana è l'atto fondativo di una nuova geografia,

5 G.B. Ramusio, *Navigazioni e viaggi*, a cura di M. Milanesi, Einaudi, Torino 1978-88, 6 voll.

6 *Léon l'Africain*, dir. F. Pouillon, in coll. con A. Messaoudi, D. Rauchenberger e O. Zhiri, Karthala/HSSM, Paris 2009.

aperta alle nuove scoperte geografiche e ai "Nuovi mondi" che per la prima volta documenta. Ed ebbe, come ci si poteva attendere, un'immediata e rapida fortuna europea fin dal Cinquecento, della quale la traduzione latina uscita ad Anversa nel 1556 ad opera del fiammingo Johannes Blommaerts costituisce una svolta storica. Su essa infatti, pur scorretta e per certi versi depistante nella traduzione come ebbe a osservare l'islmanologo Luis Massignon in un lavoro che direttamente importa per la relazione tra Hasan al-Wazzan e il Marocco[7], dipenderanno le traduzioni inglese e olandese del 1600 e 1665. In quello stesso 1556 poi, apparve la anche la traduzione francese presso l'editore Jean Temporal. Queste edizioni sono sufficienti a dire l'interesse che l'Europa cristiana aveva maturato per un testo che trattava di un continente allora sostanzialmente sconosciuto e in gran parte musulmano.

Di questo testo, l'avessero conosciuto a tempo, avrebbero probabilmente approfittato anche alcuni grandi frequentatori delle Eranos-Tagungen. Penso a personalità presenti fin dai primi vent'anni alle riunioni come il ricordato fondatore dell'islamologia francese Louis Massignon ma anche a storici delle religioni e della mitologia come Károly Kerényi e Henri Corbin o o a studiosi della cabbala ebraica come Gershom Scholem e François Secret, prosecutore di quegli interessi cabbalistici sul fronte cristiano. Sono i nomi di alcuni studiosi che con Carl Gustav Jung, il nume tutelare di quella prima stagione, furono più presenti ai simposî asconesi come ora risulta dagli indici che abbiamo a disposizione[8].

Non si possono spendere nomi tanto illustri senza dire in che cosa la *Descrizione dell'Africa* e la figura di Leone li avrebbe attratti. Diciamo allora che l'islamologo Louis Massignon ripercorse gli itinerarî africani di Hasan al-Wazzan nell'appena ricordato *Le Maroc au*

---

7 L. Massignon, *Le Maroc dans les premières années du XVIe siècle. Tableau géographique d'après Léon l'Africain*, Typ. A. Jourdan, Alger 1906, p. 7: "C'est là l'ancienne vulgate de Léon l'Africain. C'est aussi la plus mauvaise traduction qu'on en puisse faire. Le moindre paragraphe fourmille d'erreurs de tout ordre".

8 "List of the Eranos Yearkooks / Elenco degli Annali di Eranos..." cit., pp. 1147-44.

XVIe siècle (1906), disegnando la mappa del Marocco sotto la dinastia wattaside che regnò fra la metà del Quattrocento e la metà del Cinquecento e al servizio della quale, direttamente o attraverso lo zio impiegato alla corte del Sultano, Hasan fece molti dei suoi viaggi nell'Africa settentrionale e subsahariana. Fu così che l'autore della *Descrizione dell'Africa* raccolse i materiali e le note di viaggio messi poi a frutto nell'opera. Károly Kerényi e Henry Corbin, invece, come altri storici delle religioni, sarebbero probabilmente stati attratti dalle numerose manifestazioni di religiosità che la *Descrizione* testimonia, tanto per le popolazioni berbere dell'Atlante quanto per quelle musulmane dell'Africa settentrionale e subsahariana (basti vedere le pagine sulle popolazioni berbere o sulla città del Cairo). E anche Gershom Scholem non avrebbe forse mancato di accogliere e far sua la testimonianza di Hasan sulla *zâ 'iraja*, una pratica divinatoria basata sull'interpretazione delle lettere dell'alfabeto (non dunque sul testo biblico) che appartiene alle arti divinatorie africane, sulle quali Hasan, come del resto lo storico e geografo Ibn Khaldûn alla fine del Trecento, si diffonde per intere pagine. Qui importa però che quest'arte divinatoria, richieda una risposta alla domanda posta, o esplicitamente assimilata da Hasan alla cabbala come si legge nel codice di Roma (non invece nella edizione *princenps* del 1550, forse per prudenza dell'editore cinquecentesco), "se chiama zairagia che vol dire 'la cabbala'"[9]. Su di essa, lo sguardo di Hasan è tuttavia prudente, quando afferma che, se pur avesse avuto modo di impararla non l'avrebbe però praticata "perché infra li theologi macumettani è la dicta regola et scientia proibita et desonesta et è quasi heresia [...]

9 Su la *zâ 'iraja*, cfr. A. Donnini, in: Al-Hasan, *Descrizione dell'Africa*, cit., pp. 465 *sgg*., che la spiega come una "forma di divinazione dotta in cui sono utilizzati combinazioni di lettere, numeri e simboli per predire il futuro" (p. 465, n. 6). Nella stampa del 1550 [ed. Donnini, pp. 973 *sg*.], il tema della cabala è ampliato, ma non viene citata la *za 'iraja* (e dunque viene evacuato il termine). Le osservazioni di Hasan su questa pratica ricordano quelle di Ibn Khaldûn, *Le Livre des exemples*, I. *Autobiographie Muqaddima*, Vol. II, *Histoire des Arabes et des Berbères du Maghreb*, tr. A. Cheddadi, Gallimard, Paris 2012 (coll. "La Pléiade"), Vol. I, pp. 365 *sgg*. e 989-1010 (come ha visto O. Zhiri, "Lecteur d'Ibn Khaldun", in: *Léon l'Africain*, cit., pp. 211-36).

et talvolta loro inquisitori metteno in priscione et perseguitano chi se impaccia di tale scientia"[10].

L'assimilazione alla cabbala della *zâ 'iraja* che Hasan propone è interessante, se anche la pratica africana, col suo simbolismo di lettere e schemi geometrici e con il suo intento predittorio, appare lontana da una vera e propria arte cabbalistica del resto ampiamente testimoniata anche, in epoca precedente, nel catalano arabizzante Raimondo Lullo (1235-1315)[11]. Non pare che invece la pratica sia presente nella più importante enciclopedia del medioevo arabo, quella dello storico e cosmografo arabo Ibn Khaldun (Tunisi 1332-1406), che pure sulla *zâ 'iraja* si diffonde per molte pagine[12]. Ma indipendentemente dalle ragioni per le quali Hasan al-Wazzan avvicina tale scienza alla *cabbala*, e che – vedremo – sono probabilmente da mettere in relazione al pubblico principalmente italiano a cui la *Descrizione* si rivolge, questi accenni a una arte divinatoria d'ispirazione magica avrebbero interessato Scholem. Ed è appena il caso di ricordare, in questa sede, l'interesse che Jung stesso nutrì per la cabala in molti suoi studî, da quelli relativi al medico svizzero Paracelso (del 1942-43) ad altri sull' umanista italiano Opicino de Canistris, allora (1943) recentemente ricuperato[13], al *Mysterium coniunctionis* del 1955-56 e oltre. Più elementi riconducono, dunque, in questo testo alla originaria vocazione di Eranos e alla cultura dei suoi partecipanti.[14] Sono temi, fatti e eventi, che non fanno dimenticare che Eranos è

---

10 Al-Hasan, *op. cit.*, pp. 468 e 969 *sg.* (rispettivamente lezione del ms. di Roma e della stampa 1550).

11 Per questo aspetto di Lullo, cfr. F. Gabrieli, "Islamismo e cristianesimo dal sec. XII al XV", in: Id., *Tra Oriente e Occidente*, n. R. Traini e F. Tessitore, Liguori, Napoli 2009, pp. 166 *sgg.*

12 Sulla cabbala nella *Descrizione dell'Africa* si diffonde la migliore biografa di Leone: cfr. N. Zemon Davis, *La doppia vita di Leone l'Africano*, Laterza, Bari 2008, pp. 125 *sgg.*

13 Fatto conoscere recentemente: Carl Gustav Jung, *I miti solari e Opicino de Canistris. Appunti del Seminario tenuto a Eranos nel 1943*, a cura di R. Bernardini, G.P. Quaglino e A. Romano, Moretti&Vitali, Bergamo 2014.

14 Sui rapporti tra Scholem e altri nomi qui ricordati con l'ambiente di Eranos, qualcosa si legge in N. Zadoff, *Gershom Sholem. From Berlin to Jerusalem and Back*, tr. J. Green, Brandeis University Press, Waltham, MA 2018, pp. 157-88.

stata, negli anni, soprattutto un luogo di incontro di rappresentanti di discipline molti diverse che hanno coltivato l'utopia fuori tempo presentando le proprie riflessioni davanti a un pubblico curioso e non necessariamente solo specialista. Una vocazione che ha inteso approdare, come ha detto molto bene Mircea Eliade, "à une connaissance intégrale de l'homme" ricordando come Eranos avesse nel complesso evitato le secche di uno spiritualismo destinato a essere confuso "avec l'engouement suspect pour l''occulte', spécifiquement propre aux pseudo-morphoses modernes et aux innombrable mouvements de 'spiritualité' bon marché"[15].

3. *Un musulmano tra espansione araba e Reconquista cattolica*

Prima di affrontare alcuni aspetti della *Descrizione dell'Africa* e dei problemi che solleva, occorre ricordare velocemente le ragioni della sua composizione e il nesso che il testo ha con la cultura italiana. Hasan compone la sua *Descrizione* a Roma, negli anni del pontificato mediceo di Leone X (1513-1521), e l'unico codice che abbiamo è il ms. Vittorio Emanuele 953 della Biblioteca Nazionale Centrale di Roma, che presenta un testo in lingua italiana con sottoscrizione al marzo del 1526: una data che Andrea Donnini ragionevolmente riconduce all'antigrafo piuttosto che all'originale, se anche questo non doveva distare troppi anni da quello. L'antigrafo romano non è autografo di Hasan, di cui conosciamo la scrittura, ma tale doveva ben essere, almeno in gran parte, il codice da cui discendeva e di cui l'autore si servì probabilmente avendo a lato qualcuno che gli correggeva il suo italiano: come non mancano esempi nella letteratura di quel periodo. Ma perché il testo, opera di un musulmano di *al-Andalus*, venne redatto a Roma in italiano? Il fatto si spiega con la avventurosa biografia di Hasan al-Wazzan, del resto in generale assai poco nota e che

15 Ora in H. Corbin e M. Eliade, *À propos des Conférences Eranos*, Tip. Bettini e Co., Ascona 1968. I due interventi erano precedentemente apparsi negli "Eranos-Jahrbuch". La citazione da p. 22.

noi conosciamo quasi solo attraverso le sue opere. Queste sono varie e fuori della *Descrizione* comportano almeno un dizionario trilingue arabo, ebraico, latino, una enciclopedia di uomini illustri principalmente arabi, ma anche cristiani ed ebrei e un trattatello di metrica araba. Ciò basta a dare la misura della cultura di Hasan, conoscitore di più idiomi a partire da quelli classici[16]. Alla caduta di Granada, al termine della *Reconquista* cattolica con cui Ferdinando d'Aragona e Isabella di Castiglia ponevano fine, nel gennaio del 1492 a otto secoli di presenza araba nella penisola iberica, Hasan era fuggito come molti musulmani ed ebrei verso altri lidi riparando a Fez, in Marocco, dove poteva contare sulla presenza di una parte della sua famiglia. Aveva iniziato studi di diritto e teologia coranica che lo avevano avvicinato al mondo islamico e alle lingue semitiche e aveva iniziato a viaggiare al servizio del Sultano e di uno zio impiegato a corte, per tutto il Magreb e poi, in parte, l'Africa subsahariana. Ma nel 1518, ritornando per nave dal Cairo a Fez, era stato fatto prigioniero da corsari cristiani al servizio della Spagna che lo avevano portato a Roma e offerto in dono al Pontefice Leone X della famiglia fiorentina dei Medici. Siamo, è bene ricordarlo, in uno dei momenti di maggiore splendore della corte pontificia. Hasan è fatto prigioniero e rinchiuso a Castel Sant'Angelo, ma presto il pontefice si dà conto del livello colto e poliglotta del personaggio, che ancora non non parla italiano ma conosce le lingue semitiche e quelle classiche. L'Islam che rappresenta è una realtà di grande interesse alla corte papale, in secolare confronto col mondo cristiano per lo meno dal tempo delle crociate ma che fin dall'espansione a Occidente durante l'islamizzazione dell'Africa settentrionale, tra i secoli VII e X, aveva raggiunto anche la Sicilia passando nella penisola iberica. Dopo il XIII secolo la sua potenza era però cominciata a declinare per le divisioni che si erano prodotte al suo interno. Ciò avveniva mentre per un verso la

16 Tra queste opere, alcune delle quali edite modernamente come il trattato di metrica e il *De viris illustribus*, si veda l'ottima nota introduttiva di Andrea Donnini, cit., Vol. I, pp. 77-120.

reconquista cattolica imponeva sempre più le sue ragioni e, per un altro, l'impero ottomano emergeva come il vero "pericolo" cui si confrontava l'Occidente, inglobando a poco a poco il mondo arabo. In Italia, ciò appare chiaro prima nel confronto con i Turchi a Otranto sulla fine del Quattrocento e poi sulle coste meridionali del Mediterraneo, dove l'imperatore Carlo V al comando di truppe spagnole, portoghesi e italiane affronterà i Turchi nell'impresa di Tunisi (1535) e infine, vittoriosamente, a Lepanto nello scontro tra la Lega santa e mondo ottomano (1571). E tuttavia, almeno dalla presa di Costantinopoli (l'antica Bisanzio) che nel 1453 aveva trascinato con sé la caduta dell'Impero romano d'Oriente, il mondo arabo era ormai relegato in secondo luogo quasi suddito dell'impero ottomano[17]. Questo era il nuovo fronte che si apriva per l'Europa cristiana proprio mentre i Re cattolici ricuperavano la Spagna. E la fulminea espansione dei Turchi, storicamente alleati del mondo musulmano, destava preoccupazione a Roma come a Venezia e in tutta la Cristianità. In questo contesto, l'ospite musulmano giunto a Roma come prigioniero e offerto in dono al Pontefice non passava inosservato. Preso atto della sua non comune statura intellettuale, dopo una breve prigonia a Castel Sant'Angelo, Leone X non solo lo aveva fatto scarcerare ma addirittura, il 6 gennaio del 1520, lo aveva voluto battezzare imponendogli il proprio nome: Hasan al-Wazzan era così divenuto, in Occidente, Giovanni Leone de' Medici, con una cerimonia svoltasi nientemeno che nella basilica di San Pietro. Per colui che l'Europa conoscerà come Leone l'Africano, il periodo romano è in assoluto quello più documentato della sua vita e abbiamo dettagli interessanti anche sulla cerimonia di battesimo, alla quale sappiamo che, oltre al Pontefice, erano presenti Paride de' Grassi, cerimoniere pontificio che aveva esaminato Hasan in veste di catechista, il cardinale fiorentino Lorenzo Pucci, giurista e penitenziere generale (cioè responsabile del massimo tribunale della Chiesa), il cardinale

17 Si veda F. Gabrieli, *Islamismo e Cristianesimo dal secolo XIII al secolo XV*, in: Id., *Tra Oriente e Occidente*. cit., pp. 161-73, a p. 171.

spagnolo Bernardino Lopèz de Carvajal e l'orientalista Egidio da Viterbo, già generale degli Agostiniani e dal 1517 cardinale di San Bartolomeo in Isola[18]. Come appare dal luogo della cerimonia e dalle personalità della corte pontificia che erano presenti, non fu dunque una cerimonia qualsiasi. Nel suo romanzo, cui accenneremo tra breve, Amin Maalouf immaginò anche la presenza di Raffaello Sanzio, che allora era a Roma in qualità di soprintendentre artistico della città e che sarebbe morto solo due mesi dopo, all'età di soli 37 anni: un fatto, per altro, assolutamente plausibile anche se non documentato. Nel seguito, lentamente le notizie che abbiamo su Hassan svaniranno e quasi nulla sappiamo a partire dal traumatico sacco che nel 1527 portò le milizie imperiali di Carlo V, al comando del conestabile di Bourbon, a far prigioniero lo stesso pontefice Clemente VII, altro esponente della fiorentina famiglia dei Medici cui apparteneva lo stesso Leone X. Dopo il sacco è possibile, non però provato, che Hasan lasciasse definitivamente Roma per far ritorno in Marocco ricuperando forse, come ipotizza Maalouf alla fine del suo romanzo, la sua fede islamica[19]. Si è discusso, del resto, sul battesimo e sulla veridicità di una conversione che, il 6 gennaio del 1520 nella basilica di San Pietro, ha fatto di Hasan al-Wazzan Giovanni Leone de' Medici e l'ipotesi di un atteggiamento nicodemita insito nell'apostasia di Leone e al ricupero dell'antica fede è stata avanzata e fatta propria da vari studiosi tra cui la maggiore biografa di Leone, Nathalie Zemon Davis[20]. Non è questione che si possa risolvere oggi

---

18 Per la biografia di Hasan al-Wazzan, si veda N. Zemon Davis, *op. cit.*; e sul battesimo le pp. 70-73.

19 La testimonianza più antica sull' interesse degli "studiosi delle cose di geogafia" riguarda l'umanista tedesco Johann Widmanstetter, che soggiornò in Italia tra 1529 e 1535 abitando soprattutto a Napoli dove insegnò greco allo Studio. Egli afferma che poco prima della morte (avvenuta nel novembre 1532) il card. Antonini lo convocò invitandolo a raggiungere Leone, impresa che non gli era riuscita di fare l'estate precedente (si veda D. Rauchenberger, *Johannes Leo der Afrikaner. Seine Beschreibung des Raumes zwischen Nil und Tiger nach dem Urtext*, Harrassowitz, Wiesbaden 1999, p. 457).

20 N. Zemon Davis, *op. cit.*, p. 204. Concorda anche F. Rodriguez Mediano nella recensione all'edizione francese del 2007, in: "Annales. Histoire, Sciences Sociales", Vol.

più che ieri, stante anche il possibile ritorno di Leone in Africa nei primi anni Trenta del Cinquecento. Ma per essa, deve essere ricordata la maggiore facilità della conversione nel quadro di una religione, in generale meno complessa di quella cattolica perché priva di misteri, sacramenti, ordini e gerarchie, e nella quale gli obblighi principali erano la preghiera rituale, il digiuno in tempo di Ramadan, l'esercizio di carità e il viaggio annuale alla Mecca. In questo quadro, nel Magreb dell'epoca di Hassan, la conversione 'formale' interveniva solo dopo un'iniziale professione di fede che poteva anche non essere formalmente confermata, e di conseguenza i casi di abiura della apparivano con una certa frequenza[21]. Non è certo che Hasan ritornasse in Africa dopo il soggiorno romano degli anni '20, come mostra di credere la Zemon Davis, e prima di lei postulava nel suo romanzo Amin Maalouf; ma se il ritorno ci fu, è plausibile che fosse seguito dal ricupero della sua fede d'origine con una nuova conversione. Il Corano permetteva del resto esplicitamente l'apostasia in caso di coercizione e messa in pericolo della propria integrità, situazione che il prigioniero Hasan doveva certamente risentire. La risposta a una fede imposta era in certo modo un 'nicodemismo' che nell'islam prendeva nome di *taqiyya*, 'dissimulazione' e, in questo quadro, un'eventuale apostasia poteva essere accettata a condizione

63, N. 4, 2008, pp. 910-12. E più in generale, sulla cultura araba di Leone, si veda dello stesso studioso lo studio premesso all'edizione di Donnini, *Léon Africano, árabe*, in: Hasan al-Wazzan, *Africa*, cit., pp. 3-13.

21 C. Sarnelli Cerqua, "Islamisation et arabisation de l'Afrique du Nord", in: F. Gabrieli, G. Chiauzzi, C. Sarnelli Cerqua (tr. it. M. Pozzoli), L. Golvine P. Guichard, *Maghreb Médiéval. L'apogée de la civilisation islamique dans l'occident arabe*, Edisud, Aix-en-Provence 1991, pp. 55-77, che a p. 60 osserva: "surtout en Afrique septentrionale, beaucoup de Berbère se convertissaient à l'Islam puis abjuraient facilement". Lo stesso, credo, vale per gli ebrei obbligati a convertirsi per esempio nella Spagna visigota dell'inizio del VII secolo, anche se non conosco autorizzazioni dell'apostasia in quest'ambito. Sempre la Sarnelli Cerqua riporta poi, testimoniate dallo storico al-Nuwayri (morto nel 1332), queste parole di Uqba b. Nàfi', capo delle truppe arabe e fondatore nel 670 dell'importante cittadella tunisina di Kairouan: "Losqu'un général entre en Ifriquiya [l'Africa primitiva identificabile con una parte della Tunisia], les habitants, pour éviter tout danger, se convertissent à la foi musulmane, mais dès qu'ils se retirent, les gens abjurent". Il contrario è vero altrettanto e ammesso per un musulmano.

che il fedele fosse in pericolo di vita e fosse però, in cuor suo, rimasto negli anni saldamente ancorato alla sua fede d'origine[22].

Per contro, abbiamo qualche informazione in più sulla *Descrizione dell'Africa*, quale ci fornisce l'edizione veneziana del Ramusio, alla metà del secolo. L'*Africa* di Leone, che l'apriva nel primo volume del 1550, interessava a tutto l'ambiente umanistico veneziano perché descriveva un continente allora praticamente sconosciuto. La dedica di Ramusio al grande umanista e scienziato veronese Girolamo Fracastoro, che precedeva il testo di Leone, è sufficientemente esplicita nel denunciare insieme alla grande fatica costata nel riunire tanti testi ("fatica, quale ella si sia, ch'io ho preso in raccogliere et metter insieme alcuni scrittori delle cose dell'Africa et dell'India") anche il compito che inevitabilmente ne derivava di emendare e correggere la vulgata del grande astronomo (e geografo) di Alessandria d'Egitto Claudio Tolomeo (II sec. d.C.), che l'Africa aveva descritto molto sommariamente:

> Ma la cagione che mi fece affaticar volontieri in questa opera fu che, vedendo et considerando le tavole della "Geografia" di Tolomeo, dove si descrive l'Africa et la India, esser molto imperfette rispetto alla gran cognizione che si ha hoggi di quelle regioni, ho stimato dover esser caro et forse non poco utile al mondo il mettere insieme le narrationi degli scrittori de' nostri tempi che sono stati nelle sopradette parti del mondo et di quelle han parlato minutamente.

22 Sul battesimo di Hasan, cfr. N. Zemon Davis, *op. cit.*, p. 204 e *sgg.*, che ricorda *Corano* XVI, 106: "Chi rinnega Dio dopo aver creduto, è perso; eccetto coloro che vi sono stati costretti a forza, ma il cuor loro è tranquillo nella fede; ma su coloro che avran spalancato il cuore all'empietà cadrà ira da Dio e avranno castigo cocente" (*Il Corano.* intr., tr. e comm. A. Bausani, a cura di L. Mupstapha Ammar, Rizzoli, Milano 2022, p. 367 (prima edizione aggiornata BUR Classici). La Zemon Davis ricorda anche una *fatwa* (cioè una 'opinione in materia giuridica') pronunciata da un giurista di Orano nel 910/1504 in cui si consentiva specificatamente ai mussulmani di Granada di ricorrere alla *taqiyya* ('dissimulazione') per sfuggire alle pressioni imperiosamente esercitate dai cristiani affinché si convertissero. Ciò che importa, così essa decreta, è "la fedeltà interiore all'Islam" (204).

La crisi del modello tolemaico e l'insistenza decisa sull'Africa di Leone, un continente la cui circumnavigazione era considerata la principale via per le Indie, sono anzi i temi esclusivi della prefazione, ove è ricordo del

> piacere ch'erano per dover pigliar tutti gli studiosi delle cose di geografia, et massimamente di questa parte dell'Africa scritta da Giovan Lioni; della quale a' tempi nostri non si sa che per alcuno altro auttore ne sia stata data notitia, o almeno così copiosamente e con tanta certezza[23].

Il superamento delle descrizioni geografiche di Tolomeo era del resto intento dichiarato anche altrove dal Ramusio, che nelle *Navigazioni e viaggi* osservava: "Mai gli antichi non ebbero tanta cognizione del mondo che 'l sol circonda e ricerca in 24 ore, quanta noi al presente abbiamo per la industria degli uomini di questi nostri secoli"[24]. Così, tutta la prima sezione delle *Navigazioni e viaggi* era di fatto dedicata all'Africa con altre quattro relazioni di viaggio che accompagnavano il testo di Hasan al-Wazzan. A questa seguivano infatti la navigazione del comandante cartaginese Annone del VI sec. d.C. (testo che aveva avuto una ristampa in Germania nel 1533) e altre tre relazioni, tra le quali quella del veneziano Alvise da Mosto (1432-1483). Questi, alla metà del '400, era partito da capo san Vincenzo, nell'Algarve, passato per Madera e le Canarie e costeggiato l'Africa fino alla Guinea Bissau descrivendo la parte occidentale del Continente fino alla Liberia[25]. A quest'epoca, i piloti portoghesi e spagnoli avevano da tempo cominciato a navigare le coste occidentali dell'Africa nell'intento di trovare la via per l'oceano indiano, ma la grande differenza tra le loro decrizioni di viaggio e la *Descrizione* che

23 G.B. Ramusio, *op. cit.*, Vol. I, pp. 4 *sg.*
24 Ivi, Vol. II, p. 838.
25 G.B. Ramusio, *op. cit.*, Vol. I, pp. 468 *sgg.* La terza relazione del Da Mosto riguarda invece la navigazione del portoghese Pietro da Cintra, che il Veneziano mette, nero su bianco nel 1463 (ivi, pp. 539 *sgg.*). Va aggiunto tuttavia che già mercanti genovesi e catalani avevano, fin dal '200, costeggiato l'Africa occidentale raggiungendo le Canarie, le Azzorre, Madera ecc.

dell'Africa dà, trent'anni dopo Leone, è negli itinerari tutti interni al paese e negli spostamenti per terra che, a parte qualche navigazione fluviale e il ritorno per mare dal Cairo a Fez, la *Descrizione dell'Africa* documenta in modi così completi per la prima volta.

4. *La* Descrizione dell'Africa *e la storiografia di Ibn Khaldun (1378 ca.)*

Due sono i grandi eventi che caratterizzano il contesto storico e geografico della *Descrizione dell'Africa* in relazione ad Hasan al-Wazzan. Il primo è il fenomeno dell'espansione araba nel Magreb, con il conseguente processo di islamizzazione e di acculturazione di una terra che era stata prima nell'orbita greco-romana, il secondo l' allargamento dell'ecumene, cioè della terra abitata, che le scoperte geografiche mettono sotto gli occhi degli Europei.

L'espansione araba inizia nel 639 d.C. e, dopo aver toccato l'impero persiano, la Siria e l'Africa settentrionale, può dirsi compiuta nel X secolo con una seconda e definitiva ondata di popolazioni nomadi che dalla penisola arabica arrivano nel Magreb. Si tratta, come è stato notato, di una islamizzazione definitiva a differenza di quella proceduta verso est e verso nord e che, occupate parti della Persia, della Siria, dell'Anatolia o dell'Asia centrale, aveva lasciato il posto ad altre etnie, principalmente iraniane e turche[26]. Da Oriente a Occidente, l'espansione araba si scontra nel Magreb con la resistenza di un'etnia preesistente, e non araba, come quella berbera. Sconfitti dopo più di sessant'anni di lotte accanite i berberi, le popolazioni arabe raggiungono l'Atlantico passando nella penisola iberica e risalendola nella parte meridionale e francese. Si fissa così il destino della Spagna, destinata a restare durante otto secoli sotto dominazione araba (la Spagna di a*l-Andalus*). All'epoca di Hasan al-Wazzan, l'entrata dell'Africa settentrionale nell'orbita dell'islam è dunque

26 Per questo punto, si veda il quadro fatto da C. Sarnelli Cerqua, "Islamisation et arabisation de l'Afrique du Nord", in: F. Gabrieli *et alii*, *Maghreb Médiéval...*, cit., pp. 55-77, e l'Introduzione di Francesco Gabrieli, "Le Maghreb arabe et islamique", alle pp. 9-10.

ormai un fatto compiuto che ha comportato enormi conseguenze sul piano politico, religioso, economico e sociale[27]. Su questo sfondo, la *Descrizione dell'Africa* di Leone ancora testimonia, e anzi sottolinea in molti capitoli, la speciale convivenza tra popolazioni arabe e berbere come del resto già aveva fatto, sullo scorcio del secolo XV, il grande storico e geografo tunisino, Ibn Khaldun, nel suo *Libro degli esempi* (1378 ca.).

Il *Libro* di questo geografo tunisino è forse la fonte principale e di grande interesse di Leone, che del resto lo cita ripetutamente. Per noi, lettori occidentali, è però anche l'occasione per ricordare che ampie parti della sua opera sono oggi leggibili in una moderna scelta procurata nel 2012, in due volumi, presso la Collezione dei Classici della Pléiade di Gallimard; e che si tratta di una lettura di grande impatto. Ibn Khaldun è infatti un enciclopedista e storico medievale di straordinaria modernità che tratta argomenti molto vari, per paesi molto diversi, dandoci un quadro decisamente antropologico della civilizzazione berbera. Ma questo storico anche riflette sul senso e la metodologia del suo lavoro e sui limiti della disciplina. È probabilmente questo l'aspetto più moderno della sua opera e che ha più in profondità colpito i suoi lettori, e va richiamato perché, nell'epoca che in Italia è quella di Petrarca e di Boccaccio, questa riflessione non pare avere equivalenti nella storiografia che in Europa continua a essere improntata a opere d'impianto tradizionale e annalistico incentrate su fatti dinastici o forme-stato (monarchie, repubbliche, città libere, o anche piccoli centri urbani) che fanno in genere a meno di riflessioni metastoriche. Non intendo fermarmi sulla figura di Ibn Khaldun, ma va sottolineata la grande novità del concetto di "civilizzazione", parola con la quale i traduttori all'unanimità rendono il termine arabo di *umrân*[28]. Né il termine arabo né più in

27 C. Sarnelli Cerqua, *op. cit.*, p. 77.

28 Per il concetto di *umrân* e il suo significato di "civilizzazione" in Ibn Khaldun e dopo, cfr. B. Tlilki, "La notion de 'Umrân dans la pensée tunisienne précoloniale", in: "Revue des mondes musulmans et de la Méditerranée", Vol. 12, 1972, pp. 131-51, e ora Ibn Khaldûn, *Le livre des Exemples*, Vol. I, cit., pp. XXVI *sgg.*

generale il concetto trovano un equivalente nella storiografia occidentale del tardo nostro medioevo e dei secoli seguenti e bisognerà arrivare alla Francia dei *Philosophes* perché esso emerga, per altro ancora fortemente legato alla nozione illuministica di 'progresso' e si dovrà poi attendere altri due secoli perché il concetto si faccia strada nella storiografia delle "Annales" di Lucien Fèbvre e Marc Bloch, e della generazione successiva di Fernand Braudel[29].

Nella *Muqaddima* di Ibn Khaldun, che è un'introduzione o 'prolegomena' al *Libro degli Esempi*, il tema è quello della verità dei fatti e della necessità per lo storico di sceverare il vero dal falso. Ibn Khaldun sottolinea più volte non solo l'intento di fondare una "scienza storica" che sappia "discernere il vero dal falso e la verità dalla menzogna secondo una via dimostrativa che non lasci spazio al dubbi", e per quella via di rinnovare una disciplina che fino a lì non se ne era troppo interessata, ma addirittura di costruire un sapere fondato su una "scienza della civilizzazione"[30] espressamente definita per tale. Questo l'esordio della *Muqaddima*:

> La storia ci informa sulla società umana, vale a dire sulla civilizazione del mondo e su tutti i gradi che ne qualificano la natura: la vita in gruppi isolati e la vita in comunità, le forme della solidarietà. Le tipologie del dominio degli uomini gli uni sugli altri, il potere e gli Stati generati da questa dominazione, le categorie di questi Stati, i modi dell'acquisizione e di esistenza, le scienze

29 F. Braudel, *L'histoire des civilisations : le passé explique le présent*, in Id., *Écrits sur l'histoire*, Flammarion, Paris 1969, pp. 255-314.

30 Ibn Khaldûn, *Livre I des "Exemples. Nature de la civilisation. [...]. Muqaddima*, in: Id., *Le Livre des exemples*, cit., Vol. I, p. 255 (mie d'ora in avanti le traduzioni dal francese). Una definizione di "*civilizzazione*" (nel testo arabo *umrân*) è in più luoghi: si veda, per es. quella di p. 260: "Civilisation, c'est-à-dire la fait d'habiter ou de camper ensemble dans une ville ou dans un campement, de jouir de la société, de satisfaire les besoins humains". Su questo concetto in Ibn Khaldun, cfr. G. Turroni, "'Umrân': la civilisation dans la théorie khaldûnienne", in: H. Touati (a cura di), *Encyclopédie de l'humanisme méditerranéen* (2014), https://encyclopédie-humanisme.com/?Umran (consultata il 28 febbraio 2024).

e le arti alle quali gli uomini consacrano il loro lavoro e i loro sforzi"[31].

Passando in rassegna i fatti e le narrazioni di alcuni storici arabi, l'Autore continua:

Esistono anche altri esempi di tipo storico. Il loro esame suppone la conoscenza della natura della civilizzazione. È questa la via più sicura per l'apprezzamento delle informazioni e la distinzione tra il vero e il falso.

E ancora:

La regola per discernere il vero dal falso nelle informazioni [...] è di considerare la società umana, cioè la civilizzazione, distinguendo quanto la determina nella sua essenza e natura da quanto la determina per accidente e non può essere preso in conto [...]; disporremo così di una regola per distinguere il vero dal falso e la verità dalla menzogna secondo una via dimostrativa (cioè un 'metodo': ndr.) che non lascia spazio al dubbio [...]. Possiamo dire che si tratta di una scienza indipendente, con un oggetto e problema propri: la civilizzazione umana e la società umana [...]. Sappi che si tratta di una impresa totalmente nuova [...] e per di più di grande utilità"[32].

E Ibn Khaldun mostra di ritenersi ben cosciente della novità di questa sua riflessione e coscienza della novità del suo metodo, in fine del brano che precede. Né i grandi storici greci (Erodoto, Tucidide, ecc.), non certo privi di una coscienza del fare storia del gusto per una "filosofia della storia"[33], né quelli latini e poi medievali sembrano esprimersi in modi tanto espliciti. E il trattatello sull'istoriografia di Luciano da Samosata (II sec. d. C.), che pure non tocca di

31 Ibn Khaldûn, *Livre des "Exemples [...]. Muqaddima*, in: Id., *Le Livre des exemples*, cit., Vol. I, p. 252 (mie le traduzioni dal francese).

32 Ivi, p. 255.

33 L. Grecchi, *La filolosofia della storia nella Grecia classica*, Petite Plaisance, Pistoia 2010.

questi problemi, resta un caso piuttosto unico nel mondo antico[34]. In Hasan, passerà pure quell' interesse per la società nel suo complesso e le sue manifestazioni che l'arabo designa col termine di *umma* ('comunità, nazione, etnia') e per il quale Ibn Khaldun è parso ad alcuni il precursore di una linea di pensiero che dai grandi pensatori sei-settecenteschi (Bacone, Cartesio e Montesquieu) arriva alla moderna sociologia di Emile Durkheim[35]. Basti al proposito leggere, nella versione del manoscritto, la descrizione della città di Fez con le sue parti storiche, sociali e culturali dove più è viva la lezione del geografo tunisino, come sottolinea benissimo il commento di Andrea Donnini[36].

5. *Da Fez a Il Cairo*

La vivace descrizione di Fez che ci dà Leone occupa i capitoli 104-109, prima con una parte "intra muros" (104-106) poi con quella "extra muros" (107-109)[37]. Precede una sorta di introduzione storica e segue una trattazione della vita sociale, culturale della popolazione. Vi si descrivono poi le case ("Et le case de questa terra sonno bene fabricate de mattoni et de pietre, et la più parte sonno belle, ornate de beli mosaichi et mattonati loro scoperti et portici con certi mattoni invetriati de diversi colori al modo de li vasi de maiolica": p. 426), la loro struttura (lavatoi, solai, camere, armadi, letti, portici, cisterne, piscine), i "circa 700 infra templi e moschee" (p. 427), le torri e le funzioni del *muezzin*. Si passa poi alla religione e al Profeta ("Et usano in quel tempo de legere certe cose morale et spirituale secondo la fede 'de' Maccumetto") e ai vari tipi di attività della terra

34 Lucien, *Comment il faut écrire l'histoire*, in: Id., *Oeuvres complètes*, tr., comm. e n. A.-M. Ozanam, Les Belles lettres, Paris 2018, pp. 991-1021.

35 G.-A. Astre, "Un précurseur de la sociologie au XIVe siècle : Ibn Khaldoun", in: Aa.Vv., *L'Islam et l'Occident*, Les Cahiers du Sud, Vienne 1947, pp. 131-50.

36 Hasan al-Wazzan, *Africa*, cit., pp. 422-94 e n. a p. 423. Nota la vicinanza della descrizione della città che fa Leone con i parametri di I.Kaldhum, O. Zhiri, *op. cit.*, pp. 211-36.

37 Leone Africano, *Descrizione*, cit., t. II Edizione del codice "V.E. 953",

("li lavoratori de li terreni, et li vignaroli et giardinieri"), i fornaciari ("et de fora de la terra circa un meglio sonno circa 20 fornaci da fare calcina per conciare et reedificare le possessione del tempio, et tante fornaci de mattoni": 429). Si trattano poi le scuole e i collegi "in diverse scentie" e le materie insegnate, con un'illustrazione dettagliata dei metodi di insegnamento, dove appare importante il ruolo che l'apprendimento mnemonico ("Et quando li dicti lectori legono, uno de li scolari lege el testo et lo lectore lege li commenti et le exposisitioni a mente", cioè 'a memoria'). Merita riportare questo brano sul modo mnemonico dell'apprendimento del Corano nelle scuole di Fez:

> In la dicta ciptà sonno circa 200 scuole per li mammoli, facte al modo de una sala grande, et intorno sonno certi scaloni per sedere li mammoli. Et il maestro li impara legere e scrivere, et non se usa impararli in li libri, ma se usa insegnarli in certe tavole. Et ogni giorno li imparano una clausola del Corano; et qundo ha finito el Corano, in 2 o 3 anni, lo fa replicare altre volte finché el mammolo, infra 7 anni che sta in la scuola, impara a mente tutto el Corano; et dopoi el maestro li fa imparare qualche poca orthographia. Ma pure la orthographia et la gramatica e lege in li collegi como le altre scientie. E li dicti maestri hanno un misero salario[38].

Una parte importante della città riguarda i "molti ospedali facti al modo de li dicti collegi", dove "nel tempo passato li foresti alloggiavano" (p. 431) e dagli alloggi per pellegrini si passa a istuituzioni per i malati ("al presente c' è uno povero hospitale per li forestieri infirmi, ma non ce è ne mendico né medicina", solamente se li fa le spese et danosele le stantie (cio`è 'l'alloggio')". La descrizione della città continua con le sue osterie, bagni, e una vita promiscua fatta di travestiti che operano come prostitute ("vanno vestiti da femine et ornano le loro persone como le femine et radeno loro barbe et

38 Al-Hasan, *op. cit.*, p. 461.

parlano come le femine [...]. Et ciaschaduno di quisti maladicti hosti tene uno homo al modo del marito, et se dice anche che loro se fanno usare al modo de meretrice in li bordelli": p. 435). Segue un panorama delle professioni svolte, che dai marcanti, notai, librai e venditori di scarpe arriva agli orafi, lavoratori del rame, fruttivendoli, fioristi, lattai, cotonieri, pellai, facchini e cosi di seguito. Delle case, si descrivono i giardini (p. 449) e si passa poi alle carceri e al funzionamento della giustizia, con i suoi amministratori e giudici. Ancora, ampia parte è dedicata agli abiti e al vestire di donne e uomini nonché alla cucina e all'alimentazione (pp. 452 e *sgg.*) o alla presenza di minoranze religiose nella comunità. E potrebbe bastare. Con l'avvertenza che, arrivati al capitolo 109 intitolato *De l'ordine del vivere de la corte del re di Fez* (pp. 489 e *sgg.*) sembra di trovarsi davanti a uno dei numerosi testi che descrivono le corti italiane, quale per esempio quegli *Ordini e Uffizi della corte di Urbino* di cui è fatto autore un Agapito, familiare della cancelleria e forse addirittura bibliotecario a corte, sulla fine del secolo XV[39]. Ma così è ancora per il funzionamento delle corti di Tlemcen in Algeria (cap. 235, pp. 580 *sgg.*), di Tunisi cap. 285, pp. 635 *sgg.*) o di quella del Sultano d'Egitto nella VI parte della *Descrizione* (cap. 26-42, pp. 754-763).

Della parte sulla corte di Fez merita però di isolare un estremo brano sull'ospitalità di pellegrini e viandanti, che è uno dei cinque pilastri della carità islamica, Hasan slitta di fatto verso la descrizione di moderne istituzioni mediche come gli ospedali e gli ospizi per ammalati. In queste istituzioni, ci dice, ci sono speciali sezioni per

39 L. Michelini Toci, *Agapito bibliotecario "docto, acorto e diligente" della Biblioteca urbinate alla fine del Quattrocento*, in *Collectanea Vaticana in honorem Anselmi M. Card. Albaredam*, Biblioteca Apostolica Vaticana, Città del Vaticano 1962, pp. 245-280. E P. Peruzzi, *Lavorare a corte: "ordini e officij". Domestici, familiari, cortigiani e funzionari al servizio del Duca d'Urbino*, in *Federico di Montefeltro: lo stato, le armi, la cultura*, a cura di G. Cerboni Baiardi G. Chitolini e P. Floriani. *Lo Stato*, Bulzoni, Roma 1986, pp. 225-296. Conservato in un unico codice Vaticano Urbinate lat. 1248 di metà Cinquecento, il testo databile alla fine del secolo precedente è stato studiato da David Bacci, *Edizione e commento degli "Ordini et Uffitij alla corte el serenissimo Signor Duca da Urbino (1547)"* in un "mémoire" di licenza ginevrino diretto da chi scrive nel 1997.

gli alienati mentali, di cui descrive i comportamenti a volte temibili per che si avvicina troppo. È una rapprentazione che non sfugge alla moderne ragioni della antropologia e che capitalizza la lezione della storiografia di Ibn Khaldun.

> Et in lo dicto hospitale sonno certe stantie deputate per tenere li homini pazi [...], che tirano li saxi et fanno altri mali, li quali li tengono in le dicte stantie serrati e incatenati; et le facie de le dicte stantie, cioè che guardano a li corretori et lo scoperto, sonno facte al modo de ferrate, mo (cioè: 'ma') sonno facte de certe travicelli de legnami forti. Et quillo che li governa, quando intra per darli da magnare, sempre porta un grosso bastone et, come vede alcuno movere, li dà con quel bastone, et così sequita; et li dicti pazi, chiamano et qualcuno se lamenta de li officiali che li tengono priscione perché ià (cioè: 'già') è sanato; et lo forestero, quando lo sente, se fida de loro et accostase per vederli meglio, et quelli così cacciano la mano e tirano lo dicto forestero per li vestimenti et con l'altra mano pigliano de loro sterco et buttanlo a dosso al dicto forestero perché loro lassano li destri (cioè: i 'gabinetti') imbrattati et in mezzo de la stantie, et lo dicto loro guardiano, ogni giorno li bisogna nettare la loro brutteza. [...]. Et il dicto hospitale ha officiali molti, notarii (cioè 'impiegati', 'scribi') et factori et protectori et coghi (cioè: cuochi') et altri che guardano e governano li amalati. Et nel tempo della gioventù del dicto compositore (cioè dell' 'autore'), ipso dice essere stato uno de li dicti notarii per due anni, et che aveva 3 ducati lo mese, ad usanza de li studenti, da li ciptadini de la ciptà[40].

Il brano documenta che Leone lavorò in queste istituzioni, che dunque conosceva bene (fu "uno de li dicti notarii per due anni, et che aveva 3 ducati lo mese, ad usanza de li studenti") ma soprattutto documenta l'esistenza a Fez dei primi asili psichatrici. La cosa non è sfuggita ai protagonisti della prima psichiatria francese che

40 Al-Hasan, *op. cit.*, p. 432.

su questa base l'hanno registrata: prima Jean-Étienne Dominique Esquirol nelle sue *Maladies mentales considérées sous les rapports médical, hygiénique et médico-légal* (1838) e poi anche Michel Foucault nella *Histoire de la follie à l'âge classique* (1972), a dimostrazione della dimensione antropologica che ha il testo di Leone in questa parte sur Regno di Fez[41].

Uno stesso interesse antropologico percorre la parte dedicata all'Egitto, che Leone conosce bene "per essere stato [...] tre viaggi, et avere visto e considerato el vivere et li costumi" (ed. Donnini, pp. 723-71) e dove s'incontra una lunga descrizione della città de Il Cairo, che conclude la *Descrizione* con le parti dedicate ai fiumi (parte VII), agli animali (VIII), ai frutti, alberi e altri materiali (IX). Leone sa che l'appartenenza dell'Egitto all'Africa è discussa dai cosmografi e prende posizione. Per lui, la parte occidentale del Nilo è Africa, quella orientale no:

> sonno molti cosmographi li quali dicono che Egipto non è de Africa, et alcuni dicono che è de Africa; et alcuni dicono che la banda che è verso el deserto de la barbaria et Numidia et Libia, quella banda è vero che è de Affrica; et alcuni altri dicono che tutta la habitatione che è sopra el ramo principale, quella è de Africa, et quella che è sopra l'atro ramo non sonno de Africa [...]. Et questa è l'opinione del dicto compositore (cioè: 'dell'autore') [42].

La descrizione del Cairo, dopo i sobborghi passati in rassegna (e le descrizioni di Alessandria, pp. 729 sgg., Rosetta, Tebe, ecc.) fa spazio alle origini della città, al suo clima, ai fenomeni naturali che la toccano come la crescita e decrescita del Nilo (pp. 746-748), su cui la letteratura è ricca a cominciare dallo scambio tra il geografo

41 J-E. D. Esquirol, *Des maladies mentales considérées sous les rapports médical, hygiénique et médical-légal*, chez J.-B. Baillière de l'Académie Royale de Médecine, Paris 1838, 2 voll., Vol. II, pp. 435 *sg.* (a proposito del trattamento degli alienati, cita Leone che parla degli ospedali di Fez), e M. Foucault, *Histoire de la folie à l'âge classique*, Paris, Gallimard 1998, p. 159.

42 Al-Hasan, *op. cit.*, p. 728.

Giovanni Battista Ramusio e il medico e astronomo Girolamo Fracastoro consegnato alle *Navigazioni e viaggi*, alle abitudini e ai costumi degli abitanti, alle attività lavorative perché "la dicta cipta è bene fornita de artesiani et mercanti de ogni sorte" (738). Scorrono così davanti ai nostri occhi i numerosi mercati di alimentari, stoffe, drappi preziosi, spezie, cartai, orafi e altri commerci. Il lungo capitolo affronta poi anche il tema della religione, con la descrizione delle principali moschee e dei collegi coranici e scuole presenti in città, nonché delle "quattro religioni che, come spiega bene il commento, sorgono "una differente dall'altra" (p. 751) dalle quattro interpretazioni ortodosse della *Sunna* ('scrittura') risalenti a quattro dottori e codificate tra VIII e X secolo. Esse sono:

> una differente da l'altra in le cerimonie de la legge spirituale et in li consigli del civile e del canonico; ma tutti se terminano et legano loro scriptura mucamettana pero che già furono antiquamente 4 doctori che hanno avuto ingegnio di trovare modo de fare terminare cose particulare sotto le cose universale; et ogniuno e loro aveva inteso la scriptura differente l'uno da l'altro. Li quali doctori sono stati de gran credito et furono seguitate le loro regule[43].

6. *L'allargamento dell'ecumene*

Il secondo grande evento che si accampa sullo sfondo della *Descrizione dell'Africa* e in parte la spiega, dopo l'espansione araba dei secoli VII-X, è l'allargamento dell'ecumene, che tra la fine del Quattrocento e l'inizio del Cinquecento avviene ad opera di navigatori e esploratori. È l'epoca delle grandi scoperte geografiche e, in fondo, la vita stessa di Hasan, granadino esule in Marocco, viaggiatore attraverso l'Africa settentrionale e subsahariana fino al Cairo e a Timbuctù, con l'accidentato approdo a Roma che sappiamo e poi il

43 Ivi, p. 751

decisivo decennio lì trascorso tra in 1518 e 1527, costituisce un parallelo significativo di quegli sconvolgimenti epocali. Questa grande rivoluzione dei nuovi mondi, che nell'allargamento dell'ecumene vede in prima fila spagnoli e portoghesi, è pari solo a quella che nello stesso periodo comporta in Occidente l'invenzione della stampa. Ma "nuovo mondo" è formula che non definisce solo le Americhe bensì ogni nuova scoperta, che aggiunge al vecchio un pezzo di mondo. Così, per Hernán Cortéz il Messico sarà la "Nuova Spagna" o la parte nord-orientale degli Stati uniti la "Nuova Inghilterra", con quel senso di "appendice" dal Vecchio che è inizio di una dipendenza e servaggio coloniale destinato a durare fino ai nostri tempi e contro il quale, e contro le nuove forme che ha assunto, lotta la gran maggioranza dei paesi non 'europei' Non è un caso se, anche ben oltre la metà del XX secolo, i migliori intellettuali e le migliori l'America latina dovrà insorgere con i suoi migliori intellettuali e forze sociali per vedersi riconosciuto uno statuto autonomo e indipendente e non soltanto quello di 'appendice' della penisola iberica. L'allargamento dell'ecumene è dunque una rivoluzione epocale, che come ho detto trova un parallelo adeguato solo nell'avvento della stampa avvenuto in quel medesimo giro d'anni e destinato ad allargare, in modi analoghi ma certo non cruenti, le conoscenze delle classi colte europee oltre la precedente diffusione culturale garantita dalla circolazione manoscritta dei testi. Dopo la conquista di Ceuta (1415), i Portoghesi iniziano a navigare le coste atlantiche dell'Africa (Madera, le Azorre e il Capo Bojador, punto più meridionale sulla costa nord occidentale dell'Africa e allora conosciuto in Europa) e altri arcipelaghi a nord dell'equatore e lo fanno sotto Enrico il Navigatore (1394-1460), figlio del re di Portogallo Joao I e principe della casa reale, che navigatore non fu mai. Poi, sotto il regno di João II (1481-1495), estenderanno l'esplorazione alle coste occidentali dell'Africa accompagnandola con un'evangelizzazione delle popolazioni indigene che arriverà fino al Congo[44]. E nel 1488, con Bartolomeo Diaz, doppieranno per primi il Capo di Buona Speranza aprendo la via verso l'Oceano indiano e dando inizio a un impero coloniale che si estenderà dalle Americhe alle Indie. Anche gli italiani sono naturalmente presenti: genovesi sono Giovanni Caboto e Cristoforo Colombo, fiorentino Amerigo Vespucci e veneto Alvise da' Mosto. Ma l'Italia, che non è ancora uno stato unitario, può solo molto parzialmente battersi in quel confronto atlantico che richiedono grandi apporti finanziari e politici. I navigatori italiani navigano così sotto altre bandiere: Caboto, a servizio dell'Inghilterra, si orienterà verso nord scoprendo le terre canadesi del Labrador e di Terranova (1496); Vespucci, al servizio dei Medici ma a Siviglia dove muore nel 1512, e Cristoforo Colombo, dopo un fallito tentativo presso i Portoghesi, al servizio dei Re cattolici Isabella di Castiglia e Ferdinando d'Aragona che riesce a convincere dell'opportunità di raggiungere le Indie. Colombo sceglierà un'altra via. E proprio negli anni in cui Leone deve abbandonare Granada, non navigherà verso est come avevano fatto i Portoghesi doppiando l'Africa, ma prenderà verso Ovest attraverso l'Atlantico. Crederà di avere raggiunto le Indie e invece ha scoperto le Americhe, ma di questo se ne renderà conto più tardi solo Amerigo Vespucci, il cui nome rimarrà a battesimo di quel continente: le Americhe. Questi navigatori lasciano ovviamente delle relazioni di viaggio, a volte scritte da loro stessi a volte messe nero su bianco da altri. Il confronto con i materiali di Colombo e con quelli ospitati nelle *Navigazioni e viaggi* del Ramusio mostra comunque che la ricchezza di informazioni che

44 Enrico il Navigatore è ricordato con onore nella Bolla *Romanus Pontifex* di Martino V, che nel 1454 attribuiva ai Portoghesi le terre già scoperte, o quelle che saranno scoperte, come premio per la diffusione della fede cristiana che avrebbero accompagnato in loco e attraverso la conversione forzata degli schiavi portati in Europa. E si veda L.F. Thomaz, *L'expansion portugaise dans le monde. XV-XVIIIe siècles. Les multiples facettes d'un prisme*, Candeigne-Librerie Portugaise & Brésilienne, Paris-Lisbone 2022 (2[a] ed. rivista e aumentata), § II, "La « découverte » de l'Afrique", pp. 47-109, alle pp. 103-09, che sottolinea come lo scopo dell'evangelizzazione nel Congo "était de créer un bloc chrétien à l'arrière-garde du bloc islamique, et ainsi empêcher son expansion" (p. 109).

ci consegna la *Descrizione dell'Africa*, pur limitatamente alla parte settentrionale del continente africano, è senza pari più ricca delle precedenti anche in termini di umanità che scoprono e di cui parlano. Colombo pare interessato soprattutto al paesaggio e alle sue risorse mentre Vespucci è più aperto all'uomo, al suo vivere, ai suoi costumi e abitudini. Su quella via, Hassan al-Wazzan percorrerà altro cammino anche grazie a quell' interesse per la società e le sue espressioni che abbiamo visto presenti nell'opera del tunisino Ibn Khaldun. In questo senso, la *Descrizione dell'Africa* lungi dall'essere un semplice libro di viaggio è piuttosto un testo di geografia umana e di antropologia; ha relazioni con la tradizione storiografica e di viaggio araba interessata al viaggio ai luoghi santi e – pur con le diferenze su cui gli arabisti convengono – con quello speciale 'genere' letterario che in arabo è la *rihla* (la 'peregrinazione alla Mecca')[45]. Ma Leone mostra un rapporto importante anche con la tradizione degli *ahadith,* cioè quell'insieme di detti e racconti attribuiti al Profeta che sono una delle forme più importanti di trasmissione della dottrina musulmana (*Sunna*). E su quest'apporto gli arabisti hanno discusso e ancora discutono.

Sono note le conseguenze di questa apertura dell'ecumene rispetto al grande testo geografico di Claudio Tolomeo, che dopo la messa in evidenza delle approssimazioni e degli errori che conteneva (massime quello che riteneva l'Oceano indiano un mare chiuso) da parte degli umanisti del secondo Quattrocento e i tentativi di conciliarne e correggerne le descrizioni alla luce delle nuove scoperte geografiche,

45 Da Louis Massignon a François Pouillon dalla Zhiri a Rodriguez Mediano e oltre, gli studiosi hanno sottolineato le differenze tra la narrazione dell'*Africa* e la tradizione della *rihla*, in generale un racconto esemplare, sobrio in dettagli, a lato di quello, ricco invece di particolari, della *Descrizione* di Leone: cfr. L. Massignon, *op. cit.*, p..J. Daklia, *Léon et les femmes. Quand l'adultère fait l'histoire*, in: *Léon l'Africain*, cit., pp. 185-209. Su ciò anche i due saggi premessi all'ed. Donnini dell'*Africa*, cit.: F. Rodriguez Mediano, *Léon Africano, árabe*, cit. e O. Zhiri, *Hasan al-Wazzân / Leo Africanus and his "cosmographic mode" of writing*, pp. 15-26.

è alla fine accantonato e sostituito[46]. In parallelo, l'emergere di nuove terre provoca l'inizio della moderna colonizzazione da parte dell'Europa cristiana, una colonizzazione che la Chiesa accompagna con almeno due bolle papali nello spazio di quarant'anni. La prima è emanata da Martino V Colonna nel 1454, e attribuisce ai portoghesi le terre scoperte o quelle che lo sarebbero state; la seconda, nel 1493, dal pontefice spagnolo Alessandro VI Borgia, che fa lo stesso con gli spagnoli[47]. L'esito è quello di provocare uno scontro tra potenze per

46 Esemplare in questo senso il libro di M. Milanesi, *Tolomeo sostituito. Studi di storia delle conoscenze geografiche nel XVI secolo*, Unicopli, Milano 1984. E, della stessa studiosa, «Ramusio: la synthèse des savoirs sur l'océan, in Méditerrannée et Océan indien. Deux mondes en miroir", in: "TOPOI. Orient – Occident", Suppl. 15, 2017, a cura di D. Marcotte, pp. 245-56 ("Du fait d'un fort sentiment de continuité avec le passé, qui lui vient de Biondo, l'abandon de la géographie classique par Ramusio n'est pas une rupture, mais un chemin de recherche historique. Grâce à une connaissance plus approfondie, nous accédons à une récupération plus complète de notre héritage que celle que les livres seuls n'ont jamais été en mesure d'offrir [...] Parmi les auteurs qui ont écrit sur les nouveaux mondes, Ramusio occupe une place unique, car il ajoute une épaisseur historique à la représentation du présent que produit l'expérience moderne. Cela revient chez lui à historiciser le passé, comme on le fait en géographie depuis l'époque de Biondo Flavio [...]. Il est intéressé plutôt à expliquer comment le monde des Anciens est devenu celui des Modernes, et ce qui les lie encore les uns aux autres" (p. 253).

47 Le bolle *Romanus Pontifex* rispettivamente *Inter coetera* arrivavano a legittimare lo sfruttamento e la schiavitù delle popolazioni indigene, giudicando che questa avrebbe concorso a un aumento della fede cattolica. Questo un estratto di quella di Alessandro VI, che concede la proprietà delle terre scoperte ai Re cattolici a ringraziamento della *Reconquista,* nel 1492 (miei i corsivi): "*Noi vi doniamo, concediamo e destiniamo* – per nostra propria volontà, non in seguito a vostre richieste od a suppliche presentateci da altri in tal senso a vostro nome, ma esclusivamente per la nostra liberalità, sicura conoscenza e pienezza del potere Apostolico, per l'autorità dell'Onnipotente Iddio conferitaci nella persona di san Pietro, e per il Vicariato di Gesù Cristo che noi assolviamo in terra, *tutte le isole e le terre, esplorate o da esplorare, scoperte o da scoprirsi verso occidente e verso sud, che si trovano tracciando e stabilendo una linea, che va dal Polo Artico a quello Antartico, un centinaio di leghe ad ovest e a sud da quelle isole comunemente chiamate Azzorre e del Capo Verde, indipendentemente dal fatto che tali terre ed isole siano in direzione dell'India o di qualche altro paese;* con la clausola tuttavia che queste terre ed isole esplorate o da esplorarsi, scoperte o da scoprire situate ad ovest o a sud di detta linea, non siano appartenute ad alcun altro principe o re cristiano fino al giorno, dalla natività di nostro Signore Gesù Cristo da poco trascorso, in cui inizio questo anno millequattrocento novantatré, quando alcune delle summenzionate isole furono scoperte dai vostri inviati e capitani. Ed in forza del presente documento *noi le*

il posseso delle terre, cui solo un nuovo intervento papale rimedierà dopo anni di trattative con il trattato di Tordesillas[48], voluto da papa Borgia a regolare la spartizione del "Nuovo mondo" nel 1494. Questo fissa una linea ideale da Polo a Polo (un meridiano a circa 40o che taglia il Brasile in due): a ovest di quella linea, che passava a circa 370 leghe da Capo Verde, le terre saranno spagnole, a est portoghesi. In questo quadro, l'Europa perdeva importanza e i traffici dal Mediterraneo si spostavano sull'Atlantico e verso l'Oceano indiano, dove a Spagnoli e Portoghesi sarebbero subentrate, nel corso del Seicento, potenze come l'Olanda, la Francia e l'Inghilterra destinate a governare i mari nei secoli successivi[49]. Con le nuove vie oceaniche, la tratta degli schiavi, il commercio dell'oro, nuovi alimenti e i carichi di spezie, arrivavano anche nuove culture e lingue che avrebbero provocato la curiosità di illustri umanisti, fra i quali primeggia lo zurighese Conrad Gessner (1516-1565). Improntando il titolo all'antico sovrano Mitridate che Plinio ricordava nella *Naturalis Historia* per le eccezionali competenze linguistiche, Conrad Gessner dava nel suo *Mitridates* (1555) il primo trattato di linguistica comparata con l'inventario e la descrizione di più di 110 lingue e una serie di dialetti, parte dei quali recentemente giunti in Europa[50]. Questo testo offre, come i linguisti riconoscono, il primo nucleo di quella

---

concediamo in perpetuo con tutti i loro dominii, città, castelli, siti o villaggi e con tutti i privilegi, le giurisdizioni e dipendenze, a voi ed ai vostri eredi e successori, re di Castiglia e León, e noi eleggiamo, investiamo e nominiamo voi, i vostri eredi e i vostri successori, signori di queste terre con pieni, liberi e completi poteri, autorità e giurisdizione" (consultabili sul portale di divulgazione storica *HistoriaRegni*: https://r.search.yahoo.com/_ylt=AwrkPG1TcwBmypIhMz1nXQx.;_ylu=Y29sbwMEcG9zAzEEdnRpZAMEc2VjA3Ny/RV=2/RE=1711334356/RO=10/RU=https%3a%2f%2fwww.historiaregni.it%2fla-bolla-inter-coetera%2f/RK=2/RS=i.152Qn1gnzAindCwmYiOI6Hrwg-).

48 Per le imprecisioni, tuttavia, del trattato (che necessitò di ulteriori messe a punto tra le nazioni), si veda L.F. Thomaz, *op. cit.*, pp. 215 *sg.* e n.

49 È il quadro tracciato da Fernand Braudel nella *Méditerranée à l'époque de Philippe II*, Armand Colin, Paris 1949.

50 G. Graffi, *Breve storia della linguistica*, Carocci, Roma 2025, p. 81: "Il Mitridate di Gessner è un catalogo di più di 110 lingue (per l'esattezza, 72 lingue più alcuni "dialetti") di ciascuna delle quali è indicata la popolazione che la parla ed è fornita una sintetica descrizione".

che si chiamerà la linguistica storica, disciplina che giungerà a piena maturità solo a inizio dell'Ottocento con la formulazione di una grammatica storica delle lingue indeuropee. Il fatto va richiamato anche pensando agli interessi di colei che fu all'origine dei simposî di Eranos e al fascino che subì della cultura orientale. Non per nulla il punto di riferimento della Fröbe-Kapteyn era l'orientalismo di Goethe, con le sue componenti arabe, persiane e turche che ne fanno l'antesignano della "Weltliteratur". Con l'idea, che Goethe espresse nella poesia finale del suo *West-östlicher Divan*, che "Okzident und Orient sind nicht mehr zu trennen".

L'allargamento dell'ecumene dovuto alle scoperte geografiche, e l'emergere alla storiografia occidentale di un continente prima quasi completamente sconosciuto è dunque il secondo elemento che fa da sfondo alla *Descrizione dell'Africa* di al-Hasan b. Muhammad b. Ahmad al-Wazzan detto in Europa Leone l'Africano. Certo, non erano mancati in precedenza autori e opere geografiche o di viaggio di parte mussulmana: dalla *Descrizione dell'Africa settentrionale* di El-Bekri, poeta e diplomatico al servizio dell'*amir* di Siviglia e morto nel 1094, che per il nord Africa tratta più o meno delle stesse regioni di Leone[51], a Muhammad al-Idrisi pure nato nell'al-Andalus e morto nel 1175, alla grande enciclopedia che ho ricordato del tunisino Ibn Khaldun (1332-Cairo, 1406), lo storico certo più noto in Occidente con il ricordato *Libro degli esempi* e vicino a Hasan al-Wazzan. E fino al tangerino, di origine berbera, Ibn Battuta (1304-1369/77), forse il maggior viaggiatore del tempo, che ci ha lasciato le decrizioni di un impressionante numero di paesi tra Medio e Estremo Oriente, tra India e forse Cina[52]. Non tutti i viaggiatori furono, come ho ricordato, anche estensori dei loro testi, e a volte (com'è il caso di Ibn Battuta)

51 El-Bekri, *Description de l'Afrique septentrionale*, tr. W. Mac Guckin de Slane, Imprimerie Impériale, Paris 1859.

52 Ibn Battuta, *I viaggi*, a cura di C.M. Tresso, Einaudi, Torino 2018. Sul tema, il classico libro di F. Gabrieli, *Viaggi e viaggiatori arabi*, Sansoni, Firenze 1975 (con testi dei secc. IX- XV), avvertito che qui, come in altri ambiti (per esempio nell'ambito medico), 'arabi' si riferisce alla lingua dei testi e non all'origine degli autori.

la figura dell'autore e quella del redattore non coincidono. Hasan al-Wazzan fu invece anche autore della *Descrizione dell'Africa,* che richiama molti di quegli autori e sulla quale ci lasciato interessanti annotazioni in merito alla composizione dell'opera, che da quei precedenti appare notevolmente diversa[53]. L'opera è cresciuta su una serie di note che l'autore prendeva. Navigando per fiume verso l'alto Egitto, mentre gli altri passeggeri dormono, Leone ricorda di essere rimasto nella sua cameretta a studiare e scrivere le sue note di viaggio a lume di candela[54]. In altra occasione, discutendo a Roma le varie origini delle popolazioni africane si lamenta di non avere avuto a disposizione i testi degli storici arabi: "Et sonno molte altre opinione, de le quale l'homo [l'autore] non può haverne plena memoria per esser già circa 10 anni che non habia visto né toccato libro alcuno de hystorie tanto"[55]. Particolarmente dolorosa la mancanza per lui del grande testo di Ibn Khaldun, che solo può richiamare a memoria: "Et meglio se ponno vedere le hystorie de li Arabi di Ibnu Calden, el quale fece quasi un grosso volume de li arbori et de le generatione de li Arabi imbarbarati (cioè: 'berberi' e 'islamizzati'), de li quali, secundo la debil memoria del prefato compositore (cioè: 'autore'), in la presente opera vedere si pote. El quale già sonno passati anni 10 che mai dice non havere visto libro alcuno de le hystorie de li Arabi; et perché ha viste et conversato quasi con tutte le sopradicte generatione di li Arabi, però li remanseno qualche hystorie depinte in la memoria, l'impossibilità di consultare testi arabi da ormai 10 anni"[56]. E così via.

53 Chi ha comparato le parti comuni a questi viaggiatori ha colto le differenze. Si veda N. Zemon Davis, *op. cit.*, pp. 108-12, e ora A. Donnini nella sua edizione commentata dell'*Africa*, cit., pp. 109-17.

54 Hasan al-Wazzan, *op. cit.*, p. 798: "Andando alla ciptà di Cana in Egipto alto discosta dal Chairo circa 400 miglia [si tratta di *Qena*, sulla riva orientale del Nilo a 70 chilometri a nord di Luxor]: et quando fu nel mezoviagio, in una nocte che era la luna alquanto nebulosa et fa un bon vento, ma lento, che menava pure la barcha, et *tutti li barcharoli et li passagieri dormirono et lui remanse in una camoretta studiando a la candela*".

55 Ivi, p. 252.

56 Hasan al-Wazzan, *op. cit.*, p. 274.

Certo, lo sguardo di Hasan al-Wazzan sull'Africa non solo è autoptico e frutto di testimonianza diretta, ma si centra esclusivamente sull'interno del paese distinguendosi così radicalemente dai navigatori che solo prima avevano circumnavigato il continente. È questo un elemento che rende la *Descrizione* particolarmente interessante, anche se in lui come nei viaggiatori antichi e rinascimentale non è sempre agevole riconoscere ciò che ha visto realmente e ciò che forse gli viene da relazioni e narrazioni di altri.

7. *Qualche elemento della Descrizione dell'Africa*

L'inizio della *Descrizione* è certo tradizionale, con la distinzione che Leone trova e fa sua, "appresso i nostri scrittori", di quattro aree africane così elencate e poi ampiamente sviluppate: "l'Africa è divisa in quattro parti, Barberia, in Numidia, in Libia et nella Terra de' Negri". Ma a scorrere l'intera compagine del Ramusio, essa solo si ritrova nella relazione "della vita e costumi degli uomini della India e di tutto il Paese d'Oriente" del veneziano Nicola de' Conti, testo di vasta circolazione manoscritta fin dalla metà del Quattrocento e poi a stampa dal 1492, di un autore che in Oriente aveva viaggiato tra 1415 e 1439 arrivando a imparare arabo e a convertirsi all'islam. Non è indifferente che, come accadde a Leone, il Conti purgasse poi l'apostasia obbedendo all'invito di papa Eugenio IV Condulmer di scrivere e dettare la sua relazione al cancelliere pontificio e grande umanista Poggio Bracciolini, del resto subito circolante attraverso la versione del IV libro dei suoi *De varietate fortunae*[57]. Ma a parte questa tangenza con l'umanesimo della corte pontificia, (lo stesso Leone risiederà a Roma durante un decennio), un altro fatto è notevole, che concerne la traduzione portoghese che Valentim Fernades procurò del *Viaggio* (Libona 1502): ed è il parallelo possibile con il mercante veneziano Marco Polo, che aveva lasciato Venezia in direzione della Cina nel 1271.

57 G.B. Ramusio, *op. cit.*, Vol. II, p. 783.

Queste le parole del traduttore portoghese riportate dal Ramusio:

> Io mi son mosso a tradur questo viaggio di Nicolò veneziano acciò che si legga appresso di quello di Marco Polo, cognoscendo 'l grandissimo servizio che ne risulterà a Vostra Maestà, ammonendo e avisando il sudditi suoi delle cose dell'Indie [...], e delle grandi utilità e ricchezze di spezierie, gioie, oro, argento che se ne traggono [...], conciosiacosaché in questo viaggio di Nicolò si parla particolarmente d'altre città dell'India, oltra Calicut e Cochin, che già al presente abbiamo scoperte; e appresso per aggiungere un testimonio al libro di Marco Polo, il qual andò al tempo di papa Gregorio X nelle parti orientali [...], e questo Nicolò dipoi al tempo di papa Eugenio IIII per la parte di mezzodì penetrò a quella volta, e trovò le medesime terre descritte dal detto Marco Polo. E questa è stata la principal cagione d'avermi fatto pigliar la fatica di questa traduzione.

L'accostamento del *Viaggio* di Nicolò di Conti al testo di Marco Polo che Ramusio fa, dotato il secondo di grande diffusione e di una tradizione di più di 130 codici, non è un fatto eccezionale. Immediato fu l'interesse che fin dal Trecento mostrarono storiografi e cronisti come Giovanni Villani, Pietro d'Abano, Domenico Bandini o Jacopo d'Aqui. Un secolo più tardi, lo stesso Cristoforo Colombo possedette una copia del testo di Parco Polo oggi alla Biblioteca Colombina di Siviglia[58]. Se non per tutte queste relazioni di viaggio, almeno per le più diffuse e per quelle che parevano colmare una importante lacuna nelle conoscenze geografiche del tempo, come a fine Duecento era stato il caso del Milione e a inizio Cinquecento quello della *Descrizione* di Leone, avveniva che la testimonianza di queste relazioni di viaggio si allungavano su altri libri illuminandone meglio gli apporti geografici e cosmografici. Il caso di Marco Polo, con cui vorrei concludere questo intervento, acquista in questo contesto un significato

58 L. Battaglia Ricci, *Milione* di Marco Polo, in: *Letteratura italiana. Le Opere*, dir. A. Asor Rosa, Vol. I, *Dalle Origini al Cinquecento*, Einaudi, Torino 1992, pp. 85-105, a p. 101.

particolare se posto in paralelo al testo di Leone. Di entrambi gli autori, abbiamo oggi una documentazine quasi completa. Per Marco Polo, il cui testo era già stato molto studiato, il settimo centenario della morte (2024) ha messo a disposizione una nuova e importante documentazione e favorito mostre e manifestazioni a Venezia e a Roma, per Leone Africano abbiamo avuto nel 2023 l'edizione critica dell'intero documentale dell'Africa con l'edizione commentata della redazione manoscritta di Roma (1526), con quella della *editio princips* di Ramusio (1550) e infine con un terzo volume di introduzione, studi e indici vari. Si tratta in entrambi i casi di relazioni di viaggio, verso l'Est asiatico per Polo, il cui mondo è soprattutto mongolo, cinese, persiano mentre il mondo arabo è solo sfiorato nelle soste ad Acri e nella Siria settentrionale; e, invece, quello verso l'Africa per Leone. Da Acri a Pechino il veneziano Polo procede via terra, poi dalla Cina alla Persia e a Venezia via mare; Leone procede invece, in generale, per terra a parte qualche ritorno per mare dall'Egitto a Fez o qualche navigazione fluviale. Ma non è solo la modalità del viaggio a fare la differenza tra il mercante Polo e il geografo Leone. Come ha sottolineato la Zemon Davis, non solo il viaggio è lo strumento fondamentale per il geografo ma "fin dal IX secolo viaggiare era divenuto per gli studiosi mussulmani una via che avrebbe portato [...] alla scoperta dello stesso islam. Viaggiare comportava inoltre di mettersi alla prova, e le difficoltà erano ben accette quale sfida ascetica"[59], ma soprattutto permetteva a questi sapienti che avevano ricevuto una formazione teologico-giuridica alle scuole coraniche (gli "Ulama") di viaggiare alla ricerca dei maestri più prestigiosi. Ne deriva che diversa è anche la natura dei due testi, risultando quello di Polo dalla collaborazione, difficile da definire con precisione, tra il mercante

59 Sul significato del viaggio nell'islam, la cui bibliografa è vasta, si veda almeno N. Zemon Davis, *op. cit.*, pp. 109 *sgg.* Tra le differenze che distinguono Leone dai geografi precedenti è l'uso del miglio invece dei giorni di viaggio che separano due località. Leone non usa le latitudini e longitudini tolemaiche per le località né fa riferimento all'astronomia per determinarne l'ubicazione E neppure disegna mappe dell'Africa, cosa che farà quarant'anni dopo il cartografo veneziano Giacomo Gastaldi (Zemon Davis, *op. cit.*, p. 111).

veneziano e lo scrittore di romanzi arturiani incvontrato in carcere Rustichello da Pisa che agli occhi dei contemporanei avevano reso il *Milione* una sorta di 'romanzo' denso di *mirabilia* medievali, e il testo di Leone, invece, che era una descrizione fededegna della natura geografica e umana di un continente ancora quasi sconosciuto. E diverso era anche lo statuto dei due autori: Polo è mercante, figlio di mercanti, dotato di una cultura pratica ma senza lettere; Leone è un intellettuale cosmopolita, formatosi alla tradizione delle scuole coraniche, con una conoscenza delle lingue semitiche e classiche. I loro testi hanno una tradizione filologica molto diversa: ridotta quella della *Descrizione dell'Africa*, complessa, con centinaia di manoscritti e redazioni linguistiche in franco-italiano, francese, toscano, veneto o con traduzioni in latino fin dal primo Trecento, quella di Polo.

Resta che, una volta registrate queste differenze, siamo davanti a due testi con i quali l'Italia del tardo Medioevo come quella del primo Rinascimento ha saputo parlare all'Europa il linguaggio delle grandi esplorazioni geografiche contribuendo, con il musulmano Hasan al-Wazzan, alla scoperta di un continente di cui si cominciava a fare la storia così come Polo aveva fatto con la Cina.

Memoria: percorsi di singoli e popoli

Franco Bonsignori

Pisa / *Pisa*, Italy / *Italia*
April / *Aprile* 2024

In questo scritto vorrei brevemente riflettere sul tema della memoria. È un tema che da tempo va crescendo, principalmente in ambito socio-politico, legato a fenomeni di transizione di popoli da dittature per rifondare vite migliori anche attraverso processi di riconciliazione e reidentificazione implicanti memoria del passato. Esso coinvolge aspetti vari: filosofici, epistemologici, psicologici, etici, politici, giuridici, un arco d'interessi più vasto di quanto può sembrare. Provo a far qui solo alcune osservazioni, e di carattere generale: appena qualche spunto, qualche linea teorica per riflessioni più ampie e approfondite.

Conoscenza

La memoria è certo una funzione umana assai complessa, su cui l'uomo ha riflettuto per millenni; nel mondo occidentale specie durante il Rinascimento[1]. Nell'affrontarla prendiamo le mosse da un altro tema di non minor rilievo: la conoscenza. Non può pensarsi infatti alla memoria se non in rapporto a una teoria del processo

1 Ricordiamo la cultura dell'arte della memoria lì fiorita; citiamo per tutti il filosofo monaco Giordano Bruno: cfr. G. Bruno, *L'arte della memoria. Le ombre delle idee*, intr. M. Maddamma, Mimesis, Milano 1996.

cognitivo, nei suoi aspetti e limiti. Diamo quindi alcuni cenni su quel punto.

Nella cultura contemporanea circola una visione, anche scientifica, che tende a escludere un'idea della conoscenza come rappresentazione esatta, ossia vera, del conosciuto, frutto di ragione. S'afferma invece un'idea costruttiva di essa quale atto, pur se razionale, elaborante e interpretante; ciò in base a un presupposto di fondo: l'irriducibilità cognitiva del reale, che sfugge per principio a una piena presa dati i modi stessi e gli strumenti del conoscere. Carl Gustav Jung, fondatore della psicologia del profondo, pensa che l'approccio al mondo passi irrimediabilmente per il filtro della psiche, area oscillante nel baluginare di coscienza e inconscio e dei loro spazi umbratili[2]. Uno scienziato, un fisico, Bernard D'Espagnat, allude a un reale velato, cioè a una realtà celata dietro il velo cognitivo[3]. Altri scienziati e epistemologi, quali ad esempio il matematico Alfred Korzybski e il biologo Gregory Bateson, parlano della conoscenza come costruzione di mappe e non descrizione di territori: ove la mappa non è il territorio[4]. Orbene, questa visione mi sento d'accogliere

2 "Bisogna rendersi conto che il fatto psicologico è tutto: la percezione rende psichica la realtà, noi viviamo in una sorta di mondo-immagine, quale i nostri sensi e la nostra intelligenza possono percepire; la realtà vera non la conosciamo, perché nella sua totalità non è concepibile da noi. Ma abbiamo una quantità di segni della realtà che sta dietro" (C.G. Jung, in W. McGuire e R.F.C. Hull (a cura di), *Jung parla. Interviste e incontri*, pref. W. McGuire, tr. it. Adelphi, Milano 1995, pp. 511 *sg.*).

3 "La realtà indipendente, o *intrinseca*, o *forte*, è al di là dei riferimenti spaziotemporali, e [...] non bastano, a descriverla, i concetti ordinari. Ancora una volta, la realtà empirica, quella delle particelle, dei campi e delle cose, sarebbe per noi, proprio come la coscienza, un semplice riflesso. E questi due riflessi sarebbero complementari nel senso prima precisato: l'uno e l'altro, si può dire, sono realtà, ma soltanto realtà 'deboli', non totalmente descrivibili in termini di oggettività forte [...]. Se voglio persistere nel mio atteggiamento realista, mi vedo così spinto a optare per un realismo non fisico, che si può chiamare *teoria del reale velato* [...]. Per realismo non fisico o teoria del reale velato intendo ogni realismo che non soddisfi la speranza cui prima si accennava (quella riassunta dal postulato del realismo fisico)" (B. D'Espagnat, *Alla ricerca del reale. Fisica e oggettività*, tr. it. Boringhieri, Torino 1983, pp. 121 e 125).

4 "Questo principio, reso famoso da Alfred Korzybski, opera a molti livelli [...]. Ma in termini [...] astratti la proposizione di Korzybski asserisce che sempre

appieno: un'epistemologia opzionale-ermeneutica, che in tal modo aperto e problematico pone il rapporto fra gli uomini e il mondo.

Memoria. Il cosa

Veniamo adesso alla memoria. La memoria è essa stessa una forma di conoscenza, non del presente ma del passato, vicino o lontano. Conosce il passato, o lo riconosce ove già conosciuto[5]. E qui, per la distanza temporale dall'oggetto che attenua o esclude la presa esperienziale, l'aspetto ermeneutico-ricostruttivo ha forza ancor maggiore. Se conoscere è ragione, o quasi, rammemorare è ragione profondamente intrisa d'invenzione e pure d'emozione[6]. Insomma, la mappa mnemonica appare la più ombrosa e incerta, seconda solo all'illusione fantastica sul mondo; però non minore di altre sul piano cognitivo, anzi a volte anche superiore. La grande opera di Marcel Proust, "Alla ricerca del tempo perduto", ne dà il modello estremo: il tempo lì narrato non è il tempo reale ma quello, più misterioso e vero, che l'arte ha scoperto e ricreato[7].

---

quando c'è pensiero o percezione oppure comunicazione sulla percezione vi è una trasformazione, una codificazione, tra la cosa comunicata, la *Ding an sich*, e la sua comunicazione. Soprattutto, la relazione tra la comunicazione e la misteriosa cosa comunicata tende ad avere la natura di una *classificazione*, di un'assegnazione della cosa a una classe. Dare un nome è sempre un classificare e tracciare una mappa è essenzialmente lo stesso che dare un nome [...]. Ogni esperienza è soggettiva [...]. È il nostro cervello a costruire le immagini che noi crediamo di 'percepire' [...]. Le regole dell'universo che crediamo di conoscere sono sepolte nel profondo dei nostri processi di percezione" (G. Bateson, *Mente e natura. Un'unità necessaria*, tr. it. Adelphi, Milano 1984, pp. 47 *sg.* e 54).

5 "È questa [l'arte] che con i suoi mezzi rende presenti e visibili le cose sensibili trascorse ed assenti [...]. Inoltre trasmette a distanza in ogni luogo e tempo concetti e tacite intenzioni comunicabili [solo] da vicino" (G. Bruno, *op.cit.*, p. 80).

6 Pensiamo, a conferma, al fenomeno della creazione spontanea di false memorie, su cui le neuroscienze stanno sempre più indagando.

7 "*La ricerca del tempo perduto* è una cronaca ricavata dal ricordo: nella quale la successione empirica del tempo è sostituita dal misterioso e spesso trascurato collegarsi degli avvenimenti, che il biografo dell'anima, guardando all'indietro e dentro di sé, sente come l'unica cosa vera" (E. Auerbach, "Marcel Proust. Il romanzo del tempo perduto", in: M. Proust, *La strada di Swann*, t. E. Auerbach e G. Macchia, post. M. Bongiovanni Bertini, tr. it. Einaudi, Torino 2016, p. XI; "Basta che un

Tale figura, così intesa, passa per due vie che van distinte: il piano individuale e il piano collettivo. Nell'uno opera un soggetto, nell'altro opera un gruppo con le sue estensioni, fino a un popolo e a un più vasto ambito di civiltà. Non muta comunque l'impianto epistemologico sopra indicato: siano un singolo o un gruppo a rammemorare, resta l'aspetto ermeneutico-ricostruttivo nella sua forma propria. Esso è quindi il fondo, il segno specifico d'ogni operazione rammemorante; le differenze nel caleidoscopio delle memorie fioriscono libere, ma su questa base fissa e strutturante.

Memoria. Il come

Ciò detto, possiamo entrar più a fondo nel processo e capirne il meccanismo. Nel compiere la ricostruzione ermeneutica d'eventi passati, il rammemorare non può essere perso in se stesso, casuale e sconclusionato. In qualche modo, la sua complessità razionale-creativa implica un ordine e una direzione, stante che ogni soggetto, individuale o collettivo, ha una misura interna di coerenza che lo fa tale. L'opposto è la follia, come frattura di coerenza o tipo a sé di coerenza, fonte d'altro rispetto a quanto intendiamo per rammemorare: una narrazione sconnessa, illogica, squilibrata, magari dotata di un proprio valore, di un senso psichico anche profondo – su

rumore, un odore, già udito o respirato altra volta, lo siano di nuovo, a un tempo nel presente e nel passato, reali senza essere attuali, ideali senza essere astratti, perché subito l'essenza permanente e ordinariamente nascosta delle cose venga liberata, e perché il nostro vero 'io', che talvolta sembrava morto da un pezzo, ma che non lo era interamente, si desti, si animi, ricevendo il celeste nutrimento che gli viene offerto. Un attimo affrancato dall'ordine temporale ha ricreato in noi, per percepirlo, l'uomo affrancato dall'ordine temporale" (M. Proust, *Il tempo ritrovato*, intr. M. Bongiovanni Bertini, tr. it. Einaudi, Torino 1978, p. 203). A suo modo, la stessa cosiddetta autobiografia di C. G. Jung si muove su un piano simile: cfr. C.G. Jung, *Ricordi, sogni, riflessioni* (1961), a cura di A. Jaffé, tr. it. Rizzoli, Milano 2010; "Nelle mie annotazioni di questo momento scrivo principalmente delle mie esperienze interiori. Accanto a esse impallidiscono i ricordi minori, significano troppo poco" (C.G. Jung, in A. Jaffé, *In dialogo con Carl Gustav Jung*, pref. L. Zoja, comm. E. Fischli, tr. it. Bollati Boringhieri, Torino 2023, p. 96).

ciò può giocare la terapia -, ma non processo vero di memoria, che impone la ragione e il suo equilibrio.

Orbene, tale misura di coerenza non può esser che l'asse costitutivo d'ogni soggetto: l'identità. Pensiamo all'identità come a una visione di sé e del mondo – nucleo insieme razionale, emozionale, valoriale, pratico, ecc. - a cui ci volgiamo e ci s'attiene, certo mutevole e elastica però nel suo centro solida e persistente. In tanto esiste un soggetto con una misura interna di coerenza, in quanto costui si conosce e identifica a quel modo: con tutte le sfumature del caso[1]. L'identità è quindi l'ordine e la direzione - consapevoli o meno – del rammemorare, il contenitore ove esso muove trovandovi limite e guida, il faro che orienta il suo slittamento creativo, performativo e artificiale. Il rammemorante non è un legno sbattuto nella tempesta: possiede una rotta e a quella - con tutte le fantasie che vi metta – volge la navigazione.

Forme dell'identità

Se questo è vero, allora proprio l'identità apre uno scarto notevole – il più importante – nel quadro della memoria, legato ai due piani prima indicati: quello individuale e quello collettivo. L'indole del soggetto gioca infatti un ruolo chiave. L'identità di una persona – al di là del profilo giuridico – è il suo stesso senso di sé; sta nell'intimo, risiede in esso come una pianta nel terreno; è un dato per così dire di natura, frutto d'esperienza esteriore e di sguardo interiore. Ciò invece non vale per l'identità di un soggetto collettivo. Essa passa per vie altre e più complesse. Vediamole in sintesi.

Si prenda il caso del corpo politico, del popolo-Stato, ove il tema meglio emerge. Un popolo-Stato forma la sua identità in due modi diversi: per imposizione dall'alto, ossia dal potere, o per costruzione

1 A dire il vero, ci sono teorie scientifiche e filosofiche che negano l'esistenza di ciò, ossia la possibilità di una soggettività individuale-identitaria; ma a nostro avviso esse si prestano a molte critiche. Sul punto, cfr. F. Rigotti, *L'era del singolo*, Einaudi, Torino 2021, in specie pp. 28 *sgg*.

dal basso, ossia dal popolo. Questo con un passaggio graduale fra gli estremi. Consideriamo per chiarezza i poli opposti.

Il primo modo - imposizione dall'alto - può avere varie forme: di un mito fondativo - ad esempio, un mito delle origini -; di una pronuncia politica - la volontà di un capo -; di un atto giuridico - una norma base costitutiva -. La storia è ricca d'esempi. Qui sempre parla il potere: il popolo può incorporarne i dettami, sentirli propri e obbedirvi, però la loro fonte è esterna, un vincolo da fuori; si può coprirlo variamente, a volte anche con finezza, ma resta un vincolo da fuori.

Il secondo modo - costruzione dal basso - ha un'inderogabile necessità: deve uscire da un quadro ampiamente dialogico, ove ogni membro del popolo possa esprimersi liberamente e alla pari, e ove la decisione finale sia presa o in forma unanime o giusta il volere dei più. Detto altrimenti, dev'essere frutto di un procedimento di tipo democratico. Quando non fosse così, una parte del popolo prevarrebbe sull'altra d'arbitrio e si tornerebbe al caso di cui sopra, qui nel rapporto fra gruppi sociali. Il procedimento può esser diretto, quando ciascuno parla e agisce, o indiretto, quando parlano e agiscono rappresentanti eletti, con procedure di garanzia consone al meccanismo indicato. Ciò è espresso, in forma paradigmatica, dalla figura della Costituzione democratica, come regola base della convivenza. La quale a sua volta può avere forme diverse. La più avanzata, proprio sul piano della costruzione dal basso dell'identità, è il modello della Costituzione di valori, poiché esprime appieno l'intero arco - pratico, cognitivo, tecnico, assiologico, ecc. - della visione del mondo che fonda l'identità. Non a caso le democrazie evolute ormai sempre più s'orientano in quel senso[2].

---

2 È questa la prospettiva del Costituzionalismo contemporaneo, base anche delle grandi istituzioni internazionali di garanzia e della cultura dei diritti umani; cfr., in merito, C. H. McIlwain, *Costituzionalismo antico e moderno*, a cura di e intr. N. Matteucci, tr. it. Il Mulino, Bologna 1990; e A. Barbera (a cura di), *Le basi filosofiche del costituzionalismo. Lineamenti di filosofia del diritto costituzionale coordinati da Augusto Barbera e Gianfrancesco Zanetti*, Laterza, Roma-Bari 1997.

Torniamo alla memoria

A questo punto, chiarito quanto sopra, torniamo alla figura della memoria. Possiamo ormai capire in che modo l'identità ordina e guida il processo del rammemorare.

L'azione di essa quale centro aggregante e orientante spinge a far sì che l'operazione ermeneutica passi attraverso una serie di scelte sui dati oggetto. L'identità modella a sé, ai propri fini - che son fini di coerenza ma anche di valore e progetto: il ricordo vuole qualcosa e mira a qualcosa – l'intero corso e i risultati. Ne esce un prodotto che, se riporta dati passati, li scompone e ricompone lasciando qualcosa e salvando altro, quanto serva al fine. È appunto questo il modo in cui agisce l'artificio ricostruttivo: la mappa mnemonica traccia una realtà parallela mediante una serie di selezioni, accoglienze, esclusioni e rinunce, che corrisponde solo per mimesi al vero. E non si tratta di un'arbitraria manipolazione, ma sta nella natura stessa, strutturale, del processo. Al proposito vengono in mente due figure simili. La prima è la narrazione storica, la quale, se ha pur doveri d'oggettività e fedeltà alle fonti – la storia vuol essere una scienza umana -, non può evitare tratti d'artificio; essa fa da specchio, ma non da specchio puro e perfetto, del passato. La seconda figura è la verità processuale: tutti sappiamo che il giudice deve decidere non sulla realtà fattuale ma sulla realtà quale emersa nel dibattimento tramite i suoi meccanismi – strumento di garanzia – procedurali.

Orbene, su tutto questo influisce la differenza fra i due versanti della memoria: l'individuale e il collettivo. Nella memoria individuale l'opera di selezione è tendenzialmente vaga, mutevole e legata alle emozioni: un'immaginazione del passato spesso perfino inconsapevole, che però nutre e dà sostegno. Nella memoria collettiva invece si tratta di un'operazione lucida e intenzionale, espressa variamente ma sempre in forme di cultura, con cui un gruppo sceglie un piano base, un fondamento dell'edificio ove sta nel presente e a cui s'affida per il futuro. E qui interviene allora la distinzione fra i modi d'identità collettiva prima indicati. Quando il processo mnemonico scende dall'alto – riconoscimento, elaborazione, selezione, ricostruzione, ecc. - possiamo dire che esprime la memoria di un popolo? Senz'altro no. Esso esprime la memoria del capo e dei suoi accoliti, assunta all'uopo e ai loro scopi. In quanto tale è quindi una memoria falsa; l'artificio ricostruttivo diventa arbitrio e inganno: non vera memoria ma forma d'oppressione, atto autoritario di potere. Ciò anche quando le intenzioni sian buone, come ad esempio nel migliore assolutismo illuminato: pure il sovrano illuminato s'impone, poiché sempre lui decide i bisogni del popolo e i modi per soddisfarli, costruendo a suo arbitrio i miti fondativi, incluse le memorie. La conseguenza allora è inevitabile. La sola vera memoria di un popolo non può esser che quella creata dal basso, ove ogni membro abbia potuto esprimere se stesso direttamente o tramite rappresentanti: magari attraverso passaggi e mediazioni, culturali e anche istituzionali, ma sempre quali espressioni di volontà popolare. Insomma, l'unica vera memoria di un popolo è la memoria democratica, nel senso di una memoria costruita, mantenuta e coltivata democraticamente; certo, purché la democrazia sia reale e piena, e non mera forma come fin troppo spesso accade[3].

Memoria e riconciliazione

Vorrei chiudere con un'ultima osservazione, breve ma significante. S'è visto all'inizio che il rammemorare ha spesso il fine di giungere a una riconciliazione e a una reidentificazione rispetto al passato. Poniamoci allora una domanda: può aversi, dopo i tanti drammi che la vita porta, un approdo del genere senza memoria? Ciò spesso vien

3 Ciò vuol dire che essa dev'essere un processo non solo tecnico-istituzionale ma ampio e profondo, attivo a ogni piano del vivere: privato, sociale, economico, ecc.; spazi non marginali e spesso trascurati: "Sosteniamo di avere a cuore la democrazia, eppure non la applichiamo nei luoghi in cui trascorriamo buona parte delle nostre esistenze" (M. Waterstone, in: N. Chomsky e M. Waterstone, *Le conseguenze del capitalismo. Disuguaglianze, guerre, disastri ecologici: resistere e reagire*, tr. it. Ponte alle Grazie Adriano Salani, Milano 2022, p. 213).

detto: dimentichiamo, guardiamo avanti e andiamo in pace. Orbene, a nostro avviso la risposta è no. Al di là di molti altri motivi, lo esclude alla base un tratto della psiche, individuale e collettiva. Funziona infatti qui, crediamo, un dinamismo. Dimenticare qualcosa è un atto, voluto o più spesso inconsapevole, di rimozione. Il dimenticare caccia il dimenticato in un'inclusa zona d'ombra, spazio dell'inconscio. Ma esso lì non muore; al contrario, come fa un seme nella terra, fermenta e cresce finché torna allo scoperto potenziato[4]. Ove i dati rimossi sian conflittuali, e questo è il nostro caso, ciò riaccende i drammi in forme nuove e ancor peggiori, magari incancrenendoli e aggravandone il lato distruttivo[5]. Perché il buon approdo abbia esito serve quindi, a un singolo e a un popolo, avere il coraggio e la responsabilità della memoria: una memoria però sincera, vera - pur se complessa -, volta a scopi non diversi dal far pace e spegnere il conflitto[6]: e, ove collettiva, una memoria democratica.

E qui, magari, tentando anche un passo oltre la memoria. Pensiamo alla sfida che ha affrontato il Sudafrica dopo la fine dell'*apartheid,* e a cosa s'è chiesto a quelle genti martoriate: la strategia del perdono; ricordare e perdonare. Un grande impegno quindi. Non tutti ci son riusciti. Ma certo, non nascondiamoci quanto ciò sia difficile e come il limite umano, di fronte a un gesto di così alto valore emotivo e morale, sia infine comprensibile[7].

---

4 Questa è, nella visione di Jung e continuatori, la figura psichica dell'Ombra: cfr. C.G. Jung, *Aion: ricerche sul simbolismo del Sé*, tr. it. in: *Opere 9ii*, pp. 8 *sgg.*; e M.-L. von Franz, "Il processo di individuazione", in C.G. Jung, M.-L. von Franz, J.L. Henderson, J. Jacobi e A. Jaffé, *L'uomo e i suoi simboli*, coord. J. Freeman, tr. it. Mondadori, Milano 1985, pp. 182 *sgg.*

5 Non poche vicende, private e pubbliche, presenti e del passato, ne son prova.

6 "Delle ombre che emersero / da tenebre profonde / ti sarà dolce al fine, anche se adesso è amara / l'immagine e la lettera" (G. Bruno, *op. cit.*, p. 20).

7 Il perdono. Un atto profondamente privato e emotivo, e cioè soggettivo; il quale, prezioso e ammirevole ove riesca, può esser solo chiesto e non imposto. Un potere morale e giuridico, certo, in mano all'uomo; però non un dovere giuridico; forse un dovere morale, ma non assoluto, legato all'identità-visione del mondo che s'assuma.

In sé, fuori di sé.
Considerazioni sulla condizione umana estatica

Alessandra Cislaghi

Trieste / *Trieste*, Italy / *Italia*
June / *Giugno* 2024

Premessa

Può definirsi estatica la condizione dell'essere umano che si cerca a partire da ciò che lo eccede e precede: ognuno esiste, stando fuori dalla propria origine costitutiva e si ritrova pienamente in sé, quando si sa costituito da fuori di sé. Esistenza da capire come estasi: questo il pensiero che sarà tratteggiato in questo testo.

1. Con Jung, nella cerchia dei filosofi

Nel tempo dell'omologazione, della massificazione alienante, della pervasiva tecnocrazia, pulsa fortemente un'istanza vitale: il desiderio di trovarsi unificati in se stessi, per divenire chi si è, nella propria specifica, particolare, individuale, soggettività vivente. Come essere chi sono, come stare in me, come far sbocciare quell'io che mi è dato qui e ora? Proviamo a esercitare l'immaginazione, con la fantasia a briglia sciolta e, al contempo, con le redini ben strette della razionalità[8]. Fu peraltro questo il metodo insegnato da Platone,

8 "Però chi quello ha voglia di sapere, *fantasiando* giù cerchi per esso" (Bocc. Vis. 16.). Cfr. R. Morosini, "Dipingere i silenzi e "disegnare con parole" (Boezio, *Cons. Fil.*, III, I). "Il dir d'Orfeo" e lo specchio di Narciso per Boccaccio poeta-pittore

così fece Plotino, come sapeva Jung, che fu, non a caso, considerato un neoplatonico, perché, a modo suo, si espresse nella medesima direzione del filosofo del III secolo[9]. L'uno e l'altro si sono accorti che l'io non basta da solo a esprimere chi è e hanno quindi inseguito il sé.

Perciò procediamo alla ricerca di quel che sorregge l'io, il suo sostegno, sostrato, ipostasi. Cosa rispondere alla domanda: Chi sono io quando dico io? "Noi siamo molte cose" rispondeva Plotino[10], proprio perché siamo *anthropoi*, ovvero, per etimologia, i viventi che guardano all'in sù (*anô athreo ops*; *suspiciens*). Tanto il pronome alla prima persona (io), quanto la forma accusativa (sé), annoverano innumerevoli significati, a seconda dell'autore (filosofo, letterato, psicologo) e della corrente di pensiero che di volta in volta li hanno utilizzati nelle loro opere e nei loro contesti di ricerca. Questa proliferazione di significati può suscitare gravi fraintendimenti, qualora non ci si adoperi a una prudente disambiguazione. Se procediamo piananamente nel discorso, quasi fenomenologicamente, possiamo notare le dizioni "io" e "sé" nel modo in cui esse vengono usate innanzi tutto nel linguaggio comune: con il pronome personale "io" indichiamo chi il parlante si trovi a essere nella sua condizione biologica e biografica; con il pronome personale riflessivo "sé" ci riferiamo alla profondità che soggiace all'io e lo sostiene, lo inabita, ovvero all'interiorità che sfugge al diretto dominio della ragione e che suscita la ricerca di tutta una vita. Ci accorgiamo così, riflettendo

---

dell'Amorosa visione", in: "Arzanà. Cahiers de littérature médiévale italienne", Vol. 22, 2022, pp. 77-105.

9 G.F. Creuzer, curatore dei testi neoplatonici (da cui interpretazione simbolica). Nella sua opera principale, *Symbolik und Mythologie der alten Völker, besonders der Griechen* (4 voll., 1810-12), pose in crisi la visione classicheggiante e illuministica dell'antichità sottolineando il ruolo della componente orientale, dionisiaca e misterica (di cui la cultura moderna si sarebbe mostrata incapace di comprendere e apprezzare il profondo simbolismo), nel passaggio della cultura greca dalla fase arcaica a quella classica. Cfr. P. Hadot, *Plotin ou la simplicité du regard*, Gallimard, Paris 1997; tr. it. *Plotino o la semplicità dello sguardo*, a cura di M. Guerra, Einaudi, Torino 1999.

10 Plotino, *Enneadi*, I 1, 9 (tr. it. a cura di G. Faggin, Bompiani, Milano 2018).

su di noi, di una fondamentale duplicità che ci inerisce. Infatti, dire semplicemente "io" è altra cosa dal rifermento pensoso al "sé".

"L'io possiede un sé in cui non solo si riflette, ma con il quale ha a che fare come un compagno o con un partner, una relazione che chiamiamo intimità"; l'io si scopre – come ha finemente osservato il filosofo Emmanuel Levinas – "inanellato a sé"[11]. Possiamo separarci dagli altri, ma non ci è possibile sottrarci a noi stessi, secondo l'annotazione di un altro autorevole filosofo, Sören Kierkegaard, che si dileguò da una compagnia festaiola, preferendo la solitudine alla socialità. Proprio Kierkegaard è stato uno dei maestri del pensiero del sé, concepito come ancoraggio dell'io, come vera scoperta della singolarità vivente, quando siano lasciate indietro le vie illusorie che fittiziamente promettono l'uscita dall'angoscia[12].

Nelle diverse inclinazioni interpretative, possiamo considerare la complessità di ciò che noi siamo come manifestazione della luminosa potenza dell'originario, che misteriosamente ci costituisce, ma potremmo pure rifuggirne impauriti, come lo sciocco Giovannino di una fiaba russa, che, per sottrarsi alla propria ombra, le offrì il pranzo, che avrebbe dovuto dare al padre al lavoro nei campi, ma, si ritrovò depredato, mentre dell'ombra non riuscì a liberarsi. In questa impossibile, innocua, semplicità, si fa esperienza del peso e della gloria dell'esistenza. Esistiamo già in relazione con quella inaggirabile, incommensurabile, profondità, che è la nostra intimità più propria. Inevitabilmente torniamo alla perfetta formulazione che ne diede in età antica Agostino d'Ippona, il quale confessava di scoprire in sé, come sé, ciò che è "*intimior intimo meo*" e che è dunque al contempo riconoscibile come "*superior summo meo*"[13]. L'intimità che via via si

11 Cfr. E. Levinas, *De l'existence à l'existant*, Vrin, Paris 1984²; tr. it. *Dall'esistenza all'esistente*, a cura di P.A. Rovatti, Marietti 1820, Casale Monferrato 2019.

12 Cfr. S. Kierkegaard, *Stadi sul cammino della vita* (1845), a cura di L. Koch, tr. it. di A.G. Calabrese, Rizzoli, Milano 2001, e Id., *La malattia per la morte* (1849), tr. it. a cura di E. Rocca, Donzelli, Roma 2011. Mi permetto di rimandare, per una più ampia trattazione di questi temi, al mio *La frattura originaria. Riflessioni intorno alla condizione umana postedenica*, FrancoAngeli, Milano 2006.

13 Agostino, *Confessioni*, III, 6. 11.

disvela come il mio più profondo radicamento, da cui sboccia ogni espressione della mia individualità più propria, rimanda a un'inesauribilità di senso che sovrasta qualunque misura finita. Intimità e verticalità appaiono congiunte. Questa è una prima conquista relativa all'apprensione dell'intreccio indissolubile, dell'inanellamento dell'io a sé.

Quando cerco chi sono, quando indago su me stesso, non trovo semplicemente il mio io, ben centrato e collocato nel posto riconosciuto come suo, giacché proprio lì, nel posto che avrei la presunzione di ritenere già occupato, trovo invece il sé, quale scaturigine prima, abisso insondabile, presenza vivificante e misteriosissima[14]. Di fatto, sono già in dialogo, sin da quando divento cosciente di me, con questo sé che sta in me, che è me precedendomi e superandomi, poiché nessuna misura del mio piccolo io riesce a contenere e a risolvere la straripante presenza intima e imprendibile, affascinante e terribile al contempo. Di fatto, di questo facciamo esperienza come umani, del dialogo, già da sempre aperto, con l'alterità che siamo per noi stessi; se così non fosse, neppure andremmo in cerca di una conoscenza sempre migliore di noi stessi, per superare i tormenti interiori e far emergere le nostre specifiche capacità. La vita dell'io, senza l'ancoraggio al suo sé, sarebbe senza sfondo e senza profondità; sarebbe ridotta ad un ottuso appiattimento su di una superfice opaca, senza spessore alcuno; sarebbe un'esistenza robotica, o, più logicamente, potremmo asserire che nemmeno sarebbe. L'ottundimento della coscienza, che in vari modi e per tante ragioni può essere ricercato ed ambito, offre tale rappresentazione dell'io, tacitandone la capacità riflessiva; allora l'io non si china, non si rivolge a sé, non si guarda e, in tal modo, rinuncia a qualunque spessore, permanendo su di una superfice senza direzione, senza domande di ulteriorità e di senso. Tale diffusa, triste condizione, non è però

14 "*Au lieu de soi*", così il titolo del volume dedicato alle *Confessioni* agostiniane, dal fenomenologo francese J.L. Marion: *Au lieu de soi: l'approche de Saint Augustin*, PUF, Paris 2008; tr. it. di M.L. Zannini, *Sant'Agostino: in luogo di sé*, Jaca Book, Milano 2014.

quella che può esprimere la peculiarità dell'umano, che è in cerca di sé, nella passione per una pluridimensionalità inesauribile. Consideriamo dunque la caratteristica di una vita cercata, quale condizione inaggirabile e foriera dell'avventura dell'io alla scoperta di sé, come tratto che contraddistingue le nostre vite. E se non si riduce all'io, il soggetto non è solo, non è irrelato, già dentro di sé.

In uno dei suoi Dialoghi più belli, nel *Fedro*, Platone racconta come solo a tre categorie di esseri umani sia stata data la capacità di ritrovarsi: agli amanti, agli artisti, ai filosofi. Questo è affermato dopo una lunga descrizione del rianimarsi di psiche, che prima di incarnarsi era tutta alata. Il preambolo mitologico dischiude l'orizzonte della pianura della verità, spazio ultraterreno, dove le anime scelgono per affinità una divinità e di quella seguono il carro, impegnato in una gara di corsa sfrenata, che inevitabilmente farà cadere le anime, che così scendono sulla terra, divenendo incarnate e dimentiche di quanto avevano visto di vero e della peculiarità che le contraddistingueva.

Dipoi la vita individuale può essere condotta per intero senza rimandi all'essenziale, tutta nell'affanno dei *negotia*, senza alcun *otium*. Ma nell'innamoramento, nella tensione creativa, nel desiderio di conoscenza, ci si può ritrovare capaci di scorgere il tralucere di un senso che innerva ogni concreto significato. E allora, a fatica, come accade alle gengive dei bambini quando spuntano i denti da latte, pian piano, rispuntano le ali e l'anima, ridestata a se stessa, si accorge nuovamente del suo stato proprio e vola. Fuor di metafora, la vastità luminosa che inabita la nostra ipseità, se ridestata e riaccolta, accompagna l'io sino a innalzarlo a sé.

2. Guardare se stessi

Già per la configurazione della nostra struttura fisica, noi guardiamo fuori, al di là di noi stessi, perché così sono fatti i nostri occhi fisici, sono rivolti verso altro da noi; e così fin da subito, ci cerchiamo, a partire da fuori, come se il nostro "essere in sé" andasse trovato oltre e altrove. Si tratta di una prima paradossale sorpresa: noi non siamo compiutamente in noi stessi, né propriamente riusciamo a vederci. La prima tappa dell'autoriconoscimento passa per la visione altrui e su questo facciamo affidamento. In prima istanza, è stato lo sguardo materno, che ci ha messi al mondo, e poi ci ha introdotti alla socialità, come una carezza, quando essa, per fortuna nostra, ci sia stata data[15].

Al tema dello sguardo che fa essere ci riconduce l'insegnamento platonico, conservato nell'*Alcibiade*, la cui argomentazione intreccia conoscenza di sé e cura di sé. "Senza sapere chi siamo noi stessi, potremmo forse conoscere l'arte che ci rende migliori? [...] Se conosciamo noi stessi, potremmo anche conoscere la cura di noi stessi; ma se non ci conosciamo, non conosceremo neppure quella"[16]. Interessante da notare il nesso proposto dalle parole socratiche tra conoscenza di sé e cura di se stessi, l'una non sta senza l'altra, perciò la prima è desiderabile, se miriamo a ottenere la seconda. Platone prosegue: "Allora, come si potrebbe arrivare a scoprire questo se stesso? Perché così potremmo anche trovare cosa siamo noi"[17].

Segue, nel Dialogo, la lunga disamina su cosa sia mai l'uomo, che appare non coincidere col suo corpo, di cui pure si serve. Del *soma* (corpo) è *psyché* (anima/soffio vitale) a servirsi[18]. Comprovato ciò in modo sufficiente, seppur non rigoroso, Socrate ne pospone la ricerca più precisa, per tornare all'indagine prima, quella del "se stesso". Noi tutti ci accorgiamo, a suo dire, che nulla in noi ha più signorìa di

15 In Somalia, la tradizione vuole che il neonato prenda il carattere della persona che per la prima volta lo ha portato fuori dalla casa in cui è nato: "I rumori che ho udito, gli odori, il primo mondo che ho visto e sentito erano suggeriti da lei (la nonna), scelta per dirigere la mia prima uscita al mondo". Cfr. K. M. Aden, "*'Gacal isma ciriirsho'* (Tra persone care non ci si soffoca), in: Id., *Pensieri migranti. Tra fraternità e ostilità*, a cura di A. Cislaghi e F. Longato, ETS, Pisa 2019, p. 14.

16 Platone, *Alcibiade primo*, tr. it. di G. Arrighetti (con variazioni mie), BUR, Milano 2000, 129 a.

17 Ivi, 129b.

18 *Ibidem*.

psiche. Diversamente da quanto appaia, infatti, mentre dialoghiamo i nostri discorsi non sono rivolti ai nostri volti, ma proprio a noi stessi, nominabili con nomi propri, alla nostra *psiche*; perciò il monito delfico è interpretabile come l'ordine di conoscerla: conosci te stesso, conosci psiche! "Segui dunque queste precauzioni!" – ribadisce Socrate – attraverso la conoscenza non di parti corporee distinte ma di psiche, che porta a fiorire l'io che sono, prendendosene cura. A questo si deve puntare lo sguardo. Ma come possiamo giungere a una conoscenza davvero chiara della nostra psiche, perché evidentemente se la ottenessimo, conosceremmo anche noi stessi?

Qui è in gioco la corretta comprensione dell'esortazione di Delfi. Per comprenderla non abbiamo altro paradigma che quello della vista. Se l'iscrizione recasse questo imperativo rivolgendolo all'occhio, dicendogli "guarda te stesso!", intenderemmo che l'invito è rivolto a guardare verso ciò che rende all'occhio possibile vedere sé medesimo. Ma quale cosa guardata ci consente di vedere al contempo noi stessi? Sono gli specchi a mostrare la nostra persona e gli occhi di chi ci guarda funzionano come una superficie riflettente, per noi che mai potremo mirarci direttamente in volto. L'immagine di una persona che guarda un'altra si riflette nello sguardo di chi le sta davanti, nella sua pupilla[19], che vale appunto come specchio.

Socrate evidenzia così la connessione tra la pupilla dell'occhio e l'immagine di una figura umana che si può scorgere in essa: nel fissare un altro occhio si può vedere oltre a quell'occhio anche se stessi, ma non se lo sguardo è rivolto altrove. Allora se un occhio vuol vedere se stesso deve guardare nell'occhio di un altro. Ecco il punto cui voleva giungere il maestro ateniese: "Anche psiche, se vuole arrivare a conoscere se stessa, deve guardare fisso in un'altra psiche, e in particolare a quella parte di essa nella quale dimora la sua capacità, cioè *sophia*"[20]. Questa parte, la più elevata, concerne il vedere e il pensare saggiamente; essa è somigliante al divino e chi la

19 *Kóre*, in greco, significa fanciulla, pupa, pupilla.
20 Platone, *op. cit.*, 133b.

fissa avrà piena conoscenza della mente e del pensiero e così potrà avere anche completa conoscenza di se stesso. Con lo sguardo fisso in questo specchio, più chiaro e luminoso anche della parte migliore della nostra psiche, dunque con lo sguardo fisso in dio, avremo trovato lo specchio più terso, in cui si riflette l'umano che mira a esprimere la capacità di psiche e così, nel modo migliore, potremo e vedere e conoscere anche noi stessi.

La conoscenza di sé è saggezza e *conditio sine qua non* per la conoscenza d'altri e per il buon governo dei beni comuni. Questa via procede dal fissare lo sguardo verso lo splendore divino. Guardando fisso in tal modo, si potrà godere della visione e della conoscenza di se stessi e di quel che è bene per se stessi e, di conseguenza, agire correttamente. A questa conquista, mutuata dallo sguardo, Socrate offre una speciale garanzia: se agirete così, sarete felici. E Socrate appare un garante che dà sicurezza.

A conclusione del dialogo, poi le parti si scambiano, tra discepolo e maestro, tra amante e amato, tra guaritore e accudito. Questa alternanza è un *topos* nei racconti di discepolato spirituale che ha attraversato i secoli: in tali narrazioni il discepolo ammira lo splendore che emana dal maestro, il cui aspetto appare tanto luminoso che gli occhi non possono sostenerne la visione. L'elemento straordinario sta nella scoperta che anche il discepolo, a sua insaputa, assomiglia già al maestro, altrimenti i suoi occhi non potrebbero cogliere quella luminosità che tanto attrae e stupisce.

Una di queste celeberrime storie ha per protagonisti Serafino di Sarov e il suo discepolo Motovilov, che così narra:

> Allora Padre Serafino mi prese le spalle e, stringendole molto forte, aggiunse: – Siamo tutti e due, tu ed io, nella pienezza dello Spirito Santo. Perché non mi guardi? – Non posso guardarvi, Padre. Dei fulmini lampeggiano dai vostri occhi. Il vostro viso è divenuto più luminoso del sole. Ho male agli occhi... Il Padre Serafino disse: – Non abbiate paura, amico di Dio. Siete diventato

anche voi altrettanto luminoso perché anche voi ora siete nella pienezza dello Spirito Santo, altrimenti non avreste potuto vedermi così [...]. Dopo queste parole sollevai i miei occhi sul suo viso e una paura ancor più grande si impossessò di me. Immaginatevi di vedere al centro del sole, mentre l'astro risplende con i suoi raggi più luminosi del mezzogiorno, il viso d'un uomo che vi parla. Vedete il movimento delle sue labbra, l'espressione cangiante dei suoi occhi, sentite il suono della sua voce, avvertite la pressione delle sue mani sulle vostre spalle ma, allo stesso tempo, non scorgete né le sue mani, né il suo corpo, né il vostro. Non vedete altro che una luce splendente che si propaga tutt'intorno ad una distanza di parecchi metri. Così tale luce era in grado di schiarire la neve che ricopriva il prato e di riflettersi sul grande *starez* e su me stesso. Si potrebbe mai descrivere bene la situazione nella quale mi trovai allora? – Cosa sentite ora? Domandò Padre Serafino. – Mi sento straordinariamente bene. – Come "bene"? Cosa volete dire per "bene"? – La mia anima è piena d'un silenzio e d'una pace inesprimibili. (...) Cosa sentite ancora? – Una dolcezza straordinaria. Cosa sentite ancora? – Una straordinaria gioia in tutto il cuore. Ora tocca a noi, amico di Dio, lavorare con tutte le nostre forze per salire di gloria in gloria al fine di "costituire quest'uomo perfetto, nella forza dell'età, che realizza la pienezza del Cristo" (*Ef* 4, 13). "Coloro che sperano nel Signore rinnovano le loro forze, hanno le ali delle aquile, corrono senza stancarsi e marciano senza fatica" (*Is* 40, 31). "Essi procederanno da altezza in altezza e Dio apparirà loro in Sion" (*Ps* 83, 8).
Cosa sentite ancora, amico di Dio? – Uno straordinario calore. – Come un calore? Non siamo forse nella foresta in pieno inverno? La neve e sotto i nostri piedi, noi ne siamo coperti ed essa continua a cadere... Di quale caldo si tratta? – D'un caldo simile a quello dei bagni a vapore. – E l'odore è come è come quello del bagno? – Oh no! Nulla sulla terra può essere simile a questo profumo. Quando mia madre viveva ancora amavo ballare e,

andando a divertirmi, mi cospargevo del profumo ch'essa comperava nei migliori negozi di Kazan pagandolo molto caro. Il suo odore non era per niente simile a questo sublime aroma. Il padre Serafino sorrise. – Lo conosco, amico mio, lo conosco altrettanto bene come voi ed è per questo che ve l'ho chiesto. È proprio vero. Nessun profumo sulla terra può essere comparato al buon odore che respiriamo in questo momento, il buon profumo dello Spirito Santo. Sulla terra cosa può assomigliargli? Avete appena detto di sentire caldo come in un bagno. Osservate! La neve che ci sta coprendo non si scioglie al pari di quella che sta sotto i nostri piedi. Il caldo non è dunque nell'aria ma dentro di noi.
È quel caldo che lo Spirito Santo ci fa chiedere nella preghiera: "Che il tuo Santo Spirito ci riscaldi!" Con tale calore gli eremiti, uomini e donne, potevano permettersi di sfidare il freddo dell'inverno, circondati com'erano d'un manto di pelliccia, d'un vestito intessuto dallo Spirito Santo. In realtà è così che la grazia divina abita nel più profondo della nostra anima e nel nostro cuore. "Il Regno dei Cieli è dentro di voi" (*Lc* 17, 21). Per "Regno dei Cieli" egli intende la grazia dello Spirito Santo. Questo Regno di Dio ora è in noi. Lo Spirito Santo ci illumina e ci riscalda. Egli riempie l'aria con diverse profumazioni, fa gioire i nostri sensi e abbevera i nostri cuori con una gioia indicibile. Ecco, amico di Dio, quale gioia incomparabile il Signore si è degnato di accordarci. Ecco cosa vuol dire essere "nella pienezza dello Spirito Santo"[21].

In questa storia riecheggiano i motivi già presenti in Agostino, così come nella narrazione evangelica della trasfigurazione e nella

---

21 Così il dialogo di Serafino di Sarov, il cui frammento è riportato da V. Lossky, *À l'image et à la ressemblence de Dieu*, Aubier-Montaigne, Paris 1967; tr. it. N. Toschi Vespasiani, *A immagine e somiglianza di Dio*, EDB, Bologna 1999; similmente i racconti di Gregorio Magno, cfr. *Dialoghi*, in: *Opere*, Vol. IV, a cura di B. Calati e A. Stendardi, Città Nuova, Roma 2001. In Lossky l'essere persona significa esserlo come immagine di Dio e non come mero individuo della specie: V. Lossky, *La teologia mistica della Chiesa d'Oriente. La visione di Dio*, tr.. it. di M. Girardet, Il Mulino, Bologna 1967 e EDB, Brescia 2000.

pagina esodale, in cui è fatta memoria del volto di Mosè, talmente splendente ch'egli doveva velarsi, affinché gli altri potessero rivolgersi a lui senza venir abbagliati. Ma nel racconto dei monaci russi è evidenziato l'aspetto dello sguardo che ha imparato a vedere quella condizione che qualifica la persona nella sua pienezza. Chi ha appreso quella capacità di visione, diviene a propria volta capace della massima intensità d'esperienza vitale.

Il racconto utilizza parole antiche (lo spirito, la grazia, il bene), importanti in tante diverse tradizioni, ma per lo più ora espunte dal pensiero contemporaneo, per illustrare l'esperienza di una pienezza d'essere che si fa visibile e che è quanto mai piacevole e godibile. Di questo narra Agostino, quando celebra la percezione del divino come ebbrezza di tutti i sensi[22], di questo attesta il Vangelo quando dice della metamorfosi del maestro di Nazaret; fenomenologicamente è lì descritta l'esperienza di una visione più autentica: il Gesù fattosi splendente sul Tabor mostra la pienezza non velata del suo essere[23].

3. *Pensarsi estatici*

Lo sguardo intrecciato tra maestro e discepolo esprime l'esperienza di uno stato di grazia, quale attingimento di una condizione di pienezza e di radiosità. Tale esperienza fornisce un paradigma antropologico, perché configura l'essere umano secondo il modello della "centratura eccentrica"[24]: esso descrive l'umano come il vivente che si sa non autoposto, non autofondato.

Nelle pagine d'inizio del capolavoro kierkegaardiano *La malattia per la morte* il filosofo danese ha potentemente messo in luce la

22 Agostino, *Confessioni*, X, 6. 8.

23 Cfr. *Mt* 17,1-8; *2Pt* 1,16-17. Sul tema dello sguardo, vedi il prosieguo della pagina lucana: "Il giorno seguente, quando furono discesi dal monte, una grande folla gli venne incontro. A un tratto, dalla folla un uomo si mise a gridare: 'Maestro, ti prego, *volgi lo sguardo* a mio figlio, perché è l'unico che ho!'" (*Lc* 9, 38 *sg.*).

24 Per la definizione "centratura eccentrica", che pare a tutta prima ossimorica, cfr. H. Plessner, *I gradi dell'organico e l'uomo* (1928), tr. it. a cura di V. Rasini, Bollati Boringhieri, Torino 2019.

questione dell'io che si scopre posto da altro e che solo lì si ritrova pienamente. "Il sé – scrive Kierkegaard – è un rapporto che si rapporta a se stesso, oppure è questo nel rapporto: che il rapporto si rapporta a se stesso [...]. L'uomo è spirito. Ma che cos'è lo spirito? Lo spirito è il sé". Quando, invece, l'io si cerca, a prescindere dalla propria completa costituzione, si perde nelle illusioni che hanno nomi contrari ma egualmente disperanti: necessità obbligante, possibilità inconcludenti, finito (o infinito) annichilante.

Anche dopo Kierkegaard, molti autori hanno mostrato questa rotazione di piani tra dentro e fuori di noi, tra l'io che si cerca e il sé trovato o mancato, implicante un primo passaggio autoconoscitivo che possiamo indicare con il termine "autoaffezione"[25]. Ci sentiamo, infatti, a partire dalla passività. Dati a noi stessi, in quanto nati, ci sentiamo viventi a partire dalla percezione corporea, emotiva, di interiore alterità. Anche l'ispirazione può essere intesa come espressione della passività: si tratta di un attraversamento che genera creatività. Accade qualcosa in noi, nonostante noi, ovvero in una dimensione che sopravanza tanto la volontà esplicita, quanto una logica causale.

La passività indica la sensibilità, l'autoaffezione attesta la donazione; l'attività dice della messa in opera, del passaggio all'atto, *in primis* e letteralmente dice della capacità di indirizzare la potenzialità che ognuno trova in se stesso. Nella dialettica tra passività e attività, ci riconosciamo capaci di libertà, perché sappiamo fare qualcosa del dato che siamo per noi stessi nella sua stessa creativa assunzione, come opera, compito, nella plasticità diveniente. Si

25 Cfr. K. Jaspers, *Filosofia: Chiarificazione dell'esistenza*, Vol. II (1932), tr. it. a cura di U. Galimberti, Mursia, Milano 2019; L. Pareyson, *Esistenza e persona* (1950; 1985), il nuovo melangolo, Genova 2022; per l'uso del termine "autoaffezione", cfr. M. Henry, *Incarnation. Une philosophie de la chair*, Seuil, Paris 2000; tr. it. di G. Sansonetti, *Incarnazione*, SEI, Torino 2001. Sul tema della visione dell'apparentemente invisibile, cfr. M. Henry, *L'essence de la manifestation*, PUF, Paris 1990; tr. it. a cura di G. De Simone, *L'essenza della manifestazione*, Orthotes, Napoli-Palermo 2018, e Id., *Voir l'invisible: sur Kandinsky*, F. Bourin, Paris 1988; tr. it. di R. Cossu, a cura di P. D'Oriano, *Vedere l'invisibile. Saggio su Kandinskij*, Guerrini e Associati, Milano, 2000.

delinea così un percorso di individuazione, un itinerario che dalla dispersione del molteplice si approssima all'unificazione possibile e desiderata, per condurre quindi alla scoperta dell'individualissima unicità, disvelante la sua costitutiva interrelazione con la molteplicità degli altri, motivo per cui tale interrelazione diventa nominabile come fraternità essenziale.

L'eccesso, la misura traboccante, la dismisura sono le chiavi di lettura di questa condizione data di viventi incarnati. L'eccesso, di contro a qualsivoglia riduzione, è il tratto peculiare dell'ulteriorità che contraddistingue l'avventura di scoperta del proprio sé, a partire dalla preziosità dell'io. Ogni singola soggettività incarnata si sa per sé preziosa ed esige, e universalmente offre, attestazione di delicatezza, giacché dire la preziosità esprime al contempo la fragilità e vulnerabilità di ciascuno. Già la poetessa Saffo l'aveva inteso e perciò cantava la sua predilezione per la delicatezza[26].

Tutto questo implica la visione di un umano naturale e sempre più che naturale: esso appartiene alla natura, ma al contempo, ne emerge, attestandosi come coscienza interrogante. E come un orizzonte che accompagna lo spazio dell'itinerario di ricerca, si comprende allora il legame della solidarietà originaria con la sorgente generativa. Da qui, in analogia con la fonte primigenia, inesauribile per antonomasia, si sviluppa una logica di vita caratterizzata da una gratuità sovrabbondante. Ci scorgiamo nella somiglianza con ciò che pensiamo come *arché*, come principio primo che ci costituisce, quale potenza in sommo grado, che inesauribilmente crea e dunque mai si esaurisce nell'attività, nel suo darsi e farsi azione vivente.

Proviamo a procedere dalla considerazione del principio primo, per pensare gli esseri umani quali soggetti estatici, avvertiti dalla stringente argomentazione aristotelica che il principio non è il logos, ma qualcosa di superiore, di meglio[27]. Proviamo a immaginare

26 Saffo, *fr.* 58,25-26: "Ma io amo la delicatezza (voi lo sapete) e per me l'amore del sole ha dato in sorte splendore e bellezza".

27 Aristotele, *Etica eudemia*, 1248a (tr. it. a cura di M. Zanatta, BUR, Milano 2012): "Il principio (*arché*) del logos non è il logos, ma qualcosa di superiore (di meglio)".

la condizione di questo principio: esso è libero da ogni necessità, sceglie se stesso e così crea, fa essere, si mostra fecondo. Similmente si dà la vita, che guarda se stessa nell'originario: essa trova in sé l'energia d'essere, capisce la composizione e non l'opposizione tra "energico" (attivo e reale) e "dinamico" (possibile e diveniente). Come l'agire non esaurisce la potenzialità, così la scelta non mi diminuisce. Continuamente la realtà si nutre del desiderio di essere ancora altro e ciò consente la ripresa e il coglimento del *kairòs*, il tempo di grazia, l'occasione opportuna, da cogliere per essere al proprio meglio, cioè in stato di grazia.

Non solo i maestri greci e del pensiero cristiano, ma anche i saggi dell'antica Cina insegnavano che la ricreazione dell'energia umana, delle nostre forze, passa dall'attingimento alla fonte. Zhuangzi (Chuang-tzu)[28], il maestro Chuang, filosofo e mistico, descrisse i geni del monte Gusi che si nutrono di vento e di rugiada, narrò della Vegliarda, dal volto senza tempo: costoro conservano una "pelle splendida come la neve" e rimangono di una "delicatezza e di una freschezza di fanciulla", possiedono "un colorito da bambino". Sono così perché hanno seguito la "via", il tao, che insegna lo *shou* (la lunga vita), possibile attraverso il saper conservare depurando[29].

La Vegliarda, interrogata su come faccia ad avere un aspetto così florido e roseo, nonostante l'età avanzata, illustra la sua via: ella fa chiarezza decantando, ogni singolo giorno, le pressioni, gli ostacoli, gli assilli della vita, in modo da mantenerli all'esterno di sé, affinché non intralcino la sua vitalità; così può quindi accedere alla "trasparenza del mattino", che lascia apparire l'indipendenza assoluta, in cui sono aboliti al contempo passato e presente, ragion per cui il tumulto è estinto nella sua radice stessa e nulla impedisce quindi la

28 Zhuangzi è per metonimia anche il nome del testo, che insieme al *Tao Te Ching*, rappresenta l'opera fondamentale del taoismo, databili entrambe al IV sec. a.C.

29 Cfr. *Zhuangzi* (cap. 6) e F. Jullien, *De l'Être au Vivre. Lexique euro-chinois de la pensée*, Gallimard, Paris 2015; tr. it. di Emanuela Magno, *Essere o vivere. Il pensiero occidentale e il pensiero cinese in venti contrasti*, Feltrinelli, Milano 2017; e Id., *Nourrir sa vie: a l'ecart du bonheur*, Seuil, Paris 2005; tr. it. di M. Porro, *Nutrire la vita: senza aspirare alla felicità*, Raffaello Cortina, Milano 2006.

placidità. Questo stato di appagata serenità, una volta conseguito, si fa nutrimento di vita e garantisce longevità. Eliminata la frapposizione di qualunque schermo, si giunge alla tranquillità, sinonimo di limpidezza, leggerezza, luminosità. In tale condizione – che è stato di grazia – l'essere fisico non si esaurisce più, perché non viene scosso e può conservare tutta la propria essenziale vitalità. Attraverso la metafora della "trasparenza del mattino" la Vegliarda di Zhuangzi indica la meta da conseguire, l'approssimazione graduale all'unicità del principio che costituisce il vivente.

In tal modo il sapiente cinese insegna a scaricare il peso di tutto ciò che dal di fuori assilla, per porre al centro la vigilanza della sola capacità interna, che è appunto la capacità vitale. La donna radiosa, essendosi via via depurata, comunica in maniera limpida, allo stesso livello, con il puro, pieno regime dell'unica processualità naturale, costantemente attuale (senza passato, senza presente).

Questo stadio è una giovinezza raggiunta, che richiede elevazione di sé e trascendenza. Poiché evita tutti gli investimenti e le focalizzazioni che si accaparrano le energie e le dissipano, la Vegliarda riesce a coincidere con la sorgente comune della vitalità, allo stadio di completa liberazione dalla frapposizione degli ostacoli. Per questo ella riesce a mantenere un volto roseo, restando sempre se stessa, contemporanea del suo stesso rigoglio, incantevole esempio di umanità fiorente. In maniera analoga, potremmo interpretare le figure delle dee o, in ambito cristiano, della Madonna, sempre fanciulla, *tota pulchra*.

Tuttavia, mediante gli esempi, a noi meno noti, del Lontano Oriente, riusciamo forse a riascoltare in modo nuovo e recepire in una maniera inedita il linguaggio greco, quando esprime la vita umana che attinge alla propria fonte originaria e costitutiva. Il greco di Plotino ci mostra la risalita alla fonte attraverso la molteplicità, sino a interrogare il principio come "il più-che" (dell'essere, del bene, della bellezza) e scoprirne il carattere d'eccedenza. Ci si accorge così che l'essere umano è più-che-naturale (e solo allora umanamente autentico), nella somiglianza con il più-che-essere del principio.

4. Riguardare il principio

Dall'eccedenza primigenia ricaviamo la massima pluralizzazione, ricaviamo qualsivoglia manifestazione d'essere. Detto altrimenti, l'infinita potenza della scaturigine non si dà separata da ciò che le è congiunto, ma, proprio perché originariamente generativa, essa dà continua espressione di sé, quale forza aurorale del cominciamento. Qui è ravvisabile anche il metodo creativo del principio, che produce ciò che contempla. Qui vediamo all'opera "instasi" ed "estasi". Pertanto stare nella corrispondenza col principio significa attingere alla sovrabbondanza di potenza, disporre di energia creativa e generativa (come la bella cinese senza età).

Con le parole della teologia, diremmo di Dio, di se stessi, del tutto in un sol punto. Questa diventa la meta: farsi uno-principio, secondo il modello dell'archioriginazione del principio, che è autooriginazione, ovvero libertà di porsi e di manifestarsi[30]. Se costituisce l'inizio, quale atto assoluto di porsi, la libertà definisce la protostoria più antica. Siamo di fronte al legame tra pensiero dell'origine e della libertà che la istituisce. Pensare l'inizio eterno, ossia l'essenza come libertà, ci pone dinanzi a un'equiparazione tra le caratteristiche dell'autooriginazione e la nostra individuazione, ovvero, libertà d'iniziativa, inizio e scelta, precominciamento di ogni manifestazione d'essere, desiderio di esistere e di far essere altro. Ne scaturisce innanzi tutto un sentimento di gratitudine, se il primo - il principio - ha voluto porsi fuori da sé e far esistere altri. Per questo si sprigiona il sentimento della gratitudine primaria, volta verso l'origine

30 Gli autori contemporanei cui si è debitori per questi argomenti sono in particolare, Jaspers, Jung, Henry e Pareyson: cfr. qui, in particolare, M. Henry, *Incarnazione*, cit., e L. Pareyson, *Ontologia della libertà*, Einaudi, Torino 2000.

che ha esercitato il potere come scelta, come libertà, di far essere *in primis* se stessa.

Considerando il principio in sé come capace di porsi a partire dalla sua libertà, dal potere di disporre di sé, ne deduciamo che il creatore della libertà fa essere anche altri costitutivamente liberi. Numerosi versi della *Divina Commedia* dantesca hanno celebrato questo concetto; valgano ad esempio questi due: "Vuolsì così colà dove si puote/ ciò che si vuole"; "E 'n la sua volontade è nostra pace:/ ell'è quel mare al qual tutto si move/ ciò ch'ella cria o che natura face"[31].

Nel principio l'agire e il volere coincidono; il suo atto è la sua volontà. L'Uno, il principio costitutivo, è ciò che vuole essere e che può assolutamente dire "Io sono" nell'assoluta libertà dell'atto originario, che vuole essere, esiste ed è quello che è perché lo vuole[32]. Il suo essere corrisponde al suo volere e al suo agire, è padrone di sé perché dipende dalla sua libertà. In questo senso è *kyrios*, signore dell'essere, apertura verso di sé, liberalità senza limiti.

Pare inoltre interessante osservare la rifrazione del concetto tra le *Enneadi* plotiniane e le *Upaniṣad* vediche, ove ritorna questo ottativo: "Possa io essermi!"[33]; il principio, concentrandosi come desiderio, si mosse facendosi essere e determinando il molteplice. Questa metafora generativa allude al salto dall'assoluta trascendenza alla manifestazione. Plotino descrive il darsi nel e del principio come potere traboccante, ribollente, esuberante, che si manifesta attraverso la differenziazione. In quella sovrabbondanza sono contenute tutte le possibilità. L'uno abbraccia i molti che a lui somigliano. Similmente nei *Vedanta* troviamo un pensiero del principio non duale rispetto al molteplice, perché avente in sé le possibilità di altri.

Nelle *Enneadi*, come già nel *Parmenide* di Platone, l'Uno non è mai

31 Dante Alighieri, *Divina Commedia, Inferno*, Canto III, v. 95 e *Paradiso* III, vv. 85-87.

32 Questo il nome divino per eccellenza: cfr. la metafisica esodale (*Es* 3, 14), il *Vangelo di Giovanni* (cap. 4), il sanscrito *aham* (अहम्) esprimente il principio d'individuazione.

33 Cfr. S. Lavecchia, *Oltre l'uno ed i molti. Bene ed essere nella filosofia di Platone*, Mimesis, Milano-Udine 2010, e Id., "In principio era il dialogo. Lógos come relazione nel Prologo giovanneo", in: "Mistica e Filosofia", Vol. 11, N. 4, 2022, pp. 21-30.

solo un'unità semplice, in quanto, come possibilità di farsi principio è implicazione di relazionalità, di generatività di altri simili a sé. Notiamo questo intreccio essenziale tra generante-generato, trascendente-manifesto. Nel principio sono tutte le cose e a lui tutte sono congiunte. Nulla lo racchiude in sé e sceglie di comunicarsi, trasmettendo la sua qualificazione di vita, così da mostrare quale suo tratto distintivo la liberalità.

A questo livello, il più alto pensabile, contempliamo con Plotino una caleindoscopica cosmopoiesi: tutto si moltiplica in un'eccedenza infinita, si dispone una vita copiosissima che viene dal Padre, che genera. Nell'orizzonte del pensiero teologico cristiano, di nuovo incontriamo la liberalità: il Figlio, già presente nel principio, è unico, e i molti diverranno come lui; i molti sbocciano dalla liberalità del primo, dalla sua potenza, dalla fonte di vita che zampilla straripante e inesausta. Per questo la molteplicità si lascia intendere come implicazione di unità.

L'uniformità dei molti non è omologazione, bensì somiglianza con l'unità del principio, tanto che l'alterità non è distinguibile come tale di per sé, perché il suo differire è già insito nella relazione d'unificazione: "Qui, rendendoci da molti che eravamo unità, ci facciamo contemplanti dell'Uno principio"[34]. Questa osservazione, consente di cogliere il nesso con l'alterità, antecedentemente a qualunque impianto etico, il che significa che quel nesso può vantare un primato metafisico e valere come apriori senza che sia giustificato da una legislazione morale.

Inoltre, nella somiglianza con la datità del principio, che è se stesso, per ogni singolarità umana vivente risulta come proprio bene l'appartenere a se stessa, essere sé, essere una. Anche questa considerazione rimarca la scoperta del più-che-essere del principio e dunque corrispondentemente dell'*archaia physis*, della nostra natura più autentica, quale aspirazione all'unità con se stessi. Nell'interconnessione con questa ridondanza che è del principio e dell'umano,

34 *Enneadi* VI 9,3 ll. 21-22.

si salva insieme l'idea di Dio con quella dell'individualità vivente: l'uno consente l'individuarsi dell'altro. Infatti, l'unità di sé pertiene all'uno in senso assoluto e riguarda conseguentemente ogni esistente alla ricerca della sua propria identità.

Coloro che e-sistono (che stanno dunque a partire da altro) si somigliano costitutivamente tra loro nel desiderio d'identità e sono somiglianti al principio, in cui identità e molteplicità si congiungono. Nell'Uno principio non si tratta di cancellare le specificità molteplici, giacché per l'illimitata magnificenza dell'Uno, contrassegnato, come visto sopra, dallo stile della liberalità, tutto è comunione. Dato questo tratto di strutturale interconnessione, la molteplicità scopre, nel sovrabbondare originario, il proprio principio unificante, in quanto già costitutivamente comunionale.

In tal modo si articola la dialettica uno-molti: nel non essere l'Uno, si ritrovano i molti, che ravvisano proprio nell'unità il proprio singolo sé. In questa dialettica si dischiude la possibilità che un altro sia e così la molteplicità tende a unità. Di per sé, l'Uno, immune da alterità, è sempre presente e resta così nei molti come potenza generativa e attrattiva[35]. Seguendo le immagini plotiniane, possiamo dire che noi danziamo intorno all'Uno, se siamo armonizzati, accordati con lui, sorgente della vita, principio dell'essere, causa del bene, radice dell'anima[36]. Dalla potenza del principio scaturisce l'energia della vita infinita, incircoscrivibile, inesauribile. In questo siamo uno.

5. *Rivolgersi a sé*

Contemplata questa unità originaria, campo delle infinite possibilità, sorge per ciascuno un desiderio di risalita, di risalimento, di rivolgimento verso il principio, operando su di sé una progressiva e costante semplificazione. Ogni cosa andrà liberata dalla sua

35 *At* 17,15: In lui ci viviamo, ci muoviamo, ed esistiamo.
36 *Enneadi* VI 5,4.

opacità, per risplendere nella sua interconnessione al tutto; si toglie il vincolo, come nella messa in libertà di uno schiavo. "Astrai da tutto (leviga, modella)!"[37] Questo l'imperativo plotiniano e questo è ciò che richiede il processo estatico. Per uscire dalla condizione di mera ovvietà percettiva, verso il più–che essere, occorrerà levare tutto quello che ostacola il percorso, come i sassi da un sentiero, per camminare speditamente, e fuor di metafora, per procedere, nell'approssimarsi al principio, verso l'accrescimento di sé e non per sottrazione o diminuzione.

Alla munificenza, alla liberalità, dell'Uno corrisponde l'attività di abbellimento e riconoscimento di ogni nostra parte. L'"aferesi" (il togliere) è comprensibile non come via sacrificale, bensì come processo di astrazione, disvelamento, liberazione, alleggerimento di ciò che impaccia e occulta; è spianamento, apertura di una via. Procedendo in tal modo, riscattiamo, acquisiamo via via qualcosa in più, come l'uno che trabocca. Si procede in tal maniera verso l'unificazione con l'Uno, che è libero da ogni differenza, altro da tutto, continuamente trascendente. L'Uno, che è se stesso, afferma la possibilità dell'unificazione, della comunione d'altri, in quanto elargizione infinita, generatività munifica.

Da tale rispecchiamento consegue ontologicamente lo stare comunionale entro cui le distinzioni non sono superate, ma armonizzate, nella valorizzazione dei molti centrati sull'uno, nella pienezza delle ragioni del vivere. Allora si giunge a se stessi, a essere sé, in unità col principio, gustando un'esistenza che è, come aveva teorizzato Aristotele, divina[38]. In questa felice condizione possiamo muoverci liberamente, magnificamente, senza autolimitazioni.

Come ritrovarmi uno in mezzo ai molti? La domanda dell'identificazione resta intrecciata alla questione della datità del molteplice e all'indagine sul principio che accomuna[39]. I miti d'origine, siano essi

37 Plotino, *Enneadi* V 3, 17 l. 39.
38 Aristotele, *Metafisica*, XII (L), 6, 1071b-1072b.
39 Cfr. Platone, *Simposio*, per il tema della diade amorosa, e il *Timeo*, per la questione dell'unità molteplice propria del vivente intelligibile.

biblici o d'altra provenienza scritturale, raccontano del primo che amorosamente si dischiude generando i molti. Dall'inizio scaturisce il molteplice (come accade narrativamente nell'*incipit* di un romanzo); con l'inizio siamo al punto di partenza, decisivo per incontrare qualcosa che ancora non esiste ma che prenderà forma distaccandosi dalla potenzialità illimitata e multiforme[40]. Per questo è importante riguadagnare un pensiero dell'inizio, che ritagli un'individuazione, un'identificazione nel molteplice.

Allora ogni singolarità risulta interpretabile come un frammento che rimanda all'intero, non quale somma di parti, ma quale loro inesauribile fonte. Ritagliarsi dall'inizio, dalla possibilizzazione dei molti, un particolare, ovvero definire un'individuazione, che ha assunto concretezza reale, vivente, è ciò viene implicato per rendere raccontabile una singola storia, o, per dirla con Ricoeur, per delineare un'identità narrativa. Possiamo quindi provare a pensarci, plotinianamente, come esistenti raccolti intorno alla scaturigine dell'inizio, alla sua unimolteplicità, che è infinita pluralità.

L'unità relazionale e generativa dei molti non si divide mai da questi, bensì li struttura in maniera simile a sé. L'uno-scaturigine mette in forma il molteplice. Nella scuola di tradizione platonica è questo indiscutibilmente il più bello dei legami. Viceversa, se la molteplicità fosse di per sé separazione e distacco dall'Uno, essa si costituirebbe come posizionamento esterno a sé, allontanamento da se stessi[41]. Invece, è nella configurazione di ogni esistente cercare se stesso, che, viceversa, se si distacca da quella centratura, si perde, riducendosi a scomposta differenziazione. L'illimitato, il cattivo infinito, l'accumulazione di dati, sono menzioni di mera molteplicità, nuda scomposizione delle parti, cui viene a mancare l'unificazione.

Sappiamo per esperienza diretta che ognuno è maggiormente se stesso quando si appartiene, quando si volge in se stesso, anziché

---

40 La tesi è proposta da I. Calvino nelle sue *Lezioni americane* (1985), Mondadori, Milano 2022.

41 Plotino, *Enneadi* VI 6.

inclinare nell'esteriorità della grandezza (misurabile, soppesabile), che è caratteristica di chi ignora quella autentica. Non per incremento nel numero e nella dimensione, ma in forza dell'appartenenza a sé medesima, ogni realtà realizza se stessa e, per riuscirvi, deve volgersi verso di sé. L'unità, la determinazione, la concentrazione unitaria, di contro alla grandezza dispersiva, fanno essere l'essente veramente se stesso. Quando l'essente è uno, essendo se stesso, si scopre anche bello. Non, invece, quando fugge verso l'illimitatezza, bensì quando è circoscritto – contenuto, abbracciato, sorretto, configurato, formato – come uno.

Il molteplice si affida alla bellezza, perché ha bisogno di un ordine, la cosmesi è il bisogno della molteplicità. Per questo noi siamo infatti molte cose, siamo una molteplicità consistente attraverso una *logikè psyché*, un'anima logica, che è principio unitario e consapevole. Essa mantiene nei corpi un riflesso di sé come le immagini di un volto in molti specchi, secondo la bella espressione plotiniana[42]. Investigando il "da dove", in cui tutto è ricolmo di vita, come corrente di una sola fonte, pensiamo l'*anthropos* secondo il carattere del molteplice, tenendo fermo al nesso strutturale uno-molti. Così riguardata, la singolarità vivente, nella sua condizione d'incarnazione, resta in contatto con la sfera intelligibile. Allora l'essere umano, logos con logos, si illumina dello splendore più intenso, che è la *charis*[43].

6. L'interconnessione più intima

In tal maniera si configura l'avventura dell'unità nella ricerca dell'individualità: da qualcosa di unitario si ricava un limite, che non è una determinazione posta dall'esterno, bensì inerente a quella vita in tutta la sua sconfinata molteplicità, come se la vita irradiasse da qualcosa di corrispondente. Nell'indagine della natura tutta, come

42 Ivi, VI 7,15.

43 Cfr. C.G. Jung, *Opere* 11, e J. Hilmann, *L'anima del mondo e il pensiero del cuore*, tr. it. di A. Bottini, Adelphi, Milano 2002 (per *Il pensiero del cuore*, titolo or. *The Thought of the Hearth*, Eranos Foundation, Ascona 1981).

in quella dell'unica comunità dei viventi, rintracciamo lo stesso rapporto vita–individuazione. La consistenza del molteplice risiede nel suo intrinseco legame, nella somiglianza reciproca, nella scoperta che solo l'uno è in sé e dunque che ogni essente trova se stesso nella propria determinazione unitaria, che non è mai isolata da altro.

Seguendo la dinamica del pensare *ad imaginem et similitudinem*, tenendo fermo alla pensabilità del principio, configuriamo un'interpretazione corrispondente dell'umano che siamo. Se l'uno–principio neppure distingue l'altro come altro, in quanto alieno o estraneo a sé, anche sul piano antropologico ricaviamo che il massimo dell'identificazione si dipana come un infinito abbraccio che lascia essere i distinti senza isolarli.

Eppure nel Novecento si è imposta, e tuttora perdura, una *vague* decostruttiva, destrutturante, che configura l'insieme (sia naturale, sia umano) suddividendolo in parti senza coesione, come non fossero frammenti ma pulviscoli, spezzoni non raccoglibili in un'unità coerente, non componibili coerentemente, cosmeticamente, armonicamente. In questo XXI secolo, che conta ormai più di due decenni, emerge l'esigenza di guardare al di là della mera descrizione di una pluralità dissipata, di un'alterità illimitatamente differenziantesi, sconnessa, separata, che, in quanto tale, si è rifugiata disperatamente nell'ansia identitaria. Proviamo invece a cogliere in filigrana l'unità non come riduzione a un identico, bensì come interconnessione, dunque come scoperta dell'identificazione propria nella relazione ad altri, poiché è diventato quanto mai urgente (stanti le devastazioni della natura, la miseria economica, politica e culturale) cogliere la consistenza dell'inestricabile legame dell'uno e dei molti. Tale interconnessione, similmente all'intreccio in sé–fuori di sé, è così indissolubile che su di essa si agisce sempre come in relazione ad un *unicum*.

Le suddivisioni sono interne, non vi è stato di confusione nel tutto, ma amicizia (*philia*) strettissima, concernente l'intima partecipazione di tutto a tutti. Pertanto la corrispondenza antropologica all'interconnessione strutturale si manifesta nella scoperta della propria identificazione mediante il riconoscimento dell'Uno partecipato da tutti. Tanto più uno, tanto più sé. La *sunousia* (connessione intrinseca, congiungimento intimo, coessenzialità) esprime a ogni livello l'inclusione a permanere viventi.

Questa intima interconnessione vivente è di fondamentale momento anche nel pensiero cristiano, secondo il messaggio dell'unità tra il Padre e il Figlio, verso l'*antrohopos teleios*, l'umano compiuto, o meglio, che si compie volgendosi verso l'ulteriorità[44]. Se sul piano metafisico-ontologico abbiamo colto l'intima interconnessione del vivente, sul piano etico, scopriamo come ovvio l'ideale della messa in comune dei beni, quale corrispondenza all'immagine dell'uno nella sua eccedenza, generosa, prodiga[45]. Nella corrispondenza comunionale si rispetta l'intuizione della tensione all'uno, che è vita autentica dei molti. Emerge allora il comune come conseguenza della scoperta del principio sorgivo, che fa essere ciascuno senza rivendicazione assoluta del proprio.

Dentro questo orizzonte ci troviamo all'opposto di una totalità uniformante. L'irruzione dello spirito, la dimensione pneumatica, inverte la rotta della dispersione babelica; anziché allontanamento e confusione, si danno intesa stupefacente e possibilità di incontro[46], mentre la pretesa uniformità della spinta omologante e assoggettante si colloca in netta antitesi con la scoperta dell'unimolteplicità, quale struttura costitutiva del reale, alla cui armonizzazione ci si può accordare per una progressiva individuazione del singolo vivente, che sta in intima correlazione con il tutto cui è relato (gli altri, l'ambiente).

L'io alla ricerca di sé, del principio di cui non dispone sul piano oggettuale, trova la struttura della propria autocomprensione

---

44 Cfr. *Gv* 21, 23: "Che siano uno, che tutti siano uno, come noi siamo uno; che siano compiuti verso l'uno".

45 Cfr. *Atti* 4,32-35: la comunità cristiana delle origini considerava ovvia conseguenza della ricerca di unità col Padre la messa in comune di tutti i beni.

46 Cfr. i racconti biblici rispettivamente di *Genesi* 11 e *Atti* 2,1-41.

nell'uno che ipostaticamente accomuna. Ravvisando l'inanellarsi dell'io a se stesso, e parimenti ad altri, come approssimazione alla consistenza dell'uno principio, si mette a fuoco via via l'intima concordanza della molteplicità intera come espressione di una straordinaria natura, dell'antica, originaria, comune natura. E così si palesano i tanti nessi sui diversi piani: quello tra verità e interpretazioni, sul piano conoscitivo; tra unità del principio e singolarità personale su quello esistenziale; tra vita inesauribile e molteplicità esistente, sul piano che è storico e metafisico insieme. Stiamo a partire da altro: l'esistenza è estasi.

Dike, Polemos. Su essere e unità

Massimo Donà

Venice / *Venezia*, Italy / *Italia*
October / *Ottobre* 2024

Le evidenze sono sempre diaboliche, e conducono all'inferno: la pace non è uno stato normale, ma un paradosso. Il paradosso è una vetta tragica, come il Calvario, e non è una verità per tutti; non è interpretabile democraticamente, nel senso antico della parola. Un mistero iniziatico per il "minor numero".

(Andrea Emo, Quaderno 257, 1963).

L'ideale astrazione ideologica che anima le rivoluzioni è la giustizia, il perfetto equilibrio della bilancia. Invece il tempo, la storia, lo svolgimento sono il perpetuo squilibrio; non sarebbero, come non sarebbe il divenire, senza squilibrio.

(Andrea Emo, Quaderno 355, 1973)

1.

Il frammento 80 di Eraclito afferma che *díkē* è *éris*. *Éris* è la "contesa", il contrasto, la lotta, la "guerra" (*pólemos*); ciò che, *essendo "comune" (xynós) a tutti gli enti, dice ciò senza di cui nessun ente potrebbe essere quello che è.*

Ogni ente, insomma, *si oppone* a tutto ciò che è altro da esso; e non solo, quindi, a ciò che in seguito sarebbe stato riconosciuto come suo "contraddittorio". Contraddittorio, cioè, rispetto quel determinato ente: sua semplice "negazione" (da non confondersi con il contrario, appunto; contrari sono infatti gli dèi rispetto agli uomini, i liberi rispetto agli schiavi, gli immortali rispetto ai mortali, gli svegli rispetto ai dormienti, i vivi rispetto ai morti o l'umido rispetto al secco, tanto per citare Eraclito). Quel che caratterizza i contraddittori, infatti, è il costituirsi l'uno come semplicissima "negazione" dell'altro. E non come "altra" positività, rispetto al medesimo (che è quanto accade, invece, ai contrari). Insomma – e questo vale per ogni ente –, se non si determina in virtù di una qualche opposizione, l'essente non riesce a costituirsi.

Potremmo dire che, quanto meno nel suo significato formale, *a-dikía* evoca un modo d'essere alla luce del quale le cose non stanno come dovrebbero... cioè, conformemente al dettato di *díkē*; solo *díkē*, infatti, indica lo stato in virtù del quale le cose stanno come è giusto che stiano. Le cose, dunque, *devono* stare nell'opposizione. *Devono* contrapporsi a quel che è altro da esse (ai diversi e ai contrari, e quindi a quel che esse "non-sono", cioè sempre anche alla loro semplice negazione, senza peraltro riuscire mai a costituirsi come *altre* da quest'ultima – è d'altro canto proprio il risolversi, da parte di quest'ultima, sempre e comunque in qualcosa d'altro, ossia è proprio il non riuscire a contrapporsi, da parte del positivo, ad una semplice negatività, a dare luogo ad una intrascendibile relazione di differenza o contrarietà).

Ma, sia chiaro: questo "dovere" non indica nulla di simile ad un compito. Non evoca cioè qualcosa come un imperativo o un dovere morale; ma una semplice "necessità". Insomma, che le cose stiano *nell'opposizione* di differenza o di contrarietà (*polemos*) – le uniche in grado di *de-terminare* l'esistente – appare ad Eraclito assolutamente "necessario". *Eris*, cioè, "è comune" a tutte le cose: che non hanno dunque il compito di *renderla comune*, l'opposizione. E dunque non devono, semplicemente, *diventare* opposte. Ribadiamolo: non si tratta di un semplice imperativo categorico. No, le cose "stanno nell'opposizione" *perché è necessario che vi stiano: altrimenti non potrebbero essere.*

Questo dice *díkē*, almeno... nel suo significato più concreto: che gli enti "sono". E che "sono" solo in quanto contrapponentisi come *diversi* o *contrari* gli uni rispetto agli altri. Insomma, essi "sono" solo perché un *reciproco determinarsi* li rende in qualche modo riconoscibili e li fa *essere* come quei diversi che dicono di essere. Solo la "giustizia" (*díkē*) avrebbe potuto consentire agli essenti di essere. O meglio, è solo il loro *giusto* opporsi, ovvero il loro reciproco distinguersi, a farli essere. Ecco perché il fatto che l'ente in quanto ente "sia" è un portato della "necessità".

Insomma, non può che esser così; le cose *sono* solo in quanto *reciprocamente determinantisi.* Ma, se è tutto questo a venire imposto da dike, "*adikía* non potrà che alludere al non-essere degli enti. *Adikia*, cioè, non avrebbe potuto che chiamare in causa la *negazione* di quel che li fa essere; e dunque sarà anzitutto negazione del loro *reciproco determinarsi.* Quasi a voler riconsegnare le differenze (anche quelle di contrarietà) alla natura aporetica che caratterizza la ben più semplice (ma impossibile) relazione di "contraddittorietà".

Insomma, è proprio tale ingiustizia a lasciare "soli" gli essenti; e dunque a non consentire loro di *determinarsi reciprocamente.* Costringendoli ad una "negazione" con la quale non possono assolutamente relazionarsi, se non a condizione di trasformarla nell'esserci di qualcosa di *diversamente determinato.* Insomma, se giusta è la "contesa", ingiusta sarà invece la condizione in virtù della quale l'essente venga privato del contendente. In modo tale da fargli credere d'esser solo; solo, cioè, di contro alla propria semplicissima "negazione" – che nulla di 'diverso' dal medesimo potrà mai mostrare... almeno, "in quanto tale", cioè in quanto mera *negazione.* In quanto tale, infatti, essa non può che far rimbalzare sulla propria superficie specchiante, ovvero sulla propria tracotante *indeterminatezza*, l'immagine impossibile di quel che la medesima sembra destinata a "negare"; e che mai riuscirà a riconoscersi, proprio in quanto, del medesimo, lo specchio costituito dalla sua negazione potrà restituire al massimo il semplice *non essere quel che è*. Ovvero, la sua *impossibilità*. La sua inguaribile fantasmaticità; o anche, la sua inconsistente umbratilità.

Da cui l'*ingiustizia* caratterizzante qualsivoglia preteso gesto di smarcamento, ossia, qualsivoglia presa di distanza destinata a fungere da *solo apparente* autonomizzazione. Ecco l'effetto di una individuazione che guardi al *puramente negativo*, e non all'*alterità* cui questa supposta presa di distanza o autonomizzazione peraltro finisce per consegnare l'esistente – e proprio in forza della sua impossibilità (stante che non ci si può separare da quel che non c'è, da quel che non è un qualcosa, e dunque non può essere risolto in semplice "alterità"...). Finendo per consegnarlo ad una determinatezza resa possibile proprio dalla complessa rete relazionale in cui, a rapportarsi, sono sempre e solamente cose, essenti, ossia individualità reciprocamente determinantisi "secondo giustizia". E mai dei semplicemente "contradditori".

D'altronde, come abbiamo appena rilevato, è la stessa impossibilità caratterizzante l'opporsi dei contraddittori (e dunque anche l'opporsi da parte della determinatezza – fatta essere dall'opposizione ontologica originaria – all'impossibile opposizione originaria) a consentire *eris*, ovvero l'opporsi sempre determinato che distingue gli enti l'uno dall'altro. E a consegnarli ad un insanabile conflitto. Dunque, ingiusto è tutto quel che non può costituirsi: ossia, tanto il distinguersi dell'essere dal nulla, quanto il separarsi degli essenti dall'impossibilità caratterizzante l'opposizione originaria. Ovvero dall'unità che tale impossibilità di fatto finisce per testimoniare – indicando molto semplicemente il non riuscire a distinguersi dell'essere dal nulla: ossia, il loro esser inevitabilmente identici.

Va anche precisato che in Eraclito la parola *adikía* non compare proprio. Mentre è presente un'altra parola: *hýbris* – che sempre nel filosofo di Efeso significa "prevaricazione" ("tracotanza", "violenza")... da cui l'ingiustizia in virtù della quale un ente può credere di potersi separare dal proprio opposto, o pretendere di annientarlo.

Per potersi ritrovare davvero solo, e farsi per ciò stesso 'assoluto'. Autonomo, cioè, rispetto a quell'opposto costituito di volta in volta dal contrario o anche dal diverso, ma sempre anche da quell'opposto rispetto al suo differenziarsi determinato, costituito appunto dall'unità originaria (che poi viene a prodursi proprio per l'impossibilità caratterizzante l'opposizione ontologica originaria).

Il frammento 80 prosegue quindi affermando che "tutte le cose si generano secondo contesa e necessità" (*kaì ginómena pánta kat'érin tà chreṓmena*). Si generano, cioè, secondo *díkē* e *chreṓn*: da cui la *necessità che l'ente in quanto ente sia*. Perciò l'essere dell'ente porta con sé il senso della necessità. Certo, è anche vero che "il generarsi di una cosa è la morte del suo opposto, ché ogni cosa ne "vive la morte" (fr. 76). Ma "morte" altro non dice che il non-essere.

Eccoci, così, al centro della questione.Da un lato, *díkē*, in quanto *éris* e *pólemos*, cioè in quanto "opposizione", dice il tratto "comune" ad ogni ente. Quello indipendentemente dal quale nessuna determinatezza sarebbe mai potuta venire all'essere; dall'altro lato, nella generazione, ogni ente vive (ed è) la morte (il non essere) del proprio opposto. Ossia, mostra di esistere anche indipendentemente dalla condizione in virtù della quale, solamente, ogni ente sembra poter essere (se, infatti, ad apparire è A, a non costituirsi come "altra-positività" rispetto ad esso, sarà anzitutto NON-A, che però si dona *in toto* ad A, costituendosi come "suo semplice apparire").

Ogni essente si contrappone a quel che è "altro" da esso. Ma anche il semplice venire alla luce, il semplice apparire (quell'apparire che è sempre anche un determinarsi nella forma di un "questo" o di un "quello") implica il *venir meno* di qualcosa. Se non altro di quella "negazione" che si manifesta sempre e solamente nella forma di un *determinante positivo*; pur non indicando, essa, in quanto tale, nulla di positivo. Certo, non come il venir meno delle altre determinatezze; ossia, dei diversi. Il cui costituirsi come "una molteplicità" non è peraltro mai determinabile (non a caso la totalità concreta degli essenti non appare). Ma come l'apparire di qualcosa e di qualcos'altro, ossia come l'apparire di una "parzialità" rispetto a cui quel che la determina compiutamente e definitivamente non sarà mai presente (il suo semplice apparire, infatti, comporterebbe il suo non costituirsi come totalità, ma come semplice parzialità essa medesima de-terminata, e dunque relazionata solo ad altre parti, e mai al "tutto" che pur la rende possibile - anche se lasciandola irrimediabilmente sola).

Insomma, se qualcosa come un A esiste ed appare nella sua determinatezza, allora il suo esserci non può che comportare la morte di NON-A (tutto risolto nell'esserci di A, per l'appunto). O meglio, l'eclissarsi di quest'ultimo a favore di qualcosa di *diverso* rispetto ad A (un B, un C, un D etc.). A favore dell'apparire di B, oppure di C, o anche di E... Anche se è proprio la morte di NON-A a rendere evidente l'esser identici di A e NON-A. Perché è proprio il loro non riuscire a distinguersi - se non facendosi entrambi determinati... come A e B, tanto per fare un esempio –, a mostrare che *sono una stessa ed identica cosa*. Infatti, se NON-A non riesce a distinguersi da A, non potrà che coincidere con quest'ultimo. Ecco perché il generarsi di A mostra sì l'originario esistere di A in rapporto a B, ma anche l'esistere di A in rapporto a C; e, allo stesso modo, mostra anche la perfetta indistinzione di A e NON-A.

D'altra parte, la generazione (*génesis*, dice Anassimandro) è *phaneròs* (dice Eraclito, fr. 54): ossia "manifesta"; essa porta alla "luce"... e quindi non la si può considerare *inesistente*. Certo è che la generazione va distinta dall'*hýbris*. Sì, perché, nella generazione, gli opposti, o meglio i contraddittori (solo i contraddittori disegnano infatti un'opposizione "assoluta"), pur vivendo ognuno la morte (ossia, morendo la vita) del proprio altro, sono sempre e comunque "uno e lo stesso", *tautó t'éni*. Anzi, sono ognuno la morte dell'altro *proprio in quanto* sono una medesima cosa. Appunto perché "uno dei due, diventando l'altro, è l'altro, e l'altro, di nuovo, diventa ed è quel primo" (*táde gàr metapesónta ekeînά esti kakeîna pálin metapesónta taûta*, fr. 88).

Va a questo proposito rilevato come, anche nella prospettiva dell'eterno ritorno di tutte le cose (caratterizzante già il pensiero di Eraclito, ben prima di quello nietzschiano), gli opposti, o meglio "i contrari", quali sono ad esempio "il vivente e il morto, lo sveglio e il dormiente, il giovane e il vecchio" non si separino mai "definitivamente", o meglio "assolutamente"... l'uno dall'altro. Perciò *la generazione è sì una forma di separazione degli opposti,* ma questa separazione non viene mai spinta sino in fondo, appunto perché, pur essendo l'uno il *non-essere* dell'altro, i due opposti rimangono comunque "uno *e lo stesso", ossia, rimangono anche perfettamente uniti.*" Che è quanto accade alle relazioni: A e NON-A, B e NON-B... ecc. Ossia, alle relazioni tra "contraddittori". Ché è proprio dei contraddittori (secondo quanto abbiamo già visto) l'essere ognuno il semplice "non" dell'altro. Un "non" astrattamente risolto nell'esserci di un "altro". I contrari, i diversi, possono cioè diventare ognuno il proprio altro solo in quanto rimanga operante quella "negazione" che rende sostanzialmente identici gli uni agli altri. In quanto *assolutamente* altri dal medesimo.

I diversi o contrari possono diventare pertanto ognuno il proprio altro, proprio in quanto dicono l'identico; ovvero in quanto, in essi, rimane viva quell'opposizione assoluta che è la forma stessa in cui si presenta, da sempre, la vera identità. In quanto i medesimi esprimono, sia pur nella forma determinata di cui sono anche manifestazione, sempre anche un'opposizione assoluta. Ovvero, la semplice ad aporetica opposizione di positivo e negativo. Insomma, "nella generazione l'*adikía* (*hýbris*) non è stata ancora perpetrata, *perché díkē è éris e pólemos, e pólemos è padre di tutte le cose*". Nella generazione e nella morte, cioè, a palesarsi sono sì A e altri diversi (B, C, D...), ma solo in quanto espressioni dell'opposizione assoluta. E dunque dell'identità testimoniata da ogni opposizione assoluta.

Tracotante e ingiusto sarebbe invece costringere NON-A a costituirsi come "altro" da A. Ossia, voler fare di NON-A qualcosa di "semplicemente diverso" da A; e dunque di identico a quest'ultimo.

È impossibile fare di NON-A qualcosa di altro da A, dunque, proprio perché, se fosse qualcosa di altro da A, non si tratterebbe di NON-A, ma di B, C o D; cioè, se NON-A fosse qualcosa di diverso da A, a distinguersi da A sarebbe un'altra determinatezza, ossia B, C, D.... e non NON-A. Se NON-A fosse altro da A non sarebbe NON-A, ma qualcos'altro: B, C o D...

Insomma, se fosse altro da A, NON-A non sarebbe NON-A. Ogni alterità è infatti determinata. D'altro canto, è anche vero che A si rapporta a qualcosa di *diverso* (B, C...D) proprio perché NON-A non riesce ad indicare qualcosa di diverso da A. Insomma, è proprio perché NON-A non dice B o C o D, che A, nel rapportarsi a NON-A, lo perde di vista, e si ritrova comunque *altro* da B, C o D. Cioè, proprio perché non è "altro da A", NON-A non si distingue da A, ma si fa originariamente identico al medesimo; facendosi per ciò stesso identico ad un A che può costituirsi come A proprio in quanto "altro", ma non da NON-A, quanto piuttosto da B, C o D. In questo senso, la determinatezza di A disegna un non esser il proprio altro che *lascia essere* tutto il determinato, anzi che non potrebbe neppure costituirsi se venissero meno B, C, D etc. in quanto "altri" da A. Mentre non può lasciar essere NON-A come altro da sé. Può benissimo proporsi di diventare B, ossia di trasformarsi in B. Di continuare a vivere, dopo esser morto come A, in B... appunto come B.

Sì, perché padre può essere solo "il dio" (*to theós*, fr. 67), ovvero il principio alla luce del quale *è necessità che tutte le cose esistano nell'opposizione, ossia in quella differenza determinata che le tiene unite e funge da ineliminabile condizione del loro essere.* Tale principio è l'Unità del molteplice... di un molteplice che, dunque, "è" sempre e solamente in conformità alla legge dell'opposizione (tra contrari) e della differenza (tra altri). Un principio che dice l'Uno; alla luce del quale, solamente, possono esistere i contrari, cioè gli opposti che da esso medesimo, in quanto padre di tutte le cose, si generano... appunto separandosi, ma *mai rompendo del tutto* la loro unità.

Per questo, *pólemos*-padre ha una funzione simile a quella rivestita dall'Uno anassimandreo. È infatti sempre e solamente dall'Uno, in cui sono uniti – conferma Aristotele –, che si generano i contrari destinati a separarsi (*ek toû henòs enoúsas tàs enantiótētas ekkrínesthai*). Eraclito dice che essi possono separarsi solo in quanto eternamente uniti "in" e "da" *díkē*: "nella" e "dalla" "giustizia" che vien resa all'essere delle cose secondo "necessità" – la stessa che, solamente, avrebbe potuto farle esistere. Ma... c'è anche *hybris*, ossia, l'*adichia*; da sempre, a darsi è cioè finanche quella separazione tra contrari che purtuttavia sembra impossibilitata a rompere definitivamente la loro unità. Che mai sembra poterla rompere, cioè... quanto meno in modo irreversibile. Per quanto quella stessa separazione sia comunque un separarsi dall'Uno; ma da un Uno che li custodisce, in ogni caso, i diversi.

Certo, la separazione tocca il fondo quando diventa *hýbris*, quando, cioè, il prevaricare di uno dei contrari produce la dissoluzione finanche di quel loro esser "uno e lo stesso" (*tautó t'éni* [...]" che dovrebbe permanere anche nel loro diventar altri da sé: sì che tale prevaricazione determini la definitiva dissoluzione dell'altro da sé. Dove, a venire dissolta, sarebbe la differenza in quanto tale. Quella che non si sarebbe neppure venuta a costituire, dunque, se non all'ombra dell'unità che i diversi continuano comunque a custodire.

Abbiamo affermato che "*ýbris è adikía*. Ma di fatto, in base alle indicazioni tanto di Eraclito quanto di Anassimandro – ma anche di Parmenide –, esse non riescono a produrre una distinzione valevole come reale "separazione". La separazione è infatti impossibile; e sempre per l'impossibilità dell'opposizione ontologica originaria – in virtù della quale, solamente, le cose si distinguono. La separazione è impossibile per il non distinguersi dell'essere dal nulla. Sì che in tutte le cose debba esser in qualche modo riconoscibile lo stesso negarsi dell'essere in cui si risolve, *ab origine*, quell'opposizione – sì, quella assoluta. Sempre per via della sua impossibilità. Perciò le cose possono essere e non essere; perciò il loro essere può trasformarsi nell'esserci di qualcos'altro. Perciò esse nascono e muoiono. Perciò dalla morte dell'una deriva la nascita di un'altra. Perché non sono mai davvero indipendenti dall'aporia caratterizzante l'opposizione originaria. Perciò la loro erranza non si trasforma mai in un errore – stante che l'unico errore possibile sarebbe appunto quella separazione che gli essenti possono cercare, ma mai potranno davvero realizzare.

Le cose si determinano – a differenza dell'essere, che non potrà mai determinarsi –, ma mai potranno assolutizzarsi. Ossia, rompere l'unità originaria; romperla davvero, ossia definitivamente. A rompersi, originariamente peraltro, è piuttosto la differenza tra A e NON-A, ossia, tra l'essere e il nulla; ché, proprio in virtù dell'impossibilità del loro distinguersi, non si determinano mai in quanto tali. Più che rompersi, dunque, la relazione tra essere e nulla mostra la propria impossibilità. A mostrarsi è cioè l'impossibilità del distinguersi tra contraddittori. A mostrarsi è che i contraddittori *sono il medesimo*. Perciò, più che rompersi, la loro distinzione neppure si costituisce. Potremmo anche dire che si rompe prima ancora di costituirsi. Ma – ricordiamolo –, Eraclito non usa la parola *adichía*; eppure, secondo il significato più scoperto del frammento di Anassimandro, *adikía* indica proprio la generazione che vorrebbe separare gli enti dall'Uno.

Per questo, *díkē* è il rimanere in quest'ultimo – sì che *la giustizia* venga ripristinata (*didónai díkēn tē̃s adikías*) proprio col dissolvimento e la morte (*phthorá*) che riconsegna gli enti all'Uno. Con il dissolvimento, cioè, della loro astratta differenza; di una differenza in qualche modo dimentica dell'unità – di quella unità che pur tuttavia è anche garante dell'eterno ritorno. Che garantisce cioè il farsi altro e la metamorfosi senza fine dell'essente e della sua determinatezza. Perciò la differenza "astratta" non s'è invero mai costituita. Mai essendosi costituita la vera astrattezza-separazione; che, in quanto tale, impedirebbe l'incessante farsi altro da parte di ogni essente. Ossia, il ritorno all'unità.

A costituirsi essendo solo la "pretesa" di autonomizzarsi; ma non l'autonomia. Ossia, l'erranza, e non l'errore. Come avrebbe poi semplicemente ripetuto Emanuele Severino. Facendosi distinzione, dunque, l'unità originaria sembra rischiare di dimenticarsi, ovvero di sciogliersi *in toto* nella determinatezza, e nella sua pretesa nonché tracotante differenziazione. In quella differenziazione che può solo farci credere di esserci fatti assolutamente indipendenti e liberi, sciolti cioè da qualsiasi relazione determinante. Facendoci per ciò stesso dimenticare l'unica relazione che, nel reciproco determinarsi, sempre in verità si dice.

Ma non ci si può non chiedere, a questo punto: perché mai la separazione sarebbe *adikía*, e cioè ingiusta? Insomma, la domanda cui dobbiamo rispondere è: perché dovrebbe essere ingiusto il semplice separarsi dall'Uno? Se la dimenticanza di cui abbiamo detto "potesse accadere", vorrebbe dire che può accadere. Dunque, o è impossibile o il suo accadere o il separarsi delle esistenze individuali e determinate non può venire definito "ingiusto".

D'altronde, è lo stesso frammento di Anassimandro a sollecitare l'unica risposta possibile a una tale domanda. In esso, infatti, si dice sì che un'*adichia* viene commessa, ma soprattutto si dice che la medesima viene punita (con il ciclo delle nascite e delle morti). Che viene punita attraverso un vero e proprio ritorno all'Uno, coincidente con la morte delle determinatezze individuali; perciò tale ritorno mostra come la separazione e la pretesa assolutezza (o autonomizzazione) delle cose particolari siano del tutto aleatorie. O quanto meno "apparenti". Ossia, mostra che esse non potevano riuscire ad ottenere quello che pur avrebbero voluto. Ossia, la solitudine dell'esistente.

L'esistente, insomma, non s'è mai separato dall'unità che sempre si manifesta nel *reciproco determinarsi* delle esistenze individuali. Nel loro trasformarsi incessante, nel loro diventar sempre *altro* da quello che erano. Un trasformarsi incessante destinato a rendere evidente almeno questo: che *di là* dal determinato v'è sempre e solamente un *altro determinato*, e mai la sua semplice "negazione". Da cui l'autentico significato del frammento anassimandreo.

Insomma, separarsi è "ingiusto"... solo in quanto *impossibile*. Se fosse possibile, infatti, nessuno potrebbe impedirci di optare per la separatezza. Si tratterebbe di una delle scelte possibili; che potremmo definire "ingiusta" solo a parte da un principio morale estrinseco. In quanto tale, però, del tutto in-giustificato. E come tale in-giusto. Ecco il senso che lo stesso Eraclito doveva conferire al concetto di *hýbris*. Un senso che si riverbera anche sull'*adikía* anassimandrea; anzi, che la implica necessariamente. Perché nella supposta separazione dall'unità originaria, i distinti non potrebbero giustificarsi; o meglio, a non giustificarsi sarebbe l'evidenza del loro stesso incessante farsi altri da sé. Caratterizzante un'esistenza costitutivamente metamorfica e per ciò stesso mai definitivamente compiuta.

Insomma, non si restituirebbe agli enti la loro *díkē*; ossia, non si renderebbe loro "giustizia". Una giustizia coincidente appunto con la "necessità" in virtù della quale, degli stessi, si dovrà dunque riconoscere che "non potranno mai non essere". Coincidente cioè con il loro irrinunciabile *essere*; garantito appunto dalla loro unità.

2.

"Né generarsi né corrompersi gli ha consentito *díkē* sciogliendo i legami, ma lo tiene" (*oúte genésthai oút'óllysthai anē̃ke Díkē chalásasa pédēisin all'échei*). Così suonano due importanti versi del Poema di Parmenide (fr. 8, vv. 13-15). Due versi che si riferiscono all'ente (*eón*). Come a dire che, se l'ente non è il nulla – stante che gli opposti non possono fare a meno di opporsi –, allora l'ente è eterno. Esso, insomma, non potrà mai diventare nulla; mentre gli essenti possono sempre diventare "altro" da quel che sono.

Qui, dunque, nominare l'"ente" significa guardare all'"essere". Il nulla, infatti, non è altro dall'essere; e dunque neppure da una qualche forma dell'esserci. Altrimenti sarebbe un ente esso medesimo. Ma, se il nulla è nulla, ovvero, se esso è assolutamente altro dall'essere, l'essere non si distingue; e, non distinguendosi, non può neppure farsi altro da quel che è, e che è solo in quanto così e così distinguentesi.

L'essere, ribadiamolo, non si distingue da nulla; neppure dal nulla. Perciò l'essere non è. Insomma, esso non è né questo né quello. E neppure è qualcosa di cui si possa dire che "è". Ribadiamolo: *adikía* è sciogliere i legami che tengono l'essere ben stretto a sé. Impedendogli di farsi "altro da sé"; anzitutto, dunque, di farsi nulla (l'assolutamente altro da esso). Eppure, è proprio in quanto non-altro, che esso si mostra sempre e solamente in un "altro" di cui dice peraltro la semplice *negazione*. Ecco perché l'essere non appare mai; ecco perché esso non appare mai così come appaiono invece questa tastiera, questo schermo, questa lampada, questi fogli di carta... etc. Il fatto è che l'essere non è (non avendo alcun altro da cui distinguersi). Non a caso, ad apparire sono sempre e solamente uno schermo, una tastiera o una lampada.... Ossia, tutte le determinatezze di cui possiamo farci di volta in volta testimoni.

Anche Parmenide, quindi, proprio come Eraclito, pensa l'opposizione; e, come Eraclito, la intende quale condizione imprescindibile dell'essere dell'ente. Ancora una volta viene confermato il fatto che per i primi pensatori greci la suprema verità, ossia la verità innegabile era costituita dal semplice fatto *che l'essente è*. Fermo restando che la determinatezza "è" proprio in virtù del non-essere dell'essere. Verità, questa, che, comunque – con l'unica eccezione di Parmenide –, sta sempre insieme all'altrettanto suprema verità costituita dal *diventar altro da parte dell'essente*. Quel *diventar-altro* che, comunque, non implica affatto lo scioglimento dei legami che unificano l'essente; ché, tali legami, lungi dall'impedire, all'ente, di *diventar altro* (o di *diventare qualcosa a partire da altro*), sono proprio ciò che lo rende possibile.

Certo, anche la *díkē* di Parmenide *proibisce che i legami vengano sciolti*; e lo proibisce sul fondamento stesso di ciò che la *díkē* di Eraclito, e quindi di Anassimandro, intendono salvaguardare: *il fatto che l'ente sia*. Che il positivo sia. Che sia l'essere, cioè; anche se non come un essente – non, cioè, come una determinatezza diversa da altre determinatezze. Né in Parmenide, né in Eraclito, né in Anassimandro, infatti, l'essere *si determina* "in quanto essere". L'essere di Parmenide è finito; ma non v'è nulla al di fuori di esso. Dunque, come non riconoscerlo? Che esso è finito, sì, ma perfettamente in-determinato. "Finito" perché, ad essere, sono sempre le finitezze che, in ogni caso, mai lo moltiplicano; esse, infatti, lo fanno sì essere come molteplicità di determinatezze in sé sempre molteplici... ma nello stesso tempo anche come molteplicità in cui, a venire all'essere, *è sempre e solamente una pura positività* (il puro essere), in quanto tale non altra da alcunché. E proprio per questo manifestantesi sempre e solamente nella determinatezza che c'è.

In questo senso, anche il significato della *díkē* parmenidea, proprio come quella di Eraclito, rifluisce sul significato della *díkē* anassimandrea, mostrando perché la 'pretesa' separazione dall'Uno (il diventar altro, che, in quanto separazione dall'Uno, è insieme separazione dei contrari l'uno dall'altro) sia *adikía*. E dunque impossibile. Mostrando cioè che nessuna, tra le determinatezze di fatto esistenti, mostri qualcosa di *diverso* dall'*essere* che in esse sempre e solamente si manifesta. Ché mai le determinatezze molteplici sono quello che sembrano essere. Ossia qualcosa di *diverso* dall'essere; e tanto meno un non-essere.

Tutto questo, tenendo fermo che per Eraclito l'opposizione assoluta – *díkē*, *éris* – contenuta *ab origine* dall'Uno non può che "sciogliere i legami" con un nulla che non sta da nessuna parte (se non nell'originario negarsi di un essere per ciò stesso identico alla sua negazione) e proprio per questo si presenta animato da *pólemos* – "padre" del mondo. Si presenta cioè come distinzione tra determinatezze che lottano tra loro per non lasciarsi sopraffare. Ma che, di volta in volta, si trasfigurano lasciandosi determinare come *altre da sé* nel gioco delle infinite metamorfosi rese possibili dalle esperienze di nascita e morte che caratterizzano la vita su questa terra. "Armonia nascosta" è invece quella che dice l'identità degli opposti assoluti; quella, cioè, del dio *alloioûtai* (fr. 67); che "si trasforma": prima nel diventar altro, dove gli opposti sono tuttavia "lo stesso e uno" (perché ognuno sta nel proprio *métron*). E poi nella violazione di questo stesso *métron* da parte di *hýbris* (che tuttavia viene da ultimo rintracciata dalle Erinni di *Díkē*, perché è necessità che la sua tracotanza venga spenta dalle medesime).

E in ogni caso, se Eraclito e Parmenide pensano l'opposizione come ciò a partire da cui, solamente, l'ente sembra essere reso possibile, Eraclito può ben dire, ed anche a maggior ragione, che l'esser "lo stesso e uno", oltre a competere agli opposti in quanto esistenti nel diventar altro (*metapíptein*), compete anzitutto agli opposti in quanto dimoranti nell'Unità originaria della *harmoníē aphanḗs*; fermo restando che questo essere "lo stesso e uno" è proprio quel che sembra venire radicalmente "negato" da Parmenide... e proprio in relazione all'opposizione tra essere e nulla. Almeno, apparentemente.

Perché poi, in verità, anche Parmenide, parlando di opposizione assoluta tra essere e nulla, parla di qualcosa di verissimo proprio nel suo originario risolversi in una vera e propria intrascendibilità da parte dell'essere. Insomma, per Parmenide c'è solo l'essere, perché nulla gli si contrappone davvero, neppure il nulla; che, se gli si contrapponesse, si costituirebbe come qualcosa, e negherebbe di essere nulla. Di essere cioè quell'assolutamente altro dall'essere che, proprio in quanto tale, non ruba (né può rubare) alcuno spazio all'essere.

D'altronde, dobbiamo pur riconoscerlo, che se l'essere non-è e il nulla-è, ciò va riconosciuto proprio perché l'essere non riesce ad avere, nel nulla, qualcosa di realmente *altro* da sé. Ovvero, un *relativamente* "altro" da sé. Il fatto è che si tratta di un'opposizione tanto radicale, che, proprio per essa, si dovrà riconoscere che l'uno è l'altro. In modo tale che l'unità originaria venga a costituirsi in virtù di un'opposizione che, costituendosi come "assoluta", non può certo risolversi in una semplice relazione di *alterità determinata* (o relativa).

E che, sempre per lo stesso motivo, funge anche da vero e proprio presupposto di qualsivoglia alterità determinata.

A dimostrazione del fatto che solo l'essere è; ma che, proprio per questo, ad essere sono sempre e solamente le determinatezze che appaiono. Stante il non determinarsi dell'essere in rapporto ad un nulla che, se fosse, sancirebbe anche il non costituirsi come "puro essere" da parte dell'essere. Da ciò il suo farsi esistenza di una qualche determinatezza. Che è quanto sempre accade. A dimostrazione del fatto che mai l'essere si distingue davvero da quell'altro da sé che dovrebbe essere, ma non può essere: il nulla. O meglio, che non lo è (altro dall'essere) proprio in quanto *assolutamente altro* dal medesimo. Proprio per questo l'essere dirà sempre il proprio intrascendibile non-essere. Ovvero, il proprio venire originariamente oscurato dall'essente che c'è.

Insomma, *díkē* non scioglie i legami proprio perché dice nello stesso tempo il non esser il nulla da parte dell'essere, ma insieme il suo non aver nulla davanti a sé... nulla rispetto al suo stesso farsi originariamente 'altro' da sé, nel mostrarsi appunto *come altro da un altro.* Ed è Parmenide a sancire la necessità che l'ente sia. Egli però va ben oltre tutto ciò; ossia, *esclude che l'essere sia le cose molteplici*, perché nessuna di esse (stella, albero, acqua, fuoco) significa "essente"; e dunque nessuna chiama in causa il semplice essere, se non nel suo negarsi... ed è impossibile che "i non essenti siano", *eînai mḕ eónta* (fr. 7, v. 1); *escludendo, dunque, il divenire dell'essere*, a venire escluso sarà anche quel divenire (quello degli enti molteplici) che innegabilmente appare, almeno.... per tutto il pensiero dell'Occidente e, sia pure in un senso ben preciso, anche alla luce della 'struttura originaria' elaborata da Emanuele Severino (quel divenire che innegabilmente appare per lo stesso Parmenide – il quale, non a caso, afferma l'*amēchaníē*, ossia l'incapacità di pensare e di vivere dei "mortali dalla doppia testa", affermando, contrariamente alle proprie intenzioni, proprio l'esistenza dell'errare, accanto a quell'essere dell'ente che non vuole altro di contro a sé).

Insomma, mentre per Eraclito v'è un modo di opporsi da parte degli essenti (quello che li riconosce come espressioni dell'Uno, consentendo loro, proprio in quanto originariamente uniti, di trasformarsi l'uno nell'altro) destinato a venire conservato anche nel diventar altro, per Parmenide "quel che in Eraclito viene conservato" (l'esser-uno da parte degli opposti), non funziona in rapporto all'essere e alla sua relazione col nulla.... ché l'essere non potrà mai farsi-uno con quest'ultimo. Dunque, se l'opposizione ontologica costituisce per Parmenide la vera e propria dimensione *originaria*; a proposito dell'*unità* il medesimo ritiene che essa riguardi solo l'essere. Ma proprio per questo sembra non rendersi conto che, comunque, l'unità dell'essere è tale proprio in quanto, ad apparire come distinte, sono sempre e solamente le determinatezze che appaiono, e mai l'essere (in quanto distinto quanto meno dal nulla).

L'essere, infatti, non appare; e dunque la sua unità è quella risultante dal suo non distinguersi neppure dal nulla, ovvero, dal suo originario negarsi *in quanto essere*. Dal suo non poter mai avere a che fare col nulla; che non v'è alcun nulla di là da esso (altrimenti questo nulla sarebbe qualcosa). Ma proprio per questo nessuna "molteplicità" potrà mai esservi, sempre secondo Parmenide... anche solo per il fatto che quest'ultima direbbe e implicherebbe in ogni caso il non-essere. Il non esser l'altro da parte dell'uno. E poi le determinatezze non significato "essere"; almeno, nella loro determinatezza (quella che li rende, peraltro, davvero differenti l'uno dall'altro). Per questo, in esse l'essere non è – se è vero che le medesime sono solo in quanto nulla v'è, al di là dall'essere, che sia davvero in grado di far essere l'essere.

Dike, dunque, sempre secondo Parmenide, evoca l'opposizione in quanto "originaria"; sempre che per opposizione si intenda l'originaria differenza *ontologica*. Ma il fatto è che nessuna opposizione potrà mai costituirsi in relazione al nulla. Non a caso anche gli essenti, opponendosi reciprocamente, fanno essere il non essere, ossia quel che non è essere. L'opposizione, quindi, è solo "una": quella che contrappone *l'essere al non-essere*. Che li oppone nella forma di "assolutamente" opposti; ché nulla potranno mai avere in comune (perciò non possono essere originariamente "uno", pur essendo nello stesso tempo "uno", per il non costituirsi da parte del nulla, e quindi neppure da parte dell'essere).

Ecco, *dike* allude proprio ad una opposizione non compresa né abbracciata da alcuna unità (che è impossibile, se non a patto di far essere il non-essere, che, in quanto altro dall'essere, e relazionato a quest'ultimo, finirebbe per essere esso medesimo). Per quanto si tratti di un'opposizione ben strana. Anzi, "impossibile"; stante che ogni opposizione istituisce una "relazione". E dunque una comunanza, una *koinonia*. Ovvero, una qualche identità. L'opposizione, dunque, è impossibile solo se concepita nella sua "assolutezza"; ovvero, come istituente l'unità di "essere" e "non essere".

Ecco perché "Uno" è, per Parmenide, sempre e solamente l'essere; il quale, a sua volta, non solo non identifica gli enti, ma dice una *negazione* sicuramente più radicale di quella implicata da qualsivoglia (loro) differenziazione. Negazione dell'essere medesimo, cioè. Una negazione che non può certo "unificare" i diversi; rendendo possibile il loro differenziarsi. Essa non li unifica affatto; stante che, a non esservi, sono poi gli stessi elementi da unificare (ossia: i differenti). Che non-sono – forse anche secondo Parmenide –, per il semplice non-essere da parte dell'essere; di quell'essere, cioè, che dovrebbe valere come elemento unificante in grado di rendere possibile il loro stesso differenziarsi.

Insomma, se l'essere è "uno", si tratta di un'unità che non unifica alcunché. Per cui i molti si rivelano pura illusione, mera apparenza o semplice miraggio... entità fantasmatiche prive di qualsivoglia consistenza. Sì, noi crediamo che siano, ma in realtà non sono affatto – almeno, secondo Parmenide; in quanto l'Uno non è un "altro" (qualcosa capace di identificare ciò che, solo in quanto così unificato, potrebbe forse distinguersi), e neppure è l'essere considerato nella sua propria determinatezza-diversità. *Dike*, insomma, non unifica un bel niente. Ma allora, davvero, l'uscita e l'autonomizzazione (differenziazione) dei molti, nel loro distinguersi dall'Uno (dall'unità originaria che nega il loro stesso distinguersi) è pura *hybris*. Almeno, secondo Parmenide. Ecco la fondamentale differenza rispetto ad Eraclito. Una differenza *davvero fondamentale*.

Parmenide, insomma, sembra molto più vicino ad Anassimandro che ad Eraclito... ché, per lui, *adichìa* è il *semplice distinguersi* dei molti dall'uno... e il semplice essere ognuno "altro" dal proprio *altro* (conformemente ad un distinguersi che per Eraclito è invece assolutamente necessario – essendo *polemos*, per lui, padre di tutte le cose). Ma leggiamo il frammento anassimandreo riportato da Simplicio: "Anassimandro [...] ha detto [...] che principio degli esseri è l'illimitato (*ápeiron*) [...] da dove infatti gli esseri hanno l'origine, lì hanno anche la distruzione secondo necessità (*kata to chreon*), poiché essi pagano l'uno all'altro la pena (*dike*) e l'espiazione dell'ingiustizia (*adichia*) secondo l'ordine del tempo" (Anassimandro, in Simplicio, fr 12 B 1).

Molto interessante anche la traduzione che, di questo medesimo frammento, viene proposta da Giorgio Colli: "Le cose da cui è il nascimento alle cose che sono", che conserva dell'originale il *nascere* (collegato etimologicamente al greco *ghénesis*) e soprattutto il plurale ("le cose da cui"). Il plurale è importante, perché rende esplicito il fatto che gli enti naturali (le "cose che sono") non provengono direttamente dall'"illimitato", come non è direttamente in esso che si dissolvono. La loro esistenza ha inizio e termine nei principi opposti a loro volta generati dall'illimitato – per primi il caldo e il freddo.

Dunque, tutto questo accade *secondo necessità*. Perciò i contrari prevalgono a turno sui propri contrari, e a turno si estinguono nei medesimi: la necessità, insomma, inerisce a quest'idea di *antagonismo* e di *alterna sopraffazione*. L'espressione "secondo necessità", il cui dettato originario ancora Colli preferisce rendere con "secondo ciò che deve essere", porta con sé l'idea di "destino"; nella quale inizia a risuonare l'accento tragico ed etico-religioso che dà rilievo alla seconda parte del frammento.

Ma veniamo all'*ingiustizia*. Il fatto è che, ad essere "ingiusta" è la semplice esistenza delle cose 'che sono'; ingiusta e dunque *colpevole*, e perciò stesso *destinata alla rovina e al male*; ovvero, alla sciagura. Da cui un'esistenza condotta sapendo di dover espiare una colpa riconducibile al semplicissimo fatto di esistere.

Da qui la risonanza tragica del frammento: male è insomma la semplice esistenza – in quanto di per se stessa *colpevole*. Un'esistenza che non può non venire punita con la pena di morte; relativa ad una vera e propria morte vivente e da una vera e propria vita morente. Sì, perché è nello stesso tempo vero che solo nella nascita e nella morte sperimentiamo l'inscalfibile potenza dell'Unità originaria. Scoprendo che solo nel divenire si manifesta la sua inscalfibile, e dunque "stabile" potenza. Che solo nell'ingiustizia, cioè, l'impossibile si fa esistente; facendosi per ciò stesso testimonianza della propria costitutiva "impossibilità".

Una lussuosa bellezza: saper ascoltare il linguaggio letterario

Carola Barbero

Turin / *Torino*, Italy / *Italia*
November / *Novembre* 2024

1. La letteratura e la filosofia analitica del linguaggio

La filosofia analitica del linguaggio si è spesso avvicinata alla letteratura[1], chiedendosi se i romanzi fossero collezioni di enunciati falsi, che differenza ci fosse tra uno scritto qualsiasi e un'opera letteraria, se si potesse imparare qualcosa dai romanzi (e, nel caso, che cosa), come si dovessero trattare dal punto di vista ontologico e metafisico i personaggi delle opere letterarie, e così via. Le ricerche condotte in ambito analitico – interessate ad arricchire, verificare e mettere in discussione posizioni in semantica, ontologia, metafisica e teoria della conoscenza – sono state prevalentemente di natura teorica e non hanno ritenuto di dover prendere in esame, se non a titolo meramente esemplificativo, la storia della letteratura e le analisi critiche di testi e autori.

Tuttavia, un simile approccio ha sin da subito comportato il rischio (concretissimo) – essendo prevalentemente interessato a prendere in esame la letteratura riguardo a quei problemi che la filosofia analitica pone – di trascurare alcuni tratti essenziali delle

1 Per un simile approccio, limitandomi alle pubblicazioni in lingua italiana, mi permetto di rinviare a C. Barbero, *Filosofia della letteratura*, Carocci, Roma 2013.

opere letterarie. Come ben spiega Virginia Woolf nel *Second Common Reader*,

> sono poche le persone che chiedono ai libri quello che possono dare. Più comunemente ci ritroviamo davanti ai libri con le idee incerte e confuse, chiedendo alla narrativa di essere vera, alla poesia di essere falsa, alla biografia di essere lusinghiera, alla storia di rafforzare i nostri pregiudizi. Se, quando leggiamo, potessimo mettere da parte tutti questi preconcetti, sarebbe già un buon inizio. Non date ordini al vostro autore, provate a immedesimarvi in lui. Siate per lui un compagno di lavoro e un complice. Se fin da subito vi mostrate riluttanti, dubbiosi e critici, vi precludete di apprezzare nel modo migliore ciò che leggete. Ma se aprite la mente più che potete, allora, fin dal dispiegarsi delle prime frasi, segni e accenni di una sottigliezza quasi impercettibile vi condurranno alla presenza di un essere umano diverso da chiunque altro. Immergetevi nel libro, familiarizzate, e presto scoprirete che il vostro autore vi sta dando, o tentando di darvi, qualcosa di più definito[2].

Questa pagina di Woolf sarà al contempo un monito e un auspicio per le riflessioni che seguiranno in cui si tenterà di avvicinarsi alla letteratura senza imporle nulla in anticipo e senza dimenticare con che spirito ci si accosta ad essa quando si dismettono i panni del filosofo e dello studioso (anche se, lo sappiamo, non son panni che si dismettono mai del tutto) e si cerca di rilassarsi, lasciando che la spina dorsale prenda il sopravvento. Perché benché si legga con gli occhi e con la mente, la sede del piacere estetico, come opportunamente osserva Vladimir Nabokov, commentando *Casa desolata* di Charles Dickens, è tra le scapole.

---

2 W. Woolf, "The second common reader" (1932), tr. it. (parziale) di D. Sandid, in: Id. *Come leggere un libro*, Passigli, Bagno a Ripoli 2012, pp. 7-30, la citazione riportata si trova nelle pp. 10 *sg*.

> [D]obbiamo solo rilassarci e lasciare che sia la spina dorsale a prendere il sopravvento. Anche se leggiamo con la mente, la sede del piacere artistico si trova fra le scapole. Quel piccolo brivido là dietro è sicuramente la forma più sublime di emozione raggiunta dall'uomo quando ha elaborato l'arte pura e la scienza pura. Veneriamo la spina dorsale e il suo fremito. Sentiamoci fieri di essere dei vertebrati, perché siamo vertebrati che hanno ricevuto sul capo il magico tocco di una fiamma divina. Il cervello non è che il proseguimento della spina dorsale: lo stoppino percorre di fatto tutta la lunghezza della candela. Se non siamo in grado di gustare quel brivido, di gustare la letteratura, allora lasciamo perdere tutto e dedichiamoci ai fumetti, alla televisione e ai club del libro[3].

Per riuscire a capire che cosa fa sì che si sprigioni quel brivido lungo la schiena è importante affrontare nuovamente alcuni quesiti in parte già trattati dall'indagine prettamente analitica cui si è fatto riferimento in apertura, provando però a prenderli in considerazione tenendo conto della complessità e varietà delle opere letterarie.

Innanzitutto, che cos'è la letteratura? In un certo senso è un costrutto verbale (anche se, a differenza di quanto credono i testualisti classici come Nelson Goodman e Catherine Elgin[4], non si identifica necessariamente con un testo, come è evidente se si prende in considerazione la tradizione orale[5] che è peraltro all'origine della nostra storia letteraria). E in che modo si deve considerare il

3 V. Nabokov, *Lezioni di letteratura* (1980), tr. it. Adelphi, Milano 2018, p. 116.

4 N. Goodman e C. Elgin, "Interpretation and Identity: Can the Work Survive the World?", in: "Critical Inquiry", Vol. 12, N. 3, 1986, pp. 564-75.

5 C. Soy Ribeiro ("The Spoken and the Written. An Ontology of Poems", in: J. Gibson, *The Philosophy of Poetry*, Oxford University Press 2015, pp. 127-48) giustamente sottolinea come le opere letterarie fossero originariamente create ed eseguite oralmente, il che non dovrebbe essere dimenticato quando si costruiscono teorie filosofiche. Invece la maggior parte dei filosofi della letteratura ha analizzato la letteratura dal punto di vista della scrittura e della cultura della stampa, considerando le opere stampate come paradigmatiche, dimostrando quindi di ignorare quasi del tutto quella tradizione orale che invece è stata storicamente e numericamente primaria (le poesie orali sono nate per prime, e sono molto più numerose

linguaggio di cui è composta? Precisamente da questo interrogativo prendevano avvio i padri della filosofia analitica del linguaggio, cercando di capire la differenza tra gli enunciati che troviamo nelle opere letterarie e quelli normali.

Gottlob Frege[6] spiegava la differenza tra un enunciato come "Odisseo sbarcò a Itaca immerso in un sonno profondo" e "la luna è più piccola della Terra" mostrando come, pur essendo entrambi sensati (perchè esprimono un pensiero), soltanto il secondo potesse essere detto avere un valore di verità, ossia una denotazione (nel caso del primo enunciato, dal momento che il nome "Odisseo" è privo di denotazione, anche l'intero enunciato ne sarà privo), e pertanto contribuisse a far procedere le nostre conoscenze, mentre il primo aveva a che fare esclusivamente con il godimento estetico. Secondo Frege quindi, quando si è interessati ad apprezzare la lingua in tutta la sua lussuosa bellezza, accade che ci si soffermi su ciò che per il logico è indifferente (quando non addirittura preoccupante, in quanto indice di una "imperfezione" del linguaggio).

Anche Bertrand Russell[7] aveva riflettuto sul linguaggio letterario e si era impegnato a chiarire come la semantica dovesse stare attenta a non farsi fuorviare dalla grammatica trattando un nome come "Amleto" alla stessa stregua di "Napoleone": innanzitutto perché i nomi propri, nonostante l'apparenza, in realtà non si riferiscono a individui ma sono abbreviazioni di descrizioni definite, e poi perché se si parafrasa correttamente l'enunciato in cui la descrizione definita compare, si arriva alla forma logica dell'enunciato grazie alla quale non solo si evitano inutili confusioni, ma si può anche stabilire (a differenza di quanto pensava Frege) il valore di verità di quegli enunciati in cui compaiono "Amleto" o "il cavallo alato" che

di quelle scritte). Questa è la ragione per la quale, secondo Ribeiro, la letteratura orale e non quella scritta dovrebbe essere considerata paradigmatica.

6 G. Frege, "Senso e significato" (1892), in: P. Casalegno, A. Iacona, E. Paganini e M. Santambrogio (a cura di), *Filosofia del linguaggio*, Raffaello Cortina, Milano 2003, pp. 18-40.

7 B. Russell, "Sulla denotazione" (1905), in: A. Bonomi (a cura di), *La struttura logica del linguaggio*, Bompiani, Milano 1973, pp. 179-95.

si potranno ritenere semplicemente falsi (dal momento che non c'è nessuno che abbia la proprietà di essere principe di Danimarca o cavallo alato).

Molti dei filosofi del linguaggio di matrice analitica che si sono in seguito avvicinati alla letteratura hanno preso le mosse da questi lavori di Frege e Russell, arricchendo il dibattito con proposte teoriche, emendamenti, obiezioni e controbiezioni molto articolate. Il confronto tra il linguaggio letterario e il cosiddetto linguaggio "serio" (quello i cui enunciati sono dotati di valore di verità e quindi possono portare ad un avanzamento delle nostre conoscenze), è sempre stato considerato un punto di partenza fondamentale. Ci si è quindi domandati se potessero essere considerati veri non solo enunciati quali "Sherlock Holmes abita al 221b di Baker Street" e "Sherlock Holmes è stato inventato da Conan Doyle" (in un certo senso veri – per ragioni differenti – rispettivamente *dentro* e *fuori* dalla finzione), bensì anche altri più complicati da trattare come "Sherlock Holmes è il detective più intelligente del mondo" (inclusi quelli reali?) e "Sherlock Holmes è più alto di Salvo Montalbano" (come facciamo a saperlo? E rispetto al commissario Maigret? Saranno più o meno alti uguali?). E poi, la Londra di Holmes, la Londra di Mrs. Dalloway e la Londra di William e Kate, sono sempre la stessa città? E ancora, quell'unico proiettile che colpì Watson era nella spalla (come si legge in *Uno studio in rosso*) o nella gamba (come si dice ne *Il segno dei quattro* e ne *Il nobile scapolo*)? E quale tipo di serpente era quello che il Dr. Roylott, ne *L'avventura della banda maculata*, voleva usare per uccidere la figliastra Helen (e aveva già usato per uccidere la sorella gemella Julia)? Tante sono state le domande rispetto alle quali i filosofi analitici hanno cercato di elaborare le risposte al fine di risolvere problemi di natura logica, semantica, metafisica e ontologica[8].

---

8 Per una presentazione delle principali questioni connesse alla letteratura discusse in ambito analitico si rimanda a A. Voltolini, *Finzioni. Il far finta e i suoi oggetti*, Laterza, Roma-Bari 2010.

2. La lussuosa bellezza del linguaggio letterario

Tuttavia l'impressione – in parte condivisa dai letterati e dai filosofi di matrice continentale – è che quei filosofi che si avvicinino alla letteratura utilizzando *esclusivamente* tali strumenti e avendo presenti simili obiettivi non chiedano *davvero* alle opere letterarie quello che queste possono offrire (per riprendere il passo sopra riportato di Virginia Woolf), bensì che si limitino a studiarli, quasi a sezionarli, per trovare risposte alle *loro* domande e verificare la bontà delle *loro* teorie. Potremmo analizzare semplicemente enunciati come "L'erba è verde", "Anna crede che Londra sia la capitale del Canada" e "L'attuale regina d'Inghilterra ha una chioma folta" per valutare come considerare gli elementi costituenti e stabilire poi quale sia il valore di verità degli enunciati, invece ci divertiamo con "Sherlock Holmes è un detective" o con "Anna crede che Sherlock Holmes sia affascinante".

Non c'è niente di male nell'esercitarsi in semantica, logica e ontologia usando la letteratura, sia detto senza equivoci, tuttavia se pensiamo alle opere letterarie in cui ci siamo imbattuti (smarriti, terrorizzati, arrabbiati, divertiti) e di cui abbiamo apprezzato lo stile, le proprietà estetiche e la struttura, sorge naturale il dubbio che adoperando le opere letterarie come "eserciziari" corriamo il rischio di perderci qualcosa di davvero importante. Quantificatori (∃ esistenziale e ∀ universale, quelle espressioni logiche come "qualcosa" e "ogni cosa" che ci dicono quanto è grande l'estensione in cui è valido un predicato), parafrasi e inventari ontologici sono strumenti senz'altro utili, ma non sufficienti per affrontare la letteratura in tutta la sua complessità. Per quanto banale possa sembrare, occorre infatti anche non dimenticarsi di leggere le opere dall'alto in basso e dalla prima all'ultima pagina (analizzando testi letterari di epoche, stili, autori e paesi differenti, e non tirare in ballo sempre il solito inflazionato Sherlock Holmes). Occorre provare a capire *che cosa* dicono, *come* lo dicono (cogliendo quelli che Frege chiamava il "tono" e il "colore" delle espressioni usate), *perché* lo dicono, se ce ne importa ancora qualcosa o se non ce ne importa più niente[9]. Per apprezzare la letteratura bisogna quindi avere presenti obiettivi, dibattiti e metodi dell'approccio analitico provando tuttavia a prenderli in considerazione non soltanto per risolvere questioni di semantica e ontologia, bensì anche per dirimere questioni prettamente estetico-letterarie.

Occorre ritrovare un autentico interesse filosofico per quelle pratiche in cui le parole, in tutta la loro lussuosa bellezza ("lusso puro e semplice"[10] secondo Vladimir Nabokov) formano un intero che può essere interessante senza essere trasparente (la distinzione di riferimento qui è quella tra il *linguaggio opaco* e il *linguaggio trasparente* originariamente presentata da Tzvetan Todorov[11] e, in ambito analitico, da Peter Lamarque[12]) o dotato di significato ma non nel senso ordinario (d'altra parte, come sentenzia Samuel Beckett nel suo *Proust*, la comunicazione stessa è impossibile perché che "non vi sono mezzi di comunicazione"[13]), che può essere frutto di una intenzione autoriale o prodotto da un software, che può richiedere ai lettori di essere completato oppure di essere lasciato così com'è.

Possiamo così riconsiderare la questione del significato letterario a partire da quelle opere che sembrano provocatoriamente mettere in dubbio che la letteratura abbia sempre a che fare con qualcosa del genere. Basti pensare non solo ai lavori che presentano un significato

---

9 In effetti, perché certi tipi di letteratura diventano nel tempo incapaci di comunicare alcunché o di essere apprezzati? E perché invece altri non perdono mai il potere di veicolare messaggi e significati anche in epoche molto diverse rispetto a quelle in cui sono stati creati? E che dire infine di quelli che, come gli zombie, paiono morti e invece tutt'a un tratto tornano in vita facendosi sentire?

10 "I romanzi di cui ci siamo imbevuti non vi insegneranno nulla che possiate applicare alle difficoltà della vita; non vi aiuteranno in ufficio, né sul campo di battaglia, né in cucina, né in camera dei bambini. Il sapere di cui ho cercato di farvi partecipi è lusso puro e semplice" (V. Nabokov, *op. cit.*, p. 521).

11 T. Todorov, "Tropes et figures", in: Id., *Littérature et signification*, Larousse, Paris 1967, pp. 91-118.

12 P. Lamarque, *The Opacity of Narrative*, Rowman & Littlefield, London 2014.

13 S. Beckett, *Proust* (1931), tr. it. di P. Pagliano, Studio, Milano 2004, p. 46.

letterale diverso da quello contestuale, come *Happy Days* di Beckett (con Winnie che esordisce dicendo "Un altro giorno divino"[14] mentre è interrata fino alla vita e armeggia con pettine e pistola), bensì anche ai testi di *nonsense* vero e proprio, come il famoso *Jabberwocky* di Lewis Carroll, prevalentemente formato da parole inventate[15], che Alice legge da un libro che si trova sul tavolo di una stanza della Casa dello Specchio in *Attraverso lo specchio*[16].

È parimenti interessante valutare quale possa essere il rapporto tra accesso semantico/cognitivo e accesso empatico, in particolare per capire che cosa accada con quei testi che, nonostante riusciamo ad afferrare dal punto di vista verbale, non ci consentono di attivare l'immaginazione in maniera partecipativa. Si tratterebbe in questo caso di "resistenza immaginativa"[17]? Ossia della circostanza in cui tipicamente il lettore *rifiuta* di immaginare ciò che invece il testo lo *invita* a immaginare (spesso in connessione a tabù o a gravi deviazioni morali)?

E poi è chiaramente importante analizzare il rapporto tra autore e intenzione, insieme alla questione relativa alla comprensione e al punto di vista adottato, per provare a capire che differenza ci sia tra cambiare punto di vista e cambiare stile della narrazione. Relativamente al nesso autore-intenzione, oltre al ricchissimo dibattito filosofico seguito alla pubblicazione di M. C. Beardsley e W.

---

14 S. Beckett, "Giorni felici" (1961), tr. it. in Id. *Teatro*, a cura di P. Bertinetti, Einaudi, Torino 2014, pp. 209-64, la citazione riportata è a p. 213.

15 Alcune delle parole usate da Lewis Carroll sono semplici *nonsense*, altre rientrano invece nella categoria dei *mot-valise* (*port-manteau* o *parole macedonia*) le quali, come spiega Humpty Dumpty ad Alice, sono vere e proprie creazioni derivanti dal tagliare due o più parole a metà per poi ricombinarle con estro – come accade ad esempio combinando "*flimsy*" (affranto) e "*miserable*" (miserabile) in "*mimsy*", oppure "*fuming*" (fumoso) e "*furious*" (furioso) in "*frumious*", o ancora (e questo è un caso famosissimo) "smoke" (fumo) e "fog" (nebbia) in "smog".

16 L. Carroll, "Attraverso lo specchio e quello che Alice vi trovò", in: Id., *Le Avventure di Alice nel Paese delle Meraviglie*, tr. it. di M. D'Amico, intr. P. Citati, Mondadori, Milano 1978, pp. 135-283.

17 T. Szabó-Gendler, "The Puzzle of Imaginative Resistance", in: "The Journal of Philosophy", Vol. 97, 2000, pp. 55-81.

K. Wimsatt sulla cosiddetta *fallacia intenzionale*[18], è particolarmente utile prendere in esame i lavori dei surrealisti che separano provocatoriamente autore, significato e intenzione, come nel noto esempio del *cadavre esquis.* Si tratta del "gioco" creativo inventato a Parigi – in rue du Château 54, nella casa in cui abitavano Marcel Duhamel, Jacques Prévert e Yves Tanguy – che consisteva nel chiedere a ogni partecipante di scrivere a turno, seguendo determinate regole e un certo ordine – per esempio: nome-aggettivo-verbo-complemento oggetto – , la parte di una frase su un foglio che poi veniva ripiegato in modo tale che chi scriveva la parte successiva non potesse leggere che cosa era stato scritto da chi lo aveva preceduto. La prima frase, dal significato surreale e creata dai partecipanti al gioco, fu appunto "Le cadavre exquis boira le vin nouveau" ("il cadavere squisito berrà il vino novello").

Molti esempi potrebbero essere citati per illustrare il ruolo del punto di vista, ma per cogliere il potere prismatico della letteratura – capace di riflettere la luce, e, nel farlo, di ricreare un mondo in retrospettiva – risultano particolarmente significativi *Cathedral* di Raymond Carver[19] e *Rain Flooding your Campfire* di Tess Gallagher[20]. Entrambi dimostrano come una stessa vicenda, quella del *blind man* che si reca in visita a una coppia di amici, possa essere narrata in modi profondamente diversi. Inoltre, sollevano la questione se una versione possa essere ritenuta "più corretta" dell'altra, tenendo conto di come si siano effettivamente svolti i fatti, senza dimenticare, tuttavia, che si tratta pur sempre di due storie finzionali.

Per la questione legata allo stile un imprescindibile spunto di riflessione è quello offerto dagli *Exercices de Style*[21] di Raymond Que-

18 M.C. Beardsley e W. K.Wimsatt, "The Intentional Fallacy", in: "The Sewanee Review", Vol. 54, N. 3, 1946, pp. 468-88.

19 R. Carver, "Cathedral"/"Cattedrale" (1981), in: Id., *Cattedrale*, tr. it. di R. Duranti, Einaudi, Torino 2014, pp. 205-26.

20 T. Gallagher, "La pioggia spegne il fuoco dell'accampamento" (1997), in: Id., *Viole Nere*, tr. it. di R. Duranti, Einaudi, Torino 2014, pp. 97-115.

21 R. Queneau, *Esercizi di stile* (1947), intr. e tr. it. di U. Eco, a cura di S. Bartezzaghi, Einaudi, Torino 2008.

neau, che poi sono 99 modi diversi di raccontare un banale aneddoto: durante l'ora di punta, su un autobus gremito della linea S, un uomo si irrita con un altro passeggero perché lo urta, poi trova un posto a sedere; due ore dopo, il narratore scorge uno dei due davanti alla Gare Saint-Lazare mentre conversa con qualcuno che gli suggerisce di far aggiungere un bottone al soprabito. E questi 99 modi diversi di raccontare la stessa storia mostrano come lo stile non sia solo una questione di forma, bensì anche una lente che trasforma la percezione della storia stessa.

La scrittura letteraria emerge in tutta la sua lussuosa bellezza anche in quelle opere che in un certo senso mettono in discussione il complesso rapporto tra finzione e realtà. Pensiamo alle autobiografie e ai romanzi-verità da un lato (da *Memoires intimes* di Georges Simenon[22] a *Gomorra* di Roberto Saviano[23], per esempio) e alle opere di pura finzione dall'altro (come *Il nome della rosa* di Umberto Eco[24]). Nonostante evidentemente i diretti interessati raramente riescano a scrivere di sé senza inventare, è indubbio che anche le storie vere contengano elementi finzionali, così come di verità, nella finzione, ce ne sia sempre molta.

E che dire delle scritture automatiche ed elettroniche? Ritroviamo anche qui la bellezza del linguaggio? In questi casi, chi dovremmo considerare come l'autore? E come dovremmo interpretare tali testi? Quale potrebbe legittimamente essere considerato il loro significato? In un'opera come *Comes the Fiery Night* di David H. Cope[25] che consiste di 2000 haiku alcuni dei quali sono stati creati da famosi maestri haiku quali Issa e Basho, mentre altri sono stati composti da un programma informatico, come stabilire quali abbiano effettivamente un significato o una qualche rilevanza estetica? Abbiamo

---

22 G. Simenon, *Memorie intime* (1981), tr. it. di L. Frausin Guarino, Adelphi, Milano 2018.

23 R. Saviano, *Gomorra: Viaggio nell'impero economico e nel sogno di dominio della camorra*, Mondadori, Milano 2006.

24 U. Eco, *Il nome della rosa* (1980), , Bompiani, Milano 2011(ed. rivista e corretta).

25 D.H. Cope, *Comes the Fiery Night*, CreateSpace Independent Publishing Platform, 2011.

strumenti per distinguere quelli creati dal programma da quelli umani, se anche il programma può commettere sviste o errori di battitura?

La lussuosa potenza del linguaggio letterario mostra poi inevitabilmente la sua resistenza a qualsivoglia forma di traduzione, ragion per cui i traduttori sono stati spesso visti come traditori (con le parole di Joachim Du Bellay, "mieux dignes d'estre appelez traditeurs, que traducteurs"[26]) e si è configurato come tangibile il rischio di perdere per sempre un'opera nel momento stesso in cui la si trasporta da una lingua all'altra. E, ammesso che le traduzioni siano possibili, come dovranno essere realizzate? *Ad litteram* o *ad sensum* (per richiamare la famosa distinzione di Cicerone[27])? Forse in entrambi i modi: non dimentichiamo che in un certo senso ogni traduzione si configura sempre come un atto di negoziazione (come sostiene Umberto Eco in *Dire quasi la stessa cosa*[28]), per il quale occorre rinunciare a qualcosa per avere qualcos'altro in cambio. Tutto non si può avere.

3. *Lusso o istinto?*

All'interno del dibattito contemporaneo di filosofia della letteratura si sono fatte strada in maniera decisa negli ultimi tempi quelle proposte che ricadono sotto le categorie di "bioletteratura" o "darwinismo letterario". Secondo questo filone teorico in via di consolidamento, la letteratura – oltre a essere manifestazione di proprietà estetiche, veicolo di valori morali e possibile strumento di conoscenza – espliciterebbe una caratteristica peculiare degli esseri umani, ossia il fatto che siano *animali che raccontano storie*[29]. Anzi-

26 J. Du Bellay, *La Défense et illustration de la langue française* (1549), Sansot, Paris 1952, p. 76.

27 Cicerone, *De optimo genere oratorum*, a cura di A. Ippolito, L'Epos, Palermo 1998.

28 U. Eco, *Dire quasi la stessa cosa*, Bompiani, Milano 2003.

29 Questo è quanto sostengono coloro che appartengono alla corrente del "Literary Darwinism", il cui massimo esponente è J. Carroll (*Literary Darwinism. Evolution, Human Nature, and Literature*, Routledge, New York, NY 2004; e Id., *Reading Human Nature. Literary Darwinism in Theory and Practice*, Suny Press, Albany, NY 2011) e,

ché essere semplicemente un prodotto culturale creato dall'uomo e fruito per scopi estetici, l'atto di raccontare storie si configurerebbe quindi come il segno di una fondamentale capacità acquisita dall'*homo sapiens* e necessaria per la sua sopravvivenza[30], ragion per cui si suggerisce di inquadrare – nonostante gli sforzi portati avanti nel tentare di distinguere letteratura e non-letteratura, linguaggio ordinario e linguaggio letterario – le questioni estetico-artistiche sulla letteratura *in linea di continuità* con la natura umana[31]. D'altra parte, non è forse vero che da quando siamo piccoli organizziamo e sviluppiamo le nostre attività cognitive inserendole all'interno di una cornice narrativa? E se il fatto di raccontare storie ha determinato lo sviluppo cognitivo dell'*homo sapiens*, non ne potremo forse concludere che ci sia qualcosa come un *istinto letterario*? In altre parole, in che modo le storie[32] e il bisogno di raccontarle sarebbero parte integrante della nostra natura? L'idea è che esse svolgano un ruolo essenziale nel nostro sviluppo psicofisico: la capacità di creare

con un taglio più divulgativo, J. Gottschall (*L'istinto di narrare: come le storie ci hanno reso umani (2012)*, tr. it. di G. Olivero, Bollati Boringhieri, Torino 2014). Meno sul versante evoluzionistico e più su quello cognitivo sono invece coloro che difendono (nelle sue molteplici declinazioni) il "Literary Cognitivism" che considera come assolutamente pertinenti le ricerche della filosofia della mente, della psicologia e delle neuroscienze per inquadrare fenomeni riguardanti l'estetica in generale e la letteratura in particolare.

30 M. Cometa, nel suo libro *Perché le storie ci aiutano a vivere. La letteratura necessaria* (Raffaello Cortina, Milano 2017), sviluppa un'approfondita teoria della biologia della letteratura, o biopoetica. Basandosi su ricerche recenti provenienti dalla critica letteraria, dalle scienze cognitive e dalla filosofia della mente, l'autore analizza il ruolo fondamentale che le storie svolgono non solo per il singolo individuo, ma anche per l'intera specie umana.

31 Si tratta precisamente di provare a "inserire la creazione artistica, e in specie letteraria, nel continuum dei processi biologici, incarnati nell'insieme corpo-mente a partire dal quale si sviluppano le potenzialità e le propensioni umane" A. Casadei, *Biologia della letteratura. Corpo, stile, storia*, il Saggiatore, Milano 2018, p. 7.

32 È importante ricordare che "storia" e "letteratura" non coincidono. Esistono storie che non possono essere considerate letteratura, come ad esempio quella di Tino e Lino, i gemelli che i genitori chiamano con il nome sbagliato, che racconto ai miei studenti in classe dopo aver spiegato i designatori rigidi di Saul Kripke per ragionare su eventuali controesempi. Allo stesso tempo, ci sono opere letterarie che non si basano su una narrazione vera e propria, come poesie, testi metasemantici o componimenti nonsense.

fantasie, narrazioni e finzioni risponderebbe a un bisogno primario la cui soddisfazione contribuirebbe alla nostra sopravvivenza. Questo approccio, stimolante e ricco di potenzialità, evidenzia però come l'atto di raccontare storie non coincida completamente con la letteratura in senso stretto.

Sarà ben vero che tanti nostri viaggi si sono conclusi al capolinea, ma quello di Anna Karenina alla stazione di Mosca con la sua borsetta rossa[33] è stato un capolinea *triste, solitario y final*, con il segno della croce e quell'ultimo ripensamento, prima che la candela alla cui luce aveva letto gli inganni e i dolori della vita si spegnesse per sempre.

E poi, sì, ci siamo innamorati (anche se per lo più abbiamo creduto di innamorarci, ma lo abbiamo capito solo in un secondo momento) diverse volte, ma raramente abbiamo potuto sentire quella perfezione assoluta descritta da Fitzgerald ne *Il grande Gatsby* (1925), di quando Gatsby ritrova Daisy dopo molto tempo ("cinque anni il prossimo novembre"), a casa di Nick, ma poi non vuole che lui se ne vada e li lasci soli, e non tanto perché è imbarazzato e terrorizzato, bensì perché ha paura che senza un testimone quel ritrovato amore possa dissolversi all'istante, come una bolla di sapone. Dopotutto le cose, soprattutto quelle straordinarie, esistono davvero solo se non siamo i soli a vederle.

E ancora, abbiamo provato l'ebbrezza e la purificazione del digiuno, ma quello che troviamo ne *La tentazione di Sant'Antonio* di Flaubert (1874) ci spalanca le porte della percezione conducendoci direttamente al delirio mistico, mentre quello del *Il digiunatore* di Kafka (1922) ci mostra in due mosse la purezza di quella forza che sa sostituirsi alla vita, quel potere totalizzante dell'arte che non ha altro obiettivo che se stessa (non a caso il titolo *originale* era *Ein Hungerkünstler, Un artista del digiuno*).

---

33 La stessa borsetta che Tolstoj aveva introdotto nel capitolo XXVIII della prima parte, quando Anna andando via da casa di Dolly vi aveva messo dentro la cuffietta da notte e i fazzoletti di batista, e che poi ritroviamo nel XXIX quando Anna l'apre sul treno per tirare fuori un piccolo cuscino, un romanzo inglese e un tagliacarte per le pagine intonse.

O infine, nonostante abbiamo apprezzato il *Mercier e Camier* di Beckett (1970) in francese, con quello stile essenziale e spigoloso, non possiamo non apprezzare la traduzione inglese (del 1974: Beckett ci aveva messo quattro anni a tradurlo), con quelle parole scolpite alla perfezione che ci ricordano di quale lingua l'autore sia padrone e di quale invece ospite. "Sophistry" quanto è più azzeccato rispetto a "raisonnement de clerc" in "Sophistry, said Mr Conaire"? E "crusts" quale ritmo riesce a dare quando sostituisce "pain sec" in "Yesterday cakes, today sandwiches, tomorrow crusts, and Thursday stones"?

Alla fine di questo percorso che dalla filosofia del linguaggio è arrivato alla filosofia della letteratura, abbiamo constatato quanto sia vero che la "letteratura, come tutta l'arte, è la confessione che la vita non basta" (Pessoa 1974). Per questo è sì importante riuscire a cogliere la portata semantica di un testo, ma non bisogna mai dimenticare come questo non sia sufficiente per apprezzarlo dal punto di vista letterario: un conto è *capire* nel senso di *decifrare* un linguaggio, un altro è *capire* nel senso di *sentire* e *apprezzare* la lussuosa bellezza della letteratura.

Continueremo a domandarci se l'enunciato "Sherlock Holmes abita al 221b di Baker Street" sia vero o falso, ma ci chiederemo anche, inspirando per trattenere quel *brivido* lungo la spina dorsale, il segreto dell'incanto di quella lingua che fa tre giri sul palato prima di bussare contro i denti – "the tip of the tongue taking a trip of three steps down the palate to tap, at three, on the teeth. Lo. Lee. Ta"[34] – per pronunciare parole morbide come il velluto e ritmate come il tempo. E continueremo a chiedercelo perché accanto al linguaggio che analizziamo, parafrasiamo e sezioniamo per coglierne la struttura, la portata comunicativa e referenziale, c'è anche il linguaggio

34 "Lolita, light of my life, fire of my loins. My sin, my soul. Lo-lee-ta: the tip of the tongue taking a trip of three steps down the palate to tap, at three, on the teeth. Lo. Lee. Ta. She was Lo, plain Lo, in the morning, standing four feet ten in one sock. She was Lola in slacks. She was Dolly at school. She was Dolores on the dotted line. But in my arms she was always Lolita". Questo l'incipit completo in lingua originale di uno dei capolavori massimi della letteratura mondiale, *Lolita*, di V. Nabokov, uscita nel 1955 per l'Olympia Press di Parigi (tr. it. Adelphi, Milano 2022).

di cui apprezziamo la musicalità, l'ambiguità, che modelliamo come se fosse un vaso, per sfumarne il colore e arrotondarne i bordi.

Authors' Biographies / Biografie degli autori

Mohammad Ali Amir-Moezzi, member of the Accademia Ambrosiana and the Accademia Nazionale dei Lincei, has been Director of studies (Full Professor) at the École Pratique des Hautes Études (EPHE, Section des sciences religieuses) in Paris since 1996, holding the Chair of Exegesis and Theology of the Shia Islam, Deputy Director of the Centre national de la recherche scientifique (CNRS) research team "Laboratory for the Study of Monotheisms," and Senior Research Fellow at the Institute of Ismaili Studies in London. His main areas of research are shi'ite Islam and the history of Qur'anic redaction. After studying in Tehran and Paris, he obtained a Doctorate from the University of Paris-III and the EPHE in 1991 on the subject "Figure of the Imam and the birth of the Shia Islam, 2nd-4th century of the Hegira/VIIIth-Xth century of the Christian era." His doctoral thesis was awarded the first Prize of the Mahvi Foundation (Geneva) for the best doctoral thesis in islamic Studies. Among his publications, we mention here *Le Guide divin dans le shi'isme originel. Aux sources de l'ésotérisme en Islam* (1992), *Qu'est-ce que le shî'isme?* (with Christian Jambet, 2004), *La Religion discrète: croyances et pratiques spirituelles dans l'islam shi'ite* (2006), *Petite histoire de l'islam* (with Pierre Lory, 2007), *Dictionnaire du Coran* (2007), Prix Lequeux of the Institut de France, *Revelation and Falsification: The Kitāb Al-Qirā'āt of Aḥmad b. Muḥammad Al-Sayyārī* (with Etan Kohlberg, 2009). *Le Coran silencieux et le Coran parlant. Sources scripturaires de l'islam entre histoire et ferveur* (2011), *La Preuve de Dieu. La mystique shi'ite à travers l'œuvre de Kulayni, IXe–Xe siècle* (2018), Prix Bernheim of the Académie des Inscriptions et Belles Lettres, and *Ali, le secret bien gardé. Figures du premier Maître en spiritualité shi'ite* (2020). He codirected with Guillaume Dye *Le Coran des historiens* (3 vols., 2019, Prize of the Best Book of the Year of the Institut du Monde Arabe) and with John Tolan *Le Mahomet des historiens* (2 vols., 2025, Prix Avicenne of the Royal Academy of Belgium).

Carola Barbero teaches Philosophy of Language and Philosophy of Literature at the University of Turin. Her research interests include empty names, the metaphysics and ontology of fictional entities, emotions, the paradox of fiction, the phenomenology of reading, and the distinction between literary and ordinary language. She was a visiting researcher at the University of Auckland (2007) and a visiting professor at ETH Zurich (2020). She was a member of the steering committee of the Italian Society of Analytic Philosophy (2010–2012). She is the author of numerous articles published in international journals. Her books include *Madame Bovary: Something Like a Melody* (2005), *Chi ha paura di Mister Hyde?* (2010), *La biblioteca delle emozioni* (2012), *Filosofia della letteratura* (2013), *L'arte di nuotare* (2016), *Significato* (with Stefano Caputo, 2018), *La porta della fantasia* (2019), *Quel brivido nella schiena. I linguaggi della letteratura* (2023), *L'arte di nuotare. Meditazioni sul nuoto* (2023), and the most recent *Nuotare via. Dalle vasche a perdifiato all'ultimo bagno di stagione* (2024).

JOCELYN BENOIST (born in 1968) is Professor of Contemporary Philosophy and Theory of Knowledge at the Université Paris 1 Panthéon-Sorbonne. After his studies at the École normale supérieure (ENS) and the Universities of Paris 1, Paris 4, and Poitiers, he was Assistant Professor at the University of Rennes and Paris 1, and then, since 2004, Full Professor at the University Paris 1. Initially trained as a phenomenologist, he wrote numerous books on Husserl and early phenomenology. He was Director of the Husserl Archive of Paris from 2010 to 2013. He became increasingly interested in Analytic Philosophy and worked for some time on the historical and conceptual connections between both traditions. From 2000 on, his main interest shifted from historical to systematic research, the focus of his work being the question of realism in its diverse aspects and dimensions. Along this line of thought: *Les limites de l'intentionalité* (2005; Italian translation by Lodovica Maria Zanet, *I confini dell'intenzionalità*, 2008), *Sens et sensibilité. L'intentionalité en contexte* (2009), *Concepts. Introduction à l'analyse* (2010; Italian translation by Matteo Canevari, *Concetti e frontiere. La mappa del nostro mondo*, 2011), *Eléments de philosophie réaliste. Réflexions sur ce que l'on a* (2011), *Le Bruit du Sensible* (2013), *Logique du phénomène* (2016), *L'Adresse du Réel* (2017), *Toward a Contextual Realism* (2021), and *Von der Phänomenologie zum Realismus. Die Grenzen des Sinns* (2022). With Markus Gabriel and Maurizio Ferraris, he runs the International Associated Laboratory, "Realism as a Philosophical Response to the Challenges of our Time" (RPRCT, Bonn-Paris-Turin).

RICCARDO BERNARDINI, Ph.D., Psy.D., is Scientific Secretary of the Eranos Foundation, Ascona, for which he has been supervising the study, restoration, conservation, and museum exhibitions of Olga Fröbe-Kapteyn's "Blue

Book," the corpus of her works of art, for over twenty years. He is also Director of the Institute of Analytical Psychology and Psychotherapy (IPAP), Postgraduate School of Psychotherapy, at the Olivetti University Center, Ivrea; the Clinical-Psychological Primary Care Center he coordinates, promoted by IPAP and the Local Health Authority TO4, received the EU Health Award – Mental Health 2021 from the European Commission. He serves as Secretary of the Order of Psychologists of Piedmont – a public body supervised by the Ministry of Health – for the decade 2019–2029, and as Member of the Commission for Typical Acts – Protection of Citizens and the Profession of the National Council of Psychologists (CNOP) for the period 2025–2029 (Italy). He is a Member of the Associazione per la Ricerca in Psicologia Analitica (ARPA) and the International Association for Analytical Psychology (IAAP). He taught Analytical Psychology and Psychology of Evil and Radicalization Processes at Turin University, and currently teaches Psychology of Religion as part of the Level II Master's degree in Religions, Esotericism, and New Spiritualities: Developments and Prospects at the University of Pisa. His writings include *Carl Gustav Jung a Eranos 1933–1952* (with Gian Piero Quaglino and Augusto Romano, 2007), *Jung a Eranos. Il progetto della psicologia complessa* (2011), *Simboli di rinascita nella Basilica di San Miniato al Monte a Firenze. Da Gioacchino da Fiore a C.G. Jung / Rebirth Symbols in the Basilica of San Miniato al Monte in Florence. From Joachim of Fiore to C.G. Jung* (bilingual edition, 2022), and *The Art of the Self. The* Blue Book *of Eranos Founder Olga Fröbe-Kapteyn* (2025). In agreement with the Foundation of the Works of C. G. Jung, has led to the publication the critical edition of Carl Gustav Jung's *The Solar Myths and Opicinus de Canistris. Notes of the Seminar Given at Eranos in 1943* (edited with Gian Piero Quaglino and Augusto Romano, 2014–2015), the C.G. Jung – Henry Corbin correspondence (2012), the C.G. Jung – Cesare Musatti/Nuove Edizioni Ivrea (NEI) correspondence (2018), and the original edition of C.G. Jung's *Rebirth. Text and Notes of the Lecture held at Eranos in 1939* (edited with Fabio Merlini, 2020) for the "Eranos Classics" series. He also edited *Il sogno. Dalla psicologia analitica allo psicodramma junghiano* (with Maurizio Gasseau, 2009), the Italian version of Stephen Aizenstat's *Dream Tending (Vegliare il sogno. Teoria e pratica del Dream Tending*, with Gian Piero Quaglino, 2013), the 92nd and last issue of "Spring: A Journal of Archetype and Culture," entitled *Eranos – Its Magical Past and Alluring Future: The Spirit of a Wondrous Place* (2015), *85 Years of Eranos: 1933–2018* (with Fabio Merlini, 2017), *Jung e Ivrea* (2018), and *Eranos in the Mirror – Views on a Moving Legacy* (with Fabio Merlini, 2019). He is a member of the editorial board of the "Rivista di Psicologia Analitica." He is editorial manager, with Fabio Merlini, of the *Eranos Yearbooks*, of which he edited the volumes LXIX (2006–2007–2008) – LXXVI (2022–2023–2024).

PAUL BISHOP studied at Magdalen College, and was Lady Julia Henry Fellow at Harvard University. He is William Jacks Chair of Modern Languages at the University of Glasgow, where he teaches German and Comparative Literature. Although he is currently researching the philosophy of Ludwig Klages, the publication of the *Red Book* and subsequently the *Black Books* means he keeps returning to Jung's remarkably rich and fertile thought. He is the author of *Reading Goethe at Midlife: Ancient Wisdom, German Classicism, and Jung* (2011; republished in 2020); *Carl Jung* (Critical Lives series, 2014); and other studies on aspects of Jung's thought in an intellectual-historical perspective: *The Dionysian Self: C. G. Jung's Reception of Friedrich Nietzsche* (1995), *Analytical Psychology and German Classical Aesthetics* (2 vols., 2008–2009), and *On the Blissful Islands: With Nietzsche & Jung in the Shadow of the Superman* (2017). His publications also include *Nietzsche and Antiquity* (ed., 2004), *A Companion to Friedrich Nietzsche: Life and Works* (ed., 2012), and *Ludwig Klages and the Philosophy of Life: A Vitalist Toolkit* (2018). His most recent publications are *Nietzsche's "The Anti-Christ": A Critical Introduction and Guide* (2022), *Reading Plato through Jung: Why must the Third become the Fourth?* (2022), *Discourses of Philology and Theology in Nietzsche: From the "Untimelies" to "The Anti-Christ"* (2023), and *Wolfram von Eschenbach's "Parzival" and the Grail as Transformation* (2004), the first volume in a four-volume project entitled *Jung and the Epic of Transformation*.

FRANCO BONSIGNORI (born in 1941), a graduate in Law at the University of Pisa, served as Full Professor of Philosophy of Law and Legal Methodology at the same University. He has also taught courses at the Universities of Siena and Florence. He has carried out various activities abroad, both teaching and lecturing: we indicate, by way of example, some cycles of lectures in the Doctorates in Derecho Constitucional and in Derecho Privado of the Universities of Cadiz-Jeréz and Oviedo (Spain); various lectures given at the Catholic University of Lima, the Palace of Justice in Cuzco (Peru), the Federal Palace of Justice in Ciudad do Mexico (Mexico), the University of Valdivia (Chile), some universities in Buenos Aires and Montevideo, various Brazilian universities (University of Belem, Fortaleza, Recife, Salvador de Bahia), etc. As one of the founders of the Interdisciplinary Center "Sciences for Peace" (CISP) at the University of Pisa, he has been a lecturer in the Degree Courses related to it, of which he has also directed the two-year specialized course.

He is currently Adjunct Professor of General Theory of Law course at the University of Pisa. He is the author of numerous publications on topics in political philosophy, philosophy of law, philosophy of peace, and history of thought. Among the most significant ones, we mention here *L'ideologia della definizione del diritto e il pensiero di Alf Ross* (1973), *Concetto di diritto e validità giuridica* (1985), *Diritto, valori, responsabilità* (1997), *Le regole e il potere. Filosofie del diritto e della politica* (2003), *Psicanalisi della pace* (2015), *Il sogno di Visnu. Per una tettonica della civiltà* (2023), and the most recent *Terra dei padri* (2024).

Alessandra Cislaghi, trained in Turin in the line of the hermeneutic school of Luigi Pareyson and Ugo Perone, is Full Professor of Theoretical Philosophy at the University of Trieste, Department of Humanistic Studies, where she teaches Philosophical Anthropology, Philosophy of Nature, and Philosophy of Religions. Her research is devoted to borderline issues between philosophy and theology, with specific regard to the theme of subjectivity. Her publications include *Il sapere del desiderio. Libertà metafisica e saggezza etica* (2002), *La frattura originaria. Riflessioni sulla condizione umana postedenica* (2006), *Parresìa* (2008), *Essere fuori di sé. Saggio sulla soggettività estatica* (2012), and *L'invenzione della grazia. Sulle tracce di un'idea splendida* (2018). Also of note are the contributions "*Per un pensiero sulla migrazione: interpretare il limite e l'infinito*" (in *Pensieri migranti*, 2019), "*L'inscindibile nesso di umanità e natura*" (in *Ragioni comuni. Culture e religioni in trasformazione*, 2020), and "'*Io vivo. Il magnifico groviglio della relazionalità*" (in *L'umano in relazione*, 2023).

Alessandro Colombo is Full Professor of International Relations at the University of Milan (Italy) and director of the Transatlantic Relations Program at the Institute for International Policy Studies (ISPI), for which he has edited the Annual Report since 2000. He has been adjunct professor of International Relations at Bocconi University in Milan, visiting professor at the University of Sussex and member of the Scientific Committee of the Feltrinelli Foundation. He is the author of numerous publications, including *La lunga alleanza. La NATO tra consolidamento, supremazia e crisi* (2005), *La guerra ineguale. Pace e violenza nel tramonto della società internazionale* (2006), *La disunità del mondo. Dopo il secolo globale* (2010), *Tempi decisivi. Natura e retorica delle crisi internazionali* (2014), *Guerra civile e ordine politico* (2021), and *Il governo mondiale dell'emergenza. Dall'apoteosi della sicurezza all'epidemia dell'insicurezza* (2022). He also edited *L'Europa nell'età dell'insicurezza. Le sfide di un continente fragile* (with Paolo Magri, 2024).

DIMITRI D'ANDREA is Full Professor of Political Philosophy at the Department of Political and Social Sciences (DSPS) at the Università degli Studi di Firenze (Italy). He has extensively worked on Modernity Theory, the transformation of modern politics (sovereignty, legitimacy, nation-State, conflicts, and political identity) in the global age, Shoah and political evil, the political and philosophical aspects of climate change. In recent years, starting from the work of Max Weber, he has worked on the concept of World Image (*Weltbild*) and the relationship between political institutions and subjectivity. Among his publications, we list here *Prometeo e Ulisse. Natura umana e ordine politico in Thomas Hobbes* (1997), *L'incubo degli ultimi uomini. Etica e politica in Max Weber* (2005), *Felicità italiane. Un campionario filosofico* (edited with Enrico Donaggio and Elena Pulcini, 2016), *Max Weber oggi. Ripensando politica e capitalismo* (edited with Carlo Trigilia, 2018), and *Pensare la politica. Una ricognizione interdisciplinare* (edited with Marco Bontempi and Luca Mannori, 2020).

MASSIMO DANZI (1954-1926) studied at the University of Pavia, with specializations at the Freie Universität in Berlin and at the Italian Institute for Historical Studies in Naples, obtaining his Ph.D. from the University of Geneva in 1989, with a thesis in Italian philology on the Lombard poet Matteo Bandello. In 1992-1993, he was a Fellow of the Harvard University Center for the Italian Renaissance Studies. Returning to Switzerland, he was appointed first *maître de recherche et d'enseignement* and then Professor of Italian literature at the University of Geneva. He was a member of the National Scientific Council for the VI Centenary of the Birth of Leon Battista Alberti (2004) and of the international scientific committees of several journals. Since 2018, he has chaired the Fondation Barbier-Mueller pour l'étude de la littérature de la Renaissance in Geneva and directed the journal of Renaissance studies "Italique." His research has favored topics on the border between textual philology and social and cultural history. He has been interested in Petrarch and the poetry of the Middle Ages and the Renaissance, in moral and behavioral literature, with a focus on "economic literature" (dealing with "family" economy and household management). Of the architect Leon Battista Alberti, he has studied Latin and vernacular works and has been interested in Renaissance art and book collecting and the intellectual networks on which it rested in the Europe of the great patrician and aristocratic families. His curiosities included the medico-thermal literature that, from the 13th century onward, accompanied the practice of "medicated waters" in Europe, in a very modern dialogue between medical science and literature. He published the annotated critical edition of

Matteo Bandello's rhymes (1989), *Poeti del Cinquecento* (in collaboration with G. Gorni and S. Longhi, 2001). He reconstructed the library of Venetian humanist Pietro Bembo in *La Biblioteca del cardinal Pietro Bembo* (2005) and brought together part of his studies in the volume *"Ingenio ludere." Scritti di letteratura sul Quattrocento e sul Cinquecento* (2022). For the Edizioni della Scuola Normale, he also edited the edition of Giovanni Parenti's *Poeti latini del Cinquecento* (2 vols., 2021). In the medical and cosmographical fields, he has given the essay *Per una storia della letteratura medico-termale tra Medioevo e Rinascimento* (2022) and edited *De Germaniae et Helvetiae thermis* by Conrad Gessner of Zurich (1553). He has organized or co-organized conferences on *Il Poeta e il suo publico. Lettura e commento dei testi lirici nel Cinquecento* (2007), on bucolic literature: *"Poesia en travesti". Spazio, cifre e statuto del codice bucolico tra Boccaccio e Marino* (2018) and on *Poesia dialettale del Rinascimento nell'Italia del Nord* (2020). Or in the contemporary field, on Giorgio Orelli (*Giorgio Orelli e il "lavoro" sulla parola*, 2013) and Enrico Filippini (*Enrico Filippini a trent'anni dalla morte. Scrittura, giornalismo e politica editoriale nell'Italia del secondo Novecento*, 2019). In the modern and contemporary fields, he has written on Tassoni, Alfieri, Leopardi, Ungaretti, Gadda, Giuseppe Zoppi, Alda Merini, Giorgio Orelli, and Enrico Filippini.

MASSIMO DONÀ (born in Venice, Italy, in 1957), a philosopher and jazz musician, is Full Professor of Theoretical Philosophy at the Faculty of Philosophy of the Vita-Salute San Raffaele University of Milan, where he teaches Metaphysics and Ontology of Contemporary Arts. He directs the series "Libri da ascoltare" and "Anime in dettaglio" for the publishing house AlboVersorio and is a member of the scientific committee of the festival La Festa della Filosofia. His latest publications include *Teomorfica. Sistema di estetica* (Bompiani, 2015), *Senso e origine della domanda filosofica* (2015), *Tutto per nulla. La filosofia di William Shakespeare* (2016), *Di un'ingannevole bellezza. Le "cose" dell'arte* (2018), *Di qua, di là. Ariosto e la filosofia dell'Orlando furioso* (2020), *Una sola visione. La filosofia di J.W. Goethe* (2022), Filosofia della carta. Natura, metamorfosi e ibridazioni (2022), *Di fantasmi, incantesimi e destino. Emanuele Severino, ultimo calligrafo della verità* (2023), *La filosofia dei Rolling Stones* (2023), and the most recent *La filosofia di Lucio Battisti* (2025).

GIAN ARTURO FERRARI pursued for a time a double life: on the one hand university teaching, on the other publishing apprenticeship. A collaborator of Paolo Boringhieri, editor of Mondadori non-fiction in 1984, editor of Rizzoli Books in 1986, returning to Mondadori in 1988, he finally chose book publishing as his only life in 1989 and resigned from the university. Director of Mondadori Books in the early 1990s, he was general manager of the Mondadori Books Division from 1997 to 2009. From 2010 to 2014 he chaired the Center for Books and Reading, at the Ministry of Culture and Tourism (MiBACT, Italy). From 2015 to 2018, he was vice president of Mondadori Libri. He has been a columnist for "Corriere della Sera" and is president of the Ghislieri College of Pavia. In addition to the recently published *Storia confidenziale dell'editoria italiana* (2022), he is the author of *Libro* (2014), *Ragazzo italiano* (2020, finalist for the Strega Prize), *Il libro. Vita e miracoli di un oggetto straordinario* (2023), and *La storia se ne frega dell'onore* (2024).

Giovanni Filoramo, born in Monopoli (Bari, Italy) in 1945, lives in Turin, Italy. He is Professor Emeritus of History of Christianity at Turin University. In 2000, he has served as invited Director of Research at the École Pratique des Hautes Études (EPHE, Section des sciences religieuses) in Paris. His main research interests concern ancient Christianity, especially Gnosticism, marginal manifestations and visionary and prophetic phenomena, viewed as means of mediation with Divinity and basis of authority in Christian communities, as well as the formation of monastic communities. His historical-philological perspective is aimed at understanding the social and cultural role of Christian faith in late antiquity society. He has also written about religious historiography and methodology, as well as different aspects of religious life in contemporary society with particular attention to the relations of the Catholic Church with the modern world. Among his books: *L'attesa della fine. Storia della gnosi* (1983 and 1993; translated into English as *A History of Gnosticism*, 1990), *Religione e Ragione tra Ottocento e Novecento* (1985), *Le scienze delle religioni* (1987 and 1997, written with Carlo Prandi), *Manuale di Storia delle religioni* (written with Marcello Massenzio, Massimo Raveri, and Paolo Scarpi, 1998 and 2004), *Che cos'è la religione. Temi metodi problemi* (2004), *Veggenti Profeti Gnostici* (2005), *La Chiesa e le sfide della modernità* (2007), *Il sacro e il potere. Il caso cristiano* (2009), *La croce e il potere. I cristiani da martiri a persecutori* (2011), *Ipotesi Dio. Il divino come idea necessaria* (2016), *Il grande racconto delle religioni* (2018), *Il grande romanzo dei Vangeli* (with Corrado Augias, 2019), *Storia della Chiesa antica* (2019), *Sui sentieri del sacro. Processi di sacralizzazione nella società contemporanea* (2022), *Le vie del sacro. Modernità e religione* (2024), *Monachesimo orientale. Un'introduzione* (new edition, 2024). He also edited *Storia delle religioni* (5 vols., 1994–1997), *Storia del cristianesimo* (in collaboration with Daniele Menozzi, 4 vols., 1997), and *Religioni e modernità* (4 vols., 2008–2009).

WOUTER JACOBUS HANEGRAAFF (born in 1961) is Professor of History of Hermetic Philosophy and Related Currents at the University of Amsterdam, the Netherlands, and a member of the Royal Dutch Academy of Arts and Sciences. He served as President of the European Society for the Study of Western Esotericism (ESSWE) from 2005 to 2013. Alongside numerous articles, he is the author of *New Age Religion and Western Culture: Esotericism in the Mirror of Secular Thought* (1996/1998); *Lodovico Lazzarelli (1447–1500): The Hermetic Writings and Related Documents* (2005; with Ruud M. Bouthoorn); *Swedenborg, Oetinger, Kant: Three Perspectives on the Secrets of Heaven* (2007); *Esotericism and the Academy: Rejected Knowledge in Western Culture* (2012); *Western Esotericism: A Guide for the Perplexed* (2013); and most recently *Hermetic Spirituality and the Historical Imagination: Altered States of Knowledge in Late Antiquity* (2022, winner of the PROSE award for the best book in Religious Studies of 2022). He has also (co)edited seven collective volumes, including the 1200-page *Dictionary of Gnosis and Western Esotericism* (2005) and *Hidden Intercourse: Eros and Sexuality in the History of Western Esotericism* (with Jeffrey J. Kripal, 2011). He is currently working on several projects: a thorough revision of his 2013 textbook under the new title *Esotericism in Western Culture*; a monograph, including textual editions, about *The Hermetic Renaissance*; and a revisionist synthesis of "Western culture" that gives equal attention to pagan, Jewish, Christian, Islamic, and esoteric traditions from antiquity to the present.

ERIC VAN HERWIJNEN, Ph.D. in Applied Mathematics and Theoretical Physics (London, 1981), was a Senior Staff member of the European Organization for Nuclear Research (CERN) in Geneva (1981-2020). He is a member of the LHCb (1996-now), SHiP (2013-now), and SND@LHC (2020-now) Collaborations. He was a lecturer in Experimental Particle Physics at the National University of Science and Technology MISIS (Moscow, 2017-2022) and is currently an Academic Visitor at the Imperial College (London). Prior to working in these physics experiments, he was interested in electronic text processing and wrote "Practical SGML" (1994), from which HTML, the language of the Web, was derived. He fulfills various managerial responsibilities in the SHiP (Chairman of the Collaboration Board) and SND@LHC (Chairman of the Editorial Board) Collaborations. His research interest lies in understanding whether right handed neutrinos can be observed at the SHiP experiment which is currently under construction. He is also interested in what drove geniuses like Pauli to advance the development of science and wonders whether Artificial Intelligence will render them obsolete. He has given lectures on miscellaneous topics in this area.

Pier Luigi Luisi (23 May 1938 – 26 August 2025) was an Italian chemist and academic. He took a degree in Chemistry at the Scuola Normale Superiore of Pisa (Italy) in 1963 and then held internships at the Institute of Molecular biology in Eugene, Oregon (United States), where he spent two years working in the field of molecular biology, focusing mainly on enzymology, particularly the study of alcohol dehydrogenase, and the Institute of Macromolecular Science in Leningrad (Soviet Union). This early exposure to high-level research shaped his subsequent scientific path. From 1971 to 2003, his professional career was spent at the Swiss Federal Institute of Technology (ETH) in Zürich. He became a Full Professor of Macromolecular Chemistry in the Department of Material Science, where he directed the Biopolymers section and, along with Pino and J. Meissner, co-founded the Institute for the Study of Polymers. His work during this period focused on biopolymers, exploring topics such as micellar enzymology, liposome biochemistry, and giant vesicles. He also devoted himself intensively to the study of the origin of life, which culminated in his book *The Emergence of Life*. In addition, his research on autopoiesis, particularly in collaboration with Francisco Varela, played a significant role in advancing systems theory in the biological sciences. He subsequently served as a Professor of Applied Biology at the Università degli Studi Roma Tre (Italy). During this period, he developed a keen interest in the systemic view of life, which emphasizes the interconnectedness and complexity of biological systems. His work with Fritjof Capra, particularly the book *The Systems View of Life*, sought to promote a multidisciplinary understanding of reality, particularly relevant for addressing contemporary ecological challenges. In addition to his scientific work, Luisi contributed to a broader cultural and philosophical dialogue. He collaborated in fact with the Mind & Life Institute founded by the Dalai Lama, Francisco Varela, and Adam Engle with the aim of bridging the gap between Western and Buddhist perspectives on the sciences of the mind. His involvement in this initiative led to the publication of his book *Mind and Life*, in which he explored the intersection between science and spirituality. When working at the ETHZ, Luisi also started in 1985 the Settimana Internazionale di Cortona [International Week of Cortona, Italy], "Science and the Wholeness of Life": an interdisciplinary residential week, in which graduate students were working together with scientists, economists, philosophers, psychologists, musicians, politicians, religious leaders, artists, etc., with the aim of discovering new and broader horizons of life. The Cortona Week is based on a systemic view of life and aims to provide an alternative to the reductionist approaches that often prevail in contemporary science. This initiative has remained a fundamental part of his legacy, promoting a more holistic and integrative approach to scientific research. The fact that several of his former ETHZ colleagues met with him regularly in the following years shows how much he was appreciated, both for his leadership and for his warm personality. He was the author of more than 400 publications in international journals and several monographs, including *Giant Vesicles* (*Perspectives in Supramolecular Chemistry*, vol. 6, with Peter Walde, 2000), *Vom Ursprung des Universums zur Evolution des Geistes* (with Peter Walde, 2001), *The Emergence of Life: From Chemical Origins to Synthetic Biology* (2006), *Mind and Life. Discussions with the Dalai Lama on the Nature of Reality* (2009), *The Minimal Cell* (2011), *Chemical Synthetic Biology* (2011), *Sull'origine della vita e della biodiversità* (2013), *The Systems View of Life* (with Fritjof Capra, 2014; translated into several languages, the Italian version was released as *Vita e Natura. Una visione sistemica*, 2014), *Essays on Life Science* (2020), and *The Tales of Tomorrow. The Brave New World of Artificial Intelligence* (2020). Since 2015, he has been writing monthly in the "Wall Street International" magazine. Luisi was also a prolific author of fiction, mainly in Italian: his narrative works include *La regina di Samarcanda* [The Queen of Samarcanda] (2017), *Il posto dei fichidindia. Storie elbane quasi tutte vere* [The place of prickly pears. Stories from Elba Island, almost all of them true] (2019), and *Le cinque porte della felicità* [The Five Doors of Happiness] (2020). He has also written several books for young adults, such as *ClaudiTam e il sentiero dei sogni* [ClaudiTam and the Path of Dreams] (2008), *L'isola degli animali che non ci furono* [The Island of Animals That Never Were] (2020), and the most recent *Ed è subito giovedì* [And Suddenly It's Thursday] (2024): the latter addresses the challenges young people face in making decisions about their future, particularly in relation to higher education and science.

ROMANO MÀDERA has been Full Professor of Moral Philosophy and Philosophical Practices at the Università degli Studi di Milano-Bicocca (Italy). He previously taught at the Università della Calabria and at the Università Ca' Foscari in Venice. He is a member of the Associazione Italiana di Psicologia Analitica (AIPA), of the International Association for Analytical Psychology (IAAP), and of the Laboratorio Analitico delle Immagini (LAI), a professional association of sandplay analysts. He is on the editorial board of the "Rivista di Psicologia Analitica." He was among the founding members of the Open Seminars of Philosophical Practices and of Philo, a Post-Graduate School of Philosophical Practices. He defined his theoretical and clinical perspective as "philosophically oriented biographic analysis" and founded the

Society for Philosophically Oriented Biographic Analysis (SABOF). His writings include *Identità e feticismo* (1977), *Dio il mondo* (1989), *L'alchimia ribelle* (1997), *C.G. Jung. Biografia e teoria* (1998), *L'animale visionario* (1999), *La filosofia come stile di vita. Introduzione alle pratiche filosofiche* (with Luigi Vero Tarca, 2003), *Il nudo piacere di vivere* (2006), *La carta del senso. Psicologia del profondo e vita filosofica* (2012), *Carl Gustav Jung. L'opera al rosso* (2016), *Sconfitta e utopia. Identità e feticismo attraverso Marx e Nietzsche* (2018), *Il caos del mondo e il caos degli affetti* (with Gordon Cappelletty, 2020), *Il metodo biografico. Come formazione, cura, filosofia* (2022), *Lo splendore trascurato del mondo. Una mistica quotidiana* (2022), and the most recent *Una spiritualità laica. La vocazione a essere finalmente umani* (2025).

CHRISTINE MAILLARD is Professor Emeritus of German Studies and History of ideas at Strasbourg University. From 2005 to 2017, she was director of the interdisciplinary institution "Maison interuniversitaire des Sciences de l'Homme–Alsace" (CNRS/Strasbourg University). Her main research fields are on the one side C.G. Jung's work and the history of psychological theories from 18th to 20th century, and on the other side the reception of oriental cultures and religions (India, Persia, Japan) in German literature and culture from 18th to 20th century. She also published on the relation between literature and the sciences. She translated Jung's *Red Book* into French (2011) and published or co-published several books and numerous papers on Jung in French, German, and English, such as *Arts, sciences et psychologie. Autour du Livre Rouge de Carl Gustav Jung* (edited in 2011) and *Pour une réévaluation de l'œuvre de Carl Gustav Jung* (edited with Véronique Liard, 2013). Her most recent book is also dedicated to Jung's *Red Book*: *Au coeur du Livre Rouge: Les Sept Sermons aux Morts. Aux sources de la pensée de C.G. Jung* (2017; Spanish translation available too). At Strasbourg University, Christine Maillard supervises several Ph.D. thesis on Jung's work. She is honorary member of International Association for Analytical Psychology (IAAP).

PANOS MANTZIARAS is an architect-engineer from the National Technical University of Athens (NTUA). He received a M.A. degree in Architecture from the University of Pennsylvania and a Ph.D. in Urban planning from the Université Paris VIII Vincennes – Saint-Denis. After having practiced as an architect in Greece and France, since 2010 serves as the head of the Office of Architectural, Urban, and Landscape Research at the Ministry of Culture and Communication. From this position, he has contributed to the orientation of the themes and methods of research in architecture in the forty Architecture Laboratories distributed in the twenty French National Schools of Architecture. Within this framework, he also launched the research programs "*Ignis mutat res*: Architecture, City, and Landscape through the Prism of Energy" (2011–2015) and "La grande ville 24 heures chrono" (2012–2013), which have highlighted the issues of energy and resource management by and for the disciplines of spatial transformation: architecture, urban planning, and landscape. He taught at Columbia University, the Ecole Polytechnique Fédérale de Lausanne (EPFL), and the Schools of architecture in Clermont-Ferrand, Lyon, and Paris-Malaquais. He has also given numerous lectures in the United States, Canada, Germany, Switzerland, Finland, Italy, Spain, Greece, and Japan. Currently, he serves as Director of the Fondation Braillard Architectes, Geneva (Switzerland). He is the author of *La ville-paysage: Rudolf Schwarz et la dissolution des villes* (2008). He also directed the editions of *Le sol des villes: Ressource et projet* (with Paola Viganò, 2016), *Inégalités urbaines: Du projet utopique au développement durable* (with Isabelle Milbert and Paola Viganò, 2017), *Urbanisme de l'espoir: Projeter des horizons d'attente* (with Paola Viganò, 2018), *Racines modernes de la ville contemporaine: Distances et formes de résilience* (with Paola Viganò, 2019), and *Dessiner la transition: Dispositifs pour une métropole écologique* (with Bernard Declève, Roselyne de Lestrange, and Hélène Gallezot, 2020).

Fabio Merlini, Regional Director of the Swiss Federal University for Vocational Education and Training (SFUVET) in Lugano (Switlerland), serves since 2010 as the President of the Eranos Foundation. From 2012 to 2019, he has served as President of the Cultural Commission of the Canton of Ticino. In 1998, he was nominated *privat-docent* at the Université de Lausanne, Switzerland, where he taught Philosophy of Culture. Subsequently, from 1999 to 2003, he taught Systemic Philosophy and was appointed professor of Epistemology of the Human Sciences at the Université de Lausanne. In 2003, he was nominated Adjunct Professor of Communication Ethics at the Università degli Studi dell'Insubria in Varese, Italy, where he taught until 2011. From 1996 to 2000, he co-directed the "Groupe de Recherche sur l'Ontologie de l'Histoire" at the Hussler Archives of the École Normale Supérieure in Paris, whose seminar works, *Après la fin de l'histoire* (1998), *Historicité et spatialité* (2001), and *Une histoire de l'avenir* (2004), were published by J. Vrin. His publications include *La comunicazione interrotta. Etica e politica nel tempo della "rete"* (2004), *L'efficienza insignificante. Saggio sul disorientamento* (2009, translated into French as *L'époque de la performance insignifiante. Réflexions sur la vie désorientée*, 2011), *Schizotopies: Essai sur l'espace de la mobilisation* (2013, then translated into Italian as *Ubicumque. Saggio sul tempo e lo spazio della mobilitazione*, 2015), *L'architettura inefficiente* (with Luigi Snozzi, 2014, also translated into French as *L'architecture inefficiente*, 2016), *Catastrofi dell'immediatezza* (with Silvano Tagliagambe, for the series "I saggi di Eranos," Vol. 3, 2016), and *Triste esthétique. Essais sur les catastrophes de l'immédiateté* (2018, published also in Italian as *L'estetica triste. Seduzione e ipocrisia dell'innovazione*, 2019). His most recent books, both published by Nino Aragno Editore, are entitled *Ritornare in sé. L'interiorità smarrita e l'infinita distrazione* (2022) and *Venire a capo di sé. Meditazioni sulla libertà: Nietzsche, Tocqueville, Leopardi* (2025). He also served as editor of the volumes *Nuove tecnologie e nuove sensibilità. Comunicazione, identità, formazione* (2005), *Identità e alterità. Tredici esercizi di comprensione* (with Elena Boldrini, 2006), *Per una cultura della formazione al lavoro. Studi e analisi sulla crisi dell'identità professionale* (with Lorenzo Bonoli, 2010), and *Semi ad usum praesentis. Un incontro sul pensiero di Jean-Jacques Rousseau* (2013). He is co-author of the *Cahier de l'Herne* dedicated to Friedrich Nietzsche on the 100th anniversary of his death (2000) and of the miscellaneous volume *La philosophie au risque de la promesse* (2004), along with Jacques Derrida, Paul Ricoeur, Marc Crépon, and other authors. For the "Eranos Classics" series, he co-edited the original edition of Carl Gustav Jung's *Rebirth. Text and Notes of the Lecture held at Eranos in 1939* (with Riccardo Bernardini, 2020). Among his poetry works, we mention here *Filo di perle. Poesie liriche in tre tempi* (2015). He is a Faculty Member of the Institute of Analytical Psychology and Psychotherapy (IPAP), Postgraduate School of Psychotherapy, at the Olivetti University Center, Ivrea (Italy).

MASSIMO MORI (Turin, Italy, 1948) is Professor Emeritus at the University of Turin. After a Degree in Philosophy (1971), he completed his education at the Universities of Frankfurt am Main, Erlangen-Nürnberg, and Munich. He taught Philosophy of History, Moral Philosophy, and History of Philosophy at the University of Palermo and then at Turin University. He was visiting professor at the Martin-Luther-Universität Halle-Wittenberg. He was also invited to participate in conferences and seminars in Italy, Germany, Portugal, Russia, Brasil, and Japan. He was Director of the Department of Philosophy of Turin University (1993–1997 and 2001–2005), where he also supervised the Ph.D. courses in Philosophy and Philosophical Hermeneutics. From 2006 to 2023 he was Director-in-chief of the "Rivista di filosofia." He is also an Advisory Board member of several other journals. Since 2018, he serves as president of the Turin Academy of Sciences. Among his publications, we list here *La filosofia della storia da Herder a Hegel* (1976), *La ragione delle armi. Guerra e conflitto nella cultura classica tedesca (1770-1830)* (1984), *La filosofia di Kant* (1990), *Libertà, necessità, determinismo* (2001), *La pace e la ragione. Kant e le relazioni internazionali: diritto, politica, storia* (2008), *Studi kantiani* (2017). He also authored *Storia della filosofia moderna* (2015) and, with Giuseppe Cambiano, *Storia e antologia della filosofia* (3 vols., 1993; 2nd ed., 2001) and *Storia della filosofia contemporanea* (2014). With Giuseppe Cambiano and Luca Fonnesu, he edited *Storia della filosofia occidentale* (7 vols., 2014–2015). He eventually edited the miscellaneous volumes *Vom Naturzustand zur kosmopolitischen Gesellschaft. Staat und Souveränität bei Kant* (2017), *Libero arbitrio. Storia di una controversia* (with Mario De Caro and Emidio Spinelli, 2014), *Illuminismo. Storia di un'idea plurale* (with Salvatore Veca, 2018), *Leibniz e la cultura enciclopedica* (2019), and *Gli intellettuali e la grande guerra* (2020). His most recent books are *Esperienze del camminare* (2022), *Piacere* (2023), and *Identità e cosmopolitismo* (2026).

Ugo Nespolo (born in Mosso, Biella, Italy) graduated from the Albertina Academy of Fine Arts in Turin, and then graduated in Modern Literature. In the late 1960s, he was part of the Schwarz Gallery in Milan, which counted among its artists Duchamp, Picabia, Schwitters, and Arman. His first Milan exhibition, presented by Pierre Restany, entitled *Macchine e Oggetti Condizionali*, somehow-represents the climate and innovations of the group that Germano Celant would call "Arte Povera." In the 1960s he moved to New York, where he was overwhelmed by the cosmopolitan life of the metropolis and was fascinated by the rising Pop Art, while in the 1970s he militated in the conceptual and Arte Povera circles. In 1967, he pioneered Italian Experimental Cinema following his encounter with Jonas Mekas, P. Adams Sitney, Andy Warhol, Yōko Ono, in the wake of New American Cinema. Together with Mario Schifano, Nespolo devoted himself to Avant-Garde Cinema and between 1967 and 1968 made several films starring his friends and colleagues Enrico Baj, Michelangelo Pistoletto, and Lucio Fontana. In Paris Man Ray gave him a text for a film that Nespolo would make under the title *Revolving Doors*. His films have been shown and discussed in major museums including the Centre Pompidou in Paris, the Tate Modern in London, and the Venice Biennale. Together with Enrico Baj, Nespolo founded L'Istituto Patafisico Ticinese and is, to this day, recognized as one of the highest authorities in the field. In the late 1960s with Ben Vautier he initiated a series of Fluxus Concerts, among them the first Italian concert entitled *Les Mots et les Choses*. Despite the American contaminations, he does not forget the teachings of the European Avant-gardes; in fact, the influence of Fortunato Depero from whom Nespolo draws the concept of a playful art that pervades every aspect of daily life is very marked. The concept of art and life (which is also the title of a book published by the artist in 1998) underlies Nespolo's expressiveness and is a legacy of the Futurist Movement: *Manifesto per la Ricostruzione Futurista dell'Universo* (1915). Hence also his interest in design, applied art and creative experimentation in such disparate fields as advertising graphics, illustration, clothing, stage sets and costumes for operas. His research also ranges from the point of view of materials. He works on multiple media and with different techniques: wood, metal, glass, ceramics, fabric, alabaster. Certain that the figure of the artist cannot but be that of an intellectual, he studies and writes assiduously about the facts and disciplines that have to do with aesthetics and the art system. In January 2019, the University of Turin awarded him an Honorary Degree in Philosophy. His art is, therefore, closely linked to everyday life and loaded with conceptual contributions: "one cannot make art without reflecting on art." The object is at the center of his research, it is a means of expression, a creative language; it is extrapolated from its common use and acquires value as a work of art. Likewise, he does not forget the past, he revisits it, reinterprets it, makes it current through quotation and evocation, giving it new life, making it food for thought.

GIAN PIERO QUAGLINO, former Full Professor of Social Psychology, Dynamic Psychology, and Adult's Education Psychology, taught for over thirty years at the Università degli Studi di Torino (Italy), from 1977 to 2010. At the same University, he has been Director of the Department of Psychology, President of the Degree Course in Psychology (1993–1997), Director of the School of Specialization in Health Psychology (2002–2005), and Dean of the Faculty of Psychology (2003–2008). He was also President of the Interuniversity Consortium for Training (CO.IN.FO., 1994–1999). He currently teaches at the Institute of Analytical Psychology and Psychoterapy (IPAP), Postgraduate School of Specialization in the "Olivetti" University District of Ivrea (Italy). He directed the "Individuo Gruppo Organizzazione" series for Raffaello Cortina Editore (1992–2012). He has published over two hundred scientific contributions on the themes of training, organization, group and leadership, including *Fare formazione* (1985; new edition, 2005), *I climi organizzativi* (1987), *Gruppo di lavoro, lavoro di gruppo* (1992), *Leadership* (1999), *Gioco di squadra* (2003), *La vita organizzativa* (2004), *Autoformazione* (2004), *Scene di leadership* (edited with Claudia Piccardo, 2006), *La scuola della vita. Manifesto della Terza Formazione* (2011), and *Formazione. I metodi* (2014), as well as five volumes of

Scritti di formazione (1999, 2005, 2006, 2007, 2010). Honorary member of the Associazione per la Ricerca in Psicologia Analitica (ARPA, Turin), on Jungian themes he published *Modelli del sogno* (edited with Silvio Stella, 1994), *A spasso con Jung* (with Augusto Romano, 2005; new expanded edition, 2021), *A colazione da Jung* (with Augusto Romano, 2006), *Nel giardino di Jung* (with Augusto Romano, 2010), and *Carl Gustav Jung a Eranos 1933–1952* (edited with Riccardo Bernardini and Augusto Romano, 2007). He also edited by Carl Gustav Jung's *Aforismi* (with Augusto Romano, 2012), *Aforismi dell'inconscio* (with Augusto Romano, 2014), and *The Solar Myths and Opicino de Canistris. Notes of the Seminar held at Eranos in 1943* (with Riccardo Bernardini and Augusto Romano, 2014; also in English translation, 2015), and the Italian edition of *Dream Tending* by Stephen Aizenstat (with Riccardo Bernardini, 2013). His most recent works are *Meglio un cane* (2015), *I quaderni di Eduardo Descondo* (2018), *Nuovi quaderni di Eduardo Descondo. La Compagnia del Mitra* (2019), *Abitare la soglia* (2019), *Incerti versi di Carlos Albasuelo* (2019), *Premiata ditta Caso&Destino. I quaderni di Eduardo Descondo, Vol. III* (2020), *Lettera a Mirul di Lumir Medana* (2020), *Ombre, buio (e Bob Dylan) di Marcelo Malavista* (2021), *Istituto Pesaventa. I quaderni di Eduardo Descondo, Vol.* IV (2024), *Incerti versi di Carlos Albasuelo* (2024), and *Pagine junghiane* (2025).

MARIA MICHELA SASSI studied Classics at the Scuola Normale Superiore, Pisa (Italy), and is currently Full Professor of History of Ancient Philosophy at Pisa University. Her publications, ranging from early and classical Greek philosophy and science to anthropology, from history to methodology of classical studies, include *La scienza dell'uomo nella Grecia antica* (1988, translated into English as *The Science of Man in ancient Greece*, 2001), *Indagine su Socrate. Persona filosofo cittadino* (2015), *La nascita della filosofia in Grecia* (2009, translated into English as *The Beginnings of Philosophy in Greece*, 2001), and a number of essays both in Italian and international journals. She also edited *La "zoologia" di Aristotele e la sua ricezione dall'età ellenistica e romana alle culture medievali* (with Elisa Coda and Giuseppe Feola, 2015), *Ancient science and technology of colour. Pigments, dyes, drugs and their experience in antiquity* (with Matteo Martelli, 2023), and *Forme materiate. L'ilomorfismo aristotelico fra biologia, psicologia ed etica* (with Giuseppe Feola and Diego Zucca, 2025). She has been pursuing research for years for a book that is going to comprehend the most various aspects (linguistic, psychological, aesthetical, and symbolic) of the topic of colors in ancient Greece.

CINZIA SCIUTO, essayist and journalist, is Director-in-chief of the philosophical magazine "MicroMega." Born in Sicily (Italy) in 1981, she studied philosophy at the "Sapienza" – Università di Roma and at the Humboldt Universität of Berlin. Since 2015, she has lived in Frankfurt am Main (Germany). She contributes to various German newspapers, including "Die Tageszeitung," "Lettre International," and "Faustkultur," and teaches politics at Mediacampus Frankfurt. Her publications include *La terra è rotonda. Kant, Kelsen e la prospettiva cosmopolitica* (2015) and *Non c'è fede che tenga. Manifesto laico contro il multiculturalismo* (2018; new revised edition, 2020; also translated into German). Her research interests focus mainly on international right, secularism, the relationship between democracy and religion, multiculturalism, human rights, and feminism. Since 2020, she has been the scientific director of the "Giornate della laicità" (Secularism Days) in Reggio Emilia.

DAVIDE SUSANETTI is Professor of Ancient Greek Literature at the Department of Linguistic and Literary Studies of the University of Padua (Italy). His research focuses on Greek Tragedy, Plato and Neoplatonism, as well as Mythological and Esoteric Traditions in Western Culture. Among his publication, we list here: *Sinesio di Cirene. I sogni* (1992), *Plotino. Sul Bello (Enneade I, 6)* (1995), *Euripide. Alcesti* (2001), *Euripide. Ippolito* (2005), *Euripide. Troiane* (2010), *Eschilo. Prometeo* (2010), *Il teatro dei Greci. Feste e spettacoli, eroi e buffoni* (2003), *Favole antiche. Mito greco e tradizione letteraria europea* (2005), *Euripide fra tragedia, mito e filosofia* (2007), *Euripide. Baccanti* (2010), *Catastrofi politiche. Sofocle e la tragedia di vivere insieme* (2011), *Sofocle. Antigone* (2012), *Atene post-occidentale. Spettri antichi per la democrazia contemporanea* (2014), *La via degli dei. Sapienza greca, misteri antichi e percorsi di iniziazione* (2017), *Favole antiche. Mito greco e tradizione letteraria europea* (2017), *La felicità degli antichi. Idee e immagini di una buona vita* (2018), *Il teatro dei greci. Feste e spettacoli, eroi e buffoni* (2018), *Euripide. Fra tragedia, mito e filosofia* (2019), *Luce delle muse. La sapienza greca e la magia della parola* (2019), *Il simbolo nell'anima. La ricerca di sé e le vie della tradizione platonica* (2020), *Il talismano di Fedro. Desiderare, vedere, essere* (2021), and the most recent *L'altrove della tragedia greca* (2023, forthcoming). He also edited *Eleusi. Cuore sapienziale d'Europa* (with Mattia De Poli, 2020) and the new editions of Sophocles's *Antigone* (2012), Plato's *Apologia di Socrate-Critone* (2019), Plotinus's *La bellezza, l'anima e l'uno* (2021), and Euripides's *Elena* (2023).

SILVANO TAGLIAGAMBE (born in 1945) is Professor Emeritus of Philosophy of Science at University of Sassari (Italy). Physicist and philosopher, he previously taught at the Universities of Pisa, Cagliari, "Sapienza" – Università di Roma, and Sassari, Faculty of Architecture of Alghero (Italy). He held courses at the Universidad Complutense de Madrid (UCM), Spain, at the Universidade de Lisboa (ULISBOA), and at the Universidade do Porto (UP), Portugal. He also served as the vice-president of the Centro di Ricerca, Sviluppo, Studi Superiori (CRS4) in the Region of Sardinia (Italy), presided by the physicist, Carlo Rubbia. He authored over fourhundred publications. Among his main works, we mention here *L'interpretazione materialistica della meccanica quantistica* (1972), *Scienza, Filosofia, Politica in Unione Sovietica 1924–1939* (1978), *Scienza e marxismo in* URSS (1979), *La mediazione linguistica. Il rapporto pensiero-linguaggio da Leibniz a Hegel* (1980), *L'epistemologia contemporanea* (1991), *Epistemologia del confine* (1997, republished in 2017), *La città possibile* (in collaboration with Giovanni Maciocco, 1997), *Epistemologia del cyberspazio* (1997), *L'albero flessibile. La cultura della progettualità* (1998), *Il sogno di Dostoevskij. Come la mente emerge dal cervello* (2002), *Come leggere Florenskij* (2006), *Lo spazio intermedio. Rete, individuo e comunità* (2008), *Il cielo incarnato. L'epistemologia del simbolo di Pavel Florenskij* (2013), *Il nodo Borromeo. Corpo, mente, psiche* (2015), *La divergenza nella rivoluzione. Filosofia, scienza e teologia in Russia (1920–1940)* (with Giulia Rispoli, 2016), *Oltre il muro di pietra. La concezione antinomica della verità in Florenskij alla prova delle neuroscienze* (2017), *Lo sguardo e l'ombra* (2017), *Placido Cherchi: la cultura dell'ologramma* (2018), *Il paesaggio che siamo e che viviamo* (2018), *Metamorfosi. Cervello in divenire, benessere psicofisico e nuove strategie terapeutiche* (with Giovanni Biggio and Danilo Sirigu, 2019), *Per una filosofia del tra. Pensare l'esperienza umana sulla soglia* (with Paolo Bartolini, 2020), *Ritornare a Ippocrate. Riflessioni sulla medicina di oggi* (with Enrico Facco, 2020), *Come in uno specchio. Il cervello e il suo ambiente* (2020), *Il paesaggio: glossario* (2021), *Come leggere Florenskij* (2021), *Dal caos al cosmo. Introduzione al cosmismo russo* (2021), *Chiralità: la vita e l'antinomia. Gli eroi dei due mondi* (2021), *L'arte e l'immaginazione produttiva. L'opera di Pinuccio Sciola* (2022), *Metaverso e gemelli digitali. La nuova alleanza tra reti naturali e artificiali* (2022), *Epistemologia dell'azione. Alice nel paese della conoscenza* (2024), and *Il Mediterraneo dentro. La Sardegna tra memoria e avvenire* (2024). In the field of Jungian studies, he also co-authored, along with Angelo Malinconico, the volumes *Pauli e Jung. Un confronto su materia e psiche* (2011), *Jung e il Libro Rosso. Il Sé come sacrificio dell'Io* (2014), and *Tempo e sincronicità. Tessere il tempo* (2018). For the series "I saggi di Eranos," he wrote *Catastrofi dell'immediatezza* (with Fabio Merlini, 2016). On February 6, 2021, President of the Republic Sergio Mattarella awarded him the title of Grand Officer of Merit of the Italian Republic.

SARANTIS THANOPULOS, Training Analyst of the Società Psicoanalitica Italiana (SPI), served as its President from 2021 until 2025. His research mainly concerns Greek tragedy, psychoanalytic interpretation, transmission of grief between generations, female sexuality and sexual differences, dreaming, and psychosis. He contributed to the newspaper "il manifesto" for the column "Verità nascoste." He has published the following books: *Eredità della tragedia* (with Andreas Giannakoulas, 2006), *Ipotesi gay. Materiali per un confronto* (with Olga Pozzi, 2006), *Lo spazio dell'interpretazione*, 2009), *Desiderio e legge* (with Fabio Ciaramelli, 2016), *Il desiderio che ama il lutto* (2016), *Psicoanalisi delle psicosi. Prospettive attuali* (edited with Riccardo Lombardi and Luigi Rinaldi, 2018), *Verità nascoste. Riflessioni inattuali sulla vita comune* (2018), *Il diavolo veste ISIS. Lo straniero di casa* (2018), *La solitudine della donna* (2018), *La città e le sue emozioni* (2019), and the most recent *Il pensiero affettivo* (with Ginevra Bompiani, 2024). He lives and works in Naples.

JOHN TRESCH is Professor of History of Art, Science, and Folk Practice at the Warburg Institute at the University of London. He has written two books on nineteenth-century interactions between science, industry, and romantic-era arts and philosophy, focused on France and the USA: *The Romantic Machine: Utopian Science and Technology after Napoleon* (2012) and *The Reason for the Darkness of the Night: Edgar Allan Poe and the Forging of American Science* (2021, translated into several languages). He also edited *Aesthetics of Universal Knowledge* (with Simon Schaffer and Pasquale Gagliardi, 2017). He has held fellowships at the École des hautes études en sciences sociales (EHESS) in Paris, the Max-Planck-Institut für Wissenschaftsgeschichte (MPIWG) in Berlin, and the New York Public Library, and is editor-in-chief of the *History of Anthropology Review*. His current book project is a history of modern science focused on representations of the universe, from the medieval era to the present, entitled *Cosmograms: How to Do Things with Worlds*. He is currently working also on a monograph entitled *Behind the Jungian Century: Amplifying Archetypes from Ascona to Wakanda*.

NELLY VALSANGIACOMO is Full Professor of contemporary history at the Université de Lausanne, where she directs the Centre des sciences historique de la culture (SHC). She has worked on the social and cultural history of Switzerland and has written and edited articles and volumes on social movements, Alpine space and Italian-ness. Her current research interests include audiovisual media, particularly radio, vocality, and sonorities. On this topic, among others, he has published the following works: *Dietro al microfono. Intellettuali italiani alla radio svizzera (1930–1980)* (2016), *Dare un corpo alla voce* ("Genesis. Rivista della Società italiana delle storiche", 19/2, 2020, with Sandra Cavallo), *Sinneslandschaften der Alpen. Fühlen, Schmecken, Riechen. Hören, Sehen* (with Jon Mathieu, 2022; French ed., 2023), and *Résonnances. La dimension sonore des Alpes* (with Laine Chanteloup, 2023, forthcoming). She also edited *Donne e lavoro. Prospettive per una storia delle montagne europee XVIII-XX secc.* (with Luigi Lorenzetti, 2010), *À l'italienne. Narrazioni dell'italianità dagli anni ottanta a oggi* (with Niccolò Scaffai, 2018), *Italianità plurale. Analisi e prospettive elvetiche* (with Marco Marcacci and Rosita Fibbi, 2023), and the most recent *La storia in gioco. Sedici documenti d'archivio tra ricostruzione storica e invenzione letteraria* (with Tommaso Soldini, 2024).

List of Eranos Yearbooks

Elenco degli Annali di Eranos

I / 1933 – LXXVI / 2022–2023–2024

Yoga und Meditation im Osten und im Westen – Fünfzehn Vorträge gehalten auf der Tagung in Ascona 14.-26. August 1933, Eranos-Jahrbuch I/1933, edited by Olga Fröbe-Kapteyn, Rhein-Verlag, Zürich 1934

FRÖBE-KAPTEYN, Olga, "Vorwort", 5–6

ZIMMER, Heinrich, "Zur Bedeutung des indischen Tantra-Yoga (Hiezu zwei Bildtafeln)", 9–94

RHYS DAVIDS, Caroline Augusta Foley, "Religiöse Übungen in Indien und der religiöse Mensch. I. Jhāna (oder Dhyāna) im Buddhismus – II. Fernwirkung (Televolition) im früheren Buddhismus – III. Mensch und Kommunion", 95–134

ROUSSELLE, Erwin, "Seelische Führung im lebenden Taoismus. I. Ju Sche „Initiation" – II. Ne Ging Tu, „Die Tafel des inneren Gewebes" – III. Siu Schen „Individuation" (Hiezu vier Abbildungen im Text und zwei Bildtafeln)", 135–199

JUNG, Carl Gustav, "Zur Empirie des Individuationsprozesses (Hiezu fünf Bildtafeln)", 1/1933, 201–214

HEYER, Gustav-Richard, "Sinn und Bedeutung östlicher Weisheit für die abendländische Seelenführung", 215–244

HEILER, Friedrich, "Die Kontemplation in der Christlichen Mystik. I. Die Geschichte der Kontemplation in der christlichen Frömmigkeit – II. Die Kontemplation in der christlichen Gemeinschaftsmystik – III. Die Kontemplation in der individuellen Hochmystik", 245–326

BUONAIUTI, Ernesto, "Meditation und Kontemplation in der römisch-katholischen Kirche", 327–348

Ostwestliche Symbolik und Seelenführung - Vorträge gehalten auf der Tagung in Ascona 20. August bis 1. September 1934, Eranos-Jahrbuch II/1934, edited by Olga Fröbe-Kapteyn, Rhein-Verlag, Zürich 1935

FRÖBE-KAPTEYN, Olga, "Vorwort", 5–8

ROUSSELLE, Erwin, "Drache und Stute, Gestalten der mythischen Welt chinesischer Urzeit", 11–33

HAUER, Jakob Wilhelm, "Symbole und Erfahrung des Selbstes in der indo-arabischen Mystik. I. Geschichtlicher Überblick über die Entdeckung und Wesensbestimmung des Selbstes von der vedischen Zeit bis zum tantrischen Yoga – II. Symbole und Bilder des Selbstes – III. Der seinsdynamische Ursprung der Erfahrung und der Symbolwelt der Selbstes", 35–96

ZIMMER, Heinrich, "Indische Mythen als Symbole", 97–151

RHYS DAVIDS, Caroline Augusta Foley, "Zur Geschichte des Rad-Symbols", 153–178

JUNG, Carl Gustav, "Über die Archetypen des kollektiven Unbewußten", 179–229

HEYER, Gustav-Richard, "Dürer's Melancolia und ihre Symbolik", 231–261

HEILER, Friedrich, "Die Madonna als religiöses Symbol", 263–303

BUONAIUTI, Ernesto, "Symbole und Riten im religiösen Leben einiger Orden", 305–337

BUBER, Martin, "Sinnbildliche und sakramentale Existenz im Judentum. I. Die sinnbildliche Existenz in der Welt der Prophetie – II. Die sakramentale Existenz in der Welt des Chassidismus", 339–367

BERNOULLI, Rudolf, "Zur Symbolik geometrischer Figuren und Zahlen. I. Allgemeines – II. Die Zahlensymbolik des Tarotsystems", 369–415

STRAUSS-KLOEBE, Sigrid, "Über die psychologische Bedeutung des astrologischen Symbols", 417–448

CAMMERLOHER, Carl Moritz von, "Die Stellung der Kunst im psychologischen Weltbild unserer Zeit (Ein Beitrag zur Funktionenlehre)", 449–486

YATISWARANANDA, Swami, "Flüchtiger Blick auf religiöse Hindu-Symbolik in ihrer Beziehung zu Geistigen Übungen und zur Höherentwicklung", 487–528

Westöstliche Seelenführung - Vorträge gehalten auf der Tagung in Ascona 12.-22. August 1935, Eranos-Jahrbuch III/1935, edited by Olga Fröbe-Kapteyn, Rhein-Verlag, Zürich 1936

FRÖBE-KAPTEYN, Olga, "Vorwort", 3–7

JUNG, Carl Gustav, "Traumsymbole des Individuationsprozesses. Ein Beitrag zur Kenntnis der in den Träumen sich kundgebenden Vorgänge des Unbewußten", 13–133

HEYER, Gustav-Richard, "Vom Umgang mit sich Selbst", 135–178

ROUSSELLE, Erwin, "Lau-Dsi's Gang durch die Seele, Geschichte und Welt. Versuch einer Deutung", 179–205

RHYS DAVIDS, Caroline Augusta Foley, "Der Mensch, die Suche und Nirvana", 207–230

BERNOULLI, Rudolf, "Seelische Entwicklung im Spiegel der Alchemie und verwandter Disziplinen", 231–287

BUONAIUTI, Ernesto, "I. Die gnostische Initiation und die christliche Antike – II. Die Exerzitien des hl. Ignatius von Loyola", 289–322

EISLER, Robert, "Das Rätsel des Johannesevangeliums", 323–511

LANG, Joseph Bernhard, "Paulinische und analytische Seelenführung", 513–543

Gestaltung der Erlösungsidee in Ost und West (1) - Vorträge gehalten auf der Tagung in Ascona 6.-14. August 1936, Eranos-Jahrbuch IV/1936, edited by Olga Fröbe-Kapteyn, Rhein-Verlag, Zürich 1937

FRÖBE-KAPTEYN, Olga, "Vorwort", 5–9

JUNG, Carl Gustav, "Die Erlösungsvorstellungen in der Alchemie (Vier Vorträge)", 13–111

MASSON-OURSEL, Paul, "Die Erlösungsidee in Indien. I. Die indischen Erlösungstheorien im Rahmen der Heilsreligionen – II. Die Gnadenlehre im religiösen Denken Indiens", 113–133

RHYS DAVIDS, Caroline Augusta Foley, "Erlösung in Indiens Vergangenheit und in unserer Gegenwart", 135–163

BUONAIUTI, Ernesto, "Die Erlösung in den orphischen Mysterien", 165–181

PUECH, Henri-Charles, "Der Begriff der Erlösung im Manichäismus. I. Die gnostische und die manichäische Erlösungsvorstellung: Das Problem des Bösen im Manichäismus – II. Die theoretischen Grundlagen der Erlösung: der kosmologische und der anthropologische Mythos – III. Die Verwirklichung und die praktischen Mittel der Erlösung", 183–286

VYSHESLAVTZEFF, Boris P., "Zwei Wege der Erlösung. Erlösung als Lösung des tragischen Widerspruchs", 287–329

Gestaltung der Erlösungsidee im Judentum und im Protestantismus - Eranos-Vorträge von Heinz Westman und Paul Tillich - Ergänzungsband zum Eranos-Jahrbuch 1936, edited by Rudolf Ritsema, Eranos Foundation, Ascona 1986

RITSEMA, Rudolf, "Vorwort", 7–8

TILLICH, Paul, "Angst und Erlösung im Protestantismus. I. Angst – II. Erlösung", 9–32

WESTMANN, Heinz, "Die Erlösungsidee im Judentum. I. Das Problem der Erde – II. Das weibliche Prinzip – III. Nachwort", 33–110

Gestaltung der Erlösungsidee in Ost und West (2) - Vorträge gehalten auf der Tagung in Ascona 5.-12. August 1937, Eranos-Jahrbuch V/1937, edited by Olga Fröbe-Kapteyn, Rhein-Verlag, Zürich 1938

FRÖBE-KAPTEYN, Olga, "Vorwort", 5–8

PUECH, Henri-Charles, "Alexandre Moret†. Nachruf", 9–11

JUNG, Carl Gustav, "Einige Bemerkungen zu den Visionen des Zosimos", 15–54

MASSIGNON, Louis, "Die Ursprünge und die Bedeutung des Gnostizismus im Islam. I. Die schiitischen Weihen und die salmanischen Texte – II. Gnostische Seiten im Sufismus", 55–77

MASSON-OURSEL, Paul, "Seelenführung in Indien. I. Die indische Auffassung der psychologischen Gegebenheiten – II. Die indischen Heilstechniken", 79–91

PRZYLUSKI, Jean, "I. Die Erlösung nach dem Tode in den Upanishaden und im ursprünglichen Buddhismus – II. Der Lebendig-Erlöste in dem entwickelten Buddhismus", 93–136

SPEISER, Andreas, "Der Erlösungsbegriff bei Plotin", 137–154

BAYNES, Charlotte, "Der Erlösungsgedanke der christlichen Gnosis (Originaltexte und Kommentare)", 155–209

DANZEL, Theodor-Wilhelm, "Zur Psychologie der altmexikanischen Symbolik (mit 12 Illustrationen)", 211–239

LAYARD, John, "Der Mythos der Totenfahrt auf Malekula (mit 9 Illustrationen und einer Karte)", 241–291

BUONAIUTI, Ernesto, "Die *Ecclesia Spiritualis*. I. Die iranischen, griechischen und biblischen Vorläufer der *Ecclesia Spiritualis* – II. Die *Ecclesia Spiritualis* durch die Jahrhunderte – III. Die christliche Mystik als *Ecclesia Spiritualis*", 293–353

Vorträge über Gestalt und Kult der „Grossen Mutter" - Vorträge gehalten auf der Tagung in Ascona 8.-15. August 1938 - Mit 20 Kunstdrucktafeln, Eranos-Jahrbuch VI/1938, edited by Olga Fröbe-Kapteyn, Rhein-Verlag, Zürich 1939

FRÖBE-KAPTEYN, Olga, "Vorwort", 5–7

PRZYLUSKI, Jean, "I. Ursprünge und Entwicklung des Kultes der Mutter-Göttin – II. Die Mutter-Göttin als Verbindung zwischen den Lokal-Göttern und dem Universal-Gott", 11–57

PICARD, Charles, "I. Die Ephesia von Anatolien – II. Die Große Mutter von Kreta bis Eleusis (mit 4 Illustrationen)", 59–119

VIROLLEAUD, Charles, "Die große Göttin in Babylonien, Ägypten und Phönikien. I. Ischtar, Isis, Astarte – II. Anat – Astarte", 121–160

MASSIGNON, Louis, "Der gnostische Kult der Fatima im schiitischen Islam", 161–173

ZIMMER, Heinrich, "Die indische Weltmutter (mit 4 Illustrationen)", 175–220

COLLUM, Vera Christina Chute, "Die schöpferische Mutter-Göttin der Völker keltischer Sprache, ihr Werkzeug, das mystische „Wort", ihr Kult und ihre Kult-Symbole (mit 8 ganzseitigen Tafeln)", 221–324

BUONAIUTI, Ernesto, "*Maria Immaculata*: I. Maria und die jungfräuliche Geburt Jesu – II. Die Heilige *Maria Immaculata* in der christlichen Überlieferung (mit 4 Illustrationen)", 325–402

JUNG, Carl Gustav, "Die psychologischen Aspekte des Mutterarchetypus", 403–443

HEYER, Gustav-Richard, "Die Große Mutter im Seelenleben des heutigen Menschen", 445–491

Vorträge über die Symbolik der Wiedergeburt in der religiösen Vorstellung der Zeiten und Völker - Vorträge gehalten auf der Eranos-Tagung in Ascona im August 1939, Eranos-Jahrbuch VII/1939, edited by Olga Fröbe-Kapteyn, Rhein-Verlag, Zürich 1940

FRÖBE-KAPTEYN, Olga, "Vorwort", 5–7

MASSIGNON, Louis, "Die Auferstehung in der mohammedanischen Welt. I. Die Auferstehung in den sufischen Einweihungen – II. Die Auferstehung im Islam", 11–20

VIROLLEAUD, Charles, "Die Idee der Wiedergeburt bei den Phöniziern. I. Die klassische Adonislegende – II. Der Gott Baal nach den Dichtungen von Ras-Shamra (mit 3 Illustrationen)", 21–60

PELLIOT, Paul, "Die Jenseitsvorstellung der Chinesen", 61–82

OTTO, Walter Friedrich Gustav Hermann, "Der Sinn der eleusinischen Mysterien", 83–112

ALLBERRY, Charles Robert Cecil Augustine, "Symbole von Tod und Wiedergeburt im Manichäismus", 113–149

LEISEGANG, Hans, "Das Mysterium der Schlange. Ein Beitrag zur Erforschung des griechischen Mysterienkultes und seines Fortlebens in der christlichen Welt (mit 14 Illustrationen)", 151–250

ZIMMER, Heinrich, "Tod und Wiedergeburt im indischen Licht", 251–289

BUONAIUTI, Ernesto, "Wiedergeburt, Unsterblichkeit und Auferstehung im Urchristentum", 291–320

THURNWALD, Richard, "Primitive Initiations- und Wiedergeburtsriten", 321–398

JUNG, Carl Gustav, "Die verschiedenen Aspekte der Wiedergeburt", 399–447

Trinität, christliche Symbolik und Gnosis - Vorträge gehalten auf den Tagungen in Ascona im August 1940 und im August 1941, Eranos-Jahrbuch VIII/1940–1941, edited by Olga Fröbe-Kapteyn, Rhein-Verlag, Zürich 1942

FRÖBE-KAPTEYN, Olga, "Vorwort", 5–7

SPEISER, Andreas, "Die platonische Lehre vom unbekannten Gott und die christliche Trinität", 11–29

JUNG, Carl Gustav, "Zur Psychologie der Trinitätsidee", 31–64

JUNG, Carl Gustav, "Das Wandlungssymbol in der Messe. I. Einleitung - II. Die einzelnen Teile des Wandlungsritus - III. Eine antike Parallele zum Wandlungsmysterium - IV. Zur Psychologie der Messe", 67–155

KERÉNYI, Károly, Mythologie und Gnosis", 157–229

PULVER, Max, "Gnostische Erfahrung und gnostisches Leben im frühen Christentum (Auf Grund der Quellen)", 231–255

BUONAIUTI, Ernesto, "Christus und Paulus", 257–294

BUONAIUTI, Ernesto,"Christologie und Ecclesiologie bei Sankt Paulus (Die Lehre von Christus und der Kirche bei Sankt Paulus)", 295–335

Das hermetische Prinzip in Mythologie, Gnosis und Alchemie - Vorträge gehalten auf der Tagung in Ascona 4.-8. August 1942, Eranos-Jahrbuch IX/1942, edited by Olga Fröbe-Kapteyn, Rhein-Verlag, Zürich 1943

FRÖBE-KAPTEYN, Olga, "Vorwort", 5–6

KERÉNYI, Károly, "Hermes der Seelenführer. Das Mythologem vom männlichen Lebensursprung", 9–107

NAGEL, Georges Hermann, "Le dieu Thoth d'après les textes égyptiens", 109–140

PULVER, Max, "Jesu Reigen und Kreuzigung nach den Johannes-Akten", 141–177

JUNG, Carl Gustav, "Der Geist Mercurius (Übersicht über den Mercurius Begriff der Alchemie)", 179–236

LANG, Joseph Bernhard, "Der Demiurg des Priesterkodex (*Gen.* I bis II, 4a) und seine Bedeutung für den Gnostizismus", 237–288

Alte Sonnenkulte und die Lichtsymbolik in der Gnosis und im frühen Christentum - Vorträge gehalten auf der Tagung in Ascona 4.-11. August 1943, Eranos-Jahrbuch X/1943, edited by Olga Fröbe-Kapteyn, Rhein-Verlag, Zürich 1944

FRÖBE-KAPTEYN, Olga, "Vorwort", 5–6

NAGEL, Georges Hermann, "Le culte du Soleil dans l'ancienne Egypte", 9–56

VIROLLEAUD, Charles, "Le Dieu Shamash dans l'ancienne Mésopotamie", 57–79

KERÉNYI, Károly, "Vater Helios", 81–124

WILI, Walter, "Die römischen Sonnengottheiten und Mithras", 125–168

SCHMITT, Paul, "*Sol invictus.* Betrachtungen zu spätrömischer Religion und Politik", 169–252

PULVER, Max, "Die Lichterfahrung im Johannes-Evangelium, im *Corpus Hermeticum*, in der Gnosis und in der Ostkirche", 253–296

MASSIGNON, Louis, "Les infiltrations astrologiques dans la pensée religieuse islamique", 297–303

RAHNER, Hugo, "Das christliche Mysterium von Sonne und Mond", 305–404

Die Mysterien - Vorträge gehalten auf der Tagung in Ascona 3.-11. August 1944, Eranos-Jahrbuch XI/1944, edited by Olga Fröbe-Kapteyn, Rhein-Verlag, Zürich 1945

FRÖBE-KAPTEYN, Olga, "Vorwort", 5–8

KERÉNYI, Károly, "Mysterien der Kabiren. Einleitendes zum Studium antiker Mysterien (Anhang: Castello di Tegna. Eine archäologische Parallele zu einem Heiligtum in der Gegend von Theben)", 11–60

WILI, Walter, "Die orphischen Mysterien und der griechische Geist", 61–105

SCHMITT, Paul, "Antike Mysterien in der Gesellschaft ihrer Zeit, ihre Umformung und späteste Nachwirkung", 107–144

NAGEL, Georges Hermann, "Les «mystères» d'Osiris dans l'ancienne Egypte", 145–166

MENASCE, Pierre-Jean de, "Les mystères et la religion de l'Iran", 167–186

MEIER, Fritz, "Das Mysterium der Ka'ba. Symbol und Wirklichkeit in der islamischen Mystik", 187–214

KOPPERS, Wilhelm, "Zum Ursprung des Mysterienwesens im Lichte von Völkerkunde und Indologie", 215–275

PULVER, Max, "Vom Spielraum gnostischer Mysterienpraxis (Barbelo-Gnosis und ewiges Gebet in der Philokalie)", 277–325

BAUM, Julius, "Die symbolischen Darstellungen der Eucharistie", 327–346

RAHNER, Hugo, "Das christliche Mysterium und die heidnischen Mysterien", 347–449

Studien für C.G. Jung - Zur Idee des Archetypischen - Zum 70. Geburtstag von C.G. Jung [Studien zum Probleme des Archetypischen - Festgabe für C.G. Jung zum siebzigsten Geburtstag 26. Juli 1945], Eranos-Jahrbuch XII/1945, edited by Olga Fröbe-Kapteyn, Rhein-Verla g, Zürich 1945

[FELLERER, Margarethe], [*Portrait von C. G. Jung*], 2

FRÖBE-KAPTEYN, Olga, "Vorwort", 5–7

WILI, Walter, "Geleitwort", 9–22

SPEISER, Andreas, "Platos Ideenlehre", 23–31

KERÉNYI, Károly, "*Heros Iatros.* Über Wandlungen und Symbole des ärztlichen Genius in Griechenland", 33–54

WILI, Walter, "Probleme der Aristotelischen Seelenlehre. I. Der Kampf gegen Platon – II. Die Nachfolge Platons", 55–93

SCHMITT, Paul, "Archetypisches bei Augustin und Goethe", 95–115

RAHNER, Hugo, "Die seelenheilende Blume. Moly und Mandragore in antiker und christlicher Symbolik. I. Moly, das seelenheilende Kraut des Hermes – II. Mandragore, die ewige Menschenwurzel", 117–239

MASSIGNON, Louis, "Thèmes archétypiques en onirocritique musulmane", 241–251

LAYARD, John, "The Incest Taboo and the Virgin Archetype", 253–307

Der Geist - Vorträge gehalten auf der Tagung in Ascona 2.-9. September 1945, Eranos-Jahrbuch XIII/1945, edited by Olga Fröbe-Kapteyn, Rhein-Verlag, Zürich 1946

FRÖBE-KAPTEYN, Olga, "Vorwort", 5–7

KERÉNYI, Károly, "Apollon-Epiphanien", 11–48

WILI, Walter, "Die Geschichte des Geistes in der Antike", 49–93

SPEISER, Andreas, "Geist und Mathematik", 95–109

PULVER, Max, "Das Erlebnis des Pneuma bei Philon", 111–132

SCHMITT, Paul, "Geist und Seele. Studie über Logos, Nous und Psyche bei Heraklit und Platon und über einige späte Nachwirkungen dieser Begriffe", 133–185

SCHMIDT, Karl Ludwig, "Das Pneuma Hagion als Persona und als Charisma. Eine lexikologische und biblisch-theologische Studie", 187–235

RAHNER, Hugo, "Erdgeist und Himmelgeist in der patristischen Theologie", 237–276

MASSIGNON, Louis, "L'idée de l'esprit dans l'Islam", 277–282

MEIER, Fritz, "Der Geistmensch bei dem persischen Dichter 'Aṭṭār", 283–353

MENASCE, Pierre-Jean de, "L'expérience de l'esprit dans la mystique chrétienne", 355–384

JUNG, Carl Gustav, "Zur Psychologie des Geistes", 385–448

Geist und Natur - Vorträge gehalten auf der Tagung in Ascona 26. August bis 3. September 1946, Eranos-Jahrbuch XIV/1946, edited by Olga Fröbe-Kapteyn, Rhein-Verlag, Zürich 1947

FRÖBE-KAPTEYN, Olga, "Vorwort", 5–7

SPEISER, Andreas, "Die Grundlagen der Mathematik von Plato bis Fichte", 11–38

KERÉNYI, Károly, "Die Göttin Natur", 39–86

SCHMIDT, Karl Ludwig, "Die Natur- und Geistkräfte im Paulinischen Erkennen und Glauben", 87–143

MASSIGNON, Louis, "La nature de la pensée islamique", 144–148

MEIER, Fritz, "Das Problem der Natur im esoterischen Monismus des Islams", 149–227

KAEGI, Werner, "Wandlung des Geistes in der Renaissance", 228–281

DESSAUER, Friedrich, "Galilei, Newton und die Wendung des abendländischen Denkens", 282–331

SCHMITT, Paul, "Natur und Geist in Goethes Verhältnis zu den Naturwissenschaften", 332–384

JUNG, Carl Gustav, "Der Geist der Psychologie", 385–490

SCHRÖDINGER, Erwin, "Der Geist der Naturwissenschaft", 491–520

PORTMANN, Adolf, "Die Biologie und das Phänomen des Geistigen", 521–567

Der Mensch (Erste Folge) - Vorträge gehalten auf der Tagung in Ascona 18. bis 26. August 1947, Eranos-Jahrbuch XV/1947, edited by Olga Fröbe-Kapteyn, Rhein-Verlag, Zürich 1948

FRÖBE-KAPTEYN, Olga, "Vorwort", 5–7

PORTMANN, Adolf, "Das Ursprungsproblem", 11–40

KERÉNYI, Károly, "Urmensch und Mysterium", 41–74

DESSAUER, Friedrich, "Mensch und Kosmos", 75–147

SCHMIDT, Karl Ludwig, "*Homo imago Dei* im Alten und Neuen Testament", 149–195

RAHNER, Hugo, "Das Menschenbild des Origenes", 197–248

QUISPEL, Gilles, "La conception de l'homme dans la gnose valentinienne", 249–286

MASSIGNON, Louis, "L'Homme Parfait en Islam, et son originalité eschatologique", 287–314

WHITE, Victor, "*Anthropologia rationalis* (The Aristotelian-Thomist Conception of Man)", 315–383

BAECK, Leo, "*Individuum ineffabile*", 385–436

Der Mensch (Zweite Folge) - Vorträge gehalten auf der Tagung in Ascona 23. bis 31. August 1948 - Mit 9 Tafeln und 9 Abbildungen im Text, Eranos-Jahrbuch XVI/1948, edited by Olga Fröbe-Kapteyn, Rhein-Verlag, Zürich 1949

FRÖBE-KAPTEYN, Olga, "Vorwort", 5–7

RAHNER, Hugo, "Der spielende Mensch", 11–87

QUISPEL, Gilles, "L'Homme gnostique (La doctrine de Basilide)", 89–139

LEEUW, Gerardus van der, "L'Homme et la civilisation. Ce que peut comprendre le terme : évolution de l'homme", 141–182

KERÉNYI, Károly, "Mensch und Maske", 183–208

LAYARD, John, "The Making of Man in Malekula", 209–283

JUNG, Carl Gustav, "Über das Selbst", 285–315

NEUMANN, Erich, "Der mystische Mensch. Versuch einer psychologischen Interpretation", 317–374

WEYL, Hermann Klaus Hugo, "Wissenschaft als symbolische Konstruktion des Menschen", 375–431

FIERZ, Markus, "Zur physikalischen Erkenntnis", 433–460

PORTMANN, Adolf, "Der naturforschende Mensch", 461–488

Der Mensch und die mythische Welt - Vorträge gehalten auf der Tagung in Ascona 22. bis 30. August 1949 - Mit 19 Abbildungen, Eranos-Jahrbuch XVII/1949, edited by Olga Fröbe-Kapteyn, Rhein-Verlag, Zürich 1950

FRÖBE-KAPTEYN, Olga, "Vorwort", 5–7

LEEUW, Gerardus van der, "Urzeit und Endzeit", 11–51

KERÉNYI, Károly, "Die orphische Kosmogonie und der Ursprung der Orphik. Ein Rekonstruktionsversuch", 53–78

JAMES, Edwin Oliver, "Myth and Ritual", 79–120

CORBIN, Henry, "Le récit d'initiation et l'hermétisme en Iran (Recherche angélologique)", 121–187

NEUMANN, Erich, "Die mythische Welt und der Einzelne", 189–254

BEIRNAERT, Louis, "La dimension mythique dans le sacramentalisme chrétien", 255–286

SCHOLEM, Gershom, "Kabbalah und Mythus", 287–334

BAUM, Julius, "Darstellungen aus der germanischen Götter- und Heldensage in der nordischen Kunst", 335–358

RADIN, Paul, "The Basic Myth of the North American Indians", 359–419

JENSEN, Adolf Ellegard, "Die mythische Weltbetrachtung der alten Pflanzer-Völker", 421–473

PORTMANN, Adolf, "Mythisches in der Naturforschung", 475–514

Aus der Welt der Urbilder - Sonderband für C.G. Jung zum fünfundsiebzigsten Geburtstag 26. Juli 1950, Eranos-Jahrbuch XVIII/1950, edited by Olga Fröbe-Kapteyn, Rhein-Verlag, Zürich 1950

FRÖBE-KAPTEYN, Olga, "Vorwort", 5–8

LEISEGANG, Hans, "Der Gottmensch als Archetypus", 9–45

CORBIN, Henry, "Le *Livre du Glorieux* de Jâbir ibn Ḥayyân (Alchimie et Archétypes)", 47–114

MEIER, Fritz, "Die Welt der Urbilder bei Ali Hamadani (†1385)", 115–172

QUISPEL, Gilles, "*Anima naturaliter Christiana*", 173–182

LEEUW, Gerardus van der, "Unsterblichkeit", 183–206

SCHMIDT, Karl Ludwig, "Jerusalem als Urbild and Abbild", 207–248

RADIN, Paul, "The Religious Experiences of an American Indian", 249–290

SCHMITT, Paul, "Das Urbild in der Philosophie des Nicolaus de Cusa", 291–321

NEUMANN, Erich, "Über den Mond und das matriarchale Bewußtsein", 323–376

BÄNZIGER, Hans Conrad, "Der Glaube als archetypische Haltung. Versuch einer Amplifikation", 377–412

PORTMANN, Adolf, "Das Problem der Urbilder in biologischer Sicht", 413–432

Mensch und Ritus - Vorträge gehalten auf der Eranos-Tagung in Ascona 21. bis 30. August 1950 - Mit 2 Tafeln, Eranos-Jahrbuch XIX/1950, edited by Olga Fröbe-Kapteyn, Rhein-Verlag, Zürich 1951

FRÖBE-KAPTEYN, Olga, "Vorwort", 5–8

FRÖBE-KAPTEYN, Olga, "*In memoriam* Gerardus van der Leeuw", 9–11

KERÉNYI, Károly, "Dramatische Gottesgegenwart in der griechischen Religion", 13–39

BEIRNAERT, Louis, "Le symbolisme ascensionnel dans la liturgie et la mystique chrétiennes", 41–63

NEUMANN, Erich, "Zur psychologischen Bedeutung des Ritus", 65–120

SCHOLEM, Gershom, "Tradition und Neuschöpfung im Ritus der Kabbalisten", 121–180

CORBIN, Henry, "Rituel sabéen et exégèse ismaélienne du rituel", 181–246

ELIADE, Mircea, "Psychologie et histoire des religions – A propos du symbolisme du « centre »", 247–282

RADIN, Paul, "The Esoteric Rituals of the North American Indians", 283–349

MASSIGNON, Louis, "Le rite vivant", 351–355

PORTMANN, Adolf, "Riten der Tiere", 357–401

PETTAZZONI, Raffaele, "Der babylonische Ritus des Akītu und das Gedicht der Weltschöpfung", 403–430

BUYTENDIJK, Frederik Jakobus Johannes, "Zur Phänomenologie der Begegnung", 431–486

Mensch und Zeit - Vorträge gehalten auf der Eranos-Tagung in Ascona 20. bis 30. August 1951 - Mit 6 Illustrationen und 6 Tabellen, Eranos-Jahrbuch XX/1951, edited by Olga Fröbe-Kapteyn, Rhein-Verlag, Zürich 1952

FRÖBE-KAPTEYN, Olga, "Vorwort", 5–7

NEUMANN, Erich, "Kunst und Zeit", 11–56

PUECH, Henri-Charles, "La gnose et le temps", 57–113

QUISPEL, Gilles, "Zeit und Geschichte im antiken Christentum", 115–140

MASSIGNON, Louis", Le temps dans la pensée islamique", 141–148

CORBIN, Henry, "Le temps cyclique dans le Mazdéisme et dans l'Ismaélisme", 149–217

ELIADE, Mircea, "Le temps et l'éternité dans la pensée indienne", 219–252

WHYTE, Lancelot Law, "Time and the Mind-Body Problem. A Changed Scientific Concept of Process", 253–270

JUNG, Carl Gustav, "Über Synchronizität", 271–284

GOODENOUGH, Erwin Ramsdell, "The Evaluation of Symbols Recurrent in Time, as Illustrated in Judaism", 285–319

WILHELM, Hellmut, "Der Zeitbegriff im „Buch der Wandlungen"", 321–348

PLESSNER, Helmuth, "Über die Beziehung der Zeit zum Tode", 349–386

KNOLL, Max, "Wandlungen der Wissenschaft in unserer Zeit", 387–436

PORTMANN, Adolf, "Die Zeit im Leben der Organismen", 437–458

Rhein-Verlag Zürich, "Zum XX. Eranos-Jahrbuch", 461–463

Mensch und Energie - Vorträge gehalten auf der Eranos-Tagung in Ascona 20. bis 28. August 1952 - Mit 16 Illustrationen und 8 Tabellen, Eranos-Jahrbuch XXI/1952, edited by Olga Fröbe-Kapteyn, Rhein-Verlag, Zürich 1953

FRÖBE-KAPTEYN, Olga, "Vorwort", 5–8

ELIADE, Mircea, "Puissance et sacralité dans l'histoire des religions", 11–44

SCHOLEM, Gershom, "Zur Entwicklungsgeschichte der Kabbalistischen Konzeption der Schechinah", 45–107

QUISPEL, Gilles, "Mensch und Energie im antiken Christentum", 109–168

NEUMANN, Erich, "Die Psyche und die Wandlung der Wirklichkeitsebenen. Ein meta-psychologischer Versuch", 169–215

LÖWITH, Karl, "Die Dynamik der Geschichte und der Historismus", 217–254

READ, Herbert, "The Dynamics of Art", 255–284

D'ARCY, Martin Cyril, "The Power of Caritas and the Holy Spirit", 285–324

PORTMANN, Adolf, "Die Bedeutung der Bilder in der lebendigen Energiewandlung", 325–357

KNOLL, Max, "Quantenhafte Energiebegriffe in Physik und Psychologie", 359–414

WHYTE, Lancelot Law, "A Scientific View of the 'Creative Energy' of Man", 415–446

Mensch und Erde - Vorträge gehalten auf der Eranos-Tagung in Ascona 19. bis 27. August 1953 - Mit 8 Kunstdrucktafeln, Eranos-Jahrbuch XXII/1953, edited by Olga Fröbe-Kapteyn, Rhein-Verlag, Zürich 1954

FRÖBE-KAPTEYN, Olga, "Vorwort", 5–7

NEUMANN, Erich, "Die Bedeutung des Erdarchetypus für die Neuzeit", 11–56

ELIADE, Mircea, "La Terre-Mère et les hiérogamies cosmique", 57–95

CORBIN, Henry, "Terre céleste et corps de résurrection d'après quelques traditions Iraniennes (Mazdéisme, Ishrâq, Shaïkhisme)", 97–194

QUISPEL, Gilles, "Der gnostische *Anthropos* und die jüdische Tradition", 195–234

SCHOLEM, Gershom, "Die Vorstellung vom Golem in ihren tellurischen und magischen Beziehungen", 235–289

SUZUKI, Daisetz Teitaro, "The Role of Nature in Zen Buddhism", 291–321

TUCCI, Giuseppe, "Earth in India and Tibet", 323–364

BENZ, Ernst, "Die heilige Höhle in der alten Christenheit und in der östlich-orthodoxen Kirche", 365–432

DANIÉLOU, Jean Guenolé Marie, "Terre et paradis chez les Pères de l'Eglise", 433–472

PORTMANN, Adolf, "Die Erde als Heimat des Lebens", 473–494

Mensch und Wandlung - Vorträge gehalten auf der Eranos-Tagung in Ascona 19. bis 27. August 1954 - Mit 10 Kunstdrucktafeln, Eranos-Jahrbuch XXIII/1954, edited by Olga Fröbe-Kapteyn, Rhein-Verlag, Zürich 1955

FRÖBE-KAPTEYN, Olga, "Vorwort", 5–6

NEUMANN, Erich, "Der schöpferische Mensch und die Wandlung", 9–55

ELIADE, Mircea, "Mystère et régénération spirituelle dans les religions extra-européennes", 57–98

MEIER, Fritz, "Die Wandlung des Menschen im mystischen Islam", 99–139

CORBIN, Henry, "Epiphanie divine et naissance spirituelle dans la gnose ismaélienne", 141–249

TILLICH, Paul, "Das neue Sein als Zentralbegriff einer christlichen Theologie", 251–274

SUZUKI, Daisetz Teitaro, "The Awakening of a New Consciousness in Zen", 275–304

BENZ, Ernst, "Theogonie und Wandlung des Menschen bei Friedrich Wilhelm Joseph Schelling", 305–365

WHYTE, Lancelot Law, "The Growth of Ideas, Illustrated by Man's Changing Conception of Himself", 367–388

DANIÉLOU, Jean Guenolé Marie, "La colombe et la ténèbre dans la mystique byzantine ancienne", 389–418

PORTMANN, Adolf, "Metamorphose der Tiere. Die Wandlung des Individuums und des Typus", 419–454

Der Mensch und die Sympathie aller Dinge - Vorträge gehalten auf der Eranos-Tagung in Ascona 24. August bis 1. September 1955 - Mit 10 Kunstdruckbildern sowie 22 Illustrationen und Tabellen im Text, Eranos-Jahrbuch XXIV/1955, edited by Olga Fröbe-Kapteyn, Rhein-Verlag, Zürich 1956

FRÖBE-KAPTEYN, Olga, "Vorwort", 5–7

NEUMANN, Erich, "Die Erfahrung der Einheitswirklichkeit und die Sympathie der Dinge", 11–54

SCHOLEM, Gershom, "Seelenwanderung und Sympathie der Seelen in der jüdischen Mystik", 55–118

MASSIGNON, Louis, "L'expérience musulmane de la compassion, ordonnée à l'universel; à propos de Fâtima, et de Hallâj", 119–132

BENZ, Ernst, "Der Mensch und die Sympathie aller Dinge am Ende der Zeiten (nach Jakob Boehme und seiner Schule)", 133–197

CORBIN, Henry, "Sympathie et théopathie chez les « Fidèles d'Amour » en Islam", 199–301

OTTO, Walter Friedrich Gustav Hermann, "Der ursprüngliche Mythos im Lichte der Sympathie von Mensch und Welt", 303–340

LAYARD, John, "Identification with the Sacrificial Animal", 341–406

CHANG, Chung-yuan, "Tao and the Sympathy of All Things", 407–432

KNOLL, Max, "Endogene Rhythmen und biologische Zeit", 433–483

PORTMANN, Adolf, "Das Lebendige als vorbereitete Beziehung", 485–506

Der Mensch und das Schöpferische - Vorträge gehalten auf der Eranos-Tagung in Ascona 22. bis 30. August 1956 - Mit einer Kunstdrucktafel und einer Illustration im Text, Eranos-Jahrbuch XXV/1956, edited by Olga Fröbe-Kapteyn, Rhein-Verlag, Zürich 1957

FRÖBE-KAPTEYN, Olga, "Vorwort", 5–8

NEUMANN, Erich, "Der schöpferische Mensch und die ‚Große Erfahrung'", 11–58

ELIADE, Mircea, "La vertu créatrice du mythe", 59–85

SCHOLEM, Gershom, "Schöpfung aus Nichts und Selbstverschränkung Gottes", 87–119

CORBIN, Henry, "Imagination créatrice et prière créatrice dans le soufisme d'Ibn'Arabî", 121–240

REINHARDT, Karl, "Prometheus", 241–283

BENZ, Ernst, "*Creator Spiritus*. Die Geistlehre des Joachim von Fiore", 285–355

READ, Herbert, "Poetic Consciousness and Creative Experience", 357–389

CHANG, Chung-yuan, "Creativity as Process in Taoism", 391–415

VAN DER POST, Laurens, "The Creative Pattern in Primitive Africa", 417–454

WILHELM, Hellmut, "Das schöpferische Prinzip im „Buch der Wandlungen"", 455–475

PORTMANN, Adolf, "Erleuchtung und Erscheinung im Lebendigen", 477–503

Eranos-Index für die Jahrbücher I-XXV, *1933-1956*, edited by Magda Kerényi, Rhein-Verlag, Zürich 1961

KERÉNYI, Magda, "Vorbemerkungen", 7–12

Mensch und Sinn - Vorträge gehalten auf der Eranos-Tagung in Ascona 21. bis 29. August 1957 - Mit 4 Kunstdrucktafeln, Eranos-Jahrbuch XXVI/1957, edited by Olga Fröbe-Kapteyn, Rhein-Verlag, Zürich 1958

FRÖBE-KAPTEYN, Olga, "Vorwort", 5–6

FRÖBE-KAPTEYN, Olga, "*In memoriam* Karl Reinhardt", 7

NEUMANN, Erich, "Die Sinnfrage und das Individuum", 11–55

CORBIN, Henry, "L'intériorisation du sens en herméneutique soufie iranienne (Ṣâ'inoddîn 'Alî Torka Ispâhânî, ob. 830/1427 et 'Alâoddawla Semnânî, ob. 736/1336)", 57–187

ELIADE, Mircea, "Significations de la « lumière intérieure »", 189–242

SCHOLEM, Gershom, "Religiöse Autorität und Mystik", 243–278

REINHARDT, Karl, "Die Sinneskrise bei Euripides", 279–313

READ, Herbert, "The Creative Nature of Humanism", 315–350

WILHELM, Hellmut, "Der Sinn des Geschehens nach dem „Buch der Wandlungen"", 351–386

CORTI, Walter Robert, "Die Platonische Akademie im Wandel der Geschichte und als Aufgabe unserer Zeit", 387–413

CAMPBELL, Joseph, "The Symbol without Meaning", 415–475

PORTMANN, Adolf, "Sinndeutung als biologisches Problem", 477–510

Mensch und Frieden - Vorträge gehalten auf der Eranos-Tagung in Ascona 14. bis 22. August 1958, Eranos-Jahrbuch XXVII/1958, edited by Olga Fröbe-Kapteyn, Rhein-Verlag, Zürich 1959

NEUMANN, Erich, "Frieden als Symbol des Lebens", 7–50

CORBIN, Henry, "Quiétude et inquiétude de l'âme dans le soufisme de Rûzbehân Baqlî de Shîrâz (522/1128–606/1209)", 51–194

ELIADE, Mircea, "La *coincidentia oppositorum* et le mystère de la totalité", 195–236

SCHOLEM, Gershom, "Die Lehre vom „Gerechten" in der jüdischen Mystik (Mystisches Symbol und reale Gestalt)", 237–297

READ, Herbert, "The Flower of Peace", 299–332

SCHNEIDER, Herbert W., "Peace as Scientific Problem and as Personal Experience", 333–357

BENZ, Ernst, "Der Friedensgedanke in der gegenwärtigen Auseinandersetzung zwischen Buddhismus und Christentum in Asien", 359–404

CHANG, Chung-yuan, "Self-Realization and the Inner Process of Peace", 405–423

KAYSER, Hans, "Die Harmonie der Welt", 425–451

PORTMANN, Adolf, "Kampf und Frieden als biologisches Problem", 453–483

Die Erneuerung des Menschen - Vorträge gehalten auf der Eranos-Tagung in Ascona 19. bis 27. August 1959, Eranos-Jahrbuch XXVIII/1959, edited by Olga Fröbe-Kapteyn, Rhein-Verlag, Zürich 1960

NEUMANN, Erich, "Das Bild des Menschen in Krise und Erneuerung", 7–46

CORBIN, Henry, "L'Imâm caché et la rénovation de l'homme en théologie shî'ite", 47–108

BENZ, Ernst, "Der dreifache Aspekt des Übermenschen", 109–192

SCHOLEM, Gershom, "Zum Verständnis der messianischen Idee im Judentum", 193–239

ELIADE, Mircea, "Dimensions religieuses du renouvellement cosmique", 241–275

LAYARD, John, "On Psychic Consciousness (mit mehreren Textzeichnungen)", 277–344

READ, Herbert, "Nihilism and Renewal in the Art of our Time", 345–376

CORTI, Walter Robert, "Der Mensch als Organ Gottes. Studien zum dynamischen Pantheismus", 377–405

CAMPBELL, Joseph, "Renewal Myths and Rites of the Primitive Hunters and Planters", 407–457

PORTMANN, Adolf, "Der biologische Beitrag zu einem neuen Bild des Menschen", 459–492

Mensch und Gestaltung - Vorträge gehalten auf der Eranos-Tagung in Ascona 17. bis 25. August 1960, Eranos-Jahrbuch XXIX/1960, edited by Olga Fröbe-Kapteyn, Rhein-Verlag, Zürich 1961

FRÖBE-KAPTEYN, Olga, "*In memoriam* Erich Neumann", 7–8

PORTMANN, Adolf, "Zum Gedenken an Erich Neumann", 9–11

NEUMANN, Erich, "Die Psyche als Ort der Gestaltung", 13–56

CORBIN, Henry, "Pour une morphologie de la spiritualité shî'ite", 57–107

ELIADE, Mircea, "Mythes et symboles de la corde", 109–137

SCHOLEM, Gershom, "Die mystische Gestalt der Gottheit in der Kabbala (mit 1 Zeichnung)", 139–182

READ, Herbert, "The Origins of Form in Art (mit 6 Tafeln)", 183–206

WILHELM, Hellmut, "Die „Eigene Stadt" als Schauplatz der Gestaltung", 207–242

SCHNEIDER, Herbert W., "Historical Construction and Reconstruction", 243–264

ZUCKERKANDL, Victor, "Die Tongestalt (mit Notenbeispielen)", 265–307

VÉGH, Sándor, "Musik als Erlebnis", 309–325

PORTMANN, Adolf, "Gestaltung als Lebensvorgang (mit 2 Tafeln und 1 Zeichnung)", 327–369

Der Mensch im Spannungsfeld der Ordnungen - Vorträge gehalten auf der Eranos-Tagung in Ascona 16. bis 23. August 1961, Eranos-Jahrbuch XXX/1961, edited by Olga Fröbe-Kapteyn, Rhein-Verlag, Zürich 1962

PORTMANN, Adolf, "Vom Sinn und Auftrag der Eranos-Tagungen (zum 80. Geburtstag von Olga Fröbe-Kapteyn)", 7–28

SCHOLEM, Gershom, "Gut und Böse in der Kabbala", 29–67

CORBIN, Henry, "Le combat spirituel du Shî'isme", 69–125

SPEISER, Andreas, "Ton und Zahl", 127–142

PREETORIUS, Emil, "Vom Ordnungsgefüge der Kunst (mit 17 Textillustrationen)", 143–172

READ, Herbert, "Beauty and the Beast", 175–210

ELIADE, Mircea, "Le Créateur et son « ombre »", 211–239

ZUCKERKANDL, Victor, "Der singende und der sprechende Mensch", 241–283

PORTMANN, Adolf, "Die Ordnungen des Lebendigen im Deutungsversuch der Biologie (mit 4 Textillustrationen)", 285–332

Eranos-Index für die Jahrbücher XXVI-XXX, *1957-1961*, edited by Magda Kerényi, Rhein-Verlag, Zürich 1965

KERÉNYI, Magda, "Vorbemerkungen", 7–8

Der Mensch, Führer und Geführter im Werk - Vorträge gehalten auf der Eranos-Tagung in Ascona 21. bis 29. August 1962, Eranos-Jahrbuch XXXI/1962, edited by Adolf Portmann, Rhein-Verlag, Zürich 1963

PORTMANN, Adolf, "Vorwort", 5

PORTMANN, Adolf, "Zur Erinnerung an Olga Fröbe", 6–8

CORBIN, Henry, "I. Eranos : à la mémoire de C.G. Jung et Olga Fröbe – II. Eranos : Freiheit und Spontaneität", 9–15

SCHOLEM, Gershom, "Tradition und Kommentar als religiöse Kategorien im Judentum", 19–48

CORBIN, Henry, "De la philosophie prophétique en Islam shî'ite", 49–116

BENZ, Ernst, "Vision und Führung in der christlichen Mystik", 117–169

WERBLOWSKY, Raphael Jehudah Zwi, "Führe uns, Mutter: Der Weg der Väter und das Finden des Sohnes. Analyse eines indianischen Rituals", 171–197

DANIÉLOU, Jean Guenolé Marie, "Les traditions secrètes des Apôtres", 199–215

Read, Herbert, "The Poet and his Muse", 217–248

Weidlé, Wladimir, "Vom Sinn der Mimesis", 249–273

Zuckerkandl, Victor, "Vom Wachstum des Kunstwerks (mit Notenbeispielen)", 275–315

Wilhelm, Hellmut, "Das Zusammenwirken von Himmel, Erde und Mensch", 317–350

Holton, Gerald, "Über die Hypothesen, welche der Naturwissenschaft zugrunde liegen", 351–425

Portmann, Adolf, "Freiheit und Bindung in biologischer Sicht", 427–450

Vom Sinn der Utopie - Vorträge gehalten auf der Eranos-Tagung in Ascona 28. August bis 5. September 1963, Eranos-Jahrbuch xxxii/1963, edited by Adolf Portmann, Rhein-Verlag, Zürich 1964

Portmann, Adolf, "Vorwort", 5–6

Kerényi, Károly, "Ursinn und Sinnwandel des Utopischen", 9–29

Corbin, Henry, "Au pays de l'Imâm caché", 31–87

Progoff, Ira, "The Dynamics of Hope and the Image of Utopia", 89–145

Hendrix, Pjotr, "„Garten" und „Morgen" als Ort und Zeit für das *Mysterium Paschale* in der Orthodoxen Kirche", 147–171

Zuckerkandl, Victor, "Die Wahrheit des Traumes und der Traum der Wahrheit", 173–210

Eliade, Mircea, "Paradis et utopie: géographie mythique et eschatologie", 211–234

Weiss, Joseph G., "Eine spätjüdische Utopie religiöser Freiheit", 235–280

Zaehner, Robert Charles, "Utopia and Beyond: Some Indian Views", 281–309

Portmann, Adolf, "Utopisches in der Lebensforschung", 311–344

Das menschliche Drama in der Welt der Ideen - Vorträge gehalten auf der Eranos-Tagung in Ascona vom 19. bis 27. August 1964, Eranos-Jahrbuch xxxiii/1964, edited by Adolf Portmann, Rhein-Verlag, Zürich 1965

Portmann, Adolf, "Vorwort", 5–6

Scholem, Gershom, "Das Ringen zwischen dem biblischen Gott und dem Gott Plotins in der alten Kabbala", 9–50

Read, Herbert, "High Noon and Darkest Night: Some Reflections on Ortega y Gasset's Philosophy of Art", 51–69

CORBIN, Henry, "Herméneutique spirituelle comparée (I. Swedenborg – II. Gnose ismaélienne)", 71–176

WILHELM, Hellmut, "Wanderungen des Geistes", 177–200

PROGOFF, Ira, "The Integrity of Life and Death", 201–244

DURAND, Gilbert, "Dualismes et dramatisation: régime antithétique et structures dramatiques de l'imaginaire", 245–284

ZUCKERKANDL, Victor, "Kreis und Pfeil im Werk Beethovens", 285–317

HOLTON, Gerald, "Stil und Verwirklichung in der Physik. Weitere Beiträge zur Thematischen Analyse", 319–363

PORTMANN, Adolf,"Die Idee der Evolution als Schicksal von Charles Darwin", 365–403

Form als Aufgabe des Geistes – Vorträge gehalten auf der Eranos-Tagung in Ascona vom 18. bis 26. August 1965, Eranos-Jahrbuch XXXIV/1965, edited by Adolf Portmann, Rhein-Verlag, Zürich 1967

PORTMANN, Adolf, "Vorwort", 5–6

QUISPEL, Gilles, "Das Lied von der Perle", 9–32

HOLTON, Gerald, "The Metaphor of Space-Time Events in Science", 33–78

CORBIN, Henry, "La Configuration du Temple de la Ka'ba comme secret de la vie spirituelle d'après l'œuvre de Qâẑî Sa'îd Qommî (1103–1691)", 79–166

HOPPER, Stanley Romaine, "Symbolic Reality and the Poet's Task", 167–218

MERKELBACH, Reinhold, "Die Kosmogonie der Mithrasmysterien", 219–257

PROGOFF, Ira, "Form, Time and Opus: The Dialectic of the Creative Psyche", 259–301

DURAND, Gilbert, "Tâches de l'esprit et impératifs de l'être. Pour un structuralisme gnostique et une herméneutique docétiste", 303–360

KNOLL, Max, "Die Welt der inneren Lichterscheinungen", 361–397

MORENZ, Siegfried, "Ägyptischer Totenglaube im Rahmen der Struktur ägyptischer Religion", 399–446

PORTMANN, Adolf, "Gestalt als erstes und letztes Problem der Biologie", 447–482

Schöpfung und Gestaltung – Vorträge gehalten auf der Eranos-Tagung in Ascona vom 17. bis 25. August 1966, Eranos-Jahrbuch XXXV/1966, edited by Adolf Portmann, Rhein-Verlag, Zürich 1967

PORTMANN, Adolf, "Vorwort", 5–6

SCHOLEM, Gershom, "Martin Bubers Auffassung des Judentums", 9–55

DURAND, Gilbert, "La création artistique comme configuration dynamique des structures", 57–98

PROGOFF, Ira, "The Man who Transforms Consciousness: The Inner Myths of Martin Buber, Paul Tillich, and C. G. Jung", 99–144

MERKELBACH, Reinhold, "Inhalt und Form in symbolischen Erzählungen der Antike", 145–175

CORBIN, Henry, "De l'épopée héroïque à l'épopée mystique", 177–239

QUISPEL, Gilles, "Faust: Symbol of Western Man", 241–265

GANTNER, Joseph, "„*L'Immagine del Cuor*". Die vorgestaltenden Formen der Phantasie und ihre Auswirkung in der Kunst", 267–302

SAMBURSKY, Shmuel, "Phänomen und Theorie. Das physikalische Denken der Antike im Licht der modernen Physik", 303–348

HILLMAN, James, "On Psychological Creativity", 349–409

PORTMANN, Adolf, "Ursprung und Entwicklung als Problem der Biologie", 411–451

Polarität des Lebens - Vorträge gehalten auf der Eranos-Tagung in Ascona vom 23. bis 31. August 1967, Eranos-Jahrbuch XXXVI/1967, edited by Adolf Portmann and Rudolf Ritsema, Rhein-Verlag, Zürich 1969

PORTMANN, Adolf, "Vorwort", 5–6

QUISPEL, Gilles, "Das ewige Ebenbild des Menschen. Zur Begegnung mit dem Selbst in der Gnosis", 9–30

WILHELM, Hellmut, "The Interplay of Image and Concept in the *Book of Changes*", 31–58

ELIADE, Mircea, "Mythes de combat et du repos. Dyades et polarités", 59–112

DELFGAAUW, Bernard, "Gregor von Nazianz: Antikes und christliches Denken", 113–163

CORBIN, Henry, "Face de Dieu et face de l'homme", 165–228

SAMBURSKY, Shmuel, "Antithetische Elemente in Natur und Naturerkenntnis", 229–267

DURAND, Gilbert, "Les structures polarisantes de la conscience psychique et de la culture. Approches pour une méthodologie des sciences de l'homme", 269–300

HILLMAN, James, "*Senex and Puer*: An Aspect of the Historical and Psychological Present", 301–360

HOFFMANN, Helmut, "Die Polaritätslehre des späten Buddhismus", 361–378

IZUTSU, Toshihiko, "The Absolute and the Perfect Man in Taoism", 379–441

PORTMANN, Adolf, "Dualität der Geschlechter: Einheit und Vielfalt", 443–476

Tradition und Gegenwart - Vorträge gehalten auf der Eranos-Tagung in Ascona vom 21. bis 29. August 1968, Eranos-Jahrbuch XXXVII/1968, edited by Adolf Portmann and Rudolf Ritsema, Rhein-Verlag, Zürich 1970

PORTMANN, Adolf, "Vorwort", 5–6

SCHOLEM, Gershom, "Die Krise der Tradition im jüdischen Messianismus", 9–44

HOLTON, Gerald, "The Roots of Complementarity", 45–90

HADOT, Pierre, Pierre, "L'apport du néoplatonisme à la philosophie de la nature en Occident", 91–132

CITROEN, Paul, "Wir Maler heute und die Kunsttradition", 133–160

MUS, Paul, "Traditions asiennes et bouddhisme moderne. Essai d'analyse structurale", 161–276

QUISPEL, Gilles, "C. G. Jung und die Gnosis", 277–298

HILLMAN, James, "The Language of Psychology and the Speech of the Soul", 299–356

RAINE, Kathleen, "Poetic Symbol as a Vehicle of Tradition: The Crisis of the Present in English Poetry", 357–409

JACOBSOHN, Helmuth, "Der altägyptische, der christliche und der moderne Mythos", 411–448

DURAND, Gilbert, "Structure et fonction récurrentes de la figure de Dieu ou la conversion herméneutique", 449–522

PORTMANN, Adolf, "Im Kampf um die Auffassung vom Lebendigen", 523–548

Sinn und Wandlungen des Menschenbildes - Vorträge gehalten auf der Eranos-Tagung in Ascona vom 20. bis 28. August 1969, Eranos-Jahrbuch XXXVIII/1969, edited by Adolf Portmann and Rudolf Ritsema, Rhein-Verlag, Zürich 1972

PORTMANN, Adolf, RITSEMA, Rudolf, "Vorwort", 5–6

JACOBSOHN, Helmuth, "Gestaltwandel der Götter und des Menschen im alten Ägypten", 9–43

DURAND, Gilbert, "Défiguration philosophique et figure traditionnelle de l'homme en Occident. Préface à une antihistoire de l'antiphilosophie", 45–93

IZUTSU, Toshihiko, "The Structure of Selfhood in Zen Buddhism", 95–150

SAMBURSKY, Shmuel, "Die Willensfreiheit im Wandel des physikalischen Weltbildes", 151–193

CORBIN, Henry, "Le *Récit du Nuage Blanc* (Hadîth al-ghamâma). Commenté par Qâzî Sa'îd Qommî (1103/1691)", 195–260

QUISPEL, Gilles, "Gnosis and the New Sayings of Jesus", 261–296

BENZ, Ernst, "Der Mensch als *Imago Dei*", 297–330

SCHOLEM, Gershom, "Three Types of Jewish Piety", 331–348

HILLMAN, James, "First Adam, then Eve: Fantasies of Female Inferiority in Changing Consciousness", 349–412

PORTMANN, Adolf, "Vom Urmenschenmythos zur Theorie der Menschwerdung", 413–439

Man and Speech / Mensch und Wort / L'homme et le verbe - Lectures given at the Eranos Conference in Ascona from August 19th to 27th, 1970 / Vorträge gehalten auf der Eranos Tagung in Ascona vom 19. bis 27. August 1970 / Conférences données à la session d'Eranos à Ascona du 19 au 27 Août 1970, Eranos-Yearbook / Jahrbuch / Annales 39/1970, edited by Adolf Portmann and Rudolf Ritsema, E.J. Brill, Leiden 1973

PORTMANN, Adolf, RITSEMA, Rudolf, "Preface / Vorwort", VII–VIII

BENZ, Ernst, "Die schöpferische Bedeutung des Wortes bei Jacob Boehme", 1–40

CORBIN, Henry, "L'initiation ismaélienne ou l'ésotérisme et le Verbe", 41–142

SAMBURSKY, Shmuel, "Wort und Begriff in der Wissenschaft", 143–182

IZUTSU, Toshihiko, "Sense and Nonsense in Zen Buddhism", 183–215

JACOBSOHN, Helmuth, "Das göttliche Wort und der göttliche Stein im alten Ägypten", 217–241

SCHOLEM, Gershom, "Der Name Gottes und die Sprachtheorie der Kabbala", 243–299

UEXKÜLL, Thure von, "Körperwelt: Grenze und Kommunikation", 301–322

QUISPEL, Gilles, "From *Mythos* to *Logos*", 323–340

DURAND, Gilbert, "Linguistique et métalangages", 341–396

PORTMANN, Adolf, "Der Weg zum Wort: Stufen lebendiger Kommunikation", 397–424

The Stages of Life in the Creative Process / Die Lebensalter im schöpferischen Prozess / Les moments créateurs dans les saisons de la vie - Lectures given at the Eranos Conference in Ascona from August 18th to 26th, 1971 / Vorträge gehalten auf der Eranos Tagung in Ascona vom 18. bis 26. August 1971 / Conférences données à la session d'Eranos à Ascona du 18 au 26 Août 1971, Eranos-Yearbook / Jahrbuch / Annales 40/1971, edited by Adolf Portmann and Rudolf Ritsema, E.J. Brill, Leiden 1973

PORTMANN, Adolf, RITSEMA, Rudolf, "Preface / Vorwort", VII–VIII

BENZ, Ernst, "Die ewige Jugend in der christlichen Mystik von Meister Eckhart bis Schleiermacher", 1–50

HOUGH, Graham, "W.B. Yeats, a Study in Poetic Integration", 51–83

JAFFÉ, Aniela, "Die schöpferischen Phasen im Leben von C. G. Jung", 85–122

KIRK, Geoffrey Stephen, "Old Age and Maturity in Ancient Greece", 123–158

HUYGHE, René, "Les thèmes-clefs et l'évolution de l'artiste: Vermeer, Rembrandt, Delacroix", 159–200

SAMBURSKY, Shmuel, "Von Kepler bis Einstein: Das Genie in der Naturwissenschaft", 201–238

SERVIER, Jean, "Aspects et causes de la non-créativité chez quelques marginaux d'Europe", 239–284

QUISPEL, Gilles, "The Birth of the Child. Some Gnostic and Jewish Aspects", 285–310

CORBIN, Henry, "Juvénilité et chevalerie en Islam iranien", 311–356

HILLMAN, James, "Abandoning the Child", 357–408

PORTMANN, Adolf, "Die Autonomie der Lebensphasen in der organischen Natur", 409–442

The Realms of Colour / Die Welt der Farben / Le monde des couleurs - Lectures given at the Eranos Conference in Ascona from August 23rd to 31st, 1972 / Vorträge gehalten auf der Eranos Tagung in Ascona vom 23. bis 31. August 1972 / Conférences données à la session d'Eranos à Ascona du 23 au 31 Août 1972, edited by Adolf Portmann and Rudolf Ritsema, Eranos-Yearbook / Jahrbuch / Annales 41/1972, E.J. Brill, Leiden 1974

PORTMANN, Adolf, RITSEMA, Rudolf, "Preface / Vorwort", VII–VIII

SCHOLEM, Gershom, "Farben und ihre Symbolik in der jüdischen Überlieferung und Mystik", 1–49

DRONKE, Peter, "Tradition and Innovation in Medieval Western Colour-Imagery", 51–107

CORBIN, Henry, "Réalisme et symbolisme des couleurs en cosmologie shî'ite. D'après le «Livre du hyacinthe rouge» de Shaykh Moḫammad Karîm-Khân Kermânî (ob. 1870)", 109–176

SAMBURSKY, Shmuel, "Licht und Farbe in den physikalischen Wissenschaften und in Goethes Lehre", 177–216

HUYGHE, René, "La couleur et l'expression de la durée intérieure en Occident", 217–263

BENZ, Ernst, "Die Farbe im Erlebnisbereich der christlichen Vision", 265–326

ROWE, Christopher, "Conceptions of Colour and Colour Symbolism in the Ancient World", 327–364

ZAHAN, Dominique, "White, Red and Black: Colour Symbolism in Black Africa", 365–396

RIEDL, Peter Anselm, "Vom Orphismus zur Optical Art. Über die aktivierung des Sehens durch die Farbe", 397–427

IZUTSU, Toshihiko, "The Elimination of Color in Far Eastern Art and Philosophy", 429–464

PORTMANN, Adolf, "Farbensinn und Bedeutung der Farben in biologischer Sicht", 465–492

Correspondences in Man and World / Die Welt der Entsprechungen / Le monde des correspondances - Lectures given at the Eranos Conference in Ascona from August 22nd to 30th, 1973 / Vorträge gehalten auf der Eranos Tagung in Ascona vom 22. bis 30. August 1973 / Conférences données à la session d'Eranos à Ascona du 22 au 30 Août 1973, Eranos-Yearbook / Jahrbuch / Annales 42/1973, edited by Adolf Portmann and Rudolf Ritsema, E.J. Brill, Leiden 1975

PORTMANN, Adolf, RITSEMA, Rudolf, "Preface / Vorwort", VII–X

JAFFÉ, Aniela, "Synchronizität und Kausalität in der Parapsychologie", 1–42

HOUGH, Graham, "Nature and Spirit in Shakespeare's Last Plays", 43–77

CORBIN, Henry, "La science de la balance et les correspondances entre les mondes en gnose islamique (d'après l'œuvre de Ḥaydar Âmolî, VIIIe/XIVe siècle)", 79–162

SAMBURSKY, Shmuel, "Wahrnehmungen, Theorien und reale Aussenwelt", 163–203

ZAHAN, Dominique, "L'Univers cosmo-biologique de l'Africain", 205–236

HILLMAN, James, "The Dream and the Underworld", 237–322

FAIVRE, Antoine, "Mystische Alchemie und geistige Hermeneutik", 323–360

STREICH, Hildemarie, "Musikalische und psychologische Entsprechungen in der *Atalanta fugiens* von Michael Maier", 361–426

DURAND, Gilbert, "Similitude hermétique et science de l'homme", 427–516

BENZ, Ernst, "Die Signatur der Dinge. Aussen und Innen in der mystischen Kosmologie, in Schriftauslegung und Physiognomik", 517–580

IZUTSU, Toshihiko, "The Interior and Exterior in Zen Buddhism", 581–618

PORTMANN, Adolf, "Homologie und Analogie. Ein Grundproblem der Lebensdeutung", 619–649

Norms in a Changing World / Normen im Wandel der Zeit / Avenir et devenir des normes - Lectures given at the Eranos Conference in Ascona from August 21st to 29th, 1974 / Vorträge gehalten auf der Eranos Tagung in Ascona vom 21. bis 29. August 1974 / Conférences données à la session d'Eranos à Ascona du 21 au 29 Août 1974, Eranos-Yearbook / Jahrbuch / Annales 43/1974, edited by Adolf Portmann and Rudolf Ritsema, E.J. Brill, Leiden 1977

PORTMANN, Adolf, RITSEMA, Rudolf, "Preface / Vorwort", VII–VIII

SCHOLEM, Gershom, "Der Nihilismus als religiöses Phänomen", 1–50

HADOT, Pierre, "La figure de Socrate", 43/1974, 51–90

HILLMAN, James, "On the Necessity of abnormal Psychology", 91–136

BENZ, Ernst, "Norm und Heiliger Geist in der Geschichte des Christentums", 137–182

CORBIN, Henry, "L'*Imago Templi* face aux normes profanes", 183–254

ROWE, Christopher, "God, Man and Nature. Ancient Greek Views on the Foundation of Moral Values", 255–291

FAIVRE, Antoine, "Les normes et la sécularisation du cosmos", 293–328

JAFFÉ, Aniela, "C. G. Jungs Auffassung einer Individuation der Menschheit", 329–366

SAMBURSKY, Shmuel, "Normative Prinzipien in der Naturwissenschaft", 367–410

IZUTSU, Toshihiko, "The Temporal and A-Temporal Dimensions of Reality in Confucian Metaphysics", 411–447

PORTMANN, Adolf, "Die biologischen Grundfragen der Typenlehren", 449–473

The Variety of Worlds / Die Vielheit der Welten / La pluralité des mondes - Lectures given at the Eranos Conference in Ascona from August 20th to 28th, 1975/Vorträge gehalten auf der Eranos Tagung in Ascona vom 20. bis 28. August 1975/Conférences données à la session d'Eranos à Ascona du 20 au 28 Août 1975, Eranos-Yearbook / Jahrbuch / Annales 44/1975, edited by Adolf Portmann and Rudolf Ritsema, E.J. Brill, Leiden 1977

PORTMANN, Adolf, RITSEMA, Rudolf, "Preface / Vorwort", VII–X

JAFFÉ, Aniela, "C.G. Jung und die Eranos-Tagungen: Zum 100. Geburtstag von C.G. Jung", 1–14

BENZ, Ernst, "Der kopernikanische Schock und seine theologische Auswirkung", 15–60

MILLER, David L., "Images of Happy Ending", 61–89

STREICH, Hildemarie, "Welten der Musik im Mittelalter", 91–131

RAINE, Kathleen, "Mental Worlds of Blake and Yeats: Two Diagrams", 133–165

SAMBURSKY, Shmuel, "Die Raumvorstellungen der Antike: Von der unendlichen Leere zur Allgegenwart Gottes", 167–198

BRUN, Jean, "La loi du jour et la passion de la nuit", 199–230

LANDOLT, Hermann, "Sakralraum und mystischer Raum im Islam", 231–265

DURAND, Gilbert, "L'éthique du pluralisme et le problème de la cohérence", 267–343

GUIOMAR, Michel, "Le bourdonnement des mondes", 345–377

IZUTSU, Toshihiko, "Naive Realism and Confucian Philosophy", 379–413

HILLMAN, James, "Pandämonium der Bilder: C. G. Jungs Beitrag zum ‚Erkenne dich Selbst'", 415–452

Oneness and Variety / Einheit und Verschiedenheit / L'un et le divers - Lectures given at the Eranos Conference in Ascona from August 18th to 26th, 1976 / Vorträge gehalten auf der Eranos Tagung in Ascona vom 18. bis 26. August 1976 / Conférences données à la session d'Eranos à Ascona du 18 au 26 Août 1976, Eranos-Yearbook / Jahrbuch / Annales 45/1976, edited by Adolf Portmann and Rudolf Ritsema, E.J. Brill, Leiden 1980

PORTMANN, Adolf, RITSEMA, Rudolf, "Preface / Vorwort", VII–X

SAMBURSKY, Shmuel, "Erste Prinzipien und letzte Teilchen in der Erkenntnis der Natur", 1–36

ROWE, Christopher, "One and Many in Greek Religion", 37–67

CORBIN, Henry, "Le paradoxe du monothéisme", 69–133

UEDA, Shizuteru, "Leere und Fülle: Shûnyatâ im Mahâyâna Buddhismus", 135–163

DURAND, Gilbert, "La cité et les divisions du royaume. Vers une sociologie des profondeurs", 165–219

HILLMAN, James, "Egalitarian Typologies *versus* the Perception of the Unique", 221–279

GERHARDT, Kurt, "Der Mensch: Mannigfaltigkeit des Einzigartigen", 281–314

BENZ, Ernst, "„Mancherlei Gaben, ein Geist": Zur Wiedererkennung der Charismata", 315–361

IZUTSU, Toshihiko, "The *I Ching* Mandala and Confucian Metaphysics", 363–404

PORTMANN, Adolf, "Das Lebendige und die Organismen", 405–430

Der Sinn des Unvollkommenen / The Sense of Imperfection / Le sens de l'imperfection - Vorträge gehalten auf der Eranos Tagung in Ascona vom 17. bis 25. August 1977 / Lectures given at the Eranos Conference in Ascona from August 17th to 25th, 1977 / Conférences données à la session d'Eranos à Ascona du 17 au 25 Août 1977, Eranos-Jahrbuch / Yearbook / Annales 46/1977, edited by Adolf Portmann and Rudolf Ritsema, Eranos Foundation/Insel Verlag, Ascona/Frankfurt am Main 1981

SCHOLEM, Gershom, "Alchemie und Kabbala", 1–96

BRUN, Jean, "Sisyphe, enfant de Prométhée", 97–120

HILLMAN, James, "Psychotherapy's Inferiority Complex", 121–174

LANDOLT, Hermann, "Stufen der Gotteserkenntnis und das Lob der Torheit bei Najm-e Râzî (ob. 654/1256)", 175–204

STREICH, Hildemarie, "Musikalische Temperaturen in psychologischer Sicht", 205–248

SAMBURSKY, Shmuel, "Natur und Geist: Stufen der Entfremdung", 249–285

SERVIER, Jean, "Une ouverture sur le monde : magie et religion en Afrique du Nord. Une technique divinatoire : la géomancie", 287–339

VOEGELIN, Eric, "Wisdom and the Magic of the Extreme", 341–409

HORNUNG, Erik, "Verfall und Regeneration der Schöpfung", 411–449

MILLER, David L., "Imaginings No End: The Poetry of Religion and Myth", 451–499

PORTMANN, Adolf, "Evolution: Das Offene des Lebens", 501–517

PORTMANN, Adolf, RITSEMA, Rudolf ,"Nachwort", 519–520

Zeit und Zeitlosigkeit / In Time and Out of Time / Le temps et ses frontières - Vorträge gehalten auf der Eranos Tagung in Ascona vom 23. bis 31. August 1978 / Lectures given at the Eranos Conference in Ascona from August 23rd to 31st, 1978 / Conférences données à la session d'Eranos à Ascona du 23 au 31 Août 1978, Eranos-Jahrbuch / Yearbook / Annales 47/1978, edited by Adolf Portmann and Rudolf Ritsema, Eranos Foundation/Insel Verlag, Ascona/Frankfurt am Main 1981

BENZ, Ernst, "Zeit, Endzeit, Ewigkeit", 1–39

DURAND, Gilbert, "Temps humain et espaces transitionnels. Contribution à une mythanalyse de l'œuvre de Wagner", 41–66

MILLER, David L., "Rhythms of Silenos in a Poetics of Christ: Images of The Great Teacher", 67–121

STREICH, Hildemarie, "Zeit und Ewigkeit in der Musik", 123–171

FRANZ, Marie-Louise von, "The Psychological Experience of Time", 173–204

SAMBURSKY, Shmuel, "Das Gespenst des Vergänglichen", 205–237

BRUN, Jean, "Les murs et les fêlures du temps", 239–268

HORNUNG, Erik, "Zeitliches Jenseits im alten Ägypten", 269–307

IZUTSU, Toshihiko, "The Field Structure of Time in Zen Buddhism", 309–340

PORTMANN, Adolf, RITSEMA, Rudolf, "Nachwort", 341

Denken und mythische Bildwelt / Thought and Mythic Images / Image mythique et pensée - Vorträge gehalten auf der Eranos Tagung in Ascona vom 22. bis 30. August 1979 / Lectures given at the Eranos Conference in Ascona from August 22nd to 30th, 1979 / Conférences données à la session d'Eranos à Ascona du 22 au 30 Août 1979, Eranos-Jahrbuch / Yearbook / Annales 48/1979, edited by Adolf Portmann and Rudolf Ritsema, Eranos Foundation/Insel Verlag, Ascona/Frankfurt am Main 1981

SAMBURSKY, Shmuel, "Leitmotive wissenschaftlicher Theorienbildung", 1–33

BRUN, Jean, "Le chant du mythe", 35–59

STREICH, Hildemarie, "Tonarten in mythologischer und psychologischer Sicht", 61–99

PORKERT, Manfred, "Anschaulichkeit, Sinnlichkeit, Bildlichkeit als Voraussetzung für die Integrierbarkeit wissenschaftlicher Aussagen", 101–132

HILLMAN, James, "The Thought of the Heart", 133–182

HORNUNG, Erik, "Die Tragweite der Bilder: Altägyptische Bildaussagen", 183–237

SECRET, François, "Aux portes de corne et d'ivoire de la Renaissance: mythe et songe", 239–276

LAUF, Detlef-Ingo, "Visionen zur Seelenführung im Tibetischen Totenbuch", 277–324

SERVIER, Jean, "Mythes, symboles et figures divinatoires en Occident et dans les Civilisations traditionnelles", 325–372

MANN, Ulrich, "Die Gegenwart des tragischen Mythos im christlichen Heilsgeschehen", 373–425

IZUTSU, Toshihiko, "Between Image and No-Image: Far Eastern Ways of Thinking", 427–461

SCHOLEM, Gershom, "Identifizierung und Distanz: ein Rückblick", 463–467

PORTMANN, Adolf, RITSEMA, Rudolf, "Nachwort", 469

Grenzen und Begrenzung / Extremes and Borders / Les extrêmes et la limite - Vorträge gehalten auf der Eranos Tagung in Ascona vom 20. bis 28. August 1980 / Lectures given at the Eranos Conference in Ascona from August 20th to 28th, 1980 / Conférences données à la session d'Eranos à Ascona du 20 au 28 Août 1980, Eranos-Jahrbuch / Yearbook / Annales 49/1980, edited by Adolf Portmann and Rudolf Ritsema, Eranos Foundation/Insel Verlag, Ascona/ Frankfurt am Main 1981

SAMBURSKY, Shmuel, "Über Starres und Fließendes", , 1–33

DURAND, Gilbert, "La notion de limite dans la morphologie religieuse et les théophanies de la culture européenne", 35–79

MILLER, David L., "Between God and the Gods—Trinity", 81–148

PORKERT, Manfred, "Richtung und Maß: Medizinisches Denken in Europa und in China", 149–198

SERVIER, Jean, "Hermès africain: les origines communes, les limites du visible et de l'invisible", 199–257

LAUF, Detlef-Ingo, "*Quaternio* und *Mandala*: Mythische Identität und transzendente Schau", 259–294

BRUN, Jean, "Déchirement et existence", 295–321

ZIEGLER, Alfred J., "Die goldenen Fallen: Das Leben in einer wissenschaftlichen und einer archetypischen Medizin", 323–356

IZUTSU, Toshihiko, "The Nexus of Ontological Events: A Buddhism View of Reality", 357–392

HORNUNG, Erik, "Von zweierlei Grenzen im alten Ägypten", 393–427

PORTMANN, Adolf, RITSEMA, Rudolf, "Nachwort", 429–430

Aufstieg und Abstieg / Rise and Descent / Descente et ascension - Vorträge gehalten auf der Eranos Tagung in Ascona vom 19. bis 27. August 1981 / Lectures given at the Eranos Conference in Ascona from August 19th to 27th, 1981 / Conférences données à la session d'Eranos à Ascona du 19 au 27 Août 1981, Eranos-Jahrbuch / Yearbook / Annales 50/1981, edited by Adolf Portmann and Rudolf Ritsema, Eranos Foundation/Insel Verlag, Ascona/Frankfurt am Main 1982

MANN, Ulrich, "Geisthöhe und Seelentiefe: Die vertikale Achse der numinosen Bereiche", 1–50

BRUN, Jean, "Le sommet et l'abîme", 51–78

HELLER, Erich, "Der Dichter im Zeitalter der Prosa", 79–101

SHAYEGAN, Daryush, "De la pré-éternité à la post-éternité: le cycle de l'être", 103–146

MILLER, David L., "The Two Sandals of Christ: Descent into History and into Hell", 147–221

UEDA, Shizuteru, "Die Bewegung nach oben und die Bewegung nach unten: Zen-Buddhismus im Vergleich mit Meister Eckhart", 223–272

HILLMAN, James, "The Imagination of Air and the Collapse of Alchemy", 273–333

ZAHAN, Dominique, "La tour et la foudre", 335–372

LAUF, Detlef-Ingo, "Maitreyas Herabkunft und Stufenwege zum Licht", 373–402

SMITH, Morton, "Ascent to the Heavens and the Beginning of Christianity", 403–429

HORNUNG, Erik, "Auf den Spuren der Sonne: Gang durch ein ägyptisches Königsgrab", 431–475

PORTMANN, Adolf, RITSEMA, Rudolf, "Nachwort", 477

Das Spiel der Götter und der Menschen / The Play of Gods and Men / Les jeux des hommes et des dieux - Vorträge gehalten auf der Eranos Tagung in Ascona vom 18. bis 26. August 1982 / Lectures given at the Eranos Conference in Ascona from August 18th to 26th, 1982 / Conférences données à la session d'Eranos à Ascona du 18 au 26 Août 1982, Eranos-Jahrbuch / Yearbook / Annales 51/1982, edited by Rudolf Ritsema, Eranos Foundation/Insel Verlag, Ascona/ Frankfurt am Main 1983

RITSEMA, Rudolf, "Adolf Portmann 1897 - 1982", 1–6

RITSEMA, Rudolf, "Gershom Scholem 1897 - 1982", 7–8

MANN, Ulrich, "Der Ernst des heiligen Spiels", 9–58

MILLER, David L., "From Leviathan to Lear: Shades of Play in Language and Literature", 59–109

PORKERT, Manfred, "Die Bindung und Lösung unserer Erkenntnis", 111–155

BRUN, Jean, "Les filigranes de l'histoire", 157–188

GIEGERICH, Wolfgang, "Busse für Philemon: Vertiefung in das verdorbene Gast-Spiel der Götter", 189–242

DURAND, Gilbert, "Le génie du lieu et les heures propices. Pour le double jubilé d'Eranos", 243–277

HILLMAN, James, "The Animal Kingdom in the Human Dream", 51/1982, 279–334

BURKERT, Walter, "Götterspiel und Götterburleske in altorientalischen und griechischen Mythen", 335–367

SERVIER, Jean, "Le jeu du forgeron ou l'ombre de la création du monde", 369–447

IZUTSU, Toshihiko, "Celestial Journey: Mythopoesis and Metaphysics", 449–477

HORNUNG, Erik, "Pharao ludens", 479–516

RITSEMA, Rudolf, "Nachwort", 517–518

Physische und geistige Körperwelt / Material and Imaginal Bodies / Corps physiques et corps spirituels - Vorträge gehalten auf der Eranos Tagung in Ascona vom 17. bis 25. August 1983 / Lectures given at the Eranos Conference in Ascona from August 17th to 25th, 1983 / Conférences données à la session d'Eranos à Ascona du 17 au 25 Août 1983, Eranos-Jahrbuch / Yearbook / Annales 52/1983, edited by Rudolf Ritsema, Eranos Foundation/Insel Verlag, Ascona/Frankfurt am Main 1984

MANN, Ulrich, "Ikone und Engel als Gestalten geistleiblicher Mittlerschaft", 1–53

BRUN, Jean, "L'aura des choses et des êtres", 55–85

SMITH, Morton, "Transformation by Burial (*1 Cor.* 15.35–49; *Rom.* 6.3–5 and 8.9–11)", 87–112

DAUGE, Yves Albert, "Circuits de la lumière: la transfiguration chez Virgile", 113–156

SACHSSE, Hans, "Die Idee des Umwegs: Betrachtungen zur Anthropologie der Technik", 157–209

GIEGERICH, Wolfgang, "Das Begräbnis der Seele in die technische Zivilisation", 211–276

MILLER, David L., "The Holy Ghost and the Grateful Dead", 277–346

HULIN, Michel, "Corps de transmigration et corps de résurrection", 347–388

PORKERT, Manfred, "Greifbarkeit und Ergriffensein: Das Körperverständnis in der Chinesischen Medizin", 389–429

KAWAI, Hayao, "Bodies in the Dream Diary of Myôe", 431–453

HORNUNG, Erik, "Fisch und Vogel: Zur altägyptischen Sicht des Menschen", 455–496

RITSEMA, Rudolf, "Nachwort", 497

Die Schönheit der Dinge / Beauty of the World / La beauté sur la terre - Vorträge gehalten auf der Eranos Tagung in Ascona vom 22. bis 30. August 1984 / Lectures given at the Eranos Conference in Ascona from August 22nd to 30th, 1984 / Conférences données à la session d'Eranos à Ascona du 22 au 30 Août 1984, Eranos-Jahrbuch / Yearbook / Annales 53/1984, edited by Rudolf Ritsema, Eranos Foundation/Insel Verlag, Ascona/Frankfurt am Main 1986

MANN, Ulrich, "Vom Überschuss des Seins im Schönen", 1–47

ARMSTRONG, Arthur Hilary, "The Divine Enhancement of Earthly Beauties: The Hellenic and Platonic Tradition", 49–81

KLIMKEIT, Hans-Joachim, "Die Welt als Wirklichkeit und Gleichnis im Buddhismus Zentralasiens", 83–126

DURAND, Gilbert, "La beauté comme présence paraclétique: essai sur les résurgences d'un bassin sémantique", 127–173

KAWAI, Hayao, "Beauty in Japanese Fairy-Tales", 175–196

UEDA, Shizuteru, "Die zen-buddhistische Erfahrung des Wahr-Schönen", 197–240

BRUN, Jean, "Visage et défigurations de la Beauté", 241–272

ZIEGLER, Alfred J., "Die Schönheit der Pathologie", 273–310

WEISSKOPF, Victor, "Science and Art: Complementary Views of Human Experience", 311–323

SERVIER, Jean, "L'harmonie dans la cite", 325–369

HORNUNG, Erik, "„In Karnak war's…". Ägypten und die Dichter", 371–409

RITSEMA, Rudolf, "Nachwort", 411

Der geheime Strom des Geschehens / The Hidden Course of Events / Le courant caché des événements - Vorträge gehalten auf der Eranos Tagung in Ascona vom 21. bis 29. August 1985 / Lectures given at the Eranos Conference in Ascona from August 21st to 29th, 1985 / Conférences données à la session d'Eranos à Ascona du 21 au 29 Août 1985, Eranos-Jahrbuch / Yearbook / Annales 54/1985, edited by Rudolf Ritsema, Eranos Foundation/Insel Verlag, Ascona/Frankfurt am Main 1987

MANN, Ulrich, "Verfallende Zeit und zersprühender Raum. Erwägungen zum religiösen und säkularisierten Zeit- und Raum-Verständnis", 1–46

BRUN, Jean, "Les souterrains du temps", 47–79

ARMSTRONG, Arthur Hilary, "The Hidden and the Open in Hellenic Thought", 81–117

LAUF, Detlef-Ingo, "Im Ursprung ist auch das Ungewordene Ereignis", 119–176

HULIN, Michel, "Décadence et renouvellement: la doctrine des âges du monde dans l'Hindouisme", 177–208

STAMM, Roger Alfred, "Unter der Gischt der Brandung- in der Stille des Waldes. Wandlung der Lebensform zwischen Meer und Land", 209–267

HILLMAN, James, "On Paranoia", 269–324

GIEGERICH, Wolfgang, "Die Alchemie der Geschichte", 325–395

KAWAI, Hayao, "The Hidden Gods in Japanese Mythology", 397–426

ZAHAN, Dominique, "L'inouï et l'imprévu: anthropologie de l'insolite", 427–454

FRANZ, Marie-Louise von, "Nike und die Gewässer der Styx", 455–483

RITSEMA, Rudolf, "Nachwort", 485

Spiegelung in Mensch und Kosmos / Human and Cosmic Mirroring / L'homme et le cosmos en miroir - Vorträge gehalten auf der Eranos Tagung in Ascona vom 20. bis 28. August 1986 / Lectures given at the Eranos Conference in Ascona from August 20th to 28th, 1986 / Conférences données à la session d'Eranos à Ascona du 20 au 28 Août 1986, Eranos-Jahrbuch / Yearbook / Annales 55/1986, edited by Rudolf Ritsema, Eranos Foundation/Insel Verlag, Ascona/Frankfurt am Main 1988

STAMM, Roger Alfred, "Erkennen und Gestalten: Zur Stammesgeschichte des Bewusstseins", 1–55

BRUN, Jean, "Reflets et réflexions", 57–83

PIETSCHMANN, Herbert, "Die Sicherheit der Naturgesetze: Polarität von Mensch und Kosmos", 85–108

SERVIER, Jean, "Le miroir du serpent. Une réflexion ethnologique sur la connaissance", 109–145

ARMSTRONG, Arthur Hilary, "Platonic Mirrors", 147–181

GIEGERICH, Wolfgang, "Das Bewusstsein, der zweite Schöpfer der Welt", 183–239

KAWAI, Hayao, "Interpenetration: Nature in Dreams of Medieval Japan", 241–263

DURAND, Gilbert, "*Specula aestheticae.* Facettes de la sensibilité et pluralité des reflets", 265–302

SCHABERT, Tilo, "*In urbe mundus*: Weltspiegelungen und Weltbemächtigung in der Architektur der Stadt", 303–347

MILLER, David L., "Through a Looking-Glass—The World as Enigma", 349–402

HORNUNG, Erik, "Hieroglyphen: Die Welt im Spiegel der Zeichen", 403–438

RITSEMA, Rudolf, "Nachwort", 439

Wegkreuzungen / Crossroads / La croisée des chemins - Vorträge gehalten auf der Eranos Tagung in Ascona vom 19. bis 27. August 1987 / Lectures given at the Eranos Conference in Ascona from August 19th to 27th, 1987 / Conférences données à la session d'Eranos à Ascona du 19 au 27 Août 1987, Eranos-Jahrbuch / Yearbook / Annales 56/1987, edited by Rudolf Ritsema, Eranos Foundation/Insel Verlag, Ascona/Frankfurt am Main 1989

RITSEMA, Rudolf, "The Origins and Opus of Eranos: Reflections at the 55th Conference / Eranos: Ursprünge und Werk. Eine Betrachtung anläßlich der 55. Tagung / L'œuvre d'Eranos et ses origines: Réflexions à l'occasion de la 55me session", VII–XLVII

MANN, Ulrich, "Die göttliche Wegscheide: Abzweigung, Abweichung, Abirrung", 1–44

BRUN, Jean, "Croisée des chemins et carrefours de routes", 45–67

UEDA, Shizuteru, "Der Ort des Menschen im Nō-Spiel", 69–103

ARMSTRONG, Arthur Hilary, "Itineraries in Late Antiquity", 105–131

THOMAS, Joël, "L'espace du héros, ou les destins croisés", 133–177

STAMM, Roger Alfred, "Kampf oder Frieden mit der Natur?", 179–260

HILLMAN, James, "Oedipus Revisited", 261–307

PORKERT, Manfred, "Die Verweigerung des Kreuzes auf dem Kreuzweg. Zur Antinomie gekreuzter Wege in Europa und in China", 309–351

ZAHAN, Dominique, "Carrefour de l'être, carrefour de la vie", 353–384

HORNUNG, Erik, "Maat – Gerechtigkeit für alle? Zur altägyptischen Ethik", 385–427

RITSEMA, Rudolf, "Nachwort", 429

Gleichklang oder Gleichzeitigkeit / Concordance or Coincidence / Résonance ou simultanéité - Mit Inhaltsverzeichnis 1-1933 bis 57-1988 / With a Table of Contents 1-1933 to 57-1988 / Avec une table alphabétique 1-1933 à 57-1988 - Vorträge gehalten auf der Eranos Tagung in Ascona vom 17. bis 25. August 1988 / Lectures given at the Eranos Conference in Ascona from August 17th to 25th, 1988 / Conférences données à la session d'Eranos à Ascona du 17 au 25 Août 1988, Eranos-Jahrbuch / Yearbook / Annales 57/1988, edited by Rudolf Ritsema, Eranos Foundation/Insel Verlag, Ascona/Frankfurt am Main 1990

RITSEMA, Rudolf, "Encompassing Versatility: Keystone of the Eranos Project / Allumfassende Wendigkeit: Schlußstein des Eranos-Projekts / Versatilité englobante: Clef de voûte du projet Eranos", VII–LVII

MANN, Ulrich, "Zeit und Wunder", 1–47

BRUN, Jean, "Le monde des résonances", 49–74

MILLER, David L., "Prometheus, St. Peter and the Rock—Identity and Difference in Modern Literature", 75–123

DURAND, Gilbert, "Philosophie du leitmotiv. De l'*aesthetica* au drame lyrique", 125–144

PIETSCHMANN, Herbert, "Einsteins Kritik der Gleichzeitigkeit und das Kausalitätsprinzip", 145–169

HULIN, Michel, "Interpénétration des consciences et entrelacement des destinées selon le Yoga-Vâsiṣtha", 171–200

PETERSON, Willard J., "Some connective Concepts in China in the Fourth to Second Centuries B.C.E.", 201–234

GIEGERICH, Wolfgang,"Die Syzygie. Über die Wirklichkeit der Welt und die Not der Psychologie", 235–305

KAWAI, Hayao, "*Torikaebaya*: Concordance or Coincidence?", 307–334

RITSEMA, Rudolf, "Nachwort", 335–336

Chou Yi - The Oracle of Encompassing Versatility - Volume I*: Hexagrams 1-30 - Provisional Edition for the Use of Participants in the Eranos Round Table Conferences - Eranos Yi Ching Project, Part* I*,1*, Eranos-Jahrbuch / Yearbook / Annales 58/1989, edited by Rudolf Ritsema and Stephen L. Karcher, Eranos Foundation, Ascona 1990

Chou Yi - The Oracle of Encompassing Versatility - Vol. II*: Hexagrams 31-64 - Provisional Edition for the Use of Participants in the Eranos Round Table Conferences - Eranos Yi Ching Project, Part* I*,2*, Eranos-Jahrbuch / Yearbook / Annales 59/1990, edited by Rudolf Ritsema and Stephen L. Karcher, Eranos Foundation, Ascona 1990

Chou Yi - The Oracle of Encompassing Versatility - Vol. III*: Supplementary Materials and Concordance - Provisional Edition for the Use of Participants in the Eranos Round Table Conferences - Eranos Yi Ching Project, Part* I*,3*, Eranos-Jahrbuch/Yearbook/Annales 60/1991, edited by Rudolf Ritsema and Stephen L. Karcher, Eranos Foundation, Ascona 1991

The Yi Ching and the Ethic of the Image - Presentations of the 1992 Eranos/Uehiro Round Table Session, Ascona, Switzerland, October, 1992 - Eranos Yi Ching Project, Part II*,1*, Eranos-Jahrbuch / Yearbook / Annales 61/1992, edited by Stephen L. Karcher, Eranos Foundation/Spring Journal, Inc., Ascona/ Putnam, CT 1993

UEHIRO, Eiji, "Opening Remarks", 1–3

RITSEMA, Rudolf, "The Ethic of the Image", 61/1992, 5–7

HAYASHI, Michiyoshi, "The Experience of the Unseen: From Image to Ethic", 9–26

KARCHER, Stephen L., "Making Spirits Bright: Divination and the Demonic Image", 27–43

RHYNER, Bruno, "The Image of Healing in a Zen-Therapy", 45–55

RISÉ, Claudio, "Spontaneous Images and Divinatory Images in a Process of Sandplay Therapy", 57–78

TAMARU, Noriyoshi, "Images of Spirit in Japanese Religion", 79–95

KARCHER, Stephen L., "The *Yi Ching* and the Ethic of the Image—Reflections at the 1992 Eranos/Uehiro Round Table Session", 97–101

I Ching - The Classic Chinese Oracle of Change - The Divinatory Texts with Concordance - Eranos I Ching Project, Part I,*4-6*, Eranos-Jahrbuch / Yearbook / Annales 62/1993–63/1994–64/1995, edited by Rudolf Ritsema and Stephen L. Karcher, Eranos Foundation/Element Books, Ltd., Ascona/Shaftesbury, Dorset/Rockport, MA/Milton, Brisbane 1994

The Shadow of Perfection - Presentations of the 1995 Eranos/Uehiro Round Table Session, Ascona, Switzerland, May, 1995, Eranos-Jahrbuch / Yearbook / Annales 65/1996, edited by James G. Donat and Jay Livernois, Eranos Foundation/Uehiro Foundation/Spring Journal, Inc., Ascona/Woodstock, CT 1996

ROBINSON, Christa, "Opening Words at the Second Joint Eranos and Uehiro Round Table Session, May 1995", 7–8

UEHIRO, Eiji, "The Practical Ethics Association and the Uehiro Foundation On Ethics and Education", 9–11

BONVECCHIO, Claudio, "The Perfect Kingdom", 13–41

HAYASHI, Michiyoshi, "The Paternal Principle and Economic Development", 43–58

ISHII, Mikiko, "The Three Witches in *Macbeth*", 59–76

LIVERNOIS, Jay, "The Shadow of the Noble Savage—Headhunting and Ritual Cannibalism in Seventeenth Century New England", 77–93

RISÉ, Claudio, "The Dark Side of Psychoanalysis", 95–108

Gateways to Identity - Presentations of the 1996-97 Eranos Round Table Sessions, Ascona, Switzerland - Eranos I Ching Project, Part II,*2*, Eranos-Jahrbuch / Yearbook / Annales 66/1997, edited by James G. Donat and Jay Livernois, Eranos Foundation/Spring Journal, Inc., Ascona/Woodstock, CT 1997

RITSEMA, Rudolf, SABBADINI, Shantena Augusto, "Images of the Unknown: The Eranos *I Ching* Project 1989–1997", 7–43

FILIPPANI-RONCONI, Pio, "Excerpts from *Symbols and the Creative Imagination*—Notes about the Metaphysics of Symbols", 45–47

BRENCE, Joel, "Divination and its Myth in our Culture", 49–68

BICHLER, Lorenz, "Coming to Terms with the Past in China", 69–82

KÖRNER, Waltraut, "The Eternal Wanderer", 83–97

PAPADOPOULOS, Renos, "Individual Identity in the Context of Collective Strife", 99–113

RISÉ, Claudio, "The Quest for Identity in Postmodern Globalism", 115–127

SEDERHOLM, Magnus, "The Spirit of the Place and City Planning", 129–139

BONVECCHIO, Claudio, "Royal and Celestial Planimetry—Authority's Sacred Space", 141–159

HÖGGER, Rudolf, "Sita and the Demon", 161–178

Chroniclers and Shamans - Presentations of the 1997-98 Eranos/Uehiro Round Table Sessions, Ascona, Switzerland - Eranos I Ching Project, Part II,*2,* Eranos Yearbook 67/1998, edited by James G. Donat and Jay Livernois, Eranos Foundation/Uehiro Foundation/Spring Journal, Inc., Ascona/Woodstock, CT 1998

UEHIRO, Eiji, "The Renewal of Ethics in the East and West", 7–9

FILIPPANI-RONCONI, Pio, "The Fundamental Psychology of Shamanism in Asia and America (As seen through a Hindu Scholar's Eyes)", 11–15

BICHLER, Lorenz, "From Shamans to Chroniclers: Remembering the Chinese Revolution", 17–37

BOSNAK, Robert, "Probing the Deep: On Dream Incubation", 39–49

SHEN, Heyong, "The Psychology of the Heart in China", 51–59

MIYAJIMA, Takashi, "Towards an Open Society: The Mechanisms of Inclusion and Exclusion in Japanese and Western Societies", 61–69

MIYUKI, Mokusen, "The Ego, I, and *Jibun*: My Search to Become More of Myself during four Decades in the West", 71–90

SCHLÖR, Joachim, "At Home in Homelessness: The Meaning of Place in Jewish History", 91–110

SCHWARTZ-SALANT, Nathan, "Separating from the World Parents: A Paradox", 113–127

SATO, Masayuki, "Coating the Years with Meaningful Names: Reckoning Time in Sinographic Cultures", 129–141

The Magic of the Tortoise - Eranos I Ching Project, Part II,*2,* Eranos Yearbook 68/1999, edited by James G. Donat and Jay Livernois, Eranos Foundation/Spring Journal, Inc., Ascona/Woodstock, CT 1999

SELLS, Benjamin, "An Eye Grafted on the Heart", 7–19

ERKELENS, Herbert van, "Wolfgang Pauli and the Chinese *Anima* Figure", 21–45

BONVECCHIO, Claudio, "Attending and Articulating—The Oracle and the Unconscious", 47–72

PASQUALOTTO, Giangiorgio, "Greek Philosophy and Chinese Thought—Some Experiments in Philosophical Comparison", 73–86

FISCHER, Ernst Peter, "Images in Theories—Examples from the History of Science", 87–100

KAESER, Eduard, "To See or Not to See—That Is Not the Question", 101–117

HÖGGER, Rudolf, "Mayamatam", 119–147

Eranos Reborn - The Modernities of East and West - Perspectives on Violence and Aggression - Emerging Images of Humanity - The Legacy Tour - Presentations of the 2006, 2007, and 2008 Eranos Conferences, of the 2007 Fetzer at Eranos Conference, and of the 2008 Pacifica at Eranos Conference, Eranos & Monte Verità, Ascona, Switzerland, Eranos Yearbook 69/2006–2007–2008, edited by John van Praag and Riccardo Bernardini, Eranos Foundation/Daimon, Ascona/Einsiedeln 2010

PRAAG, John van, "Preface", 9–16

PRAAG, Alexander van, "Towards a Conceptual Model for the Renewed Eranos", 15–28

PRAAG, Alexander van, "Continuity and Change in Eranos", 29-37

VEER, Peter van der, "Spirituality: East and West", 45–61

ZOJA, Luigi, "Reductionism: A Western Disease?", 62–79

PRAAG, Alexander van, 'Continuity and Change in Eranos', 29–37

TEMPLE, Robert, "Eranos: Past and Future", 80–97

ERHARD, Werner, "A Breakthrough in Individual and Social Transformation", 98–108

TARNAS, Richard, "The Western Legacy and Our Global Future: An Archetypal Perspective", 111–127

VEER, Peter van der, "Body and Mind in Qi Gong and Yoga—A Comparative Perspective on India and China", 128–141

SHEN, Heyong, "Psychology of the Heart—An Oriental Perspective", 142–157

LASZLO, Ervin, "From *Logos* to *Holos*—Some Universal Features of the Needed Transformation", 158–170

NAKASHIMA DEGARROD, Lydia, "Using Art in Ethnographic Research and Representation—An Emergence of Images and Knowledge", Fetzer-at-Eranos Lecture, 173–191

KALU, Ogbu Uke, "Religion, Conflict, and the Roots of Violence", Fetzer-at-Eranos Lecture, 192–217

ZOJA, Luigi, "Psychoanalysis and Cultural Orientations in the New Century", Fetzer-at-Eranos Lecture, 218–220

KAKAR, Sudhir, "The Resurgence of Imagination", Fetzer-at-Eranos Lecture, 221–238

KING, Ursula, "The Emergence of a New Humanity—Spirituality, the Zest for Life, and the Power of Love", Fetzer-at-Eranos Lecture, 239–250

PRAAG, Alexander van, "Give Violence a Chance!", 253–270

SULLIVAN, Lawrence E., "Symbols of Violence and Destruction in Myth and Ritual", 271–288

ZOJA, Luigi, "Almachius and the Demon—On Violent Shows", 289–306

GAAY FORTMAN, Bastiaan De, "Violence among Peoples in the Light of Human Frustration and Aggression", 307–321

GAAY FORTMAN-VAN BENTUM, Ina De, "Violence among Peoples in the Light of Human Frustration and Aggression—A Literary Perspective", 322–327

KALU, Ogbu Uke, "Tangled Roots in the Mangrove Forest—The Cultural Landscape of Political Violence in Africa", 328–350

KAKAR, Sudhir, "Religious Violence—Hindus and Muslims in India", 351–365

DAS, Nandita, "Identity and the Notion of the 'Other'", 366–374

GISPEN, Willem Hendrik, "Violence and Aggression in Nature: The Role of the Brain—A Short Note", 375–394

GROF, Stanislav, "Roots of Human Violence—Psychospiritual Perspective on the Current Global Crisis", 395–430

SLATTERY, Dennis Patrick, "Psychic Energy's Portal to Presence in Myth, Poetry and Culture", Pacifica-at-Eranos Lecture, 435–474

Love on a Fragile Thread / L'amore sul filo della fragilità - Presentations of the 2011 Eranos Conference, of the 2008-2011 Fetzer Institute Dialogues at Eranos, and of the 2010-2011 Eranos-Jung Lectures, Eranos, Monte Verità, and San Materno Theater, Ascona, Switzerland / Presentazioni del Convegno di Eranos 2011, dei Dialoghi del Fetzer Institute a Eranos del 2008-2011 e delle Eranos-Jung Lectures del 2010-2011, Eranos, Monte Verità e Teatro San Materno, Ascona, Svizzera, Eranos Yearbook / Annale 70/2009–2010–2011, edited by Fabio Merlini, Lawrence E. Sullivan, Riccardo Bernardini, and Kate Olson, Eranos Foundation/Daimon, Ascona/Einsiedeln 2012

MERLINI, Fabio, "Preface / Prefazione", 10–19

Merlini, Fabio, "*Incipit*: fragili come la rosa che è senza perché", 23–33

Bonvecchio, Claudio, "Perché il mondo è fragile?", 34–70

Fabris, Adriano, "Figure della fragilità nel pensiero contemporaneo", 71–84

Maffesoli, Michel, "La force de la faiblesse dionysiaque", 85–93

Quaglino, Gian Piero, "Fragili a forza di Io", 94–150

Wunenburger, Jean-Jacques, "Résilience et dissidence: la force de la fragilité", 151–177

Aizenstat, Stephen, "Fragility of the World's Dream", 178–194

Nante, Bernardo, "'The Way of What is to Come': An Answer to Contemporary Fragility. An Approach from Jung's *Red Book*", 195–224

Will, Maria, "Construction and the Role of Nature in Fausto Tommasina's Paintings / Costruzione e natura nei dipinti di Fausto Tommasina", 241–244

Sullivan, Lawrence E., "Introduction to the Dialogues on the Transformative Power of Love", Fetzer-at-Eranos Lecture, 247–252

Chittick, William, "The Pivotal Role of Love in Sufism", Fetzer-at-Eranos Lecture, 255–273

Faivre, Antoine, "From Preslapsarian Androgyny to Multipolar Constructs of 'Love' (Aspects of Christian Theosophy in German *Naturphilosophie*)", Fetzer-at-Eranos Lecture, 274–295

Idel, Moshe, "Eros: Paths of Unity and Polarity in Kabbalah", Fetzer-at-Eranos Lecture, 296–322

Reis Habito, Maria, "Putting on the Armor of Great Compassion and Becoming Buddha in This Very Body: Compassionate Love in East Asian Esoteric Tradition", Fetzer-at-Eranos Lecture, 323–336

Bernardini, Riccardo, "*Amor carnalis, amor spiritualis.* Notes on Jung's Treatment of Love from an Eranos Seminar on Opicinus de Canistris", Fetzer-at-Eranos Lecture, 339–371

King, Ursula, "The Inexhaustible Energies of the Fire of Love", Fetzer-at-Eranos Lecture, 372–387

Sorge, Giovanni, "Love as Devotion: Olga Fröbe-Kapteyn's Relationship with Eranos and Jungian Psychology", Fetzer-at-Eranos Lecture, 388–434

Hartfield, Ronnie, "Visual Echoes and Evocations: The Abiding Love of African American Artists for a Vanished Homeland", Fetzer-at-Eranos Lecture, 437–450

MARCHIANÒ-ZOLLA, Grazia Shōgen, "Beauty and Selfless Love at the Core of Shingon Teaching: A Mystic Interconnectedness", Fetzer-at-Eranos Lecture, 451–459

WEST, W. Richard, Jr., "The Native Art Object: Reflections on the Transformative Power of 'Beauty' and 'Love'", Fetzer-at-Eranos Lecture, 460–471

BERETTA, Simona, "Love and Generation: A Powerful Metaphor for Understanding Economic, Social and Political Innovation", Fetzer-at-Eranos Lecture, 475–499

FOLADOR, Massimo, "From Responsibility to Freedom in Decision-Making", Fetzer-at-Eranos Lecture, 500–504

KASULIS, Thomas P., "From the Love of Wisdom to the Wisdom of Love: Re-envisioning Our Philosophical Foundations of Interrelationship", Fetzer-at-Eranos Lecture, 505–524

MARKOVA, Dawna, "Unimagined Bridges: A Personal Perspective on Love as an Evocative Force for Social Change", Fetzer-at-Eranos Lecture, 525–547

POTTER, Ralph Benajah, "Love in Bits and Bytes", Fetzer-at-Eranos Lecture, 548–563

TU, Weiming, "*Ren* as a Core Value in the Emerging Human Community", Fetzer-at-Eranos Lecture, 564–573

BECK, Guy, "Ragas of Love: Devotional Music in the Hindu Tradition", Fetzer-at-Eranos Lecture, 577–595

FASSLER, Margot, "Love, Song, and Shape: Reflections of a Documentarian", Fetzer-at-Eranos Lecture, 596–606

GROOT, Rokus de, "Polyphonies of Love", Fetzer-at-Eranos Lecture, 607–624

JOHNSON, Craig Hella, "Music as Invitation", Fetzer-at-Eranos Lecture, 625–637

QURESHI BURCKHARDT, Regula, "Sufi Encounters with Music and Love", Fetzer-at-Eranos Lecture, 638–652

RASCHE, Joerg, "Early Love: Child-Mother-Music. A Psychoanalytical Approach to 'Scenes of Childhood' by Robert Schumann, *Op.* 15", Fetzer-at-Eranos Lecture, 653–679

SHELEMAY, Kay Kaufman, "'Love from Afar': Music and Longing across Time, Space, and Diaspora", Fetzer-at-Eranos Lecture, 680–690

BONVECCHIO, Claudio, "Carl Gustav Jung non solo analista", Eranos-Jung Lecture, 693–699

QUAGLINO, Gian Piero, "Il *Libro rosso*: memoria della memoria di vivere", Eranos-Jung Lecture, 700–706

FABRIS, Adriano, "Il *Libro rosso* di Jung come esperienza del pensiero", Eranos-Jung Lecture, 707–714

NANTE, Bernardo, "*Il Libro rosso*. Jung visionario: una lezione per il presente", Eranos-Jung Lecture, 715–723

MÀDERA, Romano, "C. G. Jung: Forerunner of a Philosophy for the Soul", Eranos-Jung Lecture, 724–728

BERNARDINI, Riccardo, "Jung nel giardino di Eranos: il paesaggio dell'analisi", Eranos-Jung Lecture, 729–736

MERLINI, Fabio "L'ombra di Eranos. Divagazioni attorno all'opera di Riccardo Bernardini su *Jung a Eranos*", Eranos-Jung Lecture, 737–745

QUAGLINO, Gian Piero, ROMANO, Augusto, "A colazione con Jung", Eranos-Jung Lecture, 746–751

Beyond Masters - Spaces without Thresholds / Dopo i maestri: spazi senza soglie - Proceedings of the 2012 Eranos Conference and Eranos-Jung Lectures, Eranos & Monte Verità, Ascona, Switzerland / Atti del Convegno di Eranos e delle Eranos-Jung Lectures del 2012, Eranos e Monte Verità, Ascona, Svizzera, Eranos Yearbook / Annale 71/2012, edited by Fabio Merlini and Riccardo Bernardini, Eranos Foundation / Daimon, Ascona / Einsiedeln 2014

MERLINI, Fabio, "Preface / Prefazione", 8–19

MERLINI, Fabio, "Schizotopie e disorientamento. Per una filosofia degli odierni spazi di vita", 25–40

BONVECCHIO, Claudio, "La sfida della soglia", 41–78

FABRIS, Adriano, "On the Threshold of the Law. Paradoxes and Metaphors in Kafka's Work", 79–88

QUAGLINO, Gian Piero, "Abitare la soglia?", 89–142

ADAMI, Valerio, "Che dire del disegno?", 143–161

VALTOLINA, Amelia, "Topografie della soglia. Sulla scrittura di Yoko Tawada", 162–177

PETRELLA, Fausto, "Il dentro, il fuori, la soglia: un apologo psicoanalitico", 178–184

NANTE, Bernardo, "Alla ricerca della soglia perduta", 185–217

AIZENSTAT, Stephen, "The Dangers and Opportunity of Cyberspace: A New Vision of Global Dreaming", 218–235

NANTE, Bernardo, "Caduta e rinascita della figura del Maestro nel mondo attuale. Una lettura a partire da *Il Libro rosso* di C.G. Jung", Eranos-Jung Lecture, 239–266

FERRARIS, Maurizio, "Derrimaître", Eranos-Jung Lecture, 267–278

GUINDANI, Mauro, "Di là dalla siepe: spazi leopardiani. Un tentativo di dialogo tra due lingue e due diverse percezioni della realtà poetica intorno a uno dei più grandi maestri della cultura italiana", Eranos-Jung Lecture, 279–281

ENGELHARD, Michael, "L'infinito", Eranos-Jung Lecture, 282–299

KOLIUSIS, Nikolaus, "L'infinito", Eranos-Jung Lecture, 300–307

SABBADINI, Shantena Augusto, "The Nameless Dao: Laozi and Quantum Physics", Eranos-Jung Lecture, 308–322

VOZZA, Marco, "Attualità di un pensatore inattuale: il caso Nietzsche", Eranos-Jung Lecture, 323–342

MERLINI, Fabio, "Dove sono i Maestri?", Eranos-Jung Lecture, 343–357

Soul between Enchantment and Disenchantment / L'anima tra incanto e disincanto - Proceedings of the 2013 and 2014 Eranos Conferences and Eranos-Jung Lectures, Eranos & Monte Verità, Ascona, Switzerland / Atti dei Convegni di Eranos e delle Eranos-Jung Lectures del 2013 e 2014, Eranos e Monte Verità, Ascona, Svizzera, Eranos Yearbook / Annale 72/2013–2014, edited by Fabio Merlini and Riccardo Bernardini, Eranos Foundation / Daimon, Ascona / Einsiedeln 2016

MERLINI, Fabio, "Preface / Prefazione", 8–25

MERLINI, Fabio, "Il triste costo della vita e l'estetica tradita", 31–41

HERRENSCHMIDT, Clarisse, "L'argent comme monnaie, la monnaie comme signes d'écriture", 42–82

FABRIS, Adriano, "Il denaro come forma simbolica", 83–97

BONVECCHIO, Claudio, "Il denaro e il demonio", 98–128

RIGOTTI, Francesca, "'Frutto' del denaro e denaro 'liquido': che cosa hanno da dirci ancora queste antiche immagini?", 129–140

SULLIVAN, Lawrence E., "Il denaro come segno divinatorio", 141–165

WUNENBURGER, Jean-Jacques, "Vers une écologie monétaire. Éthique et psychologie analytique de l'argent: un pluralisme archétypal des échanges ", 166–194

APRILE, Gianni, "Crisi finanziarie e mistificazione dell'esperienza", 195–243

AIZENSTAT, Stephen, "The Pacifica Story: Money as Psychic Libido", 244–268

QUAGLINO, Gian Piero, "Sul buon uso del denaro", 269–382

VALTOLINA, Amelia, "'Ma per adulti, c'è / da vedere ancora una cosa speciale, il denaro che si riproduce anatomicamente': il dialogo di R.M. Rilke con la Filosofia del denaro di G. Simmel", 383–395

BOFF, Leonardo, "La psicologia analitica di C.G. Jung come risposta alla crisi ecologica attuale", 396–412

TALEB, Mohammed, "Prendre soin de la Terre et de l'humanité. Romantisme, psychologie des profondeurs et écopsychologie sur les chemins de l'Âme du monde", 415–434

BONARDEL, Françoise, "Le souci thérapeutique contemporain : voie de guérison ou maladie du siècle ?", 435–477

PULCINI, Elena, "La cura, le emozioni e il soggetto vulnerabile", 478–499

TREVI, Emanuele, "Dieci sogni", 500–522

PAVIE, Xavier, "Prendre soin de soi, prendre soin des autres. L'essence des exercices spirituels", 523–534

CIRLOT, Victoria, "El cuidado de sí de la caballería en *La Queste del Saint Graal* a la luz de Pierre Hadot, Michel Foucault y Peter Sloterdijk", 535–578

MARCHIANÒ-ZOLLA, Grazia Shōgen, "Avere a cuore il mondo della vita in una prospettiva cognitiva sistemica", 579–605

FERRARI, Franco, "I confini dell'anima nel pensiero antico", Eranos-Jung Lecture, 609–636

PRETE, Antonio, "Nel tempo-spazio dell'anima: lontananza e prossimità del tu", Eranos-Jung Lecture, 637–649

PARIS, Ginette, "Are We, Jungians, a Bunch of Has-Beens? Or Guides to the Future?", Eranos-Jung Lecture, 650–661

TAGLIAGAMBE, Silvano, MALINCONICO, Angelo, "Jung nel paese dei quanti", Eranos-Jung Lecture, 662–708

MERLINI, Fabio, "Una tecnica dell'anima", Eranos-Jung Lecture, 709–729

VALTOLINA, Amelia, "'Che cosa sono mai i cervelli'. Le neuroscienze al tempo della poesia", Eranos-Jung Lecture, 730–740

QUAGLINO, Gian Piero, "L'anima non abita più qui", Eranos-Jung Lecture, 741–781

LONGO, Giuseppe O., "Anima artificiale?", Eranos-Jung Lecture, 782–815

CAROLIS, Massimo De, "Le tecnoscienze e la natura dello spirito", Eranos-Jung Lecture, 816–833

BERLUCCHI, Giovanni, "Cervello, mente e corpo", Eranos-Jung Lecture, 834–846

AGLIOTI, Salvatore Maria, "Spirito fatto carne. Corpo, cervello e trascendenza", Eranos-Jung Lecture, 847–859

VIGNA, Ferruccio, "Il ritorno dell'isteria. L'anima a confronto con la modernità", Eranos-Jung Lecture, 860–885

TAGLIAGAMBE, Silvano, "Dal rapporto mente-cervello al rapporto psiche-corpo", Eranos-Jung Lecture, 886–945

The World and its Shadow / Il mondo e la sua ombra - Proceedings of the 2015 and 2016 Eranos Conferences and Eranos-Jung Lectures, Eranos & Monte Verità, Ascona, Switzerland / Atti dei Convegni di Eranos e delle Eranos-Jung Lectures del 2015 e 2016, Eranos e Monte Verità, Ascona, Svizzera, Eranos Yearbook / Annale 73/2015–2016, edited by Fabio Merlini and Riccardo Bernardini, Eranos Foundation / Daimon Verlag, Ascona / Einsiedeln 2017

MERLINI, Fabio, "Preface / Prefazione", 8–22

MERLINI, Fabio, "Il Male e la tragedia della cultura", 27–41

FERRARI, Franco, "Il dibattito antico intorno all'origine del male: Platone e la tradizione platonica", 42–89

FILORAMO, Giovanni, "Le origini del male nei miti gnostici", 90–128

POGGI, Stefano, "Nel labirinto dell'inconscio. Il peccato e la psicologia dei romantici", 129–160

BONARDEL, Françoise, "Conjonction des opposés, non-dualité ou catharsis tragique: trois visions du mal et de son intégration par la psyché", 161–209

ROMANO, Augusto, "Morte dell'eroe e occultamento dell'Ombra", 210–256

CAZZOLA, Roberto, "Lo sporco e il male: canalizzare flutti e flussi", 257–319

MILLER, David L., "Evil—A Paragon of Luster", 320–366

PELLETIER, Guy, "La quête des origines du point de vue des astrophysiciens", 369–434

SEDLEY, David, "The Creation of the World in Ancient Greek Thought", 435–484

PANAINO, Antonio Clemente Domenico, "Origine e teleologia della creazione divina nella tradizione religiosa iranica preislamica", 485–537

TANZELLA-NITTI, Giuseppe, "Physical Cosmology and Christian Theology of Creation", 538–562

BONOLA, Gianfranco, "Senza inizio e senza fine. Tempo, spazio ed esseri nella concezione buddhista", 563–601

PETRELLA, Fausto, "Nostalgia: tema con variazioni", Eranos-Jung Lecture, 605–620

PRETE, Antonio, "Fantasmagorie dell'assenza e tempo della poesia", Eranos-Jung Lecture, 621–633

CAROLIS, Massimo De, "Il tramonto del neoliberalismo e le passioni tristi", Eranos-Jung Lecture, 634–647

CAZZOLA, Roberto, "Presenza degli assenti. Storia, memoria e narrazione come dialogo costante con i morti", Eranos-Jung Lecture, 648–696

BONOLA, Gianfranco, "La muta del serpente. Il buddhismo, l'ineluttabile e la terapia", Eranos-Jung Lecture, 697–723

MAZZEO, Marco, "Il licantropo e la bile nera. Antropologia filosofica dell'uomo lupo", Eranos-Jung Lecture, 724–741

MERLINI, Fabio, "La coscienza infelice e la malinconia del futuro", Eranos-Jung Lecture, 725–762

ORDINE, Nuccio Diamante, "Caravage et Bruno à l'ombre de Narcisse", Eranos-Jung Lecture, 763–779

SUSANETTI, Davide, "L'arrivo di Dioniso. Le *Baccanti* di Euripide tra iniziazione e politica", Eranos-Jung Lecture, 780–800

TAGLIAGAMBE, Silvano, "Perseo e la Medusa: la strategia dello sguardo e l'inerzia della realtà", Eranos-Jung Lecture, 801–864

FERRARI, Franco, "La condizione umana secondo il 'mito' della caverna di Platone", Eranos-Jung Lecture, 865–898

VEGETTI FINZI, Silvia, "La forza delle donne tra potenza di generare e potere di comandare. Dalle Grandi alle piccole Madri", Eranos-Jung Lecture, 899–916

BETTINI, Maurizio, "Il 'mito' tra autorità e discredito. Vicende di una parola dall'antichità alla modernità", Eranos-Jung Lecture, 917–938

CONTE, Pietro, "„Tatsächlichkeiten vs Taten des Geistes." Simbolo, mito e storia in Johann Jakob Bachofen", Eranos-School Seminar, 941–973

GARRÉ, Roy, "Il viaggio intellettuale di Johann Jakob Bachofen (1815–1887) fra rivolgimenti e conferme", Eranos-School Seminar, 974–1033

ESPOSITO, Costantino, "Heidegger, l'ebraismo e il cristianesimo nei *Quaderni neri*", Eranos-School Seminar, 1034–1065

TRAWNY, Peter, "Das Universale und die Vernichtung. Heideggers seinsgeschichtlicher Antisemitismus", Eranos-School Seminar, 1066–1090

Fabris, Adriano, "Die Ambiguität der Entscheidung in Heidegger. Zwischen Philosophie und Politik", Eranos-School Seminar, 1091–1104

The Age of Immediacy to the Test of Meaning / L'epoca dell'immediatezza alla prova del senso - Proceedings of the 2017 and 2018 Eranos Conferences, Eranos-Jung Lectures, and Eranos School Seminars, Eranos & Monte Verità, Ascona, Switzerland / Atti dei Convegni di Eranos, delle Eranos-Jung Lectures e delle Scuole di Eranos del 2017 e 2018, Eranos e Monte Verità, Ascona, Svizzera, Eranos Yearbook / Annale 74/2017–2018, edited by Fabio Merlini and Riccardo Bernardini, Eranos Foundation / Daimon Verlag, Ascona / Einsiedeln 2021

Merlini, Fabio, "Preface / Prefazione", 6–25

Pelletier, Guy, "Les incessantes successions de création et de destruction des structures cosmiques et élémentaires", 33–84

Mansfeld, Jaap, "The End of the World in Ancient Philosophy", 85–134

Marchianò-Zolla, Grazia Shōgen, "Dal bodhisattva al golem e oltre: percorsi del cammino umano a perdita d'occhio", 135–157

Aizenstat, Stephen, "The Fate of the Dream in the Future of a Cyber World", 158–178

Mantziaras, Panos, "Prolegomena to the Architecture of Ecological Transition", 181–193

Ferrari, Franco, "Lo spazio e il tempo della filosofia in Platone (e in Aristotele)", 194–233

Fabris, Adriano, "Spazio e relazione. Lo spazio umano nell'epoca dei legami perduti", 234–257

Bishop, Paul, "Nietzsche and Klages on the Architecture of the Mind: Making Space for the Soul", 258–326

Valtolina, Amelia, "Nuovi paesaggi nella poesia tedesca contemporanea", 327–354

Tsiomis, Yannis, "De la ville enchantée à la métropole désenchantée. xxe-xxie siècles", 355–382

Afanassiev, Valery, "La mesure de la terre", 383–412

Prete, Antonio, "Il cielo nascosto. Su alcune figure dell'interiorità", Eranos-Jung Lecture, 415–430

Vitolo, Antonio, "Uno spazio per il tempio interiore", Eranos-Jung Lecture, 431–453

Longo, Giuseppe O., "Esteriorità e interiorità nell'epoca del Post-umano", Eranos-Jung Lecture, 454–474

Vegetti, Matteo, "La seconda globalizzazione: spazio, tempo e potere nell'età dell'aria", Eranos-Jung Lecture, 477–486

Casati, Roberto, Yasaei, Samaneh, "The Philosophy of Time-lapse Movies: Vision Makers and Perspectives on Time", Eranos-Jung Lecture, 487–505

Tagliagambe, Silvano, "L'arte di tessere il vissuto: tempo, divenire e sincronicità", Eranos-Jung Lecture, 506–550

Mori, Massimo, "Il tempo per pensare / pensare il tempo", Eranos-Jung Lecture, 551–568

Benini, Arnaldo, "Il tempo *a priori* nel cervello", Eranos-Jung Lecture, 569–584

Fabris, Adriano, "Logica ed etica dell'eresia", Eranos-School Seminar, 587–596

Rigotti, Francesca, "La silenziosa rivincita di Pelagio e altre storie di verità ed eresia", Eranos-School Seminar, 597–607

Roux, René, "Origini e sviluppo del concetto di eresia nell'antichità cristiana", Eranos-School Seminar, 608–626

Zamboni, Chiara, "Il confine leggero tra eresia ed autorità femminile", Eranos-School Seminar, 627–643

Life, Individual, Community, and the Thought of the Absolute: Unsurpassable Passions / La vita, l'individuo, la comunità e il pensiero dell'assoluto: passioni insuperabili – Proceedings of the 2019, 2020, and 2021 Eranos Conferences, Eranos-Jung Lectures, and Eranos School Seminars, Eranos & Monte Verità, Ascona, Switzerland / Atti dei Convegni di Eranos, delle Eranos-Jung Lectures e delle Scuole di Eranos del 2019, 2020 e 2021, Eranos e Monte Verità, Ascona, Svizzera, Eranos Yearbook / Annale 75/2019–2020–2021, edited by Fabio Merlini and Riccardo Bernardini, Eranos Foundation / Daimon Verlag, Ascona / Einsiedeln 2023

Merlini, Fabio, "Preface / Prefazione", 2–31

Ferrari, Franco, "Al di là dei nomi e del pensiero: Platone di fronte all'indicibile e all'ineffabile", 37–83

Xenou, Vana, "Pourquoi Éleusis aujourd'hui? De la mélancolie à la vision", 84–119

Zellini, Paolo, "L'infinito del continuo e la realtà del discreto", 120–156

Tagliagambe, Silvano, "I nomi dell'Assoluto e la rottura spontanea della simmetria", 157–269

Marchianò-Zolla, Grazia Shōgen, "I volti mutevoli dell'Assoluto: una storia infinita tessuta nella stoffa della mente umana", 270–300

CLERC, Hervé, “Les noms de l’absolu: un tour d’horizon”, 301–324

POGGI, Stefano, “L’eterno circolo della vita e la rinascita dello spirito. Germania 1880-1920”, 327–355

TARIZZO, Davide, “La morale della Vita: all’incrocio di biologia e biopolitica”, 356–383

BONOLA, Gianfranco, “Il riaccendersi della fiamma. La dottrina buddhista della rinascita nel suo impianto classico ed alcune successive metamorfosi”, 384–447

WUNENBURGER, Jean-Jacques, “Le rythme comme sagesse de la vie”, 448–497

RUSCONI, Sandro, “*In memoriam* Peter Anton Miescher (1923-2020). Ricordando un grande uomo di scienza, medicina, cultura e generosità / Remembering a Great Man of Science, Medicine, Culture, and Generosity”, 499–530

FABRIS, Adriano, “*In memoriam* Elena Pulcini (1950-2021)”, 531–534

D’ANDREA, Dimitri, “Individualismo della singolarità e democrazia post-sovrana”, 535–572

CHABOT, Pascal, “Face aux mutations, les liens subtils”, 573–594

CAMBIANO, Giuseppe, “Individuo e comunità in Platone e Aristotele”, 595–627

MARION, Jean-Luc, “Le bien commun: du politique à la communion”, 628–650

LISCIANI-PETRINI, Enrica, “Paura e potere”, Eranos–Jung Lecture, 651–681

RONCHI, Rocco, “Libertà e paura. Metafisica del populismo”, Eranos–Jung Lecture, 682–697

ZOJA, Luigi, “La paura del diverso”, Eranos–Jung Lecture, 698–704

SUSANETTI, Davide, “Contro la paura. Considerazioni platoniche e iniziatiche”, Eranos–Jung Lecture, 705–724

QUAGLINO, Gian Piero, “In che cosa dobbiamo sperare”, Eranos–Jung Lecture, 725–786

VEGETTI FINZI, Silvia, “La creatività materna come promessa di futuro”, Eranos–Jung Lecture, 787–798

MÀDERA, Romano, “Rinnovare lo spirito dell’utopia ripensando il dono della tradizione”, Eranos–Jung Lecture, 799–805

MORDACCI, Roberto, “Futuro come utopia permanente”, Eranos–Jung Lecture, 806–820

Baracchi, Claudia, "Il grande prigioniero. Libertà, limite e i confini della *psyche*", Eranos–Jung Lecture, 821–842

Gallavotti, Barbara, "La libertà nella stretta della pandemia", Eranos–Jung Lecture, 843–867

Thanopulos, Sarantis, "Libertà e scambio paritario tra le differenze", Eranos–Jung Lecture, 868–892

Pasquino, Gianfranco, "La libertà, le libertà (degli altri)", Eranos–Jung Lecture, 893–908

Vegetti, Matteo, "Il nodo di Gordio nel mondo globale", Eranos–School Seminar, 909–925

Marramao, Giacomo, "Orienti e Occidenti. L'Europa tra sovranismi e sfide globali", Eranos–School Seminar, 926–962

Perulli, Paolo, "Il capitalismo tra Occidente e Oriente", Eranos–School Seminar, 963–983

Shen, Heyong 申荷永, "Occident and Orient, the Knot, the Mean, and the Heart: A Perspective from the Psychology of the Heart", Eranos–School Seminar, 984–1000

Zhang, Wenzhi 张文智, "《易经》哲学：解开中国与西方世界之"结"的一种可能性路径 / Philosophy of the *Yijing* (*Classic of Changes*): A Possible Approach to Undoing the Knot between China and the Western World", Eranos–School Seminar, 1001–1065

Bonazzi, Matteo, "Oggetto e ideale nell'orizzonte del legame contemporaneo", Eranos–School Seminar, 1067–1078

Leoni, Federico, "Massa scopica e massa tattile", Eranos–School Seminar, 1079–1092

Bernardini, Riccardo, "I *Tipi psicologici* fra tradizione, controversie e modernità", Eranos–School Seminar, 1093–1117

The Disoriented Consciousness and the Thought of a New Habitability: Uncertainties of Time and Spaces of Freedom / La coscienza spaesata e il pensiero di una nuova abitabilità: incertezze del tempo e spazi di libertà – Proceedings of the 2022, 2023, and 2024 Eranos Conferences and Eranos-Jung Lectures, Eranos & Monte Verità, Ascona, Switzerland / Atti dei Convegni di Eranos, delle Eranos-Jung Lectures e delle Scuole di Eranos del 2022, 2023 e 2024, Eranos e Monte Verità, Ascona, Svizzera [Special triennial publication on the occasion of the 150th anniversary of Carl Gustav Jung's birth (1875–2025) / Pubblicazione speciale triennale in occasione del 150° anniversario della nascita di Carl Gustav

Jung (1875–2025)], Eranos Yearbook / Annale 76/2022–2023–2024, edited by Fabio Merlini and Riccardo Bernardini, Eranos Foundation / Daimon Verlag, Ascona / Einsiedeln 2026

MERLINI, Fabio, "Preface / Prefazione", f-51

MANTZIARAS Panos, "La deuxième chute du paradis", 61-98

FILORAMO, Giovanni, "La sacralizzazione della natura e i suoi pericoli", 99-138

TRESCH, John, "Scientific Cosmograms, Botanical Universes, and Vegetative Souls", 139-183

SASSI, Maria Michela, "'Come rane attorno a uno stagno...': sguardi dei filosofi antichi sugli abitanti della terra", 184-215

THANOPULOS, Sarantis, "Il legame con la madre terra: conquista di suolo o morte", 216-237

MORI, Massimo, "La libertà inoggettivabile. Partendo da Kant", 241-264

MAILLARD, Christine, "Conceptions « radicales » du Moi et visions de la liberté : Max Stirner – Alfred Döblin – C.G. Jung", 265-292

HANEGRAAFF, Wouter Jacobus, "Hermetic Freedom and Human Dignity", 293-331

BENOIST, Jocelyn, "Le tombeau d'Icare", 332-355

HERWIJNEN, Eric van, "From Boltzmann's Brains to John Bell's Socks. The Knowns and the Known Unknowns of Freedom", 356-385

D'ANDREA, Dimitri, "Politica e libertà al tempo del singolarismo. Singolarismo 'politico', estremismo liberale e liberalismo autoritario", 386-437

AMIR-MOEZZI, Mohammad Ali, "Liberté et cheminement intérieur. Réflexions sur la mystique persane médiévale", 438-481

BISHOP, Paul, "Adorno and Jung, Bloch and Klages: Disorientation and Reorientation of Consciousness in the Totally Administered Society", 485-540

COLOMBO, Alessandro, "Il ritorno e la deistituzionalizzazione della guerra", 541-573

LUISI, Pier Luigi, "The Systems View of Life", 574-591

NESPOLO, Ugo, "Vivere il disincanto", 592-605

SCIUTO, Cinzia, "Contro il dogmatismo: per un'analisi critica della *cancel culture* e delle politiche identitarie", Eranos–Jung Lecture, 609-628

QUAGLINO, Gian Piero, "*Minima immoralia.* Meditazioni sulla cultura offesa", Eranos–Jung Lecture, 629-677

FERRARI, Gian Arturo, "Il destino del libro", Eranos-Jung Lecture, 681-696

TAGLIAGAMBE, Silvano, "Visioni e congetture. L'accoppiamento virtuoso tra senso della realtà e senso della possibilità", Eranos-Jung Lecture, 697-746

VALSANGIACOMO, Nelly, "Vocalità, rumori, paesaggi sonori: come gli studi culturali hanno ricominciato ad ascoltare", Eranos-Jung Lecture, 747-770

SUSANETTI, Davide, "L'altrove e la necessità della mistica", Eranos-Jung Lecture, 771-793

SCIUTO, Cinzia, "Abbiamo ancora bisogno di Dio?", Eranos-Jung Lecture, 794-803

MÀDERA, Romano, "Immaginare altrimenti. L'elaborazione del mondo umano in strumenti, bellezza e saperi", Eranos-Jung Lecture, 804-810

DANZI, Massimo, "Tra cultura cristiana e islam. Hassan al-Wazzân (Leone l'Africano) e la prima *Descrittione dell'Africa* (1526)", Eranos-Jung Lecture, 813-847

BONSIGNORI, Franco, "Memoria: percorsi di singoli e popoli", Eranos-Jung Lecture, 848-856

CISLAGHI, Alessandra, "In sé, fuori di sé. Considerazioni sulla condizione umana estatica", Eranos-Jung Lecture, 857-881

DONÀ, Massimo, "*Dike, Polemos.* Su essere e unità", Eranos-Jung Lecture, 882-901

BARBERO, Carola, "Una lussuosa bellezza: saper ascoltare il linguaggio letterario", Eranos-Jung Lecture, 902-916

List of the Eranos Lecturers and Contributions

Elenco dei relatori e dei contributi di Eranos

1933 – 2024

ADAMI, Valerio
"Che dire del disegno?", 71/2012, 143–161

AFANASSIEV, Valery
"La mesure de la terre", 74/2017-2018, 383–412

AGLIOTI, Salvatore Maria
"Spirito fatto carne. Corpo, cervello e trascendenza", Eranos–Jung Lecture, 72/2013–2014, 847–859

AIZENSTAT, Stephen
"Fragility of the World's Dream", 70/2009–2010–2011, 178–194
"The Dangers and Opportunity of Cyberspace: A New Vision of Global Dreaming", 71/2012, 218–235
"The Pacifica Story: Money as Psychic Libido", 72/2013–2014, 244–268
"The Fate of the Dream in the Future of a Cyber World", 74/2017-2018, 158–178

ALLBERRY, Charles Robert Cecil Augustine
"Symbole von Tod und Wiedergeburt im Manichäismus", 7/1939, 113–149

AMIR-MOEZZI, Mohammad Ali
"Liberté et cheminement intérieur. Réflexions sur la mystique persane médiévale", 76/2022–2023–2024, 438-481

APRILE, Gianni
"Crisi finanziarie e mistificazione dell'esperienza", 72/2013–2014, 195–243

ARMSTRONG, Arthur Hilary
"The Divine Enhancement of Earthly Beauties: The Hellenic and Platonic Tradition", 53/1984, 49–81
"The Hidden and the Open in Hellenic Thought", 54/1985, 81–117
"Platonic Mirrors", 55/1986, 147–181
"Itineraries in Late Antiquity", 56/1987, 105–131

BAECK, Leo
"*Individuum ineffabile*", 15/1947, 385–436

BÄNZIGER, Hans Conrad
"Der Glaube als archetypische Haltung. Versuch einer Amplifikation", 18/1950, 377–412

BARACCHI, Claudia
"Il grande prigioniero. Libertà, limite e i confini della *psyche*", Eranos-Jung Lecture, 75/2019–2020–2021, 821–842

BARBERO, Carola
"Una lussuosa bellezza: saper ascoltare il linguaggio letterario", Eranos-Jung Lecture, 76/2022–2023–2024, 902-916

BAUM, Julius
"Die symbolischen Darstellungen der Eucharistie", 11/1944, 327–346
"Darstellungen aus der germanischen Götter- und Heldensage in der nordischen Kunst", 17/1949, 335–358

BAYNES, Charlotte
"Der Erlösungsgedanke der christlichen Gnosis (Originaltexte und Kommentare)", 5/1937, 155–209

BECK, Guy
"Ragas of Love: Devotional Music in the Hindu Tradition", Fetzer–at–Eranos Lecture, 70/2009–2010–2011, 577–595

BEIRNAERT, Louis
"La dimension mythique dans le sacramentalisme chrétien", 17/1949, 255–286
"Le symbolisme ascensionnel dans la liturgie et la mystique chrétiennes", 19/1950, 41–63

BENINI, Arnaldo
"Il tempo *a priori* nel cervello", Eranos-Jung Lecture, 74/2017–2018, 569–584

BENOIST, Jocelyn
"Le tombeau d'Icare", 76/2022–2023–2024, 332-355

BENZ, Ernst
"Die heilige Höhle in der alten Christenheit und in der östlich-orthodoxen Kirche", 22/1953, 365–432
"Theogonie und Wandlung des Menschen bei Friedrich Wilhelm Joseph Schelling", 23/1954, 305–365
"Der Mensch und die Sympathie aller Dinge am Ende der Zeiten (nach Jakob Boehme und seiner Schule)", 24/1955, 133–197
"*Creator Spiritus*. Die Geistlehre des Joachim von Fiore", 25/1956, 285–355

"Der Friedensgedanke in der gegenwärtigen Auseinandersetzung zwischen Buddhismus und Christentum in Asien", 27/1958, 359–404
"Der dreifache Aspekt des Übermenschen", 28/1959, 109–192
"Vision und Führung in der christlichen Mystik", 31/1962, 117–169
"Der Mensch als *Imago Dei*", 38/1969, 297–330
"Die schöpferische Bedeutung des Wortes bei Jacob Boehme", 39/1970, 1–40
"Die ewige Jugend in der christlichen Mystik von Meister Eckhart bis Schleiermacher", 40/1971, 1–50
"Die Farbe im Erlebnisbereich der christlichen Vision", 41/1972, 265–326
"Die Signatur der Dinge. Aussen und Innen in der mystischen Kosmologie, in Schriftauslegung und Physiognomik", 42/1973, 517–580
"Norm und Heiliger Geist in der Geschichte des Christentums", 43/1974, 137–182
"Der kopernikanische Schock und seine theologische Auswirkung", 44/1975, 15–60
"„Mancherlei Gaben, ein Geist": Zur Wiedererkennung der Charismata", 45/1976, 315–361
"Zeit, Endzeit, Ewigkeit", 47/1978, 1–39

BERETTA, Simona
"Love and Generation: A Powerful Metaphor for Understanding Economic, Social and Political Innovation", Fetzer-at-Eranos Lecture, 70/2009-2010-2011, 475–499

BERLUCCHI, Giovanni
"Cervello, mente e corpo", Eranos-Jung Lecture, 72/2013-2014, 834–846

BERNARDINI, Riccardo
"*Amor carnalis, amor spiritualis.* Notes on Jung's Treatment of Love from an Eranos Seminar on Opicinus de Canistris", Fetzer-at-Eranos Lecture, 70/2009-2010-2011, 339–371
"Jung nel giardino di Eranos: il paesaggio dell'analisi", Eranos-Jung Lecture, 70/2009-2010-2011, 729–736
"I *Tipi psicologici* fra tradizione, controversie e modernità", Eranos-School Seminar, 75/2019-2020-2021, 1093–1117

BERNOULLI, Rudolf
"Zur Symbolik geometrischer Figuren und Zahlen. I. Allgemeines - II. Die Zahlensymbolik des Tarotsystems", 2/1934, 369–415
"Seelische Entwicklung im Spiegel der Alchemie und verwandter Disziplinen", 3/1935, 231–287

BETTINI, Maurizio
"Il 'mito' tra autorità e discredito. Vicende di una parola dall'antichità alla modernità", Eranos-Jung Lecture, 73/2015-2016, 917–938

BICHLER, Lorenz
"Coming to Terms with the Past in China", 66/1997, 69–82
"From Shamans to Chroniclers: Remembering the Chinese Revolution", 67/1998, 17–37

BISHOP, Paul
"Nietzsche and Klages on the Architecture of the Mind: Making Space for the Soul", 74/2017–2018, 258–326
"Adorno and Jung, Bloch and Klages: Disorientation and Reorientation of Consciousness in the Totally Administered Society", 76/2022–2023–2024, 485-540

BOFF, Leonardo
"La psicologia analitica di C.G. Jung come risposta alla crisi ecologica attuale", 72/2013–2014, 396–412

BONARDEL, Françoise
"Le souci thérapeutique contemporain : voie de guérison ou maladie du siècle ?", 72/2013–2014, 435–477
"Conjonction des opposés, non-dualité ou catharsis tragique : trois visions du mal et de son intégration par la psyché", 73/2015–2016, 161–209

BONAZZI, Matteo
"Oggetto e ideale nell'orizzonte del legame contemporaneo", Eranos-School Seminar, 75/2019–2020–2021, 1067–1078

BONOLA, Gianfranco
"Senza inizio e senza fine. Tempo, spazio ed esseri nella concezione buddhista", 73/2015–2016, 563–601
"La muta del serpente. Il buddhismo, l'ineluttabile e la terapia", Eranos-Jung Lecture, 73/2015–2016, 697–723
"Il riaccendersi della fiamma. La dottrina buddhista della rinascita nel suo impianto classico ed alcune successive metamorfosi", 75/2019–2020–2021, 384–447

BONSIGNORI, Franco
"Memoria: percorsi di singoli e popoli", Eranos-Jung Lecture, 76/2022–2023–2024, 848-856

BONVECCHIO, Claudio
"The Perfect Kingdom", 65/1996, 13–41
"Royal and Celestial Planimetry—Authority's Sacred Space", 66/1997, 141–159
"Attending and Articulating—The Oracle and the Unconscious", 68/1999, 47–72
"Perché il mondo è fragile?", 70/2009–2010–2011, 34–70

"Carl Gustav Jung non solo analista", Eranos-Jung Lecture, 70/2009-2010-2011, 693-699
"La sfida della soglia", 71/2012, 41-78
"Il denaro e il demonio", 72/2013-2014, 98-128

BOSNAK, Robert
"Probing the Deep: On Dream Incubation", 67/1998, 39-49

BRENCE, Joel
"Divination and its Myth in our Culture", 66/1997, 49-68

BRUN, Jean
"La loi du jour et la passion de la nuit", 44/1975, 199-230
"Sisyphe, enfant de Prométhée", 46/1977, 97-120
"Les murs et les fêlures du temps", 47/1978, 239-268
"Le chant du mythe", 48/1979, 35-59
"Déchirement et existence", 49/1980, 295-321
"Le sommet et l'abîme", 50/1981, 51-78
"Les filigranes de l'histoire", 51/1982, 157-188
"L'aura des choses et des êtres", 52/1983, 55-85
"Visage et défigurations de la Beauté", 53/1984, 241-272
"Les souterrains du temps", 54/1985, 47-79
"Reflets et réflexions", 55/1986, 57-83
"Croisée des chemins et carrefours de routes", 56/1987, 45-67
"Le monde des résonances", 57/1988, 49-74

BUBER, Martin
"Sinnbildliche und sakramentale Existenz im Judentum. I. Die sinnbildliche Existenz in der Welt der Prophetie - II. Die sakramentale Existenz in der Welt des Chassidismus", 2/1934, 339-367

BUONAIUTI, Ernesto
"Meditation und Kontemplation in der römisch-katholischen Kirche", 1/1933, 327-348
"Symbole und Riten im religiösen Leben einiger Orden", 2/1934, 305-337
"I. Die gnostische Initiation und die christliche Antike - II. Die Exerzitien des hl. Ignatius von Loyola", 3/1935, 289-322
"Die Erlösung in den orphischen Mysterien", 4/1936, 165-181
"Die *Ecclesia Spiritualis*. I. Die iranischen, griechischen und biblischen Vorläufer der *Ecclesia Spiritualis* - II. Die *Ecclesia Spiritualis* durch die Jahrhunderte - III. Die christliche Mystik als *Ecclesia Spiritualis*", 5/1937, 293-353
"*Maria Immaculata*: I. Maria und die jungfräuliche Geburt Jesu - II. Die Heilige *Maria Immaculata* in der christlichen Überlieferung (mit 4 Illustrationen)", 6/1938, 325-402

"Wiedergeburt, Unsterblichkeit und Auferstehung im Urchristentum", 7/1939, 291–320
"Christus und Paulus", 8/1940–1941, 257–294
"Christologie und Ecclesiologie bei Sankt Paulus (Die Lehre von Christus und der Kirche bei Sankt Paulus)", 8/1940–1941, 295–335

BURKERT, Walter
"Götterspiel und Götterburleske in altorientalischen und griechischen Mythen", 51/1982, 335–367

BUYTENDIJK, Frederik Jakobus Johannes
"Zur Phänomenologie der Begegnung", 19/1950, 431–486

CAMBIANO, Giuseppe
"Individuo e comunità in Platone e Aristotele", 75/2019–2020–2021, 595–627

CAMMERLOHER, Carl Moritz von
"Die Stellung der Kunst im psychologischen Weltbild unserer Zeit (Ein Beitrag zur Funktionenlehre)", 2/1934, 449–486

CAMPBELL, Joseph
"The Symbol without Meaning", 26/1957, 415–475
"Renewal Myths and Rites of the Primitive Hunters and Planters", 28/1959, 407–457

CAROLIS, Massimo De
"Le tecnoscienze e la natura dello spirito", Eranos-Jung Lecture, 72/2013–2014, 816–833
"Il tramonto del neoliberalismo e le passioni tristi", Eranos-Jung Lecture, 73/2015–2016, 634–647

CASATI, Roberto
"The Philosophy of Time-lapse Movies: Vision Makers and Perspectives on Time" [with YASAEI, Samaneh], Eranos-Jung Lecture, 74/2017–2018, 487–505

CAZZOLA, Roberto
"Lo sporco e il male: canalizzare flutti e flussi", 73/2015–2016, 257–319
"Presenza degli assenti. Storia, memoria e narrazione come dialogo costante con i morti", Eranos-Jung Lecture, 73/2015–2016, 648–696

CHABOT, Pascal
"Face aux mutations, les liens subtils", 75/2019–2020–2021, 573–594

CHANG, Chung-yuan
"Tao and the Sympathy of All Things", 24/1955, 407–432
"Creativity as Process in Taoism", 25/1956, 391–415
"Self-Realization and the Inner Process of Peace", 27/1958, 405–423

CHITTICK, William
"The Pivotal Role of Love in Sufism", Fetzer–at–Eranos Lecture, 70/2009–2010–2011, 255–273

CIRLOT, Victoria
"El cuidado de sí de la caballería en *La Queste del Saint Graal* a la luz de Pierre Hadot, Michel Foucault y Peter Sloterdijk", 72/2013–2014, 535–578

CISLAGHI, Alessandra
"In sé, fuori di sé. Considerazioni sulla condizione umana estatica", Eranos–Jung Lecture, 76/2022–2023–2024, 857-881

CITROEN, Paul
"Wir Maler heute und die Kunsttradition", 37/1968, 133–160

CLERC, Hervé
"Les noms de l'absolu: un tour d'horizon", 75/2019–2020–2021, 301–324

COLLUM, Vera Christina Chute
"Die schöpferische Mutter-Göttin der Völker keltischer Sprache, ihr Werkzeug, das mystische „Wort", ihr Kult und ihre Kult-Symbole (mit 8 ganzseitigen Tafeln)", 6/1938, 221–324

COLOMBO, Alessandro
"Il ritorno e la deistituzionalizzazione della guerra", 76/2022–2023–2024, 541-573

CONTE, Pietro
"„Tatsächlichkeiten vs Taten des Geistes." Simbolo, mito e storia in Johann Jakob Bachofen", Eranos–School Seminar, 73/2015–2016, 941–973

CORBIN, Henry
"Le récit d'initiation et l'hermétisme en Iran (Recherche angélologique)", 17/1949, 121–187
"Le *Livre du Glorieux* de Jâbir ibn Ḥayyân (Alchimie et Archétypes)", 18/1950, 47–114
"Rituel sabéen et exégèse ismaélienne du rituel", 19/1950, 181–246
"Le temps cyclique dans le Mazdéisme et dans l'Ismaélisme", 20/1951, 149–217
"Terre céleste et corps de résurrection d'après quelques traditions Iraniennes (Mazdéisme, Ishrâq, Shaïkhisme)", 22/1953, 97–194
"Epiphanie divine et naissance spirituelle dans la gnose ismaélienne", 23/1954, 141–249
"Sympathie et théopathie chez les « Fidèles d'Amour » en Islam", 24/1955, 199–301
"Imagination créatrice et prière créatrice dans le soufisme d'Ibn'Arabî", 25/1956, 121–240

"L'intériorisation du sens en herméneutique soufie iranienne (Ṣâ'inoddîn 'Alî Torka Ispâhânî, ob. 830/1427 et 'Alâoddawla Semnânî, ob. 736/1336)", 26/1957, 57–187
"Quiétude et inquiétude de l'âme dans le soufisme de Rûzbehân Baqlî de Shîrâz (522/1128–606/1209)", 27/1958, 51–194
"L'Imâm caché et la rénovation de l'homme en théologie shî'ite", 28/1959, 47–108
"Pour une morphologie de la spiritualité shî'ite", 29/1960, 57–107
"Le combat spirituel du Shî'isme", 30/1961, 69–125
"I. Eranos : à la mémoire de C.G. Jung et Olga Fröbe – II. Eranos : Freiheit und Spontaneität", 31/1962, 9–15
"De la philosophie prophétique en Islam shî'ite", 31/1962, 49–116
"Au pays de l'Imâm caché", 32/1963, 31–87
"Herméneutique spirituelle comparée (I. Swedenborg – II. Gnose ismaélienne)", 33/1964, 71–176
"La Configuration du Temple de la Ka'ba comme secret de la vie spirituelle d'après l'œuvre de Qâżî Sa'îd Qommî (1103–1691)", 34/1965, 79–166
"De l'épopée héroïque à l'épopée mystique", 35/1966, 177–239
"Face de Dieu et face de l'homme", 36/1967, 165–228
"Le *Récit du Nuage Blanc* (Hadîth al-ghamâma). Commenté par Qâzî Sa'îd Qommî (1103/1691)", 38/1969, 195–260
"L'initiation ismaélienne ou l'ésotérisme et le Verbe", 39/1970, 41–142
"Juvénilité et chevalerie en Islam iranien", 40/1971, 311–356
"Réalisme et symbolisme des couleurs en cosmologie shî'ite. D'après le « Livre du hyacinthe rouge » de Shaykh Moḥammad Karîm-Khân Kermânî (ob. 1870)", 41/1972, 109–176
"La science de la balance et les correspondances entre les mondes en gnose islamique (d'après l'œuvre de Ḥaydar Âmolî, VIIIe/XIVe siècle)", 42/1973, 79–162
"L'*Imago Templi* face aux normes profanes", 43/1974, 183–254
"Le paradoxe du monothéisme", 45/1976, 69–133

CORTI, Walter Robert
"Die Platonische Akademie im Wandel der Geschichte und als Aufgabe unserer Zeit", 26/1957, 387–413
"Der Mensch als Organ Gottes. Studien zum dynamischen Pantheismus", 28/1959, 377–405

D'ANDREA, Dimitri
"Individualismo della singolarità e democrazia post-sovrana", 75/2019–2020–2021, 535–572
"Politica e libertà al tempo del singolarismo. Singolarismo 'politico', estremismo liberale e liberalismo autoritario", 76/2022–2023–2024, 386-437

Daniélou, Jean Guenolé Marie
"Terre et paradis chez les Pères de l'Eglise", 22/1953, 433–472
"La colombe et la ténèbre dans la mystique byzantine ancienne", 23/1954, 389–418
"Les traditions secrètes des Apôtres", 31/1962, 199–215

Danzel, Theodor-Wilhelm
"Zur Psychologie der altmexikanischen Symbolik (mit 12 Illustrationen)", 5/1937, 211–239

Danzi, Massimo
"Tra cultura cristiana e islam. Hassan al-Wazzân (Leone l'Africano) e la prima *Descrittione dell'Africa* (1526)", Eranos–Jung Lecture, 76/2022–2023–2024, 813-847

D'Arcy, Martin Cyril
"The Power of Caritas and the Holy Spirit", 21/1952, 285–324

Das, Nandita
"Identity and the Notion of the 'Other'", 69/2006–2007–2008, 366–374

Dauge, Yves Albert
"Circuits de la lumière : la transfiguration chez Virgile", 52/1983, 113–156

Delfgaauw, Bernard
"Gregor von Nazianz: Antikes und christliches Denken", 36/1967, 113–163

Dessauer, Friedrich
"Galilei, Newton und die Wendung des abendländischen Denkens", 14/1946, 282–331
"Mensch und Kosmos", 15/1947, 75–147

Donà, Massimo
"*Dike, Polemos.* Su essere e unità", Eranos–Jung Lecture, 76/2022–2023–2024, 882-901

Dronke, Peter
"Tradition and Innovation in Medieval Western Colour-Imagery", 41/1972, 51–107

Durand, Gilbert
"Dualismes et dramatisation : régime antithétique et structures dramatiques de l'imaginaire", 33/1964, 245–284
"Tâches de l'esprit et impératifs de l'être. Pour un structuralisme gnostique et une herméneutique docétiste", 34/1965, 303–360
"La création artistique comme configuration dynamique des structures", 35/1966, 57–98
"Les structures polarisantes de la conscience psychique et de la culture.

Approches pour une méthodologie des sciences de l'homme", 36/1967, 269–300
"Structure et fonction récurrentes de la figure de Dieu ou la conversion herméneutique", 37/1968, 449–522
"Défiguration philosophique et figure traditionnelle de l'homme en Occident. Préface à une antihistoire de l'antiphilosophie", 38/1969, 45–93
"Linguistique et métalangages", 39/1970, 341–396
"Similitude hermétique et science de l'homme", 42/1973, 427–516
"L'éthique du pluralisme et le problème de la cohérence", 44/1975, 267–343
"La cité et les divisions du royaume. Vers une sociologie des profondeurs", 45/1976, 165–219
"Temps humain et espaces transitionnels. Contribution à une mythanalyse de l'œuvre de Wagner", 47/1978, 41–66
"La notion de limite dans la morphologie religieuse et les théophanies de la culture européenne", 49/1980, 35–79
"Le génie du lieu et les heures propices. Pour le double jubilé d'Eranos", 51/1982, 243–277
"La beauté comme présence paraclétique: essai sur les résurgences d'un bassin sémantique", 53/1984, 127–173
"*Specula aestheticae.* Facettes de la sensibilité et pluralité des reflets", 55/1986, 265–302
"Philosophie du leitmotiv. De l'*aesthetica* au drame lyrique", 57/1988, 125–144

EISLER, Robert
"Das Rätsel des Johannesevangeliums", 3/1935, 323–511

ELIADE, Mircea
"Psychologie et histoire des religions – A propos du symbolisme du « centre »", 19/1950 247–282
"Le temps et l'éternité dans la pensée indienne", 20/1951, 219–252
"Puissance et sacralité dans l'histoire des religions", 21/1952, 11–44
"La Terre-Mère et les hiérogamies cosmique", 22/1953, 57–95
"Mystère et régénération spirituelle dans les religions extra-européennes", 23/1954, 57–98
"La vertu créatrice du mythe", 25/1956, 59–85
"Significations de la « lumière intérieure »", 26/1957, 189–242
"La *coincidentia oppositorum* et le mystère de la totalité", 27/1958, 195–236
"Dimensions religieuses du renouvellement cosmique", 28/1959, 241–275
"Mythes et symboles de la corde", 29/1960, 109–137
"Le Créateur et son « ombre »", 30/1961, 211–239
"Paradis et utopie: géographie mythique et eschatologie", 32/1963, 211–234

"Mythes de combat et du repos. Dyades et polarités", 36/1967, 59–112

ENGELHARD, Michael
"L'infinito", Eranos-Jung Lecture, 71/2012, 282–299

ERHARD, Werner
"A Breakthrough in Individual and Social Transformation", 69/2006-2007–2008, 98–108

ERKELENS, Herbert van
"Wolfgang Pauli and the Chinese *Anima* Figure", 68/1999, 21–45

ESPOSITO, Costantino
"Heidegger, l'ebraismo e il cristianesimo nei *Quaderni neri*", Eranos-School Seminar, 73/2015–2016, 1034–1065

FABRIS, Adriano
"Figure della fragilità nel pensiero contemporaneo", 70/2009–2010–2011, 71–84
"Il *Libro rosso* di Jung come esperienza del pensiero", Eranos-Jung Lecture, 70/2009–2010–2011, 707–714
"On the Threshold of the Law. Paradoxes and Metaphors in Kafka's Work", 71/2012, 79–88
"Il denaro come forma simbolica", 72/2013–2014, 83–97
"Die Ambiguität der Entscheidung in Heidegger. Zwischen Philosophie und Politik", Eranos-School Seminar, 73/2015–2016, 1091–1104
"Spazio e relazione. Lo spazio umano nell'epoca dei legami perduti", 74/2017–2018, 234–257
"Logica ed etica dell'eresia", Eranos-School Seminar, 74/2017–2018, 587–596
"*In memoriam* Elena Pulcini (1950-2021)", 75/2019–2020–2021, 531–534

FAIVRE, Antoine
"Mystische Alchemie und geistige Hermeneutik", 42/1973, 323–360
"Les normes et la sécularisation du cosmos", 43/1974, 293–328
"From Preslapsarian Androgyny to Multipolar Constructs of 'Love' (Aspects of Christian Theosophy in German *Naturphilosophie*)", Fetzer-at-Eranos Lecture, 70/2009–2010–2011, 274–295

FASSLER, Margot
"Love, Song, and Shape: Reflections of a Documentarian", Fetzer-at-Eranos Lecture, 70/2009–2010–2011, 596–606

[FELLERER, Margarethe]
[Portrait von C. G. Jung], 12/1945, 2

FERRARI, Franco
"I confini dell'anima nel pensiero antico", Eranos–Jung Lecture, 72/2013–2014, 609–636
"Il dibattito antico intorno all'origine del male: Platone e la tradizione platonica", 73/2015–2016, 42–89
"La condizione umana secondo il 'mito' della caverna di Platone", Eranos–Jung Lecture, 73/2015–2016, 865–898
"Lo spazio e il tempo della filosofia in Platone (e in Aristotele)", 74/2017–2018, 194–233
"Al di là dei nomi e del pensiero: Platone di fronte all'indicibile e all'ineffabile", 75/2019–2020–2021, 37-83

FERRARI, Gian Arturo
"Il destino del libro", Eranos–Jung Lecture, 76/2022–20123–2024, 681-696

FERRARIS, Maurizio
"Derrimaître", Eranos–Jung Lecture, 71/2012, 267–278

FIERZ, Markus
"Zur physikalischen Erkenntnis", 16/1948, 433–460

FILIPPANI-RONCONI, Pio
"Excerpts from *Symbols and the Creative Imagination*—Notes about the Metaphysics of Symbols", 66/1997, 45–47
"The Fundamental Psychology of Shamanism in Asia and America (As seen through a Hindu Scholar's Eyes)", 67/1998, 11–15

FILORAMO, Giovanni
"Le origini del male nei miti gnostici", 73/2015–2016, 90–128
"La sacralizzazione della natura e i suoi pericoli", 76/2022–2023–2024, 99-138

FISCHER, Ernst Peter
"Images in Theories—Examples from the History of Science", 68/1999, 87–100

FOLADOR, Massimo
"From Responsibility to Freedom in Decision-Making", Fetzer–at–Eranos Lecture, 70/2009–2010–2011, 500–504

FRANZ, Marie-Louise von
"The Psychological Experience of Time", 47/1978, 173–204
"Nike und die Gewässer der Styx", 54/1985, 455–483

FRÖBE-KAPTEYN, Olga
"Vorwort", 1/1933, 5–6
"Vorwort", 2/1934, 5–8

"Vorwort", 3/1935, 3–7
"Vorwort", 4/1936, 5–9
"Vorwort", 5/1937, 5–8
"Vorwort", 6/1938, 5–7
"Vorwort", 7/1939, 5–7
"Vorwort", 8/1940–1941, 5–7
"Vorwort", 9/1942, 5–6
"Vorwort", 10/1943, 5–6
"Vorwort", 11/1944, 5–8
"Vorwort", 12/1945, 5–7
"Vorwort", 13/1945, 5–7
"Vorwort", 14/1946, 5–7
"Vorwort", 15/1947, 5–7
"Vorwort", 16/1948, 5–7
"Vorwort", 17/1949, 5–7
"Vorwort", 18/1950, 5–8
"Vorwort", 19/1950, 5–8
"*In memoriam* Gerardus van der Leeuw", 19/1950, 9–11
"Vorwort", 20/1951, 5–7
"Vorwort", 21/1952, 5–8
"Vorwort", 22/1953, 5–7
"Vorwort", 23/1954, 5–6
"Vorwort", 24/1955, 5–7
"Vorwort", 25/1956, 5–8
"Vorwort", 26/1957, 5–6
"*In memoriam* Karl Reinhardt", 26/1957, 7
"*In memoriam* Erich Neumann", 29/1960, 7–8

GAAY FORTMAN, Bastiaan De
"Violence among Peoples in the Light of Human Frustration and Aggression", 69/2006–2007–2008, 307–321

GAAY FORTMAN-VAN BENTUM, Ina De
"Violence among Peoples in the Light of Human Frustration and Aggression—A Literary Perspective", 69/2006–2007–2008, 322–327

GALLAVOTTI, Barbara
"La libertà nella stretta della pandemia", Eranos-Jung Lecture, 75/2019–2020–2021, 843–867

GANTNER, Joseph
"„*L'Immagine del Cuor*". Die vorgestaltenden Formen der Phantasie und ihre Auswirkung in der Kunst", 35/1966, 267–302

GARRÉ, Roy
"Il viaggio intellettuale di Johann Jakob Bachofen (1815–1887) fra rivolgimenti e conferme", Eranos–School Seminar, 73/2015–2016, 974–1033

GERHARDT, Kurt
"Der Mensch: Mannigfaltigkeit des Einzigartigen", 45/1976, 281–314

GIEGERICH, Wolfgang
"Busse für Philemon: Vertiefung in das verdorbene Gast-Spiel der Götter", 51/1982, 189–242
"Das Begräbnis der Seele in die technische Zivilisation", 52/1983, 211–276
"Die Alchemie der Geschichte", 54/1985, 325–395
"Das Bewusstsein, der zweite Schöpfer der Welt", 55/1986, 183–239
"Die Syzygie. Über die Wirklichkeit der Welt und die Not der Psychologie", 57/1988, 235–305

GISPEN, Willem Hendrik
"Violence and Aggression in Nature: The Role of the Brain—A Short Note", 69/2006–2007–2008, 375–394

GOODENOUGH, Erwin Ramsdell
"The Evaluation of Symbols Recurrent in Time, as Illustrated in Judaism", 20/1951, 285–319

GROF, Stanislav
"Roots of Human Violence—Psychospiritual Perspective on the Current Global Crisis", 69/2006–2007–2008, 395–430

GROOT, Rokus de
"Polyphonies of Love", Fetzer–at–Eranos Lecture, 70/2009–2010–2011, 607–624

GUINDANI, Mauro
"Di là dalla siepe: spazi leopardiani. Un tentativo di dialogo tra due lingue e due diverse percezioni della realtà poetica intorno a uno dei più grandi maestri della cultura italiana", Eranos–Jung Lecture, 71/2012, 279–281

GUIOMAR, Michel
"Le bourdonnement des mondes", 44/1975, 345–377

HADOT, Pierre
"L'apport du néoplatonisme à la philosophie de la nature en Occident", 37/1968, 91–132
"La figure de Socrate", 43/1974, 51–90

HANEGRAAFF, Wouter Jacobus
"Hermetic Freedom and Human Dignity", 76/2022–2023–2024, 293-331

HARTFIELD, Ronnie
"Visual Echoes and Evocations: The Abiding Love of African American Artists for a Vanished Homeland", Fetzer–at–Eranos Lecture, 70/2009–2010–2011, 437–450

HAUER, Jakob Wilhelm
"Symbole und Erfahrung des Selbstes in der indoarabischen Mystik. I. Geschichtlicher Überblick über die Entdeckung und Wesensbestimmung des Selbstes von der vedischen Zeit bis zum tantrischen Yoga - II. Symbole und Bilder des Selbstes - III. Der seinsdynamische Ursprung der Erfahrung und der Symbolwelt der Selbstes", 2/1934, 35–96

HAYASHI, Michiyoshi
"The Experience of the Unseen: From Image to Ethic", 61/1992, 9–26
"The Paternal Principle and Economic Development", 65/1996, 43–58

HEILER, Friedrich
"Die Kontemplation in der Christlichen Mystik. I. Die Geschichte der Kontemplation in der christlichen Frömmigkeit - II. Die Kontemplation in der christlichen Gemeinschaftsmystik - III. Die Kontemplation in der individuellen Hochmystik", 1/1933, 245–326
"Die Madonna als religiöses Symbol", 2/1934, 263–303

HELLER, Erich
"Der Dichter im Zeitalter der Prosa", 50/1981, 79–101

HENDRIX, Pjotr
"„Garten" und „Morgen" als Ort und Zeit für das *Mysterium Paschale* in der Orthodoxen Kirche", 32/1963, 147–171

HERRENSCHMIDT, Clarisse
"L'argent comme monnaie, la monnaie comme signes d'écriture", 72/2013–2014, 42–82

HERWIJNEN, Eric van
"From Boltzmann's Brains to John Bell's Socks. The Knowns and the Known Unknowns of Freedom", 76/2022–2023–2024, 356-385

HEYER, Gustav-Richard
"Sinn und Bedeutung östlicher Weisheit für die abendländische Seelenführung", 1/1933, 215–244
"Dürer's Melancolia und ihre Symbolik", 2/1934, 231–261
"Vom Umgang mit sich Selbst", 3/1935, 135–178
"Die Große Mutter im Seelenleben des heutigen Menschen", 6/1938, 445–491

HILLMAN, James
"On Psychological Creativity", 35/1966, 349–409

"*Senex and Puer*: An Aspect of the Historical and Psychological Present", 36/1967, 301–360
"The Language of Psychology and the Speech of the Soul", 37/1968, 299–356
"First Adam, then Eve: Fantasies of Female Inferiority in Changing Consciousness", 38/1969, 349–412
"Abandoning the Child", 40/1971, 357–408
"The Dream and the Underworld", 42/1973, 237–322
"On the Necessity of abnormal Psychology", 43/1974, 91–136
"Pandämonium der Bilder: C. G. Jungs Beitrag zum ‚Erkenne dich Selbst'", 44/1975, 415–452
"Egalitarian Typologies *versus* the Perception of the Unique", 45/1976, 221–279
"Psychotherapy's Inferiority Complex", 46/1977, 121–174
"The Thought of the Heart", 48/1979, 133–182
"The Imagination of Air and the Collapse of Alchemy", 50/1981, 273–333
"The Animal Kingdom in the Human Dream", 51/1982, 279–334
"On Paranoia", 54/1985, 269–324
"Oedipus Revisited", 56/1987, 261–307

HOFFMANN, Helmut
"Die Polaritätslehre des späten Buddhismus", 36/1967, 361–378

HÖGGER, Rudolf
"Sita and the Demon", 66/1997, 161–178
"Mayamatam", 68/1999, 119–147

HOLTON, Gerald
"Über die Hypothesen, welche der Naturwissenschaft zugrunde liegen", 31/1962, 351–425
"Stil und Verwirklichung in der Physik. Weitere Beiträge zur Thematischen Analyse", 33/1964, 319–363
"The Metaphor of Space-Time Events in Science", 34/1965, 33–78
"The Roots of Complementarity", 37/1968, 45–90

HOPPER, Stanley Romaine
"Symbolic Reality and the Poet's Task", 34/1965, 167–218

HORNUNG, Erik
"Verfall und Regeneration der Schöpfung", 46/1977, 411–449
"Zeitliches Jenseits im alten Ägypten", 47/1978, 269–307
"Die Tragweite der Bilder: Altägyptische Bildaussagen", 48/1979, 183–237
"Von zweierlei Grenzen im alten Ägypten", 49/1980, 393–427
"Auf den Spuren der Sonne: Gang durch ein ägyptisches Königsgrab", 50/1981, 431–475
"Pharao ludens", 51/1982, 479–516

"Fisch und Vogel: Zur altägyptischen Sicht des Menschen", 52/1983, 455–496
"„In Karnak war's...". Ägypten und die Dichter", 53/1984, 371–409
"Hieroglyphen: Die Welt im Spiegel der Zeichen", 55/1986, 403–438
"Maat - Gerechtigkeit für alle? Zur altägyptischen Ethik", 56/1987, 385–427

HOUGH, Graham
"W.B. Yeats, a Study in Poetic Integration", 40/1971, 51–83
"Nature and Spirit in Shakespeare's Last Plays", 42/1973, 43–77

HULIN, Michel
"Corps de transmigration et corps de résurrection", 52/1983, 347–388
"Décadence et renouvellement: la doctrine des âges du monde dans l'Hindouisme", 54/1985, 177–208
"Interpénétration des consciences et entrelacement des destinées selon le Yoga-Vâsiṣtha", 57/1988, 171–200

HUYGHE, René
"Les thèmes-clefs et l'évolution de l'artiste: Vermeer, Rembrandt, Delacroix", 40/1971, 159–200
"La couleur et l'expression de la durée intérieure en Occident", 41/1972, 217–263

IDEL, Moshe
"Eros: Paths of Unity and Polarity in Kabbalah", Fetzer-at-Eranos Lecture, 70/2009-2010-2011, 296–322

ISHII, Mikiko
"The Three Witches in *Macbeth*", 65/1996, 59–76

IZUTSU, Toshihiko
"The Absolute and the Perfect Man in Taoism", 36/1967, 379–441
"The Structure of Selfhood in Zen Buddhism", 38/1969, 95–150
"Sense and Nonsense in Zen Buddhism", 39/1970, 183–215
"The Elimination of Color in Far Eastern Art and Philosophy", 41/1972, 429–464
"The Interior and Exterior in Zen Buddhism", 42/1973, 581–618
"The Temporal and A-Temporal Dimensions of Reality in Confucian Metaphysics", 43/1974, 411–447
"Naive Realism and Confucian Philosophy", 44/1975, 379–413
"The *I Ching* Mandala and Confucian Metaphysics", 45/1976, 363–404
"The Field Structure of Time in Zen Buddhism", 47/1978, 309–340
"Between Image and No-Image: Far Eastern Ways of Thinking", 48/1979, 427–461

"The Nexus of Ontological Events: A Buddhism View of Reality", 49/1980, 357–392
"Celestial Journey: Mythopoesis and Metaphysics", 51/1982, 449–477

JACOBSOHN, Helmuth
"Der altägyptische, der christliche und der moderne Mythos", 37/1968, 411–448
"Gestaltwandel der Götter und des Menschen im alten Ägypten", 38/1969, 9–43
"Das göttliche Wort und der göttliche Stein im alten Ägypten", 39/1970, 217–241

JAFFÉ, Aniela
"Die schöpferischen Phasen im Leben von C. G. Jung", 40/1971, 85–122
"Synchronizität und Kausalität in der Parapsychologie", 42/1973, 1–42
"C. G. Jungs Auffassung einer Individuation der Menschheit", 43/1974, 329–366
"C.G. Jung und die Eranos-Tagungen: Zum 100. Geburtstag von C.G. Jung", 44/1975, 1–14

JAMES, Edwin Oliver
"Myth and Ritual", 17/1949, 79–120

JENSEN, Adolf Ellegard
"Die mythische Weltbetrachtung der alten Pflanzer-Völker", 17/1949, 421–473

JOHNSON, Craig Hella
"Music as Invitation", Fetzer-at-Eranos Lecture, 70/2009-2010-2011, 625–637

JUNG, Carl Gustav
"Zur Empirie des Individuationsprozesses (Hiezu fünf Bildtafeln)", 1/1933, 201–214
"Über die Archetypen des kollektiven Unbewußten", 2/1934, 179–229
"Traumsymbole des Individuationsprozesses. Ein Beitrag zur Kenntnis der in den Träumen sich kundgebenden Vorgänge des Unbewußten", 3/1935, 13–133
"Die Erlösungsvorstellungen in der Alchemie (Vier Vorträge)", 4/1936, 13–111
"Einige Bemerkungen zu den Visionen des Zosimos", 5/1937, 15–54
"Die psychologischen Aspekte des Mutterarchetypus", 6/1938, 403–443
"Die verschiedenen Aspekte der Wiedergeburt", 7/1939, 399–447
"Zur Psychologie der Trinitätsidee", 8/1940-1941, 31–64
"Das Wandlungssymbol in der Messe. I. Einleitung - II. Die einzelnen Teile

des Wandlungsritus - III. Eine antike Parallele zum Wandlungsmysterium - IV. Zur Psychologie der Messe", 8/1940–1941, 67–155
"Der Geist Mercurius (Übersicht über den Mercurius Begriff der Alchemie)", 9/1942, 179–236
"Zur Psychologie des Geistes", 13/1945, 385–448
"Der Geist der Psychologie", 14/1946, 385–490
"Über das Selbst", 16/1948, 285–315
"Über Synchronizität", 20/1951, 271–284

KAEGI, Werner
"Wandlung des Geistes in der Renaissance", 14/1946, 228–281

KAESER, Eduard
"To See or Not to See—That Is Not the Question", 68/1999, 101–117

KALU, Ogbu Uke
"Religion, Conflict, and the Roots of Violence", Fetzer-at-Eranos Lecture, 69/2006–2007–2008, 192–217
"Tangled Roots in the Mangrove Forest—The Cultural Landscape of Political Violence in Africa", 69/2006–2007–2008, 328–350

KAKAR, Sudhir
"The Resurgence of Imagination", Fetzer-at-Eranos Lecture, 69/2006–2007–2008, 221–238
"Religious Violence—Hindus and Muslims in India", 69/2006–2007–2008, 351–365

KARCHER, Stephen L.
"Making Spirits Bright: Divination and the Demonic Image", 61/1992, 27–43
"The *Yi Ching* and the Ethic of the Image—Reflections at the 1992 Eranos/Uehiro Round Table Session", 61/1992, 97–101

KASULIS, Thomas P.
"From the Love of Wisdom to the Wisdom of Love: Re-envisioning Our Philosophical Foundations of Interrelationship", Fetzer-at-Eranos Lecture, 70/2009–2010–2011, 505–524

KAWAI, Hayao
"Bodies in the Dream Diary of Myôe", 52/1983, 431–453
"Beauty in Japanese Fairy-Tales", 53/1984, 175–196
"The Hidden Gods in Japanese Mythology", 54/1985, 397–426
"Interpenetration: Nature in Dreams of Medieval Japan", 55/1986, 241–263
"*Torikaebaya*: Concordance or Coincidence?", 57/1988, 307–334

KAYSER, Hans
"Die Harmonie der Welt", 27/1958, 425–451

Kerényi, Magda
"Vorbemerkungen", *Index* 1/1933–25/1956, 7–12
"Vorbemerkungen", *Index* 26/1957–30/1961, 7–8

Kerényi, Károly
"Mythologie und Gnosis", 8/1940–1941, 157–229
"Hermes der Seelenführer. Das Mythologem vom männlichen Lebensursprung", 9/1942, 9–107
"Vater Helios", 10/1943, 81–124
"Mysterien der Kabiren. Einleitendes zum Studium antiker Mysterien (Anhang: Castello di Tegna. Eine archäologische Parallele zu einem Heiligtum in der Gegend von Theben)", 11/1944, 11–60
"*Heros Iatros*. Über Wandlungen und Symbole des ärztlichen Genius in Griechenland", 12/1945, 33–54
"Apollon-Epiphanien", 13/1945, 11–48
"Die Göttin Natur", 14/1946, 39–86
"Urmensch und Mysterium", 15/1947, 41–74
"Mensch und Maske", 16/1948, 183–208
"Die orphische Kosmogonie und der Ursprung der Orphik. Ein Rekonstruktionsversuch", 17/1949, 53–78
"Dramatische Gottesgegenwart in der griechischen Religion", 19/1950, 13–39
"Ursinn und Sinnwandel des Utopischen", 32/1963, 9–29

King, Ursula
"The Emergence of a New Humanity—Spirituality, the Zest for Life, and the Power of Love", Fetzer-at-Eranos Lecture, 69/2006–2007–2008, 239–250
"The Inexhaustible Energies of the Fire of Love", Fetzer-at-Eranos Lecture, 70/2009–2010–2011, 372–387

Kirk, Geoffrey Stephen
"Old Age and Maturity in Ancient Greece", 40/1971, 123–158

Klimkeit, Hans-Joachim
"Die Welt als Wirklichkeit und Gleichnis im Buddhismus Zentralasiens", 53/1984, 83–126

Knoll, Max
"Wandlungen der Wissenschaft in unserer Zeit", 20/1951, 387–436
"Quantenhafte Energiebegriffe in Physik und Psychologie", 21/1952, 359–414
"Endogene Rhythmen und biologische Zeit", 24/1955, 433–483
"Die Welt der inneren Lichterscheinungen", 34/1965, 361–397

KOLIUSIS, Nikolaus
"L'infinito", Eranos-Jung Lecture, 71/2012, 300–307

KOPPERS, Wilhelm
"Zum Ursprung des Mysterienwesens im Lichte von Völkerkunde und Indologie", 11/1944, 215–275

KÖRNER, Waltraut
"The Eternal Wanderer", 66/1997, 83–97

LANDOLT, Hermann
"Sakralraum und mystischer Raum im Islam", 44/1975, 231–265
"Stufen der Gotteserkenntnis und das Lob der Torheit bei Najm-e Râzî (ob. 654/1256)", 46/1977, 175–204

LANG, Joseph Bernhard
"Paulinische und analytische Seelenführung", 3/1935, 513–543
"Der Demiurg des Priesterkodex (*Gen.* I bis II, 4a) und seine Bedeutung für den Gnostizismus", 9/1942, 237–288

LASZLO, Ervin
"From *Logos* to *Holos*—Some Universal Features of the Needed Transformation", 69/2006–2007–2008, 158–170

LAUF, Detlef-Ingo
"Visionen zur Seelenführung im Tibetischen Totenbuch", 48/1979, 277–324
"*Quaternio* und *Mandala*: Mythische Identität und transzendente Schau", 49/1980, 259–294
"Maitreyas Herabkunft und Stufenwege zum Licht", 50/1981, 373–402
"Im Ursprung ist auch das Ungewordene Ereignis", 54/1985, 119–176

LAYARD, John
"Der Mythos der Totenfahrt auf Malekula (mit 9 Illustrationen und einer Karte)", 5/1937, 241–291
"The Incest Taboo and the Virgin Archetype", 12/1945, 253–307
"The Making of Man in Malekula", 16/1948, 209–283
"Identification with the Sacrificial Animal", 24/1955, 341–406
"On Psychic Consciousness (mit mehreren Textzeichnungen)", 28/1959, 277–344

LEEUW, Gerardus van der
"L'Homme et la civilisation. Ce que peut comprendre le terme : évolution de l'homme", 16/1948, 141–182
"Urzeit und Endzeit", 17/1949, 11–51
"Unsterblichkeit", 18/1950, 183–206

LEISEGANG, Hans
"Das Mysterium der Schlange. Ein Beitrag zur Erforschung des griechischen Mysterienkultes und seines Fortlebens in der christlichen Welt (mit 14 Illustrationen)", 7/1939, 151–250
"Der Gottmensch als Archetypus", 18/1950, 9–45

LEONI, Federico
"Massa scopica e massa tattile", Eranos-School Seminar, 75/2019–2020–2021, 1079–1092

LISCIANI-PETRINI, Enrica
"Paura e potere", Eranos-Jung Lecture, 75/2019–2020–2021, 651–681

LIVERNOIS, Jay
"The Shadow of the Noble Savage—Headhunting and Ritual Cannibalism in Seventeenth Century New England", 65/1996, 77–93

LONGO, Giuseppe O.
"Anima artificiale?", Eranos-Jung Lecture, 72/2013–2014, 782–815
"Esteriorità e interiorità nell'epoca del Post-umano", Eranos-Jung Lecture, 74/2017–2018, 454–474

LÖWITH, Karl
"Die Dynamik der Geschichte und der Historismus", 21/1952, 217–254

LUISI, Pier Luigi
"The Systems View of Life", 76/2022–2023–2024, 574-591

MÀDERA, Romano
"C. G. Jung: Forerunner of a Philosophy for the Soul", Eranos-Jung Lecture, 70/2009–2010–2011, 724–728
"Rinnovare lo spirito dell'utopia ripensando il dono della tradizione", Eranos-Jung Lecture, 75/2019–2020–2021, 799–805
"Immaginare altrimenti. L'elaborazione del mondo umano in strumenti, bellezza e saperi", Eranos-Jung Lecture, 76/2022–2023–2024, 804-810

MAILLARD, Christine
"Conceptions « radicales » du Moi et visions de la liberté : Max Stirner – Alfred Döblin – C.G. Jung", 76/2022–2023–2024, 265-292

MAFFESOLI, Michel
"La force de la faiblesse dionysiaque", 70/2009–2010–2011, 85–93

MALINCONICO, Angelo
"Jung nel paese dei quanti" [with TAGLIAGAMBE, Silvano], Eranos-Jung Lecture, 72/2013–2014, 662–708

MANN, Ulrich
"Die Gegenwart des tragischen Mythos im christlichen Heilsgeschehen", 48/1979, 373–425
"Geisthöhe und Seelentiefe: Die vertikale Achse der numinosen Bereiche", 50/1981, 1–50
"Der Ernst des heiligen Spiels", 51/1982, 9–58
"Ikone und Engel als Gestalten geistleiblicher Mittlerschaft", 52/1983, 1–53
"Vom Überschuss des Seins im Schönen", 53/1984, 1–47
"Verfallende Zeit und zersprühender Raum. Erwägungen zum religiösen und säkularisierten Zeit- und Raum-Verständnis", 54/1985, 1–46
"Die göttliche Wegscheide: Abzweigung, Abweichung, Abirrung", 56/1987, 1–44
"Zeit und Wunder", 57/1988, 1–47

MANSFELD, Jaap
"The End of the World in Ancient Philosophy", 74/2017–2018, 85–134

MANTZIARAS, Panos
"Prolegomena to the Architecture of Ecological Transition", 74/2017–2018, 181–193
"La deuxième chute du paradis", 76/2022–2023–2024, 61-98

MARCHIANÒ-ZOLLA, Grazia Shōgen
"Beauty and Selfless Love at the Core of Shingon Teaching: A Mystic Interconnectedness", Fetzer–at–Eranos Lecture, 70/2009–2010–2011, 451–459
"Avere a cuore il mondo della vita in una prospettiva cognitiva sistemica", 72/2013–2014, 579–605
"Dal bodhisattva al golem e oltre: percorsi del cammino umano a perdita d'occhio", 74/2017–2018, 135–157
"I volti mutevoli dell'Assoluto: una storia infinita tessuta nella stoffa della mente umana", 75/2019–2020–2021, 270–300

MARION, Jean-Luc
"Le bien commun: du politique à la communion", 75/2019–2020–2021, 628–650

MARKOVA, Dawna
"Unimagined Bridges: A Personal Perspective on Love as an Evocative Force for Social Change", Fetzer–at–Eranos Lecture, 70/2009–2010–2011, 525–547

MARRAMAO, Giacomo
"Orienti e Occidenti. L'Europa tra sovranismi e sfide globali", Eranos–School Seminar, 75/2019–2020–2021, 926–962

MASSIGNON, Louis

"Die Ursprünge und die Bedeutung des Gnostizismus im Islam. I. Die schiitischen Weihen und die salmanischen Texte - II. Gnostische Seiten im Sufismus", 5/1937, 55–77
"Der gnostische Kult der Fatima im schiitischen Islam", 6/1938, 161–173
"Die Auferstehung in der mohammedanischen Welt. I. Die Auferstehung in den sufischen Einweihungen - II. Die Auferstehung im Islam", 7/1939, 11–20
"Les infiltrations astrologiques dans la pensée religieuse islamique", 10/1943, 297–303
"Thèmes archétypiques en onirocritique musulmane", 12/1945, 241–251
"L'idée de l'esprit dans l'Islam", 13/1945, 277–282
"La nature de la pensée islamique", 14/1946, 144–148
"L'Homme Parfait en Islam, et son originalité eschatologique", 15/1947, 287–314
"Le rite vivant", 19/1950, 351–355
"Le temps dans la pensée islamique", 20/1951, 141–148
"L'expérience musulmane de la compassion, ordonnée à l'universel; à propos de Fâtima, et de Hallâj", 24/1955, 119–132

MASSON-OURSEL, Paul

"Die Erlösungsidee in Indien. I. Die indischen Erlösungstheorien im Rahmen der Heilsreligionen - II. Die Gnadenlehre im religiösen Denken Indiens", 4/1936, 113–133
"Seelenführung in Indien. I. Die indische Auffassung der psychologischen Gegebenheiten – II. Die indischen Heilstechniken", 5/1937, 79–91

MAZZEO, Marco

"Il licantropo e la bile nera. Antropologia filosofica dell'uomo lupo", Eranos-Jung Lecture, 73/2015–2016, 724–741

MEIER, Fritz

"Das Mysterium der Ka'ba. Symbol und Wirklichkeit in der islamischen Mystik", 11/1944, 187–214
"Der Geistmensch bei dem persischen Dichter 'Aṭṭār", 13/1945, 283–353
"Das Problem der Natur im esoterischen Monismus des Islams", 14/1946, 149–227
"Die Welt der Urbilder bei Ali Hamadani (†1385)", 18/1950, 115–172
"Die Wandlung des Menschen im mystischen Islam", 23/1954, 99–139

MENASCE, Pierre-Jean de

"Les mystères et la religion de l'Iran", 11/1944, 167–186
"L'expérience de l'esprit dans la mystique chrétienne", 13/1945, 355–384

MERKELBACH, Reinhold

"Die Kosmogonie der Mithrasmysterien", 34/1965, 219–257

"Inhalt und Form in symbolischen Erzählungen der Antike", 35/1966, 145–175

MERLINI, Fabio
"Preface / Prefazione", 70/2009–2010–2011, 10–19
"*Incipit*: fragili come la rosa che è senza perché", 70/2009–2010–2011, 23–33
"L'ombra di Eranos. Divagazioni attorno all'opera di Riccardo Bernardini su *Jung a Eranos*", Eranos–Jung Lecture, 70/2009–2010–2011, 737–745
"Preface / Prefazione", 71/2012, 8–19
"Schizotopie e disorientamento. Per una filosofia degli odierni spazi di vita", 71/2012, 25–40
"Dove sono i Maestri?", Eranos–Jung Lecture, 71/2012, 343–357
"Preface / Prefazione", 72/2013–2014, 8–25
"Il triste costo della vita e l'estetica tradita", 72/2013–2014, 31–41
"Una tecnica dell'anima", Eranos–Jung Lecture, 72/2013–2014, 709–729
"Preface / Prefazione", 73/2015–2016, 8–22
"Il Male e la tragedia della cultura", 73/2015–2016, 27–41
"La coscienza infelice e la malinconia del futuro", Eranos–Jung Lecture, 73/2015–2016, 725–762
"Preface / Prefazione", 74/2017–2018, 6–25
"Preface / Prefazione", 75/2019–2020–2021, 2-31
"Preface / Prefazione", 76/2022–2023–2024, f-51

MILLER, David L.
"Images of Happy Ending", 44/1975, 61–89
"Imaginings No End: The Poetry of Religion and Myth", 46/1977, 451–499
"Rhythms of Silenos in a Poetics of Christ: Images of The Great Teacher", 47/1978, 67–121
"Between God and the Gods—Trinity", 49/1980, 81–148
"The Two Sandals of Christ: Descent into History and into Hell", 50/1981, 147–221
"From Leviathan to Lear: Shades of Play in Language and Literature", 51/1982, 59–109
"The Holy Ghost and the Grateful Dead", 52/1983, 277–346
"Through a Looking-Glass—The World as Enigma", 55/1986, 349–402
"Prometheus, St. Peter and the Rock—Identity and Difference in Modern Literature", 57/1988, 75–123
"Evil—A Paragon of Luster", 73/2015–2016, 320–366

MIYAJIMA, Takashi
"Towards an Open Society: The Mechanisms of Inclusion and Exclusion in Japanese and Western Societies", 67/1998, 61–69

Miyuki, Mokusen
"The Ego, I, and *Jibun*: My Search to Become More of Myself during four Decades in the West", 67/1998, 71–90

Mordacci, Roberto
"Futuro come utopia permanente", Eranos–Jung Lecture, 75/2019–2020–2021, 806–820

Morenz, Siegfried
"Ägyptischer Totenglaube im Rahmen der Struktur ägyptischer Religion", 34/1965, 399–446

Mori, Massimo
"Il tempo per pensare / pensare il tempo", Eranos-Jung Lecture, 74/2017–2018, 551–568
"La libertà inoggettivabile. Partendo da Kant", 76/2022–2023–2024, 241-264

Mus, Paul
"Traditions asiennes et bouddhisme moderne. Essai d'analyse structurale", 37/1968, 161–276

Nagel, Georges Hermann
"Le dieu Thoth d'après les textes égyptiens", 9/1942, 109–140
"Le culte du Soleil dans l'ancienne Egypte", 10/1943, 9–56
"Les « mystères » d'Osiris dans l'ancienne Egypte", 11/1944, 145–166

Nakashima Degarrod, Lydia
"Using Art in Ethnographic Research and Representation—An Emergence of Images and Knowledge", Fetzer–at–Eranos Lecture, 69/2006–2007–2008, 173–191

Nante, Bernardo
"'The Way of What is to Come': An Answer to Contemporary Fragility. An Approach from Jung's *Red Book*", 70/2009–2010–2011, 195–224
"*Il Libro rosso*. Jung visionario: una lezione per il presente", Eranos–Jung Lecture, 70/2009–2010–2011, 715–723
"Alla ricerca della soglia perduta", 71/2012, 185–217
"Caduta e rinascita della figura del Maestro nel mondo attuale. Una lettura a partire da *Il Libro rosso* di C.G. Jung", Eranos–Jung Lecture, 71/2012, 239–266

Nespolo, Ugo
"Vivere il disincanto", 76/2022–2023–2024, 592-605

Neumann, Erich
"Der mystische Mensch. Versuch einer psychologischen Interpretation", 16/1948, 317–374

"Die mythische Welt und der Einzelne", 17/1949, 189–254
"Über den Mond und das matriarchale Bewußtsein", 18/1950, 323–376
"Zur psychologischen Bedeutung des Ritus", 19/1950, 65–120
"Kunst und Zeit", 20/1951, 11–56
"Die Psyche und die Wandlung der Wirklichkeitsebenen. Ein meta-psychologischer Versuch", 21/1952, 169–215
"Die Bedeutung des Erdarchetypus für die Neuzeit", 22/1953, 11–56
"Der schöpferische Mensch und die Wandlung", 23/1954, 9–55
"Die Erfahrung der Einheitswirklichkeit und die Sympathie der Dinge", 24/1955, 11–54
"Der schöpferische Mensch und die ‚Große Erfahrung'", 25/1956, 11–58
"Die Sinnfrage und das Individuum", 26/1957, 11–55
"Frieden als Symbol des Lebens", 27/1958, 7–50
"Das Bild des Menschen in Krise und Erneuerung", 28/1959, 7–46
"Die Psyche als Ort der Gestaltung", 29/1960, 13–56

ORDINE, Nuccio Diamante
"Caravage et Bruno à l'ombre de Narcisse", Eranos-Jung Lecture, 73/2015–2016, 763–779

OTTO, Walter Friedrich Gustav Hermann
"Der Sinn der eleusinischen Mysterien", 7/1939, 83–112
"Der ursprüngliche Mythos im Lichte der Sympathie von Mensch und Welt", 24/1955, 303–340

PANAINO, Antonio Clemente Domenico
"Origine e teleologia della creazione divina nella tradizione religiosa iranica preislamica", 73/2015–2016, 485–537

PAPADOPOULOS, Renos
"Individual Identity in the Context of Collective Strife", 66/1997, 99–113

PARIS, Ginette
"Are We, Jungians, a Bunch of Has-Beens? Or Guides to the Future?", Eranos-Jung Lecture, 72/2013–2014, 650–661

PASQUALOTTO, Giangiorgio
"Greek Philosophy and Chinese Thought—Some Experiments in Philosophical Comparison", 68/1999, 73–86

PASQUINO, Gianfranco
"La libertà, le libertà (degli altri)", Eranos-Jung Lecture, 75/2019–2020–2021, 893–908

PAVIE, Xavier
"Prendre soin de soi, prendre soin des autres. L'essence des exercices spirituels", 72/2013–2014, 523–534

PELLETIER, Guy
"La quête des origines du point de vue des astrophysiciens", 73/2015–2016, 369–434
"Les incessantes successions de création et de destruction des structures cosmiques et élémentaires", 74/2017–2018, 33–84

PELLIOT, Paul
"Die Jenseitsvorstellung der Chinesen", 7/1939, 61–82

PERULLI, Paolo
"Il capitalismo tra Occidente e Oriente", Eranos-School Seminar, 75/2019–2020–2021, 963–983

PETERSON, Willard J.
"Some connective Concepts in China in the Fourth to Second Centuries B.C.E.", 57/1988, 201–234

PETRELLA, Fausto
"Il dentro, il fuori, la soglia: un apologo psicoanalitico", 71/2012, 178–184
"Nostalgia: tema con variazioni", Eranos-Jung Lecture, 73/2015–2016, 605–620

PETTAZZONI, Raffaele
"Der babylonische Ritus des Akītu und das Gedicht der Weltschöpfung", 19/1950, 403–430

PICARD, Charles
"I. Die Ephesia von Anatolien - II. Die Große Mutter von Kreta bis Eleusis (mit 4 Illustrationen)", 6/1938, 59–119

PIETSCHMANN, Herbert
"Die Sicherheit der Naturgesetze: Polarität von Mensch und Kosmos", 55/1986, 85–108
"Einsteins Kritik der Gleichzeitigkeit und das Kausalitätsprinzip", 57/1988, 145–169

PLESSNER, Helmuth
"Über die Beziehung der Zeit zum Tode", 20/1951, 349–386

POGGI, Stefano
"Nel labirinto dell'inconscio. Il peccato e la psicologia dei romantici", 73/2015–2016, 129–160
"L'eterno circolo della vita e la rinascita dello spirito. Germania 1880-1920", 75/2019–2020–2021, 327–355

PORKERT, Manfred
"Anschaulichkeit, Sinnlichkeit, Bildlichkeit als Voraussetzung für die Integrierbarkeit wissenschaftlicher Aussagen", 48/1979, 101–132

"Richtung und Maß: Medizinisches Denken in Europa und in China", 49/1980, 149–198
"Die Bindung und Lösung unserer Erkenntnis", 51/1982, 111–155
"Greifbarkeit und Ergriffensein: Das Körperverständnis in der Chinesischen Medizin", 52/1983, 389–429
"Die Verweigerung des Kreuzes auf dem Kreuzweg. Zur Antinomie gekreuzter Wege in Europa und in China", 56/1987, 309–351

PORTMANN, Adolf
"Die Biologie und das Phänomen des Geistigen", 14/1946, 521–567
"Das Ursprungsproblem", 15/1947, 11–40
"Der naturforschende Mensch", 16/1948, 461–488
"Mythisches in der Naturforschung", 17/1949, 475–514
"Das Problem der Urbilder in biologischer Sicht", 18/1950, 413–432
"Riten der Tiere", 19/1950, 357–401
"Die Zeit im Leben der Organismen", 20/1951, 437–458
"Die Bedeutung der Bilder in der lebendigen Energiewandlung", 21/1952, 325–357
"Die Erde als Heimat des Lebens", 22/1953, 473–494
"Metamorphose der Tiere. Die Wandlung des Individuums und des Typus", 23/1954, 419–454
"Das Lebendige als vorbereitete Beziehung", 24/1955, 485–506
"Erleuchtung und Erscheinung im Lebendigen", 25/1956, 477–503
"Sinndeutung als biologisches Problem", 26/1957, 477–510
"Kampf und Frieden als biologisches Problem", 27/1958, 453–483
"Der biologische Beitrag zu einem neuen Bild des Menschen", 28/1959, 459–492
"Zum Gedenken an Erich Neumann", 29/1960, 9–11
"Gestaltung als Lebensvorgang (mit 2 Tafeln und 1 Zeichnung)", 29/1960, 327–369
"Vom Sinn und Auftrag der Eranos-Tagungen (zum 80. Geburtstag von Olga Fröbe-Kapteyn)", 30/1961, 7–28
"Die Ordnungen des Lebendigen im Deutungsversuch der Biologie (mit 4 Textillustrationen)", 30/1961, 285–332
"Vorwort", 31/1962, 5
"Zur Erinnerung an Olga Fröbe", 31/1962, 6–8
"Freiheit und Bindung in biologischer Sicht", 31/1962, 427–450
"Vorwort", 32/1963, 5–6
"Utopisches in der Lebensforschung", 32/1963, 311–344
"Vorwort", 33/1964, 5–6
"Die Idee der Evolution als Schicksal von Charles Darwin", 33/1964, 365–403
"Vorwort", 34/1965, 5–6

"Gestalt als erstes und letztes Problem der Biologie", 34/1965, 447–482
"Vorwort", 35/1966, 5–6
"Ursprung und Entwicklung als Problem der Biologie", 35/1966, 411–451
"Vorwort", 36/1967, 5–6
"Dualität der Geschlechter: Einheit und Vielfalt", 36/1967, 443–476
"Vorwort", 37/1968, 5–6
"Im Kampf um die Auffassung vom Lebendigen", 37/1968, 523–548
"Vorwort" [with RITSEMA, Rudolf], 38/1969, 5–6
"Vom Urmenschenmythos zur Theorie der Menschwerdung", 38/1969, 413–439
"Preface / Vorwort" [with RITSEMA, Rudolf], 39/1970, VII–VIII
"Der Weg zum Wort: Stufen lebendiger Kommunikation", 39/1970, 397–424
"Preface / Vorwort" [with RITSEMA, Rudolf], 40/1971, VII–VIII
"Die Autonomie der Lebensphasen in der organischen Natur", 40/1971, 409–442
"Preface / Vorwort" [with RITSEMA, Rudolf], 41/1972, VII–VIII
"Farbensinn und Bedeutung der Farben in biologischer Sicht", 41/1972, 465–492
"Preface / Vorwort" [with RITSEMA, Rudolf], 42/1973, VII–X
"Homologie und Analogie. Ein Grundproblem der Lebensdeutung", 42/1973, 619–649
"Preface / Vorwort" [with RITSEMA, Rudolf], 43/1974, VII–VIII
"Die biologischen Grundfragen der Typenlehren", 43/1974, 449–473
"Preface / Vorwort" [with RITSEMA, Rudolf], 44/1975, VII–X
"Preface / Vorwort" [with RITSEMA, Rudolf], 45/1976, VII–X
"Das Lebendige und die Organismen", 45/1976, 405–430
"Evolution: Das Offene des Lebens", 46/1977, 501–517
"Nachwort" [with RITSEMA, Rudolf], 46/1977, 519–520
"Nachwort" [with RITSEMA, Rudolf], 47/1978, 341
"Nachwort" [with RITSEMA, Rudolf], 48/1979, 469
"Nachwort" [with RITSEMA, Rudolf], 49/1980, 429–430
"Nachwort" [with RITSEMA, Rudolf], 50/1981, 477

POST, Laurens van der
"The Creative Pattern in Primitive Africa", 25/1956, 417–454

POTTER, Ralph Benajah
"Love in Bits and Bytes", Fetzer-at-Eranos Lecture, 70/2009-2010-2011, 548–563

Praag, Alexander van
"Towards a Conceptual Model for the Renewed Eranos", 69/2006–2007–2008, 17–28
"Continuity and Change in Eranos", 69/2006–2007–2008, 29–37
"Give Violence a Chance!", 69/2006–2007–2008, 253–270

Praag, John van
"Preface", 69/2006–2007–2008, 9–16

Preetorius, Emil
"Vom Ordnungsgefüge der Kunst (mit 17 Textillustrationen)", 30/1961, 143–172

Prete, Antonio
"Nel tempo-spazio dell'anima: lontananza e prossimità del tu", Eranos–Jung Lecture, 72/2013–2014, 637–649
"Fantasmagorie dell'assenza e tempo della poesia", Eranos–Jung Lecture, 73/2015–2016, 621–633
"Il cielo nascosto. Su alcune figure dell'interiorità", Eranos–Jung Lecture, 74/2017–2018, 415–430

Progoff, Ira
"The Dynamics of Hope and the Image of Utopia", 32/1963, 89–145
"The Integrity of Life and Death", 33/1964, 201–244
"Form, Time and Opus: The Dialectic of the Creative Psyche", 34/1965, 259–301
"The Man who Transforms Consciousness: The Inner Myths of Martin Buber, Paul Tillich, and C.G. Jung", 35/1966, 99–144

Przyluski, Jean
"I. Die Erlösung nach dem Tode in den Upanishaden und im ursprünglichen Buddhismus - II. Der Lebendig-Erlöste in dem entwickelten Buddhismus", 5/1937, 93–136
"I. Ursprünge und Entwicklung des Kultes der Mutter-Göttin - II. Die Mutter-Göttin als Verbindung zwischen den Lokal-Göttern und dem Universal-Gott", 6/1938, 11–57

Puech, Henri-Charles
"Der Begriff der Erlösung im Manichäismus. I. Die gnostische und die manichäische Erlösungsvorstellung: Das Problem des Bösen im Manichäismus - II. Die theoretischen Grundlagen der Erlösung: der kosmologische und der anthropologische Mythos - III. Die Verwirklichung und die praktischen Mittel der Erlösung", 4/1936, 183–286
"Alexandre Moret†. Nachruf", 5/1937, 9–11
"La gnose et le temps", 20/1951, 57–113

PULCINI, Elena
"La cura, le emozioni e il soggetto vulnerabile", 72/2013–2014, 478–499

PULVER, Max
"Gnostische Erfahrung und gnostisches Leben im frühen Christentum (Auf Grund der Quellen)", 8/1940–1941, 231–255
"Jesu Reigen und Kreuzigung nach den Johannes-Akten", 9/1942, 141–177
"Die Lichterfahrung im Johannes-Evangelium, im *Corpus Hermeticum*, in der Gnosis und in der Ostkirche", 10/1943, 253–296
"Vom Spielraum gnostischer Mysterienpraxis (Barbelo-Gnosis und ewiges Gebet in der Philokalie)", 11/1944, 277–325
"Das Erlebnis des Pneuma bei Philon", 13/1945, 111–132

QUAGLINO, Gian Piero
"Fragili a forza di Io", 70/2009–2010–2011, 94–150
"Il *Libro rosso*: memoria della memoria di vivere", Eranos-Jung Lecture, 70/2009–2010–2011, 700–706
"A colazione con Jung" [with ROMANO, Augusto], Eranos-Jung Lecture, 70/2009–2010–2011, 746–748
"Abitare la soglia?", 71/2012, 89–142
"Sul buon uso del denaro", 72/2013–2014, 269–382
"L'anima non abita più qui", Eranos-Jung Lecture, 72/2013–2014, 741–781
"In che cosa dobbiamo sperare", Eranos-Jung Lecture, 75/2019–2020–2021, 725–786
"*Minima immoralia*. Meditazioni sulla cultura offesa", Eranos-Jung Lecture, 76/2022–2023–2024, 629-677

QUISPEL, Gilles
"La conception de l'homme dans la gnose valentinienne", 15/1947, 249–286
"L'Homme gnostique (La doctrine de Basilide)", 16/1948, 89–139
"*Anima naturaliter Christiana*", 18/1950, 173–182
"Zeit und Geschichte im antiken Christentum", 20/1951, 115–140
"Mensch und Energie im antiken Christentum", 21/1952, 109–168
"Der gnostische *Anthropos* und die jüdische Tradition", 22/1953, 195–234
"Das Lied von der Perle", 34/1965, 9–32
"Faust: Symbol of Western Man", 35/1966, 241–265
"Das ewige Ebenbild des Menschen. Zur Begegnung mit dem Selbst in der Gnosis", 36/1967, 9–30
"C.G. Jung und die Gnosis", 37/1968, 277–298
"Gnosis and the New Sayings of Jesus", 38/1969, 261–296
"From *Mythos* to *Logos*", 39/1970, 323–340
"The Birth of the Child. Some Gnostic and Jewish Aspects", 40/1971, 285–310

QURESHI BURCKHARDT, Regula
"Sufi Encounters with Music and Love", Fetzer-at-Eranos Lecture, 70/2009-2010-2011, 638-652

RADIN, Paul
"The Basic Myth of the North American Indians", 17/1949, 359-419
"The Religious Experiences of an American Indian", 18/1950, 249-290
"The Esoteric Rituals of the North American Indians", 19/1950, 283-349

RAHNER, Hugo
"Das christliche Mysterium von Sonne und Mond", 10/1943, 305-404
"Das christliche Mysterium und die heidnischen Mysterien", 11/1944, 347-449
"Die seelenheilende Blume. Moly und Mandragore in antiker und christlicher Symbolik. I. Moly, das seelenheilende Kraut des Hermes - II. Mandragore, die ewige Menschenwurzel", 12/1945, 117-239
"Erdgeist und Himmelgeist in der patristischen Theologie", 13/1945, 237-276
"Das Menschenbild des Origenes", 15/1947, 197-248
"Der spielende Mensch", 16/1948, 11-87

RAINE, Kathleen
"Poetic Symbol as a Vehicle of Tradition: The Crisis of the Present in English Poetry", 37/1968, 357-409
"Mental Worlds of Blake and Yeats: Two Diagrams", 44/1975, 133-165

RASCHE, Joerg
"Early Love: Child-Mother-Music. A Psychoanalytical Approach to 'Scenes of Childhood' by Robert Schumann, *Op.* 15", Fetzer-at-Eranos Lecture, 70/2009-2010-2011, 653-679

READ, Herbert
"The Dynamics of Art", 21/1952, 255-284
"Poetic Consciousness and Creative Experience", 25/1956, 357-389
"The Creative Nature of Humanism", 26/1957, 315-350
"The Flower of Peace", 27/1958, 299-332
"Nihilism and Renewal in the Art of our Time", 28/1959, 345-376
"The Origins of Form in Art (mit 6 Tafeln)", 29/1960, 183-206
"Beauty and the Beast", 30/1961, 175-210
"The Poet and his Muse", 31/1962, 217-248
"High Noon and Darkest Night: Some Reflections on Ortega y Gasset's Philosophy of Art", 33/1964, 51-69

REINHARDT, Karl
"Prometheus", 25/1956, 241-283
"Die Sinneskrise bei Euripides", 26/1957, 279-313

REIS HABITO, Maria
"Putting on the Armor of Great Compassion and Becoming Buddha in This Very Body: Compassionate Love in East Asian Esoteric Tradition", Fetzer-at-Eranos Lecture, 70/2009–2010–2011, 323–336
[*Rhein-Verlag Zürich*]
"Zum XX. Eranos-Jahrbuch", 20/1951, 461–463

RHYNER, Bruno
"The Image of Healing in a Zen-Therapy", 61/1992, 45–55

RHYS DAVIDS, Caroline Augusta Foley
"Religiöse Übungen in Indien und der religiöse Mensch. I. Jhāna (oder Dhyāna) im Buddhismus - II. Fernwirkung (Televolition) im früheren Buddhismus - III. Mensch und Kommunion", 1/1933, 95–134
"Zur Geschichte des Rad-Symbols", 2/1934, 153–178
"Der Mensch, die Suche und Nirvana", 3/1935, 207–230
"Erlösung in Indiens Vergangenheit und in unserer Gegenwart", 4/1936, 135–163

RIEDL, Peter Anselm
"Vom Orphismus zur Optical Art. Über die aktivierung des Sehens durch die Farbe", 41/1972, 397–427

RIGOTTI, Francesca
"'Frutto' del denaro e denaro 'liquido': che cosa hanno da dirci ancora queste antiche immagini?", 72/2013–2014, 129–140
"La silenziosa rivincita di Pelagio e altre storie di verità e eresia", Eranos-School Seminar, 74/2017–2018, 597–607

RISÉ, Claudio
"Spontaneous Images and Divinatory Images in a Process of Sandplay Therapy", 61/1992, 57–78
"The Dark Side of Psychoanalysis", 65/1996, 95–108
"The Quest for Identity in Postmodern Globalism", 66/1997, 115–127

RITSEMA, Rudolf
"Vorwort", *Ergänzungsband* 4/1936, 7–8
"Vorwort" [with PORTMANN, Adolf], 38/1969, 5–6
"Preface / Vorwort" [with PORTMANN, Adolf], 39/1970, VII–VIII
"Preface / Vorwort" [with PORTMANN, Adolf], 40/1971, VII–VIII
"Preface / Vorwort" [with PORTMANN, Adolf], 41/1972, VII–VIII
"Preface / Vorwort" [with PORTMANN, Adolf], 42/1973, VII–X
"Preface / Vorwort" [with PORTMANN, Adolf], 43/1974, VII–VIII
"Preface / Vorwort" [with PORTMANN, Adolf], 44/1975, VII–X
"Preface / Vorwort" [with PORTMANN, Adolf], 45/1976, VII–X
"Nachwort" [with PORTMANN, Adolf], 46/1977, 519–520

"Nachwort" [with PORTMANN, Adolf], 47/1978, 341
"Nachwort" [with PORTMANN, Adolf], 48/1979, 469
"Nachwort" [with PORTMANN, Adolf], 49/1980, 429–430
"Nachwort" [with PORTMANN, Adolf], 50/1981, 477
"Adolf Portmann 1897 - 1982", 51/1982, 1–6
"Gershom Scholem 1897 - 1982", 51/1982, 7–8
"Nachwort", 51/1982, 517–518
"Nachwort", 52/1983, 497
"Nachwort", 53/1984, 411
"Nachwort", 54/1985, 485
"Nachwort", 55/1986, 439
"The Origins and Opus of Eranos: Reflections at the 55th Conference / Eranos: Ursprünge und Werk. Eine Betrachtung anläßlich der 55. Tagung / L'œuvre d'Eranos et ses origines: Réflexions à l'occasion de la 55me session", 56/1987, VII–XLVII
"Nachwort", 56/1987, 429
"Encompassing Versatility: Keystone of the Eranos Project / Allumfassende Wendigkeit: Schlußstein des Eranos-Projekts / Versatilité englobante: Clef de voûte du projet Eranos", 57/1988, VII–LVII
"Nachwort", 57/1988, 335–336
"The Ethic of the Image", 61/1992, 5–7
"Images of the Unknown: The Eranos *I Ching* Project 1989–1997" [with SABBADINI, Shantena Augusto], 66/1997, 7–43

ROBINSON, Christa
"Opening Words at the Second Joint Eranos and Uehiro Round Table Session, May 1995", 65/1996, 7–8

ROMANO, Augusto
"A colazione con Jung" [with QUAGLINO, Gian Piero], Eranos–Jung Lecture, 70/2009–2010–2011, 749–751
"Morte dell'eroe e occultamento dell'Ombra", 73/2015–2016, 210–256

RONCHI, Rocco
"Libertà e paura. Metafisica del populismo", Eranos–Jung Lecture, 75/2019–2020–2021, 682–697

ROUSSELLE, Erwin
"Seelische Führung im lebenden Taoismus. I. Ju Sche „Initiation" - II. Ne Ging Tu, „Die Tafel des inneren Gewebes" - III. Siu Schen „Individuation" (Hiezu vier Abbildungen im Text und zwei Bildtafeln)", 1/1933, 135–199
"Drache und Stute, Gestalten der mythischen Welt chinesischer Urzeit", 2/1934, 11–33
"Lau-Dsi's Gang durch die Seele, Geschichte und Welt. Versuch einer Deutung", 3/1935, 179–205

ROWE, Christopher
"Conceptions of Colour and Colour Symbolism in the Ancient World", 41/1972, 327–364
"God, Man and Nature. Ancient Greek Views on the Foundation of Moral Values", 43/1974, 255–291
"One and Many in Greek Religion", 45/1976, 37–67

ROUX, René
"Origini e sviluppo del concetto di eresia nell'antichità cristiana", Eranos-School Seminar, 74/2017–2018, 608–626

RUSCONI, Sandro
"*In memoriam* Peter Anton Miescher (1923-2020). Ricordando un grande uomo di scienza, medicina, cultura e generosità / Remembering a Great Man of Science, Medicine, Culture, and Generosity", 75/2019–2020–2021, 499–530

SABBADINI, Shantena Augusto
"Images of the Unknown: The Eranos *I Ching* Project 1989–1997" [with RITSEMA, Rudolf], 66/1997, 7–43
"The Nameless Dao: Laozi and Quantum Physics", Eranos-Jung Lecture, 71/2012, 308–322

SACHSSE, Hans
"Die Idee des Umwegs: Betrachtungen zur Anthropologie der Technik", 52/1983, 157–209

SAMBURSKY, Shmuel
"Phänomen und Theorie. Das physikalische Denken der Antike im Licht der modernen Physik", 35/1966, 303–348
"Antithetische Elemente in Natur und Naturerkenntnis", 36/1967, 229–267
"Die Willensfreiheit im Wandel des physikalischen Weltbildes", 38/1969, 151–193
"Wort und Begriff in der Wissenschaft", 39/1970, 143–182
"Von Kepler bis Einstein: Das Genie in der Naturwissenschaft", 40/1971, 201–238
"Licht und Farbe in den physikalischen Wissenschaften und in Goethes Lehre", 41/1972, 177–216
"Wahrnehmungen, Theorien und reale Aussenwelt", 42/1973, 163–203
"Normative Prinzipien in der Naturwissenschaft", 43/1974, 367–410
"Die Raumvorstellungen der Antike: Von der unendlichen Leere zur Allgegenwart Gottes", 44/1975, 167–198
"Erste Prinzipien und letzte Teilchen in der Erkenntnis der Natur", 45/1976, 1–36
"Natur und Geist: Stufen der Entfremdung", 46/1977, 249–285

"Das Gespenst des Vergänglichen", 47/1978, 205–237
"Leitmotive wissenschaftlicher Theorienbildung", 48/1979, 1–33
"Über Starres und Fließendes", 49/1980, 1–33

SASSI, Maria Michela
"'Come rane attorno a uno stagno...': sguardi dei filosofi antichi sugli abitanti della terra", 76/2022–2023–2024, 184-215

SATO, Masayuki
"Coating the Years with Meaningful Names: Reckoning Time in Sinographic Cultures", 67/1998, 129–141

SCHABERT, Tilo
"*In urbe mundus*: Weltspiegelungen und Weltbemächtigung in der Architektur der Stadt", 55/1986, 303–347

SCHLÖR, Joachim
"At Home in Homelessness: The Meaning of Place in Jewish History", 67/1998, 91–110

SCHMIDT, Karl Ludwig
"Das Pneuma Hagion als Persona und als Charisma. Eine lexikologische und biblisch-theologische Studie", 13/1945, 187–235
"Die Natur- und Geistkräfte im Paulinischen Erkennen und Glauben", 14/1946, 87–143
"*Homo imago Dei* im Alten und Neuen Testament", 15/1947, 149–195
"Jerusalem als Urbild and Abbild", 18/1950, 207–248

SCHMITT, Paul
"*Sol invictus*. Betrachtungen zu spätrömischer Religion und Politik", 10/1943, 169–252
"Antike Mysterien in der Gesellschaft ihrer Zeit, ihre Umformung und späteste Nachwirkung", 11/1944, 107–144
"Archetypisches bei Augustin und Goethe", 12/1945, 95–115
"Geist und Seele. Studie über Logos, Nous und Psyche bei Heraklit und Platon und über einige späte Nachwirkungen dieser Begriffe", 13/1945, 133–185
"Natur und Geist in Goethes Verhältnis zu den Naturwissenschaften", 14/1946, 332–384
"Das Urbild in der Philosophie des Nicolaus de Cusa", 18/1950, 291–321

SCHNEIDER, Herbert W.
"Peace as Scientific Problem and as Personal Experience", 27/1958, 333–357
"Historical Construction and Reconstruction", 29/1960, 243–264

SCHOLEM, Gershom
"Kabbalah und Mythus", 17/1949, 287–334

"Tradition und Neuschöpfung im Ritus der Kabbalisten", 19/1950, 121–180
"Zur Entwicklungsgeschichte der Kabbalistischen Konzeption der Schechinah", 21/1952, 45–107
"Die Vorstellung vom Golem in ihren tellurischen und magischen Beziehungen", 22/1953, 235–289
"Seelenwanderung und Sympathie der Seelen in der jüdischen Mystik", 24/1955, 55–118
"Schöpfung aus Nichts und Selbstverschränkung Gottes", 25/1956, 87–119
"Religiöse Autorität und Mystik", 26/1957, 243–278
"Die Lehre vom „Gerechten" in der jüdischen Mystik (Mystisches Symbol und reale Gestalt)", 27/1958, 237–297
"Zum Verständnis der messianischen Idee im Judentum", 28/1959, 193–239
"Die mystische Gestalt der Gottheit in der Kabbala (mit 1 Zeichnung)", 29/1960, 139–182
"Gut und Böse in der Kabbala", 30/1961, 29–67
"Tradition und Kommentar als religiöse Kategorien im Judentum", 31/1962, 19–48
"Das Ringen zwischen dem biblischen Gott und dem Gott Plotins in der alten Kabbala", 33/1964, 9–50
"Martin Bubers Auffassung des Judentums", 35/1966, 9–55
"Die Krise der Tradition im jüdischen Messianismus", 37/1968, 9–44
"Three Types of Jewish Piety", 38/1969, 331–348
"Der Name Gottes und die Sprachtheorie der Kabbala", 39/1970, 243–299
"Farben und ihre Symbolik in der jüdischen Überlieferung und Mystik", 41/1972, 1–49
"Der Nihilismus als religiöses Phänomen", 43/1974, 1–50
"Alchemie und Kabbala", 46/1977, 1–96
"Identifizierung und Distanz: ein Rückblick", 48/1979, 463–467

SCHRÖDINGER, Erwin
"Der Geist der Naturwissenschaft", 14/1946, 491–520

SCHWARTZ-SALANT, Nathan
"Separating from the World Parents: A Paradox", 67/1998, 113–127

SCIUTO, Cinzia
"Contro il dogmatismo: per un'analisi critica della *cancel culture* e delle politiche identitarie", Eranos-Jung Lecture, 76/2022–2023–2024, 609-628
"Abbiamo ancora bisogno di Dio?", Eranos-Jung Lecture, 76/2022–2023–2024, 794-803

SECRET, François
"Aux portes de corne et d'ivoire de la Renaissance: mythe et songe", 48/1979, 239–276

SEDERHOLM, Magnus
"The Spirit of the Place and City Planning", 66/1997, 129–139

SEDLEY, David
"The Creation of the World in Ancient Greek Thought", 73/2015–2016, 435–484

SELLS, Benjamin
"An Eye Grafted on the Heart", 68/1999, 7–19

SERVIER, Jean
"Aspects et causes de la non-créativité chez quelques marginaux d'Europe", 40/1971, 239–284
"Une ouverture sur le monde: magie et religion en Afrique du Nord. Une technique divinatoire: la géomancie", 46/1977, 287–339
"Mythes, symboles et figures divinatoires en Occident et dans les Civilisations traditionnelles", 48/1979, 325–372
"Hermès africain: les origines communes, les limites du visible et de l'invisible", 49/1980, 199–257
"Le jeu du forgeron ou l'ombre de la création du monde", 51/1982, 369–447
"L'harmonie dans la cite", 53/1984, 325–369
"Le miroir du serpent. Une réflexion ethnologique sur la connaissance", 55/1986, 109–145

SHAYEGAN, Daryush
"De la pré-éternité à la post-éternité: le cycle de l'être", 50/1981, 103–146

SHELEMAY, Kay Kaufman
"'Love from Afar': Music and Longing across Time, Space, and Diaspora", Fetzer-at-Eranos Lecture, 70/2009–2010–2011, 680–690

SHEN, Heyong 申荷永
"The Psychology of the Heart in China", 67/1998, 51–59
"Psychology of the Heart—An Oriental Perspective", 69/2006–2007–2008, 142–157
"Occident and Orient, the Knot, the Mean, and the Heart: A Perspective from the Psychology of the Heart", Eranos-School Seminar, 75/2019–2020–2021, 984–1000

SLATTERY, Dennis Patrick
"Psychic Energy's Portal to Presence in Myth, Poetry and Culture", Pacifica-at-Eranos Lecture, 69/2006–2007–2008, 435–474

SMITH, Morton
"Ascent to the Heavens and the Beginning of Christianity", 50/1981, 403–429
"Transformation by Burial (*1 Cor.* 15.35–49; *Rom.* 6.3–5 and 8.9–11)", 52/1983, 87–112

SORGE, Giovanni
"Love as Devotion: Olga Fröbe-Kapteyn's Relationship with Eranos and Jungian Psychology", Fetzer-at-Eranos Lecture, 70/2009–2010–2011, 388–434

SPEISER, Andreas
"Der Erlösungsbegriff bei Plotin", 5/1937, 137–154
"Die platonische Lehre vom unbekannten Gott und die christliche Trinität", 8/1940–1941, 11–29
"Platos Ideenlehre", 12/1945, 23–31
"Geist und Mathematik", 13/1945, 95–109
"Die Grundlagen der Mathematik von Plato bis Fichte", 14/1946, 11–38
"Ton und Zahl", 30/1961, 127–142

STAMM, Roger Alfred
"Unter der Gischt der Brandung- in der Stille des Waldes. Wandlung der Lebensform zwischen Meer und Land", 54/1985, 209–267
"Erkennen und Gestalten: Zur Stammesgeschichte des Bewusstseins", 55/1986, 1–55
"Kampf oder Frieden mit der Natur?", 56/1987, 179–260

STRAUSS-KLOEBE, Sigrid
"Über die psychologische Bedeutung des astrologischen Symbols", 2/1934, 417–448

STREICH, Hildemarie
"Musikalische und psychologische Entsprechungen in der *Atalanta fugiens* von Michael Maier", 42/1973, 361–426
"Welten der Musik im Mittelalter", 44/1975, 91–131
"Musikalische Temperaturen in psychologischer Sicht", 46/1977, 205–248
"Zeit und Ewigkeit in der Musik", 47/1978, 123–171
"Tonarten in mythologischer und psychologischer Sicht", 48/1979, 61–99

SULLIVAN, Lawrence E.
"Symbols of Violence and Destruction in Myth and Ritual", 69/2006–2007–2008, 271–288
"Introduction to the Dialogues on the Transformative Power of Love", Fetzer-at-Eranos Lecture, 70/2009–2010–2011, 247–252
"Il denaro come segno divinatorio", 72/2013–2014, 141–165

SUSANETTI, Davide
"L'arrivo di Dioniso. Le *Baccanti* di Euripide tra iniziazione e politica", Eranos–Jung Lecture, 73/2015–2016, 780–800
"Contro la paura. Considerazioni platoniche e iniziatiche", Eranos–Jung Lecture, 75/2019–2020–2021, 705–724
"L'altrove e la necessità della mistica", Eranos–Jung Lecture, 76/2022–2023–2024, 771-793

SUZUKI, Daisetz Teitaro
"The Role of Nature in Zen Buddhism", 22/1953, 291–321
"The Awakening of a New Consciousness in Zen", 23/1954, 275–304

TAGLIAGAMBE, Silvano
"Jung nel paese dei quanti" [with MALINCONICO, Angelo], Eranos–Jung Lecture, 72/2013–2014, 662–708
"Dal rapporto mente-cervello al rapporto psiche-corpo", Eranos–Jung Lecture, 72/2013–2014, 886–945
"Perseo e la Medusa: la strategia dello sguardo e l'inerzia della realtà", Eranos–Jung Lecture, 73/2015–2016, 801–864
"L'arte di tessere il vissuto: tempo, divenire e sincronicità", Eranos–Jung Lecture, 74/2017–2018, 506–550
"I nomi dell'Assoluto e la rottura spontanea della simmetria", 75/2019–2020–2021, 157–269
"Visioni e congetture. L'accoppiamento virtuoso tra senso della realtà e senso della possibilità", Eranos–Jung Lecture, 76/2022–2023–2024, 697-746

TALEB, Mohammed
"Prendre soin de la Terre et de l'humanité. Romantisme, psychologie des profondeurs et écopsychologie sur les chemins de l'Âme du monde", 72/2013–2014, 415–434

TAMARU, Noriyoshi
"Images of Spirit in Japanese Religion", 61/1992, 79–95

TANZELLA-NITTI, Giuseppe
"Physical Cosmology and Christian Theology of Creation", 73/2015–2016, 538–562

TARIZZO, Davide
"La morale della Vita: all'incrocio di biologia e biopolitica", 75/2019–2020–2021, 356–383

TARNAS, Richard
"The Western Legacy and Our Global Future: An Archetypal Perspective", 69/2006–2007–2008, 111–127

THANOPULOS, Sarantis
"Libertà e scambio paritario tra le differenze", Eranos-Jung Lecture, 75/2019–2020–2021, 868–892
"Il legame con la madre terra: conquista di suolo o morte", 76/2022–2023–2024, 216-237

TEMPLE, Robert
"Eranos: Past and Future", 69/2006–2007–2008, 80–97

THOMAS, Joël
"L'espace du héros, ou les destins croisés", 56/1987, 133–177

THURNWALD, Richard
"Primitive Initiations- und Wiedergeburtsriten", 7/1939, 321–398

TILLICH, Paul
"Angst und Erlösung im Protestantismus. I. Angst - II. Erlösung", *Ergänzungsband* 4/1936, 9–32
"Das neue Sein als Zentralbegriff einer christlichen Theologie", 23/1954, 251–274

TRAWNY, Peter
"Das Universale und die Vernichtung. Heideggers seinsgeschichtlicher Antisemitismus", Eranos-School Seminar, 73/2015–2016, 1066–1090

TRESCH, John
"Scientific Cosmograms, Botanical Universes, and Vegetative Souls", 76/2022–2023–2024, 139-183

TREVI, Emanuele
"Dieci sogni", 72/2013–2014, 500–522

TSIOMIS, Yannis
"De la ville enchantée à la métropole désenchantée. XXe-XXIe siècles", 74/2017–2018, 355–382

TU, Weiming
"*Ren* as a Core Value in the Emerging Human Community", Fetzer-at-Eranos Lecture, 70/2009–2010–2011, 564–573

TUCCI, Giuseppe
"Earth in India and Tibet", 22/1953, 323–364

UEDA, Shizuteru
"Leere und Fülle: Shûnyatâ im Mahâyâna Buddhismus", 45/1976, 135–163
"Die Bewegung nach oben und die Bewegung nach unten: Zen-Buddhismus im Vergleich mit Meister Eckhart", 50/1981, 223–272
"Die zen-buddhistische Erfahrung des Wahr-Schönen", 53/1984, 197–240
"Der Ort des Menschen im Nō-Spiel", 56/1987, 69–103

UEHIRO, Eiji
"Opening Remarks", 61/1992, 1–3
"The Practical Ethics Association and the Uehiro Foundation On Ethics and Education", 65/1996, 9–11
"The Renewal of Ethics in the East and West", 67/1998, 7–9

UEXKÜLL, Thure von
"Körperwelt: Grenze und Kommunikation", 39/1970, 301–322

VALSANGIACOMO, Nelly
"Vocalità, rumori, paesaggi sonori: come gli studi culturali hanno ricominciato ad ascoltare", Eranos–Jung Lecture, 76/2022–2023–2024, 747-770

VALTOLINA, Amelia
"Topografie della soglia. Sulla scrittura di Yoko Tawada", 71/2012, 162–177
"'Ma per adulti, c'è / da vedere ancora una cosa speciale, il denaro che si riproduce anatomicamente': il dialogo di R.M. Rilke con la Filosofia del denaro di G. Simmel", 72/2013–2014, 383–395
"'Che cosa sono mai i cervelli'. Le neuroscienze al tempo della poesia", Eranos–Jung Lecture, 72/2013–2014, 730–740
"Nuovi paesaggi nella poesia tedesca contemporanea", 74/2017–2018, 327–354

VEER, Peter van der
"Spirituality: East and West", 69/2006–2007–2008, 45–61
"Body and Mind in Qi Gong and Yoga—A Comparative Perspective on India and China", 69/2006–2007–2008, 128–141

VEGETTI, Matteo
"La seconda globalizzazione: spazio, tempo e potere nell'età dell'aria", Eranos-Jung Lecture, 74/2017–2018, 477–486
"Il nodo di Gordio nel mondo globale", Eranos–School Seminar, 75/2019–2020–2021, 909–925

VEGETTI FINZI, Silvia
"La forza delle donne tra potenza di generare e potere di comandare. Dalle Grandi alle piccole Madri", Eranos–Jung Lecture, 73/2015–2016, 899–916
"La creatività materna come promessa di futuro", Eranos–Jung Lecture, 75/2019–2020–2021, 787–798

VÉGH, Sándor
"Musik als Erlebnis", 29/1960, 309–325

VIGNA, Ferruccio
"Il ritorno dell'isteria. L'anima a confronto con la modernità", Eranos–Jung Lecture, 72/2013–2014, 860–885

VIROLLEAUD, Charles
"Die große Göttin in Babylonien, Ägypten und Phönikien. I. Ischtar, Isis, Astarte - II. Anat - Astarte", 6/1938, 121–160
"Die Idee der Wiedergeburt bei den Phöniziern. I. Die klassische Adonislegende - II. Der Gott Baal nach den Dichtungen von Ras-Shamra (mit 3 Illustrationen)", 7/1939, 21–60
"Le Dieu Shamash dans l'ancienne Mésopotamie", 10/1943, 57–79

VITOLO, Antonio
"Uno spazio per il tempio interiore", Eranos–Jung Lecture, 74/2017–2018, 431–453

VOEGELIN, Eric
"Wisdom and the Magic of the Extreme", 46/1977, 341–409

VOZZA, Marco
"Attualità di un pensatore inattuale: il caso Nietzsche", Eranos–Jung Lecture, 71/2012, 323–342

VYSHESLAVTZEFF, Boris P.
"Zwei Wege der Erlösung. Erlösung als Lösung des tragischen Widerspruchs", 4/1936, 287–329

WEIDLÉ, Wladimir
"Vom Sinn der Mimesis", 31/1962, 249–273

WEISS, Joseph G.
"Eine spätjüdische Utopie religiöser Freiheit", 32/1963, 235–280

WEISSKOPF, Victor
"Science and Art: Complementary Views of Human Experience", 53/1984, 311–323

WERBLOWSKY, Raphael Jehudah Zwi
"Führe uns, Mutter: Der Weg der Väter und das Finden des Sohnes. Analyse eines indianischen Rituals", 31/1962, 171–197

WEST, W. Richard, Jr.
"The Native Art Object: Reflections on the Transformative Power of 'Beauty' and 'Love'", Fetzer–at–Eranos Lecture, 70/2009–2010–2011, 460–471

WESTMANN, Heinz
"Die Erlösungsidee im Judentum. I. Das Problem der Erde - II. Das weibliche Prinzip - III. Nachwort", *Ergänzungsband* 4/1936, 33–110

WEYL, Hermann Klaus Hugo
"Wissenschaft als symbolische Konstruktion des Menschen", 16/1948, 375–431

WHITE, Victor
"*Anthropologia rationalis* (The Aristotelian-Thomist Conception of Man)", 15/1947, 315–383

WHYTE, Lancelot Law
"Time and the Mind-Body Problem. A Changed Scientific Concept of Process", 20/1951, 253–270
"A Scientific View of the 'Creative Energy' of Man", 21/1952, 415–446
"The Growth of Ideas, Illustrated by Man's Changing Conception of Himself", 23/1954, 367–388

WILHELM, Hellmut
"Der Zeitbegriff im „Buch der Wandlungen"", 20/1951, 321–348
"Das schöpferische Prinzip im „Buch der Wandlungen"", 25/1956, 455–475
"Der Sinn des Geschehens nach dem „Buch der Wandlungen"", 26/1957, 351–386
"Die „Eigene Stadt" als Schauplatz der Gestaltung", 29/1960, 207–242
"Das Zusammenwirken von Himmel, Erde und Mensch", 31/1962, 317–350
"Wanderungen des Geistes", 33/1964, 177–200
"The Interplay of Image and Concept in the *Book of Changes*", 36/1967, 31–58

WILI, Walter
"Die römischen Sonnengottheiten und Mithras", 10/1943, 125–168
"Die orphischen Mysterien und der griechische Geist", 11/1944, 61–105
"Geleitwort", 12/1945, 9–22
"Probleme der Aristotelischen Seelenlehre. I. Der Kampf gegen Platon - II. Die Nachfolge Platons", 12/1945, 55–93
"Die Geschichte des Geistes in der Antike", 13/1945, 49–93

WILL, Maria
"Construction and the Role of Nature in Fausto Tommasina's Paintings / Costruzione e natura nei dipinti di Fausto Tommasina", 70/2009–2010–2011, 241–244

WUNENBURGER, Jean-Jacques
"Résilience et dissidence: la force de la fragilité", 70/2009–2010–2011, 151–177
"Vers une écologie monétaire. Éthique et psychologie analytique de l'argent: un pluralisme archétypal des échanges ", 72/2013–2014, 166–194
"Le rythme comme sagesse de la vie", 75/2019–2020–2021, 448–497

XENOU, Vana
"Pourquoi Éleusis aujourd'hui? De la mélancolie à la vision", 75/2019–2020–2021, 84-119

YATISWARANANDA, Swami
"Flüchtiger Blick auf religiöse Hindu-Symbolik in ihrer Beziehung zu Geistigen Übungen und zur Höherentwicklung", 2/1934, 487–528

ZAEHNER, Robert Charles
"Utopia and Beyond: Some Indian Views", 32/1963, 281–309

ZAHAN, Dominique
"White, Red and Black: Colour Symbolism in Black Africa", 41/1972, 365–396
"L'Univers cosmo-biologique de l'Africain", 42/1973, 205–236
"La tour et la foudre", 50/1981, 335–372
"L'inouï et l'imprévu: anthropologie de l'insolite", 54/1985, 427–454
"Carrefour de l'être, carrefour de la vie", 56/1987, 353–384

ZAMBONI, Chiara
"Il confine leggero tra eresia ed autorità femminile", Eranos-School Seminar, 74/2017–2018, 627–643

ZELLINI, Paolo
"L'infinito del continuo e la realtà del discreto", 75/2019–2020–2021, 120-156

ZHANG, Wenzhi 张文智
"《易经》哲学：解开中国与西方世界之"结"的一种可能性路径 / Philosophy of the *Yijing* (*Classic of Changes*): A Possible Approach to Undoing the Knot between China and the Western World", Eranos-School Seminar, 75/2019–2020–2021, 1001–1065

ZIEGLER, Alfred J.
"Die goldenen Fallen: Das Leben in einer wissenschaftlichen und einer archetypischen Medizin", 49/1980, 323–356
"Die Schönheit der Pathologie", 53/1984, 273–310

ZIMMER, Heinrich
"Zur Bedeutung des indischen Tantra-Yoga (Hiezu zwei Bildtafeln)", 1/1933, 9–94
"Indische Mythen als Symbole", 2/1934, 97–151
"Die indische Weltmutter (mit 4 Illustrationen)", 6/1938, 175–220
"Tod und Wiedergeburt im indischen Licht", 7/1939, 251–289

ZOJA, Luigi
"Reductionism: A Western Disease?", 69/2006–2007–2008, 62–79

"Psychoanalysis and Cultural Orientations in the New Century", Fetzer-at-Eranos Lecture, 69/2006–2007–2008, 218–220
"Almachius and the Demon—On Violent Shows", 69/2006–2007–2008, 289–306
"La paura del diverso", Eranos-Jung Lecture, 75/2019–2020–2021, 698–704

ZUCKERKANDL, Victor
"Die Tongestalt (mit Notenbeispielen)", 29/1960, 265–307
"Der singende und der sprechende Mensch", 30/1961, 241–283
"Vom Wachstum des Kunstwerks (mit Notenbeispielen)", 31/1962, 275–315
"Die Wahrheit des Traumes und der Traum der Wahrheit", 32/1963, 173–210
"Kreis und Pfeil im Werk Beethovens", 33/1964, 285–317

ERANOS YEARBOOKS AT DAIMON

Daimon Verlag serves as world-wide distributor of all *Eranos Yearbooks*, dating back to 1933. A listing of the individual essays in each volume can be viewed at the Daimon website (www.daimon.ch) or at the Eranos website (www.eranosfoundation.org).

Eranos Yearbook 75
2019 – 2020 – 2021

Life, Individual, Community, and the Thought of the Absolute: Unsurpassable Passions

1324 pages, color illustrations
ISBN 978-3-85630-790-5

The 75th volume of the *Eranos Yearbooks, Life, Individual, Community, and the Thought of the Absolute: Unsurpassable Passions*, presents to the public the work of the last three years of activities at the Eranos Foundation (2019–2020–2021). The book gathers the lectures presented at the occasion of the 2019 Eranos Conference, *The Names of the Absolute. Cultures and Eras in the Presence of the Fundament: Myth, Religion, Philosophy, Science*, the 2020 Eranos Conference, *Rebirth: Life Threatened and the Passion for Life*, and the 2021 Eranos Conference, *Ties. Form and Destiny of Relationships in the Age of Self-Referentiality: The Challenge of the Community to Rediscover*, the 2019 Eranos-Jung Lectures, *Politics and Techniques of Fear. The Shadow in the Era of the Crisis of Civilization, between Projection and Manipulation*, the 2020 Eranos-Jung Lectures, *Hope and Crisis of the Future. Individual, Community, and Environment facing the Disillusionment with Progress*, the 2021 Eranos-Jung Lectures, *Meditations on Freedom. Autonomy in the Mirror of Vulnerability, between Paranoia and Responsibility*, the 2018–2019 Eranos School seminars, *Mundaneum: East and West in the Global World*, and the 2021 Eranos School seminar, *Bond, Solitude, and Digital Sociality: Freud and Jung One Hundred Years Later.*

Eranos Yearbook 74: 2017 – 2018

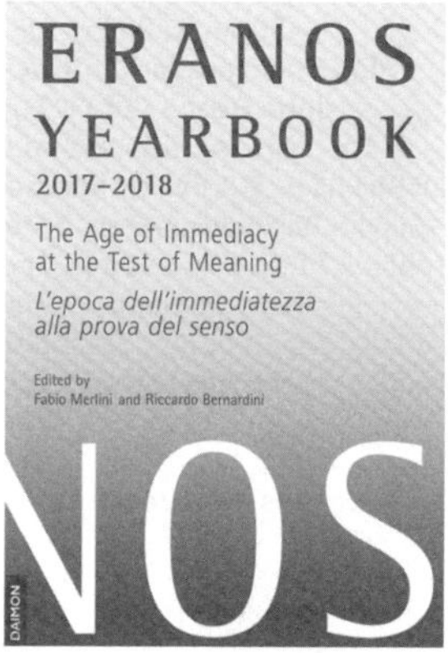

The Age of Immediacy at the Test of Meaning

764 pages, color illustrations

ISBN 978-3-85630-785-1

The 74th volume of the *Eranos Yearbooks*, *The Age of Immediacy at the Test of Meaning*, presents to the public the work of the last two years of activities at the Eranos Foundation (2017–2018). The book gathers the lectures presented at the occasion of the 2017 Eranos Conference, *Where is the World Going? The Uncertain Future, between Traditional Knowledge and Scientific Thought*, the 2018 Eranos Conference, *Space for Thinking and Thinking about Space. Reflections on the Relations between the Soul and Places at the Time of the Anthropocene*, the 2017 Eranos-Jung Lectures, *Who is Afraid of Interiority? A Journey through Literature, Philosophy, and Psychology*, the 2018 Eranos-Jung Lectures, *Who is Stealing our Time? The Age of Immediacy at the Test of Meaning*, and the 2018 Eranos School seminar, *The Mechanisms of Heresy: Old and New Forms of Exclusion and Repression.*

Eranos Yearbook 73: 2015 – 2016

The World and its Shadow

1190 pages, color illustrations

ISBN 978-3-85630-770-7

The 73rd volume of the *Eranos Yearbooks, The World and its Shadow*, presents the most recent papers of the Eranos Foundation (2015–2016). This book gathers the lectures presented at the 2015 Eranos Conference, *The Roots of Evil - Figures and Issues from the Abysses of the Human Condition*, the 2016 Eranos Conference, *The Origins of the World - Physics and Metaphysics of Creation*, the 2015 Eranos–Jung Lectures, *The Feelings of Absence - Abandonment, Solitude, and Nostalgia*, the 2016 Eranos–Jung Lectures, *Myths that Speak about us*, and the 2015 Eranos School seminars, *Myths, Woman, and Law in Johann Jakob Bachofen (1815-1887) on the Two-Hundredth Anniversary of his Birth* and *Philosophy's Shadow: Thinking, Politics, and Antisemitism in Martin Heidegger's 'Black Notebooks'.*

ENGLISH TITLES FROM DAIMON

Ruth Ammann - *The Enchantment of Gardens*
Susan R. Bach - *Life Paints its Own Span*
Diana Baynes Jansen - *Jung's Apprentice: A Biography of Helton Godwin Baynes*
John Beebe (Ed.) - *Terror, Violence and the Impulse to Destroy*
E.A. Bennet - *Meetings with Jung*
Kaspar Birkhäuser & Eva Birkhäuser-Wertenschlag (Eds.) - *Light from the Darkness*
Sibylle Birkhäuser-Oeri - *Mother Figures in Fairy Tales*
W.H. Bleek / L.C. Lloyd (Ed.) - *Specimens of Bushman Folklore*
Tess Castleman - *Threads, Knots, Tapestries*
- *Sacred Dream Circles*
Renate Daniel - *Taking the Fear out of the Night*
- *The Self: Quest for Meaning in a Changing World*
- *Psyche and Soma*
Eranos Yearbooks - 69 *Eranos Reborn* | 70 - *Love on a Fragile Thread*
- 71 *Beyond Masters*
- 72 *Soul between Enchantment and Disenchantment*
- 73 *The World and its Shadow*
- 74 *The Age of Immediacy at the Test of Meaning*
- 75 *Life, Individual, Community, and the Thought of the Absolute*
- 76 *Uncertainties of Time and Spaces of Freedom*
Michael Escamilla - *Bleuler, Jung, and the Schizophrenias*
Heinrich Karl Fierz - *Jungian Psychiatry*
John Fraim - *Battle of Symbols*
Liliane Frey-Rohn - *Friedrich Nietzsche, A Psychological Approach*
Marion Gallbach - *Learning from Dreams*
I. & A. Gerber (Eds.) - *Encounters with C.G. Jung. The Journal of Sabi Tauber*
Ralph Goldstein (Ed.) - *Images, Meanings & Connections: Essays in Memory of Susan Bach*
Yael Haft - *Hands: Archetypal Chirology*
Fred Gustafson - *The Black Madonna of Einsiedeln*
Daniel Hell - *Soul-Hunger: The Feeling Human Being and the Life-Sciences*
Siegmund Hurwitz - *Lilith, the first Eve*
Aniela Jaffé - *Reflections on the Life and Dreams of C.G. Jung*
With a Historical Commentary by Elena Fischli
- *The Myth of Meaning*
- *Was C.G. Jung a Mystic?*
- *From the Life and Work of C.G. Jung*
- *Death Dreams and Ghosts*
C.G. Jung - *The Solar Myths and Opicinus de Canistris*
Verena Kast - *A Time to Mourn*
- *Sisyphus*
Hayao Kawai - *Dreams, Myths and Fairy Tales in Japan*
James Kirsch - *The Reluctant Prophet*
Eva Langley-Dános - *Prison on Wheels: Ravensbrück to Burgau*
Rivkah Schärf Kluger - *The Gilgamesh Epic*
Yehezkel Kluger & Nomi Kluger-Nash - *RUTH in the Light of Mythology, Legend and Kabbalah*
Paul Kugler (Ed.) - *Jungian Perspectives on Clinical Supervision*
Paul Kugler - *The Alchemy of Discourse*
Rafael López-Pedraza - *Cultural Anxiety*
- *Hermes and his Children*
Anne Maguire - *Seven Deadly Sins: The Dark Companions of the Soul*
- *Skin Disease: A Message from the Soul*
Alan McGlashan - *The Savage and Beautiful Country*
- *Gravity & Levity*
Gregory McNamee (Ed.) - *The Girl Who Made Stars: Bushman Folklore*
- *The North Wind and the Sun & Other Fables of Aesop*